Gerhard Schreiber
Im Dunkel der Sexualität

Gerhard Schreiber

Im Dunkel der Sexualität

—

Sexualität und Gewalt aus sexualethischer Perspektive

DE GRUYTER

ISBN 978-3-11-071759-4
e-ISBN (PDF) 978-3-11-071764-8
e-ISBN (EPUB) 978-3-11-071772-3

Library of Congress Control Number: 2022930258

Bibliografische Information der Deutschen Nationalbibliothek
Die Deutsche Nationalbibliothek verzeichnet diese Publikation in der Deutschen Nationalbibliografie;
detaillierte bibliografische Daten sind im Internet über http://dnb.dnb.de abrufbar.

© 2022 Walter de Gruyter GmbH, Berlin/Boston
Umschlagabbildung: Günter Meyer-Mintel, Moers
Druck und Bindung: CPI books GmbH, Leck

www.degruyter.com

Vorbemerkung

Vorliegendes Buch ist aus dem Bestreben erwachsen, eine Annäherung an einen Problemkomplex zu unternehmen, der bislang in der theologischen Ethik nur in diffusem Licht abgehandelt wurde und dringend einer Klärung bedarf. Ich bin mir bewusst, dass das in diesem Buch verhandelte Thema in allen seinen Facetten emotional besetzt ist. Eine theologische Ethik, die eine lebensdienliche Orientierung für die Auseinandersetzung mit Aufgaben und Herausforderungen heutiger Zeit ermöglichen möchte, wird zu diesem Problemkomplex aber nicht sprachlos bleiben dürfen, so sehr theologische Reflexionen unter dem Vorbehalt immanenter Erkenntnisgrenzen (vgl. 1 Kor 13,12) stehen und nicht mehr, aber auch nicht weniger als Versuche sein können, Unaussprechliches in Worte zu fassen.

Mein Dank gilt den Studierenden meiner Lehrveranstaltungen zu Fragen der Sexualethik an den Universitäten in Darmstadt, Bochum, Frankfurt und Rostock für ihre vielfältigen Denkanstöße und ihre Bereitschaft, sich mit den Themen dieses Buches in kritischer Reflexion auseinanderzusetzen. Ferner möchte ich Tim Eckes M.A. für seine hilfreichen Hinweise danken sowie Christine Armbruster und Jessica Plate vom Institut für Theologie und Sozialethik (iths) der TU Darmstadt für ihre Unterstützung bei der Literaturbeschaffung und Erstellung des Literaturverzeichnisses. Von ganzem Herzen dankbar bin ich Dr. Günter Meyer-Mintel für die ausdrucksstarke Gestaltung des Covers und den ständig bereichernden Austausch, der mich bei der Ausarbeitung immer wieder motiviert hat.

Schließlich sei dem Verlag De Gruyter für die Ermöglichung dieser Publikation gedankt, ganz besonders Katrin Mittmann und Alice Meroz für die ebenso freundliche wie zugewandte Zusammenarbeit.

Darmstadt am Reformationstag 2021   Gerhard Schreiber

Inhalt

Einleitung

Legierungen von Sexualität und Gewalt[1] gehören zum gesellschaftlichen Alltag und sind keine Ausnahmen. Nach repräsentativen Untersuchungen ist fast jede siebte Frau in Deutschland mindestens einmal in ihrem Leben von strafrechtlich relevanten Formen sexueller Gewalt betroffen,[2] etwa jede dritte Frau ist schon einmal Opfer sexuell übergriffigen Verhaltens auf der Straße geworden.[3] Der Missbrauchsbeauftragte der Bundesregierung geht davon aus, dass in Deutschland, statistisch gesehen, ein bis zwei Schüler*innen pro Schulklasse sexueller Gewalt in der Familie und andernorts ausgesetzt sind[4] – und dies auch in kirchlichen Kontexten, in denen man eher ein Handeln erwartet, das der christlichen Botschaft der Liebe Gottes, in die alle Menschen eingeschlossen sind, entspricht. Aktuelle Schätzungen gehen davon aus, dass allein in Einrichtungen der beiden großen christlichen Kirchen in Deutschland bis zu 230.000 Minderjährige sexuell missbraucht worden sind.[5]

Demnach stehen auch die Diskurse einer Theologie, die sich als Reflexion über den Grund christlichen Glaubens „inmitten gegenwärtiger Wirklichkeitser-

---

1 Zur Rede von ‚Legierungen‘ von Sexualität und Gewalt s. Abschnitt C.2.3.
2 Vgl. Bundesministerium für Familie, Senioren, Frauen und Jugend, *Lebenssituation*, 10 u. 25 (repräsentative Befragung von 10.264 Frauen im Alter von 16 bis 85 Jahren zwischen Februar und Oktober 2003 zum Erleben von Gewalt seit dem 16. Lebensjahr); zu den strafrechtlich relevanten Formen werden „Vergewaltigung, versuchte Vergewaltigung und unterschiedliche Formen von sexueller Nötigung unter Anwendung von körperlichem Zwang oder Drohungen" (10) gezählt; vgl. ferner Robert-Koch-Institut (Hg.), *Gesundheitliche Lage*, 309 – 321. Nach der von der Weltgesundheitsorganisation (WHO) durchgeführten Analyse von Prävalenzdaten aus den Jahren 2000 – 2018 in 161 Ländern und Territorien ist weltweit fast jede dritte Frau (31%) ab 15 Jahren mindestens einmal in ihrem Leben von physischer und/oder sexueller Gewalt betroffen, vgl. World Health Organization, *Violence*, 33 u. 35; vgl. die ähnlichen Ergebnisse der von der Agentur der Europäischen Union für Grundrechte (FRA) durchgeführten Erhebung zur Gewalt gegen Frauen in den Mitgliedstaaten der EU von 2012, vgl. European Union Agency for Fundamental Rights (Hg.), *Violence*, 27 ff. Zur Entwicklung der Prävalenz sexueller Gewalt gegen Frauen und Männer vgl. grundsätzlich Borumandnia et al., „The prevalence rate," 20:1835.
3 So die repräsentative Befragung des Institut français d'opinion publique (Ifop) im Auftrag der Pariser Jean-Jaurès-Stiftung von insgesamt 6.025 Frauen ab 18 Jahren in sechs westlichen Industrienationen (USA, Großbritannien, Spanien, Frankreich, Deutschland und Italien) zwischen 25. und 30. Oktober 2018, vgl. die Zusammenfassung (19.11.2018), „Les femmes face aux violences sexuelles," 21.
4 Vgl. Unabhängiger Beauftragter für Fragen des sexuellen Kindesmissbrauchs (UBSKM), „Fakten und Zahlen" (Stand: Mai 2021), 3 zusammen mit der dort in Anm. 5 u. 6 angegebenen Literatur.
5 Vgl. Witt et al., „Contexts," 13; s. Abschnitt F.2.1.

https://doi.org/10.1515/9783110717648-001

fahrung"[6] versteht, vor der Herausforderung, über ihr Verständnis von Sexualität im Allgemeinen, über Sexualität und Gewalt im Besonderen zu reflektieren, wenn denn Sexualität als „Gottesgeschenk"[7] oder „gute Gabe Gottes"[8] verstanden werden soll. Und dies gilt in besonderem Maße für eine theologische *Ethik*, die als „Theorie der menschlichen Lebensführung"[9] von der Lebenswirklichkeit des Menschen ausgeht und diese „in den Horizont der Frage nach dem ‚guten' Leben"[10] stellt. Allerdings geht *theologische* Ethik nicht in einer Beschreibung der vorfindlichen Lebenswirklichkeit des Menschen auf, sondern betrachtet diese als dem Menschen zu verantworteter Gestaltung aufgegebene Lebenswirklichkeit – im Bewusstsein *vor Gott*.[11] In diesem Bewusstsein, *vor Gott* zu sein, erweist sich menschliche Selbstmächtigkeit allerdings stets als illusorisch, menschliche Gestaltungsmöglichkeit stets als begrenzt und menschliche Gestaltungsfähigkeit stets als fragmentarisch.[12] Doch auch diesem Maßstab gegenüber kann und darf sich eine Ethik, ‚mit der wir leben können', um an eine Formulierung Karl Rahners (1904–1984) zu erinnern,[13] weder gesamtgesellschaftlichen Realitäten noch außertheologischen Wissensbeständen verschließen, wenn anders sie sich nicht dem Selbstverständnis entziehen will, in heute geführten gesellschaftlichen Diskursen lebensnahe Orientierungslinien aufzeigen zu können.[14] Im Bereich einer Sexualethik unter theologischen Vorzeichen kein einfaches Unterfangen.

Überhaupt ist in Sachen Sexualität für die Evangelische Kirche in Deutschland (EKD) eine erstaunliche Zurückhaltung zu konstatieren.[15] Die letzte Denkschrift der EKD zu Fragen der Sexualität stammt aus dem Jahr 1971.[16] Eine neue Sexualethik-Denkschrift scheiterte 2014 am Streit über Inhalte als Folge einer erbittert geführten Kontroverse um die EKD-Orientierungshilfe *Zwischen Autonomie und Angewiesenheit* (2013). Nachdem im Januar 2014 der Rat der EKD eine

---

6 Joest, *Fundamentaltheologie*, 27.

7 So im projektierten Titel der später verworfenen EKD-Denkschrift „Sexualität als Gottesgeschenk und Gestaltungsaufgabe"; vgl. Kirchenamt der EKD, „Berichte," 20.

8 Leimgruber, *Sexualpädagogik*, 90.

9 Rendtorff, *Ethik*, 41.

10 A.a.O., 11.

11 Zu dieser Qualifizierung des menschlichen Selbst als „theologische[s] Selbst", welches im Bewusstsein, *vor Gott* zu sein, sein Selbstsein vollzieht und sich damit keinem anderen Menschen, sondern *Gott* als Maßstab des eigenen Selbst gegenüber weiß, vgl. Kierkegaard, *Krankheit*, 77 f.

12 Vgl. Körtner, „Bildung," 105.

13 Vgl. Rahner, „Theologie," 101; ich verdanke diesen Hinweis Fraling, *SexualEthik*, [V].

14 Vgl. Reuter, „Grundlagen," 21.

15 Vgl. Huizing, *Scham*, 269.

16 Vgl. Kirchenkanzlei der EKD (Hg.), *Denkschrift zu Fragen der Sexualethik*.

„Sexdenkschriftpause"[17] beschlossen hatte, veröffentlichten mehrere Mitglieder der im Juni 2010 berufenen und mit der Erarbeitung einer Denkschrift unter dem projektierten Titel „Sexualität als Gottesgeschenk und Gestaltungsaufgabe" betrauten Ad-hoc-Kommission zur Sexualethik[18] im August 2015 ihre Ausarbeitung unter dem Titel *Unverschämt – schön. Sexualethik: evangelisch und lebensnah*[19] auf eigene Faust, was von der EKD ausdrücklich *begrüßt* wurde.[20]

Ohne Bezug auf die Lebensform der Ehe als dem einzig ‚legitim'[21] befundenen Ort gelebter Sexualität, woraus entsprechende Folgerungen speziell für den Umgang mit Homosexualität abgeleitet wurden und werden,[22] scheinen Fragen der Sexualität in den etablierten christlichen Theologien bislang nicht von besonderem Interesse gewesen zu sein. In seinem Beitrag „Liebe, Sexualität, Ehe" (1999) bezeichnet Eilert Herms (*1940) den „Zusammenhang von Liebe, Sexualität und Ehe" denn auch als „ein *unerledigtes* Thema der Theologie, der Kirchen und des christlichen Lebens" – ‚unerledigt' insofern, als bei diesem Themenkomplex in der theologisch-kirchlichen Tradition im Unterschied zu „den großen etablierten Standardthemen kirchlicher Lehre und Verkündigung" nicht klar sei, „*ob* er Sachverhalte betrifft, die für die ursprüngliche Verfassung und Bestimmung des geschaffenen Personseins so wesentlich sind wie ‚Schöpfung', ‚Sünde', ‚Gnade', das Leben in der ‚Gemeinschaft der Glaubenden' (Kirche) und die Vollendung des Lebens durch das Gestorbensein hindurch".[23] Während Literatur und Tiefenpsychologie den durch Liebe, Sexualität und Ehe repräsentierten Erfahrungsbereich als Lebenssinn erschließend betrachteten, redeten kirchliche Lehre und Predigt über Gott und die Welt, „indem sie von Intimität stiftender Liebe und Sexualität schweigen – bis es kracht. Dann fangen sie an zu reden, aber immer nur über Sexualität und Ehe; und – wenn nicht gar mit erhobenem Zeigefinger – immer nachträglich ordnend" dadurch, dass „irgendwelche ‚Selbstverständlichkeiten' der Tradition, Leitbilder oder Normen diskutiert" würden, „an denen die Lebensphänomene gemessen werden".[24]

Deshalb ist es gleichermaßen bedauerlich wie bezeichnend, dass auch dem Thema Sexualität und Gewalt in der theologischen Ethik bislang keine besondere

---

17 So Thielmann (Redaktion), in: Dabrock, „Sex," 2.
18 Kirchenamt der EKD, „Berichte," 20.
19 Dabrock et al., *Unverschämt – schön*.
20 Vgl. Brandes, „Sexualethik" (ohne Seitenzahl).
21 Vgl. dazu Merks, „Grenzzäune," 175; und zwar bereits seit Paulus, vgl. Körner, *Sexualität*, 156.
22 Für eine umfangreiche Darstellung des christlich-theologischen Diskurses um Homosexualität und gleichgeschlechtliche Partnerschaften vgl. Porsch, *Verstehensbedingungen*, 77 ff.
23 Herms, „Liebe," 95.
24 A.a.O., 96. Auf das Thema Gewalt wird von Herms mit keinem Wort eingegangen.

Aufmerksamkeit zuteilgeworden ist. Was jedenfalls den Bereich der evangelischen Theologie angeht, kennzeichnet sämtliche prominente Ethik-Entwürfe der Nachkriegszeit ein weitgehendes Schweigen über dieses Thema.[25] Vergewaltigung oder sexueller Missbrauch von Minderjährigen werden, wenn überhaupt, zwar als markante Beispiele für „direkte Verstöße gegen das Recht auf sexuelle Selbstbestimmung"[26] erwähnt, nicht aber eingehender behandelt. Nachdem auch christliche Sexualethiken, derer es vor allem im evangelischen Bereich nicht gerade viele gibt, das Thema Sexualität und Gewalt allenfalls en passant behandeln, bleibt festzuhalten, dass eine prinzipielle theologisch-ethische Reflexion über Legierungen von Sexualität und Gewalt noch aussteht, dieses Thema also einen blinden Fleck in der theologischen Reflexion der Sexualität bildet.

Der auf den ersten Blick womöglich enigmatisch anmutende Haupttitel der vorliegenden Untersuchung, *Im Dunkel der Sexualität*, ist eine Anspielung auf die Schlüsselszene in Sophokles' Tragödie *Die Trachinierinnen* (um 440 v.Chr.), in der Deïaneira ihren Plan, sich der Treue ihres Mannes Herakles zu versichern, gegenüber der Chorführerin mit den Worten rechtfertigt: „Selbst wer Schändliches im Dunkel tut, fällt doch der Schande nicht anheim."[27] Im Blickpunkt steht freilich nicht der Kontext dieses Satzes,[28] sondern das darin Gesagte. Das hier mit ‚Dunkel' wiedergegebene Substantiv σκότος bedeutet im klassischen Griechisch nicht nur ‚Todes-' oder ‚Unterweltdunkel', ‚mutterleibliche', ‚Sonnen-' oder ‚kosmische Finsternis' – wie die nach der Schöpfungserzählung über der Urflut liegende ‚Finsternis' in Gen 1,2 (LXX), von der Gott das Licht schied – sowie ‚dunkler Schatten' (beispielsweise in einem Bild[29]), sondern in übertragenem Sinne auch ‚Versteck', ‚Verborgenheit' und ‚Trug'.[30] Es handelt sich also, ob mit oder ohne metaphysische Aufladung, um einen Relationsbegriff, und zwar ‚Kehrseite des Lichts', der überdies auf menschliche Seins- und Verhaltensweisen bezogen werden kann.[31]

---

25 Vgl. Praetorius, *Anthropologie*, 202–205; s. Abschnitt B.1.

26 So Schockenhoff, *Grundlegung*, 591.

27 Sophokles, *Dramen*, 135 (V. 596f.: ὡς σκότῳ κἂν αἰσχρὰ πράσσῃς, οὔποτ' αἰσχύνη πεσεῖ).

28 Um ihren sich auf einem Rachefeldzug befindlichen Mann vor sexuellen Verfehlungen zu bewahren, bestrich Deïaneira – einem hinterlistigen Rat des Kentauren Nessos folgend – das Untergewand ihres Mannes mit dem Nessosblut und ließ ihm dieses überbringen; als Herakles dieses sprichwörtliche ‚Nessoshemd' anlegte, befielen ihn unerträgliche Qualen, woraufhin er sich, als er dieses nicht mehr ablegen konnte, auf einem Scheiterhaufen verbrennen ließ.

29 So z.B. im Kommentar des Eustathios von Thessalonike zur Ilias Homers, *Eustathii [...] Commentarii ad Homeri Iliadem*, 180 (953,51–53).

30 Vgl. Gemoll, *Schul- und Handwörterbuch*, 680 (s.v. „σκότος"); Passow, *Handwörterbuch*, Bd. 2, 695 (s.v. „σκότος").

31 Vgl. Hahn, „σκότος," 1307.

Ein solches Dunkel umgibt auch die menschliche Sexualität, (wenn) deren lebenszerstörerisches Potenzial als unabtrennbare Kehrseite ihres lebensförderlichen Potenzials sich in Handlungen und Verhaltensweisen Bahn bricht, wie sie Thema der vorliegenden Untersuchung sind. Diese geschehen nicht selten im Verborgenen und haben die Tendenz, im Verborgenen zu bleiben. Darin zeigt sich ihre wesenhafte Verbundenheit mit Macht, deren „Durchsetzungserfolg", wie Michel Foucault (1926–1984) bemerkt, ihrem Vermögen entspricht, „ihre Mechanismen zu verbergen [...]. Das Geheimnis stellt für sie keinen Mißbrauch dar, sondern ist unerläßlich für ihr Funktionieren."[32] Wie Erkenntnisse zum Dunkelfeld als dem Bereich der nicht angezeigten und demnach auch nicht polizeilich dokumentierten Sexualstraftaten nahelegen, ist es neben Scham, Hilf- und Sprachlosigkeit[33] nicht zuletzt die Beziehungs- und Machtkonstellation zwischen Täterpersonen und Opfern, die dazu führt, dass viele Straftaten gegen die sexuelle Selbstbestimmung nicht zur Anzeige gebracht werden.[34] Was im Geheimen bleibt und nicht offenbar wird, und sei es noch so ‚schändlich', scheint nie geschehen zu sein und kann somit auch nicht ‚der Schande anheimfallen' – eine Denkweise, die den Deckmantel des Schweigens als Schutzmantel über Geschehenes breitet.

Demnach gilt es, jenes Dunkel zu lichten (vgl. Eph 5,11–13), die Verkehrtheit einer derartigen Denkweise, wie sie Sophokles seiner Protagonistin in den Mund gelegt hat, vor aller Augen zu führen (zu ‚de-monstrieren'[35]) und die mangelhafte oder schlicht mangelnde Reflexion zu überwinden, die auch seitens Theologie und Kirche das Thema Sexualität und Gewalt – gleich einer opaken Oberfläche, die allenfalls die Betrachtenden reflektiert, selbst aber undurchsichtig bleibt – noch immer begleitet. Es bedarf eines Instrumentariums, um den dringend gebotenen sexualethischen Diskurs innerhalb wie außerhalb von Theologie und Kirche begriffsscharf führen und in der Auseinandersetzung mit gegenwärtigen Herausforderungen und immer komplizierteren Diskussionsfeldern zu einem begründeten eigenen Urteil finden zu können. Als ein Beitrag zu einem solchen ‚Kompass' ethischer Urteilsbildung[36] versteht sich die vorliegende Untersuchung.

---

32 Foucault, *Sexualität*, Bd. 1, 107.
33 Zu den fundamentalen Schwierigkeiten, über sexuelle Gewalterfahrungen zu sprechen, und der häufig festgestellten Sprachlosigkeit aller Beteiligten in diesem Zusammenhang vgl. Mayer, „‚Kein Thema der Vergangenheit'," 91–108; Kavemann et al., *Erinnern*, 71–94 u. 117–140.
34 Vgl. Niemeczek, *Tatverhalten*, 22–26 u. 39.
35 Vgl. *Deutsches Fremdwörterbuch*, Bd. 4 (2. Aufl.), 274f. (s.v. „Demonstration").
36 Zur Rede vom „Kompaß theologischer Urteilsbildung" vgl. Ebeling, *Dogmatik*, Bd. 3, 219.

Die Untersuchung gliedert sich in sechs Teile, welche aufeinander aufbauen, aber auch als eigenständige Blöcke verstanden werden können.[37] Ausgangspunkt der in Untersuchungsteil A, *Klärungen*, angestellten Überlegungen ist die Intention, die mit den beiden notorisch auslegungsbedürftigen Schlüsselbegriffen der vorliegenden Untersuchung, ‚Sexualität' und ‚Gewalt', bezeichneten Sachverhalte zu erschließen und zueinander in Beziehung zu setzen. Die Bestimmung dessen, was unter ‚Sexualität' und ‚Gewalt' zu verstehen ist, kann nicht unabhängig von ihrem jeweiligen Gegenstand erfolgen, welcher allerdings erst durch die Untersuchung selbst immer klarer erfasst werden kann. Und doch muss der jeweilige Gegenstand zunächst wenigstens vorläufig ein- und abgegrenzt, signifikante Aspekte, Dimensionen und Funktionen herausgestellt, wesentliche Differenzierungen eingezogen und die im weiteren Untersuchungsverlauf verwendete Terminologie begründet werden.

Die sexualethische Reflexion darüber, wie und anhand welcher Kriterien sich Handlungen und Phänomene ethisch beurteilen lassen, in denen Sexualität und Gewalt in wie auch immer zu definierender Weise miteinander verbunden sein können, erfolgt nicht im luftleeren Raum, sondern vor dem Hintergrund des gegenwärtigen theologischen Diskussionsstandes. In Untersuchungsteil B, *Positionen*, sollen deshalb exemplarische Stellungnahmen aus der katholischen, evangelischen und evangelikalen Theologie im zurückliegenden Vierteljahrhundert daraufhin befragt werden, welche und wie Legierungen von Sexualität und Gewalt beurteilt und, wenn überhaupt, welche Rückschlüsse auf das theologische Verständnis von Sexualität im Allgemeinen, das Verhältnis von Sexualität und Gewalt im Besonderen gezogen werden.

Vor diesem Hintergrund erfolgt in Untersuchungsteil C, *Reflexionen*, eine eigene theologisch-anthropologisch fundierte sexualethische Stellungnahme zum Verhältnis von Sexualität und Gewalt. Gerade in Anbetracht der Anfälligkeit von Sexualität für Gewalt stellt sich die Frage, wie der dem Einzelnen auch im Bereich des Sexuellen zur Verfügung stehende Freiheitsraum in ethisch verantworteter Weise gestaltet werden kann. Welche „unbeliebigen Vorgaben"[38] sind hierbei zu berücksichtigen und welche Grenzen sind sexuellen Handlungen[39] aus sexual-

---

37 Querverweise *innerhalb* ein und desselben Untersuchungsteils erfolgen unter Angabe von Kapitel(abschnitten) sowie ggf. Anmerkungen. Bei Verweisen auf Kapitel(abschnitte) und/oder Anmerkungen eines *anderen* Untersuchungsteils wird dem Verweis immer auch der *Buchstabe* des betreffenden Untersuchungsteils (A-F) vorangestellt. Die numerische Zählung der Anmerkungen beginnt mit jedem Untersuchungsteil neu.
38 Fraling, *SexualEthik*, 46.
39 Zur Klärung des Begriffs der sexuellen Handlung und der Differenzierung von sexuellen Handlungen in Handlungen *vor*, *mit* oder *an* einer anderen Person s. Abschnitt A.3.1.

ethischer Sicht zu setzen? Durch die Erhebung von Einverständlichkeit zum sexualethischen Leitkriterium dieser Untersuchung wird verdeutlicht, dass auch für die sexualethische Beurteilung von Legierungen von Sexualität und Gewalt weniger einzelne sexuelle Handlungen maßgeblich sind, sondern vielmehr der Modus ihres Zustandekommens und Vollzugs.

Diese grundsätzliche Ausrichtung auf Handlungs- und Geschehenszusammenhänge wird an ausgewählten Konstellationen in Untersuchungsteil D, *Grenzen*, weiter darzulegen sein. Dabei geht es nicht um eine erschöpfende Behandlung der mannigfaltigen Berührungspunkte, Verflechtungen und Vermischungen von Sexualität und Gewalt, sondern darum, anhand exemplarischer Konkretisierungen allgemeinere Folgerungen für deren Relationierung aus Sicht einer theologisch begründeten Sexualethik zu ziehen. Es wird zu zeigen sein, dass die Unterscheidung zwischen ethisch zulässigen und ethisch unzulässigen sexuellen Handlungen oder Interaktionen nicht entlang der Gewaltgrenze, sondern entlang den Grenzen der Einverständlichkeit verläuft; diese Grenzen gilt es zu erkunden.

Sexualethik hat aber nicht nur Seinsweisen, sondern auch Darstellungsweisen von Gewalt und gewaltförmiger Sexualität in den Blick zu nehmen. In Untersuchungsteil E, *Darstellungen*, sollen deshalb Herstellung, Nutzung und Verbreitung virtueller und realer Missbrauchsabbildungen einerseits, die als ‚Pornographie‘ bezeichnete explizite Darstellung sexueller Handlungen zwischen Erwachsenen andererseits mit ständiger Rücksicht auf den außertheologischen Forschungsstand und die aktuelle rechtliche Situation in Deutschland behandelt werden. Im Rahmen der Klärung des Verhältnisses von Pornographie und Gewalt wird überdies zu diskutieren sein, ob und inwiefern diese explizite Darstellung sexueller Handlungen nicht nur Gewalt *abbilden*, sondern sich auch selbst *als* Gewalt *erweisen* kann, sodass der Teiltitel ‚Darstellungen‘ – wie alle anderen Teiltitel dieser Untersuchung auch[40] – durchaus doppeldeutig zu verstehen ist.

In Untersuchungsteil F, *Konkretisierungen*, finden sich schließlich Überlegungen zu sexuellem Kindesmissbrauch, die sowohl das Verhältnis von Pädo-

---

[40] Gleiches gilt nämlich für die mit ‚Klärungen‘ überschriebenen Bemerkungen, die nicht nur Sachverhalte und Beziehungen klären (‚schärfen‘), sondern auch unklare und ungeklärte Verbindungen klären (‚herausstellen‘), sowie für die als ‚Reflexionen‘ betitelten Ausführungen, die nicht nur die systematisch-theologische Theoriebildung – soweit für den Untersuchungszusammenhang relevant – reflektieren (‚widerspiegeln‘), sondern auch über Kriterien reflektieren (‚nachdenken‘), anhand derer konkrete Handlungen und Phänomene ethisch beurteilt werden können. Schließlich sind auch ‚Positionen‘ nicht nur Stellungen, die argumentativ bezogen werden, sondern immer auch Standortbestimmungen im umgreifenden Zusammenhang, während ‚Konkretisierungen‘ gleichermaßen der Verdeutlichung wie der Näherbestimmung der Ausführungen eigener oder fremder Hand dienen.

philie und sexuellem Kindesmissbrauch als auch Fragen der Definition, Genese und Auswirkungen sexuellen Kindesmissbrauchs betreffen, um daraus Folgerungen für den Umgang mit dem sexuellen Missbrauch Minderjähriger und Schutzbefohlener in kirchlichen Kontexten ziehen zu können. Wenn diese Folgerungen nur Fragment bleiben, so deshalb, weil eine sexualethische Stellungnahme zu sexuellem Kindesmissbrauch im Raum der beiden großen christlichen Kirchen in Deutschland erst dann substantiiert möglich erscheint, wenn die systemischen Bedingungen und Ermöglichungsstrukturen ebenso wie die unterschiedlichen Formen und Muster sexueller*sexualisierter Gewalt[41] gegenüber Minderjährigen und Schutzbefohlenen auch im Bereich der evangelischen Kirche vor aller Augen aufgeklärt worden sind.[42] Im Dezember 2020 hat der von der EKD finanziell geförderte unabhängige Forschungsverbund „ForuM – Forschung zur Aufarbeitung von sexualisierter Gewalt und anderen Missbrauchsformen in der evangelischen Kirche und Diakonie in Deutschland"[43] seine Arbeit an dieser sechs Teilprojekte umfassenden Studie aufgenommen, deren Ergebnisse voraussichtlich im Herbst 2023 vorliegen werden. Erst auf der Basis einer solchen breit angelegten multidisziplinären und -perspektivischen Aufarbeitungsstudie als ein evangelisches Pendant zur 2018 veröffentlichten MHG-Studie[44] im Verantwortungsbereich der Deutschen Bischofskonferenz ist nach meinem Dafürhalten der geeignete Zeitpunkt für eine empirisch fundierte sexualethische Stellungnah-

---

41 ‚Sexuelle Gewalt' und ‚sexualisierte Gewalt' werden in dieser Untersuchung nicht *disjunktiv*, sondern *konjunktiv* gefasst, was die Rede von ‚sexueller*sexualisierter Gewalt' signalisiert; s. hierzu Abschnitt A.3.4.

42 Ansätze hierzu finden sich in dem 2011 von der damaligen Unabhängigen Beauftragten zur Aufarbeitung des sexuellen Missbrauchs, Christine Bergmann, veröffentlichten *Abschlussbericht*, 49 f., sowie in der Auswertung von 22 Fällen aus dem evangelischen Kontext in der Fallstudie von Kowalski, *Fallstudie*, 19–24, 72–97 u. 105–111; ferner im umfangreichen Schlussbericht zur Aufarbeitung von Missbrauchsfällen im Gebiet der ehemaligen Nordelbischen Evangelisch-Lutherischen Kirche, vgl. Ladenburger et al., *Schlussbericht* (2014).

43 Vgl. https://www.forum-studie.de/ (Zugriff: 31.10.2021).

44 Vgl. Dreßing et al., *Sexueller Missbrauch*. Diese sieben Teilprojekte umfassende Studie – aufgrund der Orte der Universitäten des Forschungskonsortiums (Mannheim, Heidelberg, Gießen) gewöhnlich ‚MHG-Studie' genannt – ist das Ergebnis eines in der Zeit von Juli 2014 bis September 2018 durchgeführten interdisziplinären Forschungsverbundprojekts, das 2013 vom Verband der Diözesen Deutschlands (VDD) ausgeschrieben und finanziell gefördert wurde. Das übergeordnete Projektziel bestand darin, unter Anwendung qualitativer und quantitativer Forschungsmethoden nicht nur „die Häufigkeit des sexuellen Missbrauchs Minderjähriger durch Diözesanpriester, Diakone und Ordenspriester" im Verantwortungsbereich der Deutschen Bischofskonferenz in der Zeit von 1946 bis 2014 zu erfassen und „die Formen sexuellen Missbrauchs zu beschreiben", sondern auch spezifische „kirchliche Strukturen und Dynamiken zu identifizieren, die das Missbrauchsgeschehen begünstigen könnten" (3).

me zu sexuellem Kindesmissbrauch im Raum von Kirche gegeben, die bei allen Ähnlichkeiten der großen christlichen Kirchen auch deren unübersehbaren institutionellen und theologischen Spezifika in den Blick bekommt.[45]

Die vorliegende Untersuchung gründet in dem Bemühen, zu einer gleichermaßen differenzierten wie interdisziplinär informierten[46] Beurteilung von Legierungen von Sexualität und Gewalt aus theologisch-ethischer Perspektive zu kommen, die sich nicht nur als offen für außertheologische Wissensbestände zu erweisen, sondern auch an gegenwärtige Welt- und Werthorizonte anknüpfungsfähige Orientierung glaubensgegründeter Lebensführung zu geben vermag. Gerade humanwissenschaftliche Erkenntnisse können, obgleich sie aus sich selbst heraus keine ethischen Grundlagen für sexuelles Handeln hervorbringen und an sich für die Urteilsbildung aus Sicht einer *theologisch* begründeten Sexualethik keine normative Autorität beanspruchen können, durchaus anthropologische Sachverhalte zu Bewusstsein bringen, die auch eine Reflexion aus theologisch-ethischer Perspektive zu berücksichtigen hat.[47] Zugleich ist zu bemerken, dass das Zurück- und Ausgreifen auf die sich ständig wandelnden humanwissenschaftlichen Erkenntnisse ebenso wie die Bereitschaft zur Auseinandersetzung mit aktuellen Problemlagen die christliche Theologie immer deutlicher mit der Frage nach dem konfrontiert, was als das Proprium der theologisch-ethischen Beschäftigung mit Sexualität selbige vom philosophischen, aber auch von jedem sozial- und humanwissenschaftlichen Verständnis von Se-

---

45 In Umkehrung einer Bemerkung in den nachgelassenen Aufzeichnungen Wittgensteins über die Schwierigkeit des Anfangens am Anfang (vgl. Wittgenstein, *Über Gewißheit*, 123; Nr. 471 vom 5. April 1951) ließe sich über das Aufhören am Ende – jedenfalls dieser Untersuchung – insofern sagen: ‚Es ist schwer, am Ende aufzuhören. Und nicht versuchen, weiter vorwärtszugehen.' Zur nichtsdestotrotz bestehenden Notwendigkeit des Weitervorwärtsgehens als gesamttheologischer Aufgabe vgl. die Schlussbemerkung dieser Untersuchung.

46 Zur Orientierung sollen deshalb bei im Haupttext genannten Autor*innen aus dem *außer*theologischen und *außer*philosophischen Bereich immer auch der jeweilige wissenschaftliche Arbeits- und Wirkungsbereich sowie grundsätzlich, soweit ermittelbar, die Lebensdaten von Autor*innen angegeben werden.

47 Vgl. hierzu Fraling, *SexualEthik*, 6 f., dem ich mich in diesem Punkt anschließe, wenngleich er die Diskurse der „Sexualwissenschaften im engeren Sinn" (6, Anm. 15) überraschenderweise hiervon ausnimmt. Vgl. ferner Dabrock et al., *Unverschämt – schön*, 13 im Unterschied zu Kirchenamt der EKD, *Spannungen*, 11. Zum Verhältnis der Theologie zu den Humanwissenschaften, welche für die Theologie durchaus eine bestimmte, nicht zuletzt „regulative Bedeutung" haben und als Richtmarken setzende „Indikatoren" (306) verstanden werden können, ohne das theologische Denken deshalb auch normativ und theologische Aussagen „material zu bestimmen", vgl. Scheffczyk, *Theologie*, 304–306.

xualität unterscheidet. Dies wird an entsprechender Stelle dieser Untersuchung auseinanderzusetzen sein.[48]

Abschließend noch eine Bemerkung zur Rede von ‚Tätern' und ‚Opfern' in der vorliegenden Untersuchung. Sexuelle*sexualisierte Gewalt ist insofern ein geschlechtsspezifisches Problem, als sie in ganz überwiegendem Maße von Männern und männlichen Jugendlichen an Frauen sowie an Kindern und Jugendlichen jederlei Geschlechts verübt wird. Laut Polizeilicher Kriminalstatistik für das Jahr 2019 waren in Deutschland bei Straftaten gegen die sexuelle Selbstbestimmung von den 52.322 Tatverdächtigen 93,2% männlich und 6,8% weiblich, speziell bei Vergewaltigung, sexueller Nötigung und sexuellem Übergriff im besonders schweren Fall einschließlich mit Todesfolge (§§ 177, 178 StGB) 98,9% männlich und 1,1% weiblich, speziell bei sexuellem Kindesmissbrauch (§§ 176, 176a, 176b StGB) 93,9% männlich und 6,1% weiblich.[49] Nachdem die den Ausführungen dieser Untersuchung zugrunde liegende wissenschaftliche Literatur in ganz überwiegendem Maße die Gewalt männlicher Täter gegen Kinder, Jugendliche und Frauen behandelt und/oder explizit nur von männlichen Tätern spricht, habe auch ich bei der Wiedergabe und Diskussion der betreffenden Studien und Veröffentlichungen die Rede von ‚Tätern' beibehalten. Überdies wird in der Literatur sowie von Hilfsorganisationen und Interessenvertretungen immer wieder vorgeschlagen, anstatt von ‚Opfern'[50] (als Gegenbegriff zu ‚Täter') besser von ‚Überlebenden' sexueller*sexualisierter Gewalt zu sprechen, was den traumatischen Erfahrungen insbesondere von Menschen Rechnung tragen soll, die im Kindes- oder Jugendalter sexuell missbraucht wurden – mit weitreichenden, oft lebenslangen Folgen.[51] Auch hier habe ich mich bei der eigenen Wortwahl an der jeweils zugrunde liegenden wissenschaftlichen Literatur orientiert, sonst jedoch, wo immer möglich, von ‚Überlebenden' gesprochen bzw., wenn ‚Überlebende' zu unspezifisch gewesen wäre, die Rede von ‚überlebenden Opfern' als Mittelweg präferiert.

---

48 Siehe Abschnitt C.1.5.
49 Bundeskriminalamt (Hg.), *Polizeiliche Kriminalstatistik. Jahrbuch 2019*, Bd. 4, 20. Das PKS-Jahrbuch steht ab dem Berichtsjahr 2020 nicht mehr zur Verfügung.
50 Vgl. Moser, „Opfer," 20–25; zur Problematik der Rede von ‚Opfern' in diesem Zusammenhang vgl. auch Jud, „Sexueller Kindesmissbrauch," 42.
51 Vgl. Herman, *Narben*, 45.

A Klärungen

Begriffe schöpfen tief aus dem Bezeichneten und wirken folgenreich auf das Bezeichnete. Deshalb sind ihre Bestimmungen mehr als ‚Wortspielereien': Sie zu klären, schafft die notwendige Basis für Diskurs. Unter dieser Annahme gilt es, das zuweilen ‚Unbegreifliche' aus der Sphäre des Unsagbaren in die uns gemeinsame Wirklichkeit, die durch die von uns geteilte Sprache konstituiert wird, zu überführen. Nur mit einem Mindestmaß an Übereinkunft über den Inhalt der in einem gegebenen Kontext maßgeblichen Begrifflichkeiten als ‚Denkwerkzeuge' (M. Weber) ist Verständigung möglich und können Miss- und Nichtverstehen vermieden werden. Diesem Bemühen dienen auch die nachfolgenden Überlegungen zu den Schlüsselbegriffen der vorliegenden Untersuchung als deren erster Teil. Dabei empfiehlt es sich, zunächst die beiden im Untertitel mittels ‚und' einander nebengeordneten Begriffe ‚Sexualität' und ‚Gewalt' je für sich einer Klärung zuzuführen, um dann die in der Rede von ‚sexueller Gewalt' und ‚sexualisierter Gewalt' jeweils hergestellte Verbindung der mit diesen Begriffen bezeichneten Inhalte in den Blick zu nehmen.

1 Sexualität

Sexualität lässt sich nicht definieren. Dies jedenfalls, „sofern ‚definieren' bedeutet: in Grenzen (finis = Grenze) einschließen, etwas eingrenzen in dem, was es ist, durch abgrenzen von dem, was es nicht ist".[1] Denn Sexualität ist als elementarer Bestandteil der Persönlichkeit etwas ganz und gar Individuelles, zutiefst Eigenes – mit den Worten des Frankfurter Sexualwissenschaftlers Volkmar Sigusch (*1940) gesprochen: „keine Sexualität eines Menschen ist mit der eines anderen identisch".[2] Entsprechend mannigfaltig sind die Ausdrucksmöglichkeiten, entsprechend breit ist das Spektrum der Äußerungsformen von Sexualität, die nicht auf bestimmte Lebensabschnitte begrenzt ist, sondern unser Menschsein von der Wiege bis zur Bahre beeinflusst.[3] Diese Vielfalt und Bandbreite sexuellen

---

1 Rosenau, *Warten*, 34 (über das menschliche ‚Leben').
2 Sigusch, *Sex-ABC*, 53.
3 Gewiss unterliegen sexuelles Verlangen und sexuelle Motivation im Lebensverlauf geschlechtsspezifischen Fluktuationen und der Blick in Geschichte und Gegenwart zeigt, dass es Menschen gibt und immer schon gegeben hat, die weder sexuelles Verlangen verspüren noch sexuelle Anziehung zu einem Gegenüber empfinden, ohne dass hierbei Leidensdruck vorhanden wäre oder aber ‚Krankheiten', ‚Störungen', Schicksalsschläge und dergleichen als Grund hierfür geltend gemacht werden könnten (zu dieser ‚Asexualität' genannten Kulturform vgl. Sigusch,

https://doi.org/10.1515/9783110717648-002

Erlebens und Verhaltens hat die US-amerikanische Psychoanalytikerin Avodah K. Offit (*1931) in ihrem Buch *The Sexual Self* (1977) wie folgt beschrieben:

> Sexualität ist, was wir daraus machen: eine teure oder eine billige Ware, Mittel der Fortpflanzung, Abwehr der Einsamkeit, eine Kommunikationsform, eine Waffe der Aggression (Herrschaft, Macht, Strafe, Unterwerfung), ein Sport, Liebe, Kunst, Schönheit, ein idealer Zustand, das Böse, das Gute, Luxus oder Entspannung, Belohnung, Flucht, ein Grund der Selbstachtung, ein Ausdruck der Zuneigung (mütterlicher, väterlicher, brüderlicher oder schlicht menschlicher Verbundenheit), eine Art der Rebellion, eine Quelle der Freiheit, Pflicht, Vergnügen, Vereinigung mit dem All, mystische Ekstase, indirekter Todeswunsch oder Todeserleben, ein Weg zu Frieden, eine juristische Streitsache, eine Art, menschliches Neuland zu erkunden, eine Technik, eine biologische Funktion, Ausdruck psychischer Krankheit oder Gesundheit, oder einfach eine sinnliche Erfahrung.[4]

Sexualität ist aber nicht nur individualgeschichtlich vermittelt, sondern immer auch soziokulturell überformt.[5] Deshalb überrascht es nicht, dass Versuche, Sexualität ein- und abzugrenzen, nicht selten von der Intention getragen waren und noch sind, damit zugleich ein- und abzugrenzen, wie Sexualität zu leben ist und wie nicht.

Davon zeugen nicht nur die vielfältigen Bemühungen in der Geschichte der bürgerlichen Medizin, Psychiatrie und Sexualwissenschaft, Sexualität dadurch zu normieren, dass ‚natürliche‘ von ‚unnatürlichen‘ Verhaltensäußerungen der Sexualität abgegrenzt und ‚abweichende‘ Erscheinungsformen als pathologisch ausgegrenzt werden, sondern auch die Bemühungen der allermeisten Staaten, das Intimleben ihrer Bürger*innen rechtlich zu ‚regulieren‘. Letzteres gilt auch für die traditionellen normsetzenden Institutionen, wenn sie die enorme Vielfalt sexueller Handlungen und Verhaltensweisen in die Kategorien des moralisch Guten, Indifferenten oder Schlechten als fein säuberlich voneinander zu trennende

---

Sexualitäten, 485–491). Dennoch ist nicht zuletzt durch Freuds ‚Entdeckung‘ der infantilen Sexualität als eines „Grundelement[s] der conditio humana" (König, *Kindliche Sexualität*, 69) sowie durch die zunehmende Erforschung des Verlaufs des Sexuallebens im Alter (‚Alterssexualität‘) deutlich zutage getreten, dass Sexualität bei den meisten Menschen – quantitativen und qualitativen Veränderungen von Sexualität im Lebensverlauf zum Trotz, einschließlich Veränderungen der Bedeutung von Sexualität – ein integraler Bestandteil ihrer gesamten Biographie ist.

4 Offit, *Sexual Self*, 14; zit. nach *Das sexuelle Ich*, 16.
5 Es versteht sich, dass damit nicht behauptet werden soll, „aus der menschlichen Sexualität" ließe sich „[e]twas rein Natürliches [...] herausschälen"; das „natürliche Moment am Sexuellen" kann vom gesellschaftlichen Moment nicht getrennt werden (Sielert, *Einführung*, 40 f.); zur individualgeschichtlichen Vermittlung der Sexualität vgl. Sigusch, *Sexualitäten*, 21 u. 59; zur sozialen und kulturellen Über(Formung) der Sexualität vgl. Schelsky, *Soziologie*, 12; *Pannenberg, Anthropologie*, 415 f. Zur Frage der ‚Natürlichkeit‘ sexuellen Verhaltens vgl. Haeberle, *Sexualität des Menschen*, 347 f. (engl. *The Sex Atlas*, 315); Sigusch, „Natur und Sexualität," 33 f.

Schubladen einteilen, um so dem sexuellen Erleben und Verhalten von Menschen Grenzen zu setzen.[6]

Die Nichtdefinierbarkeit von Sexualität im genannten Sinne zeigt sich ferner darin, dass im sexuellen Erleben und Verhalten des Menschen ganz unterschiedliche biologische, psychische und soziale Faktoren zum Zuge kommen, die zeitvariabel und individualgeschichtlich variant sind, weshalb die „individuellen Erfahrungs-, Begehrungs- und Erlebensstrukturen"[7] des Menschen auch entsprechenden Veränderungsprozessen unterliegen. Überdies ist die unweigerlich Körperlichkeit voraussetzende menschliche Sexualität etwas grundsätzlich Relationales, da das sexuelle Begehren stets auf etwas aus ist, d. h. sich stets *auf* etwas *richtet*, auch wenn das, worauf sich das sexuelle Begehren richtet, selbst nicht unmittelbar sexuell sein muss.[8] Entsprechend ändert sich Sexualität nicht nur mit bzw. je nach den Personen oder Objekten, auf die das sexuelle Begehren gerichtet ist, sondern auch die Beziehung zu unserer eigenen Sexualität „verändert sich in geradezu bestürzender Regelmäßigkeit",[9] sodass jede Definition, wie der Frankfurter Sexualwissenschaftler Martin Dannecker (*1942) folgert, „die Sexualität von der sie konstituierenden Erfahrung, der Geschichte und den Kontexten, in die sie gestellt ist, abschneiden"[10] würde.

Kurzum: Sexualität kann nicht ‚definiert' im Sinne von ‚ein- und abgegrenzt' werden. Gleichwohl kann Sexualität als Phänomen beschrieben und in dem Maße auch bestimmt werden, wie Aspekte, Dimensionen und Funktionen herausgestellt werden, die für Sexualität wesentlich zu sein scheinen. Da dies sinnvollerweise erst dann erfolgen kann, wenn auch der *Begriff* ‚Sexualität' erkundet ist, gilt es zunächst, diesen zu erschließen, um sodann signifikante Aspekte, Dimensionen und Funktionen des solcherart Bezeichneten zu differenzieren.

1.1 Erschließung

Was Etymologie und Begriffsgeschichte von ‚Sexualität' betrifft, ist festzustellen, dass das spätestens Anfang der 1790er Jahre aufgekommene, womöglich über das französische *sexualité* vermittelte[11] Substantiv ‚Sexualität' („Geschlechtlichkeit,

---

6 Vgl. hierzu Fend, *Entwicklungspsychologie*, 254–258.
7 Sigusch, *Sexualitäten*, 212.
8 Vgl. hierzu Dannecker, „Sexualität," 9.
9 Ebd.
10 A.a.O., 10.
11 Der älteste mir bekannte Beleg von *sexualité* findet sich in der 1775 erschienenen anonymen französischen Übersetzung der lateinischen Schrift *Physiologia muscorum* (1774) des kurpfälzi-

Gesamtheit des Geschlechtslebens und seiner Erscheinungen"[12]), eine Bildung zu ,sexual' („geschlechtlich, das Geschlecht betreffend"[13], von spätlateinisch *sexualis*, „zum Geschlecht gehörig"[14]), ursprünglich auf die ,Fort-Pflanzung' von Moosen und Blütenpflanzen bezogen war.[15] Nachdem Friedrich Wilhelm Joseph Schelling (1775–1854) in seinem *Ersten Entwurf eines Systems der Naturphilosophie* (1799) von der „allgemeine[n] Sexualität in der organischen Natur" als „äußerste[r] Gränze des allgemeinen organischen Gegensatzes"[16] schrieb, hat der aus Oberbayern stammende Arzt und nachmalige Münchener Professor zuerst für Anatomie und Physiologie und später für Astronomie (!) Franz von Paula Gruithuisen (1774–1852) in seiner *Anthropologie* (1810) von der Herausbildung der „Organe der Sexualität, Reproduktion, Irritabilität und Sensibilität" bei „Thiergattungen und Thierarten" auf einer Stufe gesprochen, die „im Menschen den vollkommensten Ausbildungsgrad erreichte".[17] Es kann vermutet werden, dass Gruithuisen dabei unter den ,Organen der Sexualität' noch nichts anderes als männliche und weibliche Organe verstanden hat, „die mit dem Geschlecht als anatomischem Unterscheidungsmerkmal zu tun haben"[18] und die deshalb in seiner Aufzählung von denen der ,Reproduktion' noch abgehoben werden,[19] deren Betätigung bzw. Stimulierung in der Folge schon bald ebenfalls als ,sexuell' bezeichnet werden sollte.

Bereits Ende 1808 hatte Gruithuisen in einer Zuschrift an die *Oberdeutsche allgemeine Literatur-Zeitung* ,Sexualität' auch explizit auf den Menschen bezogen. Hinsichtlich der Frage, ob der menschliche „Geschlechts-Unterschied" an etwas anderem als lediglich am Umfang des Gehirns festgemacht werden könne, bemerkt Gruithuisen, dass die „Sexualität [...] bey jedem Individuum eine Eigenheit" sei:

---

schen Botanikers Noël Martin Joseph de Necker (1729–1793), *Physiologie des corps organisés*, 132 (am Rand).

12 Pfeifer, *Etymologisches Wörterbuch*, Bd. 3 (1989), 1625 (s.v. „Sex").

13 So bereits Oertel, *Gemeinnüziges Wörterbuch*, Bd. 2, 686 (s.v. „Sexus").

14 *Deutsches Fremdwörterbuch*, Bd. 4 (1. Aufl.), 160 (s.v. „sexuell").

15 Vgl. etwa den 1791 erschienenen Literaturbericht von Forster, „Siebenter Abschnitt," 187 u. 279. Zur frühen Diskussion über die Sexualität von Moosen vgl. Henschel, *Von der Sexualität der Pflanzen*, 32 (§ 1); zur Entdeckung und Rede von der Pflanzensexualität vgl. ferner Hansen, *Goethes Metamorphose der Pflanzen*, Bd. 1, 303–310 sowie Möbius, *Geschichte der Botanik*, 339–343.

16 Schelling, *Erster Entwurf*, 216; vgl. dazu 48–50.

17 Gruithuisen, *Anthropologie*, 40 (§ 61).

18 So Haeberle, *Sexualität des Menschen*, 137 (zur ursprünglichen Verwendung des Begriffs „sexual organs") (engl. *The Sex Atlas*, 25).

19 Vgl. die Zusammenfassung bei Gruithuisen, *Anthropologie*, xxii-xxiii (II.A-D).

der ganze Körper formt sich beim männlichen Menschen anders, als beym weiblichen; warum nicht das ganze Gehirn? Wenigstens muß der Sexualunterschied so gut durch ein Plus und Minus im Gehirn, als im Körper selbst ausgedrückt seyn. Um Dieses zu bemerken fehlt uns, fehlt den größten Anatomen die Übung. Wer sieht so oft Menschengehirne, als Menschen?[20]

Der Begriff ‚Sexualität' ist also einige Jahre früher aufgekommen und dessen Anwendung auf Menschen und Tiere früher erfolgt, als bislang angenommen wurde.[21] Allgemeinere Verbreitung sollte der Begriff ‚Sexualität' jedoch nicht zuletzt durch seine prominente Verwendung im Titel der weithin rezipierten gesammelten Studien *Von der Sexualität der Pflanzen* (1820) des Breslauer Botanikers und Medizinhistorikers August Wilhelm Henschel (1790–1856) finden, der ‚Sexualität' in dieser Monographie – auch dies wurde bislang in der Forschung allgemein übersehen[22] – auch auf den *Menschen* bezogen hat. So heißt es in § 284 des Kapitels über „Die Metamorphose des Geschlechts":

Fragen wir in der Geschichte des einzelnen Thieres, z. B. gleich des vollendetsten, des Thiers im Menschen nach, damit nicht in zweydeutigen Räthseln, sondern gleich im reinsten und wahrsten Ausdrucke die Natur uns aus diesem Centralgeschöpfe, worinn alles herausgeblüht ist, was in den andern noch in der Knospe lag, die Antwort gebe, finden wir in ihm allein nicht die ganze bisher dargestellte Geschichte der Sexualität? Hat der Mensch denn früher seine wahre Sexualität als seine Vegetation vollendet? [...]: er erhält Geschlechtsbegier (wie ein Amphibion) erst wenn das Vegetiren außer der Mutter beschlossen ward, wenn die Pubertät, d. h. die innere Reife des leiblichen Gewächses im Sexualsystem, eingetreten ist – er ist Geschlechtsmensch erst, wenn der Geist sich nicht blos als Individuum (in der Blüthe des Jünglingsalters) sondern als die Gattung (in der Reife des Mannesalters) bewußt worden. So muß also überall das Vegetiren untergehen, beschlossen werden, wo Geschlecht hervortreten soll, und so weit steht die wahre Vegetation von der Sexualität entfernt, als das

---

20 Gruithuisen, „Anthropologie," Sp. 927; die rhetorische Frage „warum nicht das ganze Gehirn?" ist also zu verstehen als „warum [daher] nicht [auch] das ganze Gehirn?" Vgl. bereits Gruithuisens Leserbrief mit dem Titel „P.P.," Sp. 622f.
21 Vielerorts wird behauptet, der Begriff ‚Sexualität' sei 1820 von Henschel „in die Geschichte der Wissenschaften eingeführt" (Aigner, *Vorsicht Sexualität!*, 19 unter Rekurs auf Fiedler, *Sexualität*, 8) oder gar „erstmals [...] verwendet" (Ortland, *Sexualerziehung*, 36) worden. Vgl. auch Härle, *Ethik*, 304 (Anm. 2). Was die Anwendung von ‚Sexualität' auf den Menschen betrifft, wird in diesem Zusammenhang immer wieder auf *Eros oder Wörterbuch über die Physiologie* (1823) verwiesen, das sich als Werk versteht, „welches die Sexualität des Menschen in allen ihren Richtungen und Beziehungen wissenschaftlich untersucht" (Bd. 2, 48 [s.v. „Mond"]); ein Eintrag zu ‚Sexualität' fehlt darin allerdings. Zur Wortgeschichte von ‚Sexualität' vgl. Borck/Schetsche/Lautmann, Art. „Sexualität," 725–742 sowie Sigusch, *Geschichte*, 46–51. Vgl. zudem Sigusch, „Sexualwissenschaft," 69, der ohne nähere Angabe von „um 1789" als Jahr der „Geburt der Paläosexualität *als gesellschaftliche Form und als Begriff*" spricht.
22 Vgl. z. B. Stein-Hilbers, *Sexuell werden*, 21.

vollendete thierische Leben sich über die Vegetation erheben [sic!] hat. Der Pflanze Ge-
schlechtsstheile, Geschlechtsindividuen, Geschlechtspaarung, Geschlechtszeugung, Ge-
schlechtssitte zuschreiben, wie man gethan hat, heißt die Metamorphose des Lebens in
ihrem Parallelismus mit der Metamorphose der Sexualität läugnen, den Geist Lügen strafen,
der durch die ganze Natur geht.[23]

Die zum Teil noch heute begegnende Rede von einer ‚Sexualität' (oder gar einem
‚Liebesleben') der Pflanzen sollte in der zweiten Hälfte des 19. Jahrhunderts von
der immer gängiger werdenden Rede von ‚Sexualität' in Bezug auf Menschen und
Tiere allmählich überlagert werden. Auch in der heutigen Alltagssprache wird
‚Sexualität' vornehmlich auf menschliches, aber auch auf tierisches Verhalten
bezogen.

Interessant ist in diesem Zusammenhang daher, dass das wenige Jahre vor
dem Substantiv ‚Sexualität' in die deutsche Sprache Einzug haltende Adjektiv
‚sexuell' („das Geschlecht betreffend, auf die Sexualität bezogen"[24]), welches
gleichbedeutend ist mit dem meist als Bestimmungswort in Komposita wie ‚Sexualethik' oder ‚Sexualverbrechen' begegnenden Adjektiv ‚sexual', schon in einem der ersten bekannten Belege nicht als neutraler Begriff zur Bezeichnung
botanischer Aspekte,[25] sondern in Bezug auf den *Menschen* gebraucht wurde. So
heißt es im ersten Band der *Onomatologia Medico-Practica* (1783) im Eintrag
„Amatoria febris. Liebesfieber", dass dieses nicht allein, wie andernorts vermutet,
als ein wenige Stunden andauerndes Fieber zu verstehen sei, welches „aus einem
heftigen Verlangen nach dem Beischlaf entstehe, und mit grossem Frost anfange",
sondern dass der dadurch bestimmte Gegenstandsbereich auch diejenigen Fie-
berarten umfasse, „welche bei einem aus Liebe stammenden Wahnsinn sich
symptomatisch einzufinden pflegen, und gegen welche der Ehestand nicht allemal das Heilmittel ist [...]. Die Quelle dieser Krankheit ist nicht blos sexuell,
sondern auch nicht selten moralischer Natur."[26]

Am Aufkommen und Etablieren des Begriffs ‚Sexualität' ist nun dreierlei
bemerkenswert. Erstens der Umstand, dass gleichzeitig mit dem Prozess der
Verbürgerlichung von Staat und Gesellschaft offenbar das Bedürfnis erwachsen
ist, verschiedene „Phänomene und Erfahrungen" des Menschen als Geschlechtswesen, die zuvor „über Jahrtausende hin offenbar nicht als zusam-

---

23 Henschel, *Sexualität der Pflanzen*, 617 f. (§ 284).
24 Pfeifer, *Etymologisches Wörterbuch*, Bd. 3, 1625 (s.v. „Sex").
25 Vgl. z. B. Medikus, *Botanische Beobachtungen*, 270 sowie Medikus, *Theodora speciosa*, 9.
26 Weber (Hg.), *Onomatologia Medico-Practica*, Bd. 1, Sp. 80 – 87 (s.v. „Amatoria febris. Liebesfieber"), Sp. 80; zu den medizinischen Heilungsmöglichkeiten dieser „pathologischen Würkun-
gen der Liebe" (Sp. 83) vgl. Sp. 83 – 87.

mengehörig empfunden wurden und darum keine *gemeinsame* Bezeichnung aus sich heraus setzten oder erforderlich zu machen schienen",[27] nun unter dem Kollektivsingular ‚Sexualität' zu subsumieren. In der Sprache als sozialem Phänomen[28] spiegeln sich nicht nur die im ständigen Wandel begriffenen kommunikativen Gewohnheiten und Bedürfnisse einer Gesellschaft, sondern auch Veränderungen gesellschaftlicher Strukturen und Lebensverhältnisse wider. Im Zuge der fortschreitenden Verbürgerlichung der Lebenswelt – es kann daran erinnert werden, dass um die Wende vom 18. zum 19. Jahrhundert auch Wörter wie ‚modern', ‚Intellekt', ‚Rechtsstaat', ‚Aphrodisiakum' und ‚Erotik' (zur Bezeichnung des sinnlichen Liebes- und Geschlechtslebens) aufgekommen sind[29] – ist demnach an die Stelle von Wörtern wie „Amor, Venus und Nisus, Wonne und Wohllust [sic!], Liebe und Triebe, Geschlechtlichkeit und Geschlechtssinn, Geheimnisse der Frauen oder des Alkovens (und wie der Namen viele waren)" ein „einziges Wort" getreten, „das zunächst neutral, seriös und gebildet geklungen haben mag"[30] und die Vorgänger dann immer mehr verdrängen sollte.[31]

Zweitens handelt es sich bei ‚Sexualität' als Sammelbegriff nichtsdestominder um einen Ordnungsbegriff, der unter Zugrundelegung der anthropologischen Leitidee eines ‚naturgegebenen' Geschlechtsdimorphismus im Laufe seiner Gebrauchsgeschichte weithin zur *Unterscheidung* zwischen einem ‚männlichen' und einem ‚weiblichen' Teil des Menschengeschlechts verwendet worden ist. Diese Unterscheidungsfunktion ist auch im Wort ‚Sexualität' selbst etymologisch angelegt. Wie das spätlateinische Adjektiv *sexualis* geht auch das bereits Anfang des 18. Jahrhunderts aufgekommene Substantiv ‚Sexus' auf lateinisch *sexus* („männliches und weibliches Geschlecht") zurück, welches seinerseits aus lateinisch *secare* („schneiden, trennen" bzw. „sondern, teilen, zerlegen"[32]) abgeleitet ist. Als Bezeichnung des sogenannten ‚natürlichen' oder ‚biologischen Geschlechts' von Menschen, welches anatomisch-morphologisch im europäischen Kulturraum spätestens seit Ende des 18. Jahrhunderts[33] gemeinhin in die beiden

---

27 Härle, *Ethik*, 304 f.

28 Vgl. dazu Köller, *Sprachreflexion*, 112–116.

29 Vgl. die Einträge ‚Aphrodisiakum', ‚Intellekt' und ‚modern' in *Duden – Das Herkunftswörterbuch*, 101, 394 u. 560; zu ‚Rechtsstaat' vgl. Stolleis, Art. „Rechtsstaat," Sp. 367; zu ‚Erotik' vgl. *Deutsches Fremdwörterbuch*, Bd. 5 (2. Aufl.), 222 (s.v. „erotisch") u. 227 (s.v. „Erotik").

30 Sigusch, *Geschichte*, 46; zur ‚Wohllust' vgl. ders., *Neosexualitäten*, 20–26.

31 Vgl. hierzu Sigusch, *Sexualitäten*, 38 f.

32 *Deutsches Fremdwörterbuch*, Bd. 4 (1. Aufl.), 162 (s.v. „Sexus"), 157 (s.v. „Sex") u. 106 (s.v. „Sektion").

33 So zumindest nach dem US-amerikanischen Historiker Thomas Walter Laqueur (*1945), dem zufolge sich das anatomisch fundierte ‚Zwei-Geschlechter-Modell' („two-sex model") erst im Laufe des 18. Jahrhunderts als Sicht auf das menschliche Geschlecht durchgesetzt habe, vgl.

Kategorien ,männlich' (*virilis*) und ,weiblich' (*muliebris*) unterteilt wurde, kennzeichnet ,Sexus' „von seinem Ursprung her" also etwas, „wodurch Lebewesen sich (innerhalb ihrer Gattung und Art noch einmal) voneinander unterscheiden, trennen und einteilen lassen".[34] „Sexer" oder „Sexerin" dient noch heute als „Berufsbezeichnung für eine Person, die Jungtiere (bes. Küken) nach männlichen und weiblichen Tieren aussortiert"[35] – „Sexen" genannt.

Dass diese Einteilung von Menschen in ,männlich' und ,weiblich' als zwei sich in ihrer Polarität einander ausschließende, aber komplementär aufeinander bezogene Geschlechter auch aus *biologischer* Sicht jedoch keineswegs zwingend ist,[36] vom menschlichen Geschlecht vielmehr als von einem Kontinuum[37] oder Spektrum[38] gedacht bzw. von geschlechtlichen Mustern[39] oder einem multidimensionalen Geschlechtsraum[40] ausgegangen werden kann, da Geschlecht als „komplexe Kennzeichnung"[41] vielfältige Varianzen auf chromosomaler/genetischer, gonadaler, hormonaler und morphologischer Ebene umfasst, muss hier nicht weiter vertieft werden. Entscheidend ist an dieser Stelle, dass, ausgehend von der Annahme eines menschlichen Geschlechtsdimorphismus,[42] die angesprochene Unterscheidungsfunktion auch beim Gebrauch von ,Sexualität' zum Tragen kommt, wenn beispielsweise, über morphologische Differenzierungen von Individuen, Sexualorganen und Gameten hinausgehend, unter dem Einfluss der Psychoanalyse Sigmund Freuds (1856–1939) von einer ,weiblichen' und einer ,männlichen Sexualität' gesprochen wird, deren individualgeschichtliche und gesellschaftliche Formungen und Ausformungen daraufhin entsprechend differenziert (betrachtet) werden.[43]

Damit hängt der dritte anzumerkende begriffsgeschichtliche Umstand zusammen, dass der Begriff ,Sexualität' bei seiner Anwendung auf den Menschen zunächst lediglich auf dessen geschlechtskörperliche Eigenschaften ,weiblich'

Laqueur, *Making Sex*, 1–24 u. 149 ff. Kritisch zu Laqueurs Theorie z. B. Stolberg, „A Woman Down to Her Bones," 276 u. 285–290.

34 Härle, *Ethik*, 305.

35 *Deutsches Fremdwörterbuch*, Bd. 4 (1. Aufl.), 157 (s.v. „Sex"); vgl. auch Sigusch, *Geschichte*, 46.

36 Vgl. z.B. Roughgarden, „Binarität," 200–213.

37 Vgl. z.B. Friedman, *Homosexualität*, 8 im Anschluss an Kinsey et al., *Sexual Behavior*, 639.

38 Vgl. z.B. Schreiber, „Geschlecht außer Norm," 28 u. 37.

39 Vgl. z.B. Haupt, „Neurointersexuelle Körperdiskrepanz," 88, 90 u. 108.

40 Vgl. z.B. Fausto-Sterling, „The Five Sexes, Revisited," 22.

41 Deutscher Ethikrat, *Intersexualität*, 27.

42 Zum menschlichen Sexualdimorphismus und zu den evolutionstheoretischen Faktoren des geschlechtsspezifisch Körperäußeren vgl. Daszkowski, *Körperbild*, 45–67.

43 Vgl. hierzu Becker, „Weibliche und männliche Sexualität," 63 ff. bzw. Dannecker, „Männliche und weibliche Sexualität," 80 ff.

und ‚männlich' bezogen war (die „männliche" Sexualität galt dabei „als das Modell, deren [sic!] Negativ die weibliche Sexualität ist"[44]), im weiteren Verlauf seiner Gebrauchsgeschichte jedoch auf das gesamte Geschlechtsleben des Menschen ausgeweitet werden und damit „auch die sexuellen Kräfte oder die Fähigkeit zu erotischen Gefühlen ganz allgemein"[45] umfassen sollte. Im allgemeinen Sprachgebrauch, speziell aber auch im kirchlichen und theologischen Bereich, ist ‚Sexualität' gleichwohl noch bis weit in das 20. Jahrhundert hinein primär auf Merkmale und Vorgänge bezogen oder darauf beschränkt worden, die mit der *Fortpflanzungsfunktion* der Sexualität verbunden sind.[46] Mit dem Begriff ‚Sexualität', verstanden als ‚Geschlechtlichkeit', wurde also lange Zeit und wird zum Teil bis heute „die Unterscheidung der Menschen in Männer und Frauen auf Grund ihrer Geschlechtsmerkmale" hervorgehoben, „die sie dazu befähigen, sich fortzupflanzen".[47] Im Reflex vor allem auf die wegweisende Sexualtheorie Freuds wird im heutigen weitgefassten Begriffssinn unter ‚Sexualität' hingegen „alles" das verstanden, „was Verhaltensweisen und Handlungen von Menschen miteinander oder mit sich selber als Geschlechtswesen betrifft".[48] Dies ist nicht zuletzt auf die Einsicht zurückzuführen, dass die seit dem 18. Jahrhundert auch „Genitalien" (von lateinisch *genitalis*, „zur Zeugung, zur Geburt gehörig"[49]) genannten Sexualorgane keineswegs nur der Reproduktion, sondern auch – oder sogar überwiegend – dem Erleben und Bereiten von *Lust* dienen.[50] Die semantische Ausweitung des Sexualitätsbegriffs dahingehend, dass unter ‚Sexualität' nicht mehr nur Merkmale oder Vorgänge verstanden werden, die in Zusammenhang mit bzw. im Dienste der Fortpflanzung stehen, geschweige denn lediglich Handlun-

44 Sigusch, *Praktische Sexualmedizin*, 12.
45 Haeberle, *Sexualität des Menschen*, 137.
46 Vgl. Raithel/Dollinger/Hörmann, *Einführung*, 281.
47 Sigusch, *Geschichte*, 47.
48 Ussel, *Sexualunterdrückung*, 10; vgl. ferner Quindeau, *Verführung und Begehren*, 141–158. Zu dieser Begriffserweiterung vgl. z. B. Freud, *Vorlesungen zur Einführung in die Psychoanalyse* (1917), 314 u. 332.
49 *Deutsches Fremdwörterbuch*, Bd. 6 (2. Aufl.), 195 (s.v. „Genitale"); vgl. auch Pfeifer, *Etymologisches Wörterbuch*, Bd. 1 (1993), 425 (s.v. „Genitale"). Der m.W. früheste Beleg für dieses Verständnis findet sich bei Ludwig, *A Dictionary English* (1706), 301: vgl. ferner die Erklärung bei Freud, *Vorlesungen zur Einführung in die Psychoanalyse*, 317.
50 Vgl. dazu Haeberle, *Sexualität des Menschen*, 27; ferner 347 f., wo Haeberle die Problematik einer solchen Einengung der Funktion der Sexualorgane auf die Fortpflanzung dahingehend veranschaulicht, dass dies ebenso „unsinnig" wäre wie „den Mund, die Zähne, die Zunge und den Hals als ‚Ernährungsorgane' [zu] bezeichnen und den Menschen das Sprechen, Singen, Pfeifen oder Küssen verbieten" (348) zu wollen.

gen und Verhaltensweisen, die zum Orgasmus führen,[51] erscheint demnach ebenso sinnvoll wie begründet.

Schlägt man nun den Bogen dieser kurzgefassten Begriffsgeschichte von ‚Sexualität' weiter in die Gegenwart, ist zu bemerken, dass es nach der angesprochenen, überaus folgenreichen Trennung von Sexualität und Fortpflanzung,[52] welche hierzulande im Zuge der sogenannten Sexuellen Revolution der späten 1960er und frühen 1970er Jahre[53] als ideellem Nährboden immer weiter vorangetrieben werden und durch den medizinisch-pharmakologischen Fortschritt auf dem Gebiet der hormonellen Kontrazeptiva (‚Antibabypille') seit spätestens Anfang der 1970er Jahre[54] auch in der Praxis von weiblicher Seite zunehmend einfacher – allerdings bis dato keineswegs nebenwirkungs- und risikolos – umsetzbar sein sollte, in den 1980er und 1990er Jahren zur *Ausdifferenzierung* der *einen* Sexualität in eine Vielzahl von Sexualit*en* bzw. „Neosexualitäten"[55] gekommen ist. Für diese sowohl in sich wie auch in ihren Manifes-

---

51 So etwa in den beiden bahnbrechenden Studien *Sexual Behavior in the Human Male* (1948) und *Sexual Behavior in the Human Female* (1953) des US-amerikanischen Sexualforschers Alfred C. Kinsey, den sogenannten Kinsey-Reports, in denen – nicht ohne Androzentrismus – der Orgasmus als entscheidendes Bestimmungsmerkmal sexueller Handlungen betrachtet wird. Kritisch dazu Michaels, „Sexual Behavior," 12 f. sowie Lautmann, *Soziologie*, 23 – 25, der eine solche Orientierung „am sexual outlet und an der Triebbefriedigung" (23) als „Orgasmen-Betriebswirtschaft" (24) kritisiert. Für einen Deutungsversuch des Orgasmus aus dezidiert ‚philosophischer' Sicht vgl. Mahnkopf, *Philosophie*, 239 f. zusammen mit Boethius, *Trost der Philosophie*, 82 u. 84 [II,7], wo dem Möchtegern auf die Frage „Iam tandem, inquit, intellegis me esse philosophum?" vom Gegenüber mit beißendem Spott entgegnet wird: „Intellexeram, inquit, si tacuisses". Anders hingegen Fehige, *Sexualphilosophie*, 69 – 79; grundlegend Komisaruk et al., *The Science of Orgasm*.

52 Vgl. Sigusch, *Sexualitäten*, 235 f.

53 Vgl. jedoch Eder, „Geschichte," 25 – 60, der betont, dass die Terminierung der Sexuellen Revolution in Westdeutschland auf die Zeit zwischen Mitte der 1960er und Mitte der 1970er Jahre zu kurz greife, da erste Manifestationen dieses Prozesses bis in die späten 1940er Jahre zurückreichten.

54 Vgl. hierzu Dose, *Durchsetzung*, 13 – 15 u. 43 ff. sowie Silies, *Liebe*, 74 – 181.

55 Vgl. Sigusch, „Zerstreuung," 126 f. u. 130. Es ist zu bemerken, dass Sigusch den Begriff ‚neosexuelle Revolution' eingeführt hat, welcher breite Rezeption in ganz unterschiedlichen wissenschaftlichen Disziplinen finden sollte, und die Ausdrücke ‚neosexuell' und ‚Neosexualitäten' in soziologischer Hinsicht verwendet, der Begriff ‚Neosexualitäten' allerdings schon früher bei der neuseeländischen Psychoanalytikerin Joyce McDougall (1920 – 2011) begegnet, die diese Begriffe, wie Sigusch schreibt, „in Auseinandersetzung mit dem Begriff der Perversion in klinisch-therapeutischer Hinsicht" (Sigusch, *Sexualitäten*, 234) verwendet. Vgl. hierzu McDougall, *Théâtre du Je*, 211 ff. / dt. *Theater der Seele*, 263 ff.

tationen durchaus widersprüchliche „neosexuelle Revolution",[56] wie Sigusch die sich in den letzten beiden Jahrzehnten des 20. Jahrhunderts vollziehenden tiefgreifenden „Transformationen der kulturellen Geschlechts- und Sexualformen"[57] in soziologischer Hinsicht bezeichnet, sind nach Sigusch wenigstens drei miteinander vernetzte Prozesse charakteristisch: die *Separation* von sexueller und geschlechtlicher Sphäre, die *Fragmentierung* sexuellen Erlebens und Verhaltens sowie die *Diversifizierung* der Lebensformen und Intimbeziehungen zulasten der Bedeutung traditioneller Beziehungsformen – kurz: „Dissoziation, Dispersion und Diversifikation".[58]

Während sich bei politischen Revolutionen im Laufe der Geschichte der legendäre Satz Pierre Vergniauds (1753–1793) aus der Zeit der Französischen Revolution unzählige Male bewahrheitet hat, dass Revolutionen ihre eigenen Kinder verschlingen,[59] verhält es sich bei der ‚neosexuellen Revolution' als Kind der Sexuellen Revolution der 1960er und 1970er Jahre insofern anders, als im Zuge der ‚neosexuellen Revolution' die „hohe *symbolische Bedeutung*",[60] die der bei der Sexuellen Revolution der 1960er und 1970er Jahre gleichsam entfesselten Sexualität beigemessen wurde, nun wieder deutlich herabgesetzt werden, hier also, um nochmals im Bilde zu bleiben, der Abkömmling seine eigenen geistigen Eltern verschlingen sollte.[61] Diesen Wandel der Bedeutung von Sexualität, die heute weitgehend ihre „Sonderstellung"[62] verloren hat und, wie empirische Untersuchungen zeigen, immer mehr „als eine Erlebnismöglichkeit unter anderen an-

---

56 Vgl. Sigusch, „Zerstreuung," 126; ferner ders., *Neosexualitäten*, 29; *Sexualitäten*, 226–234 u. 272; speziell zur Widersprüchlichkeit vgl. ders., *Sexualitäten*, 231 f.
57 Sigusch, „König Sex," 229.
58 Sigusch, *Sexualitäten*, 75; vgl. 29, 33–36, 75 f., 190, 226, 235, 251, 347 ff. u. 548 sowie ders., *Neosexualitäten*, 31.
59 Vgl. Roche, *Histoire de la révolution Française*, 231: „*La révolution est comme Saturne, elle dévore ses propres enfants.*" Prägend für die deutsche Version dieses Diktums wurde die Übersetzung von Georg Büchner in *Dantons Tod* (1835), 1. Akt, 5. Szene, wo Danton spricht: „Ich weiß wohl – die Revolution ist wie Saturn, sie frißt ihre eigenen Kinder. (*Nach einigem Besinnen:*) Doch sie werden's nicht wagen" (Büchner, *Gesammelte Werke*, 93).
60 Sigusch, *Sexualitäten*, 228.
61 Insofern könnte man durchaus fragen, ob der Begriff ‚Revolution' für die ‚neosexuelle Revolution' als gewissermaßen ‚Revolution der Revolution' glücklich gewählt ist (zur Rechtfertigung des Revolutionsbegriffs vgl. Sigusch, „Revolution," 165), da jenes Sinnbild, wonach Kinder ihre eigenen Eltern verschlingen, eigentlich für *Reformen* charakteristisch ist, nicht für Revolutionen. Vgl. hierzu die scharfsinnigen Bemerkungen über die Umwälzungen in der iranischen Gesellschaft um die Jahrtausendwende bei Kermani, *Iran*, 180.
62 Dannecker, „Sexualität," 16.

gesehen und mit solch anderen Möglichkeiten gleichgesetzt"[63] wird, charakterisiert Sigusch wie folgt:

> Heute ist Sexualität nicht mehr die große Metapher der Lust und des Glücks, wird nicht mehr so stark überschätzt wie zur Zeit der sexuellen Revolution, ist eher eine allgemeine Selbstverständlichkeit wie Egoismus oder Motilität. [sic!] Während die alte Sexualität positiv mystifiziert wurde als Rausch, Ekstase und Transgression, wird die neue negativ mystifiziert als Ungleichheit der Geschlechter, als Gewalt, Mißbrauch und tödliche Infektion. Während die alte Sexualität vor allem aus Trieb, Orgasmus und dem heterosexuellen Paar bestand, bestehen die Neosexualitäten vor allem als gender difference, Selbstliebe, Thrills und Prothetisierungen.[64]

Mit der kontinuierlichen Sexualisierung der Alltags- und Lebenswelt, der Normalisierung (‚Reversion‘), Enttabuisierung und Entkriminalisierung vormaliger sexueller ‚Perversionen‘ sowie der „möglichst allseitigen Kommerzialisierung und Mediatisierung"[65] von Sexualität gehen nicht selten gesellschaftlich-kulturelle Prozesse der „Banalisierung"[66] sexueller Praktiken und Vorlieben einher: „Sexualität ist kulturell etwas weitgehend Selbstverständliches geworden wie Mobilität oder Egoismus."[67]

Es ist demnach die Sexualität selbst, die, soziologisch betrachtet, in verschiedene „Sexuelle Welten"[68] dispergiert, gewissermaßen eine „schleichende Revolution"[69], durch die „Dimensionen, Intimbeziehungen und Sexualfragmente"[70] hervortreten, „die bisher keinen Namen hatten oder gar nicht existierten".[71] Daher überrascht es nicht, dass diese tiefgreifenden Änderungen der ‚sexuellen Grammatik‘[72] im Zuge der Sexuellen und ‚neosexuellen Revolution‘ auch Veränderungen des Vokabulars beim Sprechen *über* Sexualität gezeitigt haben, es heute also nicht länger als hinreichend differenziert betrachtet wird, ‚Sexualität‘ als

---

63 Dekker/Matthiesen, „Bedeutungen," 99; auch zit. bei Dannecker, „Sexualität," 16.
64 Sigusch, „Kritische Sexualwissenschaft," 19; vgl. jedoch ders., „Wandel," 10, wo von „Egoismus oder Mobilität" als Beispiele für allgemeine Selbstverständlichkeiten die Rede ist.
65 Sigusch, *Neosexualitäten*, 33; vgl. 40, 103, 381–384, 444 u. 549.
66 A.a.O., 40; vgl. 103 sowie ders., *Sexualitäten*, 155, 227 u. 232.
67 Sigusch, *Neosexualitäten*, 40. Zur sogenannten Postmodernisierung der Sexualität vgl. Simon, „Postmodernisierung," 99–114 zusammen mit dem Übergang vom „Triebmodell" zum „Ressourcenmodell" bei der sexualwissenschaftlichen Interpretation sexuellen Verlangens, wie ihn Schmidt, „Abschied vom Trieb," 168 darstellt.
68 So im Haupttitel von Sigusch, *Sexuelle Welten*.
69 So Schmidt, *Verhältnisse*, 18.
70 Sigusch, „Kritische Sexualwissenschaft," 19.
71 Sigusch, „Revolution," 164.
72 Zur Rede von einer ‚sexuellen Grammatik‘ vgl. Illouz, *Warum Liebe endet*, 91; vgl. auch Dannecker, „Dekonstruktion," 57.

Kollektivsingular mit der Bildung von Substantivkomposita wie ‚Heterosexualität'
und ‚Homosexualität' oder durch adjektivische Ergänzungen wie bei der Rede von
‚weiblicher' und ‚männlicher Sexualität' zu spezifizieren, sondern von Sexualität*en* im Plural oder, im Anschluss an Sigusch, von „Paläosexualität"[73] und
‚Neosexualitäten' gesprochen wird.

Ob derartige Begriffs(neu)bildungen auch für den theologischen Diskurs
anschlussfähig sind, kann dahingestellt bleiben, deutlich wird jedenfalls auch in
diesem Zusammenhang, dass Sexualität ganz und gar „wandelbar und unor-
dentlich",[74] ihr also ein monolithischer Charakter wesenhaft fremd ist. Sind De-
finitionsversuche von Sexualität im eingangs angesprochenen Sinne aus diesem
Grund unweigerlich zum Scheitern verurteilt, ist die Sphäre des Sexuellen
gleichwohl kein undurchdringbares Terrain, das sich gleich einer opaken Oberfläche einer Erschließung schlechthin entziehen würde. Als Marker auf einer
solchen, gewiss notorisch lückenhaft bleibenden ‚Landkarte der Sexualität'[75]
können deshalb signifikante Aspekte, Dimensionen und Funktionen des als ‚Sexualität' Begriffenen identifiziert und differenziert werden.

1.2 Differenzierungen

In einem Konsultationsprozess mit internationalen Expert*innen auf einer interdisziplinären Fachkonferenz in Genf im Januar 2002 hat die Weltgesundheitsorganisation (WHO) folgende *Arbeitsdefinition* von Sexualität entwickelt:

> a central aspect of being human throughout life and encompasses sex, gender identities and
> roles, sexual orientation, eroticism, pleasure, intimacy and reproduction. Sexuality is ex-
> perienced and expressed in thoughts, fantasies, desires, beliefs, attitudes, values, beha-
> viours, practices, roles and relationships. While sexuality can include all of these dimensi-
> ons, not all of them are always experienced or expressed. Sexuality is influenced by the
> interaction of biological, psychological, social, economic, political, cultural, ethical, legal,
> historical, religious and spiritual factors.[76]

Demnach kann Sexualität als vielgestaltiges und vielschichtiges Phänomen verstanden werden, das auf verschiedensten Ebenen des Menschseins in individuellen und sozialen Bezügen verankert sein, in mannigfaltigen Beziehungs- und

---

73 Sigusch, *Sexualitäten*, 10; vgl. 342f. sowie ders., *Neosexualitäten*, 32.
74 Schomers, *Coming-out*, 105.
75 Zu dieser Formulierung vgl. Gay, *Freud*, 142–149 (dt. *Freud*, 164–172).
76 WHO, *Defining sexual health*, 5 (ausdrücklich als ‚working definition' bezeichnet; vgl. zudem
Fußn. 2).

Ausdrucksformen er- und gelebt und dem vom Einzelnen im Lebensverlauf durchaus unterschiedliche Bedeutungen und Sinngehalte zugesprochen werden kann. Das heißt aber zugleich, dass die konkrete Bedeutung, der konkrete Sinngehalt von Sexualität für ein Individuum in einer bestimmten Lebensphase oder auch nur in einem bestimmten Moment von Dritten schwerlich bis ins Letzte erfasst, geschweige denn „entlang bestimmter normativer Vorgaben"[77] verstanden werden kann. Allerdings können Aspekte, Dimensionen und Funktionen identifiziert werden,[78] die mit Sexualität heutzutage gemeinhin assoziiert werden, ohne dass damit gesagt wäre, dass diese vom einem Individuum jederzeit gemeinsam oder auch nur jemals vollständig im Lebenslauf erlebt werden bzw. ausgedrückt sein müssen, wie die WHO-Arbeitsdefinition mit Recht verdeutlicht.

Eine auch innerhalb der Theologie gerne aufgegriffene Differenzierung verschiedener Aspekte von Sexualität stammt von dem Kieler Sexualpädagogen Uwe Sielert (*1949), der Sexualität in seiner *Sexualpädagogik* (2. Aufl., 1993) als sowohl körperlich wie auch geistig-seelisch wirksame „allgemeine Lebensenergie"[79] fasst, die mit allen anderen Lebensäußerungen und Rahmenbedingungen menschlicher Existenz verwoben ist.[80] Mit Blick auf den „Sinn von Sexualität"[81] unterscheidet Sielert vier gleichwertige „Sinnkomponenten", die sich gegenseitig bedingen und im Idealfall „gelungene[r] Sexualität" in einer „dynamischen Balance'"[82] zueinander stehen: (1) *Identität* (d. h. das eigene Ich wird in der Sexualität als eigenständige und selbstbestimmungsfähige körperlich-seelisch-geistige Einheit erfahren); (2) *Beziehung* (d. h. in der Sexualität wird das Bedürfnis nach Dauer, Vertrautheit und „Wiedererkennen" geweckt); (3) *Lust* (d. h. Sexualität ist eine den Lebensmut erhöhende „Kraftquelle", die „in der Leidenschaft und Ekstase ihren kraftvollsten Ausdruck finden kann"[83]); (4) *Fruchtbarkeit* (d. h. aus der Sexualität erwächst eine „lebensspendende Kraft", die sich unter anderem in der Zeugung von Nachkommen manifestieren kann).

Diese vier ‚Sinnkomponenten' von Sexualität werden nach Sielert im Lebensverlauf eines Menschen typischerweise in einer bestimmten, nämlich in der

---

77 Aigner, *Vorsicht Sexualität!*, 26.
78 Interessanterweise sind es nicht nur evangelische Kirchen und Vertreter*innen der akademischen evangelischen Theologie, die sich in Sachen Sexualität oftmals auffällig zurückhaltend äußern, wenn denn überhaupt zu Fragen der Sexualität Stellung bezogen wird, sondern „[a]uch für die Expertinnen und Experten ist es offenbar mehr als schwer, *sich sprachlich und fachlich sinnvoll über Sexualität zu äußern*" (a.a.O., 25; vgl. dazu 13–15).
79 Sielert, *Sexualpädagogik*, 32 (ohne Hervh.).
80 A.a.O., 45.
81 Ebd.
82 A.a.O., 45f. Zur folgenden Darstellung der Komponenten vgl. 45.
83 A.a.O., 45.

genannten Reihenfolge, aber nicht zwangsläufig alle gemeinsam erlebt, wobei einzelne Komponenten beim Einzelnen je nach biographischer Phase, soziokulturellem Kontext und individueller Ausgestaltung zeitweilig dominieren, dauerhafte Fixierungen auf vereinzelte, d.h. von den anderen abgespaltene Komponenten und „Teilerfahrungen" sich aber als problematisch erweisen könnten.[84] In der Weiterentwicklung dieses Sexualitätskonzepts in Sielerts *Einführung in die Sexualpädagogik* (2. Aufl., 2015) tritt der generative Aspekt („Fruchtbarkeitsaspekt') von Sexualität (noch) weiter in den Hintergrund,[85] wenn als Kondensat der angestellten definitorisch-systematischen Überlegungen zu Sexualität selbige definiert wird als: „allgemeine auf Lust bezogene Lebensenergie, die sich des Körpers bedient, aus vielfältigen Quellen gespeist wird, ganz unterschiedliche Ausdrucksformen kennt und in verschiedenster Hinsicht sinnvoll ist".[86]

Eine andersgelagerte, mehr den generativen und insbesondere den kommunikativen Aspekt von Sexualität herausstellende dreigliedrige Differenzierung verschiedener Dimensionen und dementsprechender Funktionen von Sexualität aus dezidiert sexualmedizinisch-klinischer Sicht schlagen der Berliner Sexualwissenschaftler und Sexualmediziner Klaus M. Beier (*1961) und der Innsbrucker Sexualmediziner Kurt Loewit (*1934) in ihrer sexualtherapeutischen Grundlegung *Lust in Beziehung* (2004) und ihrer späteren, damit inhaltlich weitgehend übereinstimmenden, allerdings eine andere Reihenfolge der Sexualitätsdimensionen aufweisenden Darstellung im *Praxisleitfaden Sexualmedizin* (2011) vor.[87] Die menschliche Sexualität wird als bio-psycho-sozial determinierte,[88] lebensgeschichtlich geprägte und dementsprechend individuell ausgestaltete „Erlebnisqualität"[89] verstanden, für welche drei „Erlebensdimensionen"[90] wesentlich seien, die in enger Wechselbeziehung zueinander ständen und im Lebensverlauf eines Menschen unterschiedliche Bedeutung in Phantasie und Realität erlangen könnten: *Fortpflanzung, Lust* und *Beziehung*.[91]

---

84 Vgl. a.a.O., 46 f.
85 Im gesamten Kapitel „Was ist Sexualität?" (Sielert, *Einführung*, 36 – 50) spricht Sielert von „Fruchtbarkeit" nur an einer einzigen Stelle (50).
86 A.a.O., 40.
87 Vgl. Beier/Loewit, *Lust*, 22 – 24, 62, 131 u. 134; dies., *Praxisleitfaden*, 12 – 14.
88 Biologische, psychologische und soziale Aspekte seien zwar theoretisch unterscheid-, in der Realität aber „nicht trennbar, d.h. für sich allein genommen nicht existent" (Beier/Loewit, *Praxisleitfaden*, 12).
89 A.a.O., 12.
90 So Beier, „Pädophilie und christliche Ethik," 747.
91 Zur folgenden Darstellung der Dimensionen vgl. Beier/Loewit, *Praxisleitfaden*, 12 – 14.

Dementsprechend sei von einer „Multifunktionalität der Sexualität"[92] auszugehen: Während die *Fortpflanzungsdimension* die Funktion der Sexualität für die beim Menschen mit der genetischen Rekombination verknüpfte temporäre Möglichkeit der Reproduktion verdeutliche, trete in der *Lustdimension* die bereits mit der frühesten Kindheit anhebende und in der Regel zeitlebens relevante motivationale Funktion der Sexualität für die Möglichkeit des einzigartigen sinnlichen Erlebens von positiv empfundener Erregung und Orgasmus zutage. In der *Kommunikations-* oder *Beziehungsdimension* werde schließlich die ebenfalls im gesamten Lebensverlauf bedeutsam bleibende, allein im Säuglingsalter noch nicht genital zentrierte soziale Bindungsfunktion der Sexualität für die Möglichkeit der Befriedigung grundlegender bio-psycho-sozialer Bedürfnisse deutlich. Dieser spezifisch sinnstiftende Aspekt zwischenmenschlicher Intimbeziehungen zur Erfüllung der menschlichen „Grundbedürfnisse nach Nähe, Wärme, Geborgenheit, Sicherheit und Akzeptanz" wird von Beier/Loewit unter Rekurs auf Aristoteles auch als die „syndyastische Dimension" (von συνδυαστικός, übersetzt als „disponiert zur Gemeinsamkeit zu zweit bzw. zur Zweierbeziehung bzw. zur Paarbeziehung"[93]) menschlicher Sexualität bezeichnet.

Im Unterschied zur Fortpflanzungsdimension der Sexualität, deren Realisierung fakultativ, bei Frauen überdies auf die Zeit zwischen Pubertät und Menopause beschränkt[94] und aufgrund der Verfügbarkeit von Kontrazeptionsmethoden und der Fortschritte der Reproduktionsmedizin von den beiden anderen Dimensionen der Sexualität nunmehr weitgehend entkoppelt sei, stehe die sich von anderen menschlichen Erlebnismöglichkeiten qualitativ abhebende Lustdi-

---

92 A.a.O., 12.

93 Beier/Loewit, *Lust in Beziehung*, 2 unter Rekurs auf Aristoteles, *Nikomachische Ethik*, Buch VIII, Kap. 14, 1162a17 – im Kontext: „ἀνδρὶ δὲ καὶ γυναικὶ φιλία δοκεῖ κατὰ φύσιν ὑπάρχειν· ἄνθρωπος γὰρ τῇ φύσει συνδυαστικὸν μᾶλλον ἢ πολιτικόν" (1162a16 – 19) – „Die Freundschaft zwischen Mann und Frau ist nach allgemeiner Annahme eine Naturgegebenheit. Denn der Mensch ist von Natur ein Wesen, das eher auf die Gemeinsamkeit zu zweien, als auf die (umfassende) der Polis eingestellt ist"; zit. nach Aristoteles, *Werke in deutscher Übersetzung*, Bd. 6, 188. Vgl. hierzu Aristoteles, *Politik*, I, 2, 1253a.

94 Vgl. Beier/Loewit, *Praxisleitfaden*, 13, wo es zudem heißt, dass die Realisierung der Fortpflanzungsfunktion der Sexualität „von biografischen Entscheidungen" abhänge. Hierzu kann gleichwohl bemerkt werden, dass auch gesellschaftliche und religiöse Kontexte (man denke z. B. an Kreise aus dem streng konservativen christlichen Spektrum oder dem ultraorthodoxen Judentum) oder aber spezifische Umstände (man denke z. B. an eine Schwangerschaft infolge einer Vergewaltigung) maßgeblich dafür sein können, ob derartige Entscheidungen insbesondere von Frauen auch wirklich frei und selbstbestimmt getroffen werden können. Überdies denken Beier/ Loewit Fertilisation allein als ‚natürliche' Fertilisation – Reproduktionsmöglichkeiten mittels Invitro-Fertilisation (IVF) oder mittels Leihmutterschaft (zur rechtlichen Situation und Bewertung letzterer vgl. Dethloff, *Abstammung*, 16 – 20) bleiben dabei außen vor.

mension der Sexualität unter dem Einfluss zahlreicher extra- und intrasexueller Faktoren. Die Lustdimension könne dabei auch (z. B. bei autoerotischen Handlungen) isoliert, d. h. von den beiden anderen Dimensionen getrennt gelebt werden, welche zudem durch die einseitige Propagierung der Lustdimension durch „Medien, Porno- und Sex-Industrie etc."[95] in den Hintergrund rücken könnten. Dagegen sei die Beziehungsfunktion der Sexualität als deren integraler und essentieller Bestandteil „eine obligatorische, nicht der willkürlichen Verfügbarkeit unterworfene" Funktion, die überdies „die spezifisch menschlichen Elemente der Sexualität"[96] und die Tatsache der Relationalität des Menschen verdeutliche.

Nun kann gefragt werden, ob das Verständnis und die dementsprechende Bezeichnung der sozialen Bindungsfunktion von Sexualität als deren ‚*syndyastische* Dimension' der tatsächlichen Vielfalt der Lebens- und Beziehungsformen in Geschichte und Gegenwart[97] gerecht zu werden vermag. Diese Spezifizierung der unbestreitbaren Neigung des Einzelnen zur ‚Gemeinschaft mit anderen'[98] als Neigung zur ‚Gemeinschaft zu zweit',[99] die auch im Sinne einer Klimax von Alleinsein bzw. Alleinsamkeit[100] zu Gemeinschaft als Zweisamkeit gedeutet werden kann,[101] schöpft unzweifelhaft aus einem breiten Traditionsstrom, wie er in be-

---

95 Beier/Loewit, *Praxisleitfaden*, 14.
96 Ebd. Hierzu kann bemerkt werden, dass ‚obligatorisch' und ‚willkürlich verfügbar' keineswegs zwingend Gegensätze bilden und argumentationslogisch an dieser Stelle in Spannung zueinander stehen, wenn denn ‚obligatorisch' hier nicht synonym mit ‚notwendig' oder ‚wesentlich' bzw. das ‚willkürlich verfügbar' hier nicht im Sinne von ‚kontingent' gemeint bzw. zu verstehen ist.
97 Für neuere Deutungsversuche dieser Vielfalt aus katholischer und evangelischer Perspektive vgl. Belok, „Suche," 37–62 einerseits, Karle, *Liebe*, 171–240 u. Evers, „Lob," 179–190 andererseits.
98 Vgl. z. B. Aristoteles, *Politik*, I, 2, 1253a2 („ἄνθρωπος φύσει πολιτικόν ζῷον"; hier allerdings nicht lediglich als Neigung zur ‚Gemeinschaft' im Allgemeinen, sondern als Neigung zur ‚Staatenbildung' bzw. ‚Staatlichkeit' verstanden); vgl. Aristoteles, *Werke*, Bd. 9.1, 13,22 samt 207–210, wonach diese Aussage *nicht* als eine anthropologische Aussage zu verstehen sei.
99 So auch die Interpretation von συνδυαστικός von Loewit, *Grundwurm*, 13 (Anm.); vgl. ferner Ahlers, *Himmel*, 18.
100 Eine geistreiche Deutung der Alleinsamkeit, die mehr und anderes ist, als ‚allein zu sein' oder ‚einsam zu sein', bietet Schilling, „Hoffnung oder über die Alleinsamkeit," 207.
101 Dass Alleinsein nicht Einsamkeit bedeuten muss und Einsamkeit (Einsiedelei) auch in der Zweisamkeit möglich ist, eine solche „Einsamkeit der Zweisamkeit" geradezu „das große Paradox des kleinfamiliären Freizeitlebens" (Opaschowski, *Psychologie*, 44 [ohne Hervh.]) darstellen kann, versteht sich; ebenso, dass sich aus der Zweisamkeit Familien und quasi-familiale Gemeinschaften entwickeln können. Dass Alleinsein (nicht: Einsamkeit) einen immanenten Bezug zur Zweisamkeit aufweist, Letztere gegenüber Ersterem als *prinzipiell* höherstehend anzusehen ist, folgt daraus gleichwohl nicht. Zur Frage der Einsamkeit in der Zweisamkeit vgl. auch Binswanger, *Grundformen*, 135.

sonderer Weise auch im Christentum seinen Niederschlag gefunden hat.[102] Ob damit die tatsächliche Vielfalt *gelebter* Lebens- und Beziehungsformen[103] auch jenseits des in seinen Ursprüngen in das späte 18. Jahrhundert zurückreichenden bürgerlichen Ehe- und Familienmodells, an dessen Institutionalisierung das Christentum maßgeblichen Anteil hatte, angemessen reflektiert wird, scheint allerdings ebenso fraglich zu sein wie die sich daraus ergebende *grundsätzliche* Abwertung anderer Lebensformen wie beispielsweise (un)freiwilligen Singleseins oder aber der Bindungsqualität nicht-dyadischer Partnerschaften und nicht-monogamer Sexualbeziehungen wie die Ménage-à-trois (vgl. z. B. Gen 16),[104] zumal die Frage der Anwendbarkeit dieses Ansatzes auf gleichgeschlechtliche Sexualbeziehungen im Grunde offenbleibt, aus denen z. B. mittels assistierter Reproduktion[105] durchaus Nachwuchs, wenn auch keine genetische Nachkommenschaft *beider* Elternteile erwachsen kann.[106]

Dass es zur Substantiierung dieses Einwandes eingehenderer systematisch- und praktisch-theologischer Überlegungen zu Lebens- und Beziehungsformen sowie der Frage des Leitbildcharakters ehelicher Beziehungen – der drohenden Gefahr eines Eurozentrismus bei der Beurteilung außereuropäischer Kulturen und Gesellschaften zum Trotz – bedürfte, versteht sich, ist jedoch an dieser Stelle nicht erforderlich. Wichtig ist vielmehr der Umstand, dass durch die von Beier/Loewit vorgeschlagene Differenzierungsmöglichkeit die *kommunikative* Funktion von Sexualität ins Licht gerückt wird. Sexualität nimmt demnach nicht nur Möglichkeiten interpersonaler Kommunikation als Mittel in Anspruch oder in ihren Dienst,[107] sondern Sexualität *selbst* ist „eine Möglichkeit der Begegnung und der Beziehungspflege"[108] und damit Mittel der Kommunikation – oder mit dem ehemaligen Würzburger Ordinarius für Medizinische Psychologie und Psychotherapie Dieter Wyss (1923 – 1994) gesprochen: Eine solche „auf leibhafte Nähe des anderen" gehende und selbige bejahende „sinnliche Kommunikation [...] ist eine

---

102 Vgl. nur Gen 2,18.24; Mal 2,14; Mt 19,5 par.; 1 Kor 6,16; Eph 5,31 u. 1 Tim 3,2; vgl. allerdings auch Gen 16; Gen 22,20 – 24; Ex 21,7 – 11; Dtn 21,15 – 17 u. Dtn 25,5; Ri 19; 1 Sam 1,2; 1 Kön 3,16 – 28 u. 1 Kön 11,1 – 4.

103 Vgl. aus soziologischer Sicht Peuckert, *Familienformen*, 13 – 72 u. 89 – 190.

104 Vgl. hierzu Matyjas, *Bindung*, 21 – 26 u. 54 – 59. Zur Bewertung von Polyamorie aus theologisch-ethischer Perspektive vgl. Ohly, *Ethik der Liebe*, 169 – 183.

105 Zur rechtlichen Bewertung assistierter Reproduktion vgl. Dethloff, *Abstammung*, 4 – 15.

106 Es ist daran zu erinnern, dass die Herbeiführung einer Schwangerschaft auch bei verschiedengeschlechtlichen Menschen oder bei Singlefrauen mittlerweile *ohne* Geschlechtsverkehr (der Beteiligten) – und auch ohne Geistzeugung bzw. Parthenogenese – beispielsweise mittels Heiminsemination möglich ist. Zu den Singlefrauen vgl. Mayer-Lewis, „Familiengründung," 217.

107 So jedoch Herms, „Liebe," 114.

108 Kentler, *Taschenlexikon*, 5.

Weise kommunikativer Zuwendung, die die Leibhaftigkeit des anderen begehrt".[109] Diese ‚kommunikative Zuwendung' der Menschen *zueinander* und die daraus erwachsende Bindung *aneinander*[110] sind idealiter Ausdruck gegenseitiger zwischenmenschlicher Zuneigung und Liebe,[111] und Sexualität ist demnach wesenhaft mehr als Fortpflanzung[112] oder eine besondere Qualität lustvollen Handelns und Erlebens.

Aus den vorstehend skizzierten Differenzierungen verschiedener Aspekte, Dimensionen und Funktionen von Sexualität bei Sielert einerseits, Beier/Loewit andererseits wird dreierlei deutlich: *Erstens* handelt es sich bei Sexualität um „ein kulturübergreifend-sinnstiftendes Phänomen",[113] das mit allen anderen Bereichen menschlicher Lebensäußerungen und den Rahmenbedingungen menschlicher Existenz untrennbar verbunden und von bio-psycho-sozialen Voraussetzungen abhängig ebenso wie durch Sozialisations- und Lernprozesse beeinflusst ist.[114] Demnach kann Sexualität nur als multifaktorielles, multifunktionales und multidimensionales Phänomen angemessen wahrgenommen und erschlossen werden. „Menschliche Sexualität ist", um nochmals mit Sielert zu sprechen, „mehr als Genitalität, beschränkt sich also nicht auf Körperfunktionen und das Fortpflanzungsgeschehen, sondern umfasst als wesentliches ‚Querschnittsthema' der Persönlichkeit sowohl Fruchtbarkeits- als auch Lust-, Identitäts- und Beziehungsaspekte im Lebenslauf."[115] Es gibt daher weder „*den* authentisch mensch-

---

109 Wyss, *Lieben*, 65 (teilweise auch zit. bei Sielert, *Einführung*, 42 [mit Abweichungen vom Original]); vgl. ferner 56. Vgl. auch Ahlers/Schaefer/Beier, „Spektrum," 122 zusammen mit Beier/Loewit, *Lust*, 9 f.

110 Zur Unterscheidung des indirekten sachlichen Umgangs *miteinander*, des direkten personalen Zugangs *zueinander*, der einer solchen Gemeinsamkeit zugrunde liegenden Bindung *aneinander* und des diese Gemeinsamkeit unterbrechenden und zersetzenden Kampfes *gegeneinander* als Kristallisationen von ‚Spielräumen menschlichen Verhaltens' vgl. Waldenfels, *Zwischenreich*, XII samt Kapiteln III bis VI. Mit den ‚Spielräumen menschlichen Verhaltens' spiele ich wiederum an auf den Titel von Waldenfels' Untersuchung *Der Spielraum des Verhaltens* (1980).

111 Für eine theologisch-ethische Deutung des Verhältnisses von (praktizierter) Sexualität und Liebe vgl. Ohly, *Ethik der Liebe*, 183–207, im Unterschied zu Herms, „Liebe, Sexualität, Ehe," 114 u. Härle, *Ethik*, 328.

112 Zu der für die katholische Moraltheologie bis in die 1960er Jahre zentralen „metaphysische[n] Überzeugung vom unveränderlichen ‚Wesen' der Dinge" – in puncto Sexualität: „Fortpflanzungsorientierung" – vgl. Merks, *Fundamentalethik*, 72 u. 341 (das Zitat 72).

113 Sielert, „Sexualität," 35.

114 Vgl. Sielert, *Sexualpädagogik*, 45.

115 Sielert, „Sexualpädagogik und sexuelle Bildung," 66.

lichen Sinn"[116] noch einen „wie auch immer gearteten wesenhaften Kern",[117] auf den sich Zwecke und Ziele menschlicher Sexualität reduzieren ließen, weil es weder *den* Zweck oder *das* Ziel von Sexualität noch *die* Art und Weise gibt, in der Sexualität er- und gelebt wird.

Zweitens wird deutlich, dass in dieses Phänomen ganz unterschiedliche Ebenen des Menschseins einbezogen sind und im Einzelnen als einem ‚Knotenpunkt' zusammenlaufen, der Einzelne also nicht nur im Zuge seiner sexuellen Sozialisation,[118] sondern im gesamten Lebensverlauf ganz unterschiedliche biologische, psychische und soziale Faktoren in ihrem Zusammen- , Wechsel- und Gegenspiel miteinander zu vermitteln und immer wieder neu auszutarieren hat.

Drittens zeigt sich, dass das Bedingungsgefüge menschlicher Sexualität ein mitunter äußerst fragiles Gebilde darstellt und Beeinträchtigungen der sexuellen Selbstbestimmung ebenso wie Störungen der sexuellen Entwicklung eines Menschen durch von innen oder von außen kommende Faktoren erhebliche negative Folgen für sein weiteres Leben in allen Beziehungen, auch der Beziehung zu sich selbst, haben können. Dies gilt nicht zuletzt für die als ‚sexuelle Gewalt' und ‚sexualisierte Gewalt' bezeichneten Handlungen und Verhaltensweisen, wie sie Gegenstand der vorliegenden Untersuchung sind.

Um diese Verbindung von Sexualität und Gewalt im vorliegenden Teil der Untersuchung zunächst auf terminologischer Ebene klären zu können, ist es erforderlich, den Begriff ‚Gewalt' näher zu beleuchten.

2 Gewalt

Wie bei Sexualität haben wir es auch bei Gewalt mit einem gleichermaßen vielgestaltigen wie vielschichtigen Phänomen zu tun, dem schwerlich durch einfache Definitionen oder eindimensionale Unterscheidungen beizukommen, sondern das nur dann adäquat zu erfassen ist, wenn auch diese Vielgestaltigkeit und Vielschichtigkeit selbst reflektiert wird, wie sie im Begriff ‚Gewalt' angelegt ist. Bevor für den vorliegenden Zusammenhang wesentliche Differenzierungen vor-

---

116 So Johannes Paul II. 1990 bei seiner Absage an eine Förderung der AIDS-Prävention auf der Grundlage von Maßnahmen und Mitteln (d.h. insb. Verhütungsmitteln); zit. nach Salla, „Kirchen," 474 (meine Hervh.).
117 Farley, *Just Love*, 159; zit. nach *Verdammter Sex*, 181.
118 Zu diesen Prozessen und Vorgängen, „in denen sich Menschen zu sexuell empfindenden und handelnden Persönlichkeiten entwickeln", vgl. Stein-Hilbers, *Sexuell werden*, 9–16 (das Zitat 9).

genommen werden,[119] gilt es zuerst, den Gewaltbegriff hinsichtlich Etymologie und Denotation zu erschließen, um wesentliche Merkmale des solcherart Bezeichneten zu identifizieren und Zusammenhänge ebenso wie Abgrenzungen zwischen Gewalt und anderen Begriffen herauszuarbeiten.

2.1 Erschließung

Der Blick auf die schier unzähligen Ausdifferenzierungen des Begriffs ‚Gewalt' mittels adjektivischer Attribute (wie z. B. physische, psychische, personale, epistemische, imaginative, digitale, soziale, strafrechtliche, sexuelle, sexualisierte, strukturelle, häusliche, elterliche, familiäre, politische, öffentliche, staatliche, obrigkeitliche, feudale, absolute, militärische, richterliche, priesterliche, kirchliche, höhere, göttliche bzw. sanfte, süße, brutale, rohe, blinde oder nackte Gewalt) und die vielfältigen Substantivkomposita (wie z. B. Sprachgewalt, Redegewalt, Wortgewalt,[120] Brachialgewalt, Polizeigewalt, Waffengewalt, Amtsgewalt, Staatsgewalt, Entscheidungsgewalt, Befehlsgewalt, Kirchengewalt, Hirtengewalt, Weihegewalt, Schlüsselgewalt, Naturgewalt, Urgewalt bzw. Gewaltentrennung, Gewaltherrschaft, Gewaltregime, Gewaltmensch, Gewalttat, Gewaltspiel, Gewaltspirale, Gewaltpornographie, Gewaltritt oder Gewaltverzicht), wobei als Subjekte von Gewalt sowohl Menschen und menschengemachte Institutionen und Strukturen als auch Tiere, Natur, Universum und Gott angegeben und höchst unterschiedliche Objekte von Gewalt (z. B. Kinder, Frauen, Männer, Fremde, Alte, Kranke, Pflegebedürftige, Gefangene, Tiere, Pflanzen, Umwelt, Sachen) spezifiziert werden können – schon dieser Blick verdeutlicht, dass es sich bei ‚Gewalt' um einen notorisch auslegungsbedürftigen Begriff handelt, zu dessen Erschließung die konsequente Berücksichtigung des jeweiligen Kontextes unabdingbar ist.

---

119 Es versteht sich, dass es zur Erschließung eines derart facettenreichen Phänomens wie Gewalt nicht nur verschiedener Perspektiven, sondern auch eines entsprechenden Methodenpluralismus bedürfte, was im Rahmen dieser Untersuchung über Sexualität und Gewalt freilich nur sehr bedingt geleistet werden kann.

120 Auch im Sinne der Schöpfungsgewalt Gottes zur Kennzeichnung des göttlichen Erschaffens durch die Gewalt bzw. Kraft des Wortes, welches als explizit theologischer Topos auch außerhalb seines sprachlichen und rednerischen Gebrauchs als mit Gewalt ausgestattet gedacht wird (vgl. nur das siebenmalige ברא im priesterschriftlichen Schöpfungsbericht Gen 1,1–2,4a; ferner Joh 1,1).

Der Etymologie nach[121] stammt ‚Gewalt' (althochdeutsch *giwalt*, seit dem
8. Jahrhundert belegt; mittelhochdeutsch *gewalt*; vgl. altnordisch *vald*) von
‚walten' („herrschen, Macht und Verfügung haben über etw."[122]), was sich wiederum auf die indogermanische Wurzel *μal („stark sein";[123] vgl. lateinisch *valere*,
‚können, vermögen' bzw. ‚kräftig, mächtig, stark sein') zurückführen lässt, das als
Verb (germanisch *giwaltan, waldan*) „ursprünglich für Verfügungsfähigkeit besitzen und Gewalt haben steht, sodann aber auch in einem breiteren Sinne für
Kraft haben, Macht haben, über etwas verfügen können, etwas beherrschen verwendet wird".[124] Von seinem Ursprung her meint ‚Gewalt' also eine bestimmte
Form des Könnens oder Vermögens, mithin „Verfügungsfähigkeit haben",[125] ohne
dass hiermit (schon) eine besondere rechtliche Qualität assoziiert oder eine
ethische Dimension miteingeschlossen wäre.[126] Erst im weiteren Verlauf der Begriffsgeschichte ist ‚Gewalt' die bis heute charakteristische semantische Mehrdeutigkeit zwischen Machtbefugnis (ordnende oder herrschaftliche Gewalt) und
Gewaltsamkeit (verletzende Gewalt) zugewachsen.[127]

Diese Mehrdeutigkeit von ‚Gewalt' zeigt sich auch daran, dass ‚Gewalt' zur
Übersetzung von lateinisch *potestas* (Staats-, Amts- oder Verfügungsgewalt im
Sinne legitimer Machtausübung) ebenso wie von lateinisch *violentia* (Gewalttätigkeit im Sinne illegitimer Schadenszufügung) herangezogen werden und ent-

---

121 Zu Etymologie, Bedeutungsveränderungen und -abgrenzungen von ‚Gewalt' vgl. – abgesehen von Imbusch, „Der Gewaltbegriff," 28–34 – Grimm/Grimm, *Deutsches Wörterbuch*, Bd. 6,
Sp. 4910–5094 (s.v. „Gewalt"); Röttgers, „Andeutungen," 157–234; Röttgers, Art. „Gewalt,"
Sp. 562–570; Neidhardt, „Gewalt," 114–117; Fick, *Vergleichendes Wörterbuch*, 299 (s.v. „valdan
walten" u. „valda Gewalt, Macht"); Seebold, *Vergleichendes und etymologisches Wörterbuch*, 536 f.
(s.v. „WALD-A- ‚walten'") u. Kluge, *Etymologisches Wörterbuch*, 264 (s.v. „Gewalt) u. 776 (s.v.
„walten"); Pfeifer, *Etymologisches Wörterbuch*, Bd. 1 (1989), 563 (s.v. „Gewalt") u. Bd. 3, 1935 (s.v.
„walten").
122 Pfeifer, *Etymologisches Wörterbuch*, Bd. 3, 1935 (s.v. „walten"). Vgl. auch bereits Schwenck,
Wörterbuch der deutschen Sprache, 707 (s.v. „walten"): „Macht über etwas ausüben, herrschen".
Dies kann negativ (vgl. z. B. Ps 85,6), neutral (z. B. ‚seines/ihres Amtes walten'; vgl. auch Gen 6,3)
oder positiv (z. B. in Georg Neumarks [1621–1681] Kirchenlied von 1641: „Wer nur den lieben Gott
lässt walten"; vgl. auch Ps 103,11 u. Ps 117,2) gemeint sein.
123 Fick, *Vergleichendes Wörterbuch*, 165 (s.v. „2. val").
124 Imbusch, „Gewaltbegriff," 29.
125 Röttgers, Art. „Gewalt," Sp. 562.
126 Vgl. Imbusch, „Gewaltbegriff," 29 sowie Korff, Art. „Gewalt III.," Sp. 611.
127 Zur ständigen Erweiterung des Bedeutungsumfangs von ‚Gewalt' bereits von frühester Zeit
der Wortgeschichte an sowie zu den Verfestigungen bestehender Verwendungsweisen vgl. Grimm/
Grimm, *Deutsches Wörterbuch*, Bd. 6, Sp. 4910 f. u. 4920.

sprechend verschiedene semantische Schwerpunkte aufweisen kann,[128] die jedoch einander überlagern und ineinandergreifen. Während im ersten Fall ‚Gewalt' deskriptiv-wertneutral zur Erfassung eines bestimmten, nämlich rechtlich-politischen *Verhältnisses* dient, wird im zweiten Fall ein bestimmtes *Verhalten* normativ-wertend als ‚Gewalt' bezeichnet. Und während im ersten Fall „das Durchsetzungs*vermögen* in Macht- und Herrschaftsbeziehungen"[129] bzw. „das Verfügen*dürfen* über andere"[130] im Blickpunkt steht, um *Ordnung* in Chaos zu *bringen*, wie es auch von ‚göttlicher Gewalt' gesagt wird,[131] wird im zweiten Fall die durch *Ausübung* von Gewalt eintretende Verletzung der körperlichen, seelisch-geistigen, rechtlichen und/oder sozialen Integrität einer anderen Person als Verstoß *gegen Ordnung* bewertet. Letzteres aus rechtsstaatlicher Sicht jedenfalls dann, wenn private Gewaltsamkeit[132] die Grenzen von Notwehr und Nothilfe überschreitet und/oder als Verletzung des staatlichen Gewaltmonopols (z. B. bei gewaltsamer Selbsthilfe[133]) betrachtet und in der Folge als ‚ordnungswidriger' und somit ahndungsbedürftiger Verstoß gewertet wird. Dagegen werden Ausübung und Durchsetzung staatlicher Gewalt unter bestimmten Bedingungen und Umständen, etwa wenn dies im Interesse der Allgemeinheit zum Schutz von Recht und Gesetz und unter Wahrung der Verhältnismäßigkeit erfolgt, als legitimes Mittel

---

128 Vgl. dazu Stadler, „Ästhetik," 63, sowie Dietrich/Mayordomo, Art. „Gewalt," 210. Während Gewalt „zunächst das Wiedergabemonopol für ‚potestas' erhielt" (Röttgers, Art. „Gewalt," Sp. 562), sollte sich hierfür im Mittelalter immer mehr das Wort ‚Macht' durchsetzen und zu einer „semantischen Konkurrenz für ‚Gewalt'" entwickeln – mit der Folge, „daß ‚Gewalt' im Begriff der violentia einen zweiten semantischen Schwerpunkt bildete" (Röttgers, „Andeutungen," 159); vgl. ferner Imbusch, „Gewaltbegriff," 28–30.
129 So in der *Brockhaus Enzyklopädie*, Bd. 8 (1989), 453 (s.v. „Gewalt") (meine Hervh.). Vgl. auch Zanetti, „Gewalt," 357.
130 So Grimm, „Gewaltmonopol," 1296 (zur Bezeichnung der legalen Gewalt im Sinn der *potestas*).
131 Eine ebenso einflussreiche wie umstrittene Deutung „reiner oder göttlicher Gewalt" als schlechthin „rechtsvernichtend", „entsühnend", „schlagend" und „auf unblutige Weise letal" – in diametralem Gegensatz zur „rechtsetzend", gleichermaßen „verschuldend wie sühnend", „drohend" und „blutig" seienden mythischen Gewalt, da die „göttliche Gewalt" gerade jene Gewalt sei, die den „Umlauf[] im Banne der mythischen Rechtsformen" durchbreche und „ein neues geschichtliches Zeitalter" begründe – bietet Benjamin, „Kritik," 29–65 (die Zitate 59 f. u. 64).
132 Eine *private* Gewalttätigkeit ist jeder Einsatz von Gewalt, der nicht im Rahmen eines staatlichen Gewaltmonopols erfolgt, vgl. dazu sowie zum Verhältnis von beidem Weber, *Grundriss*, 617.
133 Zur gewalttätigen Selbsthilfe als Ordnungsform bzw. zur Herstellung einer sozialen Ordnung im Unterschied zur staatlichen Gewaltregulation bzw. zu einem zentralen Herrschaftsapparat vgl. Spittler, „Konfliktaustragung," 142–164; ferner von Trotha, „Sicherheitsordnung," 53.

zur Ordnungsschaffung betrachtet,[134] bis hin zum Einsatz militärischer Gewalt als *ultima ratio* staatlicher Gewalt.[135]

Zunächst kann also festgehalten werden, dass für Gewalt als schillernden Begriff ebenso wie als komplexes Phänomen eine „Ambiguität zwischen Ordnungszerstörung und Ordnungsbegründung"[136] charakteristisch ist. Diese „Bedeutungsmannigfaltigkeit"[137] des Gewaltbegriffs, von der nicht nur die Ähnlichkeiten und Überschneidungen des Bedeutungsfeldes von Gewalt mit denen einer Reihe anderer Begriffe wie Macht und Herrschaft einerseits, Kraft, Zwang und Aggression andererseits, sondern auch die bereits angesprochenen zahlreichen Substantivkomposita und vielfältigen Verwendungsmöglichkeiten von ‚Gewalt' zeugen, zeigt sich überdies beim Blick auf verschiedene englischsprachige Äquivalente für diesen *einen* Begriff im Deutschen: Während *violence* in ausschließlich negativem Sinne vor allem die willentliche physische Schädigung von Personen,[138] mithin destruktives Verhalten bezeichnet, rücken bei *power* bzw. *authority* (Staats- oder Amtsgewalt), *control* (Gewalt *über* Personen oder Sachen) und *force* (z. B. militärische Gewalt oder Naturgewalt) eher neutralere oder gar positive Konnotationen wie Macht, Herrschaft, Wucht und Stärke in den Vordergrund,[139] wobei es zum *Vorliegen* von Gewalt in diesem letzteren Sinne nicht zwangsläufig der *Ausübung* oder auch nur der *Androhung* von Gewalt im ersteren Sinne bedarf.[140]

---

134 Dass ein Staat umso berechtigter ist, je mehr seine Bürger*innen ihn in der rechtmäßigen Ausübung von (staatlicher) Gewalt (*power*) anerkennen, betont – ausgehend von der Analyse zu 52 Nationen – Gilley, „State Legitimacy," 694.

135 Dass der Militäreinsatz als „das höchste" oder „stärkste Mittel staatlicher Gewalt" keineswegs einfach, wie der Ausdruck *ultima ratio* nahelegt, ‚das letzte Mittel', sondern zuweilen „das einzig geeignete" Mittel sein bzw. als solches erscheinen kann (z. B. bei einer Geiselnahme oder einem Terrorangriff), betont Schulenberg, „Dogma," 71 f. (die Zitate 71). Dass ein solches Mittel auch dann zum Einsatz kommen mag, wenn alle menschliche ‚Vernunft am Ende' oder gar das ‚Ende der Vernunft' erreicht ist, versteht sich ebenfalls (zur Deutung von „ultima ratio" als „Vernunft am Ende" vgl. Waldenfels, „Aporien," 22 [Anm.]).

136 Imbusch, „Gewaltbegriff," 26.

137 Lienemann, Art. „Gewalt, Gewaltlosigkeit," Sp. 163.

138 Auch Gewalt gegenüber/an Tieren (‚violence against/towards animals') und Sachen (‚violence against/towards property') ebenso wie eine heftige, zerstörerische nichtmenschliche Kraft kann als ‚violence' bezeichnet werden (z. B. ‚the violence of the storm'), wenngleich der Bezug dieses Wortes auf (zwischen)menschliches Verhalten im anglophonen Sprachgebrauch dominiert. Nulla regula sine exceptione.

139 Für eine etwas andersgelagerte Differenzierung englischer Termini vgl. Jähnichen, Art. „Gewalt," Sp. 612.

140 Auch bei der Unterscheidung zwischen ‚geistlicher Gewalt' und ‚weltlicher Gewalt' entsprechend der lutherischen Zwei-Regimenten-Lehre fehlt ersterer das Moment des Zwangs, da sie

Demnach kann zwischen legitim(iert)er und nicht-legitim(iert)er Gewalt unterschieden und ‚Gewalt' zur Erfassung historisch-spezifisch verdichteter, in Form institutioneller Arrangements geronnener gesellschaftlicher Kräfte- und Macht*verhältnisse* ebenso herangezogen werden wie zur Bezeichnung bestimmter Formen des sozialen *Verhaltens* von und zwischen Individuen bzw. zwischen und innerhalb von Gruppen von Individuen.[141] Diese in ‚Gewalt' gewissermaßen ‚inbegriffene' Mehrdeutigkeit zur Kennzeichnung durchaus unterschiedlicher Situationen, Konstellationen und Verhaltensformen markiert die Besonderheit des deutschen Gewaltbegriffs nicht nur gegenüber dem lateinischen und anglophonen, sondern auch im Vergleich zum frankophonen (‚violence', ‚pouvoir', ‚force') und iberoamerikanischen Sprachgebrauch (‚violencia', ‚poder', ‚postestad').[142] Im vorliegenden Untersuchungszusammenhang wird dabei deutlich werden, dass eben diese dem deutschen Gewaltbegriff oft als Vagheit[143] oder gar denotatives Dickicht zur Last gelegte Mehrdeutigkeit sich gerade als seine *Stärke* erweisen kann, zumal die beiden oben genannten ineinandergreifenden Bedeutungsschwerpunkte zwar deskriptiv erfasst und analytisch unterschieden werden können, empirisch-historisch, systematisch-theoretisch und phänomenologisch jedoch in untrennbarer Verbindung stehen,[144] was allerdings nicht immer augenfällig sein muss.

Es mag auch hinsichtlich des Verhältnisses von Sexualität und Gewalt als Gegenstand der vorliegenden Untersuchung zunächst naheliegend erscheinen, ‚Gewalt' allein als Bezeichnung einzelner Gewalthandlungen im Sinne der *vio-*

---

und die Schlüsselgewalt „allein mit der Lehre und Predig [sic!] Gottes Worts und mit Handreichung der Sakramente gegen vielen oder einzeln Personen" (CA XXVIII, zit. nach *Die Bekenntnisschriften*, 121,26 – 29) zu erfüllen sei. Zur historischen Einordnung und Interpretation der Zwei-Regimenten-Lehre, die zugleich als Zwei-Reiche-Lehre gestaltet ist (vgl. bes. Luther, *Von weltlicher Oberkeit* [1523], in: WA 11, 247–249), im Kontext der lutherischen Theologie vgl. Bornkamm, „Luthers Lehre," 165–195 sowie Suda, *Ethik Martin Luthers*, 117–137.

141 Vgl. Imbusch, „Gewaltbegriff," 30, der für die Zeit des Übergangs vom Mittelalter zur Neuzeit vier Begriffsvarianten von ‚Gewalt' unterscheidet. Zur Differenzierung von individueller, kollektiver und staatlicher Gewalt vgl. 45–50; ferner Hugger, „Elemente," 22.

142 Vgl. hierzu Imbusch, „Gewaltbegriff," 28 f.

143 Zum Phänomen sprachlicher Vagheit und deren Unterscheidung von sprachlicher Mehrdeutigkeit – beides ist keineswegs identisch! – vgl. Ickler, *Disziplinierung*, 45 u. 47.

144 So können Ausübung und Durchsetzung staatlicher oder obrigkeitlicher Gewalt im Sinne der *potestas* gegenüber der Bevölkerung von dieser als Gewalt im Sinne der *violentia* wahrgenommen und erfahren werden, was sich z. B. im Falle der staatlichen Verfolgung religiöser Minderheiten zeigt, wie Geyerz/Siebenhüner in ihrer Einleitung zu dem von ihnen herausgegebenen Sammelband *Religion und Gewalt* (2006), 15 f. betonen. Das Ineinandergreifen von Gewalt im Sinne der *potetas* und Gewalt im Sinne der *violentia* zeigt sich überhaupt im Begriff des ‚Gewaltmonopols', wie Gerhardt, Art. „Gewalt," 211, betont.

lentia zu verstehen. Die in dieser Untersuchung erfolgende Analyse ausgewählter Legierungen von Sexualität und Gewalt wird allerdings zeigen, dass in ihnen immer auch der erstgenannte Bedeutungsschwerpunkt von Gewalt zur Kennzeichnung bestimmter Kräfte- und Machtverhältnisse im Sinne der *potestas* resoniert und die Ausübung von Gewalt im Sinne der *violentia* nicht nur mit entsprechenden Kräfte- und Machtverhältnissen einhergehen, sondern aus ihnen erst hervorgehen kann. Macht als gleichermaßen Grundbedingung wie Bedingungsmöglichkeit für *potestas* und *violentia* fungiert geradezu als Scharnierstelle im Verhältnis beider Gewaltgestalten zueinander, weshalb Ausübung und Androhung von Gewalt immer auch vor dem Hintergrund der darin ausgedrückten Kräfte- und Machtverhältnisse zu betrachten sind. Die Berücksichtigung dieses Ineinandergreifens der beiden Bedeutungsschwerpunkte von Gewalt als *potestas* und *violentia* und die Sensibilisierung auch für sozusagen ‚nicht-handgreifliche‘ Formen von Gewalt können sich so als Schlüssel auch für die Untersuchung des Verhältnisses von Sexualität und Gewalt erweisen.

Unter Gewalt wird im vorliegenden Zusammenhang also mehr und auch anderes verstanden, als es die gegenwärtige deutsche Alltagssprache reflektiert. Wie verschiedene Interviewstudien mit Jugendlichen und jungen Erwachsenen zeigen, wird im „alltagspsychologische[n] Gewaltverständnis" primär auf den „Einsatz körperlicher Gewaltmittel"[145] abgehoben und vor allem brutale physische Gewalthandlungen und allenfalls im Einzelfall auch psychische Gewaltmittel sowie Formen mutwilliger Sachbeschädigung (Vandalismus) als Gewalt verstanden.[146] Im Falle der Gewalt gegen Personen bedeutet dies, dass mit abnehmender sichtbarer Brutalität einer Gewalthandlung diese zunehmend weniger als (zumal: illegitime und/oder ethisch unzulässige Form von) Gewalt gedeutet wird, was überdies durch entsprechende Gewöhnungs- und Abstumpfungseffekte begünstigt sein kann. Dies zeigt, dass die Identifikation einer bestimmten Handlung oder Verhaltensweise als Gewalt immer auch von subjektiven Faktoren und Einstellungen, mithin individuellen Wahrnehmungs- und Bewertungsschwellen und, nicht zuletzt im Bereich der Medienrezeption,[147] vom jeweiligen psychischen, sozialen, politischen, kulturellen und sprachlichen Kontext abhängig ist. Überdies kann sich eine solche Deutungsdiskussion als ein hochpolitischer, mitunter politisierter Vorgang erweisen, dessen Ausgang nicht nur von

---

145 Lukesch, „Gewalt," 639 (ohne Hervh.).
146 Vgl. Scheungrab, *Filmkonsum*, 145 ff. u. 255 ff., worauf Lukesch, „Gewalt," 639 ohne konkrete Angaben verweist.
147 Vgl. die zusammenfassende Interpretation der Ergebnisse von Früh, „Rezeption," 172 ff. bei Lukesch, „Gewalt," 640 (mit fehlerhafter Quellenangabe im Literaturverzeichnis).

der Verteilung der Deutungs- und Definitionsmacht, sondern auch von gesellschaftlichen und politischen Kräfte- und Machtverhältnissen abhängt.[148]

Interessanterweise scheint es für das Alltagsverständnis von Gewalt nicht maßgeblich zu sein, ob eine als Gewalt gedeutete und auch solcherart bezeichnete Handlung gegen geltende Gesetze verstößt oder ob ihre Strafbarkeit gesetzlich bestimmt ist.[149] Dies gilt im Übrigen auch für den kriminologischen Gewaltbegriff, der bei den ab 1985 durchgeführten Forschungsprojekten der Kriminalistisch-Kriminologischen Forschungsgruppe des Bundeskriminalamts im Rahmen des Forschungsschwerpunkts „Analysen zur Gewalt" – hier: zu alltäglichen Gewalttätigkeiten gegen Personen – zur Anwendung gekommen ist und bei dem es wie beim sozialwissenschaftlichen Gewaltbegriff, im Unterschied zum wesentlich enger gefassten strafrechtlichen Gewaltbegriff, „[f]ür die Bewertung einer Handlung als Gewalthandlung [...] unerheblich [ist], ob sie im Rahmen der bestehenden Gesetze abläuft oder ob sie gegen diese Gesetze verstößt. Gewalt kann also legal oder illegal sein."[150]

2.2 Wesensmerkmale

Aus den im vorhergehenden Abschnitt genannten Situationen, Konstellationen und Verhaltensformen lassen sich drei Merkmale herauskristallisieren, die für Gewalt insgesamt wesentlich zu sein scheinen: *Relationalität*, *Erleidens-* bzw. *Schädigungscharakter* und *Geschehenscharakter*.[151] Allen diesen Merkmalen ist

---

148 Vgl. dazu auch Imbusch, „Gewaltbegriff," 52.

149 Zum Gesetzlichkeitsprinzip (*nulla poena sine lege*) gemäß Art. 103 Abs. 2 GG u. § 1 StGB und den darunter gefassten, verfassungsrechtlich verankerten Kernprinzipien des deutschen Strafrechts vgl. Bott/Krell, „Grundsatz," 694–700. Selbstverständlich müssen strafgesetzliche Vorschriften auch ein Minimum an Bestimmtheit (Bestimmtheitsgrundsatz) aufweisen und Taten dürfen einer Tatperson nicht im Nachhinein (Rückwirkungsverbot) oder aufgrund der Ähnlichkeit der begangenen mit einer anderen, explizit als strafbar betrachteten Handlung (Analogieverbot) zur Last gelegt werden (vgl. hierzu die Übersicht bei Eisele/Heinrich, *Strafrecht Allgemeiner Teil*, 8–10).

150 Baurmann/Dörmann, „Gewaltkriminalität," 14. Zum strafrechtlichen Gewaltbegriff s. Abschnitt D.4.2.3, Anm. 234.

151 Es ist also keineswegs eine erschöpfende Rekonstruktion und Analyse der vielfältigen Verwendungsweisen des Gewaltbegriffs zur vollumfänglichen Erfassung seines semantischen Gehalts intendiert, wenn denn eine solche überhaupt möglich sein sollte. Für weitergehende Versuche speziell aus theologischer Sicht vgl. Mühling, *Liebesgeschichte*, 327–342 sowie Lincoln, *Geschöpflichkeit*, 15–124.

gemein, Gewalt als eine *Einwirkung* zu verstehen,[152] gleich ob sie als *potestas* oder als *violentia* Gestalt gewinnt, wobei am Erleidens- bzw. Schädigungscharakter zugleich die Differenz zwischen Gewalt als positiver und Gewalt als negativer Einwirkung zutage tritt.[153] Wenn die vorliegende Untersuchung mit besonderer Rücksicht auf Gewalt als *negativer* Einwirkung erfolgt, wie sie für Gewalt als *violentia* kennzeichnend ist,[154] soll damit nicht insinuiert werden, Positivität und Negativität ließen sich zwischen *potestas* und *violentia* ohne Weiteres, geschweige denn kurzerhand so aufteilen, dass Positivität der *potestas* und Negativität der *violentia* zugeteilt würde.[155] Dies schon deshalb nicht, weil Gewalt in der Gestalt der *potestas* auch *negative* Auswirkungen zeitigen, mithin Gewalt eben dadurch, dass sie Ordnung schafft, auch zerstören kann, wie umgekehrt Gewalt in der Gestalt der *violentia* eben dadurch, dass sie zerstört, auch ein Ordnungspotenzial freisetzen kann.[156] Demnach sind verschiedene Formen von Negativität zu un-

---

152 Der Einwirkungscharakter trifft auch dann zu, wenn Gewalt als *potestas*, wie im vorhergehenden Abschnitt angesprochen, zur Kennzeichnung eines bestimmten rechtlich-politischen *Verhältnisses* dient, das nichts Statisches, sondern etwas Dynamisches, mithin *sich vollziehendes* Verhältnis ist, als das es nicht nur wirkt, sondern immer auf andere und zugleich auf sich selbst als im Verhältnis zu anderen (seiend) *ein*wirkt. Zur Erschließung eines solchen dynamischen Verhältnisbegriffs als (Sich-)Verhalten vgl. – mit Rücksicht auf Kierkegaard – Ringleben, *Krankheit*, 62.

153 Genauer gesagt: Diese Differenz zeigt sich *im* Übergang vom Erleidens- *zum* Schädigungscharakter von Gewalt. Es scheint mir also zielführender zu sein, Gewalt als Einwirkung zu verstehen, die, bei aller Ambivalenz, positiv und negativ wirksam sein kann, als von ‚negativer‘ oder ‚positiver Gewalt‘ zu sprechen und entsprechend zu differenzieren, wie es z. B. Mühling, *Liebesgeschichte*, 334 macht.

154 Im Rahmen der vorliegenden Untersuchung konzentriere ich mich dabei verständlicherweise auf Gewalt von, gegen, an, über und unter *Menschen*. Demnach bleiben Furcht *und* Ehrfurcht (zur Differenzierung vgl. Bucher, *Ehrfurcht*, 36 – 38 mitsamt der Unterscheidung bei Bollnow, *Ehrfurcht*, 39, wonach „die Furcht das als begründet einsehbare Verhältnis zum Feindlich-Bedrohlichen […], die Ehrfurcht dagegen ein gewisses Analogon zu dieser Furcht gegenüber dem Freundlich-Wertbehafteten“ sei) einflößende Naturphänomene von elementargewaltiger Kraft, mithin ‚Naturgewalten‘, ebenso unberücksichtigt wie Gewalt, die außer- und nichtmenschlichen Akteuren zugeschrieben oder aber gegen nichtmenschliche Objekte ausgeübt wird. Dies schließt freilich nicht aus, dass die im Folgenden dargelegten Wesensmerkmale von Gewalt auch darauf übertragen werden können. Zur Divinisierung und Personalisierung von Naturphänomenen und sich Bahn brechenden bzw. über den Menschen hereinbrechenden Naturgewalten aus Sicht christlicher Protologie vgl. Eckert, *Schöpfungsglauben*, 59 – 70.

155 So etwa Shateri, „Gewalt,“ 93.

156 Auf diese Ambivalenz der Gewalt als „zerstörerische[r] Ordnung und ordnende[r] Zerstörung“ weist zu Recht Brock, „Gewalt,“ 167 hin. Zum Gedanken der Frei- bzw. Ingangsetzung von etwas (Neuen) im Zuge eines – damit de facto: gewalthaltigen – „Prozess[es] der schöpferischen Zerstörung“ vgl. für den Bereich der Ökonomie bereits Schumpeter, *Kapitalismus*, 103 – 109 (Zitat 103).

terscheiden, weil nicht alles, was negativ ist, indem es beraubt, einschränkt, trennt, straft, verletzt, abspricht oder zunichtemacht, immer auch rein destruktiv sein bzw. wirken muss, so sehr das Destruktive der Gewalt sich als *violentia* besonders deutlich Ausdruck verschaffen kann.[157] Insofern ist mit dem Frankfurter Politologen Lothar Brock (*1939) von einer „doppelten Ambivalenz der Gewalt"[158] auszugehen, die sich starren Einteilungen und eindeutigen Zuteilungen naturgemäß widersetzt, zumal stets sowohl *violentia* in *potestas* als auch umgekehrt *potestas* in *violentia* „umschlagen"[159] kann.

Dies zur Ambivalenz der Gewalt und der im vorliegenden Zusammenhang erfolgenden Fokussierung auf Gewalt als negativer Einwirkung vorausgeschickt, sind nun die drei oben genannten Wesensmerkmale von Gewalt näher zu erläutern und im Verhältnis miteinander[160] darzustellen:

(1.) Gewalt ist *relational*; sie manifestiert sich stets im Verhältnis zu etwas oder jemandem, mithin als Gewalt *gegen* oder *über* etwas oder jemanden bzw. *zu* etwas[161] oder *an* jemandem, was jedoch nicht heißt, dass Gewalt von den sie Ausübenden, Erleidenden oder Beobachtenden immer auch *als* Gewalt wahrgenommen und entsprechend bezeichnet wird.[162] Dies gilt auch von Gewalt, die *sich selbst* angetan wird, sei es um seiner selbst willen oder sei es aus dem Grund, um *anderen* keine Gewalt anzutun.[163] Aus der Relationalität von Gewalt folgt zum einen, dass Gewalt *an sich*, d. h. ohne etwas, auf das sie in irgendeiner Weise bezogen bzw. zu beziehen wäre, nicht existiert.[164] Damit ist nicht behauptet, dass Gewalt stets von einem konkreten, genau identifizierbaren handelnden oder

---

157 Während eine im Destruktiven verharrende (reine oder radikale) Form der Negativität ohne jeden Bezug auf eine Positivität bleibt (diese ist in ihr gewissermaßen ,nicht angelegt'), ist auch eine Form der Negativität annehmbar, bei der die Positivität den Grund bildet, auf den hin sich ein Mensch im Vollzug der Negation übersteigt; vgl. dazu Schreiber, *Gewissheit*, 396 bzw. ders., „Selbstinszenierung," 154.

158 Brock, „Gewalt," 168; zur Ambivalenz der Gewalt vgl. ferner Nedelmann, „Gewaltsoziologie," 69–71.

159 Brock, „Gewalt," 168.

160 Der Erleidens- bzw. Schädigungscharakter ist mit der Relationalität von Gewalt gegeben, während der Geschehenscharakter zur Präzisierung der Realisierung von Gewalt dient, was auch für die Frage (des Ansatzpunktes) der Prävention von Gewalt von maßgeblicher Relevanz ist.

161 So z. B. Gewalt *zur* Regulierung, Gesetzgebung oder Erteilung bzw. Versagung einer Baugenehmigung, was jeweils, wie bei Gewalt *über* etwas, aus einer bestehenden Machtposition heraus bzw. innerhalb einer Machtstruktur erfolgt, die hierzu berechtigt bzw. in Stand setzt.

162 Zur Wahrnehmung von etwas Erlittenem als Gewalt vgl. Delhom, „Gewalt," 66 f.

163 Zu dieser Paradoxie des Selbstopfers als einer Aufhebung des Opfers vgl. Dalferth, *Umsonst*, 132–137.

164 Siehe Punkt 2. Vgl. hierzu – wenngleich mit anderer Argumentation – Vollbrecht, *Einführung*, 164 und Loetz, „Gotteslästerung," 318.

wirkenden Subjekt gegenüber einem gleichermaßen konkreten, genau identifizierbaren Handlungen oder Wirkungen erleidenden Objekt erfolgte, wohl aber ist behauptet, dass eine objekt*lose* Gewalt, welche also in *keiner* Weise an oder gegenüber etwas oder jemandem ihre Wirkung zeitigen könnte, im Effekt dasselbe ist wie *keine* Gewalt.[165] Aus diesem Grund folgt aus der Relationalität von Gewalt bei rein logischer Betrachtung zum anderen,[166] dass auch eine schlechthin *unbeschränkte*, *all*umfassende Gewalt, mithin *All*gewalt, ohne ein Objekt, welches dieser, so übermächtig sie auch sein mag, schon allein durch seine bloße

---

165 An dieser Stelle weicht meine Interpretation sowohl von Galtung als auch von Loetz ab. Von Galtung einerseits, dem zufolge ‚objektlose Gewalt' durch die Abwesenheit eines (potenziell) geschädigten Objektes gekennzeichnet ist, wofür Galtung die Durchführung von Atomwaffenversuchen als Beispiel anführt (vgl. Galtung, „Gewalt," 11 f.). Aber auch dies ist im Grunde keine ‚objekt*lose* Gewalt' im strengen Wortsinne, da *andere* durch diese Drohgebärden physischer Gewalt gerade abgeschreckt werden sollen, was Galtung deshalb auch „als eine Art psychischer Gewalt" (12) bewertet, sondern lediglich eine Gewalt ohne *konkrete* Personen als Objekte bei deren Ausübung – und sei es *in mente*. Von Loetz andererseits, der zufolge Gewalt keine „feste, ontologische Größe, sondern eine relative Kategorie" darstellt, „indem bestimmte Verhaltensformen für eine Gesellschaft dadurch zu Gewalt werden, dass diese Verhaltensformen von den Mitgliedern der jeweiligen Gesellschaft als nicht tolerable Grenzverletzung eingeschätzt und erlebt werden" (Loetz, *Sexualisierte Gewalt*, 18). Dabei handelt es sich aber nur um einen Anwendungsfall, nicht um eine Wesensbestimmung von Gewalt, weshalb ich auch nicht ihre Feststellung zu teilen vermag, dass „Gewalt *ist*, was eine Gesellschaft als Gewalt anerkennt" (ebd.; meine Hervh.). Denn: Wer bildet diesbezüglich die Anerkennungsinstanz? Die Mehrheitsgesellschaft zu einem gegebenen Zeitpunkt? Und: Wie kommen die Mitglieder einer Gesellschaft überein? Durch einen ganz und gar ergebnisoffenen Diskurs, dessen möglichem Ergebnis sich dann *alle* Mitglieder einer Gesellschaft, sowohl die am Diskurs Beteiligten als auch die einem solchen Fernbleibenden, gezwungenermaßen zu fügen hätten? Vor allem aber: Wenn eine Gesellschaft z. B. darin übereinkäme, dass die Tötung eines Fremden fortan keine illegitime Gewalt mehr, sondern legitime Notwehr wäre – wollte man diesem (begrifflichen) Übereinkommen deshalb folgen und diese Tötungshandlung nicht (länger) als Gewalt betrachten? Oder geht es hier nicht vielmehr darum, welche Formen von Gewalt auch *strafbar* sind, was im Falle der Nichtstrafbarkeit eben keineswegs besagt, dass die infrage stehende Handlung deshalb keine Gewalt wäre. Kurzum: Es gibt m. E. überzeitliche Wesensmerkmale von Gewalt, die dem Wandel entzogen sind, weil sie schlicht den Begriff der Gewalt ausmachen, was aber nicht ausschließt, dass das, was *als* (zumal: strafbare und moralische verwerfliche Form von) Gewalt bewertet wird, immer auch gesellschaftlich bedingt und Ergebnis diskursiver Aushandlungsprozesse sein kann, weshalb nicht nur die Erscheinungsformen von Gewalt (man denke z. B. an neue Gewaltphänomene infolge des digitalen Wandels), sondern auch die Bewertungen von Gewalt (man denke z. B. an den Umstand, dass eine Vergewaltigung in der Ehe bis 1997 lediglich als Nötigung im Sinne des § 240 StGB geahndet werden konnte) per se beständigem Wandel und Veränderung unterliegen.
166 An diesem Punkt adaptiere ich Jonas' logisch-ontologische Bemerkungen zum Begriff der *Allmacht*, die „ein sich selbst widersprechender, selbst-aufhebender, ja sinnloser Begriff ist" (Jonas, „Gottesbegriff," 77).

Existenz entgegenwirkte („Dasein heißt Widerstand und somit gegenwirkende Kraft"[167]), geradezu ,leer', mithin Gewalt wäre, die ins Leere griffe, deren Kraft ohne Gegenkraft ins Leere wirkte und die deshalb unweigerlich ihren Gewaltcharakter verlöre.[168] Demnach kann Gewalt weder objekt*los* noch *All*gewalt im genannten Sinne sein, ohne sich selbst aufzuheben.

(2.) Wenn Menschen von Gewalt irgendeiner Art betroffen sind, *erleiden* sie etwas – ,erleiden' hier zunächst verstanden im Sinne der Grundbedeutung von griechisch πάσχειν (im Infinitiv Aorist: παθεῖν), ohne negative oder positive Bewertung, als „eine Einwirkung von aussen erfahren",[169] was, wie bei lateinisch *affici*, dem Infinitiv Passiv von *afficere*, nicht zwangsläufig eine *unangenehme* Einwirkung voraussetzt, sondern in gleicher Weise auf *angenehme* Ereignisse oder *günstige* Umstände bezogen werden, ein Mensch folglich auch ,Gutes erleiden' (εὖ πάσχειν) kann. „*Alles* Durchmachen, Erleben und Mit-Einbezogen-Sein in Handlung, Geschehen und Ereignis kann als πάσχειν gelten."[170] Gewalt als *potestas* und *violentia* hat demnach stets eine *pathische* Seite, was sie auf Seiten des Objekts, im Verhältnis zu dem sie sich manifestiert, zum Widerfahrnis werden lässt.[171] Dabei müssen weder die als Gewalt erfahrene Einwirkung noch das passive Reagieren darauf (,Erleiden') notwendigerweise physisch sein, weil Gewalt nicht lediglich den Körper eines Menschen, sondern den Menschen als leib-

---

167 A.a.O., 79.

168 Dies hat Gewalt mit jeder realen Kraftbeziehung eines Menschen zu seiner Umwelt gemein, vgl. Erismann, *Allgemeine Psychologie*, 49f. (im Kapitel „Was ist ,Empfindung'"), der in diesem Zusammenhang auch auf das Dritte Newtonsche Gesetz (Wechselwirkungsgesetz) verweist, wonach zu jeder Kraft F *immer* eine *gleich große*, entgegen gerichtete Kraft wirkt (actio=reactio) (vgl. auch Jonas, „Gottesbegriff," 79). Dies trifft im Falle von Gewalt allerdings *nicht* zu, welche auf *ungleichen* Kräfteverhältnissen beruht, auch wenn Gewalt ihre Wirkkraft nicht ohne jede Gegenkraft *entfalten* kann. Ein Alltagsbeispiel mag dies verdeutlichen: Das poserhafte Aufheulenlassen des Motors an einer roten Ampel im Leerlauf mag als *Potenz*gehabe und (irritierender) Hinweis auf das Vorhandensein zahlreicher *macht*voller Pferde*stärken* gedeutet werden und kann dennoch das betreffende Automobil seine Kraft keinen Zentimeter weit *entfalten* lassen.

169 So die Angabe der Grundbedeutung von πάσχω bei Passow, *Handwörterbuch*, Bd. 2, 399 (s.v. „πάσχω"; ohne Hervh.), der diese Erfahrung einer Einwirkung, „gleichviel ob diese eine angenehme oder unangenehme ist" (ebd.), als ,leidendem Verhalten' in einen allgemeinen Gegensatz zu ,Tun' oder ,Handeln' stellt. Dieses Bedeutungsspektrum von πάσχειν zwischen ,passives Reagieren auf etwas' und ,etwas erleiden' ist von nicht unerheblicher Bedeutung für das Verständnis des „τοσαῦτα ἐπάθετε εἰκῇ" in Gal 3,4!

170 Stoellger, *Passivität*, 27 (meine Hervh.).

171 Zu diesem unausweichlichen Widerfahrnischarakter von Gewalt vgl. Hitzler, „Gewalt," 12f; vgl. allerdings auch die Bemerkungen zum ,Gewalt*wider*fahrnis' unten in Anm. 500.

seelische Einheit,[172] seine Freiheit, seine Handlungsfähigkeit sowie seine wirtschaftliche und soziale Existenz betreffen kann.[173]

Dies wird besonders deutlich beim Blick auf Gewalt als *negativer* Einwirkung, unter die nicht nur physische Verletzungen fallen; auch Verletzungen psychischer Art (beispielsweise durch Stalking, Mobbing/Bullying, Hatespeech oder Doxing[174]) sowie Einschränkungen, Entziehungen oder Verletzungen individueller Freiheits- und Selbstbestimmungsrechte, ja überhaupt die wirksame Verhinderung der Ausschöpfung potenzieller individueller Entfaltungs- und Verwirklichungsmöglichkeiten,[175] was nicht nur auf das individuelle Denken, Handeln, Erleben und Verhalten eines Menschen, sondern auch auf sein körperlich-seelisch-geistiges Befinden Auswirkungen zeitigen kann, *können* Gewalt sein – in jedem Falle dann, wenn es dabei zur „Durchsetzung eines fremden Willens"[176] gegenüber dem eigenen Wollen kommt. Stets wird bei Gewalt, wenn sie sich konkret gegen andere richtet, einer anderen Person etwas zugefügt oder entzogen, die folglich nicht lediglich eine Einwirkung von außen *erfährt*, sondern diese tatsächlich *erleidet* und auch – ob bewusst oder unbewusst, ob kurz oder lang, ob viel oder wenig, ob unmittelbar oder mittelbar – *an* bzw. *unter* dem leiden kann, was ihr zugefügt oder entzogen worden ist.

Es erübrigt sich beinahe, darauf hinzuweisen, dass es hierbei keinen Automatismus gibt: Das Ausüben von Gewalt kann so vielfältig sein und so verschiedenartig erlebt werden, wie es Menschen gibt, und Menschen, wenn sie Gewalt in irgendeiner Form ausgesetzt sind, können dies auf höchst individuelle Weise erleiden und daran bzw. darunter leiden. Die Rede vom Erleidenscharakter von Gewalt meint, wie oben bereits angedeutet wurde, mehr und anderes als bloß

---

172 Zum Menschen als leib-seelischer Einheit vgl. Härle, *Ethik* (2. Aufl.), 249 f. (mit Literatur); zur Differenzierung zwischen *Leib* (sein) und *Körper* (haben) s. Abschnitt C.1.1, Anm. 9.

173 Eine derartige Engführung des Gewalterleidens auf Formen körperlicher Gewalt kritisiert zu Recht Hügli, „Gewalt," 22–24, dessen Analyse des Gewalterleidens (als Erfahrung einer *negativen* Einwirkung) ich mich weithin anschließen kann (vgl. 20–24), nicht jedoch seiner Deutung des „Widerfahrnis[es] des Todes" als „radikalste[n] Gewalt*akt*" (24, meine Hervh.), was eine unberechtigte Anthropomorphisierung der ‚Todesgewalt' bzw. ‚Macht des Todes' impliziert.

174 Vgl. dazu Douglas, „Doxing," 199–210, der ‚doxing' (andere Schreibweisen: ‚doxxing' oder ‚d0xing') definiert als „the intentional public release onto the Internet of personal information about an individual by a third party, often with the intent to humiliate, threaten, intimidate, or punish the identified individual" (199), was eine Spielart von Online-Gewalt darstellt, vgl. dazu unten Anm. 415.

175 Zu diesem Verständnis von ‚struktureller Gewalt' nach Galtung s. Abschnitt 2.4.

176 Lukesch, „Gewalt," 639 (hier speziell auf die Gewalt*handlung* bezogen, wie m.E. auch auf personale Gewalt im Allgemeinen zutrifft), unter Rekurs auf Eibl-Eibesfeldt, „Gewaltbereitschaft," 59–86.

mechanische Rezeptivität, weil das Erleiden von Gewalt ein gewisses Maß an Bewusstsein voraussetzt,[177] sodass ein Opfer von Gewalt an dieser stets in gewissem Sinne *teil*nimmt. Doch auch im Falle von Gewalt, bei deren unmittelbarer Ausübung ein Opfer nicht ‚bei Bewusstsein', sondern unter Anwendung von Betäubungsmitteln ‚außer Gefecht gesetzt' wird und vollkommen teilnahmslos ist oder wirkt, nimmt der Körper immer auch etwas *auf*, nicht nur etwas *hin*, was freilich nicht verwechselt werden darf mit dem aktiven Prozess der Hingabe etwa bei sexueller Rezeptivität.[178]

Vor diesem Hintergrund scheint es folgerichtig, den Begriff der *Schädigung* zur Konkretisierung des Gewalterleidens als Erfahrung einer negativen Einwirkung, wie sie für Gewalt als *violentia* kennzeichnend ist, entsprechend weit zu fassen. Unter Schädigung kann sowohl der *Prozess* des Geschädigt*werdens* (d. h. das Schädigen bzw. das Schadennehmen als dessen beide Seiten) als auch der *Zustand* des Geschädigt*seins* verstanden werden, wobei der zugefügte bzw. erlittene ‚Schaden' eine „negative, beeinträchtigende Einwirkung *und* das, was sie an Verlust, Zerstörung oder Nachteil zur Folge hat",[179] umfasst. Schädigung meint also nicht nur das schädigende Ereignis oder den schädigenden Vorgang selbst, sondern auch die dadurch – sei es unmittelbar damit bzw. danach, sei es mittelbar irgendwann im weiteren Lebensverlauf – sich einstellenden *Folgen*, welche in Zusammenhang mit jenem Ereignis oder Vorgang stehen und einen Menschen an der Ausschöpfung seiner individuellen Entfaltungs- und Verwirklichungsmöglichkeiten und der selbstbestimmten Wahrnehmung der ihm als Mitglied der Menschheitsfamilie zustehenden Rechte wirksam hindern. Nicht jedwede negative Einwirkung oder aber ein Verhalten, das „den geringfügigsten möglichen Schaden"[180] verursacht, kann bereits als Schädigung im vorliegenden Sinne verstanden werden. Eine solche liegt erst vor, wenn damit ein bestimmter nor-

---

177 Ob ein Mensch sich bewusst ist, dass es eine Form von *Gewalt* ist, die er erleidet und aufgrund derer er leidet, ist freilich eine andere Frage. Auch kann die Bewusstwerdung erst mit Abstand zum Gewaltgeschehen, wenn dieses etwa wie bei einem terroristischen Angriff (z. B. mittels Autobombe) ‚wie in Trance' erlebt wird, oder aber erst nach und nach einsetzen (d. h. einem Menschen zu ‚dämmern' beginnen), wie bei einer fortschleichenden Schädigung durch kontinuierliche Vergiftung (vgl. z. B. beim sog. ‚Pausenbrot-Prozess', vgl. BGH, Beschluss vom 22. April 2020 – 4 StR 492/19).

178 Vgl. dazu Sztenc, *Sexualtherapie*, 62 – 83 sowie im Glossar 203 (s.v. „Rezeptivität, sexuelle").

179 Pfeifer, *Etymologisches Wörterbuch*, Bd. 3 (1989), 1486 f. (s.v. „Schaden, Schade"), 1486 (meine Hervh.); zur Etymologie vgl. auch Kluge, *Etymologisches Wörterbuch*, 622 (s.v. „Schaden"). ‚Schädigung' kann also niemals im *positiven* Sinne zu verstehen sein, so als ob jemand positiv ‚Schaden erleiden' oder ‚Schaden nehmen' könnte.

180 Vgl. Meyer, *Gerechtigkeit*, 57.

mativ zu definierender Schwellenwert – juristisch gesprochen: eine Erheblichkeitsschwelle – erreicht und überschritten wird.[181]

Was das Ausführen oder Unterlassen schädigender Handlungen betrifft,
können mit dem Grazer Philosophen Lukas H. Meyer (*1964) zwei Wege unterschieden werden:

> Haben wir zu einem Zeitpunkt t_1 in einer bestimmten Weise gehandelt (oder es unterlassen,
> so zu handeln), dann fügen wir einer Person dadurch nur dann Schaden zu, wenn wir ent-
> weder [...] Ursache dafür sind, dass die Lebensqualität dieser Person unter ein bestimmtes
> Niveau fällt und, wenn wir nicht vermeiden können, in diesem Sinn Schaden zu verursachen,
> den Schaden nicht minimieren; oder [...] Ursache dafür sind, dass es der Person zu einem
> späteren Zeitpunkt t_2 schlechter geht, als es der Person zum Zeitpunkt t_2 gegangen wäre,
> hätten wir nicht auf diese Weise gehandelt.[182]

Diese Unterscheidung scheint schlüssig gerade dann, wenn man die mittel- und
längerfristigen Beeinträchtigungen in den Blick nimmt, wenngleich das Merkmal
der Schädigung grundsätzlich Abstufungen erlaubt und damit graduierbar ist,
sodass die Zufügung oder Inkaufnahme einer vorübergehenden oder sogar dauerhaften Schädigung durch eine konkrete Handlung zuweilen als ethisch zulässig,
ja als geboten erscheinen kann, um damit einen Menschen in einer konkreten
Situation vor vermuteten oder wahrscheinlich eintretenden Schädigungen zu
bewahren, die noch schwerwiegender (zu erwarten) sind als die durch die infrage
stehende konkrete Handlung eintretende Schädigung. Zu denken wäre hier, um
zwei Beispiele für Gewalt als negativer Einwirkung in konstruktiver Absicht zu
nennen, an das gewaltsame Wegreißen eines Kleinkindes vor einer heranna-
henden Straßenbahn oder an eine notfallmäßige Koniotomie (Luftröhrenpunk-
tion) zur Atemwegssicherung, wenn die Atemwege eines Menschen nach einem
Unfall oder z. B. infolge eines Insektenstichs im Mund- und Rachenraum blockiert
sind. Überhaupt stellen selbst medizinisch *notwendige* Eingriffe zunächst immer

---

181 Ich beziehe mich hier auf die von Meyer in der Debatte um Generationengerechtigkeit vorgeschlagene Schwellenwertinterpretation von Schädigung, wonach eine Handlung (oder deren
Unterlassung) zu einem bestimmten Zeitpunkt eine andere Person nur dann schädigt, wenn „die
Lebensqualität" der geschädigten Person aufgrund dieser Handlung (oder deren Unterlassung)
„unter ein bestimmtes Niveau fällt" (Meyer, *Gerechtigkeit*, 37; vgl. 36–39 zusammen mit der
kurzen Darstellung und Kritik der Position Meyers bei Kleiber, *Schutz*, 52f. u. 181). Nach Meyer
besteht die Schädigung also „nicht in der Schlechterstellung einer Person" durch eine bestimmte
Praxis, sondern „in der Nichterfüllung eines Anspruchsrechts, das der fraglichen Person zukommt" (Schefczyk, „Generationengerechtigkeit," 135). Diese Schwellenwertinterpretation bzw.
„Schwellenwertkonzeption von Schädigung" (Meyer, *Gerechtigkeit*, 56) lässt sich m. E. auf den
vorliegenden Zusammenhang übertragen.
182 Meyer, *Gerechtigkeit*, 56; vgl. im Ganzen 51–57.

Schädigungen und mitunter sogar Gefährdungen der zu behandelnden Personen dar, zumal sich medizinische Behandlungsmethoden ganz wie zwischenmenschliche Gewalthandlungen *auch* als traumatische Erlebnisse für die behandelten Personen erweisen und mitunter auf deren ganzes Leben auswirken können,[183] weshalb die schädigenden Effekte einer ärztlichen Heilbehandlungsmaßnahme stets in Relation zu dem damit erwarteten Nutzen zu setzen und zu sehen sind.[184]

Als Wesensmerkmal zwischenmenschlicher Gewalt ist Schädigung jedenfalls etwas anderes als *Be*schädigung im Sinne mechanischer, sichtbarer Zerstörung eines unbelebten *Gegenstandes*, die aus dem Vollzug aktiven, mutwilligen Verhaltens resultiert, weil sie nicht nur als Zu-Schaden-Kommen, sondern auch als Schaden-Erleiden zu verstehen ist, was in materieller wie immaterieller Hinsicht geschehen, zuweilen nicht ohne Weiteres sichtbar sein kann. Unter dieser Prämisse bietet sich folgende terminologische Präzisierung an: Ein Gegenstand (z. B. ein Bushaltestellenhäuschen) kann durch Vandalismus *be*schädigt werden, während eine Person durch Gewalt nicht eigentlich *be*schädigt (,kaputt gemacht‘), sondern – und sei es mit Todesfolge – *ge*schädigt wird, mithin eine Schädigung auch wirklich *erleiden* kann, was von einem unbelebten Gegenstand allenfalls in übertragenem Sinne ausgesagt werden kann, wenn dieser durch menschliches Verhalten oder äußere Einflüsse (z. B. durch Witterung) ,in Mitleidenschaft gezogen‘ wird. Unter der im Zuge eines Gewaltgeschehens eintretenden Schädigung ist demnach mehr zu verstehen als unmittelbare Verletzungen physischer Art,[185] da auch mittel- und längerfristige Beeinträchtigungen auf körperlich-seelisch-geistiger Ebene hierunter fallen können, die in Zusammenhang mit jenem Gewaltgeschehen stehen. Die Kriterien der Unmittelbarkeit (,unmittelbar‘ zeitlich und räumlich verstanden[186]), Zielgerichtetheit[187] und Sichtbarkeit sind also keine Unterscheidungskriterien zwischen schädigenden und nicht-schädigenden Ereignissen, Vorfällen oder Vorgängen.

Indem unter Gewalt neben *zugefügten* Verletzungen physischer oder psychischer Art auch körperlich-seelisch-geistig *sich auswirkende* Verletzungen indivi-

---

183 Speziell zur Frage einer dereinst vielleicht möglichen Körpertransplantation vgl. Stier, *Probleme*, 311–316.
184 Vgl. dazu Rippe, „Geburt,“ 31.
185 So auch Dackweiler, *Gewalt-Verhältnisse*, 85 (unter Rekurs auf Popitz, *Phänomene*, 43 f.).
186 Siehe unten Anm. 230.
187 So auch bei Arendts eng gefasstem Gewaltbegriff in *Macht und Gewalt*, 52 (s. Abschnitt 2.3.1); vgl. dagegen Fuchs, *Schule*, 14; Melzer, „Vorwort,“ 8.

dueller Freiheits- und Selbstbestimmungsrechte gefasst werden können,[188] ist es möglich, Gewalt nicht länger, wie in klassischen Gewalttheorien und Ansätzen der Gewaltwirkungsforschung üblich, primär oder ausschließlich als „bewußtes, intendiertes und zielgerichtetes Handeln"[189] und damit wesentlich ‚täterorientiert' zu verstehen, sondern gleichermaßen die (überlebenden) *Opfer* von Gewalt und die an ihnen durch, infolge und im Rahmen von Gewalt bewirkten, möglicherweise auf sehr unterschiedliche Weise, zu sehr unterschiedlichen Zeitpunkten zutage tretenden Schädigungen miteinzubeziehen.[190] Ausschlaggebendes Kriterium für die Gewaltqualität einer Handlung sind daher nicht so sehr mögliche Motive und/oder mutmaßliche Absichten der Gewalt *Ausübenden* als vielmehr die Folgen ihrer Handlungen für die Gewalt *Erleidenden*.[191] Darauf wird bei der materialethischen Konkretisierung im weiteren Verlauf der Untersuchung zurückzukommen sein, bei der sich allerdings auch zeigen wird, dass eine *allein* schädigungsbezogene Sichtweise einer angemessenen ethischen Beurteilung eines Gewaltgeschehens gleichermaßen abträglich ist.[192]

(3.) Gewalt *geschieht*; sie steht für ein dynamisches *Geschehen*, bei dem durch Handlungen, Ereignisse oder Strukturen eine *Einwirkung* oder, wie zur Herausstellung speziell der *personalen* Urheberschaft eines Gewaltgeschehens[193] konkretisiert werden kann, *Einflussnahme*[194] erfolgt, ohne dass jede Form der Ein-

---

188 Damit ist wohlgemerkt etwas über das *Vorliegen* von Gewalt, nicht über deren *Bewertung* ausgesagt. Nicht jede Einschränkung oder Verletzung individueller Freiheits- und Selbstbestimmungsrechte ist als unberechtigt abzulehnen, etwa wenn eine solche im demokratischen Verfassungsstaat zum Schutz der Allgemeinheit, zur Wahrung der Gleichheit, im Rahmen staatlicher Rechtsfürsorge oder aber zur Verteidigung der Freiheit gegen politischen Extremismus wie nach dem Konzept der Streitbaren Demokratie als Instrument der Legitimationsbeschaffung (vgl. dazu Jaschke, *Demokratie*, 298–305) erfolgt, wohl aber eine jede solche, die nicht um der Erlangung eines solchen höheren τέλος wegen berechtigt erscheint, sondern durch machtmissbräuchliche Willkürakte erfolgt, sodass auch Inhabern politischer Macht Schranken gesetzt und immer wieder neu zu setzen sind.
189 Theunert, *Gewalt*, 46; vgl. 46 u. 48.
190 Zu einem solchen „opferorientierte[n] Zugang" zu Gewalt und dem damit einhergehenden „grundsätzlichen Perspektivenwechsel" vgl. Theunert, *Gewalt*, 75.
191 Ähnlich Claußen, Art. „Gewalt (Gewalthandlung)," Sp. 603 u. Theunert, *Gewalt*, 75.
192 Siehe z. B. Abschnitte E.2.2 u. F.2.3.
193 Damit ist freilich keiner Trennung zwischen strukturellen und personalen Elementen eines Gewaltgeschehens das Wort geredet, sind doch, worauf Galtung, „Gewalt," 23 mit Recht hinweist, „Spuren des strukturellen Elements in der personalen Gewalt" ebenso zu finden wie Spuren „des personalen Elements in der strukturellen Gewalt"; zur Differenzierung zwischen personaler und struktureller Gewalt s. Abschnitt 2.4.
194 Meine Charakterisierung von Gewalt als *Einflussnahme* ist inspiriert von Galtungs Rede von Gewalt als *Einfluss* (vgl. Galtung, „Gewalt," 10), wonach ein solches Einflussverhältnis dann,

wirkung oder Einflussnahme (man denke nur an pädagogisches[195] und andragogisches Handeln) deshalb schon Gewalt wäre. Gewalt kann beispielsweise ausgeübt oder angedroht werden, um die Änderung eines bestehenden Verhaltens bzw. ein bestimmtes Verhalten herbeizuführen; Gewalt kann aber auch aus der Intention heraus erfolgen, dass sich ein schon bestehendes Kräfte- und Machtverhältnis gerade nicht ändert bzw. dass etwas Bestimmtes nicht oder nicht mehr geschieht. Das Gewaltgeschehen ist demnach wesentlich *prozesshaft*, wie es z. B. auch in der Rede von einer ,ausufernden Gewalt' oder von ,Gewaltspiralen', ,Gewaltexzessen' oder ,Gewaltorgien' durchklingt. Seine jeweilige Konkretisierung ergibt sich dabei aus dem Zusammenwirken einer Vielzahl von Bedingungen auf individueller und sozialer Ebene, die sich zu einem dichten Bedingungsgeflecht verbinden,[196] und stellt nicht selten den Kristallisations- oder Kulminationspunkt bereits unterschwellig bestehender konfliktgeladener Prozesse dar. Die Veränderung einer dieser Bedingungen hätte somit unweigerlich auch eine Veränderung anderer Bedingungen und damit einen anderen Geschehensablauf zur Folge. Allerdings besitzt das Gewaltgeschehen „stets eine unbestimmbare Eigendynamik",[197] die sich aus der Analyse von Ursache-Wirkungs-Zusammenhängen zwischen Gewaltphänomenen, sozialen Strukturen und individuellen Faktoren nicht vollends erklären lässt. Insofern kann gesagt werden, dass dem

---

wenn es ein *„vollkommene[s]* interpersonale[s] Einflußverhältnis[]" beschreibt, „etwas, das beeinflußt, etwas, das beeinflußt wird, und eine praktische Methode der Einflußnahme" voraussetze – bei Personen: „ein *Subjekt*, ein *Objekt* und eine *Aktion*" (ebd.) –, aber „auch *unvollkommene*, verkürzte Formen" aufweisen könne, „in denen entweder das Subjekt oder das Objekt oder beides" (ebd.) fehle. Gleichwohl bevorzuge ich in diesem Kontext den Begriff der *Einflussnahme* gewissermaßen als Mitte zwischen *Einfluss* und *Beeinflussung*. Denn während ,Einfluss' lediglich die bestimmende Wirkung bzw. Einwirkung von etwas/jemand auf etwas/jemand anderes beschreibt, kommt bei ,Einfluss*nahme*' die *Ausübung* des Einflusses stärker zum Ausdruck, in der sich – nicht immer, aber meist – ein voluntatives Moment zeitigt; dagegen stellt ,Beeinflussung' mehr das Manipulative einer Einwirkung heraus, wodurch ungeordnete, ungeplante und spontane Formen einer solchen bestimmenden Wirkung ausgeblendet bleiben. Es versteht sich, dass diese Einflussnahme, wenn es sich um Gewalt im Sinne der *violentia* handelt, wesentlich *negativer* und nicht positiver Natur ist, wie es z. B. bei einer Belohnung (*reward*) oder Gratifikation der Fall sein kann.

195 Vgl. hierzu Masschelein, *Handeln*, 8, 50 – 52, 63 f. u. 180 – 183; nicht jedes pädagogische Handeln versteht sich als Einflussnahme oder Beeinflussung (vgl. z. B. 204 zur emanzipatorischen Pädagogik; ferner 216).

196 Vgl. hierzu Ostbomk-Fischer, „Gewalt," 311; ferner Imbusch, „Gewaltbegriff," 37.

197 So Bauer/Bittlingmayer, „Gewaltsoziologie," 62 zur Kennzeichnung der insbesondere von Trutz von Trotha (1946 – 2013) und Wolfgang Sofsky (*1952) angeregten wie angestrebten kritischen Auseinandersetzung mit der ursachenorientierten Gewaltanalyse als dem „Mainstream" (ebd.) innerhalb des sozialwissenschaftlichen Gewaltdiskurses.

Gewaltphänomen immer etwas Unfassbares anhaftet,[198] welches sich rationaler Durchklärung im Letzten entzieht und zugleich ständige Möglichkeit bleibt: „Der Mensch muß nie, kann aber immer gewaltsam handeln".[199]

Zur Prozesshaftigkeit des Gewaltgeschehens treten daher gleichermaßen Situationsoffenheit[200] wie Kontingenz,[201] was in diesem Zusammenhang jedoch nicht weiter vertieft zu werden braucht. An dieser Stelle genügt der Hinweis, dass sich das Gewaltgeschehen als dynamisches Geschehen unter Beteiligung bzw. durch Verknüpfung ganz verschiedener sozialer Faktoren und individueller Variablen sowohl auf der Subjekt- als auch auf der Objektseite (wie z.B. Alter, Geschlecht, Bildungsstatus, Gruppenzugehörigkeiten) vollziehen und, abhängig von den jeweiligen situativen Umwelt- und Kontextvariablen (wie z.B. bestimmte gesellschaftliche und sozialökonomische Rahmenbedingungen), ganz eigene Dynamiken entfalten oder auslösen kann.[202] Aus diesem Grund sind beispielsweise individuelles und kollektives Gewalthandeln aus psychologischer Sicht nicht gleichzusetzen.[203] Bei Gewalthandlungen von organisierten Kollektiven ist der Einzelne bestimmten Faktoren (wie z.B. das Aufgehen in der Menge, Arbeits- bzw. Aufgabenteilung sowie, wenngleich mitunter diffuse, Verantwortungsverteilung) sowie die individuelle Gewaltschwelle absenkenden gruppendynamischen Prozessen und fremdmotivierten Stimuli ausgesetzt, sodass „Menschen Dinge tun" können, „die sie als Einzelne vermutlich niemals tun würden".[204]

Gewalthandlungen, gleich ob individueller oder kollektiver Art, mögen von außen betrachtet zuweilen völlig unvermittelt, geradezu ‚wie aus heiterem Himmel' erfolgen, jedoch geschehen sie ganz gewiss nicht im luftleeren Raum, weshalb bei Personen, die als individuelle Akteur*innen und/oder aus einem Kol-

---

198 Vgl. den treffend mehrdeutigen Titel von Ahrens, *„Die unfassbare Tat"*.

199 Popitz, *Phänomene*, 76 (2. Aufl., 1992, 50); auch zit. bei von Trotha, *Distanz*, 32 (Anm. 26; dort mit Abweichungen vom Original).

200 Vgl. von Trotha, „Zur Soziologie der Gewalt," 18.

201 Vgl. dazu Riekenberg, *Gewalt*, 118 f., der vor dem Hintergrund des höchst unterschiedlichen Verhaltens von Menschen in Notsituationen bemerkt, dass die Unterschiede zwischen Menschen in Bezug auf Gewaltneigung und -anwendung bei einer Betrachtung von Gewalt ausgehend allein von der Analyse der *Situation* nicht erklärt werden könnten.

202 Vgl. hierzu Cierpka/Cierpka, „Identifikation," 99 (Abb. 1); Ostbomk-Fischer, „Gewalt," 311–313; Claußen, Art. „Gewalt (Gewalthandlung)," Sp. 603. Einen Überblick über multifaktorielle Erklärungsansätze für Gewalttaten bietet Jost, *Gewalttäter*, 21–35.

203 Vgl. Nolting, „Aggression," 94 zur Differenzierung zwischen individueller und kollektiver Aggression.

204 Ebd. Ein besonders markantes Beispiel sind auch die wissenschaftsethisch äußerst umstrittenen sozialpsychologischen Experimente des US-amerikanischen Psychologen Stanley Milgram (1933–1984), die gezeigt haben, zu welcher Gewalt Menschen, wenn die Gewalt gewissermaßen ‚autorisiert' wird, fähig sind; vgl. Milgram, *Milgram-Experiment*, 60 ff., 92 ff. u. 145 ff.

lektiv heraus personale Gewalt ausüben, eine schon zuvor bestehende Gewalt-
disposition vermutet sowie auslösende Ereignisse (wie z. B. Kränkungserlebnis-
se[205]) und enthemmende Faktoren (wie z. B. Alkoholisierung, affektive Erregungszustände) differenziert, aber auch Umstände (darunter die sogenannte, in
diesem Kontext vielfach angeführte ‚günstige Gelegenheit‘), Strukturen und
Räume identifiziert werden, die allesamt eine Gewalthandlung begünstigen und
bislang noch hinreichend intakte „Hemmungsfunktionen" vorübergehend oder
dauerhaft „außer Kraft"[206] setzen können. Demnach griffe es zu kurz, wollte man
Gewalthandlungen zwischen Menschen allein als bloßes Mittel und nicht auch als
Ergebnis sozialer Prozesse[207] und spezifischer (trans)situativer Bedingungen
verstehen, ohne hiermit die Frage der Verantwortung zu verknüpfen oder diese
darauf einfach zurückführen zu wollen.[208] Angesichts des Ungeheuerlichen und
unvorstellbar Grausamen, was Menschen sich selbst und anderen Mitmenschen
angetan haben und noch immer antun und in Zukunft weiter antun werden,[209] gilt
von Gewalt das, was der Berliner forensische Psychiater Hans-Ludwig Kröber
(*1951) über das Böse gesagt hat: „Das Böse bedarf keiner Krankheit, um auf die
Welt zu kommen, es bedarf keiner Ungerechtigkeit und auch keiner dunklen
Mächte – es bedarf lediglich des Menschen."[210]

Kurzum: Im Sinne einer Arbeitsdefinition lässt sich Gewalt in negativem
Sinne als dynamisches Geschehen verstehen, bei dem eine Einwirkung oder
Einflussnahme erfolgt, durch die Menschen eine Schädigung erleiden.[211] Aus-
schlaggebend für das *Vorliegen* von Gewalt ist das Vorhandensein einer solchen

---

205 Vgl. Haller, *Das Böse*, 8; vgl. dazu Jost, *Gewalttäter*, 22.

206 Jost, *Gewalttäter*, 22.

207 Vgl. Heitmeyer/Hagan, „Gewalt," 23.

208 Die Rede von ‚Eskalationen‘ oder ‚Ausbrüchen‘ von Gewalt z. B. bei der Charakterisierung
gewaltsamer ethno-politischer Konflikte oder aber die Rede von einem ‚Geist der Gewalt‘ (wie z. B.
im sogenannten Stuttgarter Schuldbekenntnis – genauer: in der Erklärung des Rates der Evangelischen Kirche in Deutschland gegenüber den Vertretern des Ökumenischen Rates der Kirchen
vom 18./19.10.1945, abgedruckt in: Denzler/Fabricius (Hg.), *Christen und Nationalsozialisten*, 348)
darf nicht vergessen machen, dass es sich bei andauernder oder sich wiederholender Gewalt um
einen sozialen Prozess handelt; vgl. Elwert, „Gewalt," 339.

209 Vgl. nur Haller, *Das Böse*, 13 ff., 45 ff. u. 223 ff.

210 Zit. nach a.a.O., 7. Zu Wegen, wie aus ‚normalen Menschen‘ Mörder geworden sind bzw.
werden können, vgl. Kröber, *Mord*.

211 Dass mit einer solchen *Arbeits*definition keine ultimative Definition von Gewalt angestrebt,
sondern lediglich der Versuch unternommen werden soll, die vorstehend herausgestellten Wesensmerkmale von Gewalt in einen denkbar engen Zusammenhang zu bringen, versteht sich. Die
Notwendigkeit weiterer Präzisierungen und Unterscheidungen im weiteren Untersuchungsverlauf
auf *dieser* Grundlage ist darum selbstredend nicht ausgeschlossen; s. einerseits Abschnitt 2.4,
andererseits Abschnitt C.3.3.3.

Einwirkung oder Einflussnahme, während die *Bewertung* von Gewalt, jedenfalls im vorliegenden Untersuchungszusammenhang, davon abhängt, ob *Einverständlichkeit*[212] darüber besteht und welche spezifische *Intention* dahintersteht. Wohl kann darauf hingewiesen werden, dass die Ausübung oder Androhung von Gewalt niemals an sich gut sein kann, doch kann beides, wie angesprochen, unter Umständen zu rechtfertigen sein,[213] so sehr die Frage nach der Rechtfertigung von Gewalt nicht mit der Frage nach deren Gutheit zusammenfällt.

2.3 Zusammenhänge und Abgrenzungen

Was nun den geradezu mit Händen greifbar erscheinenden, konkret aber keineswegs einfach zu fassen bekommenden Zusammenhang zwischen Gewalt und anderen ähnlichen bzw. verwandten Begriffen betrifft, gilt es im Folgenden, das Verhältnis von Gewalt zu *Macht* und *Herrschaft* einerseits, *Kraft*, *Zwang* und *Aggression* andererseits durch Vergleich und Abgrenzung zu bestimmen. Die Unterscheidung zwischen Macht und Herrschaft auf der einen, Kraft, Zwang und Aggression auf der anderen Seite geschieht mit Bedacht, stellen Macht und Herrschaft bei idealtypischer Betrachtung doch vornehmlich ‚Vermögen *zu* etwas‘ dar, während Zwang und Aggression primär das ‚Bewirken *von* etwas‘ herausstellen.[214] Kraft, als dritter dieser fünf Begriffe in deren Mitte platziert, kann dagegen auf beiden Seiten verortet werden, mithin innewohnende wie hervortretende Kraft – oder anders formuliert: Kraft zu wirken wie wirkende Kraft repräsentieren.

Es versteht sich, dass zu einer möglichst umfassenden Analyse des Bedeutungsumfangs von Gewalt noch eine Reihe anderer Begriffe wie ‚Autorität‘, ‚Energie‘, ‚Konflikt‘, ‚Krieg‘, ‚Recht‘ und ‚Stärke‘ miteinzubeziehen und im Verhältnis zum Gewaltbegriff zu verorten wären, was für den vorliegenden Zusammenhang jedoch nicht erforderlich ist. Überdies muss, wenig überraschend,

---

212 Zur Klärung dieses Begriffs s. Abschnitt C.3.2.

213 Zur Frage der Rechtfertigung einer Ausübung von Gewalt auch im sexuellen Bereich, und zwar speziell im Rahmen einverständlicher sadomasochistischer Sexualpraktiken, s. Abschnitt D.6.2.

214 Selbstverständlich sind auch andere Kriterien zur Ordnung dieser Begriffe denkbar, beispielsweise das Verständnis von Macht und Herrschaft als *Zustände*, die „institutionalisiert und verfasst" (im Falle von Herrschaft) und „unverfasst und roh" (im Falle von Macht) sein können, während Gewalt und Zwang „Modalitäten von Handeln" darstellen, wie Waldhoff, *Staat*, 17 argumentiert. Demnach verhält sich „Zwang als tatsächliches Phänomen [...] zu Gewalt wie Herrschaft zur Macht" (ebd.).

konstatiert werden, dass für keinen der nachfolgend behandelten Begriffe eine allgemeingültige Definition existiert und die vorhandenen wirkmächtigen, sei's eng, sei's weit gefassten Definitionen nicht nur durch bestimmte Disziplinen, Interessens- und Berufsgruppen geprägt und von gesellschaftlichen Wertvorstellungen und politischen Diskursen abhängig sind, sondern sich auch untereinander sowie mit weiteren Begriffen überschneiden. Das diesbezügliche Definitionswirrwarr kann insofern als Widerspiegelung der Komplexität des Phänomenenbereichs sowie der bedeutungsgeschichtlichen Entwicklungen der betreffenden Begriffe verstanden werden.[215] Als Ausgangs- und ständiger Bezugspunkt des nachfolgenden, gewiss keine ultimative Klärung beanspruchenden, und doch mit dem Anspruch auftretenden Versuchs, einige wichtige strukturierende Breschen in das terminologische Dickicht zu schlagen, dient dabei die Bestimmung des Verhältnisses von Gewalt und Macht.

2.3.1 Macht

Obwohl ‚Gewalt' und ‚Macht' „historisch den größten Überschneidungsbereich" aufweisen und im deutschen Sprachgebrauch lange Zeit „austauschbare Begriffe"[216] waren, wie z. B. die Rede von ‚brachialer Macht' oder die weitestgehend synonyme Verwendung von ‚Gewalt' und ‚Macht' in Wendungen wie ‚es steht nicht in meiner Macht' bzw. ‚Gewalt' zeigt, ist beides nicht einfach miteinander gleichzusetzen. Die Verhältnisbestimmung von Gewalt und Macht ist im Verlauf der neueren Geistesgeschichte denn auch sehr unterschiedlich ausgefallen. So kann Gewalt als *Steigerungsform* von Macht – sei es als Komparativ[217] zu, sei es als Superlativ[218] von dieser – ebenso verstanden werden wie als spezifische Form der Macht*ausübung*[219] bzw. als sich *manifestierende* Macht.[220] Gewalt und Macht

---

215 Vgl. hierzu auch das Urteil von Imbusch, „Gewaltbegriff," 31.

216 A.a.O., 32 u. 30; zur Überschneidung und Unterscheidung von Gewalt und Macht vgl. Grimm/ Grimm, *Deutsches Wörterbuch*, Bd. 6, Sp. 4920 – 4954 (s.v. „Gewalt").

217 Vgl. z. B. Kant, *Kritik der Urteilskraft*, 260 (§ 28), worauf Röttgers, Art. „Gewalt," Sp. 563 verweist.

218 Vgl. z. B. Erdmann, *Philosophische Vorlesungen*, 76 oder die dem US-amerikanischen Politologen Charles Wright Mills (1916 – 1962) zugeschriebene Aussage: „Alle Politik ist Kampf um die Macht; aufs höchste gesteigerte Macht ist Gewalt" (zit. nach Arendt, *Macht und Gewalt*, 36); vgl. dazu Mills, *The Power Elite*, 171.

219 Vgl. z. B. Sofsky, *Ordnung*, 29 – 38 (zu den zehn Merkmalen absoluter Macht) sowie Popitz, *Phänomene*, 43 u. 48 samt Kritik daran bei Inhetveen, „Macht," 263; ferner Imbusch, „Macht und Herrschaft," 15 f.

220 Vgl. Hegel, *Wissenschaft der Logik I*, 235; worauf Röttgers, Art. „Gewalt," Sp. 564 verweist. Vgl. hierzu auch die Interpretation der Position Hegels bei Rosenkranz, *Hegel*, 127 f.

können aber auch, wie es bei Hannah Arendt (1906–1975) der Fall ist, als idealtypischer Gegensatz dargestellt werden, und zwar insofern, als dort, „wo die eine
absolut herrscht, [...] die andere nicht vorhanden"[221] sei.

Ausgehend von der Etymologie des Wortes ‚Macht' (von germanisch *mahti,
althochdeutsch maht, seit dem 8. Jahrhundert belegt; eine Abstraktion des goti-
schen magan, ‚können, vermögen', was auf die indogermanische Wurzel *magʰ-,
‚vermögen, können, helfen', zurückgeht)[222] kann zunächst, rein abstrakt betrachtet, gesagt werden, dass Macht im Sinne von ‚Können, Vermögen' für „eine
Disposition zu Wirkungen"[223] steht. Macht ist also nicht einfach Wirkung, sondern
etwas, das Wirkungen *hervorbringen kann* und *hervorbringt*, ohne dabei *selbst*
sinnlich direkt sichtbar zu sein. Sichtbar wird Macht nämlich nur insofern, als sie
in ihren *Wirkungen* zum Vorschein kommt: „Auf die Macht läßt sich immer nur
schließen; sinnlich wahrzunehmen sind nur ihre *Wirkungen* oder deren *Anzeichen*;
sie selbst aber läßt sich weder hören noch sehen."[224] Hinzu kommt ein weiterer
Aspekt: Wenn unter ‚Macht' in Übereinstimmung mit der Etymologie des Wortes[225]
die *Bedingung* einer Wirklichkeit (z. B. einer Handlung) „im Bereich des sozialen
Geschehens" verstanden wird, ist ‚mächtig' nicht schon jemand oder etwas, der
oder das „jederzeit wirkt", sondern vielmehr jemand oder etwas, der oder das „zur
gegebenen Zeit wirken *kann*": „Mächte *können* Wirkungen zeitigen, sie müssen es

---

221 Arendt, *Macht und Gewalt*, 57. Zu beachten ist, dass Arendt in *Macht und Gewalt* mit einem
kommunikativen Machtbegriff arbeitet, wonach Macht entsteht, wenn Menschen gemeinsame
Sache machen, mithin kommunikativ generierte Macht ist, vgl. Imbusch, „Gewaltbegriff," 32.
Interessant ist überdies in diesem Zusammenhang die inhaltliche Nähe Arendts zu Augustin, wie
Schulze, „Religion," 67 f., herausstellte. Gleichwohl sieht Arendt durchaus, dass Macht und Gewalt
„gewöhnlich [...] *kombiniert*" aufträten und „nur in extremen Fällen" (Arendt, *Macht und Gewalt*,
48; meine Hervh.) in ihrer Reinform anzutreffen seien. Von daher kann Arendts Entgegensetzung
von Gewalt und Macht als idealtypische betrachtet werden. Zur Kritik an Arendts Verhältnisbestimmung von Macht und Gewalt vgl. Beerling, „Dreifaltigkeit," 262 f. sowie Habermas, „Macht,"
240 ff.
222 Zur Etymologie vgl. Köbler, *Wörterbuch*, 750 (s.v. „*mag-" u. „*magana-"); Grimm/Grimm,
Deutsches Wörterbuch, Bd. 12, Sp. 1397–1406 (s.v. „Macht"); Röttgers, „Macht," Sp. 588–604;
Hauser, Art. „Macht," 98–111; Faber, Art. „Macht, Gewalt I," 817–821; Köbler, *Etymologisches
Rechtswörterbuch*, 258 (s.v. „Macht") sowie Imbusch, „Gewaltbegriff," 30.
223 Gerhardt, *Willen*, 10; zur folgenden Erschließung des Machtbegriffs vgl. durchgängig 7–11
(„Macht und Wirkung") sowie bereits Gerhardt, „Willen," 63 f. Nietzsches Machtbegriff kann m. E.
als produktive Rezeption des aristotelischen δύναμις-Begriffs verstanden werden.
224 Gerhardt, *Willen*, 8.
225 Anders als es z. B. Nietzsche wirkmächtig behauptet hat (vgl. dazu a.a.O., 251 [Anm. 3]) und
bis dato immer wieder behauptet wird, haben ‚Macht' und ‚machen' etymologisch „nichts miteinander zu tun" (Olschansky, *Täuschende Wörter*, 93).

aber nicht. Es ist ausreichend, wenn Wirkungen als *möglich* angesehen werden."[226]

Insofern also Macht bei abstrakter Betrachtung wesenhaft das *Verfügenkönnen über Wirkungsmöglichkeiten* kennzeichnet („Nicht *in actu*, sondern *in potentia* ist der Mächtige"[227]), welche durchaus unterschiedlich ausfallen und ganz unterschiedliche Mittel bei ihrer Aktualisierung umfassen können,[228] bestünde das höchste Stadium der Macht darin, „den Übergang von *potentia* zu *actus* nicht mehr vollziehen zu müssen, weil für den maximal Mächtigen nun *alles* möglich wäre",[229] während das Maximum der Macht*ausübung* gerade die Abwesenheit jedes Macht*mittel*gebrauchs, mithin *unmittelbare*[230] Wirkungsmöglichkeit wäre.[231] Dagegen steht Gewalt nicht nur für etwas, das über Wirkungsmöglichkeiten verfügen kann (*potestas*), sondern gleichermaßen auch für die Wirkungen selbst (*violentia*). Gewalt *sub utraque specie* ist dabei wesentlich auf Externalisierung ausgerichtet, d. h. sie zielt auf einen „externen Wirkungskontext"[232] und wird daher nicht nur, wie Macht, *in* und *an* ihren Wirkungen sinnfällig, sondern stellt auch *selbst* die Wirkungen dar, die sie hervorbringt. Im Unterschied zur lediglich *in* und *hinter* Handlungen, Ereignissen oder Strukturen liegenden bzw. stehenden Macht ist Gewalt demnach nicht lediglich das Ergebnis von Deutungsprozessen,

---

226 Gerhardt, *Willen*, 9 f.

227 Röttgers, „Macht im Medium," 64. Verfügen*können* deshalb, da *Freiheit* die Voraussetzung für solches Verfügen ist und also nicht (erst) darin, dies oder jenes zu tun, was man tun will oder nicht, sondern (bereits) im Wollen-*Können* besteht. Zugleich wird damit ausgedrückt, dass Macht immer etwas ist, was *zufällt*, *gegeben* und daher nichts von Natur aus ,Mitgebrachtes' ist. Vgl. ähnlich Röttgers, *Spuren der Macht*, 493 f.

228 Selbstverständlich kann noch weiter zurückgegangen werden und der Macht – wenn schon nicht direkte Ursächlichkeit, so doch – *Urheberschaft unterstellt* bzw. Macht *als* einem *Urheber unterstellt* gedacht werden. Insofern ist es „nicht die Macht selbst, die auftritt, sich behauptet oder nachgibt, sondern stets ist es ein wie immer auch beschaffenes *Subjekt*, das Macht haben kann und dessen Macht sich jeweils in der einen oder anderen Weise zeigt" (Gerhardt, *Vom Willen zur Macht*, 8).

229 Röttgers, „Macht im Medium," 64.

230 ,Unmittelbar' (griechisch ἄμεσος, lateinisch *immediatus*) hier als Bezeichnung einer direkten Beziehung zweier Relate, die ohne Weiteres erfolgt und nicht durch ein Drittes vermittelt ist, vgl. dazu Arndt, *Unmittelbarkeit*, 6 – 18; ferner Grimm/Grimm, *Deutsches Wörterbuch*, Bd. 12, Sp. 1184 – 1187 (s.v. „unmittelbar").

231 Für eine originelle Deutung des Gedankens *göttlicher Allmacht* vgl. Kierkegaards Journalaufzeichnung NB:69 vom November 1846, in *Deutsche Søren Kierkegaard Edition*, Bd. 4, 62 – 64. Diese Deutung göttlicher Allmacht entspricht in wesentlichen Aspekten auch dem Anliegen von Jonas, „Gottesbegriff," 77 – 85, wie Jonas übrigens selbst bekannt hat, vgl. Bauke-Ruegg, *Allmacht Gottes*, 175 – 177.

232 Gerhardt, *Willen*, 254 (zum nietzscheanischen Verständnis von Gewalt als physischer Kraft).

sondern zugleich realer Bestandteil sinnlich wahrnehmbarer Ereignisse und Prozesse in Raum und Zeit.[233] Im Rückgriff auf die aristotelische Unterscheidung von δύναμις (*potentia*) und ἐνέργεια (*actus*)[234] lässt sich daher idealtypisch formulieren: Macht steht für das *Vermögen, zu bewirken*, Gewalt für seine *Aktualisierung, Umsetzung*.[235]

Dieses Verhältnis von Gewalt und Macht zeigt sich auch, wenn im Rekurs auf Max Weber (1864–1920) unter ,Macht' – wohlgemerkt „soziologisch amorph" – „jede *Chance*" verstanden wird, „innerhalb einer sozialen Beziehung den eigenen Willen auch gegen Widerstreben durchzusetzen, gleichviel worauf diese Chance beruht".[236] Diese gegebenenfalls auf ganz unterschiedlichen Grundlagen (wie z. B. physische Kraft, Eigentum, Ressourcen, Kapital oder Erfahrungswissen bzw. Informationen[237]) fußende *Möglichkeit* zur Willensdurchsetzung auch gegen einen widerstrebenden Willen zu haben, bedeutet *Macht haben*; den eigenen Willen auch gegen einen widerstrebenden Willen *tatsächlich durchzusetzen*, bedeutet *Macht ausüben*.[238] Macht stellt demnach eine allgemeinmenschliche Möglichkeit dar, die in allen gesellschaftlichen Bereichen und sozialen Beziehungen begeg-

---

233 Vgl. a.a.O., 8. Der Umstand, dass es sich bei Gewalt anders verhält, ändert freilich nichts daran, dass nicht nur die *Bewertung* und entsprechende *Ahndung*, sondern auch bereits die Frage, welche Handlung, welches Ereignis oder welche Struktur denn als, sei's legitime, sei's illegitime Äußerung oder Form von Gewalt zu *deuten* ist, erhebliches Konfliktpotenzial birgt. Zur Frage der Legitimität von Gewalt vgl. auch Mühling, *Liebesgeschichte*, 333 f.

234 Vgl. hierzu die Darstellung bei von Kirchmann, *Metaphysik*, 263–268 samt Anm.; vgl. auch 41 (Anm.). Zur Differenzierung von δύναμις bei Aristoteles und der biblischen Verwendung dieses Begriffs vgl. Weissenrieder/Dolle (Hg.), *Körper*, 669 f.

235 Zum ästhetischen Erlebnis, dem „ein Element der Gewalt" innewohne, vgl. Gumbrecht, „Epiphanie," 218; ferner ders., *Präsenz*, 347 zusammen mit Brehm, „Vulnerabilität," 139 f. Es muss betont werden, dass Macht – verstanden als Handlungsvermögen – nicht nur das Vermögen, zu *bewirken*, sondern gleichermaßen auch das Vermögen, zu *verhindern* umfasst, vgl. Junge, „Macht," 11.

236 Weber, *Wirtschaft*, 28 (§ 16 u. Anm. 1; meine Hervh.); vgl. hierzu Imbusch, „Gewaltbegriff," 32. Eine Wort-für-Wort-Interpretation von Webers einflussreicher Macht-Definition – vgl. auch deren produktive Rezeption bei Dahl, zit. in Anschnitt D.3.2, Anm. 107 – als Ableitung „konstitutive[r] Signaturen der Macht" findet sich bei Haslinger, „Abschied," 404 f. (Zitat 404; unter Rekurs auf Inhetveen, „Macht," 253–272). Für eine Kritik an Webers Macht-Definition vgl. Herms, *Politik*, 9–11 u. 16 f.

237 Informationen z. B. dann, wenn darüber monopolistisch verfügt wird oder andere/Untergebene „durch Zurückhaltung, Selektion oder Verfälschung von Informationen" (Bosetzky/Heinrich, *Mensch*, 133) manipuliert werden. Zu den möglichen Machtquellen, denen sich die Ausübung von Macht verdanken kann und die somit die Grundlagen von Macht bilden können, vgl. Haslinger, „Abschied," 405. Die jeweilige Grundlage der Machtausübung wird von Weber also bewusst offengelassen, vgl. Weber, *Wirtschaft*, 28 f.

238 Vgl. hierzu Sukale, *Max Weber*, 364.

nen und die *potenziell jeder* Mensch – nicht nur „die vermeintlich oder real ‚Mächtigen'" – „entsprechend seinen Chancen und Möglichkeiten [...] entfalten kann".[239] Überdies ist Macht unweigerlich nicht nur die Möglichkeit zu ihrem Missbrauch, sondern auch die Versuchung dazu inhärent, was bereits Montesquieu (1689–1755) bekanntermaßen wie folgt gefasst hat: „Eine ewige Erfahrung lehrt, daß jeder Mensch, der Macht hat, dazu getrieben wird, sie zu mißbrauchen. Er geht immer weiter, bis er an Grenzen stößt."[240]

Machtausübung kann, muss aber nicht durch Einsatz von Gewalt erfolgen,[241] wenngleich sich Gewalt im zwischenmenschlichen Bereich ebenso wie auf der Ebene gesellschaftlicher Strukturen und entsprechender Institutionen als „ein sehr effektives Machtmittel" dadurch erweisen kann, dass „sie *unmittelbar* Gehorsam *erzwingt* und *Widerstand* zu *überwinden* weiß",[242] ohne dass jedes Machtverhältnis und jede Form der Machtausübung deshalb auch Gewaltcharakter besäße. Letzteres wird augenfällig an „Einfluss, Überzeugung und Motivation" als Formen *kommunikativer Macht*, die der Wuppertaler Soziologe Peter Imbusch (*1960) als „[d]ie diskretesten Formen der Machtausübung" versteht, welche, „was die mit Machtausübung verbundenen Zwänge angeht, ganz unten auf der Skala"[243] rangierten. Weitere Formen möglicher Machtausübung, die sich

---

239 Imbusch, „Macht und Herrschaft," 196.

240 Montesquieu, *Geist der Gesetze*, 211.

241 Man denke z. B. an Machtausübung durch Belohnung oder durch Verschaffung/Gewährung von Vorteilen für konformes Verhalten (positive Sanktionierung; *reward power*) oder durch gewinnendes Auftreten sowie Überredungsmacht. Bei der negativen Sanktionierung abweichenden Verhaltens (Bestrafung; *coercive power*) kann die Anwendung von Zwang und Gewalt gegenüber den zu Bestrafenden auch *Dritte* (sprich: ‚die Allgemeinheit') im Sinne relativer Straftheorien von der Begehung von Gewalt abhalten, sei es durch *Abschreckung* (negative Generalprävention) oder sei es durch *Bestärkung des Rechtsbewusstseins* (positive Generalprävention); zu den verschiedenen Funktionen des Strafens als einer Übelszufügung vgl. Ostendorf, „Vom Sinn und Zweck des Strafens," 18–23.

242 Imbusch, „Macht und Herrschaft," 206 (meine Hervh.); vgl. Imbusch, „Gewaltbegriff," 32. An dieser Stelle weiche ich von Haslinger, „Abschied," 404, ab, der das ‚Durchsetzen' in Webers oben zitierter *Macht*-Definition dahingehend deutet, dass Macht „die Qualität des *Zwangs*" aufweise und „der Machthaber" durch die Willensdurchsetzung „die Machtadressaten dazu" zwinge, „gegen ihren eigenen Willen zu handeln". Damit aber würde Machtausübung unweigerlich die Qualität von *Gewalt* annehmen (Haslinger nennt an dieser Stelle lediglich „*Sanktionsgewalt*", 405 f.), was andere, mehr oder weniger gewaltferne oder -freie Formen der Machtausübung ausschlösse.

243 Imbusch, „Macht und Herrschaft," 205; vgl. 204 f. Auch an diesen Formen kommunikativer Macht zeigt sich augenfällig die fortwährend bestehende Möglichkeit des Missbrauchs von Macht, z. B. durch manipulative Rhetorik als Form der gezielten Beeinflussung anderer zum Vorteil der Manipulierenden, indem beispielsweise wesentliche Informationen vorenthalten oder bewusst

„auf einem Kontinuum"[244] zwischen den beiden Polen *diskret* und *konkret* bzw. *friedlich* und *brachial* verorten lassen, sind nach Imbusch verschiedene Formen der *Autorität* (einerseits Amts- und Befehlsgewalt als „rechtmäßig anerkannte[r] Einfluss einer sozialen Instanz",[245] andererseits persönliche Autorität, die jemandem aufgrund persönlicher Eigenschaften, Erfahrungen oder Kenntnisse zugemessen wird),[246] der *Kontrolle* (bezogen auf Entscheidungssituationen, aber auch im Sinne „strategische[r] Weichenstellungen"), des *Zwangs* und eben der *Gewalt* (*violentia*), wobei letztere als gleichermaßen Ausübung wie Demonstration von Macht zu verstehen sind.

Kann demnach mit Fug behauptet werden, dass Macht, wie es der Hagener Sozialphilosoph Kurt Röttgers (*1944) ausdrückt, „in ihrer Fülle gerade nicht vollständig durch Gewalt ‚gedeckt'" ist, erweist sich der *Einsatz* von Gewalt immer auch als „Selbstentblößung" der Macht, welche wesenhaft auf ihre „Steigerung" bei gleichzeitiger „Verbergung" hin angelegt ist: „Macht wäre es, wenn Gewalt *nicht* zu geschehen brauchte und wenn dennoch gewährleistet wäre, daß geschieht, was gemäß einem mächtigen Willen geschehen soll."[247] Der nach meinem Dafürhalten oft leichtfertig eingestreute, zuweilen wohlfeil erscheinende Verweis auf Gewalt als *ultima ratio*[248] von Machtkonstellationen, nämlich dann, „wenn andere Formen der Machtausübung unwirksam bleiben",[249] läuft somit Gefahr, zu verkennen, dass der tatsächliche Einsatz von Gewalt (*violentia*) immer auch Kennzeichen des *Versagens* von Macht ist.[250] Auch wenn die – theoretisch womöglich „trivial[e]" – Vermutung nicht von der Hand zu weisen ist, „daß *hinter* aller Macht ein Stückchen Gewalt steckt",[251] so muss die Ausübung von Macht in Machtkonstellationen keineswegs notwendig mit Gewalt verbunden sein und/oder als Äußerung derselben betrachtet werden. Kurzum: „Nicht jede Macht-

---

verdreht bzw. verkürzt dargestellt werden, womit wir uns im Spannungsfeld zwischen Lüge und geradezu trumpistischem ‚Bullshit' bewegen, vgl. dazu Frankfurt, „Bullshit," 81 ff.

244 Imbusch, „Macht: Dimensionen," 403, unter Rekurs auf Olsen/Marger, „Power," 3 f. und Turner, „Explaining," 5 – 14.

245 Imbusch, „Macht und Herrschaft," 205; die folgenden Zitate 205 f.

246 Vgl. hierzu auch Schrey, Art. „Gewalt/Gewaltlosigkeit I. Ethisch," 168.

247 Röttgers, „Philosophie," 134 (meine Hervh.). Vgl. dazu die Analyse von Machtbildungsprozessen am Beispiel des ‚Systems der Umverteilung' von Ressourcen als „relativ verfestigte[m] Machtgefüge" bei Popitz, *Phänomene*, 218 f. u. 229 (Zitat 229).

248 Zur Deutung dieses Ausdrucks vgl. oben Anm. 135.

249 So Aulenbacher/Meuser/Riegraf, *Geschlechterforschung*, 114.

250 Vgl. Röttgers, „Philosophie," 134 bzw. Röttgers, „Macht im Medium," 64.

251 Röttgers, „Philosophie und Politik," 134; vgl. auch Röttgers, *Kategorien der Sozialphilosophie*, 369 – 372.

konstellation ist gewalttätig, aber Gewalt hat immer etwas mit Machtkonstellationen zu tun."[252]

Eine einprägsame Verbildlichung dieses Verhältnisses von Gewalt und Macht – nämlich am Verhältnis zwischen einer Katze und einer Maus[253] – findet sich im opus philosophicum magnum *Masse und Macht* (1960) von Elias Canetti (1905–1994):

> Die Maus, einmal gefangen, ist in der Gewalt der Katze. Sie hat sie ergriffen, sie hält sie gepackt, sie wird sie töten. Aber sobald sie mit ihr zu *spielen* beginnt, kommt etwas Neues dazu. Sie läßt sie los und erlaubt ihr, ein Stück weiterzulaufen. Kaum hat die Maus ihr den Rücken gekehrt und läuft, ist sie nicht mehr in ihrer Gewalt. Wohl aber steht es in der *Macht* der Katze, sie sich zurückzuholen. Läßt sie sie ganz laufen, so hat sie sie auch aus ihrem Machtbereich entlassen. Bis zum Punkte aber, wo sie ihr sicher erreichbar ist, bleibt sie in ihrer Macht. Der Raum, den die Katze überschattet, die Augenblicke der Hoffnung, die sie der Maus läßt, aber unter genauester Bewachung, ohne daß sie ihr Interesse an ihr und ihrer Zerstörung verliert, das alles zusammen, Raum, Hoffnung, Bewachung und Zerstörungs-Interesse, könnte man als den eigentlichen Leib der Macht oder einfach als die Macht selbst bezeichnen.[254]

Im todbringenden Maul der Katze erfährt die Maus unmittelbare Gewalt; dagegen zeigt sich im ‚Spiel' des Laufenlassens die Macht der Katze, ihre sich nicht mehr in ihrer Gewalt befindliche Beute jederzeit nach Belieben wieder zurückholen zu können, jedenfalls soweit und solange sich die Maus im Machtbereich der Katze befindet und dieser, wenn man so will, ‚Machtkampf' durch Tod oder durch Flucht der Maus noch nicht entschieden ist. Macht ist für Canetti deshalb „allgemeiner und geräumiger als Gewalt, sie *enthält* viel mehr", während Gewalt wesentlich dynamischer, unmittelbarer und im akuten Augenblick der Ausübung auch zwingender ist als die geradezu umständlichere Macht, die „sogar ein gewisses Maß von Geduld"[255] habe.

---

252 Baader, „History," 15.
253 Insofern erscheint es unpräzise, wenn zuweilen behauptet wird, Canetti würde das Verhältnis von Gewalt und Macht *mit* dem Verhältnis von Katze und Maus *vergleichen*. Weder steht die Maus für Macht noch die Katze für Gewalt, sondern am – oder noch genauer: *im* – Verhältnis von Katze und Maus werden Gewalt und Macht in ihrer Unterschiedenheit und doch zugleich in ihrem Zusammenhang veranschaulicht.
254 Canetti, *Masse und Macht*, 323; vgl. 393. In einer Aufzeichnung vom 21. März 1949 aus Canettis Nachlass findet sich dabei eine interessante Ergänzung, welche allerdings nicht in das veröffentlichte Manuskript von *Masse und Macht* eingegangen ist: „So gesehen, sind wir alle in der Gottes Macht, seit er uns zum Sterben verurteilt hat. Er lässt manchen ein Stück weiter laufen als den anderen; keiner entkommt ganz [...]"; zit. nach Peiter, *Komik*, 282 (Anm. 30).
255 Canetti, *Masse und Macht*, 323.

Canettis Beispiel von Katze und Maus verdeutlicht,[256] dass der Unterschied zwischen Gewalt und Macht sich aus ihrem Zusammenhang ergibt – und nicht umgekehrt![257] Und zwar sowohl, wenn dieser Zusammenhang räumlich gedacht wird und Äußerungen von Gewalt als Konkretionen innerhalb eines umgreifenden Machtraums verstanden werden,[258] als auch, wenn bezogen auf die zeitliche Dimension herausgestellt wird, dass Äußerungen von Gewalt von größerer Intensität der Kraftentfaltung, aber kürzerer Dauer sind, während Macht nicht nur gemächlicher ihre Kraft entfalten und sich über einen längeren Zeitraum erstrecken, sondern auf Dauer auch geradezu als *Langeweile* erlebt werden kann.[259] Der Unterschied zwischen Gewalt und Macht zeigt sich also auch im Blick auf Zeiterleben und Zeiterfahrung. Jedenfalls kann jemandem Macht zugesprochen werden, ohne dass dieses Vermögen *unmittelbar* in Handlungen aktualisiert und von anderen, wenn gegen ihren Willen gerichtet, als Zwang und Gewalt erlebt werden muss.[260]

Macht ist deshalb weder Ausnahmezustand noch unberechtigte Inbesitznahme, die als solche zu verurteilen wäre. Denn wird Macht – wiederum im Anschluss an Arendt – als die durch das Handeln der Bürger*innen konstituierte „notwendige Bedingung aller sozialen Ordnung"[261] verstanden, hat sie als solche einen Eigenwert und ihren Zweck an sich selbst. Deshalb bedürfe Macht, „wenn der Staat seinem Wesen nach organisierte und institutionalisierte Macht ist, [...] keiner Rechtfertigung [scil. durch einen Zweck], da sie allen menschlichen Gemeinschaften immer schon inhärent" sei, doch müsse sie sich für ihren Anspruch legitimieren, da „ihre Legitimität [...] nicht auf den Zielen und Zwecken" beruhe,

---

256 Obgleich Canetti den Unterschied zwischen Gewalt und Macht bewusst „auf sehr einfache Weise darstellen" (ebd.) möchte, kommt, neben der Vorstellung von Gewalt als einer unmittelbaren körperlichen Einwirkung im Sinne der *violentia*, auch die *potestas*-Dimension von Gewalt zum Vorschein, nämlich dann, wenn Canetti schreibt, dass die Maus, indem sie der Katze den Rücken zugekehrt hat, sich „nicht mehr *in* ihrer Gewalt" (ebd; meine Hervh.) befinde.

257 Ich folge hier der Deutung des Verhältnisses von Zusammenhang und Unterschied, wie sie der österreichische Politikwissenschaftler Werner W. Ernst (*1947) vorschlägt, dem zufolge der Zusammenhang immer größer als der Unterschied – die ‚Ausnehmung' – zu denken ist, vgl. Ernst, „Transzendenz," 448 f. Ich verdanke Hinweis und Einsicht Prof. Dr. Willibald Sandler (Universität Innsbruck)!

258 Gewalt und Macht stehen insofern weder im symmetrischen noch im asymmetrischen Verhältnis zueinander, sondern geradezu *ineinander*, wobei Gewalt eine Position im ‚Zeit-Raum' der Macht einnimmt.

259 Zu diesem Gedanken der Manifestation von Macht in Form von Langeweile vgl. Grutzpalk, „Kritik" sowie Grutzpalk, *Erkenntnis*, 224 f.

260 Vgl. hierzu Hemmer, „Macht, Ohnmacht," 159 f.

261 Röttgers, „Andeutungen," 206; vgl. hierzu Arendt, *Macht und Gewalt*, 45 f. u. 52 f.

„die eine Gruppe sich jeweils setzt".[262] Dagegen beruhe Gewalt auf einer Zweck-Mittel-Relation[263] und könne als bloßes Mittel zum Zweck zwar effektiv und unter gewissen Umständen – und zwar durch den von ihr verfolgten Zweck – sogar „gerechtfertigt", aber „niemals legitim sein".[264] Je näher deshalb „Mittel und Zweck beieinander liegen, desto einleuchtender erscheint die Rechtfertigung der Gewaltanwendung, am deutlichsten bei der Selbstverteidigung".[265] Insofern stehen Macht und Gewalt in Sachen Legitimation in einem unüberbrückbaren Gegensatz zueinander.

Demnach wird deutlich, dass und wie Macht als Beherrschung bzw. Entscheidungsmacht (‚Macht über' bzw. *power over*) und Handlungsvermögen bzw. Wirkfähigkeit (‚Macht zu' bzw. *power to*)[266] und Gewalt als *potestas* und *violentia* semantisch und phänomenologisch einander überlagern und ineinander übergehen können. Idealtypisch betrachtet lässt sich resümieren: Während jeder Ausübung von Macht ein Gewalt*potenzial* innewohnt, stellt *potestas* einen Spezialfall von Macht und *violentia* als Modus des Handelns eine Ausübung von Macht dar, die gerade deren Versagen bezeigt, sodass beides, Machtausübung und Machtversagen, in diesem Punkt koinzidieren.[267] Macht ist Potenzial,[268] welches zur Verfügung stehen, weiter ausgebaut und in Handlungen – auch in Gewalthandlungen – umgesetzt werden kann,[269] während Gewalt für die Aktualisierung des Potenzials steht, indem mittels überlegener Kraft und/oder aus einer Machtposition heraus der eigene Wille gegen den Willen eines anderen durchgesetzt wird.[270]

---

262 Arendt, *Macht und Gewalt*, 53; vgl. hierzu Röttgers, „Andeutungen," 206.

263 Vgl. Arendt, *Macht und Gewalt*, 8 u. 53; ferner Münkler/Llanque, „Rolle," 1229.

264 Arendt, *Macht und Gewalt*, 53; vgl. dies., *On Violence*, 52. Vgl. dagegen Röttgers, „Andeutungen," 206; ferner Jaeger, „Mensch," 304.

265 So Münkler/Llanque, „Rolle," 1229; vgl. hierzu Arendt, *Macht und Gewalt*, 53 u. 67.

266 Zur Differenzierung von *power over* zur Herausstellung der „präventive[n] Machtausübung, die wesentlich Kontrolle über andere anstrebt", und *power to* zur Betonung der Möglichkeit oder Fähigkeit, „allein oder zusammen mit anderen bestimmte Ziele zu erreichen", vgl. Imbusch, „Macht und Herrschaft," 10 f.

267 Diese Anspielung auf Tillichs These von der Koinzidenz von ‚Schöpfung' und ‚Fall' bzw. der materialen Identität von ‚verwirklichter Schöpfung' und ‚entfremdeter Existenz' (vgl. Tillich, *Systematische Theologie I-II*, 343 [52]) ist nicht zufällig, ergibt sich hier doch die Möglichkeit einer produktiven Weiterentwicklung dieses Gedankens, was im vorliegenden Zusammenhang allerdings unterbleiben muss.

268 Vgl. Arendt, *Vita activa*, 194.

269 Vgl. hierzu Horster, „Suchen," 24; ferner Gerhardt, *Willen*, 10.

270 Insofern ist ‚Macht' ein Kompetenzbegriff, während ‚Gewalt' als Kompetenz- *und* Aktionsbegriff verstanden werden kann. Zu dieser begrifflichen Differenzierung vgl. Neidhardt, „Gewalt," 114 u. 124 f.

2.3.2 Herrschaft

Macht als Entscheidungsmacht (*power over*) ebenso wie als Handlungsvermögen (*power to*) ist nicht statisch, sondern prozessual zu denken. Macht ist daher nichts Gegenständliches, was Menschen deshalb auch wirklich ihr Eigen nennen könnten,[271] sodass mit Arendt konstatiert werden kann: „Macht [...] besitzt eigentlich niemand, sie entsteht zwischen Menschen, wenn sie zusammen handeln, und sie verschwindet, sobald sie sich wieder zerstreuen".[272] Demnach ist Macht auch nichts Unveränderliches, das, gleichsam in Stein gemeißelt, zu jeder Zeit dasselbe bliebe, sondern wie jede Eigenschaft sozialer Beziehungen ist Macht grundsätzlich veränderbar. Allerdings können sich Kräfte- und Machtverhältnisse, zumal als historisch herausgebildete, zu Strukturen kristallisieren und zu Institutionen verdichten und so im Laufe der Zeit auch auf Dauer stabilisieren. Dann geht Macht zu *Herrschaft* über.

Unter Rekurs auf Weber kann das Verhältnis von amorpher Macht und dem kristallinen Gehäuse der Herrschaft[273] damit als Verhältnis zweier Zustände bzw. Anordnungen verstanden werden, von denen erstere zwar undefinierter und instabiler, dafür aber dynamischer und flexibler sind als letztere. Der Oldenburger Philosoph Michael Sukale (*1940) fasst die Position Webers dabei wie folgt zusammen:

> Die Herrschaft verhält sich zur Macht wie die Form zum amorphen Stoff: sie ist geronnene Macht und gibt ihr eine eindeutige Gestalt, die sie kalkulierbar macht. Herrschaft ist strukturierte Macht, denn der Herrscher setzt zwar seinen Willen gegen den Beherrschten durch, aber nicht amorph und unspezifisch, das heißt: nicht formlos und mit allen Mitteln, sondern in einer vorhersehbaren und bestimmten Weise, also mit den bekannten, meist als legitim anerkannten Mitteln. Gerade durch dies [sic!] ritualisierte Verhalten unterscheidet sich die Herrschaft von simpler Machtausübung.[274]

---

271 Letzteres gilt auch theologisch von menschlicher Macht, die nicht substanzontologisch als eine Eigenschaft, die der Mensch sich selbst aneignen könnte, sondern relationsontologisch als Qualität eines Geschehens gedacht wird; als Herrschaftsmacht ist Macht stets *von Gott* bestimmten Menschen verliehene Macht (2 Sam 12,7; Dan 2,37; Weish 6,3; Röm 13,1), eine Vorstellung, die die jüdisch-christliche Tradition mit der gesamten Antike gemein hat.

272 Arendt, *Vita activa*, 194. Zu Macht als Prozessbegriff und zur Prozesshaftigkeit und Relationalität von Machtmechanismen und -verfahren vgl. Foucault, *Sexualität*, Bd. 1, 28 u. 110–120. Macht ist nach Foucault weder Institution noch Struktur, sondern „der Name, den man einer komplexen strategischen Situation in einer Gesellschaft gibt" (114).

273 Zu diesem Gedanken vgl. Neuenhaus-Luciano, „Macht," 97 f.

274 Sukale, *Max Weber*, 364.

Herrschaft stellt demzufolge einen „Sonderfall von Macht"[275] dar, und zwar verfestigte, „institutionalisierte Macht"[276] in Form eines asymmetrischen sozialen Gefüges von Herrschenden und Beherrschten, ein Verhältnis der Über- und Unterordnung, in dem die wirksame Willensdurchsetzung gegen Widerstreben eine auf Dauer angelegte Form annimmt. Herrschaft ohne Macht wäre gewissermaßen wie „ein König ohne Land",[277] während Macht nicht in jedem Falle auch zur Herrschaft wird oder dazu überhaupt werden muss.

Gewalt weist so eine grundsätzliche Affinität[278] zu Macht und Herrschaft auf, deren jeweilige Bedeutungsfelder und Konnotationen nicht von ungefähr einen gemeinsamen Überschneidungsbereich mit denen von Gewalt aufweisen, zumal sich Gewalt, Macht und Herrschaft auch historisch und phänomenologisch einander wie in einem Kreislauf wechselseitig beeinflussen und bedingen können. Eine überzeugende Deutung des Zusammenhangs von Gewalt, Macht und Herrschaft dahingehend, dass Gewalt stets als *im* Zusammenhang mit Macht und/oder Herrschaft stehend zu betrachten ist, hat die Medienpädagogin Helga Theunert (*1951) in ihrer Studie *Gewalt in den Medien – Gewalt in der Realität* (3. Aufl., 2000) vorgelegt.[279] Nach Theunert ist das Verfügenkönnen über Machtmittel, worauf sich Macht und Herrschaft gründen, als Voraussetzung zur Ausübung von Gewalt zu verstehen, welcher damit immer auch eine historisch-gesellschaftliche Dimension anhaftet. Je nach Art der zugrunde liegenden Machtmittel lässt sich zwischen konkreten, situativen Machtverhältnissen und generellen, situations-

---

275 Weber, *Wirtschaft*, 541; vgl. 28. Die *differentia specifica* staatlicher Herrschaft gegenüber anderen Herrschaftsformen ist nach Weber eben dieses „Monopol *legitimer Gewaltsamkeit*" (Weber, *Soziologie*, 453); vgl. auch ders., *Staatssoziologie*, 27 ff.

276 Popitz, *Phänomene*, 232; vgl. im Ganzen 233 – 255, bes. 234.

277 So Kierkegaard über die immerzu bei sich selbst bleibende, nicht zu den Bestimmungen des Lebens hinausgehende „negative Dialektik", welche „im abstraktesten Sinne nichts als eine Macht" sei, die sich „an der bloßen Möglichkeit" erfreue, „im Augenblick des scheinbaren Besitzes von allem auf alles zu verzichten, obwohl doch so der Besitz wie der Verzicht nur eingebildet sind" (*Begriff der Ironie*, 139).

278 Ich spreche bewusst von ‚Affinität' im Sinne von Wesensverwandtschaft (lateinisch *affinis*, eigentlich ‚angrenzend, benachbart'), nicht von einem ‚Kontinuum' (so z. B. Künzel, „Gewalt/ Macht," 119 im Blick auf das Geschlechterverhältnis), da die Rede von einem ‚Kontinuum' in diesem Zusammenhang zwar mit Recht eine Übergängigkeit zwischen den einzelnen Phänomenen unterstellt, jedoch den Aspekt zu überlagern droht, dass der Übergang vom einen zum anderen keinen Automatismus darstellt, sondern stets an Entscheidungen und Handlungen gebunden ist, womit der Ausübung von Gewalt ebenso wie der von Macht immer auch etwas Kontingentes anhaftet, das entsprechend auch in Anschlag zu bringen ist.

279 Vgl. Theunert, *Gewalt*, 41– 48 u. 59 – 83. Für eine ähnlich gelagerte Verhältnisbestimmung von Gewalt, Macht und Herrschaft vgl. Bierstedt, „Social Power," 733. Zu Gewalt und Macht sub specie historiae vgl. ferner Balibar, Art. „Gewalt," Sp. 696, 1267 u. 1271.

übergreifenden Macht- und Herrschaftsverhältnissen unterscheiden, sodass Gewalt nicht nur als *Gewalthandeln* im zwischenmenschlichen Bereich, in dem situationsspezifische Möglichkeiten der Ausübung von Gewalt infolge eines Machtvorsprungs realisiert werden, sondern gleichermaßen auch als „über gesellschaftliche Strukturen und zugehörige Institutionen wirksam"[280] werdende *Gewaltverhältnisse* in den Blick kommt. Gewalt erfolgt niemals von selbst, sondern verdankt sich stets Urheberschaft,[281] ohne deshalb immer auch an konkrete, genau identifizierbare Subjekte gebunden zu sein.

Auf diese Unterscheidung zwischen personaler und struktureller Gewalt wird in Abschnitt 2.4 noch zurückzukommen sein. An dieser Stelle genügt die Feststellung, dass Gewalt, wenn sie als „an die Ausübung *oder* Existenz von Macht und Herrschaft gebunden"[282] gedacht wird, nicht nur dann vorliegt, wenn andere Menschen – seien sie einzelne Individuen, seien sie Gruppen von Individuen – „als Folge der *Ausübung* von Macht oder von Herrschaft oder von beidem" geschädigt werden, sondern auch dann, wenn eine solche Schädigung „als Folge der *Existenz* von Macht- und Herrschaftsverhältnissen"[283] eintritt. Die hinter einer Handlung oder Verhaltensweise auszumachende oder anzunehmende *Intention* ist für das *Vorliegen* von Gewalt also keine ausschlaggebende Bedingung: „Auch wenn kein Ziel erkennbar ist, aber eine Folge sichtbar, liegt Gewalt vor."[284] Bevor der Gewaltbegriff durch Vergleich mit und in Abgrenzung von Zwang und Aggression weiter zu erschließen sein wird, gilt es, Kraft als Grundvoraussetzung sämtlicher hier im Blickpunkt stehenden Begriffe mit in die Überlegungen einzubeziehen.

2.3.3 Kraft

Der in Abschnitt 2.3.1 unter Rekurs auf die aristotelische Unterscheidung von δύναμις (*potentia*) und ἐνέργεια (*actus*) zunächst abstrakt gefasste Unterschied von Macht und Gewalt lässt sich unter Heranziehung des Begriffs *Kraft* (*vis*), welche der Macht ebenso eignet wie der Gewalt, allerdings in unterschiedlicher Seinsform, in wiederum idealtypischer Weise näher konkretisieren. Im Falle von *Macht* ist Kraft wesentlich *ruhend*, d. h. Kraft wirkt aus einer Ruhestellung heraus dadurch, dass sie als aktives Vermögen (δύναμις) zugegen ist. Kraft ist hier also etwas, das vorausgesetzt ist und jemanden in die Lage versetzt (‚ermächtigt'), zur

---

280 Theunert, *Gewalt*, 60.
281 Zum Begriff der Urheberschaft vgl. unten Anm. 291.
282 Ebd. (meine Hervh.).
283 A.a.O., 59 (meine Hervh.).
284 A.a.O., 60.

gegebenen Zeit über etwas verfügen zu können.[285] Das Vermögen der Macht, wie es in Abschnitt 2.3.1 zunächst im Blick auf Wirkungsmöglichkeiten schlechthin gefasst wurde, erweist sich damit konkreter als ‚Vermögen *zu etwas*'.[286]

Es zeigt sich also, dass Macht – so wie Gewalt – etwas wesenhaft *Relationales* ist und zur Ausübung allein in Beziehung zu etwas anderem tritt, „was *selber* Macht hat".[287] Wie bei Gewalt zeigt sich auch hier, dass Macht ohne Objekt, über das Macht ausgeübt werden kann, nicht (länger) Macht ist. Diese Abhängigkeit der Macht von einem einholbaren Objekt wird vom französischen Phänomenologen Emmanuel Lévinas (1905–1995) am Beispiel des Mordens als Zugleich von Macht und Ohnmacht (infolge von Machtverlust) in die paradox klingende Formulierung gekleidet: „Der Mord übt Macht aus über das, was der Macht entkommt."[288] Dieses Andere als Objekt der Macht muss aber, wenn darüber bestimmt werden können soll, was mit ihm zu gegebener Zeit zu geschehen hat, dem Subjekt der Macht in irgendeiner Hinsicht – seien es Fähigkeiten oder Fertigkeiten, seien es Kräfte oder Kenntnisse – *unterlegen* sein. Ein Vermögen lässt sich nur dann als Macht verstehen, „wenn ein Bezugsrahmen angegeben werden kann, in dem das Vermögen eine *Überlegenheit* im Vergleich zu anderen begründet",[289] wobei die Macht des Subjekts mit der Macht des Objekts und damit gewissermaßen mit und an ihren Aufgaben wächst.

Demgegenüber ist Kraft im Falle von *Gewalt* wesentlich *treibend*, d. h. Kraft wirkt in ihrer Äußerung dadurch, dass sie *auf* etwas oder jemanden *einwirkt*.[290] Als Wirken (ἐνέργεια) ist Kraft hier also stets *gerichtete* Kraft, die auf etwas aus ist, zum Beispiel darauf, die Änderung eines bestehenden Verhaltens hervorzurufen, aber auch, ein bestehendes Verhältnis aufrechtzuerhalten, oder aber, etwas Bestimmtes allererst herbeizuführen. Diese Einwirkung kann in durchaus unterschiedlichen Formen – seien es Handlungen oder Verhaltensweisen, seien es

---

285 Vgl. Gerhardt, *Willen*, 12. Das Verfügenkönnen über andere ist kein ‚Selbstläufer', sondern stets von Umständen, Bedingungen, Kräften und nicht zuletzt der Wahl der Wirkmittel abhängig. Vgl. auch Gerhardt, *Individualität*, 42.

286 Vgl. Gerhardt, *Willen*, 12.

287 Jonas, „Gottesbegriff," 78 (meine Hervh.).

288 Lévinas, *Totalität*, 284; auch zit. bei Röttgers, „Macht im Medium," 64 (Anm. 7; mit Abweichungen vom Original).

289 Gerhardt, *Willen*, 12.

290 So verwundert es nicht, dass Gewalt auch zur Übersetzung von lateinisch *vis* (‚Kraft, Stärke') dienen und nicht nur Äußerungen von roher, körperlicher Kraft, sondern auch Naturphänomene von elementarer, nicht zu bändigender Kraft (‚Gewalt des Sturmes') bezeichnen kann, die außerhalb des (direkten) Einflussbereichs des Menschen liegen. Dass Gewalt, Kraft und Macht deshalb aber nicht einfach Synonyme darstellen, lässt sich durch simple (Alltags-)Beispiele demonstrieren, vgl. dazu Hofmeister, *Wille zum Krieg*, 18.

Ereignisse oder Strukturen – erfolgen und sie erfolgt doch im Falle von Gewalt niemals einfach von selbst: Sie wird *ausgeübt*. Dieser Umstand, dass Gewalt sich nicht Ursächlichkeit, sondern, wie bereits angesprochen, Urheberschaft verdankt,[291] sodass Gewalt im handlungstheoretischen Sinne – wenn nicht in einem Mittel-Zweck-Verhältnis zu verorten, so doch – auf mögliche Ziele und Motive hin befragbar ist, wird durch den Begriff der *Einflussnahme* reflektiert, der sich als eine Konkretisierung des Einwirkungsbegriffs versteht.[292]

Jedenfalls kann Gewalt zielgerichtet „nur ausgeübt werden, wenn ihr bestimmte Absichten zugrunde liegen".[293] Für Gewalt, die nicht rein affektiv wie bei unkontrollierten Wutausbrüchen hervorbricht oder sich als spontan-unmittelbare Vergeltungsaktion entfesselt, aber auch nicht in lediglich „präkonventioneller Freude ‚am Zoff'" aufgeht oder ihren Sinn ausschließlich aus einer „symbolisch vermittelten Lust an der Gewalt" wie bei einverständlichen sadomasochistischen Sexualpraktiken[294] erhält, was man im Anschluss an eine Formulierung von Klaus-Michael Kodalle als eine das Zweckrationale transzendierende ‚Eroberung des Nutzlosen' verstehen kann[295] – für Gewalt also, die, mehr oder weniger „rational ausgeübt", als „Mittel zum Zweck" fungiert,[296] gilt dabei, dass sie durch den Zweck gewissermaßen „kanalisiert" wird, indem ihr nicht nur eine bestimmte Richtung vorgegeben, sondern ihre Ausübung auch in Zeit und Ausmaß begrenzt

---

291 Urheberschaft hier sowohl als Oberbegriff für personale Urheber als auch für subjektanaloge Urheber verstanden. Es ist diese Urheberschaft von Gewalt, aus der sich auch ihre ethische Bewertbarkeit erschließt.

292 Zur begrifflichen Differenzierung von ‚Einfluss', ‚Einflussnahme' und ‚Beeinflussung' vgl. oben Anm. 194.

293 Imbusch, „Gewaltbegriff," 35; die folgenden Zitate ebd.

294 Siehe hierzu Abschnitt D.6.2. Auch Imbusch, „Gewaltbegriff," 35 führt „sado-masochistische[] Rituale" als Beispiel für „eine expressive und kommunikative Zweckdimension" von Gewalt an.

295 Dass der Gewalt bei diesen Sexualpraktiken durchaus eine Rationalität unterstellt werden kann, die sich jedoch weder im Zweckrationalen erschöpft noch im Sinne der allbeherrschenden technisch-instrumentellen Rationalitätsform der modernen Lebenswelt zu deuten ist, liegt jedenfalls auf der Hand.

296 Dass Gewalt auch dann eine rationale Funktion erfüllen kann, wenn sie scheinbar ‚zwecklos' operiert, betont Arendt, *Macht und Gewalt*, 64 u. 66 f. Interessant ist auch die Beobachtung bei Reemtsma, „Versuche," 237–263, dass die Rede von ‚unnötiger' oder ‚sinnloser' Grausamkeit zur Bezeichnung exzessiver Gewalt nicht nur unterstelle, dass es ‚nötige' oder ‚sinnhafte' Grausamkeit gebe, sondern dass überdies ein ‚richtiges' Zweck-Mittel-Verhältnis existiere. Zur ‚göttlichen Gewalt' als einer unmittelbaren, sich selbst begründenden und ‚zwecklosen' (im Sinne von ‚keinen Zweck verfolgenden') Gewalt vgl. Benjamin, „Kritik," 29, 36, 47 f., 60 u. 64.

wird. Zweckhaftigkeit ist auch Gewalt in Hierarchisierungs- und Machtprozessen zu unterstellen.[297]

Nach Imbusch lassen sich im Blick auf mögliche Ziele und Motive von Gewalt vor allem „drei idealtypische Konstellationen" unterscheiden: „a) *Interessen:* Der Verweis auf Interessen verleiht der Gewalt fast immer einen zweckrationalen Charakter und liefert manifeste Begründungen für ihren Einsatz; b) *Möglichkeiten:* Sie eröffnen Chancen und Optionen zur Gewaltanwendung, ohne bereits etwas über die Sinnhaftigkeit eines Gewalteinsatzes mitzuteilen; c) *Kontingenzen:* Zufälligkeitsstrukturen verweisen auf Prozesse diffuser, wenig zielgerichteter Gewaltausübung, die schwer kalkulierbare Risiko- und Gefahrenpotenziale beinhalten."[298] Überhaupt scheint für Gewalt im zwischenmenschlichen Bereich zu gelten, dass diese sich mitunter aus schierer Laune, Langeweile oder gar ‚Spaß an der Freude' heraus entwickeln mag, nicht selten, ja in der Regel aber mit der Absicht, oder zumindest wahrzunehmenden Absicht,[299] ausgeübt oder angedroht wird, irgendetwas Erstrebtes, Erwünschtes oder Erhofftes auf Kosten anderer unter allen Umständen (‚mit aller Gewalt' bzw. ‚Macht') durchzusetzen.

Während Macht Ausdruck für die „Mittel-einsetzende-Kraft"[300] ist, tritt in bzw. als Gewalt also eine Durchsetzungskraft zutage, die von Mächtigen als Machtmittel eingesetzt werden kann, um dem eigenen Willen gegenüber tatsächlich oder vermeintlich Unterlegenen Geltung zu verschaffen,[301] was aus ganz unterschiedlichen Machtkonstellationen heraus erfolgen kann.[302] Demnach äu-

---

297 Bezüglich der Hierarchisierungsprozesse ist nicht nur an soziokulturelle Grenzziehungsprozesse im Allgemeinen zu denken, sondern auch an spezielle sozialräumliche Kontexte wie z. B. das Gefängnis, wo Gewalt nicht minder einen „Kristallisationspunkt von Hierarchisierungsprozessen" bilden kann, vgl. Bereswill, „Gewalthandeln," 193.

298 Imbusch, „Gewaltbegriff," 35 (meine Hervh.).

299 Vgl. hierzu die maßstabsetzende Definition ‚normaler Gewalt' („normal violence") von Straus/Gelles/Steinmetz, *Behind Closed*, 20 als „act carried out with the intention, or perceived intention, of causing physical pain or injury to another person". Diese Definition bezieht nur körperliche Gewalt ein, schärft allerdings das Bewusstsein für die mögliche unterschiedliche Wahrnehmung und Deutung ein und derselben Handlung aus der Perspektive von (überlebenden) Opfern und Täterpersonen.

300 Gerhardt, *Willen*, 254.

301 Vgl. hierzu Selg, „Gewalt," 107 f.; Imbusch, „Gewaltbegriff," 32; Faber, Art. „Macht, Gewalt I," 817.

302 Die Nähe zur Macht-Definition Webers (s. oben) ist beabsichtigt, doch fasse ich den Machtbegriff weiter als Weber, indem ich darunter überhaupt das Vermögen (‚Ermächtigung') zur partiellen oder kompletten Verwirklichung des eigenen Willens gegenüber anderen verstehe, die sich dann eben *auch* daran zeigen kann, dass dies *gegen* den Willen anderer geschieht, sodass sich Macht als Gewalt äußert. Zu diesem Verständnis von Macht als „Fähigkeit zur wirksamen Durchsetzung" des eigenen Willens vgl. auch Baurmann, *Markt*, 79.

ßert sich in der Ausübung von Gewalt das Bestreben, den eigenen Willen auch und gerade gegen den Willen eines anderen *unbedingt*, d. h. gegen alle Widerstände durchzusetzen.[303] Gewalt ist geradezu wesenhaft aus auf die Bezwingung, Überwindung von Hindernissen oder Widerständen,[304] besonders augenfällig im Falle physischer Gewalt, die als eine den Willen eines anderen nötigende, beugende oder brechende (‚überwältigende‘) Zwangseinwirkung verstanden werden kann.[305] Diesen wesenhaften Zusammenhang zwischen Gewalt und Zwang gilt es nun zu betrachten.

2.3.4 Zwang

Unter Zwang (von althochdeutsch *gidwing* bzw. *gidwang*, ‚Zucht, Zwang, Strenge‘; seit dem 8. Jahrhundert belegt; ein Abstraktum zu ‚zwingen‘, althochdeutsch *dwingan*, ‚(be)zwingen, unterwerfen, züchtigen‘; eigentlich: ‚(zusammen)drücken, einengen, (be)drängen‘, vgl. ‚Schraubzwinge‘ bzw. den Kausativ ‚zwängen‘)[306] ist im zwischenmenschlichen Bereich, und dies wiederum zunächst ab-

---

303 Wenn demnach „das Ziel der Gewalt nicht der Widerstand, sondern dessen Überwindung" ist, Gewalt mithin auf „Überwältigung" (Sofsky, „Gewaltzeit," 104) aus ist und mit der Kraft des Widerstandes zu wachsen scheint, könnte man meinen, Gewalt könne sich nur an Widerständen *äußern*. Für das *Vorliegen* von Gewalt ist allerdings nicht entscheidend, ob dieser Widerstand tatsächlich auch *aktiv geleistet* wird oder von den Gewalt Ausübenden lediglich als bevorstehend *erwartet* wird; ebenso wenig spielt dabei eine Rolle, ob der Widerstand tatsächlich auch *überwunden*, *gebrochen* wird oder ob das Objekt der Gewalt dieser Einwirkung standhält, gewissermaßen im Wider Stand findet.
304 Dass Gewalt auch nicht (erst) zur Überwindung von Hindernissen oder Widerständen, sondern auch (bereits) zu deren Vermeidung eingesetzt werden kann, versteht sich. Die Tendenz zur Überwindung von Hindernissen oder Widerständen kann freilich auch als ein Aspekt jeglicher Willensäußerung verstanden werden, auch einer solchen, die sich auf ganz Alltägliches bezieht, wie Blankertz, „Willensbildung," 156 betont. Freilich kann diesbezüglich meist schwerlich von einer Hindernisse ‚überwältigenden‘, geschweige denn ‚brachialen‘ Durchsetzung des eigenen Willens (zumal: gegen wen oder was?) gesprochen werden, wie es gewaltsames Handeln gegen (andere) Personen oder Sachen kennzeichnet. Zum Verständnis von Gewalt als Überwindung von Widerständen vgl. auch Imbusch, „Gewaltbegriff," 30.
305 Vgl. hierzu auch die strafrechtlich relevante Differenzierung zwischen *vis compulsiva* (nötigende, die Willensverwirklichung des Genötigten beugende Gewalt) und *vis absoluta* (zwingende, die Willensverwirklichung des Genötigten ausschließende Gewalt); dazu Küper, *Strafrecht*, 422. Diesen Charakter einer Zwangseinwirkung weisen auch andere Gewaltformen wie z. B. psychische Gewalt auf, auch wenn dies – von außen betrachtet – nicht immer direkt sichtbar wird.
306 Zur Etymologie vgl. Lloyd/Lühr/Springer, *Etymologisches Wörterbuch*, Bd. 2, Sp. 921f. (s.v. „dwing" u. „dwingan"); Köbler, *Wörterbuch*, 205 (s.v. „dwingan") u. 384 (s.v. „gidwang" u. „gidwing"); Pfeifer, *Etymologisches Wörterbuch*, Bd. 3, 2048 (s.v. „zwängen") u. 2053 (s.v. „zwingen").

strakt betrachtet, eine *Einwirkung von außen*[307] zu verstehen, und zwar auf jemanden, der mit dieser Einwirkung *nicht einverstanden* ist oder darin *nicht bewusst eingewilligt* hat und nun aufgrund dieser Einwirkung etwas zu tun, zu dulden oder zu unterlassen genötigt wird, was er selbst aus freien Stücken *ohne* diese Einwirkung (so) *nicht* getan, erduldet oder unterlassen hätte. Insofern kann Zwang im Anschluss an die wirkmächtige Definition des Aristoteles in der *Eudemischen Ethik* als „die externe Ursache" verstanden werden, „die gegen den natürlichen [scil. als einem Menschen innewohnenden] Impuls entweder hindert oder bewegt", was Aristoteles beispielsweise dann gegeben sieht, „wenn jemand die Hand eines anderen [Zweiten] ergreift und damit einen anderen [Dritten] gegen dessen [scil. des Zweiten] Wunsch und Begehren schlägt".[308]

Im Falle von Zwang wird also ein Druck von außen *ausgeübt*, der eine fremdmächtige Beschränkung der Handlungsfreiheit und Einengung des Entscheidungs- und Handlungsfeldes eines anderen Menschen zur Folge hat, womit auch eine Einschränkung von dessen Freiheit zur Selbstbestimmung und der Fähigkeit zur Selbstverwirklichung einhergehen kann.[309] Die Rede von ‚Ausübung' bringt zum Ausdruck, dass unter ‚Zwang' im vorliegenden Zusammenhang anderes zu verstehen ist als durch ökonomische und soziale Sachzwänge

---

307 Es versteht sich, dass ‚Zwang' im vorliegenden Zusammenhang allein als eine Einwirkung verstanden wird, deren „Ursprung außerhalb des Handelnden liegt" (Hügli, Art. „Zwang I.," Sp. 1475), und nicht auch als Bezeichnung psychophysischer oder psychopathischer Zustände (im Sinne eines inneren Drucks oder Drangs), so sehr äußere Sachverhalte zur innerseelischen Reflexion dieser Sachverhalte führen und z. B. neurotische Zwangshandlungen auf innerpsychische Konflikte zurückgeführt werden können, vgl. Freud, *Die Verdrängung* (1915), 256 f. u. 260.

308 Aristoteles, *Eudemische Ethik*, II 8, 1224b11–14: „τὴν γὰρ ἔξωθεν ἀρχήν, τὴν παρὰ τὴν ὁρμὴν ἢ ἐμποδίζουσαν ἢ κινοῦσαν, ἀνάγκην λέγομεν, ὥσπερ εἴ τις λαβὼν τὴν χεῖρα τύπτοι τινὰ ἀντιτείνοντος καὶ τῷ βούλεσθαι καὶ τῷ ἐπιθυμεῖν"; Übers. zit. nach Lienemann, *Aristoteles' Konzeption*, 52 (Anm. 122; hier mit meinen Ergänzungen in Klammern zur Vereindeutigung, dass Zwang im genannten Beispiel nicht gegenüber dem Dritten, sondern gegenüber dem Zweiten ausgeübt wird, und das ‚dessen' m. E. auf den Zweiten zu beziehen – und damit als ‚seinen' zu lesen – ist). Zur aristotelischen Verwendung und der entsprechenden Übersetzung von βία (*coactio*) und ἀνάγκη (*necessitas*) vgl. Lienemann, *Aristoteles' Konzeption*, 49 u. 72 f. Vgl. ferner Hügli, Art. „Zwang I.," Sp. 1475, der sich auf Aristoteles, *Eudemische Ethik*, II 8, 1224b7–8 („ὅταν μὲν γὰρ τι τῶν ἔξωθεν παρὰ τὴν ἐν αὑτῷ ὁρμὴν κινῇ ἢ ἠρεμίζῃ, βίᾳ φαμέν"; von Dirlmeier übers. als „[d]enn wenn etwas von außen gegen den ihm einwohnenden Impuls bewegt oder angehalten wird, so sagen wir, das sei mit Zwang [βίᾳ] geschehen" [*Eudemische Ethik*, 34]) als „für die Späteren" maßgebliche Definition von Zwang „als eine Art des unfreiwilligen menschlichen Tuns" bezieht.

309 Den hier herangezogenen Begriffen ‚Beschränkung', ‚Einengung' und ‚Einschränkung' ist gemein, dass sich in ihnen die ursprüngliche Bedeutung des Wortes ‚Zwang' (s. oben im Text) widerspiegelt.

(*factual constraints*)[310] oder infolge künstlicher Maßnahmen zur Verhaltenssteuerung (wie z. B. der Einsatz von Bremsschwellen zur Geschwindigkeitsdämpfung in Wohngebieten)[311] sich ergebende Einengungen des menschlichen Handlungsspielraums. Auch die aus natürlichen Bedingungen resultierenden Einschränkungen erwünschter Handlungsweisen wie die wetterbedingte bzw. temperaturabhängige Bekleidungswahl oder evolutionsbiologisch verankerte Beschränkungen menschlicher Handlungsmöglichkeiten wie der Umstand, nicht ohne Hilfsmittel fliegen oder über Wasser gehen zu können (von Mt 14,25–29 einmal abgesehen), stellen keinen Zwang im hier gemeinten Sinne dar, sondern sind vernünftiges Verhalten bzw. anthropologische Fakten.

Ein auf jegliche natürlichen und/oder menschengemachten Einschränkungen von Handlungs- und Entscheidungsspielräumen ausgeweiteter Zwangsbegriff würde auch spontane Handlungsbeschränkungen umfassen müssen, die mehr oder weniger unbeabsichtigte Nebenprodukte von Handlungen anderer Menschen sind (wie z. B. die Störung anderer Bahnreisender beim Lesen, Arbeiten und/oder Schlafen im Zug durch ausgelassene Fußballfans im selben Wagen), und liefe Gefahr, in die fatalistische Konsequenz zu münden, überhaupt das ganze Leben als Zwang deuten zu müssen, aus dem man sich selbst vor der Zeit allein durch Suizid ‚befreien' könne.[312] Ein derart ausgedehnter Zwangsbegriff wäre schlechterdings nicht mehr handhabbar und erwiese sich auch im Rahmen dieser sexualethischen Untersuchung als durchaus ungeeignet, um die konkrete Problematik von Legierungen von Sexualität und Gewalt erfassen zu können,[313] mit der Folge, dass ‚Zwang', wenn dieser Begriff überhaupt in einem definierten

---

310 Zum Begriff des Sachzwangs und seiner Deutung vgl. Batthyány, *Freiheit*, 268–293, der natürliche und menschengemachte Sachzwänge unterscheidet, letztere wiederum in kulturbedingte und künstliche Sachzwänge unterteilt. Auch an Formen und Mittel indirekten Zwangs, die sich aus technischen, wirtschaftlichen, politischen und sozialen Entwicklungen und Problemlagen ergeben können und tagtäglich ergeben, kann hier gedacht werden.

311 Dieses Beispiel führt Innerhofer, *Verhaltenssteuerung*, 13–18 als Beispiel für einen Sachzwang an, worunter er die „Einschränkung des Handlungsspielraums von Personen, um bei ihnen ein gewünschtes Verhalten zu fördern" (v), versteht.

312 Klassisch etwa Seneca im 70. Brief an Lucilius, vgl. Seneca, *Epistulae*, 413; vgl. auch Améry, *Hand*, 13, 25, 79, 128–130 u. 144. Die theologische Dimension solcher Überlegungen auch und gerade angesichts der Idee der Prädestination – man denke an Luthers bekannte Metapher vom Menschen als von Gott oder vom Teufel gerittenem Reittier (z. B. in WA 18, 635,17–22) und seiner Unterscheidung von Notwendigkeit und Zwang (vgl. hierzu z. B. die Darstellung bei von Loewenich, *Martin Luther*, 261 f.) bei aller Ablehnung der scholastischen Unterscheidung zwischen der *necessitas consequentiae* (*conditionata*) und der *necessitas consequentis* (*absoluta*) des Wirkens Gottes (vgl. hierzu Vorster, *Freiheitsverständnis*, 86–98 u. 337–349) – muss an dieser Stelle außen vor bleiben.

313 Siehe Abschnitt C.2.3.

Sinne verstanden und verwendet werden können sollte, in einzelne Elemente aufzulösen wäre.

Mit der Rede von der ‚Ausübung' eines Drucks von außen wird deshalb verdeutlicht, dass unter ‚Zwang' im vorliegenden Zusammenhang vor allem die *Urheberschaft* voraussetzende, *gezielte Unterwerfung* eines fremden Willens unter den eigenen zu verstehen ist,[314] was in durchaus unterschiedlichen Kontexten[315] und entsprechend vielfältigen Handlungen und Verhaltensweisen Ausdruck finden kann, in jedem Falle aber, wenn es sich um *Zwang* im eigentlichen Sinne handeln soll, gegen den Willen eines anderen oder ohne dessen bewusste Einwilligung an ihm erfolgt.[316] Zwang wird hier also enger gefasst als bei einem Verständnis von Zwang bereits als Beeinflussung eines Individuums durch äußere Kräfte, „die sein Verhalten in der von der sozialen Umwelt geforderten Richtung formen".[317] Eine solche äußere Beeinflussung muss nämlich keineswegs in Form von Zwang auftreten, sondern kann auch auf anderen Wegen, etwa durch argumentative Überzeugungskraft (d. h. durch den „eigentümlich zwanglosen Zwang des besseren Argumentes"[318]), nicht zuletzt aber durch Erziehung erfolgen. Zu deren „größten Probleme[n]" gehört – nicht erst seit Kant, von ihm jedoch besonders wirkmächtig ausgedrückt – bekanntlich die Frage, „wie man die Unter-

---

314 Zu dieser engen Definition von Zwang als gezielter Unterwerfung des Willens eines Menschen unter den eines anderen z. B. bei von Hayek vgl. Batthyány, *Zwang*, 76 u. 134.

315 Zu einer wenigstens teilweisen Unterwerfung des Willens kommt es beispielsweise auch beim Abschluss eines Vertrages. Eine solche über eine ausgesprochene Verabredung hinausgehende Einigung zweier oder mehrerer Parteien über die Herbeiführung einer Rechtsfolge hat für die Beteiligten auch Zwangscharakter (*pacta sunt servanda*), und zwar auch dann, wenn ein Vertrag unter Wahrung der Selbstbestimmung aller Beteiligten (und sei es ‚notgedrungen' zur Herbeiführung eines Kompromisses als Wesen des Politischen) erfolgt und insofern ‚freiwillig' geschlossen wurde, wenngleich im vorliegenden Kontext vor allem die Fälle vor Augen stehen, in denen der Abschluss eines Vertrages unter Zwang erfolgt ist (man denke an die Drohung als Nichtigkeitsgrund eines Vertrages).

316 Aus Sicht der Unterworfenen bzw. der Sich-Unterwerfenden kann Zwang im Sinne einer unfreiwilligen Unterwerfung eines Willens unter den eines anderen auch als Variante des *Gehorsams* gedeutet werden, der allerdings auch freiwillig z. B. aufgrund von Vertrauen oder zur Vorteilserlangung erfolgen und somit ‚Folgsamkeit' darstellen kann. Zu diesem Verständnis von Gehorsam vgl. bereits *Brockhaus' Conversations-Lexikon*, Bd. 7 (1877), 115 (s.v. „Gehorsam").

317 So die Position Durkheims in der Deutung durch Kron/Reddig, „Zwang," 186.

318 Habermas, „Wahrheitstheorien," 161. An dieser Stelle kann auch die Frage nach dem Verhältnis von Liebe und Zwang gestellt werden. Eine originelle Deutung dieses Verhältnisses dahingehend, dass sich Liebe und das Element des Zwangs nicht grundsätzlich ausschließen, beide in der Macht vielmehr verbunden sind, solange „sich der Zwang dem Ziel der Liebe, nämlich der Wiedervereinigung des Getrennten", nicht entgegenstellt, findet sich bei Tillich, „Liebe," 174; vgl. 173–176 zusammen mit Schüßler, „Zwang," 31 f.

werfung unter den gesetzlichen Zwang mit der Fähigkeit, sich seiner Freiheit zu bedienen, vereinigen könne".[319] Zwang und Freiheit müssen sich nach Kant dabei weder epistemologisch noch praktisch ausschließen,[320] ist doch Freiheit für Kant geradezu „von ‚vernünftigem Selbstzwang' durchzogen"[321] und nicht als *„Freiheit der Willkür"*[322] (*arbitrium liberum*), sondern als ‚Selbstgesetzgebung'[323] der (reinen praktischen) Vernunft allererst *menschliche* Freiheit, weshalb oben von einer fremdmächtigen Beschränkung zur Kennzeichnung von Zwang gesprochen wurde.

Prozesse der Bewusstseins- und Verhaltensformung müssen also nicht im Widerspruch zur Vorstellung von Autonomie stehen, obwohl auch sie mit der Einschränkung von Wahlmöglichkeiten einhergehen. In Abgrenzung zu solchen Prozessen, aber auch zu den bereits angesprochenen Sachzwängen oder künstlichen Maßnahmen zur kurz- oder langfristigen Verhaltenssteuerung ist unter ‚Zwang' deshalb primär eine nötigende Einwirkung von außen zu verstehen, „die *keine* Wahl lässt, also das eigentliche Gegenteil der Handlungsfreiheit",[324] was durch physische Gewalt ebenso wie „durch die Schaffung psychischer Motive"[325] erfolgen kann, womit entsprechende innerseelische Zustände und Gefühlsdispositionen einhergehen können.[326] Die Schaffung psychischer Motive kann dabei nicht nur durch *Drohungen*, sondern beispielsweise auch durch *Angebote* erfolgen, die als Ausübung von Zwang jedenfalls dann zu betrachten sind, wenn sie

---

319 Kant, *Pädagogik*, 32; zit. nach: „Immanuel Kant über Pädagogik" (1803), 453.

320 Vgl. Cavallar, „Kultivierung," 93, worauf Ricken, *Subjektivität*, 96 verweist.

321 Ricken, *Subjektivität*, 96 (Anm. 41). Zu Kants Differenzierung zweier Arten von Zwang – „ein äußerer oder ein Selbstzwang" – vgl. Kant, *Die Metaphysik der Sitten* (1797), 379 f.

322 A.a.O., 213; vgl. 213 f.

323 Vgl. dazu Kant, *Grundlegung zur Metaphysik der Sitten* (1785), 421, 433 f. u. 439.

324 Meyer, *Macht*, 18 (Anm. 13; meine Hervh.). An dieser Stelle wird der Unterschied zwischen Zwang im hier gemeinten Sinne und den oben unter Verweis auf den Einsatz von Bremsschwellen zur Geschwindigkeitsdämpfung in Wohngebieten exemplifizierten künstlichen Maßnahmen zur Verhaltenssteuerung augenfällig, wird doch den Autofahrenden trotz dieser Bremsschwellen stets die Wahl gelassen, entweder durch unangepasste Geschwindigkeit eine mögliche Schädigung in Kauf zu nehmen oder mit angepasster Geschwindigkeit bzw., wenn möglich, auf anderen Wegen ans gewünschte Ziel zu kommen.

325 So bereits beim Pionier der Gestaltpsychologie Christian Freiherr von Ehrenfels (1859 – 1932) in seiner wegweisenden (in mehreren Artikeln erschienenen) Abhandlung „Werttheorie und Ethik," Bd. 17, 217 (in *Werttheorie*, 55), der solche als Zwang bezeichneten Einwirkungen (durch Drohungen ebenso wie durch Versprechen von Belohnungen) von denen durch Beispielgeben oder Suggestion differenziert, vgl. dazu „Werttheorie und Ethik," Bd. 17, 217 – 226.

326 Vgl. von Ehrenfels, „Werttheorie und Ethik," 217 f., dem zufolge *regelmäßiger* Zwang durch den Einfluss der Gewöhnung und Entwöhnung gekennzeichnet sei.

Personen gemacht werden, „die sich schon in einer Notsituation befinden",[327] und deshalb gewissermaßen – frei nach Don Vito Corleone in Mario Puzos Roman *The Godfather* (1969) – Angebote darstellen, ‚die man nicht ablehnen kann'. Ein Wesensmerkmal von Zwang im zwischenmenschlichen Bereich ist somit die willentliche und wissentlich zugelassene Einschränkung individueller Handlungs- und Entscheidungsspielräume zum Zwecke der Willensunterwerfung, wodurch Autonomie gerade verhindert wird.[328]

Dabei ist für die *Bewertung* (d. h. für die Frage nach der Zulässigkeit oder Unzulässigkeit), nicht aber für das *Vorliegen* von Zwang maßgeblich, ob die dabei ausgeübten oder angedrohten Handlungen und Verhaltensweisen momentan oder generell intersubjektiv nachvollziehbar, bedingungslos und/oder verständigungs- und zustimmungsfähig sind. Überdies kann die Unterwerfung eines fremden Willens auch durch einen subjektanalogen Urheber[329] wie z. B. bestimmte Strukturen erfolgen, die von den betroffenen Menschen als Zwang erlebt werden können. Gerade strukturelle Zwänge wirken nicht nur direkt über verbindliche Vorgaben und Vorschriften, sondern auch, wie beispielsweise im Bereich der Kinder- und Jugendhilfe, „mehr indirekt über die Kanalisierung des Entscheidungsfeldes" anderer Personen, „innerhalb dessen Optionen zwar eingeschränkt sind" und doch „individuell getroffen und auch verantwortet werden müssen".[330]

So zeigt sich, dass nicht jede Äußerung von Kraft und nicht jede Einwirkung bzw. Einflussnahme auf andere auch Zwang beinhaltet oder bedeutet und nicht jedes Hindernis und nicht jeder Widerstand – auch im sozialen Bereich – etwas darstellt, was allein unter Anwendung von Zwang und nicht auch anders überwunden werden könnte. Wird der eigene Wille jedoch gegen geleistete oder erwartete Widerstände anderer oder ohne deren bewusste Einwilligung durchgesetzt, geschieht dies unter Zwang. Auch die Ausübung von Gewalt erfordert deshalb stets ein gewisses Maß an Zwang, ohne dass jede Äußerung von Zwang deshalb auch als Gewalt zu verstehen wäre.[331] Auch Macht *kann* zwingend sein

---

327 Hügli, Art. „Zwang I.," Sp. 1475.
328 Vgl. hierzu Batthyány, *Freiheit*, 269 f.
329 Zur Rede von einem ‚subjektanalogen Urheber' vgl. Gerhardt, *Willen*, 8, dem ich mich in diesem Punkt anschließe.
330 So Mannschatz, *Jugendhilfe*, 28; auch zit. bei Vogelsang, „Kinder," 90.
331 Zur aristotelischen Unterscheidung zwischen Handlungen, die unter Zwang, aber nicht aus Gewalt geschehen, von solchen, die unter Zwang und aus Gewalt, und wiederum von solchen, die rein aus Gewalt geschehen, vgl. Lienemann, *Aristoteles' Konzeption*, 90 – 98; für erstere Gruppe von Handlungen (unter Zwang, nicht aus Gewalt) gilt dabei: „Eine Person S führt eine Handlung x aus, entweder um etwas y zu verhindern, das objektiv weniger schlimm und weniger schmerzvoll

und, zuweilen unwiderstehlich, nötigend wirken, doch ist Gewalt auf Zwang geradezu ausgerichtet ('abonniert').

Diesbezüglich können drei Aspekte unterschieden werden, die für den vorliegenden Zusammenhang von wesentlicher Bedeutung sind. Während bei der *Anwendung* von Zwang eine *unmittelbare körperliche Krafteinwirkung* erfolgt ('erzwungenermaßen'), wird bei der *Ausübung* von Zwang eine Einwirkung *körperlich wirksam* ('gezwungenermaßen'), ohne dass hierfür auch eine körperliche *Berührung* erforderlich wäre. Während im ersten Fall beispielsweise an eine Körperverletzung oder das Zwangsmittel des sogenannten 'unmittelbaren Zwangs' zur Durchsetzung hoheitlicher Maßnahmen gedacht werden kann,[332] erfolgt Zwang im zweiten Fall beispielsweise durch die Androhung eines bestimmten Übels für die betroffene Person selbst oder Dritte,[333] durch die unmittelbare Bedrohung mit einer Waffe oder durch Inaussichtstellung einer bestimmten Belohnung bzw. eines bestimmten Vorteils für das Gegenüber durch bewusste Herbeiführung oder unter bewusster Ausnutzung einer Zwangslage. Für das Vorliegen von Gewalt ist also nicht maßgeblich, ob Zwang auf der Seite des Opfers aufgrund körperlicher Berührung empfunden wird oder ob dies „durch eine andere die Sinne beeinflussende Tätigkeit"[334] bewirkt wird. Zwang kann drittens aber auch durch gesellschaftliche Strukturen und Machtverhältnisse *erzeugt* werden, ohne dass hierbei ein handelndes oder wirkendes Subjekt konkret identifizierbar sein muss. Zwang setzt, wie bereits angesprochen, stets Urheberschaft voraus. Während bei der Anwendung oder Ausübung von Zwang eine *personale* Urheberschaft anzunehmen ist, setzt der Zwang der Verhältnisse, wenn es sich um Zwang im eigentlichen Sinne handeln soll, zwar ebenfalls Urheberschaft, nicht aber notwendigerweise personale Urheberschaft voraus, sodass

---

ist als *x*, oder um etwas *z* zu erreichen, das objektiv weniger gut und weniger lustvoll ist, als wenn *x* nicht getan wird" (94).

332 Es muss gleichwohl betont werden, dass eine Körperverletzung nach §§ 223–231 StGB keineswegs nur rein physische bzw. physisch spürbare Gewalthandlungen umfasst, sondern auch z. B. das ungewollte Haare(ab)schneiden ggf. den Tatbestand der Körperverletzung erfüllen kann, vgl. Theurer, *Kunst*, 6 f.

333 Man denke z. B. an die Androhung körperlicher Gewalt seitens des damaligen Frankfurter Polizeivizepräsidenten gegenüber dem Entführer des Frankfurter Bankierssohns Jakob von Metzler (1991–2002), um den Entführer zur Preisgabe des Verstecks des (zu diesem Zeitpunkt noch am Leben gewähnten, tatsächlich aber bereits ermordeten) Entführten zu zwingen. Zur Abwägung der hier einander widerstreitenden Rechtsgüter des bedrohten Lebens des Opfers und der körperlichen Unversehrtheit des Entführers vgl. Brugger, „Einschränkung," 9–15.

334 So bereits im Urteil des Bundesgerichtshofs, 4. Strafsenat vom 27. August 1969–4 StR 268/69 (BGHSt 23, 127) zum Begriff der „Gewalt gegen eine Person".

Zwang durch *subjektanaloge* Urheber wie bestimmte Strukturen und Verhältnisse erzeugt wird.

Auf diese Unterscheidung von Anwendung, Ausübung und Erzeugung von Zwang wird an gegebener Stelle noch zurückzukommen sein.[335] Festzuhalten bleibt vorerst, dass Zwang und Gewalt verschiedene, wenn auch eng miteinander verknüpfte Modalitäten von Machtausübung darstellen können, mithin Möglichkeiten der Ausformung dessen, wie Macht wirksam werden kann. Dabei besteht eine weitgehende Überschneidung von Gewalt und Aggression, ein Konnex, auf den es nun abschließend noch einen Blick zu werfen gilt.

2.3.5 Aggression

In den „Thesen zur Gewalt", die der US-amerikanisch-österreichische Aggressionsforscher[336] und Psychoanalytiker Freudscher Prägung Friedrich Hacker (1914–1989) seiner vielrezipierten Studie *Aggression. Die Brutalisierung der modernen Welt* (1971) vorangestellt hat, wird das Verhältnis von Gewalt und Aggression folgendermaßen bestimmt: „Nackte Gewalt ist die sichtbare, ungebundene, ‚freie' Erscheinungsform von Aggression. Nicht alle Aggression ist Gewalt, aber alle Gewalt ist Aggression."[337] Ein solches Verständnis von Gewalt als *Teil von Aggression*, mit dem ein Verständnis bestimmter Formen von Aggression (wie z. B. verbaler Aggression) als *Vorformen* von Gewalt einhergeht,[338] ist bis dato weitverbreitet.[339] So wird Gewalt etwa in dem für die (Anti-)Gewaltkommission der Bundesregierung (1987–1990) erstellten Erstgutachten „Ursachen, Prävention und Kontrolle von Gewalt aus psychologischer Sicht" (1990) der Unterkommission Psychologie – unter explizitem Rekurs auf die „in der psychologischen Ag-

---

335 Siehe Abschnitt C.3.2.2.2 u. D.5.3.

336 Das Wort ‚Aggression' kann nicht nur ein bestimmtes *Verhalten*, sondern auch bestimmte innere *Vorgänge*, mithin Impulse oder Emotionen bezeichnen – eine Ambiguität, die nicht immer aufzulösen ist, da z. B. die Aussage ‚X richtet seine*ihre Aggressionen gegen Y' sowohl reale Angriffe als auch aggressive Regungen von X bezeichnen kann. Dabei ist es wichtig, sich in Erinnerung zu rufen, dass es „[z]wischen aggressivem *Verhalten* und aggressiven *Emotionen* [...] keine feste Verbindung" gibt, mithin: „Nicht jedes aggressive Gefühl äußert sich in aggressivem Verhalten, und nicht jedes aggressive Verhalten ist Ausdruck aggressiver Gefühle", wie Nolting, *Lernfall*, 19 bemerkt. Im Anschluss an Nolting soll im vorliegenden Zusammenhang die Verwendung des Aggressionsbegriffs – wenn nicht anders angegeben bzw. näher spezifiziert – auf die *Verhaltensebene* beschränkt bleiben.

337 Hacker, *Aggression*, 15 (These 3); vgl. auch 135.

338 So z. B. Schubarth, *Gewalt*, 84. Vgl. allerdings Gugel, *Gewaltprävention*, 2 f.; ferner Godenzi, *Gewalt*, 28 f., 33 f. u. 48–50.

339 Vgl. – abgesehen von den im Text genannten Quellen – z. B. Forschner, „Gewalt," 21.

gressionsforschung vorherrschende[] Begrifflichkeit" – zu einer „Teilmenge von Aggression" erklärt, da unter Gewalt im Gutachten lediglich „ausgeübte oder glaubwürdig angedrohte physische Aggressionen" verstanden werde, „mit denen einem angezielten Objekt etwas gegen dessen Bedürfnisse, gegen dessen Willen"[340] geschehe. Einer solchen Verhältnisbestimmung von Gewalt und Aggression verleiht auch der Münchener Aggressionsforscher und Sozialwissenschaftler Klaus Wahl (*1944) in seiner Überblicksarbeit *Aggression und Gewalt* (2013) Ausdruck, wenn er Gewalt arbeitsdefinitorisch fasst als „die Teilmenge von Aggression, die durch Gesellschaft und Staat jeweils sozial- und kulturhistorisch unterschiedlich normierte Formen hat".[341]

Vor diesem Hintergrund verwundert es nicht, wenn aus dem Umstand, dass „viele Erscheinungen, die in der Theorie unter dem Begriff der Aggression verhandelt werden, zugleich den der Gewalt abdecken bzw. inhaltlich füllen", der Schluss gezogen wird, dass es „legitim" erscheine, „die verschiedenen Aggressionstheorien inhaltlich auch als Theorien der Gewalt zu begreifen".[342] Um diese Schlussfolgerung auf ihre Tragfähigkeit hin überprüfen zu können, bedürfte es ausführlicher Einzelanalysen und einer eingehenden Darstellung der Befunde und praktischen Implikationen wesentlicher Erklärungsansätze der psychologischen Aggressionsforschung, was an dieser Stelle nicht zu leisten ist. Allerdings kann im Rahmen dieser Klärung darauf hingewiesen und begründet werden, dass die Bestimmung von Gewalt als bloße Teilmenge von Aggression weder terminologisch noch phänomenologisch zureichend ist. Denn der Blick auf die schier uferlose Literatur zu Aggression, Gewalt und ihrem gegenseitigen Verhältnis macht zunächst deutlich, dass auch unter Aggression ein breites Spektrum von teilweise sehr heterogenen Handlungen und Verhaltensweisen zusammengefasst wird bzw. werden kann, die in Form und Stärke von persönlichen, sozialen und kulturellen Faktoren abhängig sein[343] und aus ganz unterschiedlichen Perspektiven heraus nach gesellschaftlicher Ebene (Familie, Krieg etc.), Organisationsgrad (spontane, alkoholgeschwängerte Volksfestrauferei bis Konzentrationslager) und Erscheinungsform (physisch, psychisch, verbal etc., direkt oder indirekt, nach-außen- oder nach-innen-gewandt) differenziert betrachtet werden können.[344] Entsprechend zahlreich und vielfältig fallen auch die Definitionen ag-

---

340 Lösel/Selg/Schneider, „Ursachen," 10 (Rn. 10 – 11).
341 Wahl, *Aggression*, 13.
342 So Moser, Art. „Gewalt/Gewaltlosigkeit II.," 178 (im Anschluss an das oben im Haupttext genannte Zitat von Hacker).
343 Vgl. Wahl, *Aggression*, 6 sowie Werbik, „Terminologie," 248; zu den Schwierigkeiten der Definition(en) von Aggression und Gewalt vgl. Wahl, *Aggression*, 6 f.
344 Vgl. hierzu Wahl, „Wurzeln," 22.

gressiven Verhaltens aus, welche meist jedoch die Deutung dieses Verhaltens als *schädigendes* Verhalten ebenso wie die Annahme gemein haben, dass das infrage stehende Verhalten von den Opfern der Aggression als *verletzend* empfunden wird.

Dies ist insofern bemerkenswert, als dass das Wort ‚Aggression' von seiner Etymologie her (von lateinisch *aggredi*, ‚etwas in Angriff nehmen', ‚auf jemanden oder etwas zugehen', ‚heranschreiten')[345] die Fähigkeit bezeichnet, an etwas oder jemanden heranzutreten, etwas anzupacken bzw. in Angriff zu nehmen, was also in einem konstruktiv-instrumentellen Sinne zu verstehen ist, so sehr dieses „gesunde und konstruktive Aggredi"[346] immer in Gefahr steht, in destruktive Aggressivität umzuschlagen und damit bedrohliches, feindliches Herangehen, mithin jemanden Angehen, Angreifen zu werden. Als Bündelung, Mobilisierung von Kräften kann Aggression deshalb auch als Vorform von Gewalt verstanden werden, wenngleich zu betonen ist, dass Aggression nicht nur negative, sondern auch positive Aspekte als physischer und/oder psychischer Selbstschutz aufweisen,[347] also „durchaus gesunde und normal-reaktive Anteile enthalten kann".[348] Gleichwohl ist bloßes ‚reaktives Sichverhalten' im Weberschen Sinne[349] nicht als Aggression zu beurteilen, ebenso wenig wie bloße Gefühlsausdrücke oder -ausbrüche, wenn diese nicht *auch* als bewusstes, beabsichtigtes Handeln bzw. als zweck- oder zielgerichtetes Einwirken verstanden werden können.[350] Insofern kann mit dem Erlanger Psychologen Hans Werbik (*1941) betont werden, dass Aggression „ein Prädikat zur Beurteilung von *Handlungen*"[351] darstellt.

Auf der individuellen Persönlichkeitsebene können Erscheinungsformen von Aggression im Anschluss an Wahl als evolutionär herausgebildetes Ensemble bio-psycho-sozialer Überlebensmechanismen zur Bewältigung externer Herausfor-

---

345 Von *ad-*, ‚zu, an, heran, herbei, hin(zu)' und *gradī*, ‚(einher)gehen, (einher)schreiten' bzw. *gressus*, ‚Schreiten, Schritt, Gang'. Vgl. hierzu Pfeifer, *Etymologisches Wörterbuch*, 1. Aufl., Bd. 1, 21 (s.v. „Aggression); *Deutsches Fremdwörterbuch*, Bd. 1 (2. Aufl.), 198 – 200 (s.v. „Aggression") u. 200 – 204 (s.v. „aggressiv").
346 Dieckmann, „Archetyp," 122.
347 Vgl. die tabellarische Darstellung negativer und positiver Aspekte von Aggression bei Posth, *Gewaltfrei durch Erziehung*, 274. Zur Frage nach „gute[n] Seiten", „positiven Facetten" oder „positiven Ergebnissen" von Aggression vgl. Nolting, *Psychologie*, 29 – 34 sowie Nolting, *Lernfall*, 18 u. 24.
348 Steinert, *Aggression*, 14.
349 Vgl. Weber, *Wirtschaft*, 2; vgl. 12. Vgl. dazu Weiß, *Max Webers Grundlegung*, 53 – 55. Nicht unähnlich, wenngleich mit anderer Argumentationsrichtung, Arendt, *Macht und Gewalt*, 35.
350 Vgl. hierzu Werbik, „Terminologie," 242.
351 Ebd.

derungen und intrapsychischer Anforderungen verstanden werden.[352] Entsprechend können die unter Aggression fallenden alltäglich-lebensweltlichen Handlungen und Verhaltensweisen nicht nur höchst unterschiedlich ausfallen und zur Erreichung ganz unterschiedlicher Ziele eingesetzt,[353] sondern auch durch höchst unterschiedliche Erfahrungen, Erlebnisse, Um- und Zustände ausgelöst bzw. gehemmt werden.[354] Zwar lässt sich Aggression nicht auf bestimmte Handlungen und Verhaltensweisen reduzieren, doch ist den vielfältigen Manifestationen von Aggression gemein, dass sie „der Selbstbehauptung oder Durchsetzung gegen andere mit schädigenden Mitteln dienen", während Aggressivität „das individuelle Potential für aggressives Verhalten"[355] und damit „die zur überdauernden Bereitschaft gewordene"[356] Neigung zu Aggressionen bezeichnet. Mit anderen Worten: Aggression steht für manifestes Verhalten, mithin konkretes „angriffslustiges Verhalten (‚disposed to attack‘)",[357] während Aggressivität dessen latente Disposition, mithin Angriffsbereitschaft, „Angriffigkeit"[358] markiert.[359]

Anders als es die Etymologie des Wortes suggeriert,[360] bedeutet Aggression demnach im heutigen psychologischen, aber auch im alltäglichen Sprachgebrauch etwas Konkreteres als lediglich Aktivität oder Tatkraft, nämlich „destruktive Aktivität",[361] die wesentlich auf die Schädigung, Verletzung oder Schwächung anderer Personen, von sich selbst oder von Sachen aus(gerichtet) ist, und zwar „unabhängig davon, was letztlich das Ziel dieser Handlung"[362] darstellt. Dabei zeigt sich nicht nur eine grundsätzliche Veränderbarkeit von Aggression hinsichtlich Intensität, Form und Dauer, sondern auch ein ihr inhärenter Drang nach Expansion, die „Bereitschaft" also, „Grenzen (des Unbekannten, sozialer Regeln, der Intimität, körperlicher Integrität) zu überschreiten, um eigene Ziele zu erreichen".[363] In dieser *Grenzüberschreitung* wird auch die Schnittmenge von Gewalt und Aggression auf der Verhaltensebene augenfällig, was auf der Be-

---

352 Vgl. Wahl, *Aggression*, 10, 16 u. 31 ff.
353 Zu möglichen Zielen und Nutzeffekten aggressiven Verhaltens vgl. Nolting, *Lernfall*, 59 ff., 123 ff. u. 165 ff.
354 Vgl. dazu Wahl, „Wurzeln," 25 ff.
355 Wahl, *Aggression*, 10.
356 Myschker/Stein, *Verhaltensstörungen*, 461.
357 Imbusch, „Gewaltbegriff," 33.
358 Scharfetter, *Psychopathologie*, 277.
359 Vgl. dazu ferner Battegay, *Aggression*, 9; Hopf, *Aggression*, 8 samt *Deutsches Fremdwörterbuch*, Bd. 1 (2. Aufl.), 198 (s.v. „Aggression").
360 Vgl. auch Kempf, *Aggression*, 17.
361 Wiener, *Aggression*, 43 (meine Hervh.).
362 Felson, „Patterns," 107 (zit. nach Nolting, *Lernfall*, 18).
363 Resch/Parzer, „Aggressionsentwicklung," 42 (ohne Hervh.).

griffsebene beispielsweise in der Rede von ‚aggressiver Gewalt' oder ‚gewaltsamer Aggression' Ausdruck findet. Demnach erscheint Gewalt und gewalttätiges Verhalten vornehmlich als physische Aggression, was Überschneidungen mit anderen Formen offen gezeigter oder aber verdeckt-versteckter (relationaler) Aggression[364] nicht ausschließt, zumal die psychologische und die soziologische Beurteilung ein und derselben infrage stehenden Handlung als Aggression bzw. als Gewalt auch als zwei Seiten eines Sachverhalts verstanden werden können.

Gibt es demnach eine nicht unerhebliche Schnittmenge zwischen Gewalt und Aggression,[365] zumal Aggression (eine) Ursache von Gewalt und Gewalt (ein) Auslöser von Aggression sein kann,[366] sind gleichwohl auch Bereiche nicht-gewaltsamer Aggression (wie z. B. das Zuwerfen böser Blicke) und nicht-aggressiver Gewalt (wie z. B. Formen institutioneller Gewalt)[367] auszumachen.[368] Überdies kann unter Beibehaltung des Begriffs der ‚Schädigung' zur Definition aggressiven Verhaltens,[369] wonach dieses im Falle von Heteroaggression ein absichtlich[370]

---

364 Zu dieser Unterscheidung und der Frage nach möglichen Geschlechtsunterschieden in der Neigung zu Formen relationaler Aggression, die auch ‚soziale Aggression' genannt wird, vgl. Krahé, „Aggression," 136 f.

365 Vgl. dazu Nolting, *Lernfall*, 14–16 u. 25 f. sowie Imbusch, „Gewaltbegriff," 33.

366 Nicht nur Gewalt, sondern z. B. auch soziale Unsicherheiten und prekäre Lebenslagen können Aggressionen auslösen. Zu deren *Auslösung* bedarf es also bestimmter Bedingungen bzw. kann Aggression auch als Reaktion auf bestimmte Faktoren verstanden werden. Ursache (der *Ausübung*) von Gewalt werden Aggressionen nicht von selbst, sondern unter bestimmten Bedingungen und Umständen.

367 Man denke z. B. an Goffmans Analyse von Erscheinungsformen institutioneller Gewalt gegenüber Patient*innen oder (Heim)Bewohner*innen (z. B. Zwangsmaßnamen und andere Restriktionen zur Freiheitseinschränkung) als möglichem Auslöser für aggressives Verhalten; vgl. Goffman, *Asyle*, 16 f.

368 Vgl. die Übersicht bei Nolting, *Lernfall*, 26. Damit ist freilich nicht behauptet, dass es keine Übergangsformen zwischen diesen Bereichen gibt, zumal der Unterschied zwischen Gewalt und Aggression auch am Ausmaß der Folgen festgemacht werden kann, wenn z. B. Gewalt als „Aggression in ihrer extremen und sozial nicht akzeptablen Form" (Zimbardo, *Psychologie*, 425) bestimmt wird, womit nicht nur eine grundsätzliche Übergängigkeit der beiden Phänomen- und Bewertungsbereiche unterstellt, sondern auch die Frage der Unterscheidung zwischen Sachverhalt und Wertung aufgeworfen wird.

369 Zur Kritik an einer Schädigungsorientierung bei der Definition aggressiven Verhaltens vgl. Werbik, „Terminologie," 243.

370 Dass es Handlungen und Verhaltensweisen gibt, die schädigende Wirkungen haben, ohne deshalb als aggressiv beurteilt werden zu müssen, versteht sich. Deshalb die Ergänzung ‚absichtlich' zur Kennzeichnung der Intentionalität von Aggression (vgl. dagegen Schmalt/Langens, *Motivation*, 196 unter Rekurs auf Seymour Feshbach) und ihrer Unterscheidung von *zufällig* schädigendem Verhalten, vgl. die Definition von Aggression als „gegen einen Organismus (oder ein Organismussurrogat)" gerichtetes Austeilen „schädigende[r] Reize" bei Selg/Mees/Berg,

erfolgendes schädigendes Verhalten gegenüber anderen Personen darstellt, mit dem Psychotherapeuten Johannes Kemper zwischen Aggression und Gewalt insofern unterschieden werden, als „Gewalt nur dann auf Aggression zurück[geht], wenn der Täter den Wunsch und das Bedürfnis eines Opfers zwar kennt, aber dennoch missachtet".[371] Unter der Voraussetzung, dass „Gewalt [...] aus Sicht des geschädigten Opfers [...] und Aggression aufgrund der Intention des Täters" definiert wird, können etwa Fälle unbeabsichtigter Vernachlässigung in der Altenpflege nach Kempers Dafürhalten „zwar Fälle von Gewalt, aber nicht von Aggression"[372] darstellen.

Zwar kann gefragt werden, ob diese unbeabsichtigte Vernachlässigung pflegebedürftiger Menschen nicht vielmehr als Form von Fahrlässigkeit[373] oder, wenn als Gewalt, dann als durch unzureichende Kapazitäten und/oder Ressourcen in der Pflege geradezu in Kauf genommene Form *struktureller* Gewalt zu verstehen ist, doch zeigt dies, dass Gewalt und Aggression zwei einander überlappende, aber nicht deckungsgleiche Gegenstandsbereiche bezeichnen. Dies legen auch terminologische Differenzierungen zwischen Aggression und Gewalt ohne Rückgriff auf den Schädigungsbegriff und mit Blick auf ihrer beider mutmaßlichen Wirkungen nahe.[374] Überdies ist mit Theunert nicht nur auf die Uneinheitlichkeit vorliegender Begriffsbestimmungen von Aggression und Aggressivität, sondern auch auf den Umstand hinzuweisen, dass „Versuche, den Gewaltbegriff über ‚Aggression' zu definieren, [...] das Denken über und das Untersuchen von Gewalt in eine einzige Richtung" lenken und so „den Gewaltbegriff auf innerpsychische – oder [...] innersomatische – Prozesse"[375] zu verengen drohen.

Der heute im psychologischen Bereich ebenso wie im Alltagssprachgebrauch üblichen Verwendung von ‚Aggression' zur Bezeichnung beobachtbaren absichtlichen schädigenden Verhaltens bzw. entsprechender Verhaltensbereitschaften zum Trotz muss festgehalten werden, dass der Aggressionsbegriff, wie erwähnt, nicht nur negativ, sondern auch positiv bewertete Handlungen und

---

Psychologie, 7; ferner die Kurz- und Langfassung der Aggressionsdefinition bei Nolting, *Psychologie*, 21 u. 22.

371 Kemper, *Helfer*, 162; auch zit. bei Matolycz, *Pflege*, 275; vgl. dazu 274–277.

372 Kemper, *Helfer*, 162 (ohne Hervh.).

373 Zur Ein- und Abgrenzung von ‚Fahrlässigkeit' gegenüber ‚Vorsatz' und ‚Versehen' aus normativ-ethischer Sicht vgl. von der Pfordten, *Normative Ethik*, 138–140.

374 Vgl. z. B. Werbik, „Terminologie," 246, dem zufolge eine Handlung „dann und nur dann eine Aggression genannt werden [soll]", wenn ihr Ergebnis oder ihre Wirkungen dem *Willen* der betroffenen Person *widerspricht*", während eine Handlung „Gewalt genannt werden [soll], wenn ihr Ergebnis oder ihre Wirkung grundlegende Rechte dieser Person verletzt und/oder einem allgemein anerkannten *Bedarf* dieser Person widerspricht".

375 Theunert, *Gewalt*, 42.

Verhaltensweisen umfassen kann. So kann beispielsweise mit dem deutsch-US-amerikanischen Psychoanalytiker Erich Fromm (1900–1980) zwischen einer re-aktiv-defensiven und insofern ‚gutartigen' und einer in Destruktivität und Grau-samkeit zu unterteilenden ‚bösartigen' Spielart von Aggression unterschieden werden,[376] wobei im Unterschied zur lebenserhaltenden (‚gutartigen') Aggressi-onsform die als lebenszerstörend betrachtete ‚bösartige' Aggressionsform von Fromm als Teil von Gewalt betrachtet wird.[377] Tatsächlich steht Gewalt in der Gestalt der *violentia* für „ein[en] Modus des Handelns, der durch absichtliche Verletzung oder Vernichtung von Personen und Sachen gekennzeichnet ist",[378] sodass *violentia* niemals ‚gutartig', ihre Androhung oder Ausübung jedoch unter Umständen zu rechtfertigen ist.

Es bleibt festzuhalten: Gewalt geht nicht, wie es im eingangs dieses Ab-schnitts zitierten Gutachten der Unterkommission Psychologie aus dem Jahr 1990 behauptet wird, in ‚ausgeübter oder glaubwürdig angedrohter physischer Ag-gression' auf, doch können Gewalt und Aggression weitgehende Überschnei-dungen aufweisen und sich auch gegenseitig bedingen.[379] Die Unzureichendheit einer Erklärung von Gewalt zu einer ‚Teilmenge von Aggression' zeigt sich nicht zuletzt am Phänomen der oben bereits genannten und im folgenden Abschnitt weiter zu erläuternden *strukturellen* Gewalt, die gerade „*nicht* unter den Begriff der Aggression"[380] fällt, in ihren *Auswirkungen* aber als der personalen Gewalt vergleichbar betrachtet werden kann. Die auch für eine sexualethische Untersu-chung über Sexualität und Gewalt notwendigen diesbezüglichen Differenzie-rungen und Präzisierungen sind nun vorzunehmen.

---

376 Vgl. Fromm, *Anatomie*, 207–209 u. 245.
377 Vgl. dazu Imbusch, „Gewaltbegriff," 33.
378 Matz, „Gewalt," Sp. 1018.
379 Eine gewisse Selbstverständlichkeit, die trotz der unbestreitbaren Überschneidungen von Gewalt und Aggression die Unterschiedenheit beider zu verwischen droht, zeigt sich nach mei-nem Dafürhalten auch, wenn im fachwissenschaftlichen Diskurs, aber auch im alltagsprachlichen Gebrauch ‚Aggression' und ‚Gewalt' mitunter wie selbstverständlich in *einem* Atemzug genannt bzw. als scheinbar feststehende Fügung ‚Aggression *und* Gewalt' gebraucht und ohne Weiteres von einer ‚Gewalt- *und* Aggressionsforschung' als scheinbar einheitlichem Forschungsbereich gesprochen wird. Die Gefahr einer (und sei es: unbewussten) Verwischung der Unterschiede besteht m. E. überdies, wenn Aggression und Gewalt vorbehaltlos als Interaktionsphänomene gedeutet werden, ohne dabei weitere Differenzierungen vorzunehmen, vgl. Mummendey et al., „Aggressiv," 181 ff.
380 Nolting, *Psychologie*, 26 (meine Hervh.).

2.4 Differenzierungen und Präzisierungen

Gewalt ist – wenn nicht eine anthropologische Konstante,[381] so doch unbestreitbar – ein Phänomen, das den Lauf der Menschheitsgeschichte kulturübergreifend
bis heute „durchherrscht"[382] und in unterschiedlichsten Ausprägungen und Gestalten mitbestimmt hat. Als ein „Grunddatum"[383] menschlichen Zusammenlebens findet sich Gewalt auch in der Welt der Moderne allerorten, „steckt" sie doch
„in (fast) jedem sozialen Zusammenhang, den man sich anschaut".[384] Imbusch
beschreibt diese „kulturkreisunspezifische Ubiquität von Gewalt" dabei wie folgt:

> Gewalt begegnet uns überall, im Großen wie im Kleinen, auf nationaler und internationaler
> Ebene. Sie tritt auf als unpolitische Gewalt im sozialen Nahbereich (z. B. in der Familie, in der
> Schule, auf Plätzen und Straßen, gegen Kinder und Frauen), als Gewaltkriminalität (in all
> ihren unterschiedlichen Schattierungen angefangen von Mord und Totschlag bis zur orga-
> nisierten Kriminalität) und reicht bis hin zur politisch motivierten Gewalt (Terrorismus und
> Attentate, Verfolgung und Folter). In jedem Augenblick geschehen irgendwo auf der Welt
> Akte der Brutalität und des Sadismus, finden Vertreibungen und Verfolgungen statt, wird
> offene Gewalt praktiziert und werden Kriege geführt. Keine Gesellschaft, keine Region der
> Welt, kein Kulturkreis ist frei von Gewalt: Der friedliche Wilde früherer Zivilisationen hat sich
> ebenso als Mythos herausgestellt wie die Erwartungen einer gewaltfreien Moderne.[385]

---

381 Ob und inwieweit Gewalt als eine „anthropologische Konstante" menschlicher Gesellschaften (so z. B. Hilbig et al., „Einleitung," 9; vgl. auch Mühling, *Liebesgeschichte*, 334), als ein
dem Menschen unausrottbar angeborenes, biologisch verankertes menschliches ‚Urbedürfnis' im
Sinne der psychoanalytischen Aggressionstheorie (vgl. z. B. Freud, *Das Ich und das Es* [1923], 284 f.
u. 287), als eine unweigerlich sich Bahn brechende Leerlaufreaktion im Sinne der ‚Dampfkesseltheorie' der Aggression nach Lorenz (vgl. Lorenz, *Das sogenannte Böse*, 288 f.) oder aber als
Resultat „mimetische[r] [...] Begierde" im Sinne Girards, d. h. nicht als durch einen dem Menschen
inhärenten „Gewaltinstinkt", sondern als sozial bedingt zu verstehen ist (so Girard, „‚Der Sündenbock hat ausgedient'," 114 u. 113), wobei die die Gewaltverhaftung einer Gesellschaft sonst ins
Uferlose treibende ‚mimetische Begierde' für Girard im Opferkult als Institutionalisierung eines
‚Sündenbockmechanismus' – zugleich die Geburt der Idee des Heiligen – kanalisiert und ‚ge-
bändigt' wird, wie es Gegenstand unzähliger wissenschaftlicher Diskurse verschiedener Disziplinen gewesen ist und noch immer ist – all das kann an dieser Stelle dahingestellt bleiben. Zur
Problematik einer „Ontologisierung von Gewalt" bei ihrer Betrachtung als Ergebnis anthropologischer Konstanten vgl. gleichwohl Bauer/Bittlingmayer, „Gewaltsoziologie," 64. Zur Auseinandersetzung mit der Frage, ob Menschen aus evolutionspsychologischer und/oder soziobiolo-
gischer Sicht zu gewaltförmigen Verhaltensweisen genetisch *mit*determiniert sind, was allerdings
nicht bedeutet, dass diese auch unausweichlich und unveränderbar wären, vgl. Adams et al.,
„Seville Statement," 1167 f. zusammen mit den Bemerkungen dazu bei Schmid, „Verhalten," 92 f.
382 So Sofsky, *Traktat*, 10.
383 Claußen, Art. „Gewalt (Gewalthandlung)," Sp. 603 (speziell zu ‚destruktiver Gewalt').
384 Narr, „Gewalt," 160.
385 Imbusch, „Gewaltbegriff," 27.

Allerdings griffe es zu kurz, allein die mehr oder weniger ‚spektakulären' Ereignisse von Gewalt als Beleg für die „Allgegenwart von Gewalt in unserem Leben"[386] heranzuziehen. Demgegenüber betont der Basler Psychologe und Psychoanalytiker Udo Rauchfleisch (*1942), dass derartige außergewöhnliche Gewaltereignisse „im Grunde nur die Spitze eines Eisbergs" darstellten, „dessen Ausmaß wir wenigstens annähernd erst dann erfassen können, wenn wir unser Augenmerk auch auf die ganz ‚alltäglichen' Gewaltäußerungen richten".[387] Für diese sich häufig in subtiler Form äußernden Erscheinungsformen und Erfahrungstatbestände von Gewalt – Gewalt dabei verstanden „als eine spezifische Form der Aggression", welche sich gezielt gegen Menschen oder Gegenstände richtet, „ohne, wenn es sich um Menschen handelt, deren Bedürfnisse und deren Willen zu berücksichtigen"[388] – ist nach Rauchfleisch kennzeichnend, dass sie gewöhnlich „gar nicht als Gewaltphänomene" wahrgenommen, sondern, „als Ausdruck sogenannter Sachzwänge",[389] die nun einmal zur Struktur einer Gesellschaft gehörten, für nolens volens hinzunehmende Bedingungen und Begleitumstände des Alltagslebens gehalten würden.

Eine solche Ausweitung des Gewaltbegriffs auch auf die menschliche Entscheidungsspielräume einengenden und Entwicklungs- und Entfaltungsmöglichkeiten beschneidenden ökonomischen, beruflichen und sozialen Zwänge sowie fremdbestimmten Ereignisse birgt bei aller möglichen Berechtigung jedoch die Gefahr, dass Gewalt, indem sie „wie eine Art All-Phänomen" gefasst wird, dadurch gerade „verharmlost"[390] wird. Jeder Versuch, den geradezu „proteushafte[n] Gestaltenreichtum"[391] von Gewalt in den (Be)Griff zu bekommen, steht vor einer schier unlösbaren Aufgabe: Wird der Gewaltbegriff sehr weit gefasst, indem nicht nur jede „psychische und physische Zwangseinwirkung von Perso-

---

386 Rauchfleisch, *Allgegenwart*, 73. Für eine gegenläufige Zeitdiagnose, der zufolge sich die Gewalt im Laufe der Zeit verringert habe, vgl. Pinker, *Gewalt. Eine neue Geschichte der Menschheit* (2013), deren deutschsprachiger Titel die Intention des Originaltitels *The Better Angels of Our Nature. Why Violence Has Declined* (2011) nachgerade verstellt. Vermittelnd dagegen Bauman, „Gewalt," 32f.

387 Rauchfleisch, *Allgegenwart*, 37.

388 A.a.O., 11f. (ohne Hervh.). Zur Problematik eines solchen Verständnisses von Gewalt als bloßer Teilmenge von Aggression, das überdies in Spannung zu Rauchfleischs Einbeziehung von Formen struktureller Gewalt steht, die (zumindest) nicht (ohne Weiteres) als Aggression gedeutet werden können, s. Abschnitt 2.3.5.

389 A.a.O., 38.

390 Narr, „Gewalt," 159, der diese Problematik eines zu weiten Gewaltbegriffs („Als riefe einer bei jedem Staubkorn Gefahr und niemand achtete mehr auf sein Schreien") anhand der Legende von Odysseus und Polyphem veranschaulicht, vgl. 159f.

391 A.a.O., 158.

nen [...] mit psychischen und physischen Folgen für Personen",[392] sondern auch jede Form der Einschränkung menschlicher Entwicklungs- und Entfaltungsmöglichkeiten durch den, um an jene berühmte Wendung von Karl Marx (1818–1883) in *Das Kapital* (1867) zu erinnern, ‚stummen Zwang' der Verhältnisse[393] sowie durch jede äußere Machteinwirkung[394] als Gewalt verstanden wird, droht die Handhabbarkeit dieses entkonkretisierten, realitätsverdünnten Gewaltbegriffs[395] zu entgleiten. Wird dagegen der Gewaltbegriff sehr eng gefasst, indem allein physisch aggressives Verhalten als Gewalt verstanden wird und/oder im Rahmen einer Untersuchung – bedingt auch durch die jeweilige Fragestellung und Zugangsweise – allein Phänomene physischen Gewalthandelns berücksichtigt werden,[396] bleiben ‚nicht-handgreifliche' Formen von Gewalt wie z. B. psychische oder verbale Gewalt sowie sämtliche Formen indirekter Gewalt wie z. B. institutionelle Gewalt außen vor, welche physischen Gewalthandlungen, was die *Auswirkungen* betrifft, in nichts nachstehen müssen. Gewalt ist nicht nur, was vor Augen steht und gewissermaßen unübersehbare (‚augenfällige') Folgen hat, sondern zu einem erheblichen Teil von außen nicht oder zumindest nicht ohne Weiteres sichtbar – zumal im Bereich des Sexuellen.

Unter dem Vorbehalt, dass die Vielgestaltigkeit und Vielschichtigkeit von Gewalt begrifflich niemals vollkommen fassbar ist,[397] ist hinsichtlich der Untersuchung über Sexualität und Gewalt eine grundsätzliche Differenzierung im Gewaltbegriff vorzunehmen, und zwar die zwischen *personaler* und *struktureller*

---

392 Neidhardt, „Gewalt," 123 (Abb. 1); vgl. auch 128 u. 135.

393 Vgl. Marx, *Kapital*, 765, der speziell vom „stumme[n] Zwang der *ökonomischen* Verhältnisse" (meine Hervh.) spricht, welcher „die Herrschaft des Kapitalisten über den Arbeiter" besiegle, wohingegen „[a]ußerökonomische, unmittelbare Gewalt [...] zwar immer noch [...], aber nur ausnahmsweise" (ebd.) angewandt werde.

394 Man denke hier an Spinozas Verständnis von Macht (im Sinne der *potentia*) als „die Macht der natürlichen Dinge, durch die sie existieren und tätig sind" (Spinoza, *Politischer Traktat*, 15), und die gleichwohl keine andere sein kann, als „ganz genau Gottes Macht, die ewig ist" (ebd.); vgl. dazu Saar, *Immanenz*, 133 ff.

395 Die Vorstellung einer Entkonkretisierung und Realitätsverdünnung von Begrifflichkeiten (mit der Folge, dass sie ihrer Palpabilität verlustig gehen) verdanke ich der Foucault-Kritik von Bambach, „Positivist," 208 f.

396 Vgl. z. B. Jaeger, „Mensch," 304; Faulstich, *Kultur der Pornografie*, 226 u. 257 f.; Seidensticker, „Distanz," 99 f.

397 Narr, „Gewalt," 158 betont gar, dass bereits der Versuch, der Vielfalt der Erscheinungsformen von Gewalt als sozialem Phänomen dadurch scharfe Konturen zu verleihen, dass zum Zwecke der Abstraktion von einem Teil dieser Erscheinungsformen abgesehen werde, „ein bestimmtes Ausmaß an Gewalt" erfordere und insofern jede Bestimmung von Gewalt „etwas Gewaltartiges" besitze.

Gewalt.[398] Dieser vom norwegischen Politologen Johan Galtung (*1930), dem Begründer der akademischen Disziplin der Friedens- und Konfliktforschung, eingeführten Differenzierung[399] liegt die Einsicht zugrunde, dass Gewalt über ihre *Auswirkungen* zu erschließen ist.[400] Wie bereits als Wesensmerkmale von Gewalt hervorgehoben wurde, kennzeichnet Gewalt in negativem Sinne ein dynamisches Geschehen (Geschehenscharakter), bei dem eine Einwirkung oder Einflussnahme

---

398 Andere Kriterien zur Unterscheidung von Gewalttypen wären z. B. (1) Zurechenbarkeit (natürliche und menschengemachte Gewalt, wobei auch naturgewaltliche Ereignisse – Stichwort: Klimawandel – menschengemacht sein können); (2) Motivation der Gewalt Ausübenden (z. B. sexuelle Befriedigung, Langeweile, Sadismus, Befehlsbefolgung); (3) mögliche, wirkliche oder wahrscheinliche Folgen bzw. Schädigungen für die Gewalt Ausübenden und Erleidenden (z. B. körperliche oder psychische); (4) Gewaltformen (individuell, institutionell, kollektiv, staatlich); (5) Gewaltarten (physisch, psychisch, verbal); (6) Sichtbarkeit (manifest oder latent); (7) Kommunikationsmittel (Internet, SMS, Brief, face-to-face); (8) Vermittlungsformen (online oder offline); (9) Ziele oder Zielgruppen (z. B. fremdenfeindlich, rassistisch); (10) Seinsweisen von Gewalt (real, virtuell, hyperreal); (11) Darstellungsformen (tatsächlich oder fiktiv/gespielt bzw. humoresk); (12) Ort der Gewaltausübung; (13) Persönlichkeitsmerkmale (z. B. Geschlecht, Alter); (14) gesellschaftliche oder finanzielle Stellung der Gewalt Ausübenden; (15) Modus (zufällig, geplant, Notwehr); (16) Wirkungsdauer (kurzfristig, langfristig); (17) Wirksamkeit (direkt, indirekt); (18) Vermitteltheit (unmittelbar, mittelbar); (19) Legitimität (legitim, illegitim); (20) Legitimationsebene (zivil, militärisch, staatlich); (21) Aktions-Reaktions-Schema (proaktiv, reaktiv, aktiv bzw. expressiv, spontan); (22) Funktion (präventiv, repressiv); (23) Intentionalität (intentional, nichtintentional). Es versteht sich, dass jede dieser Differenzierungen allenfalls Aspekte von Gewalt herausstellen, mithin bloße Akzentsetzung, nicht aber Wesensdefinition sein kann und die de facto existierenden Übergänge sowohl innerhalb einer einzelnen Differenzierung als auch zwischen den Differenzierungen fließend sind.
399 Vgl. hierzu Galtung, „Gewalt," 9 ff. Diese Unterscheidung zwischen personaler und struktureller Gewalt („Den Typ von Gewalt, bei dem es einen Akteur gibt, bezeichnen wir als *personale* oder *direkte* Gewalt: die Gewalt ohne einen Akteur als *strukturelle* oder *indirekte* Gewalt"; 12) wird von Galtung dabei zur *grundlegenden* gemacht (vgl. 16), welcher andere Differenzierungen von Gewaltformen, etwa zwischen physischer und psychischer, manifester und latenter, intendierter und nicht-intendierter Gewalt, nachzuordnen sind. In dieser Grundsatzunterscheidung und der Erkenntnis, dass es zum Vorliegen von Gewalt nicht notwendig auch (identifizierbarer) konkreter Akteure bedarf und/oder eine Gewalt erleidende Person unweigerlich auch subjektiv Gewalt empfinden muss, schließe ich mich Galtung mit Übernahme seiner Terminologie an, ohne deshalb die Implikationen dieses Gewaltverständnisses für die Friedensforschung zu rezipieren oder seine Ausweitung des Gewaltbegriffs auf Einflussverhältnisse nahezu jedweder Art zu übernehmen. Auf das Konzept der strukturellen Gewalt zur Bezeichnung bestimmter Gewaltverhältnisse werde ich noch näher eingehen; an dieser Stelle sei bemerkt, dass die Entdeckung und Beschreibung von Gewalt*verhältnissen* (in Unterscheidung zu unmittelbaren Akten personaler Gewalt) bereits lange Zeit vor Galtung erfolgt ist, wie z. B. der Blick auf Marx zeigt, vgl. – neben dem oben in Anm. 393 wiedergegebenen Zitat – Marx, *Kapital*, 286, 455 u. 790.
400 Die daraus erwachsende Orientierung an den *Auswirkungen* von Gewalt ist dabei durchaus im Sinne christlicher Ethik zu verstehen, vgl. Claußen, Art. „Gewalt (Gewalthandlung)," Sp. 605.

erfolgt (Relationalität), durch die Menschen eine Schädigung erleiden (Erleidens- bzw. Schädigungscharakter).[401] Ausschlaggebend für das *Vorliegen* von Gewalt ist demnach das Vorhandensein einer solchen Einwirkung oder Einflussnahme, nicht aber der Umstand, ob die erleidende Person eine solche Einflussnahme auch *als* Gewalt wahrnimmt und entsprechend bezeichnet. Es gehört gewisser- maßen zum „chamäleonhafte[n] Farbenwechsel"[402] des sozialen Phänomens Gewalt, auch in solchen Handlungen zugegen sein zu können, die nicht oder zumindest nicht prima facie als gewalthaltig erscheinen; jedenfalls dann nicht, wenn allein auf Handlungen abgestellt wird, ohne zugleich die äußeren Um- stände und Rahmenbedingungen dieser Handlungen mitzuberücksichtigen.

Die im Anschluss an Galtung vorgenommene idealtypische[403] Differenzierung zwischen *personaler* und *struktureller* Gewalt ergibt sich aus der Beobachtung, dass eine als Gewalt verstandene Einflussnahme stets *Urheberschaft* voraussetzt, ohne dass hierbei ein konkretes handelndes oder wirkendes Subjekt identifi- zierbar sein muss.[404] Die Identifizierbarkeit eines konkreten, Gewalt ausübenden Subjekts ist gerade das Unterscheidungskriterium zwischen diesen beiden Ge- walttypen, die in ihren *Auswirkungen* als einander vergleichbar betrachtet werden können, obwohl nur im ersteren Falle ein *personaler* Urheber auszumachen ist,

---

401 Siehe Abschnitt 2.2. Zur begrifflichen Differenzierung von ‚Einfluss', ‚Einflussnahme' und ‚Beeinflussung' vgl. oben Anm. 194.

402 Narr, „Gewalt," 158.

403 Idealtypisch insofern, als die hierzu verwendeten Begriffe „in voller begrifflicher *Reinheit* [...] nicht oder nur vereinzelt" anzutreffen sind, „die diskursive Natur unseres Erkennens [...] eine solche Begriffsstenographie" (Weber, *Soziologie*, 239) allerdings postuliert. Dass die soziale Wirklichkeit immer auch Überschneidungen, Mischformen und Zusammenhänge beider Ge- walttypen, nicht aber klar voneinander trennbare Schubladen aufweist, versteht sich. Deckt sich demnach der Typus auch nicht vollständig mit der sozialen Wirklichkeit, können gleichwohl Ausschnitte aus ihr aller Kontingenz zum Trotz verallgemeinerungsfähig sein und entsprechend formuliert werden.

404 An dieser Stelle weiche ich von Galtung ab, der seine Unterscheidung zwischen personaler und struktureller Gewalt lediglich darauf gründet, *ob* „es einen Akteur *gibt*" (Galtung, „Gewalt," 12; meine Hervh.; vgl. ders., „Violence," 170), was in der Realität aber keineswegs immer (so) einfach zu beantworten ist, weshalb ich das Unterscheidungskriterium zwischen diesen beiden Gewalttypen darin sehe, ob ein konkretes handelndes oder wirkendes Subjekt *identifizierbar* ist, was nicht ohne Auswirkung auf die Frage nach den Ursachen und Möglichkeiten der Verhinde- rung und/oder Abschaffung eines bestimmten Gewaltphänomens bleiben kann. Ebenso weicht meine Position von derjenigen Sommerfelds ab, die unter „personaler Gewalt" die direkt oder indirekt „durch Menschen an Menschen verüb[e]" (Sommerfeld, *Umgang*, 49) Form von Gewalt versteht, was problematisch ist nicht zuletzt für den Versuch einer Abgrenzung zu den unter „struktureller Gewalt" verstandenen „Lebensbedingungen, die hinter dem, was materiell, tech- nisch, wissenschaftlich [...] möglich wäre, zurückbleiben" (ebd.; vgl. 48), welche ja ebenfalls di- rekt oder indirekt durch Menschen verursacht werden.

während im Falle struktureller Gewalt allenfalls ein *subjektanaloger* Urheber angenommen werden kann. Auch die Rede von einem Gewalt*geschehen* impliziert nicht zwingend eine Entscheidung darüber, ob hierbei personale oder nicht-personale (d. h. subjektanaloge) Urheberschaft vorauszusetzen ist. Allerdings erfolgt die als Gewalt verstandene *Einwirkung* (personale *oder* subjektanaloge Urheberschaft) oder *Einflussnahme* (personale Urheberschaft) in jedem Falle nicht einfach von selbst oder als bloße Wirkung einer menschlicher Verstandesberechnung entzogenen natürlichen Ursache,[405] sondern ist menschengemacht[406] und somit durch bestimmte Handlungen und Verhaltensweisen, aber auch durch bestimmte Ereignisse oder Strukturen herbeigeführt; dies bedeutet freilich nicht, dass sie immer auch zielgerichtet sein bzw. erfolgen muss,[407] womit sich die Frage nach der jeweiligen Verantwortlichkeit stellt. Durch diese Erschließung von Gewalt nicht über Einzelhandlungen, sondern über beobachtbare Auswirkungen auf Menschen richtet sich der Blick wiederum auf die *Erleidenden* statt auf die Ausübenden von Gewalt und deren für die *Bewertung* eines zwischenmenschlichen Gewaltgeschehens allerdings maßgeblichen möglichen Motive und/oder mutmaßlichen Absichten, einschließlich der Umstände, Kontexte und Konstellationen dieses Geschehens.

Ermöglichungsbedingung dieser als Gewalt verstandenen Einflussnahme ist das Vorhandensein von *Macht*, sei es, dass Gewalt als Modus personalen Handelns für die Aktualisierung des Potenzials steht, den eigenen Willen infolge eines wenigstens situativ bestehenden Machtvorsprungs gegenüber anderen durchsetzen zu können (was Gewalt zugleich als Zwangseinwirkung qualifiziert), oder sei es, dass als „Grundlage von Gewalt" in personalem wie in strukturellem Sinne entsprechende Macht- und Herrschaftsverhältnisse bestehen, die sowohl „ein Potential der Gewaltanwendung" als auch „die Faktizität gesellschaftlicher Ge-

---

405 Eine solche sich menschlicher Berechnung entziehende (natürliche) Ursache wäre bloß(er) *Zufall*, vgl. die Zufallsdefinition des Aristoteles, *Eudemische Ethik*, VIII 2, 1247b7: „αἰτίαν ἄλογον ἀνθρωπίνῳ λογισμῷ" (*Eudemische Ethik*, 99: „für menschliche Berechnung unberechenbare Ursache"). Zur aristotelischen Differenzierung von Kontingenz und Zufall vgl. Aubenque, *Klugheit*, 69–96. Dass Gewalt nicht als Zufall in diesem Sinne zu verstehen ist, bedeutet also nicht, dass Gewalt nicht auch etwas Kontingentes anhaften kann, gilt doch das bereits zitierte Diktum von Popitz, dass ein Mensch zwar nie gewaltsam handeln *muss* und doch immer (auch) gewaltsam handeln *kann* (vgl. Popitz, *Phänomene*, 76).

406 Vgl. allerdings auch die Bemerkung zum Kriterium der ‚Zurechenbarkeit' oben in Anm. 398 (als Nr. 1).

407 Es ist mit Theunert daran zu erinnern, dass Gewalt auch dann vorliegen kann, „wenn kein Ziel erkennbar ist, aber eine Folge sichtbar" (Theunert, *Gewalt*, 60); vgl. dagegen Heiliger/Engelfried, *Gewalt*, 23.

waltverhältnisse"[408] begründen. Gewalt erfolgt damit stets in bzw. aus Macht-konstellationen (heraus);[409] der *Einsatz* von Gewalt zur Willensdurchsetzung ist demnach nicht nur Offenlegung der jeweils zugrunde liegenden und auf ihre Verbergung hin angelegten Machtstruktur, sondern zugleich Anzeichen für das Versagen von Macht.[410] Gewalt ist insofern gleichermaßen Wirkung und Nicht-Wirkung, Effekt und Defekt von Macht.[411]

Unter *personaler* Gewalt als „Gewalt mit einer klaren Subjekt-Objekt-Beziehung" zwischen Gewalt ausübenden und Gewalt erleidenden Personen, in der eine als Gewalt verstandene Handlung oder Verhaltensweise „als *Aktion* sichtbar"[412] wird, ist sowohl *physisch* als auch nicht-physisch, d. h. *psychisch*[413] ausgeübte bzw. wirksam werdende Gewalt zu verstehen. Während *physische* Gewalt sowohl *unmittelbar* (‚handgreiflich' bzw. body-to-body) als auch *mittelbar* (z. B. durch das Stellen von Verletzungsfallen[414]) zugefügt werden kann, ist hinsichtlich *psychischer* Gewalt nicht nur zwischen *direkten* (vis-à-vis bzw. face-to-face) und *indirekten* (z. B. Rufschädigung) bzw. *offline* (z. B. Stalking) und *online* ausgeübten (z. B. Cybermobbing/Cyberbullying oder Doxing),[415] sondern gleichermaßen zwischen *verbalen* (z. B. Hatespeech oder Catcalling) und *nonverbalen* (z. B. Drohungen durch Gestik und Mimik) Formen bzw. Wirkweisen zu differenzieren, die

---

408 So Theunert, *Gewalt*, 85, die Galtungs Unterscheidungskriterium zwischen personaler und struktureller Gewalt um den Aspekt der Macht als „Grundlage von Gewalt" (ebd.) ergänzt.

409 Es darf daran erinnert werden, dass ‚Macht' wesenhaft das Verfügenkönnen über Wirkungsmöglichkeiten kennzeichnet und damit eine auf ganz unterschiedlichen Grundlagen fußende, potenziell jedem Menschen zukommende Möglichkeit zur Willensdurchsetzung auch gegen einen widerstrebenden Willen beschreibt; s. Abschnitt 2.3.1.

410 Vgl. Röttgers, „Philosophie," 134 bzw. Foucault, *Sexualität*, Bd. 1, 107.

411 Eine wirkmächtige Plausibilisierung dieses Verhältnisses von ‚Effekt' und ‚Defekt' findet sich in Meister Eckharts Kommentar zum ersten Buch der Weisheit (näherhin: zu Weish 1,13), in der Eckhart das Nicht-Ursache-Sein des Übels (*malum*) damit begründet, dass das Übel als bloße Privation nur Defekt, nicht Effekt, mithin bloß(e) Nicht-Wirkung ist: „Malum autem non est effectus, sed defectus, negatio effectus" (Meister Eckhart, *Studienausgabe*, Bd. 2, 254; vgl. auch Eckharts Kommentar zu Ex 15 in a.a.O., 32).

412 Galtung „Gewalt," 13; vgl. „Violence," 171.

413 Nicht alles Nicht-Physische ist psychisch. Im Blick auf die Differenzierung verschiedener Formen personaler Gewalt bietet sich gleichwohl diese verengende Alternative ‚physisch-psychisch' an zur Herausstellung zweier Ausprägungen, die nicht als polare Entgegensetzung zu verstehen sind, sondern vielfach Übergänge, Überlagerungen und auch Gleichzeitigkeiten aufweisen können.

414 Etwa als Methode indirekt ausgeübten physischen Mobbings, vgl. Wachs, *Mobbing*, 27–29.

415 Zu Online-Gewalt und deren Formen vgl. die kompakte Übersicht bei Wagner, „Verletzungen," 122–128; ferner Bauer/Hartmann, „Formen," 63–99. Zur Gewalt speziell gegen Frauen und Mädchen via digitaler Medien und Werkzeuge vgl. den Überblick bei Prasad, „Digitalisierung," 17–46.

sich auch überschneiden und überkreuzen können. Daraus ergibt sich folgende Matrix:

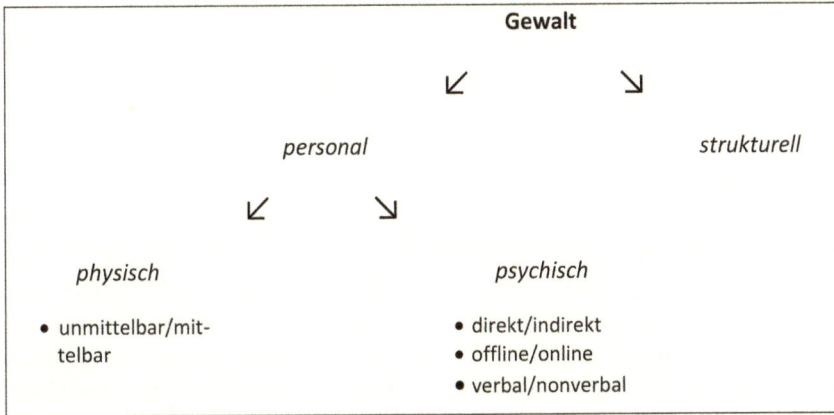

Gewalt

personal *strukturell*

physisch *psychisch*

- unmittelbar/mit-
  telbar

- direkt/indirekt
- offline/online
- verbal/nonverbal

Abbildung 1: Typologie der Gewaltformen.

Die Differenzierung zwischen physischer und psychischer Gewalt ist allerdings wiederum idealtypisch zu verstehen, nicht nur, da beide Formen sich auch gleichzeitig ereignen, d. h. ‚Hand in Hand' miteinander gehen oder aber zu unterschiedlichen Zeitpunkten ineinander übergehen können, sondern auch deshalb, weil es keinen Automatismus gibt zwischen der Art der Gewalt*ausübung* und der Art der Gewalt*wirkung*, also physisch zugefügte Gewalt (zugleich) psychisch wirksam werden kann, ebenso wie psychisch zugefügte Gewalt (zugleich) physische Folgen zeitigen, regelrecht Schmerzen bereiten kann, zumal auch Worte verletzend, sprichwörtlich ‚scharf wie ein Schwert' (Ps 64,4), ja ‚giftig wie eine Schlange' (Ps 140,4) – kurzum: ‚blutige Worte'[416] sein können.

Sowohl bei physischen wie auch bei psychischen Gewaltformen kann es zu kurz- oder langfristigen Schädigungen der körperlich-seelisch-geistigen Integrität anderer Personen kommen, wobei psychische Gewaltformen in der Regel weniger offensichtlich bzw. schwieriger zu entdecken, aber – zumal in bestimmten Bereichen[417] – deutlich häufiger begegnen und nicht minder destruktive Auswir-

---

416 So der Titel des Sammelbandes von Eming/Jarzebowski (Hg.), *Blutige Worte*, dessen Beiträge aus interdisziplinärer Sicht das enorme, vielfältige Verletzungspotenzial von Sprache in Geschichte und Gegenwart herausstellen.
417 Etwa speziell an Schulen (vgl. Schubarth, *Gewalt*, 13 ff.) oder in Pflegeeinrichtungen (vgl. Eggert/Sulmann, „Gewalt," 50 f.),

kungen (Stichwort: Psychoterror in Form von Mobbing und/oder Cybermobbing[418]) haben können als ‚handfeste' physische Gewaltformen. Überhaupt können Phänomene personaler Gewalt im gesamten Lebensverlauf eines Menschen[419] in ganz unterschiedlichen Lebensbereichen (Privat- und Arbeitsleben), Kontexten (z. B. Sport, Schule, Pflegeheim, Kirchengemeinde, auf der Straße) und Personenkreisen (z. B. Familien-, Bekannten- und Freundeskreis) anzutreffen sein, wobei trennscharfe Abgrenzungen zwischen einzelnen Phänomenen mitunter nur schwer möglich, Überschneidungen vielmehr an der Tagesordnung sind.

Zur Konkretisierung personaler Gewalt und deren Abgrenzung von Formen struktureller Gewalt lohnt ein Seitenblick auf die Definition von ‚Gewalt' („violence"), wie sie sich im *World Report on Violence and Health* (2002) der Weltgesundheitsorganisation (WHO) findet: „The intentional use of physical force or power, threatened or actual, against oneself, another person, or against a group or community, that either results in or has a high likelihood of resulting in injury, death, psychological harm, maldevelopment or deprivation."[420] Für den vorliegenden Zusammenhang interessant ist dabei zum einen, dass diese Definition interpersonale Gewalt ebenso umfasst wie Gewalt gegen die eigene Person (z. B. suizidales Verhalten) sowie kollektive Gewalt (z. B. kriegerische Konflikte), also durchaus unterschiedliche Handlungen und Verhaltensweisen als Gewalt begreift.[421] Zum anderen reicht diese Definition nicht nur „über das konkrete physische Handeln hinaus", indem zugleich „Drohungen und Einschüchterungen in die inhaltliche Reichweite des Begriffs"[422] einbezogen, sondern auch subtile, mitunter schwer zu entdeckende bzw. aufzudeckende Folgen von Gewalt wie z. B. seelische Schäden angesprochen werden.[423]

Dennoch erweist sich die WHO-Definition nicht nur als solche, sondern speziell auch im Blick auf Legierungen von Sexualität und Gewalt als defizitär. Und zwar nicht nur deshalb, da die *absichtliche* Ausführung einer Handlung im Blickpunkt steht, ohne Rücksicht auf deren mögliche Folgen,[424] unbeabsichtigte Vorfälle aus dieser Gewaltdefinition also ausgeblendet werden,[425] sondern auch

418 Bis hin zum ‚Bullycide', dem Suizid von Mobbingopfern, vgl. im Kontext der Nutzung digitaler Medien Gräber/Horten, „Beitrag," 467–471.
419 Bereits unter der Geburt eines Menschen im Rahmen der Geburtshilfe gegenüber der Gebärenden, vgl. Mundlos, *Gewalt*, 31–38.
420 Krug et al., *World Report*, 5.
421 Vgl. Krug et al., *Weltbericht*, 6.
422 Ebd.
423 Vgl. ebd.
424 So explizit Krug et al., *World Report*, 5.
425 Vgl. ebd.

deshalb, weil einer jeden gewalttätigen Handlung oder Verhaltensweise „eine klare Zielsetzung unterstellt" wird: „In der Absicht des Täters wird folgerichtig auch der eigentliche Grund des Gewalthandelns gesucht. Weitergehende oder nicht unmittelbar ersichtliche Motive und Ursachen bleiben ausgespart."[426] Obwohl die bloße Reduzierung von Gewalt auf Formen körperlicher Verletzung vermieden wird, bleibt die WHO-Definition der für Gewaltkonzeptionen im Allgemeinen, für fachwissenschaftliche Publikationen und Beiträge zum Thema Sexualität und Gewalt im Besonderen typischen Konzentration auf Täterpersonen bzw. „individualistisches Gewalthandeln"[427] verhaftet, sodass das Konzept der ‚strukturellen Gewalt' in der WHO-Definition vollständig ausgeklammert wird.

Als ‚strukturelle Gewalt' („structural violence") hat Galtung in seinem Beitrag „Violence, Peace, and Peace Research" (1969) die in soziale Strukturen eingelagerte Form von Gewalt verstanden, durch die Menschen an ihrer potenziellen Selbstverwirklichung wirksam gehindert werden.[428] Gewalt bezeichnet demnach die *„vermeidbare Beeinträchtigung grundlegender menschlicher Bedürfnisse*, oder, allgemeiner ausgedrückt, des *Lebens*, die den realen Grad der Bedürfnisbefriedigung unter das herabsetzt, was *potentiell* möglich ist".[429] Als „in das System eingebaut[e]" Form von Gewalt kann sich strukturelle Gewalt deshalb, unabhängig vom bzw. zusätzlich zum Handeln konkreter Personen als sozialer Akteure, auch „in ungleichen Machtverhältnissen und folglich in ungleichen Lebenschancen"[430] äußern, womit eine Verlagerung des „Fokus von der Person auf die soziale und/oder globale Struktur"[431] einhergeht, was freilich keineswegs als Entlastung der Person zu verstehen ist. Ausgehend von der konzeptuellen Prämisse, dass Gewalt als die Ursache für die Diskrepanz zwischen potenzieller und aktueller Verwirklichung des Menschen zu begreifen ist,[432] wird der „„Gewaltkuchen"" zwischen personaler und struktureller Gewalt aufgeteilt unter der Annahme, dass strukturelle Gewalt keineswegs „weniger Leiden bringt als personale Gewalt",[433] welcher allerdings auch innerhalb der Forschung wesentlich mehr Aufmerksamkeit gewidmet wird als struktureller Gewalt.

---

426 So Theunert, *Gewalt*, 47.
427 Zu dieser Kritik vgl. a.a.O., 45 f.
428 Vgl. Galtung, „Violence," 168 u. 170 f. u. 173 ff. / „Gewalt," 8, 11 f. u. 16 ff. Strukturelle Gewalt ist damit nicht lediglich *Behinderung* der Ausschöpfung individueller Entwicklungs- und Selbstverwirklichungsmöglichkeiten, sondern ihre wirksame *Verhinderung*: „human beings are *effectively prevented* from realizing their potentialities" (Galtung, „Violence," 170 [meine Hervh.]).
429 Galtung, „Kulturelle Gewalt," 106.
430 Galtung, „Gewalt," 12.
431 Galtung, Art. „Strukturelle Gewalt," 477.
432 Vgl. Galtung, „Violence," 168 / „Gewalt," 9.
433 Galtung, „Gewalt," 16.

Es ist hier nicht der Ort, Galtungs einflussreiches Konzept der strukturellen Gewalt und dessen verschiedene Ausformulierungen en détail zu erörtern und auf mögliche Inkonsistenzen und Erklärungslücken hin zu befragen.[434] Galtung selbst hat konzediert, dass seine überaus weit gefasste Gewaltdefinition „mehr Probleme aufwerfen als lösen"[435] mag. Der Umstand der Vagheit und Beliebigkeit eines solchen Verständnisses von Gewalt als Verhinderung des Menschen Möglichen, welches in neueren Arbeiten der Gewaltforschung nicht selten marginalisiert wird,[436] liegt jedenfalls auf der Hand, nicht zuletzt die Beobachtung, dass darin die konkret handelnden oder beteiligten Personen hinter über- oder intersubjektive Strukturen zurückzutreten und zu bloßen Schemen zu verblassen drohen, was den Hamburger Literatur- und Sozialwissenschaftler Jan Philipp Reemtsma (*1952) zu folgendem Einwand gegen die Rede von struktureller Gewalt bewogen hat: „Anstatt auf die zum Schlag erhobene Hand zu zeigen, schaut der Sprecher weg und redet von ‚Strukturen'."[437] Dessen ungeachtet führt das Konzept der strukturellen Gewalt allerdings zu Bewusstsein, dass Gewalt „nicht nur in personaler Verantwortung" ausgeübt werden, sondern „auch von Strukturen und Institutionen" ausgehen kann, deren Folgen sich dabei keineswegs als „weniger dramatisch"[438] ausnehmen müssen.

Der bleibende Mehrwert und die unaufhebbare Bedeutung des Konzepts der strukturellen Gewalt besteht für die vorliegende Untersuchung denn auch darin, dass es für die sozialen Strukturen inhärenten und in systemischen Rahmenbedingungen enthaltenen Formen von Gewalt sensibilisiert und dazu auffordert, sich nicht allein auf die für zahlreiche Darstellungen personaler Gewalt charakteristischen konkreten Praktiken direkter körperbezogener Schädigungen zu konzentrieren. Das Konzept der strukturellen Gewalt erweist sich somit als Seismograph zur Wahrnehmung auch derjenigen Formen von Gewalt, die nicht auf konkrete Personen als Akteure zurückzuführen sind, sondern, da in Strukturen und Rahmenbedingungen eingebettet und versteckt, untergründig und latent wirksam sein können.[439] In den Worten Galtungs:

Personale Gewalt *zeigt sich*. Das Objekt der personalen Gewalt nimmt die Gewalt normalerweise wahr und kann sich dagegen wehren – das Objekt der strukturellen Gewalt kann

---

434 Vgl. z.B. Riekenberg, „Holzweg," 172–177.

435 Galtung, „Gewalt," 9; vgl. „Violence," 168.

436 Vgl. z.B. Schenk, *Medienwirkungsforschung*, 215 (Anm. 77).

437 Reemtsma, „„Wir sind alles für dich!'," 9. Zu Reemtsmas Phänomenologie physischer Gewalt und seiner Differenzierung zwischen lozierender, raptiver und autotelischer Gewalt vgl. Reemtsma, *Vertrauen*, 104–123.

438 So Möller, „Gender," 64.

439 Dagegen Werbik, „Terminologie," 245.

dazu überredet werden, überhaupt nichts wahrzunehmen. Personale Gewalt steht für Veränderung und Dynamik – sie ist nicht nur eine sanfte Bewegung der Wellen, sondern bewegt selbst die sonst stillen Wasser. Strukturelle Gewalt ist geräuschlos, sie zeigt sich nicht – sie ist im Grunde statisch, sie *ist* das stille Wasser.[440]

Dieses Bild vom still dahinfließenden Wasser ist glücklich gewählt, da es eindrücklich veranschaulicht, inwiefern Formen struktureller Gewalt sich als wesentlich stabiler erweisen können als Äußerungen personaler Gewalt, welche „im Verlauf der Zeit enormen Schwankungen" unterliegen, also, um im Bild zu bleiben, auch rasch anschwellen und wieder abebben können. Deshalb ist personale Gewalt „leichter festzustellen", obgleich Gebilde struktureller Gewalt im Effekt „viel gewalttätiger sein können", weil strukturelle Gewalt „wie ein gewaltiger Felsen aus einem kleinen Bach ragt, den freien Fluß des Wassers hemmt und allen möglichen Wirbel und Aufruhr verursacht".[441] Dass strukturelle Gewalt – zumal auf den ersten Blick – weniger offen sichtbar zutage tritt und entsprechend schwieriger wahrzunehmen ist als Gewalt, die von konkreten Personen als Akteuren ausgeht, hat Bertolt Brecht (1898–1956) eingangs seines Gedichts „Über die Gewalt" (1936) auf ganz ähnliche Weise metaphorisch beschrieben: „Der reißende Strom wird gewalttätig genannt / Aber das Flußbett, das ihn einengt / Nennt keiner gewalttätig."[442]

Strukturelle Gewalt dient somit zur Bezeichnung jener Formen von Gewalt, die nicht beendet werden kann, indem ich einem konkret identifizierbaren Aggressor die Gewaltinstrumente aus der Hand schlage, weil strukturelle Gewalt gerade keinen einzelnen Urheber und keine direkte Verbindung zwischen Täter und Opfer wie bei personaler Gewalt kennt.[443] Nachdem im Falle struktureller Gewalt kein konkretes handelndes oder wirkendes Subjekt identifizierbar ist bzw. sein muss, welches *unmittelbare* Verantwortung für ein bestimmtes Gewaltgeschehen trägt, ist diese Form von Gewalt auch nicht an konkreten Handlungen und Verhaltensweisen, gleichwohl aber an der Schädigung mess- und ablesbar, die Personen oder Personenkreise erleiden.[444] Im Fokus stehen daher weniger einzelne Handlungen als vielmehr die ganze Breite von Handlungs*zusammenhängen*, die gleichermaßen zur Schädigung der körperlich-seelisch-geistigen In-

---

440 Galtung, „Gewalt," 16; vgl. „Violence," 173.
441 Galtung, „Gewalt," 16 f.; vgl. „Violence," 173 f.
442 Brecht, „Gewalt" (1936), 343 (vgl. dazu 633); ich verdanke diesen Hinweis Zander, „Problematik," 28 f.; zu Brechts Gewaltverständnis vgl. ferner Grutzpalk, *Erkenntnis*, 149 f.
443 Ein Beispiel kulturell gewachsener Gewaltstruktur ist die Praxis der Genitalbeschneidung/ Genitalverstümmelung (*female genital cutting*, FGC), vgl. Abusharaf, „Virtuous Cuts," 112–140.
444 So zu Recht Eickmeier, „Und immer wieder neu," 223 bei der Wiedergabe von Galtungs Position.

tegrität anderer Personen führen und als Einschränkung ihrer Entscheidungs- und Handlungsfreiheit gedeutet werden können.[445] Es versteht sich aber auch, dass eine solche Gewaltform im Unterschied zur Diskussion individuellen Gewalthandelns als „[u]nmittelbar greifbare[r] Gewalt" eine nicht unerhebliche „Anstrengung des Erschließens"[446] erfordert und sich simplen Erklärungsansätzen und Lösungsmustern entzieht.

Nachdem nun die beiden Schlüsselbegriffe der vorliegenden Untersuchung, ,Sexualität' und ,Gewalt', je für sich einer ersten Klärung zugeführt worden sind, soll im dritten Kapitel dieses Untersuchungsteils die in der Rede von ,sexueller Gewalt' einerseits, ,sexualisierter Gewalt' andererseits jeweils hergestellte Verbindung von ,Sexualität' und ,Gewalt' beleuchtet werden.

3 ,Sexuelle Gewalt' und ,sexualisierte Gewalt'

Sexueller Missbrauch, sexuelle Misshandlung, sexuelle Ausbeutung, sexuelle Belästigung, sexueller Übergriff, sexuelle Nötigung, sexuelle Verletzung, sexuelle Gewalt, sexualisierte Gewalt, Vergewaltigung – mit einer Vielzahl von Begriffen werden sexuelle Handlungen vor, mit oder an einer anderen Person bezeichnet, die *gegen ihren Willen* geschehen.[447] Sowohl die Bestimmung als auch die Verwendung dieser Begriffe, die heute teils als Synonyme nebeneinander, teils in Ergänzung zueinander, teils in Abgrenzung voneinander stehen,[448] sind in hohem

---

445 So Schweikert, *Gewalt*, 69 speziell zur Gewalt gegen Frauen im häuslichen Bereich, was m. E. aber für Gewalt gegen Menschen jeglichen Geschlechts – und Alters – zutrifft.

446 Theunert, *Gewalt*, 10.

447 Ich beschränke mich im Rahmen dieser terminologischen Überlegungen im ersten Untersuchungsteil zunächst auf die Frage der angemessenen Bezeichnung von sexuellen Handlungen vor, mit oder an einer anderen Person *gegen ihren Willen*, da das Merkmal ,gegen den Willen' auch in den meisten von mir konsultierten Definitionen als maßgeblich für die Rede von ,sexueller' bzw. ,sexualisierter Gewalt' betrachtet wird, ohne dass dabei immer auch genau angegeben oder auch nur bedacht wird, *auf welchem Wege* der entgegenstehende Wille der betroffenen Person erklärt oder zum Ausdruck gebracht sein muss, um eine bestimmte sexuelle Handlung als ,gegen den Willen' einer anderen Person geschehend zu qualifizieren. Im weiteren Verlauf dieser Untersuchung wird allerdings deutlich werden, dass das Merkmal ,gegen den Willen' zur Erfassung der als ,sexuelle' bzw. ,sexualisierter Gewalt' zu fassenden Handlungen oder Verhaltensweisen nicht ausreicht, hierfür vielmehr auch sexuelle Handlungen vor, mit oder an einer anderen Person *ohne* ihre *freiwillentliche Zustimmung* einzubeziehen sind. Zur Begründung s. Abschnitte C.3.3.3, D.4.2 u. F.2.1.

448 Zum „Begriffs- und Definitionswirrwarr" bezüglich dieses Phänomenbereichs sowie zu den damit einhergehenden Begriffsverschiebungen und -parallelitäten vgl. Bange, „Definitionen," 47–52.

Maße geprägt durch bestimmte Disziplinen und Traditionen und überdies abhängig von gesellschaftspolitischen Diskursen.[449] Angesichts dessen erscheint es wenig zielführend, dieses terminologische Dickicht – für keinen der genannten Begriffe gibt es eine allgemeingültige Definition, zumal sich die vorfindlichen Definitionen eines einzelnen Begriffs mit Bestandteilen von Definitionen anderer Begriffe überschneiden – durch die Einführung neuer Begriffe noch weiter aufzuforsten, sondern vielmehr geboten, es zu lichten und orientierende Schneisen zu schlagen.

Deshalb werde ich der Frage nachgehen, ob diese gegen den Willen einer anderen Person realisierten sexuellen Handlungen, wie der Blick auf diesbezügliche Bemerkungen und Vorschläge in der Literatur zeigt, angemessener unter dem Oberbegriff ‚sexuelle Gewalt' oder unter dem Oberbegriff ‚sexualisierte Gewalt' zusammenzufassen sind. Dass damit nicht bestritten werden soll, zur Untersuchung eines spezifischen Phänomens sei die Wahl auch einer hinreichend präzisen Begrifflichkeit erforderlich, versteht sich ebenso wie die dabei lauernde Gefahr, eine Vielzahl von Phänomenen undifferenziert unter einem gemeinsamen Oberbegriff nebeneinanderzuordnen,[450] was einer möglichst akkuraten Untersuchung eines bestimmten Phänomenbereichs gleichermaßen abträglich sein könnte. Und doch lassen sich unter Rekurs auf die sich in der Literatur zunehmend niederschlagende Alternativsetzung von ‚sexueller Gewalt' und ‚sexualisierter Gewalt' einige grundsätzliche Beobachtungen zum Verhältnis von Sexualität und Gewalt bereits auf terminologischer Ebene anstellen, welche im weiteren Verlauf dieser Untersuchung zu konkretisieren sein werden. Zunächst gilt es aber, in Form einer Exposition die Problematik dieser terminologischen Konkurrenzsituation aufzureißen und den Begriff der ‚sexuellen Handlung' einer Klärung zuzuführen.

3.1 Problemexposition

Was die Frage der angemessenen Bezeichnung von sexuellen Handlungen vor, mit oder an einer anderen Person gegen ihren Willen betrifft, haben sich vor allem im sozial- und gesellschaftswissenschaftlichen Kontext, aber auch im theologischen und kirchlichen Bereich zwei Begriffe als Oberbegriffe herauskristallisiert, welche vielerorts und seit einigen Jahren immer mehr in ein Konkurrenzverhältnis zueinander getreten und zum Teil auch explizit gesetzt worden sind: ‚sexuelle

---

449 Vgl. Jud, „Kindesmissbrauch," 42 f.
450 Hierauf weist zu Recht Harten, *Sexualität*, 11 hin.

Gewalt' und ,sexualisierte Gewalt'. Diese terminologische Konkurrenzsituation wirft eine grundsätzliche Frage auf, die für eine sexualethische Annäherung an Legierungen von Sexualität und Gewalt von hoher Relevanz ist: Handelt es sich bei sexuellen Handlungen vor, mit oder an einer anderen Person gegen ihren Willen um eine – und zwar: gewalthaltige – Form von Sexualität oder um eine – und zwar: sexuelle – Form von Gewalt? Die jeweilige Antwort auf diese Frage hat wesentlichen Einfluss auf die Begriffswahl und, insofern Begriffe Wirklichkeit prägen, Einfluss auf das ethische Urteil über die gemeinten und so bezeichneten Handlungen.

Zur kontrastierenden Profilierung dieser beiden sich auch in der – oder zumindest: in einer bewussten – Begriffswahl Ausdruck verschaffenden Positionen ist es zuallererst erforderlich, den Begriff der sexuellen Handlung zu klären. Eine Handlung wird in der vorliegenden Untersuchung als sexuell verstanden, *wenn sie einen eindeutigen Sexualbezug aufweist und/oder primär sexuell motiviert ist.*[451] Ein eindeutiger Sexualbezug liegt immer dann vor, wenn dieser aus Sicht eines objektiven Dritten[452] bereits durch das äußere Erscheinungsbild einer Handlung erkennbar ist.[453] Die Sexualbezogenheit beispielsweise einer Handlung mit Kör-

---

451 Ich weiche damit ab von der Verwendung des Begriffs der sexuellen Handlung als strafbegründendem Merkmal im deutschen Sexualstrafrecht (vgl. § 182 Abs. 1 u. 2 StGB und § 184c Nr. 1 StGB). Für die strafrechtliche Qualifikation einer bestimmten Handlung als sexuelle Handlung gilt: Wenn der sexuelle Charakter der Handlung objektiv eindeutig ist, ist die konkrete (und d. h. auch: sexuelle) Absicht bzw. die konkrete (und d. h. auch: sexuelle) Motivation des Handelnden „grundsätzlich ohne Relevanz" (Leipold/Tsambikakis/Zöller, *AnwaltKommentar StGB*, 1405). In diesem Fall ist es nämlich „gleichgültig, ob die Handlung etwa aus Wut, Sadismus, Scherz oder Aberglaube vorgenommen wird" (BGH, Urteil vom 20.12.2007 – 4 StR 459/07; vgl. BGH, Urteil vom 24. September 1980 – 3 StR 255/80 bzw. Urteil vom 22. Oktober 2014 – 5 StR 380/14). Umgekehrt bedeutet das: Wenn einer Handlung ein eindeutiger äußerer Bezug zum Sexuellen fehlt, ist diese allenfalls eine *ambivalente* Handlung, nicht aber eine strafrechtlich relevante sexuelle Handlung, selbst dann nicht, wenn der Handelnde sich des sexuellen Charakters seiner Handlung bewusst sein und diese einem konkreten sexuellen Motiv entspringen sollte (zur Frage nach der – dem äußeren Erscheinungsbild nach – objektiven Beziehung einer Handlung zum Sexuellen vgl. Stephan, *Mißbrauch*, 84–89). Sowohl für die strafrechtliche als auch für die sexualethische Beurteilung einer objektiv sexualbezogenen Handlung gilt allerdings, dass sich der Handelnde des sexuellen Charakters seiner Handlung *bewusst* ist und dabei zugleich eine *Erheblichkeitsschwelle* überschritten wird, sodass Handlungen, bei denen es z. B. zu einer kurzen, flüchtigen Berührung mit einer anderen Person kommt und kein Eingriff in die sexuelle Selbstbestimmung bzw. keine Gefährdung der sexuellen Entwicklung dieser anderen Person vorliegt, unterhalb der Erheblichkeitsschwelle zu verorten sind.
452 Zum ,objektiven Dritten' als neutraler Entscheidungsinstanz im rechtlichen Kontext s. Abschnitt D.4.2.3, Anm. 239.
453 Vgl. hierzu Leipold/Tsambikakis/Zöller, *AnwaltKommentar StGB*, 1405 f.; ferner Otto, *Grundkurs*, 370.

perkontakt (d. h. Handlungen an *sich selbst* sowie *mit* oder *an* einer anderen Person) ergibt sich vor allem, wenn auch nicht ausschließlich aus der soziokulturell bestimmten Bedeutung der von dieser Handlung in irgendeiner Form berührten bzw. betroffenen Körperstelle.[454] Im Unterschied zur strafrechtlichen Position kann eine Handlung aus sexualethischer Sicht aber auch dann als sexuell qualifiziert werden, wenn sie primär sexuell motiviert ist und damit zuvorderst dem Zweck der sexuellen Erregung und Befriedigung dient, *ohne* dass dies nach außen hin für Dritte oder auch nur für diejenige Person erkennbar ist, vor, mit oder an der gehandelt wird. Demnach kann selbst eine äußerlich neutrale Handlung als sexuell qualifiziert werden, wenn sie nach der subjektiven Vorstellung der sie ausübenden Person sexuellen Charakters ist.[455]

Mit dieser aus sexualethischer Sicht geboten erscheinenden Erweiterung des Begriffs der sexuellen Handlung über objektiv sexualbezogenes Verhalten hinaus, um beispielsweise sexuelle Missbrauchshandlungen möglichst umfassend, aber auch Handlungen aus dem Spektrum der Objektsexualität[456] in den Begriffsbereich miteinbeziehen zu können, ist freilich weder in Abrede gestellt, dass eine sexuelle Handlung, wenn sie objektiv als sexualbezogen erkennbar ist, *typischerweise* auch sexuell motiviert ist bzw. von der handelnden Person im Bewusstsein um die Deutung dieser Handlung durch andere als sexuell ausgeführt wird. Noch ist damit etwas über die sexualethische *Bewertung* und damit über ethische Zulässigkeit einer sexuellen Handlung ausgesagt, für die an späterer Stelle dieser Untersuchung das Kriterium der Einverständlichkeit in Anschlag gebracht werden soll. Entscheidend ist an dieser Stelle vielmehr, dass im Zentrum der nachfolgenden Überlegungen *bewusstes* Handeln, näherhin: konkrete, an einem bestimmten Ort von bestimmten Personen zu bestimmten Zeitpunkten willentlich und absichtsvoll vollzogene Handlungen und/oder entsprechende Handlungsweisen stehen,[457] während unbewusst oder unterbewusst, d. h. ohne bewusstes Zutun und damit absichtslos vollzogene Handlungen wie beispielsweise instinktive Aktionen außer Acht bleiben. Der Begriff der ‚sexuellen Handlung' mag zugegebenermaßen etwas hölzern und recht formal klingen, zumal bei der Begriffsverwendung eine juristische Dimension unweigerlich mitanklingen mag, doch ist darunter wesentlich mehr zu fassen als beispielsweise beim Begriff

---

454 Vgl. Renzikowski, „§ 184i Sexuelle Belästigung," 1791 f. (Rn. 8).
455 Vgl. demgegenüber die strafrechtliche Sicht bei Fischer, *Strafgesetzbuch*, 1330 – 1333.
456 Siehe Abschnitt F.1.1.1 samt Anm. 16
457 Unter einer Handlungs*weise* werden Typen konkreter Handlungen verstanden (vgl. dazu Meggle, *Grundbegriffe*, 12 f.) bzw., mit Michael Quante gesprochen, „ein Ereignistyp, der von verschiedenen Personen zu verschiedenen Zeiten oder an verschiedenen Orten vollzogen werden kann" (Quante, *Einführung*, 28).

‚Geschlechtsverkehr' mit Fokus auf den genitalen Kontakt, was Sexualität als multifaktoriellem, multifunktionalem und multidimensionalem Phänomen nicht annähernd gerecht würde.

Sexuelle Handlungen vor, mit oder an Kindern, Jugendlichen oder Erwachsenen *gegen ihren Willen*, mag der entgegenstehende Wille dabei expressis verbis geäußert und/oder durch entsprechendes Verhalten konkludent zum Ausdruck gebracht worden sein,[458] werden unter Ausnutzung eines Machtvorsprungs zur wirksamen Durchsetzung des eigenen Willens gegen den einer anderen Person realisiert, die eine fremdmächtige Verletzung ihrer individuellen Freiheits- und Selbstbestimmungsrechte erleidet. Gleichwohl sind gewalthaltige Handlungen nicht allein solche Handlungen, die gegen den Willen einer anderen Person vor, mit oder an dieser realisiert werden. Auch sexuelle Handlungen, denen alle Beteiligten freiwillig und willentlich zustimmen, können gewalthaltig sein,[459] so wie auch sexuelle Handlungen, die zwar als solche *nicht* gewalthaltig sein mögen, sich jedoch in einem gewalthaltigen Kontext ereignen, nicht einfach frei von jeglicher Gewalt sind, jedenfalls dann nicht, wenn sie mit diesem Kontext in wesentlichem Zusammenhang stehen und für sein Entstehen und Fortbestehen wesentlich sind.[460]

Die Differenzierung der Handlungen in Handlungen *vor, mit* oder *an* einer anderen Person rührt zuvorderst aus der Beobachtung, dass sexuelle bzw. sexualisierte Gewalt „nicht nur bei eindeutig als sexuell zu identifizierendem Körperkontakt zwischen Opfer und Täter statt[findet]", sondern auch „sexuelle Handlungen mit indirektem oder ohne Körperkontakt [dazu]gehören"[461] können. Entsprechend können beispielsweise *Catcalling*[462] genannte *verbale* sexuelle Belästigungen im öffentlichen Raum, die bislang nur in Ausnahmefällen einen

---

458 Diese sowohl aus phänomenologischer wie aus ethischer Sicht wichtige Unterscheidung gilt es im weiteren Untersuchungsverlauf eingehender zu untersuchen (s. Abschnitt C.3) und auch in Bezug auf Personen zu bedenken, die sich noch nicht oder grundsätzlich nicht mit sexuellen Handlungen vor, mit oder an ihnen einverständlich zeigen können, während sie an dieser Stelle der begrifflichen Klärung vorerst ausgeblendet bleiben kann. Zu Handlungen ohne Unterwerfung oder Brechung eines fremden Willens s. die Erörterung von Grenzfällen der Einverständlichkeit in Untersuchungsteil D.

459 Die Frage des (beiderseitigen) Einverständnisses spielt für das *Vorliegen* von Gewalt keine Rolle – ganz im Gegensatz zur Frage der *Bewertung*, s. Abschnitt C.3.3; zu den Möglichkeiten einer begrifflichen Differenzierung gewalthaltiger Handlungen in ‚Gewalthandlungen' und ‚Gewalttätigkeiten' s. Abschnitt C.3.3.3.

460 Zu dieser Problematik s. Abschnitt C.3.3 und D.5.

461 So in dem vom Bundesministerium für Familie, Senioren, Frauen und Jugend (BMFSFJ) veröffentlichten *Aktionsplan 2011 der Bundesregierung*, 11.

462 Vgl. dazu Walton/Pedersen, „Motivations."

Straftatbestand – nämlich den der Beleidigung nach § 185 StGB – erfüllen,[463] Gewalt im hier gemeinten Sinne darstellen.[464] Solche sexuellen Handlungen *vor* einer anderen Person müssen von dieser also wahrgenommen werden, ohne dass deshalb die Sexualbezogenheit und/oder sexuelle Motivation der Handlungen auch von (allen) Außenstehenden erkannt werden muss. Gewalt im hier gemeinten Sinne können ferner sexuelle Handlungen ohne Körperkontakt darstellen, wie beispielsweise das *Upskirting*[465] genannte unbefugte (heimliche) Anfertigen von Film- oder Bildaufnahmen des Intimbereichs (‚unter den Rock', englisch *skirt*) einer anderen Person mit oder ohne Verbreitung dieser Aufnahmen, was seit dem 1. Januar 2021 strafbar nach § 184k StGB ist.[466] Sexuelle Belästigung nach § 184i StGB erfordert hingegen die *körperliche* Berührung einer anderen Person „in sexuell bestimmter Weise".[467] Während gewalthaltige sexuelle Handlungen mit Körperkontakt auch unter Einschluss einer hierzu gezwungenen dritten Person oder mittels Gegenständen erfolgen können, stellen gewalthaltige sexuelle Handlungen mit *indirektem* Körperkontakt beispielsweise solche Handlungen dar, in denen eine andere Person unmittelbar oder mittelbar (auch computervermittelt über Joystick, Tastatur, Webcam etc.) entweder zu sexuellen Handlungen an sich selbst oder anderen Personen oder aber beispielsweise dazu gezwungen wird, sich auszuziehen und/oder Nacktaufnahmen von sich zu machen bzw. machen zu lassen.

Die Differenzierung dieser gewalthaltigen sexuellen Handlungen in der Reihenfolge *vor*, *mit* und *an* impliziert dabei in verschiedener Hinsicht eine Steigerung, ohne damit eine Aussage auch über eine entsprechende ethische Bewertung oder ein entsprechend unterschiedliches Ausmaß der Auswirkungen beim überlebenden Opfer treffen zu wollen. Eine sexuelle Handlung *vor* einer anderen Person gegen ihren Willen wie beispielsweise beim Exhibitionismus muss von der davon betroffenen Person nicht zwangsläufig weniger negativ empfunden werden und muss nicht zwangsläufig weniger negative Auswirkungen auf das Leben der davon betroffenen Person haben als eine sexuelle Handlung gegen ihren Willen und mit Körperkontakt. Der Körperkontakt zwischen Täterpersonen und Opfern, d.h. das Moment der physischen Krafteinwirkung, ist also kein notwendiges Kriterium für das Vorliegen von Gewalt in negativem Sinne. Ausschlaggebend

---

463 Vgl. dazu Gräber/Horten, „Beitrag." Es gibt im deutschen Strafrecht bis dato keinen Straftatbestand einer spezifisch sexuellen Beleidigung (‚Sexualbeleidigung').
464 Siehe Abschnitt 2.2.
465 Vgl. Hall/Hearn/Lewis, „„Upskirting'."
466 Vgl. hierzu BT-Drucksache 19/20668 (01.07.2020), 4 u. 12.
467 So im Gesetzestext von § 184i StGB; zur Auslegung dieses Tatbestandsmerkmals vgl. BGH, Beschluss vom 13.03.2018 – 4 StR 570/17, Rn. 25 – 35.

dafür ist, wie bereits ausgeführt, das Vorhandensein einer als Gewalt erfahrenen Einwirkung oder Einflussnahme, weshalb sich die Gewaltqualität einer Handlung weniger an möglichen Motiven und/oder mutmaßlichen Absichten der Täterpersonen als vielmehr an den Folgen ihrer Handlungen für das Gegenüber bemisst.

Dennoch kann gesagt werden, dass nicht nur das Moment der physischen *Krafteinwirkung*, sondern auch das Moment der *Willensdurchsetzung* bei Handlungen *mit* und *an* einer anderen Person anzunehmenderweise stärker sind als bei Handlungen, die ausschließlich *vor* einer anderen Person stattfinden. Auch das Moment des Zwangs, d. h. die Ausnutzung einer Zwangslage, ist bei Handlungen, die *an* einer anderen Person vorgenommen werden, anzunehmenderweise größer als bei Handlungen, die zwar gleichermaßen gegen den Willen einer anderen Person, aber mit ihrer *Mit*wirkung stattfinden (deshalb *mit*). Auch hier ist für das Vorliegen von Gewalt nicht maßgeblich, ob physischer und/oder psychischer Zwang von Seiten eines Opfers aufgrund körperlicher Berührung empfunden oder aber durch Herbeiführung einer unmittelbaren Bedrohungssituation (z. B. durch eine vorgehaltene Waffe oder ein anderes Druckmittel) bewirkt wird. Und es versteht sich, dass eine willentliche *Zustimmung* zu sexuellen Handlungen auch unter Zwang und damit *gegen* den eigenen Willen erfolgen kann, etwa dann, wenn die Zustimmung zu sexuellen Handlungen im Glauben oder in der Hoffnung erfolgt, damit einen befürchteten noch größeren Schaden für sich selbst oder Dritte abzuwenden.

Kurzum: Kann bei Handlungen *vor*, *mit* oder *an* einer anderen Person gegen ihren Willen in der Regel eine Steigerung der physischen *Krafteinwirkung* sowie der Momente der *Willensdurchsetzung* gegen Widerstände (Machtausübung) und des *Zwangs* angenommen werden, ist damit weder ein Automatismus beschrieben noch notwendigerweise etwas über die Gewaltqualität einer Handlung oder Situation als solcher und deren Auswirkungen für das überlebende Opfer ausgesagt.

Sind damit der Begriff der ‚sexuellen Handlung‘ und die Differenzierung von sexuellen Handlungen in Handlungen *vor*, *mit* oder *an* einer anderen Person gegen ihren Willen einer ersten Klärung zugeführt, gilt es, die Problematik der terminologischen Konkurrenzsituation bei der Bezeichnung dieser Handlungen mittels der Oberbegriffe ‚sexuelle Gewalt‘ und ‚sexualisierte Gewalt‘ in den Blick zu nehmen. Dass ‚sexuelle Gewalt‘ und ‚sexualisierte Gewalt‘ überhaupt in ein Konkurrenzverhältnis zueinander getreten sind und, wie ich zeigen möchte, eben dadurch jeweils Gefahr laufen, ein wesentliches Merkmal des zu bezeichnenden Phänomenbereichs auszublenden, mag auf den ersten Blick womöglich verwundern, gibt es doch einige wesentliche Gemeinsamkeiten und Berührungspunkte zwischen beiden Begriffen: So stellen beide „die Gewaltqualität des Geschehens"[468] heraus, was einen Vorteil gegenüber anderen Begriffen wie ‚sexuelle Misshandlung' oder ‚sexueller Übergriff' darstellt, wird doch von überlebenden Opfern „fast durchgängig berichtet, dass sie die sexuellen Handlungen als Gewalt erlebt haben, selbst wenn sie nicht mit körperlicher Gewalt vom Täter durchgesetzt worden sind".[469] Überdies beziehen sich beide Begriffe auf ein ganzes Spektrum von Handlungen, die das Recht auf sexuelle Selbstbestimmung von Kindern, Jugendlichen oder Erwachsenen in unterschiedlicher Weise, in unterschiedlichen Kontexten und in unterschiedlichem Ausmaß verletzen.[470] Diese Handlungen können, wie eben angedeutet, mit direktem oder indirektem oder aber ohne Körperkontakt bzw. über Dritte vermittelt erfolgen.

Dementsprechend wird auch bei der Definition von ‚sexueller Gewalt' (*sexual violence*) im *World Report on Violence and Health* (2002) der Weltgesundheitsorganisation (WHO) – wie schon bei der Definition von Gewalt[471] – auf ein breites Spektrum von Handlungen sowie auf die einschneidenden, wenn auch nicht immer sofort sichtbaren Folgen dieser Handlungen für die körperlich-seelisch-geistige Gesundheit ihrer überlebenden Opfer abgestellt. Als ‚sexuelle Gewalt' gilt für die WHO nämlich

> *jeder sexuelle Akt oder Versuch, einen sexuellen Akt zu erwirken, unerwünschte sexuelle Bemerkungen* oder Avancen, oder Handlungen, die zur illegalen Vermarktung [von Sexualität] führen sollen, oder anderweitig unter Anwendung von Zwang gegen die Sexualität einer Person gerichtet sind, [und zwar] durch jegliche Person ungeachtet ihres persönlichen Verhältnisses zum Opfer, in jeglicher Umgebung einschließlich, aber nicht beschränkt auf, Wohnung und Arbeitsplatz.[472]

Die zunehmende begriffliche Konkurrenz zwischen ‚sexueller Gewalt' und ‚sexualisierter Gewalt' ist also nicht einfach auf die Unfähigkeit oder den mangelnden Willen der beteiligten Disziplinen, Interessens- und Berufsgruppen zurückzuführen, eine allgemeingültige Definition festzulegen. Vielmehr sind es Komplexität, Vagheit und fließende Grenzen des zu bezeichnenden Phänomenbereichs, die unterschiedliche Akzentsetzungen in der Begriffswahl erlauben und bedingen. Dies gilt es nun näher zu erläutern.

---

468 Hagemann-White, „Grundbegriffe," 13.
469 Bange, „Sprechen," 28.
470 Nicht jede Form sexueller*sexualisierter Gewalt stellt einen Straftatbestand nach dem 13. Abschnitt des Besonderen Teils des Strafgesetzbuches (StGB) dar, aber jede Form sexueller*sexualisierter Gewalt bedeutet einen Eingriff in die Freiheits- und Selbstbestimmungsrechte Dritter.
471 Siehe Abschnitt 2.2.
472 Krug et al., *World Report*, 149 (meine Übers.). Vgl. dazu Krug et al., *Weltbericht*, 23 f.

3.2 Von ‚sexueller Gewalt‘ zu ‚sexualisierter Gewalt‘

Während der Begriff ‚sexuelle Gewalt‘ (*sexual violence*) nicht nur in Veröffentlichungen der WHO und UN, sondern auch in alltagssprachlichen und fachwissenschaftlichen Zusammenhängen noch immer geläufig ist, hat sich vor allem in sozialwissenschaftlichen und sozialpolitischen Diskursen, aber auch im feministischen Kontext in den letzten Jahren die Rede von ‚sexualisierter Gewalt‘[473] (*sexualized violence*) als begriffliche Alternative zu ‚sexueller Gewalt‘ etabliert. Eine Alternative, die mittlerweile auch von vielen Beratungsstellen und Fachorganisationen für Sexualberatung und Familienplanung im deutschsprachigen Raum sowie von der Evangelischen Kirche in Deutschland (EKD), der Diakonie Deutschland und der Deutschen Bischofskonferenz (DBK) bevorzugt wird. Auch in dem von der damaligen deutschen Bundesjustizministerin Christine Lambrecht im Juli 2020 erstmals vorgestellten und am 21. Oktober 2020 vom Bundeskabinett beschlossenen „Gesetzentwurf zur Bekämpfung sexualisierter Gewalt gegen Kinder“[474] ist statt von ‚sexuellem Missbrauch von Kindern‘ nun bewusst von ‚sexualisierter Gewalt gegen Kinder‘ die Rede, um mit dieser begrifflichen Neufassung der vormals als ‚sexueller Missbrauch von Kindern‘ bezeichneten Straftatbestände, wie es im Gesetzentwurf heißt, „das Unrecht dieser Straftaten klarer“[475] zu umschreiben und so einer „Bagatellisierung“ entgegenzuwirken: „Jede sexuelle Handlung mit einem Kind ist als sexualisierte Gewalt zu brandmarken.“[476] Auch in den Nachrichtenformaten der öffentlich-rechtlichen Rundfunkanstalten ist bei einschlägigen Berichten und Reportagen zunehmend von ‚sexualisierter Gewalt‘ die Rede.

Rein sprachlich betrachtet, ist zunächst festzuhalten: Beim Verb ‚sexualisieren‘ handelt es sich um ein transitives, kausatives Verb, welches einen Vorgang beschreibt, der den durch das Adjektiv ‚sexuell‘ bezeichneten Zustand bewirkt.[477] Das Suffix *-isieren* drückt hier also aus, dass eine Zustandsänderung verursacht

---

Anmerkung: Zu diesem und den beiden folgenden Abschnitten vgl. Schreiber, „Begriffe,“ 123 ff.

[473] Einer der ersten deutschsprachigen Belege findet sich m.W. bereits 1979, und zwar bei Schweikhardt, „Sex und Gewalt,“ 273, und damit einige Jahre *vor* dem Aufkommen des englischsprachigen Äquivalents *sexualized violence* ab etwa Mitte der 1980er Jahre.

[474] Gesetzentwurf der Bundesregierung, „Entwurf eines Gesetzes zur Bekämpfung sexualisierter Gewalt gegen Kinder“, abrufbar unter: https://t1p.de/dk7e (Zugriff: 31.10.2021); siehe dazu auch Abschnitt F.2.1.

[475] A.a.O., 1.

[476] A.a.O., 24. Bis auf zwei Ausnahmen (61 u. 71) ist im Gesetzentwurf durchgängig von ‚sexualisierter Gewalt‘ die Rede.

[477] Vgl. *Duden. Die Grammatik*, 419.

oder ein (neuer) Zustand als Resultatzustand herbeigeführt wird: Eine Person oder Sache wird in einen Zustand gebracht bzw. zu etwas gemacht (z. B. ‚digitalisieren' = ‚digital machen'; ‚kapitalisieren' = ‚zu Geld machen') oder mit etwas versehen (z. B. ‚aromatisieren' = ‚mit Aroma versehen'; ‚heparinisieren' = ‚mit Heparin behandeln').[478] ‚Etwas sexualisieren' meint dementsprechend ‚etwas sexuell machen' oder ‚etwas mit Sexualität in Verbindung bringen'.[479] Für die Linguistin Luise F. Pusch (*1944) bedeutet ‚sexualisierte Gewalt' folglich „sexuell gemachte Gewalt" bzw. „dass die Gewalt zunächst nicht sexuell war, durch ‚Sexualisierung' aber schließlich doch sexuell wurde. Denn etwas, was bereits sexuell ist, kann nicht sexualisiert werden, genau wie homogenisierte Milch nicht mehr homogenisiert werden kann".[480]

Obwohl beide Begriffe, wie bereits angesprochen, die Gewaltqualität der infrage stehenden Handlungen herausstellen, vollzieht sich im Übergang von ‚sexueller Gewalt' zu ‚sexualisierter Gewalt' demnach eine wichtige Akzentverschiebung. Während der Begriff ‚sexuelle Gewalt' diese Handlungen als gewaltsame *sexuelle* Handlungen, d. h. als gewaltsame Handlungen im Horizont von Sexualität begreift, werden Gewalt und Sexualität im Begriff ‚sexualisierte Gewalt' wesenhaft voneinander entkoppelt und diese Handlungen als primär *gewaltsame* Handlungen begriffen, in denen *Sexualität funktionalisiert* wird, um Gewalt auszuüben. Diese sexuellen Handlungen im Horizont von Gewalt werden daher nicht als *Form von Sexualität*, sondern als *Form von Gewalt*, weniger als Auslebung sexueller Bedürfnisse als vielmehr als gewaltsame Ausübung von Macht und Demonstration von Ohnmacht verstanden. Gerade im feministischen Kontext wurden und werden Macht und Ohnmacht zum Teil auch explizit vergeschlechtlicht und als Dualismus von ‚männlicher' Macht und ‚weiblicher' Ohnmacht gefasst, getreu der Losung: „Nicht Penis und Uterus machen uns zu Männern und Frauen, sondern Macht und Ohnmacht."[481]

In seiner 2004 veröffentlichten Habilitationsschrift *Feindbild Frau. Männliche Sexualität, Gewalt und die Abwehr des Weiblichen* fasst der Soziologe Rolf Pohl (*1951) diese „als (quasi) nicht mehr hinterfragbar" geltende „Sexualisierungs-These" wie folgt zusammen:

1. Sexuelle Gewalt ist grundsätzlich immer *sexualisierte Gewalt*, die mit Sexualität im eigentlichen Sinne nichts zu tun hat; 2. sexualisierte Gewalt dient der Bewältigung typisch

---

478 Vgl. *Duden. Deutsches Universalwörterbuch*, 954 (s.v. „-isieren").
479 Oder in personaler Verwendung: ‚jemanden sexualisieren' i.S. von „die Sexualität in jmdm. wecken" (*Duden. Das große Wörterbuch*, Bd. 8, 3460 [s.v. „sexualisieren"]).
480 Pusch, *Sprache*, 72.
481 Schwarzer, *Unterschied*, 178; vgl. auch Pusch, *Sprache*, 69.

männlicher, aber prinzipiell nicht-sexueller Konflikte und Krisen; 3. Sexualität wird nur als Vehikel zur Kompensation frühkindlicher, angstauslösender Defiziterfahrungen benutzt, die sich insbesondere aus einer nicht erfolgreich überwundenen Mutterablösung ergeben; 4. Jungen und Männer greifen vor allem deshalb zum Mittel der Sexualisierung endogener Konflikte, weil sie anstelle eines Zugangs zur Welt innerer Gefühle und Empfindungen eher lernten, die anatomisch bedingte Externalisierungsmöglichkeit ihrer Sexualität mit gesell-schaftlich erwartetem männlichen Rollenverhalten zu verknüpfen; 5. diese frühe Konditio-nierung führt zu der Neigung, Sexualität zu funktionalisieren, um Macht über andere Menschen, insbesondere über Mädchen und Frauen als Rache für die selbst erlittenen frühkindlichen Traumatisierungen und zur Abwehr der (zur Mutter zurückstrebenden) Symbiosewünsche und der durch sie ausgelösten Ängste zu erreichen.[482]

Die Stärke der Rede von ‚sexualisierter Gewalt' liegt in der Herausstellung, dass es Täterpersonen bei infrage stehenden Handlungen *immer auch* – oder mitunter primär – um Macht geht und diese somit *immer auch* – oder mitunter primär – als Missbrauch von Macht[483] zu verstehen sind, da sie „unter Ausnutzung von Res-sourcen- bzw. Machtunterschieden gegen den Willen der Person"[484] erfolgen. Die darin zum Ausdruck gebrachte Funktionalisierung von Sexualität zeigt sich in eminentem Sinne etwa bei Kriegsvergewaltigungen (d. h. der Vergewaltigungen von Zivilpersonen in kriegerischen Konflikten),[485] bei sogenannten ‚Babyfabriken' oder ‚Babyfarmen' in Nigeria als besonders niederträchtige Form des Menschen-handels,[486] bei sogenannten ‚korrigierenden Vergewaltigungen' etwa in Indien und Südafrika, mit denen homosexuelle Frauen zu heterosexuellen Frauen ‚um-erzogen' werden sollen,[487] oder an dem in vielen Unrechtsregimen und Diktaturen begegnenden Einsatz von Vergewaltigungen als Mittel zur Entmutigung und Unterwerfung des (nicht selten zugleich inhaftierten) Gegenübers. Und auch ge-genüber der in der reißerisch-voyeuristischen Berichterstattung von Boulevard-medien immer wieder zutage tretenden Tendenz zur Verharmlosung der infrage stehenden sexuellen Handlungen durch den Gebrauch von Substantivkomposita wie „Sex-Lehrer", „Sex-Strolch" oder „Sex-Attacke",[488] die auch eine vermeintli-che Einvernehmlichkeit der Handelnden suggerieren können, betont der Begriff

---

482 Pohl, *Feindbild*, 508.
483 Vgl. nur das oben in Anm. 240 referenzierte Diktum Montesquieus.
484 Brockhaus/Kolshorn, *Gewalt*, 26; vgl. 27–30.
485 Vgl. Dieregsweiler, *Krieg*, 26–65. Zur Typologie von Kriegsvergewaltigungen vgl. Isikozlu, „Kriegsvergewaltigung," 1–12.
486 Vgl. Igwe, „‚Baby Farm' Girls."
487 Vgl. Kappler, *Verfolgungen*, 67 f.
488 Vgl. z. B. die Übersicht von Pramer, „Boulevard." Ein aktuelles frappierendes Beispiel für die begriffliche Verharmlosung einer Vergewaltigung findet sich bei Gödel, „Tochter" (ohne Seiten-angabe).

‚sexualisierte Gewalt‘ die jenseits von erotischer Attraktion oder gar Zuneigung liegende Gewaltqualität dieser mittels eines Machtvorsprungs ausgeübten Handlungen. Gewalt als massiver Eingriff in die Intimsphäre einer anderen Person gegen ihren Willen ist und bleibt niemals harmlos; dies verbietet auch den Gebrauch verharmlosender Begrifflichkeiten und einer jeden Sprache, die Verharmlosung zulässt.

Sprechen demnach gute Gründe für eine inhaltliche Differenzierung zwischen Gewalt als einem Aspekt sexuellen Verhaltens und der Funktionalisierung von Sexualität zur Darstellung und Ausübung von Macht und Gewalt, können allerdings sowohl gegen die *Rede* von ‚sexualisierter Gewalt‘ als auch gegen den *Begriff* ‚sexualisierte Gewalt‘ mancherlei Vorbehalte geltend gemacht werden.

3.3 Vorbehalte gegen ‚sexualisierte Gewalt‘

Was zunächst die *Rede* von ‚sexualisierter Gewalt‘ betrifft, wird nach Ansicht der US-amerikanischen Soziologin Carol Hagemann-White (*1942) durch die diesen Begriff begründende „These [...], dass Vergewaltigung und andere aufgenötigte sexuelle Handlungen nicht wirklich sexuell sind, sondern sich nur der sexuellen Handlungen bedienen, um Gewalt auszuüben", ausgeblendet, „wie sehr die Sexualität sowohl des Täters als auch (infolge der Tat) des Opfers im Gewaltgeschehen involviert ist".[489] Überdies werde dadurch suggeriert,

> dass normale (Hetero-)Sexualität durchweg im vollen Einverständnis und gewaltfrei erlebt wird. Das macht aber hilflos in der Auseinandersetzung mit den vielfältigen Formen des einseitigen Verlangens, Drängens und Eindringens ohne erwiderndes Begehren, die als normal gelten, innerhalb wie außerhalb von Paarbeziehungen. Und überhaupt: wie kommen wir dazu, zu meinen, eine hässliche Sexualität sei in Wahrheit gar keine?[490]

Die zur Begründung der Rede von ‚sexualisierter Gewalt‘ anstelle von ‚sexueller Gewalt‘ mitunter vorgebrachte Erklärung, es gehe Täterpersonen der infrage stehenden Handlungen allein um eine gewaltvolle Ausübung von Macht gegenüber Schwächeren, die sich der Sexualität als Mittel bediene,[491] ist nach meinem Dafürhalten eine ebenso problematische Engführung wie die Feststellung, die in einem gegebenen (zumal: institutionellen) Abhängigkeitsverhältnis stattfinden-

---

489 Hagemann-White, „Grundbegriffe," 15.
490 Ebd.; vgl. hierzu auch Hagemann-White, „Was tun?," 145 – 159.
491 Vgl. z. B. Haslbeck, *Sexueller Missbrauch*, 14.

den sexuellen Handlungen würden seitens der Täterpersonen allein zum Zwecke der Machtausübung realisiert.[492]

Und wenn im feministischen Kontext mitunter die Alternative aufgemacht wird, „eine Handlung sei *entweder* sexuell *oder* gewaltsam",[493] nicht jedoch beides zugleich, so ist dies nicht nur kontraintuitiv, sondern auch kontrafaktisch. Denn selbst der *Gewaltakt* der Vergewaltigung ist und bleibt doch *auch ein Sexualakt* – wohlgemerkt: „ein Sexualakt ohne das Einverständnis des einen der beiden Partner",[494] der für den männlichen Täter im Falle einer Penetration mit dem Penis nicht ohne sexuelle Erregung möglich ist.[495] Dies wird übersehen oder gar bewusst ausgeblendet, wenn Vergewaltigung allein als Gewaltakt bestimmt wird, der nicht (auch) der sexuellen Befriedigung, sondern allein der Befriedigung der Machtlust des Vergewaltigers diene. Das Problematische an einer solchen Annahme ist nach Reemtsma deren „inexplizite Normativität, was Sexualität angeht. Man hält die Sexualität von Gewalt frei, indem man dekretiert, gewaltsame Sexualität sei eigentlich keine."[496] Damit korrespondiert die Position der US-amerikanischen Juristin und Radikalfeministin Catharine A. MacKinnon (*1946), dass eine Vergewaltigung nicht weniger sexuell sei, nur weil sie gewaltsam sei: „Rape is not less sexual for being violent. To the extent that coercion has become integral to male sexuality, rape may even be sexual to the degree that, and because, it is violent."[497] Überdies treffe es auch nicht unbedingt zu, dass der gewaltsame Aspekt der Vergewaltigung diese von gesetzlich ‚erlaubtem' Geschlechtsverkehr unterscheidbar mache.[498] Letzteres zeigt sich m. E. am Umstand, dass sexuelle Selbstbestimmung in der Ehe in Deutschland erst seit dem 5. Juli 1997 strafrechtlichen Schutz nach § 177 StGB erfährt.[499]

Im Blick auf das Gewaltwiderfahrnis,[500] dem Frauen bei einer Vergewaltigung ausgeliefert sind, berichtet die US-amerikanische Philosophin Ann J. Cahill in

---

492 Vgl. z. B. Huckele, „Sexueller Missbrauch."
493 Löchel, „Feminismus," unter Rekurs auf Wizorek, *Weil ein #aufschrei nicht reicht*, 108–132, wo Wizorek unter anderem feststellt: „Vergewaltigungen sind kein Sex, sondern Gewalttaten. Hier wird Sexualität gezielt eingesetzt, um Macht auszuüben" (114) bzw. „Es geht bei Vergewaltigungen nicht um Sex, es geht um Machtmissbrauch" (117).
494 Améry, *Schuld*, 56.
495 Vgl. Künzel, *Vergewaltigungslektüren*, 269 f.
496 Reemtsma, *Vertrauen*, 115.
497 MacKinnon, *Feminist Theory*, 173.
498 Vgl. a.a.O., 173 f.
499 Siehe Abschnitt D.4.2.
500 Der Begriff Gewalt*wider*fahrnis scheint mir an dieser Stelle passend zu sein, um die radikale *Negativität* der Gewalt*erfahrung* deutlich(er) zum Ausdruck zu bringen. Ich orientiere mich dabei an Reemtsma, *Im Keller*, 45 f., der unter Rekurs auf diesen Begriff seine eigene Entführung 1996

ihrem Buch *Rethinking Rape* (2001) von einem Vergewaltigungsopfer, das die traumatische Erfahrung ihrer Vergewaltigung in drastischen Worten beschreibt und diesen Angriff von ‚Geschlechtsverkehr' ausdrücklich unterschieden wissen will, woraufhin Cahill bemerkt: „In a profound sense, this is true; it is difficult to imagine the victim of such an assault describing the experience in terms of ‚having sex.' Yet the category of violence does not sufficiently account for the particularity of the assault. In this sense, for the victim the experience is *sexual*, but it is not sex itself."[501] Überdies kann während einer Vergewaltigung oder eines sexuellen Missbrauchs auch beim Opfer sexuelle Erregung auftreten, bis zum Orgasmus,[502] was nicht nur zu massiven Verunsicherungen und tiefsitzenden Schuldgefühlen auf Seiten des Opfers führen, sondern auch bei Tätern und Opfern entsprechende Umdeutungsversuche derartiger genitalphysiologischer Reaktionen in ‚einvernehmliche' Sexualität bedingen kann – ein Problem, das in der Therapie- und Beratungsarbeit noch immer ein schambesetztes Tabuthema ist,[503] zumal es gerade für den Bereich sexuellen Kindesmissbrauchs bislang nur wenige Untersuchungen gibt, in denen dieser „sexuelle Aspekt sexualisierter Gewalt"[504] ausreichende Berücksichtigung gefunden hat.

Um es mit den Worten des US-amerikanischen Therapeuten Mike Lew, der viele Jahre mit Männern therapeutisch gearbeitet hat, die in ihrer Kindheit sexuell missbraucht wurden, in aller Klarheit zu sagen: „An element of physical pleasure does not diminish the destructive nature of sexual child abuse."[505] Doch wenn das sexuelle Moment bei den infrage stehenden gewaltsamen Handlungen nicht erst sekundär hinzutritt, sondern ihnen wesentlich ist, und überdies in der aktuellen sexualwissenschaftlichen Literatur auch die Ansicht vertreten wird, dass „[s]exuelle Übergriffe auf Kinder und Jugendliche [...] in den größeren Kontext menschlicher Sexualität eingeordnet werden [müssen] – und zwar aus Perspektive des *Täters* und des *Opfers*",[506] dann ist die Rede von ‚sexualisierter Gewalt', *sofern* dabei die oben angesprochene Entkoppelung von Gewalt und Sexualität vorausgesetzt bzw. impliziert wird, eine verkürzende Repräsentation von Komplexem. Selbst wenn bei sexuellen Gewalttaten die sexuelle Motivation nicht als

---

beschreibt. Zum Begriff des Widerfahrnisses als Beschreibung eines lebensverändernden Ereignisses, das einem Menschen ohne erkennbare Kausalität zustößt, über ihn gewissermaßen hereinbricht, im theologischen Kontext vgl. Ohly, *Anwesenheit*, 25 f., 75, 91 u. 200 f.
501 Cahill, *Rape*, 140.
502 Vgl. Mühlhäuser, „Vergewaltigung," 167; Bange/Schlingmann, „Erregung," 29 – 31.
503 Vgl. Bange/Schlingmann, „Erregung," 28 u. 30; Boos, *Verhaltenstherapie*, 160 f.
504 Bange/Schlingmann, „Erregung," 42.
505 Lew, *Victims*, 132; vgl. ders., *Junge*, 176 (auch zit. bei Bange/Schlingmann, „Erregung," 39).
506 Kuhle/Grundmann/Beier, „Sexueller Missbrauch," 110 (meine Hervh.).

Auslöser angesehen wird und „es primär andere Impulse sind, um deren Abfuhr es den Tätern letztendlich geht"[507] – es sind und bleiben gewalthaltige *sexuelle* Handlungen: „Es hat etwas mit Sex zu tun, aber es ist nicht ‚Sex haben'."[508]

Aber noch ein weiterer Aspekt ist in diesem Zusammenhang zu bedenken: Bereits 1990 hat die US-amerikanische Psychiaterin Judith L. Herman (*1942) zu Bedenken gegeben, dass die Tendenz zur Minimierung oder Ausblendung der sexuellen Komponente eines Übergriffs in psychodynamischen Erklärungsansätzen sexuellen Kindesmissbrauchs zu einer Verharmlosung dieses Übergriffs führen könne, insofern dieser dann lediglich als unwirksamer, weil emotional enttäuschender Versuch der Erfüllung eines als ‚gewöhnlich' (*ordinary*) zu betrachtenden menschlichen (hier: männlichen) Bedürfnisses nach Macht und Dominanz[509] interpretiert werde:

> The effect of this euphemistic reformulation of the offender's behavior is to detoxify it, to make it more acceptable. The offender's craving for sexual domination is reinterpreted as a longing for human intimacy. His wish to control others is reinterpreted as an ordinary masculine need for „mastery." Since normative concepts of manhood do to some extent include the domination of women and children, the offender's desire to share in adult male prerogatives is validated; only his choice of means is considered unfortunate. Since the gratification obtained from the sexual assault itself is minimized, this sort of explanation offers the promise that the assaultive behavior will be readily given up if the offender can learn other, more socially acceptable ways of achieving „masculine adequacy."[510]

Ist demnach jede dogmatische oder apodiktische *Rede* von ‚sexualisierter Gewalt' aufgrund der darin enthaltenen, wenn auch oft unausgesprochen bleibenden Hintergrundannahmen zu hinterfragen, kann aber auch der *Begriff* ‚sexualisierte Gewalt' als solcher fraglich erscheinen – nämlich dann, wenn man das Framing-Konzept berücksichtigt.

In den Kommunikationswissenschaften bedeutet der ‚Framing-Effekt',[511] aus der Wirkungsperspektive betrachtet, dass die jeweilige Formulierung einer bestimmten Botschaft signifikanten Einfluss auf Wahrnehmung, Interpretation und Verständnis dieser Botschaft durch die rezipierende Person hat: „changes in

---

507 Vgl. Müller, „Sexuelle," 15.
508 Bange/Schlingmann, „Erregung," 30 (als Wiedergabe der Position Cahills, vgl. hierzu das oben zu Anm. 501 gehörende Zitat).
509 Vgl. Herman, „Sex Offenders," 182; vgl. dazu Cossins, *Masculinities*, 59 – 66.
510 Herman, „Sex Offenders," 183. Hierauf verweist Heiliger, „Mißbraucher," 35 f.
511 Zur theoretischen Grundlegung vgl. Scheufele, *Frames*; Schemer, „Priming," 157–164; Matthes, *Framing*, 9 – 23. Zur Typologie der Framing-Effekte vgl. Stocké, „Framing," 75–105. Zur Bedeutung des Framing-Konzepts in verschiedenen Richtungen der Kommunikationsforschung vgl. Schenk, *Medienwirkungsforschung*, 314 – 336.

surface representation of a problem can systematically affect judgments and decisions, even though the underlying structure remains invariant."[512] Nach der weitverbreiteten Definition des US-amerikanischen Politikwissenschaftlers Robert M. Entman (*1949), dessen Aufsatz „Framing: Toward Clarification of a Fractured Paradigma" (1993) für die Genese und Rezeption des Framing-Ansatzes innerhalb der Kommunikationswissenschaften eine maßgebliche Rolle spielte, meint ‚framen‘ („to frame"): „to select some aspects of a perceived reality and make them more salient in a communicating text, in such a way as to promote a particular problem definition, causal interpretation, moral evaluation, and/or treatment recommendation for the item described".[513] Die Inhalte einer Botschaft werden von der rezipierenden Person nicht isoliert voneinander wahrgenommen, interpretiert und verstanden, sondern in inhaltlichem Zusammenhang, weshalb dem ‚Framing‘ genannten Prozess ihrer Einbettung in subjektive Interpretationsrahmen eine maßgebliche Bedeutung zukommt:

> Aus kognitionspsychologischer Sicht lässt sich Framing als Platzierung einer Information in einen [sic!] einzigartigen Kontext verstehen, so dass bestimmte Elemente eines Gegenstandes, Themas oder Ereignisses die gedanklichen Ressourcen des Individuums auf sich ziehen und besonders beachtet werden. Die Folge ist, dass die hervorgehobenen Elemente als bedeutsam erscheinen und später möglicherweise auch zur Urteilsbildung herangezogen werden.[514]

Framing hat nicht nur auf Wahrnehmung, Interpretation und Verständnis einer Botschaft durch die rezipierende Person, sondern auch auf deren Einstellung und Entscheidungsverhalten[515] maßgeblichen Einfluss. Wichtiger als diese verhaltens- und entscheidungstheoretischen Implikationen des kommunikationswissenschaftlichen Frame-Ansatzes ist in vorliegendem Zusammenhang allerdings speziell der linguistische Frame-Ansatz[516] – genauer: das Frame-Konzept der

---

512 Kuhn, „Uncertainty," 58.
513 Entman, „Framing," 52 (ohne Herv.).
514 Schenk, *Medienwirkungsforschung*, 319 (ohne Herv.).
515 Zum Framing-Effekt als Einflussfaktor auf das Entscheidungsverhalten vgl. Stocké, *Framing und Rationalität*. Es verwundert nicht, dass Framing-Effekte eine „schwerwiegende Anomalie des Rational-Choice[-]Ansatzes" (10) darstellen.
516 Zu Divergenzen und möglichen Inkompatibilitäten dieser beiden Ansätze vgl. Ziem, „Frames," 136–172. Zu dem von Barsalou vorgelegten allgemeinen Frame-Modell als Ausgangspunkt einer Integration der verschiedenen Facetten der linguistischen Frame-Theorie zu einem Gesamtansatz vgl. Busse, *Frame-Semantik*, 361–413.

Kognitiven Linguistik bei George Lakoff (*1941) und Elisabeth Wehling (*1981).[517] ‚Frame' steht hier für den kognitiven Deutungsrahmen, der vom Gehirn beim Lesen oder Hören eines Wortes automatisch aktiviert wird, um diese sprachlich vermittelten Inhalte zu verarbeiten. Wehling beschreibt diesen Vorgang wie folgt: „Wann immer unser Gehirn Worte und Ideen verarbeitet, aktiviert es dazu Wissen und Sinnzusammenhänge aus vorangegangenen Erfahrungen mit der Welt. Dazu gehören Bewegungsabläufe, Gefühle, taktile Wahrnehmung, Gerüche, Geschmäcke und vieles mehr. Kurzum: Wir begreifen Worte, indem unser Gehirn körperliche Vorgänge abruft, die mit den Worten assoziiert sind."[518] Die vom Gehirn aufgerufenen, sich aus Wissen und Erfahrungen mit der Welt speisenden Frames – gewissermaßen „ein Bouquet semantisch angegliederter Ideen" an ein Wort – geben den einzelnen Worten Deutewert, „indem sie diese in einen Zusammenhang mit unserem Weltwissen stellen".[519]

Was heißt das nun für den Begriff ‚sexualisierte Gewalt'? Für Wehling tun sich diesbezüglich zwei Probleme auf:

> Problem Nummer eins: Das Adjektiv „sexualisiert" modifiziert das Substantiv „Gewalt". Im besten Fall bedeutet das, dass Gewalt „sexualisiert" wird, die ein Täter anderweitig nicht als sexuell empfindet. Semantisch etwas völlig anderes, als man sagen will, wenn man „sexualisierte Gewalt" sagt [...]. Das zweite Problem mit dem Begriff ist sogar noch größer: Es gibt keinen Bezug zur alltäglichen Welterfahrung. Alles, was für uns in der Sexualität relevant und wichtig ist, speichern wir unter dem Adjektiv „sexuell" ab: sexuelle Freizügigkeit, sexuelle Befriedigung, sexuelle Selbstbestimmung, sexuelle Beziehungen – und so weiter. Wenn wir also von „sexueller Gewalt" sprechen, dann hat unser Gehirn eine reelle Chance, die gelernten Assoziationen, Gefühle und Bedürfnisse der Sexualität als Referenz zu nutzen. Und damit nachzuempfinden, was es heißt oder heißen könnte, sexueller Gewalt ausgesetzt zu sein. Das Adjektiv „sexualisiert" hingegen spielt in unserem Alltag keine Rolle. Es ist nur lose bis gar nicht mit unserer Welterfahrung verflochten.[520]

Nun könnte man freilich, abgesehen vom Hinweis auf die anhaltende Diskussion über die Wirkstärke des Framing-Effekts, wie er von der Kognitiven Linguistik ins Feld geführt wird, argumentieren, dass Sprache in einem ständigen Prozess des Wandels und der Veränderung begriffen ist. Mögen auch Lernen (sei es durch Erfahrung, sei es durch Einsicht), Erinnern und Vergessen wesentliche Komponenten von Gedächtnisvorgängen sein, denen spezifische neurale Korrelate ent-

---

517 Im Folgenden beziehe ich mich auf (die Veröffentlichung zur politischen Kommunikation von) Lakoff/Wehling, *Auf leisen Sohlen* sowie auf die populärwissenschaftliche Darstellung von Wehling, *Politisches Framing*, 20 – 41.
518 Wehling, *Politisches Framing*, 21 f.; vgl. ferner 17 sowie 34 u. 36.
519 A.a.O., 30.
520 Elisabeth Wehling, „Sprechen."

sprechen; und mögen auch die neuronal tief verankerten, „unser generelles Verständnis von der Welt"[521] strukturierenden Deutungsrahmen, die sogenannten *Deep Seated Frames*, statischer Natur sein – die auf der sprachlichen Ebene begegnenden und dort „die Bedeutung einzelner Wörter und Sätze"[522] erfassenden *Surface Frames* sind dennoch nicht in Stein gemeißelt. Vielmehr unterliegen diese – und sei es: langwierigen und mühsamen – Lern- und Veränderungsprozessen, in denen Selbstverständlichkeiten unseres alltäglichen Denkens durch Etablierung und Besetzung alternativer Frames aufgebrochen werden können.[523]

Einen solchen Lern- und Veränderungsprozess, in dessen Folge sich Erfahrungs- und Gewöhnungseffekte[524] einstellen, sieht man gegenwärtig etwa bei der auch in unsere alltägliche Kommunikation zunehmend Einzug haltenden Verwendung gendersensibler Sprache, was freilich keineswegs kritiklos geblieben ist. Wehlings Einwand, das Adjektiv ‚sexualisiert' spiele in unserem Alltag keine Rolle und sei fast nicht mit unserer Welterfahrung verflochten („dieser Begriff ist neuronal gesehen völlig leer"[525]), stellt daher lediglich eine *Momentaufnahme* dar. Kontinuität schließt Wandel nicht aus, „aber Wandel kann nicht als Änderung, nicht per Dekret eingeführt werden".[526] Und doch bleibt angesichts der oben angesprochenen kommunikationswissenschaftlichen und kognitionspsychologischen Aspekte zu bedenken, dass der Erfolg einer Botschaft nicht zuletzt davon abhängt, inwieweit sie im Gehirn ankommt. Oder anders gesagt: Wenn eine Botschaft Gehör finden soll, muss verstanden werden können, worum es geht.

Hierbei kann es sich allerdings nun auch von Vorteil erweisen, einen neuen Begriff in den gesellschaftlichen Diskurs einzubringen, der bereits bestehende, mitunter ausgetretene Pfade etablierter Frames verlässt und die Aufmerksamkeit auf einen Sachverhalt zu lenken vermag mit dem Ziel der Sensibilisierung und Re-Evaluation bestehender Denk- und Interpretationsmuster. Ob dies (mit) dem Begriff ‚sexualisierte Gewalt' gelingen kann, muss dahingestellt werden.

---

521 Lakoff/Wehling, *Auf leisen Sohlen*, 73; zur folgenden Unterscheidung von *Deep Seated Frames* und *Surface Frames* vgl. 73 – 87.
522 A.a.O., 75.
523 Vgl. Wehling, *Politisches Framing*, 34 u. 57 – 60.
524 Aber auch Abnutzungs- und Ablehnungseffekte. Ein prominentes Beispiel für letzteren Effekt ist der von der Dudenredaktion in Kooperation mit einem Getränkehersteller um die Jahrtausendwende unternommene, aber gescheiterte Versuch, im Deutschen das Adjektiv ‚sitt' als Gegenwort zu ‚durstig' – analog zu ‚satt' als Gegenwort zu ‚hungrig' – einzuführen.
525 Wehling, „Sprechen."
526 Luhmann, *Organisation*, 245 (über den nicht selten durch einen gesellschaftlichen Wertewandel ausgelösten Wandel der geschichtlich stabilisierten Organisationskulturen).

3.4 Tertium datur?

Doch auch abgesehen von der Frage nach dem mentalen oder emotionalen Wirkungspotenzial sprachlicher Ausdrücke gilt es zu bedenken, dass selbst eine *begrifflich* womöglich klar zu fassende Alternative ‚sexuelle Gewalt' *versus* ‚sexualisierte Gewalt' nicht nur eine perspektivische Verkürzung des Phänomenbereichs darstellt, sondern auch psychologisch schwer aufzulösen ist, sind doch die Übergänge zwischen den durch beide Begriffe bezeichneten Handlungen sowohl im familiären als auch im institutionellen Bereich fließend. Man wähnt sich gleichsam zwischen Skylla und Charybdis: Bei der Rede von ‚sexualisierter Gewalt' wird mit Recht die Gewaltqualität der infrage stehenden Handlungen und der darin zum Ausdruck kommende Machtmissbrauch herausgestellt, doch droht durch „Überbetonung der Gewalt" aus dem Blick zu geraten, „wie sehr die Sexualität in das Geschehen involviert ist".[527] Dass der Austragungsort der infrage stehenden gewaltsamen Handlungen trotz alledem die *sexuelle* Ebene ist bzw. sein kann, das Sexuelle bei diesen Handlungen also nichts Kontingentes darstellt, unterstreicht hingegen mit Recht die Rede von ‚sexueller Gewalt' – und läuft doch eben dadurch Gefahr, den grundlegenden Aspekt des Machtmissbrauchs außen vor zu lassen.

Eine Lösung dieses Begriffsdilemmas könnte darin liegen, ‚sexuelle Gewalt' und ‚sexualisierte Gewalt' nicht (mehr) *disjunktiv*, sondern *konjunktiv* zu fassen und im Blick auf die infrage stehenden Handlungen, zumindest im wissenschaftlichen Kontext, fortan von ‚sexueller *und* sexualisierter Gewalt' oder, wie es von mir in der vorliegenden Untersuchung präferiert wird, von ‚sexueller*sexualisierter Gewalt' zu sprechen. Analog zur Rede z. B. von ‚Leser*innen', die Raum symbolisieren soll für Personen, die sich in einem binären Geschlechtersystem nicht wiederfinden können oder möchten, soll mit dem zwischen ‚sexuell' und ‚sexualisiert' eingeschobenen Asterisk – im Bibliothekswesen ein Trunkierungszeichen, das als ‚Platzhalter' für alle grammatikalisch möglichen Endungen eines Suchbegriffs in digitalen Suchmaschinen fungiert – die irreduzible Prozesshaftigkeit und wesentliche Übergängigkeit zwischen den durch die beiden einzelnen Begriffe jeweils herausgestellten Handlungen verdeutlicht werden, die sich als Kontinuum nicht in säuberlich getrennte Schubladen einordnen lassen. Dass es sich hierbei nicht um eine bloße Wortspielerei handelt, wird auch an späterer Stelle dieser Untersuchung bei der Reflexion auf das Verhältnis von Sexualität und Gewalt deutlich,[528] wenn gezeigt werden soll, dass die als Sexualität

---

527 Bange, „Sprechen," 28 unter Rekurs auf Hagemann-White, „Grundbegriffe," 13 ff.
528 Siehe Kapitel C.2.

und Gewalt bezeichneten Handlungs- und Erlebenszusammenhänge auch aufgrund einander bedingender Potenziale in einer Weise miteinander zusammen- und wechselwirken können, die eine eindeutige Unterscheidung der einzelnen Komponenten gleichermaßen nicht mehr möglich macht, was die Rede von *Legierungen* von Sexualität und Gewalt begründet.

Eine weitere, in dieser Untersuchung nur vereinzelt rezipierte Möglichkeit könnte auch darin bestehen, den Begriff ‚Gewalt' ganz außen vor zu lassen und, wie Pusch vorschlägt, von „Sexualterror" zu sprechen[529] – ein Begriff, der den Blick allerdings nicht auf das Opfer bzw. Gegenüber, sondern zuvorderst auf die Ausübenden, aber auch auf das Angst und Schrecken auslösende Ereignis lenkt:

> Beim Kampf gegen den Terror stehen die Täter, ihre Festnahme und Verfolgung im Zentrum der Debatte, außerdem umfassende Verfolgungs- und Vergeltungsmaßnahmen gegen sie. Nicht so beim alltäglichen Terror des Mannes gegen die Frau (bekannt unter den irreführenden Bezeichnungen „häusliche Gewalt", „sexueller Missbrauch" und „sexuelle Gewalt"), bei dem die Medien sich lieber auf die Opfer konzentrieren.[530]

Pusch bezieht sich dabei auf die Erkenntnisse der US-amerikanischen Bürgerrechts- und radikalfeministischen Aktivistin Susan Brownmiller (*1935). Brownmiller hat das (feministische) Denken über Vergewaltigung mit ihrem Buch *Against Our Will* (1975) nachhaltig geprägt, in dem sie argumentiert, dass diese Form der Gewalt dem Mann als wirkungsvolles Machtinstrument gegenüber der Frau dient. Vor allem in kriegerischen Auseinandersetzungen, bei Aufständen, Pogromen, Revolutionen, in Strafanstalten sowie seitens Polizeibeamter[531] fungiert die vom Mann erzwungene Penetration als Vehikel der körperlichen Unterwerfung der Frau und als Mittel der sozialen Kontrolle über die Frau:

> Die Entdeckung des Mannes, daß seine Genitalien als Waffe zu gebrauchen sind, um damit Furcht und Schrecken zu verbreiten, muß neben dem Feuer und der ersten groben Steinaxt als eine der wichtigsten Entdeckungen in prähistorischer Zeit angesehen werden. Ich glaube, daß Vergewaltigung seit eh und je eine überaus wichtige Funktion innehat. Sie ist nicht mehr und nicht weniger als eine Methode bewußter systematischer Einschüchterung, durch die *alle Männer alle Frauen* in permanenter Angst halten.[532]

---

529 Vgl. Pusch, *Sprache*, 69 – 73; vgl. bereits dies., *Menschen*, 116.
530 Pusch, *Sprache*, 73.
531 Auf diese Schwerpunktsetzung von Brownmillers Untersuchung verweist auch MacKinnon, *Feminist Theory*, 173.
532 Brownmiller, *Gegen unseren Willen*, 22; vgl. dies., *Against Our Will*, 5 zusammen mit Pusch, *Sprache*, 70.

Der tatsächliche *Vollzug* der Vergewaltigung, und dies ist wichtig für Puschs Vergleich mit ‚Terror', ist allerdings nicht unbedingt nötig, um Frauen zur Unterordnung zu zwingen und darin zu halten: „*Daß* einige Männer vergewaltigen, reicht als Bedrohung aus, um die Frauen im Zustand fortwährender Einschüchterung zu halten, sich ständig bewußt zu sein, daß das biologische Werkzeug des Mannes etwas Furchtbares ist, das sich urplötzlich in eine Waffe verwandeln kann."[533] Auch „Terror wird ausgeübt, um die Gegenseite in einem Zustand der Angst zu halten".[534] Dies begründet für Pusch die Rede von „Sexualterror" und „Sexualterroristen", die es nun unerschrocken ins Visier zu nehmen gelte.

Gibt es demnach gute Gründe, zumindest für bestimmte sexuelle Handlungen die Rede von ‚Sexualterror' zu präferieren, sollen in der vorliegenden Untersuchung sexuelle Handlungen vor, mit oder an einer anderen Person gegen ihren Willen bewusst weitgefasst als ‚sexuelle*sexualisierte Gewalt' bezeichnet werden, um einerseits, wie eingangs dieses 3. Kapitels angesprochen, das terminologische Dickicht durch die Einführung neuer Begriffe nicht noch unübersichtlicher zu machen und andererseits vor allem deshalb, um der bei der Erschließung des Gewaltbegriffs getroffenen fundamentalen Vorentscheidung Ausdruck zu verleihen, dass das ausschlaggebende Kriterium für die Gewaltqualität einer Handlung nicht so sehr mögliche Motive und/oder mutmaßliche Absichten der Gewalt Ausübenden als vielmehr die Folgen ihrer Handlungen für die Gewalt Erleidenden sind.

3.5 Eine abschließende Bemerkung

Nicht nur für „Forschung, Diagnostik und Behandlung", sondern auch für eine fundierte öffentliche Diskussion und Aufarbeitung sexueller*sexualisierter Gewalt sind „möglichst exakte und vergleichbare Definitionen"[535] notwendig. Es geht mit anderen Worte darum, „Verkehrtheit, Verbrechen und Verfehlung" (Ex 34,7)[536] von sexuellen Handlungen beim Namen zu nennen, die vor, mit oder an einer anderen Person gegen ihren Willen geschehen. Zur Erschließung der beiden Schlüsselbegriffe der vorliegenden Untersuchung hinsichtlich Etymologie, Denotation, Wesensmerkmalen und Bedeutungsfelder einerseits, zur Beleuchtung der jeweils hergestellten Verbindung von ‚Sexualität' und ‚Gewalt' bei der Rede

---

533 Brownmiller, *Gegen unseren Willen*, 172. Zur Kritik an Brownmiller vgl. Harten, *Sexualität*, 182.
534 Pusch, *Sprache*, 73.
535 Bange, „Definition," 29.
536 In der Übersetzung von Janowski, *Herz*, 62.

von ‚sexueller Gewalt' und ‚sexualisierter Gewalt' andererseits sei deshalb abschließend bemerkt, dass die Befassung mit Begrifflichkeiten, die ‚Unbegreifliches' zu benennen versuchen, deshalb so wichtig ist, weil es *Sprache* ist, die unser Handeln prägt und uns Menschen überhaupt erst die Möglichkeit gibt, die Perspektive des Anderen, des Nächsten und des Fernsten, zu übernehmen. Das ‚Unbegreifliche', das Überlebende sexueller*sexualisierter Gewalt in privaten und öffentlichen Kontexten erlitten haben und tagtäglich noch immer erleiden, werden andere nie ganz begreifen. Und doch muss mit größtmöglicher Anstrengung und Präzision versucht werden, dem ‚Unbegreiflichen' im Medium der Sprache einen Weg in die von uns allen gelebte Wirklichkeit zu öffnen.

B Positionen

Sexuelle*sexualisierte Gewalt ist *„vielfältig* in ihrer Form und *umfassend* in ihrer Wirkung".[1] Dies macht eine Stellungnahme zum Verhältnis von Sexualität und Gewalt auch aus Sicht einer theologisch begründeten Sexualethik unabdingbar. Bevor in Teil C dieser Untersuchung eine eigene Stellungnahme vorgelegt und darüber reflektiert werden soll, anhand welcher Kriterien sich Handlungen und Phänomene, in denen Sexualität und Gewalt in wie auch immer zu definierender Weise miteinander verbunden sein können, ethisch beurteilen lassen, gilt es, sich in diesem Untersuchungsteil einen Überblick über den gegenwärtigen theologischen Diskussionsstand zum Thema Sexualität und Gewalt zu verschaffen. Der ausführlicheren Darstellung und Kritik exemplarischer Positionen christlicher Theologie seien einige wenige allgemeinere Bemerkungen zum Stand der theologischen Diskussion zu Beginn des 21. Jahrhunderts vorausgeschickt.

1 Zum theologischen Diskussionsstand

Mit Ausnahme feministisch-theologischer Spezialdiskurse[2] hat das Thema Sexualität und Gewalt in den etablierten christlichen Theologien noch bis vor wenigen Jahren keine besondere Berücksichtigung gefunden. Wie in der Einleitung der vorliegenden Untersuchung angesprochen, werden Fragen der Sexualität in der theologischen Ethik meist noch immer wesentlich mit Bezug bzw. als in Bezug auf die Lebensform der Ehe als (prä)supponiertem „Ort der Beheimatung von Sexualität"[3] behandelt, ohne dass dabei Phänomene von Gewalt zum Gegenstand eingehenderer Erörterungen gemacht würden. Allerdings sind im letzten Vierteljahrhundert einige dezidiert exegetische und praktisch-theologische Untersuchungen zu sexueller*sexualisierter Gewalt gegen Kinder und/oder Frauen erschienen und vor allem im zurückliegenden Jahrzehnt nicht zuletzt im Kontext von theologische und außertheologische Perspektiven miteinander verbindenden Sammelpublikationen zum sexuellen Missbrauch Minderjähriger im Raum von

---

1 So Eickmeier, „Und immer wieder neu," 225 speziell zur Gewalt gegen Frauen, was m. E. auch grundsätzlich von sexueller*sexualisierter Gewalt ausgesagt werden kann.
2 Vgl. vor allem Eichler/Müllner (Hg.), *Sexuelle Gewalt* (1999) samt der im Literaturverzeichnis (243–253) angegebenen Veröffentlichungen.
3 So noch immer Härle, *Ethik* (2. Aufl., 2018), 332 zum „breite[n] Konsens" über den (einen) „Sinn der Ehe" als Lebensgemeinschaft verschiedengeschlechtlicher Personen, woraus entsprechende Positionen zum ‚Umgang mit' Homosexualität bzw. der Lebensgemeinschaft gleichgeschlechtlicher Paare erwachsen.

https://doi.org/10.1515/9783110717648-003

Kirche dem Problem der sexuellen*sexualisierten Gewalt auch vonseiten der Systematischen Theologie vermehrte Aufmerksamkeit zuteilgeworden.

Was speziell den Bereich der evangelischen Theologie angeht, kennzeichnet ein weitgehendes, mitunter geradezu irritierendes Schweigen zum Thema Sexualität und Gewalt sämtliche prominente Ethik-Entwürfe seit dem Zweiten Weltkrieg. Die Schweizer evangelische Theologin Ina Praetorius (*1956) kommt in ihrer 1993 veröffentlichten Dissertation über *Anthropologie und Frauenbild* in den theologisch-ethischen Lehrbüchern von Paul Althaus (1888–1966), Helmut Thielicke (1908–1986), Wolfgang Trillhaas (1903–1995), Wolfgang Schweitzer (1916–2009) und Trutz Rendtorff (1931–2016) zu dem Ergebnis, dass die alltägliche Gewalt gegen Frauen in den untersuchten Ethiken als „untergeordnetes Problem" allenfalls nur peripher, nämlich im Rahmen anderer Fragestellungen (etwa der Frage nach der Vertretbarkeit eines Schwangerschaftsabbruchs), gestreift wird: „Vergewaltigung, sofern sie überhaupt wahrgenommen wird, [erscheint] als Ausnahmeerscheinung in Extremsituationen [...], zudem als ein Verbrechen [...], das von Fremden, von Feinden und sicher nicht von Verwandten oder gar Ehemännern ausgeübt wird".[4] Auch in den Kapiteln der untersuchten Ethiken über Sexualität und Ehe werde „das Gewaltthema durch die Grundannahme der Natürlichkeit der Gattenliebe, die eine eigentliche Auseinandersetzung mit den ethischen Dimensionen von Sexualität verhindert, einerseits, durch die fast vollständige Tabuisierung außerehelicher Geschlechtsbeziehungen andererseits umgangen".[5] Diese „Haltung des Vergessens und Verdrängens",[6] wie sie in den untersuchten Ethiken gegenüber sexueller*sexualisierter Gewalt zutage trete, wird von Praetorius auch darauf zurückgeführt, dass „der ganze Komplex von Scham und Schamgefühl", wie beispielsweise Trillhaas schreibt, „die Zone des innersten Lebens" betreffe, welche „den Schutz der Verborgenheit in Anspruch nehmen"[7] müsse.

Die diesem Untersuchungsteil zugrunde liegende Sichtung theologisch-ethischer Literatur aus dem katholischen, evangelischen und evangelikalen[8]

---

4 Praetorius, *Anthropologie*, 204; vgl. 202–205. Bei Thielicke wird das Thema Gewalt z. B. im Blick auf „die bei der Besetzung Deutschlands zu schauerlicher Berühmtheit gelangte Frage" thematisiert, „ob der Vater Frau und Töchter töten dürfe, wenn sie der Vergewaltigung ausgesetzt" (Thielicke, *Ethik*, Bd. 2/1, 219; auch zit. bei Praetorius, *Anthropologie*, 204) gewesen seien. Zur Frage einer möglichen Rechtfertigung gewalttätiger Sexualität durch Männer vgl. Thielicke, *Ethik*, Bd. 3, 542f. u. 548–551 („Der Rhythmus der Brunstzeit [sic!] und die Omnipräsenz des Eros").
5 Praetorius, *Anthropologie*, 204.
6 A.a.O., 205.
7 Trillhaas, *Ethik*, 231f. (teilweise auch zit. bei Praetorius, *Anthropologie*, 204); nicht unähnlich Härle, *Ethik* (2. Aufl.), 304.
8 Zum Verständnis von ‚evangelikal' s. unten Anm. 34.

Bereich der letzten 25 Jahre hat ergeben, dass sich an dieser grundsätzlichen Zurückhaltung insbesondere evangelisch-theologischer Ethik gegenüber dem Thema Sexualität und Gewalt bis heute nichts geändert hat. Dies gilt selbst für dezidiert sexualethische Veröffentlichungen sowie für Kapitel und Abschnitte in Ethiken, in denen eigens sexualethische Fragen behandelt werden. So wird, um zwei frappierende Beispiele aus dem evangelischen Bereich zu nennen, in der rund 400 Seiten umfassenden *Christlichen Sexualethik* (2001) des in Wien lehrenden Schweizer reformierten Theologen Kurt Lüthi (1923–2010), der es als Aufgabe seiner Sexualethik betrachtet, „die heute aktuelle Kategorie des Erlebens grundlegend zu berücksichtigen",[9] das Thema Gewalt nahezu vollständig ausgeklammert.[10] Dieses ernüchternde Resümee hinsichtlich einer der nicht gerade vielen Sexualethiken im evangelisch-theologischen Bereich[11] gilt ungleich mehr

---

9 Lüthi, *Sexualethik*, 10.

10 Von der Kontrastierung „der sanften" („wie bei einer Gazelle") mit „der gewaltsamen Liebe" („wie beim jungen Berghirsch" [195]) bei der Erörterung der Liebesmetaphern in Hld 1 einmal abgesehen, macht Lüthi selbst Gewalt in drei Zusammenhängen en passant zum Thema. (1.) Hinsichtlich der Theoriebildung der aus der 68er-Bewegung hervorgehenden „neue[n] Frauenbewegung" wird bemerkt, dass darin nicht nur „Probleme einer sexistischen Sprache und sexistische Strukturen", sondern auch „heiße Eisen der Frauendiskussionen" wie das „Vergewaltigungsproblem" (40 f.) angegangen worden seien, wobei Lüthi auch auf die sogenannten „'Befreiungsübungen'" infantiler Sexualität in den seit 1967 gegründeten Kommunen und „die positive Einstellung von Kommuneangehörigen zur Pädophilie" verweist, „die man als sexuellen Missbrauch von Kindern durch Erwachsene qualifizierte" (277) (2.) Was aktuelle Probleme von Ehe- und Familienformen in westlichen Gesellschaften betrifft, konstatiert Lüthi, dass Ehe und Familie „im Bereich individueller Paarerfahrungen wie auch auf Grund gesellschaftlicher Einflüsse [...] heute in Auseinandersetzung mit einer Vielzahl von Störungen, Belastungen und Konflikten (Extrembelastungen z. B. durch Gewalt in der Familie, durch sexuellen Missbrauch von Kindern usw.)" stünden, was von ihm als „Krise der Ehe und Familie" (231) diagnostiziert wird. In diesem Kontext werden auch schädigende Vorurteile sowie Ausgrenzungs- und Gewalterfahrungen homosexueller Menschen angesprochen (vgl. 262). (3.) Bei seiner aus der Perspektive eines 'befreiungsethischen' Ansatzes (vgl. 331 u. 378) heraus entwickelten Analyse von Prozessen der Entstehung und Befreiung von „Entfremdungszuständen" im Bereich des menschlichen Sexualverhaltens kommt Lüthi überdies auf „die Frage nach dem Opfer" zu sprechen, was dabei wie folgt konkretisiert wird: „Es gibt im Gegenüber der Geschlechter Entwicklungen, in denen der eine Partner durch den anderen instrumentalisiert wird und in denen sich personale Werte und Haltungen nicht mehr behaupten können. Die Begegnung ist jetzt für das Opfer verletzend, frustrierend, manipulierend, vergewaltigend, diskriminierend, eventuell krankmachend [...]. Damit geht die personale Partnerschaft verloren, es entstehen Asymmetrien, es entstehen (vielleicht latente) Formen von Herrschaft. [...] Damit entstehen an der Stelle personaler Begegnungen im Sexualverhalten verdinglichte Formen von Sexualität (z. B. dominiert die bloße Triebabreaktion)" (378 f.).

11 Gleiches gilt auch für moderne christliche Sexualpädagogiken wie z. B. Leimgrubers *Christliche Sexualpädagogik* (2011) oder moderne praktisch-theologische Entwürfe wie z. B. der von

für die dreibändige *Ethik* (1996–2013) des Neutestamentlers und langjährigen Vorsitzenden des Arbeitskreises für evangelikale Theologie (AfeT) Helmut Burkhardt (*1939), dessen *opus magnum* in Rezensionen durch andere Hochschullehrer als „ein knappes und souveränes Manuale christlicher Ethik [...], wie man es sich besser nicht wünschen könnte",[12] bezeichnet wird, während die Lektüre auch „weit jenseits der evangelikalen Diskussionszusammenhänge"[13] für lohnend erklärt wird. Im 2020 in dritter, bearbeiteter Auflage erschienenen Teilband II/2 (*Das gute Handeln: Sexualethik, Wirtschaftsethik, Umweltethik und Kulturethik*) der *Ethik* werden von Burkhardt auf gut 120 Seiten verschiedene sexualethische Fragestellungen abgehandelt. Während „Homosexualität" und „Masturbation" unter „Irrwege menschlicher Sexualität" eingereiht werden,[14] stehen „Sexismus" und „Feminismus" nach Burkhardts Dafürhalten exemplarisch für „Vereinseitigungen der Sexualität",[15] wobei auch (offenbar) drängenden aktuellen Fragen wie der „Berufstätigkeit der verheirateten Frau" oder dem „gemeindeleitenden Dienst von Frauen" im Rahmen von Exkursen nachgegangen wird.[16] Von Gewalt wird in dieser Sexualethik, die unter „Pädophilie" den „homosexuelle[n] Umgang mit Minderjährigen"[17] versteht, einzig im Rahmen einer kritischen Auseinandersetzung mit der Ansicht gesprochen, in der Bibel werde allein „eine *gewalttätige, demütigende Homosexualität*" verurteilt und nicht, wie Burkhard zeigen möchte, „die Homosexualität selbst".[18]

Was den Bereich der katholischen Theologie betrifft, muss mit Bedauern bemerkt werden, dass durch den unerwarteten Tod des Freiburger Moraltheologen Eberhard Schockenhoff (1953–2020) auch die Ausarbeitung seiner Sexualethik jäh unterbrochen wurde. Im Februar 2021 ist das Textkorpus unter dem Titel *Die Kunst zu lieben. Unterwegs zu einer neuen Sexualethik* erschienen.[19] Während in den sechs von Schockenhoff fertiggestellten, zusammen mehr als 450 Seiten umfassenden Kapiteln neben Bemerkungen zur Sexualität in der Moderne, den

---

Karle unter dem Titel *Liebe in der Moderne* (2014) vorlegte Entwurf einer reformatorischen Beziehungstheologie, in denen das Thema sexuelle*sexualisierte Gewalt nur ein Nebenthema darstellt und meist en passant Erwähnung findet, vgl. Leimgruber, *Sexualpädagogik*, 16, 21–23, 57, 61, 70, 76, 85, 90 f., 105, 111, 126 f. u. 177 f. sowie speziell zum ‚Schatten der Sexualität" 10, 45, 53 (!), 60 u. 89 bzw. Karle, *Liebe*, 84, 104 f., 113, 130, 161, 193, 197 u. 225.

12 So Seubert, Rez. zu Teilband II/2 u. Bd. III, Sp. 768.

13 So Bedford-Strohm, Rez. zu Teilband II/1, Sp. 1242.

14 Vgl. Burkhardt, *Ethik*, Bd. II/2, 117–136.

15 Vgl. a.a.O., 22 f.

16 Vgl. a.a.O., 52–57 (Exkurse 2 u. 3).

17 A.a.O., 130. Zur Problematik einer solchen Gleichsetzung s. Abschnitt F.1.1.2.

18 A.a.O., 122; vgl. 122 f.

19 Vgl. dazu Schockenhoff, *Kunst*, 11 f. (die Bemerkungen der Herausgeber).

Bedeutungsdimensionen menschlicher Sexualität sowie biblischen Perspektiven und Prinzipienfragen der Sexualethik vor allem in Form historisch-genealogischer „Tiefenbohrungen"[20] die Entwicklung der kirchlichen Sexualmoral von deren Entstehung in der Patristik bis zur Moderne nachgezeichnet wird, einschließlich des langen Weges zu ihrer „Erneuerung"[21] seit dem Zweiten Vatikanum, um diese selbst anschließend auf den „Prüfstand"[22] zu stellen, sollte im Fragment gebliebenen siebten Kapitel die „zuvor dargelegte Sexual- und Beziehungsethik nochmals auf konkrete Fragen hin"[23] angewendet werden. In diesem Zusammenhang sollten auch „absolute Verbotstatbestände wie Missbrauch und Vergewaltigung"[24] behandelt werden. In den von Schockenhoff fertiggestellten Kapiteln werden Phänomene sexueller*sexualisierter Gewalt denn auch nur sehr sporadisch thematisiert,[25] ohne über das von ihm an anderer Stelle in seinem umfangreichen Œuvre dazu Gesagte wesentlich hinauszugehen.

Eine letzte Bemerkung: Eine „gewisse Sprachlosigkeit"[26] zum Thema Sexualität und Gewalt zeigt sich nicht nur im Raum von Kirche und christlicher Theologien, sondern auch im Bereich der Philosophie. So kann der Osnabrücker Philosoph Wolfgang Lenzen (*1946) noch im Jahr 2013 konstatieren, dass man insbesondere „im deutschen Sprachraum [...] praktisch kein einziges philosophisches Werk zur Sexualmoral"[27] finde. Diese von Lenzen in seiner Einführung in die Angewandte Ethik unter dem Titel *Sex, Leben, Tod und Gewalt* getätigte Einschätzung ist zwar auch[28] insofern bemerkenswert, als im selben Verlag nur

---

20 A.a.O., 73.

21 A.a.O., 159.

22 A.a.O., 348.

23 A.a.O., 12. Vgl. hierzu das kurze Fragment von Teil 7 („Konkrete Problemfelder") zu „Voreheliche[n] Lebensgemeinschaften" im Buchanhang (466–474).

24 A.a.O., 12.

25 Zu Gewalt im Allgemeinen vgl. bes. a.a.O., 50, 52, 71, 323 u. 454; speziell zu sexuellem Missbrauch vgl. bes. 50, 58, 137, 350 u. 466; speziell zu Vergewaltigung vgl. bes. 19, 50, 63, 137f., 200, 338, 350 u. 466.

26 So Lintner, *Eros*, 136 speziell zum oftmals der Kirche gemachten Vorwurf.

27 Lenzen, *Sex*, 15.

28 ‚Auch', da im Bereich der deutschsprachigen Philosophie bereits zu Beginn (!) des 20. Jahrhunderts einige Untersuchungen und Dissertationen zur Sexualethik (einschließlich des Begriffsgebrauchs im Titel der Veröffentlichungen) erschienen sind und es in der wissenschaftlichen Philosophie bis zur nationalsozialistischen Machtergreifung 1933 „sogar erste Bemühungen" gegeben hat, „‚Sexualethik' als eigene Bereichsethik innerhalb der Philosophie zu etablieren" (so Stopczyk-Pfundstein, *Philosophin*, 61), was auch von Heinrich E. Timerding (1873–1945) (vgl. dazu a.a.O., 61f. u. 287, allerdings mit inkorrekten Angaben), Braunschweiger Ordinarius für Mathematik (!), gefordert wurde, vgl. Timerding, *Sexualethik* (1919), 5f. (zu Wesen und Bedeutung der Sexualethik); ferner 9.

wenige Jahre zuvor eine gegenwartsorientierte Einführung in die *Sexualphiloso-phie* des an der Universität Toronto lehrenden Philosophen Yiftach Fehige (*1976) erschienen ist, in der das Thema Gewalt allerdings so gut wie keine Rolle spielt.[29] Allerdings kommt Fehige gleichermaßen zu der Einschätzung, dass „selbst eine von der Theologie strikt dissoziierte Philosophie [...] sich weithin schwer mit Se-xualität und Liebe" tue und zuweilen eine bemerkenswerte „Ignoranz gegenüber der menschlichen Sexualität"[30] an den Tag gelegt habe. Erst seit etwa den 1960er Jahren sei von der Formierung einer richtiggehenden Sexualphilosophie zu sprechen,[31] wobei das Thema Gewalt bei dieser „thematischen Wiederaneignung menschlicher Sexualität",[32] wie ich im Blick auf die einschlägige deutschspra-chige philosophische Literatur hinzufügen muss, größtenteils außen vor geblie-ben ist.

2 Exemplarische Positionen

Die Beschränkung der nachfolgenden, chronologisch angelegten Darstellung und Kritik[33] exemplarischer Positionen aus der katholischen, evangelischen und evangelikalen[34] Theologie zum Thema Sexualität und Gewalt auf monographi-

---

29 Es handelt sich großenteils um eine Auseinandersetzung mit und kritische Würdigung von der in der Rezeption seines Werkes bislang weitgehend übergangenen „neuphänomenologischen Sexualphilosophie" (Fehige, *Sexualphilosophie*, 16) von Hermann Schmitz (1928 – 2021), an die im abschließenden sechsten Kapitel (123 – 144) eine allgemeinere Einführung in die „sexualphilo-sophische Gegenwartsdebatte" angeschlossen wird, die Reflexionen zum Stellungwert des se-xuellen Körpers, zur Masturbation sowie zum Themenkreis „Partnerschaft, Ehe und Familie" (137) bietet.
30 A.a.O., 9; letzteres exemplarisch in Heideggers frühem Hauptwerk *Sein und Zeit* (1927).
31 Vgl. a.a.O., 11 – 14.
32 So explizit im Klappentext zu Fehiges Buch.
33 ‚Kritik' hier nach der ursprünglichen Wortbedeutung, also κρίνειν im Sinne von ‚(unter)-scheiden' *und* ‚urteilen'.
34 Als ‚evangelikal' wird hier und im Folgenden ein breites, in sich inhomogenes Spektrum des christlich-konservativen bis radikal-fundamentalistischen, grundsätzlich antiliberal ausgerich-teten Protestantismus verstanden, für dessen begriffliche Bestimmung als ‚Evangelikalismus' – im Anschluss an den britischen Historiker David Bebbington (*1949) – vier Merkmale wesentlich sind: *conversionism*, *activism*, *biblicism*, *crucicentrism* (vgl. Bebbington, *Evangelicalism*, 2 f.; dazu Elwert/Radermacher/Schlamelcher, „Einleitung," 14), welche als *„common sense* in der Evange-likalismusforschung" (ebd.) gelten können. Dabei ist zu beachten, dass Selbstbezeichnung und Fremdbeschreibung voneinander abweichen können und z. B. sowohl der Verband Evangelischer Bekenntnisschulen e.V. (VEBS) als auch die Deutsche Evangelische Allianz (DEA) den Begriff ‚evangelisch' zur Selbstbezeichnung heranziehen.

sche Veröffentlichungen im Bereich der theologischen Ethik der letzten 25 Jahre[35] gründet in dem Bemühen um eine aktuelle Bestandsaufnahme der diesbezüglichen Reflexionen in ihrer Heterogenität und Bandbreite. Die Analyse der Texte wird dabei von folgenden Untersuchungsfragen geleitet: Welche konkreten Phänomene werden als (potenzielle oder tatsächliche) Legierungen von Sexualität und Gewalt betrachtet und wie werden diese ethisch beurteilt? Welche ethischen Kriterien und Prinzipien werden diesbezüglich in Anschlag gebracht? Welche Verständnisse von Sexualität und Gewalt liegen den Ausführungen zugrunde und welche Gewaltformen werden differenziert? Last, not least: Welche Rückschlüsse werden auf das theologische Verständnis von Sexualität im Allgemeinen, auf die Bestimmung des Verhältnisses von Sexualität und Gewalt im Besonderen gezogen?

Wenn im Folgenden die Positionen zweier Theologinnen und dreier Theologen diskutiert werden, so schuldet dies der Exemplarität der *Positionen*, spiegelt aber nicht das tatsächlich ausgesprochen ungleiche Geschlechterverhältnis bei Veröffentlichungen auch in diesem theologischen Bereich wider. Dass auch der Schreiber der vorliegenden Untersuchung mit ebendieser nicht zur dringend notwendigen Behebung dieser Ungleichheit beitragen wird, ist ihm bewusst, auch wenn die *Auseinandersetzung* mit Legierungen von Sexualität und Gewalt Menschen jeglichen Geschlechts als Aufgabe zugemutet werden können muss. Wie Bóasdóttir in ihrer Dissertation[36] mit Recht bemerkt, stammen sämtliche Werke, die auf dem Gebiet christlicher Sexualethik einflussreich gewesen sind, von Männern. Dieser Umstand ist für Bóasdóttir keineswegs zufällig: „Men have preempted the field of theology and ethics as well as other fields of science and philosophy as far back as we know. Women's absence is not incidental, but a consequence of unequal structural power relations of men and women in patriarchal societies. These power relations have structured women's absence from the active production of theology, ethics and most theory."[37]

In der Tat ist auch die theologische Sexualethik lange Zeit die theologische Ethik der Sexualität von Männern gewesen, wobei ‚Sexualität von Männern' sowohl als *genitivus objectivus* wie auch als *genitivus subjectivus* zu verstehen ist, die der Sexualität von Frauen durchaus argwöhnisch gegenübergestanden hat[38] und in der sich zuweilen noch immer so manche Reflexe jenes alten Mythos erkennen

---

35 Für den Diskussionsstand bis 1968 vgl. Ringeling, *Theologie* sowie Thielicke, *Ethik*, Bd. 3, 507– 810. Für den Diskussionsstand in der evangelischen Theologie bis 1988 vgl. Busche, *Sexualethik*, 136–172, 190–212 u. 248–263.
36 Siehe hierzu Abschnitt 2.3.
37 Bóasdóttir, *Violence*, 101.
38 Vgl. Arzt et al., „Sexualität," 16.

lassen, wonach „die Frau nur eine Funktion der männlichen Sexualität sei".[39]
Hinzu kommt eine weitgehende ‚Aktorientierung'[40] oder gar ‚Aktzentrierung'[41]
der traditionellen theologischen Sexualethik, insofern sie sich in hohem Maße auf
einzelne – nicht zuletzt: sündhaft verstandene – sexuelle Handlungen konzentriert hat,[42] mit der Folge, dass Sexualität „in Einzelhandlungen zerlegt" wird,
„um am Ende, so die verborgene Hoffnung, daraus das ‚richtige' Bild der Sexualität wieder zusammenzusetzen".[43] In den Augen Regina Ammicht Quinns
(*1957) müsste „der anfängliche und grundsätzliche Akt der Ethik" vielmehr darin
bestehen, „sich auf das gesamte Bild der Sexualität einzulassen mit allen
Glanzlichtern und dunklen Stellen, dieses Bild in einem Lebenslauf lebendig
werden zu lassen und aus der Gesamtperspektive heraus Einzelnes zu betrachten,
deuten, verstehen und kritisieren" – gewiss kein „in seiner Komplexität und
Schwierigkeit"[44] zu unterschätzender Vorgang.

Erst in den letzten beiden Jahrzehnten ist nicht nur im protestantischen,
sondern zunehmend auch im katholischen Bereich eine Beziehungsorientierung
der Sexualethik zu beobachten, die ihren Ansatz nicht bei einzelnen sexuellen
Handlungen als vielmehr bei menschlichen *Beziehungsformen* nimmt. Für Karl-
Wilhelm Merks (*1939) ist der Ausgangspunkt neuerer römisch-katholischer
Entwürfe denn auch „nicht Sexualität in ihrem ‚Wesen' an sich", sondern „ihr
‚Wesen' wird im umfassenden Sinn erst verstanden, wo es in seiner relationalen
Qualität menschlicher Existenz gesehen wird".[45] Mit dieser theologisch-anthro-
pologischen Neubesinnung einher geht eine zunehmende Perspektivverschie-

---

39 So bereits der österreichisch-britische Philosoph Aurel Kolnai (1900 – 1973) in seiner *Sexualethik* (1930), 110, als Interpretation von Otto Weiningers (1880 – 1903) „subjektivistische[r] Verir-
rung", wie sie sich beispielsweise in Sätzen Weiningers wie: „Als der Mann sexuell ward, da schuf
er das Weib" oder „Das Weib ist die Schuld des Mannes" (Weininger, *Geschlecht*, 406 f. [ohne
Hervh.]; bei Kolnai in anderer Ausgabe und mit Abweichungen zitiert) zeige, mit der Weininger
„die absolute Gewalt der männlichen Geschlechtlichkeit über das Weib" (406; ohne Hervh.) begründet wissen wollte; darauf erwidert Kolnai: „Nein; *Gott* schuf das Weib wie den Mann, und
beide sind Mensch und Person, wiewohl das Geschlechtliche bei der Frau mehr ein Zentrum ist;
und wenn hierdurch das Geistige in ihr mehr an das Vitale gebunden ist, so ist es gleichwohl kein
bloßer falscher Abglanz des Vitalen" (*Sexualethik*, 110).
40 So Walser, „Let's talk about Sex!," 104.
41 So Nelson, *Intimate Connection*, 124.
42 Vgl. Gudorf, *Body*, 14, die aber auch positive Ausnahmen von dieser weitgehend auf individuelle Handlungen ausgerichteten Sexualethik nennt; zum Verhältnis von Akt- und Beziehungsorientierung innerhalb der christlichen Sexualethik vgl. Lawler/Salzman, „People," 569 f.
(mit Literatur).
43 Ammicht Quinn, *Körper*, 337.
44 Ebd.
45 Merks, „Von der Sexual- zur Beziehungsethik," 30.

bung insofern, als „nicht mehr gefragt wird, was die Theologie über Sex zu sagen hat, sondern vielmehr[,] wie sexuelle Erfahrungen zu einem Moment theologischer Einsicht werden können".[46]

Demnach erfolgt und steht die vorliegende Auseinandersetzung mit aktuellen Positionen einer theologisch begründeten Sexualethik im Lichte einer tiefgreifenden Umbruchphase des theologischen Sexualitätsdiskurses.[47]

2.1 Fraling: *SexualEthik* (1995)

In seiner *SexualEthik* (1995) behandelt der römisch-katholische Priester und Ordinarius für Moraltheologie an der Universität Würzburg, Bernhard Fraling (1929 – 2013), das Phänomen sexueller*sexualisierter Gewalt hauptsächlich in den beiden – zusammen mit dem Abschnitt „Zur Frage der Prostitution" – unter „Sonderprobleme" eingeordneten Abschnitten über „Inzest" und „Vergewaltigung" am Ende des vierten Kapitels.[48] Die Ausübung von Gewalt in der Sexualität und der sexuelle Missbrauch von Kindern und Jugendlichen sind für Fraling deutlicher Beleg für eine „[i]nhumane Realisierung von Sexualität".[49] Wie Fraling im Einführungskapitel über Sexualität – aus ethischer Sicht verstanden als „die Geschlechtsbestimmtheit [sic!] des Menschen, das heißt, jene ganzmenschliche, die Existenz jedes einzelnen zutiefst prägende Tatsache, daß der Mensch nur als Mann oder Frau leben kann"[50] – und Humanität bemerkt, gebe es zwischen beidem „keine prästabilisierte Harmonie", weshalb sich augenscheinlich die Möglichkeit auftue, „daß sich Mann und Frau in der Realisierung ihrer Geschlechtsbeziehung inhuman verhalten".[51]

Ein Spezifikum menschlicher Sexualität bestehe aus biologischer Perspektive darin, „daß sie *nicht* durch fixierte Formen instinktiver biologisch vitaler Abläufe vollends determiniert"[52] sei, sondern von „ihrer biologischen Substruktur her nach einer kulturellen Überformung"[53] verlange. Diese „naturalen Vorgaben"

---

46 Knauß, „Zweideutigkeiten," 273.

47 Vgl. Huizing, *Scham*, 270.

48 Vgl. Fraling, *SexualEthik*, 156 – 252 („4. Normative Einzelprobleme der Sexualität: Unverzichtbare Bedingungen des Gelingens"), hier 243 – 252.

49 A.a.O., 4; vgl. 34; zur Rede von einer De- bzw. Enthumanisierung von Sexualität und sexuellem Verhalten vgl. 5, 105, 138 u. 196.

50 A.a.O., 8 (ohne Hervh.).

51 A.a.O., 4.

52 A.a.O., 5.

53 A.a.O., 23.

menschlicher Sexualität könnten zwar nicht ignoriert werden, „insofern sie den Spielraum des dem Menschen zuträglichen Verhaltens"[54] absteckten, doch sei in der somatischen Verschiedenheit von Mann und Frau weder das Verständnis ihrer wechselseitigen Beziehung noch die Regelung ihres Verhaltens zueinander festgelegt:

> Jeder Mensch erlebt sich als Mann oder Frau nicht in unmittelbarer Identität mit der jeweils verschiedenen leiblich-biologischen Vorgabe. Die Art, wie wir unsere Geschlechtsrolle verstehen, ist in der Tat tiefgehend mitgeprägt durch die kulturell vermittelten Rollenmuster, die wir – ob wir wollen oder nicht – zunächst einmal übernehmen, von denen wir geprägt sind. Trotzdem bleibt auch demgegenüber eine Distanz möglich – niemand wird durch seine Rolle total dominiert –, wie die moderne Bewegung für die Gleichberechtigung der Frau in aller Deutlichkeit gezeigt hat.[55]

Die „Humanisierung von Sexualität" geschieht für Fraling also immer im Zusammenhang mit deren kultureller Gestaltung, wozu nicht zuletzt auch die unterschiedliche Verteilung der Geschlechtsrollen gehöre, „die ihrerseits immer mit ganz bestimmten Sinngebungsmuster der Geschlechtsverschiedenheit"[56] zusammenhänge. Das mögliche Missglücken dieser Humanisierung „in enthumanisierten Formen sexuellen Verhaltens"[57] deutet für Fraling an, dass in der kulturellen Gestaltung der Sexualität das Gelingen menschlicher Existenz auf dem Spiel stehe.[58] An dieser Stelle kommt die Ethik ins Spiel, die sich auf denjenigen Bereich beziehe, „wo dem Menschen von den Vorgaben seiner naturalen Wirklichkeit her Möglichkeiten der Gestaltung gegeben" seien, und die deshalb darüber reflektiere, „wie und unter welchen Voraussetzungen menschliches Leben glücken"[59] könne.

Auch aus anthropologischer Sicht ist für Fraling entscheidend, dass die Humanisierung der Sexualität nur durch eine „Integration der sexuellen Dynamik"[60] in das personale Begegnungsgeschehen möglich sei. Eine solche könne aber nie ultimativ, sondern allenfalls „asymptotisch"[61] gelingen, womit sich auch die innere Notwendigkeit einer Normierung sexueller Verhaltensweisen auf der Grundlage einer wertbestimmten Anthropologie einstelle: „Jede kulturelle Über-

---

54 A.a.O., 6.
55 A.a.O., 5.
56 A.a.O., 9.
57 A.a.O., 5.
58 Vgl. a.a.O. 5f., 148 u. 156.
59 A.a.O., 5 (ohne Hervh.).
60 A.a.O., 107; vgl. 23 u. 105.
61 A.a.O., 107.

formung und Gestaltung des sexuellen Lebens der Glieder einer Gemeinschaft impliziert eine den Sinnbestimmungen und Wertsetzungen entsprechende Normierung sexuellen Verhaltens."[62] Auch der christliche Glaube verändere „nicht die naturalen Strukturen der Geschlechter-verschiedenheit [sic!]", doch entspreche der „Sinndeutung im Glauben", an der die theologisch-ethische Reflexion sich zu orientieren habe, „ein wertorientierter Umgang mit der Sexualität",[63] während „verfehlte Sinndeutung der Sexualität dehumanisierend"[64] wirke.

Die Gefahr einer Enthumanisierung bestehe und zeige sich nicht zuletzt dort, wo „die biologisch-vitale Triebdynamik desintegriert vollzogen" werde:

> Der Trieb als solcher, isoliert für sich genommen, sozusagen nur in Reaktion auf Sexualsymbole, ist, human gesehen, „blind". Er sieht nicht den anderen als Menschen, sondern nur als Sexualobjekt; damit setzt er ihn in seiner Menschenwürde herab. Schlimmste Folgen solcher Sicht der Beziehung der Geschlechter zueinander zeigen sich in der angewachsenen Gewalttätigkeit im Rahmen ausagierter Sexualität. Wenn nur der Trieb an sein Ziel kommen will, wenn der Mensch in seiner Verantwortung, mit seinem Herzen, mit all den Möglichkeiten, die er mit [sic!] seiner Mitte her haben würde, außen vor bleibt, dann kann tatsächlich die Vernichtung des Menschlichen auf die reale Vernichtung menschlicher Möglichkeiten zurückfallen; in der äußersten Form geschieht das in der Gewaltanwendung, die sogar Kindern gegenüber nicht haltmacht, wie sich in steigendem Maße zeigt.[65]

Eine Normierung, die universalisierbare Verhaltensanforderungen beinhalten solle, ohne welche „sinnvoll gelebte Sexualität" nicht möglich sei, könne „nur negative Abgrenzung bedeuten".[66] Im Unterschied zu anderen Grenzziehungen, deren Plausibilität zunehmend in Zweifel gezogen würden (nicht zuletzt „[d]er zentrale Normsatz traditioneller Moral", wonach der „einzig legitime Ort bewußt erlebter Geschlechtslust"[67] die Ehe sei), zeigten die „Hiobsbotschaften von Mißbrauch und Gewalt"[68] in der Familie ohne jeden Zweifel, „daß hier solche generell gültigen Bedingungen des Gelingens nicht eingehalten wurden".[69]

Als ein Zwischenfazit lässt sich an dieser Stelle festhalten: Ausgehend von der Grundannahme, dass sich die Gestaltung der stets in kultureller Überformung begegnenden menschlichen Sexualität innerhalb biologisch-evolutiver Vorgege-

---

62 A.a.O., 146; vgl. 43, 146–148 u. 154.
63 A.a.O., 137.
64 A.a.O., 138 (ohne Hervh.).
65 A.a.O., 105 (ohne Hervh.).
66 Vgl. a.a.O., 156.
67 A.a.O., 158 (ohne Hervh.).
68 A.a.O., 129; vgl. 243.
69 A.a.O., 157.

benheiten „als spezifisch humaner Auftrag für den Menschen"[70] erweise, lassen sich Phänomene sexueller*sexualisierter Gewalt für Fraling also als Beispiele einer missglückten Humanisierung der Sexualität werten.[71] Mit der sich dem Menschen stellenden, jedoch nur annäherungsweise zu verwirklichenden Aufgabe, Sexualität in das personale Begegnungsgeschehen zu integrieren, ist demnach stets die Gefahr des Scheiterns, aber auch die Möglichkeit gegeben, „Sexualität positiv und gut spielen zu lassen".[72] Sexualität ist deshalb nicht einfach etwas dem Menschen nur rein natural Vor- oder Mitgegebenes, sondern zugleich immer auch etwas dem Menschen zu humaner Gestaltung Aufgegebenes; jedenfalls kann es „eine von humaner Gestaltung kultivierte Form der Sexualität"[73] für Fraling „nur als wertbestimmte, das heißt, konkret auf den Menschen bezogene"[74] Sexualität geben, wozu er die Gleichwertigkeit der Geschlechter[75] ebenso zu zählen scheint wie die Betrachtung des Gegenübers immer zugleich als Menschen und niemals als bloßes Sexualobjekt.[76] Der sich der Sexualität im Rahmen „bio-psychischer Gesetzlichkeiten"[77] auftuende Freiheits- und Gestaltungsraum dispensiert also nicht von der Notwendigkeit von Normierungen im Sinne von Rahmenbedingungen des Gelingens der geschlechtlichen Existenz eines Menschen.[78]

In den beiden weitgehend parallel aufgebauten Abschnitten über „Inzest" und „Vergewaltigung"[79] werden schließlich zunächst unter Rekurs auch auf humanwissenschaftliche Wissensbestände Bemerkungen zu Situation, Ursachen und Folgen der darunterfallenden Handlungen gemacht, bevor deren ethische Beurteilung erfolgt. Was Häufigkeit und Verbreitung beider Phänomene angeht, betont Fraling zum einen, dass sexueller Kindesmissbrauch im familiären Kontext weder eine Ausnahmeerscheinung noch auf bestimmte soziale Schichten beschränkt[80] sei und die als ,Inzest' zu verstehenden sexuellen Kontakte innerhalb der Familie nicht nur solche mit Vollzug des Beischlafs zwischen Verwandten im Sinne des § 173 StGB umfassten, sondern wesentlich weiter zu bestimmen seien.[81]

---

70 A.a.O., 148; vgl. dazu 5, 11, 23, 47 u. 147.
71 Vgl. a.a.O., 5, 104–107, 156f. u. 159.
72 A.a.O., 106; vgl. 105f. u. 192.
73 A.a.O., 238.
74 A.a.O., 43 (ohne Hervh.); vgl. auch 43f. u. 238.
75 Vgl. a.a.O., 85; vgl. ferner 240 zur Frage der Gleichwertigkeit von Homo- und Heterosexualität.
76 Vgl. a.a.O., 103 (Anm. 153) u. 105.
77 A.a.O., 43.
78 Vgl. a.a.O., 43f., 46, 146f. (samt Anm. 2) u. 156f.; ferner 73 u. 139.
79 Vgl. a.a.O., 243–247 („Inzest") u. 247–249 („Vergewaltigung").
80 A.a.O., 243.
81 A.a.O., 244.

Zum anderen sei bei Vergewaltigung – „das häufigste Gewaltverbrechen in unserer Gesellschaft"[82] – die Schwierigkeit der Beweislage ein Hauptgrund für die hohe Dunkelziffer von Vergewaltigungen, während der Anteil von Falschanschuldigungen bei Anzeigen durch die betroffene Frau entgegen der verbreiteten falschen Vorstellung keineswegs größer sei als der bei anderen Straftaten.[83]

Hinsichtlich Ätiologie und Genese schließt sich Fraling einerseits der von der niederländischen Autorin Josephine Rijnaarts (*1947) in ihrer Studie *Lots Töchter* (1988) vorgetragenen scharfen Kritik der Freud'schen Verführungstheorie an, wonach das Opfer von Inzest und Vergewaltigung „selber den Anreiz zum inzestuösen oder vergewaltigenden Handeln des Mannes gegeben habe",[84] andererseits an das vom Psychiater und Psychoanalytiker Mathias Hirsch (*1942)[85] identifizierte komplexe Geflecht „familiendynamische[r] Ursachen",[86] weshalb Inzesthandlungen – „in der Regel Symptome für nicht gelungene Familienbeziehung"[87] – dann wahrscheinlicher würden,

> wenn Vater und Mutter aus emotional ungenügenden Familien stammen, die Partner darum auch aneinander ein emotionales Defizit erleben; die Tochter ist weder von der Mutter in vollem Maß angenommen, noch von dem Vater. Der Vater-Tochter-Inzest kann dann als Versuch der gegenseitigen Kompensation angegeben werden. Der Vater agiert dabei seine untergründige Aggression gegen die eigene Mutter aus, die Tochter, die bei der Mutter zu kurz gekommen ist, rächt sich an dieser. Die Mutter überläßt ihrerseits in einer Art Rollenumkehr der Tochter die Mutterrolle, sucht Aktivitäten nach außen hin und agiert ihre Aggression gegen ihre eigene Mutter aus.[88]

Entscheidend für die ethische Beurteilung von Inzesthandlungen sei das Maß an Verantwortlichkeit, wie es sich aus den Folgen der Misshandlungen von Kindern ableiten lasse: „Wenn Ethik und Ethos gelingendem menschlichen Leben zu dienen haben, dann muß von hier aus festgestellt werden – wenn schon in den Verstößen gegen Normen gewichtet werden soll – daß die hier übernommene Verantwortung schwer wiegt."[89] Maßgebliche Aufgabe für die Ethosbildung sei nicht nur die Anpassung der Rechtsordnung an die Wirklichkeit, sondern auch die Förderung der Bewusstseinsbildung hinsichtlich der Bewertung von Inzest-

---

82 So Rotter, *Sexualität*, 135 (ohne Hervh.); auch zit. bei Fraling, *SexualEthik*, 247.
83 Vgl. Fraling, *SexualEthik*, 247.
84 A.a.O., 244 (ohne Herv.); vgl. dazu Rijnaarts, *Lots Töchter*, 87–92 („Die Verführungstheorie"); bei Fraling ohne Seitenangabe.
85 Vgl. Hirsch, *Realer Inzest*, 15; zit. bei Fraling, *SexualEthik*, 245.
86 Fraling, *SexualEthik*, 245.
87 A.a.O., 246.
88 A.a.O., 245.
89 A.a.O., 246 (ohne Hervh.) mit Verweis auf Rijnaarts, *Lots Töchter*, 247.

handlungen dahingehend, dass im Bewusstsein deutlich verankert werde, „daß es sich hier nicht um ein beliebiges Kavaliersdelikt" handle, wenngleich dem „‚Mißbrauch des Mißbrauchs' zu wehren"[90] sei, welcher zu vorschnellen Verdächtigungen führe. Wenn die Möglichkeiten gelingender Sexualität bereits am Lebensanfang mit solcher Eindeutigkeit zerstört würden, liege die „Unwertigkeit des Verhaltens" jedenfalls „auf der Hand":

> In der Moraltheologie dürfte bisher über diesen Problemkomplex deswegen wenig geschrieben worden sein, weil in der Unwertigkeit solchen Verhaltens keine ethischen Probleme zu liegen scheinen. Es ist richtig, daß sich hier schnell eine Konvergenz der Meinungen herstellen läßt, was die Bewertung angeht. Aber Ethik hat auch der Bewußtseinsbildung im Rahmen des Ethos zu dienen; in diesem Sinn verstehe ich die vorangegangenen Ausführungen als ein kleines Mosaiksteinchen für die Bewußtseinsbildung unter uns. Weitere im engeren Sinn normbegründende Überlegungen scheinen hier nicht notwendig zu sein.[91]

Auch bei einer Vergewaltigung werde die Bedeutung für die ethische Beurteilung vor allem in ihren oft lebenslangen psychischen Folgen für das Opfer sichtbar. „Vergewaltigung bedeutet immer die Ausschaltung der sexuellen Selbstbestimmung des anderen, in der Regel der Frau."[92] Die in der Vergewaltigung erlebte radikale Entfremdung vom eigenen Körper habe weitreichende schwere Folgen für die eigene Identität und Beziehungsfähigkeit.[93] Was Ätiologie und Genese betrifft, verweist Fraling im Anschluss an den Psychotherapeuten, Gynäkologen und Gerichtsgutachter Reiner Gödtel (1938–2002) nicht nur auf gesellschaftliche Vorurteile hinsichtlich der Geschlechterrollenverteilung zwischen Männern und Frauen, die in entsprechenden Verhaltensweisen wirksam würden („Durch diese unterschiedliche sexuelle Prägung werden Frauen gesellschaftlich zu Opfern, Männer zu Tätern programmiert"[94]), sondern „Gewaltanwendung in der Sexualität" sei auch

> fast immer auf komplexe Ursachen in der Lebensgeschichte der Täter zumindest zu einem guten Teil zurückzuführen. Häufig sind sie selbst gequält und mißbraucht worden. Sie haben kein gesundes Verhältnis zu sich selbst und zu andern entwickeln können. Darum ist nicht entschuldbar, was sie tun, wenngleich wir im einzelnen nicht den Eigenanteil persönlicher Freiheit in Maßzahlen festlegen können. Aber die Frage der Reaktion stellt sich doch anders, als wenn man von der Vorstellung uneingeschränkter Freiheit und damit Verantwortlichkeit

---

90 Fraling, *SexualEthik*, 246.
91 A.a.O., 247.
92 A.a.O., 247 f. (ohne Hervh.).
93 Vgl. a.a.O., 248.
94 Gödtel, *Sexualität und Gewalt*, 105; auch zit. bei Fraling, *SexualEthik*, 249.

ausgehen kann. Auch wenn auf das Mittel der Strafe nicht verzichtet werden kann in vielen Fällen, für die Abwendung des Übels sind andere Bemühungen wichtiger.[95]

Die ethische Beurteilung der Vergewaltigung erübrige sich beinahe ob der Eindeutigkeit, zu der Urteile „auf dem Hintergrund der Überlegungen zum sinnorientierten Umgang mit Sexualität"[96] nur kommen könnten: „Es mag kaum einen Normsatz geben, der so mit an Sicherheit grenzender Wahrscheinlichkeit ein malum morale in se anzeigt, wie dieser." Das, was bei einer Vergewaltigung geschehe, stehe in diametralem Gegensatz „zu jeglichem vernünftigen Umgang mit Sexualität", wobei es „erstaunlich" sei, dass trotz des hohen (moralischen) Ablehnungsgrades „die Zahl der Delikte dieser Art relativ hoch" sei.

Im Unterschied zu den Ausführungen über „Inzest" und „Vergewaltigung" wird Gewalt im Abschnitt über Prostitution[97] lediglich am Rande thematisiert. Das sich Fraling durch Prostitution stellende ‚Sonderproblem' ist vornehmlich die solcherart bezeichnete „Abweichung von sinnvoll gelebter Sexualität".[98] Prostitution stehe nämlich im Widerspruch zu „der Einsicht, daß Humanisierung immer auch Personalisierung der Sexualität"[99] bedeute, was problematische Konsequenzen sowohl auf individualpsychologischer wie auch auf gesellschaftlicher Ebene zeitigen könne.[100] Nicht nur habe insbesondere die Jugendprostitution negative psychische Auswirkungen auf die Bedeutung von Geschlechtsverkehr,[101] sondern die Ausübung von Prostitution führe auch „in den allermeisten Fällen ins Abseits der Gesellschaft",[102] womit das Erleben sozialer Ausgrenzung und Stigmatisierung einhergingen. Neben diesen sozial(schädlich)en Folgen nimmt Fraling überdies die sozialen Ursachen und Kontexte von Prostitution in den Blick, da, neben bestimmten familiären Verhältnissen, auch bestimmte gesellschaftliche Verhältnisse Menschen in die Prostitution trieben: Prostituierte hätten allermeist nicht „völlig freiwillig diesen Weg gewählt",[103] sondern seien, wie das Beispiel des Sextourismus als eine „der schlimmsten Formen der Ausbeutung"

---

95 A.a.O., 248.
96 A.a.O., 249; die folgenden Zitate in diesem Absatz ebd.
97 Vgl. a.a.O., 249–252.
98 A.a.O., 249.
99 Ebd.
100 Vgl. a.a.O., 251.
101 Vgl. a.a.O., 249 f. mit Zitat (allerdings mit falscher Seitenzahl) von Millhagen, *Gefühle kann man nicht kaufen*, 16.
102 Fraling, *SexualEthik*, 249 unter Rekurs auf Pankoke-Schenk, Art. „Prostitution," 912.
103 Fraling, *SexualEthik*, 252 hier und im Folgenden unter Rekurs auf die brasilianische Studie zur Notprostitution von Pires/Fragoso (Hg.), *O Grito de milhões de escravas* (1983).

verdeutliche, durch Armut zur „Notprostitution"[104] gezwungen, weshalb eine armutsorientierte Entwicklungspolitik an erster Stelle stehe.[105]

Auch die ethische Beurteilung von Prostitution werde gleichermaßen die psychologische wie die gesellschaftliche Komponente zu berücksichtigen haben: „Die Degradierung des Menschlichen, die vor allem auch in der beobachtbaren Ausdehnung des Menschenhandels besteht, geschieht auf beiderlei Ebenen, sowohl in der individuellen Beziehung wie in der Aufrechterhaltung eines Zustandes, den man als Element sozialer Sünde bezeichnen könnte".[106] Die theologische Sichtweise von Prostitution gestalte sich durchaus zweigestaltig: Der unter Rekurs auf 1 Kor 6,13–17 möglichen eindeutigen Verurteilung von Prostitution als „Ausfall personaler Beziehung" und „Desintegration der Sexualität" stehe der unter Rekurs auf Lk 7,36–50 gleichermaßen mögliche Hinweis auf den ohne Berührungsängste erfolgenden Alltagsumgang Jesu mit Prostituierten gegenüber, mitunter zu deren Schutz vor einer Verurteilung durch die Umgebung: „Er hat sie in ihrer Menschenwürde respektiert und ihnen die Möglichkeit der Selbstachtung wiedergeschenkt."[107]

2.2 Kritik

„Unter dem großen Vorzeichen der humanen Realisierung von Sexualität als einer ethischen Aufgabe"[108] gelingt es Fraling, eine Verstrickung im Dickicht material-inhaltlich bestimmter, in umfänglicher Kasuistik ausgebreiteter Einzelnormen auf dem Gebiet kirchlicher Sexualmoral zu vermeiden und vielmehr allgemeingültige Grundstrukturen und Gelingensbedingungen in den Blick zu nehmen, die sich bei aller Variationsbreite kultureller Verschiedenheit in der fast unübersehbaren Vielfalt und Pluriformität der Gestaltungen als unverzichtbare Konstanten für eine menschenwürdig gelebte Sexualität ausmachen lassen.[109] Insofern kann Fralings Untersuchung im Grunde als Entfaltung des von ihm im Einführungskapitel genannten, allgemeine Zustimmung unterstellenden Satzes verstanden werden, dass „Sexualität [...] nur im Rahmen von Humanität sinnvoll und gut zu leben"[110]

---

104 Fraling, *SexualEthik*, 250; vgl. bereits 48 u. 53 (Anm. 13).
105 Vgl. a.a.O., 252.
106 Ebd., 252 unter allgemeinem Rekurs auf die in Anm. 103 genannte brasilianische Studie von 1983.
107 Ebd.
108 So Walser, „Let's talk about Sex!," 98.
109 Vgl. Fraling, *SexualEthik*, 7, 19, 42f. u. 156 (Anm. 1).
110 A.a.O., 4.

sei, wodurch zugleich die Grenze gelingender Sexualität markiert ist, die in Phänomenen sexueller*sexualisierter Gewalt überschritten wird.

Durch konsequente Einbeziehung (damals) aktueller humanwissenschaftlicher Wissens- und gesellschaftlicher Tatbestände gelangt Fraling überdies „zu deutlich differenzierteren und situationsbezogeneren Bewertungen" bestimmter sexueller Handlungs- und Verhaltensweisen als es in „den lehramtlichen Äußerungen"[111] der Fall ist. Diese Anknüpfung an außertheologische Wissenschaftsdiskurse[112] ermöglicht Fraling nicht nur eine interdisziplinär informierte Abgrenzung zu wesentlichen Grundsätzen überkommener kirchlicher Sexualmoral,[113] sondern auch eine wohltuend nüchterne Analyse von Sachverhalten, bringt allerdings mit sich, dass einige der von Fraling vorausgesetzten und für seine Argumentation nutzbar gemachten humanwissenschaftlichen Erkenntnisse inzwischen als überholt gelten müssen.[114] Überhaupt bleibt Fraling mit seiner Untersuchung noch weitgehend den Logiken und Zwängen einer, um mit Judith Butler (*1956) zu sprechen, „heterosexuellen Matrix"[115] verhaftet.

In den Abschnitten über Vergewaltigung und Inzest wird zwar eine Fokussierung allein auf die Gewaltausübenden vermieden und immer auch die Perspektive der Gewalterleidenden miteinbezogen; gleichwohl spielen bei Fraling – mit Ausnahme seiner Bemerkungen zu Prostitution – systemische Bedingungen von Gewalt sowie weniger augenfällige Gewaltphänomene, bei denen kein konkretes handelndes oder wirkendes Subjekt identifizierbar ist, nahezu keine Rolle. Auch die zur Ausübung sexueller*sexualisierter Gewalt führenden und entspre-

---

111 So Ernst, „Sexualmoral," 269.

112 Eine Ausnahme bilden dabei allerdings die Diskurse der „Sexualwissenschaften im engeren Sinn", auf die Fraling aber wenigstens „überall dort" zurückgreifen will, „wo es sich nahelegt" (Fraling, *SexualEthik*, 6 [Anm. 15]).

113 Vgl. a.a.O., 157–169.

114 Dies betrifft insbesondere Aussagen im Abschnitt „Nicht manipulierbare Vorgaben im engeren Bereich biologisch-medizinischer Wissenschaft" (10–16) zur somatischen Verschiedenheit von Mann und Frau; für eine Diskussion des aktuellen Forschungsstandes vgl. Fausto-Sterling, „Sexes," 18–23; Roughgarden, *Evolution's Rainbow*, 185–326 sowie Schmitz, „Geschlechtergrenzen," 33–56.

115 Butler, *Unbehagen*, 21, womit das die Geschlechterhierarchie stützende Ineinandergreifen normativer Heterosexualität und symbolischer Ordnung eindeutiger Zweigeschlechtlichkeit gemeint ist. Wenn ich schreibe, dass Fraling dieser Matrix *weitgehend* verhaftet sei, so deshalb, da er, trotz unverrückbaren Festhaltens an der Zweigeschlechtlichkeit (vgl. Fraling, *SexualEthik*, 5 u. 8, aber auch 117 sowie 12 [Anm. 27] die Bemerkungen zu Transsexualität) den Versuch unternimmt, sich „irreversibler Homosexualität" (239) zu stellen, auch wenn in homosexuellen Partnerschaften die „Zeugung menschlichen Lebens" als „ein gewichtiger Sinnwert der Sexualität [...] von vornherein ausgeschlossen" (235) sei.

chend zu veranschlagenden „komplexe[n] Ursachen in der Lebensgeschichte"[116] von Täterpersonen werden an einer einzigen Stelle zwar angesprochen, aber nicht weiter reflektiert. Sexuelle*sexualisierte Gewalt ist nur insofern Thema, als sie sich in familiären Kontexten ereignet, wobei ebenso wenig geklärt wird, was konkret unter gewaltsamen Sexualakten zu verstehen ist, wie angegeben wird, wo Gewalt beginnt und welche Kriterien dabei in Anschlag gebracht werden können. Dass gewalthaltige sexuelle Handlungen etwa im Rahmen sadomasochistischer Sexualpraktiken überdies auch mit gegenseitigem Einverständnis der Beteiligten ausgeführt werden (können), was möglicherweise zu einer anderen sexualethischen Beurteilung führen könnte, bleibt unreflektiert.

Die bei aller unvermeidlichen Zeitgebundenheit zuweilen durchaus problematische Unschärfe von Fralings Argumentation sei abschließend an einem Beispiel verdeutlicht. Bei Fralings entschiedener Verurteilung von Vergewaltigung ist zu beachten, dass zum Zeitpunkt der Veröffentlichung von Fralings *SexualEthik* (1995) die juristische Definition von Vergewaltigung in Deutschland allein den erzwungenen *außerehelichen* Geschlechtsverkehr umfasste, erzwungener Geschlechtsverkehr *innerhalb* einer Ehe erst ab 1997 als Tatbestand der Vergewaltigung im Sinne des § 177 StGB – anstatt, wenn überhaupt, bloß als Nötigung im Sinne des § 240 StGB – eingestuft wurde und entsprechend anklagbar war. Auf die Frage, ob die Verurteilung von Vergewaltigung zumindest aus *sexualethischer* Sicht nicht minder auch für den ‚erzwungenen Beischlaf'[117] innerhalb einer Ehe gelten und hier die juristische Bewertung eines Sachverhalts für dessen *ethische* Beurteilung womöglich schlechterdings nachrangig sein könnte, geht Fraling allerdings nicht ein. Damit reiht sich Fralings Position nolens volens in die neuscholastische Tradition ein, Vergewaltigung fast ausschließlich dann in den Blick zu nehmen, wenn diese sich vor und außerhalb einer Ehe ereignet („ein besonders verabscheuungswürdiges Verbrechen gegen die Keuschheit und Gerechtigkeit zugleich und [...] daher schwere Sünde doppelter Art"[118]), während bei einer Vergewaltigung innerhalb einer Ehe auch in der moraltheologischen Reflexion

---

116 Fraling, *SexualEthik*, 248; vgl. 245.
117 Der Ausdruck ‚erzwungener Beischlaf', der in der katholischen Moraltheologie zuweilen zur Bezeichnung einer Vergewaltigung in der Ehe verwendet wird (vgl. z. B. Schockenhoff, *Grundlegung der Ethik*, 591) fehlt bei Fraling; „von der Nötigung innerhalb der Ehe" als noch häufigerem „Gewaltverbrechen in unserer Gesellschaft" als die außereheliche Vergewaltigung wird einzig innerhalb des Zitats von Rotter, *Sexualität*, 135 (vgl. Fraling, *SexualEthik*, 247) gesprochen. Vgl. auch Lintner, *Eros*, 14, 19, 133 u. 151 f., der (2011) noch immer ‚Vergewaltigung' und ‚sexuelle Nötigung' begrifflich differenziert und letztere explizit als „Nötigung in der Ehe" (133) versteht. Vgl. ferner Franziskus, *Amoris laetitia*, 108 f. (Nr. 154).
118 Schindler, *Lehrbuch*, Bd. 3, 501.

„die ‚eheliche Pflicht' [...] in diesem Punkt die Aufmerksamkeit für die Gerechtigkeit"[119] überdeckte.

Die Unschärfe von Fralings Argumentation ist deshalb bemerkenswert, da Fraling in einem anderen Kontext, und zwar in Bezug auf Inzest, im Anschluss an Rijnaarts den in § 173 StGB unter Strafe gestellten „Beischlaf unter Verwandten" als „viel zu enge Bestimmung"[120] von Inzest kritisiert hat, weil hierunter allein sexuelle Kontakte innerhalb einer Familie mit Vollzug des Beischlafs verstanden würden. In der Tat ist die Kritik der *juristischen* Situation mehr als berechtigt. Ohne an dieser Stelle die Frage diskutieren zu können, ob einvernehmlicher ‚Inzest' unter *Erwachsenen* aus sexualethischer Sicht[121] ausnahmslos abzulehnen und in Deutschland zu Recht weiterhin unter Strafe zu stellen ist, während solche sexuellen Kontakte zwischen erwachsenen Familienmitgliedern in anderen europäischen Ländern wie Frankreich, Slowenien oder Spanien straffrei gestellt sind, wobei in Schweden sogar die Ehe zwischen Halbgeschwistern erlaubt ist,[122] kann der derzeitige juristische Umgang mit Inzest doch als in hohem Maße lückenhaft und inkonsequent kritisiert werden.

Zwar hat das Bundesverfassungsgericht mit Beschluss vom 26. Februar 2008 entschieden, dass der im seit 1977 unverändert gebliebenen § 173 StGB unter Strafe gestellte Geschwisterinzest gemäß § 173 Abs. 2 Satz 2 StGB mit dem Grundgesetz vereinbar sei,[123] doch wird mit diesem Paragraphen weiterhin allein der Vaginalverkehr unter verschiedengeschlechtlichen Blutsverwandten unter Strafe gestellt, während andere Sexualpraktiken als der Vaginalverkehr wie Oral- oder Analverkehr „nicht tatbestandsmäßig" sind, obwohl sie „weit schädlicher für die Familienbeziehungen"[124] sein können. Auch sexuelle Beziehungen in anderen Konstellationen, die nicht weniger „durch eine dysfunktionale Rollendiffusion gekennzeichnet sind"[125] und dem „Schutzzweck" der Vorschrift, „die Familienstruktur zu schützen",[126] nicht weniger entgegenstehen, wie etwa sexuelle Kontakte zwischen Adoptiv- oder Pflegegeschwistern, zwischen Stiefeltern

---

119 So Prüller-Jagenteufel, „Konzept," 69.
120 Fraling, *SexualEthik*, 244.
121 Zur Bewertung sexueller Handlungen zwischen Erwachenen und Kindern s. Abschnitt D.3.
122 Zur Situation in Schweden vgl. Bogdan/Ryrstedt, „Marriage," 675–684; zur gegenwärtigen Situation familiärer Beziehungsformen in Schweden vgl. grundsätzlich Ohlsson-Wijk et al., „Family Forerunners?," 73.
123 Vgl. BVerfG, Beschluss des Zweiten Senats vom 26. Februar 2008 – 2 BvR 392/07, Rn. 41; vgl. auch Rn. 27 u. 61.
124 Leipold/Tsambikakis/Zöller, *AnwaltKommentar StGB*, 1267, unter Rekurs auf Ellbogen, „Strafbarkeit," 190–192.
125 Ethikrat, *Inzestverbot*, 80; vgl. 15.
126 Leipold/Tsambikakis/Zöller, *AnwaltKommentar StGB*, 1269.

und Stiefkindern oder zwischen gleichgeschlechtlichen Blutsverwandten im selben Familienverbund, bleiben aus dem Anwendungsbereich der Vorschrift ausgeklammert. Angesichts dieser „verworren[en]" rechtsdogmatischen Situation ohne erkennbare „klare Strukturen"[127] wird deutlich, dass die für eine informierte sexualethische Untersuchung unverzichtbare Einbeziehung auch der rechtlichen Situation zwar wichtige Anhaltpunkte liefern, für eine sexualethische Urteilsbildung aber letztlich nicht maßgeblich sein darf, vor allem dann nicht, wenn wie im Falle von Vergewaltigung ein und dasselbe Gewaltphänomen allein aufgrund des Umstandes der Eheschließung der Beteiligten unterschiedlich betrachtet, gewertet und ggf. geahndet werden sollte, wozu es aus *sexualethischer* Sicht allerdings keinen Grund gibt. Weder ist Gewalt ein „normaler Bestandteil einer Beziehung" noch ist eine *Heiratsurkunde* eine „*Erlaubnis zur Gewalt*".[128]

In seiner vieldiskutierten[129] Stellungnahme zum Inzestverbot aus dem Jahr 2014 hat der Deutsche Ethikrat jedenfalls mehrheitlich zu bedenken gegeben, dass das Strafrecht „nicht die Aufgabe" habe, „für den Geschlechtsverkehr mündiger Bürger moralische Standards oder Grenzen durchzusetzen. Es hat den Einzelnen vor Schädigungen und groben Belästigungen und die Sozialordnung der Gemeinschaft vor Störungen zu schützen".[130] Das Strafrecht sei insofern kein „geeignetes Mittel [...], um ein gesellschaftliches Tabu zu schützen. Der Schutz des Moralempfindens und der Aversionsgefühle Dritter oder der Mehrheitsgesellschaft allein kann Strafdrohungen als schwerwiegende Eingriffe in personale Grundrechte anderer nicht rechtfertigen."[131] Dies verdeutlicht den grundsätzlichen Perspektivenunterschied zwischen einer juristischen und einer sexualethischen Bewertung eines Sachverhalts, was Übereinstimmungen zwischen diesen beiden Perspektiven freilich keineswegs ausschließt, auch wenn eine Konsistenz der Perspektiven keineswegs immer ausgemachtes oder erstrebenswertes Ziel sein kann.

2.3 Bóasdóttir: *Violence, Power, and Justice* (1998)

In ihrer an der Universität Uppsala im Fach Theologische Ethik eingereichten Dissertation *Violence, Power, and Justice* (1998) geht die isländische Theologin Sólveig Anna Bóasdóttir (*1958), seit 2014 Ordinaria für Theologische Ethik an der

---

127 A.a.O., 1268.
128 So Brandau/Ronge, *Gewalt*, 5.
129 Vgl. z.B. Kettner/Ezazi, „Ethikrat," 163–190.
130 Ethikrat, *Inzestverbot*, 74.
131 Ebd.; vgl. auch 8, 73 f. u. 78.

Universität von Island, der Frage nach, wie sich christliche Sexualethik in ihren normativen Annahmen über Sexualität speziell mit dem Problem der Gewalt von Männern gegen Frauen in Intimbeziehungen befassen kann.[132] Ziel dieser gut 200 Seiten umfassenden, empirische Forschung, feministische Theoriebildung und christliche Sexualethik miteinander verknüpfenden Qualifikationsschrift[133] ist einerseits eine kritische Analyse der bisherigen Beschäftigung christlicher Sexualethik[134] mit Gewalt[135] von Männern gegen Frauen im häuslichen Bereich, andererseits die Erarbeitung von Kriterien und Vorschlägen für eine christliche Sexualethik, die diese Gewalt besser zu verstehen und entsprechend zu kritisieren vermag:

> It can be argued that most Christian sexual ethics regarding intimate relationships has focused more on the form or type of sexual contact between persons than the substance of sexual relationships. An implication of this emphasis is that the quality of sexual relationships, including the issues of consent, distribution of power and choice, has not been considered. An argument developed in the course of this study is that most non-feminist approaches to Christian sexual ethics in intimate relationships presume equality and safety in these relationships. Research on violence in intimate relationships shows that to a high degree such assurance doesn't exist for women. Intimate relationships are not those safe spaces for many women that Christian sexual ethics supposes.[136]

Diese tatsächlich anzutreffende Unsicherheit und Ungleichheit von Frauen in Intimbeziehungen mache ein ‚Umdenken‘ auf dem Gebiet der christlichen Sexualethik erforderlich.[137] Wie Bóasdóttir im Anschluss an die feministische Theoriebildung zu männlicher Gewalt, Macht und Sexualität als dem ihrer Ansicht nach geeignetsten Erklärungsansatz[138] und deshalb auch für ihre Untersuchung wesentlichen Analyseinstrument[139] zur Untersuchung von männlicher Gewalt

---

132 Vgl. Bóasdóttir, *Violence*, 14 f.

133 Vgl. a.a.O., 14; zu Methodik und Aufbau vgl. ferner 13, 29 – 32 u. 101.

134 Unter ‚christlicher Sexualethik‘ versteht Bóasdóttir „an ethical reflection, intimately linked to Christian theology, on sexuality issues: on values and norms that should govern sexuality" (a.a.O., 21).

135 Bóasdóttir bevorzugt den Terminus ‚(male) battering (of women)‘ – anstelle der geschlechtsunspezifischen Begriffe ‚family violence‘ oder ‚domestic violence‘ – zur Beschreibung dieser unterschiedlichen, d.h. sexuellen, physischen, psychischen und verbalen Formen der Gewalt gegen Frauen im privaten Bereich, die traditionell nur für die direkt daran Beteiligten als Problem wahrgenommen worden und Außenstehenden allermeist verborgen geblieben seien (vgl. a.a.O., 21 u. 94).

136 A.a.O., 15; vgl. 20 u. 95.

137 Vgl. a.a.O., 15.

138 Vgl. a.a.O., 55 – 69.

139 Vgl. a.a.O., 15, 30, 33, 54 u. 93.

gegen Frauen in Intimbeziehungen konstatiert, könne dieses in heutigen Gesellschaften auf der ganzen Welt begegnende, nachgerade ‚pandemische‘[140] Phänomen nicht auf das ‚verrückte Verhalten‘ einzelner ‚gestörter Individuen‘[141] reduziert, sondern müsse vielmehr als Ausdruck patriarchaler Machtverhältnisse verstanden werden, welche in der Institution der Ehe reproduziert und verfestigt würden.[142] Gewalt von Männern gegen Frauen sei als ‚soziale Praxis in patriarchalischen Gesellschaften‘ zu verstehen: „it must be linked to male power in current societies as well as to the social construction of heterosexuality as male domination and female submission“.[143]

Christliche Sexualethik laufe demnach Gefahr zu übersehen, dass das Risiko der Unsicherheit und Ungleichheit für Frauen in einer heterosexuellen Ehe nicht etwas dieser Akzidentelles, sondern in heteronormative Sexualität und Beziehungen gewissermaßen ‚eingebaut‘[144] sei. Die erheblichen normativen Konsequenzen einer solchen Einsicht lägen auf der Hand, da Intimbeziehungen, in denen Frauen Gewalt und Unsicherheit ausgesetzt seien, unter keinen Umständen ‚moralisch richtig‘ sein könnten.[145] Die von Frauen in der gelebten Alltagsrealität von Intimbeziehungen erlittenen konkreten Erfahrungen männlicher Gewalt und Macht, die mit einer entsprechenden geschlechtsbedingten Unterordnung von Frauen unter Männern einhergingen, gelte es auch vonseiten der christlichen Sexualethik entsprechend zu reflektieren,[146] die den Frauen geradezu ‚einen moralischen Schutz‘ gegen männliche Gewalt bieten müsse,[147] was in der gegenwärtigen christlichen Sexualethik aber bislang noch nicht ausreichend berücksichtigt worden sei.[148] Um ein solches moralisches ‚Schutzschild‘ abgeben zu können, gelte es für die Sexualethik, das bisherige diesbezügliche Schweigen zu brechen und sich den Intimbeziehungen aus der Perspektive der Gerechtigkeit anzunähern, um das Phänomen männlicher Gewalt gegen Frauen und die asymmetrischen Machtverhältnisse der Geschlechter zu kritisieren.[149]

Es ist an dieser Stelle nicht notwendig, die von Bóasdóttir vorgenommene Analyse verschiedener feministischer Theorien hinsichtlich der Frage, wie hier-

---

140 Vgl. a.a.O., 53 sowie 36–38.

141 Vgl. a.a.O., 93; ferner 91, 97 u. 193 sowie 188 (unter Rekurs auf MacKinnon).

142 Vgl. a.a.O., 16, 30 f. u. 91.

143 A.a.O., 193; vgl. 91 u. 189 sowie 16.

144 Vgl. a.a.O., 189 u. 192 f. samt 46 u. 186; ferner 15, 27, 184, 186 u. 191.

145 Vgl. a.a.O., 95; ferner 19.

146 Vgl. a.a.O., 27 u. 191. Zu den ‚Erfahrungen von Frauen‘ (*women's experiences*) als Quelle ethischer Reflexion bzw. Norm feministischer Theologie vgl. 19 u. 98 bzw. 176 ff.

147 Vgl. a.a.O., 32, 178, 182 u. 189 f.

148 Vgl. a.a.O., 178.

149 Vgl. a.a.O., 174 f.

archische Machtverhältnisse in Intimbeziehungen gestaltet und welche Konsequenzen daraus für die Institution der Ehe zu ziehen sind, im Einzelnen nachzuzeichnen.[150] Macht erweist sich für Bóasdóttir, diese Feststellung muss hier genügen, nicht nur als das wesentliche Verbindungsmoment zwischen gewaltfreien und gewaltvollen Intimbeziehungen in patriarchalischen Gesellschaften,[151] da in beiden ‚Beziehungstypen' eine meist unsichtbar bleibende ‚Asymmetrie der Macht' identifizierbar sei,[152] sondern zugleich auch als Deutungsschlüssel für männliche Gewalt gegen Frauen in Intimbeziehungen, die sich nämlich bei näherer Betrachtung als ‚Ausdruck ungleicher Machtverhältnisse zwischen den Geschlechtern' und von ‚sozialer Kontrolle' entpuppe, wobei der Kern des Problems männlicher Gewalt im ‚Hass auf Frauen'[153] liege.

Von besonderem Interesse sind im Folgenden vielmehr die von Bóasdóttir ins Feld geführten Kriterien, auf deren Grundlage sich eine kritische Analyse von Modellen bisheriger christlicher Sexualethik – namentlich der Entwürfe von Helmut Thielicke (1908–1986), James B. Nelson (1930–2015) und Bernhard Häring (1912–1998)[154] – durchführen und eine angemessene, weil für die Gewalt von Männern gegen Frauen in Intimbeziehungen hinreichend sensibilisierte christliche Sexualethik entwickeln ließe.[155] Die Kriterien für eine solche angemessene christliche Sexualethik speziell im Blick auf Intimbeziehungen lauten: *Erfahrung* („Experience Criterion"), *Gleichheit* („Equality Criterion"), *Tradition* („Tradition Criterion") und *Integration* („Integration Criterion").[156] Diese als in sich relativ kohärent gedachten Kriterien seien unweigerlich kritisch und hätten ihren Ausgangspunkt in den Gewalterfahrungen von Frauen im häuslichen Bereich.[157] Kein einziges dieser zeitlich und gesellschaftlich bedingten Kriterien reiche allein für

---

150 Vgl. a.a.O., 55–92; der von feministischen Theorien zum Ausdruck gebrachten harschen Kritik an der Institution der Ehe (vgl. 31f. u. 91) bis hin zur Forderung nach deren Abschaffung vermag sich Bóasdóttir nicht anzuschließen, vgl. 190.

151 Vgl. a.a.O., 31 u. 70.

152 Vgl. a.a.O., 91.

153 Vgl. ebd.

154 Näherhin vor allem Thielicke, *Ethics* (1964); Nelson, *Embodiment* (1978) und Häring, *Free and Faithful in Christ* (1978–1981); vgl. dazu Bóasdóttir, *Violence*, 101–174; zur Begründung dieser Auswahl vgl. 30–32 u. 101.

155 Vgl. a.a.O., 14, 91 u. 101.

156 Vgl. a.a.O., 93–100. Bei der Übersetzung von *equality* mit ‚Gleichheit' statt mit ‚Gleichberechtigung' oder ‚Gleichstellung' orientiere ich mich am feministischen Sprachgebrauch, wie er z.B. im ‚Credo des Feminismus' von Schwarzer, *Liebe + Haß*, 229 deutlich wird. Angesichts der sonst gängigen Übersetzung von *equality of the sexes* mit ‚Gleichberechtigung' oder ‚Gleichstellung der Geschlechter' bin ich mir der damit vollzogenen Disambiguierung durchaus bewusst.

157 Vgl. Bóasdóttir, *Violence*, 32 u. 98.

eine angemessene allgemeinchristliche Sexualethik aus, da hierfür alle Kriterien zugleich erfüllt sein müssten.[158] Im Einzelnen lassen sich diese Kriterien wie folgt beschreiben:

(1.) *Erfahrung:*[159] Angesichts der bisherigen androzentrischen Geschichte der Ethik, die nicht nur die Gewalterfahrungen von Frauen ignoriert, sondern auch ‚sexuelle Aktivität' mit ‚sexueller Gewalt' verwechselt habe,[160] sei dieses Kriterium von ‚fundamentaler Bedeutung'.[161] Ohne deshalb allgemeinmenschliche Erfahrungen in unkritischer Weise als Hauptquelle christlicher Theologie betrachten zu wollen,[162] stellen für Bóasdóttir gerade die in empirischen Studien gut dokumentierten, in einem spezifischen sozialen und historischen Kontext gemachten und als solche auch zu interpretierenden Erfahrungen von Frauen mit Angst und Gewalt in Intimbeziehungen, gleichsam ein Brennglas dar, mit dessen Hilfe eine kritische Analyse christlicher Sexualethik erfolgen könne: „What must be avoided is to romanticize or idealize these experiences and the suffering they imply. To romanticize the suffering of abused women is to admire and at the same time pity them in their situation."[163] Die Gewalt- und Angsterfahrungen von Frauen, die sich von den von Männern gemachten durchaus unterscheiden könnten, seien nicht einfach nur als individuelle Probleme zu betrachten, sondern das Problem männlicher Gewalt gegen Frauen sei immer zugleich auch als ‚strukturelles, kulturelles und politisches' Problem zu behandeln.[164] Diese von Frauen gemachten Erfahrungen gelte es aus Sicht christlicher Sexualethik kritisch zu analysieren und mit Blick auf die Sicherheit von Frauen zu diskutieren: „Christian sexual ethics must deal with the connection between power and women's experiences of fear and violence in intimate relationships. The experience criterion requires linking these issues to the way in which sexuality is constructed in our societies: how the erotization of male domination and female submission contributes to the experiences of women and men in intimate relationships."[165]

(2.) *Gleichheit.*[166] Dieses Kriterium basiere auf der zum Gemeingut feministischer Theoriebildung avancierten Ansicht, „that all human beings are entitled to

---

158 Vgl. a.a.O., 96 f.

159 Vgl. hierzu im Folgenden a.a.O., 96 – 98; hier bieten sich Möglichkeiten zu einem fruchtbaren Dialog z. B. mit Knauß, „Zweideutigkeiten," 273.

160 Vgl. Bóasdóttir, *Violence*, 96; vgl. allerdings auch 27 f.

161 Vgl. a.a.O., 175 f.

162 Vgl. a.a.O., 96 f. u. 177 f.

163 A.a.O., 97.

164 Vgl. ebd.

165 A.a.O., 98.

166 Vgl. hierzu im Folgenden a.a.O., 97 u. 99.

equal respect, but that women's inequality is our context in patriarchal societies".[167] Diese Ungleichheit zeige sich nicht nur in der Ausübung männlicher
Gewalt gegen und der systematischen sexuellen Belästigung von Frauen, sondern
auch in ihrer ungleichen Bezahlung und Zuordnung zu gesellschaftlich gering-
geschätzten Berufen. Unter ‚Gleichheit' versteht Bóasdóttir dabei die Idee, dass
jeder Mensch einen intrinsischen Wert besitze und als einzigartige Person respektiert zu werden verdiene.[168] Eine angemessene christliche Sexualethik müsse
deshalb

> be aware of the structural, unequal power relations of men and women in current societies as
> well as in intimate relationships, and must explicitly formulate an alternative pattern of
> intimate relationships promoting the equality of the sexes. A Christian sexual ethic rooted in
> regard for the equal human dignity of all persons is not adequate if it neglects to explore
> important aspects of social injustice in current societies, such as the reality of male battering
> of women.[169]

Nachdem diese Ungerechtigkeiten durch mangelnde Gleichheit und ungleiche
Machtverteilung zwischen den Geschlechtern verursacht würden, sei es an der
christlichen Sexualethik, darzulegen, wie solche strukturellen Muster verändert
werden könnten, welche die Unterdrückung von und Gewalt gegen Frauen in der
gegenwärtigen Gesellschaft aufrechterhielten.

(3.) *Tradition:*[170] Dieses in der feministischen Kritik gründende und auch von
feministischen Theologinnen unterstützte Kriterium betreffe die Rolle der christlichen Tradition bei der Rechtfertigung der Unterordnung der Frau unter den
Mann. Eine angemessene christliche Sexualethik strebe zwar die Übereinstimmung mit den biblischen Erzählungen über Jesus und den späteren Darstellungen
christlicher Ethik in der Tradition an, behandele und kritisiere aber zugleich das
in christlichen Traditionen enthaltene offen sexistische Erbe, einschließlich des
Gebrauchs der Bibel als eines Instruments zur Unterdrückung der Frau, zumal
sich in der Bibel etwa bei Paulus ein Konflikt zwischen patriarchalischen und
egalitären Normen und Visionen für die intime Beziehung der Geschlechter erkennen lasse.

> Recognizing the equal worth of all persons, promoting the full humanity of women, ade-
> quate Christian sexual ethics will accept only non-sexist and non-androcentric traditions of

---

167 A.a.O., 97.
168 Vgl. a.a.O., 99.
169 Ebd.
170 Vgl. hierzu im Folgenden a.a.O., 97 u. 99 f.; hier bieten sich Möglichkeiten zu einem
fruchtbaren Dialog z. B. mit Ammicht Quinn, *Körper*, 12, 20 u. 333.

the Bible as norms for the intimate relationship of the sexes. All arguments which justify structures of female subordination and male domination, be they grounded in the Bible or elsewhere within Christian tradition, are thus rejected as wrong by an adequate Christian sexual ethic.[171]

Eine angemessene christliche Sexualität müsse erkennen, wie die christliche Tradition zu einer ‚sozialen Blindheit' gegenüber der gesellschaftlichen Realität der Unterdrückung der Frau in der Ehe beigetragen habe.[172]

(4.) *Integration:*[173] Dieses Kriterium reflektiere die Notwendigkeit eines kontinuierlichen kritischen Dialogs zwischen christlicher Sexualethik und – nicht nur, aber auch nicht zuletzt – feministischen Theorien über Macht und Sexualität sowie soziologischen und psychologischen feministischen Studien, die Wissen über den Menschen und heutige Beziehungen des Menschen vermittelten, einschließlich verschiedener Gruppierungen und sozialer Bewegungen wie Schwulen- und Lesbenbewegungen. Die Angemessenheit einer christlichen Sexualethik im Blick auf Intimbeziehungen zeige sich nicht nur in ihrem Bemühen um eine adäquate Beschreibung der aktuellen Situation, sondern auch daran, dass sie sich nicht in inhaltlichem Konflikt mit dem empirischen Wissen über Intimbeziehungen befinde. „This implies that the findings of feminist social sciences about sexual violence within the family and marriage – morally relevant findings, such as male battering of women, marital rape, child sexual abuse – must be integrated into Christian sexual ethics."[174] Hierzu gehöre auch die Berücksichtigung kritischer Theorien über die Zusammenhänge zwischen der sozialen Konstruktion von Sexualität, männlicher Gewalt und Macht in unseren gegenwärtigen Gesellschaften.

Auf eine detaillierte Darstellung von Bóasdóttirs anschließender kritischer Analyse der sexualethischen Hauptwerke der drei genannten Theologen im Lichte dieser vier Kriterien und im Blick speziell auf die von ihnen jeweils sichtbar gemachte Bedeutung von Sexualität und Ehe, den jeweils vertretenen Ethiktyp und die jeweils zum Ausdruck gebrachte Sicht auf die menschliche Natur als Leitfragen ihrer Textanalyse[175] kann im Folgenden verzichtet werden. Was Legierungen von Sexualität und Gewalt betrifft, sieht Bóasdóttir den Grund für die frappierende Unaufmerksamkeit von Thielicke, Nelson und Häring gegenüber dem Problem männlicher Gewalt gegen Frauen in Intimbeziehungen nicht zuletzt in

---

171 Bóasdóttir, *Violence*, 99 f.
172 A.a.O., 100.
173 Vgl. hierzu im Folgenden a.a.O., 97 u. 100.
174 A.a.O., 100.
175 Vgl. a.a.O., 101.

der dezidiert optimistischen Sicht dieser Theologen auf die menschliche Sexualität als Schöpfung Gottes.[176] Dementsprechend könnten die von diesen Theologen entwickelten Modelle christlicher Sexualethik im Blick auf Intimbeziehungen nur bedingt als angemessen erscheinen, wobei Nelson die genannten Kriterien mit wenigen Einschränkungen erfülle, während sie bei Thielicke allesamt unter ferner liefen rangierten und Häring wenigstens den Kriterien der Gleichheit und der Tradition nachkomme.[177]

Vor diesem ernüchternden Hintergrund sexualethischer Reflexionsleistung und dem nicht länger hinnehmbaren Schweigen[178] christlicher Sexualethik zum Problem männlicher Gewalt gegen Frauen in Intimbeziehungen skizziert Bóasdóttir im abschließenden Kapitel[179] die Grundzüge ihres eigenen Ansatzes für eine den aufgestellten Kriterien genügende christliche Sexualethik, in deren Zentrum die Frage der Gerechtigkeit steht.[180] Erst unter Einbeziehung der Gerechtigkeitsperspektive könne christliche Sexualethik eine adäquate Kritik männlicher Gewalt gegen Frauen in Intimbeziehungen sowie der asymmetrischen Machtverhältnisse der Geschlechter, einschließlich der sozialen Konstruktion von Sexualität, hervorbringen, um so Frauen einen effektiven moralischen Schutz davor zu bieten.[181]

Vor allem drei Aspekte scheinen mir für diesen Ansatz wesentlich zu sein: (1.) Das diesem zugrunde liegende Menschenbild ist im Vergleich zu dem Thielickes, Nelsons und Härings ‚realistischer‘ und damit ‚pessimistischer‘.[182] Um dem möglichen Einwand zuvorzukommen, einem Sexualpessimismus das Wort reden zu wollen, betont Bóasdóttir, dass ihre vermeintlich pessimistische Sicht der Sexualität durch den spezifischen Gegenstand ihrer Untersuchung sowie durch den Umstand bedingt sei, dass die behandelten christlichen Sexualethiken die negativen Sexualitätserfahrungen von Frauen außen vor gelassen und damit das heteronormativer Sexualität und heterosexuellen Beziehungen inhärente Risiko der Ungleichheit und Unsicherheit von Frauen in Abrede gestellt hätten, was der Angemessenheit dieser Ethiken Eintrag täte.[183] (2.) Unter Abgrenzung von einem Sexualessentialismus[184] á la Thielicke und im Anschluss an einen Sexualkon-

---

176 Vgl. a.a.O., 167 u. 174.
177 Vgl. a.a.O., 163 – 174 samt 32 u. 178.
178 Vgl. a.a.O., 175 u. 181.
179 Vgl. a.a.O., 175 – 193.
180 Vgl. a.a.O., 174 u. 190 f.
181 Vgl. a.a.O., 32, 174 – 176.
182 Vgl. a.a.O., 180, 184 f. u. 187 – 189; vgl. auch 68 (zu MacKinnon) und 174 (zu Nelson).
183 Vgl. a.a.O., 178 f. u. 189; zu den positiven Sexualitätserfahrungen vgl. 173 u. 189.
184 Vgl. a.a.O., 188 (Anm. 27).

struktivismus á la MacKinnon geht es Bóasdóttir um die Wahrnehmung von Sexualität als sozialem und historischem Phänomen, ohne deshalb die biologische Dimension völlig ausblenden zu wollen.[185] Doch nur indem christliche Sexualethik das Phänomen der Sexualität nicht länger rein biologistisch und ahistorisch-patriarchal betrachte,[186] sondern die soziale Konstruktion von Sexualität im Blick behalte, könne sie deren Beitrag zur Schaffung der Bedingungen von Gewalt und Angst erfassen, die das Leben vieler Frauen in einer heterosexuellen Ehe prägten.[187] (3.) Die Wahrnehmung des Problems männlicher Gewalt gegen Frauen in Intimbeziehungen zeitige weitreichende Konsequenzen für die christliche Sexualethik, und zwar dahingehend, dass „Christian sexual ethics in intimate relationships must approach intimate relationships in a new way, namely from a justice perspective if it is to be able to criticize the phenomenon of male battering and therewith provide a moral protection for women".[188]

Entscheidend dabei sei, dass dieses Gewahrwerden der Realität spezifischer Gewalterfahrungen von Frauen in Intimbeziehungen mit der Reflexion dieser Erfahrungen als Erfahrungen von Ungerechtigkeit einhergehe.[189] Um eine angemessene kritische Haltung gegenüber Gewalt in Intimbeziehungen in patriarchalischen Gesellschaften entwickeln und gleichermaßen gegen das asymmetrisch-starre ‚Dominanz-Submissions-Modell intimer Beziehungen'[190] sowohl im Rahmen christlicher Sexualethik als auch in der Gegenwartskultur angehen zu können, reicht es nach Bóasdóttirs Dafürhalten also nicht aus, diese spezifischen Gewalt- und Unterdrückungserfahrungen von Frauen lediglich als Ressource sexualethischer Reflexion zu betrachten.[191] Vielmehr gehe es darum, unter Verknüpfung dieser Erfahrungen von Frauen mit der feministischen Theoriebildung auf den Kontext der Ungerechtigkeit in Intimbeziehungen in gegenwärtigen patriarchalen Gesellschaften aufmerksam zu machen: „The power relations of women and men are unequal, or unjust with regard to women. These patriarchal relations exist not least within the institution of marriage. Taken together, all factors indicate that marriage in current societies is not inherently a safe place for women."[192]

---

185 Vgl. a.a.O., 188.
186 Vgl. ebd.
187 Vgl. ebd.
188 A.a.O., 190.
189 Vgl. a.a.O., 175; ferner 32, 182 u. 184; zur Frage der ‚Realität' im Sinne ‚gelebter Realität' (im Anschluss vor allem an MacKinnon) vgl. 174 u. 178.
190 Vgl. 190 u. 193.
191 Vgl. a.a.O., 175, 178 f. u. 185.
192 A.a.O., 175.

Durch diese Konzentration auf Gerechtigkeit als Kriterium für ‚gute Intimbeziehungen' werde deutlich, dass Intimbeziehungen in gegenwärtigen patriarchalen Gesellschaften Beziehungen mit asymmetrischen Machtverhältnissen seien.[193] Das Problem der Gewalt gegen Frauen müsse als soziales Problem und damit als Problem für die Theoretisierung von Gerechtigkeit betrachtet werden.[194] Insofern könne männliche Gewalt gegen Frauen als ‚Problem der (Un)Gerechtigkeit' betrachtet werden,[195] wobei unter ‚Gerechtigkeit' weder lediglich ein idealer Verteilungszustand zu verstehen sei,[196] der bei realistischer Betrachtung – d. h. unter Zugrundelegung eines realistischen Menschenbildes – schlechthin unerreichbar bliebe,[197] noch eine ‚vollkommene Gerechtigkeit im Sinne der Befreiung von Zwangsbedingungen und Unterdrückung', sondern vielmehr ein ‚Neuanfang' und eine ‚Korrektivvorstellung' („corrective vision").[198] Dabei gelte es auch, wahrzunehmen, dass und inwiefern die christlich-dogmatische Tradition zur geschichtlichen Realität der Ungerechtigkeit beigetragen habe.

Als Ethik der Gerechtigkeit, die die Ungerechtigkeitserfahrungen von Frauen in Intimbeziehungen als Ausgangpunkt für die Entwicklung einer kritischen Perspektive auf Macht, die Konstruktion von Sexualität und die Verbindung zwischen beiden einbeziehe, müsse christliche Sexualethik wesentlich kritisch sein:

> Starting with experiences of the suffering of women from male violence and sexuality, seeing these as forms of injustice, should function as a critical instrument to protest the structures of male domination in current societies. With this tool, Christian sexual ethics in intimate relationships can become more responsible, more critical both of patriarchal society and of itself: of inadequate theories within Christian sexual ethics.[199]

Was die Beurteilung von Intimbeziehungen angeht, macht Bóasdóttir abschließend deutlich, dass aus Sicht einer gerechtigkeitsorientierten Ethik dafür weniger die Erfüllung einer äußeren Gestalt („Heterosexual marriage is not a good relationship in itself. It has no intrinsic value"[200]) als vielmehr bestimmte innere Qualitäten entscheidend seien, derer zwei sich für jegliche Intimbeziehungen als von fundamentaler Wichtigkeit erwiesen:

---

193 Vgl. a.a.O., 179 f.
194 A.a.O., 182.
195 Vgl. ebd.
196 Vgl. a.a.O., 183.
197 Vgl. a.a.O. 184 u. 190.
198 Vgl. a.a.O., 182 f.
199 A.a.O., 185.
200 A.a.O., 190.

Erstens: ‚Echte Zustimmung' („genuine consent")[201] zum Geschlechtsverkehr sei allein in Beziehungen mit einer relativ ausgewogenen Machtverteilung möglich.[202] Eine solche sage freilich noch nichts über deren Qualität aus, zumal ‚echte Zustimmung' selbst in ‚relativ gleichen Beziehungen' niemals als selbstverständlich vorausgesetzt werden dürfe.[203] Aus Sicht christlicher Sexualethik sei für solche Intimbeziehungen zu plädieren, die sich als Gegenentwurf zu Intimbeziehungen in den gegenwärtigen patriarchalischen Gesellschaftsstrukturen verständen, bei denen Frauen schon strukturell weniger Ressourcen – und damit auch: weniger Macht als Männer – besäßen; allerdings müssten in Intimbeziehungen weder Frauen unweigerlich machtlos noch Männer unweigerlich mächtig und gewalttätig sein: „They have a real choice to avoid that."[204] Insofern sei zweitens an die Selbstverantwortung der Personen in Intimbeziehungen zu appellieren,[205] die auch den gegenseitigen Schutz vor Geschlechtskrankheiten und die Ablehnung von riskantem Sexualverhalten umfasse, was nicht weniger eine Frage von Macht und ‚echter Zustimmung' sei,[206] für Frauen in gewalttätigen Beziehungen sich aber als besonders schwierig herausstellen könne.

2.4 Kritik

Bóasdóttir problematisiert zu Recht eine gravierende Leerstelle in der christlichen Sexualethik, welche die alltäglichen Gewalterfahrungen von Frauen in Intimbeziehungen bislang allenfalls am Rande wahrgenommen hat.[207] Diesen blinden Fleck sexualethischer Reflexion gilt es zu lichten, will sich christliche Sexualethik nicht (länger) den Vorwurf gefallen lassen müssen, eher mit erhobenem Zeigefinger aus einem moralischen Elfenbeinturm heraus argumentieren als vor dem Hintergrund gesellschaftlicher Realitäten und in Auseinandersetzung mit aktuellen empirischen Wissensbeständen eine lebensdienliche Orientierung bei der Auseinandersetzung mit Aufgaben und Herausforderungen heutiger Zeit ermöglichen zu wollen. Zu oft, viel zu oft hat christliche Sexualethik, die, historisch gesehen, bei der Entwicklung von Normen in Bezug auf Geschlechter- und Se-

---

201 Bóasdóttirs Konzept des „genuine consent" (vgl. a.a.O., 28 u. 191) entspricht wesentlich dem, was Fortune unter „authentic consent" versteht, vgl. Fortune, *Love*, 85–102.

202 Vgl. Bóasdóttir, *Violence*, 191.

203 Vgl. a.a.O., 192.

204 A.a.O., 190.

205 Vgl. a.a.O., 191.

206 Vgl. a.a.O., 192.

207 Vgl. a.a.O., 178 u. 185.

xualitätsfragen eine maßgebliche Rolle gespielt hat,[208] ihre Augen vor den vielfältigen Erscheinungsformen sexueller*sexualisierter Gewalt gegen Frauen in Intimbeziehungen verschlossen und eheliche Sexualität in erhabener Idealität unter weitgehender Ausblendung der Lebensrealität von Frauen dargestellt.

Indem Bóasdóttir speziell die von Männern gegen Frauen gerichtete Gewalt in verschiedengeschlechtlichen Intimbeziehungen thematisiert[209] und Gewaltphänomene in anderen sozialen Beziehungen und familiären Konstellationen, sei es von Frauen gegen Männer,[210] sei es gegen lesbische Frauen,[211] sei es von Erwachsenen gegen Kinder oder sei es in gleichgeschlechtlichen Partnerschaften, außen vor lässt, ist es ihr zwar möglich, einem ganz bestimmten Phänomen in extenso nachzugehen, aber es muss unweigerlich in der Schwebe bleiben, inwieweit ihre im spezifischen Rekurs auf Einsichten der feministischen Theoriebildung entwickelte Position auch auf andere Phänomene und Konstellationen übertragbar ist. Wenn Bóasdóttir, um ein Beispiel zu geben, an einer der wenigen Stellen, an denen sie in ihrer Untersuchung überhaupt über die Grenzen verschiedengeschlechtlicher Intimbeziehungen hinausgeht, im Anschluss an Nelson bemerkt, ‚keine Unterscheidung zwischen Mann/Frau- und gleichgeschlechtlichen Beziehungen‘ machen, sondern einer ‚einzigen Norm für alle Intimbeziehungen‘ Geltung verschaffen zu wollen,[212] kann gefragt werden, inwieweit die von ihr genannten allgemeinen Machtmechanismen patriarchaler Gesellschaften auch Gewalterfahrungen in gleichgeschlechtlichen Intimbeziehungen bedingen oder beeinflussen können. Inwiefern sich patriarchale Strukturen und Mechanismen speziell auch in die Praxis von Intimbeziehungen zwischen Männern einfräsen, wenn denn diese Strukturen und Mechanismen in ‚allen Intimbeziehungen‘ unter Zugrundelegung einer ‚einzigen Norm‘ re- und dekonstruierbar sein sollen, bleibt in dieser aus dezidiert feministischer Perspektive angestellten Untersuchung ungeklärt.

---

208 Vgl. a.a.O., 20.
209 Ähnlich in der Sexualethik von Ellison, *Justice*, 94–113, 133 u. 135. Vgl. auch Gilson, *Eros*, 85 ff. zur christlichen Tradition des patriarchalen Sexismus, der Heteronormativität, der Überordnung des Mannes bzw. Unterordnung der Frau sowie vor allem den Problemen einer erotisierten Gewalt und deren Auswirkungen auf die zwischenmenschliche Intimität.
210 Vgl. dazu grundlegend Gemünden, *Gewalt*, 19, 69 u. 73 zur Patriarchatsthese; ferner Gemünden, „Gewalt in Partnerschaften,“ 333–353.
211 Vgl. dazu grundlegend Stein-Hilbers, *Gewalt*, 3 f., 13–24, 31–124, 175 f. u. 180–182.
212 Bóasdóttir, *Violence*, 190 f.

Bemerkenswerterweise verzichtet Bóasdóttir nicht nur auf eine spezifische Abgrenzung von sexueller Gewalt[213] gegenüber anderen, offensichtlich oder zumindest mutmaßlich nicht sexuell motivierten Gewaltphänomenen im privaten und sozialen Nahraum sowie auf den Versuch einer sexualethischen, sei's phänomenorientierten, sei's kriterienbasierten Grenzziehung im wesentlich durch Übergängigkeit und Unabschließbarkeit charakterisierten Bereich zwischenmenschlicher Handlungs- und Verhaltensweisen (auch im Bereich des Sexuellen), sondern auch der von Bóasdóttir herangezogene Gewaltbegriff bleibt vage und im Ungefähren. Tatsächlich findet sich in der ganzen Dissertation – wohlgemerkt: über ‚Gewalt, Macht und Gerechtigkeit' – nur an einer einzigen Stelle, und zwar in der Einleitung, dazu noch in einer Fußnote, eine Definition dessen, was nach Bóasdóttir unter Gewalt zu verstehen ist: Im Anschluss an Galtungs Verständnis von Gewalt als Be- oder Verhinderung menschlicher Selbstverwirklichung im Sinne der Aktualisierung der im jeweiligen Sein des Menschen angelegten Möglichkeiten[214] wird „[v]iolence in a human context" definiert als „avoidable harmful actions/insults directed toward human beings and their needs", wobei unter ‚needs' allgemein „basic needs related to human survival, human wellbeing, identity, meaning and freedom"[215] gefasst werden. Damit läuft Bóasdóttir Gefahr, ihre ganze Untersuchung auf einen unklaren, wenn nicht bis zur Unkenntlichkeit verwässerten Gewaltbegriff zu gründen.[216] Wie sich Konkretisierungen personaler Gewalt identifizieren und gegenüber Formen struktureller Gewalt abgrenzen lassen (können), bleibt jedenfalls ebenso ungeklärt wie die Deutung spezieller Gewaltphänomene wie beispielsweise Vergewaltigung,[217]

---

213 Bóasdóttir selbst spricht ausschließlich von „sexual violence", obgleich auch der vor allem im feministischen Kontext seit Mitte der 1980er Jahre rezipierte Terminus „sexualized violence" zur Verfügung gestanden hätte (zur Unterscheidung s. Abschnitt A.3.2).
214 Siehe Abschnitt A.2.4.
215 Bóasdóttir, *Violence*, 14 (Anm. 2) unter Rekurs auf Galtung, „Cultural Violence," 292 („avoidable insults to basic human needs, and more generally to *life*, lowering the real level of needs satisfaction below what is potentially possible"; bei Bóasdóttir mit Abweichung vom Original zitiert). Dies ist die einzige Stelle, an der Bóasdóttir Galtung erwähnt und sich explizit auf sein Konzept bezieht, obgleich es m.E. an einigen anderen Stellen ihrer Untersuchung gute inhaltliche Anknüpfungspunkte hierfür gegeben hätte, z.B. 68, 91, 93 u. 99. Der offensichtliche Widerspruch dieses Gewaltverständnisses zur Subsumierung sexueller, physischer, psychischer und verbaler Formen der Gewalt gegen Frauen unter den Terminus ‚(male) battering' (s. oben Anm. 135) wird von Bóasdóttir nicht reflektiert.
216 Zur Problematik von Galtungs Gewaltverständnis s. Abschnitt A.2.4.
217 Zu den wenigen Stellen, an denen Bóasdóttir „rape in marriage" bzw. „marital rape" thematisiert, vgl. Bóasdóttir, *Violence*, 27, 34, 189 bzw. 98, 100, 166, 173; vgl. ferner 27 (zur katholischen Position) sowie 166 (im Rahmen der Auseinandersetzung mit Häring).

einschließlich der Frage nach der Berechtigung einer unterschiedlichen Bewertung von Vergewaltigung innerhalb und außerhalb der Ehe, wie sie für die traditionelle kirchliche Sexualmoral kennzeichnend ist.

Überhaupt unterbleibt eine eigentliche Reflexion darüber, was das Phänomen männlicher Gewalt gegen Frauen in Intimbeziehungen für die Vorstellung und Deutung von Sexualität *sub specie theologiae* bedeutet; die Feststellung, dass Sexualität ‚realistischer‘ und ‚pessimistischer‘ betrachtet werde, als es in den kritisierten Sexualethiken der Fall sei, sagt noch nichts darüber aus, *als* was Sexualität betrachtet und theologisch-anthropologisch gedeutet wird. Auch bei der durch den spezifischen Untersuchungsgegenstand der Dissertation bedingten Beschränkung auf männliche Gewalt gegen Frauen in Intimbeziehungen wäre es notwendig (gewesen), das Kriterium der Zustimmung nicht als allgemeinverständlich vorauszusetzen, sondern näher zu bestimmen, was genau unter Zustimmung bzw. ‚echter Zustimmung‘ („genuine consent“) zu verstehen ist und wann letztere beginnt und endet,[218] zumal sich unweigerlich die Frage stellt, wie demgegenüber mit gegenseitiger Zustimmung durchgeführte Gewalthandlungen etwa im Rahmen sadomasochistischer Sexualpraktiken zu bewerten wären.

Den vorstehenden Rückfragen und Einwänden zum Trotz bleibt festzuhalten, dass Bóasdóttir überzeugend aufzuzeigen vermag, inwiefern sich eine Analyse männlicher Gewalt gegen Frauen in Intimbeziehungen nicht allein auf Gewaltphänomene als solche beschränken darf, sondern immer auch unter Berücksichtigung der Machtkontexte und -strukturen erfolgen muss, in welchen diese Gewaltphänomene eingebettet sind. Diesen das Auftreten bestimmter Gewaltphänomene möglicherweise begünstigenden und deren Aufdeckung und Verringerung möglicherweise erschwerenden systemischen Bedingungen und Faktoren ist sprichwörtlich das Wasser abzugraben. Speziell im Blick auf das Problem männlicher Gewalt gegen Frauen in Intimbeziehungen gilt es sich bewusst zu halten: „The insight that male battering of women in current societies is connected with how sexuality is constructed in these same societies makes it clear that discussions of male battering cannot focus only on this serious problem and how to disallow it, but must also include an exploration of the social construction of male and female sexuality.“[219]

Hierin liegt in meinen Augen zugleich das unbezweifelbare Verdienst feministischer Ansätze einer nicht-androzentrischen Ethik, die sich insofern als kritisches Korrektiv gegen patriarchale Dualismen und dementsprechende, auch heute noch immer weitgehend für selbstverständlich gehaltene Denkmuster und

---

218 Vgl. allenfalls a.a.O., 191 f.
219 A.a.O., 93; vgl. 13, 94 u. 163.

Wertvorstellungen sowie die mit der Subjekt-Objekt-Spaltung einhergehende Tendenz zur Herauslösung des individuellen Subjekts aus alltäglichen Kontexten (entsprechend der neuzeitlichen Haltung des Desengagements[220]) auch innerhalb der theologisch-ethischen Diskussion ausnimmt.[221] Die Einbeziehung außertheologischer Wissensbestände, einschließlich der Erkenntnisse der feministischen Sozialwissenschaften über sexuelle Gewalt in Familie und Ehe und der sich daraus ergebenden Anfragen an theologische Wissensbestände, in die christliche Sexualethik steht außer Frage. Allerdings weniger unter der Maßgabe der Konfliktvermeidung[222] zwischen den Inhalten theologisch-ethischer Reflexion und feministischer Analysen von bzw. von feministischen Überlegungen angeregter empirischer Studien zu Intimbeziehungen, sondern vielmehr mit dem Ziel, das Proprium und die lebensweltliche Relevanz des christlichen Menschenbildes für Fragen und Herausforderungen der Gegenwart aufzuzeigen. Dies schließt eine kritische Auseinandersetzung mit der eigenen Tradition im Lichte aktueller empirischer Erkenntnisse und vor dem Forum gegenwärtigen Wahrheitsbewusstseins nicht aus, sondern macht eine solche vielmehr unumgänglich, wie es auch Bóasdóttirs Traditionskriterium erfordert.

Die von Bóasdóttir entwickelten Kriterien für eine von ihr als ‚angemessen'[223] apostrophierte christliche Sexualethik im Blick auf Intimbeziehungen – Erfahrung, Gleichheit, Tradition und Integration – erscheinen plausibel und praktikabel. Allerdings bleiben wesentliche Punkte ihres eigenen, im abschließenden Kapitel der Dissertation nur in groben Strichen skizzierten feministisch-theologischen Ansatzes undeutlich und/oder unausgeführt, zumal die Gelegenheit einer direkten Anknüpfung an die von ihr zuvor in den Materialkapiteln vorgelegte kritische Interpretation der Entwürfe von Thielicke, Nelson und Häring in einigen Fällen ungenutzt gelassen und die Weiterführung der Sexualethik eher angemahnt als ausgearbeitet wird. Bóasdóttirs Grundannahme, erst unter Einbeziehung der Gerechtigkeitsperspektive sei eine angemessene Erörterung des Problems männlicher Gewalt gegen Frauen in Intimbeziehungen möglich, weshalb Ausgangs- und Mittelpunkt einer solchen Sexualethik das Gewahrwerden der Realität spezifischer Gewalterfahrungen von Frauen in Intimbeziehungen und deren Reflexion als Erfahrungen von Ungerechtigkeit bilde, erscheint nachvoll-

---

220 Wohlgemerkt: entsprechend; zum Zusammenhang zwischen Desengagement und neuzeitlicher Erkenntnistheorie vgl. Taylor, „Descartes," 283 ff.

221 Dass eben dies auch das Ziel feministischer Philosophie ist bzw. sein kann, betont zu Recht Meyer, *Einführung*, 25.

222 Darauf scheint mir Bóasdóttirs Forderung im Sinne des Integrationskriteriums hinauszulaufen, vgl. *Violence*, 100.

223 Vgl. Bóasdóttir, *Violence*, 93 (Anm. 1).

ziehbar insofern, als diese Gewalterfahrungen nur unter Mitberücksichtigung auch der gesellschaftlichen Bedingungen und Kontexte – einschließlich deren Deutungsmuster gesellschaftlicher Wirklichkeit – adäquat zu erfassen und Ansätze zu ihrer Verringerung zu entwickeln sind.

Die Feststellung, dass es zur Ermöglichung ‚echter Zustimmung' einer ‚relativ ausgewogenen Machtverteilung' bedürfe,[224] leuchtet ebenfalls ein, erweist sich jedoch bei näherer Betrachtung als durchaus komplexer, wenn man bedenkt, dass Macht nichts Eindimensionales ist, sondern als allgemeinmenschliche Möglichkeit in allen gesellschaftlichen Bereichen und sozialen Beziehungen begegnen kann, mithin, um an Weber zu erinnern, ‚soziologisch amorph' ist.[225] Es müsste dann zumindest immer auch reflektiert werden, in welcher Hinsicht es um die Verteilung von Macht geht und dass sich hier unterschiedliche Aspekte und Dimensionen von Macht überlagern können und de facto auch überlagern. Die bloße Feststellung, dass es einer ‚relativ ausgewogenen Machtverteilung' bedürfe, bedarf demnach einer Konkretisierung, zumal dann, wenn deutlich wird, dass Machtausgewogenheit kein Automatismus ist.

2.5 Farley: *Just Love* (2006)

Legierungen von Sexualität und Gewalt werden von der US-amerikanischen katholischen Ordensschwester (RSM) und Ordinaria für Sozialethik an der Yale Divinity School (YDS), Margaret A. Farley (*1935), hauptsächlich im zentralen sechsten Kapitel ihrer Grundlegung *Just Love. A Framework for Christian Sexual Ethics* (2006)[226] behandelt, in dem sie den Rahmen für eine in Gerechtigkeitsnormen gründende christliche Sexualethik absteckt.[227] Deren Ausgangspunkt ist die Übertragung der formalen Bedeutung von ‚Gerechtigkeit' (‚jedem Menschen

---

224 Vgl. a.a.O., 191 u. 193.

225 Siehe Abschnitt A.2.3.1.

226 Die deutsche Übersetzung von Farleys Buch, *Verdammter Sex* (2014) trägt nicht nur einen ebenso „verkaufsträchtigen wie irreführenden Titel" (so zu Recht Walser, „Let's talk about Sex!," 105), der Farleys sachliche und unaufgeregte Argumentation geradezu konterkariert, sondern ist an vielen – und für den vorliegenden Zusammenhang auch zentralen – Stellen ungenau, lückenhaft und mitunter verfälschend (man vergleiche nur den letzten Abschnitt zur Norm der Unversehrtheit in Farley, *Just Love*, 218 mit *Verdammter Sex*, 240), weshalb ich die zitierten Stellen aus *Just Love* – soweit nicht anders angegeben – stets in *eigener* Übersetzung und mit Verweis auf die entsprechende Stellen in der deutschen Ausgabe wiedergebe.

227 Vgl. Farley, *Just Love*, 207–244 / *Verdammter Sex*, 229–269 u. 391–398. Es ist zu bemerken, dass Farley in ihrem gesamten Buch nur ein einziges Mal von „sexual violence" spricht, und zwar gleich zu Beginn des 1. Kapitels, vgl. *Just Love*, 3 / *Verdammter Sex*, 17.

das zu geben, was ihm gebührt' – eine Rezeption der ulpianischen Gerechtig-
keitsdefinition, wie sie sich eingangs der Institutionen Justinians findet und auch
in den Erläuterungen zur Gerechtigkeit in der thomanischen *Summa Theologiae*
aufgegriffen wurde: „iustitia est constans et perpetua voluntas ius suum cuique
tribuens"[228]) in das formale ethische Prinzip,[229] wonach einzelne Personen und
Gruppen von Personen „nach Maßgabe ihrer konkreten, aktuellen wie potenziellen, Realität"[230] anzuerkennen seien. Auch die vielfältigen Ziele oder Motive
menschlicher Sexualität – jeder sexuellen Beziehung wie jeder sexuellen Praktik
– können für Farley im Falle ihrer Übereinstimmung mit der „konkrete[n] Realität
von Personen",[231] bzw. wenn sie diese zumindest nicht verletzen, als „akkurat und
schöpferisch" und im Falle ihrer Nicht-Übereinstimmung als „verzerrend und
destruktiv" beurteilt werden: „Wenn eine solche Übereinstimmung gegeben ist,
sind die Ziele weder destruktiv noch verzerrend."[232]

Im Mittelpunkt der aus der konkreten Realität von Personen abgeleiteten
Gerechtigkeitsnormen, die für sämtliche menschlichen Beziehungen, einschließlich intimer sexueller Beziehungen, in Anschlag zu bringen sind, steht die
Achtung der Autonomie und Relationalität von Personen.[233] Als gleichermaßen
ursprüngliche wie verpflichtende Merkmale menschlicher Personalität sind Autonomie und Relationalität die Grundlage nicht nur jeder allgemeinethischen,
sondern auch speziell jeder sexualethischen Norm.[234] So resultiert aus der Achtung der Autonomie und Relationalität von Personen, was nichts anderes bedeutet als deren Achtung als Zwecke an sich selbst,[235] die Verpflichtung, ihnen
keinen ungerechtfertigten Schaden zuzufügen.[236] Neben dieser allgemeinen
ethischen Norm der körperlich-seelisch-geistigen Unversehrtheit[237] ergeben sich

---

228 Vgl. *Institutiones Iustiniani* 1, 1, pr.; zit. nach Knütel et al., *Corpus Iuris Civilis*, 1 bzw. Thomas
von Aquin, *Summa theologiae*, II-II, q. 58 a. 1 arg. 1: „*iustitia est constans et perpetua voluntas ius
suum unicuique tribuens*"; vgl. auch II-II, q. 58 a. 11 s.c.: „Ambrosius dicit [...]: *Iustitia est quae
unicuique quod suum est tribuit, alienum non vindicat, utilitatem propriam negligit ut communem
aequitatem custodiat*" (zit. nach *Sancti Thomae Aquinatis*, Bd. 9, 9 u. 18).
229 Vgl. Farley, *Just Love*, 209 / *Verdammter Sex*, 231.
230 Farley, *Just Love*, 209; vgl. *Verdammter Sex*, 231; vgl. *Just Love*, 209 f. / *Verdammter Sex*, 232 f.
231 Farley, *Just Love*, 209; vgl. *Verdammter Sex*, 232; vgl. *Just Love*, 232 / *Verdammter Sex*, 256
(dort ohne Entsprechung).
232 Farley, *Just Love*, 214; vgl. *Verdammter Sex*, 237. Zur Frage der Anerkennung der konkreten
Realität des Anderen als des *geliebten* Menschen vgl. Farley, *Just Love*, 200 – 204 / *Verdammter
Sex*, 222 – 226.
233 Vgl. Farley, *Just Love*, 231 / *Verdammter Sex*, 255.
234 Vgl. Farley, *Just Love*, 211 f., 214 u. 216 / *Verdammter Sex*, 233 f., 236 u. 238.
235 Vgl. Farley, *Just Love*, 231 / *Verdammter Sex*, 255.
236 Farley, *Just Love*, 216; vgl. *Verdammter Sex*, 238.
237 Vgl. Farley, *Just Love*, 217 / *Verdammter Sex*, 239.

als Spezifikationen dessen, was es heißt, die Autonomie und Relationalität von Personen zu achten und ihnen keinen ungerechtfertigten Schaden zuzufügen, noch sechs weitere positive Normen sexueller Gerechtigkeit, die sich entweder aus der Achtung der Autonomie oder der Achtung der Relationalität von Personen ableiten lassen.[238]

Dementsprechend macht Farley „für eine zeitgemäße menschliche und christliche Sexualethik"[239] insgesamt sieben zentrale „Normen"[240] unterschiedlicher Grundlagen geltend:

Grundlage	Norm
Achtung der Autonomie und Relationalität, die Personen als Zwecke an sich selbst auszeichnen, und deshalb Achtung ihres Wohls („well-being"):	
	1. *Füge keinen ungerechtfertigten Schaden zu!* („Do no unjust harm")
Achtung der Autonomie:	2. *Freiwillige Zustimmung der Partner*innen* („Free consent of partners")
Achtung der Relationalität:	3. *Gegenseitigkeit* („Mutuality")
	4. *Gleichheit* („Equality")
	5. *Verbindlichkeit* („Commitment")
	6. *Fruchtbarkeit* („Fruitfulness")
Achtung der Personen als sexuelle Wesen in der Gesellschaft:	
	7. *Soziale Gerechtigkeit* („Social Justice")

Abbildung 2: Normen sexueller Gerechtigkeit nach Farley.[241]

Diese nicht einfach als bloße Ideale, sondern auch als graduierbare „Grunderfordernisse"[242] verstandenen sexualethischen Normen, die einander nicht ausschließen, sondern überlappen und allesamt „Achtung vor einer verkörperten

238 Vgl. Farley, *Just Love*, 218 / *Verdammter Sex*, 240 (dort mit mehreren Auslassungen und Umformulierungen) sowie *Just Love*, 231 / *Verdammter Sex*, 255.
239 Farley, *Just Love*, 216; vgl. *Verdammter Sex*, 238.
240 Vgl. Farley, *Just Love*, 215–231 / *Verdammter Sex*, 238–254; für eine Interpretation dieser Normen vgl. McCarty, *Sexual Virtue*, 215–218; Walser, „Let's talk about Sex!," 105–109 sowie Prüller-Jagenteufel, „Konzept," 66–68.
241 Farley, *Just Love*, 231; vgl. *Verdammter Sex*, 254 (dort verkürzend übersetzt). Zur Übersetzung von *equality* vgl. oben Anm. 156.
242 Farley, *Just Love*, 215 f.; vgl. *Verdammter Sex*, 238 (dort sinnentstellend übersetzt).

und belebten Realität"[243] heischen, lassen sich im Einzelnen wie folgt charakterisieren:

(1.) *Keine ungerechtfertigte Schadenszufügung:* „Weil Personen Personen sind, haben wir Achtung vor ihnen und die Verpflichtung zum Respekt."[244] Der Grundsatz des *nihil nocere* erhalte im sexuellen Bereich, der von Vertraulichkeit und intimer Nähe, aber auch von einer besonderen Vulnerabilität der Menschen geprägt sei, eine besondere Bedeutung.[245] „Das Begehren – nach Lust oder Macht – kann in sexuellen Beziehungen zum Schlagstock werden. Als beseelte Körper sind wir anfällig für sexuelle Ausbeutung, Prügel, Vergewaltigung, Versklavung und die Gefahren, die von einem ungeschützten Sexualverkehr ausgehen."[246]

(2.) *Freiwillige Zustimmung:* Die Verpflichtung, die individuelle Autonomie eines Menschen als personale Selbstbestimmung zu achten, lege „ein minimales, aber absolutes Erfordernis" der aus freien Stücken erfolgenden Einwilligung beider Sexualpartner*innen fest: „‚Nicht anfassen, eindringen oder benutzen', lautet das Erfordernis, es sei denn, ein Individuum stimmt freiwillig zu."[247] Die körperliche Integrität der anderen Person sei unter allen Umständen zu respektieren, mit der Folge, „dass Vergewaltigung, Gewalt oder jeder schädliche Gebrauch von Macht gegenüber Personen"[248] gegen ihren Willen in keiner Weise zu rechtfertigen, aber auch absichtliches Unwahrheitsagen, falsche Versprechungen wie überhaupt alle Formen von Täuschung, Betrug und Manipulation der anderen Person zu vermeiden seien.[249]

(3.) *Gegenseitigkeit:* Vor dem Hintergrund, dass die traditionell als männlich konnotierte Aktivität und die traditionell als weiblich konnotierte Rezeptivität oder Empfänglichkeit nicht länger als binäre Opposition,[250] sondern nach heutigem Erkenntnisstand als einander vielfach durchdringend, mithin beide Partner*innen als aktiv und empfänglich *zugleich* zu verstehen seien („aktive Empfänglichkeit und empfängliche Aktivität"[251]), stelle sexuelles Begehren nicht nur „eine Suche nach Lust und Triebentspannung", sondern auch nach „Gegensei-

---

243 Farley, *Just Love*, 216; vgl. *Verdammter Sex*, 238.
244 Farley, *Just Love*, 216; zit. nach Farley, *Verdammter Sex*, 238.
245 Farley, *Just Love*, 217; zit. nach Farley, *Verdammter Sex*, 239.
246 Ebd.
247 Farley, *Just Love*, 219; vgl. *Verdammter Sex*, 241.
248 Ebd.
249 Vgl. ebd.
250 Zu dieser bis auf Aristoteles rückverfolgbaren Dichotomie, Polarisierung oder Kontrastierung von Aktivität/Männlichkeit und Rezeptivität/Weiblichkeit vgl. Göttsch, „Geschlechterforschung," 10 – 12.
251 Farley, *Just Love*, 221; zit. nach Farley, *Verdammter Sex*, 244.

tigkeit des Begehrens und verkörperter Einheit"[252] dar. Ein gewisser Grad an Gegenseitigkeit, wie auch immer eine solche Mischung aus Geben und Nehmen im Einzelnen zum Ausdruck komme, sei in den Einstellungen ebenso wie in den Handlungen beider Partner*innen erforderlich.[253]

(4.) *Gleichheit:* Partner*innen dürften nicht als Eigentum, Ding oder Handelsobjekt betrachtet oder behandelt werden; die Einzigartigkeit und Unterschiedlichkeit der anderen Person sei zu würdigen und diese als Zweck an sich selbst zu achten: „Wenn der Machtunterschied zu groß ist, wird die Freiheit durch Abhängigkeit eingeschränkt und die Gegenseitigkeit unmöglich. Die Folgen können sexuelle Belästigung, psychologischer und körperlicher Missbrauch, Prostitution und der Verlust des Selbst in seinem Prozess sein, der zu echter Liebe hätte führen können."[254]

(5.) *Verbindlichkeit:* Allen zeitgenössischen, nachgerade ‚ent-täuschenden' Erfahrungen zum Trotz, dass Beziehungen auch scheitern könnten, „können [wir] noch immer glauben, der Liebe oder dem Begehren treu zu bleiben, indem wir von unserer Freiheit Gebrauch machen und eine verbindliche Beziehung eingehen".[255] Ohne deshalb überzogene Erwartungen und Maßstäbe setzen zu wollen – es geht Farley „um Minimal-, nicht um Maximalforderungen"[256] –, könne eine christliche Sexualethik durchaus „die Verbindlichkeit als Norm für sexuelle Beziehungen und Aktivitäten festlegen".[257]

(6.) *Fruchtbarkeit*, worunter nicht nur Fortpflanzung im biologischen Sinne als „verantwortungsvolle Reproduktion der Menschengattung"[258], sondern „Offenheit für andere im weitesten Sinn"[259] zu verstehen sei. Als Frucht der Liebe, die zwei Personen miteinander teilen, könnte sich nicht nur die Möglichkeit einer größeren Gemeinschaft von Personen auftun, sondern das neue Leben in der Beziehung von Personen „auf zahllose Arten über sich selbst hinausgehen: Es kann andere Beziehungen nähren, anderen wertvolle Dinge vermitteln, die fruchtbare Arbeit von Partnern inspirieren, beim Großziehen der Kinder anderer Menschen helfen und so weiter und so weiter."[260]

---

252 Ebd.
253 Vgl. Farley, *Just Love*, 223 / *Verdammter Sex*, 245.
254 Farley, *Just Love*, 223; zit. nach Farley, *Verdammter Sex*, 246.
255 Farley, *Just Love*, 226; zit. nach Farley, *Verdammter Sex*, 249.
256 So zu Recht Walser, „Let's talk about Sex!," 108.
257 Farley, *Just Love*, 226; zit. nach Farley, *Verdammter Sex*, 249.
258 Farley, *Just Love*, 226; vgl. *Verdammter Sex*, 250.
259 Farley, *Just Love*, 227; zit. nach Farley, *Verdammter Sex*, 251.
260 Farley, *Just Love*, 227 f.; zit. nach Farley, *Verdammter Sex*, 251.

(7.) *Soziale Gerechtigkeit*, verstanden als „Gerechtigkeit, die jedes sexuelle Wesen in einer Gemeinschaft oder Gesellschaft erwarten"[261] dürfe, und zwar unabhängig vom geschlechtlichen oder sexuellen Status der Person: „Ob man ledig oder verheiratet ist, hetero- oder homosexuell, bi- oder intersexuell, alt oder jung, nicht behindert oder unfähig, seine Sexualität in den üblichen Formen auszudrücken – alle haben Anspruch auf den Respekt der christlichen Gemeinschaft und der Gesellschaft im Ganzen. Sie haben Anspruch auf Unversehrtheit, Gleichheit vor dem Gesetz, einen gerechten Anteil an den Gütern und Dienstleistungen, die der Gesellschaft zur Verfügung stehen, und auf sexuelle Selbstbestimmung – wobei die Grenze dort verläuft, wo die gerechtfertigten Ansprüche anderer verletzt oder beeinträchtigt werden."[262] Durch diese Verflechtung von sexualethischen und sozialen Gerechtigkeitsfragen wird deutlich, dass den Erscheinungsformen sexueller*sexualisierter Gewalt für Farley immer auch eine soziale Dimension eignet und Fragen der Sexualethik immer auch Fragen von gesellschaftlicher Verantwortung darstellen.[263]

Zusammengefasst charakterisiert Farley den durch vorstehende Normen abgesteckten Rahmen ihrer christlichen Sexualethik folgendermaßen:

> Sex sollte nicht zur Ausbeutung, Vergegenständlichung oder Dominanz gebraucht werden; Vergewaltigung, Gewalt und schädlicher Gebrauch von Macht in sexuellen Beziehungen sind ausgeschlossen; Freiheit, Ganzheitlichkeit, Intimität, Lust sind Werte, die in Beziehungen bestätigt werden müssen, die durch Gegenseitigkeit, Gleichheit und irgendeine Form von Verbindlichkeit geprägt sind; wie andere tiefgehende zwischenmenschliche Beziehungen können und sollten sexuelle Beziehungen sowohl innerhalb der Beziehung wie auch darüber hinaus fruchtbar sein; die Neigungen des Verlangens und der Liebe, die sexuelle Beziehungen hervorbringen und aufrechterhalten, sind im großen Ganzen eine echte Bestätigung für den Liebenden wie den Geliebten.[264]

Vor diesem Hintergrund betont Farley nun im Unterabschnitt „Das negative Potenzial von Sex",[265] dass bei allen positiven Bedeutungen und Werten von Sexualität auch deren negatives Potenzial nicht außer Acht gelassen werden dürfe. Nachdem bereits an anderen Stellen der Untersuchung „auf gravierende Beispiele für den schädlichen Gebrauch der Sexualität"[266] wie Vergewaltigung[267] sowie auf

---

261 Farley, *Just Love*, 228; zit. nach Farley, *Verdammter Sex*, 252.
262 Ebd. Zu Farleys Position zu Transsexualität vgl. Farley, *Just Love*, 154–156 / *Verdammter Sex*, 175–177.
263 Vgl. Farley, *Just Love*, 229 / *Verdammter Sex*, 253; ferner Walser, „Let's talk about Sex!," 108 f.
264 Farley, *Just Love*, 231; vgl. *Verdammter Sex*, 255 (dort z. T. verkürzend und sinnentstellend übersetzt).
265 Vgl. Farley, *Just Love*, 237–240 / *Verdammter Sex*, 261–264.
266 Farley, *Just Love*, 237; vgl. *Verdammter Sex*, 261.

traditionell als „eher böse denn gut" beurteilte „problematische Praktiken"[268] wie Prostitution und Pornographie[269] hingewiesen worden ist, sollen diese Beispiele und Praktiken in einem eigenen Unterabschnitt wenigstens kursorisch auf einen gemeinsamen argumentativen Nenner gebracht werden.

Dabei ist es Farley wichtig, hervorzuheben, dass die von ihr vorgeschlagenen Leitlinien für einen verantwortlichen und wertschätzenden Umgang mit Sexualität selbige „eindeutig nicht als wesenhaft böse" fasst – sei dies „wegen eines unkontrollierbaren biologischen Triebs" oder sei dies, „weil die Suche nach Lust unweigerlich egozentrisch" bzw. „der menschliche Körper eine Last für die menschliche Seele"[270] sei. Auch solle das von ihr angeregte Nachdenken über sexualethische Fragen nicht zu kategorischen Urteilen führen wie etwa der Ablehnung von „Geschlechtsverkehr ohne Fortpflanzungsabsicht" als „böse", wie es „unbegründetes Prinzip" der römisch-katholischen Position sei, oder aber der Beurteilung von Sexualität als unweigerlich mit dem verhängnisvollen Makel ihrer Abkunft vom Sündenfall behaftet und deshalb grundsätzlich der göttlichen Vergebung bedürftig, wie bzw. soweit dies in der Tradition Augustins von Luther behauptet werde.[271] Ebenso wenig dürfe daraus geschlossen werden, dass jeglicher Geschlechtsverkehr „beschmutzend und beschämend" sei, „wenn er in Formen außerhalb der traditionellen Kategorien der Angemessenheit zum Ausdruck"[272] komme, oder aber, dass Geschlechtsverkehr „immer Ausdruck menschlicher Konflikte" sei und damit „unweigerlich ein gewisses Maß an Gewalt"[273] enthalte.

> Und doch sind einige menschliche Beziehungen so beschaffen, dass sie, wenn sie sexuell ausgedrückt werden, verheerende Folgen für das verletzliche Individuum haben und die menschliche Gemeinschaft zerstören. Darüber hinaus scheint der Schaden, der beispielsweise bei sexuellen Übergriffen angerichtet wird, potenziell tödlicher zu sein als der Schaden bei nicht-sexuellen Übergriffen, emotionalem Missbrauch und Ausbeutung. Dies mag an den anhaltenden kulturellen Konnotationen der Schändung liegen, von denen Ricœur sprach. Der Grund könnte auch darin bestehen, dass Sexualität für menschliche Personen als verkörperte Seelen, beseelte Körper einzigartig intim ist. Was auch immer der Grund sein könnte, es scheint, dass eine so intime Verletzung in einer ausgesprochen schrecklichen Weise Schaden in unserem körperlichen Selbst anrichten kann. Deshalb ist zum Beispiel das

---

267 Vgl. Farley, *Just Love*, 34 u. 219 / *Verdammter Sex*, 51 u. 241.

268 Farley, *Just Love*, 237; vgl. *Verdammter Sex*, 261.

269 Vgl. Farley, *Just Love*, 59 u. 103 / *Verdammter Sex*, 358 (Anm. 3) u. 124.

270 Farley, *Just Love*, 237; vgl. *Verdammter Sex*, 261.

271 Vgl. Farley, *Just Love*, 237 (samt Anm. 42 u. 43) / *Verdammter Sex*, 261 u. 397 (Anm. 42 u. 43).

272 Farley, *Just Love*, 237 f.; dieser Satz fehlt in *Verdammter Sex*, 261.

273 Farley, *Just Love*, 238; vgl. *Verdammter Sex*, 261.

Trauma des anhaltenden sexuellen Missbrauchs von Kindern [scil. für selbige] noch schädlicher als andere Formen körperlichen und emotionalen Missbrauchs.[274]

Zwar sei bei der Verurteilung interkulturell verbreiteter gewaltförmiger und ausbeuterischer sexueller Praktiken wie der Vergewaltigung als einem Bestandteil moderner Kriegsführung oder dem Handel mit Frauen und Kindern zum Zwecke der Prostitution und sexuellen Sklaverei eine gewisse Zurückhaltung zu beobachten, die nicht zuletzt aus der Scheu herrühre, derartige Praktiken, mit denen nicht selten eine ungerechte Stigmatisierung der unschuldigen Opfer einhergehe, aus der Sicht der eigenen Kultur gegenüber einer anderen, fremden zu kritisieren.[275]

Unter Zugrundelegung ihrer sexualethischen Rahmenordnung kann es für Farley aber keinen Zweifel geben, dass diese Verbrechen einen Bruch mit sämtlichen der oben angeführten sexualethischen Normen darstellten.[276] Dies gelte auch für Pornographie, *soweit* sie sexuelle Gewalt erotisiere.[277] Wohl sei „nicht jeder Gebrauch von Pornographie schädlich",[278] doch könne – zumal: suchthafter – Pornographiekonsum problematische Konsequenzen für die Beziehung der Geschlechter und die menschliche Bindungsfähigkeit haben.[279] Auch was „traditionelle Formen der Prostitution"[280] angehe, sei die Debatte situationsbezogen und differenziert zu führen, da nicht alle Sexarbeiterinnen physisch oder aus ökonomischen Gründen zur Prostitution gezwungen würden: „Es bleiben nicht nur offene Fragen zur Berechtigung von Prostitution als Praxis, sondern unklar ist auch, was wir tun können, um Prostituierten und ihrem Umfeld soziale Gerechtigkeit widerfahren zu lassen."[281]

Im siebten Kapitel,[282] in dem Farley ihre sexualethische Rahmenordnung anhand ausgewählter Lebensaspekte konkretisiert, wird im Unterabschnitt „Ge-

---

274 Farley, *Just Love*, 238; vgl. *Verdammter Sex*, 262. Für eine Analyse von Ricœurs Physiologie der Gewalt im Vergleich u. a. mit Derrida vgl. Staudigl, *Phänomenologie*, 23–25, 239 f. u. 279.

275 Vgl. Farley, *Just Love*, 238 f. / *Verdammter Sex*, 262 f.

276 Vgl. Farley, *Just Love*, 239 / *Verdammter Sex*, 263. Vgl. bereits *Just Love*, 219 u. 223 / *Verdammter Sex*, 241 u. 246.

277 Die Debatte um Pornographie der letzten 25 Jahre mache überdies deutlich, dass es oft gar nicht um die Sache selbst, sondern um damit zusammenhängende Streitpunkte wie etwa das Verhältnis von Meinungsfreiheit und Zensur gehe, vgl. Farley, *Just Love*, 239 / *Verdammter Sex*, 263.

278 Farley, *Just Love*, 239; zit. nach Farley, *Verdammter Sex*, 263.

279 Vgl. Farley, *Just Love*, 239 f. / *Verdammter Sex*, 263.

280 Farley, *Just Love*, 239; zit. nach Farley, *Verdammter Sex*, 263.

281 Farley, *Just Love*, 240; zit. nach Farley, *Verdammter Sex*, 263 f.

282 Vgl. Farley, *Just Love*, 245–312 / *Verdammter Sex*, 271–342 u. 398–409.

rechte Beziehungen zwischen Ehepartnern"[283] auch das Problem der ‚häuslichen Gewalt' thematisiert. Angesichts des immensen Ausmaßes physischer oder emotionaler Gewalt in ehelichen Beziehungen und der Tausenden von Kindern, die Jahr für Jahr im familiären Umfeld missbraucht würden und zu Tode kämen,[284] könne jeder „das Problem der gegenseitigen Schadenszufügung, besonders in den engen Grenzen von Familienbeziehungen, sehen".[285] Allerdings erkenne nicht jeder „die Bedeutung von Machtgefällen in Familien oder den Umstand, wie Gewalt aus einem Gefühl der Ohnmacht entstehen kann, das durch religiös inspirierte, aber unrealistische Erwartungen an Personen in familiären Rollen hervorgerufen wird".[286] Beide, die Gesellschaft und die christliche Gemeinschaft, ständen daher vor der Aufgabe, „die Bedeutung von Überzeugungen in Bezug auf Macht in familiären Beziehungen und die Toleranz gegenüber physischer und psychischer Gewalt kritisch zu bewerten, solange sie in der Familie ‚enthalten' ist". [287] Auf das Problem speziell der sexuellen*sexualisierten Gewalt unter Ehepartner*innen wird von Farley an dieser Stelle allerdings nicht eigens eingegangen.[288]

2.6 Kritik

Die von Farley entwickelte Vision einer christlichen Sexualethik, die sexuelle Beziehungen und Praktiken unter Abkehr vom naturrechtlichen Ansatz „vor dem Hintergrund systemischer und personaler Machtverhältnisse mit Liebe, wechselseitiger Hingabe und engagierter Selbstverpflichtung ebenso verknüpft wie mit Freiheit, Konsensualität und Gerechtigkeit",[289] womit eine Re-Vision wesentlicher Grundsätze der traditionellen kirchlichen Sexualmoral einhergeht, hat eine lebhafte Rezeption im inner- und außerkirchlichen Raum befördert. Nicht sonderlich überraschend wurde Farleys Buch nach Durchführung eines Lehrprüfungsver-

---

283 Vgl. Farley, *Just Love*, 263–270 / *Verdammter Sex*, 289–294.

284 Vgl. Farley, *Just Love*, 267 / *Verdammter Sex*, 293.

285 Farley, *Just Love*, 267; vgl. *Verdammter Sex*, 293.

286 Farley, *Just Love*, 267; vgl. *Verdammter Sex*, 293 f. (dort z.T. sinnentstellend übersetzt). Auf eine genauere Erläuterung dieses Zusammenhangs wird allerdings verzichtet.

287 Farley, *Just Love*, 267; vgl. *Verdammter Sex*, 294 (die Übersetzung dieser Stelle und des direkt anschließenden Satzes ist alles andere als wortgetreu, sondern z.T. geradezu sinnverfälschend).

288 Dass ‚sexuelle Gewalt' und ‚häusliche Gewalt' für Farley nicht einfach miteinander gleichzusetzen sind, zeigt *Just Love*, 229 / *Verdammter Sex*, 253.

289 So Prüller-Jagenteufel, „Konzept," 66, der betont, dass solche „sexualethische[n] Entwürfe, die auf der Idee der Menschenwürde und der darin gründenden Rechte aufbauen, dem Naturrecht an Praktikabilität und Eindeutigkeit nicht nachstehen"; vgl. auch 69 f.

fahrens von der vatikanischen Kongregation für die Glaubenslehre in einer am 30. März 2012 veröffentlichten Notifikation als unvereinbar „mit echt katholischer Theologie" und „in direktem Widerspruch zur katholischen Lehre auf dem Gebiet der Sexualmoral"[290] stehend verurteilt. Dagegen ist in der deutschsprachigen katholischen Moraltheologie Farleys Suche „nach einem neuen Weg, normative Ansprüche auf Basis eines christlichen Menschenbilds zu betonen und sie für *alle* Beziehungen zu argumentieren, so dass sie für alle hilfreich sein können",[291] eine überwiegend positive Würdigung zuteilgeworden und die Verurteilung ihres Buches durch die Glaubenskongregation mit Bedauern aufgenommen worden.[292]

Ungeachtet ihrer „Dekonstruktion"[293] der traditionellen kirchlichen Sexualmoral, wenn nicht gerade deshalb, vermag Farley unter konsequenter Orientierung an Gerechtigkeit als Leitprinzip und Beurteilungsmaßstab[294] nicht nur nachvollziehbare, praktikable Kriterien („Normen')[295] gelingender Sexualität, d. h. „gerechter sexueller Liebe"[296] und daraus entstehenden sexuellen Begehrens, sondern auch eine klare Grenze anzugeben, an der sich konstruktiv-schöpferische Ziele sexueller Beziehungen und Interaktionen von destruktiv-zerstörerischen scheiden: die ‚konkrete Realität von Personen'.[297] Wenn und insoweit ihre Ziele mit der ‚konkreten Realität von Personen' übereinstimmen, können sexuelle Beziehungen und Praktiken weder ‚verzerrend' noch ‚verfehlt' sein, auch dann

---

290 Kongregation für die Glaubenslehre, „Notifikation," [II] u. [IV]. Fragen sexueller*sexualisierter Gewalt sind kein Thema der Notifikation. Das genannte Lehrprüfungsverfahren wurde als ‚dringliches' eingestuft, was bedeutet, dass „zum Zeitpunkt der Beteiligung des Autors die Entscheidung, dass seine Schrift offensichtlich und sicher Irrtümer enthält, bereits gefallen [ist]" (Rhode, „Lehrprüfungs- bzw. Lehrbeanstandungsverfahren," 50). Zu dieser Verurteilung bemerkt Florin in ihrer Streitschrift *Trotzdem!* zwar überspitzt, aber nicht ganz unzutreffend: „Das Verdikt liest sich so, als habe Farley zu einem Atombombenabwurf über Rom aufgerufen" (113). Zum Konflikt zwischen theologischer Wissenschaft und Lehramt auf dem Gebiet der Sexualmoral vgl. auch die Beispiele bei Schockenhoff, *Kunst*, 231 f.

291 Walser, „Let's talk about Sex!," 109.

292 Vgl. – abgesehen von Walser, a.a.O., 105–109 – z. B. Prüller-Jagenteufel, „Konzept," 66–68 und Lesch, „Sexualethik," 415.

293 Prüller-Jagenteufel, „Konzept," 67.

294 Die Frage der Gerechtigkeit nimmt bei Farley auch in anderen Kontexten eine zentrale Stellung ein, z. B. im Blick auf die (Möglichkeit der) Nutzung moderner Reproduktionstechnologien, vgl. Farley, „Feminist Theology," 303 f.

295 Vgl. hierzu oben Anm. 240.

296 Farley, *Just Love*, 214; fehlt in *Verdammter Sex*, 237; zur Differenzierung von sexueller Liebe und sexuellem Begehren, wobei erstere die Grundlage von letzterem bildet, vgl. *Just Love*, 168–171 u. 244 / *Verdammter Sex*, 191–194 u. 269. Entsprechendes gilt für (die) Liebe, vgl. *Just Love*, 196–200 / *Verdammter Sex*, 219–222.

297 Vgl. die oben in Anm. 230, 232 u. 244 angegebenen Stellen.

nicht, wenn sie außerhalb der traditionellen Kategorien der Angemessenheit stehen. Oder andersherum formuliert: Sexuelle Beziehungen und Praktiken sind ‚gerecht' und ‚angemessen',[298] wenn und insoweit darin die konkrete Realität des Anderen als individueller Person in ihrer je spezifischen Situation und mit ihren je spezifischen Bedürfnissen anerkannt wird, was freilich nicht bedeutet, deshalb von allen relevanten Aspekten einer Person (auch und gerade negativer Art wie z. B. ein Dieb zu sein[299]) einfach abzusehen, wohl aber, ‚für sie das Beste anzustreben'.[300] Mit der ‚konkreten Realität einer Person' übereinstimmen heißt sie sowohl in ihrer Aktualität wie in ihrer Potenzialität anerkennen: „die Realität von Personen umfasst nicht nur ihre gegenwärtige *Aktualität*, sondern auch ihr *positives Entwicklungspotenzial*, [ihr positives Potenzial] für menschliches und individuelles Gedeihen, sowie ihre *Anfälligkeit* für die Verminderung [ihrer Fähigkeiten]".[301]

Damit ist zwar deutlich, dass massive Grenzverletzungen in Form sexueller*sexualisierter Gewalt wie z. B. Vergewaltigung – es macht für Farley dabei augenfällig keinen Unterschied, ob eine Vergewaltigung sich innerhalb einer bestehenden Beziehung ereignet oder außerhalb, indem sie z. B. als Mittel moderner Kriegsführung eingesetzt wird[302] – geradeheraus und ohne Urteil darüber, ob gerecht oder ungerecht,[303] abgelehnt werden können. Bei anderen Schädigungssituationen wie z. B. sexueller Missbrauch scheint mir eine solche Zurückweisung *allein* unter Zugrundelegung des allgemeinen Kriteriums der Übereinstimmung oder Nichtübereinstimmung mit der ‚konkreten Realität von Personen' allerdings weniger offensichtlich zu sein. Denn ein Erwachsener, der sexuelle Handlungen vor, mit oder an einem Kind vornimmt, könnte den Anspruch erheben oder diese in dem Glauben tun, damit für das Kind – um Farleys Formulierung aufzugreifen – ‚das Beste anzustreben'.[304] Um auch sexuelle Handlungen zwischen Erwachsenen und Kindern ohne Umschweife abzulehnen und als das zu entlarven, was sie sind: sexueller Missbrauch von Kindern, gilt es, noch weitere

---

298 Zur Bedeutung von ‚Angemessenheit' in diesem Kontext vgl. Farley, *Just Love*, 197 (Anm. 40) / *Verdammter Sex*, 387 (Anm. 40).
299 Vgl. Farley, *Just Love*, 200 (Anm. 44) / *Verdammter Sex*, 388 (Anm. 44).
300 Vgl. ebd.
301 Farley, *Just Love*, 210; vgl. *Verdammter Sex*, 233; vgl. analog dazu Farley, „Feminist Theology," 297.
302 Dies legt zumindest die Aufzählung bei Farley, *Just Love*, 217 / *Verdammter Sex*, 239 nahe.
303 Vgl. Farley, *Just Love*, 218 / *Verdammter Sex*, 240 (verkürzend übersetzt).
304 So wurde (und wird) aus der Pädophilen-Bewegung heraus immer wieder das Argument ins Feld geführt, ‚einvernehmliche' sexuelle Kontakte zwischen Erwachsenen und Kindern seien für die kindliche Entwicklung nicht nur ‚nicht schädlich', sondern sogar ‚förderlich' und geradezu von ‚erzieherischem Wert'; zur Auseinandersetzung mit dieser Argumentation s. Abschnitt F.2.3.

Kriterien hinzuzunehmen, die sich nach Farley als Spezifikationen der Achtung der Autonomie und/oder Relationalität von Personen verstehen lassen, wobei von Farleys Kriterien hier nach meinem Dafürhalten weniger das des *nihil nocere* als vielmehr die der Einvernehmlichkeit, Gegenseitigkeit und Gleichheit tragfähig erscheinen. Dies wird an gegebener Stelle dieser Untersuchung herauszuarbeiten sein.[305]

Das unbestreitbare Verdienst von Farleys Entwurf einer erneuerten christlichen Sexualethik ist es, Sexualität aus der Genitalfixierung und Fortpflanzungsorientierung als Wesensmerkmale traditioneller kirchlicher Sexualmoral herauszulösen und, um an eine bereits zitierte Formulierung von Sielert zu erinnern, als ein ‚Querschnittsthema' der Persönlichkeit zu fassen;[306] dabei bleibt Sexualität insofern wesentlich an Liebe gebunden, als ‚gerechter Sex' untrennbar mit dem Gedanken einer ‚gerechten Liebe' verbunden ist, ohne dass damit jedoch gesagt wäre, jede Liebe sei deshalb auch richtig und gut. Dies – und damit ‚gerecht' im oben beschriebenen Sinne – ist Liebe erst, „wenn sie die konkrete Realität des geliebten Objekts wahrheitsgemäß bestätigt".[307] Die Assoziation von Liebe und gelebter Sexualität wird damit auch von Farley beibehalten, ohne beides unauflöslich miteinander zu verbinden,[308] geschweige denn miteinander gleichzusetzen, oder aber gelingende Sexualität wie im traditionellen Ideal ehelicher Liebe[309] im Binnenraum der Institution der Ehe oder wenigstens im Horizont einer jeden auf Dauer angelegten, von gegenseitiger Anerkennung, Treue und Vertrauen charakterisierten Partnerschaft zu verorten.[310]

Das negative, destruktive Potenzial der als wesenhaft komplex[311] gefassten und entsprechend differenziert beurteilten Sexualität wird an mehreren Stellen zwar angedeutet und Beispiele für massive Grenzverletzungen werden auch angesprochen, in denen Sexualität Menschen zum Nachteil und Schaden gereicht; allerdings verbleiben Argumentation und mitunter Begrifflichkeiten[312] nur im

---

305 Siehe Abschnitt C.3. Speziell zur Frage der Schädlichkeit s. Abschnitt F.2.3.

306 Vgl. Sielert, „Sexualpädagogik und sexuelle Bildung," 66.

307 Farley, *Just Love*, 200; vgl. *Verdammter Sex*, 223. Vgl. ausführlicher *Just Love*, 198 / *Verdammter Sex*, 221.

308 Zum Junktim von Sexualität und Liebe vgl. Schockenhoff, *Grundlegung*, 591–599; ferner ders., *Kunst*, 351–355.

309 Für eine neuerliche Deutung dieses personalen Eheverständnisses, wie es im Zweiten Vatikanum artikuliert wurde, vgl. Sautermeister, „Lebensgeschichten," 100–102.

310 Vgl. Farley, *Just Love*, 164–173 / *Verdammter Sex*, 186–196.

311 Vgl. Farley, *Just Love*, 159 / *Verdammter Sex*, 181.

312 Wie z.B. bei der Verwendung des Begriffs ‚häusliche Gewalt' (Farley, *Just Love*, 88 u. 267 / *Verdammter Sex*, 106 u. 293) anstatt, wie z.B. Bóasdóttir, *Violence*, 94 fordert, Akteur(e) und Opfer klar beim Namen zu nennen.

Allgemeinen, wie überhaupt unklar bleibt, welches Verständnis von Gewalt den Ausführungen zugrunde liegt.[313] Zwar werden Machtdimensionen und strukturelle Machtgefälle auch in sexuellen Beziehungen von Farley immer wieder in den Blick genommen,[314] weitergehende Differenzierungen unterbleiben aber ebenso wie klare sexualethische Grenzziehungen bei weniger offensichtlichen Formen von Gewalt und deren Folgen. Ein weiteres Ausziehen dieser bei Farley nur in Grundzügen aufgezeigten Argumentationslinien und die Anwendung der von ihr entwickelten sexualethischen Rahmenordnung auf die oft lediglich aufzählungshaft aneinandergereihten Phänomene sexueller*sexualisierter Gewalt[315] wäre zweifellos wünschenswert (gewesen).

2.7 Schirrmacher: *Ethik* (2011)

Der reformierte Theologe Thomas Schirrmacher (*1960), langjähriger stellvertretender Generalsekretär der Weltweiten Evangelischen Allianz (WEA) und Vorsitzender von deren Theologischer Kommission, der am 1. März 2021 das Amt des Generalsekretärs der WEA angetreten hat, thematisiert Fragen der Sexualität hauptsächlich in *Lektionen* 42–47 des vierten Bandes, *Das Gesetz der Freiheit (Das AT im NT, Sexualethik)*, seiner insgesamt acht Bände umfassenden *Ethik* (5. Aufl., 2011).[316] Wie Schirrmacher zu Beginn von *Lektion* 42 („Zur Sexualität (I)"[317]) durch ständigen Rekurs auf Bibelstellen als *dicta probantia* und *sedes doctrinae* entwickelt, bilde Sexualität,[318] „weil zur Erschaffung von Mann und Frau gehörig, einen Teil des Höhepunktes der Schöpfung".[319] Als „Gottes Schöpfung und Wille"

---

313 Vgl. allenfalls Farley, *Just Love*, 267 / *Verdammter Sex*, 293f.

314 Zur Assoziation von Sexualität, sexuellem Begehren und Macht vgl. Farley, *Just Love*, 19 u. 163 / *Verdammter Sex*, 35 u. 185, erstere Stelle unter Rekurs auf Foucault.

315 Vgl. Farley, *Just Sex*, 218 / *Verdammter Sex*, 240; und zwar – zusammen mit Prostitution und Pornographie – als Beispiele für „Handlungen und soziale Gefüge", die im sexuellen Bereich, neben (!) „alle[n] Formen von Gewalt", „typischerweise für schädlich gehalten", aber meist nicht einfach „kurzerhand abgelehnt" (*Just Sex*, 218f.; vgl. *Verdammter Sex*, 239f.) werden könnten. Zu Pädophilie vgl. lediglich *Just Sex*, 219 / *Verdammter Sex*, 241.

316 Thomas Schirrmacher, *Ethik*, Bd. 1–8, 5. Aufl. (2011) [66 Lektionen samt Kursmaterial (Bd. 7) und Register (Bd. 8)]; vgl. Bd. 4 (4. Aufl., 2009), 320–555, worauf ich mich durchgehend beziehe.

317 Vgl. a.a.O., 320–350.

318 Wenngleich auf eine Wesensdefinition von Sexualität verzichtet wird, versteht es sich von selbst, dass Schirrmacher unter Sexualität im affirmativen Sinne stets die heterosexuelle und „zweigeschlechtliche Sexualität" (a.a.O., 324) fasst, von der eine jede Abweichung nichts als ein Ab- und Irrweg darstellt, bildet diese Annahme doch den *articulus stantis et cadentis* des evangelikalen Sexualitätsverständnisses.

319 A.a.O., 320.

hafte Sexualität deshalb „nichts Anrüchiges an" und sie habe auch keinen bloß „abgeleiteten Wert als Mittel der Zeugung", sondern besitze „einen Wert an sich im Rahmen der ehelichen Liebe".[320] Mit dieser Bewertung und Verortung von Sexualität als (zum Wesen) der Ehe gehörend einher geht eine Abwertung außerehelichen Geschlechtsverkehrs als „sexuelle Perversion"[321] und vorehelichen Geschlechtsverkehrs als zur „Entehrung der Frau"[322] führend. Sexualität werde also „erst dann zum Problem, wenn sie außerhalb der von Gott für die Erfüllung und den Schutz der Sexualität geschaffenen Ehe mißbraucht"[323] werde – „jedwede Sexualität außerhalb der Ehe" sei „nicht mit dem Willen Gottes vereinbar".[324]

Der Sexualität ist nach Schirrmachers biblizistisch-theologischem Dafürhalten („Wer den Gott der Bibel ernstnehmen möchte, der wird auch ernstnehmen müssen, was er zu Liebe, Freundschaft und Ehe gesagt hat"[325]) von Gott mit der Ehe zwischen Mann und Frau „eine eindeutige Grenze gesetzt", innerhalb derer der Sexualität aber durchaus „eine große Freiheit gegeben"[326] sei, die, wie angesprochen, über die Zeugung von Nachkommenschaft hinausgehe. Dieser gottgegebene „Schutz für diese sexuelle Beziehung" diene dazu, „damit sie [scil. diese sexuelle Beziehung] nicht zum Herrschaftsinstrument des einen über den anderen, vor allen Dingen nicht zum Herrschaftsinstrument des Mannes über andere Frauen"[327] werde. Eine solche Selbstbeherrschung sei dem Menschen nicht aus sich allein, sondern unter der Voraussetzung möglich, dass er Gott kenne und einsehe, zu einer echten Persönlichkeit – „die das, was sie tut oder sagt, wirklich beherrscht" – allein durch die von Gott geschenkte Vergebung und Kraft werden zu können: „Deswegen möchte Paulus [scil. in 1 Thess 4,3–8] auch, daß wir uns keine Übergriffe gegenüber der Frau erlauben [...]. Er möchte also, daß wir den eigenen Willen der Frau respektieren und das Verhältnis eines anderen Mannes mit einer Frau nicht gefährden."[328]

---

320 Ebd.
321 A.a.O., 325; diese sexuelle Perversion, zu der Schirrmacher auch Homosexualität zählt, stehe „in engem Zusammenhang mit der religiösen Perversion" (ebd.; ohne Hervh.).
322 A.a.O., 334; dies gelte auch für außerehelichen Geschlechtsverkehr.
323 A.a.O., 324 (ohne Hervh.).
324 A.a.O., 511.
325 A.a.O., 335.
326 Ebd., und zwar bis ins hohe Alter hinein, zumindest in den Augen des Johannes Chrysostomus, vgl. 365; ferner 329.
327 A.a.O., 335 (rein grammatisch könnte mit ‚sie' auch ‚die Sexualität' gemeint sein).
328 A.a.O., 334f. Zum Verständnis der zu mehreren Deutungen Anlass gebenden Wendung τὸ ἑαυτοῦ σκεῦος κτᾶσθαι (‚mit seinem Gefäß [bzw. im übertragenen Sinne: ‚mit seinem eigenen Leibe' oder ‚mit seiner eigenen Frau'] umzugehen wissen' bzw. ‚sich sein eigenes Gefäß [bzw.

Es ist an dieser Stelle nicht notwendig, Schirrmachers evangelikal-theologisches Sexualitäts- und Geschlechterverständnis,[329] bei dessen Konkretisierung bemerkenswerte Einsichten zutage befördert werden wie etwa die, dass die Frau nicht „dümmer, schlechter oder weniger wert" als der Mann schon aufgrund der „Tatsache" sei, dass sie „überhaupt erschaffen wurde, weil der Mann nicht allein klar kam und eine Hilfe brauchte",[330] en détail zu erörtern. Gleichwohl ist bemerkenswert, dass die einzige Stelle, an der Schirrmacher in den beiden von ihm explizit mit „Zur Sexualität" überschriebenen *Lektionen* 42 („Zur Sexualität (I)") und, als deren direkte inhaltliche Fortsetzung, 43 („Zur Frage der Ehezwecke und der Familienplanung (Zur Sexualität II))"[331] – neben der bereits zitierten Stelle zu den von Paulus untersagten ‚Übergriffen' des Mannes (‚wir') ‚gegenüber der Frau',[332] zu denen Schirrmacher anzunehmenderweise auch oder sogar primär sexuelle Übergriffe zählen dürfte[333] – überhaupt das Phänomen sexueller*sexualisierter Gewalt thematisiert hat, sich ausgerechnet im Rahmen seiner Auseinandersetzung mit den Folgen der Sexuellen Revolution findet. Diese nämlich bewirke „letztlich die Verachtung der Sexualität und die Verachtung der Frau",[334] was von Schirrmacher am Beispiel der Vergewaltigung Tamars durch Amnon in 2 Sam 13,1–22 veranschaulicht wird: „Ammon [sic!] wollte Tamar zur Frau, und als diese sich weigerte, vergewaltigte er Tamar (2 Sam 13,1–19). Das Ergebnis aber war, daß sein ‚Haß' auf Tamar hinterher ‚größer als die Liebe vorher' (2 Sam 13,15) war."[335]

‚seinen eigenen Leib' oder ‚seine eigene Frau'] zu gewinnen wissen') in 1 Thess 4,4 (εἰδέναι ἕκαστον ὑμῶν τὸ ἑαυτοῦ σκεῦος κτᾶσθαι ἐν ἁγιασμῷ καὶ τιμῇ; bei Schirrmacher a.a.O., 332 übersetzt mit: „daß jeder von euch weiß, wie er sich seine eigene Frau in Heiligkeit und Ehrbarkeit gewinnt") vgl. Maurer, Art. „σκεῦος," 359–368 zusammen mit Konradt, „Εἰδέναι ἕκαστον ὑμῶν τὸ ἑαυτοῦ σκεῦος κτᾶσθαι," 128–135. Ich danke Prof. Dr. Ulrich Mell (Universität Hohenheim) sehr herzlich für seine hilfreichen Hinweise zum Verständnis von 1 Thess 4,4! Unter ὑπερβαίνειν (‚sich Übergriffe erlauben') in der Wendung τὸ μὴ ὑπερβαίνειν καὶ πλεονεκτεῖν ἐν τῷ πράγματι τὸν ἀδελφὸν αὐτοῦ in 1 Thess 4,6 (bei Schirrmacher a.a.O., 332, übersetzt mit: „daß er sich weder einen Übergriff erlaubt, noch seinen Bruder in dieser Sache übervorteilt") kann allgemein auch das Übertreten, Überschreiten und Verletzen von Rechten und Geboten (vgl. Bauer, *Wörterbuch*, Sp. 1674 [s.v. ὑπερβαίνω]) bzw. hier womöglich auch oder speziell Formen der Bereicherung zum Nachteil anderer verstanden werden. Zu Schirrmachers Geschlechterverständnis und seiner Deutung der Stellung von Mann und Frau vgl. bereits 284 u. 290 (aus *Lektion* 40).

329 Vgl. dazu Krohn, *Problem*, 166f.
330 Schirrmacher, *Ethik*, Bd. 4, 284 (zum Kontext dieses Zitats s. oben Anm. 328).
331 Vgl. a.a.O., 351–386.
332 Vgl. a.a.O., 334f. samt Zitat aus 1 Thess 4,3–8 in a.a.O., 332.
333 Zur Übersetzung von ὑπερβαίνειν in 1 Thess 4,6 s. oben Anm. 328.
334 A.a.O., 328.
335 Ebd. (ohne Hervh.); zur Sexuellen Revolution vgl. auch 329 sowie im Ganzen 336–342.

Sexualität und Gewalt werden von Schirrmacher vor allem in *Lektion* 45 über sexuellen Kindesmissbrauch, *Lektion* 46 über Pornographie sowie *Lektion* 47 über Homosexualität zum Thema gemacht.[336] Während auf Schirrmachers Position zu Pornographie und auf die von ihm vorgenommene Verhältnissetzung von Pädophilie und Homosexualität noch an anderen Stellen dieser Untersuchung eingegangen wird,[337] ist an dieser Stelle speziell Schirrmachers Theorie sui generis über sexuellen Kindesmissbrauch in *Lektion* 45 („Zur sexuellen Misshandlung von Kindern"[338]) und seine damit in engem Zusammenhang stehenden Äußerungen zu Homosexualität und Gewalt in *Lektion* 47 („Zur Homosexualität")[339] in den Blick zu nehmen.

Unter ständigem Rekurs auf sozialwissenschaftliche Veröffentlichungen einerseits, auf Bekundungen und Veröffentlichungen von dem christlich-konservativen Spektrum zugehörigen oder nahestehenden Autor*innen andererseits macht Schirrmacher vier Hauptgründe für die Zunahme[340] von Fällen sexuellen Kindesmissbrauchs aus: der globale Sextourismus als „eine moderne Form der Sklaverei",[341] die Erosion der traditionellen Familienverhältnisse, die zunehmende Sexualisierung der Kinder infolge der sogenannten Sexuellen Revolution sowie Homosexualität.[342] Die Gefahr sexuellen Missbrauchs wird also nicht nur auf die im Zuge der Liberalisierung der Sexualmoral sowohl von innen heraus erfolgende als auch von außen durch entsprechende Gesetze und Gesetzesvorhaben vorangetriebene „Zerstörung der Kernfamilie",[343] sondern gleichermaßen auf die Sexualisierung von Kindern zurückgeführt: „Sexualisierte Kinder werden

---

336 Einzelne Bemerkungen zum Zusammenhang von Sexualität und Gewalt finden sich bereits auch in *Lektion* 39 („Ehebund und Scheidung"; vgl. 201–252). Speziell zur Scheidungsfrage vgl. 247 f.
337 Siehe Abschnitte E.3.2.2 u. F.1.1.2.
338 Vgl. a.a.O., 435–459.
339 Vgl. a.a.O., 511–555. Das hinter diesem Kapitel stehende politotheologische Ansinnen Schirrmachers kommt gut zum Ausdruck in der von ihm in der 4. Auflage seiner *Ethik* eingangs der *Lektion* eingefügten „Vorbemerkung 2009" (511 f.).
340 A.a.O., 441; in offensichtlichem Widerspruch zu 447, wo Schirrmacher bemerkt, dass „die Zahl der Sexualmorde und -mordversuche an Kindern rückläufig" sei.
341 A.a.O., 435; vgl. 435–438.
342 Von Bemerkungen zu Schirrmachers Ausführungen zu Mädchenhandel und Sextourismus (vgl. 435–438), zu den von ihm angeführten Statistiken zu sexuellem Kindesmissbrauch in Deutschland (vgl. 438–441, wo Einsichten bekundet werden wie: „Das Hauptproblem liegt in den Familien und der Verwandtschaft selbst, wobei die Rolle der unbeherrschten Väter oder Onkel offensichtlich alle anderen Elemente übertrifft" [439, ohne Herv.]) sowie zum einigermaßen änigmatischen Schlussakkord über Jeffrey Moussaieff („Mousaieff" [sic!]) Massons (*1941) Auseinandersetzung mit Freuds Verführungstheorie (452–459) sehe ich im Folgenden ab.
343 A.a.O., 442; vgl. allerdings 445 f.

zu sexualsüchtigen Erwachsenen".[344] Auch aus ärztlicher Sicht sei es deshalb geboten, „Kinder in sexueller Geborgenheit und nicht als Freiwild aufwachsen zu lassen. Richtig verstandene ‚Prüderie' verhindert nicht die große ‚Freiheit', sondern führt zu echter sexueller Erfüllung in der Ehe".[345] Überdies müsse der „Verharmlosung" von Vergewaltigungen durch die Gerichtsbarkeit ein Ende bereitet werden,[346] sei doch eine Vergewaltigung sowohl in der Ehe wie auch in der Kindheit „nicht so sehr ein sexuell motivierter Akt, als ein Akt brutaler Gewalt [...], der eher in eine Reihe mit Mord und Körperverletzung als mit Ehebruch"[347] gehöre. Vergewaltigung in der Ehe gehe dabei „fast immer mit auch sonstiger Gewalt in der Ehe einher",[348] wobei das Risiko einer Vergewaltigung nach einer Scheidungsandrohung, Trennung oder Scheidung noch wesentlich höher sei.[349]

Überdies könne Homosexualität sowohl *Folge* wie *Ursache* sexuellen Missbrauchs sein. Während „viele Jungen durch homosexuelle Verführung und Mißbrauch als Kinder und Jugendliche homosexuell"[350] würden, sehe bei Frauen „die Lage anders aus, denn es ist erwiesen, daß die weibliche Homosexualität oft auf dem Hintergrund von sexuellem Mißbrauch von Mädchen durch Männer entsteht, besonders durch Verwandte und Väter".[351] Diese Behauptung eines wechselseitigen Kausalzusammenhangs zwischen Homosexualität und sexuellem Missbrauch begegnet auch in *Lektion* 47 („Zur Homosexualität") im Abschnitt „Homosexuelle und Kinder",[352] in dem überdies Pädophilie miteinbezogen und mit Kindesmissbrauch gleichgesetzt wird,[353] während eine direkte Gleichsetzung von Homosexualität und Pädophilie[354] von Schirrmacher vermieden, eine keineswegs zufällige Verbindung zwischen beidem aber gleichwohl an mehreren Stellen insinuiert wird:

> Überhaupt dürften viele männliche Homosexuelle dadurch begonnen haben, Homosexualität zu praktizieren, daß sie während ihrer Kindheit von älteren Homosexuellen verführt (oder gar im Sinne des deutschen Gesetzes mißbraucht) wurden. Homosexualität ist auch deswegen an dieser Stelle nicht nur eine rein private Angelegenheit, sondern auch eine

---

344 Klempnauer, *Mißbrauch*, 24; auch zit. bei Schirrmacher, *Ethik*, Bd. 4, 443.

345 Schirrmacher, *Ethik*, Bd. 4, 450 unter Rekurs auf Habermehl, „Verführung," 14.

346 Vgl. Schirrmacher, *Ethik*, Bd. 4, 447–450.

347 A.a.O., 448 unter Rekurs auf Fortune, *Sexual Violence*, 7 ff.

348 Schirrmacher, *Ethik*, Bd. 4, 448 unter Rekurs auf Finkelhor/Yllö, *License*, 24.

349 Vgl. Schirrmacher, *Ethik*, Bd. 4, 449 unter Rekurs auf Finkelhor/Yllö, *License*, 25.

350 Schirrmacher, *Ethik*, Bd. 4, 444; vgl. ferner Schirrmacher, *Ethik*, Bd. 4, 539.

351 A.a.O., 444 unter Rekurs auf Vonholdt, „Homosexualität," 62.

352 Vgl. Schirrmacher, *Ethik*, Bd. 4, 536–540.

353 Vgl. a.a.O., 451.

354 Wie dies etwa bei Burkhardt, *Ethik*, Bd. II/2, 130 der Fall ist, vgl. oben das zu Anm. 17 gehörende Zitat.

gesellschaftliche Angelegenheit, da ein Schutz von Minderjährigen vor Verführung und Mißbrauch durch ältere Homosexuelle ebenso wie durch ältere Heterosexuelle gewährleistet werden muß.[355]
Wären Homosexuelle nicht an ‚Knaben‘ interessiert, könnte ihnen ziemlich gleichgültig sein, ob das Gesetz dazu dasselbe sagt, was es im übrigen zum sexuellen Umgang mit Kindern überhaupt als letzte Reste christlicher Sexualmoral in unserer Gesellschaft sagt. Solange die Homosexuellenszene sich mit der Szene der Pädophilen verquickt, muß sie sich nicht wundern, daß Menschen mißtrauisch sind, ob ihre Kinder vor Homosexuellen sicher sind.[356]

Überdies wird Homosexualität von Schirrmacher in *Lektion* 47 unter Rekurs auf Ri 19 „mit schlimmstem Götzendienst" und „schlimmster Vergewaltigung von Frauen"[357] parallelisiert; „jede Verherrlichung der Homosexualität" erweise sich „als Mythos",[358] sei Homosexualität doch „oft Raubbau an der Gesundheit"[359] und gehe, wie der Blick auf die homosexuelle Szene zeige, mit einer „steigende[n] Tendenz zur Gewalt"[360] einher: „Die weitverbreitete Depressivität und der Alkoholismus [scil. unter homosexuellen Männern] haben auch hier ihre Wurzel",[361] wobei

die geringe Lebenserwartung von Homosexuellen nicht vor allem auf AIDS zurückgeht. Im Zusammenhang mit dem ‚Ausbrennen‘ des Körpers der Homosexuellen muß nämlich darauf hingewiesen werden, daß männliche Homosexualität an sich schon, auch ohne AIDS, das menschliche Immunsystem zerstört, weil der Körper nicht in der Lage ist, mit dem ins Blut eindringenden fremden Eiweiß des Samens fertigzuwerden.[362]

Zwar konzediert Schirrmacher, dass die Steigerung der Gewalt durch Homosexualität auch eine gesteigerte Gewalt gegenüber homosexuellen Menschen bedeute: „Natürlich wird die Lebenserwartung der Homosexuellen auch durch Gewalttaten beeinträchtigt."[363] Gleichwohl sei die an sich zutreffende Aussage, homosexuelle Männer würden „weitaus häufiger Opfer von Gewaltkriminalität als

---

355 Schirrmacher, *Ethik*, Bd. 4, 536 f. unter Rekurs auf „Untersuchungen des ‚Family Research Institute‘ in Washington" (537) bei Maddoux, „Sieben Mythen der Homosexuellen," 41 f. Zum sog. Family Research Institute s. unten Anm. 401.
356 Schirrmacher, *Ethik*, Bd. 4, 537 f. unter Rekurs auf Satinover, *Homosexuality*, 62–64 und van den Aardweg, „Homo-‚Ehe‘," 37 u. 40. Vgl. ferner Schirrmacher, *Ethik*, Bd. 4, 496 u. 537.
357 A.a.O., 516.
358 A.a.O., 523.
359 A.a.O., 522.
360 A.a.O., 523.
361 Ebd.
362 A.a.O., 534 unter Rekurs auf Cameron et al., „Longevity," 249–272.
363 Schirrmacher, *Ethik*, Bd. 4, 534.

der Durchschnitt der erwachsenen Bevölkerung",[364] lediglich „tendenziöse Propaganda, vermittelt sie doch den Eindruck, als würden Homosexuelle Opfer der Gewalt von Heterosexuellen!"[365] So wie „die Prostitutionsszene allgemein von Gewalt bestimmt" sei, gelte „dies auch für weite Teile der homosexuellen Szene".

2.8 Kritik

Zu der von Schirrmacher vertretenen Position ist zu sagen, dass die Erklärung (der Zunahme) sexueller Gewalthandlungen im familiären Kontext – der institutionelle Kontext bleibt ausgespart – durch die Erosion traditioneller Werte und herkömmlicher Familienbeziehungen im Zuge der Liberalisierung der Sexualmoral und, was sexuelle Missbrauchshandlungen an Kindern betrifft, durch die „weltweite[] Zunahme der Homosexualität",[366] symptomatisch ist für die auch in populistisch-nationalistischen Strömungen seit einigen Jahren wirkmächtig kultivierte Argumentationsmethode, durch das nachdrückliche Behaupten von direkten Kausalbeziehungen einfache Erklärungen für komplexe Zusammenhänge und Sachverhalte zu liefern. Unter Rekurs auf einschlägige Veröffentlichungen von Autor*innen aus dem Bereich der Humanwissenschaften und dazu augenscheinlich passende Statistiken sowie entsprechende Stellungnahmen von Gleichgesinnten wird eine seriöse wissenschaftliche Fundierung der eigenen Position suggeriert, welche doch im Wesentlichen aus empirisch haltlosen Zusammenhangsannahmen besteht.

Ein solches Herunterbrechen komplexer Realitäten auf ebenso einfach wie eingängig erscheinende Wirkungszusammenhänge, was das tatsächlich komplexe Bedingungsgefüge sexueller*sexualisierter Gewalt allerdings nicht ansatzweise zu erfassen vermag, weil maßgebliche Faktoren und Bedingungen übersprungen werden (gewissermaßen eine ‚Übersprungsargumentation'), mag dem von Schirrmacher anvisierten Leser*innenkreis seiner *Ethik* womöglich vertraut sein und auch ganz zupasskommen, doch ist eine Abbreviatur nun einmal keine adäquate Beschreibung komplexer Realitäten, sondern deren Amputation. Wer vor dem Hintergrund des gegenwärtigen humanwissenschaftlichen Forschungs- und Diskussionsstandes noch immer ernsthaft behauptet, die sexuelle Orientierung eines Menschen als solche könne Resultat von ‚Verführung' sein oder auf-

---

364 Ein Zitat aus dem Programm des Schwulenverbands von Deutschland (SVD) vom 20. Januar 1996, angeführt a.a.O., 534.
365 A.a.O., 534; diese Angabe gilt auch für das folgende Zitat.
366 A.a.O., 435. Diese Behauptung steht im Gegensatz zu Schirrmachers Blogeintrag „Der Prozentsatz der Homosexuellen ist in 110 Jahren nicht gestiegen" vom 28. Mai 2015.

grund von ‚Verführung' in irgendeiner Weise ‚erlernt' werden,[367] offenbart nicht nur eine erstaunliche Gleichgültigkeit gegenüber dem wissenschaftlichen *State of the Art*,[368] sondern müsste – sit venia verbo – dann auch konsequenterweise annehmen, eine Frau könne vom bloßen Ansehen schwanger werden.

Solchen Vor-Urteilen, die ohne intersubjektiv vertretbare, geschweige denn normativ gehaltvolle Gründe vorgebracht werden, darf nun aber nicht in falsch verstandener Toleranz begegnet werden, indem sie zum Zwecke der argumentativen Auseinandersetzung „quasi als begründete Urteile"[369] akzeptiert und damit unberechtigterweise aufgewertet würden: „Ist das Ablehnungsurteil in keiner Weise qualifiziert und entspricht einem Vorurteil, so würde die Forderung nach Toleranz bedeuten, das Vorurteil für legitim zu erklären."[370] Der „Konfliktbegriff"[371] der Toleranz ist gerade nicht der Gegenbegriff zum Begriff des Vorurteils, sondern steht nur insofern „im Konflikt mit Vorurteilen", als diese ihrer Unbegründetheit zu überführen sind, mithin „zu Urteilen ‚gereinigt'"[372] werden müssen, soll die Haltung der Toleranz, welche keinesfalls mit Indifferenz oder Affirmation verwechselt werden darf,[373] auch in einer argumentativen Auseinandersetzung auf den Plan treten können.

Anstelle Schirrmachers Invektiven gegen und völlig indiskutable Behauptungen über homosexuelle Menschen einer eingehenden inhaltlichen Kritik zu unterziehen, was Gefahr liefe, diese als Argumente zu werten und eben damit unberechtigterweise aufzuwerten – anstelle dessen also mag ein Hinweis auf die von Schirrmacher vorgegebene wissenschaftliche Fundierung seiner Aussagen genügen, um zu verdeutlichen, dass seine Position auf einer ausgesprochen zweifelhaften Quellenbasis beruht, die für seriöse wissenschaftliche Aussagen zu größter Vorsicht mahnen sollte. Dass es sich dabei zugleich um die Position eines wirkungsmächtigen und einflussreichen evangelikalen Theologen handelt, dem,

---

367 Vgl. Schirrmacher, *Ethik*, Bd. 4, 444 u. 536 – 540.

368 Vgl. z.B. Rosari/Schrimshaw, „Theories," 561 ff., 576 – 579 samt Resümee 583. Für eine interessante Hypothese zur Biologie der Homosexualität aus Sicht der Evolutionsforschung vgl. Rice et al., „Homosexuality," 343 – 368.

369 Forst, *Toleranz*, 33; vgl. im Ganzen 32 – 34.

370 Klein, *Toleranz*, 73 f., die zudem auf das Merkmal der Situations(un)abhängigkeit als Differenzierungskriterium zwischen Vorurteilen im Blick auf die Vertretbarkeit einer Forderung nach Toleranz verweist, wie es bereits Horkheimer ins Spiel gebracht hat: „Wir haben immer diejenigen, die eine Gruppe aus wirklichen, fassbaren Gründen nicht mochten, sehr klar unterschieden von jenen, bei denen der Haß irrational war" (Horkheimer, „Persönlichkeit," 4; auch zit. bei Klein, *Toleranz*, 73).

371 Forst, *Toleranz*, 12.

372 A.a.O., 34; vgl. auch 671.

373 Vgl. a.a.O., 32.

wie mitunter geradezu ehrfürchtig ins Feld geführt wird, „theologische[n] Aushängeschild"[374] der weltweit gegenwärtig rund 600 Millionen in 140 nationalen Allianzen der WEA versammelten Evangelikalen sowie, auch diese Bezeichnung begegnet, einem der „führenden Menschenrechtler[] der Welt",[375] entbehrt nicht einer gewissen Tragik.

Für den vorliegenden Zusammenhang mag es zum Zwecke der Exemplarität ausreichen, den Fokus auf die für Schirrmachers Position zentrale Behauptung eines wechselseitigen Kausalzusammenhangs zwischen Homosexualität und sexuellem Kindesmissbrauch zu richten.[376] Was zunächst die einer jeden seriösen wissenschaftlichen Grundlage entbehrende, sexuelles Verhalten und sexuelle Identität ohne Weiteres in eins setzende Behauptung betrifft, sexueller Kindesmissbrauch könne ursächlicher Faktor für die homosexuelle Orientierung eines Menschen sein,[377] sprechen die von Schirrmacher dafür zum Beleg zitierten und/oder angeführten Veröffentlichungen Bände. Eine wesentliche Stütze Schirrmachers sind Publikationen des umstrittenen niederländischen Psychologen Gerard J.M. van den Aardweg (*1936),[378] der sich mit Homosexualität vor allem aus therapeutischer Perspektive zum Zwecke deren ‚Heilung' beschäftigt hat und bis dato[379] eine gefragte Stimme für konservative evangelikale und katholische Kreise (van den Aardweg ist bekennender Katholik) vor allem dann ist, wenn es um eine vermeintlich humanwissenschaftliche Begründung einer wie auch immer gearteten ‚Heilbehandlung' von homosexuellen Menschen oder um die Verweigerung jeglicher Positionen und Ämter für homosexuelle Menschen im kirchlichen Bereich geht.[380]

Homosexuelle Menschen werden in Veröffentlichungen van den Aardwegs unter anderem als „Träger eines Minderwertigkeitskomplexes" bezeichnet, „die

---

374 So Lee Young-Hoon (*1954), Seniorpastor der Yoido Full Gospel Church (Seoul), über Schirrmacher im März 2018 in Seoul; zit. nach Vogt, „Schirrmacher," [1]. Zur Rede vom ‚theologischen Aushängeschild' vgl. den Aphorismus über die Rede der Philosophen über die Wirklichkeit in den „Διαψαλματα ad se ipsum" in Kierkegaards *Entweder/Oder*, Bd. 1, 34.

375 Dworatschek, „Gläubige".

376 Für eine Darstellung maßgeblicher Erklärungsmodelle sexuellen Kindesmissbrauchs s. Abschnitt F.2.2.1.

377 Für einen Überblick über den diesbezüglichen Erkenntnisstand vgl. Bange, *Sexueller Missbrauch*, 104–116; vgl. ferner Strauß/Gawlytta, „Sexuelle Störungen," 460–475.

378 Zu van den Aardweg – eigentlich: Gerardus Johannes Maria van den Aardweg – vgl. Rauchfleisch, *Schwule*, 203 f.

379 Vgl. das jeder Kritik und Kontextualisierung von van den Aardwegs Aussagen entbehrende Interview mit selbigem von Krips-Schmidt, „Unglück" (8. Mai 2019).

380 Zu Letzterem vgl. z. B. van den Aardweg, „Abuse," 274–293.

sich unbewußt bemitleiden müssen[de]" „Adoleszente geblieben"[381] seien; homosexuelle Menschen seien nicht anders zu behandeln als „Patienten[,] die an Anorexia nervosa, Zwangsneurose oder an einer Versklavung leiden",[382] und denen van den Aardweg in seinem auch von Schirrmacher in die Argumentation einbezogenen Buch *Das Drama des gewöhnlichen Homosexuellen* (1985)[383] zur Eliminierung des „neurotischen Selbstmitleids"[384] als Wesensmerkmal von Homosexualität eine Art verbale Autoflagellation (genannt „Durchprügeln"[385]) empfiehlt. Diese sei Voraussetzung für eine Behandlung von Menschen zur „Heilung"[386] von der „Homosexualitätsneurose"[387] und könne etwa folgenden Wortlaut haben:

> „Ach, du Jammerfritze, schnappe dir einen Teller mit Glasscherben und friß sie auf, aber schnell! Los, hinunter mit der Flasche Blausäure, dann kannst du dich auf dem Boden wälzen, dann weißt du wenigstens, wieso du hier herumschreist!" Oder: „Ich habe große Lust, dich zum Fenster hinauszuwerfen, dort unten in die Dornenbüsche, und das tue ich jetzt auch! Hier bekommst du eins mit einem Rohr aus Blei über. Da hast du einen Fußtritt, daß du mitten durchbrichst. Jetzt schütte ich dir Benzin über den Kopf, und dann machen wir ein Feuerchen". [388]

In diesem Zusammenhang ist auch der mehrfache Rekurs Schirrmachers auf Veröffentlichungen des umstrittenen US-amerikanischen Psychologen Joseph

---

381 Van den Aardweg, *Selbsttherapie*, 66; vgl. auch ders., *Battle*, 50; *Homosexuality*, 105 f. u. 130 zusammen mit Bos, „Homo-af," 141 u. 143 f.

382 Van den Aardweg, „Homo-,Ehe'," 42. Auf einem Treffen der euroskeptischen „No Campaign" in Dublin am 13. Mai 2015 hat van den Aardweg Homosexualität gar zum Gegenstand weltverschwörerischen Räsonierens gemacht, vgl. McGarry, „Dutch."

383 Vgl. dazu Schirrmacher, *Ethik*, Bd. 4, 541 f. Für eine weitgehend unkritische Rezension von van den Aardwegs Buch innerhalb der katholischen Theologie vgl. Goller, „Gerard J.M. van den Aardweg," 84–89.

384 Van den Aardweg, *Drama*, 78; vgl. 78–91. Zu dieser „Selbstmitleidstheorie" der Homosexualität – die Struktur des Selbstmitleids sei geradezu ein „emotionale[r] Tumor in einer ansonsten gesunden Psyche" (116) – vgl. 30, 32–34, 62 u. 140 f.

385 A.a.O., 440 (ohne Hervh.); vgl. 440 f.

386 Vgl. a.a.O., 353–362.

387 A.a.O., 143; vgl. dazu 27–29, 32, 63–65, 143 f., 312–322 u. 444 f. Zu van den Aardwegs ‚neurotischer' Theorie vgl. bereits den ersten Teil seiner Dissertation *Homofilie* (1967).

388 Van den Aardweg, *Drama*, 441; auch zit. in BT-Drucksache 16/7917 (siehe unten Anm. 393); eine andere Methode als das ‚Durchprügeln', dem der Gedanke „„Gleich setzt es etwas, damit du endlich zum Heulen auch Grund hast!"" zugrunde liege, sei die des „Ausschimpfen[s]" (440; ohne Hervh.) des „inneren Kind[es]" (439); zum „Prozeß des Aushungerns" bzw. der ‚Anti-Selbstmitleidstherapie' vgl. 382–406 u. 411–423; ferner im Anhang 466–478.

Nicolosi (1947–2017) zu thematisieren,[389] des Mitbegründers und langjährigen Präsidenten des US-amerikanischen Therapeutenverbands *National Association for Research and Therapy of Homosexuality* (NARTH) und prominenten Verfechters der sog. Reparativtherapie,[390] mittels derer homosexuelle Menschen zum Teil mit Unterbringung in entsprechenden ,Rehabilitationskliniken' sowie unter Einsatz medizinischer Zwangsmaßnahmen von ihrer homosexuellen Orientierung ,geheilt' werden sollen. Bezeichnenderweise hat Nicolosi die Angebote einer unabhängigen wissenschaftlichen Überprüfung seiner ,Erfolgs'-Behauptungen sowie der von ihm im Rahmen der ,Therapie' zum Einsatz gebrachten Methoden abgelehnt, denen erhebliche Defizite bescheinigt worden sind.[391]

Hinzu kommen Stellungnahmen der Fachärztin für Kinder- und Jugendmedizin Christl Ruth Vonholdt (*1954),[392] der langjährigen Leiterin des sogenannten Deutschen Instituts für Jugend und Gesellschaft (DIJG) der Offensive Junger Christen (OJC), welches Homosexualität in zahlreichen Veröffentlichungen und Eingaben

auf eine Stufe mit Alkoholismus gestellt und das homosexuelle Leben durchweg als ein von psychischen Krankheiten und Süchten gekennzeichnetes dargestellt [hat]. Die Ursache von Krisen, wie sie junge Homosexuelle während ihres Coming-outs häufig erleben, wird dabei nicht in einer immer noch bestehenden gesellschaftlichen Ablehnung von Homosexualität gesehen, sondern in der Homosexualität selbst bzw. in einer „Entfremdung vom eigenen Geschlecht" und dem Einfluss der Schwulenszene. Gegen homosexuelle Empfindungen helfe eine „reparative Therapie". Eltern werden aufgefordert, sich nicht mit der Homosexualität ihrer Kinder abzufinden: „Viele Eltern wollen ihren Sohn nicht einfach einem Lebensstil überlassen, der schmerzhafte Anpassungen verlangt, der mit hoher Wahrscheinlichkeit zu promisken Beziehungen führt, ein hohes Ansteckungsrisiko für ernsthafte und sogar tödliche Krankheiten in sich birgt, der einen extremen Focus auf sexuelle schwule Subkultur setzt und gesellschaftliche Belastungen mit sich bringt. Es ist deshalb gut, wenn

---

389 Vgl. Schirrmacher, *Ethik*, Bd. 4, 520 u. 542 f. unter (fehlerhaftem) Rekurs auf Nicolosi, „Identität," 31–42; *Reparative Therapy* sowie *Healing Homosexuality.*
390 Vgl. dazu Kappler, *Verfolgungen*, 64–66.
391 Vgl. z. B. Bailey et al., „Orientation," 83 u. 86. Grundsätzlich zur Reparativtherapie vgl. Zucker, „Politics," 399–402 u. Robinson, „Homosexual Reparative Therapy," 1312–1314.
392 Vgl. Schirrmacher, *Ethik*, Bd. 4, 444 f., 515, 528 u. 540. In ihrem Beitrag „Homosexualität," (1995), auf den sich Schirrmacher mehrmals zustimmend bezieht, stellt Vonholdt eingangs fest: „Eine homosexuelle Orientierung [...] ist Ausdruck einer gegen die eigene Geschlechtsidentität gerichteten seelischen Kindheitsverletzung und der sehnsüchtige, allerdings vergebliche Versuch, diese Verletzung durch erotisch-sexuelle Beziehungen mit Angehörigen des eigenen Geschlechts zu heilen" (62).

Sie als Eltern das tun, was Sie tun können, um Ihrem Kind eine heterosexuelle Entwicklung zu ermöglichen."[393]

Neben dem US-amerikanischen evangelikalen Rundfunkpionier Marlin Maddoux (1933 – 2004),[394] der sich in zahlreichen Radiobeiträgen und Veröffentlichungen um eine Ent-Mythologisierung und Ent-Täuschung von Homosexualität bemüht hat, um so die „düstere Realität" über Homosexualität an den Tag zu bringen, dass diese nämlich „letztendlich nicht erfüllend",[395] sondern eine unnatürliche „völlige *Umkehrung* und *Ablehnung* der wichtigsten menschlichen Rollen sei",[396] beruft sich Schirrmacher zum Beleg seiner Behauptung, Homosexualität sei auch Ursache sexuellen Kindesmissbrauchs, vor allem auf entsprechende Untersuchungen des US-amerikanischen Psychologen Paul Cameron (*1939).[397] Dies ist vor allem deshalb bemerkenswert, weil Cameron aufgrund homophober Entgleisungen bereits 1983 aus der American Psychological Association (APA) ausgeschlossen[398] und ihm unter anderem durch die APA und die American Sociological Association (ASA) mehrfach gravierendes wissenschaftliches Fehlverhalten attestiert wurde.[399]

Neben Camerons Untersuchungen zum Verhältnis von Homosexualität und sexuellem Kindesmissbrauch, deren sachliche und methodische Unzulänglichkeiten sowie zwischen Verzerrung und ganz bewusster Manipulation changierenden Schlussfolgerungen von anderen Forschenden mit deutlichen Worten

---

393 So in BT-Drucksache 16/7917, 1 f.; das abschließende Zitat stammt aus dem *Bulletin* des DIJG, Nr. 10, Herbst 2005, Sonderheft „Jugendliche und Homosexualität", 22; vgl. BT-Drucksache 16/8022, 6 f.

394 Maddoux, „Seven Myths," 29 – 35. Zu Maddoux vgl. Jorstad, *Popular Religion*, 129 f.

395 Maddoux, *What Worries Parents Most*, 101 (meine Übers.).

396 Maddoux, „Seven Myths," 34 (meine Übers.); vgl. auch Maddoux, *What Worries Parents Most*, 102.

397 Vgl. Cameron, „Homosexual Molestation," 1227–1236; Cameron et al., „Child molestation," 327–337; Cameron, „Child Molestations," 227–230. Vgl. ferner (allerdings nicht von Schirrmacher zitiert oder referenziert) Cameron, „Foster Parent Molestations," 275–298 sowie Cameron et al., „Homosexual Sex," 915–961. Zur Problematik der Rede von ‚homosexuellem Missbrauch' s. Abschnitt F.1.1.2.

398 Vgl. den Abdruck des Ausschlussbriefes vom 2. Dezember 1983 unter: https://t1p.de/2ol9 (Zugriff: 31.10.2021). Ich verdanke diesen Hinweis Corvino, *Homosexuality*, 53; zu Cameron vgl. 52–56.

399 Vgl. nur den Cameron-Report des Committee on the Status of Homosexuals in Sociology der ASA vom 30. August 1986; abgedruckt unter: American Sociological Association, „Council," 4 u. 6; vgl. dazu White, *Religion*, 146 ff.

kritisiert worden sind,[400] beruft sich Schirrmacher überdies auf pseudowissenschaftliche, gleichermaßen die Grenze zur Manipulation bei der Erhebung und
Darstellung der Daten immer wieder überschreitende Veröffentlichungen des
sogenannten Family Research Institute (FRI). Diese von Cameron selbst 1982 in
Colorado Springs (Colorado) als Institute for the Scientific Investigation of Sexuality (ISIS) begründete evangelikale Organisation[401] sieht ihre Mission nach
eigenem Bekunden darin, „to generate empirical research on issues that threaten
the traditional family, particularly homosexuality [...]", sowie darin, „to restore a
world [...] where homosexuality is not taught and accepted, but instead is dis-
couraged and rejected at every level".[402]

Vor diesem Hintergrund kann festgehalten werden, dass nicht nur die von
Schirrmacher getroffene Auswahl der Quellen tendenziös ist, sondern sich auch
die Quellen selbst als von zum Teil äußerst zweifelhafter wissenschaftlicher
Qualität erweisen. Schirrmacher scheint denn auch weniger an einer seriösen
wissenschaftlichen Fundierung als vielmehr an einem wissenschaftlichen An-
strich seiner Position interessiert zu sein, um religiös motivierte Ressentiments
und gruppenbezogene Menschenfeindlichkeit[403] gegenüber homosexuellen
Menschen – nicht selten ein höchst schlichter Ausdruck homophober Infamie –
unter dem Feigenblatt der ‚Wissenschaftlichkeit' vorzutragen. Eine unvoreinge-
nommene oder auch nur ausreichend humanwissenschaftlich informierte Erörterung der vielfältigen Bedingungen und Faktoren sexueller*sexualisierter Gewalt
auf der Höhe des gegenwärtigen Forschungs- und Erkenntnisstands wird jedenfalls im Keim erstickt, wenn, neben der Liberalisierung der Sexualmoral und der
Auflösung traditioneller Familienverhältnisse, die ‚Zunahme' der Homosexualität
als gleichsam pathognostisches Symptom die von vornherein ausgemachte Ursache darzustellen scheint, der nun unter allen Umständen und mit allen Mitteln
beizukommen ist – selbst unter Zuhilfenahme menschenunwürdiger ‚Konversionsbehandlungen' oder ‚Reparativtherapien', für deren ‚Unwirksamkeit' und

---

400 Vgl. hierzu Herek, „Myths," 133–172; Herek, „Bad Science," 223–255; Kranish, „Beliefs;"
Frisch/Brønnum-Hansen, „Mortality," 136.

401 Schirrmacher, *Ethik*, Bd. 4, 532 u. 537 spricht (augenscheinlich unter ungeprüftem Rekurs auf
Maddoux, „Seven Myths," 32f.) vom „‚Family Research Institute' in Washington", womit auch das
von James Dobson 1981 gegründete Family Research Council (FRC) gemeint sein könnte, eine
Denkfabrik der Religiösen Rechten mit Sitz in Washington, D.C. Für eine Beurteilung des FRC vgl.
Mertin, *Anpassung*, 205–256; ferner grundsätzlich Macgillivray, „Religion," 29–44

402 Wie auf der Website des ‚Instituts' (www.familyresearchinst.org) noch bis mindestens 2010
zu lesen war; hier zit. nach Brindle, *Language of Hate*, 154f.; für eine aktuelle Einordnung vgl.
Balleck, *Hate Groups*, 113–115.

403 Zur Konzeption der Gruppenbezogenen Menschenfeindlichkeit (GMF) vgl. Legge/Mansel,
„Diskriminierung," 507–513.

Schädlichkeit es schlicht erdrückende wissenschaftliche Evidenz gibt[404] und deren Durchführung an Minderjährigen sowie an Erwachsenen, deren Einwilligung zur Durchführung auf einem Willensmangel beruht, in Deutschland seit dem 12. Juni 2020 mit einem weitreichenden Verbot belegt ist.[405]

Schirrmacher ist in seiner andernorts ausgesprochenen Einschätzung durchaus zuzustimmen, dass der Umgang mit Homosexualität das entscheidende Hindernis der derzeitigen „ökumenischen Beziehungen auf globaler Ebene"[406] darstellt; durch tendenziöse Zuspitzungen, empirisch haltlose Zusammenhangs-annahmen[407] und Rückgriffe auf pseudowissenschaftliche Studien und/oder wissenschaftlich äußerst zweifelhafte, durch den fortschreitenden Wissens- und Erkenntnisstand längst überholte Positionen, nicht zuletzt aber durch die Befürwortung oder zumindest nicht entschiedene Ablehnung von medizinisch-therapeutischen Maßnahmen, die aus sexualethischer Sicht nur als besonders perfide Form sexueller*sexualisierter Gewalt gegen homosexuelle Menschen betrachtet werden können, scheint jedenfalls kein Schritt der Annäherung möglich. Eine solche kann nicht hinter das Faktum zurück, dass Homosexualität weder

---

404 Vgl. die Stellungnahmen und Beiträge in: Bundesstiftung Magnus Hirschfeld (Hg.), *Ab-schlussbericht*, hier bes. Briken et al., „Gutachten" [7]-[39]. Vgl. ferner bereits Cruz, „Desires," 1297–1400; Haldeman, „Pseudo-Science," 1–4; ders., „Antidotes," 117–130; Beckstead/Morrow, „Mormon Clients' Experiences," 686. Derartige Therapien werden mittlerweile von sämtlichen führenden internationalen Fachgesellschaften im nervenärztlich-psychiatrischen und psychologischen Bereich abgelehnt. Für eine rechtliche Einschätzung vgl. Kappler, *Verfolgungen*, 64–66. Für eine Darstellung der Positionen evangelikaler Gemeinschaften vgl. Kaern-Biederstedt, „Frömmigkeit," 155–165. Dass Schirrmacher solche ‚Konversions-' oder ‚Reparativtherapien' als geeignete Maßnahme zu betrachten scheint, um den von ihm behaupteten Zusammenhang zwischen Homosexualität und sexuellem Kindesmissbrauch aufzubrechen, seine Auseinander-setzung mit sexueller*sexualisierter Gewalt also immer auch vor *diesem* – wenngleich großenteils unausgesprochen bleibenden – Hintergrund zu betrachten ist, zeigt der Blick auf *Ethik*, Bd. 4, 520 u. 541–543.
405 Vgl. BT-Drucksache 19/17278, 1, 9f. u. 18.
406 So Schirrmacher/Vogt, *Familienmodell*, 34. Ganz ähnlich Schirrmacher, *Kaffeepausen*, 160–163.
407 Dass hierbei auch von Schirrmacher wiederholt der Fehler begangen wird, von statistischen Korrelationen (z. B. hinsichtlich des Umstandes, dass homosexuelle Männer und Frauen in Erhebungen häufiger das Erleben von Missbrauchserfahrungen in ihrer Kindheit oder Jugend angeben als heterosexuelle Männer und Frauen, vgl. Tomeo et al., „Comparative Data," 535–541) Rückschlüsse auf vermeintliche Kausalzusammenhänge zu ziehen, tut sein Übriges. Zur Behauptung, homosexuelle Männer per se würden häufiger Kinder missbrauchen als heterosexuelle Männer, s. Abschnitt F.2.2.2.

„behandlungs*bedürftig*"[408] ist noch einen Risikofaktor für sexuellen Missbrauch von Minderjährigen darstellt.[409]

2.9 Ohly: *Ethik der Liebe* (2016)

Lukas Ohly (*1969), Gemeindepfarrer und Extraordinarius am Lehrstuhl für Systematische Theologie und Religionsphilosophie der Goethe-Universität Frankfurt, hat unter dem Titel *Ethik der Liebe. Vorlesungen über Intimität und Freundschaft* (2016) eine Ausarbeitung seiner an selbiger Universität im Sommersemester 2015 gehaltenen Vorlesung „Ethik der Intimität und der Freundschaft" vorgelegt. Wie Ohly im Vorwort bemerkt, habe „die Theologische Ethik zur Sexualethik oder Ehe seit dem Zeitpunkt der 1960er Jahre ihre Forschung weitgehend eingestellt"[410] und äußere sich dazu, wenn überhaupt, nur in Lehrbüchern. Deshalb möchte Ohly „die Theologische Ethik wieder anschlussfähig [...] machen an die philosophische, soziologische und politische Debatte zur Ethik der Intimität", wofür es die aus dem „lange[n] theologische[n] Schweigen" zu Fragen der Sexualität[411] resultierenden „Allgemeinplätze im kirchlichen und religionspädagogischen Denken des Themas"[412] kritisch zu prüfen oder zu revidieren gelte. Ohly bezeichnet dabei die von ihm vertretene Sexualethik als „liberale" insofern, als darin Sexualität und Liebe so weit voneinander dissoziiert (gedacht) würden, „dass sexuelle Intimität auch ohne Liebe praktiziert werden darf", weshalb Ohly seine Position im

---

408 Vgl. dazu bereits Burchard, „II. [Entgegnung auf Albert Moll]," 35, wo der Nervenarzt und Sexualwissenschaftler Ernst Burchard (1876–1920) zur Frage der Behandlungsbedürftigkeit und einem möglichen Erfolg einer therapeutischen Behandlung von Homosexualität mit deutlichen Worten erklärt, dass Homosexualität eine „naturwissenschaftlich notwendige Variation" und kein als „krankhafte Abnormität" anzusehender „Sexualtypus" sei, weshalb Homosexualität auch *nicht* als „behandlungs*bedürftig*" betrachtet werden könne (ebd.). Zu Burchard vgl. Kühl, „Ernst Burchard (1876–1920)," 98 f. Zu Albert Moll (1862–1939), der für eine Verschärfung des § 175 (RStGB) dahingehend plädierte, dass jedwede „unzüchtige Handlung mit jugendlichen Individuen", nicht nur „die widernatürliche Unzucht" (Moll, „Paragraph 175," 320) bestraft werden müsse, vgl. Sigusch, „Albert Moll," 15–22.
409 Auch nicht im kirchlichen Kontext, wie z. B. in der MHG-Studie unmissverständlich klargestellt wird: „Homosexualität ist kein Risikofaktor für sexuellen Missbrauch" (Dreßing et al., *Missbrauch*, 17). Vgl. auch Lintner, *Eros* 142; Müller, „Sexueller Missbrauch" (2010), 55–57. Siehe hierzu Abschnitt F.2.2.2.
410 Ohly, *Ethik der Liebe*, 7.
411 Mit Ausnahme vor allem der Homosexualität, vgl. ebd. sowie a.a.O., 117–121 u. 136–147.
412 A.a.O., 7 f.

Widerspruch zu „den klassischen theologisch-ethischen Positionen" verortet, „die Sex an Liebe binden".[413]

Diese Grundentscheidung kommt auch im dritten Kapitel („Problematische Intimität")[414] zum Tragen, in dessen zweitem Abschnitt („Problematische Arten von Intimbeziehungen"[415]) Ohly verschiedene Formen erotisch-sexueller Intimität[416] erörtert, welche in der Regel auf allgemeine gesellschaftliche Ablehnung stießen: „Sex mit Tieren ist weitgehend verpönt ebenso wie mit Kindern, inzestuöse Beziehungen und ferner auch Sex mit sich selbst."[417] Maßgebliches Kriterium zur ethischen Beurteilung derartiger Intimbeziehungen zwischen Personen bzw. Lebewesen ist für Ohly allerdings nicht deren gesellschaftliche Ablehnung („nicht alles, was uns beunruhigt, muss schon ethisch falsch sein"[418]), aber eben auch nicht die An- oder Abwesenheit von Liebe,[419] sondern „das Recht auf Freiheit, das durch keine sexuelle Praxis eingeschränkt werden"[420] dürfe, in diesen – folglich: problematischen – Intimbeziehungen allerdings gefährdet werde, sodass

---

413 A.a.O., 25. Unter Liebe als Gegenstand des Buches wird dabei die sowohl „durch *Begehren*" als auch durch einen „Anteil *an freier* Wahl" (24) konstituierte Liebe verstanden, was sie z. B. von der Liebe zwischen Eltern und Kindern (zwar Begehren, aber keine freie Wahl) oder der Nächstenliebe (zwar freie Wahl, aber kein Begehren) unterscheidet, wobei unter ‚Begehren' nicht nur das sexuelle Begehren, sondern überhaupt der starke Wunsch nach Verbundenheit mit jemandem gefasst wird (vgl. ebd.). Zum entsprechend weit gefassten Begriff der Liebe, die nicht selbst als ethischer Wert oder gar als ethisches Prinzip (vgl. 18 u. 27), sondern als Menschen gegebenes „vormoralisches Phänomen" zu betrachten sei, das selbst weder ethisch gut noch ethisch schlecht sei, „unserm [sic!] ethischen Urteilsvermögen" aber „eine bestimmte Richtung" (18) vorgebe, vgl. 18 – 24 u. 27 – 53. Zur Verhältnisbestimmung von Sexualität und Liebe vgl. 161 – 226, wo Ohly gleichwohl hervorhebt, dass sexuelle Intimität „durch Liebe etwas Besonderes" werde, „weil Liebende wählen, dass mit der sexuellen Intimität etwas Besonders ausgedrückt werden" (225) solle.

414 Vgl. a.a.O., 71 – 160.

415 Vgl. a.a.O., 85 – 117.

416 Auf eine eigentliche Definition von Intimität verzichte Ohly, doch stehe ‚Intimität' nicht einfach für eine Liebesbeziehung, sondern sei „erotisch und sexuell assoziiert" (a.a.O., 135). „Erotik und Sex" stellten aber „nicht deshalb Intimität" her, „weil Partner körperlich in ihre Geschlechtsorgane eindringen, sondern weil sie die Bereitschaft praktizieren, sich nackt zu begegnen" (76 [Anm. 76]; vgl. 222 – 226). Zur ethischen Zweideutigkeit von Intimität vgl. überdies 72.

417 A.a.O., 71; vgl. 25.

418 A.a.O., 72; vgl. 96.

419 Ich spreche hier bewusst von ‚An-' und ‚Abwesenheit' von Liebe, um zu reflektieren, dass Ohly Liebe „als eine pure Gegebenheit" versteht: „Wir nehmen hin, dass es Liebe gibt, und versuchen, ethisch damit umzugehen" (a.a.O., 18). Wie für alle Gefühle gelte auch für das „Verliebtsein", dass es „widerfahren" (66) werde; zu diesem Widerfahrnischarakter des Verliebtseins vgl. 54 – 70 – unter Rekurs auf Ohly, *Schöpfungstheologie*, 197 – 216.

420 Ohly, *Ethik der Liebe*, 25.

„die natürliche Kluft, die beim Sexualakt entsteht, mit einseitiger Herrschaft"[421] gefüllt werde.

Mittels des Kriteriums der ethischen Freiheit[422] lassen sich für Ohly Intimbeziehungen bewerten und problematische Arten von Intimbeziehungen identifizieren. Letztere seien jedoch nicht unbedingt rundheraus abzulehnen, da womöglich selbst für problematische Intimbeziehungen, ihrer gesellschaftlichen Stigmatisierung[423] zum Trotz, „eine begrenzte Zulassung"[424] aus ethischer Perspektive erzielt werden könne. Die Ausübung oder das Vorliegen von Gewalt ist für Ohly augenscheinlich nur insofern von Belang, als durch mit Gewalt in irgendeiner Form verbundene bzw. einhergehende Sexualpraktiken der ethischen Freiheit von Beteiligten Eintrag getan wird, weshalb Phänomene der Gewalt in Ohlys Ausführungen auch nur am Rande Erwähnung finden. Ein eigener Abschnitt zu Gewalt oder speziell zu sexueller*sexualisierter Gewalt findet sich bei Ohly nicht.

Da eine eingehende Diskussion sämtlicher von Ohly als potenziell und/oder faktisch problematisch bewerteten Arten von Intimbeziehungen an dieser Stelle nicht notwendig ist – eine Stellungnahme zu einzelnen Aussagen Ohlys sowie zu mehreren der von ihm verwendeten Begriffe erfolgt in den entsprechenden Abschnitten der vorliegenden Untersuchung[425] –, seien hier die für eine Untersuchung von Legierungen von Sexualität und Gewalt relevanten Beispiele in Ohlys Ausführungen in den Blick genommen, um zu sehen, wie von ihm das Kriterium der ethischen Freiheit dabei jeweils in Anschlag und Anwendung gebracht wird.

Bei „Sex mit Kindern"[426] sei angesichts der augenscheinlichen „Asymmetrie von Freiheit und Herrschaft, die nicht reziprok abgefangen werden kann", die

---

421 A.a.O., 85; unter der ‚natürlichen Kluft' versteht Ohly die *äußere* bzw. *körperliche* Kluft der Sexualpartner*innen wie z.B. die „Kluft zwischen Frau und Mann" (82); vgl. auch 83 u. 85.
422 Ohly unterscheidet zwischen logischer und ethischer Freiheit, vgl. a.a.O., 83; zur Unterscheidung und Priorisierung von Kriterien ethischer Urteilsbildung vgl. auch Ohly, *Ethik als Grundlagenforschung*, 298 f.
423 Vgl. Ohly, *Ethik der Liebe*, 71.
424 A.a.O., 85.
425 Zur Rede von „Sex mit Kindern" s. Abschnitte D.3.2 u. F.2.1; zur Bewertung virtueller ‚Kinderpornographie' s. Abschnitt E.2.
426 Vgl. a.a.O., 86 f. Die m.E. missverständliche Rede von ‚Sex mit Kindern' – missverständlich insofern, als ‚sexuelle Handlungen' erwachsener Personen vor, mit oder an (vorpubertären) Kindern gerade keinen Geschlechtsverkehr im Sinne der Vereinigung mehrerer Sexualpartner*innen, sondern nichts anderes als *Missbrauch* von Kindern darstellen (s. Abschnitt D.3.2), ein Begriff, der bei Ohly in diesem Kontext nicht begegnet – wird von Ohly hier bewusst gegenüber der Rede von „Päderastie" bevorzugt. Auch jede vorbehaltlose Rede von einer „sexuellen Beziehung [...] mit Kindern" (86) oder einer ‚pädophile[n] Beziehung' (86 f.) könnte missverständlich sein, letztere dann, insofern damit die Differenz zwischen Pädophilie als Sexualpräferenz

bereits angesprochene Freiheitsgefährdung von Beteiligten samt Füllung der beim Sexualakt entstehenden Kluft ‚mit einseitiger Herrschaft' zweifelsohne der Fall: „Zwar besitzen Kinder schon einen eigenen Willen und können daher auch eigene Entscheidungen treffen. Dennoch haben Erwachsene eine stärkere Rolle in ihrer Beziehung zu Kindern als umgekehrt."[427] Eine „pädophile Beziehung" wäre nur dann ethisch vertretbar, wenn die „institutionellen Rahmenbedingungen"[428] für die Freiheit von Kindern ebenso ohne Einschränkung (geltend) wären wie für die Freiheit von Erwachsenen, was Ohly allerdings fraglich dünkt, zumal sich auch „unser Konzept von Intimität sehr verändern müsste, wenn es ethisch korrekt auf pädophile Beziehungen angewendet werden soll".[429]

Im Unterschied zu dieser grundsätzlichen ethischen Ablehnung[430] von ‚Sex mit Kindern', die für Ohly nicht minder auch für „Sex mit Tieren"[431] gilt, kommt Ohly hinsichtlich anderer potenziell problematischer Arten von Intimbeziehungen zu einer differenzierteren ethischen Bewertung. Was Intimbeziehungen zwischen Frau und Mann betrifft,[432] pflichtet Ohly dem von der feministischen Kritik vorgebrachten Einwand bei, dass sich diese Beziehungen in unserer gegenwärtigen Gesellschaft „in der Klammer der patriarchalen Fremdbestimmtheit" vollzögen, sodass die Freiheit der Frau grundsätzlichen Einschränkungen und institutionellen Zwängen unterliege und Frauen so „gar keine freien Entscheidungen treffen" könnten, „Sex mit einem Mann zu haben".[433] Demnach müssten die zur Ungleichberechtigung der Frau führenden institutionellen Vorgaben beispielsweise durch Einführung und Durchsetzung einer Frauenquote „in Institutionen, in denen Macht ausgeübt wird", verändert werden, um eine Gleichberechtigung von Frauen auch in Sachen sexueller Freiheit zu erreichen, „damit auch eine

---

und einer sexuellen Orientierung wie der Heterosexualität verwischt zu werden droht; zu Differenz und Differenzierung von Sexualpräferenz und sexueller Orientierung s. Abschnitt F.1.1.2.

427 A.a.O., 86.

428 Ebd.; vgl. auch 87.

429 A.a.O., 87; vgl. auch 86 f.

430 So eindeutig in a.a.O., 90.

431 Vgl. a.a.O., 89.

432 Intimbeziehungen zwischen Frau und Mann werden von Ohly sowohl in dem – dem Abschnitt „Problematische Arten von Intimbeziehungen" vorangestellten – Abschnitt „Die feministische Kritik an der Intimität" (72–85) als auch im Unterabschnitt „Noch einmal Sex zwischen Mann und Frau" (87–89) innerhalb des erstgenannten Abschnittes behandelt, der sich als Wiederaufnahme und Fortführung der Überlegungen des letztgenannten Abschnittes versteht, in dem sich Ohly auch explizit zu (personaler) Gewalt äußert. Sexuelle Intimität ist in diesem Abschnitt als zwischen zwei verschiedengeschlechtlichen Personen stattfindende Intimität gedacht; zur Bewertung von Intimbeziehungen zwischen mehr als zwei Personen vgl. 169–183; zur Bewertung von Intimbeziehungen zwischen zwei gleichgeschlechtlichen Personen vgl. 117–121 u. 136–147.

433 A.a.O., 87.

gleichberechtigte und einvernehmliche sexuelle Handlung vollzogen werden kann".[434]

Im Vergleich zu dieser behebbaren und durch entsprechende Maßnahmen aufzuhebenden Asymmetrie von Freiheit und Herrschaft und den ihr entsprechend ausgestalteten institutionellen Rahmenbedingungen einer patriarchalen Gesellschaft wie der unseren schließt für Ohly die unaufhebbar gegebene Asymmetrie im Körperbau von Frau und Mann die Reziprozität einer Intimbeziehung zwischen beiden, einschließlich reziprok hergestellter Interaktionsregeln, die beim Geschlechtsverkehr zur Anwendung kommen, keineswegs aus.[435] An eben diesen Interaktionsregeln habe denn auch die Sexualethik anzusetzen: „Ohne Interaktionsregeln kein Sex, aber welche Interaktionsregeln gelten, entscheidet sich nicht allein durch Sex."[436] Gleichwohl gebe die im Sexualakt zwischen Frau und Mann bestehen bleibende „äußere Kluft" zwischen beiden

> einen Raum zur *ungeregelten* Ausgestaltung des Sexualaktes. Immer, wenn etwas in der zwischenmenschlichen Interaktion ungeregelt ist, ist es ethisch ambivalent: Es kann Freiheit entfalten, aber auch einengen. Die Kluft kann gefüllt werden. Und es kann sein, dass ein Interaktionsteilnehmer diesen Freiraum stärker einnimmt als der andere. Somit ist es auch möglich, dass die Frau den Mann beim Sexualakt kontrolliert. Beide erleben sich immer noch von außen und können sich dann auch äußerlich kontrollieren: wie man sich anfassen lässt und was man dabei vom anderen berühren lässt. [...] Die körperliche Kluft zwischen beiden bleibt bestehen. Sie ist eine natürliche Kluft, die eine kulturelle Ausgestaltung des Sexualaktes erzwingt.[437]

Die mit der *conditio humana* grundgegebene, in einer Intimbeziehung aber reziprok abfangbare unterschiedliche körperliche Disposition von Frau und Mann gibt für Ohly beiden Partner*innen gleichermaßen die Möglichkeit zur Machtausübung, welche freilich „nicht in ihrer Natur", sondern „im Gebrauch ihrer ethischen Freiheit begründet"[438] liege. Deshalb gelte es, den durch die Kluft zwischen Frau und Mann im Sexualakt sich auftuenden „Gestaltungsspielraum"[439] in Freiheit so zu nutzen, dass auch die Freiheit des jeweils anderen ge-

---

434 A.a.O., 88.
435 Vgl. a.a.O., 78 f., wo Ohly zudem den Unterschied zwischen Reziprozität und Symmetrie betont, weshalb sich der Sexualakt zwischen Frau und Mann als „asymmetrische Reziprozität" (79) deuten lasse. Zur Frage der Reziprozität und Egalität von Frau und Mann vgl. auch Burkart, „Weg," 38 f.
436 Ohly, *Ethik der Liebe*, 85.
437 A.a.O., 82 f.
438 A.a.O., 84.
439 A.a.O., 82.

achtet werde.[440] Insofern sei zwischen Frau und Mann auch einvernehmlicher Geschlechtsverkehr möglich, ohne dass deshalb „ihre Freiheit für ihre Liebe"[441] geopfert werden müsse. Denn obwohl beim Sexualakt der Penis des Mannes in den Körper der Frau eindringe,[442] gehe Gewalt „nicht vom Sexualakt als solchem aus, der der Frau die Freiheit nimmt. Zwar wird der weibliche Körper der Jungfrau verletzt und manchmal auch die Vagina durch die Reibung. Aber der Penis kann ebenso verletzt werden. Aus dieser Verletzung folgt noch nicht, dass es sich ethisch um einen Gewaltakt handelt und folglich auch um einen Freiheitsverlust."[443]

Von daher kann sich Ohly auch nicht der von Feministinnen wie Sonia Ann Johnson (*1936) und Andrea Rita Dworkin (1946–2005) vollzogenen radikalen Einstufung von sexueller Intimität als solcher als „unethisch" anschließen, geschweige denn Dworkins Forderung nachvollziehen, dass Frauen ihre Jungfräulichkeit zu erhalten hätten, um der „Dominanz des Mannes über den Körper der Frau"[444] zu entgehen. Eine ethische Zweideutigkeit sexueller Intimität ist für Ohly damit aber ebenso wenig ausgeschlossen wie die Notwendigkeit eines „richtigen Rahmen[s]",[445] ohne den Intimität als problematisch empfunden werden könne. Überdies scheint Ohly den Schritt der feministischen Kritik nicht mitgehen zu wollen, bereits die Institution der Ehe für frauenfeindlich zu halten[446] oder aber, im Anschluss an Friedrich Engels (1820–1895), den Zweck der Ausbildung der

---

440 Vgl. a.a.O., 85.

441 Ebd.

442 In a.a.O., 82 spricht Ohly davon, dass der „Penis in den weiblichen *Leib* eindringt" (meine Hervh.), was nicht nur in Spannung zu anderen Stellen seiner Untersuchung steht (vgl. 77, 83 et pass.), an denen er vom Eindringen in den weiblichen *Körper* und der „körperliche[n] Kluft" (83) zwischen Frau und Mann spricht, sondern auch Gefahr läuft, der phänomenologisch wesentlichen Differenz von Leib (sein) und Körper (haben) nicht hinreichend Beachtung zu schenken (s. dazu Abschnitt C.1.1, Anm. 9).

443 A.a.O., 83.

444 A.a.O., 72f. (vgl. auch 72 samt Literaturangaben in Anm. 70). Bei konsequenter Befolgung von Dworkins – nach meinem Dafürhalten: absurder – Forderung könnte zu der vom Sexualakt losgelösten menschlichen Reproduktion auf dereinst mögliche ‚Errungenschaften' der Reproduktionsmedizin zurückgegriffen werden, vgl. 73f. zusammen mit Ohlys Kritik in 81f. Für Dworkins Position vgl. z.B. Dworkin, *Intercourse*, 96ff., 122 u. 125f.; ferner dies., *Woman Hating*, 185 (Kursivtext). Ein in mancher Hinsicht vergleichbares, strikt antifeministisches Phänomen unter heterosexuellen Männern, allerdings mit misogynen, misanthropischen, terroristischen und rassistischen Vorzeichen, ist die Online-Subkultur der sog. Incels (von *in*voluntary *ce*libates), die unfreiwillig zölibatär leben und nicht vor Gewalt gegen sexuell aktive Menschen zurückschrecken, vgl. Kracher, *Incels* und Kaiser, *Männlichkeit*, 17–92.

445 Ohly, *Ethik der Liebe*, 72.

446 A.a.O., 88 unter Rekurs auf Lee, „Commentary," hier (offenbar) vor allem 242.

Monogamie in der Unterdrückung der Frau zu sehen,[447] doch sieht er darin die enge Verbindung zwischen Veränderungen von Institutionen bzw. institutionellen Vorgaben und sexueller Freiheit anschaulich werden.[448]

Die Begegnung von Frau und Mann und ihr gegenseitiges Begehren erfolgen für Ohly aber „nicht nur in unseren natürlichen Unterschieden, sondern auch notwendig durch die kulturelle Interaktion",[449] wie sie auch in schriftlich fixierten oder ungeschriebenen gesellschaftlichen Regeln zwischenmenschlichen Zusammenlebens ihren Niederschlag finden. Beim Sexualakt kommen für Ohly deshalb immer auch Interaktionsregeln zur Geltung, die nicht durch den Sexualakt selbst determiniert seien, sondern aus der Kultur stammten und die sexuelle Freiheit zugleich an bestimmte kulturelle Vorgaben bänden.[450] Dies zeigt sich für Ohly auch am Inzestverbot,[451] mit dem die Kultur gewissermaßen in die Natur einbreche und das in ethischen Lehrbüchern, wenn es denn überhaupt Erwähnung finde, „als evolutionsgeschichtlich entstandenes Tabu behandelt"[452] werde. Aus dem im Rahmen der moralischen Verurteilung inzestuöser Beziehungen klassischerweise vorgebrachten Argument, dass der immer auch in der Befriedigung natürlicher Triebe bestehende Sexualakt aus der Familiengründung als *kulturellem* Akt beider Partner*innen ausgelagert und damit außerhalb natürlicher Familienbeziehungen vollzogen werde,[453] die erst über die Zeugung von Nachkommenschaft entstünden, sieht Ohly gerade den Ausgangspunkt für eine moralische Permissivität inzestuöser Beziehungen, und zwar „zwischen Eltern und ihren *erwachsenen* Kindern" sowie „zwischen *erwachsenen* Geschwistern".[454]

Ein gleichermaßen „notwendiges kulturelles"[455] wie ethisch legitimes Kriterium für den Sexualakt stelle nämlich die „reziprok freiwillentliche Partnerwahl" dar, die durchaus auch Menschen in inzestuösen Beziehungen treffen könnten. Wenn und insofern „die kontingente Partner*wahl*" in keinem Fall „aufgrund natürlicher Kriterien getroffen"[456] werde („*Kein* Mensch war für mich *natürlicher-*

---

447 Vgl. Ohly, *Ethik der Liebe*, 88 f. unter Rekurs auf Engels, *Ursprung*, 78 f. u. 99.
448 Vgl. a.a.O., 89.
449 A.a.O., 84; vgl. 122 analog zu *gender* und *sex*. Offen gelassen wird bei dieser Formulierung allerdings, ob das gegenseitige Begehren von Frau und Mann zugleich auch in jenen natürlichen Unterschieden *gründet* oder diese lediglich vom Begehren *mitumfasst* werden, das Begehren sich also darauf richtet.
450 Vgl. a.a.O., 83, 85, 93 u. 97.
451 Vgl. im Ganzen 89 – 96; ferner 22 f.
452 A.a.O., 89; vgl. 89 f.
453 Vgl. a.a.O., 93 f.
454 A.a.O., 90 (die letztere Hervh. ist von mir).
455 A.a.O., 94; auch die beiden folgenden Zitate ebd.
456 A.a.O., 90.

weise als Sexualpartner vorgesehen"[457]), sondern reziprok freiwillentlich erfolge, könnte mittels natürlicher Kriterien als solcher auch kein begründeter Einwand gegen das Eingehen inzestuöser Beziehungen erhoben werden.[458] Aus diesem Grund können für Ohly auch[459] aus ethischer Sicht Ausnahmen vom Inzestverbot zugelassen werden, da nicht nur die Entscheidung für die sexuelle Intimität in Freiheit vom anderen und aus Freiheit heraus für den anderen erfolgen,[460] sondern auch die „Achtung der Anwesenheit"[461] und der sexuellen Freiheit des Intimpartners in inzestuösen Beziehungen unter *erwachsenen* Familienmitgliedern in gleicher Weise wie in anderen Intimbeziehungen vollzogen werden könne.[462]

Was das Themenfeld „Selbstbefriedigung und Pornographie"[463] betrifft, stelle Masturbation „*an sich* kein ethisches Problem"[464] dar, da „hier nicht die Freiheit eines Menschen gegen die Freiheit eines anderen Menschen"[465] stehe. Allerdings könne Masturbation problematisch werden, sobald andere Menschen mitbetroffen seien, indem sich bei der Masturbation einer Stimulierung durch Fremdreize etwa bei der Betrachtung analog oder digital verfügbarer pornographischer Inhalte bedient werde. Es ist dieser Zusammenhang zwischen Masturbation und Pornographie, der diese Art von Intimität[466] in den Augen Ohlys problematisch werden können lässt. Denn beim Blick auf die oft als entwürdigend erlebten Produktionsbedingungen pornographischer Angebote, nicht zuletzt die persönliche Notlage vieler Darstellenden, die sie zur Mitwirkung treibe, oder der Umstand, dass Darstellende sogar wider ihren Willen zur Mitwirkung gezwungen

---

457 A.a.O., 94.

458 Vgl. ebd. „Die natürliche Grenze zur sexuellen Intimität" (ebd.) wird für Ohly auch bei familiärer Nähe der Beteiligten nicht anders oder weiter überschritten als ohne deren familiärer Nähe.

459 Zur Soziologie des Inzestverbotes sowie Beispiele für Kulturen, die nicht nur Ausnahmen vom Inzestverbot zugelassen, sondern speziell Inzestehen allgemein erlaubt haben, vgl. Klein, *Inzest*, 97–155.

460 Vgl. Ohly, *Ethik der Liebe*, 90.

461 A.a.O., 95 f. Zur Erschließung der „Struktur der atmosphärischen Anwesenheit" (95), wobei es der „atmosphärische[] Raum von Anwesenheit" (96) sei, der seine Achtung geradezu aufdränge, und der ethischen Gewichtung verschiedener Anwesenheitskonstellationen vgl. 62–65 u. 294–306; vgl. ferner Ohly, *Anwesenheit*, 29–40, 86 f. u. 93.

462 Vgl. Ohly, *Ethik der Liebe*, 95 f.

463 Vgl. a.a.O., 96–104. Ohly verwendet im Text dieses Unterabschnitts fast ausschließlich den Terminus ‚Masturbation', den er auch mit ‚Onanie' gleichsetzt, wobei er beide Termini als Bezeichnungen für „geschlechtliche Selbstbefriedigung" (96) verstanden wissen möchte.

464 A.a.O., 98.

465 A.a.O., 96.

466 Dass hier schwerlich von einer Intim*beziehung* im wörtlichen Sinne die Rede sein kann, versteht sich.

würden, zeige sich, „dass auch hier eine Art ‚struktureller Gewalt' vorliegt: Vor allem Frauen werden einem Genre unterworfen aufgrund einer institutionellen Unterdrückungstechnik patriarchaler Strukturen."[467] Und nachdem Masturbation ohne jemand anderes als (aktuellem) Objekt des Begehrens nicht besonders reizvoll erscheine,[468] bei Masturbation demnach wie beim Sexualakt eine reale „Kluft aus Nähe und Distanz"[469] erzeugt werde, selbst dann, wenn das Sexualobjekt nur eine fiktive Figur darstellen sollte, tritt hier für Ohly auch das Problem einer möglichen Einengung ethischer Freiheit und damit möglicher menschlicher Unfreiheit auf den Plan:

> In dieser Kluft entscheidet sich, ob die masturbierende Person unfrei wird, ob sie andere unfrei macht oder nicht. Solange ich nur onanieren kann, indem ich andere mittelbar in ihrer Freiheit ausbeute, erzeugt Onanie eine ethisch problematische Intimbeziehung. Kriterium für die Bewertung von Pornographie und Masturbation bleibt also der Freiheitsbegriff.[470]

Dagegen werde im Falle *virtueller Fiktionen* sexueller Intimbeziehungen, die etwa mit Hilfe von Animationsprogrammen erzeugt würden, die menschliche Freiheit anderer nicht auf unzulässige Weise eingeschränkt, weshalb auch solche Intimbeziehungen virtuell dargestellt werden können dürften, „die mit realen Intimpartnern illegitim wären".[471] Dies gilt nach Ohly selbst für die Animation von ‚Sex' mit fiktiven Kindern: Solange die in der Animation dargestellten Figuren nicht real existierten, müssten Menschen „es aushalten können",[472] dass andere Menschen auch sexuelle Phantasien von (real) illegitimen Intimbeziehungen entwickelten; dies gelte auch für die *Darstellung* solcher Phantasien.

An gegebener Stelle der vorliegenden Untersuchung werde ich mich mit dieser Argumentation auseinandersetzen.[473] Gleiches gilt für Ohlys Ausführungen zu Prostitution einerseits, zu sadomasochistischen Sexualpraktiken andererseits.[474] Unter Heranziehung des Kriteriums der ethischen Freiheit, und darum soll es ja an dieser Stelle gehen, kommt Ohly in Bezug auf Prostitution zu folgender Einschätzung: Soweit Prostitution als Beruf frei gewählt sei, was auch die Freiheit einschließe, jederzeit wieder damit aufhören zu können,[475] und solange

---

467 A.a.O., 99 (samt der in Anm. 103 u. Anm. 104 zum Beleg angeführten Literatur).
468 Vgl. a.a.O., 99.
469 Ebd.
470 A.a.O., 99 f.
471 A.a.O., 101; vgl. 101 f.
472 A.a.O., 102.
473 Siehe Abschnitt E.2.
474 Vgl. a.a.O., 104–111 (s. dazu Abschnitt D.5) bzw. 111–117 (s. dazu Abschnitt D.6).
475 Vgl. a.a.O., 106 f.

sich Intimpartner*innen „in ihrer Freiheit und in ihrer Menschenwürde ach-ten",[476] *könne* Prostitution nicht nur legitim, sondern auch menschenwürdig sein: „Sie wird nicht schon dadurch menschenunwürdig, dass man andere Motive zum Sex hat als Liebe."[477] Auch Menschen mit sadomasochistischen Neigungen ten-dierten dazu, „die sexuelle Dimension ihrer Neigung zu betonen und die Liebe zu vernachlässigen",[478] wobei bei sadomasochistischen Rollenspielen „die konkrete Frage der Technik, jemanden sexuell zu erregen",[479] im Fokus stehe. Das gegen-seitige Einvernehmen bei der Durchführung sadomasochistischer Sexualprakti-ken sei für deren ethische Legitimität zwar notwendige, aber noch keine hinrei-chende Voraussetzung, da auch beim Vollzug dieser Praktiken im gegenseitigen Einvernehmen noch nicht gesagt sei, dass beide Partner*innen sich zugleich auch „wirklich in ihrer Autonomie achten"[480] und beide durch diese Praktiken in gleicher Weise sexuelle Erregung und Befriedigung empfänden.

2.10 Kritik

Nachdem, wie bereits avisiert, eine Stellungnahme zu bestimmten Aussagen und Begrifflichkeiten Ohlys noch in anderen Abschnitten dieser Untersuchung erfol-gen wird, genügen an dieser Stelle einige wenige allgemeinere Bemerkungen. Die Dissoziation der sexuellen Handlungs- und Erlebenssphäre vom „vor-morali-sche[n] Phänomen"[481] der Liebe ermöglicht Ohly eine Zuwendung zu bestimmten Frage- und Problemstellungen aus dem prinzipiell unabschließbaren „Mundus sexogeneris",[482] die von der bisherigen sexualethischen Theoriebildung – wenn nicht mehr oder weniger bewusst ignoriert, so doch – oftmals als abseitig (dis-) qualifiziert worden sind. Durch dieses Aufbrechen des traditionell als Junktim gefassten Zusammenhangs von Sexualität und Ehe einerseits, Sexualität und

---

476 A.a.O., 109; die im Unterschied zu dieser „schwache[n] ethische[n] Forderung zur Sexual-praxis" erhobene „starke" (109) ethische Forderung, wonach nur sich gegenseitig liebende Menschen auch miteinander intim sein dürften (vgl. 110), würde hingegen „in aller Regel nicht nur Prostitution [...], sondern auch andere Sexualpraktiken (One-Night-Stand, Entspannungssex, Gruppensex)" (110) ausschließen.
477 A.a.O., 111.
478 A.a.O., 117.
479 A.a.O., 114.
480 A.a.O., 115.
481 A.a.O., 24.
482 Sigusch, *Sexualitäten*, 38.

Liebe andererseits[483] steht Ohlys Sexualethik damit exemplarisch für die in neueren deutschsprachigen sexualethischen Entwürfen im protestantisch-theologischen Bereich sich abzeichnende Tendenz, das Verhältnis zur menschlichen Sexualität nicht länger abhängig zu machen von deren Verhältnis zur *Ehe*, sondern den Ansatz bei den menschlichen *Beziehungsformen* zu nehmen,[484] für deren Gelingen entsprechende Kriterien entwickelt werden.[485] Dreh- und Angelpunkt von Ohlys dezidiert als liberal apostrophierter Sexualethik bildet das Kriterium der ethischen Freiheit. Maßgeblich für die Angemessenheit einer sexuellen Handlung ist also weder die An- oder Abwesenheit von Liebe noch die Übereinstimmung oder Nicht-Übereinstimmung dieser Handlung mit einer aus biblischen Aussagen abgeleiteten Lehre vom Menschen[486] und auch nicht ihre gesellschaftliche Ablehnung oder Akzeptanz,[487] sondern die Frage, ob durch eine bestimmte sexuelle Handlung der ethischen Freiheit der daran Beteiligten bzw. davon Betroffenen in irgendeiner Weise Eintrag getan wird.

Diese Konzentration auf Intimbeziehungen bringt mit sich, dass sexuelle*sexualisierte Gewalt in Institutionen bei Ohly ebenso wenig Thema ist wie sexuelle*sexualisierte Gewalt in der Öffentlichkeit. Aber auch Vergewaltigung in

---

483 Zu den bei Ohly überdies begegnenden Ansätzen zu einer Überwindung der traditionell ‚syndyastisch‘ (Beier/Loewit) orientierten Ethik von Intimbeziehungen vgl. Ohly, *Ethik der Liebe*, 169 – 183.

484 Zu dieser allgemeinen Beobachtung vgl. Schlögl-Flierl, „Wandel,“ 294.

485 Zum kriterienbasierten Ansatz einer theologischen Sexualethik vgl. Dabrock et al., *Unverschämt – schön*, 62 ff.

486 Vgl. Dabrock, „Bibel,“ 42 – 76; ferner bereits Dabrock, „Gebrauch der Bibel,“ 275 – 286. Grundsätzlich: Wolf, „Ethik,“ 126 – 153.

487 Ich stimme Ohly darin bei, dass die gesellschaftliche Ablehnung oder Akzeptanz einer bestimmten sexuellen Handlung allein nicht zum Maßstab für deren sexualethische Bewertung gemacht werden darf. Wenn Ohly aber auf „den richtigen *Rahmen*“ verweist, ohne den „*wir* Intimität als problematisch“ empfänden, weshalb „Erotik und Sexualität […] nach *unseren* Intuitionen gezähmt werden zu müssen“ (Ohly, *Ethik der Liebe*, 72; meine Hervh.) schienen, kann gefragt werden, ob gesellschaftlichen Konventionen auf diese Weise nicht gleichsam durch die Hintertür wieder eine ethische Relevanz zugeschrieben wird, die beim Vorgang der sexualethischen Bewertung einer bestimmten Intimbeziehung – auch bei Zugrundelegung des Freiheitskriteriums – nicht einfach zufällig mit dabei sind, sondern de facto eine wesentliche Rolle spielen (gleiches gilt für a.a.O., 71). Ein *alleiniger* Rekurs auf die ‚ethische Freiheit‘ als Kriterium scheint deshalb nicht ausreichend zu sein, was Ohly aber ebenfalls reflektiert, wenn er von der ‚ethischen Freiheit‘ als *einem* – und nicht: als *dem* – Kriterium spricht (85); die Suche nach „klare[n] Kriterien, um zu überprüfen, welche Intimbeziehungen ethisch abzulehnen sind“ (72), wird von Ohly also nicht weitergeführt und damit nach meinem Dafürhalten, gerade was das Verhältnis von Sexualität und Gewalt angeht, zu früh, d.h. bereits nach dem ersten entdeckten Kriterium eingestellt. Vgl. hierzu auch meine Bemerkungen zur ‚robusten Bedeutung‘ bestimmter Repräsentationen in Abschnitt E.2.2.

menschlichen Intimbeziehungen wird nicht eigens thematisiert, während sexuelle Handlungen zwischen Erwachsenen und Kindern, bedingt durch die Kriterienwahl, nicht im Horizont von oder als Gewalt betrachtet, sondern aufgrund der augenscheinlich nicht reziprok abfangbaren Asymmetrie von Freiheit und Herrschaft abgelehnt werden. So sehr diese Ablehnung auch begründet ist, so scheint eine Hinzu- und Einbeziehung des Kriteriums der Gewalt – nicht jede Gefährdung oder Einschränkung ethischer Freiheit ist bereits Gewalt – jedoch schlechterdings unerlässlich zu sein, um sexuelle Handlungen zwischen Erwachsenen und Kindern angemessen deuten und deutlich machen zu können, dass „Sex mit Kindern"[488] aus ethischer Sicht *unter keinen Umständen* zu rechtfertigen ist, auch dann nicht, wenn die betreffenden „institutionellen Rahmenbedingungen"[489] dereinst einmal eine entsprechend veränderte Ausgestaltung erfahren sollten.[490]

Auch das Verhältnis von Pornographie und Gewalt wird von Ohly nur im Blick auf problematische Produktionsbedingungen pornographischer Filme thematisiert, während unberücksichtigt bleibt, dass sexuelle*sexualisierte Gewalt auch *im Rahmen* von Pornographie dargestellt und/oder Pornographie selbst *als Teil* der sexuellen*sexualisierten Gewalt insbesondere gegen Frauen verstanden werden kann.[491] Neben der Nutzung von Pornographie gilt es demnach auch Wesen und Wirkung von Pornographie in den Blick zu nehmen. Im Themenfeld ‚Selbstbefriedigung und Pornographie' findet sich bei Ohly überdies die einzige Stelle, an der explizit auch das Konzept der strukturellen Gewalt miteinbezogen wird, wobei der Gewaltbegriff insgesamt weitgehend ungeklärt bleibt und weitere Differenzierungen im Gewaltverständnis ausbleiben. Das ist insofern bedauerlich, als es hierfür zahlreiche Anknüpfungspunkte insbesondere in Ohlys Auseinandersetzung mit der radikalfeministischen Kritik an Intimbeziehungen gegeben hätte. Denn wenn anzunehmen ist, dass die Freiheit der Frau in der Klammer patriarchaler Herrschaftsverhältnisse grundsätzlichen Einschränkungen unterliegt, sodass die Voraussetzungen für eine freie, selbstbestimmte Entscheidung nicht gegeben sind, können Änderungen zur Verminderung der Ungleichberechtigung von Frauen nicht durch die Änderungen einzelner Vorschriften *erfolgen*, sondern müssen ganz grundsätzlich *einsetzen*. Eben deshalb gilt es, die Regelungen zwischenmenschlichen Zusammenlebens in den Blick zu nehmen, um Verhältnisse struktureller Gewalt als eine massive Form der Einschränkung

---

488 A.a.O., 86.
489 Ebd.
490 Es ist daran zu erinnern, dass die Änderung der rechtlichen Rahmenbedingungen hin zur strafrechtlichen Freigabe von sexuellen Handlungen zwischen Erwachsenen und Kindern Anfang der 1970er Jahre durchaus im Bereich des Möglichen lag, s. Abschnitt D.3.1.
491 Siehe hierzu Abschnitt E.3.3.1.

der Entscheidungs- und Handlungsfreiheit von Menschen identifizieren und angehen zu können.

Kommen nach Ohly bei Intimbeziehungen zwischen Männern und Frauen deshalb immer auch Interaktionsregeln zur Geltung, die nicht durch sexuelle Handlungen und Verhaltensweisen selbst determiniert sind, sondern gesellschaftliche und kulturelle Vorstellungen transportieren, sind als Ansatzpunkt für eine Veränderung der Ungleichheit nicht die Symptome misogyner Einstellungen und sexistischer Denk- und Verhaltensmuster (in) einer Gesellschaft, sondern vielmehr deren Ursachen zu wählen. Was hingegen die aus der *conditio humana* heraus zu verstehenden Unterschiede in der körperlichen Disposition zwischen Männern und Frauen angeht,[492] weist Ohly zu Recht darauf hin, dass diese Grund, nicht Hindernis, zur wechselseitigen Ausübung von Macht seien, da sie in einer Intimbeziehung gewissermaßen reziprok abgefangen werden könnten. Damit rückt zugleich der sich dadurch auftuende „Gestaltungsspielraum"[493] in den Blick, den es so zu nutzen gilt, dass die Freiheit des jeweils anderen geachtet wird, ohne dass damit die eigene oder eines anderen Freiheit für die Liebe geopfert werden muss. Gleiches gilt es nach Ohly auch für Inzest und Prostitution in Anschlag zu bringen, wobei er bei Letzterer zudem die Achtung der Menschenwürde als Kriterium einbezieht. Auch unter weitgehender Ausblendung insbesondere humanwissenschaftlicher Wissensbestände an dieser Stelle gelingt es Ohly damit auf überzeugende Weise, die Ambivalenz menschlicher Intimität herauszustellen, doch unterlässt er – wie zuvor schon Fraling, Bóasdóttir, Farley und Schirrmacher – es weitgehend, daraus Rückschlüsse und Folgerungen auch für das (theologische) Verständnis von Sexualität abzuleiten.

3 Resümee

Die in diesem Untersuchungsteil behandelten exemplarischen Positionen christlicher Theologie des vergangenen Vierteljahrhunderts, welche allesamt als posi-

---

492 Dass auch dies immer nur Durchschnittsangaben sein können und damit stets von durchschnittlichen Merkmalen großer Gruppen die Rede sein kann, versteht sich ebenso wie der Umstand, dass „Mann" und „Frau" nicht „zwei kategorisch verschiedene Wesen" sind (so bereits Anfang der 1980er Jahre die Gesellschaft zur Förderung Sozialwissenschaftlicher Sexualforschung (GFSS) [heute: Deutsche Gesellschaft für Sozialwissenschaftliche Sexualforschung (DGSS)], zit. nach Wiedemann, *Homosexuelle Liebe*, 98). Zur Problematik einer Unterteilung von Menschen in ‚männlich‘ und ‚weiblich‘ als (genau) zwei komplementär aufeinander bezogene Geschlechter aus biologischer Sicht vgl. Roughgarden, „Binarität," 200 – 213.
493 Ohly, *Ethik der Liebe*, 82.

tive Ausnahmen einer wenigstens eingehenderen Auseinandersetzung mit dem Thema Sexualität und Gewalt im Kontext theologischer Ethik betrachtet werden können, machen nicht nur die Unterschiedlichkeit und Disparatheit der Zugangsweisen, Ansatzpunkte und Bewertungsmaßstäbe theologisch-ethischer Reflexion und Entscheidungsfindung, sondern auch die verschiedenartigen Schwerpunktsetzungen bei der theologischen Befassung mit sexueller*sexualisierter Gewalt deutlich. In diesen Positionen spiegeln sich zugleich tiefgreifende Veränderungs- und Entwicklungsprozesse des aktuellen theologischen Sexualitätsdiskurses im Spannungsfeld zwischen dem Festhalten am Althergebrachten und der Öffnung gegenüber Neuem wider, was die Frage virulent werden lässt, ob überhaupt und, wenn ja, inwieweit eine theologisch begründete Sexualethik dem wachsenden gesellschaftlichen Zweifel an der Orientierungsleistung theologischer Reflexion in einer zunehmend von Komplexität und Differenziertheit geprägten modernen Gesellschaft entgegenzutreten vermag. Im Folgenden gilt es, sowohl grundlegende Gemeinsamkeiten und Unterschiede als auch Defizite und Vagheiten der behandelten Positionen resümierend zusammenzutragen, wodurch zugleich der Hintergrund konturiert wird für die eigene sexualethische Positionierung im dritten Teil dieser Untersuchung.

Zunächst fällt als grundlegende Gemeinsamkeit aller behandelten Positionen, zum Teil bedingt durch deren jeweilige Untersuchungsperspektive, die Konzentration speziell auf sexuelle*sexualisierte Gewalt in verschiedengeschlechtlichen Intimbeziehungen ins Auge, wobei sich Bóasdóttir ganz bewusst allein auf die Gewalt von Männern gegen Frauen bezieht, während Fraling Gewalt nur insofern thematisiert, als sie sich in familiären Kontexten ereignet. Sexuelle*sexualisierte Gewalt in Institutionen ist ebenso wenig Gegenstand eingehenderer Erörterungen wie sexuelle*sexualisierte Gewalt in der Öffentlichkeit. Bei Fraling und noch mehr bei Schirrmacher zeigt sich die traditionelle theologische Verortung gelebter Sexualität innerhalb der Ehe dergestalt, dass die Bewertung menschlicher Sexualität abhängig gemacht wird von deren Verhältnis zur Ehe, während Bóasdóttir und Ohly, mit Abstrichen auch Farley, diese grundsätzliche Verknüpfung von Sexualität und Ehe aufbrechen, sodass in den Blickpunkt der ethischen Betrachtung weniger die äußere *Gestalt* als vielmehr die tatsächliche *Gestaltung* von Intimbeziehungen rückt, für die dann bestimmte Qualitäten ins Feld geführt werden, um eine kriterienbasierte Bewertung menschlicher Beziehungsformen vorzunehmen. Während dies bei Bóasdóttir und Farley unter konsequenter Orientierung am Leitprinzip der Gerechtigkeit geschieht und Ohly ethische Freiheit zum maßgeblichen Beurteilungskriterium erhebt, steht bei Fraling nicht nur die Realisierung, sondern auch die Bewertung von Sexualität unter dem Leitbild der Humanität, weshalb für ihn die Frage der Humanisierung der Sexualität maßgeblich wird. In merklichem Kontrast zu den anderen Posi-

tionen steht Schirrmachers biblizistischer Ansatz und die Entwicklung sexualethischer Prämissen und Normen unter ständigem Rekurs auf die Bibel als all-
einverbindlichem Maßstab und Prüfstein sowohl für die sexuelle Praxis als auch
für Gestalt ehelicher Intimbeziehungen überhaupt.

Allen Positionen, mit Abstrichen bei Fraling, ist die Orientierung weniger an
einzelnen sexuellen Handlungen selbst als vielmehr an den Bedingungen und
Umständen ihres Zustandekommens gemeinsam, womit bei Bóasdóttir, Farley
und Ohly das Moment ,echter' (Bóasdóttir) oder ,freiwilliger' (Farley) Zustimmung
bzw. die Reziprozität freier Entscheidungen (Ohly) der Beteiligten – kurz: die
Frage des *Konsenses* zwischen den Beteiligten in den Vordergrund rückt, während
Schirrmacher abstrakt von der gottgegebenen ,großen Freiheit' der Sexualität
innerhalb der unverrückbaren Grenzen einer verschiedengeschlechtlichen Ehe
spricht. Bei Fraling und Farley geht damit zugleich der Versuch einer Loslösung
der Sexualität von der Genitalfixierung und Fortpflanzungsorientierung der traditionellen kirchlichen Gebots- und Verbotsmoral einher, wobei Fraling und noch
ungleich mehr Schirrmacher traditionellen androzentrischen und heteronormativen Denkmustern verhaftet bleiben, während Bóasdóttir deren Transzendierung
zwar anspricht, im Rahmen ihrer Analyse aber nicht weiter reflektiert. In diesem
Zusammenhang sticht die Position Ohlys hervor, der bei seiner Analyse problematischer Intimbeziehungen nicht nur den Zusammenhang von Sexualität und
Ehe, sondern auch den von Sexualität und Liebe aufbricht und einige der innerhalb des bisherigen theologischen Sexualitätsdiskurses weitestgehend außen
vor gelassenen, von Farley wenigstens angesprochenen Phänomene wie Sadomasochismus und Pädophilie zum Gegenstand abwägender Erörterung aus Sicht
einer liberalen evangelischen Sexualethik macht.

Überdies ist allen Positionen – mal mehr, mal weniger ausgeprägt – die
grundsätzliche Einbeziehung außertheologischer Wissens- und aktueller gesellschaftlicher Tatbestände gemein, was bei Bóasdóttir und Ohly, mit Abstrichen
auch bei Farley, unter dezidiertem Einschluss auch von Erkenntnissen der feministischen Theoriebildung erfolgt, im Falle Bóasdóttirs allerdings Gefahr läuft,
gegenläufige Entwürfe einzig als Gegenstand der Kritik zu betrachten und damit
als mögliche konstruktive Gesprächspartner ab ovo auszuschließen. Letzteres ist
in hohem Maße auch bei Schirrmacher der Fall. Während Fraling, Bóasdóttir und
Ohly ein unübersehbares Bemühen um die Anschlussfähigkeit theologisch-ethischer Reflexion an außertheologische Diskurse, auch über die Ethik intimer Beziehungen, zu attestieren ist, dient der fortwährende Rekurs Schirrmachers auf
außertheologische Veröffentlichungen von teilweise äußerst zweifelhafter wissenschaftlicher Qualität in erster Linie als Steigbügelhalter für Invektiven aller Art
gegen homosexuelle Menschen, wobei Schirrmachers tendenziöse Quellenaus-
wahl und -interpretation einer gewissen Disposition zum Manipulativen nicht

entbehren kann. Fraling ist als einzigem der Autor*innen an einer Einbeziehung auch der rechtlichen Dimension der von ihm verhandelten ‚Sonderprobleme' der Sexualität gelegen, wenngleich mit unterschiedlicher Folgerichtigkeit.

Mitunter erhebliche Defizite und Vagheiten offenbaren alle Positionen nun aber gerade bei der Verhältnissetzung von Sexualität und Gewalt sowie im Blick auf das theologische Verständnis von Sexualität, zumindest wie es sich aus den jeweiligen Bemerkungen zu einzelnen Legierungen von Sexualität und Gewalt erschließen lässt. Zwar wird von allen Autor*innen angemessenerweise eine alleinige Konzentration auf die Ausübenden von Gewalt vermieden und immer auch, teilweise sogar vornehmlich, die Perspektive der (überlebenden) Opfer von Gewalt mitbedacht. Auch ist allen Autor*innen darin zuzustimmen, die Gewaltqualität von Handlungen nicht lediglich an Intentionen und Motiven von Täterpersonen, sondern immer auch – wenn nicht primär – an den Folgen ihrer Gewalthandlungen für das Gegenüber zu bemessen. Gewalt wird dabei allerdings fast ausschließlich als konkretes physisches Gewalthandeln verstanden, während ‚nicht-handgreifliche' und weniger augenfällige Formen von Gewalt, bei denen also kein konkretes handelndes oder wirkendes Subjekt identifizierbar ist, allenfalls am Rande thematisiert werden oder überhaupt keine Rolle spielen. Wichtige Differenzierungen, wie etwa die zwischen Gewalthandlungen und Gewaltverhältnissen oder die zwischen Handlungen vor, mit oder an einer anderen Person gegen ihren Willen und/oder ohne ihre explizite Zustimmung, bleiben vor allem bei Fraling, Farley und Schirrmacher außen vor. Trotz der Fokussierung auf personales Gewalthandeln und damit – besonders bei Fraling und Schirrmacher, aber auch bei Farley – einer weitgehenden Ausblendung von Formen struktureller Gewalt bleibt unklar, welches Gewaltverständnis den verschiedenen Positionen jeweils genau zugrunde liegt. Demnach wird auch nicht weitergehend reflektiert, was konkret unter gewalthaltigen sexuellen Handlungen zu verstehen ist, ebenso wenig, wie präzisiert wird, worin, in welcher Hinsicht und ab wann Gewalt in welcher Form auch immer bei sexuellen Handlungen zugegen sein kann und welche Kriterien bei einer Beurteilung sexueller Handlungen oder Interaktionen diesbezüglich in Anschlag zu bringen sind. Dies betrifft vor allem Fraling, Farley und Schirrmacher, mit Abstrichen Ohly, erstaunlicherweise aber auch Bóasdóttir, die in ihrer Dissertation – wohlgemerkt mit dem Titel *Violence, Power, and Justice* – den Gewaltbegriff lediglich in einer Fußnote unter Rückgriff auf Galtung weit fasst, im Untersuchungsverlauf jedoch ebenfalls fast ausschließlich physisches Gewalthandeln thematisiert. Ähnliche Unschärfen und Schwierigkeiten zeigen sich beim Verständnis von Macht und deren Verhältnis zu Gewalt bei Bóasdóttir und Farley, insbesondere aber bei Fraling und Schirrmacher, in deren umfangreichen Ausführungen zu Fragen der Sexualität selbst der Machtbegriff nahezu völlig absent ist.[494]

Mit Ausnahme Ohlys wird sexuelle*sexualisierte Gewalt überdies allein als Handlungen *gegen* den Willen einer anderen Person sowie, namentlich bei Bóasdóttir und Farley, *ohne* ihre explizite *Zustimmung* verstanden. Die gleichermaßen bestehende Möglichkeit, dass auch sexuelle Handlungen *mit* Zustimmung aller Beteiligten gewalthaltig oder gewaltbehaftet[495] sein oder aber, wie bei einverständlichen sadomasochistischen Sexualpraktiken, mit der Zustimmung zur Praktizierung partnerschaftlicher Sexualität auch die Zustimmung zur Praktizierung von Gewalt einhergehen kann, was m. E. zu einer differenzierteren sexualethischen Beurteilung des Verhältnisses von Sexualität und Gewalt führen müsste, wird nicht weiter bedacht. ‚Gewaltfreiheit' (Gewalt dabei allein in personalem Sinne verstanden) dient so in fast allen Positionen als notwendige Voraussetzung, um einen Sexualakt als „humanitäres Geschehen"[496] qualifizieren zu können, sodass die Forderung nach ‚Gewaltfreiheit' mit der theologischen Vorstellung einer menschenwürdigen Sexualität zusammenfällt. Bestimmte Gewaltphänomene wie sexuelle Handlungen zwischen Erwachsenen und Kindern werden, falls thematisiert, zwar einhellig abgelehnt, mit Ausnahme Ohlys wird diese Ablehnung aber nicht eigens begründet. Weitgehend unreflektiert bleibt bei fast allen Positionen überdies die Frage der Darstellung sexueller*sexualisierter Gewalt innerhalb von Pornographie. Während Ohly Gewalt allein im Blick auf problematische Produktionsbedingungen pornographischer Filme thematisiert,[497] ohne zu fragen, inwiefern sexuelle*sexualisierte Gewalt auch *im* Rahmen von Pornographie repräsentiert oder Pornographie *selbst* als Teil der sexuellen*sexualisierten Gewalt gegen Frauen verstanden werden kann, besteht Schirrmachers Pornographiekritik großenteils in dem Versuch, einem einfachen Kausalzusammenhang zwischen dem Konsum von Erwachsenenpornographie und der Begehung von Sexualstraftaten das Wort zu reden.[498] Farleys knappe Bemerkungen zu Pornographie sind auch in diesem Zusammenhang wesentlich diffe-

---

494 Das Wort ‚Macht' mitsamt Komposita begegnet in Fralings mehr als 250 Seiten umfassenden Abhandlung lediglich 8 Mal – und zwar *ausschließlich* in Zitaten und Paraphrasen anderer Positionen; bei Schirrmacher auf knapp 250 Seiten zu Fragen der Sexualität in *Lektionen* 42 – 47 insgesamt 17 Mal, davon 10 Mal in (Bibel)Zitaten und 5 Mal im Rahmen der Rede vom königlichen ‚Machtmissbrauch' Davids.

495 Zu dieser Differenzierung s. Abschnitt C.3.3.3.

496 Ohly, *Ethik der Liebe*, 100.

497 Zur Bewertung sog. virtueller ‚Kinderpornographie' s. Abschnitt E.2.

498 Siehe Abschnitt E.3.3.1.1.

renzierter als die in grellen Farben an die Wand gemalten Schreckensbilder Schirrmachers. Bei Fraling und Bóasdóttir ist Pornographie kein Thema.[499]

Ferner bleibt die konkrete Leistungsfähigkeit der herangezogenen Kriterien ‚gelingender' Sexualität für die Auseinandersetzung mit den vielfältigen Berührungspunkten und Vermischungen der als Sexualität und Gewalt bezeichneten Handlungs- und Erlebenszusammenhänge, gelinde gesagt, unausgeführt, wenn nicht grundsätzlich zweifelhaft. Wenn beispielsweise Farley die Zulässigkeit oder Unzulässigkeit der Ziele menschlicher Sexualität danach beurteilt, ob diese mit der ‚konkreten Realität von Personen' übereinstimmen, d. h. ob eine Person dabei sowohl in ihrer Aktualität wie in ihrer Potenzialität anerkannt wird oder nicht, läuft die Anwendung dieses unspezifischen Kriteriums Gefahr, bei der Beurteilung bestimmter Legierungen von Sexualität und Gewalt – man denke an vermeintlich ‚gewaltfrei und einvernehmlich'[500] erfolgende sexuelle Handlungen zwischen Erwachsenen und Kindern oder an ‚einvernehmlich' erfolgende sexuelle Handlungen zwischen Erwachsenen im Rahmen von Prostitution[501] – weitgehend zahnlos zu bleiben. Die Ziehung einer klaren Grenze, an der sich konstruktiv-schöpferische Ziele sexueller Handlungen und Beziehungen von destruktiv-zerstörerischen scheiden, erscheint im Blick auf das Verhältnis von Sexualität und Gewalt unter alleiniger Zugrundelegung eines solchen allgemeinen Kriteriums jedenfalls schwerlich möglich.

Nicht weniger bedenklich mutet es angesichts des erschreckenden Ausmaßes sexueller*sexualisierter Gewalt im alltäglichen menschlichen Miteinander[502] an, dass bei allen Positionen im Grunde offen bleibt, welche Folgerungen für das *theologische* Verständnis von Sexualität gezogen werden bzw. zu ziehen sind, soll von Sexualität weiterhin als einer „Gabe"[503] oder einem „Geschenk"[504] Gottes gesprochen werden (können). Obwohl alle Autor*innen auf die Alltagsrealität sexueller*sexualisierter Gewalt und, vor allem bei Farley und Ohly, zugleich auf die wesentliche Ambivalenz menschlicher Intimität Bezug nehmen, werden – von einzelnen Bemerkungen abgesehen[505] – keine wirklichen Konsequenzen für die Klärung des Verhältnisses von Sexualität und Gewalt aus theologischer Perspektive gezogen. Überhaupt bleibt bei allen Autor*innen, mit Ausnahme Fra-

---

499 Vgl. lediglich die einzelnen Zitate oder Paraphrasen (anderer Positionen) bei Fraling, *SexualEthik*, 25; Bóasdóttir, *Violence*, 33, 66 u. 141.
500 Zu diesem Slogan s. Abschnitt D.3.2, Anm. 99.
501 Siehe Abschnitt D.5.
502 Vgl. nur die zu Beginn der Einleitung angegebenen Zahlen.
503 Fraling, *SexualEthik*, 137.
504 Schirrmacher, *Ethik*, Bd. 4, 320.
505 Etwa Ohly, *Ethik der Liebe*, 74 f.

lings, weitestgehend ausgeblendet, dass sexuelle*sexualisierte Gewalt eine Herausforderung nicht nur für die theologisch-*ethische* Reflexion, sondern gleichermaßen auch für die Frage nach dem Proprium und der lebensweltlichen Relevanz des christlichen *Menschenbildes* darstellt. Hierzu bedarf es an einer Reflexion darüber, *warum* sich Sexualität augenscheinlich als ausgesprochen anfällig für Gewalt erweist, was sexueller*sexualisierter Gewalt eine nachgerade ,pandemische'[506] Verbreitung ermöglicht hat. Schirrmachers fortwährender undifferenzierter Rekurs auf die sogenannte Sexuelle Revolution und die Erklärung selbiger zur Wurzel allen sexuellen Übels wirken ebenso wie seine Rhetorik homophobischer Verunglimpfung als basso ostinato seiner sexualethischen Position nachgerade tragisch und spotten jeder redlichen Anstrengung, den von ihm ins Auge gefassten Menschen als Personen und – seinem ,frommen' Ansatz folgend – Gottes Geschöpfen gerecht zu werden.

Damit ist der Ausgangspunkt erreicht, aber zugleich sind auch Ansprüche und Absichten formuliert für eine eigene sexualethische Stellungnahme zum Verhältnis von Sexualität und Gewalt, wie sie im nachfolgenden Untersuchungsteil zu entwickeln sein wird.

---

506 Vgl. Bóasdóttir, *Violence*, 53.

C Reflexionen

Maßgebliche Orte theologischen Reflektierens über Sexualität sind theologische Anthropologie und Ethik.[1] Nachdem jeder Begründungsversuch einer Ethik der Sexualität zuerst „die anthropologischen Prämissen aufdecken" muss, „unter denen er steht",[2] ist auch im Rahmen einer sexualethischen Untersuchung über Sexualität und Gewalt zunächst das spezifisch theologische Verständnis vom Menschen in den Blick zu nehmen. Dass theologische Anthropologie und Ethik nicht voneinander zu trennen sind, versteht sich dabei ebenso wie der Rekurs auf die systematisch-theologische Theoriebildung nur insofern, als es für den Gang der Untersuchung erforderlich ist.

1 Anthropologische Voraussetzungen

Zur Klärung des theologisch-anthropologischen Verständnisses von Sexualität gilt es, den Gedanken der Gottebenbildlichkeit in den Blick zu nehmen, der nicht nur den Knotenpunkt bildet, in dem die unterschiedlichen theologischen Aussagen über den Menschen zusammenlaufen und sich wie in der Spitze einer Pyramide vereinigen, sondern zugleich als das Scharnier fungiert, welches „die theologische Anthropologie und Ethik miteinander verbindet".[3] Überdies kann ausgehend von der Bestimmung des Menschen zum Ebenbild Gottes das im modernen theologischen Sexualitätsdiskurs eine wesentliche Rolle und Funktion einnehmende Argument der Menschenwürde adäquat verstanden und diskutiert werden. Nachdem sich der theologische Diskurs über Sexualität in den vergangenen Jahrzehnten aber nicht nur erheblichen gesellschaftlichen Veränderungsprozessen gegenüber vorgefunden, sondern auch selbst Wandel und Veränderung erfahren hat, mit Auswirkungen wiederum auf das theologische Bild vom Menschen als Geschlechtswesen, sind zunächst in dieser Richtung einige wenige Bemerkungen anzubringen.

---

1 Darin schließe ich mich Ammicht Quinn, *Körper*, 11 an; anders Herms, „Liebe," 95.
2 Schockenhoff, *Grundlegung*, 591 f. Von daher überrascht die auffallende Zurückhaltung bei der Thematisierung von Sexualität selbst im Kontext neuerer theologisch-anthropologischer Veröffentlichungen, vgl. z. B. Pröpper, *Anthropologie* (2015); Langenfeld/Lerch, *Anthropologie* (2018) und Rieger, *Leiblichkeit* (2019).
3 Schockenhoff, *Ethik des Lebens*, 190.

https://doi.org/10.1515/9783110717648-004

1.1 Der theologische Sexualitätsdiskurs im Wandel

Seit der sogenannten Sexuellen Revolution der späten 1960er und frühen 1970er Jahre ist es auch in der Theologie im deutschsprachigen Raum zu erheblichen Akzentverlagerungen bei der Wahrnehmung und Bewertung von Sexualität gekommen. Dies ist freilich alles andere als überraschend, hat sich doch das Verständnis von Sexualität in der Theologie der vergangenen Jahrzehnte – zwar nicht immer unter Berücksichtigung des jeweils aktuellen humanwissenschaftlichen Forschungs- und Erkenntnisstandes, aber stets – mit Rücksicht auf konkrete gesellschaftliche, kulturelle und rechtliche Veränderungsprozesse in Sachen Sexualität im Modus von Anknüpfung und Widerspruch konkretisiert. So gesehen erweist sich Sexualität *sub specie theologiae* immer auch als ein durch außertheologische Wissensbestände und Veränderungsprozesse herausgefordertes und von der gelebten gesellschaftlichen Realität zuweilen vor sich hergetriebenes Verständnis von Sexualität.[4]

Beispielsweise wurde im protestantisch-theologischen Bereich analog zur Entwicklung im allgemeingesellschaftlichen Diskurs über Sexualität im Zuge und als Folge der Sexuellen Revolution, allerdings mit einiger Zeitverzögerung, der noch bis zur Mitte des 20. Jahrhunderts nahezu ausnahmslos als Junktim gefasste Zusammenhang von Sexualität und Fortpflanzung immer weiter aufgelöst[5] und

---

4 Deutlich z. B. Kirchenkanzlei der EKD (Hg.), *Denkschrift zu Fragen der Sexualethik*, 9 – 11.

5 Bemühungen um eine denkerische Entkoppelung von Fortpflanzung und Sexualität (in der Ehe) begegnen in der deutschsprachigen protestantischen Theologie bereits bei Dietrich Bonhoeffer (1906 – 1945), und zwar in dessen *Ethik* (zwischen 1940 u. 1943): „Die Geschlechtlichkeit ist nicht nur Mittel der Fortpflanzung, sondern trägt innerhalb der Ehe ihre Freude unabhängig von dieser Zweckbestimmung in der Liebe zweier Menschen zueinander" (Bonhoeffer, *Ethik*, 182; auch zit. bei Gerber, Art. „Sexualität III.," 182 [mit Abweichungen vom Original]). Dass die wesenhafte Verknüpfung von Sexualität und Fortpflanzung aber auch in *protestantischen* Entwürfen noch Jahrzehnte nach der Sexuellen Revolution behauptet, während in neueren Entwürfen aus dem *römisch-katholischen* Bereich eine solche auch ausdrücklich bestritten werden kann, das Für und Wider bei dieser Frage also nicht einfach entlang der Konfessionsgrenzen verläuft, zeigen einerseits Herms, „Liebe," 113, andererseits Kos, „Tugenden," 300. Dessen ungeachtet finden sich auch in theologisch-anthropologischen Entwürfen der Gegenwart mehr oder minder deutliche Residuen der sexualpessimistischen Sicht der traditionellen christlichen Sexualmoral, z. B. Wulf, *Phänomene*, 88, 234 u. 241 f. sowie Wróbel, „Anthropologie," 123 – 126. Auch in der russisch-orthodoxen Kirche erweist sich „die menschliche Sexualität im Ganzen [...] als radikaler Zentralbereich der Ursünde, als Kanal für die Weitergabe an die Nachkommen" (Maksimov, „Mann/Frau (orthodox)," 84; vgl. auch 91). Für neuere Beispiele mehr oder minder unverhohlener Homonegativität aus der protestantischen Ethik vgl. Honecker, *Grundriß*, 224 f.; Schirrmacher, *Ethik* (s. Abschnitt B.2.7); Herms, „Liebe," 133 f.; Härle, *Ethik* (2. Aufl.), 332. Als bemerkenswert frühe (1978) *positive* Ausnahme vgl. dagegen Nelson, *Embodiment*, 180 – 210.

die menschliche Sexualität „nicht länger als Residuum animalischer Fortpflanzung, als bloße Naturgröße, die durch die Orientierung an Normen und Werten
,beherrscht' werden soll, sondern als Ausdruck individueller Selbstbestimmung
und intimer Gemeinschaft"[6] wahrgenommen. Mit dieser Entkoppelung von Sexualität und Fortpflanzung einhergegangen ist die zunehmende innertheologi-
sche Infragestellung der im protestantisch-theologischen Bereich noch bis ins
letzte Drittel des 20. Jahrhunderts gemeinhin als wesentlich betrachteten Verknüpfung von Sexualität und Ehe,[7] wobei an die Stelle der Reflexion über die
strukturelle *Gestalt* von Ehe und Familie zunehmend die Reflexion über deren
tatsächlich gelebte *Gestaltung* treten sollte, für deren Gelingen dann entsprechende Kriterien zur Bewertung der Beziehungsqualität in Anschlag gebracht
wurden.[8]

Es ist an dieser Stelle weder möglich noch nötig, diese vielgestaltigen, im
Spannungsfeld zwischen dem Festhalten an althergebrachten Traditionen und
der Aufgeschlossenheit zu Wandel und Erneuerung stehenden Veränderungs-
und Entwicklungsprozesse im theologischen Sexualitätsdiskurs en détail zu rekonstruieren. Diesem systematisch- und praktisch-theologisch fühlbaren For-
schungsdesiderat wäre überhaupt nur unter ständiger Rücksicht auf das jeweilige
Verständnis von Körperlichkeit angemessen zu begegnen,[9] wobei in der theolo-

---

6 Moxter, „Anthropologie," 180.
7 Diese Verknüpfung von Sexualität und verschiedengeschlechtlicher Ehe begegnet in theologisch-ethischen Lehrbüchern aus dem protestantischen Bereich zum Teil bis heute, vgl. Härle,
Ethik (2. Aufl., [22. Mai] 2018), 332; ferner Härle, *Dogmatik*, 436 (Anm. 42); vgl. dazu auch Schockenhoff, „Sexualität und Ehe," 437.
8 Vgl. dazu Schreiber, „Familienvielfalt," 155–157. Zu den Entwicklungen im theologischen Ehe-
und Familiendiskurs vgl. grundsätzlich Porsch, *Verstehensbedingungen*, 274–323; speziell zum
protestantischen Bereich vgl. Plonz, *Wirklichkeit*, 21–64 u. 190–215 sowie Jäger, *Protestantismus*,
47 ff. u. 271–315.
9 So mit Recht Karle, *Liebe*, 9; vgl. dazu 13–76; ferner Lewandowski, *Sexualität*, 143–195. Für
einen umfangreichen Klärungsversuch des biblischen Quellenbestands zu zentralen Aspekten
von Körperlichkeit vgl. Weissenrieder/Dolle (Hg.), *Körper*, 348–358, 452–564 u. 852–1014. Allerdings ist eine grundsätzliche Unschärfe vieler theologisch-anthropologischer Klärungsversu-
che insofern festzustellen, als der phänomenologisch wesentlichen Differenzierung zwischen
Leib (sein) und *Körper* (haben) nicht hinreichend Beachtung geschenkt wird, so sehr beides auf
die gleiche Entität bezogen ist und bleibt: eine lebendige Person bzw. ,ein lebendiges Wesen' (Gen
2,7). Während der er- und gelebte *Leib* Träger und Medium unseres Lebensvollzugs ist, mithin den
Organismus unter dem Aspekt seiner sich (inter)subjektiv manifestierenden Lebendigkeit repräsentiert, meint (jemandes) *Körper* den Menschen „als Gesamtheit materiell-anatomischer Strukturen und physiologischer Prozesse" (Fuchs, *Gehirn*, 100). Diese phänomenologisch wesentliche
Differenz von Leib und Körper geht zurück auf die Unterscheidung von Körper*sein* und Körper*haben* bei Helmuth Plessner (1892–1985), der das dem Menschen mit der Geburt zuteil ge-

gischen Literatur vor allem der beiden vergangenen Jahrzehnte deutliche Aus-
bruchstendenzen aus der bisherigen Deutung menschlicher Geschlechtlichkeit
als Verkörperung einer polar-konträren, zuweilen als ‚binär' verstandenen und
bezeichneten Opposition von ‚männlich' und ‚weiblich'[10] sicht- und spürbar geworden sind.[11] Die Voraussetzung für ein gemeintheologisches „Upgrade"[12] in
dieser Hinsicht ist jedenfalls die Bereitschaft zur Re-Evaluation bisheriger Aus-
legungstraditionen einschlägiger Bibelstellen[13] – nicht zuletzt Gen 1,27[14] samt
Bezugnahmen darauf in Gen 5,2 und Mt 19,4, aber auch bemerkenswerte Erzählungen wie die vom äthiopischen Eunuchen (Apg 8,27: „ἀνὴρ Αἰθίοψ εὐνοῦχος")

---

wordene eigenständige Körper*sein* von dem sich erst im Laufe der Sozialisation einstellenden,
eine sozial kontextuierte und kulturell vermittelte Lebenslernaufgabe („‚Ich bin, aber ich habe
mich nicht'" – so Plessner, „Dimension," 160 zur Charakterisierung der „menschliche[n] Situation
in ihrem leibhaften Dasein") bleibenden Körper*haben* abgrenzt und beides zusammen als einen
mit dem Menschsein unaufhebbar verknüpften Doppelaspekt versteht, vgl. Plessner, „Lachen,"
238.

10 Die ausschließlich als (Ausgangspunkt einer) Kritik verstandene Rede von einer ‚Geschlechter*binarität*' (‚gender *binary*') unterstellt (der kritisierten Position) die Annahme einer Opposition
von ‚männlich' und ‚weiblich' als *einfache* Negation ohne Mittelglieder, wie es bei einer *kontra-
diktorischen* Opposition der Fall ist. De facto aber handelt es sich bei dieser kritisierten Position
um die Annahme eines *polar-konträren Gegensatzes*, mithin um die Annahme einer bestimmten,
und zwar: *Mittelglieder zulassenden Differenz*, die jedoch im Falle der Opposition von ‚männlich'
und ‚weiblich' als ‚vollendete Differenz' im Sinne vollständiger Negation zueinander verstanden
wird. Es handelt sich bei dieser kritisierten Position also um die Behauptung einer Opposition von
‚männlich' und ‚weiblich' als ‚vollendeter Privation'. Unter Rekurs auf Aristoteles gesprochen:
Kontrarietät ist eine bestimmte Form der Privation, nämlich *vollendete* Privation (στέρησίς τελεία)
bzw. *vollendete* Differenz (διαφορὰ τελεία), vgl. Aristoteles, *Metaphysik*, Buch X, Kap. 4,
1055a33–35: „πρώτη δὲ ἐναντίωσις ἕξις καὶ στέρησίς ἐστιν· οὐ πᾶσα δὲ στέρησις (πολλαχῶς γὰρ
λέγεται ἡ στέρησις) ἀλλ' ἥτις ἂν τελεία ᾖ. τὰ δ' ἄλλα ἐναντία κατὰ ταῦτα λεχθήσεται [...]" („Der
erste konträre Gegensatz ist Haben (Haltung) und Privation, aber nicht jede Privation, da dieses
Wort in mehreren Bedeutungen gebraucht wird, sondern nur vollendete Privation. Alles übrige
Konträre wird nur nach diesem ersten Konträren so benannt"; zit. nach Aristoteles, *Metaphysik*,
218). ‚Vollendet' ist die Privation dann, wenn „Etwas als verschiedenes anderes Etwas das
gänzliche Nichtsein seines anderen ist: ein jedes *als Haben* Ausschluß seines Anderen ist"
(Brandner, *Aristoteles*, 139). Zu den Topoi der Gegensätze (Kontrarietät, Privation, Kontradiktion
und Relation) vgl. ferner Schramm, *Prinzipien*, 162f.

11 Vgl. z.B. Karle, *Liebe*, 105–126; Jakobs, „Gender," 7–29 sowie die Beiträge in Sektion 3 in
Schreiber (Hg.), *Geschlecht*, 231–347.

12 Vgl. Goertz, „Transsexualität," 27–30.

13 Vgl. dazu Schreiber, „Semper reformandum?," 219f.

14 Zur Rezeptionsgeschichte von Gen 1,27 vgl. Dassmann, „Mann und Frau," 45–60 sowie Tietz,
„Menschen," 119–138.

in Apg 8,26–40[15] im Vergleich mit Dtn 23,2 einerseits, Jes 56,4–5, Weish 3,14 und Mt 19,12 andererseits – vor dem Hintergrund und unter Einbeziehung des gegenwärtigen wissenschaftlichen *State of the Art*. Gewissermaßen eine Rückkehr *ad fontes* unter veränderten Vorzeichen.

Dazu, in aller Kürze, drei Bemerkungen: (1.) Sachgemäße Theologie erweist sich nicht dadurch als zeitgemäß,[16] dass sie alle ‚Schlacke der Geschichte‘ abzustreifen versucht, sondern vielmehr dadurch, dass sie in dem Bewusstsein, auf ‚Tat-Sachen‘[17] zu gründen, die über den Wechsel der Zeit erhaben und insofern zu *jeder* Zeit zeitgemäß sind, Menschen in ihrer wirklichen Situation anzusprechen vermag. Eben darin erweist sich sachgemäßes theologisches Denken nicht nur als zeit*gemäß*, sondern auch als zeit*gerecht*. Es verschließt sich deshalb weder gesellschaftlichen Lebensrealitäten noch neueren Wissensbeständen, welche aus außertheologischen Quellen stammen und mitunter auch dogmatisch festgeschriebenen Aussagen über den Menschen widersprechen, sondern zeichnet sich durch das stete Bemühen aus, die Traditionen des eigenen Glaubens im Kontext neuzeitlichen Denkens und Handelns zu entfalten und in einer zunehmend von Komplexität und Differenziertheit geprägten Moderne argumentativ zu verant-

---

15 Vgl. Weissenrieder/Dolle (Hg.), *Körper*, 470–474; Wilson, „‚Neither Male nor Female‘,“ 403–422; Percy, „Can a eunuch be baptized?,“ 327–334.

16 Zur Frage, wie Theologie *gleichermaßen* „auf sachgemäße Weise zeitgemäß und auf zeitgemäße Weise sachgemäß“ sein kann, vgl. Jüngel, „Freiheit,“ 12–15 (Zitat 13); im Sinne einer Anwendung dieser Fragestellung vgl. ferner Schreiber, „Zeit,“ 71–77.

17 ‚Tat-Sache‘ hier wörtlich verstanden als ‚wirklich geschehene Tat‘ (*res facti*), und zwar als Ausdruck des für den Menschen erfahrbaren und doch von menschengemachten Wissens- und Moralordnungen unabhängigen Handelns und Wirkens Gottes. Es darf daran erinnert werden, dass das deutsche Wort ‚Tatsache‘ erst Mitte des 18. Jahrhunderts und dabei im Kontext einer *theologischen* Diskussion darüber aufgetaucht ist, „ob das Christentum sich auf T.[atsachen] im Sinne wirklicher Begebenheiten stützen könne“ (Gabriel, Art. „Tatsache,“ 209). So hat der protestantische Theologe Johann Joachim Spalding (1714–1804) bei seiner 1756 veröffentlichten Übersetzung von Joseph Butlers (1692–1752) *The Analogy of Religion* (1736) unter dem Titel *Bestätigung der natürlichen und geoffenbarten Religion aus ihrer Gleichförmigkeit mit der Einrichtung und dem ordentlichen Laufe der Natur* (1756) das Wort „Thatsache“ zur Wiedergabe des englischen *matter of fact* eingeführt (und mitunter durch *res facti* umschrieben). Auf diese Weise wurden „*fact* und *matter* [...] zum deutschen ‚Tat-Sache‘ zusammengezogen“ (Staats, „Hintergrund,“ 318), welches also noch „nicht den heute zumeist beigegebenen Sinn von isolierter Geschichtstatsache oder naturgesetzlichem Faktum“ (325) hatte; zum ursprünglichen Sinn von ‚Tatsache‘ als ‚etwas durch Erfahrung Wahrnehmbares‘ vgl. 325f. Auch insofern liegt ein tieferer Sinn in dem Diktum des englischen Historikers Thomas B. Macaulay (1800–1859): „Thatsachen sind bloß die Schlacke der Geschichte. Von der abstracten Wahrheit, welche sie durchdringt und verborgen zwischen ihnen liegt, wie Gold in der Ader, erhält die Masse ihren ganzen Werth: und meistentheils sind die kostbaren Theile in einer Weise mit den unedlen verbunden, daß eine Trennung von der höchsten Schwierigkeit wird“ (Macaulay, „Geschichtsschreibung,“ 15).

worten.[18] Dies schließt auch eine Bereitschaft zur Revision traditioneller ‚Richtigkeiten' ein. Das Prinzip des *ecclesia semper reformanda est* mag zwar erst durch Karl Barth (1886-1968) als Kurzformel popularisiert worden sein,[19] ist aber dem Denken der Reformatoren vor 500 Jahren nachweislich verpflichtet. Es geht deshalb um die reformatorische Freiheit, die uns legitimiert und befähigt, auch von einer überholten ‚Normativität' zu sprechen, wenn alle weltbildlichen Festlegungen gerade heftig ‚im Fluss' sind.[20]

(2.) Menschen, die jenseits oder zwischen den als ‚männlich' und ‚weiblich' bezeichneten Geschlechtergruppen stehen und leben, sind keine defizitären Abweichungen von einer als ‚naturgegeben' angesehenen ‚Norm' der Zweigeschlechtlichkeit.[21] „All people are exceptions to a rule that doesn't exist."[22] Sofern biblisch-jüdisch-christlich-theologisch die axiomatische Aussage gilt, dass Gott, der Schöpfer, alles Geschaffene ins Sein gerufen hat, wandelt *kein* Mensch ohne Gottes Schöpferwillen über diese Erde. Wenn so viele Menschen einer bestimmten Norm nicht entsprechen, mit diesen Menschen demnach also ‚etwas nicht stimmt', könnte es dann nicht vielleicht eher die Norm sein, mit der ‚etwas nicht stimmt'?[23] So gesehen erscheint jeder Versuch, Geschlecht überhaupt normieren zu wollen, als eine menschliche Anmaßung, durch die Gottes autonomes Schöpferhandeln menschlicher Definitionsmacht unterworfen und eine Schneise der Uniformität in die Vielfalt seiner Schöpfung geschlagen werden soll.[24] Oder anders, mit den Worten Ammicht Quinns gesagt: „Warum verstört es uns so sehr, wenn Gott sich nicht an die von Menschen gemachten Gesetze hält?"[25]

(3.) Aus dezidiert *theologischer* Perspektive kann bemerkt werden,[26] dass die geschlechtliche Ausdifferenzierung des Menschen (Gen 1,27c u. Gen 2,21–23) protologisch sekundär und, was den als Eschaton verstandenen Erlebniszusam-

---

18 Vgl. hierzu und zum Folgenden Schreiber, „Geschlecht außer Norm," 35 f.

19 Zum Ursprung dieser Kurzformel vgl. Abraham, *Evangelium*, 511–513.

20 Vgl. DK 22 B 91: „Man kann nicht zweimal in denselben Fluß steigen" (Diels [Hg.], *Fragmente*, 75).

21 Vgl. hierzu und zum Folgenden Schreiber, „Geschlecht," 29, 33 f. u. 36.

22 Pessoa, *Selected Prose*, 235 (Nr. 3).

23 In Anlehnung an Roughgarden, *Evolution's Rainbow*, 1.

24 Die Leidenschaftlichkeit des bisher geführten und notwendig weiterzuführenden Diskurses über Geschlecht im kirchlich-theologischen Bereich ist erfreulich, hinterlässt aber einen fahlen Beigeschmack, wenn gerade beim Reizwort ‚Gender' Meinungen und Parolen die für jede sachliche Auseinandersetzung unverzichtbaren Fakten und Argumente zu überlagern, verwischen, verfälschen und unsichtbar zu machen drohen. Für einen vorsichtigen Öffnungsversuch evangelischer Dogmatik vgl. Körtner, *Dogmatik*, 281.

25 Ammicht Quinn, „(Un)Ordnungen," 239.

26 Vgl. hierzu und zum Folgenden Schreiber, „Gotteskind," 96 f.

menhang betrifft, „für das eschatologische Heil belanglos",[27] zumal auf ihre
Aufhebung im In-Christus-Sein als Ideal vollkommenen Menschseins hin ange-
legt ist (vgl. Gal 3,28: „οὐκ ἔνι ἄρσεν καὶ θῆλυ· πάντες γὰρ ὑμεῖς εἷς ἐστε ἐν Χριστῷ
Ἰησοῦ"). Das individuelle Geschlecht eines Menschen ist ein wesentlicher Aspekt
seines präeschatisch unaufhebbaren körperlichen Soseins[28] und doch im besten
Sinne betrachtet, nämlich in Christus Jesus, Nebensache. Dieser Vorbehalt, dass
dem individuellen Geschlecht eines Menschen in soteriologisch-eschatologischer
Hinsicht nur eine nachrangige Bedeutung zukommt, alle Menschen vielmehr ‚von
Gottes Geschlecht' (vgl. Apg 17,28c: „τοῦ γὰρ καὶ γένος ἐσμέν") sind, dispensiert
freilich nicht vom theologischen Nachdenken über den Menschen im Horizont des
Hier und Jetzt.

Die zentralen Wesensmerkmale dieses Nachdenkens über den Menschen, wie
er *coram Deo*, nicht nur *coram se ipso et hominibus* erscheint, wodurch sich
theologische Anthropologie von säkularen Anthropologien grundsätzlich unterscheidet[29] und von denen her auch nach der *differentia specifica* zwischen
theologischen und nicht-theologischen Reflexionen über Sexualität zu fragen
sein wird, gilt es im Folgenden ausgehend vom systematischen Zentrum theologischer Anthropologie zu entfalten.

1.2 Gottebenbildlichkeit als Zentrum theologischer Anthropologie

Die Vorstellung von der Gottebenbildlichkeit[30] des Menschen (Gen 1,27a.b; 5,1; 9,6;
Ps 8,6 f.) zielt auf Menschsein als solches, „jenseits aller Unterschiede zwischen
den Menschen",[31] und gilt universal für alle Menschen, ungeachtet jeweiliger
Bedingt- und Gegebenheiten – einschließlich des Geschlechts.[32] Als gleichsam
„emblematischer Ausdruck für die theologische Grundbestimmung des Menschen, von der alle Einzelaussagen abgeleitet werden",[33] bezeichnet Gotteben-

---

27 Merklein, „Spannungsfeld," 244; dagegen Burkhardt, *Ethik*, Bd. II/2, 21.
28 Vgl. Rehfeld, *Ontologie*, 140 f.
29 Eine prägnante Fassung dieses Unterschiedes findet sich bei McGrath, „Homo iustificandus
fide," 323.
30 Zur altorientalischen Königsideologie als ursprünglichem Kontext der Vorstellung von der
Gottebenbildlichkeit im priesterschriftlichen Schöpfungsbericht vgl. Gertz, „I. Tora und Vordere
Propheten," 238 f. u. 247. Kritisch zur Behauptung der Zentralität der Gottebenbildlichkeitsvor-
stellung als „reflexartig[er]" Antwort auf die Frage nach einer *biblischen* Begründung einer unveräußerlichen Menschenwürde vgl. Frevel, „Schöpfungsglaube," 262.
31 Westermann, *Genesis 1–11*, 218.
32 Vgl. Schnelle, *Anthropologie*, 119.
33 Waap, *Gottebenbildlichkeit*, 35.

bildlichkeit allerdings nicht einfach das, *als was* der Mensch erschaffen ist,[34] sondern vielmehr das, *wozu* der Mensch erschaffen ist.[35] Der Gedanke der Gottebenbildlichkeit intendiert also keine Wesensbeschreibung des Menschen, was Gefahr liefe, „im Sinne einer enthusiastischen Selbstüberschätzung"[36] (miss-) verstanden zu werden, sondern steht als Gedanke „über ein Tun Gottes"[37] für eine „Zielbestimmung", in der sich die Erfahrung verdichtet, „dass im Menschen mehr liegt, als das, was er in seiner alltäglichen Lebensführung zu realisieren vermag".[38]

Gottebenbildlichkeit meint weder eine Eigenschaft noch einen Zustand des Menschen, also irgendeine *Bestimmtheit an* oder *in* ihm,[39] sondern steht für ein *Bestimmtsein zu* etwas. Unter der Maßgabe, dass „Gott [...] selbs die Liebe, und sein wesen [...] eitel lauter liebe"[40] ist (vgl. 1 Joh 4,8.16; ferner Jer 31,3; Joh 3,16; 1

---

34 Dagegen Neumann-Gorsolke, *Herrschen*, 195.

35 Ich orientiere mich bei dieser Unterscheidung an Barths Differenzierung zwischen der ontologischen Bestimmung des Menschen (nicht *als*, sondern) „*zu Gottes* Partnern" bzw. „Bundesgenossen" einerseits, seiner Erschaffung (nicht *zu*, sondern) „*[a]ls* unsere *gegenseitigen* Partner" bzw. „*Bundesgenossen* [...] *untereinander*" oder „*von Natur*" andererseits (Barth, *Die kirchliche Dogmatik*, Bd. III/2, 385 f.; dazu 159, 163 f., 242 f. u. 417 f.) zur Kennzeichnung dessen, dass „[d]ie göttliche Bestimmung und die geschöpfliche Art des Menschen, seine Humanität, [...] zweierlei [sind], so gewiß Schöpfer und Geschöpf, Gott und Mensch, zweierlei sind", ohne sich deshalb „geradezu widersprechen" (244) zu müssen. Vgl. hierzu die Erörterung verschiedener Deutungsmöglichkeiten und Geltungsbereiche des ‚(erschaffen) *als*' (Bundesgenossen des Mitmenschen) und ‚(erschaffen) *zu*' (Gottes Bundesgenossen) samt deren Unterscheidung bei Härle, *Sein und Gnade*, 122 ff., 146–148 u. 152 f., die meiner obigen Differenzierung zugrunde liegt. Vgl. ferner Schüz, *Glaube*, 174–179.

36 Lauster, *Gott*, 136.

37 So Westermann, *Genesis 1–11*, 214 zur priesterschriftlichen Aussage in Gen 1,27, was m. E. im Wesentlichen auch für die Vorstellung von der Gottebenbildlichkeit im theologisch-anthropologischen Sinne gilt.

38 Lauster, *Gott*, 48; ähnlich Thielicke, *Ethik*, Bd. 1, 263 (Nr. 769 f.). Insofern kann gesagt werden, dass „Gottesebenbildlichkeit [...] im Modus des *Advents*" (Vollenweider, „Menschgewordene," 65) bleibt. Zum Unterwegssein des Menschen als eines Gottesgedankens vgl. auch von Lüpke, „Vorwort," 6.

39 Als *Eigenschaft* könnte Gottebenbildlichkeit sonst erworben oder verloren werden, als *Zustand* könnte sie sonst eine Veränderung erfahren – sei dies im Sinne einer wesensmäßigen Veränderung (ἀλλοίωσις) oder sei dies im Sinne einer seinsmäßigen Veränderung (κίνησις) wie Entstehen (γένεσις) und Vergehen (φθορά); vgl. dazu Schreiber, „Kierkegaards Sprung," 172.

40 So Luther in seiner Predigt über 1 Joh 4,16–21 am 2. Sonntag nach Trinitatis am 9. Juni 1532 (nachmittags), in *WA* 36, 424,16–17, mit der Folge, dass, „wenn jmand wolte Gott malen und treffen, so müst er ein solch bild treffen, das eitel liebe were, als sey die Göttliche natur nichts, denn ein feur offen und brunst solcher liebe, die himel und erden füllet" (424,17–19); vgl. 425,13. Damit ist gleichwohl nicht Gottes Wesen in seinem Ansichsein, d. h. seinem absoluten Wesen, sondern als Selbstmitteilung, *communicatio sui* gefasst. Zur Backofen-Metapher vgl. auch Luthers

Joh 4,9),[41] kann Gottebenbildlichkeit im Anschluss an Härle als „die dem Menschen zugesagte, zugedachte und zugemutete *Bestimmung* zur Liebe" verstanden werden: der Mensch ist darin Ebenbild Gottes, „daß er in seiner leib-seelischen Ganzheit in einer Beziehung zu Gott und zu seinem Mitmenschen existiert, die ihrerseits dem Wesen Gottes entspricht, also den Charakter der *Liebe* hat".[42] Gottebenbildlichkeit meint demnach ein dem Menschen widerfahrendes *Geschehen*, in dem Gott sich dem Menschen – im Wort – zuspricht und der Mensch diesem Zuspruch Gottes dadurch entspricht, dass er ihm vertraut, mithin Glauben schenkt.[43] In ebendieser Fähigkeit des Menschen, dem Zuspruch Gottes – im Glauben – entsprechen oder – in der Sünde – widersprechen zu können, liegt die Freiheit des Menschen begründet, die als *geschöpfliche* allerdings „keine radikal schöpferische", sondern eine „in der Beziehung Gottes des Schöpfers zum Menschen begründete Freiheit"[44] ist.

So wie „Menschsein als Sein-in-Beziehung"[45] gedacht werden kann, und zwar insofern, als „sich das Wesen des Menschen in Beziehungen, in Verhältnissen und

„Sermon am Sonnabend oder Kampftag vor Reminiscere" vom 15. März 1522, in *WA* 10/III, 56,2f.: „got ist ein glüender backofen foller liebe, der da reichet von der erden biß an den hymmel".
41 Zur Frage der Anwendbarkeit des Liebesbegriffs auf Gott und zum Verständnis der Aussage ‚Gott ist Liebe' (1 Joh 4,8.16) dahingehend, dass „Wesen und Wirken" Gottes als Liebe „hier offensichtlich einen engen, unauflöslichen Zusammenhang" bilden, vgl. Härle, *Dogmatik*, 241f. (Zitat 242). Speziell zur Frage nach der Liebe Gottes im Alten Testament vgl. Oeming, „‚Ich habe dich je und je geliebt' (Jer 31,3)," 36.
42 Härle, *Dogmatik*, 436f.; vgl. ferner 276ff. u. 368ff. Zu diesem „Leben aus der Liebe und in der Liebe" (519) gegenüber dem Mitmenschen (Nächstenliebe, Feindesliebe und Geschwisterliebe), Gott (Gottesliebe) und sich selbst (Selbstliebe) vgl. 517–525. Für einen etwas andersgelagerten Zugang vgl. Mühling-Schlapkohl, „Geschwisterliebe," 168–183.
43 Meine Deutung des ‚dem Zuspruch Gottes Entsprechen' als Wort- bzw. Fiduzialglaube soll verdeutlichen, dass dieses Entsprechen zwar nicht ohne *Selbst*tätigkeit vonstattengeht und doch mehr einen *Nach*vollzug als einen aktiven Selbstvollzug im Sinne von Selbst*tätigkeit* meint; das Werden der Ebenbildlichkeit ist nicht vom Menschen aus als Verwirklichung zu verstehen, da Ebenbildlichkeit *empfangen* wird. Mit K. Barth gesprochen: „[D]ie Gnade Gottes in Jesus Christus ist [...] der *Real*grund des geschöpflichen Seins des Menschen" (Barth, *Die kirchliche Dogmatik*, Bd. IV, 45) bzw. „*Erwähltsein* ist der ewige Grund, das ewige Prius, die ewige Voraussetzung der Existenz derer, die als Erwählte leben dürfen" (*Die kirchliche Dogmatik*, Bd. II/2, 353; vgl. dazu Kierkegaard, *Philosophische Brocken*, 38). Vgl. dagegen Brunner, *Dogmatik*, Bd. 3, 201.
44 Schwöbel, „Sünde," 304; ferner Dalferth, *Sünde*, 9 u. 17.
45 Schwöbel, „Menschsein," 193. Zur m.W. zuerst bei Gerhard Ebeling ausgearbeiteten Konzeption einer Anthropologie nicht ausgehend von einer Substanzontologie, sondern von einer „Ontologie der Relation", differenziert in drei ineinandergreifende coram-Relationen (*coram Deo, coram mundo* und *coram meipso*), vgl. Ebeling, *Dogmatik*, Bd. 1, 346–355. Zur Differenzierung zwischen einer derartigen relationalen Ontologie und dem Substanzdenken der katholisch-scholastischen Tradition, die sich – zumal für die Ethik – keineswegs in jedem Punkt auch als

Relationen [konstituiert]",[46] wobei die Beziehung Gottes zum Menschen die Ursprungs- und Grundbeziehung ist, vor deren Horizont die Beziehung des Menschen zu sich selbst, zu Mitmenschen und zur Umwelt (*dominium terrae*) zu betrachten ist, so ist auch Gottebenbildlichkeit als Aussage über das, um an eine Formulierung Rahners zu erinnern, ‚Wovonher' und ‚Woraufhin' des Menschen[47] wesentlich ein Verhältnisbegriff: Bestimmung des Menschen zum Ebenbild Gottes meint seine „Existenz im Gegenüber und in Beziehung zu Gott insgesamt".[48] Oder anders ausgedrückt: „Der Mensch ist, was er von Gott her auf Gott hin für Gott ist."[49]

Aus diesem Grund bezeichnet Gottebenbildlichkeit auch „keine vorfindliche Qualität"[50] im Menschen, die er teilweise verlieren, teilweise behalten könnte, ebenso wenig wie eine Anlage in ihm, die er als Aufgabe teilweise verfehlen, teilweise erfüllen könnte, womit Gottebenbildlichkeit graduierbar im Sinne eines Mehr oder Weniger und überdies der Verfügbarkeit des Menschen überantwortet gedacht wäre. Als die für das Menschsein des Menschen schlechthin konstitutive und insofern ebenso unverfügbare wie unhintergehbare Bestimmung kann der Mensch seine Gottebenbildlichkeit „zwar verleugnen und ihr widersprechen, aber er hat sie auch nach dem ‚Sündenfall' nicht verloren": die Bestimmung zur Liebe gilt „als solche unverbrüchlich für ihn".[51] Dennoch wird beim Blick auf die wirkliche Situation des Menschen – gewissermaßen durch die „Konfrontation mit dem tatsächlichen Bild, das Menschen abgeben"[52] – nur allzu augenfällig, wie radikal der Mensch im wirklichen Leben diese seine Bestimmung zur Liebe ver-

---

Gegensatz erweisen muss, vgl. die Deutung beider Perspektiven als „komplementäre Interpretamente" bei Schockenhoff, *Ethik des Lebens*, 199–203.

46 Rosenau, „Mensch," 55 (im Ausgang von Ps 8).

47 Vgl. Rahner, *Grundkurs*, 74 u. 105, wo das Wovonher und Woraufhin des Menschen im Hinblick auf Transzendenz als Übersteigen und Hinausgreifen des Menschen über sich selbst verstanden werden.

48 Härle, *Dogmatik*, 435.

49 Jørgensen, „Mensch," 135 (ohne Hervh.), als Zusammenfassung von Luthers Verständnis der Gottebenbildlichkeit des Menschen in der Genesisvorlesung 1535–1545 (vgl. hierzu vor allem WA 42, 17 u. 42–47 zusammen mit Jørgensen, a.a.O., 133–135) – dabei nicht zufällig in Übereinstimmung mit Luthers Kerndefinition des Menschen: *hominem iustificari fide* (WA 39/1, 176,34 f.) in der 32. These der *Disputatio de homine* (1536) (vgl. dazu Ebeling, *Lutherstudien*, Bd. II/3, 404–422) gefasst, wie Jørgensen, a.a.O., 135 (Anm. 14) einräumt; vgl. auch 154.

50 Barth, *Die kirchliche Dogmatik*, Bd. III/1, 219.

51 Härle, *Dogmatik*, 435 (unter Rekurs auf Gen 5,1.3 u. 9,6) u. 437 (ohne Hervh.). Vgl. hierzu allerdings die in diesem Punkt abweichende innerbiblische Rezeption der Gottebenbildlichkeit besonders bei Paulus in Röm 3,23; dazu Frevel, „Schöpfungsglaube," 262; ders., „Gottesbildlichkeit," 244 u. 250; ders., „Tau," 229.

52 H.-M. Barth, *Dogmatik*, 487.

fehlen kann und verfehlt. Nicht nur sind das Bild und das, was es spiegelt, keineswegs miteinander identisch, sondern das Bild spiegelt auch das nicht oder allenfalls gebrochen wider, was es sollte.[53]

Sünde bezeichnet ebendiese schuldhaft-tragische „Verfehlung der Lebensbestimmung" und ist als solche „ihrem Wesen nach stets Verfehlung der Liebe".[54] Aller menschenmöglichen Pervertierung der tatsächlichen Beziehung zu Gott als „Pervertierung der lebensschaffenden Gemeinschaft"[55] mit Gott und der infolgedessen eintretenden Pervertierung seiner Selbst- und Weltbeziehung zum Trotz kann der Mensch jedoch niemals aus der Relation zu Gott als schöpferischem Grund des Lebens herausfallen. Gottebenbildlichkeit mag durch die Sünde, wie es in Luthers Genesisvorlesung (1535–1545) heißt, ,verdunkelt und korrumpiert' („obscurata et viciata"[56]) worden sein, doch kann sie niemals einen „Totalverlust" erleiden, der gleichbedeutend wäre „mit dem Verlust des Menschseins".[57] Als Ausdruck der „Ahnung dessen […], wovon man das Gegenteil erfährt", bleibt Gottebenbildlichkeit im *homo peccator* im „Bewußtsein eines Mangels und in der Sehnsucht nach Heil"[58] bewahrt. Mensch-Sein in seiner elementaren Hinfälligkeit, Gebrochenheit und Bedürftigkeit, mit dem die Fragmentarizität einer jeden Vollendungserfahrung einhergeht, erweist sich damit wesentlich als Unterwegs-

---

53 Zum Gedanken der Stückhaftigkeit und Gebrochenheit personaler Bildungsprozesse (als Abweisung von ,Stufenmodellen'), der hier im Hintergrund steht, vgl. Luther, „Identität," 166.
54 Härle, *Dogmatik*, 465 f. (ohne Hervh.). Diese Deutung der Sünde als Schuld *und* (tragisches) Verhängnis zugleich entspricht der Differenzierung der Sünde in Tat-/Aktsünden und Grundsünde und damit dem Zugleich von Sünde-Tun und Sündig-Sein des Menschen. Zur existentiellen Abgründigkeit des Menschen vgl. Dalferth, *Sünde*, 393; zur Aufdeckung der Sünde durch Gott vgl. ferner 408 u. 418.
55 Vgl. Gollnau, *Abwendung*, 244 – ,lebensschaffend' hier m. E. sowohl im ontologischen wie auch im dynamischen Sinne, d. h. als sich je neu im Handeln und in der Alltäglichkeit des Miteinander ereignender Seinsvollzug verstanden.
56 WA 42, 48,39 f.: „per peccatum haec imago obscurata et viciata est"; auch zit. bei Jørgensen, „Mensch," 136, der auf einen Selbstwiderspruch Luthers hinweist, wenn dieser einerseits vom Verlust der Gottebenbildlichkeit und deren Substitution durch das ,Bild des Teufels' spricht und andererseits „wirklich vieles von der ursprünglichen Gottebenbildlichkeit zu sagen [weiß], was sich bestimmt nicht ohne weiteres von der Wiederherstellung der Gottebenbildlichkeit durch das Evangelium ableiten läßt, von der Luther später in seiner Auslegung von Gn 1,26 spricht" (ebd. unter Rekurs auf WA 42, 48,11–37); vgl. im Ganzen 136–139.
57 Loretz, *Gottebenbildlichkeit*, 97; vgl. Jørgensen, „Mensch," 137 f.
58 So Jørgensen, „Mensch," 136 f., der ebendiese Ahnung auch in Luthers widersprüchlichen Bemerkungen zum Verlust der Gottebenbildlichkeit zum Ausdruck kommen sieht.

Sein (*homo viator*) und als Hinweis „auf eine menschlich nicht mehr zu leistende höhere Vollendung".[59]

Diese Spannung zwischen der Bestimmung des Menschen zum Ebenbild Gottes und der Verfehlung ebendieser Bestimmung im wirklichen Leben, die sich zugleich als Diskrepanz von Wollen und Können des Menschen im Blick auf das Gute fassen lässt (vgl. Röm 7,14–21),[60] findet ihre Lösung aus christlicher Sicht erst durch Jesus Christus, „der ein Spiegel ist des väterlichen Herzens"[61] und als das Ebenbild Gottes (2 Kor 4,4) für die vollkommene Realisierung aller „verborgenen Fähigkeiten des Seins und des Menschen"[62] steht. Durch das Erscheinen Jesu Christi wird gewissermaßen ein neues Licht auf die Wirklichkeit des Menschen geworfen, wodurch dem Mensch beides, seine Bestimmung und Verfehlung, in einem anderen Licht erscheint: „Wenn eine Person es für sich gelten läßt, daß sie zu demselben Bild Gottes bestimmt ist, das in Jesus Christus erschienen ist, und wenn sie sich von da aus selbst versteht, dann ist ihr Personsein *neu konstituiert*."[63] Insofern kann gesagt werden, dass die Gottebenbildlichkeit des Menschen aus theologischer Sicht erst dann zureichend erfasst wird, wenn sie „von *dem* Menschen her" bestimmt wird, „der in einzigartiger Weise das Ebenbild des unsichtbaren Gottes genannt wird: Jesus Christus. Er ist der *vere homo*. An ihm geht mir erst auf, wer ich als Geschöpf sein sollte."[64]

Mit Lothar Kreyssig (1898–1986), Gründer der Aktion Sühnezeichen, lässt sich die Vorstellung von der Gottebenbildlichkeit des Menschen in einem Satz wie folgt zusammenfassen: „Der Mensch ist von Gott nach seinem Bild geschaffen, gefallen und in Jesus Christus in die Gottebenbildlichkeit zurückgerufen."[65]

---

59 Dietrich Bonhoeffer in einem Brief an seine Eltern vom 20. Februar 1944, abgedruckt in *Widerstand und Ergebung*, 331 (Nr. 115); vgl. dazu Rosenau, *Warten*, 86 sowie ders., *Anstoß*, 136. Speziell zum *homo viator* (hierauf verweist auch Rosenau, *Warten*, 86) und dem Unterwegssein als Kennzeichnung menschlicher Wesensverfassung vgl. Marcel, *Homo viator*, 214. Entsprechend ist Gott ein „Weggott", der mitgeht, wie es Buber formuliert hat, vgl. Buber, „Gott der Väter," 178 u. ders., „Worte," 460.

60 Vgl. dazu Rosenau, *Warten*, 85.

61 So Luther in der Auslegung des dritten Glaubensartikels seines Großen Katechismus, zit. nach *Die Bekenntnisschriften*, 660,41 f. (auch zit. bei Härle, *Dogmatik*, 436 [Anm. 41; mit Abweichung vom Original]); in der lateinischen Übersetzung: „[...] qui paterni animi erga nos speculum est" (660,50 f.).

62 Boff, *Jesus Christus*, 163.

63 Härle, *Dogmatik*, 503 – als Bezeichnung des *hominem iustificari fide*; vgl. die originelle Adaption dieses Gedankens in Kierkegaards „Aus den Papieren," 64.

64 Kreck, *Grundfragen*, 115. Ähnlich Heuser, *Menschenwürde*, 22; Härle, „Mensch Gottes," 375.

65 So in der bemerkenswerten Thesenreihe Kreyssigs (als Präses der Generalsynode der Evangelischen Kirche der altpreußischen Union) im Rahmen seines Vortrags „Wem gehört der Be-

1.3 Gottebenbildlichkeit und Menschenwürde

Die vorstehenden Ausführungen zur Gottebenbildlichkeit des Menschen als Zentrum theologischer Anthropologie sind notwendig nicht nur zur Herausstellung der „Eigenart"[66] und des „unaufgebbaren Wert[s]"[67] des biblischen Menschenbildes für den gesellschaftlichen Diskurs im Allgemeinen, für aktuelle ethische Herausforderungen und Kontroversen im Besonderen, sondern auch, weil die Vorstellung von der Gottebenbildlichkeit als theologische ‚Begründung' der *Menschenwürde* herangezogen wird,[68] welche auch im theologischen Sexualitätsdiskurs, sei's positiv zur Kennzeichnung gelingender oder wenigstens unproblematischer, sei's negativ zur Kennzeichnung misslingender oder zumindest nicht unproblematischer Sexualität ins Feld geführt wird. Bevor auf die Menschenwürde als Kriterium des theologischen Sexualitätsdiskurses eingegangen wird, ist die – womöglich intuitiv naheliegende, bei näherer Betrachtung allerdings nicht selbstverständliche – Herleitung oder Interpretation des Gedankens der Menschenwürde aus der Vorstellung von der Gottebenbildlichkeit des Menschen zu betrachten.

Die „klassische Begründungsfigur" für das Verständnis der Menschenwürde von der Gottebenbildlichkeit her, wie sie sich seit Ende des Zweiten Weltkriegs im protestantisch-theologischen Bereich allmählich durchgesetzt hat, hat Wolfgang Vögele (*1962) wie folgt gefasst: „a. Gott hat den Menschen zu seinem Bild geschaffen. / b. Daraus folgt seine unantastbare Würde. / c. Dies gilt für alle Menschen. Daraus für die Gleichheit aller Menschen. / d. Aus der gleichen Würde aller Menschen folgen gleiche (Menschen-)Rechte und Pflichten."[69] Ansatzpunkt einer (theologischen) Verknüpfung von Gottebenbildlichkeit und Menschenwürde, wobei Menschen*würde* wiederum als „Kern", „Zentrum" und „Ausgangspunkt"[70] von Menschen*rechten* betrachtet wird, ist also die Gottebenbildlichkeit, deren

---

trieb?" auf dem Stuttgarter Kirchentag 1952, abgedruckt als „Thesen von Präses Dr. Kreyssig," 89 (These 2).

66 Barth, *Die kirchliche Dogmatik*, Bd. III/2, 521 (ohne Hervh.).

67 Frevel, „Schöpfungsglaube," 262. Es versteht sich, dass ‚das biblische Menschenbild' als ein Abstraktum zu verstehen ist, vgl. Frevel, „Frage," 191. Die biblischen Aussagen über den Menschen sind durchaus vielfältig und von Ambivalenzen bestimmt, weshalb sich nicht das *eine* bestimmte Menschenbild aus der Bibel heraus entwickeln lässt, wohl aber verschiedene Menschenbild*er*.

68 Vgl. Heuser, *Menschenwürde*, 162 ff. u. 258; Härle, „Rechtfertigungslehre," 341; Kirchschläger, „Verhältnis," 97–152.

69 Vögele, „Menschenwürde," 273.

70 Ebd.; ähnlich Honecker, *Evangelische Ethik*, 192.

substantiale, relationale und/oder funktionale Ausdeutung geltend und für die Begründung des Menschenwürdegedankens fruchtbar gemacht wird.

Auf eine eingehende Darstellung dieser unterschiedlichen Deutungsweisen von Gottebenbildlichkeit, die sich im Wesentlichen reduzieren lässt auf die Unterscheidung zwischen substanz- und relationsontologischen Ansätzen,[71] kann an dieser Stelle ebenso verzichtet werden wie auf eine Erörterung der unterschiedlichen Verhältnissetzungen und Ausdeutungen des Begründungszusammenhangs von Menschenwürde und Menschenrechten.[72] Entscheidend ist vielmehr, dass bei aller sachlichen Übereinstimmung und/oder strukturellen Äquivalenz[73] zwischen Menschenwürde und Gottebenbildlichkeit sich der Gedanke einer unbedingten und unverlierbaren Würde mitsamt daraus hergeleiteten unveräußerlichen Rechten des Menschen zwar, historisch und systematisch betrachtet, nicht exklusiv aus dem biblischen Menschenbild ableiten, geschweige denn mit prätentiösem Gebaren im Ganzen als „Geschenk des Christentums an die heutige Welt"[74] bezeichnen, aus christlich-theologischer Sicht aber durchaus legitimieren lässt, *insofern* damit der christlichen Botschaft der Liebe Gottes, die allen Menschen gilt, Ausdruck verliehen wird.[75] Wie Gottebenbildlichkeit ist auch Menschenwürde dadurch gekennzeichnet, dass sie als ein nicht nur jedweder

---

71 Zur Differenzierung vgl. Schulz, *Mensch*, 49–51; Kirchschläger, „Verhältnis," 124–130. Nach der substantialen (‚statischen') Lesart wird Gottebenbildlichkeit im Wesen des Menschen bzw. spezifisch menschlichen Eigenschaften und Strukturen verankert, was Lars Mohr auch als ‚performative' (im Sinne von ‚eigenschaftsbezogene') Lesart deutet, wonach der Mensch das Ebenbild Gottes „im Vollzug bestimmter Leistungen (daher ‚performativ'), in gewissen Eigenschaften oder Wesensbestandteilen" (Mohr, *Behinderung*, 155; dazu 149–187) sei. Zur Kritik daran vgl. z.B. Brunner, *Dogmatik*, Bd. 2, 71 f. Im Unterschied zu dieser – im Wesentlichen – *substanz*ontologischen Deutung bezeichnet Gottebenbildlichkeit nach der relationalen (‚dynamischen') Lesart eine Beziehung zwischen Gott und Mensch, die funktionalen und/oder „allgemein-responsiven" (Mohr, *Behinderung*, 155) Charakter (Stichwort: der Mensch als Kommunikationspartner Gottes) annehmen kann. Eine solche *rein relationale Lesart, wonach Gottebenbildlichkeit durch* die Beziehung zwischen Gott und Mensch *entsteht*, greift nach meinem Dafürhalten aus Sicht der oben skizzierten *relations*ontologischen Deutung zu kurz, wonach Gottebenbildlichkeit *in* dieser Beziehung zwischen Gott und Mensch *wird* bzw. diese überhaupt *ist*. Dieser Lesart kann auch die funktionale Deutung der Gottebenbildlichkeit zugeordnet werden, die den vom Menschen stellvertretend für Gott in dieser Welt gegenüber Umwelt, Mitmenschen und (außermenschlichen) Mitgeschöpfen wahrgenommenen Herrschafts- und Fürsorgeauftrag herausstellt; vgl. dazu Kirchschläger, „Verhältnis", 124 unter Rekurs u.a. auf Böttrich, „Menschenwürde," 36.

72 Vgl. Stepanians, „Würde," 88 ff.; Brunn, *Theologie*, 142 ff.; Körtner, *Sozialethik*, 153–155.

73 Vgl. Schockenhoff, *Kunst*, 317 (zumindest bei „‚ontologische[r]' Ausdeutung" der Gottebenbildlichkeit).

74 So Hoye, *Theologie der Säkularität*, 23.

75 Vgl. Körtner, *„Lasset uns Menschen machen"*, 46; ähnlich ders., *Sozialethik*, 162.

kulturellen Deutung, sondern auch jedweden politischen Gesellschaftsmodellen vorausliegender „supervenienter normativer Begriff"[76] multipel realisierbar ist und einer abschließenden Definition grundsätzlich entzogen bleibt. Mit dieser Voraussetzungslosigkeit der Geltung von Menschenwürde als unverfügbarer Qualität des Menschen korrespondiert, dass Menschenwürde „etwas Zugeschriebenes"[77] oder Synkategorematisches[78] ist.

Auch wenn beim Blick auf neuere Debatten und gegenwärtige Diskussionen über Menschenwürde[79] die vom österreichischen Satiriker Karl Kraus (1874–1936) bereits 1908 unnachahmlich bissig ausgesprochene Einsicht ein ums andere Mal ihre Bestätigung zu finden scheint, dass „Würde [...] die konditionale Form von dem [ist], was einer ist",[80] was als das ständige Memento begriffen werden kann, nicht lediglich hypothetische Zustände, sondern immer auch reale, konkrete Bedürfnisse von Menschen zum Gegenstand der Überlegungen zu machen, liegt die Stärke des Gedankens der Menschenwürde nicht zuletzt darin, dass diese – wie der Gedanke der Gottebenbildlichkeit – nicht in empirischen Gegebenheiten begründet liegt oder darin aufgeht, sondern unabhängig von empirischen Umständen und Erkenntnissen gilt.[81] Anders als der Begriff der Wertschätzung und anderen Formen der Achtung[82] ist Menschenwürde gerade nicht an einzelne Aspekte oder Eigenschaften eines Menschen geknüpft oder auf sie beschränkt.

Als Totalbestimmung der Existenz lässt Menschenwürde demnach keine Grade oder Abstufungen zu, da auch hinsichtlich ihrer „die Dialektik Hamlets: Sein oder Nichtsein"[83] gilt. Mit den Worten Ulrich Eibachs (*1942) gesprochen: „Träger der Menschenwürde ist [...] das ganze menschliche *Leben* und nicht nur

---

76 Bauer, *Entgrenzung*, 104.

77 So Bedford-Strohm, „Gefahr," 52 (auch zit. bei Heuser, *Menschenwürde*, 162), demzufolge die theologischen Debattenbeiträge in diesem Punkt übereinstimmten.

78 So Baumann, „Menschenwürde," 21. Zur Bedeutung von ‚synkategorematisch' in diesem Zusammenhang vgl. Wilhelm von Ockham, *Summe der Logik*, 21 u. 23 (in Teil I, Kap. 4).

79 Vgl. Baldus, *Kämpfe*, Kapitel 8–10.

80 Kraus, „Menschenwürde," 33, woraufhin Kraus fortfährt: „Wenn aber Würde nicht wäre, gäbs keine Würdelosigkeit. Sie provoziert die Gaffer, und wo Gaffer sind, stockt der Verkehr."

81 Vgl. das Diktum des Rheinischen Präses Peter Beier (1934–1996): „Wir urteilen, dass die Würde des Menschen bei Gott aufgehoben ist und wir uns diese Würde nicht erst mühselig zu beschaffen haben" (Beier, „Reformation," 383; auch zit. bei Härle, „Rechtfertigungslehre," 342).

82 Zum Verhältnis von Menschenwürde und Achtung bzw. Selbst-Achtung vgl. Stoecker, „Menschenwürde," 41 ff. sowie ders., „Selbstachtung," 53 ff.

83 Kierkegaard, *Philosophische Brocken*, 40 (Anm.; zum ‚faktischen Sein' [*faktisk Væren*]); zu verschiedenen Vorstellungen einer graduellen Würde auch im christlichen Kontext vgl. allerdings Schaede, „Würde," 28 ff.

210 — C Reflexionen

Teile desselben. Das *Leben selbst gebietet Achtung*".[84] Im Unterschied zu anderen Achtungs- und Anerkennungsformen, aber auch zu jeglichen Formen *kontingenter* Würde,[85] die also erworben, verloren und deshalb auch wiedergewonnen werden können, besitzt Menschenwürde als nicht-kontingente, dem Menschen „inhärente Wesenswürde"[86] kategorische Geltung dadurch, dass sie *als* Kategorie Geltung hat. Sie kommt dem Menschen daher nicht zeitweise, sondern zeitlebens zu und kann von anderen Menschen wohl beleidigt, verletzt (‚angetastet'), infrage gestellt oder sogar mit Füßen getreten, aber eben nicht verloren werden.

Zwischen Menschenwürde und Gottebenbildlichkeit bestehen demnach „mehr als nur strukturelle Ähnlichkeiten".[87] Allerdings ist beides nicht einfach kongruent. So eindeutig der Gedanke einer unantastbaren und unveräußerlichen Würde des Menschen mit einem bestimmten Menschenbild verbunden ist, so ist es doch keineswegs ausgemacht, Menschenwürde speziell oder allein durch das *biblische* Menschenbild im Allgemeinen, die Vorstellung von der Gottebenbildlichkeit im Besonderen zu begründen. Menschenwürde kann zwar ohne *theologische*, nicht aber ohne *anthropologische* Hintergrundannahmen gedacht werden. Insofern gibt es guten Grund, die Behauptung kritisch zu hinterfragen, die Menschenwürde als „Grundnorm der gesellschaftlichen und staatlichen Ordnung" empfange (erst) „mit der Idee der Gottebenbildlichkeit den *eigentlichen* Gehalt",[88] und zwar sowohl aus innerchristlicher wie auch aus transdisziplinärer Perspektive.

Tatsächlich ist die „Begründungsleistung der Rede von der Gottebenbildlichkeit für die Menschenwürde", wie Stefan Heuser (*1971) zu bedenken gibt, als

gering einzuschätzen, erst recht, wenn sie aus der Heilsgeschichte isoliert und ontologisch enggeführt wird. Dem hohen Systematisierungsgrad der Lehre von der Gottebenbildlichkeit im Bereich der Dogmatik entspricht in der Ethik eine Unklarheit darüber, was wir eigentlich sagen, wenn von der Gottebenbildlichkeit des Menschen die Rede ist. Das Wort steht in einer Spannung zu der Beobachtung, dass Menschen sowohl nach oben, zu Gott hin, offen sind,

---

84 Eibach, *Autonomie*, 17. Zum – allenfalls auf den ersten Blick naheliegenden und von Singer zur Kritik an einer aus seiner Sicht unberechtigten ‚Privilegierung' der Interessen menschlicher gegenüber denen nicht-menschlicher Lebewesen (vgl. Singer, *Praktische Ethik*, 105 f. u. 107) vorgebrachten – Speziesismus-Einwand vgl. Härle, „Menschenwürde," 211 ff.; Pöltner, „Achtung," 4 – 6, sowie Baumann, „Menschenwürde," 21 – 23.
85 Vgl. dazu Schaber, „Menschenwürde," 94; ders., *Menschenwürde*, 20; dagegen Leist, *Ethik*, 100.
86 Knellwolf/Rüegger, *Leiden*, 79; ferner Schaber, „Menschenwürde," 94.
87 Vögele, „Gottebenbildlichkeit," 159.
88 So Messner, „Naturrecht," 469 (meine Hervh.).

als auch nach unten hin, zur Unmenschlichkeit. in dieser Spannung bewegen wir uns, wenn wir das Wort von der Gottebenbildlichkeit in der Ethik verwenden.[89]

So hat es in der christlichen Theologie denn auch nicht an Vorschlägen gemangelt, als Alternative zu einer Begründung der Menschenwürde durch den Gedanken der Gottebenbildlichkeit andere Gedanken wie beispielsweise den der „Geschöpflichkeit"[90] heranzuziehen oder aber Gottebenbildlichkeit als lediglich *einen*, wenngleich „vielversprechenden Leitbegriff neben anderen"[91] in diesem Begründungszusammenhang zu betrachten.

Von einer „standardmäßige[n] Gleichsetzung von Menschenwürde und Gottebenbildlichkeit"[92] im theologischen Diskurs kann jedenfalls ebenso wenig gesprochen wie der Kategorie der Menschenwürde lediglich die „Funktion der Säkularisierung einer theologischen Vorstellung von Gottesebenbildlichkeit"[93] attestiert werden, als ob Menschenwürde im säkularen Diskurs einfach an die Stelle der Gottebenbildlichkeit getreten wäre.[94] Unter Menschenwürde bloß den „säkulare[n] Ausdruck des theologischen Begriffs der Ebenbildlichkeit"[95] verstehen zu wollen, mag dem Prozess der „Selbstsäkularisierung"[96] entsprechen, zu dem sich das Christentum im 20. Jahrhundert in den Augen Jean Amérys (1912–1978) mehr und mehr genötigt gesehen hat, sperrt sich allerdings schon gegen die „Begründungsoffenheit"[97] der Menschenwürde – auch und gerade in einem Staat, dem als „Heimstatt aller Staatsbürger"[98] eine „religiös-weltanschauliche Neutralität"[99] auferlegt ist. Der freiheitliche, säkularisierte Staat verfügt „über keine

---

89 Heuser, *Menschenwürde*, 258 unter Rekurs auf Pieper, „Menschenwürde," 22.

90 Vgl. Frevel, „Tau," 230; ders., „Gottesbildlichkeit," 235 u. 252 f.; „Schöpfungsglaube," 262 ff. u. 283.

91 Vögele, „Gottebenbildlichkeit," 159.

92 So Jaber, *Sinn*, 104, zumal damit aus dem Blick gerät, dass sich im Übergang der Rede von ‚Gottebenbildlichkeit' zur Rede von ‚Menschenwürde' im Wesentlichen auch der Übergang von Veröffentlichungen im Bereich der Dogmatik zu denen im Bereich der Ethik zeigt.

93 Praetorius/Saladin, *Würde*, [VI].

94 Zur Frage und Problematik eines Versuchs der ‚Übersetzung' des Wortes (bzw. der Vorstellung) von der Gottebenbildlichkeit in das (bzw. die) von der Menschenwürde vgl. Heuser, *Menschenwürde*, 258 f.

95 Vögele, „Gottebenbildlichkeit," 159.

96 Vgl. Améry, *Widersprüche*, 28 f.

97 Zur Begründungs*offenheit* – nicht: Begründungs*losigkeit*, geschweige denn *Un*begründetheit – der Menschenwürde, die grundsätzlich unterschiedliche Begründungen zulässt, vgl. Vögele, „Menschenwürde," 271 ff.; ferner Dabrock, *Menschenwürde*, 14 u. 58.

98 BVerfG, Urteil des Ersten Senats vom 14.12.1965 – 1 BvR 413/60, Rn. 35.

99 BVerfG, Urteil des Zweiten Senats vom 24.09.2003 – 2 BvR 1436/02, Rn. 43.

Letztbegründungskompetenz"[100] und lebt doch, wie der Staats- und Verwaltungsrechtler Ernst-Wolfgang Böckenförde (1930 – 2019) wirkmächtig auf den Punkt gebracht hat, von Voraussetzungen, die er selbst weder schaffen noch gewährleisten, wohl aber pflegen und fördern kann.[101]

Im Übrigen muss daran erinnert werden, dass dem Begriff der Menschenwürde besonders im protestantischen Bereich – von bemerkenswerten frühen Ausnahmen abgesehen[102] – noch bis weit ins 20. Jahrhundert hinein zum Teil mit großer Skepsis begegnet worden ist.[103] Dass vom biblischen Menschenbild, systematisch und historisch betrachtet, keineswegs alle Wege zum Begriff der Menschenwürde führen und darunter „christliche *und* säkulare Humanitätsideale"[104] gleichermaßen untergeordnet werden können, könnte der christlichen Theologie auf dem „Markt der Weltanschauungen"[105] gleichwohl zu der zugleich realistischen und gelassenen Einschätzung gereichen, in dem aus heutigen anwendungsethischen Diskursen schlechterdings nicht mehr wegzudenkenden Menschenwürdegedanken einen jener von Eberhard Jüngel (1934 – 2021) so trefflich bezeichneten „säkularisierte[n] Schätze der Kirche" zu sehen, d. h. eines jener „ursprünglich christlichen ‚Güter'", die erst durch ihre „weltliche ‚Beerbung'"[106] im Zuge der Säkularisierung in ihrer vollen Bedeutung verstanden und gewürdigt worden sind. Die zu diskutierende Frage wäre dann allerdings die, ob sich diese ‚weltliche Beerbung' allein auf die Übernahme eines entsubstanzialisierten Begriffs erstreckte, der aus dem ursprünglich christlichen Horizont vollständig

---

100 Dipper, „‚…daß es nicht gelungen ist'," 24.

101 Vgl. Böckenförde, *Staat*, 60, zusammen mit Große Kracht, „Fünfzig Jahre," 155 – 183. Vgl. hierzu Schreiber, „Selbstinszenierung," 135 u. 142 f.

102 Wie z. B. die vom reformierten Theologen Georg Joachim Zollikofer (1730 – 1788) zuerst 1783 herausgegebenen *Predigten über die Würde des Menschen*, die von der Forschung bisher größtenteils übersehen worden sind. Zollikofer sucht in diesen Predigten zwei Hauptfragen zu beantworten: „Worinn besteht […] die Würde des Menschen?" und „Und wie und wodurch äußert sich seine Würde" (Zollikofer, *Predigten*, Bd. 1, 8). Unter „Würde des Menschen" wird dabei „alles" verstanden, „was seine Natur, sein Zustand, seine Bestimmung vorzüglich Großes und Ehrwürdiges an sich haben; alles, was ihm in den Augen Gottes und aller verständigen Wesen einen vorzüglichen Werth giebt. Eine Würde, worauf sich das innere edle Gefühl seiner Kräfte und Vorzüge gründet, und die sich durch die erhabne Sinnes- und Handelsart äußert, die ihm eigen ist; eine Würde, die uns in die Lobpreisung des Psalmisten [scil. Ps 8,6] einstimmen heißt" (7 f.).

103 Vgl. Sparn, „‚Aufrechter Gang'," 223 – 246; von Scheliha, „‚Menschenwürde'," 246 ff.

104 Von Scheliha, „‚Menschenwürde'," 249.

105 Vgl. dazu Grözinger et al., „Forschung," 27. Zu Konzept und Grundeinsichten der *religious economics* als religionsdiagnostischem Deutungsangebot, welches den religiösen Pluralismus mittels Marktmodellen zu erfassen versucht, vgl. Graf, *Wiederkehr*, 19 – 30.

106 Jüngel, „Untergang," 31 f.; dazu Schnädelbach, „Mit oder ohne Gott?," 57 f.; dagegen Pannenberg, „Evangelium," 244 f.; ferner Schreiber, „Selbstinszenierung," 145.

herausgelöst wurde, oder ob dem Gedanken der Menschenwürde nicht unweigerlich immer auch etwas von der ihn begründenden ursprünglichen christlichen Substanz anhaften bleibt, das als etwas Irreduzibles auch beim Rekurs auf die Menschenwürde im säkularen Kontext mitschwingt.

Mit all diesen differenzierten und differenzierenden Ausführungen ist freilich nicht die theologische Ingebrauchnahme des Menschenwürdebegriffs per se desavouiert, sodass dieser aus theologischen Diskursen besser zu streichen wäre, auch wenn der von Heuser ausgesprochene Verdacht nicht vollends von der Hand zu weisen ist, „dass wir die Menschenwürde in der Ethik so hochhalten, weil wir von Gott nichts mehr hören und seine Herrlichkeit nicht sehen".[107] Es kann nicht um eine Streichung des Menschenwürdebegriffs, sondern es muss um einen Gebrauch dieses Begriffs in der Ethik gehen, der jenen theologischen Horizont sichtbar hält, in dem die Würde des Menschen als etwas nicht von menschlichem Willen und Tun Abhängiges, sondern als etwas *ex manu Dei* Empfangenes begriffen wird. Dass dies auch für eine theologisch begründete Sexualethik gilt, soll im Folgenden dargelegt werden.

1.4 Menschenwürde und Humanität als Kriterien theologischer Sexualethik

Der vorstehend erörterte Umstand, dass ‚Menschenwürde' ein ideengeschichtlich sich aus durchaus unterschiedlichen Quellen speisender und entsprechend facettenreicher Begriff ist, spricht also keineswegs gegen dessen – zumal: theologisch reflektierten – Gebrauch auch im Bereich der Sexualethik. Jedenfalls wird im gegenwärtigen theologischen Sexualitätsdiskurs, einschließlich sämtlicher der in Untersuchungsteil B ausführlicher behandelten sexualethischen Positionen, in verschiedenen Zusammenhängen auf den Menschenwürdegedanken rekurriert. So kann insbesondere im katholischen Bereich ganz grundsätzlich die Frage nach einer ‚menschenwürdigen Sexualität' gestellt[108] und die Einführung in die Kultur einer ebensolchen als Ziel sexualpädagogischer Begleitung ausgewiesen werden.[109] Dies geschieht zum Teil in expliziter Abgrenzung von der traditionellen kirchlichen Sexualmoral, gegenüber deren ebenso kasuistisch ausgestalteter wie repressiv ausgerichteter Gebots- und Verbotsmoral die Leitprinzipien einer Verhandlungs- und Konsensmoral als sinnvolle Alternative etabliert werden sol-

---

107 Heuser, *Menschenwürde*, 238.
108 Vgl. z. B. Goertz, „Menschenwürde," 104–110; Schockenhoff, „Schatten," 197–212; Breitsameter/Goertz, *Vorrang*, 111–123 (Kapitel 8).
109 Vgl. z. B. Lob-Hüdepohl, „Sexualität," 342 speziell im Blick auf Menschen mit Beeinträchtigungen.

len.[110] ‚Menschenwürdigkeit' kann in diesem Zusammenhang als extensional äquivalent mit ‚Wahrung' und ‚Achtung' der ‚Selbstbestimmung', ‚Menschenunwürdigkeit' entsprechend mit deren ‚Unterdrückung' und ‚Verletzung', aber auch mit ‚Desinteresse' am Wohl und Wehe des Anderen sowie mit ‚Lieblosigkeit'[111] betrachtet werden.

In Beiträgen sowohl aus dem katholischen wie aus dem protestantischen Lager kann ‚Menschenwürde' überdies als ein grundlegendes moralisches Prinzip neben anderen Prinzipien angeführt werden, vor deren Hintergrund ethisch-moralische Kriterien und Gesichtspunkte einer „verantworteten Sexualität"[112] unter maßgeblicher Berücksichtigung der freien Übereinkunft der Beteiligten entwickelt werden sollen,[113] oder ‚Menschenwürde' fungiert als eine normative Hintergrundannahme bzw. als ein wesentliches Element einer normativen Rahmenbedingung[114] in der sexualethischen Reflexion über Sexualität *und* Beziehung im Allgemeinen und Sexualität *in* Beziehung im Besonderen.[115] In einigen sexualethischen Beiträgen wird ‚Achtung' und/oder ‚Wahrung' der Menschenwürde denn auch als fundamentale ethische Forderung für die Sexualpraxis aufgestellt[116] und der Verpflichtung zur ‚Gewaltfreiheit' nebengeordnet,[117] so wie überhaupt Gewaltfreiheit als wesentliche, wenn nicht notwendige Bedingung für eine menschenwürdige Gestaltung des sexuellen Lebens und Erlebens betrachtet

---

110 Siehe dazu Abschnitt 3.1.

111 Vgl. z. B. Breitsameter/Goertz, *Vorrang*, 120 f.

112 Schuster, „Problem," 431; zum theologisch begründeten Ansatz einer ‚verantworteten Se-xualität' vgl. auch Dabrock et al., *Unverschämt – schön*, 23.

113 Vgl. Schuster, „Problem," 431 f.; ferner Fraling, *SexualEthik*, 160 (zu Bruno Schlegelberger) u. 175.

114 Vgl. z. B. Dabrock et al., *Unverschämt – schön*, 22; Kirchenamt der EKD, *Zwischen Autonomie und Angewiesenheit*, 13 bzw. 54; Knop, *Beziehungsweise*, 129.

115 Vgl. z. B. Bóasdóttir, *Violence*, 99; ferner 164, 166, 168; Farley, *Just Love*, 134; ferner 283; Gudorf, *Body*, 49 ff.; Bowald, *Prostitution*, 89 – 100; aus philosophischer Sicht vgl. Berquist, *Human Dignity*, 132 – 165.

116 Vgl. z. B. Fraling, *SexualEthik*, 157; Dabrock et al., *Unverschämt – schön*, 169; Ohly, *Ethik der Liebe*, 109; Schockenhoff, *Kunst*, 317; ferner Lüthi, *Sexualethik*, 379 u. 383 f.

117 Vgl. z. B. Karle, *Liebe*, 161; Haspel, Art. „Sexualität / Sexualethik," Sp. 1370 u. 1373; Scho-ckenhoff, *Kunst*, 71 (unter Rekurs auf Ammicht Quinn, „Sexualität und Moral," 205) u. 220; vgl. bereits Ard, *Rational Sex Ethics*, 50 f.; Ammicht Quinn, „Können," 137 sowie dies., „Sexualität und Sünde," 75). Dass ich diesbezüglich zu einer etwas anderen Einschätzung komme und Gewalt-freiheit pauschal weder als notwendige noch als hinreichende Bedingung für eine ‚menschen-würdige' Gestaltung von Sexualität zu betrachten vermag, werde ich im Folgenden sowie in den Abschnitten 3.2 u. 3.3 darlegen.

wird.[118] Mitunter dient die Frage der Vereinbarkeit mit ‚Menschenwürde' auch als Maßstab für die ethische Beurteilung bestimmter Phänomene (wie z.B. Pornographie überhaupt[119] bzw. speziell von sogenannter ‚Kinderpornographie'[120]) oder manche der als mögliche Legierungen von Sexualität und Gewalt zu verhandelnden Phänomene werden als ‚Herabsetzung' oder ‚Verletzung' der ‚Menschenwürde' bzw. als in explizitem ‚Widerspruch' zu ihr stehend betrachtet.[121]

Ein derartiger Rekurs auf die Würde des Menschen in der theologischen Sexualethik scheint freilich Gefahr und Chance zugleich zu sein. Eine *Gefahr* nicht nur deshalb, da hiermit „ein hoher Anspruch formuliert" ist, „dessen moralisch bindender Gehalt jedoch zu oft überschätzt wird",[122] sondern auch deshalb, da mit der Begründungsoffenheit der Menschenwürde unweigerlich eine Vagheit[123] des Würdebegriffs einhergeht: Die Bedeutung von ‚Würde' ist, wie der katholische Philosoph Robert Spaemann (1927–2018) zu Recht betont, deshalb so schwer zu begreifen, weil damit „eine undefinierbare, einfache Qualität" gemeint wird, deren „intuitive Erfassung [...] nur durch den Hinweis auf Beispiele oder durch Paraphrasen erleichtert werden"[124] kann. Nicht von ungefähr gestaltet sich eine Positivdefinition von Menschenwürde auch im rechtlichen Kontext als äußerst schwierig,[125] sodass darauf nicht selten einfach verzichtet wird. Die Verwendung des Menschenwürdebegriffs auch in der theologischen Sexualethik bliebe des-

---

118 Vgl. z.B. Kreidler-Kos/Hutter, *Lust*, 105 (im Anschluss an *Amoris Laetitia*, Nr. 155); ferner Römelt, „Anspruch," 69 ff.

119 Vgl. undifferenziert-kritisch z.B. Schirrmacher, *Ethik*, Bd. 4, 500 u. 504 sowie Meves/ Schirrmacher, *Ausverkaufte Würde?*; Finn, „Blessed," 272; Mahendra, *Christian Response*, 30; differenziert-kritisch dagegen Molinski, „Würde," 638–640; vgl. ferner Ohly, *Ethik der Liebe*, 98 sowie aus philosophischer Sicht Dwyer, „Constructing," 8; Longino, „Pornography," 36 u. 41.

120 Vgl. z.B. Kostka, „Pornografie," 407.

121 Vgl. z.B. Fraling, *SexualEthik*, 105; ferner 204 (zu Kampagnen für Empfängnisverhütung) u. 252 (zu Prostitution); Ernst, „Sexualmoral," 272 (Nr. 5); Ohly, *Ethik der Liebe*, 92 (zu Inzest); zu Prostitution vgl. bereits Kirchenkanzlei der EKD (Hg.), *Denkschrift zu Fragen der Sexualethik*, 42 (Nr. 76).

122 So Höhn, *Sozialethik*, 94 (allgemein zur Sozialethik).

123 Dass wir bei ‚Würde' deshalb wie bei anderen vagen Begriffen in eine Definitionsproblematik geraten können, die dem als Sorites-Paradoxie bekannten logischen Problem der Unschärfe des vagen Begriffs des ‚Haufens' entspricht, weshalb bei einer qualitativen Bestimmung einer bestimmten (quantitativen) Ansammlung von ‚Körnern' als ‚Haufen' das Moment der Entscheidung des Bestimmenden ausschlaggebend ist, sei an dieser Stelle wenigstens erwähnt. Zur Sorites-Paradoxie vgl. Pardey, „Grenzen," 326–336 samt aktuellen Beispielen (336 ff.). Für eine originelle Interpretation der Sorites-Paradoxie in der von Chrysippos von Soloi (ca. 281–208 v.Chr.) vorgelegten Fassung vgl. Kierkegaard, *Philosophische Brocken*, 40 f.

124 Spaemann, „Begriff," 297; ähnlich Spaemann, *Grenzen*, 109.

125 Vgl. von Schwichow, *Menschenwürde*, 26.

halb problematisch, weil alles- und nichtssagend, wenn dessen inhaltliche Konkretisierung nicht wenigstens im Wege einer Negativabgrenzung vorgenommen werden würde.[126]

An dieser Stelle zeigt sich allerdings auch die *Chance* der Rede von Menschenwürde im sexualethischen Kontext. Denn auch wenn sich der Gedanke der Menschenwürde weder aus historischer noch aus systematischer Perspektive zwangsläufig aus der Vorstellung von der Gottebenbildlichkeit herleiten lässt, also eine *Begründung* des Menschenwürdegedankens von der Gottebenbildlichkeit her nicht ohne Umschweife möglich und jede unkritische Ineinandersetzung beider Gegenstände und deren Begründungskontexte unter allen Umständen zu vermeiden ist, bildet doch die Vorstellung von der Gottebenbildlichkeit gleichsam den *Hintergrund*, auf dem der Menschenwürdegedanke *sub specie theologiae* gefasst und entwickelt werden kann. Vor *diesem* Hintergrund nämlich zeigt sich die unverwechselbare *Eigenart*, ja der unvergleichliche *Mehrwert* der Rede von Menschenwürde im theologischen Kontext im Vergleich zur Rede von Menschenwürde unter säkularen Vorzeichen als unter dem ständigen Vorbehalt des *etsi Deus non daretur*, indem *Verstöße* gegen die Würde des Menschen immer zugleich auch als eine *Bestätigung* des Menschenbildes gesehen werden müssen, das ihn in generellem Widerspruch zu der ihm von Gott zugedachten, doch stets verfehlten Gottebenbildlichkeit erscheinen lässt. Auch Legierungen von Sexualität und Gewalt, zumindest solche ohne Einverständlichkeit der Beteiligten,[127] können deshalb aus Sicht einer theologisch begründeten Sexualethik nicht nur als Verstoß gegen die Menschenwürde, sondern zugleich auch als Verfehlung der gottgegebenen Bestimmung des Menschen zur Liebe gefasst werden. Liebe ist dann aber nicht länger abstraktes Prinzip, sondern als Kriterium christlich explizierter Menschenwürde relational.

Hier zeigen sich einmal mehr Bedeutung und Leistungsfähigkeit einer relationalen Anthropologie, die im Grundverhältnis Gottes zum Menschen die Bedingung der Möglichkeit des Verhältnisses des Menschen zu sich selbst und zu anderen betrachtet,[128] wobei sich der Mensch im Verhältnis zu sich selbst und zu anderen zugleich auch immer zu Gott als dem Grund seiner eigenen Existenz

---

126 Vgl. z. B. die Negativabgrenzung über Eingriffsfallgruppen bei Hofmann, „Menschenwürde," 359, 370, 374 u. 377; dazu grundsätzlich von Schwichow, *Menschenwürde*, 18 f.

127 Zu Begriff der und Verständnis von Einverständlichkeit in diesem Zusammenhang s. Abschnitt 3.2.

128 Zu Gott als „Ermöglichungsgrund" der Relation des Menschen zu sich selbst und zu anderen vgl. Härle, *Dogmatik*, 249 u. 251 f. ‚Verhältnis' ist von mir hier und im Folgenden stets doppelsinnig als *Verhalten* (zu sich selbst, zu anderen und zu Gott) und *Verhältnis* (im Sinne einer Beziehung zwischen Relaten) gemeint.

verhält (vgl. Apg 17,28: „ἐν αὐτῷ γὰρ ζῶμεν καὶ κινούμεθα καὶ ἐσμέν").[129] Diese Verschränkung eines horizontalen und eines vertikalen Bezugssystems dergestalt, dass im Sichverhalten des Menschen zu sich selbst und zu anderen (horizontale Dimension) das Verhältnis zu Gott als dem Grund seiner selbst (vertikale Dimension) nicht nur ‚mitgesetzt' ist, sondern auch ‚mitreflektiert' wird, sodass die tragende Grundrelation zwischen Gott und Mensch „auf der zwischenmenschlichen Ebene nicht folgenlos"[130] bleibt, kommt auch bei der entsprechenden Deutung von Menschenwürde *sub specie theologiae* zum Ausdruck.[131] Indem Mensch*sein* (hier als Ganzes, d. h. als Selbstsein, Mitsein mit anderen und Sein gegenüber Gott gefasst) als Mensch*werdung*, also nicht als etwas statisch Gegebenes, sondern dynamisch-prozesshaft als etwas beständig im Werden Begriffenes, als Möglichsein verstanden wird,[132] und zwar, wie gesagt, so, dass sich der Mensch im Verhalten zu sich selbst und zu anderen faktisch auch immer zu Gott verhält, kann gesagt werden: „Der Mensch hat seine Würde nicht aufgrund dessen, was in ihm steckt, sondern in dem, was aus ihm werden soll."[133] Jede Missachtung und Verletzung der Würde eines Menschen ist demnach Eingriff in seine von Gott gegebenen und auf Gott hingeordneten individuellen Lebens- und Entfaltungsmöglichkeiten.

Allerdings scheint auch dieser in einen explizit theologischen Begründungshorizont eingebettete Rekurs auf die Würde des Menschen als Maßstab für eine ethische Beurteilung von Legierungen von Sexualität und Gewalt nur bedingt geeignet zu sein. Wohl können Akte roher ‚autotelischer' Gewalt,[134] in denen die

---

129 Unschwer zu erkennen, steht im Hintergrund dieser Überlegung das Verständnis der Selbst-Konstitution des Menschen als Sich-zu-sich-selbst-verhaltendem-Verhältnis bei Kierkegaard. Entsprechend kann Selbstsein als Sichvollziehen im Modus eines Sichverhaltens verstanden werden, vgl. Schreiber, *Gewissheit*, 318 (Anm. 277).

130 Schockenhoff, „Anspruch," 62. Allerdings ist Schockenhoffs Rede von dieser Grundrelation als „der tragenden *Extern*relation [des Menschen] zum Ursprung seines kreatürlichen Seins" (61; meine Hervh.) missverständlich, wenn aus dem Blick gerät, dass das Verhältnis des Menschen zu sich selbst *zugleich* auch immer Verhältnis zu Gott als dem Grund seiner selbst ist, weshalb von einer „*Außen*relation des Menschen zu Gott" (Schockenhoff, *Ethik der Lebens*, 200 [meine Hervh.]) im strengen Sinne nicht bzw. allenfalls zur Kennzeichnung des Außenbezugs zur Historizität des Gottmenschen als dem ‚Gott in der Zeit' im Sinne Kierkegaards zu sprechen ist.

131 Vgl. allerdings Schockenhoff, „Anspruch," 63 zu den Grenzen einer Berufung auf eine relationale Anthropologie.

132 Entsprechendes lässt sich für das „Sein des zum Glauben bestimmten Menschen" formulieren, vgl. Wenz, *Theologie*, Bd. 2, 105 f., der sich auch auf Luthers Kerndefinition des Menschen in der 32. These der *Disputatio de homine* (1536) bezieht: *hominem iustificari fide* (s. oben Anm. 49).

133 H.-M. Barth, *Dogmatik*, 488 f.; vgl. 483.

134 Zu diesem Begriff vgl. unten Anm. 370.

Individualität, Identität und Integrität eines Menschen ebenso wie seine Selbstbestimmung und Selbstverwirklichung aufs Augenfälligste missachtet werden, ohne Umschweife als durch nichts zu rechtfertigende Verstöße gegen seine Menschenwürde betrachtet werden. Wie aber verhält es sich im Falle weniger offensichtlicher Formen von Gewalt im sexuellen Bereich bzw. mit sexuellen Mitteln? Wenn Gewalt in negativem Sinne, wie in Teil A dieser Untersuchung dargelegt wurde, als dynamisches Geschehen begriffen werden kann, bei dem eine Einwirkung oder Einflussnahme erfolgt, durch die Menschen eine Schädigung erleiden – ab welcher Intensität und Dauer einer solchen Schädigung[135] steht auch die Würde eines Menschen auf dem Spiel? Oder gilt dies nicht graduell abgestuft, sondern absolut und kategorisch, sodass bereits *jegliche* Form einer solchen Schädigung eines Menschen als unzulässiger Angriff auf seine Würde zu betrachten ist, auch dann, wenn Menschen eine faktische Schädigung gar nicht *als* Schädigung wahrnehmen (wie es z. B. bei sexuellem Kindesmissbrauch der Fall sein kann) oder wenn Menschen (wie z. B. bei sadomasochistischen Sexualpraktiken) bewusst, freiwillig und selbstverantwortlich in eine solche Schädigung einwilligen sollten?

Eine praktikable Grenzziehung zwischen abzulehnenden und zu akzeptierenden sexuellen Handlungen und Beziehungen einerseits, zwischen gewalthaltigen und nicht-gewalthaltigen Formen des Handelns und Verhaltens andererseits allein mithilfe des Kriteriums der Menschenwürde als einer Totalbestimmung erscheint schwerlich möglich. Wohl kann mit Fug behauptet werden, dass sexuelle*sexualisierte Gewalt immer auch eine Einschränkung, Bedrohung und/oder Verletzung der Würde eines Menschen darstellt. Der Verzicht auf die Androhung und/oder Ausübung physischer oder psychischer Gewalt gegen eine Person ist deshalb aber weder eine notwendige noch eine hinreichende Bedingung für eine ‚menschenwürdige Gestaltung' des sexuellen Lebens und Erlebens – keine notwendige Bedingung, weil die tatsächliche Androhung und/oder Ausübung physischer oder psychischer Gewalt noch nicht als solche gegen die Würde eines Menschen verstößt, weder im nicht-sexuellen (wie z. B. bei Notwehr oder medizinischen Notfalleingriffen sowie überhaupt beim regulären Einsatz des staatlichen Gewaltmonopols zur Rechtsdurchsetzung) noch im sexuellen Bereich (wie z. B. bei sadomasochistischen Sexualpraktiken und Rollenspielen); und auch keine hinreichende Bedingung, da nicht jede von physischer Gewalt freie sexuelle Handlung (wie es z. B. bei sexuellem Kindesmissbrauch oder bei Formen der

---

135 Es gilt daran zu erinnern, dass ‚Schädigung' nicht nur das schädigende *Ereignis*, sondern auch die dadurch, sei's unmittelbar, sei's mittelbar sich einstellenden *Folgen* meint, die in Zusammenhang mit jenem Ereignis stehen, s. Abschnitt A.2.2.

Prostitution der Fall sein *kann*)[136] deshalb schon als menschenwürdig zu betrachten ist.

Kurzum: Nicht jede nicht-gewalthaltige Form sexuellen Handelns und Verhaltens im beschriebenen Sinne ist auch menschenwürdig, nicht jede gewalthaltige Form ist auch menschenunwürdig. Eine Koppelung von Gewalt und Menschenwürde dahingehend, dass Gewalt im sexuellen Bereich bzw. mit sexuellen Mitteln immer auch als unzulässiger Angriff auf die Würde eines Menschen zu werten wäre, scheint sich bei näherem Zusehen nicht zu bewähren.

Mit diesen Rückfragen und Bemerkungen zu Menschenwürde als Kriterium theologischer Sexualethik ist allerdings nicht der Rekurs auf Menschenwürde im Rahmen sexualethischer Theoriebildung per se desavouiert, wohl aber die praktische Handhabbarkeit des Menschenwürdekriteriums zur Beurteilung von Legierungen von Sexualität und Gewalt problematisiert. Entsprechendes lässt sich auch für das insbesondere von Fraling geltend gemachte Kriterium der ‚Humanität‘ und die mithilfe dieses Totalkriteriums[137] getroffene Unterscheidung zwischen einer gelingenden, weil ‚humanen Gestaltung‘ von Sexualität und dem Missglücken der ‚Humanisierung von Sexualität‘ in ‚enthumanisierten‘ Formen sexuellen Verhaltens feststellen.[138] Was aber bedeutet ‚Humanität‘?

Unter ‚Humanität‘ ist, allgemein gesprochen, keine Fähigkeit oder Eigenschaft zu verstehen, die dem Menschen von außen zukommen könnte, sondern etwas, das, weil zum Menschsein des Menschen gehörend, im Menschen als Gegebenheit[139] angelegt ist. Als eine solche dem Menschen innewohnende Gegebenheit erweist sich ‚Humanität‘ für Johann Gottfried Herder (1744–1803) als etwas, *woraufhin* die Natur des Menschen „organisiret"[140] bzw. *wozu* der Mensch

---

136 Auch an dieser Stelle zeigt sich die Problematik, wenn unter ‚Gewalt‘ – zumal mit Konzentration auf konkret identifizierbare personale Urheber – allein die Androhung und/oder Ausübung einer physischen oder psychischen Zwangseinwirkung auf Personen verstanden wird, was sämtliche Formen indirekter und/oder struktureller Gewalt außen vor ließe.

137 Vgl. Fraling, *SexualEthik*, 4 (zur Frage generalisierbarer Normativität im sexuellen Bereich) zusammen mit 48.

138 Vgl. z. B. a.a.O., 5, 40, 43, 86 u. 138 (s. Abschnitt B.2.1); entsprechend steuere „die Theologie [...] ihr Sinnangebot bei, um die Humanität der Sexualität im Glauben vertieft zu erfassen" (7); vgl. ferner Honecker, *Grundriß*, 216; Ohly, *Ethik der Liebe*, 100 sowie aus früherer, d. h. außerhalb des Zeitraums dieser Untersuchung liegender Zeit z. B. Trillhaas, *Sexualethik*, 161 f.; aus philosophischer Sicht vgl. bereits von Ehrenfels, *Sexualethik*, 32 u. 37.

139 Vgl. dagegen Burkard, Art. „Humanität," 221, wonach unter Humanität „dem Menschen innewohnende *Möglichkeiten*" (ebd.; meine Hervh.) bezeichnet würden, was m. E. impliziert, Humanität könne auch ‚abgelegt‘ oder es könne auf sie ‚verzichtet‘ werden.

140 Herder, *Ideen*, Bd. 3, 307 (Buch XV,1).

„gebildet"[141] ist – und entsprechend auch gebildet werden *kann*. Insofern kann Herder unter ‚Humanität' Wesen *und* Bestimmung des Menschen fassen und im 27. seiner *Briefe zu Beförderung der Humanität* (1794) als „Menschheit, Menschlichkeit, Menschenrechte, Menschenpflichten, Menschenwürde, Menschenliebe"[142] *übergreifend* verstehen. In diesem weiten Verständnis von ‚Humanität', das auch im Rahmen der vorliegenden Untersuchung beibehalten werden soll, lassen sich die unter sexuelle*sexualisierte Gewalt fallenden Handlungen und Verhaltensweisen immer auch als ‚inhumanes' – im Sinne von: ‚gegen die Humanität gerichtetes' – Handeln und Verhalten kennzeichnen. Worin aber besteht die Eigenart einer solchen Kennzeichnung, nicht zuletzt gegenüber der bereits getroffenen Bewertung, dass sich sexuelle*sexualisierte Gewalt immer auch gegen die Würde eines anderen Menschen kehrt?

Das „Wesentliche der menschlichen Existenz" besteht nach Søren Kierkegaard (1813–1855) qua Vigilius Haufniensis darin, dass der Mensch als Individuum in jedem Augenblick „zugleich er selbst und das ganze menschliche Geschlecht"[143] ist, sodass nicht nur das menschliche Geschlecht am Individuum, sondern gleichermaßen auch das Individuum am menschlichen Geschlecht teilhat.[144] Dieses Verhältnis zwischen Individuum und Geschlecht zu verkennen, hieße „das menschliche Geschlecht numerisch in ein Einmaleins auflösen".[145] Oder etwas anders formuliert: Jeder Mensch *ist* Individuum und hat zugleich *als* Individuum teil am Menschsein,[146] ohne dass das Menschsein, wie Nikolaus von Kues (1401–1464) im 23. Kapitel seiner Schrift *De venatione sapientiae* (1462/63) bemerkt, in den einzelnen Menschen deshalb eine „Vervielfachung" erfahren würde: „humanitas [...] est immultiplicabilis"[147] – „wie das Menschsein, so wie es ist, [scil. in mehreren Menschen] nicht vervielfacht werden kann, ebensowenig dieser Mensch".[148]

Vor *diesem* Hintergrund lässt sich ‚inhumanes' Handeln und Verhalten deshalb nicht lediglich als entpersonalisierendes und entpersonalisiertes, sondern

---

141 A.a.O., Bd. 1, 244 (Buch IV,6).

142 Herder, *Briefe*, 3. Sammlung, 5. Vgl. im Ganzen 5–33 (Briefe 27–29) zur Klärung des Wortes sowie des Konzepts der Humanität zusammen mit Zeuch, „Herders Begriff der Humanität," 195 f.

143 Kierkegaard, *Begriff Angst*, 25 (dt. Übers. modifiziert); nicht unähnlich Farley, *Just Love*, 211 / *Verdammter Sex*, 233.

144 Vgl. Kierkegaard, *Der Begriff Angst*, 25 f.

145 A.a.O., 25 (dt. Übers. modifiziert; bei Kierkegaard deutsch: ‚einmal ein').

146 Vgl. auch Herder, *Briefe*, 5.

147 Von Kues, *Jagd nach Weisheit*, 100,8 f.

148 A.a.O., 101; vgl. 100,3–5.8–9: „Unde non plurificatur humanitas in pluribus hominibus, sicut nec unitas in pluribus unis [...]. Et sicut humanitas, uti est, est immultiplicabilis, ita et hic homo".

zugleich als Handeln und Verhalten gegen die *Menschheit* und damit letzten
Endes auch gegen *sich selbst* deuten, zumal aus *christlicher* Sicht, wie Cusanus –
bezeichnenderweise – in seinen Predigten bemerkt, „die Menschheit selbst in
Christus mit dem Leben vereint ist",[149] sodass Handeln und Verhalten gegenüber
dem Anderen, dem Nächsten und dem Fernsten, in tieferem Sinne zugleich als
Handeln und Verhalten gegenüber der Menschheit in Jesus Christus gedeutet
werden kann (vgl. Mt 25,40.45).[150] Insofern steht ‚inhumanes' Handeln und Verhalten aus christlicher Sicht im Widerspruch zum Bestimmtsein des Menschen zur
Ebenbildlichkeit, deren Erfüllung unter den Bedingungen der Existenz gleichsam
als Fluchtpunkt – um nochmals an eine Formulierung Rahners zu erinnern – nur
‚asymptotisch angezielt' werden kann,[151] deren Vollendungsgestalt dem Menschen jedoch in Jesus Christus vor Augen gestellt ist.

Angesichts dieser Verknüpfung der Bestimmung des Menschen zur Humanität mit dem protologisch-soteriologischen Bestimmtsein des Menschen zur
Gottebenbildlichkeit, wie sie sich auch bei Herder findet,[152] werden wiederum
Eigenart und Mehrwert der theologischen Rede vom Menschen deutlich, die auch
bei der Untersuchung des Verhältnisses von Sexualität und Gewalt fruchtbar
gemacht werden können. Eine praktikable Abgrenzung zwischen einer Sexualität,
die sich (noch) im Rahmen von Humanität vollzieht, und einer solchen, die sich
als unvereinbar mit dem Ideal der Humanität erweist, scheint allerdings – wie
schon in Bezug auf die Rede von Menschenwürde bemerkt wurde – ohne Einbeziehung weiterer Kriterien nur schwer gangbar. Genauer und proleptisch gesagt: Es bedarf hierfür noch mindestens eines weiteren Kriteriums, welches in
Abschnitt 3.2 zu bestimmen und zu erörtern sein wird. Zuvor gilt es allerdings,
nach der Besonderheit des Verständnisses von Sexualität aus einem dezidiert
theologischen Deutungshorizont heraus zu fragen – kurzum: Es gilt, die ‚theologische Sexualität' in den Blick zu nehmen.

---

149 Und zwar im Sermo LIV („Remittuntur ei peccata multa") vom 22. Juli 1445 (Part Prima,
Abschnitt 4); meine Übersetzung nach *Nicolai de Cusa opera omnia*, Bd. 17, 251,31: „ipsa humanitas vitae unita in Christo" – mit der Konsequenz: „me hominem ad participationem assumit, ut
sic ego homo in mea humanitate, quae est in Christo Jesu, assequar participationem vitae divinae,
quae est unita humanitati in Christo, sicut ego in eo, quod sum hic homo, ex participatione
humanitatis assecutus sum vitam humanam" (251,31–38); vgl. auch 251,1–4.
150 Vgl. a.a.O., 251,8–24.
151 Vgl. Rahner, „Erfahrung," 247.
152 Vgl. Herder, *Ideen*, Bd. 1, 244 (Buch IV,6) sowie ders., *Briefe*, 8 f.

1.5 ‚Theologische Sexualität'

Sexualität als multifaktorielles, multifunktionales und multidimensionales Phänomen ist „notwendig interdisziplinär"[153] zu betrachten. Sie ist nicht nur, um an eine Formulierung Sielerts zu erinnern, ein ‚Querschnittsthema' der Persönlichkeit,[154] sondern steht zudem für einen Lebensbereich, der „„quer' [...] zum herkömmlichen Wissenschaftsbetrieb liegt".[155] Dies lässt unterschiedliche, etwa somatisch-biologische, psychologische, soziologische oder literatur- und kulturwissenschaftliche Schwerpunktsetzungen bei der Befassung mit Sexualität keineswegs als unzulässig reduktiv erscheinen, verdeutlicht allerdings, dass das dabei jeweils Wahrgenommene selbst in größtmöglicher Vollständigkeit und unter Einsatz größtmöglicher Sorgfalt immer nur einen Ausschnitt darstellen kann. Ein regelrechtes Gesamtbild der Sexualität, wenn von einem solchen überhaupt die Rede sein kann, beinhaltete stets mehr als die Summe der einzelnen Teilerkenntnisse über Sexualität und konstituierte sich aus der *Einheit* aller Betrachtungs- und Zugangsweisen, die dann auch aufzuzeigen wäre, was sich freilich niemals bewerkstelligen ließe.

Dies über die unweigerliche Begrenztheit einer jeden einzelnen Betrachtungs- und Zugangsweise vorausgeschickt, können kategorial gesehen, und zwar je nachdem, von welchem Standpunkt aus und unter welchem Blickwinkel Sexualität zum Gegenstand der Erforschung gemacht wird, verschiedene Sexualitä*ten* unterschieden werden. So unterscheidet Sigusch derer vier:

> (1) die *biologische* Sexualität (Stichworte: Geneffekte, Instinkte und Trigger) mit der von der Medizin bestimmten Unterform somatologische Sexualität (Stichworte: ZNS, Transmitter, Enzyme, Hormone usw.); (2) die *psychologische* Sexualität, die je nach der wissenschaftlichen Richtung um Reiz-Reaktions-Muster, Triebe, Wünsche, Ängste, Fantasien, Meinungen usw. zentriert ist, sodass einmal eine experimentell-empirische, andermal eine unbewusste Sexualität herauskommt; (3) die *soziologische* Sexualität, die wie die psychologische je nach der Schulrichtung sehr unterschiedlich gefasst ist, eher praktisch-empirisch oder eher theoretisch mit den Leitkategorien Symbole, Rituale, Vorurteile, Regeln, Normen, Werte, Verhaltensweisen usw.; und (4) schließlich über allen anderen die *philosophische* Sexualität, die einmal metaphysisch-körperlos ist, andermal materiell-lebensweltlich.[156]

Fragt man nun darüber hinaus nach einer spezifisch *theologischen*, d. h. nach der aus einem dezidiert theologischen Verstehens- und Deutungshorizont heraus

---

153 Aigner, *Vorsicht Sexualität!*, 25; vgl. 26.
154 Vgl. Sielert, „Sexualpädagogik und sexuelle Bildung," 66.
155 Aigner, *Vorsicht Sexualität!*, 25.
156 Sigusch, *Sexualitäten*, 38 (Hervh. teilweise von mir).

verstandenen Sexualität, kommt dies der Frage nach dem *Proprium* des theologischen Verständnisses von Sexualität gleich, welches die ebenso vielfältigen wie heterogenen Positionen und Denkmuster aus dem römisch-katholischen, evangelischen und evangelikalen Bereich als deren gemeinsame theologische Klammer umgreift und gewissermaßen der Fixpunkt für eine Betrachtung aus verschiedenen theologischen Denktraditionen ist. Dies geschieht vor dem Hintergrund, dass das Zurück- und Ausgreifen auf die sich wandelnden sozial- und humanwissenschaftlichen Wissensbestände ebenso wie die Bereitschaft, sich aktuellen gesellschaftlichen, auch außertheologisch rekonstruier- und plausibilisierbaren Veränderungsprozessen zu stellen, die christliche Theologie immer deutlicher „mit der eigenen Identitätsfrage konfrontieren"[157] wird. Doch worin besteht die spezifische Besonderheit der theologischen Beschäftigung mit Sexualität, eine Besonderheit, die das theologische vom philosophischen, aber auch von jedem sozial- und humanwissenschaftlichen Verständnis von Sexualität von Grund auf unterscheidet, was die Möglichkeit eines konstruktiven Dialogs zwischen theologischen und außertheologischen Betrachtungs- und Zugangsweisen freilich ebenso wenig ausschließt wie eine sozial- und humanwissenschaftlich informierte Auseinandersetzung mit Sexualität im theologischen Bereich?

Diese Besonderheit liegt nach meinem Dafürhalten im Verständnis von Sexualität nicht als etwas einfach Vorfindliches oder Vorgegebenes, sondern als etwas dem Menschen *Gegebenes* und zur Gestaltung *Aufgegebenes*.[158] Diese Überzeugung vom Gegeben- und Aufgegebensein menschlicher Sexualität als einer ‚Auf-Gabe'[159] Gottes bildet gewissermaßen den übergreifenden Horizont, vor dem theologische Reflexionen über Sexualität zu stehen kommen, wie mannigfaltig die spezifische Ausgestaltung der einzelnen, sei's schöpfungsordnungstheologisch und/oder naturrechtlich begründeten, sei's sexualrepressiv oder sexuallibertär ausgerichteten Positionen dann auch ausfallen mag.

---

157 So Münk im Blick auf das Verhältnis von christlicher Ethik zu den Ergebnissen der empirischen Bildungsforschung in *Wann ist Bildung gerecht?*, 19, was sich m. E. für christliche Theologie insgesamt sagen lässt.

158 Dies gilt aus der Sicht des christlichen Schöpfungsglaubens freilich nicht nur für Sexualität, sondern für die gesamte Schöpfung, vgl. Schwöbel, „Offenbarung," 104. Vgl. auch die Bemerkungen zum Menschsein als Projekt und Prozess bei Evers, „Gehirn," 250 – 254.

159 Zum Gedanken der *Gabe* in lebensweltlichen Zusammenhängen dahingehend, dass sich Gabe *als* Gabe nur im Horizont der Gegebenheit *für* jemanden fassen lässt, was Gaben von reziproken Tauschprozessen unterscheidet, vgl. überdies Dalferth, *Umsonst*, 103 – 105, wo Dalferth konstatiert: Nur das ist „Gabe, was *für mich*, aber weder *von mir* noch *durch mich* da ist, eben das also, *was mir gegeben ist*" (104).

So heißt es beispielsweise in der als Beinahe-Denkschrift zur Sexualethik zu verstehenden Veröffentlichung *Unverschämt – schön* (2015), dass Sexualität aus evangelischer Perspektive „trotz aller möglichen Ambivalenzen und mitunter Gefährdungen" als „Gabe Gottes" zu verstehen und demnach in Gottes „Schöpferhandeln verankert und für uns Menschen etwas elementar Positives"[160] sei. Beim Durchgang durch die biblischen Schriften werde zwar deutlich, dass Sexualität darin „häufig in einem uns fremd gewordenen patriarchalischen Zusammenhang erwähnt" werde, und doch sei in der Bibel „ein Verständnis vom Menschen grundgelegt [...], das auf die Gleichwertigkeit im Geschlechterverhältnis und eine wirkliche personale Gemeinschaft zweier Menschen" hinauslaufe. Aus der Sicht eines „grundsätzlich ‚sexualfreundlich[en]'"[161] Zugangs zur Sexualität, wie er auch in dieser Sexualethik verfolgt werde, sei demnach zu konstatieren:

> Sexualität ist [...] nicht nur ein integraler Bestandteil des menschlichen Lebens in allen Phasen und Situationen, sondern jeweils Ausdruck der eigenen Entwicklung: Jeder Mensch steht vor der Aufgabe, mit Sexualität in einem umfassenden Sinn umzugehen und für sich die Aspekte von Identität, Beziehung, Lust und Fruchtbarkeit aufeinander zu beziehen, um so sein Leben verantwortlich zu führen. [...] Sexualität, will sie verantwortlich gelebt werden, bedarf der Bildung und Gestaltung. Sie ist nicht nur Gabe, sondern auch Gestaltungsaufgabe. Als solche kann und muss sie kultiviert werden.[162]

Nicht unähnlich zu der so verfassten Grundlegung evangelischer Sexualethik heißt es, um ein Beispiel aus dem katholischen Bereich anzuführen, in der *Christlichen Sexualpädagogik* (2011) von Stephan Leimgruber (*1948), dass die biblische Sicht auf Sexualität eine „menschenfreundliche und keineswegs leibfeindliche" sei, ohne deshalb „den ‚Schatten der Sexualität' und ihr zerstörerisches Potenzial"[163] ausblenden zu wollen. Sexualität werde „in der Bibel nicht

---

160 Dabrock et al., *Unverschämt – schön*, 10 f.; die folgenden Zitate 11.
161 A.a.O., 12.
162 A.a.O., 11 f.; vgl. 22 u. 157.
163 Leimgruber, *Sexualpädagogik*, 89; zum ‚Schatten' der Sexualität aus biblischer Sicht als Verfehlungen gegen das Hauptgebot der Liebe vgl. auch 10 u. 60, worunter Leimgruber nicht zuletzt Unzucht/*porneia* (45 u. 53) rubriziert, wenngleich er auf weitergehende Ausführungen zu Beispielen „nicht gelungenen Umgang[s] mit Sexualität in der Bibel" wie „Prostitution, Hurerei und weiteren Verfehlungen" – von der Tradition als ‚Sünde' bezeichnet – verzichtet (53). Zur Rede von Sexualität als ‚Geschenk' Gottes vgl. auch Franziskus, *Amoris laetitia*, 50 (Nr. 61); ferner Fraling, *SexualEthik*, 118. Zur Rede von Sexualität als ‚Gestaltungsaufgabe' vgl. bereits auch das von der Sachkommission IV der Synode der deutschen Bistümer am 6. Oktober 1973 verabschiedete Arbeitspapier „Sinn und Gestaltung der menschlichen Sexualität" der Würzburger Synode, 164–167 (2.), 173 (4.1.1 u. 4.1.2), 179 (5.3) u. 183 (6.1 u. 6.2).

vergöttlicht, sondern als geschaffene weltliche Wirklichkeit gesehen. Der Mensch ist nicht Kreator der Sexualität; sie ist ihm vielmehr geschenkt, in sein leibgeistiges und soziales Sein eingefügt sowie in seine Freiheit und Verantwortung zur Gestaltung übergeben. Sexualität ist eine von Gott dem Menschen und allen Lebewesen zugedachte Möglichkeit."[164]

Diese beiden Beispiele mögen verdeutlichen, dass für das Verständnis von Sexualität aus theologischer Sicht zwei Aspekte wesentlich sind: Als Teil der Schöpfung ist Sexualität dem Menschen nicht von irgendwoher, sondern von Gott gegeben, und ihm – als durch das Schöpferhandeln Gottes konstituiert – zur Gestaltung anvertraut, mithin *Gabe* und *Aufgabe* zugleich. Der Mensch ist also nicht aus seiner Verantwortung entlassen, sondern ihm ist „Freiraum zur Gestaltung"[165] überlassen – Freiraum, den es in verantworteter Weise zu nutzen gilt.

Dem an dieser Stelle nachgerade ‚lauernden' Vorwurf der Missachtung der Sein/Sollen-Dichotomie, wie sie erstmals David Hume (1711–1776) im dritten Buch seines *Treatise of Human Nature* (1749/40) dahingehend gefasst hat, dass die in Moralsystemen gemeinhin vollzogene Ableitung von normativen Konklusionen (‚soll'-Aussagen) aus nicht-normativen Prämissen (‚ist'-Aussagen) überhaupt nur ‚vollkommen unbegreiflich' („altogether inconceivable"[166]) erscheinen könne,[167] kann – je nach Begründung der theologischen Position – auf verschiedenen Wegen argumentativ begegnet werden. *Ein* möglicher, gewissermaßen schöpfungstheologisch begründeter Weg wäre die Deutung des Verhältnisses von Gabe und Aufgabe im Rückgriff auf die von Paulus selbst[168] angewendete und von Rudolf Bultmann (1884–1976) wirkmächtig in das Begriffspaar von ‚Indikativ'

---

164 Leimgruber, *Sexualpädagogik*, 49.

165 Porsch, *Verstehensbedingungen*, 235 unter Rekurs auf Vasey, *Strangers*, 48 f.

166 So im *locus classicus* dieses ‚Gesetzes': Hume, *Treatise of Human Nature*, 469. Hume stellt an dieser eher ironisch anmutenden Stelle, die den Charakter einer en passant gemachten Bemerkung hat, also keineswegs eine allgemeine Unmöglichkeitsbehauptung auf, die durch scharf definierte Beweise dann bekräftigt werden würde, wenngleich natürlich auch der weitere Argumentationsgang seines *Treatise* zu berücksichtigen ist, in dem deutlich wird, dass es Hume durchaus um das *Dass* und nicht nur um das *Wie* einer solchen (nach seinem Dafürhalten) unzulässigen Ableitung geht, weshalb ich im obigen Text das ‚überhaupt' zur Verdeutlichung eingefügt habe.

167 Für eine Präzisierung und Diskussion von Humes ‚Gesetz' vgl. von Kutschera, „Gesetz," 1–14, der betont, dass dieses nur in Bezug auf rein normative Sätze gelte, nicht hingegen „generell für analytische Folgebeziehungen, die sich auf spezielle Deutungen von normativen Termen beziehen" (13). Vgl. ferner Herms, „Sein und Sollen," 296–299.

168 Vgl. hierzu Wolter, „Identität," 122, der beispielhaft auf Röm 14,3; 15,2–3; 15,7 u. Gal 5,25 (s. oben im weiteren Textverlauf) verweist.

und ‚Imperativ'[169] gefasste „argumentative Struktur"[170] einer spezifischen Zuordnung der Zusage des Heilshandelns Gottes am Menschen (Indikativ) und
Gottes Aufforderung des Menschen zum Handeln (Imperativ).[171]

Hier gilt es freilich dem Missverständnis vorzubeugen, die Relation von In-
dikativ=Gabe und Imperativ=Aufgabe zeitlich-konsekutiv als *Nach*einander eines
Wenn-dann-Zusammenhangs oder aber kausal im Sinne eines Weil-darum-Zu-
sammenhangs[172] zu deuten, welches den Anschein eines *Neben*einanders von
Wirkung (*actio*) und Gegenwirkung (*reactio*) evozierte. Anstelle einer Zergliederung von Indikativ und Imperativ durch „eine wie auch immer geartete zeitliche
und logische Vorordnung des Indikativs vor den Imperativ"[173] ist beides vielmehr
als *In*einander, und zwar: als paradoxe Einheit des Zugleichs von Gabe und
Aufgabe (mithin: als ‚Auf-Gabe') zu verstehen – eine „Paradoxie", die vom
Standpunkt und damit auch aus der Perspektive des empiristischen Skeptizismus
eines Hume *zu Recht* als ‚unbegreiflich' bezeichnet werden kann,[174] weil sie, wie
Bultmann herausstellt, erst „für den Glauben voll verständlich" ist: „εἰ ζῶμεν
πνεύματι, πνεύματι καὶ στοιχῶμεν [Gal 5,25]".[175] Nicht von ungefähr kann Bultmann das Verhältnis von Indikativ und Imperativ denn auch existenzdialektisch
im Sinne des bekannten Pindarwortes „Werde, der du bist!"[176] erklären.

---

169 Vgl. Bultmann, „Problem," 123, 125 f., 130 u. 140. Zur Kritik an der Sachgemäßheit des Indikativ-Imperativ-Modells vgl. Zimmermann, „Jenseits," 260–284 sowie ders., „Ethikbegründung," 237–255. Vgl. dagegen Wolter, „Identität," 122–126, der nicht nur, wie bereits bemerkt, auf
den Anhalt dieser Argumentationsstruktur bei Paulus selbst verweist, sondern auch betont, dass
es sich bei Bultmanns Verwendung dieses Begriffspaars um eine *Metapher* handle (vgl. 122). Zur
Rezeption und Wirkung von Bultmanns ‚Indikativ-Imperativ-Modell' vgl. auch Zimmermann,
Logik der Liebe, 24–34. Zimmermann hält dieses Modell für „unzureichend", „[u]m die Be-
gründungszusammenhänge der *paulinischen* Ethik auf einem dem moralphilosophischen Wis-
senschaftsdiskurs angemessenen Niveau interpretieren und interdisziplinär vertreten zu können"
(34; meine Hervh.). Dieser hinsichtlich der Deutung der *paulinischen* Ethik gemachte Vorbehalt ist
m. E. aber kein Hindernis, das Indikativ-Imperativ-Schema zur Deutung der Relation von Gabe
und Aufgabe (der Sexualität) fruchtbar zu machen.
170 Wolter, „Identität," 122.
171 Vgl. dazu Zimmermann, *Logik der Liebe*, 24.
172 Vgl. Wolter, *Paulus*, 312, worauf Zimmermann, *Logik der Liebe*, 29 verweist.
173 Zimmermann, „Jenseits," 264.
174 Vgl. ähnlich, allerdings in anderem Zusammenhang, Johann Georg Hamann (1730–1788) in
einem Brief an Johann Gotthelf Lindner (1729–1776) vom 3. Juli 1759 in *Hamann's Schriften*, Bd. 1,
402–408 (Nr. 45).
175 Bultmann, „Problem," 140.
176 Bultmann, *Theologie*, 329; in anderer Aufl. zit. bei Wolter, „Identität," 124, der 124 f. auch
weitere Stellen bei Bultmann anführt und den Hintergrund der Formulierung „Werde, der du
bist!" ergründet. Zu diesem Rekurs Bultmanns auf das Pindarwort Γένοι', οἷος ἔσσι μαθών (in der

Ein *anderer* möglicher Weg, dem Vorwurf einer unzulässigen Ableitung des Sollens (Aufgabe) aus dem Sein (Gabe) zu begegnen bzw. hier speziell: dem ethischen ‚Schreckgespenst'[177] des sogenannten ‚naturalistischen Fehlschlusses' zu entgehen, könnte unter Einbeziehung der Argumentation des klassischen Naturrechts in dem Hinweis darauf bestehen, dass die ‚menschliche Natur' (Gabe) als Anknüpfungspunkt für die ethische Forderung (Aufgabe) etwas anderes bedeutet als die ‚naturwissenschaftliche Natur', d. h. die Natur als Gegenstand naturwissenschaftlicher Betrachtung und Erforschung. Beide ‚Naturen' miteinander gleichzusetzen hieße, sich durch eine *fallacia univocationis* täuschen lassen. Denn die ‚Natur des Menschen' stellt nicht einfach eine empirisch beobachtbare und messbare Realität dar: Sie ist „nicht mit seinem faktischen Verhalten identisch, sondern als Gabe, Vorgabe und Aufgabe und damit als zu verwirklichender sittlicher Wert zu verstehen".[178] Dieser sittliche Wert ist dort zu verwirklichen, wo er noch nicht verwirklicht *ist*, aber verwirklicht werden *kann*. Der formale Gegensatz von Sein und Sollen erscheint allein dann unversöhnlich und der Vorwurf des naturalistischen Fehlschlusses dementsprechend berechtigt zu sein, wenn und sofern das Spezifikum der ‚menschlichen Natur' und damit die Möglichkeit verschiedener Verständnisse von ‚Natur' – die sittlich zu formende einerseits, die naturwissenschaftlich zu erfassende andererseits – außer Acht gelassen werden.

Sei es nun schöpfungstheologisch im Rückgriff auf das Indikativ-Imperativ-Modell, dessen Sachgemäßheit im Blick auf die Deutung paulinischer Ethik hier nicht weiter erörtert zu werden braucht, oder sei es naturrechtlich begründet unter Verweis darauf, dass bei der Rede von der ‚Natur des Menschen' nicht empirisch-deskriptiv die „Natur als Gesamtheit gesetzmäßig verlaufender Teilchenverbände wie in einem naturwissenschaftlichen Weltbild" gemeint, sondern „ein normatives Verständnis einer Natur als strukturierter, vernünftiger und sinnhafter Ordnung"[179] zugrunde gelegt ist – das theologische Verständnis von Sexualität als ‚Auf-Gabe' Gottes muss also keineswegs gleichsam mit Streichung der Segel als logischer Fauxpas einer μετάβασις εἰς ἄλλο γένος konzediert werden. Bevor also in den nachfolgenden Abschnitten auf die Gestaltungsaufgabe der Sexualität mit ständiger Rücksicht auf das Verhältnis von Sexualität und Gewalt

---

zweiten Pythischen Ode, Zeile 72) zur Deutung des Verhältnisses von Imperativ und Indikativ vgl. auch die Kritik daran bei Käsemann, *An die Römer*, 165 f. u. 168.

177 Vgl. Engels, „Was und wo ist ein ‚naturalistischer Fehlschluss'?," 177 (im Blick speziell auf die bioethische Diskussion); auch zit. bei Fenner, *Selbstoptimierung*, 108.

178 Graulich, „Naturrecht," 792. Zur Bedeutung des Konzepts der ‚menschlichen Natur' für die christliche Sexualethik in Tradition und Moderne vgl. Heller, *General Ethics*, 13 f. zusammen mit Bóasdóttir, *Violence*, 24.

179 Fenner, *Selbstoptimierung*, 108.

eingegangen werden wird, gilt es an dieser Stelle noch zu verdeutlichen, unter welchen anthropologischen Bedingungen dem Menschen Sexualität zur Gestaltung gegeben und wie diese ‚Gabe' der Sexualität im Horizont des Hier und Jetzt zu bewerten ist.[180]

Die Gestaltungsaufgabe der Sexualität stellt sich nämlich nicht in einem Vakuum, sondern unter den Bedingungen menschlicher Existenz, die nach theologischem Dafürhalten immer Existenz „jenseits von Eden" (Gen 4,16)[181] – mithin, um mit Paul Tillich (1886–1965) zu argumentieren, „vom Grund des Seins, von den anderen Wesen und von sich selbst"[182] *entfremdete* Existenz ist. Mit dieser dreifachen Entfremdung als Grundzustand der Existenz des Menschen in Raum und Zeit korrespondiert die den menschlichen Lebensvollzug von der Wiege bis zur Bahre in allen Facetten und Bezügen, auf allen Ebenen und Sinngebieten durchstimmende *Ambivalenz*.[183] Noch einmal Tillich:

> Menschliche Geschichte ist eine ständige Mischung von Erfüllung und Verfehlung von Wesensforderungen im Erkennen und im Handeln. In dieser Mischung das eine wirklich vom anderen zu trennen, ist niemals möglich. Jede Wirklichkeit ist zweideutig, und es gibt keinen

---

180 Dass diese Aufteilung der *Erörterung* von Sexualität als ‚Auf-Gabe' allein der analytischen Unterscheidung zweier Aspekte ein und desselben Gegenstandes dient, weder eine Zergliederung dieser Einheit als solcher noch eine wie auch immer geartete Vorordnung des einen vor den anderen Aspekt intendiert, versteht sich.

181 Zur Frage der Praktizierung von Sexualität ‚diesseits von Eden' als Metapher für den *status integritatis* des Menschen vgl. z. B. die vor dem Hintergrund der Lokalisierung des Ursprungs der dem sexuellen Akt im *status corruptionis* notwendig zugehörenden ‚Begierde' (*concupiscentia*) im Sündenfall (vgl. Augustins *De nuptiis et concupiscentia*, V,6-VI,7; in der Übersetzung von Fingerle unter dem Titel „Ehe und Begierlichkeit," 81 f.) durchaus konsequenten und doch einer gewissen Komik nicht entbehrenden Ausführungen dazu bei Augustin, *De civitate Dei*, XIV,24 / *Der Gottesstaat*, Bd. 2, 379–381.

182 Tillich, *Systematische Theologie I-II*, 344 [52]. Zur existentiellen Entfremdung vgl. auch Tillichs Berliner Vorlesung „Die menschliche Situation," 289 u. 326. Die Bezeichnung des entfremdeten Existenzzustands als ‚gefallene Existenz' wird in der *Systematischen Theologie* zwar vermieden (vgl. 87 [97], 210 [237], 261 [294], 340 [48], 343 [51] u. 353 [63]), aber von Tillich an anderer Stelle vollzogen, etwa im Vortrag „Der Mensch im Christentum und im Marxismus," 199. Zu Tillichs Entfremdungsbegriff als Kernbegriff seiner Hamartiologie vgl. Murmann, *Freiheit*, 97–189; zur Kritik daran vgl. Pannenberg, *Anthropologie*, 272–278.

183 Nicht nur ist das Menschliche allein „in Ambivalenzen sagbar", sondern diese Ambivalenz ist für die verwirklichte Schöpfung als solche kennzeichnend, die es nur „als gefallene Schöpfung", d. h. als vom Menschen verschuldete und erlittene ambivalente „Schöpfungswirklichkeit von und gegen Gott" gibt (so Spieckermann, „Ambivalenzen," 50 u. 61). Diese Ambivalenz als anthropologische Grunderfahrung einer Existenz im ständigen Dazwischen kann freilich auch philosophisch er- und gefasst werden, etwa bei Henrich, *Sein oder Nichts*, 411–427. Die *differentia specifica* der theologischen gegenüber anderen Erklärungen besteht allerdings in der Lokalisierung des *Ursprungs* dieser Ambivalenz – nämlich im ‚Fall' des Menschen.

einzigen Lebensprozeß, bei dem wir einfach schwarz-weiß malen könnten. Diese Mischung von Wesenserfüllung und Wesensverfehlung ist das, was Existenz ausmacht und ihr den Charakter der Zweideutigkeit gibt.[184]

Existenz als Dazwischen-Sein (*inter-esse*)[185] zwischen Verfügbarem und Unverfügbarem, Bedingtem und Unbedingtem, Entstehen und Vergehen ist damit zugleich Bewegung zwischen ‚Wesenserfüllung' und ‚Wesensverfehlung' im Stand der Entfremdung als existentieller Realität des Menschen ‚nach dem Fall'.[186] Diese steht für Tillich allerdings im Horizont des Neuen Seins in Christus, das in der Geschichte als deren sinntragende Mitte geschaffen wird und die ‚Wesensverfehlung' unter den Bedingungen der Existenz überwunden hat.[187] Die Partizipation des Menschen am Neuen Sein („Sein in Christo"[188]) ist demnach gerade keine „redintegratio in statum pristinum",[189] sofern darunter die Wiederherstellung einer supralapsarischen Unmittelbarkeit zu verstehen ist, sondern ermöglicht dem Menschen *im Prinzip* (‚Prinzip' hier im Sinne von „‚Anfang' *wie* ‚tragende Kraft'"[190]) die infralapsarische Wiedergewinnung eines nicht-entfremdeten Ursprungs – „wenn auch unter den Bedingungen der existentiellen Situation und daher nur fragmentarisch und in Erwartung".[191] Als Signum der räumlich-zeitlichen Existenz des Menschen bleibt die beschriebene Ambivalenz auch im Horizont der, lutherisch gesprochen, Simul-Existenz des vor Gott durch Christus gerechtfertigten sündigen Menschen wirksam bestehen.[192]

---

184 Tillich, „Das Neue Sein," 224 f.

185 Zum Verständnis des Menschseins als *inter-esse*, und zwar als das Zugleich von Trennung/ Unterscheidung und Vereinigung/Einheit, als das dieses *inter-esse* der Bereich für den Vollzug der Synthesis durch bzw. *als* das Selbst ist, vgl. Kierkegaard, *Krankheit*, 8–10 zusammen mit Blass, *Krise*, 42 f. u. 153–157. Es versteht sich, dass Existenz damit immer ständiges *Werden* und „dauernde[] Unabgeschlossenheit" (Schröer, *Denkform*, 60) bedeutet. Zum „Zwischen-Sein des Menschen als die Urspannung, auf die alle Antithesen in Luthers Denken bezogen sind" vgl. auch Ebeling, *Luther*, 186 zusammen mit Bühler, „Mensch," 59 f.; ferner Kreß, „Immobilismus," 125.

186 Tillich, *Systematische Theologie I-II*, 263 [297].

187 Vgl. Tillich, „Das Neue Sein," 225 sowie *Systematische Theologie I-II*, 421 ff. [137 ff.] zusammen mit Galles, *Situation*, 191, 209 f. u. 238 f. Da kein Moment der Geschichte von dieser Wesensverfehlung unaffiziert bleibt, kann deren Überwindung für Tillich auch nicht in der Restitution eines Alten, sondern nur durch das Neue Sein in Christus erreicht werden (vgl. 225). Vgl. auch Tillich, *Vorlesungen*, Teil 1, 175.

188 Tillich, „Das Neue Sein," 218.

189 Kierkegaard, *Wiederholung*, 17.

190 Tillich, *Systematische Theologie I-II*, 395 [108] (meine Hervh.); vgl. 415 [130 f.].

191 A.a.O., 415 [130]; vgl. 455 [175].

192 ‚Sündersein' und ‚Gerechtsein' sind für Luther „Totalbestimmungen" (Sparn, „Unbegreifliche Sünde," 135) christlicher Existenz und damit „gleichzeitige Tatbestände", ohne deshalb einander „auf gleicher Ebene mit gleichem Recht gegenüber[zu]stehen" (Pesch, *Theologie*, 119).

Auch Sexualität als Gestaltungsraum[193] menschlicher Existenz ist von der Ambivalenz geschöpflicher Wirklichkeit ‚jenseits von Eden‘[194] durchdrungen, indem sie in der ständigen Spannung zwischen Erfüllung und Begehren, Macht und Ohnmacht, Offenheit und Bestimmtheit, Gelingen und Scheitern, Faszination und Angst, Freude und Leid, Lust und Schmerz, Liebe und Hass etc. oszilliert. Dabei versteht sich, dass diese paarweise genannten Spannungselemente exemplarische Gegensätzlichkeiten beschreiben, die als solche zusammen jeweils eine Totalität ausmachen, aber nicht als kontradiktorische Oppositionen ohne Mittelglieder zu fassen sind, weil sie als polar-konträre Oppositionen durchaus Vermittlungen zulassen.[195] Dies zeigt nicht nur z. B. die geläufige Rede von ‚Hassliebe‘, sondern auch die Beobachtung, dass auch Gelingen *im* Scheitern, Freude *aus* Leid, Lust *durch* Schmerz, Begehren *als* Erfüllung etc. erfahren werden kann. Überdies sind diese Spannungselemente existentieller Erfahrungen des Menschen, die einander bedingen oder gar erst verursachen können, *selbst* ambivalent, sodass z. B. das Objekt der Angst zugleich Faszinosum und Schrecken[196] sein und Macht sich zugleich als Ohnmacht, und umgekehrt,[197] manifestieren kann.

Sexualität kann Quelle und Medium unbändiger Lebensfreude und unstillbarer Daseinslust ebenso wie abgründiger Gewalt und menschenverachtender

---

Zur Formel *simul iustus et peccator* als Charakteristikum lutherischer Theologie (vgl. Ebeling, *Luther*, 285), das Luther durch die augustinische Unterscheidung von ‚in Hoffnung‘ (*in spe*) und ‚in Wirklichkeit‘ (*in re*) (vgl. in anderem Kontext bereits die frühe Scholie zu Psalm 53 in *WA* 3, 301,11–14 zusammen mit Lohse, *Luthers Theologie*, 73 f.) präzisiert, vgl. die Bemerkungen in der Römerbriefvorlesung 1515–1516 (*WA* 56, 272,16–21 und *WA* 56, 347,2–14) zusammen mit Lohse, *Luthers Theologie*, 89, 147 u. 321.

193 Mit der Rede von Sexualität als Gestaltungs*raum* schließe ich mich Dabrock et al., *Unverschämt – schön*, 12 u. 54 an; vgl. auch die Rede von Sexualität als Gestaltungs*feld* menschlicher Existenz bzw. menschlicher Verantwortung bei Sautermeister, „Sexualität,“ 117 u. 129 an, womit also stärker der *Aktions*bereich der Sexualität betont wird, während Gestaltungs*raum* den Charakter der Offenheit sexuellen Handelns *und* Erlebens herausstellt. Vgl. dazu auch die terminologische Differenzierung zwischen „Natur“ als „Gestaltungs*raum* menschlicher Freiheit“ und „Kultur“ als „Gestaltungs*vollzug* menschlicher Freiheit“ bei Schwöbel, „Glaube,“ 144 (meine Hervh.).

194 Vgl. Gen 4,16. Treffend deshalb der Kommentar Herders in Teil 4 (1776) seiner *Aeltesten Urkunde des Menschengeschlechts* zur Vertreibung des Menschen aus dem Paradies: „So mischt Gott Licht und Dunkel!“ (Herder, *Urkunde*, Bd. 2, 113).

195 Siehe dazu oben Anm. 10.

196 Zu Angst als einer „sympathetische[n] Antipathie“ und „antipathetische[n] Sympathie“ vgl. Kierkegaard, *Begriff Angst*, 40 f. (Zitate 40); ferner 60 f.

197 Siehe Abschnitt D.6.2.

Grausamkeit sein.[198] Eben darin liegt gewissermaßen die ‚Gefährlichkeit‘ der Sexualität: Sie läuft stets Gefahr, nicht nur u. a. als *Ventil* zur Abfuhr von Spannungen zu fungieren, die sich aus einer Vielzahl von Quellen speisen[199] und mit elementarer Macht entladen können, sondern auch zu einem *Vehikel* zerstörerischen Machtmissbrauchs, zur gewaltsamen Schädigung und Unterdrückung von Menschen zu werden. Demnach wäre es zu kurz gegriffen, von Sexualität allein als einem „Gottesgeschenk"[200] oder einer „gute[n] Gabe Gottes"[201] sprechen zu wollen, ohne das destruktive Potenzial der Sexualität als unabtrennbare Kehrseite ihres lebensförderlichen Potenzials mitzudenken. Wie Licht nicht ohne Schatten gesehen werden kann, ist auch bei der Reflexion über Sexualität das Dunkel der Sexualität stets mitzureflektieren, um das ihr innewohnende destruktive Potenzial, welches nur zerstören und zersetzen, niemals aufrichten und erbauen (vgl. 2 Kor 10,8; 13,10) kann, ins Licht zu setzen. Wenn sich in der vorliegenden Untersuchung auf die Lichtung dieses Dunkels der Sexualität konzentriert wird, dann in dem Bewusstsein, dass sich in der Kehrseite der Sexualität immer auch das lebensförderliche Potenzial der Sexualität widerspiegelt, wenn auch eben „in der Spiegelschrift der Verkehrung".[202] Eine Herauslösung und Abtrennung der lebensfeindlichen Seite der Sexualität[203] wäre nicht nur eine künstliche Abbreviatur der Wirklichkeit, sondern führte auch unweigerlich zum Fehlurteil über Sexualität.

---

198 ‚Quelle *und* Medium‘ hinsichtlich Gewalt deshalb, um zu reflektieren, dass Legierungen von Sexualität und Gewalt gleichermaßen als gewalthaltige Form von Sexualität (Sexualität als Quelle) wie als sexuelle Form von Gewalt (Sexualität als Mittel) verstanden werden und entsprechend sowohl als ‚sexuelle Gewalt‘ wie auch als ‚sexualisierte Gewalt‘ bezeichnet werden können, so sehr beides zwar analytisch unterschieden, empirisch-historisch und phänomenologisch aber als in untrennbarer Verbindung stehend sich erweisen kann, weshalb in der vorliegenden Untersuchung, wie in A.3.4 begründet, von ‚sexueller*sexualisierter Gewalt‘ gesprochen wird.

199 Vgl. Sielert, *Sexualpädagogik*, 44.

200 So im projektierten Titel der später verworfenen EKD-Denkschrift „Sexualität als Gottesgeschenk und Gestaltungsaufgabe" (s. Einleitung), vgl. Kirchenamt der EKD, „Berichte aus der Arbeit," 20. Vgl. auch Franziskus, *Amoris Laetitia*, 50 (Nr. 61).

201 Leimgruber, *Sexualpädagogik*, 90 – 93; vgl. auch Schockenhoff, *Kunst*, 363; Dabrock et al., *Unverschämt – schön*, 10, 12, 22, 91, 97 u. 148; Karle, *Liebe*, 86 u. 161; ferner bereits Wiedemann, *Homosexuelle Liebe*, 45 – 57, sowie kritisch zur Rede von Sexualität als ‚guter Gabe Gottes‘ (im Sinne der Bibel) Diebner, „Sexualität," 3 – 9.

202 So Schütz, *Mysterium*, 420 über das „Elend des Menschen" überhaupt; anders Stangneth, *Sexkultur*, 23.

203 Diese Tendenz zeigt sich deutlich z. B. bei Schubart, *Religion und Eros*, 178 – 190 u. 250 – 254. Vgl. dazu die Analyse bei Ammicht Quinn, *Körper*, 116 u. 139 – 158, bes. 156.

Allerdings darf deshalb nicht einem wie auch immer gearteten christlichen oder sonstigen Sexualpessimismus das Wort geredet, geschweige denn „Sexualität per se mit Sünde"[204] assoziiert werden. Angesichts der Tatsache, dass Legierungen von Sexualität und Gewalt keineswegs nur ein „Sonderfall der Sexualität"[205] sind, sondern in erschreckend hohem Maße zum gesellschaftlichen Alltag gehören, kann es für eine Sexualethik unter theologischen Vorzeichen gleichwohl eine Herausforderung bedeuten, mit aller Entschiedenheit gegen sexuelle*sexualisierte Gewalt zu argumentieren, ohne damit eine wie auch immer geartete, keineswegs bloß puritanisch anmutende, Feindseligkeit gegen das Sexuelle auszudrücken. Mit dem US-amerikanischen Sozialethiker Marvin Mahan Ellison (*1948) gesprochen: „Maintaining a sex-positive stance is a daunting project."[206]

Bei aller Konzentration auf das Dunkel der Sexualität geht es der vorliegenden Untersuchung deshalb um die *realistische* Einschätzung,[207] dass sich Sexualität, wie menschliche Existenz überhaupt, auf dem schmalen Grat zwischen Freiheit und Verantwortung bewegt und sich menschliche Freiheit stets nur in einer Weise realisieren kann, welche die Möglichkeit ihres Missbrauchs einschließt.[208] Nichts im Bereich des Menschlichen befindet sich jenseits der Ambivalenz geschöpflicher Wirklichkeit, auch Sexualität nicht. In ihrer wesenhaften Ambivalenz als einer ebenso leidenschaftlichen wie Leiden schaffenden Kraft, um an die Friedrich Schleiermacher (1768–1834) zugeschriebene geistreiche Definition von ‚Eifersucht' zu erinnern,[209] erweist sich Sexualität gerade „als etwas zutiefst Menschliches".[210]

---

204 Surall, „Ethik der Lebensformen," 464.

205 So Eickmeier, „Und immer wieder neu," 227 f.

206 Ellison, *Erotic Justice*, 94; ferner 133 u. 135.

207 Zur Frage des Realismus einer solcher Betrachtung von Sexualität und deren Abgrenzung von einer pessimistischen und einer optimistischen Sichtweise vgl. Bóasdóttir, *Violence*, 25, 27, 182–184, 187 u. 189 f. Ansatzpunkte eines – in der Tat –,gesunden Realismus' in *dieser* Hinsicht zeigen sich (auch) im Nachsynodalen Apostolischen Schreiben *Amoris Laetitia* (2016) von Franziskus, und zwar 108–111 (Nr. 153–157); ferner 44 (Nr. 54) u. 87 (Nr. 119).

208 Schon die mit der jahwistischen Schöpfungserzählung in Gen 2,4b-25 in mehrfacher Hinsicht verknüpfte und selbige fortsetzende Erzählung vom ‚Sündenfall' des Menschen in Gen 3 verdeutlicht, dass ohne das mögliche ‚Nein!' des Menschen zu Gottes Willen und Gebot der Mensch lediglich eine Marionette in Gottes Händen wäre, nicht aber ein ‚emanzipiertes' (d. h. ‚aus der Hand entlassenes' [*emancipare* von *ex manu capere*]; vgl. CA XIX: „so Gott die Hand abgetan"; zit. nach *Die Bekenntnisschriften*, 75) Gegenüber und damit Bündnispartner Gottes.

209 Und zwar für gewöhnlich: „Eifersucht ist eine Leidenschaft, die mit Eifer sucht, was Leiden schafft"; ein Nachweis bei Schleiermacher selbst war mir nicht möglich; der früheste mir bekannte Beleg dieses Diktums findet sich – zu Schleiermachers Lebzeiten, allerdings ohne Nennung Schleiermachers – im Eintrag „Leidenschaft" in Krug (Hg.), *Allgemeines Handwörterbuch,*

Zu einer – nicht ein*seitigen*, sondern – ein*sichtigen* Betrachtung menschlicher Sexualität unter den Bedingungen geschöpflicher Existenz ist deshalb eine Klärung und Beurteilung des Verhältnisses von Sexualität und Gewalt unabdingbar. Damit stehen wir an der Schwelle des theologisch-ethischen Reflektierens über Sexualität als Gestaltungsraum menschlicher Existenz, das in der vorliegenden Untersuchung mit ständiger Rücksicht auf das Verhältnis von Sexualität und Gewalt erfolgt und an dessen Anfang einige Überlegungen zur Klärung dieses Verhältnisses im Grundsätzlichen stehen.

2 Grundüberlegungen zum Verhältnis von Sexualität und Gewalt

Wie im vorangegangenen Kapitel dargelegt, stellt Sexualität einen wesentlichen Aspekt des Menschseins dar, an dem die Vielfalt und Schönheit, aber auch die Fragmentarität und Fragilität menschlicher Existenz besonders deutlich spürbar werden. Sexualität befindet sich nicht jenseits der Ambivalenz geschöpflicher Wirklichkeit, sondern hat wesenhaft teil an ihr. Das destruktive Potenzial der Sexualität als untrennbare Kehrseite ihres lebensförderlichen Potenzials zeigt sich augenscheinlich darin, dass und wie Sexualität Quelle, Medium und auch Tatort von Gewalt sein kann.

Sexualität ist nicht identisch mit, aber anfällig für Gewalt. Diese Anfälligkeit kommt nicht von ungefähr, sondern daher, dass Sexualität und Gewalt (1.) für einander ähnliche, d.h. kongruente Handlungs- und Erlebenszusammenhänge stehen, welche (2.) einander bedingende Potenziale einschließen und (3.) verschiedenste Überlappungen und Vermischungen aufweisen können. Dies gilt es nun im Einzelnen zu erläutern.

Bd. 1, 699 f., der wie folgt endet: „Das Maßhalten ist also auch hier [scil. bei der Eifersucht] gar sehr zu empfehlen. Sonst wird die *Eifersucht* wirklich eine *Leidenschaft*, die mit *Eifer sucht*, was *Leiden schaft* [sic!], sowohl dem Eifersüchtigen selbst als Andern." Der zweite Satz mit dem Wortspiel findet sich erst in der 2. Auflage (1832), noch nicht in der 1. Auflage des *Allgemeinen Handwörterbuchs*, Bd. 1 (1827), 596 f., was einen Hinweis auf den möglichen Entstehungszeitraum dieses Diktums geben könnte.

210 Dabrock et al., *Unverschämt – schön*, 10.

2.1 Kongruenzen

Was zunächst die Kongruenzen zwischen Sexualität und Gewalt (im Sinne der *violentia*) betrifft, kann in aller Kürze und mit den Worten der Hamburger Sozialwissenschaftlerin Gaby Zipfel (1951–2021) gesagt werden, dass beide, Sexualität und Gewalt, „kommunikative, reziproke Interaktionen" darstellen, die auf „affektive[n], körperliche[n] Lebensentäußerungen" beruhen und „Erregungszustände bei den Akteuren" hervorrufen, welche „von positiven wie negativen Erwartungshaltungen begleitet sind: von der Aussicht auf Lust oder Schmerz, auf Befreiung oder Traumatisierung, auf Erfolg oder Versagen, auf Sicherheit oder Gefahr".[211] In der Tat hat auch die terminologisch-phänomenologische Erschließung in Teil A dieser Untersuchung ergeben, dass beide, Sexualität und Gewalt, nicht nur unweigerlich Körperlichkeit voraussetzen, sondern als körperliche Interaktionen immer auch eine kommunikative Dimension aufweisen. So wie es mit sich allein, in intimen Partnerschaften oder in Gruppen praktizierte und gelebte Sexualität nicht ohne den Resonanzraum der ‚Anderen' gibt, so manifestiert sich auch Gewalt stets im Verhältnis zu etwas oder jemandem, womit allerdings nicht gesagt ist, dass Gewalt im Moment ihres unmittelbaren Geschehens von den sie Ausübenden, Erleidenden und/oder Beobachtenden immer auch *als* Gewalt wahrgenommen wird.[212] Mit der Eingebundenheit von Gewalt in soziale Geschehenskontexte geht die Notwendigkeit ihrer kommunikativ-symbolischen Vermittlung einher,[213] kann doch Gewalt „nicht ohne die Rede über Gewalt verstanden werden".[214]

Von wesentlicher Bedeutung ist nun, dass den durch Sexualität und Gewalt jeweils ausgelösten Erregungszuständen insofern eine irreduzible Ambivalenz eignet, als sich in ihnen nicht nur „Erwartungslust", sondern auch „ein Gefühl von Ausgeliefertsein"[215] einstellt, welches wiederum mit Angst und Schamgefühlen verbunden sein kann. Dazu Zipfel:

---

211 Zipfel, „Sexualität," 83 f.; zum Folgenden vgl. 83–85.
212 Mit Roth, „Selbstreferentialität," 236, ist daran zu erinnern, dass jegliche Wahrnehmung bereits Interpretation ist, wenngleich letztere in der bewussten Deutung ersterer besteht, welche, als selektive Aufnahme von Sinnesdaten, als *aktive* Tätigkeit zu verstehen ist.
213 Vgl. dazu Hartmann/Hoebel, „Schweigsamkeit," 77.
214 Lindemann, „Verfahrensordnungen," 62 (auch zit. bei Hartmann/Hoebel, „Schweigsamkeit," 77), die Gewalt „im Sinne vermittelter Unmittelbarkeit" als ein „drittenvermitteltes symbolisch-institutionelles leibliches Agieren" (57) versteht. Insofern bedarf es „der Rede über Gewalt, um Gewalt als solche zu identifizieren" (62). Es sei wenigstens angemerkt, dass mit der Rede vom ‚leiblichen Agieren' die phänomenologisch wesentliche Differenz von Leib (sein) und Körper (haben) – s. oben Anm. 9 – unberücksichtigt bleibt.
215 Zipfel, „Sexualität," 84.

Die Ambivalenz, der der Zustand der Erregtheit unterliegt, und das Gefühl von Ausgeliefertheit, das sich mit ihm verbindet, werden als negative, beängstigende, Handlungsoptionen einschränkende Bedingungen erfahren und provozieren Bewältigungsstrategien, die dazu angetan sind, den drohenden Kontrollverlust in der Interaktion zu umgehen. Dies gilt im Fall der Ausübung von Gewalt, sofern es dem Täter nicht eindeutig gelingt, eine Dominanzsituation zu behaupten, im Fall des Auslebens von Sexualität, sofern die Ausübenden nicht eindeutig einvernehmlich handeln.[216]

Den zwischen ‚Erwartungslust' und ‚Ausgeliefertsein' changierenden, dabei auch nicht-sexuelle Motive wie Wagnis, Risiko, Angst oder Gefahr anhaftenden Erregungszuständen kann, vereinfachend gesprochen, auf dreierlei Weise begegnet werden: durch lustvolles Sich-Hingeben, passive Vermeidung und aggressive Bewältigung.[217]

So hat es denn auch nicht an psychoanalytischen und sexualwissenschaftlichen Theorien gemangelt, die den sexuellen Erregungszustand als prinzipiell konflikthaft gedeutet haben. „Sexuelle Lust ist", wie die Frankfurter Sexualwissenschaftlerin Sophinette Becker (1950 – 2019) in einem Interview von 2015 bemerkt, „nie ganz harmlos": Sexualität werde „nie wie Essen und Trinken sein", sondern stets „ein Konfliktfeld"[218] bleiben. Zwar kann demgegenüber zu bedenken gegeben werden, dass auch ‚Essen und Trinken' keineswegs immer ‚ganz harmlos' sind und, wie beim Binge Eating, auch zur Kompensation und Kanalisierung negativer Gefühle dienen und in hohem Maße in zwanghafte Abhängigkeiten umkippen können, doch scheint Sexualität in ihren verschiedenen Sinndimensionen in der Tat etwas anderes, zumindest jedoch wesenhaft mehr zu sein als lediglich die Befriedigung essentieller, d.h. lebensnotwendiger Grundbedürfnisse.[219] Dies schon allein deshalb, weil Sexualität Befriedigung (wie Essen

---

216 Ebd.
217 Vgl. ebd.
218 Becker, Interview mit Simon, abgedruckt als: „Sexuelle Lust ist nie ganz harmlos," 23; auch zit. bei Walser, „Let's talk about Sex!," 96. In Beckers Vergleich kommt m. E. die von Anna Freud (1896 – 1982) ausgesprochene Einschätzung zur Geltung, dass „[d]as Ich des Menschen […] seinem Wesen nach überhaupt kein geeigneter Boden für ungestörte Triebbefriedigung" (Freud, *Das Ich und die Abwehrmechanismen*, 46) ist.
219 Ohne dies hier weiter auszuführen, ist die Praktizierung von Sexualität *nicht* wie Essen und Trinken *lebensnotwendig*, da bei Sexualität keine vergleichbare Zufuhr energieliefernder Nährstoffe zur Ermöglichung des Zellwachstums und der Aufrechterhaltung von Körperfunktionen erfolgt, wohl aber ist die Praktizierung von Sexualität für das *Überleben* der Menschheit *notwendig* und damit wesenhaft mehr als ein *donum superadditum* von eher ‚zu-fälliger' Bedeutung.

und Trinken bzw. Sättigung[220]) und Begehren bzw. Bedürfnis (wie Hunger und Durst) gleichermaßen umfasst.[221]

Nach dem vom US-amerikanischen Psychiater Robert J. Stoller (1924–1991) in kritischer Auseinandersetzung mit der psychoanalytischen Triebkonzeption entwickelten psychodynamischen Erklärungsmodell sexueller Erregung[222] liegt auch jeder nicht-devianten (d.h. sozialadäquaten) sexuellen Erregung unweigerlich ‚ein Hauch von Feindseligkeit' („a whisper of hostility"[223]) zugrunde, was Erregung zu einem ‚Gegenteil' von ‚Langeweile'[224] macht und sie von ‚sexueller Gleichgültigkeit' („sexual indifference"[225]) unterscheidet. „Meine Theorie macht sexuelle Erregung einmal mehr zu einem Beispiel für das, was andere seit tausend Jahren gesagt haben: Daß der Mensch kein sehr liebendes Wesen ist, vor allem nicht dann, wenn er Liebe macht. Zu schade."[226] Der Aufbau von Spannungszuständen und das lustvolle Erleben ihrer Abfuhr beim Eintritt sexueller Befriedigung stellen eine Art symbolischer[227] Mechanismus zur Angstabwehr und Konfliktbewältigung dar, weshalb „sexuelle Erfüllung im psychischen Erleben des Menschen eine wichtige Rolle zur Aufrechterhaltung eines stabilen Gleichgewichts"[228] spielt. Anstatt sexuelle Erregung als durch eine Art vitaler biologischer

---

220 Zu diesem Vergleich von sexueller Befriedigung mit der „Sättigung beim Hunger" vgl. bereits Freud, *Drei Abhandlungen zur Sexualtheorie*, 49.
221 Darüber hinaus gibt es freilich noch andere wesentliche Unterschiede zwischen der Praktizierung von Sexualität einerseits, von Bedürfnissen und Genüssen wie Essen und Trinken andererseits, vgl. z.B. Ricœur, *Sexualität*, 216. Sexualität kann überdies in allenfalls übertragener Bedeutung und nicht im eigentlichen Sinne wie Ernährung eine Frage auch des ‚Maßhaltens' sein, wenngleich auch Sexualität in gewissem Sinne als ein ‚Lebensmittel' betrachtet werden kann.
222 Zu Stollers Erklärungsmodell sexueller Erregung im größeren Zusammenhang vgl. Schmidt, „Sexuelle Motivation," 30–47; ders., „Grundlagen," 70–109; vgl. überdies die Darstellung der Position Stollers bei Schockenhoff, *Kunst*, 276–281.
223 Stoller, *Sexual Excitement*, 31; vgl. XII-XIII, 14, 21–23 u. 31–34. Umso mehr gilt diese Beimengung von ‚Feindseligkeit' für Perversionen als ‚erotisierter Form von Hass', wie Stoller mehrere Jahre zuvor in seiner Studie über *Perversion* dargelegt hat. Kurzum: „Was der Hauch von Feindseligkeit der normalen, nichtdevianten Sexualität das Erregende gibt, wird in der Deviation zu sexualisierter Destruktivität" (Heim, „Vertreibung," 199). Das Element der Feindseligkeit wächst also in dem Maße, wie die sexuelle Erregung der Konfliktbewältigung dient, was die Übergänge von nichtdevianter zu devianter Sexualität naturgemäß fließend erscheinen lässt.
224 Vgl. Stoller, *Sexual Excitement*, 6, 21, 23, 28 f. u. 30 f.; ferner bereits Stoller, *Perversion*, 116.
225 Stoller, *Sexual Excitement*, 6; vgl. im Ganzen 27–30, wo Stoller insgesamt 15 verschiedene Sichtweisen auf sexuelle Erregung unterscheidet.
226 A.a.O., 35; zit. nach Schorsch, „Bausteine," 758.
227 Da dieser „Befreiungsausbruch aus der Angst" (Stoller, *Perversion*, 142) im Organismus nur symbolischer Natur, mithin keine reale und dauerhafte Konfliktlösung ist, unterliegt er dem Zwang zur Wiederholung als momenthafter Re-Inszenierung.
228 Schockenhoff, *Kunst*, 278.

Energiequelle ('Triebenergie') gespeist zu denken, die, quasi-physikalisch gesehen, unablässig nach motorischer Entladung drängt, wird sexuelle Erregung von Stoller als „eine Art seelischer Konfliktbewältigungsstrategie"[229] betrachtet.

So wie die zuweilen despektierlich als „Dampfkesseltheorie" oder „psychohydraulisches Modell"[230] apostrophierte psychoanalytische Triebtheorie, der zufolge ein als unlustvoll erlebter Spannungszustand der Erregung durch eine geradezu kathartische Spannungsabfuhr in die lustvolle Erfahrung direkter Triebbefriedigung oder in Form einer Ersatzhandlung aufgehoben wird,[231] auch das sich in Verbindung mit dem Sexualtrieb äußernde aggressive Verhalten eines Menschen auf eine angeborene Disposition zurückführt,[232] läuft die theoretische Indienstnahme der sexuellen Erregung zur Angstabwehr und Konfliktbewältigung[233] gleichermaßen Gefahr, dem Gedanken der individuellen Verantwortung des Menschen für konkretes gewalthaltiges Handeln Eintrag zu tun. Gegenüber jeder Relativierung einer menschlichen Verantwortungsforderung gilt es aus sexualethischer Sicht deutlich zu machen, dass es keinen unausweichlichen biologischen Automatismus, geschweige denn einen Determinismus des Handelns gibt. Gewalt ist eine beständige Möglichkeit individuellen menschlichen Handelns, deren Wirklichwerden sich niemals ‚von selbst' ergibt, sondern stets durch ‚meine Zutat' zustande kommt, welche denn auch ‚in Anschlag' zu bringen ist.[234]

Trotz der teilweise durchaus nachvollziehbaren Vorbehalte gegenüber Stollers „Theorie der systematisch engen Verzahntheit von Feindseligkeit und sexueller Erregung",[235] die vielfach produktiv rezipiert, aber ebenso vielfach auch als

---

229 A.a.O., 277; vgl. 276.
230 Hartmann, *Inhalte*, 25 (konkret zu E. Schorschs und G. Schmidts vehementer Kritik an der „Annahme einer spezifischen *Sexual*motivation").
231 Vgl. Freud, *Drei Abhandlungen zur Sexualtheorie*, 48 f. u. 110–114; ders., *Neue Folge der Vorlesungen zur Einführung in die Psychoanalyse*, 102 f.; ferner Mahler-Bungers, „Liebe," 70 f.; Benecke/Brauner, *Motivation*, 43–50.
232 Dass sich die psychoanalytische Triebtheorie damit als Anknüpfungspunkt für Argumentationen in verharmlosender oder sogar exkulpatorischer Absicht erweisen konnte und tatsächlich vielfach auch erwiesen hat, indem sexuelle*sexualisierte Gewalt kurzerhand zum „Resultat unkontrollierbarer sexueller Triebe" (Appelt et al., „Gewalt," 389) erklärt wurde, verwundert jedenfalls nicht.
233 Dabei keineswegs nur sexueller, sondern auch nicht-sexueller Konflikte; zu diesem Wechselspiel zwischen „Erwartung von Gefahr und Überwindung von Gefahr" vgl. Schmidt, „Grundlagen," 94.
234 Zu diesem Gedanken vgl. Kierkegaard, *Philosophische Brocken*, 39–41 (zum Zustandekommen von Wirklichkeit im Blick auf Beweise des Daseins Gottes).
235 Zipfel, „Sexualität," 84; vgl. auch Schmidt, *Das grosse Der Die Das*, 114.

vereinseitigend kritisiert worden ist,[236] kann mittels eines solchen psychodynamischen Erklärungsmodells plausibilisiert werden, dass und inwiefern „ein Element von Kampf und Auseinandersetzung"[237] ein unabdingbares Ingredienz oder, wenn man so will, ein ‚Spurenelement' einer jeden sexuellen Erregung ist. Ein solcher integraler Bestandteil der sexuellen Erregung, sei diese nun sozialadäquat oder nicht, kann, um beim Bild vom ‚Spurenelement' zu bleiben, in höchst unterschiedlicher Dosierung über die ganze Bandbreite von lebensförderlich bis toxisch auftreten und im Lebensverlauf eines Menschen, abhängig von der Einbettung in individuell-biographische, soziale, kulturelle und geschichtliche Zusammenhänge und Geschehenskontexte, höchst unterschiedliche Wirkungen und Nebenwirkungen entfalten. Es käme gewiss einer hochgradig missverständlichen Redeweise gleich, deshalb sagen zu wollen, der sexuellen Erregung wohnte nicht nur etwas ‚Wunder-' und ‚Zauberhaftes', sondern immer auch etwas ‚Dämonisches' inne,[238] doch kann, nüchtern formuliert, festgehalten werden, dass die sexuelle Erregung stets ein gewisses Maß an Konfliktpotenzial mit sich bringt, sodass Sexualität selbst einen ‚Keim' in sich trägt, der sie nicht nur geeignet, sondern sogar anfällig macht für Legierungsbildungen mit Gewalt.[239]

Allerdings wäre es eine Abbreviatur der Wirklichkeit, in dieser *Anfälligkeit* von Sexualität für Gewalt auch schon eine Erklärung für die *Genese* sexueller*sexualisierter Gewalt sehen zu wollen,[240] bei der nämlich höchst unterschiedliche Faktoren und Entstehungsbedingungen eine Rolle spielen können

---

236 Als Beispiele einer produktiv-kritischen Rezeption vgl. Schmidt, „Sexuelle Motivation und Kontrolle," 30 ff. u. 41 ff., der – wenngleich ohne Namensnennung – aus Stollers Modell verschiedene Prozesse ableitet, die für deviante und – wenn auch in geringerem Maße – nicht-deviante sexuelle Erregung wesentlich sind, sowie Schorsch, „Stellung," 456–460, der Stollers Modell erweitert und dahingehend kritisiert hat, dass die drängenden (‚treibenden') Kräfte der Sexualität nicht nur der Beimischung negativer Affekte entspringen, sondern auch auf positive Quellen zurückzuführen sind. Als Beispiele einer mehr oder minder deutlichen Kritik an Stoller vgl. Simon/Gagnon, „Skripte," 84 sowie Mann, *Psychotherapie*, 91–94.
237 Schockenhoff, *Kunst*, 279. Dass auch hinsichtlich des Einsatzes ‚feindseliger Mechanismen' die Vorstellung eines Kontinuums und nicht die von Stufen als fein säuberlich voneinander zu trennender Schubladen vorauszusetzen ist, versteht sich.
238 Vgl. von Wiese, „Religion," 657 zur Übertragung der Rede vom ‚Numinosen' und ‚Mysterium tremendum' (R. Otto), aber auch vom ‚Übermächtigen' und ‚Energischen', mit der das religiöse Erleben umschrieben wurde, auf das „mit einer Sphäre von Grauen und Mysteriosität" sich gleichermaßen umgebende sexuelle Erlebnis.
239 Es ist zu bemerken, dass ‚Legierung' in der vorliegenden Untersuchung als Gemisch oder Vermengungen verschiedener ‚natürlicher' Legierungskomponenten verstanden wird, die zwar als solche differenziert werden und doch in sehr unterschiedlichen Mischungsverhältnissen miteinander reagieren und diffundieren können; s. dazu Abschnitt 2.3.
240 Vgl. Lintner, *Eros*, 136.

und entsprechend Berücksichtigung finden müssen. Das braucht an dieser Stelle noch nicht weiter vertieft zu werden.[241] Wichtig ist: In der Genese sexueller*sexualisierter Gewalt spielen neben dem familiären und soziokulturellen Kontext immer auch in der individuellen physischen, kognitiven und psychischen Entwicklung und Disposition liegende persönliche Faktoren sowie externe strukturelle Faktoren eine Rolle, was monokausale oder monofaktorielle Erklärungsansätze von vornherein als unzureichend erscheinen lässt.

2.2 Korrespondierende Potenziale

Neben strukturellen und funktionalen Kongruenzen zwischen Sexualität und Gewalt schließen sexuelle und gewalthaltige Interaktionen nach Zipfel auch einander bedingende Potenziale ein: „Das Potential zu erregen[,] kann sich nur entfalten, wenn es auf eine Erregbarkeit trifft. In der Ausübung sexueller Gewalt phantasiert der Täter sich das Potential, das Opfer gegen seinen Willen erregen zu können, erzwingt durch physische Stimulation eine körperliche Reaktion oder transformiert seine sexuelle Lust in Gewaltlust."[242] Maßgebliche Bedeutung kommt in diesem Zusammenhang der Dialektik des Begehrens zu. Der Frankfurter Soziologin und Psychoanalytikerin Ilka Quindeau (*1962) zufolge kann der Konstitutionsprozess der Sexualität, in Abwandlung des Prinzips des *cogito ergo sum* als archimedischem Punkt der cartesianischen Philosophie, in die Formel *desideratus ergo sum* ('ich werde begehrt, also bin ich')[243] gefasst werden, um zu verdeutlichen, dass das sexuelle Begehren weder im Menschen bereits genetisch angelegt ist noch sich einer souveränen Schöpfung durch den Einzelnen selbst verdankt, sondern „jegliches Begehren" entsprechend der „grundlegenden Heteronomie menschlicher Existenz"[244] als Antwort auf das vorgängige Begehr*werden* durch andere Bezugspersonen zu verstehen ist: „Das Begehren des

---

241 Zu Erklärungsmodellen sexueller Delinquenz s. Abschnitt F.2.2.1.

242 Zipfel, „Sexualität," 85; zum Folgenden vgl. ebd.

243 Quindeau, *Verführung*, 29 u. 35. Dass sich auch diese Formel bei einer genauen sprachlich-logischen Analyse als fehlerhaft nicht nur im Schlusssatz 'ich bin' erweisen, sondern ihr auch im Übergang von 'ich werde begehrt' zu 'ich bin" eine logische Ungenauigkeit unterstellt werden kann, wie es auch gegenüber dem cartesianischen *cogito ergo sum* vorgebracht werden kann (vgl. z. B. Gabriel, *Grundprobleme*, 30 – 34), versteht sich. Gleiches gilt freilich auch für die von mir selbst im weiteren Textverlauf im Anschluss an Quindeau hypothetisch ins Feld geführte Formulierung *desidero ergo sum*. Zum Verständnis des sexuellen Begehrens aus Sicht einer theologisch begründeten Sexualethik vgl. auch Farley, *Just Sex*, 19.

244 Quindeau, *Verführung*, 35.

Anderen konstituiert die psychische Struktur und das Begehren des Subjekts."[245] Nicht das Begehren des Subjekts *nach* dem Anderen, sondern das Begehrtwerden des Subjekts *durch* den Anderen ist demnach als primär zu betrachten.

Wohl kann gegenüber einer solchen Deutung der Begehrensgenese „unter dem Primat des Anderen" und seiner Verortung „in einem sozialen, intersubjektiven Raum"[246] unter rein logischen Gesichtspunkten gefragt werden, ob es – zumindest an *einem* Punkt in der Begehrensgenese – nicht auch des gegensätzlichen Moments eines *desidero ergo sum* bedurft hat,[247] um ein Abgleiten in einen *regressus ad infinitum* zu vermeiden, doch zeigt sich die Relevanz dieser Überlegung für den vorliegenden Zusammenhang vor allem dann, wenn bedacht wird, dass das *Hervorbringen* von Begehren durch das Begehren des Anderen (*genitivus subjectivus*) die *Verwirklichung*, nicht aber auch die *Erfüllung* des Begehrens ist.[248] „Das Begehren beim Menschen ist wesentlich das Begehren *des Begehrens* des Anderen",[249] also das Begehren nach dem Begehrtwerden durch den Anderen und damit nach Anerkennung des eigenen Begehrens durch den begehrenden Anderen. Im Falle des Fehlens eines als erfüllend erlebten Begehrtwerdens durch ein Gegenüber kann das eigene sexuelle Begehren jedoch als Gefühl der „Bedrohung", ja als ein Ausgeliefertsein „an ein Gegenüber erlebt werden", das „durch einen sexuellen Gewaltakt gegen dieses Gegenüber abgewehrt wird".[250]

---

245 A.a.O., 36, was Quindeau zugleich als Quintessenz ihrer Interpretation der „Essenz der Freudschen Verführungstheorie" (ebd.) versteht; vgl. ferner 59 u. 292 die analoge Argumentation zur Genese des Autoerotismus.

246 Quindeau, „Psychoanalyse," 196 u. 198; ferner dies., *Verführung*, 35.

247 Vgl. Quindeau, „Entstehung," 15.

248 Vgl. dazu Lacan, *Grundbegriffe*, 242–256 (XVIII), bes. 247 zusammen mit der Analyse bei Müller-Pozzi, „Begehren," 117 f.

249 Müller-Pozzi, „Begehren," 117 unter Rekurs auf Lacan, *Grundbegriffe*, 247. Vgl. überdies Lacan, „Reflections," 12. Dass sich an dieser Stelle ein guter Ausgangspunkt für einen Vergleich mit Girards Arbeiten über das mimetische Begehren (s. Abschnitt A.2.4, Anm. 381) ergibt, ist nur offensichtlich.

250 Zipfel, „Sexualität," 85. Der scheinbare Widerspruch, wie sexuelles Begehren als Ausgeliefertsein erlebt werden können soll, wenn es doch erst durch Begehren eines Anderen (*genitivus subjectivus*) konstituiert wird, kann durch den Hinweis darauf ausgeräumt werden, dass die Entstehung des Begehrens durch jemand anderes für Quindeau als Antwort auf die „frühkindlich internalisierten Szenen des Begehrtwerdens durch Mutter, Vater oder eine sonstige Bezugsperson" (Quindeau, *Verführung*, 36) zu verstehen und nicht notwendig auf diese eine andere Person zurückzuführen ist. Der Umstand, dass „das Subjekt [...] erst über die Identifikation mit dem Begehren *eines* Anderen zum eigenen Begehren" (Müller-Pozzi, „Begehren," 118; meine Hervh.) kommt, heißt nicht, dass es das Begehren *dieses* Anderen sein muss, dessen ausbleibendes Begehren den Gewaltakt motivieren kann.

Unabdingbare Voraussetzung dafür ist Körperlichkeit, mit der dem Menschen nicht nur die Möglichkeit der Erfahrung von Lust und Schmerz gegeben, sondern auch, um mit Popitz zu sprechen, ‚Verletzungsmacht' und ‚Verletzungsoffenheit'[251] eigen sind, wobei die Verletzung des Körpers – nicht als einem Teil, sondern, wie Sofsky bemerkt – als „konstitutionelle[m] Zentrum" des Menschen nicht lediglich Veränderungen im physischen Befinden bewirken, sondern „zugleich Seele und Geist, das Selbst und die soziale Existenzweise"[252] treffen kann. Die Ausübung von Verletzungsmacht kann als ein Akt interpretiert werden, „mit dem der Agierende seine potentielle Verletzungsoffenheit außer Kraft zu setzen versucht".[253] Im schneidenden Gegensatz zur beglückend empfundenen Erfahrung und Erwartung einer lustvoll erlebten intimen körperlichen Verschmelzung mit dem Gegenüber kann sich gewaltsam erzwungene Sexualität dabei „als fundamental zerstörerischer Übergriff auf das Selbst" erweisen, wobei

> sowohl die sexuelle Prägung des Opfers als auch des Täters in die Psychodynamik dieser Interaktion involviert sind. Das Opfer erfährt den Angriff als einen auf sein sexuelles Körperverständnis gerichteten mit dem Ziel, diese sexuelle Identität zu zerstören. Wesentlicher Bestandteil des traumatisierenden und identitätszerstörenden Angriffs ist das Gefühl, zum Komplizen in einer vieldeutigen Situation, in der sich auf irritierende Weise aggressive und libidinöse Elemente vermischen, gemacht zu werden.[254]

Beim Blick auf die nicht-reziproke Dialektik des Begehrens ebenso wie die gesellschaftlich ungleiche Verteilung[255] und unterschiedliche individuelle Aneignung von Verletzungsmacht und Verletzungsoffenheit wird also deutlich, dass und inwiefern die als Sexualität und Gewalt bezeichneten Handlungs- und Erlebenszusammenhänge auch korrespondierende Potenziale enthalten, deren Zusammen- und Wechselwirken bei der Analyse sexueller*sexualisierter Gewalt, zumal in bestimmten Kontexten wie etwa partnerschaftlichen Intimbeziehungen, zu bedenken und mitzubedenken sind.

Was speziell die Verletzungsmacht und Verletzungsoffenheit von Menschen betrifft, ist überdies zu betonen, dass beides als anthropologische Gegebenheit zu verstehen,[256] der Mensch also *grundsätzlich* verletzungsmächtig und verletzung-

---

251 Zu dieser Unterscheidung von ‚Verletzungsmacht' und ‚Verletzungsoffenheit' als unterschiedliche, aber aufeinander bezogene Modi der „Vergesellschaftung" im grundlegenden Sinne vgl. Popitz, *Phänomene*, 43 f.; ferner 33 f. u. 61.
252 Sofsky, *Traktat*, 66; auch zit. bei Zipfel, „Sexualität," 85.
253 Zipfel, „Sexualität," 85.
254 Ebd. unter Rekurs auf Agger/Jensen, „Trauma," 687.
255 Vgl. Aulenbacher et al., *Geschlechterforschung*, 111 f.
256 Vgl. Popitz, *Phänomene*, 3.

soffen, die *tatsächlich* jedoch festzustellende *geschlechtstypisch unterschiedliche* Aneignung von Verletzungsmacht und Verletzungsoffenheit[257] vor dem Hintergrund und im Kontext der in einer Gesellschaft zu einer bestimmten Zeit bestehenden geschlechtsspezifischen Machtverhältnisse und Herrschaftsstrukturen zu sehen ist. Gesellschaftliche Geschlechterverhältnisse sind demnach immer auch potenzielle Gewaltverhältnisse.[258] Die in der Geschlechterforschung für gewöhnlich begegnende stereotype Klassifizierung von ‚männlicher' Verletzungsmächtigkeit und ‚weiblicher' Verletzungsoffenheit unterliegt offensichtlich der Gefahr der Vereinseitigung, ist aber auch „nicht einfach falsch", wenn und insofern damit zum Ausdruck gebracht wird, „dass Gewalt in unserer Kultur als eine – bezogen auf die Geschlechterordnung – ‚legitime' Jedermanns-Ressource begriffen wird, nicht jedoch als eine legitime ‚Jedefrau-Ressource'".[259]

2.3 Legierungen

Die in den beiden vorangegangenen Abschnitten skizzierten Kongruenzen zwischen den als Sexualität und Gewalt bezeichneten Handlungs- und Erlebenszusammenhängen und die in sexuellen und gewalthaltigen Interaktionen enthaltenen korrespondierenden Potenziale tragen augenscheinlich dazu bei, dass Sexualität und Gewalt in einer Weise verschmelzen können, die eine gegenständliche Trennung von Sexualität und Gewalt als zwei eindeutig voneinander zu unterscheidende Elemente, Strukturen oder Einheiten nicht mehr zulässt. Aus diesem Grund wird in der vorliegenden Untersuchung auch nicht von ‚Verknüpfungen',[260] ‚Verzahnungen',[261] ‚Verbindungen'[262] oder ‚Allianzen'[263] von Sexualität und Gewalt gesprochen, sondern die Rede von *Legierungen* von Sexualität und Gewalt präferiert,[264] um zu verdeutlichen, dass es sich hierbei nicht um eine le-

---

257 Zu dieser Geschlechtslogik der Gewalt vgl. auch Meuser, „Geschlecht," 213f.

258 Vgl. Sauer, „Gewaltmäßigkeit," 87; vgl. dazu bereits Hagemann-White, *FrauenMännerBilder*, 35f.

259 Meuser, „Geschlecht," 213 unter Rekurs auf ders., „Masculinity," 53–78; vgl. aber auch Bruhns, „Gewaltbereitschaft," 188f.

260 So z.B. in Freiwillige Selbstkontrolle Multimedia-Diensteanbieter e.V. (Hg.), *Prüfgrundsätze*, 143.

261 So z.B. Henningsen/List, „Einfühlung," 91.

262 So z.B. Nebenführ, *Sexualität*, 63; vgl. auch 68.

263 So z.B. T. Barth, „Liebe," 12.

264 Zur Rede von ‚Legierungen' in diesem Bereich vgl. bereits Freud, *Neue Folge der Vorlesungen zur Einführung in die Psychoanalyse*, 111f. zu den „Mischungen oder Legierungen" von erotischen Trieben und Todestrieben, die jeweils nicht in ‚Reinform' zu beobachten seien, deren „verschie-

diglich assoziative Kopplung oder additive Akkumulation zweier Komponenten handelt, die zufälligerweise miteinander zusammen- und wechselwirken, sonst aber nichts oder nur weniges miteinander gemein haben, sondern dass sich hier zwei – allen wahrzunehmenden Kongruenzen und Entsprechungen zum Trotz – verschiedene Komponenten zu einer Einheit verschmelzen, die sich als ebensolche als ausgesprochen wirkmächtig erweisen kann. Die beiden ‚Komponenten‘ Sexualität und Gewalt gehen also keine nur äußerliche Verbindung miteinander ein, sodass sie, außer als *in* diesem Verhältnis sich zueinander verhaltend, letztlich unvermittelt nebeneinanderstünden wie bei einer asyndetischen Aneinanderreihung zweier Wörter, sondern sie verschmelzen zu einer Einheit, in der die einzelnen Komponenten gerade nicht mehr eindeutig voneinander zu unterscheiden sind.

Dieser Umstand rechtfertigt den Vergleich mit und begründet die metaphorische Rede von Legierungen,[265] welche (heterogene) Gemische oder Vermengungen verschiedener Elemente (‚Komponenten‘) bilden, die zwar je für sich analysiert und auch unabhängig voneinander erschlossen werden und doch in durchaus unterschiedlichen Mischungsverhältnissen miteinander reagieren können, ohne dass dabei deren genaue Zusammensetzung von außen immer erkennbar wäre.[266] In Legierungen, die im Blick auf den vorliegenden Zusammenhang weniger im Sinne von festen (zumal: vollständigen) Erstarrungen zu verstehen sind, sondern hinreichend Elastizität aufweisen, um bei Veränderungen der Kontextbedingungen – keineswegs nur gesellschaftlicher Art, sondern auch zum Beispiel im Zuge des technischen Fortschritts – entsprechende Transforma-

---

denartigste[] Mischungsverhältnisse[]“ allerdings „auch zerfallen“ könnten – mit „schwersten Folgen für die Funktion“; ferner ders., *„Psychoanalyse“ und „Libidotheorie“*, 233. Zur Rede von ‚Legierungen‘ speziell von Sexualität und Gewalt vgl. Sielert, *Sexualpädagogik*, 46; Theweleit, „Geburtsweisen,“ 64; Sigusch, „Erotik,“ 27. Alternativ dazu könnte auch von ‚Konglomeraten‘ aus Sexualität und Gewalt gesprochen werden (so z. B. Eich, „Ethische Fragen,“ 275), was die Heterogenität dieses Gemisches unterstreicht, m. E. aber die *aus* dieser Vermischung resultierenden Änderungen der Eigenschaften nicht hinreichend zur Geltung zu bringen vermag. Die Rede von ‚Amalgamierungen‘ von Sexualität und Gewalt wäre m. E. ebenfalls nicht ganz treffend, da hier nicht eine Komponente (unter Bildung einer Legierung) in eine andere aufgelöst wird und Amalgame überdies auch natürlich vorkommen können, was den Aspekt der Urheberschaft von Gewalt – und sei hier ein subjektanaloger Urheber vorauszusetzen – außer Acht lassen würde.

265 Vgl. Ez 22,18 – 22 als biblisches Beispiel.

266 Dass sich ein heterogenes Gemisch (Gemenge) aber auch *wie* ein homogenes Gemisch *verhalten* bzw. als ein solches *erscheinen* kann, wie es beim kolloiden Zustand als Übergang zwischen beiden Gemischformen möglich ist, versteht sich; zum kolloiden Zustand vgl. Gróh, *Lehrbuch*, 184 – 197.

tionsprozesse durchlaufen zu können,[267] werden einzelne Komponenten zu einem Ganzen vereint, als das sie zwar nicht unbedingt anders geartete, wohl aber anders gelagerte Eigenschaften aufweisen und auch stärkere Wirkkraft entfalten können als es bei den einzelnen Komponenten je für sich der Fall wäre.[268]

Wie alle bildhaften Vergleiche hat freilich auch der von mir präferierte Legierungsbegriff seine Grenzen und darf nicht überstrapaziert werden. Worum es mir bei seinem Gebrauch geht, ist der Umstand, dass Vermischungen von Sexualität und Gewalt sich, wie bereits erwähnt, als ausgesprochen wirkmächtig oder, wenn speziell auf funktionale Gesichtspunkte abgehoben wird, als besonders ‚effektiv' erweisen können. Dies zeigt sich, um ein Beispiel extremer Funktionalisierung von Sexualität herauszugreifen, beim weitverbreiteten Einsatz von Vergewaltigungen als „Methode der Kriegsführung" bzw. „Kriegswaffe" (*rape warfare*).[269] Zwar sind solche systematischen[270] Vergewaltigungen – Akte der Gewalt mit der Waffe Sexualität[271] – nicht als ‚Geschlechtsverkehr', sondern als gewaltsamer Körperkontakt zu verstehen, und doch ist Sexualität dabei keineswegs nur ein beiläufiger, nebensächlicher Faktor. Es ist nämlich zu fragen, warum sich ausgerechnet *dieses* Mittel als kriegstaktisches Mittel zur brutalen Unterwerfung eines fremden Willens unter den eigenen, ja zur rücksichtslosen Willensbrechung und völligen Demoralisierung gegnerischer Konfliktparteien so ‚bewährt' und dementsprechend weite interkulturelle Verbreitung gefunden hat. Der Grund dafür besteht nach meinem Dafürhalten vor allem darin, dass solche Vergewaltigungen nicht lediglich instrumentelles physisches Gewalthandeln, sondern eine Form von Gewalt sind, die, eben weil sie mit Sexualität legiert ist, einen anderen Menschen *zuinnerst*, in seinem Innersten und Empfindsamsten bis ins Mark treffen und deshalb verheerende Folgen für sein Leben in allen Beziehungen haben kann.

---

267 Als Beispiel für durch den technischen Fortschritt ermöglichte Transformationen kann an jene Formen der Sexual- und Cyberkriminalität gedacht werden, die dem *cybersex trafficking* zuzuordnen sind, einer zunehmende Verbreitung findenden Form sexueller Sklaverei, oder der *deepfake pornography*, s. dazu Abschnitt D.3.3.1.3.

268 Dass sich bei Vermischungen aller Art auch markante Steigerungen der Toxizität ergeben können, versteht sich. So kann die – nicht selten auch versehentlich geschehende – Mischung von chlorhaltigen Desinfektionsmitteln zur irreversiblen Schädigung von Viren mit säurehaltigen Mitteln wie z. B. Essig oder Zitronensäure hochtoxisches Chlorgas freisetzen. Zitronensäure und Desinfektionsmittel sind jeweils für sich wirksam, im Gemisch aber wirken sie hochgradig toxisch.

269 Vgl. Isikozlu, „Kriegsvergewaltigung," 2 sowie Bergoffen, „Body Politics," 58. Zur Vergewaltigung als Kriegswaffe vgl. die Studie von Allen, *Rape Warfare*.

270 Isikozlu, „Kriegsvergewaltigung," 12.

271 Zu dieser Formulierung vgl. Müllner, „Differenzen," 89.

Es geht nicht darum, die Folgen sexueller*sexualisierter Gewalt mit den Folgen anderer Gewaltformen gegeneinander zu verrechnen oder bestimmte Erscheinungsformen von Gewalt als grundsätzlich ‚harmloser‘ oder ‚schädlicher‘ als andere behaupten zu wollen,[272] sondern vielmehr geht es um die Feststellung, dass sexuelle*sexualisierte Gewalt, und ebendies ist nach meinem Dafürhalten Folge der Verschmelzung von Sexualität und Gewalt im beschriebenen Sinne, den ganzen Menschen als *Menschen* (be)treffen, einen Menschen für sein ganzes Leben ‚zeichnen‘ kann. In den von den beiden Erziehungswissenschaftlerinnen Sabine Ritter und Friederike Koch in ihrer Dissertation *Lebenswut – Lebensmut* (1995)[273] erhobenen biographischen Interviews mit Überlebenden sexueller*sexualisierter Gewalt in der Kindheit wird dies in erschütternder Weise bestätigt. Somit wird erneut die These erhärtet: Sexuelle*sexualisierte Gewalt ist Gewalt gegen das Menschsein, und zwar auch insofern, als sie nicht nur gegen die Würde des Menschen verstößt, sondern sich zugleich auch als Verfehlung der gottgegebenen Bestimmung des Menschen zur Liebe erweist. Insbesondere sexuelle*sexualisierte Gewalt gegen Kinder kann nicht nur „eine besonders perfide Art des körperlichen *und* emotionalen Missbrauchs",[274] sondern auch, wie Überlebende und Fachpersonen gleichermaßen berichten, nichts anderes als „seelischer Mord"[275] sein.

Allerdings gilt hinsichtlich der Eigentümlichkeit sexueller*sexualisierter Gewalt, dass sie sich nicht im Vollzug physischer und psychischer Gewaltausübung – wie im Falle von Kriegsvergewaltigungen und anderer sexueller Gräueltaten in Verfolgungszeiten[276] – erschöpft. Beim Thema sexuelle*sexualisierte Gewalt sind nicht nur drastische Handlungen und augenfällige Extremsituationen wie kriegerische Konflikte in den Blick zu nehmen, in denen die Erfahrung, soeben dem eigenen Tod entkommen zu sein, in einem Täter ein „Hochgefühl ungehemmter Selbstentgrenzung" evozieren und auch potenzieren kann, sodass er im ‚Blutrausch‘ der Auseinandersetzung am „Leid und Tod des Opfers" ein Gefühl absoluter Souveränität und Freiheit „von den Lasten der Moral und der Gesellschaft"[277] erleben, der unaussprechliche Horror geradezu als Stimulanz für Gewalt fungieren und „die Ausübung von überschießender Gewalt wiederum se-

---

272 Zur Frage der Schädlichkeit sexueller*sexualisierter Gewalt im Vergleich zu anderen Gewaltformen vgl. auch Farley, *Just Love*, 238 / *Verdammter Sex*, 262.
273 Ritter/Koch, *Lebenswut*, 144 – 379.
274 Krüger, *Traumatisierung*, 179.
275 Krauel, „Kindesmissbrauch." Vgl. ferner Biermann et al., „Sexueller Kindesmissbrauch," 14.
276 Vgl. z.B. Amesberger et al., „Sexualisierte Gewalt," 7 – 11; Rosenthal, „Sexuelle Gewalt," 25 – 56.
277 Sofsky, *Traktat*, 56.

xuelle Erregung auslösen"[278] kann. Eine solche Betrachtungsweise würde sexuelle*sexualisierte Gewalt gerade grundlegend verkennen, die sich nicht nur als Kriegshorror, sondern auch von anderen unbemerkt, privatim und privatissime, als ‚Sexualterror‘ (L. Pusch) in trauten Wänden ereignen kann. Wie in der Einleitung bereits bemerkt, geschieht sexuelle*sexualisierte Gewalt vielmehr meist im Verborgenen und hat auch die Tendenz, im Verborgenen zu bleiben, was ihre wesenhafte Verbundenheit mit Macht zeigt, ist Macht doch nicht einfach Wirkung, sondern etwas, das Wirkungen hervorbringen kann und hervorbringt, ohne dabei *selbst* sinnlich direkt sichtbar zu werden.[279] Sexuelle*sexualisierte Gewalt ist mehr als nur ein unmittelbarer Angriff auf die Körperlichkeit und damit zugleich auf die Identität und Beziehungsfähigkeit von Menschen; sie ist gleichermaßen „ein besonders zerstörerisches, schmerzhaftes und tiefgehendes Mittel der Machtausübung zur sozialen Kontrolle".[280]

Was die Frage der Brutalität sexueller*sexualisierter Gewalt betrifft, zeigt der Vergleich mit anderen Phänomenen personaler Gewalt, etwa mit physischen Gewalthandlungen ohne erkennbaren Bezug auf das Sexuelle, dass sexuelle*sexualisierte Gewalt nicht unbedingt ‚brutal‘ sein muss, um eine verheerende Wirkung zu entfalten – im Gegenteil: Nicht nur ist der Einsatz ‚brachialer‘ Gewalt keine unabdingbare Voraussetzung für sexuelle*sexualisierte Gewalt, sondern der ‚körperliche Einsatz‘ der sie Ausübenden kann sich auch bei Vergewaltigungen und anderen aufgenötigten sexuellen Handlungen als relativ ‚gering‘ im Vergleich zu anderen physischen Gewalthandlungen erweisen, was gerade *nicht* bedeutet, dass sexuelle*sexualisierte Gewalt deshalb weniger schädigend wäre. Vielmehr kann gesagt werden, dass sexuelle*sexualisierte Gewalt während des unmittelbaren Geschehens gar nicht unbedingt *als* Gewalt wahrgenommen werden muss, da sich ihre schädigenden Auswirkungen auch erst mit einigem Abstand im weiteren Lebensverlauf eines Menschen bemerkbar machen können und die betreffenden Handlungen und Geschehnisse von den überlebenden Opfern mitunter erst in der Retrospektive als sexuelle*sexualisierte Gewalt erkannt werden.

Zur Verdeutlichung, dass Legierungen von Sexualität und Gewalt nicht einfach Phänomene von Gewalt mit sexuellen Mitteln bzw. Phänomene der Sexualität, die mit Gewalt einhergehen, darstellen, sondern gewaltförmige Sexualität und sexualbezogene Gewalt unlösbar miteinander verbunden sein können, wurde der Ausdruck ‚sexuelle*sexualisierte Gewalt‘ gewählt. Die in Abschnitt A.3 bei der

---

278 Zipfel, „Sexualität," 85, die 85 f. auf Sofsky verweist.
279 Siehe Abschnitt A.2.3.1.
280 Reger, „Selbsthilfegruppenarbeit," 139.

Auseinandersetzung mit der seit einiger Zeit zunehmend Verbreitung findenden bewussten Wahl des Ausdrucks ‚sexualisierte Gewalt' als *Alternative* zu ‚sexuelle Gewalt' aufgeworfene Fragestellung, ob es sich bei Legierungen von Sexualität und Gewalt um eine gewalthaltige Form von Sexualität oder um eine sexuelle Form von Gewalt handelt, erweist sich demnach im Grunde als Scheinalternative. Die durch diese Alternativsetzung unweigerlich eintretende perspektivische Verkürzung des Phänomenbereichs ist auch psychologisch schwer aufzulösen, zumal die Übergänge zwischen ‚sexueller Gewalt' und ‚sexualisierter Gewalt' fließend sind.

Mag es auch gewaltsame sexuelle Handlungen geben, die nicht nur prima facie, sondern auch primär als gewaltsame Handlungen begriffen werden können, in denen Sexualität also funktionalisiert wird, um Gewalt auszuüben, wie es nicht zuletzt bei einer Vergewaltigung, aber auch anderen aufgenötigten sexuellen Handlungen der Fall sein kann, so zeigt sich doch bei näherem Zusehen, dass Gewalt und Sexualität auch bei derartigen Handlungen nicht wesenhaft voneinander entkoppelt sind, als ob das sexuelle Moment erst sekundär zum Moment der Gewalt hinzutreten würde. Vielmehr ist das sexuelle Moment diesen Handlungen *wesentlich* und deshalb untrennbar mit dem Gewaltmoment verbunden, und zwar unabhängig davon, welche konkrete Motivation hinter einer bestimmten Handlung stehen und welches konkrete Ziel mit einer bestimmten Handlung verfolgt werden mag. Ich erinnere an dieser Stelle einerseits an die von Cahill im Anschluss an den Bericht eines weiblichen Vergewaltigungsopfers, welches die traumatische Erfahrung der eigenen Vergewaltigung von jeder Assoziation mit ‚Geschlechtsverkehr' freihalten wollte, gemachte Bemerkung, dass diese Erfahrung dennoch eine *sexuelle* sei.[281] Und was sexuellen Kindesmissbrauch betrifft, gilt es andererseits, sich die von Bange und Schlingmann im Anschluss an die Beobachtung, dass bei vielen sexuell missbrauchten Jungen während des Missbrauchs eine sexuelle Erregung als genitalphysiologische Reaktion hervorgerufen wird, gemachte Bemerkung zu vergegenwärtigen, dass bei der Erforschung sexuellen Kindesmissbrauchs auch „der *sexuelle* Aspekt sexualisierter Gewalt"[282] ausreichend Berücksichtigung finden müsse.

Kurzum: Der Versuch einer wesenhaften Entkopplung von Sexualität und Gewalt, statt lediglich z. B. einer aspektuellen Unterscheidung, würde im Blick auf Legierungen von Sexualität und Gewalt unweigerlich eine Verkürzung der Perspektive mit sich bringen.

---

281 Vgl. Cahill, *Rape*, 140: „for the victim the experience is *sexual*, but it is not sex itself".
282 Bange/Schlingmann, „Erregung," 42 (meine Hervh.).

Augenfällig ist aber auch, dass die Vielgestaltigkeit sexueller*sexualisierter Gewalt in ihrem ganzen Umfang nur dann adäquat erfasst werden kann, wenn auch diese Vielgestaltigkeit selbst reflektiert wird. Hierzu gälte es, reale Erscheinungsformen sexueller*sexualisierter Gewalt möglichst umfassend zu rekonstruieren und im Blick auf die ihnen jeweils zugrunde liegenden Intentionen und Bedeutungszuschreibungen einerseits, vor dem Hintergrund der in einem spezifischen gesellschaftlichen Kontext zu einer bestimmten Zeit jeweils gegebenen politisch-rechtlichen und soziokulturellen Rahmenbedingungen andererseits zu analysieren. Überdies würde die Beurteilung des Gewaltgehalts einer bestimmten Einzelhandlung nicht nur Individuationskriterien für die Differenzierung von Einzelhandlungen, sondern immer auch deren jeweilige Verortung in einem Handlungs- und Geschehenszusammenhang voraussetzen, wozu erst eine entsprechende Handlungstheorie und eine Phänomenologie gewalthaltiger Handlungen im Bereich des Sexuellen zu entwickeln wäre. Eine solche erschöpfende Darstellung und Diskussion der mannigfaltigen Legierungen von Sexualität und Gewalt[283] würde den Rahmen dieser Untersuchung freilich sprengen, aber auch ihrer Intention zuwiderlaufen, sowohl durch abstrakte Überlegungen als auch durch exemplarische Konkretisierungen eine Positionierung zum Thema Sexualität und Gewalt aus Sicht einer theologisch begründeten Sexualethik zu erarbeiten.

2.4 Resümee

Die in den drei vorangegangenen Abschnitten gemachten grundsätzlichen Bemerkungen zum Verhältnis von Sexualität und Gewalt lassen sich abschließend zusammenführen und zu drei spezifischen Annahmen verdichten, welche den nachfolgenden sexualethischen Reflexionen zu Grunde liegen.

(1.) Sexualität, oder genauer gesagt, die sexuelle Praxis[284] ist nicht als solche Gewalt, wie es im radikalen Feminismus von Johnson und Dworkin,[285] aber auch

---

283 Eine solche – ganz ohne Zweifel: verdienstvolle – erschöpfende Phänomenologie und Analyse wäre ohnehin nur eine Momentaufnahme, unterliegen doch die mit verschiedenen anderen somatischen, psychologischen und sozialen Lebensebenen in Genese und Ausprägung verflochtenen Phänomene sexueller*sexualisierter Gewalt einer prinzipiell unabschließbaren und reflexiv deshalb allenfalls momentweise einholbaren dynamischen Prozesshaftigkeit.
284 Diese Präzisierung erscheint an dieser Stelle sinnvoll, um zu verdeutlichen, dass wir es bei Sexualität als Gegenstand der Sexualethik nie mit Sexualität ‚an sich‘ zu tun haben – eine solche geradezu ‚nackte‘ Sexualität existiert, wie in Abschnitt 3.1 noch zu erläutern sein wird, nicht –, sondern stets mit Sexualität, wie sie ge- und erlebt wird, was nicht unabhängig von unseren

im philosophischen Kontext z. B. von Georges Bataille (1897–1962) behauptet worden ist.[286] Allerdings zeigt sich auch jenseits des kulturellen Wandels der Sexualität, dass und wie die ‚sexogenerische Sphäre‘[287] anfällig ist für Gewalt und in der menschlichen Sexualpraxis unweigerlich ein Gewaltpotenzial angelegt ist. Eine ‚Reinform‘ sexueller Praxis, der nicht auch ein ‚Spurenelement‘ von Gewalt beigemischt wäre, scheint es nicht zu geben.

(2.) Sexualität führt nicht unweigerlich zu Gewalt, wie es unter Rekurs z. B. auf Jean-Paul Sartre (1905–1980) unterstellt werden könnte.[288] Gewalt geht aus Sexualität nicht mit immanenter Notwendigkeit hervor, sondern kann im Falle personaler Gewalt stets auf die individuelle Handlungsverantwortung einzelner Akteure zurückgeführt werden. Damit ist freilich weder in Abrede gestellt, dass sich aus individuellen Handlungen auch Konsequenzen ergeben können, „die über die individuelle Handlungsverantwortung hinausreichen",[289] noch wird behauptet, an kollektiven Handlungen beteiligte Personen seien ohne Verantwortung.[290] Der Verweis auf die individuelle Handlungsverantwortung der Akteure soll allerdings dafür sensibilisieren, dass sexuelle*sexualisierte Gewalt als beständige Möglichkeit individuellen menschlichen Handelns niemals ‚von selbst‘, sondern stets durch die individuelle ‚Zutat‘ von Akteuren zustande kommt, die in der sexualethischen Reflexion entsprechend ‚in Anschlag‘ gebracht werden kann und auch zu bringen ist.

Vorstellungen *über* Sexualität geschieht. Erst aus der sexuellen *Praxis* ergibt sich jedenfalls die ethische Relevanz der Sexualität und dieser ständige Bezug auf die sexuelle Praxis unterscheidet Sexualethik von Sexualphilosophie.

285 Vgl. die in Abschnitt B.2.9, Anm. 444 angegebene Literatur; dazu Ohly, *Ethik der Liebe*, 73 f. u. 81 f.

286 Vgl. Bataille, *L'Érotisme* (1957), der konstatiert, dass „die Stimmung der elementaren Gewaltsamkeit [...] alle Äußerungen der Erotik, um welche es sich auch handeln mag, beherrscht. Das Gebiet der Erotik ist im wesentlichen das Gebiet der Gewaltsamkeit, der Verletzung" (*Der heilige Eros*, 18). Vgl. auch 13, 15 f., 19–21, 23 f., 45 f. u. 100 f. mit der Analyse bei Ammicht Quinn, *Körper*, 159–178, bes. 166.

287 Zu dieser Formulierung vgl. Sigusch, *Sexualitäten*, 226.

288 Vgl. Sartre, *Sein*, 638–719, dem zufolge es gewissermaßen ‚in der Natur‘ zwischenmenschlicher Intimbeziehungen liegt, ein Konfliktfeld zu sein, und keine Liebe ohne Dialektik sadomasochistischer Bemächtigung und Unterwerfung der Freiheit des anderen (vgl. 638, 642 f., 659–663, 694, 696–698 u. 703–711) lebbar ist. Vgl. dazu Gothlin, „Appell," 91 f. sowie Ohly, *Ethik der Liebe*, 74.

289 So Korsch, *Antwort*, 91, in den „Materialien der Antwort" auf die Frage, ob „Gott die Welt geschaffen" habe.

290 Das zeigt sich auch und nicht zuletzt bei der Frage der politischen Verantwortung, vgl. Nida-Rümelin, „Verantwortung," 81 f.

(3.) Die im gegenwärtigen sexualethischen Diskurs vielerorts anzutreffende pauschale Forderung nach einer ‚gewaltfreien' Sexualität läuft Gefahr, nicht nur die strukturellen und funktionalen Kongruenzen zwischen Sexualität und Gewalt sowie die in sexuellen und gewalthaltigen Interaktionen enthaltenen korrespondierenden Potenziale zu verkennen, sondern auch nachgerade wohlfeil zu erscheinen, wenn dabei die Vielgestaltigkeit personaler und struktureller Gewalt außer Acht gelassen und überdies die sexuelle Selbstbestimmung von Menschen missachtet wird, auch der Praktizierung gewalthaltiger sexueller Handlungen willentlich und freiwillig zuzustimmen. Für das *Vorliegen* von Gewalt ist es gerade unerheblich, ob diese im gegenseitigen Einverständnis aller Beteiligten erfolgt oder nicht – ganz im Gegensatz zu ihrer *Bewertung*. Gewalt kann im Horizont von Einverständlichkeit auch im sexuellen Bereich nicht nur möglich, sondern auch ethisch zulässig sein, woraus sich Grenzfragen der Einverständlichkeit ergeben, die klare Grenzsetzungen aus sexualethischer Sicht unverzichtbar machen.[291]

3 Sexualethische Reflexionen

Sexualität ist dem Menschen nach theologischem Verständnis von Gott gegeben und zur Gestaltung aufgegeben. Der Mensch ist nicht aus der Verantwortung entlassen, sondern hat den ihm zu freier Gestaltung überlassenen Raum in verantworteter Weise zu nutzen.[292] Die „Pluriformität der Gestaltungen"[293] menschlicher Sexualität ist nicht beliebiger Selbstzweck, sondern limitiert durch die Verantwortung des Menschen gegenüber Gott, den Mitmenschen und sich selbst. Eben darin zeigt sich Sexualität bei aller Gestaltungsfähigkeit zugleich als etwas Gestaltungsbedürftiges.[294] Zum Gegenstand theologisch-*ethischen* Reflektierens

---

291 Siehe Abschnitt D.6.2.2.

292 Es versteht sich, dass jedwede individuelle Gestaltung von Sexualität in einem komplexen Wechselspiel von Anlagen (*nature*) und Umwelteinflüssen (*nurture*) erfolgt und damit immer auch durch überindividuelle kulturelle Überlieferungen, gesellschaftliche Vorstellungen und legitime Ordnungen mitbestimmt und mitgeprägt ist. Diese Bedingtheit sexuellen Handelns und Erlebens gilt es stets im Blick zu behalten.

293 Fraling, *SexualEthik*, 40 (ohne Hervh.); vgl. auch 42.

294 Hier unterscheidet sich meine Position von der Härles, der Sexualität unter Fokussierung auf das Triebmodell zu einer ‚Bildungs- und Steuerungsaufgabe' erklärt, um so ihre Leitbildbedürftigkeit zu begründen: „Der Sexualtrieb ist – ebenso wie die anderen Triebe – *steuerungs*bedürftig und *bildungs*bedürftig, aber er ist auch (in Grenzen) steuerungs*fähig* und bildungs*fähig*" (Härle, *Ethik*, 324). Nicht nur ist diese Engführung auf das Triebmodell und damit die Frage einer ‚Triebbeherrschung' fragwürdig, sondern dadurch, dass diese sexualethische Bildungsaufgabe bei Härle (nicht unähnlich zum Vorgehen Freuds, vgl. unten Anm. 369) vor dem Hintergrund

wird Sexualität aber nicht an sich, sondern insofern, als das individuelle sexuelle Handeln und Erleben zugleich Ort interindividuellen ‚Aushandelns' und ‚Auslebens' wird, „sexuelles Handeln" also „so gut wie immer mit sozialen Beziehungen verknüpft ist".[295] In dieser unabdingbar sozialen Dimension der Sexualität,[296] die es nie ohne den Resonanzraum der ‚Anderen' gibt, besteht ihre ethische Relevanz – und Brisanz. Letzteres zumal dann, wenn das Verhältnis von Sexualität und Gewalt in den Blick genommen und daraufhin untersucht wird, wie verschiedene Legierungen von Sexualität und Gewalt zu beurteilen sind und welche Kriterien hierbei aus sexualethischer Sicht in Anschlag gebracht werden können.

Bevor ‚Einverständlichkeit' als sexualethisches Leitkriterium der vorliegenden Untersuchung terminologisch erörtert und kriteriologisch präzisiert wird, ist der in den letzten Jahrzehnten sich immer deutlicher abzeichnende Paradigmenwechsel bei der gesellschaftlichen Sexualmoral zu beleuchten, der im Hintergrund der hier vorgenommenen Positionierung steht, und die Möglichkeit der Etablierung konsensmoralischer Konzepte auch in der christlichen Sexualethik zu diskutieren.

3.1 Von der Verbots- zur Konsensmoral

Sexualität ist nicht nur etwas höchst Individuelles, sondern das, was sich *als* Sexualität äußert und manifestiert, ist immer auch individualgeschichtlich vermittelt und soziokulturell überformt. Insofern ist Sexualität niemals ‚nackt', sondern stets in das Gewand biographisch erfahrener, kulturell bedingter und in gesellschaftliche Strukturen eingewobener Vorstellungen von ihr gekleidet. Diese Vorstellungen sind weder objektiv allgemeingültig noch für alle Zeiten unveränderlich, sondern wandeln sich in und mit geschichtlichen, politischen und soziokulturellen Veränderungen. So unterschiedlich und wandelbar die Prozesse und Kontexte sind, „in denen sich Menschen zu sexuell empfindenden und

---

seiner Betrachtung sexueller *Deviationen* (vgl. 319 f. u. 324) erfolgt, wird die Künstlichkeit jedweder sexueller Normierungs- und Normalisierungsversuche – auch solcher unter theologischen Vorzeichen – außer Acht gelassen.

295 Hilpert, „Sexualmoral," 54; vgl. auch 53 f. Zum Gedanken der ‚Aushandlung' sexuellen Handelns vgl. Hoffmann, „Abschied," 71.

296 Auch *auto*sexuelle Handlungen finden im Resonanzraum der ‚Anderen', der ‚Gesellschaft' und deren Sinnsetzungen, statt. Zur sozialen Dimension der Sexualität im Falle der Selbstbefriedigung vgl. Ahlemeyer, *Intimkommunikation*, 26. Zum ‚Sozialen' der Sexualität vgl. ferner Boothe, „Integrität," 279 sowie Lewandowski, *Sexualität*, 113, der sich auf Ahlemeyer bezieht. Zur grundsätzlichen Relationalität sexuellen Begehrens s. Abschnitt 2.2.

handelnden Persönlichkeiten entwickeln",[297] so unterschiedlich und wandelbar sind auch die Vorstellungen darüber, „was Sexualität ist, und wie, wann, wo und mit wem sie stattzufinden oder nicht stattzufinden hat".[298] Die Vorstellungen darüber, was Sexualität ist, gehen also unweigerlich einher mit Vorstellungen darüber, wie Sexualität zu sein hat, woraus Gefüge von Normen erwachsen sind,[299] die in einem gegebenen Kultursystem den Umgang mit Sexualität regeln und spezifizieren sollen, wem was wann wie unter welchen Umständen und Bedingungen mit wem und mit wem nicht erlaubt oder verboten ist.

Sexualität ist demnach immer Eigenes und Enteignetes zugleich,[300] nicht zuletzt im christlichen Einflussbereich. Die Geschichte des christlichen Sexualpessimismus in der Nachfolge Augustins[301] ist die Geschichte des Scheiterns und damit zugleich *Kritik* aller Versuche, das Unbändige der Sexualität durch starre Moralvorschriften und detaillierte Regelwerke bändigen und das Ungeordnete der Sexualität auf diese Weise in (eine) Ordnung bringen zu wollen.[302] Tatsächlich wird an der Geschichte des christlichen Sexualpessimismus, in der es freilich zu jeder Zeit – selbst im tiefsten Mittelalter wie bei Abaelard (1079–1142)[303] und

---

297 Stein-Hilbers, *Sexuell werden*, 9.

298 Von Sydow, *Lebenslust*, 30 (zur Theorie der sexuellen Skripte als „kultur- und subkulturspezifische[r] Bilder" vom menschlichen Sexualverhalten, einschließlich dessen Einordnung und Bewertung); vgl. auch Ammicht Quinn, „Sexualität und Sünde," 75 u. Schockenhoff, *Kunst*, 71.

299 Gefüge im Plural, vgl. Breitsameter/Goertz, *Vorrang*, 15; zu möglichen (präkulturellen) „Konstanten" in der „Pluriformität" der Gestaltungen menschlicher Sexualität vgl. Fraling, *SexualEthik*, 40–45.

300 Zu diesem Gedanken vgl. MacKinnon, „Feminism, Marxism," 515.

301 Zur „Schlüsselstellung" Augustins in diesem Zusammenhang vgl. Banner, „Sexualität II.," 196. Dass dieser Sexualpessimismus für das Christentum zur Zeit Augustins geradezu „eine Überlebensnotwendigkeit" war („Wer ernst genommen werden wollte, musste so denken"), betont Demmer, *Selbstaufklärung*, 53, im Anschluss an Münk, „Sexualpessimismus," 72–84. Zur auch „postaugustinisch noch immer latent reflexhaft[en]" Assoziation des sexuellen Begehrens mit (Erb-)Sünde und der allmählichen ‚Austreibung' der „Leibfeindlichkeit" aus der Theologie vgl. Huizing, *Scham*, 307; zu sexualaffirmativen Positionen innerhalb der neueren römisch-katholischen Theologie vgl. Leimgruber, *Sexualpädagogik*, 69–74. Vgl. allerdings auch Knop, *Beziehungsweise*, 110. Interessant ist überdies der Blick auf die Kontexte, in denen im *Evangelischen Erwachsenenkatechismus* (8. Aufl., 2010) von Sexualität überhaupt die Rede ist. Fragen der Sexualität werden nämlich, abgesehen von den Unterabschnitten „Liebe", „Partnerschaft und Ehe" und „Eltern und Kinder" im Ethik-Abschnitt „Person und Gemeinschaft" (339–371) wiederholt im Kontext der Rede von *Sünde* thematisiert, vgl. 84, 100, 217, 225ff., 303 u. 343, aber auch 448.

302 Zu moralischen Ordnungsversuchen im Bereich von Sexualität vgl. Ammicht Quinn, „(Un)Ordnungen," 239–241; ferner dies., „Sexualität und Moral", 202; „Sexualität und Sünde," 75.

303 Vgl. nicht zuletzt die bemerkenswert unverblümten, positiven Aussagen in der „Leidensgeschichte" (Abaelard, *Leidensgeschichte*, 19–21, 23 u. 30).

Hildegard von Bingen (1098–1179)[304] – nicht an erstaunlichen Ausnahmen im Sinne sexualpositiver Lichtblicke gefehlt hat, deutlich, dass der Versuch von Grenz*setzungen* nicht selten überhaupt erst den Impuls für Grenz*überschreitungen* gegeben hat. Diese Beobachtung deckt sich mit der des Hamburger Sexualwissenschaftlers Gunter Schmidt (*1938) zum geradezu *paradoxen* Effekt christlicher Sexualmoral: „Die Radikalität der päpstlichen Forderungen [...] *befreit* die Gläubigen von den Ketten religiöser Bevormundung; sie läßt ihnen keine andere Wahl, als massenhaft etwas sehr Profanes zu vollziehen: die Individualisierung ihrer Sexualität, die Pluralisierung ihrer Normen."[305]

Überdies ist festzustellen, dass weder mit dem in vielen westlichen Industrieländern vollzogenen Prozess der Enttraditionalisierung, Destandardisierung und Individualisierung von Sexual-, Beziehungs- und Familienverhältnissen ‚ein Leben zügelloser Unmoral'[306] Einzug in die Gesellschaft gehalten hat noch mit dem weitgehenden Verschwinden einer repressiven Sexualmoral aus dem öffentlichen Bewusstsein im Zuge und als Folge der Sexuellen Revolution einer ungehinderten Willkür im Bereich des Sexuellen Tür und Tor geöffnet wurde. Dazu nochmals Schmidt: „Die sexuelle Liberalisierung brachte keinesfalls, wie oft vermutet wird, einen moralischen Laissez-Faire oder moralisches Chaos hervor, sondern eine Ordnung, die in mancher Hinsicht strikter ist als die alten Vorschriften."[307] Die moralische Bewertung des Sexuellen ist also nicht einfach verschwunden, doch hat sich ihr „Gravitationszentrum"[308] verlagert, und zwar weg von der moralischen Bewertung einzelner sexueller Handlungen als solcher hin zu der ihres Zustandekommens.[309] Von einer Sexoamoralität kann demnach nicht die Rede sein, vielmehr ist an die Stelle repressiver sexualmoralischer Normen zunehmend „eine Moral der sexuellen Befreiung"[310] getreten.

Im Zuge dieser „Autonomisierung" der sexuellen Ebene wurde das sexuelle „Terrain", wie die in Jerusalem lehrende Soziologin Eva Illouz (*1961) bemerkt, von einer

---

304 Vgl. hierzu die Darstellungen bei Beck/Rieber, *Anthropologie*, 119–130; Eder, „Weiblichkeit," 111–141.
305 Schmidt, *Sexuelle Verhältnisse*, 14 f.
306 Eine Anspielung auf die Unterstellung eines gewissen Bischofs Butler in einer Diskussion mit Alfred Jules Ayer (1910–1989), als dieser bekannte, keinen Beweis für die Existenz Gottes zu sehen, woraufhin ihm Butler entgegnete: „Then I cannot see why you do not lead a life of unbridled immorality"; zit. nach Hitchens, *God*, 185.
307 Schmidt, „Abschied," 166.
308 Illouz, *Warum Liebe endet*, 97.
309 Vgl. hierzu Schmidt, *Sexuelle Verhältnisse*, 10 ff.; ders., „Sexualität und Kultur," 16 f.; „Abschied," 166; ferner Lewandowski, *Sexualität*, 323.
310 Lewandowski, *Sexualität*, 75.

dichten Normativität befreit und diese durch eine dünne, prozedurale Normativität ersetzt. Die dichte Normativität umfasst detaillierte Geschichten und Vorschriften, die Handlungen als gut oder schlecht, unmoralisch oder moralisch, rein oder unrein, schändlich oder lobenswert, tugendhaft oder gemein ausweisen; sie knüpft damit das menschliche Verhalten an kulturelle Kosmologien, kollektive große Erzählungen (wie die der Erbsünde oder ursprünglichen Reinheit), die eindeutige Konzeptionen vom Guten und Bösen, Moralischen und Unmoralischen beinhalten. Die dünne, prozedurale Moral hingegen verleiht den Individuen das Recht, über den moralischen Gehalt ihrer Vorlieben selbst zu entscheiden, und konzentriert sich auf die Regeln und Verfahren, die erforderlich sind, um die Achtung der seelischen und körperlichen Autonomie des Individuums zu gewährleisten. Sie hat somit relativ wenig über die moralische Wertigkeit von Handlungen zu sagen und beurteilt sie im Hinblick auf das Maß, in dem sie die Autonomie des Subjekts und seine Genussfähigkeit respektieren.[311]

Diese Entwicklung von einer vorgegebenen, substantiellen zu einer dynamischen, prozeduralen Normativität lässt sich auch in der christlichen Sexualethik beobachten, wenn in entschiedener Abgrenzung zur traditionellen Gebots- und Verbotsmoral, die einer erstarrten, präskriptiven Normativität entspricht, zunehmend eine Normativität gefordert und als ernsthafte Alternative diskutiert wird, die von den Sexualpartner*innen selbst in einem konsensualen Diskurs herauszubilden ist und in deren Zentrum dementsprechende Kategorien wie Freiwilligkeit, Gleichberechtigung, Achtung und Selbstbestimmung stehen.[312] Eine solche ‚Verhandlungs-‘ bzw. ‚Konsensmoral‘, wie sie im deutschsprachigen Raum Mitte der 1990er Jahre zuerst von Sexualwissenschaftler*innen wohl „in Anlehnung an das verbreitete Modell einer Diskursethik"[313] bezeichnet wurde,[314] ist nicht durch

---

311 Illouz, *Warum Liebe endet*, 95 u. 97.

312 Zu dieser Entwicklung im Bereich christlicher Sexualethik vgl. Sielert, „Sexualität und Diversifizierung," 45; Ammicht Quinn, *Körper*, 329; Karle, „Sexualität," 271f.; Müller, „Hausapotheke," 186.

313 So die Vermutung Suralls, „Ethik der Lebensformen," 464, dem ich mich in diesem Punkt anschließe.

314 Der Begriff ‚Konsensmoral‘ taucht in diesem Zusammenhang m.W. zuerst (und dabei *negativ*) bei Sigusch, „Kultureller Wandel," 26 auf, wo Sigusch von einer „egoistische[n] Konsensmoral" spricht. Der Begriff ‚Verhandlungsmoral‘ begegnet m.W. zuerst bei Schmidt, „Verschwinden," 11. Beide Begriffe werden (heute) weitgehend synonym verwendet, wobei Begriff und Konzept der ‚Verhandlungsmoral‘ oft in Verbindung mit dem soziologischen Konzept der ‚intimate citizenship‘ (s. unten Anm. 358) thematisiert werden. Zur gesellschaftlichen Etablierung konsens- bzw. verhandlungsmoralischer Konzepte im Zuge bzw. als Folge der sexuellen Liberalisierung vgl. auch Schmidt, *Sexuelle Verhältnisse*, 91–102 zusammen mit Lewandowski, *Sexualität*, 84f.; ferner Sigusch, „Wandel," 19f. u. ders., *Sexualitäten*, 410. Es ist zu betonen, dass ein Plädoyer für eine ‚Konsensmoral‘ (im inhaltlichen Sinne, ohne Verwendung dieses Begriffs) im sexuellen Bereich im deutschsprachigen Raum bereits vor dem Zweiten Weltkrieg z.B. bei Marcuse, *Präventivverkehr*, 4, 65f. u. 103f. zu finden ist. Gleichermaßen sind in westlichen Län-

äußere Autoritäten vorgegeben, sondern wird von den Beteiligten selbst entweder in freier Selbstbestimmung explizit hergestellt oder ist unter ihnen, weil von keiner der beteiligten Personen ausdrücklich infrage gestellt, zumindest unausgesprochen wirksam.[315]

Während die traditionelle Gebots- und Verbotsmoral das sexuelle Verhalten und Erleben von Menschen dadurch regulieren soll, dass einzelne sexuelle Handlungen oder Praktiken gleichsam in einen „moralischen Schubladenschrank"[316] mit sorgfältiger Etikettierung „von ‚erlaubt' über ‚ein bisschen verboten', ‚ganz und gar verboten' bis hin zu einem Etikett mit Totenschädel und gekreuzten Knochen"[317] eingeordnet und isoliert für sich, d. h. weitgehend unabhängig von ihrem Kontext entsprechend qualifiziert werden, sind in konsensmoralischen Konzepten sowohl innerhalb wie außerhalb der theologischen Ethik nicht mehr einzelne sexuelle Handlungen Gegenstand der Bewertung, sondern vielmehr, wie angesprochen, der Modus ihres Zustandekommens und Vollzugs. Damit geht meist eine dezidiert liberale Ausrichtung einher, indem „die Ausdifferenzierung mannigfaltiger sexueller Praktiken" legitimiert und „dem moralischen Perversionsbegriff"[318] der Boden entzogen wird. Um es bis ins Extrem zugespitzt mit den Worten Schmidts zu formulieren: „Ob hetero-, homo- oder bisexuell, ehelich oder nichtehelich, mit Liebe oder ohne; oral oder anal; zart oder ruppig; bieder oder raffiniert; sadistisch oder masochistisch – all das ist moralisch ohne Belang. Von Belang ist, dass es ausgehandelt, vereinbart wird."[319]

An die Stelle der Aktmoral tritt demnach eine Interaktionsmoral: Weder die einzelne sexuelle Handlung noch die jeweilige Sozial- und Lebensform (Ehe, Partnerschaft, Singlesein etc.) und auch nicht die geschlechtliche Konstellation und sexuelle Orientierung sind entscheidend für die moralische Bewertung, sondern der *Konsens:* Die „Beteiligten müssen dem Sexualakt freiwillig zustimmen und handeln intern aus, was sie praktizieren wollen und was nicht, was jeweils als Lust empfunden wird und was nicht".[320] In dieser demokratisierten,

---

dern, nicht zuletzt in den USA, in den letzten Jahren auch deutliche Zeichen für eine zunehmende Erosion konsensmoralischer Konzepte zu finden, vgl. Herzog, „Selbstwertgefühl," 315. „Ein jegliches hat seine Zeit" (Koh 3,1) – augenscheinlich auch das Konzept der Konsensmoral.

315 Zur Herstellung und Wirksamkeit des Konsenses vgl. Schockenhoff, *Kunst,* 71.

316 Ammicht Quinn, „Sexualität und Moral," 202.

317 Ammicht Quinn, „(Un)Ordnungen," 239. Vgl. auch dies., „Sexualität und Sünde," 75.

318 Lewandowski, *Sexualität,* 323.

319 Schmidt, „Abschied," 166.

320 Karle, „Sexualität," 271; zu Entstehung, Grundidee und Spielregeln der Konsens- und Verhandlungsmoral vgl. Karle, *Liebe,* 103–105 u. 170; Schockenhoff, *Kunst,* 47–59 u. 71.

entinstitutionalisierten „Moral von Unten"[321] ist der Bereich der Sexuellen deshalb keinen ausschließlich für ihn geltenden „Sondernormen" mehr unterworfen, durch die geregelt werden soll, „wer was wann und mit wem darf",[322] sondern für den Bereich des Sexuellen gelten die als grundlegend angesehenen Normen und Werte des menschlichen Miteinanders insgesamt – „allen voran die Achtung der Würde des Menschen und die Verneinung von Gewalt".[323] Dieses Ende der (bisherigen) Regelung von Sexualität durch „Sondernormen" koinzidiert, wie Ammicht Quinn bemerkt, mit dem Ende der sexualmoralischen Absonderung von Sexualität aus der menschlichen Lebenswelt, was eine Reintegration der Sexualität in diese Welt und die sie formenden Werte und Normen zugleich möglich und nötig macht: „Denn Sexualität ohne Sondernormen ist [...] nicht einfach frei von Normierungen. Sie wird weder zum wertneutralen Bereich, noch zu einem, der ‚von Natur aus gut' ist. Sie wird nur eines: Teil der Lebenswelt des Menschen."[324]

Wenn nun die Bedeutung dieser tiefgreifenden Veränderungen der gesellschaftlichen Sexualmoral für eine theologisch begründete Sexualethik in den Blick genommen werden soll, gilt es sich also vor Augen zu halten, dass die Moral im Gefolge der sexuellen Liberalisierung als Etablierung und gesellschaftliche Verfestigung des Gedankens, dass „die Menschen Sexualsubjekte seien, die sich nicht vom Staat, von Kirchen oder anderen Einrichtungen diktieren lassen müssen, wie ihr Sexualleben auszusehen habe",[325] aus der Sexualität nicht einfach ‚exiliert' ist, doch hat sich die sexuelle Betätigung weitgehend aus der Bevormundung durch Autoritäten höherer Ordnung wie Staat und Kirchen gelöst. Die Sexualmoral befindet sich nicht mehr in staatlichen Händen, geschweige denn steht sie unter kirchlicher Obhut, sondern ist weitgehend *privatisiert*.

Mit dieser Privatisierung der Sexualmoral[326] sind sexualethische Reflexionen, auch solche unter theologischen Vorzeichen, keineswegs obsolet. Allzu oft wird nämlich übersehen, dass sich die den Sexualpartner*innen *zugetraute* auch als

---

321 Schmidt, „Abschied," 166; vgl. auch 169. Zum Prozess der Entinstitutionalisierung vgl. auch Dabrock et al., *Unverschämt – schön*, 44; Sielert, „Sexualität und Diversifizierung," 35 f. Zum Prozess der Demokratisierung vgl. auch die kritischen Bemerkungen bei Sigusch, „Wandel," 20; ders., *Sexualitäten*, 412 u. 494; *Neosexualitäten*, 54.

322 Ammicht Quinn, „Können," 137; vgl. dies., *Körper*, 329 zusammen mit Schockenhoff, *Kunst*, 71.

323 Ammicht Quinn, „Können," 137; vgl. dies., „Sexualität und Moral," 205; „Sexualität und Sünde," 75.

324 Ammicht Quinn, *Körper*, 329; vgl. auch 250 f.

325 Sigusch, „Aids-Komplex," 674.

326 Vgl. dazu bereits Sekretariat der Deutschen Bischofskonferenz (Hg.), „Zusammenfassung," 11.

zugemutete Freiheit,[327] mithin als „Bürde" erweisen kann, „intime Erlebnisse und Beziehungen ohne das Korsett der alten mächtigen Moralinstanzen selbstbestimmt und selbstverantwortlich managen zu sollen".[328] Die schon mehrfach angesprochene ‚Moralverlagerung' kann demnach paradoxe „Zwänge zur Ungezwungenheit"[329] bedingen und damit, wie es auch in der oben zitierten Bemerkung Schmidts über die Folgen der sexuellen Liberalisierung angeklungen war, zur Etablierung moralischer Standards als Reglementierung von Selbstverständlichkeiten durch Verhaltensregeln führen, wodurch die „Unbefangenheit [...] zur hohen Pflicht"[330] gemacht wird. Gerade im Blick auf das Verhältnis von Sexualität und Gewalt zeigt sich, wie absurd die Annahme wäre, auf dem Gebiet der Sexualität sei fortan kein Platz mehr für Moral und moralische Grenzziehungen, zumal auch unter Voraussetzung eines moralischen Kontinuums als Alternative zu vorab definierten moralischen Dichotomien, wie sie in der traditionellen Gebots- und Verbotsmoral heimisch sind, „viele der mit moralischen Grenzziehungen verbundenen Probleme bestehen"[331] bleiben.

Demnach stellt sich die Frage, inwieweit der vorstehend skizzierte Paradigmenwechsel bei der gesellschaftlichen Sexualmoral auch im theologischen Kontext nachvollzogen werden *kann* und *sollte*. Was zunächst das *Können* betrifft, ist festzuhalten, dass für die traditionelle theologische Sexualethik mit ihrer geradezu ‚petrifizierten' Gebots- und Verbotsmoral ein Übergang zu einer Sexualethik auf der Grundlage eines lebendigen Konsenses einem radikalen Neuanfang gleichkäme, der keineswegs bruchlos möglich wäre. Ein solcher Übergang lässt sich, wie es Ammicht Quinn in origineller Weise beschrieben hat,[332] geradezu als Prozess der ‚Scheidung' und ‚Wiederverheiratung' der beiden ‚Ehepartner*innen' der Sexualmoral, nämlich ‚Sex' und ‚Moral', verstehen: Um die augenscheinliche Krise dieser ‚Ehe' zu beheben, sei zunächst eine „geordnete Scheidung" („Entmoralisierung der Sexualität") angeraten: „Jeder packt seine Sachen und verlässt die gemeinsame Wohnung. Die Moral zieht aufs Dorf, die Sexualität nach Berlin.

---

327 Zu dieser (rechtsverhältnisdogmatischen) Ambivalenz des dialogischen Freiheitsbegriffs zwischen Zutrauen (Geschenk) und Zumuten (Last) vgl. Gröschner, *Dialogik*, 193 f.

328 Sigusch, „Revolution," 184.; vgl. ders., *Neosexualitäten*, 38. Für eine theologische Position vgl. Scheule, *Freiheitsmüden*, 35 – 39 u. 138 – 142 (zur Sexualität).

329 So Wouters, „Duerr und Elias," 214 in Anlehnung an den von Norbert Elias etablierten Ausdruck ‚gesellschaftlicher Zwang zum Selbstzwang'. Vgl. dazu Sigusch, „Revolution," 187 sowie Liebsch, „Liebeswunsch," 130 f.

330 Liebsch, „Liebeswunsch," 131. Vgl. auch Illouz, *Warum Liebe endet*, 98 zur ‚Ungewissheit' und ‚negativen Sozialität' heutiger sexueller Beziehungen.

331 So Birnbacher, „Grenzen," 134.

332 Vgl. hierzu Ammicht Quinn, „Sexualität und Moral," 204 – 210.

Oder Rio. Oder Bangkok."[333] Erst wenn Sexualität und Moral als das begriffen
würden, was sie seien: „zwei getrennte Bereiche mit Eigenwert",[334] könne auch
eine ‚Wiederverheiratung' („Remoralisierung der Sexualität"[335]) der beiden getrennt lebenden und doch nicht voneinander loskommenden Partner*innen
möglich sein, um so zu einem *modus vivendi* unter geänderten Vorzeichen zu
gelangen. Es reicht nach Ammicht Quinn also nicht aus, die angesprochenen
„einzelnen Schubladen" beizubehalten und mit „tendenziell freundlichere[n]
Inhalte[n]" zu füllen („Es geht nicht darum, alles zu tun wie bisher, nur netter"),
sondern es bedarf nichts Geringerem als einer „theologische[n] Umkehr, damit
Menschen leben können".[336] Erst dann sei es im Kontext des Christentums möglich, „eine Leichtigkeit und Fröhlichkeit im Umgang mit unserer Leibhaftigkeit
wieder zu gewinnen. Der Leibhaftigkeit, die bedürftig ist, hinfällig, fehlerhaft,
sterblich. Und leibhaftig schön."[337]

Doch nicht nur aus Sicht der traditionellen Gebots- und Verbotsmoral, sondern auch vom Standpunkt der vor allem im evangelikalen Spektrum noch bis
heute anzutreffenden Bemühungen aus betrachtet, möglichst alle Einzelnormen
christlicher Sexualethik aus einzelnen Bibelstellen abzuleiten,[338] käme eine solche radikale Re-Vision und Re-Evaluation christlicher Sexualethik einer ‚Revolution der Denkungsart' und ‚Umwertung aller Werte' gleich. Allerdings wird bei
diesen Versuchen, eine christliche Sexualethik unter Heranziehung geeigneter
Bibelstellen, die dabei keineswegs nur als fromme ‚Garnierung' nach dem Vorbild
der dicta-probantia-Methode fungieren, auch als ‚schriftgemäß' zu erweisen,
zumeist ausgeblendet, dass die Bibel nicht nur zu vielen Fragen der Sexualität,
sondern überhaupt zu Fragen der Geschlechtskörperlichkeit schweigt. Dazu
nochmals pointiert Ammicht Quinn: „Der Gott, den Jesus Vater nennt, hat kein
Interesse daran, die äußerliche Reinheit der Menschen zu überwachen, weder
durch Sexual-, noch durch Nahrungsgebote. [...] Christliches Sprechen über Sexualität, das dieses Schweigen vergessen hat, wird zum Geschwätz."[339]

---

333 A.a.O., 204.
334 Ebd.
335 A.a.O., 205.
336 A.a.O., 206.
337 A.a.O., 210.
338 Vgl. als aktuelles Beispiel aus dem christlichen Bereich White, *Gott*, 5–7 u. 12.
339 Ammicht Quinn, „Sexualität und Moral," 207. Zur Bedeutung biblischer Aussagen für eine
theologische Bewertung von Homosexualität vgl. als exemplum instar omnium Dabrock, „Bibel,"
42–76. Für eine aktuelle exegetische Auseinandersetzung mit der biblischen Sicht von Sexualität
vgl. die Beiträge der Sektionen I u. III im soeben erschienenen Sammelband von Bindrim et al.
(Hg.), *Erotik*.

Soweit zum Können. Allen unübersehbaren Herausforderungen eines solchen sexualethischen Paradigmenwechsels im christlichen Bereich zum Trotz, die einen angesichts der langen Tradition, in der sich „die Kirchen auf ein durch sexuelle Repression verursachtes autoritäres Bewußtsein ihrer Gläubigen stützen",[340] fast schon zu Aussagen eines buchstäblichen ‚Universalgelehrten' namens ALF Zuflucht nehmen lassen, dass der Umstand, etwas nicht tun zu können, kein Grund sei, es nicht zu tun,[341] kann allerdings, was das *Sollen* betrifft, mit Entschiedenheit gesagt werden: Für eine evangelische Sexualethik, die sich einerseits weder der Auseinandersetzung mit außertheologischen Wissensbeständen noch gesamtgesellschaftlichen Diskursen unter den Bedingungen heutiger Wirklichkeitserfahrung verschließt und sich andererseits durch die reformatorische Freiheit legitimiert und befähigt sieht, auch von einer überholten ‚Normativität' zu sprechen und, getreu dem Prinzip des *semper reformandum*, traditionelle ‚Richtigkeiten' zu hinterfragen, scheint ein solcher Paradigmenwechsel geradezu unverzichtbar zu sein.

Indes: Indem etwas als unverzichtbar behauptet wird, ist es noch nicht begründet. Und auch der Hinweis auf den empirisch beobachtbaren Umstand, dass vor allem in den westlichen Industriegesellschaften die kirchliche Sexualmoral „für die meisten Menschen, auch für die Gläubigen, auf eine schon spektakuläre Weise nicht mehr handlungsleitend"[342] ist, um angesichts einer solchen vermeintlichen ‚Normativität des Faktischen' die Öffnung christlicher Sexualethik für konsensmoralische Überlegungen zu fordern, ist noch keine sachliche Begründung. Eine solche kann an dieser Stelle der Untersuchung über Sexualität und Gewalt nicht für die christliche Sexualethik überhaupt und en détail dargelegt, doch können einige Bemerkungen zur Substantiierung dieser Forderung vorgetragen werden, die verdeutlichen mögen, dass und warum eine ‚Konsensmoral', welche „im Kern eine Moral des Verfahrens, nicht des Inhalts"[343] ist, zumindest

---

340 So bereits Schwenger, *Propaganda*, 34, der folgert, dass, umso mehr die Kirchen dies täten, desto mehr würden sie daran auch gehindert werden, „wirksam gegen den Mißbrauch menschlicher Sexualität vorzugehen".

341 D.h. Gordon Shumway vom Planeten Melmac, genannt ALF (‚Alien Life Form').

342 Schmidt, „Abschied," 166. In der Tat lässt sich für Deutschland seit den 1960er Jahren ein deutlicher Wandel der Gestaltung der Sexualität von Menschen mit religiösem und ohne religiösen Hintergrund konstatieren, vgl. Betz/Zieberts, „Virginitätsnorm," 45f. Vgl. dazu die komprimierte Ergebnisdarstellung des Forschungsberichts „Sexualität unter dem Einfluß religiöser Normen" (2001) der Forschungsstelle für Sexualwissenschaft und Sexualpädagogik an der Universität Koblenz-Landau bei Kluge, „Einfluß," 159–180; ferner die Bemerkungen zu aktuellen religionssoziologisch und religionspsychologisch ausgerichteten Untersuchungen zur Pornographienutzung durch religiöse Menschen in Abschnitt E.3.4.

343 Lewandowski, *Sexualität*, 323.

für die vorliegende Untersuchung aus protestantisch-theologischer Perspektive einen adäquaten Ausgangs- und Bezugspunkt bildet. Dabei scheint mir die Bündelung dieser Bemerkungen zu drei Aspekten sinnvoll, auf die dann an gegebener Stelle jeweils zurückzukommen sein wird.

(1.) Durch die Abkehr von der aktorientierten Gebots- und Verbotsmoral und ihren Polaritäten und Dichotomien ist es möglich, nicht nur die in Abschnitt 1.5 thematisierte Ambivalenz geschöpflicher Wirklichkeit als solche, sondern speziell auch die „Ambiguitäten" und „Grauzonen im Bereich der Sexualität"[344] wahrzunehmen und zum Gegenstand sexualethischer Reflexion zu machen, die sich einem Denken und einer Einordnung in ‚Schubladen' naturgemäß versperren. Dies betrifft gerade auch zwischenmenschliche Handlungen und Verhaltensweisen im Bereich des Sexuellen, die nicht oder nicht prima facie als Gewalt erscheinen, zumindest dann nicht, wenn allein auf physische Akte abgestellt wird, ohne gleichermaßen auch die Bedingungen und Voraussetzungen ihres Zustandekommens mitzuberücksichtigen. Auf diesen Umstand wird unter anderem bei der Thematisierung von sexuellem Kindesmissbrauch und Prostitution zu achten sein.[345]

(2.) Durch die Hinwendung zur interaktionsorientierten ‚Konsensmoral' ist grundsätzlich eine größere „Sensibilität für sexuelle Übergriffe und Grenzverletzungen"[346] möglich, weil damit nicht nur „Grenzen und Wünsche des anderen", sondern auch „Grenzverletzungen und damit Selbstreflexivität und Interaktionsreflexivität"[347] ins Blickfeld treten. Indem Sexualität als Lernprozess und Gegenstand individueller Selbstbestimmung und der Konsens zwischen Sexualpartner*innen nicht als etwas von außen Unterstelltes, sondern als etwas zwischen den Sexualpartner*innen selbst in freier Selbstbestimmung explizit Herzustellendes oder zumindest zwischen ihnen unausgesprochen Wirksames betrachtet wird, können sexuelle Handlungen oder Praktiken, bei denen ein ‚Konsens' zwischen den Beteiligten entweder nicht mehr besteht oder aber generell nicht bestehen kann, als Eingriffe in die sexuelle Selbstbestimmung eines Menschen (dis)qualifiziert und unzweideutig abgelehnt werden. Diesem Umstand wird unter anderem bei der Thematisierung von Vergewaltigung und der Bewer-

---

344 Ammicht Quinn, „Sexualität und Moral," 204.
345 Siehe Abschnitte F.2 u. D.5.
346 So Schmidt, „Abschied," 167, samt Präzisierung: „und zwar in einer Weise, wie es die alte Moral der Kirchen nie vermochte. Der galt, polemisch gesagt, alles nur als Unzucht, ob man vor-, außerehelich, gleichgeschlechtlich, kontrazeptiv oder pädosexuell verkehrte." Vgl. die im Grundsatz ähnliche Position – abzüglich der Polemik – bei Illouz, *Warum Liebe endet*, 97 und Karle, „Sexualität," 272.
347 Schmidt, „Sexualität und Kultur," 17.

tung von sexuellen Handlungen mit und an Menschen mit intellektuell-kognitiven Beeinträchtigungen nachzugehen sein.

(3.) Last, not least lässt sich der im Zuge von Demokratisierung, Entinstitutionalisierung und Liberalisierung der Sexualmoral[348] sich vollziehende Prozess der Emanzipation des Einzelnen von formalen äußeren Autoritäten im Bereich des Sexuellen nicht als im Widerspruch zu, sondern gerade als im Einklang mit dem reformatorischen Freiheitsverständnis befindlich deuten. Die „sexuelle Freiheit des Christenmenschen"[349] als Wesensmerkmal evangelischer Sexualethik könnte unter Rekurs auf die doppelte Aspektuierung der von Gott geschenkten Freiheit konkretisiert werden, wie sie Martin Luther (1483–1546) in seiner programmatischen Schrift *Von der Freiheit eines Christenmenschen* (1520) in einer paradox anmutenden Doppelthese zum Ausdruck gebracht hat: „Eyn Christen mensch ist eyn freyer herr über alle ding und niemandt unterthan. / Eyn Christen mensch ist eyn dienstpar knecht aller ding und yderman unterthan."[350] Während die erste Grundaussage über die Befähigung des innerlich erneuerten Menschen durch den Glauben zu einer souveränen Stellungnahme gegenüber äußeren Autoritäten auch für den sexuellen Bereich geltend gemacht werden kann, kann im Anschluss an die zweite Grundaussage über das dienstbare Dasein des freien Christenmenschen für andere durch die Liebe (vgl. 1 Kor 9,19 u. Gal 5,13) hervorgehoben werden, dass auch der von äußeren Autoritäten emanzipierte Mensch weiterhin an Gottes unverbrüchliche Liebesordnung gebunden bleibt. Mit den Worten des Bonner Sozialethikers Frank Surall (*1966) gesprochen: „Der Christenmensch nutzt seine Freiheit nicht auf Kosten anderer, sondern bezieht aus Liebe zum Nächsten auch dessen Willen in die eigenen Entscheidungen ein und ist notfalls sogar bereit, den eigenen Willen dem Willen des Anderen unterzuordnen."[351]

Es existiert also eine wesentliche Entsprechung zwischen dem reformatorischen Freiheitsverständnis und der Betonung der Eigenständigkeit und Selbstverantwortlichkeit des Einzelnen gegenüber vorausgeltenden Autoritäten und ‚Geglaubtheiten' (Ortega y Gasset)[352] auch im sexuellen Bereich. Eine einseitige

---

348 Vgl. hierzu die oben in Anm. 321 angegebene Literatur.

349 Surall, „Ethik der Lebensformen," 463, im Anschluss an Lämmermann, *Wenn die Triebe Trauer tragen.*

350 Luther, „Von der Freyheyt eynisz Christen menschen," in: WA 7, 20–38, 21,1–4; zit. nach Luther, *Von der Freiheit eines Christenmenschen. Studienausgabe,* 20,7–10 (vgl. dazu 76 f.). Vgl. die lateinische Version „Tractatus de libertate Christiana," in: WA 7, 49–73, 49,22–25. Für eine kurzgefasste Übersicht über die Spielarten der christlichen Freiheit bei Luther vgl. Jacobi, *Christen heißen Freie,* 243–246.

351 Surall, „Ethik der Lebensformen," 463, der im Anschluss auch die Position des Schweizer Sozial- und Wirtschaftsethikers Arthur Rich (1910–1992) miteinbezieht, vgl. dazu unten Anm. 354.

352 Vgl. dazu Ortega y Gasset, „Lebensfunktion," 42–44.

Orientierung entweder nur an der Freiheit im Glauben oder nur an der Dienstbarkeit in der Liebe ist demnach zu vermeiden,[353] besteht das Kennzeichen
christlicher Humanität doch nicht in der Verabsolutierung eines dieser beiden
dialektisch aufeinander bezogenen Werte, sondern in deren simultaner relationaler *Vermittlung*,[354] woraus für die Sexualethik, wie Surall bemerkt, „eine Stärkung der personalen Ganzheitlichkeit der Sexualität" folgt: „Die christliche
Freiheit zum sexuellen Erlebnis nimmt man sich nicht auf Kosten anderer, sondern nur in Verantwortung für den Nächsten und für sich selbst."[355]

Kurzum: Eine Öffnung christlicher Sexualethik für konsensmoralische
Überlegungen kann auch im Sinne reformatorischer Freiheit gefordert und der
Gedanke der ‚sexuellen Freiheit eines Christenmenschen' im beschriebenen Sinne
als irreduzibler Bestandteil, ja als Proprium liberaler evangelischer Sexualethik
begriffen werden. Wenn deshalb auch in der vorliegenden Untersuchung unter
Abkehr von der traditionellen kirchlichen Sexualmoral und deren ebenso kasuistisch ausgestalteter wie repressiv ausgerichteter Gebots- und Verbotsmoral die
‚Konsensmoral' als adäquates Regulativ erachtet wird, ist damit allerdings keinem „Ausschließlichkeitsanspruch der Konsensmoral"[356] das Wort geredet, als ob
das Vorliegen eines ‚Konsenses' oder, wie noch herauszuarbeiten sein wird, das
Vorliegen von ‚Einverständlichkeit' zwischen Sexualpartner*innen geradezu als
Freibrief für jedwede sexuelle Handlung unter jedweden Bedingungen zu werten
wäre. Eine derartige Absolutsetzung des Konsenskriteriums verbietet sich schon
aus dem Grund, weil durch sexuelle Handlungen oder Interaktionen zwischen
zwei oder mehreren Personen, die im Einverständnis aller Beteiligten erfolgen,
auch unbeteiligte Dritte betroffen sein können. Selbst wenn bei Annahme einer

---

353 Zur Dialektik christlicher Existenz zwischen Freiheit und Dienstbarkeit vgl. die präzisen
Erläuterungen von Linde in: Luther, *Von der Freiheit eines Christenmenschen. Studienausgabe*,
70–76; ferner Korsch, in: Luther, *Von der Freiheit eines Christenmenschen*, 75–81.

354 Dies entspricht der als produktive Rezeption dieses lutherischen Gedankens zu verstehenden Position Richs, wonach es in der christlichen Humanität „keine Freiheit ohne Dienstbarkeit
und keine Dienstbarkeit ohne Freiheit" gebe, beide Werte vielmehr „relational" zu verstehen seien
und allein „in der Relationalität" menschlich sein könnten, vgl. Rich, *Mitbestimmung*, 54–57
(Zitate 56). Damit ist also nicht nur eine Verabsolutierung eines dieser beiden Werte auf Kosten
des jeweils anderen, sondern auch die Annahme eines Weges der sog. goldenen Mitte im Sinne
der aristotelischen μεσότης-Lehre zwischen beiden Werten als Extremen auszuschließen, da einer
dieser Werte, situations- und konsequenzabhängig, auch stärker als der jeweils andere rezipiert
werden kann, was überdies in der Form eines Kompromisses verstanden werden kann, vgl. Jähnichen, „Kompromiss," 99.

355 Surall, „Ethik der Lebensformen," 464; vgl. auch 484.

356 So Scheule, *Freiheitsmüden*, 39, der darauf hinweist, dass auch bei Zugrundelegung der
‚Konsensmoral' die Frage der Macht beim Erzeugen eines Konsenses zu bedenken sei.

„Indifferenz der moralischen Bewertung gegenüber dem konkreten Sexualverhalten" der Bereich konkreter sexueller Handlungen „von der Moral gleichsam freigegeben"[357] wird, folgt daraus eben noch nicht, dass Zustandekommen und Vollzug sexueller Handlungen in jedem Fall ethisch zulässig wären.

Die nähere Betrachtung des Verhältnisses von Sexualität und Gewalt verdeutlicht vielmehr, dass auch eine liberale evangelische Sexualethik im beschriebenen Sinne sich keineswegs bedingungs- und kritiklos dem Paradigma der ‚Konsensmoral' verschreiben darf. Um dem Anschein einer unkritischen Rezeption der ‚Konsensmoral' zu begegnen, wird deshalb in der vorliegenden Untersuchung bei aller *grundsätzlichen* Zustimmung zu konsensmoralischen Überlegungen auf eine Übernahme der Begriffe ‚Konsensmoral' und ‚Verhandlungsmoral' verzichtet, die beide, wie erwähnt, ursprünglich in der Sexualwissenschaft aufgekommen sind und auch heute noch hauptsächlich im sozial- und sexualwissenschaftlichen Diskurs begegnen. Bei der ‚Verhandlungsmoral', von der immer wieder auch bei der Diskussion des soziologischen Konzepts der ‚intimate citizenship' als ortloser „Vision einer demokratischen, radikalpluralistischen und radikaltoleranten Gesellschaft" die Rede ist, „in der Individuen u. a. auch in der Sexualität Intimität selbstbestimmt, aber die Grenzen anderer achtend, leben und regeln",[358] liegt der Begriffsübernahmeverzicht schon aufgrund der juristischen, wenn nicht gar forensischen[359] Konnotation des Verhandlungsbegriffs nahe, auch wenn die gelebte Sexualität wesentlich mit Aushandlungsprozessen im weitesten Sinne verbunden sein und im Falle einverständlicher Sexualität unabdingbar einhergehen mag.

Auch auf die Rede von einer ‚Konsensmoral' bzw. überhaupt von einem ‚Konsens' in Bezug auf die von Menschen im gegenseitigen Miteinander praktizierte Sexualität wird in der vorliegenden Untersuchung aufgrund möglicher problematischer Assoziationen des mehrdeutigen Konsensbegriffs verzichtet.[360] ‚Konsens' (von lateinisch *consensus*, eine Bildung zu *consentire*, ‚übereinstim-

---

357 Lewandowski, *Sexualität*, 323.

358 Buddeberg, *Sexualberatung*, 36; zur Kritik an dieser ‚Vision' angesichts der Realität des Alltags vgl. 35. Zu diesem als Überbrückung der Kluft zwischen dem Persönlichen und dem Politischen gedachten Konzept vgl. Plummer, *Telling Sexual Stories*, 17 sowie ders., „The Square," 238; im Blick speziell auf den sexuellen Bereich vgl. auch Plummer, *Intimate Citizenship*, 19 ff. Zur teilweise analog strukturierten und auch inhaltlich korrespondierenden Idee einer ‚sexual citizenship' vgl. Lister, „Sexual Citizenship," 191–208; vgl. ferner bereits Evans, *Sexual Citizenship*, 10–34.

359 ‚Forensisch' hier freilich – analog zum Osiandrischen Streit über das, sei es effektive, sei es imputativ-forensische Rechtfertigungsverständnis – im wörtlichen Sinne als ‚die (öffentliche) Situation vor Gericht betreffend' verstanden.

360 Vgl. dagegen Hollenbach, „Sexualethik."

men, einig sein, übereinkommen'; wortwörtlich: ‚zusammenfühlen, zusammen-
stimmen'[361]) meint einerseits *resultativ* die inhaltliche und/oder strukturelle
Übereinstimmung von Meinungen oder Standpunkten, d.h. Einigkeit, Einhellig-
keit, andererseits den *Prozess* der *Einigung auf* Meinungen oder Standpunkte, d.h.
Einwilligung, Zustimmung. In diesem prozessualen Sinne kann auch davon die
Rede sein, dass ein Konsens hergestellt oder gefährdet, erzielt oder zerstört wird.

Entsprechend dieser Begriffsmehrdeutigkeit können die Kontexte, in denen
von ‚Konsens' gesprochen wird, ausgesprochen vielfältig sein: Sei es im er-
kenntnistheoretischen Sinne (‚Konsenstheorie der Wahrheit'), sei es zur Bezeichnung einer Kollektivposition hinsichtlich des Wissenschaftsstandes (‚Wissenschaftlicher Konsens') oder einer gemeinsamen Erklärung über eine
Momentaufnahme des Wissens- und Kenntnisstandes (‚Medizinischer Konsens'),
sei es in der politischen Theorie (‚Politischer Konsens') oder zur Bezeichnung
einer speziellen Demokratieform (‚Konsensdemokratie'), sei es als vertragstheo-
retische Legitimation politischer Ordnungen, sei es als Kerngedanke des dis-
kursethischen Ansatzes von Karl-Otto Apel (1922–2017) und Jürgen Habermas
(*1929), der gelegentlich, und seit einigen Jahren vermehrt, auch als ‚Konsens-
ethik' bezeichnet wird – oder sei es im theologischen Bereich, etwa im ekkle-
siologischen Kontext (‚Konsensökumene' versus ‚Differenzökumene')[362] oder
speziell im kanonischen Recht, wenn vom ‚Ehekonsens' (*contractus matrimonialis*) als dem „Willensakt" die Rede ist, „durch den Mann und Frau sich in einem
unwiderruflichen Bund gegenseitig schenken und annehmen, um eine Ehe zu
gründen" (c. 1057 § 2 CIC/1983),[363] was nicht mit dem Institut des politischen
Ehekonsenses zu verwechseln ist.[364]

Angesichts dieser vielfältigen Verwendungsmöglichkeiten und Kontexte des
Konsensbegriffs, nicht zuletzt aber aufgrund der im kanonischen Recht durch das
Konsensprinzip praktizierten Einengung von Sexualität auf die Ehe als „exklu-

---

361 Vgl. Köbler, *Etymologisches Rechtswörterbuch*, 230 (s.v. „Konsens"); Kluge, *Etymologisches
Wörterbuch*, 398 (s.v. „Konsens"); Pfeifer, *Etymologisches Wörterbuch*, Bd. 1 (3. Aufl.; 1995), 707 f.
(s.v. „Konsens"); Georges, *Ausführliches lateinisch-deutsches Handwörterbuch*, Bd. 1, Sp. 1511 f. (s.v.
„consensus") u. Sp. 1512–1514 (s.v. „con-sentio").
362 Theißen, „Konsens," 76–91.
363 Zit. nach *Codex iuris canonici* (8. Aufl.); vgl. auch KKK 1625–1628. Vgl. hierzu Nelles,
„Ehekonsens," 1315–1337. Konsens ist dabei gleichermaßen unerlässliche Bedingung wie Wirk-
ursache (causa efficiens) der Ehe.
364 Zu dieser obrigkeitlichen Heiratsbeschränkung durch eine gesetzliche Verknüpfung der
Heiratsfähigkeit an einen für ausreichend erachteten Besitz der Heiratswilligen in den Ländern
der Habsburgermonarchie von 1820 bis (mindestens) 1869 vgl. Mahl-Schedl, „Ehekonsens," 705–
712.

sive[m] rechtliche[m] Rahmen moralisch rechtmäßig gelebter Sexualität",[365] wie sie auch im Protestantismus konservativer Provenienz noch bis heute vorausgesetzt wird, soll in der vorliegenden Untersuchung von der Rede von Konsens und Konsensmoral abgesehen und Einverständlichkeit als sexualethisches Leitkriterium herausgearbeitet werden. Bei der nachfolgenden Erschließung von Einverständlichkeit werden dabei nicht nur der Mehrwert dieses Kriteriums gegenüber der Rede von einem Konsens herauszustellen, sondern auch die Grenzen konsensmoralischer Konzepte abzustecken sein.

3.2 Einverständlichkeit als Leitkriterium

Die Position einer liberalen evangelischen Sexualethik, wie sie im vorhergehenden Abschnitt skizziert wurde und auch in der vorliegenden Untersuchung vertreten wird, lässt sich kurz und knapp auf folgende Doppelformel bringen: *Freiheit zu der Sexualität, die man möchte – Freiheit von und vor der Sexualität, die man nicht möchte.* Als maßgebliches Kriterium nicht nur für die ethische Beurteilung des Zustandekommens und Vollzugs sexueller Handlungen oder Interaktionen überhaupt,[366] sondern auch für eine Unterscheidung zwischen ethisch zulässigen und ethisch unzulässigen Legierungen von Sexualität und Gewalt soll dabei das Kriterium der Einverständlichkeit dienen. Zunächst gilt es, die dieser Entscheidung zugrunde liegenden Vorentscheidungen und die in ihr enthaltenen Vorannahmen transparent zu machen.

3.2.1 Vorentscheidungen und Vorannahmen

Im Zentrum der vorliegenden Untersuchung steht die sexualethische Auseinandersetzung mit Legierungen von Sexualität und Gewalt, nicht die Frage nach den Gelingensbedingungen menschlicher Sexualität überhaupt, wie sie in neueren sexualethischen Veröffentlichungen aus dem theologischen Bereich als Ausdruck

---

365 Lintner, „Segen," 86.
366 Die Differenzierung zwischen sexuellen Handlungen und Interaktionen, deren jeweiliges Zustandekommen für ihre ethische Bewertung maßgeblich ist, erscheint analytisch sinnvoll, wenn als Interaktion ein *wechselseitiges* Aufeinander-Einwirken wenigstens zweier Handelnder (‚Akteure') verstanden wird (vgl. Schmidt, „Interaktion," 17–19), sodass nicht jede sexuelle Handlung auch eine Interaktion im beschriebenen Sinne darstellt. Damit soll freilich nicht in Abrede gestellt werden, dass auch einzelne sexuelle Handlungen unabdingbar in Sinnzusammenhänge eingebunden sind, weshalb der Hinweis angebracht erscheint, dass Differenzierung nicht Trennung bedeutet.

theologischen Wissens um die Gestaltungsfähigkeit und Gestaltungsbedürftigkeit menschlicher Sexualität diskutiert worden sind.[367] Diese Eingrenzung des Untersuchungsgegenstandes soll eine möglichst präzise, wenn auch exemplarisch durchgeführte Analyse der mannigfaltigen Berührungspunkte, Verflechtungen und Vermischungen der als Sexualität und Gewalt bezeichneten Handlungs- und Erlebenszusammenhänge ermöglichen, jedoch das Urteil darüber offenlassen, inwiefern die untersuchten und gegebenenfalls für ethisch zulässig erachteten Phänomene auch der Vorstellung ‚gelingender' oder ‚glückender' Sexualität zu entsprechen vermögen. Angesichts dessen, dass es sich bei einer solchen Vorstellung ohnehin um ein Konstrukt handelt[368] und die Frage nach konkreten Normen ‚gelingender' Sexualität schwerlich der Individualität und Wandelbarkeit menschlicher Sexualität gerecht zu werden vermag,[369] scheint mir diese Epoché ratsam und an dieser Stelle deshalb nur der allgemeinere Standpunkt angemessen und vertretbar zu sein, wonach Sexualität, wie immer sie in Erscheinung tritt, auch als ‚gelingend' oder ‚glückend' zu betrachten ist, wenn und sofern in ihr der Bestimmung des Menschen zur Liebe entsprochen wird, als die in Abschnitt 1.2 die Vorstellung von der Gottebenbildlichkeit als theologischem Gehalt der Humanität verstanden wurde.

Das Vorliegen von Gewalt kann bei der Beurteilung des Zustandekommens sexueller Handlungen oder Interaktionen zwar zur Negativabgrenzung dienen und anzeigen, dass diese Bestimmung des Menschen zur Liebe *verfehlt* wird, nämlich dann, wenn gewalthaltige sexuelle Handlungen oder Interaktionen der geschöpflichen Wirklichkeit eines Menschen zuwiderlaufen. Dies ist augenscheinlich bei Legierungen von Sexualität und solchen Formen personaler Gewalt

---

367 Um jeweils ein Beispiel aus dem katholischen und dem evangelischen Bereich zu nennen: Kreidler-Kos/Hutter, *Lust*, 105 und Dabrock et al., *Unverschämt – schön*, 43, 49, 63–69 u. 114.
368 Vgl. dazu Herrath, „Menschenrecht," 33.
369 Vgl. dazu Ortland, „Einwurf: Sexualität," 226. Daraus lässt sich ein grundsätzlicher Vorbehalt gegenüber Versuchen der Normierung und Normalisierung von Sexualität formulieren, ist doch die Rede von ‚normal' und ‚unnormal' bzw. ‚pervers' in Bezug auf Sexualität ebenso relativ wie die Unterscheidung sexueller Handlungen in ‚natürliche' und ‚widernatürliche' künstlich, ganz abgesehen davon, dass sexuelle Phantasien, zu und in denen sich Eindrücke und Gefühle verdichten können, sich nun mal nicht um bürgerliche Konventionen scheren. Diese Relativität und Künstlichkeit sexueller Normierungs- und Normalisierungsversuche haftet dabei auch Freuds Versuch an, „die normale Sexualität grundsätzlich aus der perversen, also die Norm aus der Normzerstörung zu erklären", was, wie Kunz in *Zur Theorie der Perversion* (1942) zu Recht bemerkt, „dem Unterfangen" gleicht, „die Ordnung aus der Unordnung abzuleiten" (hier zit. nach Kunz, *Aggressivität*, 260).

der Fall, die mit Reemtsma als ,raptiv' oder ,autotelisch'[370] bezeichnet werden können und also allein als Mittel zum Zweck der Übermächtigung einer anderen Person dienen oder selbst ihr eigenes τέλος sind. Doch auch Gewalt, wie sie grundsätzlich in sexuellen Handlungen vor, mit oder an einer anderen Person gegen ihren Willen wirksam werden kann, ist hierzu zu zählen. Allerdings ist damit nicht gesagt, dass jede sexuelle Handlung oder Interaktion, die als solche ohne personale Gewalt vollzogen wird und auch die sexuelle Selbstbestimmung Dritter nicht tangiert, deshalb bereits Ausdruck ,gelingender' Sexualität sei, was sich nur unter Einbeziehung weiterer positiver Kriterien wie beispielsweise gegenseitige Achtung und Lebensdienlichkeit[371] beantworten ließe.

Die Erhebung von Einverständlichkeit, anstelle von Gewaltfreiheit oder Liebe, zum sexualethischen Leitkriterium dieser Untersuchung setzt allerdings die Annahme voraus, dass ,gewaltfreie' bzw. ,liebevolle' und ,gewalthaltige' bzw. ,lieblose' Sexualität nicht einfach deckungsgleich mit ,gelingender' und ,misslingender' Sexualität sind. Oder anders ausgedrückt: Die Grenze zwischen ethisch zulässigen und ethisch unzulässigen sexuellen Handlungen oder Interaktionen verläuft nicht entlang der Gewaltgrenze[372] oder Liebesgrenze,[373] sondern entlang den Grenzen der Einverständlichkeit. Sexuelle Handlungen nicht nur *jenseits*, sondern auch *diesseits* der Grenzen der Einverständlichkeit können gewalthaltig sein, ohne dass jede gewalthaltige sexuelle Handlung oder Interaktion deshalb ethisch unzulässig und jede sexuelle Handlung oder Interaktion, die als solche ohne personale Gewalt vollzogen wird, deshalb ethisch zulässig wäre. Wie nämlich noch zu zeigen sein wird, können auch gewalthaltige sexuelle Handlungen oder Interaktionen, die mit dem ausdrücklichen Einverständnis aller Beteiligten

---

370 Zu dieser Unterscheidung vgl. Reemtsma, *Vertrauen*, 113–123, der Formen von Gewalt anhand des jeweiligen Körperbezugs differenziert. Der Vollzug ,raptiver Gewalt' diene dem Genuss ,sexueller Übermacht' (vgl. 115): der Körper des Opfers werde benutzt, um der Täterperson Befriedigung zu verschaffen; dagegen sei ,autotelische Gewalt' darauf beschränkt, die Integrität des Körpers des Opfers allein um der Zerstörung willen zu verletzen (vgl. 116), ohne also ein darüber hinausgehendes τέλος zu haben.
371 Zu diesem Begriff vgl. Dabrock et al., *Unverschämt – schön*, 64.
372 Vgl. dagegen Wanzek-Sielert, „Sexualpädagogik," 537. Vgl. ferner Dabrock et al., *Unverschämt – schön*, 124 sowie die oben in Anm. 117 angegebenen Stellen aus der theologischen Literatur.
373 Vgl. dagegen aus dem liberalen Spektrum Ard, *Rational Sex Ethics*, 44–56; Dabrock et al., *Unverschämt – schön*, 36 f.; aus dem konservativen Spektrum Härle, *Ethik*, 324 u. 327 samt Klärung des Liebesbegriffs in diesem Zusammenhang 328 ff.; vgl. dazu Lieske, *Beziehungsgestaltung*, 240 ff. Kritisch zu Liebe als sexualethischem Leitbegriff vgl. Lenzen, *Sex*, 15–19 zusammen mit ders., „Liebe und Sex," 1088 f.; vgl. dazu Kern, *Liebe*, 146–149; zu Liebe als vormoralischem Phänomen vgl. Ohly, *Ethik der Liebe*, 18 f., 51, 70 u. 197 f.

erfolgen, als legitimer Ausdruck sexueller Selbstbestimmung anerkannt werden, wenn und sofern sie die nämlichen Rechte Dritter nicht verletzen. Gleichermaßen können auch sexuelle Handlungen oder Interaktionen, die selbst ohne personale Gewalt zustande kommen und vollzogen werden, aufgrund der gewalthaltigen Bedingungen und Kontexte, unter bzw. in denen sie stattfinden, ethisch abzulehnen sein.

Entscheidend für die sexualethische Beurteilung von Legierungen von Sexualität und Gewalt sind demnach nicht so sehr einzelne sexuelle Handlungen selbst als vielmehr die für ihr Zustandekommen maßgeblichen Bedingungen und die ihren Vollzug umgreifenden Kontexte. Mit dieser Fokussierung nicht auf einzelne Handlungen, sondern auf ein umfassenderes Handlungs*geschehen*, in das einzelne Handlungen eingebettet sind,[374] korrespondiert die Rede von Einverständlichkeit als einem *Kriterium*.[375] Demgegenüber können Sinn und Stellenwert der in diesem Zusammenhang bewusst vermiedenen Rede von ,Normen' nicht zuletzt darin gesehen werden, dass Normen „Rahmenbedingung[en] des Gelingens"[376] darstellen, mit denen – wie beim Rahmen als doppelter Grenze eines Bildes, einer inneren insofern, als der Rahmen eine Grenze zum Bild darstellt, einer äußeren insofern, als der Rahmen eine Grenze des Bildes zur Umgebung darstellt – eine Grenze abgesteckt wird, die durch einzelne sexuelle Handlungen nicht überschritten werden darf, um nicht gleichsam ,aus dem Rahmen zu fallen'. Dabei droht allerdings – von der durch die Bild- bzw. Rahmenmetapher angedeuteten Ästhetisierung einmal abgesehen[377] – aus dem Blickfeld zu geraten, dass einerseits das innerhalb eines (Ordnungs-)Rahmens Abgebildete und dadurch von anderen Erscheinungen der Wirklichkeit Abgehobene nur einen Ausschnitt aus der Wirklichkeit darstellt und dass andererseits eine einzelne Handlung stets in einem multidimensionalen Handlungs- und Ereignisraum stattfindet, der eine einfache Bewertung selbiger auf einer Skala von ,gut' bis

---

374 Damit ist freilich weder ein Entweder/Oder zwischen der Orientierung an Handlungen und der Orientierung am Handlungsgeschehen behauptet noch soll in Abrede gestellt werden, dass die Sittlichkeit einer Handlung immer sowohl „vom äußeren Handlungsgeschehen und den objektiv mit der Handlung verknüpften Faktoren" als auch von ihren „inneren Beweggründen und Motiven" abhängt, wie Seifert, *Was ist und was motiviert eine sittliche Handlung?*, 11, mit Recht betont, wenngleich mit der (bestenfalls) missverständlichen Rede von einer sittlichen ,Substanz' einer Handlung.

375 Zur angemesseneren Rede von ,Kriterien' statt von ,Normen' im Sprachgebrauch deutschsprachiger Moraltheologie vgl. Prüller-Jagenteufel, „Konzept," 67 (Anm. 33) im Blick auf Farley (s. Abschnitt B.2.5).

376 Fraling, *SexualEthik*, 157 (ohne Hervh.), der im Anschluss auch auf das Verhältnis von Bild und Rahmen eingeht.

377 Für diesen Hinweis danke ich Tim Eckes M.A.!

‚schlecht' als Polaritäten übersteigt, was ebenfalls die Entwicklung und Anwendung von Kriterien nahelegt.

Die Rede von Einverständlichkeit als Kriterium erfolgt deshalb in bewusstem Anschluss an neuere kriterienbasierte Ansätze theologischer Sexualethik, wie sie als begründungstheoretische Alternative zu „bekannten konservativen Deutungsmuster[n] wie die der Schöpfungsordnung oder des Naturrechts"[378] entwickelt worden sind. Nicht nur ist eine naturrechtlich oder schöpfungsordnungstheologisch fundierte Sexualethik – den unterschiedlichen konfessionellen Traditionen zum Trotz bestehen wesentliche Konvergenzen zwischen dem katholischen Naturrechtsdenken und dem protestantischen Denken in Schöpfungsordnungen, die im Protestantismus denn auch nicht zufällig mit naturrechtlichen Überlegungen in verschiedener Weise verbunden worden sind[379] – „ein grobes, für moralische Feinheiten ungeeignetes Werkzeug".[380] Der naturrechtliche Ansatz[381] und mit ihm die wesentliche Ausrichtung auf einen zweckinstrumentellen Körpergebrauch sind ob ihrer absurden Konsequenzen für eine Untersuchung des Verhältnisses von Sexualität und Gewalt aus sexualethischer Perspektive schlicht unannehmbar. Dies zeigt bereits ein Blick auf die aufs Engste mit dem Naturrechtsdenken verknüpfte und sich als ausgesprochen wirkmächtig erweisende Sexualethik des Thomas von Aquin (1225 – 1274), dem zufolge unter anderem Selbstbefriedigung und praktizierte Homosexualität als ‚widernatürliche', d.h. nicht der Zeugung und damit der Fortpflanzung der menschlichen Natur dienende ‚Laster' („vitium contra naturam"),[382] bei denen also gegen das verstoßen wird, „was von der Natur im Geschlechtlichen [scil. bezüglich des geschlechtlichen Vollzugs] bestimmt wurde" („quod est secundum naturam determinatum circa usum venereum"),[383] objektiv schwerere Sünden darstellen als Vergewaltigung oder Inzest mit der eigenen Mutter.[384]

---

378 Dabrock, „Pluralismus," 9. Als Beispiel für einen kriterienbasierten Ansatz im evangelischen Bereich vgl. Dabrock et al., *Unverschämt – schön*, 62 – 75. Zum kriterienbasierten Ansatz vgl. Schlögl-Flierl, „Wandel," 294 – 297 sowie Karle, „Sexualität," 273.

379 Vgl. Herr, *Frage*, 47 ff. u. 213; Tanner, *Schatten*, 35 u. 48 f.

380 So Clague, „Europas moralische Werte," 27 speziell zum Naturrecht.

381 Zum naturrechtlichen Argumentationsmodell als „maßgebliche[m] Ansatz", wie in der katholischen Kirche „ethische und damit auch sexualethische Normaussagen begründet werden", vgl. Ernst, „Sexualmoral," 264.

382 Thomas von Aquin, *Summa theologiae*, II-II, q. 154 a. 1 u. 11.

383 A.a.O., q. 154 a. 12, resp.; dt. Übers. nach: Thomas von Aquin, *Summa theologica*, Bd. 22, 110.

384 Vgl. Thomas von Aquin, *Summa theologiae*, II-II, q. 154 a. 9 u. 12, resp. (unter Rekurs u. a. auf Lev 18,7); speziell zur thomistischen Bewertung von Vergewaltigung vgl. Fuchs, *Sexualethik*, 189 f. u. 194. Speziell zur naturgegebenen Teleologie des männlichen Samens vgl. 123 f., 126 u. 182. Für eine Kritik am Argument mit dem ‚Natürlichen' in diesem Zusammenhang vgl. Lenzen, *Sex*,

Die Rede von Einverständlichkeit als sexualethischem *Leit*kriterium – Leitkriterium dabei auch als *An*leitung zur Unterscheidung verstanden – soll schließlich verdeutlichen, dass Einverständlichkeit in der vorliegenden Untersuchung zwar nicht einziges, aber doch maßgebliches Kriterium für die ethische Beurteilung individuell verantworteter Sexualität ist.[385] Damit ist nicht ausgeschlossen, dass bei der Diskussion einzelner Legierungen von Sexualität und Gewalt noch weitere Kriterien hinzuzuziehen und in die Bewertung eines bestimmten Handlungszusammenhangs einzubeziehen sind, zumal wenn Grenzen der Einverständlichkeit erkundet werden.

Um das Kriterium der Einverständlichkeit auf seine Leistungsfähigkeit hin betrachten zu können, sind Merkmale, Bedingungen und Voraussetzungen von Einverständlichkeit zu klären.

3.2.2 Merkmale, Bedingungen und Voraussetzungen

Einverständlichkeit ist in einem Bedeutungsfeld angesiedelt, das durch eine Reihe anderer Begriffe wie Einwilligung, Zustimmung, Billigung, Verständigung, Übereinstimmung, Einhelligkeit, Einigkeit und Einvernehmen eingekreist wird. Dies macht eine begriffliche Schärfung erforderlich, um die spezifische Bedeutung von Einverständlichkeit in der Unterscheidung von anderen Begriffen heraus- und für den vorliegenden Zusammenhang sicherzustellen. Bevor Bedingungen und Voraussetzungen von Einverständlichkeit erörtert werden, gilt es daher, zunächst in aller Kürze wesentliche Merkmale von Einverständlichkeit zu benennen.

---

26 – 29; ferner Haeberle, *Sexualität des Menschen*, 347 f. u. 357. Als prominentes Beispiel für eine protestantische Sexualethik im Horizont des Schöpfungsordnungsdenkens vgl. Thielicke, *Ethik*, Bd. 3, 508, 511 u. 513 (zur Geltung der Schöpfungsordnung für den Bereich menschlicher Geschlechtlichkeit); 596 f., 599 – 612, 646 f., 651, 654, 666, 675, 689 u. 713 (zur Ehe als Schöpfungsordnung); vgl. ferner Trillhaas, *Ethik*, 81; als aktuelles Beispiel für die vor allem im evangelikalen Bereich bis dato erfolgende Kultivierung des Schöpfungsordnungsdenkens für eine christliche Sexualethik vgl. White, *Gott*, 24 ff.

385 Für einen ähnlich gelagerten Versuch im praktisch-theologischen Bereich vgl. die Etablierung und Diskussion des Konzeptes des ‚authentic consent‘ bei Fortune, *Love*, 46 f., 69 f. u. 85 – 101. Vgl. auch Farley, *Just Love*, 218 – 220 / *Verdammter Sex*, 240 – 242.

3.2.2.1 Merkmale

Als Nominalisierung des Adjektivs ‚einverständlich' kann ‚Einverständlichkeit'[386] einerseits resultativ das im und als Prozess *erreichte* Einverständnis wenigstens zweier Personen[387] *über* etwas, andererseits prozessual deren *Zusammenwirken im Einverständnis hinsichtlich* etwas bezeichnen. Beide Aspekte sind untrennbar miteinander verwoben und verdeutlichen bereits auf sprachlicher Ebene drei wesentliche *Merkmale* von Einverständlichkeit, aus denen sich ein viertes herauskristallisieren lässt, das ihnen ihren Sinn verleiht.

Einverständlichkeit meint *erstens* keine einseitige Bindung an oder einseitig erklärte Bereitschaft zu etwas, sondern ist als Zusammenwirken zweier Personen[388] grundsätzlich *reziproker* Natur. Ohne ein Gegenüber, welches nicht einfach nur ‚mit dabei' ist, sondern sich gleichermaßen als einverständlich zeigt, kann es keine Einverständlichkeit geben. Einverständlichkeit ist *zweitens* wesentlich *prozesshaft*, weshalb Einverständlichkeit auch niemals einfach ‚da ist' oder ‚vorliegt', sondern stets *im Geschehen* ist.[389] Ein wichtiges Unterscheidungsmerkmal von Einverständlichkeit im Vergleich zu Einwilligung oder Billigung besteht

---

386 Einverständlichkeit ähnelt nicht zufällig dem Rechtsinstitut der rechtfertigenden (d. h. Rechtswidrigkeit ausschließenden) *Einwilligung* (vgl. § 228 StGB) einerseits, dem Sonderfall des tatbestandsausschließenden *Einverständnisses* andererseits, die beide in der Rechtsdogmatik klassischerweise – nicht unumstritten – differenziert werden (vgl. dazu Kindhäuser, „Unterscheidung," 135–150), weicht davon jedoch in wesentlichen Aspekten ab, etwa darin, dass bei einem wirksamen Einverständnis – im Unterschied zur Einwilligung – keine Kundgabe der Zustimmung verlangt ist und demnach eine nicht geäußerte innerliche Zustimmung zur Verneinung der Tatbestandsmäßigkeit ausreicht, oder darin, dass aus sexualethischer Sicht ein hypothetisches Einverständnis unannehmbar ist, wie es im Strafrecht der Fall sein kann, dem zufolge allerdings – wie bei Einverständlichkeit – eine nachträgliche Zustimmung keine rechtfertigende Wirkung entfalten kann. Auch, um die wesentlichen Unterschiede und die spezifische Eigenart des als Einverständlichkeit bezeichneten, wesentlich prozesshaft gedachten kooperativen Gemeinschaftshandelns zu verdeutlichen und einer möglichen Verwechselung der Ebenen vorzubeugen, wird in der vorliegenden Untersuchung der im rechtlichen Kontext weitgehend unübliche Begriff der Einverständlichkeit gewählt.

387 Im Folgenden wird von Einverständlichkeit allein in Bezug auf das Verhältnis zwischen einzelnen Individuen gesprochen. Entsprechendes ließe sich auch für (definierte) Gruppen entwickeln.

388 Zwecks sprachlicher Vereinfachung beschränke ich mich auf das Zusammenwirken *zweier* Personen, nicht ohne darauf hinzuweisen, dass die angesprochenen Merkmale, Bedingungen und Voraussetzungen von Einverständlichkeit grundsätzlich auch für tri- oder multilaterale Konstellationen in Anschlag gebracht werden können.

389 Folgerichtig definiert der Duden ‚einverständlich' als „im Einverständnis mit jmdm., miteinander *seiend, geschehend*" (*Duden. Deutsches Universalwörterbuch*, 509 [s.v. „einverständlich"] [meine Hervh.]); vgl. auch *Duden. Das große Wörterbuch*, 3. Aufl., Bd. 3, 989 (s.v. „einverständlich").

deshalb darin, dass Einverständlichkeit nicht lediglich ein Entscheidungsmoment in einem Prozess der Entscheidungsfindung, sondern während eines ganzen Geschehenszusammenhangs vorauszusetzen ist, um beispielsweise von ‚einverständlichen Handlungen' sprechen zu können.

Darin besteht ein Unterschied zur Rede von Konsens, der auch eine inhaltliche und/oder formale Übereinstimmung der Standpunkte, Meinungen oder Ansichten einer unbekannten, zumindest aber nicht näher bestimmten Anzahl von Personen bezeichnen kann, wenn etwa von einem sozialen oder zivilen Konsens gesprochen wird. Auch kann Konsens, wiederum im Unterschied zu Einverständlichkeit, „annäherndes Einvernehmen" bedeuten, wie es bei einer „Konsenswahl" der Fall sein kann, oder für Entscheidungsfindungsverfahren „mit möglichst großer Übereinstimmung"[390] bzw. möglichst geringer Ablehnung und/oder ohne förmlichen Einspruch stehen, um beispielsweise in der politischen Praxis die politische Partizipation gewährleisten oder miteinander kooperieren zu können.[391] Im Unterschied zu solchen Konsensverfahren und Erklärungskongruenzen kann Einverständlichkeit niemals ‚einstimmigkeitsnah' oder lediglich ‚ablehnungsminimiert' sein, sondern setzt stets Willens*ei*nigung und *Ein*stimmigkeit aller direkt Beteiligten voraus, ohne dass ihnen dabei eine externe Instanz übergeordnet wäre.

Einverständlichkeit wird *drittens* daher auch nicht wie eine Einwilligung lediglich ‚gegeben' oder ‚abgegeben', sondern *im* und *als* Prozess gegenseitigen Miteinanders *hervorgebracht*. Dieses Hervorbringen ist allerdings nicht so zu verstehen, als ob Einverständlichkeit sich über kurz oder lang einfach von selbst einstellte, sondern so, dass Einverständlichkeit von den voreinander, miteinander oder aneinander handelnden[392] bzw. handeln lassenden[393] Personen stets im *Vollzug* und doch niemals anders als durch *Entscheidung* hergestellt wird. Einverständlichkeit ist insofern eine Qualitätsbestimmung und tritt nicht durch quantitierende oder infinitesimale Approximation an sie ein, weil sie, neben einer grundsätzlichen Verständigungsbereitschaft, einen irreduzibel volitionalen Akt

---

390 Krick, *Verhandlungen*, 83.
391 Vgl. a.a.O., 83 f.
392 Auf die Relevanz dieser Differenzierung zwischen ‚miteinander' und ‚aneinander' wird auch im Kontext der Frage nach den Voraussetzungen von Einverständlichkeit (s. Abschnitt 3.2.2.3) zurückzukommen sein, ob zu selbigen nämlich auch die Handlungsfähigkeit beider Akteure zu zählen ist, wie sie jedenfalls für sexuelle *Interaktionen* unabdingbar erscheint.
393 Zu dieser Differenzierung zwischen ‚handeln' und ‚handeln lassen' s. Abschnitt D.2.1.

der bewussten inneren Zustimmung beider Beteiligten voraussetzt. Insofern lässt sich Einverständlichkeit als Setzung menschlicher Freiheit verstehen.[394]

Viertes Wesensmerkmal und zugleich Kern von Einverständlichkeit im hier gemeinten Sinne ist demnach die *beiderseitige*[395] *Zustimmung* der Beteiligten, die es im Folgenden hinsichtlich ihrer Bedingungen zu analysieren gilt, welche zugleich Bedingungen von Einverständlichkeit überhaupt sind.

3.2.2.2 Bedingungen

Notwendige Bedingungen für die beiderseitige Zustimmung der Beteiligten sind *Freiwilligkeit, Wissentlichkeit* und *Willentlichkeit* – zentrale Kriterien für die Zurechenbarkeit[396] von Handlungen. Dies bedeutet einerseits, dass die beiderseitige Zustimmung, wenn es sich um Einverständlichkeit handeln soll, nicht nur auf eine bewusste Entscheidung zurückgeht, sondern auch im Wissen um die Umstände und beabsichtigten Folgen selbiger erfolgt. Damit ist deutlich, dass es für das Vorliegen von Einverständlichkeit nicht ausreicht, wenn die beiderseitige Zustimmung *willentlich*, nicht aber auch *wissentlich* erfolgt. Dies bedeutet andererseits, dass die beiderseitige Zustimmung selbst unter *Abwesenheit personalen Zwangs* zu erfolgen hat, sei es, dass dieser von einer der unmittelbar beteiligten Personen selbst ausgeht, oder sei es, dass er auf die direkte Einwirkung Dritter zurückgeht. Letzteres beispielsweise dann, wenn eine Person zu Handlungen mit oder an einer anderen Person durch eine dritte Person gezwungen wird, wie es bei sexuellem Missbrauch von Kindern im Sinne des § 176 Abs. 2 StGB vorausgesetzt ist.

Hierbei kann, wie bei der Erschließung des Zwangsbegriffs in Abschnitt A.2.3.4 erläutert, zwischen *Anwendung* und *Ausübung* von Zwang unterschieden

---

394 Zu augenscheinlichen Parallelen zu Kierkegaards Sprungtheorie vgl. Schreiber, „Kierkegaards Sprung," 173 f.

395 ‚Beiderseitig' hier und im Folgenden stets im Sinne von ‚von beiden Seiten ausgehend'.

396 Vgl. dazu Bayertz, „Geschichte," 9 f. unter Rekurs unter anderem auf das bei Aristoteles, *Nikomachische Ethik*, Buch III, Kap. 3 (speziell zur Freiwilligkeit vgl. 1111a7 – 27) entwickelte „*klassische* Modell" (Bayertz, „Geschichte," 6), wozu nach Aristoteles auch *Kausalität* zu zählen ist. Diese individuelle Zurechenbarkeit der Zustimmung aufgrund von Freiwilligkeit, Wissentlichkeit und Willentlichkeit scheint mir als Voraussetzung für eine Verantwortungszuschreibung ausreichend zu sein, weshalb eine Anbindung letzterer überdies an eine kausale Zurechenbarkeit weder notwendig noch überhaupt sinnvoll erscheint. Nicht notwendig, da die Verantwortungszuschreibung aufgrund von Kausalität allenfalls als schwache Bedingung gerechtfertigt wäre (vgl. hierzu Heinrichs, *Willenlos*, 124). Und auch nicht sinnvoll, da ein Determinismus in schneidendem Gegensatz zum Verständnis von praktizierter Sexualität als ‚kreativer' Leistung bzw. ‚kreative' Entfaltung von Potenzialen stünde, die eine streng deterministische Kausalität transzendiert.

werden: Zwang kann nicht nur, wie im Falle der Zwangs*anwendung* („erzwungenermaßen'), aufgrund einer *unmittelbaren körperlichen Krafteinwirkung*, sondern
auch, wie im Falle der Zwangs*ausübung* („gezwungenermaßen'), dadurch erfolgen, dass er beispielsweise durch Herbeiführung einer unmittelbaren Bedrohungssituation ohne körperliche Berührung *körperlich wirksam* wird, was Übergänge zwischen beiden Realisierungsformen von Zwang nicht ausschließt. Es
reicht für das Vorliegen von Einverständlichkeit demnach gleichermaßen nicht
aus, wenn die beiderseitige Zustimmung *willentlich*, nicht aber auch *freiwillig* erfolgt. Die Zustimmung zu Handlungen mit einer anderen Person kann willentlich
und dennoch gegen den eigenen Willen und darum er- bzw. gezwungenermaßen
erfolgen, etwa dann, wenn diese Zustimmung allein aus Furcht vor den Folgen
einer Nicht-Zustimmung oder im Glauben gegeben wird, damit einen befürchteten
noch größeren Schaden für sich selbst und/oder für Dritte abzuwenden.[397] Um
diese Zusammengehörigkeit von Freiwilligkeit und Willentlichkeit als gleichnot-
wendige Bedingungen für eine beiderseitige Zustimmung terminologisch zu reflektieren, soll im Folgenden von ‚Freiwillentlichkeit'[398] bzw. ‚freiwillentlicher'
Zustimmung gesprochen werden.

In diesem Zusammenhang ist nun eine wichtige Unterscheidung anzubringen. Bei der terminologischen Erschließung in Abschnitt A.2.3.4 wurde einerseits
deutlich, dass die als Zwang verstandene absichtliche Unterwerfung eines fremden Willens personale und nicht-personale Urheberschaft voraussetzen, also auf
die nötigende Einwirkung sowohl konkret identifizierbarer personaler Subjekte
wie auch nicht-personaler Urheber zurückgehen kann. Im Blickpunkt stehen im
letzteren Falle also nicht Personen, die Zwang *anwenden* oder *ausüben*, sondern
subjektanaloge Urheber wie bestimmte Strukturen und Verhältnisse, die Zwang –
und dies ist seine dritte Realisierungsform – *erzeugen*. Zum anderen kann Zwang,
gleich welcher Realisierungsform, sich entweder primär auf die Zustimmung
selbst oder primär auf die äußeren Umstände und Rahmenbedingungen beziehen, unter denen eine Zustimmung erfolgen kann. Beide Bezugsweisen – im
ersten Fall *direkter,* im zweiten Fall *indirekter* Natur – sind eng miteinander verbunden (deshalb das einschränkende ‚primär'), erlauben im Blick auf die Er-

---

[397] Dieses Motiv wird in Befragungen und Erhebungen immer wieder auch von weiblichen
Vergewaltigungsopfern im häuslichen Bereich angegeben, die – damit de facto nicht-einverständlichen – sexuellen Handlungen mit dem Ehemann oder Partner (in verschiedengeschlechtlichen Beziehungen) zugestimmt haben.
[398] ‚Freiwillentlichkeit' wird von mir hier also anders verstanden als in der von Herms ausgearbeiteten Handlungstheorie, vgl. z. B. Herms, *Offenbarung*, 108 – 110. Frei(willig) und willentlich
sind überdies keineswegs synonym zu verstehen, als ob das vom Willen Hervorgebrachte gleichermaßen willentlich und frei hervorgebracht wäre.

möglichung von Zustimmung allerdings eine Differenzierung, die von hoher Relevanz für den Untersuchungszusammenhang ist, worauf insbesondere bei der Auseinandersetzung mit Prostitution in Abschnitt D.5.3 zurückzukommen sein wird.

Eine beiderseitige Zustimmung muss im Falle von Einverständlichkeit, wie schon bemerkt, selbst unter Abwesenheit *personalen* Zwangs erfolgen, mag dieser von einer der unmittelbar beteiligten Personen oder durch eine dritte Person direkt gegenüber den Beteiligten angewendet oder ausgeübt werden. Vor dem Hintergrund der soeben angesprochenen Unterscheidung zwischen personalem und nicht-personalem Zwang einerseits, direktem und indirektem Zwang andererseits kann nun präzisiert werden: Sofern die Zustimmung auch nur einer der beiden beteiligten Personen selbst unter *direktem personalem* Zwang erfolgt, ist Einverständlichkeit im hier gemeinten Sinne nicht möglich. Anders verhält es sich dagegen im Falle eines *indirekten personalen* Zwangs – eines Zwangs also, der von personalen Subjekten ausgeht und sich primär auf die äußeren Umstände und Rahmenbedingungen einer Zustimmung bezieht[399] – sowie in Situationen, in denen *nicht-personaler* Zwang durch bestimmte Strukturen und Verhältnisse erzeugt wird. Hier gilt nämlich, dass Einverständlichkeit auch unter zwangshaltigen[400] äußeren Umständen und Rahmenbedingungen möglich ist, und zwar so lange, wie die Zwang erzeugenden Strukturen und Verhältnisse den Freiheitsraum einer selbstbestimmten Entscheidung beider Beteiligten nicht in einer Weise beeinträchtigen, die ihnen eine freiwillentliche Zustimmung unmöglich macht.

Maßgeblich für das Vorliegen von Einverständlichkeit ist, dass beide Beteiligten freiwillentlich, und zwar unter den *gegebenen* Umständen und Rahmenbedingungen, sexuellen Handlungen oder Interaktionen zustimmen, die Zustimmung selbst dabei aber keinem direkten Zwang unterliegt, womit freilich

---

399 Es wird noch zu erörtern sein, welche Relevanz dem Umstand zukommt, ob dieser indirekte personale Zwang durch Beteiligte selbst oder durch Dritte zustande kommt. Selbst wenn angenommen werden kann, dass auch unter solchen Rahmenbedingungen einverständliche Handlungen oder Interaktionen möglich sind, heißt das noch nicht, dass diese Handlungen oder Interaktionen deshalb auch alle gleichermaßen ethisch zulässig sind. Einverständlichkeit ist nicht koextensiv mit (ethischer) Zulässigkeit.

400 Diese – zugegebenermaßen – künstlich klingende, in Analogie zu ‚gewalthaltig‘ erfolgende Wortbildung ‚zwangshaltig‘ i.S. von ‚Zwang enthaltend‘ scheint mir an dieser Stelle sinnvoll, um einerseits das Adjektiv ‚zwanghaft‘ mit seiner pathologischen Konnotation zur Bezeichnung beispielsweise von Personen mit einer anankastischen Persönlichkeitsstörung (F60.5) und andererseits die Verwendung der existierenden, aber heute ungebräuchlichen Adjektive ‚zwangsam‘ oder ‚zwangsvoll‘ zu vermeiden. Analog zur Unterscheidung von ‚gewalthaltig‘ und ‚gewaltvoll‘ bzw. ‚gewalttätig‘ könnte zwischen ‚zwangshaltig‘ und ‚zwangerzeugend‘ unterschieden werden, denn nicht jede ‚zwangshaltige‘ Voraussetzung muss auch ‚Zwang erzeugen‘.

nicht gesagt ist, dass einverständliche sexuelle Handlungen oder Interaktionen unter *allen* Umständen und Rahmenbedingungen unproblematisch wären.[401] Eine beiderseitige freiwillentliche Zustimmung zu sexuellen Handlungen oder Interaktionen kann auch in Situationen möglich sein, die als solche in hohem Maße zwangshaltig sind, wie beispielsweise, um ein Extrem zu nennen, Gefängnissituationen. Ich denke an sogenannte ‚Langzeit-Besuchsräume‘ in Justizvollzugsanstalten,[402] auch ‚Liebeszellen‘ genannt, die den Inhaftierten unbeaufsichtigte Intimbesuche von ihren realen Partner*innen außerhalb der Gefängnismauern, mit denen sie in fester Beziehung leben, ermöglichen sollen, um durch diese Aufrechterhaltung sozialer Kontakte die Reintegration nach der Haftentlassung in das soziale Umfeld zu erleichtern. Anzunehmen, eine Einverständlichkeit sexueller Handlungen oder Interaktionen unter diesen äußeren Umständen und Rahmenbedingungen, die nicht nur ausgesprochen zwangshaltig, sondern überdies auch in hohem Maße durch Ungleichheit und Machtungleichgewicht gekennzeichnet sind – die ‚semipermeablen‘ Gefängnismauern, die Inhaftierte und Nichtinhaftierte voneinander trennen –, sei *grundsätzlich* nicht möglich, wäre geradezu kontraintuitiv.

Durch die Differenzierung von Zwang hinsichtlich Urheberschaft (personal oder nicht-personal), Realisierungsform (Anwendung, Ausübung oder Erzeugung) und Bezugsweise (direkt oder indirekt) ergibt sich im Blick auf die Ermöglichung von Einverständlichkeit im hier gemeinten Sinne folgende Matrix, auf die bei der ethischen Beurteilung des Zustandekommens sexueller Handlungen oder Interaktionen zurückzukommen sein wird:

---

401 Es geht hier, wohlgemerkt, um das Verhältnis von Zwang und *Zustimmung*, nicht um die *infolge* einer Zustimmung realisierten und von ihr umfassten *Handlungen*. Beispielsweise können beide Beteiligten freiwillig auch der Praktizierung von Handlungen zustimmen, die selbst in hohem Maße mit personalem Zwang für (zumindest) eine der beiden Personen verbunden sind, wie es z. B. bei einverständlichen sadomasochistischen Sexualpraktiken der Fall sein kann. Entscheidend ist die Zustimmung als eine Klammer, die diese Handlungen umfasst, weshalb hier auch von einem ‚freiwilligen Zwang‘ gesprochen werden kann, dem sich eine Person unterwirft.
402 Vgl. dazu Thiele, *Ehe- und Familienschutz*, 153 f. u. 263. Das Erfordernis der festen sozialen Beziehung dient dabei nicht zuletzt der Verhinderung (der Förderung) von Prostitution.

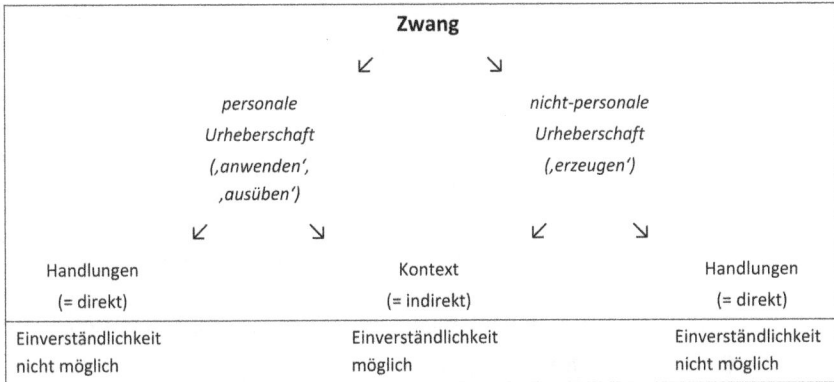

Abbildung 3: Zwangsweisen und die Möglichkeit von Einverständlichkeit.

Für den vorliegenden Zusammenhang ist diese Unterscheidung auch deshalb von Bedeutung, weil einverständliche sexuelle Handlungen oder Interaktionen zwischen Personen jeglichen Geschlechts auch in solchen gesellschaftlichen Kontexten möglich sind, die durch hochgradig asymmetrische Kräfte- und Machtverhältnisse und damit einhergehende strukturelle Privilegierungen bzw. Benachteiligungen von bestimmten Personengruppen (Stichwort: Geschlechterungerechtigkeit) gekennzeichnet sind. Wie noch thematisiert wird, sind asymmetrische Kräfte- und Machtverhältnisse – seien diese auf individuelle Faktoren wie die körperlich-geistige Disposition der Beteiligten zurückzuführen und/oder gesellschaftlich-institutionell verankert – als solche noch kein Ausschlusskriterium für eine Einverständlichkeit sexueller Handlungen oder Interaktionen unter entsprechend ungleichen Voraussetzungen und Bedingungen. Darüber hinaus wird zu erörtern sein, ob bestimmte äußere Umstände und Rahmenbedingungen, unter denen sexuelle Handlungen zustande kommen, selbige in einem derart problematischen Licht erscheinen lassen können, dass selbst *einverständliche* sexuelle Handlungen ethisch abzulehnen sind.

Festzuhalten bleibt an dieser Stelle: Ein Zusammenwirken zweier Personen allein aus Gewohnheit oder rein auf Verdacht hin, ohne – wenn auch für Dritte nicht sofort oder überhaupt von außen erkennbares, so doch in jedem Falle – wirksames Moment beiderseitiger freiwillentlicher Zustimmung, ist ebenso wenig Einverständlichkeit im hier gemeinten Sinne wie ein bloßes Dulden oder Geschehenlassen von Handlungen.

Was nun die beiderseitige freiwillentliche Zustimmung selbst betrifft, kann zunächst grundsätzlich festgehalten werden, dass die Zustimmung den betreffenden Handlungen oder Interaktionen vorausgehen oder sich in deren unmittelbarem Vollzug ereignen muss. Eine nachträgliche Zustimmung einer der beiden beteiligten Personen zu bereits vollzogenen Handlungen oder Interaktionen, sodass eine Zustimmung gewissermaßen von zurückgreifender Wirkung wäre, ist im Falle von Einverständlichkeit ausgeschlossen.[403] In welcher konkreten *Mitteilungsform* die Zustimmung erfolgt, oder genauer gesagt, die bewusste innere Zustimmung geäußert wird, ist dabei einerseits von der spezifischen Konstellation abhängig, in der einverständliche Handlungen oder Interaktionen stattfinden (sollen), andererseits und nicht zuletzt davon, ob und inwieweit die Beteiligten einander bekannt sind und darum beispielsweise auch nonverbale Botschaften des Gegenübers adäquat zu deuten vermögen.

Die Zustimmung kann, insgesamt betrachtet, verbal und/oder nonverbal, d. h. durch Worte ebenso wie durch Gebärden, Gesten oder aber in Form eines Vertrags[404] erfolgen und allerlei, sei's kontext- und situationsabhängige, sei's zustands- und entwicklungsbedingte Varianten aufweisen; jedenfalls ist es unabdingbar, dass die bewusste innere Zustimmung in einer Form zum Ausdruck gebracht wird, in der sie für das Gegenüber auch *als* Zustimmung erkennbar ist. Die von der Rechtsprechung bejahte Möglichkeit, dass auch Stillschweigen in bestimmten Fällen als zustimmende Willenserklärung angesehen werden kann,[405] kann zwar unter Umständen auch für die freiwillentliche Zustimmung als Wesensmerkmal von Einverständlichkeit gelten, zumal wenn bestimmte Bedingungen wie Gehörlosigkeit und Aphasie vorliegen, doch ist es für das Vorliegen von Einverständlichkeit in jedem Falle unabdingbar, dass die bewusste innere Zustimmung beider Beteiligten, wenn nicht expressis verbis äußerbar, so wenigstens durch konkludentes Handeln[406] einen adäquaten äußeren Ausdruck

---

403 ‚Im Falle von Einverständlichkeit' deshalb, da Ereignisse und Geschehnisse in anderen Zusammenhängen durchaus auch erst im Nachhinein Zustimmung *finden* können – mögen die zustimmenden Personen daran in irgendeiner Form selbst beteiligt gewesen und/oder davon betroffen sein oder als unbeteiligte bzw. unbetroffene Dritte darüber *be*finden –, sobald bzw. nachdem die zustimmende Person davon Kenntnis erlangt hat.

404 Vertrag hier im weiten Sinne als ‚Übereinkommen' verstanden, nicht lediglich im speziellen Sinne eines rechtswirksamen Dienstleistungsvertrags, wie es bei legaler Prostitution nach dem deutschen Prostitutionsgesetz (ProstG) der Fall sein kann.

405 Vgl. dazu Krüger-Nieland, „Willenserklärung," 164 f. (Rn. 16–20).

406 Dies zumindest bei *handlungsfähigen* Personen. Entscheidend ist das aktive Moment, weshalb hier bewusst von schlüssigem *Handeln* und nicht von schlüssigem *Verhalten* gesprochen wird, weil Verhalten *auch* eine passive Reaktion darstellen kann (z. B. das momentane Zusammenzucken beim Sich-Erschrecken durch einen lauten Knall), Handeln an dieser Stelle jedoch als subjektiv sinnhaftes Verhalten zu verstehen ist; vgl. hierzu Abschnitt E.1.2, Anm. 59.

findet.[407] Stillschweigen zu Handlungen oder Interaktionen *im Allgemeinen* als Zustimmung auslegen zu wollen, etwa unter Rekurs auf die kanonische Rechtsregel *qui tacet, consentire videtur,*[408] stünde jedenfalls im Widerspruch zum Wesen von Einverständlichkeit, der ein aktives Moment freiwillentlicher Zustimmung eignet. Dass die Frage der Zustimmungsäußerung sich als ausgesprochen wichtig für die ethische Beurteilung sexueller Handlungen oder Interaktionen erweisen kann, wird in Abschnitt D.4 am Beispiel von Vergewaltigung zu diskutieren sein.

Nachdem Einverständlichkeit nicht einfach ein Moment in einem Prozess der Entscheidungsfindung darstellt, sondern nur *im* und *als* Prozess gegenseitigen Miteinanders hergestellt werden und überhaupt bestehen kann, kann Einverständlichkeit von jeder der beteiligten Personen auch jederzeitig infrage gestellt und eine zuvor freiwillentlich gegebene Zustimmung einseitig wieder zurückgezogen werden, was das Ende der Einverständlichkeit über die jeweiligen praktizierten oder zu praktizieren beabsichtigten Handlungen markiert. Solange diese Rücknahme der Zustimmung aber nicht wiederum mit ausdrücklichen Worten oder wenigstens durch konkludentes Handeln geschieht, ist Einverständlichkeit weiterhin vorauszusetzen, jedenfalls so lange, wie jeder der beteiligten Personen sowohl eine freiwillentliche Zustimmung als auch eine gleichermaßen freiwillentliche Rücknahme selbiger überhaupt *möglich* ist. Sollte dies einer Person im Verlauf einer Interaktion aufgrund einschneidender Bedingungen oder Umstände, aber auch aufgrund einer Bewusstseinsänderung beispielsweise durch Medikamente oder Rauschmittel nicht oder nicht mehr ohne Weiteres möglich sein, ist die von dieser Person zuvor gegebene Zustimmung nicht mehr zweifelsohne als faktisch wirksam zu unterstellen und die Einverständlichkeit einer Interaktion fortan als wesentlich ambivalent zu betrachten. Sowohl die freiwillentliche Zustimmung wie auch die freiwillentliche Rücknahme selbiger mögen wohl nicht einfach grundlos erfolgen, bedürfen aber keiner eigenen Begründung gegenüber dem Anderen, sondern sind als Ausdruck souveräner Selbstbestimmung zu respektieren.

Einverständlichkeit gilt auch nicht im Vorhinein, gewissermaßen blind und in blanko, für alle möglichen, sondern stets für bestimmte Handlungen oder Interaktionen, die aber nicht im Einzelnen festgelegt zu werden brauchen, solange

---

407 Dass eine beiderseitige freiwillentliche Zustimmung auch zu solchen sexuellen Handlungen oder Interaktionen erfolgen kann, die einer Einverständlichkeit der Beteiligten ganz und gar zu widersprechen scheinen, wird am Beispiel sadomasochistischer Sexualpraktiken in Abschnitt D.6.2 zu diskutieren sein.

408 Vgl. hierzu Krampe, „Qui tacet," 367–380, der auf regula 43 im Anhang *De regulis iuris* der Dekretalensammlung *Liber sextus* (1298) Papst Bonifaz' VIII. als Beleg für diese Fassung verweist, die sich im antiken römischen Recht so *nicht* nachweisen lasse, vgl. 368 u. 376–378.

Einverständlichkeit in wesentlichem Bezug zu dem Rahmen steht, in dem sich eine Handlung oder Interaktion ereignet bzw. ereignen soll, sodass Einverständlichkeit auf jeder Stufe einer Handlung oder Interaktion vorausgesetzt werden kann. Einverständlichkeit als Kennzeichen eines reziproken Zusammenwirkens zweier Personen findet demnach niemals grund- und objektlos, sondern stets bezogen auf etwas statt, sodass Einverständlichkeit immer Einverständlichkeit *über* oder *hinsichtlich* etwas ist. Einverständlichkeit gilt nicht ein für alle Mal, sondern ist von den Beteiligten in jeder neuen Situation aufs Neue herzustellen.

Sowohl die Handlungsfreiheit als auch das Entscheidungs- und Handlungs-feld einer Person können aber nicht nur dadurch eingeschränkt und eingeengt werden, dass, wie im Falle von Zwang, ein Druck von außen ausgeübt wird, sondern auch durch eine lückenhafte oder falsche Informationsbasis.[409] Wenn nun eine Person einer sexuellen Handlung maßgeblich aufgrund einer lücken-haften oder falschen Informationsbasis zustimmt, während sie ihr andernfalls, nämlich bei (genauerer) Kenntnis der Sachlage, so nicht zugestimmt hätte, ändert dies zwar nichts am *Vorliegen* von Einverständlichkeit über die betreffende Handlung im Vollzug ihrer Durchführung, wohl aber an der sexualethischen *Beurteilung* ihres Zustandekommens.[410] Wie die nachträgliche Zustimmung einer Person zu einer Handlung, die gegen oder ohne ihre Zustimmung vor, mit oder an ihr erfolgt war, die geschehene Handlung nicht nachträglich als einverständlich geschehen erweisen kann, was einer Transsubstantiation der Erfahrung gleich-käme, so kann eine Handlung, die auf falscher Informationsbasis oder aus Un-wissenheit über die Sachlage, aber in beiderseitigem Einverständnis stattgefun-den hat, nicht rückwirkend zu einer nicht-einverständlichen Handlung – wohl erklärt, aber nicht – gemacht werden.

Dies betrifft wohlgemerkt das *Vorliegen* von Einverständlichkeit über sexuelle Handlungen oder Interaktionen, nicht deren ethische Beurteilung, die immer auch nach den Bedingungen und Voraussetzungen für das Zustandekommen von Einverständlichkeit zu fragen hat. Damit ist allerdings ebenso wenig ausge-schlossen, dass eine Person durch bewusstes Zurückhalten von wesentlichen Informationen oder, was im Effekt dasselbe ist, durch bewusste Falschinforma-tion gezielt Zwang auf eine andere Person ausüben kann, sodass dieser eine freie, selbstbestimmte Entscheidung gleichermaßen nicht möglich ist, noch, dass

---

409 Vgl. dazu Vavra, *Strafbarkeit*, 125 f.

410 Dagegen a.a.O., 126: „Glaubt die Person, zu einer sexuellen Handlung unter bestimmten Umständen ihre Zustimmung zu erteilen, obwohl diese Umstände nicht vorliegen, so besteht keine Identität zwischen der sexuellen Handlung, der die Person zugestimmt hat, und der se-xuellen Handlung, die tatsächlich stattfindet." Dies ist nach meinem Dafürhalten aber keine Frage der *Identität* der Handlungen, sondern eine Frage ihrer (nachträglichen) *Bewertung*.

zwischen diesen beiden Formen einer fremdmächtigen Beschränkung der Handlungsfreiheit und Einengung des Entscheidungs- und Handlungsfeldes einer anderen Person auch Übergänge möglich sind.

Neben einer lückenhaften oder falschen Informationsbasis kann überdies nicht ausgeschlossen werden, dass die Zustimmung einer Person auf einer Täuschung beruhen oder vorgetäuscht sein kann. Entscheidend ist, ob der Irrtum bezüglich der Sachlage maßgeblich für die eigene freiwillentliche Zustimmung ist. Der sich täuschenden oder getäuscht werdenden Person kann dabei so lange Gutgläubigkeit unterstellt werden, wie die Täuschung auch aus Sicht eines objektiven Dritten nicht eindeutig aus den Umständen erkennbar ist, was im praktischen Einzelfall mitunter schwierig zu entscheiden sein dürfte. Allerdings kann schwerlich vorausgesetzt oder verlangt werden, „dass die zustimmende Person stets alle Informationen besitzt, die für ihre Entscheidung, an sexuellen Handlungen teilzunehmen, irgendwie von Interesse sein könnten".[411] Damit stehen wir bei augenscheinlichen Grenzen des Einverständlichkeitskriteriums, worauf noch zurückzukommen sein wird. An dieser Stelle genügt der Hinweis, dass Einverständlichkeit im hier gemeinten Sinne nicht lediglich der äußeren Form oder Funktion nach besteht, wie es auch bei einer formalen oder funktionalen Übereinstimmung der Fall sein kann, aber ebenso wenig ein substantiell Seiendes oder etwas unmittelbar Vorhandenes, sondern wesentlich prozesshaft und damit *im* und *als* Prozess *ist*. Die immer wieder anzutreffende Rede, dass es zu ‚einvernehmlichen' sexuellen Handlungen ‚eines gewissen Maßes' an Zustimmung im Zuge der Konsensbildung bedürfe, kann jedenfalls leicht darüber hinwegtäuschen, dass Einverständlichkeit kein quantitatives Mehr oder Weniger eines reziproken Zusammenwirkens beschreibt, sondern als *qualitatives* Kriterium Gültigkeit beansprucht.

Für Einverständlichkeit als Kennzeichen eines kooperativen Gemeinschaftshandelns, wie es im Vorstehenden zunächst im Blick auf spezifische Merkmale und Bedingungen beleuchtet wurde, gelten schließlich auch spezifische Voraussetzungen.

3.2.2.3 Voraussetzungen

Vor dem Hintergrund des in Abschnitt A.1.2 angesprochenen Umstands, dass Sexualität nicht nur Mittel der Kommunikation ist, sondern ihr wesenhaft ein kommunikativer Aspekt eignet, erscheint es naheliegend, zu den Voraussetzungen von Einverständlichkeit neben der für eine freiwillentliche Zustimmung so-

---

411 A.a.O., 126.

wohl sachlogisch als auch empirisch-entwicklungspsychologisch unabdingbaren *Einsichts-* und *Einwilligungsfähigkeit* einerseits, *Willensbildungsfähigkeit* andererseits auch die beiden in der Theorie des kommunikativen Handelns für den Einigungsprozess der Verständigung vorausgesetzten Kriterien der *Sprach-* und *Handlungsfähigkeit* zu zählen.[412] Dies gilt es im Folgenden zu klären.

Was zunächst die *Einsichts-* und *Einwilligungsfähigkeit* der Beteiligten betrifft, soll durch die Voraussetzung dieser beiden ebenso zusammenwirkenden wie ineinandergreifenden Fähigkeiten[413] grundsätzlich sichergestellt werden, dass das gegenseitige Miteinander der Beteiligten unter äquivalenten personalen Bedingungen auf beiden Seiten geschieht. Einsichtsfähigkeit bedeutet in diesem Zusammenhang, dass sich beide Beteiligten über das einig sein *können*, worauf sich ihre Zustimmung bezieht, was nicht nur ein klares Bewusstsein beider Beteiligten über das erfordert, worauf sich ihre Zustimmung bezieht, sondern auch, dass das, worauf sich ihre Zustimmung bezieht, von beiden Beteiligten als ein und

---

412 Es versteht sich, dass es im Folgenden lediglich darum gehen kann, spezifische Mindestvoraussetzungen zu benennen, ohne deshalb soziokulturelle und kognitiv-intellektuelle Voraussetzungen überhaupt zum Gegenstand weitergehender Überlegungen zu machen. Die paarweise Nennung von *Einsichts-* und *Einwilligungsfähigkeit* einerseits, *Sprach-* und *Handlungsfähigkeit* andererseits, schuldet dabei der sachlogischen Verknüpfung beider Kriterienpaare, wie sie auch in der rechtwissenschaftlichen und philosophischen Literatur hergestellt bzw. unterstellt wird, wenn beide Kriterien eines Paars – wenn nicht gemeinsam in einem Atemzug, so doch – meist in unmittelbarem sachlichem Zusammenhang miteinander genannt und diskutiert werden. Im Falle von *Einsichts-* und *Einwilligungsfähigkeit* handelt es sich zudem nicht von ungefähr auch um im medizinisch-ethischen und rechtlichen Kontext hinsichtlich medizinischer Eingriffe und rechtlicher Tatbestände vieldiskutierte Kriterien, deren Diskussion hier nur ansatzweise, weil mit ständiger Rücksicht auf das Thema der vorliegenden Untersuchung erfolgt.

413 Hier gilt es, ‚Anlage‘ und ‚Fähigkeit‘ zu differenzieren, die nicht einfach deckungsgleich sind. Eine Anlage, die zu etwas befähigt bzw. eine durch eine Anlage *geschaffene* Möglichkeit (vgl. die Definition von ‚Fähigkeit‘ in *Duden. Deutsches Universalwörterbuch*, 582 als „geistige, praktische Anlage, die zu etw. befähigt") ist noch keine *aktuell bestehende* Möglichkeit. Deshalb erscheint es sinnvoller, die gewöhnliche Bedeutung von Fähigkeit, wie es beispielsweise Rubinstein vorschlägt, darin zu sehen, dass Fähigkeiten „Eigenschaften des Menschen" bezeichnen, „die ihm ermöglichen, irgendeine Form gesellschaftlich-nützlicher Tätigkeit auszuüben, die sich im Verlauf der gesellschaftlich-historischen Entwicklung gebildet haben" (Rubinstein, *Denken*, 180). Dass sich Fähigkeiten wiederum bestimmten menschlichen Wesensmerkmalen wie – in diesem Falle – Körperlichkeit und Praktische Vernunft zuordnen lassen, woraus sich eine Ausdeutung nach dem *Capability Approach* im Gefolge Nussbaums und damit eine Interpretation nach dem Befähigungsgerechtigkeitsansatz begründen lässt, versteht sich. Zu Letzterem vgl. (im Anschluss an Nussbaum) Dabrock, „Befähigungsgerechtigkeit," 17–53.

dasselbe verstanden wird.[414] Von der Einsichtsfähigkeit abhängig ist die Einwilligungsfähigkeit, aufgrund derer beide Beteiligten jeweils in der Lage sind, das, worüber sie sich einig *sind*, im Blick auf dessen ‚Wesen, Bedeutung und Tragweite‘[415] so weit (er)fassen zu können, dass ihnen eine freiwillentliche Zustimmung dazu möglich ist. Nur unter Voraussetzung der Einsichts- und Einwilligungsfähigkeit beider Beteiligten im soeben angedeuteten Sinne ist objektive Zurechenbarkeit und damit individuelle Verantwortungszuschreibung möglich.

Dass die Grenzen zwischen ‚einsichtsfähig‘ und ‚nicht-einsichtsfähig‘ einerseits, zwischen ‚einwilligungsfähig‘ und ‚nicht-einwilligungsfähig‘ andererseits aus empirisch-psychologischer Sicht in hohem Maße instabil sind und diesbezüglich keine vollständige Disjunktion á la ‚Sein oder Nichtsein‘, sondern ein breites Spektrum an Abstufungen anzunehmen, mithin eine grundsätzliche Übergängigkeit zu unterstellen ist, versteht sich allerdings ebenso wie der Umstand, dass beide, Einsichtsfähigkeit und Einwilligungsfähigkeit, selbst wiederum von weiteren Voraussetzungen abhängen. Naheliegenderweise, zumal vielerorts in diesem Zusammenhang – meist jedoch ohne nähere Konkretisierung – angeführt, ist diesbezüglich an eine gewisse ‚geistige Reife‘ der Beteiligten zu denken, die sich gewöhnlich im Zuge der allgemeinen seelisch-geistigen Entwicklung eines Menschen einstellt. Unter ‚geistiger Reife‘, die keineswegs notwendig mit sogenannter ‚sozialer‘ oder ‚sittlicher Reife‘ zusammenfallen und auch nicht mit der ontogenetischen, körperlichen Entwicklung eines Menschen konkordant sein muss, kann in loser Anlehnung an das Prinzip der informierten Einwilligung (‚informed consent‘)[416] die Fähigkeit verstanden werden, eine freiwillentliche Zustimmung in vollem Bewusstsein und unter Kenntnis der wesent-

---

414 Darin besteht eine wesentliche Übereinstimmung von Einverständlichkeit und Verständigung überhaupt, jedenfalls wenn letztere im Sinne der platonischen Dialektik und deren „Sorge um die Einheit und Selbigkeit dessen, wovon die Rede ist" (Gadamer, *Platos dialektische Ethik*, 48 [ohne Hervh.]; vgl. 47 f.), verstanden wird. Gleichwohl gilt für die Vollzugsart der (philosophischen) Verständigung im Sinne der platonischen Dialektik und damit zugleich für die dialogische Form als Mittel dialektischer Verständigung: „die Verständigung, die sich ergibt, ist primär nicht eine Verständigung aus dem Einverständnis mit Anderen, sondern eine Verständigung mit sich selbst. Nur mit sich selbst Verständigte können mit Anderen im Einverständnis sein" (48; vgl. dazu im Ganzen 48–73).
415 So die wegweisende Trias im rechtlichen Kontext im sog. „1. Elektroschockurteil" (d. h. die Frage des Schadensersatzes bei einer körperlichen Verletzung infolge einer Elektroschockbehandlung in einer Nervenklinik), vgl. BGH, Urteil vom 10. Juli 1954 – VI ZR 45/54, Rn. 7 – unter Rekurs auf Schmidt, *Arzt*, 96 –, die bis heute in der einschlägigen Rechtsprechung beinahe wortgleich herangezogen wird; vgl. dazu auch BGH, Urteil vom 28.11.1957 – 4 StR 525/57 hinsichtlich der Einwilligungsfähigkeit in eine ärztliche Maßnahme.
416 Vgl. dazu grundlegend Faden/Beauchamp, *History*, insb. Part II-2 u. 5 sowie Part III.

lichen Umstände selbiger treffen zu können, um die beabsichtigten Folgen als Ziel der Zustimmung zu erreichen – unter gleichzeitiger Inkaufnahme und/oder in Erwartung möglicher, auch unbeabsichtigter, Nebenfolgen.[417]

Zu den Voraussetzungen von Einverständlichkeit gehört aber auch die *Willensbildungsfähigkeit* als Teilaspekt der Fähigkeit zu vernunftgemäßem Handeln.[418] Unter Willensbildungsfähigkeit, die ein Mindestmaß an Einsichtsfähigkeit voraussetzt,[419] kann, allgemein gesprochen, verstanden werden, dass eine Person „grundsätzlich dazu in der Lage sein" muss, „ihre Wünsche, Ziele und Wertvorstellungen festzustellen und auch nach diesen zu handeln".[420] Dies setzt, wiederum allgemein gesprochen, die Fähigkeit zu verstehen und die Fähigkeit, Verstandenes dem eigenen Willen entsprechend umsetzen zu können, also gleichermaßen Können und Vermögen voraus.[421] Wie Einsichts- und Einwilligungsfähigkeit kann auch die Fähigkeit zur Willensbildung im Lebensverlauf eines Menschen temporär oder, etwa infolge von Demenz oder Zerebralsklerose (Apoplex), dauerhaft beeinträchtigt sein und damit gänzlich verloren gehen, was zeigt, dass die Fähigkeit, einer sexuellen Handlung oder Interaktion in einer gegebenen Situation überhaupt freiwillentlich zustimmen zu *können*, immer auch vom jeweiligen Zustand einer Person und ihrer allgemeinen Lebenserfahrung abhängt, also grundsätzlich *relativ* ist. Unerwünschte Folgen, Nebenfolgen und Missverständnisse sind damit jedenfalls ebenso wenig ausgeschlossen wie ein Prozess lebenslangen Lernens durch und an Erfahrungen, einschließlich des Erfahrens von Neuem bzw. von Neuem an.

Es ist an dieser Stelle nicht notwendig, Einsichtsfähigkeit, Einwilligungsfähigkeit und Willensbildungsfähigkeit mitsamt ihren jeweiligen Teilfähigkeiten im

---

417 Zur Differenzierung zwischen direkt beabsichtigten und indirekt beabsichtigten bzw. unbeabsichtigten, aber für die Erreichung eines Handlungsziels in Kauf genommen Folgen vgl. Fenner, *Ethik*, 43 f. Es versteht sich überdies, dass hier zwischen einer rechtlichen und einer sexualethischen Beurteilung zu unterscheiden ist.

418 Inwieweit diese Fähigkeit zu vernunftgemäßem als einsichtsgemäßem Handeln in einem Zustand tatsächlicher Selbstbestimmtheit immer auch *realisiert* werden kann, ist freilich eine andere Frage.

419 Es ist zu betonen, dass im Prozess der freiwillentlichen Zustimmung als menschlicher Aktivität Einsichts- und Willensbildungsfähigkeit eine Einheit darstellen, was die Berechtigung einer aspektuellen Unterscheidung zum Zwecke der Analyse aber nicht ausschließt.

420 Vavra, *Strafbarkeit*, 126 f.

421 Nicht zufällig ergeben sich an dieser Stelle semantische Überschneidungen mit ‚Macht' (im Sinne von ‚Können, Vermögen') als Verfügenkönnen über Wirkungsmöglichkeiten, s. Abschnitt A.2.3.1. Auf diese Machtdimension von Einverständlichkeit wird in Abschnitt 3.3.4 zurückzukommen sein.

Sinne intellektuell-kognitiver Voraussetzungen en détail zu klären.[422] Wichtig für den vorliegenden Zusammenhang ist, dass die Fähigkeit, sexuellen Handlungen oder Interaktionen freiwillentlich zustimmen zu können, nicht ohne ein Mindestmaß an Einsichtsfähigkeit und der Fähigkeit zur selbstbestimmten Willensbildung und Einwilligung möglich ist. Sexuelle Handlungen vor, mit oder an einer anderen Person, welche sich in einem Zustand der Bewusst- oder Willenlosigkeit befindet, sind aus dem Bereich der Einverständlichkeit deshalb ebenso ausgeschlossen wie sexuelle Handlungen vor, mit oder an einer anderen Person, die über jenes angesprochene Mindestmaß an Einsichtsfähigkeit, Einwilligungsfähigkeit und Willensbildungsfähigkeit an sich nicht oder zumindest in der betreffenden Situation nicht verfügt.

Mit der Herausstellung von Einsichts-, Einwilligungs- und Willensbildungsfähigkeit als unabdingbare Voraussetzungen für Einverständlichkeit stellt sich die Frage, auf welchen Wegen die freiwillentliche Zustimmung dem jeweiligen Gegenüber vermittelt und (mit)geteilt, mithin *kommuniziert* (aus lateinisch *communicare*, eigentlich: ‚etwas gemeinschaftlich machen'[423]) werden kann. An dieser Stelle ist deshalb zu klären, ob die freiwillentliche Zustimmung als Kern von Einverständlichkeit – wenn nicht, wie bereits in Abschnitt 3.2.2.2 argumentiert, an eine bestimmte Mitteilungsform gebunden – wenigstens die *Sprachfähigkeit* der Beteiligten voraussetzt, sodass der Einigwerdungsprozess der Einverständlichkeit analog zum Konzept der „Verständigung" in der Theorie des kommunikativen Handelns als „Prozeß der Einigung unter sprach- und handlungsfähigen Subjekten"[424] verstanden werden könnte. Hierzu ist zu sagen: Sprach- und Handlungsfähigkeit mögen den Prozess der Einverständlichkeit begünstigen, stellen für das Zustandekommen von Einverständlichkeit aber *keine* unabdingbaren Ermöglichungsbedingungen dar.

Was die Sprachfähigkeit betrifft, könnte argumentiert werden, dass sich die Theorie des kommunikativen Handelns auch auf eine visuell-manuelle Sprache anwenden oder dafür entwickeln ließe. Obwohl es bei Habermas hierfür durchaus

---

422 Der Einfachheit halber kann diesbezüglich auf die jeweilige Auslegung von ‚Einsichtsfähigkeit' im Sinne der § 20 StGB u. § 828 BGB bzw. ‚Einwilligungsfähigkeit' im Sinne der § 228 StGB u. §§ 1901 u. 1903 BGB durch die Rechtsprechung verwiesen werden.

423 Vgl. *Deutsches Fremdwörterbuch*, Bd. 5 (2. Aufl.), 444 (s.v. „Exkommunikation").

424 Habermas, *Theorie*, Bd. 1, 386. Damit ist freilich nicht bestritten, dass sich sexuelle Interaktionen auch als subjektiv sinnhaftes Verhalten und damit als soziales Handeln verstehen lassen (vgl. Abschnitt E.1.2, Anm. 59), wenngleich Sexualität immer *auch* das Zweckrationale transzendiert.

Anknüpfungspunkte gibt,[425] muss es nach meinem Dafürhalten als großes Versäumnis betrachtet werden, dass dies in der Theorie des kommunikativen Handelns nicht explizit mitbedacht und sich auf lautsprachliche Interaktionen beschränkt wurde. Die Frage, ob es sich um eine Laut- oder eine Gebärdensprache handelt, ist jedenfalls für kommunikatives Handeln und Verständigung im Grunde zweitrangig. Auch für die Frage der Einverständlichkeit ist eine vollständige oder auch nur weitgehende Sprach- und Hörfähigkeit der Beteiligten keine unverzichtbare Voraussetzung, was sonst in die absurde Konsequenz mündete, Menschen mit hochgradiger Schwerhörigkeit und/oder einem Verlust des Sprechvermögens die Möglichkeit absprechen zu müssen, einverständliche sexuelle Handlungen oder Interaktionen vollziehen zu können. Dies würde zudem dem gesellschaftlich ohnehin vorherrschenden Oralismus noch weiter Vorschub leisten, der, auch im Kontext der Gehörlosenpädagogik, zu vielfältigen Ausgrenzungserfahrungen von gehörlosen Menschen beiträgt. Kommunikation als Verhalten und Interaktion ist selbst völlig lautlos und doch ‚sinnfällig‘ möglich,[426] setzt also nicht Sprachfähigkeit, wohl aber Selbstausdrucks- und Selbstmitteilungsfähigkeit voraus, um freiwillentliche Zustimmung signalisieren zu können.

Auch eine praktische *Handlungsfähigkeit* beider oder wenigstens einer der beteiligten Personen ist keine notwendige Voraussetzung von Einverständlichkeit, sofern unter Handlungsfähigkeit verstanden wird, mittels eigener Handlungen aufgrund von Selbststeuerungsfähigkeit aktiv ein Handlungsgeschehen mitgestalten und nicht lediglich Objekt von Handlungen anderer sein zu können, was gleichermaßen Ausgrenzungserfahrungen für Menschen mit körperlichen oder intellektuell-kognitiven Beeinträchtigungen evozieren und perpetuieren würde. Auch Menschen mit schwerstgradigen körperlichen oder intellektuell-kognitiven Beeinträchtigungen sind weder ‚geschlechtslose‘ noch ‚asexuelle Wesen‘,[427] wie der Blick auf das weitestgehende Aussparen dieser Menschen selbst in sexualwissenschaftlichen Veröffentlichungen einen zuweilen vermuten

---

425 Vgl. z. B. a.a.O., 128. Zur extraverbalen Kommunikationskomponente können zweifelsohne taktile und olfaktorische Aspekte gerechnet werden.

426 Auch hier gilt das metakommunikative Axiom von Watzlawick: *„Man kann nicht* nicht *kommunizieren"* (Watzlawick et al., *Kommunikation*, 53).

427 Gleiches gilt für Kinder und alte Menschen, die ebenfalls lange Zeit und zum Teil auch heute noch in Studien aller Art weitgehend ausgeblendet werden. Zur „Altensexualität" – besser: ‚Sexualität *im* Alter‘ – vgl. Aigner, *Vorsicht Sexualität!*, 104–114. Zu den oft bemerkenswert negativen Einstellungen gegenüber der (praktizierten) Sexualität alter Menschen vgl. Schnarch, *Psychologie*, 94 f.; ferner Härle, *Ethik*, 308 u. 313 f. Grundsätzlich gilt: „Lust hat kein Verfallsdatum" (Stockrahm/Büttner, „Silver Sex").

lassen könnte, vor allem aber durch die allgegenwärtige Dominanz genitaler Sexualität im gesellschaftlichen und medial vermittelten Bild von Sexualität suggeriert wird.

Nicht nur geht damit eine stillschweigend vorausgesetzte, bei näherer Betrachtung allerdings keineswegs selbstverständliche Verknüpfung von Sexualität mit ‚Gesundsein‘, ‚Symmetrie‘[428] und ‚Unversehrtheit‘ sowie eine problematische Ineinssetzung von Potenz und Erektion einher, sondern auch eine erstaunliche Ignoranz gegenüber dem allgemein tabuisierten Thema ‚Sexualität und körperliche Behinderung‘.[429] So kann es bei tiefgreifenden Störungen und irreversiblen Schädigungen der neuronalen Versorgung der sogenannten ‚primären Geschlechtsorgane‘ beispielsweise nach Rückenmarksverletzungen zu einer Verlagerung erogener Zonen kommen, was dementsprechende Anpassungen sexueller Handlungen und Interaktionen nach sich ziehen kann, die auch Personen mit funktionalen Einschränkungen eine dem (genitalen) Orgasmus vergleichbare Befriedigungserfahrung ermöglichen können.[430] Überdies ist bei der Handlungsunfähigkeit einer oder beider Person(en), die (miteinander) sexuell (inter-) agieren möchte(n), die Inanspruchnahme von Sexualassistenz möglich, was der Frage der Einverständlichkeit sexueller Handlungen oder Praktiken grundsätzlich keinen Eintrag tut. Dass in diesem Zusammenhang gleichwohl – und zwar: in hohem Maße – die Möglichkeit sexueller*sexualisierter Gewalt besteht, wird noch im Blick auf sexuelle Handlungen mit und/oder an Menschen mit Beeinträchtigungen zu erörtern sein.[431]

An dieser Stelle ist, was die Frage der Voraussetzungen von Einverständlichkeit betrifft, die Feststellung wichtig, dass Einverständlichkeit dadurch, dass die freiwillentliche Zustimmung wenigstens eine *Selbst*ausdrucksfähigkeit der Beteiligten voraussetzt, grundsätzlich höchstpersönlich und damit weder übertrag- noch delegierbar ist.[432] Eine freiwillentliche Zustimmung kann deshalb ebenso wenig ‚abgegeben‘ oder ‚abgenommen‘ werden wie ‚aus zweiter Hand‘ erfolgen oder ‚dem Vernehmen nach‘ vorliegen. Aufgrund der freiwillentlichen Zustimmung eignet Einverständlichkeit stets ein originäres Moment, das sich aus

---

428 Vgl. dazu auch – grundsätzlich – Rager, „Status," 128.

429 Vgl. dazu Ortland, *Behinderung*, 16–31 u. 173 ff.; ferner Haselbacher, „Sexualität," 28–38.

430 Vgl. bes. Komisaruk et al., *Science*, 199–225 u. 240–249; ferner 77–87 u. 97–100; vgl. auch pro familia, *Sexualität*, 8 f. u. 11 f.

431 Siehe Abschnitt D.2.

432 Darin sehe ich eine wesentliche Übereinstimmung von Einverständlichkeit in dem von mir entwickelten Sinne mit dem, was Fortune unter „authentic consent" versteht, vgl. Fortune, *Love*, 85–102.

dem Vermittlungszusammenhang selbst nicht ableiten lässt, sondern als Setzung eines Neuen zugleich Ursprung ist.

3.2.2.4 Resümee

Die vorstehenden Ausführungen zu Merkmalen, Bedingungen und Vorausset-zungen von Einverständlichkeit als sexualethischem Leitkriterium der vorlie-genden Untersuchung für die Beurteilung sexueller Handlungen oder Interak-tionen lassen sich in einem Satz zusammenfassen: Wesentliche Merkmale von Einverständlichkeit im hier gemeinten Sinne sind Reziprozität, Prozesshaftigkeit, Vollzugshaftigkeit und die beiderseitige freiwillentliche Zustimmung, welche wiederum Freiwilligkeit, Wissentlichkeit und Willentlichkeit als notwendige Be-dingungen und ein Mindestmaß an Einsichts-, Einwilligungs- und Willensbil-dungsfähigkeit sowie wenigstens die Selbstausdrucksfähigkeit der beteiligten Personen zur Voraussetzung hat. Es versteht sich, dass durch die Zusammen-führung solcher anämischen Abstraktionen kein Kriterienkatalog gebildet wird, den es in der konkreten Praxis von den sexuell miteinander Agierenden im Sinne einer Checkliste zur Selbstvergewisserung abzuarbeiten gelte. Der *sexualethischen Reflexion* ist damit allerdings ein praxisorientiertes Instrumentarium an die Hand gegeben, mittels dessen bei der sexualethischen Beurteilung des Zustandekom-mens und Vollzugs sexueller Handlungen eine intersubjektiv nachvollziehbare Orientierung über das in einer gegebenen Situation jeweils vorzuziehende Han-deln[433] erlangt werden soll.

Damit den Anspruch verbinden zu wollen, für jeden nur denkbaren Fall in jeder nur denkbaren Situation eine „für allemal und überall gleich gültige und gleichzeitig genaue Grenzziehung" zwischen ethisch zulässigem und ethisch unzulässigem Handeln leisten zu können, grenzte allerdings schon deshalb an Vermessenheit, „weil der endliche Raum der Freiheit eine objektive Variabilität hat, deren genaue Größe darum selbst wieder sowohl von der Konkretheit der Situation wie von der Freiheitsentscheidung des Menschen abhängt".[434] Im Un-terschied zu einem gleichermaßen schlichten wie starren moralischen Schwarz-Weiß-Denken, welches die Vielgestaltigkeit, aber auch die Ambivalenz (Mehr*wert*igkeit in der Handlungsorientierung) und Ambiguität (Mehr*deutigkeit*

---

433 Zu diesem Verständnis von Ethik nicht als gleichsam in ein steinernes Fundament aus Im-perativen gemeißeltes Kategoriengebäude, sondern als „Theorie des [...] vorzuziehenden Han-delns" vgl. Mühling, *Systematische Theologie: Ethik*, 37.
434 Rahner, „Würde," 266. Auch hier gilt gewissermaßen das Walther von Loewenich (1903–1992) zugeschriebene Diktum: „Der Schlußstein im Gewölbe darf nicht gesetzt werden, wenn der Himmel hereinschauen soll" (zit. nach Zahrnt, *Sache*, 398).

bei der begrifflichen Klassifikation eines Phänomens)[435] menschlicher Lebenswirklichkeit nicht ansatzweise zu erfassen vermag, zeigt sich die Leistungsfähigkeit ethischer Reflexion nicht zuletzt darin, inwieweit sie auch das Dazwischen
in den Blick zu nehmen und die Ränder als für einen Phänomenbereich gleichermaßen konstitutiv mitzureflektieren vermag.

Inwiefern sich auch das Kriterium der *Einverständlichkeit* als leistungsfähig
erweisen kann für eine sexualethische Beurteilung des Zustandekommens und
Vollzugs sexueller Handlungen oder Interaktionen im Allgemeinen, von Legierungen von Sexualität und Gewalt im Besonderen wird nun im folgenden Abschnitt zu bedenken sein.

3.3 Zur Leistungsfähigkeit des Einverständlichkeitskriteriums

Mit der Erhebung von Einverständlichkeit zum sexualethischen Leitkriterium geht
eine grundsätzliche Ausrichtung an der Idee der sexuellen Selbstbestimmung des
Menschen einher, wie sie in modernen Rechtssystemen westlicher Prägung als
unantastbares menschliches Grundrecht verankert und in einer Vielzahl internationaler Erklärungen und Konventionen als unveräußerliches Menschenrecht
deklariert worden ist. Mit dieser Anerkennung der sexuellen Selbstbestimmung
als Grundrechts- und Menschenrechtsgut[436] wird ein doppelter Schutzzweck
verfolgt: Einerseits soll die Sexualsphäre eines Menschen in umfassendem Sinne
vor Beeinträchtigungen und Verletzungen seiner sexuellen Selbstbestimmung
durch fremdbestimmtes Handeln geschützt werden (‚Schutz *vor*'); andererseits
soll die individuelle Entscheidung eines Menschen darüber geschützt werden, ob
und wann er welche sexuellen Handlungen wie und unter welchen Umständen
und Bedingungen mit wem oder an sich selbst realisieren (lassen) möchte
(‚Schutz *von*').[437] Damit korrespondiert die Vorstellung, dass die sexuelle Freiheit

---

435 Bei dieser Unterscheidung folge ich Bauman; für eine Darstellung von Baumans Ambiva-
lenzkonzept und seiner wissenssoziologischen Rekonstruktion von Ambiguität vgl. Junge, „Ambivalenz," 80 ff.
436 Zum rechtlichen Konzept der sexuellen Selbstbestimmung und der Verankerung des sexuellen Selbstbestimmungsrechts im deutschen Strafrecht vgl. Vavra, *Strafbarkeit*, 153–161. Zur
menschenrechtlichen Situation vgl. Cornwall et al., „Development," 1–21. Zum Terminus der
‚Selbstbestimmung', der erst seit Kant Einzug in die Ethik gehalten hat und heute innerhalb der
Angewandten Ethik geradezu „den Status einer ersten oder letzten Instanz" einnimmt, vgl. Gerhardt, „Selbstbestimmung," 51–70 (Zitat 51).
437 Auf die Bedeutung des in Klammern gesetzten ‚lassen' wird in Abschnitt D.2 zurückzukommen sein.

des Menschen die Möglichkeit einschließt, sein „volles sexuelles Potential zum Ausdruck zu bringen".[438]

Das Recht auf sexuelle Selbstbestimmung gilt demnach nicht unbedingt, sondern unter der Maßgabe, dass dabei nicht dem nämlichen Recht anderer Menschen Eintrag getan wird. Das Recht auf sexuelle Selbstbestimmung ist also nicht als Freibrief für alle möglichen sexuellen Handlungen[439] aller Personen[440] zur Durchsetzung persönlicher Wünsche und Interessen gemäß persönlicher Vorlieben und Bedürfnisse zu verstehen. Auch aus Sicht einer liberalen evangelischen Sexualethik ist, wie bereits in Abschnitt 3.2 festgehalten wurde, die unabdingbare Forderung einer Freiheit des Einzelnen *zu* der Sexualität, die er möchte, untrennbar verknüpft mit der gleichermaßen unabdingbaren Forderung einer Freiheit des Einzelnen *von* und *vor* der Sexualität, die er nicht möchte. Dies verdeutlicht, dass Sexualität als Gestaltungsraum menschlicher Existenz nicht unverantworteter Beliebigkeit überstellt, sondern menschlicher Verantwortung unterstellt ist, die aus Sicht christlicher Sexualethik freilich immer Verantwortung des Einzelnen gegenüber Gott, den Mitmenschen und sich selbst in seiner Geschöpflichkeit ist. Die dem Menschen gleichermaßen zugetraute wie zugemutete Freiheit zur Entfaltung der eigenen Sexualität schließt aus *sexualethischer* Sicht aber nicht nur das Recht auf eine freiverantwortete und – im Vergleich zur traditionellen Schambesetzung menschlicher Sexualität in der christlichen Tradition – geradezu ‚*un*verschämte'[441] Gestaltung sexueller Beziehungen unter den genannten Bedingungen, sondern auch das Recht auf Scheitern ein, woraus wiederum eine Chance für Veränderung und Neubeginn erwachsen kann.

Demnach kommt Einverständlichkeit als sexualethischem Leitkriterium eine doppelte Funktion zu. Unter Rekurs auf Einverständlichkeit kann einerseits die Eigenständigkeit und Selbstverantwortlichkeit des Menschen bei der individuel-

---

438 So in Art. 1 der von der Generalversammlung der World Association for Sexual Health (WAS) am 26. August 1999 verabschiedeten „Declaration of Sexual Rights": „Sexual freedom encompasses the possibility for individuals to express their full sexual potential"; in eigener Übers. zit. nach Coleman, „From sexology," 139.

439 Dass auch sexuelle Interaktionen, zu denen Personen „rechtswirksam ihr Einverständnis erklären können, [...] trotzdem vom Recht sanktionsbewehrt untersagt" sein können, betont Renzikowski, „Primat," 200; vgl. auch 199 (mit Literatur).

440 Das Rechtsgut der sexuellen Selbstbestimmung im deutschen Strafrecht gilt nur für solche Personen, die „zu einer rechtlich relevanten Willensbildung" überhaupt *imstande* sind, während beispielsweise Kinder „nicht wirksam einwilligen" können, „um ihr Sexualleben nach eigenen Wünschen zu gestalten" (Gnüchtel, *Jugendschutztatbestände*, 112; vgl. 112f.).

441 Vgl. den Titel von Dabrock et al., *Unverschämt – schön* samt 16. Zum christlichen Beitrag zur Schambesetzung menschlicher Sexualität und den Möglichkeiten ihrer Entschämung durch Relektüre biblischer Texte vgl. Huizing, *Scham*, 277–292; ferner Imhof, „Intimität," 17–20.

len Gestaltung seiner Sexualität herausgestellt, andererseits eine Orientierung darüber ermöglicht werden, inwieweit und ab wann sexuelle Handlungen oder Interaktionen als unvereinbar mit der Aufgabe einer ethisch verantworteten Gestaltung von Sexualität zu betrachten sind. Ausschlaggebend für die ethische Beurteilung einer sexuellen Handlung ist dabei aber weniger die einzelne sexuelle Handlung selbst als vielmehr der Modus ihres Zustandekommens und Vollzugs, sodass Einverständlichkeit als maßgebliches Kriterium in den Blickpunkt rückt. Einverständlichkeit dient somit gleichsam als ‚Seezeichen', wonach die ethische Beurteilung menschlicher Sexualität in der grenzenlosen Vielfalt ihrer Ausdrucksformen[442] ‚steuern'[443] kann: Soweit und solange Einverständlichkeit beim Zustandekommen und Vollzug sexueller Handlungen oder Interaktionen nicht vorliegt bzw. nicht als faktisch wirksam unterstellt werden kann, sind sie grundsätzlich als ethisch unzulässig zu qualifizieren; soweit und solange sexuelle Handlungen oder Interaktionen im Horizont von Einverständlichkeit zustande kommen und vollzogen werden, ohne dabei gegen die sexuelle Selbstbestimmung Dritter zu verstoßen, sind sie grundsätzlich als ethisch zulässig zu qualifizieren.

Wohlgemerkt *grundsätzlich*, nicht ausnahmslos,[444] ethisch zulässig deshalb, weil es auch Grenzfälle der Einverständlichkeit gibt, die es aus sexualethischer Sicht als unannehmbar erscheinen lassen, *jedwede* sexuelle Handlung oder Interaktion, die im Horizont von Einverständlichkeit zustande kommt, allein deshalb schon als ethisch zulässig zu bewerten – selbst dann, wenn durch eine betreffende Handlung oder Interaktion nicht das sexuelle Selbstbestimmungsrecht Dritter beeinträchtigt würde. Gleiches lässt sich für die *grundsätzliche* ethische Unzulässigkeit von sexuellen Handlungen oder Interaktionen formulieren, welche ohne vorliegende bzw. ohne als faktisch wirksam zu unterstellende beiderseitige Einverständlichkeit zustande kommen. Die Zulässigkeit oder Unzulässigkeit einer konkreten sexuellen Handlung oder Interaktion kann nicht Resultat irgendeines Automatismus sexualethischer Urteilsbildung sein, sondern entscheidet sich aufgrund und im Zuge ihrer individuellen kriterialen Beurteilung,

---

442 Es ist daran zu erinnern, dass nicht nur die Bewertung bestimmter Ausdrucksformen menschlicher Sexualität, sondern auch diese Ausdrucksformen selbst einem kontinuierlichen historischen, gesellschaftlichen und kulturellen Wandel unterliegen.

443 Zu diesem Bild vom Seezeichen als Navigationshilfe vgl. Kierkegaard, *Krankheit*, 81.

444 Ich verwende ‚grundsätzlich' hier also in Anlehnung an den juristischen Sprachgebrauch im Sinne von ‚vom Grundsatz her' oder ‚im Prinzip', was unter strengen Voraussetzungen auch Ausnahmen möglich macht, wohingegen ‚prinzipiell' im Sinne von ‚*aus* Prinzip' selbige ausschließt, mithin gleichbedeutend mit ‚ausnahmslos' (juristisch: ‚generell') ist. Zur Frage, ob moralische ‚Regeln' (im Unterschied zu moralischen ‚Prinzipien') ausnahmslos, grundsätzlich oder, wie M. Singer vorschlägt, bloß ‚im Allgemeinen' bzw. ‚gewöhnlich' gelten, vgl. M. Singer, „Moral Rules," 165; ferner ders., *Generalization*, 98 f. u. 119.

was die Existenz ethischer Grenzbereiche freilich nicht ausschließt. Darauf wird in Untersuchungsteil D zurückzukommen sein.

In diesem Zusammenhang sollen zunächst die aus der Grundsatzentscheidung, Einverständlichkeit zum sexualethischen Leitkriterium für die Beurteilung des Zustandekommens und Vollzugs sexueller Handlungen oder Interaktionen im Allgemeinen, von Legierungen von Sexualität und Gewalt im Besonderen zu erheben, resultierenden Konsequenzen für die sexualethische Reflexion erläutert werden, an denen zugleich die Leistungsfähigkeit des Einverständlichkeitskriteriums verdeutlicht werden kann. Ich nenne und erläutere derer vier: Interaktionsorientierung, Begründungsunabhängigkeit, Gewalt- und Machtsensibilität.

3.3.1 Interaktionsorientierung

Im Unterschied zur wesentlich aktorientierten und entsprechend kasuistisch ausgestalteten traditionellen Gebots- und Verbotsmoral wird der sexualethischen Reflexion durch die Einbeziehung des Einverständlichkeitskriteriums eine *Interaktionsorientierung* möglich, welche der ebenso unab- wie uneinschließbaren Gestaltungsvielfalt sexuellen Lebens und Erlebens gerecht zu werden vermag. Indem nicht einzelne sexuelle Handlungen und Praktiken isoliert für sich betrachtet werden, sondern der *Modus* ihres *Zustandekommens* und *Vollzugs* im Blickpunkt steht, ist es möglich, auch uneindeutige Zwischenbereiche und fließende Übergänge der sexuellen Lebenswirklichkeit des Menschen zum Gegenstand sexualethischer Reflexion zu machen. Auch die *sexuelle* Lebenswirklichkeit des Menschen weist, wie in Anlehnung an Kinsey formuliert werden kann, ‚selten getrennte Kategorien‘[445] auf, sodass von einem grundsätzlichen *Kontinuum* sexuellen Erlebens und Verhaltens auszugehen ist,[446] welches sich jeder künstlichen und damit auch nicht ohne Gewaltsamkeit durchführbaren Einordnung in Gedankenschubladen naturgemäß widersetzt.

Durch die bewusste Abkehr von einem solchen ‚Schubladendenken‘ der aktorientierten traditionellen Sexualethik, in der die Einheit der Sexualität zunächst in Einzelhandlungen ‚zerlegt‘ und dann zu einem Bild von Sexualität wieder ‚zusammengesetzt‘ wird,[447] ist der sexualethischen Reflexion einerseits ein ‚gesunder Realismus‘[448] bei der Rede über Sexualität unter den Bedingungen

---

445 Vgl. Kinsey et al., *Sexual Behavior in the Human Male*, 639.
446 Vgl. Friedman, *Homosexualität*, 8.
447 Zu diesem Vorgang der ‚Zerlegung‘ und ‚Zusammensetzung‘ der Sexualität (analog der Herstellung von ‚Formfleisch‘) vgl. Ammicht Quinn, *Körper*, 337; Schockenhoff, *Kunst*, 49; vgl. ferner, nicht unähnlich dazu, Sigusch, *Sexualmedizin*, 154 sowie ders., *Geschichte*, 31.
448 Zur Rede vom ‚gesunden Realismus‘ vgl. auch oben Anm. 207.

heutiger Wirklichkeitserfahrung möglich, andererseits der sexualethischen Reflexion ein praktikables Kriterium für die Beurteilung sexueller Handlungen oder Interaktionen ausgehend von ihrem Zustandekommen an die Hand gegeben. Dies ermöglicht es der sexualethischen Reflexion nicht nur, wie bereits bemerkt, die Eigenständigkeit und Selbstverantwortlichkeit des Menschen bei der individuellen Gestaltung seiner Sexualität wertzuschätzen, zu respektieren oder wenigstens zu tolerieren,[449] sondern auch, eine Orientierung darüber zu geben, inwieweit und ab wann sich sexuelle Handlungen oder Interaktionen als unvereinbar mit der Aufgabe einer ethisch verantworteten Gestaltung von Sexualität im Horizont christlicher Wirklichkeitsdeutung erweisen.

3.3.2 Begründungsunabhängigkeit

Der grundsätzlichen Öffnung sexualethischer Reflexion gegenüber dem Prozess der Enttraditionalisierung, Destandardisierung und Individualisierung von Sexualverhältnissen in den Wogen postmoderner Entgrenzungen der Sexualität[450] entspricht die Überzeugung von der *Begründungsunabhängigkeit* des Zustandekommens einverständlicher sexueller Handlungen, nicht nur, was die Frage der konkreten Sozial- und Lebensform angeht, sondern auch, was die Frage der konkreten geschlechtlichen Konstellation und sexuellen Orientierung der voreinander, miteinander oder aneinander handelnden bzw. handeln lassenden Personen betrifft. Mit der Ausrichtung am Kriterium der Einverständlichkeit geht deshalb die Abkehr von einschlägigen Motiven der grundsätzlich repressiv ausgerichteten traditionellen Sexualmoral einher, in der praktizierte Sexualität nicht nur an Liebe und Ehe (fest)gebunden,[451] sondern auch den Prinzipien einer heteronormativen Logik und hierarchischen Geschlechterordnung unterworfen worden ist und noch immer wird – bis zur Ebene der Sexualstellungen.[452]

---

449 Zum Toleranzbegriff vgl. Abschnitt D.6.2.1, Anm. 506.

450 Vgl. dazu Sigusch, *Geschichte*, 210.

451 Keineswegs nur im Bereich christlicher Sexualethik, vgl. z. B. Moll, *Sexualität*, 35.

452 Die einzige Sexualstellung, die lange Zeit von der (katholischen) Kirche als ‚gottesfürchtig' gutgeheißen und auch christlichen Missionaren als erlaubt gegolten hat, war die ‚Missionarsstellung'. Vgl. dazu das bezeichnende Urteil des Anthropologen und Sexualforschers Ernst Wilhelm Julius („Ernest") Bornemann (1915–1995) in *Lexikon der Liebe und Sexualität*, Bd. 1, 44. Selbst liberale Denker des 19. Jahrhunderts haben die ‚Missionarsstellung' als die (einzige) der natürlichen Ordnung entsprechende Stellung betrachtet, wie etwa der französische Militärarzt und Antikleriker Auguste Debay (1802–1890) in seinem Bestseller *Hygiène et physiologie du mariage* (1848), der bis 1880 über 120 Auflagen (!) erlebt hat, vgl. dazu Gay, *Erziehung*, 166–168.

So wenig wie die Einverständlichkeit sexueller Handlungen oder Interaktionen notwendigerweise eine bestimmte innere Zuneigung[453] der sexuell miteinander Agierenden, eine bestimmte äußere Form ihrer Verbundenheit oder auch
nur eine bestimmte Dauer ihrer selbstgewählten Intimbeziehung voraussetzt,
ebenso wenig ist die Einverständlichkeit von der sexuellen oder romantischen
Orientierung,[454] ja überhaupt von sexuellen Vorlieben, Neigungen oder Ausrichtungen der Beteiligten abhängig. Damit ist eine grundsätzliche Offenheit sexualethischer Reflexion nicht nur gegenüber geschlechtlicher, sexueller und
amouröser Vielfalt,[455] sondern auch gegenüber der Mannigfaltigkeit sexuellen
Lebens und Erlebens möglich, wie sie in der Lebenswelt der Moderne immer
deutlicher vor Augen tritt und der sich auch eine christliche Sexualethik nicht
einfach verschließen kann, will sie an gegenwärtige Welt- und Werthorizonte
anknüpfungsfähige Orientierung glaubensgegründeter Lebensführung geben.

Es ist an dieser Stelle daran zu erinnern, dass es in der vorliegenden Untersuchung nicht um die Frage nach den Gelingensbedingungen menschlicher Sexualität, mithin nicht darum geht, inwieweit sexuelle Handlungen oder Interaktionen nicht nur als ethisch zulässig, sondern auch als Ausdruck ,gelingender'
oder ,glückender' Sexualität betrachtet werden können, so unbestreitbar Sexualität, wenn sie einverständlich zwischen sich *liebenden* Partner*innen praktiziert
wird, eine andere Erfahrungsqualität zugleich enthalten und ermöglichen kann
als eine unter anderen Bedingungen und Umständen praktizierte Sexualität. Oder
anders formuliert: (Gegenseitige) Liebe und (gegenseitige) Zuneigung zwischen
Personen, obwohl diese keine Minimalanforderungen für das *Vorliegen* von Einverständlichkeit im sexuellen Bereich sind, können nicht nur das Zustandekommen selbiger in hohem Maße begünstigen, sondern unter diesen Vorzeichen
praktizierte Sexualität kann – im Guten ebenso wie im Schlechten – in einem
anderen Licht erscheinen als Sexualität, die allein aus äußerlicher Verbundenheit
praktiziert wird. Die sexuelle Praxis deshalb an Liebe und/oder Ehe als notwendige Voraussetzungen knüpfen zu wollen, ist allerdings weder empirisch

---

453 Strenggenommen bedarf es noch nicht einmal eines *Mindestmaßes* an innerer Zuneigung,
kann Sexualität – man denke an Formen der Prostitution oder an anonymen ,Parkplatz-' oder
,Outdoorsex', genannt Dogging – doch auch ohne jede innere Zuneigung einander gänzlich
fremder Beteiligter und dennoch *einverständlich* praktiziert werden. Zum Phänomen des Dogging
vgl. Ashford, „Heterosexuality," 42–48.
454 Zur Differenzierung von sexueller und romantischer Orientierung, wobei im Zentrum ersterer
das sexuelle Begehren einer Person steht, während letztere vor allem „die Geschlechter beschreibt, auf die sich Verliebtheitsgefühle richten", vgl. Debus, „Sexualpädagogik," 820 f. (Zitat
820).
455 Vgl. hierzu Thuswald, „Geschlechterreflektierte sexuelle Bildung?," 173 ff.

noch normativ gerechtfertigt, zumal weder Liebe[456] noch Ehe[457] und Familie[458] per se vor sexueller*sexualisierter Gewalt schützen (können).

3.3.3 Gewaltsensibilität

Die Heranziehung des Einverständlichkeitskriteriums ermöglicht der sexualethischen Reflexion eine hohe *Gewaltsensibilität*. Gewalt in negativem Sinne wurde arbeitsdefinitorisch bestimmt als dynamisches Geschehen, bei dem eine Einwirkung oder Einflussnahme erfolgt, durch die Menschen eine Schädigung erleiden.[459] Unter Schädigung wurde sowohl der *Prozess* des Geschädigt*werdens* als auch der *Zustand* des Geschädigt*seins* verstanden, sodass unter Gewalt neben *zugefügten* Verletzungen physischer oder psychischer Art auch körperlich-seelisch-geistig *sich auswirkende* Verletzungen individueller Freiheits- und Selbstbestimmungsrechte gefasst werden können. Damit wird einerseits der Untersuchungsfokus von einer Fixierung allein auf die Gewalt *Ausübenden* gelöst und gleichermaßen auf die Gewalt *Erleidenden* gelenkt; andererseits wird reflektiert, dass Gewalt sich nicht nur als Gewalt*handeln* durch Ausnutzung eines wenigstens situativ bestehenden Machtvorsprungs zur wirksamen Durchsetzung des eigenen Willens gegenüber anderen manifestieren,[460] sondern auch als Gewalt*verhältnisse* in den Strukturen der alltäglichen Lebenswelt, dem „Urtypus unserer Realitätserfahrung",[461] niederschlagen kann, wodurch Menschen gleichermaßen an der

---

456 Vgl. Farley, *Verdammter Sex*, 219 / *Just Love*, 196.

457 Siehe Abschnitt D.4.

458 Siehe Abschnitt F.1.1.1.

459 Siehe Abschnitt A.2.2. Dass damit die Wechselbeziehung zwischen vielfältigen persönlichen Faktoren und situativen Umständen ebenso wenig ausgeschlossen wie das Zusammenspiel situativer Umstände mit dispositionellen Faktoren in Abrede gestellt werden soll, die jeweils maßgeblich dafür sind, wie eine bestimmte Person zu einer bestimmten Zeit an einem bestimmten Ort Handlungen und Verhaltensweisen anderer Personen empfindet und darauf reagiert (man denke z. B. an den Phänomenbereich sexueller Belästigung), versteht sich. Nicht nur sind die Folgen sexueller*sexualisierter Gewalt für das Leben eines Menschen individuell höchst unterschiedlich bemerkbar, sondern auch die Wahrnehmung und Empfindung eines Gewaltgeschehens ist subjekt- und situationsabhängig; speziell zu Letzterem vgl. Haidle, „Wahrnehmung," 79–90.

460 Es darf mit Weber (s. Abschnitt A.2.3.1) daran erinnert werden, dass Macht als allgemeinmenschliche Möglichkeit in *allen* gesellschaftlichen Bereichen und sozialen Beziehungen begegnen kann, der von einer Person in der dominanten Stellung gegenüber einer Person in der unterlegenen Stellung (aus)genutzte Machtvorsprung sich folglich nicht lediglich z. B. auf ein ungleiches physisches Kräfteverhältnis zurückführen lässt.

461 Schütz/Luckmann, *Strukturen*, 8; vgl. 29 u. 57.

Ausschöpfung potenzieller individueller Entfaltungs- und Verwirklichungsmöglichkeiten wirksam gehindert werden.

Wie Gewalt kann sich Sexualität in ihren individuellen und sozialen Sinndimensionen auf unterschiedlichsten Ebenen des Menschseins in multiplen Erscheinungsformen und Kontexten manifestieren, sodass nicht nur vielfältige Wechselwirkungen, sondern auch mannigfaltige Berührungspunkte, Verflechtungen und Vermischungen der als Sexualität und Gewalt bezeichneten Handlungs- und Erlebenszusammenhänge bestehen können, die sich einfachen Ein- und Abgrenzungen (,Definitionen') entziehen. Um das Verhältnis von Sexualität und Gewalt in seiner ganzen Komplexität und mit ständiger Rücksicht auf die Unabschließbarkeit möglicher Legierungsbildungen wahrnehmen und beurteilen zu können, ist eine sexualethische Betrachtungsweise erforderlich, die nicht nur differenziert genug ist, um Unterschiede zwischen einzelnen Phänomenen angemessen zu erfassen, sondern zugleich integriert genug, um ungerechtfertigte Trennungen zwischen ihnen zu vermeiden.[462] Das Kriterium der Einverständlichkeit kann der sexualethischen Reflexion dabei gewissermaßen als *Sonde* dienen,[463] mit deren Hilfe Zustandekommen und Vollzug sexueller Handlungen auf das Vorliegen von Gewalt hin untersucht und auf die Vereinbarkeit mit der Aufgabe einer ethisch verantworteten Gestaltung von Sexualität hin überprüft werden können, und zwar unabhängig von der Frage ihrer rechtlichen Bewertung und ggf. Sanktionierung.[464]

Unter Heranziehung des Einverständlichkeitskriteriums lässt sich plausibilisieren, dass es aus sexualethischer Sicht nicht ausreicht, unter sexueller*sexualisierter Gewalt allein solche sexuellen Handlungen zu verstehen, die vor, mit oder an einer anderen Person *gegen ihren Willen* geschehen, mag der entgegenstehende Wille von der anderen Person dabei expressis verbis geäußert und/oder durch entsprechendes Verhalten konkludent zum Ausdruck gebracht worden sein.[465] Gleichermaßen sind auch solche sexuellen Handlungen als sexuelle*se-

---

462 Zu Differenziertheit und Integriertheit als Erfordernisse einer angemessenen ethischen Betrachtungsweise vgl. Härle, *Ethik*, 325.

463 Analog zu anderen anwendungsethischen Bereichen wie z.B. der Wirtschaftsethik, in der das Modell des *Homo oeconomicus* gleichermaßen zur Exploration wie zur Testung der Wirkung und Stabilität institutioneller Arrangements herangezogen werden kann, vgl. Homann, „Homo oeconomicus," 387–411; ferner ders., „Wirtschaftsethik," 99.

464 Das Strafrecht ist jedenfalls „kein geeignetes Mittel zur differenzierten Beurteilung des ethischen Gehalts komplexer sozialer Interaktionen" (Schetsche, „,Mißbrauch'," 212f. [ohne Hervh.]), zumal auch die soziale Realität von Gewalt in personalem Sinne aus Handlungen und Verhaltensweisen besteht, die erst im Zusammenhang sinnhaft werden bzw. als sinnhaft zu erschließen sind.

465 Siehe Abschnitt A.3.1.

xualisierte Gewalt zu qualifizieren, die vor, mit oder an einer anderen Person *ohne ihre freiwillentliche Zustimmung* geschehen, mag diese Person dabei zustimmungsfähig sein, den sexuellen Handlungen aber aus welchem Grund auch immer nicht freiwillentlich *zugestimmt haben*, oder mag diese Person nicht-zustimmungsfähig sein und sexuellen Handlungen deshalb gar nicht freiwillentlich *zustimmen können*, weil sie über das hierfür unabdingbare Mindestmaß an Einsichtsfähigkeit, Einwilligungsfähigkeit und Willensbildungsfähigkeit nicht verfügt.[466] In allen genannten Konstellationen kann eine beiderseitige Einverständlichkeit sexueller Handlungen nicht vorliegen bzw. nicht als faktisch wirksam unterstellt werden.

Dies gilt auch für solche Situationen, in denen eine an sich zustimmungsfähige Person zustandsbedingt, z. B. aufgrund von Drogeneinfluss, keine freie, selbstbestimmte Entscheidung treffen kann oder sich in einem Zustand der Einschüchterung bzw. Schockstarre befindet und sexuelle Handlungen bloß über sich ergehen lässt, ohne sich verbal oder non-verbal dagegen zur Wehr zu setzen.[467] Es reicht für das Vorliegen von Einverständlichkeit im hier gemeinten Sinne aber auch nicht aus, dass eine Zustimmung zwar willentlich, nicht aber freiwillig erfolgt, wie es für eine *freiwillentliche* Zustimmung als Wesensmerkmal von Einverständlichkeit unabdingbar ist. Eine Zustimmung zu sexuellen Handlungen kann nämlich willentlich erfolgen und dennoch *gegen* den eigenen Willen sein, etwa dann, wenn die Zustimmung allein aus Furcht vor den Folgen einer Nicht-Zustimmung gegeben wird, sodass eine vor *diesem* Hintergrund verbal oder non-verbal gegebene willentliche Zustimmung de facto er- bzw. gezwungenermaßen erfolgt.[468]

Sexuelle*sexualisierte Gewalt ist also umfassender zu verstehen und entsprechend weiter zu fassen als ‚sexuelle Handlungen gegen den Willen‘ einer anderen Person, was in Untersuchungsteil D noch zu substantiieren sein wird. An dieser Stelle bleibt der Gewaltcharakter von sexuellen Handlungen herauszu-

---

466 Zur Konkretisierung dieses ‚Mindestmaßes‘ s. Abschnitt 3.2.2.3; zu Konkretisierungen dieses ‚Nicht-Verfügens‘ als ‚Generell-nicht-‘, ‚Noch-nicht-‘, ‚Nicht-mehr-‘ oder ‚Vorübergehend-nicht-Verfügen-Können‘ s. Abschnitt D.1.

467 Hier ist zu beachten, dass *freiwillentliche* Zustimmung als Wesensmerkmal von Einverständlichkeit und verbal oder non-verbal *geäußerte* Zustimmung zwar gewöhnlich zusammenfallen, aber nicht zwangsläufig zusammenfallen müssen, sodass eine Person im Extremfall auch dann sexuellen Handlungen *nicht* freiwillentlich zugestimmt hat, wenn sie z. B. aus Angst um mögliche negativen Konsequenzen einer Ablehnung sich genötigt fühlt, ‚Ja‘ zu diesen – nichtsdestotrotz: wider Willen vollzogenen – Handlungen zu sagen. Dies wird am Beispiel von Vergewaltigung zu diskutieren sein, s. Abschnitt D.4.

468 Siehe hierzu Abschnitt D.4; zur Differenzierung zwischen ‚erzwungenermaßen‘ und ‚gezwungenermaßen‘ s. überdies Abschnitt A.2.3.4.

stellen, die in einem Handlungs- und Geschehenszusammenhang realisiert werden, bei dem eine Person einen wenigstens situativ bestehenden Machtvorsprung zur wirksamen Durchsetzung des eigenen Willens gegenüber anderen auszunutzen in der Lage ist.[469] Sexueller*sexualisierter Gewalt eignet insofern stets ein Moment machtmissbräuchlicher Willensdurchsetzung, im Zuge derer ein Mensch eine fremdmächtige Verletzung der ihm als Mitglied der Menschheitsfamilie zustehenden individuellen Freiheits- und Selbstbestimmungsrechte erleidet. Dies ist keineswegs nur bei geradezu augenfälligen Formen ‚raptiver' oder ‚autotelischer' Gewalt der Fall,[470] sondern auch bei nicht-handgreiflicher (wie z. B. bei *Catcalling*) und nicht-augenfälliger Gewalt (wie es z. B. auch bei sexuellem Kindesmissbrauch der Fall sein kann).

Das Kriterium der Einverständlichkeit allein auf die Entstehungsbedingungen sexueller Handlungen beziehen zu wollen, ließe außer Acht, dass Einverständlichkeit auch den *Horizont* darstellen kann und aus sexualethischer Sicht darzustellen hat, in dem sexuelle Handlungen *vollzogen* werden. Die sexuelle Selbstbestimmung des Menschen umfasst auch das Recht auf Durchführung gewalthaltiger Sexualpraktiken unter der Maßgabe, dass diese im Einverständnis aller Beteiligten erfolgen und dadurch die sexuelle Selbstbestimmung unbeteiligter Dritter nicht tangiert wird. Sexuelle Handlungen können also jenseits wie diesseits der Grenzen der Einverständlichkeit gewalthaltig sein. *Einverständliche gewalthaltige Sexualpraktiken* sollen darum als ebensolche bezeichnet und *nicht* unter den Terminus sexuelle*sexualisierte Gewalt im oben dargelegten Sinne zur Bezeichnung sexueller Handlungen vor, mit oder an einer anderen Person gegen ihren Willen oder ohne ihre freiwillentliche Zustimmung fallen. Gewalt kann im Horizont von Einverständlichkeit nicht nur möglich, sondern auch ethisch zulässig sein, ohne dass Einverständlichkeit deshalb als Freibrief für *jedwede* Handlung im sexuellen Bereich verstanden werden muss.[471]

Schon deshalb griffe es zu kurz, den Bereich des ethisch Zulässigen einfach mit dem der ‚Gewaltfreiheit' gleichzusetzen, wie es auch im aktuellen theologischen Sexualitätsdiskurs vielerorts explizit getan oder stillschweigend vorausgesetzt wird.[472] Die Grenze zwischen ethisch zulässigen und ethisch unzulässigen sexuellen Handlungen oder Interaktionen verläuft nicht entlang der Gewaltgrenze, sondern entlang den Grenzen der Einverständlichkeit. Die Grenzerkun-

---

469 ‚In der Lage' deshalb, da hierzu *Durchsetzungskraft* erforderlich ist, was zugleich die Verbindung und Verbundenheit von Gewalt und Kraft herausstellt, s. Abschnitt A.2.3.3.

470 Zu dieser Differenzierung Reemtsmas vgl. oben Anm. 370.

471 Darauf wird bei der Auseinandersetzung mit dem sexuellen Sadomasochismus in Kapitel D.5 zurückzukommen sein.

472 Vgl. dazu oben Anm. 117.

dung der Einverständlichkeit in Untersuchungsteil D wird allerdings zu Tage
fördern, dass der Bereich des ethisch Zulässigen auch nicht einfach mit dem
Bereich der Einverständlichkeit zusammenfällt, weil *einverständliche* sexuelle
Handlungen auch aufgrund eines sie umgreifenden gewalthaltigen Kontextes
ethisch abzulehnen sein können, selbst dann, wenn diese Handlungen als solche
nicht gewalthaltig sein sollten.[473] Die hier eingeforderte Gewaltsensibilität sexualethischer Reflexion bedeutet daher, sensibel auch dafür zu sein, dass einverständliche sexuelle Handlungen, die als solche ohne *personale* Gewalt zustande
kommen und vollzogen werden, aufgrund eines gewalthaltigen *Kontextes*, mit
dem sie in wesentlichem Zusammenhang stehen, nicht einfach frei von *jeglicher*
Gewalt sind. So wie nicht jede gewalthaltige sexuelle Handlung ethisch unzulässig ist, ist nicht jede einverständliche sexuelle Handlung ethisch zulässig, auch
wenn sie als solche nicht gewalthaltig sein sollte. Wenn aber der Bereich der
Einverständlichkeit nicht einfach mit dem der ‚Gewaltfreiheit‘ und beides wiederum nicht einfach mit dem des ethisch Zulässigen gleichzusetzen ist, kann
schließlich gefragt werden, ob, und wenn ja, unter welchen Bedingungen auch
mögliche Abweichungen vom sexualethischen Leitkriterium der Einverständlichkeit und damit auch sexuelle Handlungen zu rechtfertigen wären, die nicht im
Horizont von Einverständlichkeit zustande kommen und vollzogen werden
(können).[474]

Kurzum: Zwischen den Bereichen der Einverständlichkeit, Gewaltfreiheit und
ethischen Zulässigkeit ebenso wie zwischen den Bereichen der Nicht-Einverständlichkeit, Gewalthaltigkeit und ethischen Unzulässigkeit gibt es anzunehmenderweise jeweils nicht unerhebliche Überschneidungen, ohne dass deshalb
eine völlige Deckungsgleichheit vorliegen muss. Mit anderen Worten: Es ist
kompliziert. Zur Operationalisierung der Gewaltsensibilität bedarf die sexualethische Reflexion deshalb einer möglichst differenzierten Begrifflichkeit, wobei
mir an dieser Stelle die terminologische Differenzierung von Gewalt*haltigkeit*,
Gewalt*samkeit*, Gewalt*tätigkeit* und Gewalt*behaftetheit* von Handlungen sinnvoll
erscheint, eine Differenzierung, die nicht einer gewissen Künstlichkeit entbehrt
und doch im Interesse erfolgt, Legierungen von Sexualität und Gewalt im weiteren
Verlauf der Untersuchung nicht nur in ihrer ganzen Komplexität wahrnehmen,
sondern auch terminologisch präzise beschreiben zu können.

---

473 Darauf wird bei der Auseinandersetzung mit Prostitution in Kapitel D.4 zurückzukommen
sein.
474 Dass mögliche Abweichungen von diesem Leitkriterium nur unter strengen Voraussetzungen
und Bedingungen zu rechtfertigen wären, versteht sich; darauf wird in Kapitel D.2 im Blick auf
sexuelle Handlungen zwischen Erwachsenen mit und ohne Beeinträchtigungen zurückzukommen sein.

Zunächst gilt zu reflektieren, dass gewalthaltig nicht nur solche sexuellen Handlungen sein können, die vor, mit oder an einer anderen Person *gegen ihren Willen* oder *ohne ihre freiwillentliche Zustimmung* realisiert werden, sondern auch solche, die *mit freiwillentlicher Zustimmung* aller Beteiligten zustande kommen und vollzogen werden, was einen signifikanten Unterschied auf der Bewertungsebene bedingt. Insofern bietet sich die Differenzierung von Gewalt*handlung* und Gewalt*tätigkeit* an.[475] Während als Gewalt*handlungen* bzw. Gewalt*akte* ge-

---

[475] Speziell mit Bezug auf den Schädigungsaspekt von Gewalt könnte alternativ dazu auch zwischen Gewalt*haltigkeit* und Gewalt*tätigkeit* unterschieden werden, und zwar so, dass ‚gewalt*haltig*' eine Handlung bezeichnet, die eine Schädigung verursachen *kann*, ohne (primär) auf die Schädigung *aus gewesen* zu sein, während ‚gewalt*tätig*' eine Handlung ist, die *ganz bewusst* (und primär) das *Ziel* hat, das Gegenüber zu schädigen oder bei der der Täter die Schädigung des Opfers bewusst *in Kauf nimmt*. Bei Gewalt*tätigkeit* kommt demnach stärker als bei Gewalt*haltigkeit* das Moment der Durchsetzung des eigenen Willens gegenüber dem Wollen des Gegenübers zum Ausdruck; dieses Moment der Willensdurchsetzung ist gewissermaßen ‚auschlaggebend'. Damit würde allerdings einer Repristination der klassischen Täterorientierung der Gewalt(wirkungs)forschung das Wort geredet, während Gewalt Ausübende und Erleidende *gleichermaßen* im Untersuchungsfokus zu stehen haben, um die Gewaltqualität einer Handlung angemessen beurteilen zu können, was eben nicht ohne Rücksicht auf die *Folgen* einer Gewalthandlung für das *Gegenüber* geschehen kann. Überdies würde die Konzentration primär oder allein auf die Intention einer Handlung Gefahr laufen, zu Uneindeutigkeiten bei der Beurteilung von Handlungen zu kommen, bei denen z. B. die Täterperson erklärt, das mit ihrer Handlung faktisch Bewirkte doch ‚gar nicht so gewollt' bzw. ‚gar nicht so beabsichtigt' zu haben, während die Wahrnehmung des Opfers eine ganz andere sein kann. Noch gravierender ist jedoch folgende Überlegung: Bei der Konzentration primär oder allein auf die Intention einer Handlung würde die ethische Beurteilung z. B. von sexuellen Handlungen zwischen Erwachsenen und Kindern vor der nicht geringen Herausforderung stehen, mittels dieses Kriteriums auch Handlungen beurteilen zu müssen, bei denen eine Täterperson (nach eigenem Bekunden) dem Opfer ‚ja nur Gutes tun wollte' und das Opfer womöglich diese faktisch missbräuchlichen Handlungen gar nicht *als* Missbrauch wahrnahm. Gerade hier zeigt sich die argumentative Stärke einer Heranziehung von Einverständlichkeit als sexualethischem Leitkriterium, sodass sexuelle Handlungen vor, mit oder an einer nicht-zustimmungsfähigen Person grundsätzlich als missbräuchliche Handlungen zu verstehen sind, ohne Rücksicht darauf, welche konkrete Intention von der Täterperson mit dieser Handlung verfolgt wird. Auch solche Handlungen können demnach als Missbrauchshandlungen bezeichnet werden, die weder von der Täterperson (sei es tatsächlich, sei es nur als Vorwand bzw. bei einem späteren Geständnis) als Missbrauch verstanden noch vom Opfer (z. B. aufgrund eines persönlichen Verhältnisses zur Täterperson oder aufgrund genitalphysiologischer Reaktionen im Zuge des Missbrauchs) bei deren Vollzug als Missbrauch gedeutet werden. Überdies ist gegenüber einer subjektivistischen Engführung auf Intentionen von Tätern und Opfern auf die Existenz intersubjektiver Verständigungsmechanismen hinzuweisen, auf deren Grundlage Intentionen *zugeschrieben* und auch gegen Subjekte geltend gemacht werden können, sodass mögliche Konflikte zwischen Selbstbeschreibung und Fremdzuschreibung in der Praxis oft relativ einfach zu lösen sein dürften, etwa wenn, um ein pointiertes Beispiel zu nehmen, einem auf frischer Tat ertappten

walthaltige Handlungen bezeichnet werden sollen, die *auch* im Horizont von Einverständlichkeit realisiert werden können, wie es bei sadomasochistischen Sexualpraktiken oder, als Beispiel aus dem außersexuellen Bereich, bei Vollkontakt-Kampfsportarten der Fall sein kann,[476] sollen als Gewalt*tätigkeiten* speziell diejenigen gewalthaltigen Handlungen bezeichnet werden,[477] die *gegen den Willen* einer Person realisiert werden, mag dieser mit ausdrücklichen Worten und/ oder durch konkludentes Verhalten zum Ausdruck gebracht worden sein.

Maßgeblich für diese Differenzierung von Gewalt*handlung* und Gewalt*tätigkeit*, auf die unter anderem bei der Beurteilung von Pornographie zurückzukommen sein wird,[478] ist also die willentliche Missachtung des entgegenstehenden Willens, was verdeutlicht, dass gewalt*tätige* Handlungen per definitionem nicht auch einverständlich vollzogen werden können. Überdies unterscheiden sich Gewalt*handlungen* und Gewalt*tätigkeiten* von bloßer Gewalt*haltigkeit* dadurch, dass beides zwingend *personale* Urheberschaft voraussetzt.[479] Denn auch

---

Taschendieb abgenommen werden soll, sein Opfer nur zu dessen eigenem Glück bestohlen zu haben (,Zu viel Geld macht auch unglücklich'). Für diesen Hinweis danke ich Tim Eckes!

476 Auf die Herausarbeitung von Unterschieden, aber auch von Gemeinsamkeiten und Ähnlichkeiten zwischen sexuellen Erregungszuständen und Praktiken einerseits, nicht-sexuellen ,Erregungszuständen' und Praktiken in anderen Lebensbereichen wie vor allem im Sport andererseits, denen gleichermaßen nicht-sexuelle Motive wie Wagnis, Risiko, Angst oder Gefahr anhaften und die wie eben bei Vollkontakt-Kampfsportarten ebenfalls mit einverständlichen bzw. gemäß Regelwerk zulässigen Gewalthandlungen einhergehen können, kann an dieser Stelle verzichtet werden. Nur so viel: Behaupten zu wollen, die menschliche Sexualpraxis sei deckungsgleich mit sportlicher Betätigung, wäre überhaupt nur unter erheblicher Verkürzung der verschiedenen Erlebens- und Sinndimensionen von Sexualität und allenfalls mit Beschränkung auf einzelne Aspekte und ausgewählte Erlebensqualitäten möglich. Ähnlichkeiten und Entsprechungen, aber auch Wechselwirkungen und Übergänge zwischen Sexualität und Sport sind damit aber nicht ausgeschlossen, was auch die in den letzten Jahrzehnten verstärkt erfolgende mediale Erotisierung und Sexualisierung weiter Bereiche des Sports verdeutlicht; vgl. dazu bereits Klein, „Sport," 229–240. Zur Achtung der Menschenwürde als sportethischem Leitbild vgl. Brunn, *Sportethik*, 197–277; auf Gewalt geht Brunn in seiner Habilitationsschrift allerdings nur am Rande ein, vgl. 133, 163, 165 u. 369.

477 Damit unterscheidet sich die Rede von Gewalttätigkeit im vorliegenden sexualethischen Zusammenhang von der Rede von Gewalttätigkeit im rechtlichen Kontext, s. Abschnitt E.3.1.

478 Siehe Abschnitt E.3.3.1.2.

479 Die Behauptung der Gewalt*haltigkeit* eines Phänomens sagt also noch nichts darüber aus, ob dieses sich personaler oder nicht-personaler (d. h. subjektanaloger) Urheberschaft verdankt. Der Begriff der Gewalt*haltigkeit* ist insofern weiter gefasst als der der Gewalt*förmigkeit*, mittels dessen nicht nur bei der Rede z. B. von ,gewaltförmigen Konflikten' oder ,Protesten', sondern auch bei der von ,gewaltförmigen Situationen' oder ,Ereignissen' ebenfalls personale Urheberschaft unterstellt wird, weshalb auch die Rede z. B. von ,gewalt*förmigen* Computerspielen' oder ,Fernsehsendungen' wenig sinnvoll erscheint und hier mit Recht das Adjektiv ,gewalthaltig' bevorzugt wird.

ein Computerspiel kann von Gewalt handeln, nicht aber selbst handeln und Gewalt ,ausüben',[480] allenfalls auf indirekte Weise, wenn gewalthaltige Computerspiele dazu führten, dass ihre Nutzer*innen tatsächlich häufiger zu Gewalt griffen,[481] oder aber wenn ein physisch greifbares Computerspiel in ein Instrument *zur* Gewaltausübung umfunktioniert würde,[482] was freilich gänzlich unabhängig vom Inhalt möglich ist. Zugespitzt formuliert: Auch mit einer (hölzernen) Friedenstaube kann ein Mensch erschlagen werden, doch machte dies die Friedenstaube noch nicht zum Raubvogel.

Überdies erschöpft sich personale Gewalt nicht in physischen Handlungen mit direktem Körperkontakt (,handgreifliche' Gewalt), sondern auch Handlungen mit indirektem oder ganz ohne Körperkontakt wie bei Phänomenen psychischer oder verbaler Gewalt gehören dazu.[483] Als Gewalt*samkeiten* sollen daher speziell diejenigen gewalthaltigen Handlungen bezeichnet werden, die mit *physischer Krafteinwirkung* einhergehen. Nicht jede gewalt*haltige* Handlung ist daher schon eine gewalt*same* Handlung; dies ist sie erst dann, wenn es dabei – ggf. auch unter Einschluss einer anderen, womöglich hierzu gezwungenen dritten Person oder aber mittels Gegenständen – zu einer körperlichen Berührung kommt. Diese Differenzierung im Blick auf das Vorliegen von Gewalt wird unter anderem bei der Beurteilung sexuellen Kindesmissbrauchs von Bedeutung sein.[484]

Schließlich ist angesichts der Unterscheidung zwischen personaler und struktureller Gewalt zu bedenken, dass Gewalt nicht nur in *Handlungen*, sondern auch in *Verhältnissen* ,stecken' kann. Gewalt kann also auch Strukturen und Rahmenbedingungen inhärent sein, was stets Urheberschaft voraussetzt, wenn anders Gewalt nicht mit unabwendbaren Naturereignissen (,höhere Gewalt') zusammenfallen soll,[485] ohne dass deshalb ein *personaler* Urheber konkret identifizierbar sein muss. Unter produktiver Rezeption des Konzepts der strukturellen Gewalt kann statuiert werden, dass auch sexuelle Handlungen, die selbst ohne Ausübung von Gewalt in personalem Sinne zustande kommen und vollzogen werden, aufgrund gewalthaltiger Rahmenbedingungen, unter denen sie realisiert werden, mit Gewalt dennoch ,behaftet' sein können – jedenfalls dann, wenn sie mit diesem gewalthaltigen Kontext in wesentlichem Zusammenhang stehen und

---

480 Zum Ausübungscharakter von Gewalt s. Abschnitt A.2.3.3.

481 Vgl. dazu Hartmann, „Einstieg" (ohne Seitenzahlen).

482 Für einen ähnlichen Gedanken mit Blick auf Pornographie vgl. MacKinnon, *Nur Worte*, 19.

483 Siehe Abschnitt A.3.1. Als besonders wirkmächtig kann sich deshalb die Folterung eines Menschen durch Aufenthalt in einer Camera silens erweisen sowie durch Methoden, die der Weißen Folter zugerechnet werden, wie z.B. Schlafentzug.

484 Siehe Abschnitt D.3.2 u. F.2.2.2.

485 Zur Differenzierung von Ursächlichkeit und Urheberschaft s. Abschnitt A.2.3.3.

für sein Fortbestehen wesentlich sind. Insofern bietet sich die Differenzierung von Gewalt*haltigkeit* und Gewalt*behaftetheit* von Handlungen an. Diesem Umstand, dass Handlungen, die als solche nicht gewalt*haltig* sein mögen, dennoch gewalt*behaftet* sein können, Handlungen also, die selbst frei von Gewalt in *personalem* Sinne sein mögen, deshalb noch nicht frei von *jeglicher* Gewalt sein müssen, wird unter anderem im Rahmen der Auseinandersetzung mit Prostitution nachzugehen sein.[486]

3.3.4 Machtsensibilität

Die Leistungsfähigkeit des Einverständlichkeitskriteriums zeigt sich schließlich darin, dass es der sexualethischen Reflexion eine hohe *Machtsensibilität* ermöglicht. Insoweit nämlich der Prozess, in dem bzw. als der Einverständlichkeit hergestellt wird, als diskursiv verstanden werden kann, rückt die Machtdimension kommunikativen Handelns in den Vordergrund, die auch bei der Herstellung von Einverständlichkeit präsent und entsprechend mitzureflektieren ist. Auch in sexuellen Interaktionen im Horizont von Einverständlichkeit ‚verkörpern' sich asymmetrische Kräfte- und Machtverhältnisse, wie bereits die aus der individuellen körperlichen Disposition der Sexualpartner*innen[487] resultierenden unterschiedlichen Möglichkeiten der Kraft- und Machtausübung verdeutlichen. Auf der sexuellen Interaktionsebene finden zugleich aber auch, gleichsam ‚hinter dem Rücken' der sexuell miteinander Agierenden, institutionell verankerte und im

---

[486] Siehe Abschnitt D.5.

[487] Mit der Rede von einer ‚*individuellen* körperlichen Disposition' – anstelle z.B. von einer ‚*unterschiedlichen* körperlichen Disposition' oder gar einer ‚körperlichen *Kluft*' – soll deutlich gemacht werden, dass es mir an dieser Stelle um die Individualität des menschlichen Geschlechtskörpers und die *daraus* resultierenden Unterschiede auch bei der Kraft- und Machtausübung geht, nicht um die *spezifische* Unterscheidung körperlicher Dispositionen zwischen den als ‚männlich' und ‚weiblich' bezeichneten Gruppen von Individuen als zwei vermeintlich körperlich ausgesprochen unterschiedlichen Geschlechtern. Damit ist ausdrücklich nicht gesagt, dass Geschlechterdifferenzen auf der Ebene sexueller Interaktionen irrelevant seien, wie sie insbesondere durch das Gedankenkonstrukt der Geschlechterbinarität (*gender binary*) behauptet werden. Das zur körperlichen Disposition Gesagte gilt demnach sowohl für ‚gleichgeschlechtliche' als auch für ‚verschiedengeschlechtliche' Konstellationen von Individuen jedweder geschlechtlichen Selbstverortung und Fremdzuschreibung (‚männlich', ‚weiblich', ‚divers' bzw. ‚non-binary') – mit anderen Worten: Asymmetrische Kräfte- und Machtverhältnisse finden in sexuellen Interaktionen jedweder geschlechtlichen Konstellation ihren Niederschlag, was Muster nicht ausschließt. Die Annahme, dass zwischen ‚Männern' und ‚Frauen' ein körperlicher Abgrund bestehe, ist jedenfalls ein relativ junges Konzept westlicher Theoriebildung (vgl. dazu Laqueur, *Making Sex*), das der Komplexität der Wahrnehmung und Erfahrung der Dimensionen geschlechtskörperlichen Seins nicht gerecht zu werden vermag.

gesellschaftlichen Lebensalltag reproduzierte asymmetrische Kräfte- und Machtverhältnisse ihren Niederschlag, was jedoch weniger die einzelnen sexuellen Handlungen als vielmehr die Interaktions*muster* der Handelnden und die sie bestimmenden Interaktions*regeln* betrifft.[488] Diese erfahrungsgebundenen Interaktionsmuster und -regeln entstammen nicht den einzelnen sexuellen Handlungen selbst, sondern dem gesellschaftlich-kulturellen Bereich und werden vom Einzelnen gewöhnlich im Zuge seiner – keineswegs nur: sexuellen – Sozialisation erworben, am Gegenüber erfahren und im zwischenmenschlichen Miteinander im Modus von Anknüpfung und Widerspruch weiter ausgebildet und geradezu ‚gehandhabt‘. Dies unterstreicht wiederum die gesellschaftlich-kulturellen Einflüsse auf sexuelle Interaktionen, welche in der sexualethischen Reflexion deshalb nicht aus jedem historischen und gesellschaftlichen Zusammenhang – sprich: „der ‚Sexualität der Gesellschaft‘"[489] – herausgelöst und isoliert für sich betrachtet werden sollten.

Im Unterschied aber zu den grundsätzlich *veränderlichen*, sich unweigerlich in den angesprochenen Interaktionsmustern und -regeln mehr oder weniger stark niederschlagenden asymmetrischen *gesellschaftlichen* Kräfte- und Machtverhältnissen können die *unabänderlich* aus der jeweiligen individuellen *körperlichen* Disposition der Sexualpartner*innen resultierenden asymmetrischen Kräfte- und Machtverhältnisse auf der sexuellen Interaktionsebene ‚aufgehoben‘[490] werden – im Medium der Einverständlichkeit. Diese letztgenannten Kräfte- und Machtasymmetrien, die außerhalb sexueller Interaktionen für sich bestehen und, wie zuvor, auch danach, bei aller zeitlichen und individualgeschichtlichen Varianz, weiter bestehen und fortbestehen,[491] werden in einverständlichen sexuellen Interaktionen nicht einfach hintangestellt, sondern um eines höheren τέλος willen,

---

488 Bei dieser Verortung stimme ich Ohly, *Ethik der Liebe*, 84 f. zu.

489 Vgl. Lewandowski, *Sexualität*, 54–56 (Zitat 56).

490 ‚Aufheben‘ hier nicht allein im Sinne von *tollere* (‚negieren‘), sondern zugleich – in Hegelscher Manier (vgl. Erdmann, *Vorlesungen*, 137) – als *conservare* (‚[auf]bewahren‘) und *elevare* (‚hinaufheben‘) verstanden: das zeitweilig nicht mehr Geltende ist nicht einfach verschwunden, sondern durch eine Modifikation Moment eines Höheren geworden.

491 Ein vollkommenes Kräfte- und Machtäquilibrium zwischen den Sexualpartner*innen als ein in jeder Hinsicht und jeder Qualität egalitäres Kräfte- und Machtgleichgewicht ist theoretisch denkbar, unter den Bedingungen geschöpflichen Lebens in seiner präeschatischen Begrenztheit und unaufhebbaren Ambivalenz jedoch schlechthin unrealisierbar. Demnach kann es sexualethischer Reflexion nicht um Entmächtigung der Sexualpartner*innen als vielmehr um einen ethisch verantworteten Gebrauch von Macht gehen, so sehr sich wahre Macht – sub specie aeterni – im Vermögen bekunden mag, ihrem Gebrauch durch freiwillentliche Selbstbegrenzung und Selbstzurücknahme zu entsagen (vgl. Jonas, „Gottesbegriff," 77–85). Jedenfalls gilt: Nur Macht macht Verzicht auf Macht möglich.

nämlich dem der sexuellen Ver*ein*igung, zeitweilig außer Kraft gesetzt.[492] In einverständlichen sexuellen Handlungen oder Interaktionen werden deshalb nicht einfach ,gleich und gleich' vereint, sondern im Medium der Einverständlichkeit können trennende Unterschiede – oder genauer gesagt: kann das *Trennende* der Unterschiede – so lange suspendiert und Kräfte- und Machtungleichgewichte so weit ausgeglichen werden, dass den Sexualpartner*innen eine Vereinigung in Freiheit und damit Vermittlung von Verschiedenheit und Einheit möglich wird.

In diesem Zusammenhang wird allerdings die nicht nur mit Kräfte- und Machtasymmetrien im Besonderen, sondern überhaupt mit Macht gegebene und unweigerlich einhergehende Möglichkeit ihres Missbrauchs augenfällig. Es ist deshalb an die Erschließung des Machtbegriffs in Abschnitt A.2.3.1 zu erinnern, wonach Macht eine allgemeinmenschliche Möglichkeit darstellt, die aus den unterschiedlichsten Konstellationen heraus entstehen und in *allen* gesellschaftlichen Bereichen und sozialen Beziehungen des Menschen begegnen kann, sodass potentiell *jeder* Mensch „entsprechend seinen Chancen und Möglichkeiten"[493] Macht entfalten – und missbrauchen kann. Der Macht ist aber nicht nur stets die Möglichkeit ihres Missbrauchs inhärent, sondern die Ausübung von Macht muss nicht, *kann* aber immer mit Gewalt erfolgen. Gewalt haftet deshalb stets etwas Kontingentes an, doch ergibt sie sich niemals ,von selbst', was dem Gedanken der individuellen Verantwortung des Menschen Eintrag täte. Dass Gewalt ein ausgesprochen effektives, weil zwingendes Machtmittel sein kann, zeigt sich gerade im Bereich der Sexualität, die selbst, wie in Kapitel 2 dargestellt, in mehrfacher Hinsicht anfällig ist für Gewalt, was zugleich den wesentlichen Konnex von sexueller*sexualisierter Gewalt mit Macht und Machtmissbrauch verdeutlicht. Sexuelle Handlungen vor, mit oder an einer anderen Person gegen ihren Willen oder ohne ihre freiwillentliche Zustimmung, die in der vorliegenden Untersuchung als sexuelle*sexualisierte Gewalt bezeichnet werden, sind dem-

---

492 Zum Hintergrund dieses Gedankens einer teleologischen Suspension vgl. Kierkegaard, *Furcht und Zittern*, 57 ff.; zum folgenden Gedanken der versöhnenden Vereinigung als *Forligelse* (dänisch wörtlich ,Ausgleichung, Vergleichung'), die „im versöhnten Gleich-und-gleich" (Papir 340:10 in *Søren Kierkegaards Skrifter*, Bd. 27, 354) einen existenz*transzendenten* Vollendungszustand findet, vgl. ders., *Philosophische Brocken*, 25 u. 27–30. Zur reziprok abfangbaren unterschiedlichen körperlichen Disposition von ,Frau' und ,Mann' in einer Intimbeziehung vgl. Ohly, *Ethik der Liebe*, 84 u. 86. Ohne diese Möglichkeit der Ver*ein*igung in Freiheit müsste konsequenterweise jegliche Handlung, die in einem bzw. aus einem ungleichen Kräfte- und Machtverhältnis heraus erfolgt und zu dessen Beibehaltung beiträgt, unweigerlich in den Verdacht geraten, machtmissbräuchlich und gewalthaltig zu sein. Diesen wichtigen Punkt verkennt Fortune, *Love*, 46.
493 Imbusch, „Macht und Herrschaft," 196.

nach immer *auch* Missbrauch von Macht,[494] weil sie nur unter Ausnutzung eines Machtvorsprungs – ‚gleichviel worauf‘ selbiger beruht – realisiert werden können. Gleiches lässt sich für sexuelle Handlungen oder Interaktionen formulieren, welche ohne vorliegende bzw. ohne als faktisch wirksam zu unterstellende Einverständlichkeit zustande kommen und vollzogen werden.

Allerdings müssen sich mittels eines Machtvorsprungs ausgeübte Handlungen nicht zwangsläufig als in hohem Maße gewalthaltig erweisen, jedenfalls dann nicht, wenn Gewalt ausschließlich oder vornehmlich als physisches Gewalthandeln verstanden und damit – durchaus verkürzend – auf Formen körperlicher Verletzung reduziert wird, was geradezu ‚betriebsblind‘ machen kann für andere Erscheinungsformen von Gewalt, „die sich weitgehend in entpersonifizierter Form manifestiert".[495] Tatsächlich sind Fälle sexuellen Kindesmissbrauchs „denkbar, in denen die Kinder nicht leiden",[496] was wohl mit dazu beigetragen hat, dass in Rechts- und Humanwissenschaften zuweilen noch heute die Position anzutreffen ist, sexueller Kindesmissbrauch sei nicht unbedingt als ‚besonders schädliches Verhalten‘ zu betrachten – eine Einschätzung, mit der ich mich noch kritisch auseinandersetzen werde.[497] An dieser Stelle genügt die Bemerkung, dass sexuelle*sexualisierte Gewalt immer auch Missbrauch von Macht ist. Deshalb bedarf es einer machtsensiblen Sexualethik, um diesen Zusammenhang ins Licht setzen zu können, wozu das Kriterium der Einverständlichkeit einen unverzichtbaren Beitrag leistet.

3.3.5 Resümee

In der Kombination dieser im Vorstehenden genannten Merkmale: Interaktionsorientierung, Begründungsunabhängigkeit, Gewaltsensibilität und Machtsensibilität kann sich das Einverständlichkeitskriterium als ausgesprochen leistungsfähig für die sexualethische Auseinandersetzung speziell mit Legierungen von Sexualität und Gewalt erweisen, was gleichermaßen den Vorteil der Öffnung christlicher Sexualethik für konsensmoralische Überlegungen verdeutlicht. Die

---

494 Dieses *auch* ist von wesentlicher Bedeutung, da bei einer vorbehaltlosen, seinsmäßigen Ineinssetzung von sexueller*sexualisierter Gewalt bzw. sexuellem Missbrauch mit Machtmissbrauch der sexuelle Aspekt des Gewalt- bzw. Missbrauchsgeschehens aus dem Blick zu geraten droht, wie es m. E. bei der kategorischen Rede von ‚sexualisierter Gewalt‘ der Fall ist, s. Abschnitt A.3.2.

495 Theunert, *Gewalt*, 91.

496 Giesinger, *Autonomie*, 48, dem zufolge sexueller Kindermissbrauch immer auch eine „moralische Verletzung der Kinder" darstellt.

497 Siehe Abschnitt F.2.3.

eingangs dieses Abschnitts aufgeworfene Frage nach den aus der Grundsatzentscheidung, Einverständlichkeit zum sexualethischen Leitkriterium zu erheben,
resultierenden Konsequenzen für die sexualethische Reflexion kann sich deshalb
zugleich als Frage nach ihren Chancen erweisen.

Allerdings sind mit der Ausrichtung am Kriterium der Einverständlichkeit
noch nicht alle Eventualitäten mitreflektiert. Dass in der vorliegenden Untersuchung weder eine Theorie der Sexualität vorgelegt noch eine Ethik gelingender
Sexualität entwickelt wird, entbindet nicht von der Feststellung, dass auch unter
diesen Vorzeichen eine Grauzone menschlichen Miteinanders im Bereich des
Sexuellen bestehen bleibt, die sich einer vollständigen sexualethischen Durchklärung entzieht. Die Grenzen des Einverständlichkeitskriteriums wurden beispielsweise bereits im Rahmen der Bemerkungen zur möglicherweise lücken-
haften oder falschen Informationsbasis deutlich, dass nämlich die freiwillentliche
Zustimmung einer oder beider der beteiligten Personen gleichermaßen auf einer
Täuschung beruhen oder vorgetäuscht sein kann.[498] Überdies ist die Frage zu
bedenken, ob für die freiwillentliche Zustimmung beider Beteiligten als Kern von
Einverständlichkeit nicht auch eine Bindungswirkung analog zu derjenigen vertraglicher Versprechen anzunehmen ist, wie sie im Grundsatz *volenti non fit iniuria*[499] als Ausdruck rechtlicher Gerechtigkeit behauptet wird.

Es bedarf also auch einer Klärung der Frage, ob und inwieweit Personen, die
sexuellen Handlungen oder Interaktionen freiwillentlich zugestimmt und im
Horizont von Einverständlichkeit vollzogen haben, daraus in unmittelbarem oder
mittelbarem Zusammenhang möglicherweise erwachsende Schädigungen
schlichtweg hinzunehmen und ihrer individuellen Eigenverantwortung zuzurechnen haben. Auch aus sexualethischer Sicht könnte deshalb auf die im
rechtlichen Kontext von mündigen Personen abverlangte Einsicht verwiesen und
selbige für den vorliegenden Zusammenhang geltend gemacht werden, dass Taten
eben immer auch unerwünschte Konsequenzen haben können (vgl. Röm 7,18–21),
zumal wenn Freiwilligkeit, Wissentlichkeit und Willentlichkeit als notwendige
Bedingungen für eine freiwillentliche Zustimmung als Wesensmerkmal von Einverständlichkeit betrachtet werden. Eine lediglich hypothetische Einverständ-

---

498 Neben Täuschung und Irrtum ist in diesem Zusammenhang auch an andere zweifelhafte
Motive (z. B. Rache an der Ex-Partnerin) zu denken, die am *Vorliegen* der freiwillentlichen Zustimmung nichts ändert.
499 Robbers, „Grundrechtsverzicht," 925–931; für die Ausbildung einer privatrechtlichen Ein-
willigungslehre, die auf den Gedanken der Selbstbestimmung und der Selbstverantwortung beruht, was analog für den sexuellen Bereich entwickelt werden könnte, vgl. Ohly, „*Volenti non fit
iuria*", 63–82; speziell zu sexuellen Handlungen und den Schutz der sexuellen Selbstbestimmung vgl. 19, 403 u. 412f.

lichkeit scheint jedenfalls ebenso kontraintuitiv zu sein wie die Annahme, eine Handlung könnte völlig unabhängig vom Willen eines Anderen und dennoch einverständlich mit ihm erfolgen.

Es ist und bleibt untrennbar mit der geschöpflichen Existenz des Menschen verbunden, dass auch eine in vollem Bewusstsein und mit verstandener Absicht erfolgende freiwillentliche Zustimmung selbst unter größtmöglicher Kenntnis der Umstände und der voraussichtlichen Folgen selbiger immer auch ebenso mögliche, seien es unersichtliche, seien es unbeabsichtigte Nebenfolgen in Kauf zu nehmen hat. Dies ist der Preis menschlicher Freiheit, dass sie wesentlich mit der Ambivalenz menschlicher Existenz verbunden ist und sich stets nur in einer Weise realisieren kann, welche die Möglichkeit ihres Missbrauchs einschließt. Ein solches ‚Restrisiko‘ menschlichen Handelns (vgl. Koh 10,8 f.) bleibt demnach immer bestehen, auch dann, wenn die wesentlich prozesshaft gedachte Einverständlichkeit die Möglichkeit voraussetzt, eine zuvor freiwillentlich gegebene Zustimmung jederzeitig wieder einseitig zurückziehen zu können, eine Person also nicht wie bei einer einmal gegebenen ‚rechtfertigenden Einwilligung‘ nach rechtlichem Verständnis den aus einer freiwillentlichen Zustimmung resultierenden unmittelbaren Folgen ausgeliefert ist. Dies umso mehr, als das Vorliegen von Einverständlichkeit aus sexualethischer Sicht nicht als Freibrief für jedwede Handlung unter jedweden Bedingungen im sexuellen Bereich zu verstehen ist.

Diesen augenscheinlichen Grenzen des Einverständlichkeitskriteriums zum Trotz kann der sexualethischen Reflexion damit gleichwohl ein praxisorientiertes Instrumentarium an die Hand gegeben werden, um Orientierung auf diesem äußerst problematischen und problembeladenen Gebiet der Legierungen von Sexualität und Gewalt zu geben, deren Ausmaß im alltäglichen Miteinander von Menschen schlechterdings erschreckend ist.[500] Dass sich christliche Sexualethik den Regeln der ‚Konsensmoral‘ nicht einfach bedingungs- und kritiklos verschreiben darf, wird im folgenden Untersuchungsteil zu zeigen sein, wenn dadurch, dass nach Grenzen und Grenzfällen der Einverständlichkeit gefragt wird und selbige in exemplarischer Weise betrachtet werden, die Grenzen nicht nur konsensmoralischer Konzepte, sondern zugleich auch der Einverständlichkeit erkundet werden.

---

[500] Vgl. die zu Beginn der Einleitung genannten Studien und Erhebungen zur Prävalenz sexueller*sexualisierter Gewalt.

D Grenzen

Die vorliegende Untersuchung kann und soll keine erschöpfende Darstellung und Diskussion der mannigfaltigen Legierungen von Sexualität und Gewalt leisten, sondern anhand exemplarischer Konkretisierungen eine interdisziplinär informierte und zugleich lebensnahe sexualethische Orientierung bieten. Hierzu wurde mit ‚Einverständlichkeit' ein interaktionsorientiertes, begründungsunabhängiges, gewalt- und machtsensibles Leitkriterium herausgearbeitet, mittels dessen Zustandekommen und Vollzug sexueller Handlungen auf die Vereinbarkeit mit der Aufgabe einer ethisch verantworteten Gestaltung von Sexualität im Horizont christlicher Wirklichkeitsdeutung hin überprüft werden können. Demnach sind sexuelle Handlungen, um die im vorangegangenen Untersuchungsteil entwickelte sexualethische Grundentscheidung zu rekapitulieren, grundsätzlich als ethisch unzulässig zu qualifizieren, soweit und solange Einverständlichkeit bei ihrem Zustandekommen und Vollzug nicht vorliegt bzw. nicht als faktisch wirksam unterstellt werden kann; soweit und solange sexuelle Handlungen im Horizont von Einverständlichkeit zustande kommen und vollzogen werden, ohne dabei gegen die sexuelle Selbstbestimmung Dritter zu verstoßen, sind sie grundsätzlich als ethisch zulässig zu qualifizieren.

Unter Heranziehung des Einverständlichkeitskriteriums ist eine ebenso flexible wie kontextvariabel einsetzbare Unterscheidung zwischen ethisch zulässigen und ethisch unzulässigen sexuellen Handlungen möglich, die unabhängig von der Sozial- und Lebensform, der geschlechtlichen Konstellation und der sexuellen Orientierung der voreinander, miteinander oder aneinander handelnden bzw. handeln lassenden Personen erfolgen kann. Die Unterscheidung zwischen ethisch zulässigen und ethisch unzulässigen sexuellen Handlungen oder Interaktionen verläuft demnach nicht entlang der Gewaltgrenze, sondern entlang den Grenzen der Einverständlichkeit; diese Grenzen sind im Folgenden zu erkunden und zunächst in aller Kürze zu umreißen.

1 Präliminaria

Eine Grenzerkundung der Einverständlichkeit ist unverzichtbar, weil Einverständlichkeit unweigerlich an Grenzen stößt, und zwar in verschiedenen Hinsichten. In Form von drei Fragen formuliert: (1.) Ab wann *beginnt* und ab wann *endet* Einverständlichkeit? (2.) Inwieweit ist Einverständlichkeit von *äußeren Bedingungen* abhängig? (3.) *Wie weit* sollte Einverständlichkeit reichen können?

https://doi.org/10.1515/9783110717648-005

Was die *erste* Frage betrifft, gilt es sich vor Augen zu führen, dass eine Einverständlichkeit sexueller Handlungen nicht vorliegt bzw. nicht als faktisch wirksam unterstellt werden kann, wenn wenigstens eine der daran beteiligten Personen diesen Handlungen gar nicht freiwillentlich zustimmen *kann*, weil sie *zustands-*, *alters-* und/oder *entwicklungsbedingt*[1] über das hierfür erforderliche Mindestmaß an Einsichtsfähigkeit, Einwilligungsfähigkeit und Willensbildungsfähigkeit nicht verfügt. Letzteres ist nun dahingehend zu präzisieren, dass eine Person über diese unabdingbaren Voraussetzungen für die Herstellung von Einverständlichkeit im Lebensverlauf *generell nicht, noch nicht, nicht mehr* oder aber *vorübergehend nicht* verfügen kann. In allen diesen Fällen sind sexuelle Handlungen vor, mit oder an der betreffenden Person grundsätzlich als ethisch unzulässig zu qualifizieren.

In Kapitel 2 wird allerdings zu fragen sein, ob es bei Erwachsenen, die sexuellen Handlungen – zustandsbedingt – *generell nicht* freiwillentlich zustimmen können, weil sie aufgrund von intellektuell-kognitiven Beeinträchtigungen zu keinem Lebenszeitpunkt die für eine freie, selbstbestimmte Entscheidung notwendigen Voraussetzungen besitzen, auch Ausnahmen vom Grundsätzlichen geben kann – Ausnahmen also, welche sexuelle Handlungen von anderen (zustimmungsfähigen) Erwachsenen vor, mit oder an ihnen aus sexualethischer Sicht würden rechtfertigen können. Die Beurteilung von sexuellen Handlungen, bei denen eine der daran beteiligten Personen diesen Handlungen – alters- und entwicklungsbedingt – *noch nicht* freiwillentlich zustimmen kann, wird in Kapitel 3 am Beispiel sexueller Handlungen zwischen Erwachsenen und Kindern erfolgen. Zu denken ist hier insbesondere an solche Handlungen, wie sie durch das mögliche Ausleben pädophiler Impulse[2] realisiert werden und die von Aktivisten und Unterstützern der Pädophilenbewegung als ‚gewaltfrei und einvernehmlich‘[3]

---

1 Die Differenzierung zwischen *Zustands-*, *Alters-* und *Entwicklungsbedingtheit* geschieht mit Bedacht. Während ‚zustandsbedingt‘ allgemein den Zustand eines Menschen im Blick hat, wie er durch Krankheiten und Erkrankungen, körperliche und/oder nicht-körperliche Beeinträchtigungen, altersentsprechende Störungen oder situative Faktoren wie z. B. Drogenkonsum ge(kenn)zeichnet sein kann, zielt ‚entwicklungsbedingt‘ auf die Entwicklung (‚Entwicklung‘ verstanden als Prozess der Entfaltung und Herausbildung, vgl. französisch *développer*) der körperlichen, motorischen, geistigen, seelischen, emotionalen, sprachlichen und/oder sozialen Fähigkeiten eines Menschen. Unter ‚altersbedingt‘ kann schließlich sowohl die Bedingtheit durch das *chronologische* Alter (*Lebens*alter) als auch das in der Regel – aber nicht zwangsläufig – damit übereinstimmende *Entwicklungs*alter eines Menschen gefasst sein. Alle drei Aspekte können miteinander zusammenhängen und doch mit Blick auf die Frage der Zustimmungsfähigkeit von Personen zu sexuellen Handlungen je nach Kontext eine unterschiedliche Gewichtung haben.
2 Speziell zum Phänomen der Pädophilie vgl. Kapitel F.1.
3 Zu diesem Slogan vgl. unten Anm. 99; zur Pädophilenbewegung vgl. unten Anm. 56.

möglich behauptet werden. Die diesbezüglich erarbeitete Position lässt sich grundsätzlich auf die Beurteilung von sexuellen Handlungen übertragen, bei denen mindestens eine der daran beteiligten Personen diesen Handlungen – alters- und zustandsbedingt – *nicht mehr* freiwillentlich zustimmen kann, wie es beispielsweise bei durch das mögliche Ausleben gerontophiler Impulse realisierten sexuellen Handlungen vor, mit oder an Greisen mit hochgradiger Demenz der Fall sein kann.[4]

Im Unterschied zu diesen beiden Chronophilien[5] wird in Kapitel 4 der Frage nachgegangen, ab wann eine Einverständlichkeit sexueller Handlungen zwischen an sich zustimmungsfähigen Personen nicht bzw. nicht mehr als faktisch wirksam unterstellt werden kann, was am Beispiel der Diskussionen um dissensbasierte und zustimmungsorientierte Vergewaltigungsdefinitionen erfolgen soll. In diesem Kontext soll auch dem Umstand Rechnung getragen werden, dass eine an sich zustimmungsfähige Person – zustandsbedingt – *vorübergehend keine* freie, selbstbestimmte Entscheidung treffen kann, weil sie etwa unter akutem Drogeneinfluss steht oder gezielt unter Drogen gesetzt wurde, sodass ihr eine freiwillentliche Zustimmung zu sexuellen Handlungen sowie deren Rücknahme in der betreffenden Situation nicht (länger) möglich ist. Es ist also in jedem Fall nicht nur zu fragen, ob und inwiefern Einverständlichkeit in einer bestimmten Situation tatsächlich *vorliegt*, sondern gleichermaßen auch, ob und inwiefern Einverständlichkeit überhaupt vorliegen *kann*.

Im Blick auf die in Kapitel 2 bis 4 dieses Untersuchungsteils thematisierten Konstellationen zur Beantwortung der ersten Frage ergibt sich damit folgende Übersicht über Situationen, in denen Einverständlichkeit zustands-, alters- und/ oder entwicklungsbedingt nicht vorliegen *kann*:

---

4 Zur Gerontophilie als gewissermaßen ‚Gegenbild' der Pädophilie vgl. Vetter, *Psychiatrie*, 141 sowie Sigusch, *Sex-ABC*, 43 u. 76. An dieser Stelle ist auch an sexuelle Handlungen vor, mit oder an Menschen in potenziell reversiblen oder irreversiblen komatösen Zuständen sowie an durch das mögliche Ausleben nekrophiler Impulse realisierte sexuelle Handlungen vor, mit oder an bereits verstorbenen Menschen zu denken, die gleichermaßen gegen die Würde eines Menschen verstoßen, welche nicht einfach mit dem klinischen oder dem biologischen Tod des Menschen (sei Letzteres als der Tod des menschlichen Organismus oder als der vollständige Zelltod aller Zellen dieses Organismus verstanden) – kurz: mit dem Ende des Menschseins als eines lebendigen Individuums endet. Zur Frage des biologischen Todes vgl. Mühling, *Grundinformation Eschatologie*, 157–160; zur Würde hirntoter Menschen vgl. Schäfer, *Koma*, 129–131. Zur Gewalt an älteren pflegebedürftigen Menschen vgl. Eggert/Sulmann, „Gewalt," 47–56.
5 Zu dieser konstitutiven Bezogenheit des sexuellen Begehrens eines Menschen auf das Alter eines anderen Menschen vgl. Sigusch, *Sex-ABC*, 38, der hierzu auch Ephebophilie, Hebephilie, Neoterophilie, Nepiophilie, Pathenophilie und Theleiophilie zählt.

Einverständlichkeit nicht gegeben:	Zustimmung nicht möglich:	Beispiel:
generell nicht	zustandsbedingt	Menschen mit intellektuell-kognitiven Beeinträchtigungen
noch nicht	alters- und entwicklungsbedingt	Kinder
nicht mehr	alters- und zustandsbedingt	Greise mit hochgradiger Demenz
vorübergehend nicht	zustandsbedingt	Menschen unter akutem Drogeneinfluss

Tabelle 1: Idealtypische Möglichkeiten des Nichtvorliegens von Einverständlichkeit.

Die *zweite* Frage nach der Abhängigkeit der Einverständlichkeit sexueller Handlungen von *äußeren* Bedingungen greift die bereits bei der Erörterung der Bedingungen einer freiwilligen Zustimmung gemachte Bemerkung auf, dass eine solche auch unter zwangshaltigen äußeren Umständen und Bedingungen möglich sein kann.[6] Maßgeblich für das Vorliegen von Einverständlichkeit sexueller Handlungen ist, dass alle Beteiligten diesen Handlungen freiwillig, und zwar unter den *gegebenen* Umständen und Bedingungen, zustimmen. Damit ist allerdings nicht gesagt, dass einverständliche sexuelle Handlungen auch unter *allen* Umständen und Bedingungen ethisch unproblematisch wären. Dies wird in Kapitel 5 am Beispiel von Prostitution zu erläutern sein. Was schließlich die *dritte* Frage angeht, ob der Einverständlichkeit selbst Grenzen zu setzen sind, und wenn ja, an welchen Stellen und aus welchen Gründen, wenn Einverständlichkeit nicht als Freibrief für *jedwede* – und das heißt auch: für jede gewalthaltige – Handlung im sexuellen Bereich verstanden werden soll, wird in Kapitel 6 mit Rücksicht auf einverständliche sadomasochistische Sexualpraktiken zu bedenken sein.

Dass die nachfolgende Grenzerkundung der Einverständlichkeit in der Auseinandersetzung mit *Extremen* erfolgt,[7] deren Vorkommen im alltäglichen Miteinander von Menschen allerdings keineswegs extrem selten sein muss, geschieht in der Überzeugung, durch die Auseinandersetzung mit Extremen als Phänomenen am äußersten Rand eines bestimmten Untersuchungsbereichs allgemeine Folgerungen für den Umgang auch mit Phänomenen aus dessen breiter Mitte ziehen zu können. Alle behandelten Phänomene sind daher immer auch als Segmente eines wesentlich breiter zu sehenden Spektrums zu betrachten, sodass

---

6 Siehe Abschnitt 3.2.2.2.
7 Die Auswahl exemplarischer Konkretisierungen soll nicht deren Gleichwertigkeit unterstellen, zumal die sexualethische Beurteilung zum Teil durchaus unterschiedlich ausfallen kann.

ihre ethische Beurteilung ceteris paribus auf die Beurteilung weniger extremer Formen übertragen werden kann. Nur unter dieser Voraussetzung eines Kontinuums sexuellen Erlebens und Verhaltens auch im Blick auf Legierungen von Sexualität und Gewalt scheint menschliche Lebenswirklichkeit in ihrer Vielgestaltigkeit, Ambivalenz und Ambiguität auch im sexuellen Bereich angemessen reflektiert werden zu können. Dem traditionellen sexualethischen ‚Schubladendenken' mit seiner sorgfältigen Etikettierung einzelner sexueller Handlungen von ‚erlaubt' bis ‚verboten'[8] kann jedenfalls in Anlehnung an ein Diktum des US-amerikanischen Sängers Michael Stipe (*1960) entgegnet werden: ‚Etiketten sind etwas für Konservendosen', nichts für die menschliche Sexualität.[9]

2 Sexuelle Handlungen zwischen Erwachsenen mit und ohne Beeinträchtigungen

Wie an anderer Stelle dieser Untersuchung bereits dargelegt,[10] wird mit der Anerkennung der sexuellen Selbstbestimmung als Grundrechts- und Menschenrechtsgut die Sexualsphäre eines Menschen nicht nur in umfassendem Sinne vor Verletzungen seiner sexuellen Selbstbestimmung durch fremdbestimmtes Handeln geschützt, sondern der Schutzzweck erstreckt sich gleichermaßen darauf, dass ein Mensch individuell entscheiden kann und können soll, ob und wann er welche sexuellen Handlungen wie und unter welchen Umständen und Bedingungen mit wem oder an sich selbst realisieren (lassen) möchte. Durch das in Klammern gesetzte ‚lassen' soll einerseits die sexuelle Selbstbestimmung auch von Menschen mit Beeinträchtigungen mitreflektiert werden, die zur Realisierung sexueller Handlungen auf die Unterstützung durch andere Personen angewiesen sind, andererseits der Übergang vom Selbstbestimmungsrecht als Freiheitsrecht im negativen Sinne (Abwehrrecht bzw. ‚Schutz *vor*') zum Selbstbestimmungsrecht als Freiheitsrecht im positiven Sinne (Dispositionsbefugnis bzw. ‚Schutz *von*') als zwei Seiten *eines* Sachverhalts gebahnt werden.[11] Das Recht auf sexuelle Selbstbestimmung ist nämlich nicht nur als Abwehrrecht gegen Dritte zu verstehen,

---

8 Siehe Abschnitt C.3.1.
9 So Stipe in einem Interview mit dem *Rolling Stone*, vgl. DeCurtis, „R.E.M.: Monster Madness." Vgl. die (an dieser Stelle sinnverstellende Übersetzung) in der dt. Ausgabe *Rolling Stone*, Nr. 11, 1994, 60.
10 Siehe Abschnitt C.3.3.
11 Zur Differenzierung von Abwehr- und Teilhaberechten im Grundrechtskontext vgl. Körtner, *Sozialethik*, 180 f. u. 213; speziell mit Blick auf die sexuelle Selbstbestimmung vgl. Hörnle, „Sexueller Missbrauch," 333–335 sowie Zinsmeister, „Rechtsfragen," 50.

sodass sexuelle Handlungen vor, mit oder an einer Person nicht gegen ihren erklärten oder mutmaßlichen Willen stattfinden, sondern dieses Recht kann gleichermaßen als „Recht auf aktive Gestaltung der eigenen Sexualität"[12] und damit im Sinne eines Teilhaberechts gedeutet werden.[13]

Dass vor diesem Hintergrund gerade bei sexuellen Handlungen vor, mit oder an Menschen mit Beeinträchtigungen in hohem Maße die Gefahr sexueller*sexualisierter Gewalt besteht, ist bekannt[14] und macht eine sexualethische Positionierung hierzu unverzichtbar. Dabei erscheint es als zweckmäßig, aus dem Spektrum möglicher Konstellationen, in denen sexuelle Handlungen vor, mit oder an Menschen mit Beeinträchtigungen realisiert werden können, eine solche auszuwählen, an der die grundrechts- und menschenrechtsdogmatische Herausforderung ebenso wie der Zusammenhang mit der Gewaltthematik besonders deutlich zutage tritt. Ich konzentriere mich deshalb speziell auf die sexualethische Beurteilung von sexuellen Handlungen zwischen zustimmungsfähigen Erwachsenen und Erwachsenen, die für *jegliche* sexuelle Betätigung auf die Unterstützung durch andere Personen angewiesen sind, aufgrund intellektuell-kognitiver Beeinträchtigungen[15] aber nicht die für eine freiwillentliche Zustimmung unabdingbaren Voraussetzungen besitzen.[16]

---

12 Leipold/Tsambikakis/Zöller, *AnwaltKommentar StGB*, 1298 (Rn. 2) unter Rekurs auf Hörnle, „Sexueller Missbrauch," 334 f.

13 Zur Frage der Realisierung von sexueller Selbstbestimmung als Teilhaberecht mit Blick auf Menschen mit Beeinträchtigungen vgl. Herrath, „Menschenrecht," 19–34 sowie Hermes, „Diskriminierung," 257 f.

14 Eine vom Bundesfamilienministerium in den Jahren 2009–2011 durchgeführte repräsentative Befragung von insgesamt 1.561 Mädchen und Frauen im Alter von 16 bis 65 Jahren mit unterschiedlichen dauerhaften Beeinträchtigungen hat ergeben, dass Mädchen und Frauen ‚mit Behinderungen' bis zu dreimal so häufig von sexueller*sexualisierter Gewalt in ihrer Kindheit und Jugend betroffen waren wie Mädchen und Frauen im Bevölkerungsdurchschnitt, vgl. Bundesministerium für Familie, Senioren, Frauen und Jugend, *Lebenssituation und Belastungen*, 20–24; vgl. ferner die Beiträge im Sammelband von Bienstein/Verlinden (Hg.), *Prävention*.

15 Von der Verwendung des Begriffs der ‚geistigen Behinderung', ganz zu schweigen von veralteten, allesamt deutlich abwertend konnotierten bis ausgrenzenden Begrifflichkeiten wie ‚Idiotie', ‚Blödsinnigkeit', ‚Schwachsinnigkeit' (Imbezillität), ‚Kransinnigkeit', ‚Geistesschwäche' oder ‚mentale Retardierung' (Kretinismus) wird von mir im Folgenden ganz bewusst abgesehen und stattdessen der Begriff der ‚intellektuell-kognitiven Beeinträchtigung' präferiert. Zur Problematik speziell des Begriffs der ‚geistigen Behinderung' vgl. die Bemerkungen Germain Webers in der APA-OTS Pressemeldung „‚Geistige Behinderung' ist politisch nicht korrekt!" (13. November 2004). Zu Begrifflichkeiten und Entstehungskontext historischer Begriffe in diesem Zusammenhang vgl. Jantzen, *Geschichte*, 45–48 u. 107–110. Das Themenfeld ‚Sexualität und Behinderung' wird in Stellungnahmen und Veröffentlichungen der beiden großen christlichen Kirchen noch immer weitgehend ausgeblendet, vgl. dazu Hinz/Walter, „Sexualität," 284–286.

Die in dieser Konstellation aus sexualethischer Sicht liegende spezifische Problematik gilt es zunächst darzulegen, bevor diskutiert werden soll, ob überhaupt und, wenn ja, inwieweit sexuelle Handlungen unter diesen Umständen auch dann würden gerechtfertigt[17] werden können, wenn Einverständlichkeit im hier gemeinten Sinne nicht zweifelsfrei vorausgesetzt werden kann.

2.1 Problemexposition

Unter Voraussetzung des Kriteriums der Einverständlichkeit als sexualethischem Leitkriterium für die Beurteilung des Zustandekommens und Vollzugs sexueller Handlungen ergibt sich folgende Orientierung: Sexuelle Handlungen vor, mit oder an Erwachsenen, die aufgrund intellektuell-kognitiver Beeinträchtigungen über das für eine freiwillentliche Zustimmung zu diesen Handlungen unabdingbare

---

16 Hingegen ist bei einer *Handlungsunfähigkeit* einer oder beider Person(en) mit körperlichen Beeinträchtigungen, die (miteinander) sexuell (inter)agieren möchte(n), eine Unterstützung durch Dritte (z. B. im Rahmen aktiver Sexualassistenz, s. Abschnitt 2.2; zur Beurteilung von Prostitution s. Abschnitt 5.3) grundsätzlich unproblematisch, soweit und solange – im Falle partnerschaftlicher Sexualität – beiden Sexualpartner*innen eine freiwillentliche Zustimmung zu sexuellen Handlungen unter direkter Einbeziehung einer dritten Person möglich ist und diese dritte Person der Unterstützung und/oder Praktizierung selbiger Handlungen gleichermaßen freiwillentlich zustimmen kann. Die freiwillentliche Zustimmung zu sexuellen Handlungen muss dem jeweiligen Gegenüber also durch ein Mindestmaß an Selbstausdrucksfähigkeit auf unzweideutige Weise kommuniziert werden können (zum Verständnis von ‚Kommunikation‘ in diesem Zusammenhang sowie zur Frage der Sprachfähigkeit als Voraussetzung von Einverständlichkeit s. Abschnitt C.3.2.2.3). Einverständlichkeit ist demnach nicht nur bei *mit*einander handelnden, sondern auch bei *an*einander handeln *lassenden* Personen unter Hilfestellung einer dritten Person möglich, welche nicht unbedingt jeder der mit ihrer Hilfe auf Wunsch der beiden Hilfe benötigenden Personen praktizierten sexuellen Handlungen, wohl aber ihrer unterstützenden Mitwirkung bei der Realisierung selbiger Handlungen freiwillentlich zustimmen können muss. Dies zumindest, wenn es um sexuelle Handlungen der eigentlichen Sexualpartner*innen geht, bei denen die Hilfestellung gebende dritte Person allein eine *unterstützende* Funktion ausübt, um das Zustandekommen und den Vollzug dieser Handlungen zu ermöglichen, ohne dabei selbst sexuelle Handlungen *direkt* an einer anderen Person vorzunehmen oder an sich selbst vornehmen zu lassen. Sobald Letzteres der Fall ist und die Sexualassistenz über eine rein unterstützende Funktion hinausgeht, die Hilfestellung gebende Person also im strengen Sinne sexuell (inter)*agiert*, ist ihre freiwillentliche Zustimmung zu den sexuellen Handlungen oder Interaktionen für das Vorliegen von Einverständlichkeit unabdingbar. Jede sexuelle Handlung bedarf der freiwillentlichen Zustimmung aller sie mit- und/oder aneinander praktizierenden Personen.

17 Hinsichtlich der Bedeutung von ‚Rechtfertigung‘ in diesem Zusammenhang sei auf die Position Austins verwiesen, s. Abschnitt D.6.2.1.

Mindestmaß an Einsichtsfähigkeit, Einwilligungsfähigkeit und Willensbildungsfähigkeit *generell nicht* verfügen, sind grundsätzlich als ethisch unzulässig zu
betrachten.[18] Wenn Erwachsene mit solchen Beeinträchtigungen *überdies* hand-
lungsunfähig sind, würde ihnen, wenn allein auf das Einverständlichkeitskriterium rekurriert wird, das eingangs dieses Kapitels angesprochene Recht auf eine
‚aktive Gestaltung der eigenen Sexualität' zugunsten des Abwehrrechts zeitlebens
versagt werden müssen, weil bei jedweder Realisierung sexueller Handlungen vor,
mit oder an ihnen das Vorliegen sexueller*sexualisierter Gewalt niemals ausgeschlossen werden könnte. Soweit und solange sie sich nämlich der konkreten
Einwirkung oder Einflussnahme einer anderen Person nicht aus freien Stücken
aussetzen oder entziehen können, würde sexuellen Handlungen dieser anderen
Person vor, mit oder an ihnen unweigerlich ein Moment fremdmächtiger Willensdurchsetzung und damit Gewalt anhaften.

Eine solche Folgerung, wonach dem positiven Recht Erwachsener auf eine
selbstbestimmte Sexualität[19] Schranken zu setzen sind, wenn bei jeder Realisierung sexueller Handlungen vor, mit oder an ihnen eine Verletzung ihrer sexuellen
Selbstbestimmung nicht ausgeschlossen werden kann, darf freilich nicht leichtfertig gezogen werden. Auf die im Hintergrund einer solchen Folgerung stehende
grundrechts- und menschenrechtsdogmatische Herausforderung einer angemessenen Verhältnisbestimmung von Abwehr- und Teilhaberechten kann in
dieser sexualethischen Untersuchung nicht weiter eingegangen werden. Wohl
aber kann aus eben sexual*ethischer* Sicht gefragt werden, ob bei Menschen, die
aufgrund von Beeinträchtigungen zu keinem Lebenszeitpunkt die für eine freie,
selbstbestimmte Entscheidung unabdingbaren Voraussetzungen besitzen und
sexuelle Handlungen aufgrund ihrer körperlichen Disposition grundsätzlich nicht
ohne Unterstützung durch andere Personen realisieren können, nicht auch Ausnahmen möglich sind, welche sexuelle Handlungen vor, mit oder an ihnen dennoch würden rechtfertigen können.

---

18 Ein Zusammenwirken zwischen zwei Personen, die *beide* – jedenfalls im gesetzlichen Sinne –
weder als ‚einsichtsfähig' noch als ‚einwilligungsfähig' gelten können, ist deshalb kein Zusammenwirken gleichsam in ‚träumender Unschuld' (vgl. dazu Tillich, *Systematische Theologie I-II*,
333 – 335 [39 – 43] unter produktiver Rezeption von Kierkegaard, *Begriff Angst*, 39 f.), ermangelt
allerdings objektiver Zurechenbarkeit und damit auch einer individuellen Verantwortungszuschreibung, wie sie bei einverständlich ausgeübten sexuellen Handlungen vorauszusetzen ist.
Dass auch unter diesen Bedingungen Gewalt stattfinden kann – jedenfalls dann, wenn die Gewaltqualität einer Handlung weniger an *Intentionen* oder *Motiven* von Personen als vielmehr an
den *Folgen* dieser Handlung für das *Gegenüber* bemessen wird –, versteht sich.
19 Zu dieser Frage vgl. Walter, „Sexualität," 15 – 30.

Solche möglichen Ausnahmen müssten strengen Voraussetzungen genügen. Allenfalls prima facie ein Weg zu einer solchen ‚Ausnahmelösung' wäre beispielsweise die Überlegung, nicht länger von einem Grundrecht des Menschen auf *selbstbestimmte* Sexualität, sondern von einem Grundrecht des Menschen auf *Sexualität* auszugehen. Nachdem derartige Grundrechte einen universellen Geltungsanspruch erheben[20] und deshalb nicht lediglich einen für einen bestimmten Kreis von Menschen, sondern „einen für *alle* Menschen bedeutsamen Bereich der persönlichsten Lebensgestaltung"[21] betreffen, würde ein solches ‚Grundrecht auf Sexualität' bei einer umfassenden Grundrechtsgeltung dann aber auch z. B. hinsichtlich der Umsetzung pädophiler Impulse eingefordert werden können, was ethisch unannehmbar ist.[22] Die Problematik einer Einschränkung von Grundrechten wäre bei einer Grundrechtsreformulierung im angedeuteten Sinne also nur verlagert, zumal das Vorliegen sexueller*sexualisierter Gewalt bei sexuellen Handlungen vor, mit oder an Menschen mit den angesprochenen Beeinträchtigungen auch unter diesen veränderten Vorzeichen niemals völlig ausgeschlossen werden könnte.

Ebenso wenig zielführend erschiene es aber auch, Wesensmerkmale, Bedingungen und Voraussetzungen von Einverständlichkeit im Blick auf Menschen mit den angesprochenen Beeinträchtigungen entsprechend zu modifizieren. Es ist gerade Wesensmerkmal von Einverständlichkeit, im und als Prozess gegenseitigen Miteinanders von voreinander, miteinander oder aneinander handelnden bzw. handeln lassenden Personen hervorgebracht zu werden; diesem Zusammenwirken von Personen liegt der irreduzibel volitionale Akt der freiwillentlichen Zustimmung aller Beteiligten zugrunde, wodurch Einverständlichkeit grundsätzlich höchstpersönlich und eigenverantwortlich ist und die Zustimmung zu sexuellen Handlungen durch ein Mindestmaß an Selbstausdrucksfähigkeit möglich sein muss. Einverständlichkeit ist deshalb weder etwas, was man abtreten oder übertragen, noch etwas, was ein anderer an jemandes Stelle zuwege bringen kann. Die Möglichkeit einer durch andere Personen, beispielsweise Angehörige oder Pflegepersonal, *advokatorisch* für Personen mit Beeinträchtigungen erfolgenden Zustimmung zu sexuellen Handlungen ist für das Vorliegen von Einverständlichkeit im hier gemeinten Sinne deshalb gleichermaßen auszuschließen wie die Möglichkeit einer *kumulativen* Zustimmung analog zu bestimmten medi-

---

20 Zum System der Grundrechte vgl. Turowski, „Voraussetzungen," 450 – 452.

21 BVerfG, Beschluss des Ersten Senats vom 4. Mai 1971–1 BvR 636/68, Rn. 30 (meine Hervh.) (BVerfGE 31, 67) unter Rekurs auf die Rechtsprechung des Bundesverfassungsgerichts zum Recht auf Eheschließung und Gründung einer Familie nach Art. 6 Abs. 1 GG in BVerfG, Beschluss des Ersten Senats vom 17. Januar 1957–1 BvL 4/54, Rn. 48–53 (BVerfGE 6, 71 f.).

22 Siehe Abschnitt F.1.3.

zinischen Eingriffen an Minderjährigen,[23] zumal solche Zustimmungsmöglich-
keiten dann mit Grund auch für sexuelle Handlungen vor, mit oder an Personen
geltend gemacht werden könnten, die diesen Handlungen alters- und entwicklungsbedingt *noch nicht* oder aber alters- und zustandsbedingt *nicht mehr* freiwillentlich zustimmen können.

Dies hätte wiederum im Blick auf die Ermöglichung sexueller Handlungen
von Erwachsenen vor, mit oder an Kindern, die mit Wissen oder sogar auf Bestreben der Eltern hin zustande kommen (man denke nur an den sogenannten
Staufener Missbrauchsfall[24]), welche sich dann in verquerer Weise zugleich auf
ihre Personensorge im Sinne des § 1631 BGB berufen könnten,[25] verheerende
Folgen für jede argumentative Auseinandersetzung. Einverständlichkeit ist weder
mutmaßlich noch lediglich hypothetisch möglich. Bei sexuellen Handlungen vor,
mit oder an Menschen mit den angesprochenen Beeinträchtigungen bestünde
vielmehr eine große Gefahr für „Fälle des scheinbaren Einverständnisses".[26] Auch
das Vorliegen beispielsweise einer sexuellen Erregung bei einer männlichen
Person kann allenfalls ein Indiz für gewollte Sexualität sein, als solches die
Durchführung von sexuellen Handlungen vor, mit oder an ihr aber noch nicht
rechtfertigen, kann eine sexuelle Erregung als genitalphysiologische Reaktion

---

23 So zumindest in Österreich beim Erfordernis der Zustimmung personensorgeberechtigter Eltern zu schwerwiegenden medizinischen Eingriffen (z. B. Herzoperation) *zusätzlich* zur Einwilligung eines einsichts- und urteils*fähigen* minderjährigen Kindes, vgl. Gleixner-Eberle, *Einwilligung*,
64 – 68; zum kumulativen Einwilligungserfordernis (‚Eltern-Kind-Einwilligung') im Blick auf ge-
schlechtsbestimmende Operationen vgl. allerdings auch Schrott, *Intersex-Operationen*, 320 – 333.
Hier gilt es zu klären, ob die Einwilligungsfähigkeit des betreffenden (intersexuellen) Minderjährigen allein bereits eine hinreichende Einwilligungsvoraussetzung bildet (diese Position vertritt Schrott) oder ob die Entscheidungszuständigkeit – auch bei einer Einwilligungsfähigkeit
eines minderjährigen Kindes – primär oder allein bei den Eltern liegt und das Kind ggf. ein Ve-
torecht hat. Eine dritte Möglichkeit wäre das kumulative Einwilligungserfordernis, wonach weder
Eltern noch einwilligungsfähige minderjährige Kinder jeweils allein über die Durchführung einer
geschlechtsbestimmenden Maßnahme entscheiden können. Allen Optionen gemein ist allerdings
die Voraussetzung einer gewissen „Entscheidungsreife" (321) der Minderjährigen, die ihnen eine
eigenverantwortliche Ausübung ihres Selbstbestimmungsrechts ermöglicht, was bei Menschen
mit den angesprochenen intellektuell-kognitiven Beeinträchtigungen allerdings gerade *nicht*
vorausgesetzt werden kann.
24 Vgl. SWR, „Missbrauchsfall."
25 Dem Einwand, dass Kinder nach § 1631 Abs. 2 BGB „ein Recht auf gewaltfreie Erziehung"
haben, könnte seitens der Eltern dann unter Verweis auf entsprechende fachwissenschaftliche
Äußerungen (s. Abschnitt 3.1) entgegnet werden, dass diese sexuellen Handlungen eben ‚nicht
gewalthaltig', sondern im Gegenteil: ‚gewaltfrei und einvernehmlich', wenn nicht sogar ‚förderlich' für das Kind seien.
26 Oberlies, „Stellenwert," 34.

doch auch bei Kindern im Zuge eines sexuellen Missbrauchsgeschehens hervor-gerufen und gerade *nicht* im Sinne einer Zustimmung (um)gedeutet werden.[27] Gewiss könnte gegenüber der Konzentration auf die Frage der *Zustimmung* und der damit einhergehenden Rede von *Zustimmungsfähigkeit* auf die dabei zum Vorschein kommende Definitionsmacht verwiesen werden, dass Menschen damit auch dann, wenn sie ihren Willen nicht äußern können, ein grundsätzlicher Wille zur Zustimmung unterstellt wird.[28] Streng genommen müsste im selben Atemzug mit ‚Zustimmungsfähigkeit' daher immer auch ‚Ablehnungsfähigkeit' genannt werden, wenngleich es für Einverständlichkeit im hier gemeinten Sinne und im Blick auf das Verhältnis von Sexualität und Gewalt entscheidend ist, dass ein bloßes Dulden oder Geschehenlassen von Handlungen nicht deren einverständ-liche Realisierung bedeuten kann.[29]

Nicht zuletzt der Konsistenz und Kohärenz der ethischen Argumentation wegen bleibt somit festzuhalten: Eine Einverständlichkeit von Handlungen vor, mit oder an Menschen mit den angesprochenen Beeinträchtigungen kann zu keinem Zeitpunkt als faktisch wirksam unterstellt werden. Deshalb ist zu fragen, inwieweit das Kriterium der Einverständlichkeit, wenn es nicht modifiziert oder reformuliert werden kann, ohne ungerechtfertigte Trennungen zwischen einzel-nen Phänomenen zu bedingen, fallspezifisch gegenüber anderen Kriterien ab-gewogen werden könnte, um mögliche Ausnahmen von dieser grundsätzlichen sexualethischen Ablehnung zu rechtfertigen.

2.2 Sexualethische Perspektive

Ohne jeden Zweifel gilt: Menschen mit körperlichen und/oder intellektuell-ko-gnitiven Beeinträchtigungen weisen eine besondere Vulnerabilität auf.[30] Gleich-

---

27 Vgl. Bange/Schlingmann, „Erregung," 29–31; s. hierzu Abschnitt A.3.3.

28 Hierin stimme ich der Bemerkung von Burkert zur Rede von Zustimmung und Zustim-mungsfähigkeit hinsichtlich Sterbehilfe zu, vgl. Burkert, „Frauen," 111 (Anm. 5), die zu Recht darauf verweist, dass Begrifflichkeiten wie ‚nicht ablehnungsfähig' oder ‚nicht verweigerungs-fähig' in die diesbezügliche wissenschaftliche Literatur keinen Eingang gefunden haben. Vgl. ferner die Beobachtung bei Illouz, *Warum Liebe endet*, 97 f., zur Frage der Zustimmung (von Frauen) zum Geschlechtsverkehr.

29 Dieser Frage wird im Rahmen der Erörterung dissensbasierter und zustimmungsorientierter Vergewaltigungsdefinitionen in Kapitel 4 weiter nachzugehen sein.

30 Zur erhöhten Vulnerabilität von Menschen aufgrund ihrer „fragile[n] Körperlichkeit" vgl. Dederich, „Körper," 75 f. (Zitat 76). Zur gesellschaftlichen Erzeugung der und gesellschaftsdia-gnostischen Erklärungsmuster für die Vulnerabilität von Menschen mit Beeinträchtigungen vgl. Burghardt et al., *Vulnerabilität*, 107–109.

zeitig ist es nicht gerechtfertigt, „Menschen mit Behinderung zu entsexualisieren".[31] Es berechtigt auch nichts dazu, Menschen sexuelle Bedürfnisse abzusprechen, weil sie diese nicht durch Worte, aktives Verhalten oder ein Mindestmaß an Selbstausdrucksfähigkeit anderen Menschen in unzweideutiger Weise – oder genauer: in einer anderen Menschen unzweideutig verständlichen Weise zu äußern oder an sich selbst bzw. in einer partnerschaftlichen Intimbeziehung zu befriedigen in der Lage sind, woraus sich für Familienangehörige und Pflegepersonal mitunter äußerst schwierige Dilemmasituationen ergeben können.[32]

Anlässlich eines internationalen Symposiums über „Würde und Recht von geistig behinderten Menschen" vom 7. bis 9. Januar 2004 im Vatikan hat Johannes Paul II. (1920 – 2005) in einer Botschaft an die Teilnehmenden die „affektiven und sexuellen Dimensionen" auch von Menschen mit intellektuell-kognitiven Beeinträchtigungen herausgestellt – „einen Aspekt, der häufig verdrängt oder auf oberflächliche und verkürzende oder gar ideologische Weise behandelt"[33] werde:

> Die sexuelle Dimension gehört [...] zu den grundlegenden Bestandteilen der Person, die – geschaffen als Abbild Gottes, der die Liebe ist – von ihrem Ursprung her dazu berufen ist, sich in der Begegnung und in der Gemeinschaft zu verwirklichen. Voraussetzung für die affektive und sexuelle Erziehung der behinderten Person ist die Überzeugung, daß sie mindestens genauso viel Zuneigung und Liebe benötigt wie jeder andere Mensch. Auch sie möchte lieben können und geliebt werden, sie braucht Zärtlichkeit, die Nähe anderer und Intimität. [...] Trotz seiner eingeschränkten geistigen und zwischenmenschlichen Dimensionen strebt auch der Behinderte nach authentischen Beziehungen, die ihm ermöglichen, als Person geachtet und anerkannt zu werden.[34]

Daran anknüpfend lässt sich die gesellschaftliche Herausforderung und Aufforderung begründen, nicht nur angemessene Lebensbedingungen und entsprechende Strukturen zu schaffen, sondern auch schützende Regelungen zu treffen, um Menschen mit intellektuell-kognitiven Beeinträchtigungen sexuelles Erleben zu ermöglichen, zumal wenn die verschiedenen Sinndimensionen von Sexualität mitbedacht werden, die sich keineswegs auf einen auf Befriedigung drängenden ‚Trieb' reduzieren lassen, sondern „unter den Anspruch einer gelingenden Inte-

---

31 Bichler/Schäfer, „Praxiserfahrungen," 7.
32 Vgl. hierzu z. B. die Dokumentation „Die Berührerin. Sex für Menschen mit Behinderungen" von Julia Knopp und Maximilian Damm in der ZDF-Reportagereihe „37 Grad" (Erstausstrahlung: 04.09.2018). Zum sexuellen Bedürfnis Demenzkranker vgl. Ludwig/Windmann, „„Noch mal etwas Schönes'," 44 f.
33 Johannes Paul II., „Botschaft," Nr. 5; vgl. dazu auch Porsch, *Verstehensbedingungen*, 413 f.
34 Johannes Paul II., „Botschaft," Nr. 5; zu den sich daran anschließenden Forderungen vgl. Nr. 4.

gration"[35] dieser Sinndimensionen zu stellen sind. Die Bemühungen um eine größere Sensibilisierung für die grundsätzliche Benachteiligung von Menschen mit solchen Beeinträchtigungen auch „hinsichtlich dieser legitimen und natürlichen Bedürfnisse"[36] und die daraus erwachsenden Maßnahmen zur Behebung dieser Benachteiligung ließen sich nach meinem Dafürhalten auf dem Boden von Menschenwürde und Humanität deuten, womit zwei Kriterien theologischer Sexualethik ins Blickfeld treten,[37] die es zum Kriterium der Einverständlichkeit ins Verhältnis zu setzen gilt.

Bei der Frage nach möglichen – zeitweiligen – Sexualpartner*innen für Menschen mit intellektuell-kognitiven Beeinträchtigungen, die aufgrund ihrer körperlichen Disposition sexuelle Handlungen grundsätzlich nicht ohne Unterstützung durch andere Personen realisieren können, scheiden Familienangehörige oder Personen, mit denen die betreffende Person in irgendeinem Abhängigkeits- oder Betreuungsverhältnis steht, mithin Pflege- und Betreuungskräfte[38] sowie Therapeut*innen, oder die zusammen mit der betreffenden Person im selben Familienverbund leben oder in derselben Wohneinrichtung tätig sind, schon aufgrund der damit unweigerlich einhergehenden Rollenkonfusion kategorisch aus – von der Strafbarkeit solcher Handlungen nach §§ 174 ff. StGB ganz abgesehen. *Eine* im Folgenden etwas näher zu betrachtende Möglichkeit, der Ausnutzung eines solchen Abhängigkeits- oder Betreuungsverhältnisses vorzubeugen, wäre die Inanspruchnahme aktiver Sexualassistenz,[39] wie sie in den letzten Jahren auch in der theologischen Ethik zunehmend diskutiert worden ist. Während unter *passive* Sexualassistenz alle Maßnahmen fallen, welche die konkreten Voraussetzungen und Rahmenbedingungen schaffen sollen, um Menschen mit Beeinträchtigungen ein selbstbestimmtes Leben und Erleben von Sexualität zu ermöglichen, wozu sexualpädagogische Aufklärungsarbeit und Paarbegleitung ebenso gehören können wie das Beschaffen sexueller Hilfsmittel und die Vermittlung personenbezogener Dienstleistungen im Rahmen von Prostitution bzw. professioneller Sexualassistenz, wird bei der *aktiven* Sexualassistenz eine dritte Person – im Sinne einer sexuellen Dienstleistung – in die sexuelle Situation *handelnd* miteinbezogen. Der in den vergangenen Jahrzehnten im Rahmen der

---

35 Steinherr, *Sexualpädagogik*, 47; zu diesem ‚bio-psycho-sozialen Gesamtmodell' von Sexualität vgl. 45 f. Zu den Sinndimensionen von Sexualität s. Abschnitt A.1.2.
36 Johannes Paul II., „Botschaft," Nr. 5.
37 Siehe dazu Abschnitt C.1.4.
38 Vgl. Jeschke et al., „Sicht," 227–294.
39 Zur nachfolgenden Differenzierung zwischen passiver und aktiver Sexualassistenz vgl. Bazuin, „Assistenz," 6, sowie Dabrock et al., *Unverschämt schön*, 94 f. Für einen übergreifenden Überblick vgl. die Beiträge im Sammelband von Walter (Hg.), *Sexualbegleitung*.

Sonderpädagogik vollzogene leitmotivische Übergang von der Fremd- zur Selbstbestimmung als „Paradigmenwechsel [...] von der Betreuung zur Assistenz"[40] berührt also auch den Bereich der Sexualität.

Unverzichtbare Voraussetzung hierfür wäre, dass diese aktive Sexualassistenz von speziell dazu ausgebildeten Personen geleistet wird[41] und in der sexuellen Begegnung sowohl die „aktuell eigenen Grenzen" als auch „die Grenzen der Klienten"[42] stets geachtet und respektiert werden. Angesichts der Tatsache, dass sexuelle Handlungen in dieser Konstellation zwischen Personen realisiert werden, bei denen eine Person der anderen auch in Motorik und Intellekt *eindeutig überlegen ist und also ein erhebliches Machtungleichgewicht besteht, gilt es hier in besonderem Maße,* den schmalen Grat zu finden und mit größtmöglicher Bedachtsamkeit zu begehen „zwischen gelebter und auch wirklich gewollter Sexualität einerseits und sexuellen Handlungen andererseits, mittels derer jemand einen behinderten Menschen ganz eindeutig und einseitig für seine sexuelle Befriedigung nutzt".[43] Durch die Inanspruchnahme aktiver Sexualassistenz als einer von Nähe und Zuneigung durch Körperlichkeit geprägten und nichtsdestotrotz professionellen Dienstleistung gegen Bezahlung,[44] welche nicht nur große Empathie und besondere Sensibilität erfordert, sondern auch eine fachliche, qualitätsgesicherte Ausbildung der Sexualassistent*innen nach allgemeingültigen Richtlinien zur Voraussetzung haben muss, könnte sexuellen Übergriffen nach Möglichkeit vorgebeugt werden. Dies wird auch eine regelmäßige Überprüfung und Supervision der Sexualassistent*innen erforderlich machen.

Bei all dem darf gleichwohl nicht verkannt werden, dass lebenspraktisch wünschenswerte Sexualassistenz nur ein vorübergehendes Angebot sein kann, das die angesprochene grundsätzliche Benachteiligung von Menschen mit Einschränkungen nicht beheben kann und das überdies eine ganze Reihe weiterer

---

40 Phillips et al., „Behinderung," 533. Zum Verständnis von Selbstbestimmung und der Frage der Selbstbestimmungsfähigkeit von Menschen mit intellektuell-kognitiven Beeinträchtigungen vgl. grundlegend Weingärtner, *Selbstbestimmung,* 21–38, 43 f. u. 57–63.

41 Allen Professionalisierungsbestrebungen im Bereich der Sexualassistenz z. B. durch das sog. Institut zur Selbst-Bestimmung Behinderter (ISBB) in Trebel (Niedersachsen) zum Trotz gibt es in Deutschland bislang weder eine staatliche Ausbildung zur Sexualbegleiter*in oder Sexualassistent*in noch eine Berufsvertretung.

42 So in den verpflichtenden Richtlinien zur Qualität der Sexualbegleitung des ISBB (Nr. 3); „Geschlechtsverkehr" ist nach diesen Richtlinien zur Sexualbegleitung allerdings explizit „ausgeschlossen" (Nr. 2).

43 So Oberlies, „Stellenwert," 34, die bezüglich Letzterem von „reine[n] ,Benutzungs-Verhältnisse[n]'" spricht.

44 Zur Frage der Abgrenzung von oder Überschneidung mit Prostitution vgl. Hill/Bibbert, *Regulierung,* 114–118; ferner Hartmann, „Dienstleistung," 31–42. Siehe dazu Abschnitt 5.3.

Fragen und Probleme nach sich zieht,[45] was beispielsweise die Häufigkeit oder Regelmäßigkeit der Inanspruchnahme aktiver Sexualassistenz, deren mögliche Kostenübernahme (Stichwort: „Sex auf Krankenschein"[46]), das Risiko einer möglichen Verliebtheit bzw. einer starken emotionalen Abhängigkeit der Klient*innen oder aber die Frage einer möglichen Schwangerschaft[47] betrifft. Auf diese Fragen und Probleme kann hier nicht weiter eingegangen werden.

Wichtig war im vorliegenden Zusammenhang, auf die strengen Voraussetzungen und Bedingungen hinzuweisen, die gegeben und erfüllt sein müssten, wenn unter Berücksichtigung der Kriterien der Menschenwürde und Humanität vom sexualethischen Leitkriterium der Einverständlichkeit abgewichen werden können soll, um sexuelle Handlungen vor, mit oder an Erwachsenen zu rechtfertigen, welche diesen Handlungen – zustandsbedingt – *generell nicht* freiwillentlich zustimmen können. Im folgenden Kapitel wird demgegenüber nach der sexualethischen Beurteilung von sexuellen Handlungen zwischen Personen zu fragen sein, von denen mindestens eine diesen Handlungen – alters- und entwicklungsbedingt – *noch nicht* freiwillentlich zustimmen kann.

3 Sexuelle Handlungen zwischen Erwachsenen und Kindern

Sexuelle Handlungen zwischen Erwachsenen und Kindern[48] sind kategorisch abzulehnen. Indem etwas statuiert wird, ist es jedoch noch nicht begründet. Die

---

45 Vgl. z. B. Ahrbeck, „Sexualität," 175–191.

46 Sandfort, *Liebeskummer*, 54. Bis dato ist in Deutschland – im Unterschied z. B. zu den Niederlanden, in denen Pflegebedürftigen die Inanspruchnahme der Dienste von zertifizierten Prostituierten bezahlt werden kann – keine gesetzliche Grundlage zur Kostenübernahme von Sexualassistenz im Rahmen von Sozialleistungen gegeben, vgl. den Sachstandsbericht der Wissenschaftlichen Dienste des Deutschen Bundestages zur „Sexualassistenz" (27. April 2018).

47 Vgl. dazu auch Ohly, *Ethik der Liebe*, 93.

48 Übereinstimmend mit der an späterer Stelle dieser Untersuchung vorgenommenen Konzentration auf Pädophilie als Sexualpräferenz für *vor*pubertäre Kinder (Kapitel F.1) soll im Folgenden speziell auf sexuelle Handlungen zwischen (zustimmungsfähigen) Erwachsenen ab 18 Jahren und *vor*pubertären Kindern fokussiert werden, ohne deshalb in Abrede stellen zu wollen, dass es auch hier Zwischenstufen und Übergänge gibt. Unter Rückgriff auf die diagnostischen Kriterien für eine „Pädophile Störung" (302.2) nach dem *DSM-5* (2013) könnte präzisiert werden, dass sich das im Folgenden Dargelegte allgemeiner auf sexuelle Handlungen zwischen vor- oder frühpubertären Kindern (in der Regel) unter 13 Jahren und strafmündigen Personen beziehen lässt, die mindestens 16 Jahre alt und zugleich mindestens 5 Jahre älter sind als das betreffende Kind. Ausgeklammert sind an dieser Stelle aber nicht nur sexuelle Handlungen zwischen vorpubertären oder in etwa gleichaltrigen Kindern, sondern gleichermaßen auch zwischen Kindern und Erwachsenen mit intellektuell-kognitiven Beeinträchtigungen, die sexuellen Handlungen ebenfalls

sexualethische Begründung muss ausgehend von der Sache selbst erfolgen und damit unabhängig auch von der Frage der materiell-rechtlichen Strafbarkeit dieser Handlungen. Dies schon deshalb, weil die Rechtsordnung einer Gesellschaft nicht in Stein gemeißelt, sondern, als Ausdruck und Spiegel sozialer Wirklichkeit, grundsätzlich erweiter- und veränderbar ist.[49] Ein solcher Hinweis auf ‚Bekanntlichkeiten' scheint angebracht, nachdem in Deutschland vor allem Anfang der 1970er Jahre die Abkehr von einer generellen Strafbarkeit sexueller Handlungen zwischen Erwachsenen und Kindern durchaus im Bereich des politisch Möglichen lag. Von Interesse sind im Folgenden dabei nicht so sehr Zusammenspiel und Wechselwirkung zwischen fachwissenschaftlichen Stellungnahmen und politisch-ideologischen Überzeugungen, darunter auch persönliche Motive der Protagonisten, in der Einflusssphäre lobbyistischer Partikularinteressen, deren ganzes Ausmaß erst seit wenigen Jahren Gegenstand wissenschaftlicher Aufarbeitung ist,[50] als vielmehr die in diesem Zusammenhang für eine Legalisierung sexueller Kontakte zwischen Erwachsenen und Kindern ins Feld geführten Argumente. In kritischer Auseinandersetzung mit diesen Argumenten wird dann die eingangs ausgesprochene Überzeugung zu begründen sein.

3.1 Positionen und Expertisen

In seinem Beitrag „Sexuelle Gewalt gegen Kinder" für die vom Deutschen Kinderschutzbund (DKSB) herausgegebene Broschüre *Sexuelle Gewalt gegen Kinder* (1987) vertritt der Pädagoge Wilhelm J. Brinkmann (*1947), damals Mitglied im Bundesvorstand des DKSB und späterer Ordinarius für Allgemeine Pädagogik an der Universität Kiel, die Ansicht, dass einerseits „auch den Kindern ihr ureigenes Recht auf sexuelle Freiheit und sexuelle Selbstbestimmung zugestanden" und „dieses Rechtsgut respektiert, geschützt und gesichert werden" solle, da „Erziehung immer auch die Entwicklung der Autonomie des Kindes nicht zuletzt im sexuellen Handeln zu fördern und zu unterstützen"[51] habe. Andererseits werde

---

nicht freiwillentlich zustimmen können; sexuelle Handlungen unter solchen Bedingungen sind gewiss kein Zusammenwirken in ‚träumender Unschuld' (vgl. dazu oben Anm. 18), bei aller möglichen Gewalthaltigkeit und Missbräuchlichkeit jedoch im Blick auf die objektive Zurechenbarkeit und individuelle Verantwortungszuschreibung anders zu *werten*.

49 Gleiches lässt sich auch im Blick auf die Frage der Strafbarkeit einer Vergewaltigung in der Ehe betonen, s. Kapitel 4.

50 Vgl. die in Anm. 81 u. 86 angegebene Literatur.

51 Brinkmann, „Gewalt," 15.

die (vom Alterszeitpunkt her allemal diskutierbare) formale Grenze der Volljährigkeit zum Definitionsmerkmal und zum Ausschlußkriterium (un-)erlaubter sexueller Handlungen gemacht, das heißt: der eigentätigen Wahrnehmung des Rechtes auf sexuelle Selbstbestimmung durch die Kinder selbst wird der Boden entzogen, indem sexuelle Kontakte zwischen einem Kind und einem Erwachsenen generell, ohne Ausnahme unter Strafandrohung gestellt werden (§ 176 StGB) – und nicht etwa nur jene, in denen Kinder mit Hilfe von Gewalt, von Drohungen, List und Tücke oder durch Verführung gegen ihren erklärten oder erkennbaren Willen sexuell mißbraucht, ausgenutzt, ausgebeutet und in ihrem Rechtsgut sexueller Freiheit und Selbstbestimmung eingeschränkt werden.[52]

Wie der Homburger Psychologe Günther Deegener (1943 – 2017) in seiner ausführlichen Auseinandersetzung mit entsprechenden Forderungen im DKSB bemerkt,[53] reflektieren Brinkmanns Formulierungen verschiedene Argumente, die im Rahmen der von Ende der 1960er Jahre noch bis in die 1990er Jahre immer wieder aufflammenden öffentlichen Debatte[54] um die Legalisierung ‚einvernehmlicher'[55] sexueller Handlungen zwischen Erwachsenen und Kindern auch von Aktivisten und Unterstützern der Pädophilenbewegung[56] unter Rekurs auf entsprechende fachwissenschaftliche Äußerungen vertreten worden sind. Die für

---

52 A.a.O., 16.
53 Vgl. Deegener, *Bewertung*, vor allem 1f. u. 36 – 47.
54 Vgl. Baader, „Politisierung," 55 – 84; dies., „Enttabuisierung," 27 – 37; Reichardt, „Pädosexualität," 137 – 160.
55 Ich spreche hier und im Folgenden bewusst von ‚Einver*nehmlich*keit' bzw. ‚ein*vernehm*lichen' sexuellen Handlungen – stets in einfache Anführungszeichen gesetzt –, um die damals wie heute präferierte Terminologie aufzugreifen und zugleich eine Unterscheidung vom sexualethischen Leitkriterium der ‚Einver*ständlich*keit' zu markieren, wie es in der vorliegenden Untersuchung entwickelt worden ist. Unter Heranziehung des Einverständlichkeitskriteriums zeigt sich nämlich, dass eine solche bei sexuellen Handlungen zwischen Erwachsenen und Kindern prinzipiell *nicht* möglich, die Rede von ‚einverständlichen sexuellen Handlungen' an dieser Stelle also selbstwidersprüchlich ist.
56 Zu Entstehung, Entwicklung und Forderungen der Pädophilenbewegung in Westdeutschland vgl. Hensel et., „‚Knabenliebhabern'," 136 – 159; Bundschuh, „Pädophilenbewegung," 85 – 100; Elberfeld, „Diskurs," 265 – 270. In Frankreich haben im Jahr 1977 zahlreiche Intellektuelle – darunter Louis Aragon, Louis Althusser, Roland Barthes, Simone de Beauvoir, Gilles Deleuze, Jacques Derrida, Françoise Dolto, Michel Foucault, André Glucksmann, Gabriel Matzneff, Catherine Millet, Jean-Paul Sartre und Philippe Sollers – eine in der Tageszeitung *Le Monde* am 23. Mai 1977 veröffentlichte Petition zur Entkriminalisierung ‚einvernehmlicher' sexueller Handlungen zwischen Erwachsenen und Kindern unterzeichnet, nachdem sie am 26. Januar 1977 bereits einen Aufruf in *Le Monde* unterzeichnet hatten, in dem die Freilassung von drei wegen Sexualstraftaten gegen 13 und 14 Jahre alte Kinder inhaftierten Männern gefordert wurde, vgl. Le Monde, „Lettre" (23.05.1977) bzw. „À propos" (26.01.1977); letztgenannter Aufruf wurde von Foucault nicht unterzeichnet. Zur Situation in anderen europäischen Ländern vgl. Michelsen, „Pädosexualität," 23 – 59.

eine Legalisierung dieser Handlungen geltend gemachten Argumente, wie sie in Stellungnahmen von Fachvertreter*innen vor allem aus den Rechts- und Sozialwissenschaften, der Psychologie, Pädagogik und Sexualwissenschaft zu finden sind,[57] die, mit zum Teil höchster akademischer Reputation, „die Pädophilenbewegung zeitweise unterstützten oder gegen Kritik zu verteidigen suchten",[58] werden von Deegener dabei wie folgt zusammengefasst:

> [D]ie Strafbefreiung von sexuellen Handlungen zwischen Kindern und Erwachsenen [ist zu befürworten,] 1. weil den Kindern eine extrem hohe Fähigkeit zu sexueller Selbstbestimmung und eigener Willensentscheidung im Rahmen solcher Handlungen mit Erwachsenen zugeschrieben wird, 2. weil die („echten") Pädophilen bzw. Päderasten keine Gewalt anwenden und nur solche sexuellen Handlungen ausführen würden, die Kinder zulassen oder wozu sie bereit sein würden oder die für sie bereits vertraut seien, 3. weil keine (akuten oder dauerhaften) negativen Folgen für die (gesunden) Kinder zu erwarten wären bzw. die sexuellen Handlungen mit Erwachsenen sich auch positiv auf die kindliche Persönlichkeitsentwicklung auswirken würden, 4. weil negative Folgen für die Kinder erst oder vor allen Dingen entstehen würden aufgrund der Tabuisierung und Diskriminierung solcher sexueller Handlungen [...], 5. weil letztlich insgesamt auch nicht von kindlichen Opfern die Rede sein könnte [...].[59]

Von besonderer Bedeutung ist in diesem Zusammenhang eine öffentliche Sachverständigenanhörung, die auf Einladung des Zweiten Sonderausschusses des Deutschen Bundestages für die Strafrechtsreform, welcher in der sechsten Legislaturperiode (1969–1972) über den Entwurf für ein Viertes Gesetz zur Reform des Strafrechts (4. StrRG) zu beraten hatte,[60] vom 23. bis 25. November 1970 in Bonn stattfand.[61] Dieser Sonderausschuss war sichtlich darum bemüht, auch

---

57 Abgesehen von den im Haupttext im weiteren Verlauf genannten Personen z. B. der Psychologe Michael C. Baurmann (*1946), der Kriminalsoziologe Michael Schetsche (*1956), die Ethnosoziologin Gisela Ingeborg Bleibtreu-Ehrenberg (*1929) sowie die niederländischen Psychologen Frits Bernard (1920–2006) und Theo Sandfort (*1953). Speziell zu H. Kentler und R. Lautmann s. Abschnitt F.2.3.
58 Elberfeld, „Sünde," 266.
59 Deegener, *Bewertung*, 3.
60 BT-Drucksache VI/1552; vgl. das Plenarprotokoll Nr. 06/8 vom 05.11.1969 (Einsetzungsbeschluss). Das Vierte Gesetz zur Reform des Strafrechts (4. StrRG) vom 23.11.1973 ist mit Ausnahme der Neuregelung der Pornographie (§ 184 StGB) am 28. November 1973 in Kraft getreten. Die teilweise Legalisierung der Pornographie ist am 28. Januar 1975 erfolgt.
61 Vgl. hierzu die entsprechenden Protokolle des Stenographischen Dienstes des Deutschen Bundestages, in: Deutscher Bundestag, *Beratungen*, 843–1162. Speziell zur Sachverständigenanhörung vgl. durchgehend Dannecker, „Bemerkungen," 73–75 u. Walter, „„In dubio pro libertate'," 118–122.

gegenüber der Frage der Legalisierung ‚nichtgewaltsamer'[62] sexueller Handlungen zwischen Erwachsenen und Kindern „eine vergleichsweise rationale Haltung einzunehmen",[63] weshalb der Fragenkatalog für die Anhörung der insgesamt über 30 Sachverständigen (hier: „Psychiater, Psychologen, Pädagogen, Gerichtsmediziner, Sexualwissenschaftler, Kriminologen und Kriminalpolizeibeamte") unter anderem die folgende Frage enthielt: „3. Welche Wirkungen sind bei einem Kind (bis zu 14 Jahren) von a) sexuellen Handlungen eines anderen an dem Kind oder vor dem Kind, b) dem Strafverfahren wegen eines solchen Vorgangs zu erwarten? Wie hoch ist die Wahrscheinlichkeit eines dauernden Schadens?"[64]

Obwohl in vielen der Sachverständigenstellungnahmen die diesbezüglich mangelhafte empirische Forschungslage konzediert wurde,[65] war sich die große Mehrheit der Befragten darin einig, dass von dauerhaften Störungen der Persönlichkeitsentwicklung bei Kindern als Folge ‚nichtgewaltsamer' sexueller Handlungen zwischen ihnen und Erwachsenen insgesamt eher nicht auszugehen und hierbei nicht nur das Beziehungsgefüge, in dem diese sexuellen Handlungen stattfänden, sondern auch die Reaktion der jeweiligen Umgebung stets miteinzubeziehen seien. So stellte Reinhart Lempp (1923–2012), Ärztlicher Direktor der Kinder- und Jugendpsychiatrie am Universitätsklinikum Tübingen und ab 1971 Ordinarius für Kinder- und Jugendpsychiatrie an der Universität Tübingen, fest:

> Nach unserer zahlenmäßig allerdings schlecht zu erfassenden Erfahrung resultieren Spätschäden zumindest bei den nicht aggressiven Fällen viel weniger aus der Tat als aus dem eng damit verbundenen Schuldgefühl, das viele Kinder nach der Tat belastet, und dieses hängt wiederum von der Reaktion der Umwelt, von der Einstellung zur Tat und zum Täter und von der Einstellung zur Sexualität ab. So kann festgestellt werden, daß das Entstehen oder Nichtentstehen eines Dauerschadens bei nicht gewaltsamen Sexualdelikten an Kindern kaum von dem sexuellen Delikt abhängen kann, sondern ausschließlich von der Reaktion der Erzieher, vom Milieu und von der Umgebungsreaktion. [...] Objektive Untersuchungen an größeren Zahlen liegen nicht vor. Insgesamt muß die Wahrscheinlichkeit eines bleibenden psychischen Schadens als niedrig angesehen werden. [...] So kann auch festgestellt werden, daß, von Extremfällen aggressiver Sittlichkeitsdelikte abgesehen, Dauerschäden nur dann entstehen, wenn das Kind entweder schon vor dem Ereignis psychisch labil und neurose-

---

62 Zur Rede von ‚nichtgewaltsamen' oder ‚nicht gewalttätigten' Sexualhandlungen bzw. ‚Sexualdelikten' an Kindern, deren ‚Schädlichkeit' von einigen Sachverständigen ausdrücklich in Zweifel gezogen wurde, vgl. z. B. Deutscher Bundestag, *Beratungen*, 929, 934 u. 981–983. Mehrere Sachverständige aus dem *außerrechtlichen* Bereich haben sich überdies gegen die ‚Strafwürdigkeit' dieser sexuellen Handlungen ausgesprochen, vgl. z. B. Lempp, a.a.O., 934.
63 Dannecker, „Bemerkungen," 71.
64 Deutscher Bundestag, *Beratungen*, 1140.
65 Vgl. z. B. Schönfelder, a.a.O., 919 f. u. Lempp, a.a.O., 927; weitere Belege bei Walter, „„In dubio pro libertate'," 121.

anfällig war oder es durch eine unangemessene Haltung der Umgebung, zu der neben den Eltern auch die vernehmenden Instanzen gehören, geworden ist.[66]

Die Psychiaterin Thea L. Schönfelder (1925–2010), kurze Zeit vor der Anhörung am Universitätsklinikum Hamburg-Eppendorf (UKE) als erste Frau in Deutschland zur Ordinaria für Kinder- und Jugendpsychiatrie berufen und spätere Ärztliche Direktorin des UKE, konstatierte: „Die Annahme einer regelmäßigen Entwicklungsbeeinträchtigung durch frühzeitige Aufnahme heterosexueller Kontakte läßt sich wissenschaftlich nicht begründen."[67] Ähnlich der 1969 hochgeehrt emeritierte Kieler Rechtsmediziner Wilhelm Hallermann (1901–1975):

> Sexuelle Handlungen eines Erwachsenen an einem oder vor einem Kind bewirken, wenn sie ohne Bedrohung und Gewaltanwendung ablaufen, wenn sie im Gegenteil vielleicht gar mit zärtlichen Gesten und Schmeicheleien übertönt sind, an sich keine irgendwie nennenswerten Schäden und haben keine Dauerwirkungen bei einem normal entwickelten Kind. [...] Alle Untersuchungen deuten darauf hin, daß die Zahl der Kinder, die durch das Ereignis als solches – ich meine jetzt, ohne stärkere Gewalteinwirkung – auf die Dauer geschädigt werden, ungewöhnlich klein ist, wenn sich überhaupt ein Schaden nachweisen läßt. [...] Auch bei Aggressionsdelikten mit Gewaltanwendung einmaliger Art brauchen – ich betone: brauchen – bei einem gesunden Kind bei einer günstigen Einwirkung und einem therapeutisch richtigen Verhalten der Umgebung – wie nach einem anderen Schreck, wie gesagt, einem Verkehrsunfall etwa – keine Schäden aufzutreten.[68]

Der kurze Zeit zuvor zum kommissarischen Direktor des Instituts für Sexualforschung, Sexualmedizin und Forensische Psychiatrie des UKE ernannte Psychiater und Sexualforscher Eberhard Schorsch (1935–1991), „einer der führenden sexualforensischen Forscher und Gutachter der Republik",[69] gab zu Protokoll:

> Übereinstimmend wird in der Literatur festgehalten, daß zumindest eine lineare Kausalität zwischen solchen Erlebnissen und einer Fehlentwicklung der Persönlichkeit nicht besteht. Die Autoren empirischer Untersuchungen konstatieren darüber hinaus, daß Dauerschäden nicht zu beobachten sind; wenn sich die Kinder später fehlentwickeln, wird das sexuelle Trauma bereits als Symptom einer Fehlentwicklung und nicht als deren Ursache gewertet. Ein gesundes Kind in einer intakten Umgebung verarbeitet nicht gewalttätige sexuelle Erlebnisse mit Erwachsenen ohne negative Dauerfolgen.[70]

---

66 Deutscher Bundestag, *Beratungen*, 929 f.
67 A.a.O., 917.
68 A.a.O., 997 f.
69 Walter, „„In dubio pro libertate'," 122.
70 Deutscher Bundestag, *Beratungen*, 985.

Ähnlich versicherte der Sexualwissenschaftler Reinhard Wille (1930–2014), Oberarzt an der Medizinischen Fakultät der Universität Kiel und ihr späterer Dekan, dem Sonderausschuss, dass „wirklich ernsthafte Dauerschäden durch kindliche Sexualerlebnisse […] als geringfügig und wenig nachhaltig" anzusehen seien, auch wenn bei einem Kind „nach einem gewaltsam erzwungenen Mundverkehr […] in bestimmten Situationen Schluckbeschwerden oder Erbrechen auftreten"[71] könnten.

Trotz offen geäußerter Bedenken mancher Ausschussmitglieder gegenüber der Beibehaltung einer generellen Strafbarkeit sexueller Kontakte zwischen Erwachsenen und Kindern[72] hat sich der Sonderausschuss letztlich dazu entschlossen, an ihr festzuhalten und Kinder unter 14 Jahren dadurch weiterhin „vor einer Beeinträchtigung ihrer Gesamtentwicklung durch sexuelle Handlungen [zu] schützen".[73] Angesichts der zuvor in der Anhörung zu Gehör gebrachten fachwissenschaftlichen Expertise hierzu eine durchaus überraschende Entscheidung. „Eine auch nur annähernd zufriedenstellende Begründung dieser Entscheidung ist in dem Bericht des Sonderausschusses nicht zu finden."[74] In ihrem gemeinsamen Ausschussbericht wiesen die Abgeordneten der Bundestagsfraktionen von CDU/CSU, SPD und FDP darauf hin, dass „nach Auffassung zahlreicher Wissenschaftler" aggressionsfreie sexuelle Handlungen „von normal entwickelten, gesunden Kindern in intakter Umgebung nach relativ kurzer Zeit gut verarbeitet"[75] werden könnten. Zwar seien verschiedentlich „bei einem geringen Prozentsatz der betroffenen Kinder ausgeprägte psychische Beeinträchtigungen festgestellt worden", doch sei „zweifelhaft, ob das sexuelle Erlebnis hierfür kausal gewesen" ist. Insgesamt sehen sich die Abgeordneten durch die öffentliche Anhörung in folgender Einschätzung bestätigt:

> Sexuelle Handlungen an oder vor Kindern – das zahlenmäßig häufigste Delikt aus dem Bereich des Sexualstrafrechts – zählt [sic!] zu den Straftaten, auf welche die Öffentlichkeit mit besonderer Empörung und mit Abscheu reagiert. Diese Reaktionen entsprechen mehr den in der Gesellschaft verwurzelten moralischen Standards als einem tatsächlichen Wissen über Ursachen, Begleitumstände und Wirkungen des Deliktes. […] Insbesondere fehlt es an gesicherten Erkenntnissen über die für die Strafbedürftigkeit der Handlungen und die Ausgestaltung des Tatbestandes wichtige Frage, welche schädlichen Wirkungen von einer sexuellen Handlung auf das hiervon betroffene Kind ausgehen.[76]

---

71 A.a.O., 992 u. 991.
72 Vgl. z. B. die Aussage von Schlee, a.a.O., 1113; vgl. hierzu Dannecker, „Bemerkungen," 74.
73 BT-Drucksache VI/3521, 34.
74 Dannecker, „Bemerkungen," 75.
75 BT-Drucksache VI/3521, 34; die folgenden Zitate ebd.
76 Ebd.

Die Bonner Sachverständigenanhörung, die letztlich zur Ausgestaltung des § 176 StGB als eines abstrakten Gefährdungsdelikts im 4. StrRG (1973) beigetragen hat, für dessen Tatbestandserfüllung der konkrete Nachweis der „Schädlichkeit sexueller Übergriffe" auf Kinder nicht erforderlich ist, weil der Gesetzgeber „die Ungewißheit"[77] darüber bereits für ausreichend hält, muss im Kontext eines umfangreicheren gesellschaftspolitischen Diskurses über die Entkriminalisierung ‚einvernehmlicher' Sexualität zwischen Erwachsenen und Kindern betrachtet werden.[78] Die Pädophilie-Debatte der 1970er und 1980er Jahre, die ab Ende der 1970er Jahre nicht zuletzt von der Lobbyarbeit der 1979 offiziell gegründeten *Deutschen Studien- und Arbeitsgemeinschaft Pädophilie e.V.* (DSAP) – der „damalige[n] Kaderorganisation der Pädophiliebewegung"[79] – geprägt war und neben den Jungdemokraten, der früheren radikaldemokratischen Jugendorganisation der FDP,[80] Anfang der 1980er Jahre vor allem die neugegründete Partei Die Grünen erfasste,[81] hat gewissermaßen „eine bundesdeutsche Geschichte".[82] Dass sich eben auch der DKSB[83] sowie pro familia e.V.[84] ganz „offensichtlich der pädophiliefreundlichen Debatte nicht völlig erwehren konnten",[85] verdeutlicht seinerseits, dass Positionen der Pädophilenbewegung ein breiteres Echo gefunden haben, als noch bis vor wenigen Jahren bekannt war bzw. allgemein angenommen wurde.

In der 1983 bei den Grünen gegründeten und von der Bundestagsfraktion der Grünen finanzierten *Bundesarbeitsgemeinschaft Schwule, Päderasten und Transsexuelle* (BAG SchwuP), die 1987 wieder aufgelöst wurde, hatte man explizit die strafrechtliche Freigabe sexueller Handlungen zwischen Erwachsenen und Kindern bzw. die damit verbundene völlige Streichung des Sexualstrafrechts gefordert.[86] Von einem Teil der BAG SchwuP wurde das Kriterium der ‚Einvernehmlichkeit' sexueller Handlungen zwischen Erwachsenen und Kindern auch dann als erfüllt betrachtet, wenn diesen Handlungen eine verbal oder non-verbal signalisierte ablehnende Haltung vonseiten des Kindes vorausgegangen war: „Ge-

---

77 Ebd. Vgl. dazu ferner Laubenthal, *Handbuch Sexualstraftaten*, 175 sowie Knauer, *Schutz der Psyche*, 64–66.
78 Das gilt speziell auch für den in Fachzeitschriften geführten sexualwissenschaftlichen Diskurs um Pädophilie, vgl. Friedrichs, „Delinquenz," 161.
79 Walter, „‚Es widert mich an'," (ohne Seitenzahlen).
80 Vgl. Walter/Klecha, „Pädophilie-Debatte," (ohne Seitenzahlen).
81 Vgl. Klecha, „Niemand," 160–227; ferner Bündnis 90/Die Grünen, *Aufarbeitung*.
82 So der Untertitel von Walter et al. (Hg.), *Die Grünen*; vgl. dazu 14. u. 18.
83 Vgl. Göttinger Institut für Demokratieforschung, *Abschlussbericht*.
84 Vgl. Karliczek et al., *Diskurs*.
85 Bündnis 90/Die Grünen, *Aufarbeitung*, 284; vgl. hierzu 284–289.
86 Vgl. a.a.O., 74, 102, 133, 271, 283 f. u. 300; Klecha, „Niemand," 180–182; ferner Kraft, *Lust*, 112 f.

rechtfertigt werden soll dies damit, daß diese (jungen) Menschen gar nicht beurteilen bzw. wissen könnten, dass [sic!] ihnen das zunächst abgelehnte Verhalten
gut tun bzw. angenehm sein könnte."[87] Die angebliche Interessenvertretung für
Kinderrechte wird somit als fadenscheiniger Deckmantel für rücksichtslosen sexuellen Egoismus entlarvt.

Vor diesem Hintergrund ist nun die eingangs ausgesprochene kategorische
Ablehnung sexueller Handlungen zwischen Erwachsenen und Kindern zu substantiieren.

3.2 Sexualethische Perspektive

Was die sexualethische Beurteilung sexueller Handlungen zwischen Erwachsenen und Kindern betrifft, ist zunächst zu bemerken, dass die im vorhergehenden
Abschnitt angeführten Positionen infantile und adulte Sexualität mehr oder weniger vorbehaltlos miteinander gleichsetzen. Allerdings stellen infantile und
adulte Sexualität, wie Sigusch betont, kein einheitliches Phänomen dar:

> Im Vergleich ist die infantile Sexualität experimenteller, spontaner, selbstbezüglicher, vor
> der Pubertät nicht so kontinuierlich wie die adulte Sexualität, nimmt zur Pubertät hin aber
> nachweislich zu, auch in der sogenannten Latenzphase. Sie ist nicht so zielgerichtet wie die
> adulte Sexualität, eher ein Spiel ohne Orgasmus, entfernter von moralischen Ansprüchen
> und natürlich von der Fortpflanzung leibhaft getrennt. Weil die kindliche Sexualität nicht
> reflektiert [...] wird, ist sie nicht konsensfähig, d. h. ein Kind kann nicht überblicken, welche
> Folgen es haben könnte, wenn es sich mit einem Erwachsenen sexuell betätigt.[88]

Dieser Unterschied zwischen infantiler und adulter Sexualität wird verkannt oder
bewusst ausgeblendet, wenn von Aktivisten und Unterstützern der Pädophilenbewegung zum Zwecke der „Entkriminalisierung von einvernehmlicher Sexualität
zwischen Erwachsenen, Jugendlichen und Kindern" das „Recht" (auch) des Kindes „auf sexuelle Selbstbestimmung"[89] eingefordert wird. Es wird also „aus der

---

87 Protokoll der BAG SchwuP (3. bis 5. 2. 1984); zit. nach Klecha, *Die Grünen*, 141.
88 Sigusch, *Sexualitäten*, 287. Zur Differenzierung zwischen dem homologen (d. h. die strukturelle Ähnlichkeit von Kinder- und Erwachsenensexualität herausstellenden) und dem heterolo-
gen (d. h. die strukturelle und qualitative Unterschiedlichkeit beider herausstellenden) Modell
kindlicher Sexualität vgl. Schmidt, „Kindersexualität," 312–322; ferner König, *Kindliche Sexualität*, 430–447 sowie Hartung, „Früh," 176–183.
89 So in einer Wahlbroschüre der Grünen (im Rückgriff auf Formulierungen aus dem Bundes-
programm) zu den vorgezogenen Wahlen zum Abgeordnetenhaus von Berlin am 10. Mai 1981,

pädophilen Erwachsenenperspektive [...] mit dem Recht der Kinder auf eine selbstbestimmte Sexualität"[90] argumentiert. Sigusch, der auch 1970 in Bonn als Sachverständiger vor dem Bundestags-Sonderausschuss auftrat,[91] gibt demgegenüber zu bedenken, dass ein vorpubertäres Kind über diese in seinem Namen geforderte sexuelle Selbstbestimmung noch nicht verfügt:

> Da ein vorpubertäres Kind noch nicht einmal weiß, was Liebe und Sexualität sind, was sie bedeuten, was sie symbolisieren, wie sie von anderen Menschen gesehen und gelebt werden, kann auch nicht von sexueller Selbstbestimmung die Rede sein. Allein aus diesem Grund ist das Verhältnis eines Pädosexuellen zu einem Kind auf Sand gebaut, drastischer gesagt: auf eine (Selbst-)Täuschung des Erwachsenen.[92]

Ein Kind muss die Fähigkeit zur sexuellen Selbstbestimmung also noch entwickeln[93] und damit zugleich die Grenzen zwischen infantiler und adulter Sexualität verstehen lernen.[94] Dieser Freiraum für die Entdeckung und Aneignung der eigenen Sexualität ist einem Kind unbedingt einzuräumen und vor Gewalt und Zwang zu schützen, kann und sollte aber nicht frei von jedem Einfluss Erwachsener sein,[95] weil ein Kind auf eine verständnisvolle und einfühlsame Begleitung durch Erwachsene angewiesen ist, die ihm, alters- und entwicklungsgerecht, diese Grenzen aufzeigen und in einer „Kultur der Grenzachtung"[96] vorleben. Hierzu nochmals Sigusch:

> Die kindliche Erotik ist [...] nicht nur voller Wonnen, sie ist auch notwendig. Sie ist eine Bedingung der Möglichkeit der Menschwerdung. Als wesentliche Quelle der Individuation tariert sie Nähe und Distanz aus und jene Gefühle, ohne die Liebe unmöglich ist: Wohllust und Wollust, Vertrauen in sich selbst und in andere. Wer nie im Paradies der kindlichen Erotik gelebt hat, wird sich nur sehr mühsam in einen anderen Menschen einfühlen und sich selbst der Drangliebe ohne Angst überlassen können [...]. Wird die kindliche Erotik vorzeitig

---

24 f.; zit. nach Bündnis 90/Die Grünen, *Aufarbeitung*, 10. Ähnlich Schult, „Pädophilie-Bewegung," 27; Bendig, „Gewaltfrei und einvernehmlich," 28; Schetsche, „,Mißbrauch'," 201, 205 u. 211.

90 Karliczek et al., *Diskurs*, 16.

91 Zum Auftreten bzw. Auftritt Siguschs in Bonn vgl. Walter, „,In dubio pro libertate'," 119; im Einzelnen vgl. Deutscher Bundestag, *Beratungen*, 868–876, 878, 880, 888–891, 893–895, 917, 920, 952 f., 958, 965, 976 f., 986, 1045, 1142–1146 u. 1970 f.; zur Bonner Sachverständigenanhörung s. den vorhergehenden Abschnitt.

92 Sigusch, „Erotik," 23; vgl. auch Sigusch, „Sexueller Kindesmissbrauch," A1902.

93 Zum Fähigkeitsbegriff s. Abschnitt C.3.2.2.3, Anm. 413; zum Entwicklungsbegriff vgl. oben Anm. 1.

94 So mit Recht Baldus, „Gewalt," 101.

95 Vgl. dagegen Zinsmeister, „Rechtsfragen," 47 f.

96 Vgl. Baldus, „Gewalt," 101 (dort in Anführungszeichen), unter Rekurs auf Zartbitter e.V., „Kultur der Grenzachtung."

sexualisiert, wächst die Gefahr, dass Sinnlichkeit im Erwachsenenalter plötzlich in Destruktivität umschlägt, weil dieser Mensch nie gelernt hat, mit den Erregungen, Versagungen und Aggressionen umzugehen, die Liebe und Sexualität immer begleiten.[97]

Die von Aktivisten und Unterstützern der Pädophilenbewegung so vehement eingeforderte sexuelle Selbstbestimmung des Kindes bildet demnach „ein[en] übergeworfene[n] Schleier [...], um die anthropologisch bedingte Differenz zum Kind-Sein zu verdecken".[98]

Dies zum Verhältnis von infantiler und adulter Sexualität und deren Konfundierung in den Forderungen der Pädophilenbewegung, aber zuweilen auch in fachwissenschaftlichen Stellungnahmen vorausgeschickt, ist nun nach der Tragfähigkeit der von der Pädophilenbewegung gleich einer Monstranz vor sich hergetragenen Behauptung einer möglichen ‚Gewaltfreiheit und Einvernehmlichkeit'[99] sexueller Handlungen zwischen Erwachsenen und Kindern zu fragen. Was zuerst die angebliche ‚Einvernehmlichkeit'[100] betrifft, kann mit dem Hamburger Erziehungswissenschaftler Dirk Bange (*1963) darauf hingewiesen werden, dass Kinder aufgrund ihrer körperlichen, psychischen, kognitiven und sprachlichen Unterlegenheit sowie rechtlichen Unterordnung „gegenüber Erwachsenen keine gleichberechtigten Partner sein" und sexuelle Handlungen mit Erwachsenen deshalb auch „nicht wissentlich ablehnen oder ihnen zustimmen"[101] *können*, sodass eine mögliche Einwilligung nur *scheinbar* ist.

Sexuelle Handlungen zwischen Erwachsenen und Kindern sind demnach prinzipiell[102] *missbräuchlich, weil* – und nicht: wenn – Kinder über das für eine freiwillentliche Zustimmung unabdingbare Mindestmaß an Einsichtsfähigkeit, Einwilligungsfähigkeit und Willensbildungsfähigkeit alters- und entwicklungsbedingt noch nicht verfügen, eine Einverständlichkeit sexueller Handlungen

---

97 Sigusch, „Erotik," 22 f.; zur Unterscheidung von ‚Wohllust' und ‚Wollust' vgl. ders., *Neosexualitäten*, 20 – 26.

98 Gollnick, *Grenzverletzungen*, 204.

99 Die Wendung ‚gewaltfrei und einvernehmlich' ist innerhalb der Pädophilenbewegung geradezu zum Slogan avanciert und bildet die Überschrift des ersten, insgesamt sieben Beiträge umfassenden Abschnitts des vom Soziologen Joachim Stephan Hohmann (1953 – 1999) unter dem Pseudonym ‚Angelo Leopardi' herausgegebenen, ebenso umstrittenen wie diversen Täuschungs- bzw. Fälschungsvorwürfen ausgesetzten Sammelbandes *Der pädosexuelle Komplex* (1988).

100 Zur Intention dieser Anführungszeichensetzung s. oben Anm. 55.

101 Bange, „Definition," 30 f.; vgl. ders., *Eltern*, 13 in Auseinandersetzung mit Kentler, „Täterinnen und Täter," 149; vgl. ferner Hirsch, „Inzest," 1. Zu Banges „Konzept des wissentlichen Einverständnisses", mit dem die hier entwickelte Position wesentlich zusammenstimmt, vgl. Bange, „Definition," 30 sowie ders., *Seite*, 57.

102 Zur Bedeutung von ‚prinzipiell' in diesem Zusammenhang vgl. C.3.3, Anm. 444.

zwischen Erwachsenen und Kindern also prinzipiell nicht möglich ist.[103] Es ist dieses *Ausnutzen der Situation* einer nicht-zustimmungsfähigen Person (hier: des Kindes), um sexuelle Handlungen vor, mit oder an ihr zu realisieren, das den Missbrauchscharakter dieser Handlungen begründet,[104] nicht etwaige dahinterstehende niedere Motive des Erwachsenen oder eine fehlende Einwilligung des Kindes, die ohnehin nur *scheinbar* wäre, wobei das Ausnutzen der Situation des Kindes allermeist mit dem Ausnutzen auch des diesen Handlungen zugrunde liegenden Abhängigkeits-, Dominanz- oder Vertrauensverhältnisses im privaten bzw. des „Beratungs-, Behandlungs- oder Betreuungsverhältnisses" (§ 174c StGB) speziell im institutionellen Kontext einhergeht.[105]

Mit der Möglichkeit ‚einvernehmlicher' sexueller Handlungen steht und fällt auch die meist in einem Atemzug damit behauptete Möglichkeit ‚gewaltfreier' Sexualität zwischen Erwachsenen und Kindern. Gegen diese Behauptung lässt sich einwenden: Sexuelle Handlungen zwischen Erwachsenen und Kindern sind prinzipiell *gewalthaltig, indem* – und nicht: wenn – diese Handlungen in einem Handlungs- und Geschehenszusammenhang zustande kommen und vollzogen werden, bei dem eine Person (hier: der Erwachsene) einen wenigstens situativ bestehenden Machtvorsprung[106] zur wirksamen Durchsetzung des eigenen Willens gegenüber einer anderen Person (hier: dem Kind) ausnutzt,[107] im Zuge derer diese eine fremdmächtige Verletzung ihrer individuellen Freiheits- und Selbstbestimmungsrechte erleidet. Es ist daher ganz entschieden der Behauptung zu

---

103 Zu diesen Voraussetzungen von Einverständlichkeit s. Abschnitt C.3.2.2.2; zur Bedeutung von ‚prinzipiell' in diesem Kontext s. Abschnitt C.3.3, Anm. 444.

104 Zu diesem Verständnis (der Rede) von ‚sexuellem Missbrauch' s. Abschnitt F.2.1.

105 Es spielt für den Missbrauchscharakter dabei keine Rolle, ob der Missbrauch innerhalb oder außerhalb familiärer Beziehungen (d. h. durch Verwandte oder Fremde) erfolgt.

106 Vgl. hierzu bereits Finkelhor, „What's Wrong," 696 f.; ferner 692. Dieser Machtvorsprung kann nicht nur durch physische Kraft generiert worden sein, sondern auf ganz unterschiedlichen Grundlagen wie z. B. auch Erfahrungswissen fußen. Zum ‚soziologisch amorphen' Charakter von Macht s. Abschnitt A.2.3.1.

107 Es ist an dieser Stelle einerseits daran zu erinnern, dass Gewalt nicht nur zur Überwindung von Widerständen, sondern auch zu deren Vermeidung ausgeübt werden kann, andererseits daran, dass es für das Vorliegen von Gewalt nicht ausschlaggebend ist, ob der Widerstand *aktiv geleistet* wird. In Anknüpfung an die produktive Rezeption von Webers Macht-Definition durch den US-amerikanischen Politikwissenschaftler Robert Dahl (1915–2014) – „*A* has power over *B* to the extent that he can get *B* to do something that *B* would not otherwise do" (Dahl, „Concept," 202 f.) – lässt sich sagen: So wie Macht*besitz* zur Macht*ausübung* dadurch wird, dass eine Einflussnahme erfolgt, so gilt für die als Gewalt verstandene Einflussnahme, dass darin das Gewaltpotenzial immer auch unter Ausnutzung eines Machtvorsprungs aktualisiert wird. Alle sexuellen Handlungen unter diesen Bedingungen sind darum nicht potentiell, sondern *tatsächlich* gewalthaltig; vgl. dagegen Schetsche, „‚Mißbrauch'," 209 f.

widersprechen, sexuelle Handlungen zwischen Erwachsenen und Kindern seien ‚gewaltfrei' möglich, soweit und solange sie ohne Androhung oder Ausübung physischer Gewalt realisiert würden. Gewalt lediglich im Sinne personaler Gewalt bzw. speziell als physisches Gewalthandeln zu verstehen und ihren Schädigungscharakter allein oder primär in der möglichen Zufügung physischer Verletzungen zu sehen, stellt gerade eine ungerechtfertigte Verkürzung des Gewaltbegriffs dar.[108] Vielmehr gilt es zu betonen: Sexuelle Handlungen zwischen Erwachsenen und Kindern *sind* gewalthaltig.[109] Sie sind *gewalt*haltig nicht erst dadurch, dass sie mit physischer Krafteinwirkung einhergingen, was sie unter Verwendung der in dieser Untersuchung entwickelten Terminologie zugleich zu gewalt*samen* Handlungen machte, geschweige denn erst dadurch, dass sie gegen den erklärten Willen eines Kindes vor, mit oder an ihm realisiert würden, was sie zugleich zu gewalt*tätigen* Handlungen machte.[110] So wie es keine freiwillentliche Zustimmung eines Kindes zu sexuellen Handlungen mit Erwachsenen geben *kann*, was die Möglichkeitsbedingung einer beiderseitigen Einverständlichkeit darstellt, so kann es zwischen Erwachsenen und Kindern auch keine ‚gewaltfreie' Sexualität geben.[111]

Hinsichtlich des Gewaltcharakters sexueller Handlungen zwischen Erwachsenen und Kindern lohnt ein Blick auf die – obschon: späte – Einsicht eines anderen der bei der Bonner Anhörung von 1970 zu Wort gekommenen Sachverständigen, dessen meinungsbildende offizielle Stellungnahme vielerorts rezipiert worden ist. So hat Schorsch seine damalige, innerhalb der Pädophilenbewegung dankbar aufgegriffene Aussage, „[e]in gesundes Kind" würde „in einer intakten Umgebung [...] nicht gewalttätige sexuelle Erlebnisse mit Erwachsenen ohne negative Dauerfolgen"[112] verarbeiten, in einem Beitrag von 1989 einer kritischen Re-Evaluation unterzogen. Zwar betrachte er diese seine an sich „vernünftig und brauchbar" klingende Aussage auch jetzt nicht als falsch „im Sinne eines wis-

---

108 Eine solche Verkürzung des Gewaltbegriffs (s. hierzu Abschnitt A.2.2) samt enggeführtem Schädigungsbegriff findet sich z. B. bei Dannecker, „Bemerkungen," 76 u. 81; Kentler, „Täterinnen und Täter," 149 u. 151 (trotz 145 f.); Schetsche, „‚Mißbrauch'," 209 f. Dagegen möchte Bendig, „Gewaltfrei und einvernehmlich," seinen Ausführungen einen nach seinem Bekunden „sehr weitgefaße[n] Gewaltbegriff" zugrunde legen, „der nicht nur körperliche Übergriffe meint, sondern das Ausnutzen von Abhängigkeiten [...] umfaßt" (28); vgl. auch 33. Zur Gewaltfrage vgl. ferner Bange, *Eltern*, 13.
109 Dagegen z. B. Dannecker, „Bemerkungen," 81; Schetsche, „‚Mißbrauch'," 209 f.
110 Zur terminologischen Differenzierung von Gewalthaltigkeit, -tätigkeit und -samkeit s. Abschnitt C.3.3.3.
111 So auch Hirsch, „Inzest," 1 (vgl. dazu Karliczek et al., *Diskurs*, 58); Schwarzer, „Emanzipiert Pädophilie?," 11 f. u. Glöer, „Sexueller Missbrauch," 13 – 15.
112 Deutscher Bundestag, *Beratungen*, 985.

senschaftlichen Irrtums",[113] doch würde er sie so nicht mehr wiederholen. Den Grund dafür beschreibt Schorsch wie folgt:

> Zunächst einmal hat mich stutzig gemacht, daß in den apologetischen Schriften der Pädophilen immer wieder mein oben zitierter Satz aufgegriffen worden ist [...]. Ich habe dies als Hinweis darauf verstanden, daß irgendetwas nicht stimmen kann. In der Tat, bei näherer Betrachtung ergibt dieser Satz wenig Sinn. Er impliziert drei Prämissen: 1. Daß das Kind *gesund* ist – ohne Zweifel eine problematische Prämisse [...]. In der therapeutischen Perspektive ist es sehr viel angemessener, Begriffe wie Problematik, Ängste, Konflikte, adäquate oder weniger adäquate Bewältigungsmechanismen zu verwenden. Die [zweite] Prämisse, daß die *Umgebung intakt* sei, ist noch unpräziser. Die dritte Prämisse schließlich, daß eine pädosexuelle Handlung *gewaltfrei* sei, verweist auf eine Problematik, auf die ich zurückkomme.[114]

Was den letztgenannten Aspekt der angeblichen ‚Gewaltfreiheit' betrifft, habe die „Betroffenenliteratur der Opfer" die Sicht auf sexuelle Handlungen zwischen Erwachsenen und Kindern vor allem dahingehend verändert, dass „das Problem der Gewalt in einer veränderten Gestalt"[115] – nämlich (auch) als Phänomen *struktureller* Gewalt – wahrgenommen werde:

> Die Neuformulierung der Gewaltfrage begreift Gewalt nicht allein und nicht in erster Linie als spürbare, zugefügte Gewalt oder deren Androhung, sondern Gewalt ist Machtgefälle. Selbst der überaus liebevolle, jegliche Aggression verleugnende Pädophile wird in den Augen des Kindes allein durch sein Alter, sein größeres Wissen, seine überlegene Beurteilungsfähigkeit, ja schon durch die Ungleichheit der Körpergröße und -kraft als stark, imponierend und gewaltig wahrgenommen, was seine, des Starken Werbung um das kleine Kind nur noch verführerischer machen kann. All dies ist gar nicht hinwegzuargumentieren.[116]

In der Tat ist das Kräfte- und Machtungleichgewicht zwischen Erwachsenen und Kindern,[117] mit dem ein uneinholbarer Erfahrungs- und Wissensvorsprung des Erwachsenen gegenüber dem Kind einhergeht, schlechthin unüberbrückbar.

---

113 Schorsch „Kinderliebe," 141 u. 146.
114 A.a.O., 142.
115 A.a.O., 143.
116 Ebd. unter Rekurs auf die Beschreibung traumatisierter Kinder infolge „inzestuöse[r] Verführungen" beim ungarischen Psychoanalytiker Sándor Ferenczi (1873–1933), vgl. Ferenczi, „Sprachverwirrung," 308. Allerdings würden in der „Betroffenenliteratur [...] sehr heterogene Phänomene durcheinandergeworfen" und „ein affektisches Feindbild des Mannes und von Männlichkeit gezeichnet" (Schorsch „Kinderliebe," 143 f.).
117 Zum Gedanken des Machtungleichgewichts vgl. auch Schmidt, „Tragik," 133 f.; dagegen Lautmann, *Lust*, 98 f.; ferner Dannecker, „Pädosexualität," 390 f.

‚Schlechthin' deshalb, weil dieses Kräfte- und Machtungleichgewicht nicht im Medium der Einverständlichkeit um der sexuellen Vereinigung als eines höheren τέλος willen zeitweilig außer Kraft gesetzt, ‚aufgehoben' werden kann.[118] Eine Einverständlichkeit sexueller Handlungen ist zwischen Erwachsenen und Kindern gerade nicht möglich, sodass *alle* vor, mit oder an Kindern realisierten sexuellen Handlungen nicht lediglich potenziell, sondern *tatsächlich* gewalthaltig im oben beschriebenen Sinne sind.[119]

Auf die von Aktivisten und Unterstützern der Pädophilenbewegung in diesem Zusammenhang immer wieder ins Feld geführte, meist auf die fehlende Zufügung physischer Verletzungen verkürzte ‚Unschädlichkeit' angeblich ‚gewaltfreier und einvernehmlicher' sexueller Handlungen zwischen Erwachsenen und Kindern, welche sich nicht nur als ‚unschädlich', sondern sogar als ‚förderlich' für die weitere Kindesentwicklung erweisen könnten, wird im weiteren Verlauf der Untersuchung noch zurückzukommen sein.[120] Bereits an dieser Stelle sei aber bemerkt, dass es gleichermaßen eine problematische Verkürzung der Perspektive darstellte, würde sich die sexualethische Beurteilung sexueller Handlungen zwischen Erwachsenen und Kindern allein an der Frage der ‚Schädlichkeit' dieser Handlungen für Kinder orientieren. Dies nicht nur, weil die interdisziplinäre fachwissenschaftliche Diskussion der letzten 50 Jahre zu keiner einhelligen Antwort auf diese Frage geführt hat.[121] Eine Fokussierung auf die Frage der ‚Schädlichkeit' könnte sich für die sexualethische Argumentation vielmehr als strukturelle Schwachstelle entpuppen, indem ihr Urteil von den Ergebnissen diesbezüglicher empirischer Studien samt deren jeweiliger Interpretation abhängig würde.[122]

Das Problem sexueller Handlungen zwischen Erwachsenen und Kindern liegt aus sexualethischer Sicht vielmehr *in der Sache selbst*[123] – im prinzipiellen Missbrauchs- und Gewaltcharakter dieser Handlungen begründet. Deshalb sind sexuelle Handlungen eines Erwachsenen vor, mit oder an einem Kind unter keinen Umständen zu rechtfertigen oder zu entschuldigen,[124] auch dann nicht, wenn das Kind in sexuelle Handlungen scheinbar einwilligt und/oder daran scheinbar

---

118 Siehe Abschnitt C.3.3.4; zur Bedeutung von ‚aufheben' s. Abschnitt C.3.3.4, Anm. 490.

119 Dagegen Schetsche, „Mißbrauch'," 209 f.

120 Siehe Abschnitt F.2.3.

121 Vgl. z. B. Amendt, „Sexueller Mißbrauch," 33 u. Stein-Hilbers/Bundschuh, „Propagierung," 312.

122 Hierauf hat bereits Finkelhor, „What's Wrong," 693 hingewiesen.

123 In dieser *Verortung* der Problematik pflichte ich Dannecker, „Bemerkungen," 77 bei.

124 Hinsichtlich der Bedeutung von ‚Rechtfertigung' und ‚Entschuldigung' in diesem Zusammenhang sei wiederum auf die Position Austins verwiesen, s. Abschnitt 6.2.1.

‚Gefallen' findet.[125] Die Behauptung einer möglichen ‚Gewaltfreiheit und Einvernehmlichkeit' sexueller Handlungen zwischen Erwachsenen und Kindern erweist sich jedenfalls als interessegeleitetes Konstrukt.

Neben dem bereits angesprochenen unaufhebbaren Kräfte- und Machtungleichgewicht sind im Anschluss an Dannecker noch zwei weitere Aspekte zu bedenken, die nicht bloß die prinzipielle Ungleichberechtigung,[126] sondern geradezu die Inkommensurabilität von Erwachsenen und Kindern als ‚Sexualpartner' verdeutlichen.[127] Sexuelle Handlungen zwischen Erwachsenen und Kindern sind zum einen gekennzeichnet durch eine prinzipielle Asynchronität.[128] Zu dieser durch die sexuelle Entwicklung konstituierten Ungleichzeitigkeit ihrer Sexualorganisation bemerkt Dannecker:

> In der Pubertät kommt es bekanntlich zu einer Reihe von charakteristischen Umgestaltungen in der sexuellen Organisation, von denen die Objektfindung für unseren Zusammenhang von zentraler Bedeutung ist. Mit Objektfindung ist hier die erst nach der Pubertät erreichbare Konturierung des sexuellen Objekts gemeint. Zwar werden die entscheidenden Weichen für die spätere Sexualorganisation schon in der frühen Kindheit gestellt. Aber erst nach der Pubertät erwirbt ein Individuum ein Bewußtsein über seine in der Kindheit präformierte Sexualorganisation. Nicht anders verhält es sich mit der Objektgewinnung in der Pubertät, die, genauer gesagt, eine Objektaneignung ist. In der Pubertät wird das präformierte Se-

---

125 Zu diesem auch von Aktivisten und Unterstützern der Pädophilenbewegung geltend gemachten ‚Gefallenfinden' vgl. Lenz, *Jugendschutztatbestände*, 255. Hierzu sei in aller Kürze bemerkt: Aus einem ‚Gefallenfinden' bzw., wie andernorts argumentiert wird, einer ‚Befriedigung' der Kinder ein Argument für die ethische Zulässigkeit sexueller Handlungen zwischen Erwachsenen und Kindern entwickeln zu wollen, wäre gleichsam auf Sand gebaut. Zum einen ergibt sich aus einem ‚Gefallenfinden' bzw. einer ‚Befriedigung' (als Interpretation genitalphysiologischer Reaktionen bei Kindern aus der Erwachsenenperspektive) noch keine Zulässigkeit, zum anderen wird damit eine problematische Engführung der mehrdimensionalen Sinnhaftigkeit menschlicher Sexualität auf den Befriedigungsaspekt praktiziert und ausgeblendet, dass „auch innerhalb unverdächtiger sexueller Begegnungen die Reziprozität der sexuellen Bedürfnisbefriedigung oft genug nicht erreicht, mitunter von dem einen Partner nicht einmal intendiert" (Dannecker, „Bemerkungen," 81) wird.

126 Zur Frage der Gleichberechtigung erwachsener Sexualpartner, die zwischen Erwachsenen und Kindern nie vollumfänglich zu erreichen ist, vgl. Kuhle et al., „Sexueller Kindesmissbrauch," 19; Bange, „Definition," 30 f.

127 ‚Inkommensurabel' hier wörtlich verstanden als ‚kein gemeinsames Maß besitzend', sodass auch keine ‚Teilhabe' (vgl. die wörtliche Bedeutung von ‚Partner', s. unten Anm. 136) möglich ist. Es gilt zu beachten, dass Inkommensurabilität *nicht* besagt, „daß toto coelo Verschiedenes vorläge" (Welsch, *Moderne*, 268) – diese Verschiedenheit ist gerade präzise darstellbar. Die Inkommensurabilität besteht hier vielmehr in einer *bestimmten* Hinsicht: die der sexuellen Vereinigung. „Darin aber besteht sie nicht vorläufig und scheinbar, sondern in der Tat vollständig" (a.a.O., 269; vgl. im Ganzen 267–269).

128 Vgl. dazu Dannecker, „Bemerkungen," 77–81.

xualobjekt sowohl bewußt als auch endgültig zentriert. Mit dieser bewußten Aneignung des sexuellen Objekts wird auch ein wesentliches Stück der sexuellen Identität angeeignet [...]. In der pädosexuellen Beziehung aber gibt es nur einen Partner mit solchen Voraussetzungen [...]. Pädosexuell kann nur der Erwachsene sein [...]. Während das Interesse des Pädosexuellen am Kind von Beginn an *auch* sexueller Natur ist, kann das beim Kind nicht unterstellt werden.[129]

Diese Kluft zwischen erwachsenen, körperlich gereiften Menschen und Menschen mit einem vorpubertären Körper (Kinder)[130] kann niemals *real* überwunden werden.[131] Adulte und infantile Sexualität sind insofern miteinander inkompatibel.[132] Diese Inkompatibilität betrifft auch die Ebene der Wünsche. Die sexualorganisatorische, aber auch geschlechtskörperliche Ungleichzeitigkeit, die alle sexuellen Kontakte zwischen Erwachsenen und Kindern unweigerlich kennzeichnet, geht deshalb zum anderen einher mit einer unüberwindbaren „Disparität der Wünsche".[133] Hierzu nochmals Dannecker:

> Nicht das Kind, sondern ausschließlich der Erwachsene verspürt einen sexuellen Reiz. Nehmen wir einmal an, der auf diese Weise gereizte Erwachsene gibt seinen Phantasien nach und ruft das Kind zu sich. Nehmen wir ferner an, das Kind folgt dem Ruf des Erwachsenen. Während der letztere bereits sexuelle Lust verspürt und sexuell erregt auf das Eintreffen des Kindes wartet, macht sich das Kind auf den Weg, ohne eine sexuelle Begegnung zu antizipieren [...]. Diese Disparität führt dazu, daß der Erwachsene nach dem Eintreffen des Kindes seine sexuellen Wünsche zunächst einmal erst wieder zurücknehmen muß. Mit großer Anstrengung wird er versuchen, eine Situation herzustellen, die es ihm ermöglicht zu glauben, die Wünsche des Kindes seien mit seinen eigenen kongruent.[134]

---

129 A.a.O., 78; vgl. dazu Schorsch, „Kinderliebe," 142, sowie Becker, „Pädophilie," 7–10.

130 Die in Klammern gesetzte Ergänzung ‚Kinder' ist an dieser Stelle notwendig, weil ein vorpubertärer Körper auch Zielvorstellung von erwachsenen Menschen mit Körperschema- bzw. Leibgefühlsstörungen sein kann, die z. B. mit Anorexia oder Bulimia nervosa einhergehen, wobei derartige Abmagerungen unter anderem dem ‚Schutz *vor* Sexualität' dienen (sollen) können, vgl. Reich et al., *Essstörungen*, 56. Sexuelle Handlungen vor, mit oder an diesen *erwachsenen* Menschen können, bei aller möglichen Gewalthaltigkeit und Missbräuchlichkeit, nicht als *Kindes*missbrauch im vorliegenden Sinne verstanden werden. Anders verhielte es sich jedoch bei der *Darstellung* solcher sexuellen Handlungen im Rahmen von *Pornographie*, wenn dadurch nämlich beim Betrachter gezielt der Eindruck erweckt werden soll, es handle sich um Personen unter 14 Jahren, was eine Strafbarkeit nach § 184b StGB begründete, s. Abschnitt E.1.1.

131 Zum Bild der Kluft zwischen ‚zispubertären' und ‚transpubertären' Personen vgl. Sigusch, „Erotik," 23 f.; Ahlers, „Spektrum," 144. ‚Real' deshalb, weil den sexuellen *Phantasien* auch diesbezüglich keine Grenzen gesetzt sind, was in Abschnitt F.1.3 zu bedenken sein wird.

132 Darin stimme ich Gast, „Schuld," 35 bei.

133 Dannecker, „Bemerkungen," 79.

134 A.a.O., 78 f.; ferner 81; vgl. auch Sigusch, „Erotik," 23 f.

Somit lässt sich die eingangs des Kapitels ausgesprochene Überzeugung bekräftigen und wie folgt konkretisieren: Sexuelle Handlungen zwischen Erwachsenen und Kindern sind kategorisch abzulehnen aufgrund ihrer prinzipiellen Missbräuchlichkeit und Gewalthaltigkeit sowie angesichts des unüberbrückbaren Kräfte- und Machtungleichgewichts, der konstitutiven sexualorganisatorischen und geschlechtskörperlichen Ungleichzeitigkeit sowie der prinzipiellen Disparität der Bedürfnisse, Phantasien und Wünsche zwischen Menschen jenseits und diesseits der Pubertät.[135] Zwar kann darauf hingewiesen werden, dass Kräfte- und Machtasymmetrien, disparate Bedürfnisse, Phantasien und Wünsche sowie entwicklungsbedingte Ungleichzeitigkeiten auch bei sexuellen Handlungen zwischen Erwachsenen bestehen und sich auf deren mögliche Intimbeziehungen niederschlagen können. Im Unterschied allerdings zu sexuellen Handlungen zwischen zustimmungsfähigen Erwachsenen ist zwischen Erwachsenen und Kindern eine beiderseitige Einverständlichkeit sexueller Handlungen und damit Vermittlung von Verschiedenheit und Einheit in der sexuellen Vereinigung prinzipiell ausgeschlossen.[136]

---

135 In diesem Punkt widerspreche ich entschieden Kershnar, „Moral Status," 111–132, der in Auseinandersetzung mit den zur moralischen Verurteilung angeblich ‚harmloser' sexueller Handlungen zwischen Erwachsenen und Kindern vorgebrachten Argumenten (a) der fehlenden Einwilligung auf Seiten des Kindes, (b) der sexuellen Ausbeutung von Kindern durch Erwachsene und (c) der Existenz einer basalen („primitive") moralischen Pflicht eines Erwachsenen, keine sexuelle Handlungen an Kindern vorzunehmen, die moralische Permissivität solcher Handlungen für möglich erachtet und entsprechend darlegen möchte (vgl. insb. 129). Abgesehen davon, dass die von Kershnar gewählten Vergleiche eine ‚*Ver*harmlosung' sexueller Missbrauchsakte darstellen, kann aus Sicht einer Ethik, die unter Rekurs auf die verfügbare Evidenz eine ganzheitliche Betrachtung sexueller (Missbrauchs)Handlungen zwischen Erwachsenen und Kindern anstrebt, nur konstatiert werden: Es gibt *keine* ‚harmlosen' sexuellen Handlungen zwischen Erwachsenen und Kindern. Gleiches lässt sich gegen die ethische Verteidigung sexueller Handlungen zwischen Erwachsenen und Kindern bei Ehman, „Adult-Child Sex," 431–446 einwenden; vgl. dazu auch Frye, „Critique," 447–455.
136 Angesichts dessen scheint es mir durchaus missverständlich zu sein, selbst im Modus der *Ablehnung* von ‚Sex mit Kindern' zu sprechen, wie es z. B. bei Ohly, *Ethik der Liebe*, 86, 90 u. 101; Lenzen, *Sex*, 36 („Sex mit Minderjährigen"); Lewandowski, *Pornographie*, 104 (vgl. aber 115) oder, im englischen Sprachraum, in der wegweisenden Veröffentlichung der US-amerikanischen Sozialarbeiterin Florence Rush (1918–2008), *Secret*, 1 / dt. *Geheimnis*, 29 der Fall ist; vgl. ferner O'Connell, *Children*, 93; Ehman, „Adult-Child Sex," 431 u. Lindsay, *Treatment*, 74. Dadurch gerät die unverrückbare Tatsache aus dem Blick, dass Erwachsene per definitionem keinen ‚Sex' *mit* Kindern ‚haben' können, sondern dies *immer* sexueller Missbrauch *von* Kindern ist. Kinder sind *keine* ‚Sexualpartner' von Erwachsenen und können, wie das Wort ‚Partner' (unter Anlehnung an englisch *part* aus mittelenglisch *parcener* umgebildet, vgl. *Duden. Deutsches Universalwörterbuch*, 1342 [s.v. „Partner"]) suggeriert, auch nicht an nicht-missbräuchlichen sexuellen Handlungen vor, mit oder an ihnen ‚teilhaben'.

Sexuelle Handlungen zwischen Erwachsenen und Kindern, gleich aus welchen Gründen, unter welchen Umständen, in welchen Kontexten und mit welchen Motiven, sind nichts als sexueller Kindesmissbrauch und daher auch so zu bezeichnen. In Teil E dieser Untersuchung wird der solcherart bezeichnete Phänomenbereich noch weiter zu beleuchten und auf Ursachen und Auswirkungen hin zu befragen sein.

4 Vergewaltigung

Der Blick auf die Geschichte menschlicher Sexualität zeigt, dass Gewalt und Machtmissbrauch das sexuelle Handeln und Verhalten kultur- und gesellschaftsübergreifend mitbestimmt und das sexuelle Leben und Erleben in unterschiedlichsten Formen mitgeprägt haben, so sehr die gesellschaftliche und rechtliche Bewertung sexueller*sexualisierter Gewalt abhängig waren und bis auf den heutigen Tag noch sind von kulturellen Wertvorstellungen und gesellschaftspolitischen Entwicklungen. Dies gilt in besonderem Maße für die Vergewaltigung von Frauen,[137] die sich mit dem US-amerikanischen Anthropologen Donald E. Brown (*1934) als transkulturelle und transhistorische ‚menschliche Universalie‘ und damit als eines „jener Merkmale von Kultur, Gesellschaft, Sprache, Verhalten und Psyche“ begreifen lässt, dessen Existenz in ausnahmslos allen „ethnographisch oder historisch dokumentierten menschlichen Gesellschaften“[138] belegt ist. Tatsächlich finden sich, wie der US-amerikanisch-kanadische Psychologe Steven Pinker (*1954) im Anschluss an Brown bemerkt, über Vergewaltigung als eine solche allgemeinmenschliche Verhaltensweise ebenso wie über ihre Ächtung in Gesellschaften zu jeder Zeit und über alle Kulturgrenzen

---

137 Ich konzentriere mich im Folgenden auf die Vergewaltigung von Frauen (ab 16 Jahren) durch Männer. Gewiss: „Vergewaltigung ist geschlechtsneutral“ (Schneider, „Vergewaltigung [2009],“ 815). Allerdings kann man nicht hinter die Erkenntniszäsur zurück, dass sexuelle*sexualisierte Gewalt im Allgemeinen, Vergewaltigung im Besonderen in hohem Maße geschlechtsbezogen ist (vgl. dazu Schorsch, „Versuch,“ 16), was eine geschlechterdifferenzierende Analyse erfordert. In einigen Ländern wie z. B. der Schweiz ist Vergewaltigung als Straftatbestand bis dato allein als erzwungener *vaginaler* Geschlechtsverkehr mit einer *weiblichen* Person definiert, vgl. Art. 190 Abs. 1 Schweizerisches StGB samt Scheidegger, „Art. 190,“ 1168 – 1170.
138 Brown, „Human Universals,“ 382 (meine Übers.); vgl. dazu Brown, *Human Universals*, 138 (im Rahmen der Beschreibung dessen, was nach Brown ‚alle Menschen, alle Gesellschaften, alle Kulturen und alle Sprachen gemeinsam‘ haben und von ihm deshalb „the Universal People“ [130] genannt wird); vgl. aber auch 16 – 18; zur Vergewaltigung als ‚kultureller Universalie‘ vgl. Palmer, „Rape,“ 12. Für biblische Belege vgl. Gen 19; Gen 34; Ri 19; Ri 20,5; 2 Sam 13,1 – 22; ferner Ex 22,15f. u. Dtn 22,23 – 29.

hinweg Aufzeichnungen,[139] wobei sich nicht nur das Verständnis von Vergewaltigung, sondern auch deren strafrechtliche Erfassung und Verfolgung im Laufe der Geschichte erheblich gewandelt haben.[140] Überdies zeigt sich, dass sowohl die öffentliche Wahrnehmung und geläufige Rede von Vergewaltigung als auch die vorherrschende gesellschaftliche Haltung gegenüber Vergewaltigungsopfern in hohem Maße durch stereotype Argumentationsmuster beeinflusst ist, welche sich über lange Zeiträume reproduziert haben und trotz erdrückender gegenteiliger Evidenz bisher noch nicht grundsätzlich revidiert worden sind.

Eine sexualethische Auseinandersetzung mit Vergewaltigung kommt daher nicht umhin, zunächst die empirische Vergewaltigungsrealität und deren Bewertungen, aber auch Verzerrungen in den Blick zu nehmen, bevor eine sexualethische Positionierung vor dem Hintergrund der gegenwärtigen Diskussionen um dissensbasierte und zustimmungsorientierte Vergewaltigungsdefinitionen erfolgen soll.

4.1 Empirische Befunde, Bewertungen und Verzerrungen

Vergewaltigung (lateinisch *stuprum*),[141] als die an dieser Stelle zunächst in Übereinstimmung mit dem allgemeinen modernen Sprachgebrauch „der gewaltsam erzwungene Geschlechtsverkehr" verstanden werden kann, „der von der bezwungenen Person abgelehnt wird",[142] wird in den nationalen Rechtsordnungen der allermeisten Länder der Welt zwar als Straftatbestand geführt, jedoch durchaus heterogen definiert und gegenüber (der Vorstellung) ‚einvernehmlich' praktizierter Sexualität in unterschiedlicher Weise abgegrenzt. Während in europäischen Ländern im zurückliegenden Vierteljahrhundert die Beschränkung des Vergewaltigungstatbestands auf den außerehelichen Bereich sowie etwaige Regelungen in nationalen Strafgesetzen, die eine Strafverfolgung von Vergewaltigung in der Ehe entweder von einem Antrag des Opfers abhängig machten oder

---

139 Vgl. Pinker, *Angels*, 394, der zudem auf die diesbezüglich mangelnde Einbeziehung auch der Opferperspektive verweist (vgl. 394 f.).

140 Vgl. Sielke, Art. „Vergewaltigung," 397. Speziell zur Antike vgl. Doblhofer, *Vergewaltigung*, dem zufolge sowohl in antiken Vergewaltigungsvorstellungen und -darstellungen als auch in antiken Begrifflichkeiten (ein Äquivalent für den modernen Begriff der ‚Vergewaltigung' fehlt allerdings) stets „das kulturgeprägte Verständnis und die kulturorientierte Bewertung" (7) des Vergewaltigungsvorgangs konnotiert sind.

141 Zur Ätiologie sexualdelinquenten Verhaltens s. die Erklärungsmodelle in Abschnitt F.2.2, bes. F.2.2.1.2 u. F.2.2.1.4.

142 Hartmann, Art. „Vergewaltigung," Sp. 39.

eine Verfahrenseinstellung auf Verlangen der vergewaltigten Ehefrau ermöglichten (,Versöhnungs-' bzw. ,Widerspruchsklausel'),[143] weitestgehend abgeschafft worden sind, verfügen nach Berechnungen der UNO-Organisation UN Women im Jahr 2018 lediglich 77 von 185 Mitgliedsstaaten über Gesetze, welche auch eine Vergewaltigung in der Ehe explizit unter Strafe stellen.[144] In 34 Ländern steht eine Vergewaltigung in der Ehe weder unter Strafe noch kann sie von Frauen überhaupt angezeigt werden.[145] Nach Angaben des UN Population Fund (UNFPA) gibt es bis auf den heutigen Tag zwanzig Länder und Territorien weltweit, darunter Russland, Serbien, Thailand, die Philippinen und Venezuela, in denen Vergewaltiger einer strafrechtlichen Verfolgung entgehen können, wenn sie ihre weiblichen Opfer anschließend heiraten (sogenannte ,Marry-Your-Rapist-Laws').[146]

In Übereinstimmung mit der noch bis zum 4. Juli 1997 in Deutschland geltenden Gesetzeslage, wonach eine Vergewaltigung in der Ehe allenfalls als Nötigung im Sinne des § 240 StGB oder ggf. als Körperverletzung im Sinne der §§ 223 ff. StGB geahndet werden konnte und damit mit einem geringeren Strafrahmen als eine außereheliche Vergewaltigung versehen war, wurde auch im theologischen Bereich eine unterschiedliche Bewertung von Vergewaltigung entsprechend der äußeren Form der Verbundenheit von Täter und Opfer bereits auf begrifflicher Ebene reflektiert, wenn etwa in der katholischen Moraltheologie in Bezug auf den ehelichen Bereich statt von ,Vergewaltigung' lediglich von ,erzwungenem Beischlaf' oder ,(sexueller) Nötigung' gesprochen wurde. Überhaupt scheint Vergewaltigung in der theologischen Ethik zumeist als „Ausnahmeerscheinung in Extremsituationen"[147] wahrgenommen zu werden, nicht aber als etwas, das auch

---

143 Vgl. hierzu die Ausarbeitung der Wissenschaftlichen Dienste des Deutschen Bundestages, „Vergewaltigung" (28. Januar 2008), [3]-[4] u. 6. Für Überlegungen über eine Einführung von Regelungen im Sinne der genannten Klauseln in Deutschland vgl. Schwind, „Akzeptanz," 829 f.; Gössel, *Sexualstrafrecht*, 262 f.; ferner BT-Drucksache 13/2463, 1, 5 u. 7; BT-Drucksache 13/3026, 2 u. 5–7; BT-Drucksache 13/3026, 1 f. (Nr. 6 u. 9) u. 7 (Nr. 6).

144 Vgl. UN Women, *Progress of the World's Women 2019–2020*, 27; vgl. dazu 26 f. u. 87. Diese Berechnungen erfolgten ausgehend von den Daten der Weltbank („Women, Business and the Law"; abrufbar unter https://wbl.worldbank.org/en/wbl [Zugriff: 31.10.2021]). Aufgrund von Datenlücken wurden statt 189 Mitgliedsstaaten nur 185 erfasst; die Daten entsprechen dem Stand vom 1. Juni 2017 (vgl. 26). Vgl. dazu ferner Richardson, „Marriage," 168–190.

145 Vgl. UN Women, *Progress*, 27.

146 Vgl. United Nations Population Fund, *State of World Population 2021*, 48 f. Die betroffenen Frauen (ab 16 Jahre) werden dann meist zur Heirat mit ihrem Vergewaltiger gezwungen, teilweise genügt dem Vergewaltiger bereits ein Heiratsantrag an die vergewaltigte Frau, um einer Strafverfolgung zu entgehen; im Falle einer erneuten Heirat wird dem Vergewaltiger die Scheidung von seiner bisherigen Ehefrau ermöglicht.

147 Praetorius, *Anthropologie*, 204.

hinter den verschwiegenen Wänden des trauten ehelichen Schlafzimmers an der Tagesordnung sein kann.

Eine solche Differenzierung zwischen Vergewaltigung in und außerhalb der Ehe muss zugleich als Reflex auf die Vielzahl sogenannter ‚Vergewaltigungsstereotypen‘ oder ‚-mythen‘ verstanden werden,[148] welche die gesellschaftliche Wahrnehmung und das öffentliche Bild von Vergewaltigung nachhaltig geprägt haben und auch in der Kriminaljustiz bis heute fortwirken. Zu den bekanntesten dieser Verzerrungen der Vergewaltigungsrealität gehört die Vorstellung, Vergewaltigungen würden sich idealtypisch geradezu überfallartig durch aggressive psychopathische Fremdtäter im öffentlichen Raum ereignen, denen die weiblichen Opfer verzweifelt körperlichen Widerstand zu leisten versuchten.[149] Tatsächlich aber ist eine Vergewaltigung durch Fremdtäter eher die Ausnahme, da Vergewaltigungen am häufigsten im sozialen Nahraum durch „Ehemänner, Freunde und Bekannte"[150] verübt werden, insbesondere durch aktuelle oder frühere Beziehungspartner, wobei für Frauen eine besondere Gefährdung in Trennungs- und Scheidungssituationen zu bestehen scheint.[151]

Gleichermaßen interessant wie problematisch ist an diesem bis heute weitverbreiteten[152] Stereotyp der ‚Vergewaltigung durch Fremde‘ bzw. Mythos der ‚wirklichen Vergewaltigung‘ (*real rape*)[153] zum einen, dass, wie Rita Vavra in ihrer

---

148 Vgl. Schneider, „Vergewaltigung (2009),“ 815, 819 f. u. 832 (zur Rolle der Massenmedien); Vavra, *Strafbarkeit*, 80 – 97, die auch auf die Bedeutung des Wortes ‚Mythen‘ hinweist (80, Anm. 424).

149 Vgl. Schneider, „Vergewaltigung (2009),“ 815 u. 819 f.; Vavra, *Strafbarkeit*, 82 (unter Rekurs auf Schneider); ferner Lenz, *Soziologie*, 157 unter Rekurs auf Russell, *Sexual Exploitation*, 59, wonach bei einer 1978 durchgeführten Befragung von 930 zufällig ausgewählten Frauen ab 18 Jahren aus San Francisco von den 44 % der Frauen, die berichteten, schon mindestens einmal in ihrem Leben Opfer einer Vergewaltigung oder einer versuchten Vergewaltigung geworden zu sein (vgl. allerdings 47), lediglich 16 % angegeben haben, dass der Täter ein Fremder war; vgl. dazu 60 f.

150 Schneider, „Vergewaltigung (2009),“ 815; vgl. 820 (mit weiterer Literatur). Vgl. auch Bundesministerium für Familie, Senioren, Frauen und Jugend, *Lebenssituation*, 14.

151 Vgl. Vavra, *Strafbarkeit*, 83. Zur besonderen Gefährdung von Frauen in Trennungs- und Scheidungssituationen vgl. Bundesministerium für Familie, Senioren, Frauen und Jugend/IFF, *Gewalt gegen Frauen*, 205.

152 Vgl. z. B. die Ergebnisse der von der Generaldirektion Justiz und Verbraucher der Europäischen Kommission in Auftrag gegebenen EU-weiten Umfrage aus dem Jahr 2016, wonach in der gesamten EU nahezu ein Drittel der Befragten (31 %) der Aussage zustimmten, „dass es wahrscheinlicher ist, dass Frauen von einem Fremden vergewaltigt werden als von jemandem, den sie kennen" (Europäische Kommission, *Spezial Eurobarometer 449*, 30).

153 Vgl. Schneider, „Vergewaltigung (2009),“ 815; ferner Vavra, *Strafbarkeit*, 83, die auf die bekannte Unterscheidung bei Estrich, *Real Rape*, 1– 6, 42 u. 58 zwischen ‚wirklicher Vergewaltigung‘

juristischen Dissertation *Die Strafbarkeit nicht-einvernehmlicher sexueller Handlungen* (2020) unter Verweis auf einschlägige Literatur bemerkt, „[m]it zunehmender Abweichung von diesem Idealbild der ‚wirklichen Vergewaltigung', z. B. bei einem höheren Bekanntheitsgrad zwischen Opfer und Täter, [...] die Tendenz in der Bevölkerung zu[nimmt], die Vergewaltigung nicht mehr eindeutig als Straftat zu definieren und die Verantwortung dem Opfer zuzuschieben".[154] Zum anderen ist beim Blick auf die sekundäranalytische Auswertung der von 2002 bis 2004 im Auftrag des Bundesfamilienministeriums an der Universität Bielefeld durchgeführten repräsentativen Studie *Lebenssituation, Sicherheit und Gesundheit von Frauen in Deutschland* festzustellen, dass sich diese Tendenz zur Verharmlosung sexueller*sexualisierter Gewalt auch bei den durch weibliche Opfer selbst erfolgenden Bewertungen ihrer Gewalterfahrungen einzustellen pflegt, und zwar insbesondere dann, wenn es sich bei dem Täter um den *aktuellen* Partner des Opfers handelt:

> Nur 56 % der Frauen, die Handlungen mit dem Merkmal einer vollendeten Vergewaltigung erlebt haben (zum Geschlechtsverkehr gezwungen worden zu sein durch das Eindringen eines Penis oder etwas anderem gegen den Willen der Frau), gaben an, es habe sich um eine Vergewaltigung gehandelt, wenn der aktuelle Partner der Täter war, aber 85 % der Frauen, wenn ein früherer Partner Täter war. Als Verbrechen bezeichneten dies nur 26 % der Frauen, wenn die Vergewaltigung durch den aktuellen Partner verübt wurde, aber 66 %, wenn es ein früherer Partner war.[155]

Damit stimmt die Beobachtung des Münsteraner Kriminologen Hans Joachim Schneider (1928 – 2015) überein, wonach „die Mehrheit der Vergewaltigungsopfer [...] ihre gewaltsame sexuelle Erfahrung nicht als Vergewaltigung"[156] definiere. Die individuelle Deutung eines bestimmten Handlungszusammenhangs als sexuelle*sexualisierte Gewalt im Allgemeinen, als Vergewaltigung im Besonderen hängt also immer von subjektiven Faktoren sowie den persönlichen, psychoso-

---

(*real rape*) als gewaltsamem Angriff durch einen Fremden und ‚einfacher Vergewaltigung' (*simple rape*) durch eine dem Opfer bekannte Person verweist, die sich auch ohne Ausübung physischer Gewalt ereignen könne, allerdings als erzwungener Geschlechtsverkehr gleichermaßen als Vergewaltigung zu qualifizieren sei.

154 Vavra, *Strafbarkeit*, 82.

155 Bundesministerium für Familie, Senioren, Frauen und Jugend/IFF, *Gewalt gegen Frauen*, 33 f. Zur Abhängigkeit der Einstellung weiblicher Vergewaltigungsopfer von der Einstellung ihrer Ehemänner sowie gesellschaftlichen Vorstellungen von männlicher Sexualität vgl. Godenzi, *Gewalt*, 170 – 175, der darauf verweist, dass „die Wahrscheinlichkeit eines Beziehungsabbruchs" in dem Maße steigt, wie Ehefrauen „die sexuellen Gewalthandlungen ihres Mannes als Vergewaltigung identifizieren" (175).

156 Schneider, „Vergewaltigung (2009)," 820.

zialen und situativen Lebensumständen der Gewalt erleidenden Person ab, wobei das subjektiv erlebte Gewaltgeschehen nicht unbedingt der Schwere der Gewalthandlung bei einer Orientierung beispielsweise an der sichtbaren physischen Krafteinwirkung entsprechen muss.[157] Gleichwohl gibt es überzeitliche Wesensmerkmale von Gewalt, die dem Wandel entzogen sind, weil sie schlicht den Begriff der Gewalt ausmachen.[158] Dies schließt allerdings nicht aus, sondern ein, dass das, was als – zumal: strafbare und/oder moralisch verwerfliche Form von – Gewalt bewertet wird, immer auch gesellschaftlich bedingt und durch gesellschaftspolitische Entwicklungen zu beeinflussen sein kann.

Wie die individuelle Deutung und das subjektive Erleben eines Gewaltgeschehens können auch die individuellen gesundheitlichen Folgen sexueller*sexualisierter Gewalt gegen Mädchen und Frauen nicht nur höchst unterschiedlich sein, sondern auch höchst unterschiedlich einsetzen und andauern.[159] Dies zeigt einerseits die Problematik einer Beurteilung eines bestimmten Gewaltphänomens unter Orientierung ausschließlich an physischen Verletzungen und führt andererseits vor Augen, dass eine Vergewaltigung nicht einfach eine zeitlich begrenzte Verletzung des individuellen Rechtsguts der sexuellen Selbstbestimmung eines Menschen darstellt, sondern bei der sexualethischen Auseinandersetzung mit Vergewaltigung gerade im partnerschaftlichen Kontext immer auch die durch die *andauernde* Bedrohungssituation[160] bewirkten psychischen und/oder sozialen Verletzungen eines überlebenden Opfers zu berücksichtigen sind.[161] Ich erinnere an dieser Stelle nochmals an die von L. Pusch anstelle von ‚sexueller‘ oder ‚sexualisierter Gewalt‘ präferierte Rede von ‚Sexualterror‘, die das Angst und Schrecken auslösende Gewaltereignis in den Vordergrund stellt[162] und zugleich verdeutlicht, dass sexuelle*sexualisierte Gewalt mehr ist als konkrete, an einem bestimmten Ort von bestimmten Personen zu bestimmten Zeitpunkten vollzogene

---

157 Vgl. Bundesministerium für Familie, Senioren, Frauen und Jugend/IFF, *Gewalt gegen Frauen*, 34.

158 Siehe dazu Abschnitt A.2.2.

159 Zu den gesundheitlichen Folgen von Gewalt gegen Frauen und Mädchen vgl. Robert Koch-Institut (Hg.), *Gesundheitliche Lage*, 313 – 317, wo nicht-tödliche und tödliche Folgen (d. h. tödliche Verletzungen, Femizid, Suizid) dieser Gewalthandlungen unterschieden werden. Zu den nicht-tödlichen Folgen werden körperliche, psychosomatische, psychische, psychosoziale Folgen sowie Folgen für die reproduktive Gesundheit, aber auch gesundheitsgefährdende (Überlebens-)Strategien und Auswirkungen auf soziale Beziehungen gezählt.

160 Vgl. Bundesministerium für Familie, Senioren, Frauen und Jugend/IFF, *Gewalt gegen Frauen*, 32 (vgl. auch 50); ferner Agentur der Europäischen Union für Grundrechte (FRA), *Gewalt gegen Frauen*, 22 (vgl. auch 10).

161 Schneider, „Vergewaltigung (2009)," 815.

162 Vgl. dazu Brownmiller, *Gegen unseren Willen*, 22.

physische Handlungen. Gerade in ihrer unauflöslichen Vermengung mit Sexualität kann sich Gewalt, wie in Abschnitt C.2.3 bemerkt, als ausgesprochen ‚effektiv‘ erweisen und als seelen- und lebenszerstörende Erfahrung einen Menschen zeitlebens ‚zeichnen‘, was weder eine brutale physische Gewalthandlung bzw. sichtbare physische Verletzungen noch einen körperlichen Widerstand des Opfers bei einem Vergewaltigungsgeschehen voraussetzt, wie er allerdings zentraler Bezugspunkt für den Straftatbestand der Vergewaltigung und ihrer Strafverfolgbarkeit im Sinne des § 177 StGB in der bis zum 9. November 2016 geltenden Fassung gewesen und noch immer von großer Bedeutung in der Strafverfahrenswirklichkeit ist.[163]

Überdies ist zu berücksichtigen, dass Vergewaltigung ein ebenso „häufig verübtes" wie grundsätzlich „unterberichtetes [...] Delikt" darstellt: „Es handelt sich um ein erhebliches soziales Problem mit geringer gesellschaftlicher Sichtbarkeit."[164] In einer repräsentativen Befragung von Frauen ab 16 Jahren in der Schweiz aus dem Jahr 2019 hat jede achte Frau schon einmal Geschlechtsverkehr gegen ihren Willen erlebt.[165] Verschiedene bundes- und europaweite Befragungen aus den vergangenen beiden Jahrzehnten mit unterschiedlichen Stichprobengrößen und Erhebungsinstrumenten zeigen ähnlich hohe Zahlen für Deutschland – mit konstant hoher Gewaltprävalenz.[166] Solche Befragungen und Erhebungen zeigen also ein deutlich anderes Bild als die offiziellen kriminalstatistischen Daten,[167] sodass von einer erheblichen Kluft zwischen Hell- und Dunkelfeld, also zwischen den angezeigten und polizeilich erfassten Fällen auf der einen, den

---

163 Vgl. dazu die Analyse von Strafverfahrensakten zur sexuell motivierten Gewaltdelinquenz im Zuge einer Vollerhebung aller Strafverfahrensakten mit dem Tatvorwurf der sexuellen Nötigung, Vergewaltigung oder deren Versuche bei den Staatsanwaltschaften Göttingen und Braunschweig aus dem Jahr 2002 bei Goedelt, *Vergewaltigung*, 68 u. 70; ferner 133 f. Zur Frage des körperlichen Widerstandes eines Vergewaltigungsopfers vgl. auch Vavra, *Strafbarkeit*, 64 – 66, 83 u. 241 (zur Auslegung von § 177 Abs. 1 Nr. 1 StGB in der alten Fassung bis zum 9. November 2016); ferner Schneider, „Vergewaltigung (2009)," 815.
164 Schneider, „Vergewaltigung (2009)," 814 u. 816.
165 Befragung im Auftrag von Amnesty International Schweiz von 4.495 Frauen ab 16 Jahren in der Schweiz zwischen 26. März und 15. April 2019; vgl. den Schlussbericht (17.05.2019) von gfs.bern, *Sexuelle Belästigung*, 10 u. 14 f.
166 Vgl. Einleitung, Anm. 2 u. 3. „Ein relevanter Rückgang der Gewaltprävalenz scheint [...] unwahrscheinlich" (Robert Koch-Institut [Hg.], *Gesundheitliche Lage*, 311).
167 Zur Überschätzung und Überbewertung der Aussagekraft kriminalstatistischer Erkenntnismittel vgl. Bundesministerium des Innern, *Erster Periodischer Sicherheitsbericht*, 15, wonach es „[d]ie Kriminalstatistik, mit der, gleichsam naturalistisch, ‚Kriminalität' gemessen werden könnte", weder in Deutschland noch anderswo gibt; demnach wird also nicht ‚Kriminalität' gemessen, sondern die Tätigkeiten der Polizei oder anderer Strafverfolgungsbehörden.

nicht angezeigten und demnach nicht polizeilich dokumentierten Fällen auf der anderen Seite auszugehen ist.[168]

Allerdings erheben, wie Schneider betont, auch die Dunkelfelduntersuchungen nicht „die kriminelle Wirklichkeit, sondern vielmehr die Wahrnehmung der Bevölkerung über Verbrechen",[169] indem sie sich auf Angaben von teilweise schwer traumatisierten Verbrechensopfern gründen, deren Deutung und Erleben eines Gewaltgeschehens, wie oben bemerkt, von verschiedenen Faktoren und Lebensumständen abhängen, was auch Verzerrungen und Verharmlosungstendenzen bedingen kann, und die ihr Opferwerden überdies auch verschweigen oder aber wahrheitswidrig behaupten können:

> Die Vergewaltigung zählt zu den Straftaten, deren Häufigkeit unterschätzt wird, weil sie zum großen Teil im absoluten oder doppelten Dunkelfeld verborgen bleibt. Beim absoluten Dunkelfeld wird die Vergewaltigung vom Opfer überhaupt nicht als Vergewaltigung erkannt und definiert. Unter dem doppelten Dunkelfeld versteht man die Rechtsbrüche, die weder der Polizei noch dem Interviewer der Viktimisierungsstudie mitgeteilt werden. Vergewaltigte Frauen zeigen ihre Viktimisierung [...] der Polizei nicht an, weil gesellschaftlicher Druck zur Nichtanzeige auf ihnen lastet. Als Vergewaltigungsopfer werden sie bei Aufde[c]kung der Tat sozial gebrandmarkt [...]. Sie enthüllen ihr Opferwerden lieber Freundinnen und Freunden, die allerdings auch unterschiedlich auf die Aufdeckung reagieren.[170]

Trotz dieser methodischen Probleme bei der Häufigkeitsmessung[171] und den ihr zugrunde liegenden Hauptquellen – Kriminalstatistik (Hellfeld) und Opferbefragungen (Viktimisierungssurveys im Rahmen der Dunkelfeldforschung) – sowie der allgemeinen, speziellen und/oder polizeibezogenen Einflussfaktoren auf das individuelle Anzeigeverhalten von Kriminalitätsopfern[172] ergibt sich aus den vorliegenden Studien und Untersuchungen zweierlei Grundsätzliches: (1.) Vergewaltigung ist kein seltenes Delikt vereinzelter psychopathischer Fremdtäter,[173] sondern Teil der alltäglichen Lebensrealität einer nicht nur in Untersuchungen und Befragungen, sondern auch in der allgemeinen öffentlichen Wahrnehmung bisher systematisch unterschätzten Anzahl von Frauen. (2.) Auch Ehe und Familie bieten per se keinen Schutz vor sexueller*sexualisierter Gewalt. Im Gegenteil: Ehe

---

168 Vgl. dazu Schneider, „Behandlung," 948.
169 Schneider, „Vergewaltigung (2009)," 816.
170 Ebd.
171 Vgl. a.a.O., 815 f.
172 Vgl. dazu Landeskriminalamt NRW, *Anzeigeverhalten*, 2 ff.
173 Schneider, „Vergewaltigung (2009)," 814.

und Familie als einen Zufluchtsort vor Gewalt zu betrachten, grenzt an Realitätsverweigerung.[174]

Damit ist allerdings nicht gesagt, wie Isolde Karle (*1963), Ordinaria für Praktische Theologie an der Universität Bochum, mit Fug betont, „dass Ehe und Familie in ihrer modernen, angepassten und auf Gleichheit abzielenden Rechtsform Gewalt per se fördern würden, sondern dass überall dort, wo Menschen auf engem Raum zusammenleben, das Potenzial für Aggressionen steigt".[175] Statt die Zahl der Gewaltdelikte in der Ehe unter Rekurs auf entsprechende empirische Studien gegen die der Gewaltdelikte in nicht-ehelichen Formen des Zusammenlebens aufzurechnen,[176] um womöglich die Differenz von ehelichen und nicht-ehelichen Partnerschaftsformen für die Vorkommenshäufigkeit von Gewaltdelikten heuristisch zu funktionalisieren, ist es ungleich wichtiger, die „Geschlechtsbezogenheit"[177] sexueller*sexualisierter Gewalt in den Blick zu nehmen. „Entscheidend scheint nicht die Differenz verheiratet/nicht-verheiratet zu sein, sondern die Geschlechterkonstellation. Es besteht nachweislich ein enger Zusammenhang zwischen dem Machtvorsprung des Mannes und der Neigung zur Gewaltanwendung".[178] Ohne grundsätzliche Einbeziehung auch der biographischen und sozialstrukturellen Dimensionen von Geschlecht ist sexuelle*sexualisierte Gewalt nicht angemessen zu erörtern: Das Nachdenken über Sexualität und Gewalt macht ein Nachdenken über das Geschlechterverhältnis erforderlich.[179]

Auch Vergewaltigung kann deshalb nicht ohne Rücksicht auf Geschlechter- und Machtverhältnisse sowie die in einer Gesellschaft vorherrschenden Geschlechtervorstellungen und daraus erwachsenden Geschlechterrolleneinstel-

---

174 Vgl. Lenz, *Soziologie*, 157.
175 Karle, *Liebe*, 225.
176 Karle ebd. verweist auf eine bei Lenz, *Soziologie*, 153 (dort allerdings mit falschen bibliographischen Angaben) angeführte Studie von Yllo/Straus, „Violence," 339–347, wonach „zusammenlebende Paare [...] deutlich von mehr Gewalt berichten als Ehepaare" (Lenz, a.a.O., 153). In der Tat legen dies die Stichprobendaten einer US-weiten Befragung von 2.143 Erwachsenen nahe, die von Yllo/Straus ausgewertet werden, welche allerdings *auch* feststellen, dass von einem inhärenten Konflikt in *allen* Intimbeziehungen auszugehen sei (Yllo/Straus, a.a.O, 346; vgl. 339). Aus einer solchen Einzelstudie allgemeine Rückschlüsse auf die Bedeutung des Umstandes der Eheschließung von Personen für die Gewaltprävalenz schließen zu wollen, ist (von den methodischen Problemen des Forschungsdesigns und den möglichen Antwortverzerrungen ganz abgesehen) wenig ratsam, allein schon deshalb, weil die Gewalterfahrung von unverheiratet zusammenlebenden Paaren auch ein Grund für die Entscheidung *gegen* die Eheschließung mit dem gewalttätigen Partner bzw. für den Beziehungsabbruch sein kann/konnte.
177 Schorsch, „Versuch," 16.
178 Karle, *Liebe*, 225 mit Verweis auf Lenz, *Soziologie*, 156.
179 So zu Recht Hagemann-White, „Gender-Perspektiven," 130 unter Rekurs auf Schorsch, „Versuch," und speziell im Blick auf das Verhältnis von Sexualität und Aggression.

lungen und -erwartungen untersucht werden,[180] sofern Entstehungskontexte, Ursachen, aber auch Funktionen dieser allermeist gegen Mädchen und Frauen ausgeübten Gewaltform angemessen verstanden und spezifische Maßnahmen zur Sensibilisierung, Aufklärung und Prävention aufgezeigt werden sollen. Dazu gehört, um ein Beispiel anzuführen, nicht zuletzt das Bemühen, „vergewaltigungsunterstützende Stereotype" aufzubrechen, die „soziokulturell verankert und als persönliche Glaubenssysteme in verschiedenen Bevölkerungs-Gruppierungen unterschiedlich verbreitet"[181] sind. Unter ‚Stereotypen' können im Anschluss an die sozialpsychologische Begriffsbildung verallgemeinernde Annahmen über Eigenschaften und Verhaltensweisen einer bestimmten Gruppe von Menschen verstanden werden, die praktisch allen Mitgliedern dieser Gruppe, „unabhängig von *tatsächlichen* Unterschieden zwischen ihnen",[182] zugeschrieben werden. Diese vorgefassten Annahmen können auf einer Vielzahl kultureller, sozialer und persönlicher Voraussetzungen beruhen und im Lebensverlauf eines Menschen einer nicht minder großen Anzahl von Einflüssen verschiedenster Art unterliegen, sich im Sinne einer Selbstimmunisierung[183] aber auch als äußerst

---

180 Geschlechter- und Machtverhältnisse spiegeln sich bereits in *Begriffen* und *Begriffsgeschichten* wider. Der dem modernen Terminus ‚Vergewaltigung' (etwa 16. Jh.) vorausgehende Begriff der ‚Notzucht' (*oppressio*) ist eine Rückbildung aus mhd. *nōtzogen*, „mit Zwang (Not) eine Frau fortziehen, eine Frau rauben" (Pfeifer, *Etymologisches Wörterbuch*, 3. Aufl. [1995], 932 [s.v. „Not"]), wodurch der damit eng verknüpfte, ältere Terminus ‚Frauenraub' (*raptus*) anklingt, welcher noch stärker die Besitzkomponente unterstreicht (dazu Künzel, „Einleitung," 14). Damit stimmt überein, dass ‚*Vergewaltigung*' lange Zeit gewissermaßen als ‚Eigentumsdelikt' betrachtet und entsprechend bestraft wurde, vgl. Hauch, „Streit," 263–266. Pinker, *Angels*, 395, verweist in diesem Zusammenhang auch auf die Deutung und Bedeutung des 10. Gebotes: „she [scil. a woman] is enumerated in a list of her husband's chattels, after his house and before his servants and livestock". Vgl. auch Künzel, „‚Eine Rose gebrochen'," 73, der zufolge die Betrachtung von Vergewaltigung unter dem Aspekt eines Eigentumsdelikts, wie es in der Raub-Konzeption der Fall ist, „eine doppelte Perspektive" entfaltet, da nicht nur „ein männliches Familienoberhaupt seines Eigentums [...] beraubt und dieses Eigentum schwer beschädigt" werde, sondern auch „dem Opfer selbst etwas ‚geraubt'" werde: „nämlich die Jungfernschaft, das nach männlicher Zuschreibung wertvollste Gut einer Frau –, d.h. das Opfer selbst verliert durch das Verbrechen an (sozialem) ‚Wert'".
181 Schneider, „Vergewaltigung (1998)," 534 (mit Literatur).
182 Aronson et al., *Sozialpsychologie*, 425 (meine Hervh.); vgl. ferner Hilton/von Hippel, „Stereotypes," 237–271, die als Standardsicht ‚Stereotype' als „beliefs about the characteristics, attributes, and behaviors of members of certain groups" (240) definieren. Die im Haupttext als ‚sozialpsychologisch' apostrophierte Stereotypdefinition ist also (m)eine Mischung beider Ansichten.
183 Angesichts dieser Selbstimmunisierungstendenz böte sich ein Vergleich der von Schneider als ‚persönliche Glaubenssysteme' bezeichneten Stereotype mit dem von Boghossian für (religiöse) Glaubenssysteme (als deren Kritik) herausgestellten Prinzip der ‚doxastic closure' (vgl.

veränderungsresistent erweisen. Als Beispiele für jene ‚vergewaltigungsunterstützenden Stereotype‘, die sich im Kern allesamt auf ein mehr oder minder misogynes, ob seiner langen Historie und weiten Verbreitung durchaus als ‚traditionell‘ zu bezeichnendes Frauenbild auch im westlich-androzentrischen Denken beziehen lassen, nennt Schneider die Ansicht, dass allein „Frauen mit ‚gutem Ruf“, d. h. sexuell einwandfreier (monogamer) Lebensführung, vergewaltigt werden könnten, sowie die Auffassung, eine „gesunde Frau“ hätte sich gegen ihren Vergewaltigungstäter zur Wehr setzen können, wenn sie denn mit ihrer Vergewaltigung wirklich nicht einverstanden gewesen wäre; gleichermaßen absurd und bar jeder Realität mutet überdies das Stereotyp an, Frauen wollten „sexuell erobert werden“, weshalb sie „die sexuelle Gewalt der Männer“[184] genössen.

Der Verweis auf derartige Stereotypen darf nun freilich nicht im Sinne der vor allem in der älteren psychiatrischen Kriminologie anzutreffenden Ursachentheorien missverstanden werden, in denen die Vergewaltigung von Frauen weitestgehend auf Umstände zurückgeführt wurde, die der unmittelbaren Kontrolle des Täters entzogen sind, wie beispielsweise unkontrollierbare exzitatorische Impulse oder ein zustandsbedingter vorübergehender Kontrollverlust.[185] Zielführender als solche kriminalbiologischen Erklärungsversuche, die unweigerlich in der Gefahr stehen, exkulpatorischer Deutung gezogen zu werden, erscheint die in der neueren kriminologischen Forschung erfolgende Rezeption von sozialstrukturellen Ansätzen und Erkenntnissen der kognitiv-sozialen Lerntheorie.[186] Die Ergründung möglicher sozialstruktureller und sozialprozessualer Vergewaltigungsursachen betrachtet selbige stets in größeren gesellschaftlichen Zusammenhängen, was eine Einbeziehung auch der in der Gesellschaft dominanten Geschlechtervorstellungen ermöglicht und zugleich die Bedeutung geschlechtsspezifischer Sozialisationsbedingungen in diesem Zusammenhang herausstellt.

Der Rekurs auf das in den angesprochenen Stereotypen zum Ausdruck kommende Frauenbild und Geschlechterverständnis ist auch deshalb notwendig, weil darin wurzelnde bzw. damit einhergehende Tendenzen zur Verharmlosung

---

Boghossian, *Manual*, Kapitel 3) einerseits, dem von Dennett, *Bann*, 248–267, nicht unähnlich dazu beschriebenen und gleichermaßen kritisierten Phänomen des ‚Glaubens an den Glauben‘ andererseits an.

184 Schneider, „Vergewaltigung (1998)“, 534; vgl. dazu 534 f.

185 Vgl. dazu Schneider, „Vergewaltigung (2009),“ 826 unter Rekurs auf Bartol/Bartol, *Criminal Behavior*, 401–403.

186 Vgl. dazu Schneider, „Vergewaltigung (2009),“ 832–834; ferner ders., *Kriminologie*, Bd. 1, 82 f.; *Einführung*, 211–213.

sexueller*sexualisierter Gewalt[187] in Einstellungen gegenüber Vergewaltigungsopfern noch immer lebendig sind. Was die gesellschaftliche Sicht auf weibliche Vergewaltigungsopfer betrifft,[188] müssen die Ergebnisse der im Jahr 2016 von der Generaldirektion Justiz und Verbraucher (JUST) der Europäischen Kommission in Auftrag gegebenen Befragung zur geschlechtsspezifischen Gewalt[189] doch sehr bedenklich stimmen, wenn mehr als ein Viertel aller Befragten (27 %) der Auffassung ist, „Geschlechtsverkehr ohne Einwilligung" könne in bestimmten Situationen und unter bestimmten Umständen gerechtfertigt sein.[190] Konfrontiert mit einer Reihe von Aussagen zur Wahrnehmung sexueller*sexualisierter Gewalt gegen Frauen hat jeweils mindestens einer von zehn Befragten der Aussage zugestimmt, „Geschlechtsverkehr ohne Einwilligung" könne gerechtfertigt sein, „wenn die betroffene Person betrunken ist oder Drogen genommen hat (12 %), freiwillig mit jemandem nach Hause mitgeht (11 %), freizügige, provozierende oder sexy Kleidung trägt oder nicht deutlich nein sagt oder sich körperlich nicht deutlich wehrt (beide 10 %)".[191] Zudem waren 22 % der Befragten mit der Aussage einverstanden, dass Frauen Missbrauchs- oder Vergewaltigungsvorwürfe „oftmals" erfinden oder übertreiben würden, während 17 % der Aussage zustimmten, dass Gewalt gegen Frauen „oft vom Opfer provoziert"[192] werde.

   In der nachfolgenden sexualethischen Betrachtung wird am Beispiel der Diskussionen um dissensbasierte und zustimmungsorientierte Vergewaltigungsdefinitionen zu bedenken sein, ob als Vergewaltigung allein solche sexuellen Handlungen mit oder an einer anderen zustimmungsfähigen Person zu verstehen

---

187 Diese Verharmlosungstendenz von sexueller*sexualisierter Gewalt zeigt sich auch in (jeder unkritischen Rezeption von) Gedichten wie Goethes „Heidenröslein" (im Text nach 1827), bes. Strophe 3 („Und der wilde Knabe brach / 's Röslein auf der Heiden; / Röslein wehrte sich und stach, / Half ihm doch kein Weh und Ach, / Mußt' es eben leiden [...]"; vgl. dazu Dane, *Zeter*, 152 – 163) oder in nicht selten zum Brauchtumsgut stilisierten Liedtexten wie dem auf Volksfesten gerne rezitierten ,Donaulied' (in der Fassung von Klaus Hanslbauer; vgl. dazu Mitsch, „Donaulied," 277 – 280) bzw. eingängig-seichte ,Partysongs' wie ,Schmidtchen Schleicher' (in der deutschen Fassung von Hans Scheibner).
188 Zur ähnlichen Verharmlosungstendenz und Schuldzuschreibung gegenüber den Opfern in Einstellungen zu männlichen Vergewaltigungsopfern vgl. Fiske/Norris, „Sexismus," 86 – 98.
189 Befragung von 27.818 Personen „aus verschiedenen sozialen und demografischen Kategorien" (2), durchgeführt vom Netzwerk TNS Opinion & Social in den (damals) 28 Mitgliedstaaten der EU vom 4. bis 13. Juni 2016. Die deutschsprachige Zusammenfassung der Ergebnisse wurde veröffentlicht als: Europäische Kommission, *Spezial Eurobarometer 449*, vgl. dazu 36. Allerdings wird an keiner Stelle angegeben, wie viele Prozent der Befragten männlichen, weiblichen und diversen Geschlechts waren.
190 Vgl. a.a.O., 27 – 34.
191 A.a.O., 33 (QB10; ohne Hervh.); vgl. auch 6.
192 A.a.O., 31 (QB9.4) u. 32 (QB9.2); vgl. auch 29.

sind, die *gegen ihren erkennbaren Willen* erfolgen, oder ob hierzu auch solche sexuellen Handlungen mit oder an einer anderen zustimmungsfähigen Person zu zählen sind, die *ohne ihre ausdrückliche Zustimmung* erfolgen, sodass die fehlende aktive Zustimmung anstelle der erkennbar zum Ausdruck gebrachten Ablehnung für das Vorliegen einer Vergewaltigung maßgeblich ist.

4.2 Sexualethische Perspektive

Aus Sicht einer Sexualethik, in der die unabdingbare Forderung einer Freiheit des Einzelnen zu der Sexualität, die er möchte, untrennbar verknüpft ist mit der gleichermaßen unabdingbaren Forderung einer Freiheit des Einzelnen von oder vor der Sexualität, die er nicht möchte, wie es auch in der vorliegenden Untersuchung der Fall ist, muss in aller Deutlichkeit gesagt werden: Es gibt in der Welt nicht eine Beziehungsform, nicht eine Situation, nicht eine Bedingung und auch nicht eine Eigenschaft, die eine Vergewaltigung auch nur im Geringsten als weniger erscheinen lassen könnte als das, was sie ihrem Kern nach ist: offen ausgelebte Verachtung. Hier gilt es unmissverständlich klarzustellen, dass Vergewaltigung nicht „sex that got out of control"[193] ist, womit das Opfer einer Vergewaltigung für selbige mitverantwortlich gemacht würde, sondern vom Täter unter Ausnutzung eines wenigstens situativ bestehenden Machtvorsprungs zur wirksamen Willensdurchsetzung gegenüber anderen eingesetzte Sexualität. Diese Funktionalisierung von Sexualität zeigt sich augenscheinlich am Einsatz von Vergewaltigungen als kriegstaktisches Mittel zur Willensbrechung,[194] kennzeichnet aber auch den für erschütternd viele Frauen geradezu alltäglichen ‚Sexualterror' (L. Pusch) innerhalb und außerhalb der eigenen vier Wände, bei dem Sexualität zur Herabwürdigung und Erniedrigung einer anderen Person eingesetzt wird, um sich ihr gegenüber mächtig und erhaben zu fühlen.[195]

Sosehr Vergewaltigung als eine Gewaltpraxis zu betrachten ist, die mit anderen Gewaltpraxen einhergehen[196] und Synergien bilden kann, so sehr ist Sexualität dabei doch kein beiläufiger Faktor, der zu den gewalthaltigen Handlungen erst sekundär hinzuträte. Vielmehr ist das sexuelle Moment ihnen wesentlich und mit dem Moment der Gewalt – ich erinnere an die strukturellen und funktionalen Kongruenzen zwischen Sexualität und Gewalt sowie ihre einander be-

---

193 Teil eines fiktiven Zitats als Ausdruck der exkulpatorischen Sichtweise von Vergewaltigung bei Braswell, *Quest*, 6; nicht unähnlich Fortune, *Love*, 47.
194 Siehe Abschnitt C.2.3, Anm. 269.
195 Vgl. Braswell, *Quest*, 6.
196 Vgl. dazu Mühlhäuser, „Vergewaltigung," 164.

dingenden Potenziale[197] – in einer Weise legiert, durch die sich sexuelle*sexualisierte Gewalt als ausgesprochen effektives, weil zwingendes Machtmittel erweisen kann. Sosehr es Vergewaltigern um Kontrolle, Dominanz, Unterwerfung,
Demütigung und Ausbeutung eines anderen Menschen gehen mag,[198] so sehr
kann doch der sexuelle Aspekt dieser Machtausübung sowohl auf der Täter- wie
auch auf der Opferseite nicht einfach ausgeblendet werden.[199] Dieser Umstand
wurde bereits an anderen Stellen dieser Untersuchung thematisiert, nicht zuletzt
im Rahmen der Auseinandersetzung mit der durch die Verwendung des Ausdrucks ‚sexualisierte Gewalt' mehr oder weniger bewussten wesenhaften Entkopplung von Sexualität und Gewalt, was zu der keineswegs zwingenden Folgerung führt, „gewaltsame Sexualität sei eigentlich keine",[200] und braucht in
diesem Zusammenhang nicht wiederholt zu werden.

Wichtiger ist die Feststellung, dass eine Argumentation, in die die Frage der
partnerschaftlichen Verbundenheit wie überhaupt der persönlichen Beziehung
zwischen Täter und Opfer[201] in die sexualethische Bewertung von Vergewaltigung
einbezogen wird, um diese als weniger gravierend einzustufen, wenn sie etwa in
einer Ehe (Stichwort: ‚Ehepflicht'[202]) oder aber im Rahmen einer kurzzeitigen
Spontanbekanntschaft (Stichwort: ‚Leichtsinnigkeit'[203]) geschieht, zu Recht den
Verdacht einer exkulpatorischen Deutung auf sich zieht. In diese Richtung tendiert nach meinem Dafürhalten auch der im vorigen Abschnitt angesprochene
terminologische Umstand, für eine Vergewaltigung in der Ehe eine andere Be-

---

197 Siehe Abschnitte C.2.1 u. C.2.2.

198 Vgl. dazu Godenzi, *Gewalt*, 177–179.

199 Was die Opferseite betrifft, vgl. Cahill, *Rape*, 140; zur Täter- und Opferseite vgl. Kuhle et al.,
„Sexueller Missbrauch," 110; s. Abschnitt A.3.3.

200 Reemtsma, *Vertrauen*, 115; s. Abschnitte A.3.3 und C.2.3. Als exemplum instar omnium für
diese Auffassung: Stolle, „Menschen- und Bürgerrechte," 159.

201 Ich vermeide an dieser Stelle bewusst die Rede von an einer Vergewaltigung ‚beteiligten'
Personen, um dem Anschein entgegenzutreten, an diesem Gewaltakt seien Täter und Opfer in
irgendeiner vergleichbaren Weise ‚teilhabend' (s. auch oben Anm. 136) oder ‚mitwirkend'. Allein
im Blick auf die Täterseite kann von (weiteren) ‚Beteiligten' – nämlich beteiligten Tätern und
(weiteren) Mittätern – gesprochen werden.

202 Ich denke hier z.B. an die Vorstellung vom sog. ‚engagierten ehelichen Beischlaf' als einer
von der Ehefrau einzufordernden Ehepflicht, wie sie im BGH-Urteil vom 2. November 1966 vor dem
Hintergrund des damals für die Ehescheidung geltenden Schuldprinzips und unter Rekurs auf
§ 1353 Abs. 1 BGB ‚im Namen des Volkes' verkündet wurde (BGH, Urteil vom 2. November 1966 – IV
ZR 239/65, 6 f. [Rn. 16]). Vgl. dazu Suhr/Valentiner, „Sex," 54–55 sowie bereits Godenzi, „Intimität," 259.

203 Vgl. dazu die in Abschnitt 4.1 angesprochenen Ergebnisse der EU-weiten Befragung zur
Wahrnehmung sexueller*sexualisierter Gewalt gegen Frauen (*Spezial Eurobarometer 449*).

grifflichkeit zu wählen als wenn sie außerhalb einer Ehe geschieht.[204] Ein Trauschein ist – blanke Selbstverständlichkeit! – kein „Freibrief",[205] zumal bei einer Vergewaltigung in der Ehe oder überhaupt in einer Partnerschaft jedweder geschlechtlichen Konstellation nicht nur der Missbrauch von Macht, sondern gleichermaßen der Missbrauch eines Vertrauensverhältnisses offensichtlich wird, durch den jede Vorstellung einer Begegnung in gegenseitiger Achtung und Liebe in den Wind geschlagen wird.

Insofern kann aus Sicht einer christlichen Sexualethik gesagt werden: Vergewaltigung *in* der Ehe ist Ehe*bruch*. Denn Vergewaltigung ist ein offener Bruch mit der von beiden Partner*innen beim Eingehen einer Ehe vor anderen einander gegebenen Zusage, für sich selbst und beide füreinander Verantwortung übernehmen und sich in einer gemeinsamen Lebensform mit gegenseitiger Wertschätzung und Würdigung begegnen zu *wollen*.[206] Für das Vorliegen einer Vergewaltigung ist aus sexualethischer Sicht allerdings nicht die äußere Form der Verbundenheit von Täter und Opfer in einer ehelichen oder nichtehelichen Lebensform, sondern die Frage maßgeblich, ob und inwiefern eine beiderseitige Einverständlichkeit sexueller Handlungen in der betreffenden Situation nicht (mehr) vorliegt oder überhaupt nicht vorliegen kann. Insofern war die mit dem Dreiunddreißigsten Strafrechtsänderungsgesetz vom 1. Juli 1997 erfolgende Zusammenfassung von Vergewaltigung als *Verbrechen* im Sinne des § 177 StGB a.F. einerseits, Nötigung als *Vergehen* im Sinne des § 178 StGB a.F. andererseits zu einem *einheitlichen Verbrechenstatbestand* im Sinne des § 177 StGB[207] und die damit zugleich vollzogene Aufhebung einer Beschränkung des Vergewaltigungstatbestands auf den außerehelichen Bereich nicht nur sinnvoll, sondern überfällig.[208]

---

204 Eine entsprechende terminologische Differenzierung (zumindest) innerhalb der theologischen Ethik lässt sich als Reminiszenz an das Naturrechtsdenken thomistischer Tradition deuten, aus der die unterschiedliche Bewertung von Vergewaltigung in und außerhalb der Ehe innerhalb der traditionellen kirchlichen Sexualmoral maßgeblich erwachsen zu sein scheint, s. Abschnitt C.3.2.1.
205 DER SPIEGEL [o.V.], „Notzucht im Ehebett," 26.
206 Dies auch unter Voraussetzung eines ‚Ehekonsenses' (*contractus matrimonialis*) im kanonischen Recht, wenn darin von einem ‚Sich-gegenseitig-Schenken' und ‚Sich-gegenseitig-Annehmen' gesprochen wird.
207 Vgl. BT-Drucksache 18/12037, 76 f.; ferner Gössel, *Sexualstrafrecht*, 23 – 62; Müting, *Nötigung*, 141 – 189.
208 Auf eine Diskussion der in der entscheidenden Sitzung des Deutschen Bundestags am 15. Mai 1997 für und gegen diese Gesetzesänderung vorgebrachten Argumente, welche auch vor dem Hintergrund des dieser Debatte vorausgehenden Streits um die Einbringung einer sogenannten ‚Widerspruchsklausel' zu betrachten sind, wonach die vergewaltigte Ehefrau bis zu ei-

Diese Bemerkungen zur grundsätzlichen sexualethischen Positionierung vorausgeschickt, ist nun der gegenwärtige Vergewaltigungstatbestand im deutschen Sexualstrafrecht in den Blick zu nehmen, um davon ausgehend die Frage nach dem Ende von Einverständlichkeit unter Rekurs auf die Diskussionen um dissensbasierte und zustimmungsorientierte Vergewaltigungsdefinitionen zu erörtern.

4.2.1 Zur Gesetzeslage in Deutschland

Vergewaltigung meint nicht einfach – wie eingangs des vorigen Abschnitts zunächst noch im Blick auf entsprechende Straftatbestände in zahlreichen nationalen Rechtsordnungen sowie in Übereinstimmung mit dem allgemeinen modernen Sprachgebrauch festgehalten wurde – ,gewaltsam erzwungener Geschlechtsverkehr', sofern unter ,Geschlechtsverkehr' allein der vaginale Geschlechtsverkehr (,Beischlaf') verstanden wird. Zum Straftatbestand der Vergewaltigung, wie er mit den durch das Fünfzigste Strafrechtsänderungsgesetz vom 4. November 2016 eingetretenen umfangreichen Änderungen des § 177 StGB („Sexueller Übergriff; sexuelle Nötigung; Vergewaltigung")[209] in seiner gegenwärtigen Fassung definiert wird, gehören gleichermaßen die erzwungene anale Penetration, erzwungene oral-genitale Sexualkontakte sowie das erzwungene Eindringen mit sonstigen Körperteilen (z.B. Fingern) oder Gegenständen in Vagina oder Anus (allesamt sogenannte ,beischlafähnliche Handlungen'),[210] sodass das maßgebliche Unterscheidungskriterium zwischen einer Vergewaltigung im Sinne des § 177 Abs. 6 StGB einerseits, einem sexuellen Übergriff im Sinne des § 177 Abs. 1 StGB sowie einer sexuellen Nötigung im Sinne des § 177 Abs. 5 StGB

---

nem Beginn der Hauptverhandlung eine Einstellung des Strafverfahrens gegen ihren Ehemann als Täter hätte bewirken können, weshalb die Abstimmung über den Gesetzesantrag ohne eine solche Klausel erfolgte, was sicherlich einen Teil der insgesamt 138 Nein-Stimmen (471 Ja-Stimmen, 35 Enthaltungen) gegen die Gesetzesänderung erklären dürfte, kann an dieser Stelle verzichtet werden. Vgl. hierzu das Plenarprotokoll 13/175 unter: https://dserver.bundestag.de/btp/13/13175.pdf (Zugriff: 31.10.2021).

209 Zur Reform des § 177 StGB n.F. samt detaillierter Analyse vgl. Vavra, *Strafbarkeit*, 394–474.

210 Die strafrechtliche Bewertung der Penetration mit ,sonstigen Körperteilen' wird zum Teil kontrovers diskutiert (vgl. BGH Beschluss vom 02.12.2020 – 4 StR 398/20, Rn. 7), während für das Eindringen mit Gegenständen aus strafrechtlicher Sicht entscheidend ist, dass die an dem Opfer vorgenommenen sexuellen Handlungen ,dem Beischlaf ähnlich' und/oder ,besonders erniedrigend' (vgl. § 177 Abs. 6 Satz 1 StGB) sind.

andererseits das bei einer Vergewaltigung zusätzlich erfolgende *Eindringen* in den Körper einer anderen Person ist.[211]

Vergewaltigung stellt deshalb einen sogenannten ‚besonders schweren Fall' des sexuellen Übergriffs dar, worunter die Vornahme oder das Vornehmenlassen sexueller Handlungen „gegen den erkennbaren Willen einer anderen Person" (§ 177 Abs. 1 StGB) an dieser bzw. von dieser an einem selbst oder aber von dieser an einem Dritten bzw. von einem Dritten an dieser selbst verstanden wird, während der Straftatbestand der sexuellen Nötigung als einer schweren Form des sexuellen Übergriffs (Qualifikationstatbestand) beispielsweise dann erfüllt ist, wenn diese sexuellen Handlungen zugleich unter Ausnutzung einer schutzlosen Lage des Opfers, unter Ausübung von Gewalt und/oder unter Androhung einer „Gefahr für Leib oder Leben" (§ 177 Abs. 5 Satz 2 StGB) erfolgen. Es wird deutlich, dass die unter § 177 StGB fallenden sexuellen Handlungen allesamt ein *Kontinuum* bilden,[212] für die jedoch grundsätzlich der *erkennbar entgegenstehende Wille* des Opfers ausschlaggebend ist.[213] Erkennbar entgegenstehend ist der Wille des Opfers aus rechtlicher Sicht dann, wenn er mit ausdrücklichen Worten und/oder durch konkludentes Verhalten, beispielsweise durch Weinen oder körperliche Abwehrhandlungen, „in für einen objektiven Dritten eindeutiger Weise zum Ausdruck"[214] gebracht wird.

Mit dieser Entscheidung des Gesetzgebers, für den Grundtatbestand des § 177 StGB Abs. 1 den erkennbar entgegenstehenden Willen des Opfers maßgeblich zu machen und damit „die Durchsetzung sexueller Motive und Wünsche mittels eines besonders gravierenden Zwangs"[215] zu pönalisieren, findet ein sexualstrafrechtliches Konzept Anwendung, dessen Ansatz vielerorts unter Rekurs auf

---

211 Bereits der Kontakt des männlichen Glieds mit dem Scheidenvorhof gilt als Penetration, vgl. BGH, Beschluss vom 27. März 2014 – 1 StR 106/14 sowie BGH, Urteil vom 2. Dezember 2020 – 4 StR 398/20, Rn. 4 u. 6; vgl. dazu Mühlhäuser, „Vergewaltigung," 164 f. Im Anschluss an Ammicht Quinn, *Körper*, 340 kann das erzwungene Eindringen in den Körper als dreifache Verletzung – des Selbst des Menschen, seiner Gemeinschaft sowie des Verhältnisses von Mensch und Welt – gedeutet werden.

212 Dies gilt freilich auch für den Übergang dieser Handlungen zu denjenigen, die unter den – gegenüber mit schwererer Strafe bedrohten subsidiären – Straftatbestand der ‚sexuellen Belästigung' fallen (§ 184i StGB), wonach eine andere Person „in sexuell bestimmter Weise berührt und dadurch belästigt" (§ 184i Abs. 1 StGB) wird; vgl. dazu Mitsch, „Sexuelle Belästigung," 355 – 360.

213 ‚Grundsätzlich' deshalb, weil auch Fälle des § 177 Abs. 2 StGB zu bedenken sind, in denen der entgegenstehende Wille einer anderen Person gerade *nicht* erkennbar ist bzw. sein kann, worauf noch einzugehen sein wird.

214 Maurach et al., *Strafrecht Besonderer Teil*, Teilbd. 1, 213; vgl. dazu BT-Drucksache 18/9097, 22 f.

215 Frühsorger, „Straftatbestände," 920.

einen Slogan der feministischen Anti-Vergewaltigungs-Bewegung als ‚Nein-heißt-Nein!' (*No means No!*) bezeichnet wird.[216] Mit einer solchen *dissens-basierten*[217] Vergewaltigungsdefinition werden also auch solche sexuellen Handlungen unter Strafe gestellt, zu denen eine Person ihren entgegenstehenden Willen erkennbar macht, aber diese Handlungen aus verschiedenen Gründen (z. B. aufgrund von Einschüchterung, weil in Schockstarre oder aus Einsicht in die eigene körperliche Unterlegenheit gegenüber dem Täter) oder bewussten Motiven (z. B. der innerlichen Hoffnung, durch ein Sich-Fügen einen befürchteten noch größeren Schaden für sich selbst und/oder für Dritte abzuwenden) dennoch passiv erduldet oder sogar in aktiver Weise daran mitwirkt. Es bedarf für den Vergewaltigungstatbestand also nicht länger, wie es in der bis zum 9. November 2016 gültigen Fassung des § 177 StGB vorausgesetzt war, des Umstandes, „dass der Täter das Opfer durch Gewalt, durch Drohung mit Gewalt oder durch das Aus-

---

216 Zum soziohistorischen Ursprung dieses Konzepts vgl. Dalhoff, „Entwicklungslinien," 57 f.; ferner Pérona, „Vergewaltigung," 253–277.

217 Der Neologismus ‚dissensbasiert' scheint mir treffender zu sein als die in der Diskussion zuweilen begegnende Rede von einem ‚konsensbasierten Vergewaltigungstatbestand', einer ‚konsensbasierten Vergewaltigungsgesetzgebung' oder einer ‚auf Konsens basierenden Verge-waltigungsdefinition', die sich bei näherer Betrachtung als kontraintuitiv erweist. Zwar ist eine dissensbasierte Definition von Vergewaltigung nur dann sinnvoll möglich, wenn vorausgesetzt wird, dass ein nicht-straftatbestandlicher Geschlechtsverkehr (wenigstens) grundsätzlich auf Konsens basiert; doch besteht im Falle einer Vergewaltigung über die Durchführung von sexu-ellen Handlungen gerade *kein* Konsens, sei es, dass eine der an sexuellen Handlungen beteiligten bzw. davon betroffenen Personen selbigen Handlungen explizit widerspricht, oder sei es, dass sie ihnen zuvor nicht ausdrücklich zugestimmt hat, womit beide Male *kein* Konsens – bzw. unter Rekurs auf die in dieser sexualethischen Untersuchung präferierte Terminologie: keine Einver-ständlichkeit – bestehen kann. Die Definition von Vergewaltigung fußt demnach, recht be-trachtet, auf dem Dissens, nämlich auf der ‚Nicht-Übereinstimmung', nicht auf dem Konsens als ‚Übereinstimmung' der Beteiligten. Dasselbe gilt, freilich unter umgekehrten Vorzeichen, auch für die gemeinhin als Alternativkonzept zu ‚Nein-heißt-Nein!' verstandene Position des ‚Ja-heißt-Ja!', die verschiedentlich auch als ‚zustimmungs*basierte* Definition' von Vergewaltigung (vgl. auch die *samtykkebaseret voldtægtsbestemmelse* in Dänemark, vgl. unten Anm. 227) bezeichnet wird, so-dass sich dieselbe Problematik ergibt, dass Vergewaltigung gerade auf einer *nicht* ausdrücklich gegebenen Zustimmung, mithin auf der *Abwesenheit* von Zustimmung basiert. Aus diesem Grund soll von der ‚Ja-heißt-Ja!'-Konzeption als von einer zustimmungs*orientierten* Vergewaltigungsde-finition gesprochen werden, in deren Zentrum die Frage der aktiven Zustimmung steht, auf die hin alles ausgerichtet, mithin ‚orientiert' ist. Die Rede von ‚dissens*basiert*' und ‚zustimmungs*orien-tiert*' hat zugleich den Vorteil, dass beide Konzepte nicht zwingend als Konkurrenzverhältnis betrachtet werden müssen (á la Mt 6,24), wie es in der Diskussion üblich ist, sondern beide Konzepte – das eine basierend, das andere orientierend – als Ergänzungsverhältnis verstanden werden können, s. dazu Abschnitt 4.2.

nutzen einer schutzlosen Lage nötigt",[218] sondern der erkennbar entgegenstehende Wille der betreffenden Person ist für die Strafbarkeit bereits ausreichend, wobei eben weder die Motivlage des Opfers[219] noch die Frage eine ausschlaggebende Rolle spielt, ob sich das Opfer auch körperlich gewehrt[220] oder ohne körperliche Gegenwehr an den – von ihm selbst nicht initiierten – sexuellen Handlungen mitgewirkt hat.

In der öffentlichen Diskussion um diese Neuregelung des Vergewaltigungstatbestandes im deutschen Sexualstrafrecht wird nach meinem Dafürhalten oft übersehen, dass der Vergewaltigungstatbestand nicht nur beim Hinwegsetzen über den erkennbar entgegenstehenden Willen einer anderen Person erfüllt sein kann, sondern auch in Fällen des § 177 Abs. 2 StGB, in denen es zum Eindringen in den Körper einer anderen Person in einer der oben genannten Weisen kommt, ein entgegenstehender Wille dieser Person jedoch *nicht* erkennbar ist bzw. sein kann: „Es handelt sich dabei um Konstellationen, in denen dem Opfer das Erklären eines entgegenstehenden Willens entweder nicht zumutbar ist, so dass selbst eine geäußerte Zustimmung nicht tragfähig wäre, oder ihm das Erklären eines entgegenstehenden Willens objektiv nicht möglich ist."[221] Zu denken ist hier beispielsweise an Situationen, in denen dem Opfer zuvor sogenannte ‚Date-Rape-Drogen' oder ‚K.o.-Tropfen' verabreicht wurden, der Täter ein Überraschungsmoment für sich nutzt oder eine Person „auf Grund ihres körperlichen oder psychischen Zustands in der Bildung oder Äußerung des Willens erheblich eingeschränkt ist" (§ 177 Abs. 2 Nr. 2 StGB).

An dieser Stelle setzen nun Konzepte an, die gemeinhin als Alternative zum ‚Nein-heißt-Nein!'-Ansatz verstanden werden und im Folgenden an einem Beispiel in aller Kürze illustriert werden sollen.

4.2.2 Von ‚Nein-heißt-Nein!' zu ‚Ja-heißt-Ja!'

Als kritische Weiterentwicklung des dissensbasierten Ansatzes wird seit einiger Zeit vermehrt das Zustimmungskonzept des ‚Ja-heißt-Ja!' (*Yes means Yes!*) disku-

---

218 BT-Drucksache 18/9097, 28.
219 Vgl. a.a.O., 23.
220 Vgl. oben Anm. 148. Zur Kritik an der vormaligen Zentralstellung der Widerstandsleistung der Betroffenen vgl. Grieger et al., *Fallanalyse*, 12 ff. Besonders dramatisch war und ist die Frage des aktiven Widerstandes im Falle der Vergewaltigung von Frauen mit intellektuell-kognitiven Beeinträchtigungen, vgl. die Hinweise auf schier groteske Gerichtsurteile auch in Deutschland bei Degener, „Freibrief," 11; ferner Oberlies in „ExpertInnendiskussion Teil I," 55, sowie Schneider, „Vergewaltigung (2009)," 815.
221 BT-Drucksache 18/9097, 23 (zu § 177 Abs. 2 StGB).

tiert, in dessen Zentrum die affirmative Zustimmung beider[222] Personen steht. Im Vergleich zum ‚Nein-heißt-Nein!'-Ansatz wird in diesem *zustimmungsorientierten* Ansatz die Frage nach der Verantwortung gewissermaßen umgedreht: „Zugrunde liegt der Gedanke, dass die Person, die sich sexuelle Handlungen wünscht oder diese initiiert, dafür verantwortlich ist, die explizite Zustimmung aller Beteiligten einzuholen".[223] Im Hintergrund des Zustimmungskonzepts steht die Erkenntnis, „dass in ungleichen Machtverhältnissen Frauen nicht immer so einfach Nein sagen können".[224] Sexuelle Handlungen mit Penetration (‚Geschlechtsverkehr') werden demnach nur dann nicht als Vergewaltigung gewertet, wenn *zuvor* eine aktive Zustimmung dazu erfolgt ist. Anders ausgedrückt: Wenn in einer gegebenen Situation nicht von beiden Personen *vor* dem Geschlechtsverkehr eine aktive Zustimmung *zum* Geschlechtsverkehr gegeben wird, ist dieser im Fall der Fälle als Vergewaltigung zu werten. Es reicht dann also nicht aus, dass eine Person keinen körperlichen Widerstand gegen den Geschlechtsverkehr geleistet oder diesen nicht erkennbar abgelehnt hat, sondern ihm muss von beiden Personen zuvor ausdrücklich zugestimmt worden sein. Allein aktives Handeln (‚Ja'), und nicht lediglich passives Erdulden oder Mitwirken, kann folglich als Zustimmung gewertet werden, wohingegen unter Zugrundelegung des ‚Nein-heißt-Nein!'-Ansatzes eine an sich und auch in der betreffenden Situation ablehnungsfähige Person ihm gewissermaßen stillschweigend, im Sinne eines ‚stillen Einverständnisses' zustimmt, wenn sie den Geschlechtsverkehr nicht erkennbar abgelehnt hat.

In Schweden ist ein solches ‚Zustimmungs-' oder ‚Einwilligungsgesetz' (*samtyckeslag*), wonach Passivität nicht länger als Zustimmung gelten kann, am 1. Juli 2018 in Kraft getreten,[225] sodass Personen seither – neben dem weiterhin bestehenden und von der Sexualstrafrechtsreform unberührten Straftatbestand der ‚schweren Vergewaltigung', d.h. erzwungener Geschlechtsverkehr unter physischer Gewaltausübung und/oder Ausnutzung der Schutzlosigkeit des Opfers bzw. eines Abhängigkeitsverhältnisses zwischen Täter und Opfer – auch der sogenannten *oaktsam våldtäkt*, der ‚unachtsamen (= fahrlässigen) Vergewaltigung'

---

222 Zwecks sprachlicher Vereinfachung beschränke ich mich auch an dieser Stelle auf das Zusammenwirken *zweier* Personen, ohne zu verkennen, dass sexuelle Handlungen auch in tri- oder multilateralen Konstellationen realisiert werden können und demnach auch eine Vergewaltigung nicht nur von einem Einzeltäter, sondern von mehreren Tätern gemeinschaftlich begangen werden kann (vgl. § 177 Abs. 6 Nr. 2 StGB); insofern geht es immer um die Zustimmung *aller* (beteiligten) Personen zu sexuellen Handlungen. Zur Vergewaltigungsform der Gruppenvergewaltigung vgl. Schneider, „Vergewaltigung (2009)," 821 f.; für biblische Belege vgl. Gen 19 u. Ri 19.
223 Dalhoff, „Entwicklungslinien," 58; vgl. 58 f.
224 Torenz, *Ja heißt ja?*, 147; auch zit. bei Dalhoff, „Entwicklungslinien," 58.
225 Vgl. dazu Brottsförebyggande rådet, *Den nya samtyckeslagen*, 14 ff., 23 ff. u. 28 ff.

angeklagt werden können und in mehreren Verfahren auch angeklagt worden sind.[226] In Dänemark ist ein mit der schwedischen Gesetzeslage grundsätzlich übereinstimmendes Gesetz (*samtykkelov*) im Zuge einer entsprechenden Änderung des Sexualstrafrechts durch Einführung einer *samtykkebaseret voldtægtsbestemmelse* (,zustimmungsbasierten Vergewaltigungsbestimmung') am 1. Januar 2021 in Kraft getreten.[227] Ausschlaggebend für den Vergewaltigungstatbestand und dessen Abgrenzung gegenüber ,einvernehmlich' praktizierter Sexualität ist damit auch in Dänemark nicht länger die Frage der erkennbar geäußerten Ablehnung sexueller Handlungen (,Nein!'), sondern die Frage der aktiven Zustimmung zu sexuellen Handlungen (,Ja!').

Die Zahl der Verurteilungen wegen Vergewaltigung hat in Schweden seit Verschärfung des Sexualstrafrechts 2018 laut Kriminalstatistik des Schwedischen Nationalrats für Kriminalprävention insgesamt deutlich zugenommen, von 190 Verurteilungen im Jahr 2017 auf 333 Verurteilungen im Jahr 2019. Wegen einer *oaktsam våldtäkt* wurde 2018 eine einzige Person, 2019 wurden 12 Personen verurteilt[228] – bei mehr als 7.000 gemeldeten Vergewaltigungen pro Jahr. Ein deutlicher Anstieg ist auch für Dänemark zu erwarten, wo es bei ebenfalls jährlich mehr als 7.000 gemeldeten Vergewaltigungen bislang nur wenige hunderte Urteile pro Jahr gegeben hat,[229] was zu einer ausgesprochen kontroversen öffentlichen Debatte zugeführt hat, vor deren Hintergrund die angesprochene Verschärfung des dänischen Sexualstrafrechts zu betrachten ist.

Gegenwärtig werden, abgesehen vor allem von Norwegen und der Schweiz, auch hierzulande von verschiedenen Gruppierungen und Aktivist*innen entsprechende Änderungen des Sexualstrafrechts im Sinne des ,Ja-heißt-Ja!'-Ansatzes gefordert, wobei grundsätzlich festzustellen ist, dass Ende 2020, wie eine Untersuchung von Amnesty International zeigt, von insgesamt 31 europäischen Ländern lediglich 12 Länder in ihren nationalen Rechtsordnungen den Straftatbestand der Vergewaltigung überhaupt als ,Geschlechtsverkehr ohne Einwilligung' bestimmt haben, während die deutliche Mehrheit der europäischen Länder für das Vorliegen einer Vergewaltigung „noch immer Nötigung, Gewaltanwen-

---

226 Vgl. z. B. Reith, „‚Zustimmungsgesetz'.“
227 Vgl. Justitsministeriet, „Forslag til Lov.“ Zu Hintergründen und der juristischen Diskussion vgl. Vestergaard, „The rape law revision,“ 5–32.
228 Vgl. Brottsförebyggande rådet, *Den nya samtyckeslagen*, 27.
229 Vgl. dazu die Journalistin Rikke Detlefsen im Interview mit Witmer, abgedruckt als: Witmer, „Dänisches Sexualstrafgesetz.“

dung bzw. Androhung von Gewalt [...] oder die Unmöglichkeit, sich zu verteidigen",[230] voraussetzen.

4.2.3 Entweder und Oder

Sowohl dissensbasierte als auch zustimmungsorientierte Ansätze einer Vergewaltigungsdefinition sind gegenwärtig Gegenstand kontrovers geführter Debatten. Was die mit der Neuregelung des Vergewaltigungstatbestandes im deutschen Sexualstrafrecht vollzogene Anknüpfung an den ‚Nein-heißt-Nein!'-Ansatz betrifft, ist nicht nur auf mögliche problematische Auswirkungen dieses Ansatzes für die juristische Praxis und die Strafverfahrenswirklichkeit,[231] sondern auch auf die strafrechtsdogmatische Problematik der Formulierung „gegen den erkennbaren Willen" (§ 177 Abs. 1 StGB) als Schlüsselmerkmal des neuen Grundtatbestandes ‚sexueller Übergriff' hingewiesen worden, was die Reichweite des Strafschutzes gleichermaßen wie den Opferschutz angeht.[232] Im Rahmen dieser Grenzerkundung der Einverständlichkeit ist nicht der Ort, auf diese rechtsdogmatische und rechtspraktische Problematik en détail einzugehen; dies soll im Folgenden nur insoweit geschehen, als es für die im vorliegenden Untersuchungsabschnitt zentrale Frage nach der Angemessenheit derartiger Vergewaltigungsdefinitionen unter Berücksichtigung des sexualethischen Leitkriteriums der Einverständlichkeit von Bedeutung ist.

Dabei ist es wichtig, sich zunächst vor Augen zu halten, dass sich die aus sexualethischer Sicht angestellten Überlegungen zwar nicht nur, aber eben auch nicht zuletzt an *Grenz-* und *Zweifelsfällen* zu orientieren haben, um zu einer ebenso praxisorientierten wie nachvollziehbaren Grenzziehung zu gelangen. Der in Abschnitt C.3.3 entwickelten sexualethischen Grundentscheidung zufolge gilt, dass sexuelle Handlungen grundsätzlich als ethisch unzulässig zu betrachten sind, soweit und solange Einverständlichkeit bei ihrem Zustandekommen und Vollzug nicht vorliegt bzw. nicht als faktisch wirksam unterstellt werden kann. Die Frage nach dem Ende der Einverständlichkeit sexueller Handlungen zwischen an sich zustimmungsfähigen Personen ist aber nicht nur im Blick auf Situationen zu

---

230 Amnesty International, Schweizer Sektion, „Sexuelle Gewalt." Unter Vergewaltigung als ‚Geschlechtsverkehr ohne Einwilligung' werden hier augenscheinlich sowohl dissensbasierte als auch zustimmungsorientierte Ansätze subsumiert.
Anmerkung: Zur Abschnittsüberschrift vgl. Kierkegaards Journalaufzeichnung NB9:42 von 1849, in *Deutsche Søren Kierkegaard Edition*, Bd. 5, 262.

231 Vgl. z.B. Burhoff, „Nein ist Nein," 6; Hoven/Weigend, „‚Nein heißt Nein'," 182–191.
232 Vgl. z.B. Müller, „Wille;" Mitsch, „Willensbarriere," 334–338.

bedenken, in denen Einverständlichkeit auszuschließen oder zumindest augenscheinlich nicht gegeben ist, sondern auch und gerade für Situationen, in denen Einverständlichkeit in Zweifel steht und diese Frage womöglich vor Gericht zu klären ist. An ebendiesen Grenz- und Zweifelsfällen muss sich die Tragfähigkeit einer Vergewaltigungsdefinition messen lassen, will diese nicht nur Unterschiede zwischen einzelnen Phänomenen angemessen erfassen, sondern auch ungerechtfertigte Trennungen zwischen einzelnen Phänomenen vermeiden können. Deshalb kommt dem Kriterium der Einverständlichkeit ob seiner Macht- und Gewaltsensibilität eine wegweisende Bedeutung für die sexualethische Reflexion auch in diesem Zusammenhang zu.

Der Blick auf mögliche Grenz- und Zweifelsfälle macht allerdings deutlich, dass das Verständnis von Vergewaltigung allein auf der Grundlage einer dissensbasierten Definition (‚Nein-heißt-Nein!') nicht nur problematisch, sondern auch unzureichend sein kann. Der in Deutschland zum 10. November 2016 in Kraft getretenen Neuregelung des Vergewaltigungstatbestandes kann auch aus sexualethischer Sicht grundsätzlich zugestimmt werden, insofern für das Vorliegen einer Vergewaltigung nun nicht länger eine Androhung oder Ausübung physischer Gewalt erforderlich ist, sondern das Hinwegsetzen über den erkennbar entgegenstehenden Willen einer – an sich *und* auch in der betreffenden Situation – zustimmungsfähigen Person bzw. über den nicht ausdrücklich erklärten entgegenstehenden Willen einer – an sich *oder* zumindest in der betreffenden Situation[233] – nicht-zustimmungsfähigen Person hierzu ausreichend sein kann.[234] Damit wird in der Gesetzgebung zumindest an dieser Stelle eine Abkehr von der weithin dominierenden Täterorientierung und eine Hinwendung zu einem opferorientierten Zugang möglich, indem sich an den im Zuge eines gewalthaltigen Handlungs- und Geschehenszusammenhangs eintretenden Schädigungen einer Person orientiert wird. Im Bericht des Ausschusses für Recht und Verbraucherschutz vom 6. Juli 2016 zum entsprechenden Gesetzentwurf der Bundesregierung heißt es jedenfalls ausdrücklich, dass durch die Neuregelung des Vergewaltigungstatbestandes „dem Umstand Rechnung getragen" werde, „dass ein sexu-

---

233 Nicht ‚in der betreffenden Situation' zustimmungsfähig, insofern die Person zustandsbedingt beispielsweise unter Schockstarre steht oder durch Anwendung von Betäubungsmitteln gezielt ‚außer Gefecht gesetzt' wurde – ‚an sich' nicht zustimmungsfähig, insofern die Person ihren entgegenstehenden Willen zustands-, alters- und/oder entwicklungsbedingt im Rahmen einer freien, selbstbestimmten Entscheidung gar nicht zum Ausdruck bringen *kann*.

234 Es versteht sich, dass der strafrechtliche Gewaltbegriff – „der (zumindest auch) *physisch vermittelte Zwang* zur Überwindung eines geleisteten oder erwarteten Widerstandes" (Fischer, *Strafgesetzbuch*, 1700, § 240, Rn. 8) – nicht dem in der vorliegenden Untersuchung entwickelten Gewaltverständnis entspricht.

eller Übergriff, der mit einem Beischlaf oder einer ähnlichen sexuellen Handlung verbunden ist, vom Opfer als eine Form sexualisierter Gewalt *empfunden* wird und zwar *unabhängig* davon, ob ‚Gewalt' im strafrechtlichen Sinne ausgeübt wurde".[235] Weder die Motivlage des Opfers, auch bei einer ausdrücklich abgelehnten sexuellen Handlung entgegen dem eigenen Willen mitzuwirken, noch die Frage, ob das Opfer dem Täter Widerstand leistet, ist für das Vorliegen einer Vergewaltigung maßgeblich, was – zumindest theoretisch – eine erhebliche Erleichterung für Vergewaltigungsopfer im Rahmen der Strafverfolgung bedeuten kann.

Problematisch wird dieser ‚Nein-heißt-Nein!'-Ansatz allerdings spätestens dann, wenn einerseits bedacht wird, dass eine Person ihren entgegenstehenden Willen (‚Nein') nicht in allen Situationen gleichermaßen *einfach* erklären bzw. einfach *erklären* kann, und andererseits das *Wie* einer Ablehnung sexueller Handlungen mit einer anderen Person in den Blick genommen wird. Was mögliche problematische Situationen betrifft, kann beispielsweise an solche gedacht werden, in denen eine Person auf ein ‚Nein' aufgrund der von ihr erfahrungsgemäß erlittenen und/oder befürchteten negativen, gewalthaltigen Folgen einer solchen Ablehnung für sich selbst oder für Dritte (beispielsweise für im gemeinsamen Haushalt lebende Kinder) willentlich verzichtet und deshalb zu ihrem eigenen Schutz oder zum Schutz Dritter sexuelle Handlungen passiv erduldet oder sogar an ihnen mitwirkt; auch kann an Situationen gedacht werden, in denen eine Person durch die überraschende Grenzüberschreitung einer anderen Person regelrecht ‚überwältigt' wird oder „aus Scham vor der Nachbarschaft"[236] stillhält; schließlich ist aber auch an Situationen zu denken, in denen eine Person aus dem Glauben heraus, dies sei ihre ‚eheliche Pflicht',[237] erzwungene sexuelle Handlungen widerstandslos über sich ergehen lässt. Die im angesprochenen Ausschussbericht auftauchende Rede von der ‚Unzumutbarkeit'[238] einer entgegenstehenden Willenserklärung in bestimmten Konstellationen ist jedenfalls vage und läuft trotz ihrer Deutungsoffenheit unweigerlich Gefahr, die empirische Vergewaltigungsrealität durch den gesetzlich definierten Tatbestand nicht hinreichend zu erfassen. Gerade in gewaltgeprägten Intimbeziehungen, in denen Gewalterfahrungen nicht nur die Beziehung als solche, sondern auch das Täter- *und* Opferverhalten prägen, sind Situationen nicht nur denkbar, sondern auch rea-

---

235 BT-Drucksache 18/9097, 28 (meine Hervh.; zu § 177 Absatz 6 Satz 2 Nr. 1 StGB).

236 Von Gall/Röhner, „Wer sich nicht wehrt."

237 Vgl. dazu Russell, *Rape*, 48, 52, 80 f. u. 208. Dies ist auch in hermetisch abgeschlossenen religiösen Gruppierungen der Fall, zumal durch ‚die göttliche (Schöpfungs-)Ordnung' abgesichert.

238 Vgl. BT-Drucksache 18/9097, 23; s. das zu Anm. 219 gehörende Zitat.

listisch, in denen Vergewaltigungsopfer aus Angst um mögliche Konsequenzen ‚Nein' schlicht nicht sagen *können*.

Problematisch erscheint der ‚Nein-heißt-Nein!'-Ansatz aber auch dann, wenn das *Wie* einer entgegenstehenden Willenserklärung näher betrachtet wird. Denn nicht nur aus der Sicht eines von der Rechtsprechung als neutrale Entscheidungsinstanz in solchen und ähnlichen Fällen herangezogenen ‚objektiven Dritten',[239] sondern auch aus Sicht eines möglichen Täters kann es – fern einer relativierenden, geschweige denn exkulpatorischen Deutung! – durchaus zweifelhaft, wenn nicht kontraintuitiv erscheinen, dass ein – zumal: einmalig – geäußertes ‚Nein'[240] die Bedeutung einer unverkennbaren Ablehnung (‚ohne Wenn und Aber') können haben soll, wenn die es äußernde Person im Anschluss daran sexuelle Handlungen aber nicht nur passiv duldet, sondern an ihnen sogar aktiv mitwirkt. Hinzu kommt die in der Praxis der Kommunikation gerade in Zweifelsfällen wohl niemals gänzlich aufzulösende Problematik, dass ‚Nein' zu sagen nicht gleichsam ‚monolithisch' in jeglicher Beziehung und Situation auch ‚Nein' bedeuten muss, zumal wenn mit einem wenig bestimmt geäußerten ‚Nein' kein konkludentes Verhalten einhergeht oder aber die *innerliche* Ablehnung einer Person allein aus ihrem Verhalten, d.h. Gestik und Mimik, zu erschließen ist.[241]

Damit wären Schutzbehauptungen auch *vorsätzlich* handelnder Täter ad modum „Ich habe das Kopfschütteln nicht gesehen"[242] ebenso Tür und Tor geöffnet wie möglichen Sekundärviktimisierungen vor Gericht, wenn die Verteidigung des Anklagten den entgegenstehenden Willen eines weiblichen Vergewaltigungsopfers ad modum „Sie wollte es doch! Warum hat sie sich denn nicht gewehrt?"[243] bestreitet. Auch darf niemals von vornherein ausgeschlossen, son-

---

239 So auch a.a.O., 22 u. 24. Dieser ‚objektive Dritte' ist freilich nur als ‚Typus' anwesend, nicht als Mensch aus Fleisch und Blut, doch kann seine Sicht insofern zur Bewertung herangezogen werden, als er der ‚generalisierte Andere' ist, der in der sozialphilosophischen Sicht (z.B. von A. Schütz) immer zugleich an die oben zu Beginn dieses Kapitels angesprochenen kulturellen Wertvorstellungen und gesellschaftspolitischen Entwicklungen gebunden ist, die aktuell jedenfalls durch und durch gewalthaltig sind.

240 ‚Nein' in einfachen Anführungszeichen deshalb, da es mir nicht einfach um das *Wort* ‚Nein', sondern um die pragmatische Bedeutung einer solchen Sprechhandlung geht, die freilich auch Synonyme und weitere Antwortpartikel zulässt.

241 A.a.O., 22f. heißt es im Sinne einer Disjunktion: „Für diesen [scil. den objektiven Dritten] ist der entgegenstehende Wille erkennbar, wenn das Opfer ihn zum Tatzeitpunkt *entweder* ausdrücklich (verbal) erklärt *oder* konkludent (zum Beispiel durch Weinen oder Abwehren der sexuellen Handlung) zum Ausdruck bringt" (meine Hervh.). Vgl. dazu auch Mitsch, „Willensbarriere," 334f.

242 So Christian Rath im Interview mit Hörnle, abgedruckt als: Rath, „‚Kopfschütteln'," 3.

243 Mitsch, „Willensbarriere," 338.

dern muss im Zweifel *pro reo* gewertet werden, dass ein Angeklagter selbst einen – aus Sicht eines objektiven Dritten – mehr oder minder erkennbaren Ablehnungswillen seines Gegenübers *tatsächlich* nicht erkannt oder aber, womöglich zustandsbedingt, (zumindest zunächst) falsch interpretiert und darum (zumindest zunächst) bewusst missachtet hat.[244] ‚Zumindest zunächst' etwa in dem Fall, dass es sich um eine nicht nur einmalig vor dem Geschlechtsverkehr, sondern auch währenddessen wiederholt bekundete Ablehnung einer Person in Worten und/oder Gesten handelt und bei einem bewussten Hinwegsetzen über diese wiederholte Ablehnung von einer ‚unachtsamen Vergewaltigung' nach schwedischem Verständnis nicht mehr ausgegangen werden kann.

Kurzum: Die Art und Weise, *wie* eine Ablehnung geäußert wird, spielt unweigerlich eine Rolle, da ein entschiedenes, emphatisches ‚Nein' eine andere Wirkmacht – im Positiven wie im Negativen! – entfalten kann als ein ruhig ausgesprochenes oder, überspitzt formuliert, dahingehauchtes ‚Nein', ebenso wie ein entschieden ablehnendes Verhalten in Worten *und* Gesten von außen, d.h. aus Sicht eines objektiven Dritten betrachtet, anders zu bewerten ist als ein bloßes Stillschweigen mit anschließendem Geschehenlassen. Es zeigt sich also, dass jener ‚erkennbar entgegenstehende Wille' als maßgebliches Unterscheidungskriterium zwischen Straftaten gegen die sexuelle Selbstbestimmung im Sinne des § 177 StGB und anderen sexuellen Handlungen, die nicht den Tatbestand des sexuellen Übergriffs, der sexuellen Nötigung oder der Vergewaltigung erfüllen, schon auf der Deutungsebene immer von situativen und persönlichen Faktoren sowohl auf der Seite der (möglichen) Opfer wie auch auf der Seite der (möglichen) Täter abhängt – einschließlich der Konstellation, in der sich beide zueinander befinden und einander begegnen.[245]

Mit diesem Hinweis auf die Konstellation der betreffenden Personen soll freilich nicht die im Vorstehenden mit Nachdruck abgelehnte Einbeziehung der *äußeren* Form der Verbundenheit von Täter und Opfer für eine unterschiedliche Bewertung des Vergewaltigungstatbestandes in einer ehelichen oder nichtehelichen Lebensform gleichsam durch die Hintertür wieder zur Geltung gebracht und auf diese Weise rehabilitiert werden. Es ist vielmehr auch an dieser Stelle zu betonen, dass *jede* erzwungene sexuelle Intimität, die per definitionem nicht einverständlich im hier gemeinten Sinne sein kann, aus sexualethischer Sicht kategorisch abzulehnen ist und deshalb auch eine ‚erzwungene Sexualität' in einer Ehe, sobald es zur Penetration kommt – auch dann, wenn sich betroffene

---

244 Vgl. dazu Fischer, „Frauenfilme," der im Tatbestandsmerkmal ‚gegen den erkennbaren Willen' – ironisch – einen „vielversprechenden Ansatz" für „die *Fahrlässigkeits*-Strafbarkeit für Sexualdelikte" sieht; auch Rath, „‚Kopfschütteln'," 3 verweist auf Fischers Bemerkung.
245 Vgl. überdies Mitsch, „Willensbarriere," 335.

Ehefrauen in nachträglichen Befragungen scheuen sollten, „die erzwungene Sexualität ihrer Partner als Vergewaltigung zu etikettieren"[246] – *nicht* von Vergewaltigung *abzugrenzen*,[247] sondern *als* Vergewaltigung zu *identifizieren* ist. Provozierend gefragt: Als was denn sonst?[248]

Dennoch ist der Hinweis nicht nur angebracht, sondern unabdingbar, dass das Einander-Bekanntsein der betreffenden Personen kein unmaßgeblicher Faktor ist und sein kann, um nicht nur Worte, sondern vor allem auch Gestik und Mimik des jeweiligen Gegenübers adäquat deuten zu können – gewiss: die Möglichkeit des Irrtums ist auch in der längstjährigen Partnerschaft niemals auszuschließen.[249] Im Blick auf einander wenig oder erst kurzzeitig bekannte Personen besteht hier im Zweifelsfalle also eine nicht unerhebliche Deutungsoffenheit und Möglichkeit des Missverstehens. Wann ein ‚Nein', ob nun bestimmt zum Ausdruck gebracht oder nicht, auch die unverkennbare Ablehnung einer Person zweifelsfrei zum Ausdruck bringt, ist pauschal für alle Fälle nicht zu beantworten, womit sich auf der Seite des möglichen oder tatsächlichen Opfers auch ein gewisser Druck zur unmissverständlichen Kommunikation der inneren Ablehnung einstellen kann, um möglichen unerwünschten sexuellen Handlungen zu widersprechen und diese – und darum geht es – gar nicht erst Wirklichkeit werden zu lassen.

Angesichts dessen ist zu fragen, ob sich der ‚Nein-heißt-Nein!'-Ansatz nicht auch als unzureichend dadurch erweist, dass im Zweifel doch wieder dem *Opfer* einer Vergewaltigung die entscheidende Begründungslast aufgebürdet wird: „Auf der Opferseite ist [...] mehr erforderlich als das Fehlen eines Einverständnisses."[250] Denn nicht nur besteht aufgrund dieser Neuregelung die Gefahr, dass eine Person,

---

246 Godenzi, *Gewalt*, 171; vgl. 171 f.; s. Abschnitt 4.1.

247 Vgl. jedoch Harten, *Sexualität*, 24 unter Rekurs auf Russell, *Rape* (1982); vgl. dort 43; zum ‚Nicht-in-der-Stimmung'-Sein vgl. 69, 82 u. 347.

248 Harten (als Beispiel instar omnium) verkennt an dieser Stelle, dass die Momente des Zwangs und der Willensdurchsetzung gerade Zeichen dafür sind, dass diese Handlungen – wenn nicht gewalt*tätig*, so doch – gewalt*haltig* sind, was Harten indirekt konzediert, wenn er „Vorfälle, die keinen gewalttätigen Charakter haben, aber sich gegen den Willen der Frau ereignen", als mögliche Form „*latenter* Gewalt" (*Sexualität*, 24) charakterisiert, was im Widerspruch zu seiner kurz zuvor gemachten Bemerkung steht, es gebe „in einer Ehe [...] auch ein breites Spektrum von Strategien und Handlungsmöglichkeiten für einen Mann, Sexualität *ohne* Gewalt zu erzwingen" (ebd.).

249 Zu möglichen entlastenden (z. B. Unkenntnis der oder irrige Annahme über Strafbarkeitsvoraussetzungen) und belastenden Irrtümern sowie grundsätzlich zum Zusammenhang von Erkennbarkeit, Kenntnis und Irrtümern im Blick auf die Tatbestandsmerkmale ‚entgegenstehender Wille' und ‚Erkennbarkeit' vgl. Mitsch, „Willensbarriere," 337 f.

250 A.a.O., 335.

die den ‚entgegenstehenden Willen' des Opfers tatsächlich nicht erkannt und sich diesbezüglich also im Irrtum befunden hat, wie bei einer *oaktsam våldtäkt* nach schwedischem Verständnis gewissermaßen aus ‚Fahrlässigkeit' verurteilt wird, was den auch rechtsdogmatisch problematischen Umstand zur Folge hätte, dass aus dem Straftatbestand der Vergewaltigung, der *vorsätzliches* Handeln erfordert, dann eine Art ‚Fahrlässigkeitsdelikt' würde.[251] Aus dem Tatbestandsmerkmal ‚gegen den erkennbaren Willen' kann nämlich gleichermaßen auch eine Nachweis-Problematik für das *Opfer* erwachsen, welche durch die Änderungen des Sexualstrafrechts im Jahr 2016 aber gerade vermieden werden sollte: „Vorsätzliches Handeln setzt voraus, dass der Täter den entgegenstehenden Willen des Opfers tatsächlich erkannt hat, also für ihn mehr als bloß erkennbar war. Hat der Täter aber den entgegenstehenden Willen erkannt und hat sich darüber hinweggesetzt, dann kann es darauf, ob dieser Wille (auch) aus objektiver Sicht ‚erkennbar' war, nicht mehr ankommen. Damit verlangt der Tatbestand etwas vom Opfer, was man dem Täter gar nicht zum Vorwurf machen kann".[252]

Wenn demnach ein Vergewaltigungsopfer seinen entgegengesetzten Willen nicht deutlich genug zum Ausdruck gebracht hat, weil es trotz innerlicher Ablehnung von sexuellen Handlungen in der betreffenden Situation nicht (auch) explizit ‚Nein' dazu gesagt hat bzw. sagen konnte, könnte dies unter Umständen nicht mehr ausreichen bzw. als ausreichend genug betrachtet werden für eine Qualifizierung dieser Handlungen, wenn und insoweit sie jedenfalls über der Erheblichkeitsgrenze des § 184 h Nr. 1 liegen, als Handlungen gegen den Willen des Opfers. Dies ist vor allem für solche Situationen von Bedeutung, in denen auch von außen nicht zweifelsfrei von einer aktiven „Überwindung einer Willensbarriere" des Opfers durch den Täter ausgegangen werden kann, sondern es sich eher um die „Ausnutzung" eines situations- und/oder zustandsbedingten „Fehlens einer solchen Barriere"[253] auf der Seite des Opfers handelt. Pointiert gesagt, steht damit zur Debatte, wie deutlich erkennbar eine Person Geschlechtsverkehr gegen ihren Willen ablehnen können muss, damit dieser auch als Vergewaltigung qualifiziert und entsprechend bestraft werden kann.

Überhaupt stellt sich aus ethischer Sicht die Frage, ob das Verhalten einer Person, welche sexuellen Handlungen nicht expressis verbis widerspricht, deshalb schon im Sinne eines stillen Einverständnisses mit diesen Handlungen zu werten ist, oder ob eine innerliche Zustimmung zu sexuellen Handlungen nicht zwingend ein *aktives* Moment der Äußerung voraussetzt, basiert doch auch im

---

251 Vgl. dazu die Bemerkung Fischers, „Frauenfilme;" ferner Müller, „Der ‚erkennbare' Wille."
252 Müller, a.a.O.
253 Mitsch, „Willensbarriere," 334.

medizinischen Bereich das für die Einwilligung in medizinische Eingriffe und Maßnahmen weithin akzeptierte Konzept der ‚informierten Zustimmung' (*informed consent*) auf dem Moment aktiver *Zustimmung*, die eben ‚informiert' und nicht lediglich ‚stillschweigend' bzw. – wenn bei einer einwilligungsunfähigen Person – aufgrund der ausdrücklichen Einwilligung eines vertretungsbefugten Dritten erfolgt. Ein zumindest theoretisch mögliches Konzept auch einer ‚informierten Nicht-Ablehnung' (*informed non-objection*) würde demnach zu Recht als grundsätzlich unzureichend, geschweige denn als praktikabel gelten.[254] Inwiefern kann deshalb zwingend davon ausgegangen werden, dass eine Person auch *sexuellen* Handlungen, denen sie aus welchen Gründen auch immer nicht aktiv widerspricht, innerlich zustimmt, womit passives Nicht-Widersprechen im Effekt als Moment aktiver Zustimmung zu werten wäre? Es steht ganz außer Zweifel: Der ‚Nein-heißt-Nein!'-Ansatz kann sich als sinnvoll und praktikabel für all diejenigen Fälle erweisen, in denen sexuelle Handlungen vor, mit oder an einer anderen Person gegen ihren ausdrücklich geäußerten, insofern unzweideutig erkennbaren Willen erfolgen. Eine nicht unerhebliche Problematik wirft dieser Ansatz aber in eben jenen Fällen auf, in denen das Vergewaltigungsopfer seinen Ablehnungswillen aus welchem Grund auch immer nicht oder – aus objektiver Sicht – nicht klar (genug) äußern konnte, sodass die Vergewaltigungsrealität von der gegenwärtigen Gesetzeslage in Deutschland nicht ausreichend erfasst wird. Und dies umso mehr, weil einerseits das Tatbestandsmerkmal ‚gegen den erkennbaren Willen' für die Strafbarkeit sexueller Handlungen im Sinne des § 177 Abs. 1 StGB maßgeblich sein soll, während zugleich in § 177 Abs. 2 StGB de facto konzediert wird, dass ein erkennbar entgegenstehender Wille in bestimmten Situationen und unter bestimmten Bedingungen gerade nicht vorliegen oder in ‚zumutbarer' Weise gegeben werden kann.

An dieser Schwachstelle einer *dissensbasierten* Vergewaltigungsdefinition kann man nach meinem Dafürhalten nun aber gerade die Stärke einer *zustimmungsorientierten* Vergewaltigungsdefinition ermessen, wie sie auch im Zustimmungskonzept des ‚Ja-heißt-Ja!' vorgelegt wird, das sich bei näherer Betrachtung nicht einfach als Ansatz zu einer Definition von Vergewaltigung, sondern vielmehr als Ansatz zu einer Definition ‚einvernehmlich' praktizierter Sexualität überhaupt erweist. Im Kern liegt dem Zustimmungskonzept die auch für die vorliegende Untersuchung wegweisende – und anhand des in diesem Kapitel an seinen Grenzen zu erkundenden sexualethischen Leitkriteriums der Einver-

---

254 Auch in anderen Rechtskontexten, man denke z. B. an die Eheschließung, ist eine aktive positive Willensklärung der Beteiligten – das ‚Jawort' – aus gesetzgeberischer Sicht zwingend erforderlich und eine ‚nicht ausdrückliche Ablehnung' oder eine ‚an Bedingungen geknüpfte vorbehaltliche Zustimmung' – gewissermaßen ein ‚Jeinwort' – aus gutem Grund unzureichend.

ständlichkeit exemplifizierte – Einsicht zugrunde, dass allein einvernehmlicher Geschlechtsverkehr, dem alle zustimmungsfähigen Personen freiwillentlich zugestimmt haben, als zulässig gelten sollte. Unter dem Terminus ‚sexuelle*sexualisierte Gewalt' werden deshalb nicht nur sexuelle Handlungen vor, mit oder an einer anderen Person *gegen ihren Willen* subsumiert, sondern gleichermaßen auch sexuelle Handlungen vor, mit oder an einer anderen Person, die, obwohl an sich zustimmungsfähig, diesen Handlungen in der betreffenden Situation *nicht* freiwillentlich *zugestimmt hat* oder gar *nicht* freiwillentlich *zustimmen kann*. In allen diesen Fällen ist eine beiderseitige Einverständlichkeit sexueller Handlungen nicht gegeben bzw. nicht als faktisch wirksam zu unterstellen und diese sexuellen Handlungen grundsätzlich als ethisch unzulässig zu betrachten. Auf diese Weise wird es möglich, die dissensbasierte und die zustimmungsorientierte Vergewaltigungsdefinition nicht, wie in der öffentlichen Diskussion üblich, in einem einander wechselseitig ausschließenden *Konkurrenz*verhältnis, sondern in einem komplementären *Ergänzungs*verhältnis zueinander zu verstehen, zumal auch der ‚Ja-heißt-Ja!'-Ansatz vom Grundsatz her sexuellen Handlungen vor, mit oder an einer anderen Person gegen ihren Willen kategorisch ablehnen muss. Aus Sicht einer zustimmungsorientierten Vergewaltigungsdefinition kann auf das oben genannte mögliche Argument der Verteidigung eines Anklagten, um den entgegenstehenden Willen eines weiblichen Vergewaltigungsopfers in Zweifel zu ziehen: ‚Sie wollte es doch! Warum hat sie sich denn nicht gewehrt?' kurz und wirkungsvoll repliziert werden: ‚Hat sie denn auch Ja gesagt?' Das Zustimmungskonzept des ‚Ja-heißt-Ja!' dient einer Person demnach der Rückversicherung nicht nur der eigenen Willensentscheidung, sondern gleichermaßen auch der des jeweiligen Gegenübers.

Trotz dieses augenscheinlichen Vorteils gegenüber einer dissensbasierten Vergewaltigungsdefinition drängen sich freilich auch bei einer zustimmungsorientierten Vergewaltigungsdefinition Rückfragen und Einwände auf, nicht nur, was die Strafverfahrenswirklichkeit und Rechts(un)sicherheit, sondern auch, was die Praxistauglichkeit[255] einer solchen Definition betrifft, zumal das tatbestandsausschließende „Erschleichen eines Einverständnisses durch Täuschung"[256] auch unter Zugrundelegung des ‚Ja-heißt-Ja!'-Ansatzes weiterhin

---

255 In Schweden und Dänemark gibt es kostenpflichtige App-Angebote, um auf diese Weise den individuellen Abschluss einer Art ‚digitalen Sexvertrages' zwischen den Beteiligten zu ermöglichen, was freilich skurril wirkt (und den bislang eher mäßigen Zulauf erklären dürfte, im Gegensatz zur harschen Kritik von Opferschutzverbänden), aber wohl als Hinweis auf die Zukunft unserer digital vernetzten Welt verstanden werden kann, in der auch derartige ‚Unterstützungsangebote' ein Geschäftsmodell darstellen können.
256 Mitsch, „Willensbarriere," 334.

möglich wäre. Auf eine eingehende Diskussion dieser Rückfragen und Einwände sowie der Vielzahl möglicher Praxisprobleme kann an dieser Stelle ebenso verzichtet werden wie auf Prognosen zum möglichen Einfluss einer solchen Gesetzgebung auf das Anzeigeverhalten von Gewaltopfern auch in Deutschland. Vielmehr soll das Augenmerk auf eine spezifische Unklarheit, wenn nicht Schwachstelle auch des Zustimmungskonzepts des 'Ja-heißt-Ja!' gerichtet werden, nämlich was den Akt der Zustimmung als solchen betrifft, welcher „normativ signifikant" ist, „weil es die Praxis ist, mit der wir anderen ein Recht auf unseren Körper geben".[257]

Weithin unreflektiert ist in den Stellungnahmen und insgesamt noch wenigen fachwissenschaftlichen Einlassungen zu einer solchen zustimmungsorientierten Vergewaltigungsdefinition nämlich der Umstand, wie oft und auf welche Weise Zustimmung gegeben werden kann und gegeben werden sollte, um eine solche zweifelsfrei auch vor Gericht als erfolgt oder als nicht erfolgt nachweisen zu können. Gleichermaßen die Frage, was alles (bereits) als Zustimmung zum Geschlechtsverkehr zu werten ist, ob dies nur mit ausdrücklichen Worten, gewissermaßen als zeitlich begrenzter 'Intimitätsvertrag', oder auch mit spezifischen Gesten wie z. B. Küssen, Zunicken, Zulächeln, Zuzwinkern oder Umarmen bereits erfolgt ist. So wie nicht immer zweifelsfrei und mit letzter Gewissheit aus Sicht eines objektiven Dritten entschieden werden kann, (ab) wann ein Nein ein Nein ist, gilt dies auch für die Frage, (ab) wann ein Ja ein Ja ist. Auch die verschiedentlich vorgeschlagene Modifizierung des 'Ja-heißt-Ja!'-Ansatzes im Sinne eines 'Nur-Ja-heißt-Ja!'-Ansatzes[258] oder der Rekurs auf das feministische Konzept der 'enthusiastischen Zustimmung'[259] beheben nicht alle Probleme, zeugen allerdings von einem Bewusstsein über diese Problematik, ganz abgesehen von der Frage, inwiefern eine solche Zustimmung dann auch Menschen mit hochgradiger Schwerhörigkeit und/oder einem Verlust des Sprech- bzw. Sehvermögens möglich sein kann. Überdies gilt es zu beachten, dass eine Zustimmung auch unter zwangshaltigen äußeren Umständen und Bedingungen gegeben werden kann, weshalb stets die Bedingungen und Voraussetzungen des Zustandekommens und Vollzugs von Handlungen oder Interaktionen mitzuberücksichtigen sind. Schließlich ist im Rahmen eines solchen Zustimmungskonzepts nicht nur darüber zu reflektieren, wie eine Zustimmung gegeben werden kann, sondern gleichermaßen auch darüber, wann und auf welche Weise eine Zustimmung auch (wirksam) wieder *zurückgezogen* werden kann.

---

257 Hänel, *Angst*, 112 als Position der „meisten Moralphilosoph*innen" und allgemein bezogen auf 'Zustimmung', nicht, wie von mir, speziell auf den 'Akt der Zustimmung'; vgl. dazu 105 – 119.
258 Vgl. z. B. Machlus, *Nur Ja! heißt ja.*
259 Dalhoff, „Entwicklungslinien," 60; ähnlich Fortune, *Love*, 85 – 102.

Unter Zugrundelegung des in Kapitel C.3.2 entwickelten sexualethischen Leitkriteriums der Einverständlichkeit, als deren Kern die freiwillentliche Zustimmung der Beteiligten identifiziert wurde, ist zunächst darauf hinzuweisen, dass Einverständlichkeit nicht lediglich punktuell, sondern als auf einen gesamten Handlungsverlauf ausgedehnt vorausgesetzt werden muss, soll eine sexuelle Interaktion als einverständlich bezeichnet werden können. Die freiwillentliche Zustimmung ist demnach nicht einfach eine Einwilligung in eine Handlung, die zeitlogisch am Beginn selbiger erfolgt,[260] sondern bildet geradezu die Klammer, die einen Handlungsverlauf umfasst, kann Einverständlichkeit doch nur *im* und *als* Prozess gegenseitigen Miteinanders hergestellt werden und überhaupt bestehen. Daher versteht es sich einerseits, dass an sich zustimmungsfähigen Personen, die in einer betreffenden Situation keine freie, selbstbestimmte Entscheidung treffen können, eine freiwillentliche Zustimmung zu sexuellen Interaktionen nicht möglich ist und selbige daher auch nicht im Horizont von Einverständlichkeit zustande kommen und vollzogen werden können. Diese Unmöglichkeit einer freiwillentlichen Zustimmung zu sexuellen Interaktionen kann beispielsweise darauf zurückgeführt werden, dass die Personen unter entsprechendem Alkohol- und Drogeneinfluss stehen, sodass eine freiwillentliche Zustimmung *zustandsbedingt* vorübergehend nicht möglich ist, oder aber darauf, dass eine Zustimmung unter Anwesenheit personalen *Zwangs* erfolgen würde, mag dieser dabei von einer der unmittelbar beteiligten Personen selbst oder durch eine dritte Person direkt gegenüber den Beteiligten angewendet oder ausgeübt werden.[261]

Aufgrund der Reziprozität und Prozesshaftigkeit der Einverständlichkeit versteht es sich andererseits aber auch, dass Einverständlichkeit von jeder der beteiligten Personen jederzeitig infrage gestellt und eine zuvor freiwillentlich gegebene Zustimmung wieder einseitig zurückgezogen werden kann,[262] was unweigerlich das Ende der Einverständlichkeit markiert. Solange diese Rücknahme der Zustimmung einer an sich und auch in der betreffenden Situation zustimmungsfähigen Person aber nicht wiederum expressis verbis oder wenigstens durch konkludentes Handeln geschieht, ist Einverständlichkeit weiterhin vorauszusetzen, jedenfalls so lange, wie jeder der beteiligten Personen sowohl eine

---

260 Eine nachträgliche Zustimmung einer Person zu sexuellen Handlungen, die zuvor gegen oder ohne ihre Zustimmung erfolgt waren, kann diese Handlungen nicht nachträglich einverständlich geschehen machen.

261 Zur Unterscheidung zwischen Anwendung und Ausübung von Zwang s. Abschnitt A.2.3.4; speziell zur Anwesenheit von Zwang bei der Realisierung von Einverständlichkeit s. Abschnitt 3.2.2.2.

262 Hieran zeigt sich eine strukturelle Problematik ‚digitaler Sexverträge' mittels Apps.

freiwillentliche Zustimmung als auch eine gleichermaßen freiwillentliche Rücknahme selbiger überhaupt möglich ist. Die Zustimmung kann, wie in Abschnitt C.3.2.2.2 dargelegt, verbal und/oder nonverbal, d.h. durch Worte ebenso wie durch Gebärden, Gesten oder aber in Form eines Vertrags erfolgen; entscheidend ist, dass die bewusste innere Zustimmung in einer Form zum Ausdruck gebracht wird, in der sie für das Gegenüber auch *als* Zustimmung erkennbar ist.

Die freiwillentliche Zustimmung zweier an sich und auch in der betreffenden Situation zustimmungsfähigen Personen[263] ist also keineswegs im Sinne eines ‚Freibriefs‘ für jedwede sexuelle Handlungen unter jedweden Bedingungen zwischen diesen beiden Personen zu verstehen. Ein derartiger Freibrief für *alle* möglichen sexuellen *Handlungen* würde unweigerlich auch für alle *gewalthaltigen* Handlungen gelten müssen, zu denen es im Verlaufe einer sexuellen Interaktion kommen kann bzw. in die eine zunächst einverständliche sexuelle Interaktion umschlagen kann, ohne dass eine Person solchen gewalthaltigen Handlungen zugestimmt hätte.[264] Insofern kann gesagt werden, dass Einverständlichkeit stets *ex opere operantis* und niemals *ex opere operato* wirksam sein kann und auch der Grundsatz *volenti non fit iniuria* im Blick auf Einverständlichkeit nur bedingt Gültigkeit beanspruchen kann.[265] Die freiwillentliche Zustimmung gilt aber auch nicht für sexuelle Handlungen unter jedweden *Bedingungen*, sondern endet spätestens dann, wenn eine der beteiligten Personen im Handlungsverlauf ein-

---

263 Es versteht sich, dass mit der Zustimmungsfähigkeit einer Person immer auch ihre Ablehnungsfähigkeit gegeben ist, da das eine das andere jeweils einschließt, doch würde eine Argumentation ausgehend von der Ablehnungsfähigkeit nicht nur die Schwachstellen einer dissensbasierten Vergewaltigungsdefinition übernehmen, sondern überdies die Pointe verkennen, dass die dem Menschen zugleich zugetraute und zugemutete Freiheit zur Entfaltung der eigenen Sexualität gerade das Recht auf eine freiverantwortete Sexualität einschließt, deren unabdingbare Voraussetzung nun einmal die Möglichkeit zur freiwillentlichen *Zustimmung* zu sexuellen Handlungen darstellt.

264 In North Carolina existierte als einzigem Bundesstaat der USA noch bis zum 7. November 2019 eine Art Schlupfloch für ‚legale Vergewaltigungen‘, da eine zuvor zu sexuellen Handlungen abgegebene Einwilligung nicht mehr rechtlich widerrufen werden konnte, sobald ein Sexualakt begonnen hatte. Die damals gültige rechtliche Regelung basierte auf einem Präzedenzfall aus dem Jahr 1979, in dem ein wegen Vergewaltigung angeklagter Mann von den Richtern des Obersten Gerichtshofs von North Carolina freigesprochen wurde (State v. Way, 297). Dies bedeutete: Eine sexuelle Interaktion, die auch nach dem Widerruf der Einwilligung durch eine der beteiligten Personen fortgesetzt wurde, konnte nicht als gegen den Willen der anderen Person begangen gelten. Ich danke Mirijam Lederer für diesen Hinweis!

265 Dass aber auch sexuellen Handlungen, die *im* Horizont von Einverständlichkeit realisiert werden, Grenzen gesetzt werden können und zu setzen sind, wird in Abschnitt 6.2.2 zu thematisieren sein.

seitig und eigenmächtig die von beiden zuvor als ‚unverhandelbar' geltenden Bedingungen ändert.

Zu denken ist hier beispielsweise an das *Stealthing* (von englisch *stealth*, ‚Heimlichkeit' oder ‚Verstohlenheit') genannte Verhalten, bei dem ein männlicher Sexualpartner entgegen vorheriger Absprache beim Geschlechtsverkehr, „aus welchen Gründen auch immer, heimlich und ohne Einverständnis des anderen [scil. des Gegenübers] das Kondom abzieht und danach die Penetration fortsetzt".[266] Mögliche Gründe für die Benutzung des Kondoms können dabei der Schutz vor einer ungewollten Schwangerschaft oder vor einer Ansteckung mit Geschlechtskrankheiten sein. Für ein solches absprachewidriges Entfernen des Kondoms wurde vom Schleswig-Holsteinischen Oberlandesgericht in einem Urteil vom 19. März 2021 im Grundsatz eine Strafbarkeit als ‚sexueller Übergriff' im Sinne des § 177 Abs. 1 StGB angenommen, auch dann, wenn beispielsweise das Opfer das Fehlen des Kondoms erst *nach* Beendigung des Geschlechtsverkehrs bemerkt haben sollte. Zu denken ist hier aber auch an die Situation, dass eine der beteiligten Personen im Handlungsverlauf entdeckt, dass die sexuelle Interaktion von der anderen Person heimlich und ohne vorherige Zustimmung gefilmt wird.[267]

Kurzum: Sollte eine freiwillentliche Zustimmung einer Person im Verlauf einer Interaktion aufgrund einschneidender Änderungen der Bedingungen oder Umstände, aber auch aufgrund einer Bewusstseinsänderung beispielsweise durch Medikamente oder Rauschmittel nicht oder nicht mehr ohne Weiteres möglich sein, ist die von dieser Person zuvor gegebene Zustimmung nicht mehr zweifelsohne als faktisch wirksam vorauszusetzen. Das Ende der Einverständlichkeit kann damit auf verschiedenen Wegen erreicht werden oder unweigerlich eingetreten sein.

Allen angesprochenen Einwänden und im Einzelnen zu klärenden Rückfragen zum Trotz sollte jedoch die Stärke einer zustimmungsorientierten Vergewaltigungsdefinition nicht aus dem Blick verloren gehen, die einen solchen Ansatz – wenigstens im Sinne einer Ergänzung für die genannten problematischen Situationen unter Zugrundlegung eines ‚Nein heißt Nein!' Ansatzes – als sinnvoll und notwendig erscheinen lässt. Bei einer ablehnungsbasierten Vergewaltigungsdefinition stand, wie angesprochen, zur Debatte, wie deutlich erkennbar eine Person Geschlechtsverkehr gegen ihren Willen ablehnen können muss, damit dieser als Vergewaltigung qualifiziert und entsprechend bestraft werden kann, was in Situationen, in denen eine körperliche Abwehr und/oder eine explizite Ablehnung

---

266 Wißner, „‚Stealthing'," 330. Zur Strafbarkeit von Stealthing gemäß § 177 Abs. 1 StGB vgl. Schleswig-Holsteinisches OLG, Urteil vom 19. März 2021 – 2 OLG 4 Ss 13/21.
267 Siehe Abschnitt E.3.3.1.2.

weder ratsam noch überhaupt möglich wäre, dem Opfer einer Vergewaltigung eine erhebliche Begründungslast aufbürdete. Eine Strafverfolgung und zugleich die Begründungslast für das Opfer würden unter Einbeziehung auch des ,Ja-heißt-Ja!'-Ansatzes deshalb wesentlich leichter werden können, wenn nicht die Möglichkeit oder Unmöglichkeit einer expliziten *Ablehnung* zur Diskussion steht, sondern die Frage, ob denn eine freiwillentliche *Zustimmung* zu sexuellen Handlungen gegeben wurde, weil allein dann von einer Einverständlichkeit der sexuellen Handlungen ausgegangen werden kann.

Angesichts der Problematik, Vergewaltigung allein über die Ablehnung definieren zu wollen, wird mit dem Rekurs auf die Zustimmung im Grunde nur das herausgestellt, was „eigentlich selbstverständlich sein sollte: Dass nur einverständlicher Sex in Ordnung ist".[268] Gerade im Blick auf die Vielzahl möglicher Situationen zwischen Menschen, die, etwa im Rahmen einer Kennenlernphase oder bei einer Spontanbekanntschaft, einander wenig vertraut sind, kann gesagt werden, dass eine Zustimmung aller Beteiligten zum Geschlechtsverkehr als zumutbare Voraussetzung erwartet werden, eine solche also ,nicht zu viel verlangt' sein kann.

Abschließend ein Wort zum Umgang mit Vergewaltigungsopfern und der Frage der Vergebung[269] und Versöhnung, die sich auch und nicht zuletzt unter dem Aspekt christlichen Glaubens und daraus erwachsender Lebensführung stellt: Vergewaltigungsopfer stehen hinsichtlich der von ihnen erlittenen Gewalt in keinem aufrechenbaren Schuldverhältnis zu Täterpersonen und Mitwissenden, auch dann nicht, wenn es sich dabei um Personen aus dem Kreis der Bekannten und Verwandten handelt oder es der eigene Ehepartner ist. Allein die überlebenden Opfer haben das Recht zur Gewährung, wenn sie denn *von sich aus* und *aus freien Stücken* vergeben möchten.[270] Erst und allein dann, nicht aufgrund irgendwelcher Gesetzesklauseln, stellt sich die Frage, ob Vergebung und Versöhnung möglich ist.[271]

---

268 Amnesty International, Schweizer Sektion, „Sexuelle Gewalt."
269 Zur Differenzierung zwischen Vergebung als ,negativer' Geste und Vergebung als ,positiver' Gabe in zwischenmenschlichen Beziehungen mitsamt den Aporien der Vergebung vgl. Milbank, *Being Reconciled*, 44–60.
270 Vgl. hierzu Kuhlmann, *Leib-Leben*, 137f.
271 Vgl. hierzu Ward, „,Ziehe mich'," 106–115.

5 Prostitution

Prostitution ist weder das ,älteste Gewerbe der Welt'[272] noch im Sinne einer ,menschlichen Universalie'[273] in sämtlichen historisch dokumentierten Gesellschaften oder Kulturen seit der Antike nachzuweisen.[274] Allerdings haben sich Prognosen von Prostitutionshistorikern aus dem 19. Jahrhundert, die Prostitution gehe langsam ihrem Ende entgegen,[275] sodass sie dereinst geradezu von selbst von der Erdfläche verschwände, bekanntlich ebenfalls nicht erfüllt. Tatsächlich gehört Prostitution noch heute zu den umstrittensten Themen im öffentlichen[276] wie im wissenschaftlichen Diskurs. Im Unterschied zur stark polarisierten Debatte über Prostitution im außertheologischen Bereich, in der ablehnende und befürwortende Positionen einander weitgehend unversöhnlich gegenüberstehen,[277] sind kirchliche und theologische Stellungnahmen zur Prostitution, von der Möglichkeit des Außenvorlassens dieses Themas selbst in einschlägigen Zusammenhängen einmal abgesehen,[278] meist von einer kategorischen Ablehnung der Prostitution als Institution gekennzeichnet,[279] ohne dass deshalb immer auch ein grundsätzliches Verbot von Prostitution gefordert würde.[280] Vermittelnde Positionen, die sich bei aller möglichen Ambivalenz für die Zulässigkeit ,legaler'

---

272 Zu diesem weitverbreiteten Fehlurteil, welches auch im theologischen Bereich (z. B. Fraling, *SexualEthik*, 249; Dabrock et al., *Unverschämt – schön*, 126) vielerorts reproduziert wird, vgl. Schmitter, *Prostitution*, 7 ff.; Bowald, *Prostitution*, 36 f.

273 Zum Begriff der ,menschlichen Universalie' vgl. oben Anm. 138.

274 Vgl. bereits Bernsdorf, Art. „Prostitution," 651; dazu Fraling, *SexualEthik*, 249.

275 Prominent der französische Schriftsteller Paul Lacroix (1806–1884) in seiner epochalen, unter dem Pseudonym Pierre Dufour veröffentlichten sechsbändigen Studie *Histoire de la prostitution* (1851–1853): „Der Augenblick ist nicht mehr weit, wo sie [scil. die Prostitution] vor sich selbst erröten wird, wo sie für immer das Heiligtum der Sitten verlassen wird, wo sie allmählich in Dunkelheit und Vergessenheit geraten wird" (Lacroix, *Histoire*, Bd. 1, 7; zit. nach *Geschichte*, Bd. 1, V).

276 Vgl. dazu Mühlberger, *Soziale Arbeit*, 13–24; teilweise mit bizarren Zügen, wie z. B. Schwarzers Vergleich von Prostitution mit Pädophilie zeigt, vgl. Schwarzer, „Prostitution Pädophilie," 51; dazu Ohly, *Ethik der Liebe*, 104 ff.

277 Für eine Übersicht über Positionen zur Prostitution in der theologischen Ethik sowie in der philosophisch-ethischen Diskussion vgl. Bowald, *Prostitution*, 41 ff. u. 59 ff.

278 Wie z. B. bei Härle, *Ethik*, 325 (Anm. 43) und Karle, *Liebe*, 193 f. Ein eigener Artikel über Prostitution fehlt z. B. in sämtlichen bisher erschienenen neun Auflagen des *Evangelischen Soziallexikons*. Zum Bereich der Moraltheologie vgl. das Urteil von Mack, „Prostitution," 2: „Die Institution der Prostitution ist so jenseits jeglicher moralischer Vorstellung für die Theologie, dass sie in den meisten moraltheologischen Schriften nicht einmal der Erwähnung wert ist."

279 Vgl. z. B. Kirchenkanzlei der EKD (Hg.), *Denkschrift zu Fragen der Sexualethik*, 42 (Nr. 75 f.).

280 Vgl. dazu Bowald, „Prostitution," 209.

Prostitution aussprechen,[281] sind im theologischen Bereich bis dato eher die Ausnahme.

Wie beim Phänomen der Vergewaltigung spiegelt sich auch in der theologischen Auseinandersetzung mit Prostitution so manches zählebige Stereotyp, so manche Pauschalisierung wider, welche das öffentliche Bild von Prostitution prägen und der tatsächlichen Heterogenität der Lebens- und Arbeitsrealitäten von Frauen in der Prostitution schwerlich gerecht zu werden vermögen. Es bedürfte deshalb einer möglichst detaillierten Betrachtung des komplexen Phänomens der Prostitution mitsamt seinen vielfältigen inneren und äußeren Zusammenhängen und Wechselbeziehungen, was im Rahmen dieser Grenzerkundung der Einverständlichkeit freilich nur sehr eingeschränkt geleistet werden kann. Allerdings kann die Frage der Abhängigkeit der Einverständlichkeit sexueller Handlungen von äußeren Bedingungen am Beispiel von Prostitution[282] nicht ohne Rücksicht auf aktuelle Erkenntnisse zur Prostitution in Deutschland sowie zu Ausmaß und Verbreitung von Gewalt in Verbindung mit Prostitution beantwortet werden, welche daher zunächst in den ersten beiden Abschnitten dieses Kapitels skizziert werden sollen.

5.1 Fakten und Faktoren

In einer 2017 im *Deutschen Ärzteblatt* veröffentlichten bundesweiten Erhebung zum Sexualleben der deutschsprachigen Wohnbevölkerung haben 7,8 % der männlichen Befragten Sexualkontakte mit im Mittel vier weiblichen Prostituierten[283] während einer Partnerschaft (,Außenkontakte') angegeben.[284] Die weitest-

---

281 Wie z. B. bei Farley, *Just Love*, 239 f. / *Verdammter Sex*, 263 f. und Ohly, *Ethik der Liebe*, 104 – 111.

282 Prostitution ist in unterschiedlichsten Geschlechter- und Alterskonstellationen möglich, doch besteht das nicht nur empirisch häufigste, sondern auch in der gesellschaftlichen und politischen Öffentlichkeit (,politische Öffentlichkeit' hier im Sinne Habermas', vgl. Habermas, „Vorwort," 38) sowie wissenschaftlichen Literatur am meisten diskutierte Setting darin, dass erwachsene Männer für sexuelle Handlungen vor, mit oder an erwachsenen Frauen bezahlen. Im Folgenden soll von Prostitution, sofern nicht explizit unterschieden wird, daher mit ständiger Rücksicht auf dieses Setting gesprochen werden.

283 In Übereinstimmung mit den Begrifflichkeiten in deutschen Gesetzestexten spreche ich hier und im Folgenden einheitlich von ,Prostituierten' anstelle von ,Sexarbeiterinnen' (*sex workers*) und ,Prostitution' anstelle von ,Sexarbeit' (*sex work*). ,Prostituierte' im Sinne des ProstSchG sind „Personen, die sexuelle Dienstleistungen erbringen" (§ 2 Abs. 2 ProstSchG), worunter sexuelle Handlungen „mindestens einer Person an oder vor mindestens einer anderen unmittelbar an-

gehend Männer aller Altersklassen über alle trennenden kulturellen, sozialen und ökonomischen Unterschiede und Verschiedenheiten hinweg verbindende Inanspruchnahme von Prostitution[285] kann im internationalen Vergleich von Land zu Land allerdings sehr unterschiedlich sein. Wie die Auswertung internationaler Studien mit verschiedenen Stichprobengrößen aus den Jahren 1994 bis 2010 durch die gemeinnützige US-amerikanische Organisation ProCon.org von 2011 zeigt, haben in Industrienationen wie Japan, Spanien und Italien mehr als ein Drittel der Männer mindestens einmal in ihrem Leben für sexuelle Handlungen bezahlt, in südostasiatischen Ländern wie Kambodscha und Thailand sogar bis zu drei Viertel, während in Nordischen Ländern sowie in Großbritannien die Zahlen zwischen 7 % und 13,6 % liegen.[286] Diese zum Teil erheblichen Unterschiede zwischen einzelnen Regionen und Ländern können gewiss auch auf die unterschiedliche Restriktivität der jeweiligen nationalen Prostitutionspolitik zurückgeführt werden, wenn damit, wie es beispielsweise im schwedischen Anti-Freier-Gesetz (*Kvinnofrid*) von 1999 der Fall ist, die Kriminalisierung jeglicher Inanspruchnahme sexueller Handlungen gegen Entgelt verbunden ist.[287] Allerdings ist Prostitution auch in sämtlichen südost- und ostasiatischen Ländern (mit Ausnahme Taiwans) offiziell illegal, was verdeutlicht, dass die Verbreitung und Inanspruchnahme von Prostitution immer auch von sozialen und kulturellen Faktoren, einschließlich weltgesellschaftlicher Probleme wie Armut sowie situativer oder struktureller Korruption, abhängig und geprägt ist.

Was die Prostitutionsrealität speziell in Deutschland betrifft, ist zunächst zu konstatieren: „Fundierte statistische Daten, wie viele Prostituierte es in

---

wesenden Person gegen Entgelt oder das Zulassen" selbiger „an oder vor der eigenen Person gegen Entgelt" (§ 2 Abs. 1 ProstSchG) verstanden werden.

284 Haversath et al., „Sexualverhalten," 548 (in absoluten Zahlen: 89 von 1.145 befragten Männern, was 7,8 % entspricht). Mehrthemenbefragung durch Beschäftigte der Medizinischen Fakultät der Universität Leipzig von insgesamt 2.524 Personen ab 14 Jahren in der Zeit vom 20. Januar bis 16. März 2016. „Frauen wurden nicht hinsichtlich ihrer Sexualkontakte mit Prostituierten befragt, da befürchtet wurde, dass die Abbruchrate infolge derartiger Fragen steigt" (ebd.).

285 Zu dieser sogenannten ,Jedermann-Hypothese' vgl. Gerheim, *Produktion*, 11 u. 15.

286 Vgl. ProCon/Encyclopaedia Britannica, „Percentage," (ohne Seitenzahlen).

287 Vgl. Kap. 6, Art. 11 Schwedisches Strafgesetzbuch. Zu diesem ,Nordischen Modell', das die Freier, nicht die Prostituierten kriminalisiert, vgl. die kritische Einschätzung von Kingston/Thomas, „No model," 423–439. Abwägender dagegen Holmström/Skilbrei, „Swedish Sex Purchase Act," 82–104. Vgl. überdies die Studie von Ellison et al., *Review*, 163 ff., in der Behauptungen von Befürwortern wie Gegnern des ,Nordischen Modells' auf ihre empirische Tragfähigkeit überprüft werden.

Deutschland gibt, existieren [...] nicht".[288] Die vorliegenden Schätzungen und Berechnungen, wie sie seit den 1980er Jahren vonseiten der (radikal)feministischen Anti-Prostitutionsbewegung[289] sowie von Prostituiertenberatungsstellen in die allgemeine öffentliche Diskussion wirkmächtig eingebracht worden sind,[290] gehen zum Teil weit auseinander und sind mit Vorsicht zu interpretieren.[291] Nachdem die rot-grüne Bundesregierung in ihrem Gesetzentwurf zum Prostitutionsgesetz (ProstG) von 2001 unter Berufung auf nicht näher spezifizierte „seriöse[] Schätzungen" noch von 400.000 Prostituierten und „täglich [...] über einer Million"[292] Freier in Deutschland ausgegangen war, wurde im Gesetzentwurf der schwarz-roten Bundesregierung zum Prostituiertenschutzgesetz (ProstSchG) von 2017 die Zahl von 400.000 Prostituierten als zu hoch eingeschätzt und unter explizitem Rekurs auf eine auf der Grundlage der Auskünfte von Städten zur Prostituiertenzahl erstellten Hochrechnung der *Welt am Sonntag* aus dem Jahr 2013[293] die Zahl von 200.000 Prostituierten als maßgebliche Schätzung dem ProstSchG zugrunde gelegt.[294] Eine eigene Erhebung durch die Bundesregierung ist bisher nicht durchgeführt worden.

Ende 2019 waren bei den zuständigen Behörden in Deutschland insgesamt 40.369 weibliche Prostituierte (davon 19 % mit deutscher Staatsangehörigkeit) nach dem ProstSchG gültig angemeldet.[295] Die tatsächliche Zahl der Prostituierten

---

288 Bundesministerium für Familie, Senioren, Frauen und Jugend, „Frauen vor Gewalt schützen. Prostitution" (Hintergrundmeldung vom 1. Juli 2017).

289 Vgl. z.B. Schwarzer, „Welt ohne Prostitution," 8: „Die Zahl der Frauen in der Prostitution wird heute allein in Deutschland auf zwischen 400.000 bis 1.000.000 geschätzt. Nehmen wir den Mittelwert, also 700.000 [...]".

290 Vgl. z.B. die Berliner Prostituiertenberatungsstelle HYDRA in einer Ausgabe von *HYDRA-Nachtexpress. Zeitung für Bar, Bordell und Bordstein* aus dem Jahr 1988: „In der Bundesrepublik arbeiten nach Schätzungen zirka 400.000 Prostituierte. Geht man davon aus, dass jede Frau pro Tag 3 Kunden hat, heißt das, daß täglich 1,2 Millionen Männer Prostituierte aufsuchen. Diese Zahl kann man natürlich nicht mit 365 Kalendertagen pro Jahr hochrechnen (Feiertage und Urlaub sind zu berücksichtigen, manch eine Frau arbeitet nur wenige Tage im Jahr, und Doppelzählungen der Kunden sollen auch vermieden werden), aber sie mit 10 Tagen zu multiplizieren, scheint uns als Minimalansatz realistisch. Demnach gibt es in der Bundesrepublik: 1,2 Millionen Freier x 10 Tage = 12 Millionen Freier" (zit. nach Bilitewski et al., *Freier*, 20).

291 Vgl. dazu Kara, „Kann das stimmen?," 33; ferner Kavemann/Steffan, „Prostitutionsgesetz," 12.

292 BT-Drucksache 14/5958, 4 u. 1; so auch BT-Drucksache 14/7174, 1.

293 Eigendorf et al., „Augsburg," (ohne Seitenzahlen).

294 BT-Drucksache 18/8556, 38.

295 Statistisches Bundesamt, Pressemitteilung Nr. 286 vom 30. Juli 2020. Bis Ende 2019 wurden insgesamt 2.170 Prostitutionsgewerben eine (mindestens vorläufige) Erlaubnis nach dem Prost-SchG erteilt.

in Deutschland dürfte allerdings deutlich höher liegen; allein für Nordrhein-Westfalen als bevölkerungsreichstem Bundesland mit rund 18 Millionen Einwohner*innen wurden im Jahr 2014 zwischen 25.000 und 45.000 weibliche Prostituierte geschätzt.[296] Eine auch nur annähernd valide Zahlen- und Faktenbasis zur Verbreitung und Inanspruchnahme mann-männlicher Prostitution in Deutschland existiert nicht, doch ist mit Fug anzunehmen, dass die weit überwiegende Mehrzahl der Prostituierten weiblich und die der Freier männlich ist.[297]

Gleichermaßen schwierig sind fundierte Schätzungen zum Umsatz von Prostitution. Das Statistische Bundesamt beziffert den Jahresumsatz im deutschen Prostitutionsgewerbe in einem internen Vermerk aus dem Jahr 2013 auf 14,6 Milliarden Euro (auf Basis von 400.000 Prostituierten), wobei nach Abzug der eigenen Kosten und Vorleistungen wie Miete, Kleidung und Präservative, wie das Bundesamt errechnet, jährlich rund 7,3 Milliarden Euro zur Bruttowertschöpfung (BWS) der BRD beigetragen wird.[298] Nachdem Prostitution nach dem ProstSchG wie andere Dienstleistungen mehrwertsteuerpflichtig ist (seit Anfang 2020 gilt deshalb auch für das Prostitutionsgewerbe offiziell eine Belegausgabepflicht, d. h. ‚Bonpflicht‘) und Städte und Kommunen überdies eine Vergnügungssteuer (‚Sexsteuer‘) für Prostituierte und Prostitutionsbetriebe erheben können,[299] kann festgehalten werden, dass Prostitution in Deutschland ein nicht unbedeutender Wirtschaftsfaktor ist,[300] an dem allerdings weniger die Prostituierten selbst als vielmehr Zuhälter, Bordellbetreiber, Menschenhändler und eben auch der deutsche Staat verdienen.

Der Versuch einer substantiierten Beantwortung der Frage nach den möglichen gesundheitlichen Auswirkungen der Prostitutionstätigkeit steht vor dem Problem, dass die hierzu verfügbaren wissenschaftlichen Studien, von spezifischen Herausforderungen interviewbasierter Untersuchungen (z. B. *response bias* und erschwerte Erreichbarkeit bestimmter Personengruppen) abgesehen, meist auf nicht-repräsentativen Stichprobenbefragungen beruhen sowie auf ganz spezifische (z. B. geographische) Kontexte[301] und konkrete äußere Umstände und

---

296 Vgl. Ministerium für Gesundheit, Emanzipation, Pflege und Alter des Landes NRW, *Der Runde Tisch*, 13.

297 Vgl. Schon, „Prostitution," 58; ferner Gerheim, *Produktion*, 62–69.

298 Vgl. Plickert, „Aktivität;" Doll, „Infografik." Im Hintergrund dieser Schätzung des Statistischen Bundesamts stand die Einführung des EU-Regelwerks ESVG 2010, wonach auch illegale Produktionsaktivitäten wie Drogenwirtschaft, Tabakschmuggel und eben Prostitution in das BIP einzubeziehen sind, vgl. Statistisches Bundesamt, *Volkswirtschaftliche Gesamtrechnungen*, 8.

299 Zur Vereinbarkeit der Erhebung der Vergnügungssteuer mit Art. 105 Abs. 2a GG vgl. VG Düsseldorf, Urteil vom 19.10.2012 – 25 K 3617/12, Rn. 45.

300 Hierin stimme ich Dabrock et al., *Unverschämt – schön*, 127 bei; vgl. 128.

301 Vgl. z. B. Beattie et al., „Mental health problems," [2]-[3].

soziale Bedingungen (z. B. Straßenprostitution und Beschaffungsprostitution)[302] bezogen sind. Allgemeine Schlussfolgerungen zu *den* Auswirkungen *der* Prostitution auf *die* sie Ausübenden sollten also, wenn überhaupt, nur mit großer Vorsicht gezogen werden,[303] weil Verallgemeinerungen der bereits angesprochenen Heterogenität der konkreten Lebens- und Arbeitsrealitäten von Frauen in der Prostitution schwerlich gerecht werden können, welche in Biographien und persönlichen Berichten (ehemaliger) Prostituierter gänzlich unverblümt und jenseits seicht-kitschiger Hollywood-Inszenierungen wie *Pretty Woman* (1990) vor Augen treten. Mit diesem Vorbehalt gegenüber der allgemeinen Aussagekraft wissenschaftlicher Einzeluntersuchungen zu präzise definierten und thematisch eng umgrenzten Fragestellungen, wenn es um eine gesamtheitliche Beurteilung geht, lässt sich sagen, dass einige methodisch fundierte Studien zur psychischen Gesundheit von Prostituierten ein zum Teil deutlich erhöhtes Risiko für Depressionen, traumatische und posttraumatische Belastungsstörungen sowie Suchtmittelabhängigkeiten aller Art (d. h. Alkohol- bzw. Drogen-, Tabak- und Medikamentenkonsum) beschrieben haben,[304] was allerdings abhängig vom jeweiligen ‚Arbeitsumfeld',[305] von der Tätigkeitsdauer sowie von individuellen lebensgeschichtlichen Faktoren ist.

Neben den genannten psychischen Beschwerden weisen Prostituierte verschiedenen Studien zufolge auch häufiger somatische Beschwerden im Vergleich zur Allgemeinbevölkerung auf,[306] während das Robert Koch-Institut (RKI) in verschiedenen Untersuchungen in Kooperation mit dem Öffentlichen Gesundheitsdienst zur Prävalenz sexuell übertragbarer Infektionen (STI) und STI-Risikofaktoren bei Prostituierten festgestellt hat, dass dieses Risiko für Prostituierte als Gruppe *nicht* per se signifikant höher ist als für Frauen in der Allgemeinbevölkerung, jedoch speziell Prostituierte unter 20 Jahren, die „keine Krankenver-

---

302 Vgl. z. B. Jeal/Salisbury, „A health needs assessment," 147–151; Puri et al., „Burden," [1].

303 Speziell zum Zusammenhang zwischen der Prävalenz *dissoziativer* Störungen und der Prostitutionstätigkeit von Frauen vgl. z. B. Tschöke et al., „Systematic Review," 1, die selbst konstatieren: „Due to the selectivity of the study samples, conclusions *cannot* be generalized" (meine Hervh.).

304 Vgl. Zumbeck, *Prävalenz*, 72 ff. u. 83 ff. samt Zusammenfassung 115 ff.; Farley/Barkan, „Prostitution," 33–74; Schröttle/Müller, „II. Teilpopulationen-Erhebung," 60–67 (auf Basis der Angaben von insgesamt 110 Prostituierten); Roxburgh et al. „Posttraumatic stress disorder," [1] u. [10].

305 ‚Arbeitsumfeld' in Anführungszeichen deshalb, da dieser Begriff im Blick auf Tätigkeiten nach dem ProstSchG angemessen sein kann, im Blick auf Zwangsprostitution jedoch schlechterdings zynisch wirkt.

306 Vgl. z. B. Zumbeck, *Prävalenz*, 41 u. 71; Schröttle/Müller, „II. Teilpopulationen-Erhebung," 62 f.

sicherung hatten, auf der Straße arbeiteten, keine oder geringe Deutschkennt-
nisse hatten, erst kürzlich Sexarbeit aufnahmen und die von ungeschütztem
Geschlechtsverkehr mit Kunden berichteten",[307] eine sehr hohe Gefährdung für
STI aufweisen. Dies zeigt bei allen Grenzen der statistisch-epidemiologischen
Aussagefähigkeit von Stichprobenuntersuchungen wiederum, wie wichtig es ist,
bei einer Auseinandersetzung mit Prostitution deren komplexes Spektrum und
die Verschiedenartigkeit der Bereiche, in denen Prostitution stattfinden kann,[308]
zu berücksichtigen.

Die möglichen Gründe und Motive für den Einstieg von Frauen in die Prostitution sind vielfältig.[309] Das Europäische Forschungs- und Interventionsnetz-
werk zur Informations-, Beratungs- und Gesundheitspräventionsarbeit für mig-
rantische Sexarbeiterinnen TAMPEP (The European Network for HIV/STI
Prevention and Health Promotion among Migrant Sex Workers) nennt drei
Hauptgründe für die Aufnahme der Prostitutionstätigkeit in Deutschland seitens
einheimischer Frauen: „Finanzielle Gründe, Drogenkonsum oder emotionale
Beziehungen zu Zuhältern",[310] während bei Migrantinnen hauptsächlich finanzielle Gründe im Vordergrund stehen. Der Einstieg selbst ist freilich nicht einfach
auf einen isolierten Faktor zurückzuführen, sondern als multifaktorieller Prozess
zu verstehen,[311] der nicht losgelöst vom Kontext und der jeweiligen sozialen und

---

307 Robert Koch-Institut, *KABP-Surv STI-Studie* [d. h. Integrierte Biologische und Verhaltens-
surveillance, KABP = *Knowledge, Attitude, Behaviour, Practices*] mit 1.425 Prostituierten zwischen
15 und 77 Jahren; zit. nach: Materialien zum Workshop „STI-Studien und Präventionsarbeit bei
Sexarbeiterinnen" (13.-14.12.2011), abgedruckt als: Robert Koch-Institut, *Bericht*, 3; vgl. 12. Vgl.
ferner die Ergebnisse der RKI-Pilotstudie im Rahmen von „EurSafety-Health-Net" in Duisburg und
im Kreis Wesel (2011/2012); vgl. dazu Robert Koch-Institut, „RKI-Pilotstudie," 75.
308 Diese etwas umständliche Formulierung beruht wiederum darauf, dass in Bezug auf Prostitution, verstanden als Beschäftigung oder (selbstständige) Erwerbstätigkeit nach dem Prost-
SchG, durchaus von ,Arbeitsbedingungen', ,-bereichen' und ,-formen' gesprochen werden kann,
in Bezug auf Zwangsprostitution eine solche Ausdrucksweise freilich ebenso euphemistisch an-
mutet wie die (und sei es: ironische) Rede vom ,horizontalen' oder ,ambulanten Gewerbe', von
verächtlichen Apostrophierungen sich prostituierender Personen z. B. als ,Bordsteinschwalben'
ganz zu schweigen.
309 Vgl. dazu Bowald, *Prostitution*, 144–146; Gugel, *Spannungsverhältnis*, 10–12; Angelina,
„Hintergründe," 41–43; Czarnecki et al., *Prostitution*, 7 f.
310 TAMPEP, *National Report on HIV and Sex Work. Germany*, 9 (meine Übers.). Speziell zum
Aspekt der Drogenfinanzierung durch Prostitution vgl. die Bemerkungen zum Forschungsstand
bei Bernard, *Frauen*, 83–85. Allerdings gibt es Hinweise darauf, dass mitunter weniger der *Einstieg* in die Prostitution als vielmehr deren *Beibehaltung* durch den Finanzierungsbedarf für
Drogen motiviert ist, vgl. Zurhold, *Entwicklungsverläufe*, 115–117 (worauf auch Bernard verweist)
sowie Rossenbach et al., „Geestemünder Straße," 274 f.
311 So Heinz-Trossen, *Prostitution*, 274, worauf Gugel, *Spannungsverhältnis*, 12 verweist.

psychischen Lebenssituation der Frauen gedacht werden kann. Ein nicht unerheblicher Teil von Prostituierten berichtet von Gewalterlebnissen und sexuellen
Missbrauchserfahrungen in Kindheit und Jugend,[312] ohne dass daraus irgendeine
Zwangsläufigkeit entstünde.[313] Daneben wird in Interviewstudien deutlich, dass
die Entscheidung von Frauen für die Prostitution nicht unbedingt „angesichts
begrenzter oder kaum vorhandener", sondern auch „angesichts vielfältiger Alternativen"[314] getroffen werden kann, die Prostitutionstätigkeit also auch nach
„Abwägung mehrerer realer Optionen an Erwerbs- bzw. Berufsmöglichkeiten"[315]
aufgenommen und keineswegs immer als letzter, geradezu ‚alternativloser' Ausweg aus einer finanziellen und sozialen Notlage gesehen wird, wie es vor allem im
Bereich der Zwangsprostitution bei Migrantinnen angenommen wird. Neben den
bereits angesprochenen Gründen für den Einstieg in die Prostitution werden
überdies „sexuelle Neugierde, der Glamour des Rotlichtmilieus, das Brechen von
Tabus und die ‚Nähe' zum Milieu"[316] genannt sowie „positive Einstiegsreize"[317]
wie flexible Arbeitsbedingungen. Entsprechend unterschiedlich fällt auch die
Sicht von Prostituierten auf ihre Tätigkeit und der Grad ihrer Identifikation damit
aus.[318]

Auch der Blick auf die konkrete Motivation von Männern, Prostitution in
Anspruch zu nehmen, zeigt, dass Männer damit nicht einfach, wie von Vertrete-
rinnen feministisch-abolitionistischer Positionen oft pauschal und ohne weitere
Differenzierung, geschweige denn einer Einbeziehung aussagekräftiger empirischer Untersuchungen ins Feld geführt wird, bloß ihrem „Bedürfnis" nachgingen,
„unter dem Einsatz des vermeintlichen männlichen Sexualtriebs eine totale
Kontrolle über Frauen auszuüben".[319] Vielmehr zeigt sich auch hier „eine erstaunliche Komplexität"[320] der sozialen Wirklichkeit. In seiner auf der Grundlage
von zwanzig qualitativen Interviews (Tiefeninterviews) mit Freiern ausgearbeiteten soziologischen Dissertation *Die Produktion des Freiers* (2012) differenziert Udo
Gerheim „vier generalisierte Motivmuster" heterosexueller Männer für die Nachfrage nach käuflichem Sex:

---

312 Siehe Abschnitt F.2.
313 Vgl. Pankoke-Schenk, „Prostitution," 912, worauf Bowald, *Prostitution*, 152 verweist.
314 Czarnecki, *Prostitution*, 7.
315 Kavemann, „Einschätzung," 91.
316 Leopold/Steffan, *EVA-Projekt*, 10; auch zit. bei Bowald, *Prostitution*, 144.
317 Steffan et al., *Abschlussbericht*, 12 (mit Literatur).
318 Vgl. Bowald, *Prostitution*, 37.
319 So Bastian, „Prostitution," 31 als Tenor derartiger Positionen und unter namentlichem Rekurs auf Petra Schmackpfeffer und Alice Schwarzer.
320 Gerheim, „Motive," 46.

die *sexuelle* Motivdimension, die *soziale* Motivdimension, die *psychische* Motivdimension und die *subkulturelle* Erotisierung des Feldes. Die *sexuelle* Dimension erweist sich empirisch als wichtigstes Motivmuster der heterosexuellen Prostitutionsnachfrage. Diese umfasst sämtliche körperlichen, erotischen beziehungsweise sexuellen Bedürfnisse. Die *soziale* Motivebene weist eine Zweiteilung auf. Zum einen umfasst sie kommunikativ-emotionale Bedürfnismuster, wie beispielsweise den Wunsch nach Nähe, Zärtlichkeit oder einer Gesprächspartnerin („sich das Herz ausschütten")[,] zum anderen sind hiermit destruktive Motivmuster gemeint, in denen sich männliche Macht-, Gewalt- oder Dominanzmuster zeigen oder sich Frauenhass manifestiert. Die *psychische* Motivebene bezieht sich auf Motivmuster, die darauf ausgerichtet sind, psychische Spannungszustände wie beispielsweise Scham- und Schuldgefühle, narzisstische Kränkungen, Selbstwertkrisen, Depressionen oder andere missliebige Stimmungslagen wie etwa Langeweile oder Frustration in der Prostitution auszuagieren. Die vierte Ebene generalisierter Motivstrukturen bezieht sich auf die Erotisierung des Prostitutionsfelds als fantastischen sexuellen Ort und antibürgerliche *Subkultur.* Verbunden wird hiermit die Option einer omnipotenten Befriedigung sexueller Wünsche und Fantasien, die von einigen Probanden mit dem Begriff des „Schlaraffenlandes" assoziiert wird.[321]

Auch andere Studien zu den spezifischen Motiven heterosexueller Männer für die Nachfrage nach weiblicher Prostitution hierzulande[322] erweisen selbige als durchaus vielfältiger als es die in radikalfeministischen Positionen kultivierte Vorstellung vom bloßen „Macht- und Dominanzbedürfnis der Prostitutionskunden"[323] vermuten lässt.

Was schließlich die rechtliche Situation von Prostitution in Deutschland betrifft, zeigt der Vergleich mit anderen europäischen Ländern,[324] dass hierzulande seit Einführung des *Prostitutionsgesetzes* (ProstG) im Jahr 2002 zweifellos „eine der liberalsten Prostitutionsgesetzgebungen"[325] gilt, was zu der immer wieder vorgetragenen und massenmedial gerne aufgegriffenen Feststellung geführt hat,

---

321 So Gerheim, a.a.O., 45 (meine Hervh.) als Zusammenfassung von Gerheim, *Produktion*, 178 ff.; vgl. auch 228 f.

322 Vgl. bes. Grenz, *Lust*, 18 ff. (zum Forschungsstand) u. 85 ff.; Howe, „Zwielichtiges," 31–45. Zu den relativ wenigen Studien zu Motiven heterosexueller Prostitutionskunden speziell im sogenannten ‚Sextourismus' vgl. Kleiber/Wilke, *Aids*, 126–156; Schneider, *Prostitutionstourismus*, 57–86.

323 Vorheyer, *Prostitution*, 78 (Anm. 38) unter Rekurs u. a. auf die Interviewstudie von Grenz, „Prostitution," 319–342.

324 Zur rechtlichen Situation der Prostitution in ausgewählten Ländern Europas vgl. die Dokumentation der Wissenschaftlichen Dienste des Deutschen Bundestages, „Sanktionierung" (3. Mai 2021).

325 Laukamp, „Editorial," 2.

Deutschland sei geradezu ‚das Bordell Europas'.[326] Nüchtern betrachtet wurde mit dem ProstG die Sittenwidrigkeit[327] von Prostitution abgeschafft, um die zwischen Prostituierten und Freiern geschlossenen Vereinbarungen als zivilrechtlich wirksam, d. h. die für sexuelle Handlungen zwischen Prostituierten und Freiern vorher vereinbarten Entgelte als rechtswirksame und damit auch einklagbare Forderungen von Prostituierten gegenüber Freiern bewerten und Prostituierten einen regulären Zugang zu den Sozialversicherungssystemen ermöglichen zu können.[328] Aus dem augenscheinlichen Ungenügen, auf diese Weise eine tatsächliche Verbesserung der Arbeitsbedingungen und des rechtlichen Schutzes von Prostituierten zu erreichen, ist das *Gesetz zum Schutz von in der Prostitution tätigen Personen (Prostituiertenschutzgesetz – ProstSchG)* hervorgegangen, welches am 1. Juli 2017 in Kraft trat.[329] Eine von der Frankfurter Prostituierten-Selbsthilfeorganisation Doña Carmen e.V. initiierte und am 21. Juni 2017 von insgesamt 26 Personen (darunter Prostituierte, Bordellbetreiber und Freier) beim Bundesverfassungsgericht eingereichte Verfassungsbeschwerde,[330] wonach dieses Gesetz die Prostituierten in ihren Grundrechten verletze und unverhältnismäßige Eingriffe unter anderem in die Berufsfreiheit von Prostituierten und Bordellbetreibern enthalte, wurde vom Bundesverfassungsgericht mit Beschluss vom 26. Juli 2018 als lückenhaft und nicht hinreichend substantiiert abgelehnt.[331]

Abgesehen von den Regelungen zur Anmelde- und Beratungspflicht nach §§ 3 und 7 ProstSchG sowie zur behördlichen Überwachung von Bordellen nach § 29 ProstSchG hatten sich die Beschwerdeführenden auch gegen die für Kunden im Falle eines Verstoßes eine Ordnungswidrigkeit darstellende Kondompflicht beim Geschlechtsverkehr nach § 32 Abs. 1 ProstSchG als Eingriff in das Recht der Prostituierten auf sexuelle Selbstbestimmung ausgesprochen.[332] Überhaupt gebe es,

---

326 Vgl. dazu Wersig, „Schutz," 219, die auf die dünne rechtssoziologische Forschungslage zu Prostitution in Deutschland und den Ursprung der Rede vom ‚Bordell Europas' verweist (vgl. 219, Anm. 7). Vgl. z.B. auch Schwarzer, „Prostitution Pädophilie," 51.

327 Zur Begründung heißt es dazu im Gesetzentwurf (BT-Drucksache 14/5958), 4: „Diese Bewertung entspricht nicht mehr der heutigen Zeit und wird von weiten Teilen der Bevölkerung nicht geteilt."

328 Vgl. § 1 ProstG; zur Bilanz dieser intendierten Verbesserung der rechtlichen und sozialen Situation von Prostituierten vgl. Bundesministerium für Familie, Senioren, Frauen und Jugend, *Zwischenbericht*, 8; ferner *Bericht*, 79.

329 Zur Zielsetzung des ProstSchG vgl. BT-Drucksache 18/8556, 33.

330 Starostik, Verfassungsbeschwerde vom 21. Juni 2017. Vgl. dazu aus der insgesamt 647 Seiten umfassenden Streitschrift: Doña Carmen e.V. (Hg.), *Entrechtung*, 477–577.

331 Vgl. BVerfG, Beschluss der 1. Kammer des Ersten Senats vom 26. Juli 2018–1 BvR 1534/17, Rn. 3.

332 Zu letzterem Punkt vgl. Starostik, Verfassungsbeschwerde vom 21. Juni 2017, 49.

wie Meinhard Starostik (1949–2018), Rechtsanwalt und Verfassungsrichter des Landes Berlin, der die Klageschrift verfasst hatte, anlässlich deren Einreichung in Karlsruhe bemerkte, eine derart umfassende Reglementierung und intensive Kontrolle für keinen anderen Beruf; dies sei angesichts des Umstandes, dass es bei „rund 200.000 Menschen in dieser Branche" im Jahr 2015 „bundesweit nur 72 Verurteilungen wegen Zuhälterei, Menschenhandel und Ausbeutung von Prostituierten"[333] gegeben habe, weder notwendig noch zu rechtfertigen. Von Gewalt gegen Prostituierte ist in der 62-seitigen Klageschrift jedoch nur vereinzelt und allermeist unspezifisch im Kontext der Trias ‚Gewalt, Ausbeutung und Menschenhandel' die Rede,[334] während unter „strafbaren Handlungen im Prostitutionsgewerbe" allein Ausbeutung, Zuhälterei und Menschenhandel nach §§ 180a, 181a und 232 StGB als sogenannte „prostitutionsbezogene Delikte"[335] verstanden werden.

Angesichts einer solchen Argumentation mitsamt ihrem ganz im Allgemeinen und Ungefähren bleibenden Gewaltverständnis ist es unabdingbar, Ausmaß und Verbreitung von Gewalt in Verbindung mit Prostitution näher zu beleuchten.

5.2 Prostitution und Gewalt

Die Praxis der Prostitution kann in hohem Maße mit Gewalt verbunden sein: „Das Prostitutionsmilieu gilt als einer der Lebensbereiche, in dem besonders viel Gewalt ausgeübt wird und in exzessiv hohem Maß Kriminalität entsteht."[336] Was Gewalterfahrungen weiblicher Prostituierter betrifft, kommt eine nicht-repräsentative Befragung von 110 Prostituierten[337] als Teilpopulation einer vom Bundesfamilienministerium in Auftrag gegebenen repräsentativen Untersuchung zu Gewalt gegen Frauen in Deutschland aus dem Jahr 2004 zu dem Ergebnis, dass in der Prostitution tätige Frauen „nicht nur sehr viel häufiger, sondern auch sehr viel schwerere Gewalt" erleiden als Frauen im Bevölkerungsdurchschnitt: „So hatten 92% aller befragten Prostituierten sexuelle Belästigung erlebt, 82% psychische Gewalt, 87% körperliche Gewalt und 59% sexuelle Gewalt seit dem 16. Lebens-

---

333 Zit. nach Rath, „Sexarbeiterinnen," 2. Vgl. dazu die Übersicht in Starostik, Verfassungsbeschwerde vom 21. Juni 2017, 33 mit Verweis auf die Darstellung des „quantitative[n] Ausmaß[es]" der strafbaren Handlungen im Prostitutionsgewerbe" (33), wie es in der von Doña Carmen e.V. veröffentlichten Stellungnahme *25 gute Gründe*, 4 dargestellt wird.

334 Vgl. Starostik, Verfassungsbeschwerde vom 21. Juni 2017, 19–21, 26, 28 u. 33.

335 A.a.O., 33.

336 Gugel, „Debatte," 80.

337 Schröttle/Müller, „II. Teilpopulationen-Erhebung;" speziell zur Stichprobe vgl. 11f.

jahr."[338] Die Autorinnen der Teiluntersuchung betonen, dass diese Gewaltprävalenzen weiblicher Prostituierter nicht Ausdruck oder Ergebnis des allgemeinen, mithin prostitutionsunspezifischen Phänomens der Gewalt von Männern – insbesondere von aktuellen oder früheren Beziehungspartnern[339] – gegen Frauen ist, sondern die Befragten „auffällig häufig Personen aus der Arbeitssituation, insbesondere Freier, als Täter genannt" haben: „Bei sexueller Gewalt bildeten Täter aus dem Arbeitszusammenhang sogar die am häufigsten genannte Täterkategorie noch vor aktuellen/früheren Beziehungspartnern."[340]

Auch andere der insgesamt noch immer vergleichsweise spärlich gesäten – zumal: methodisch hochwertigen qualitativen – Untersuchungen zur Gewalt gegen weibliche Prostituierte verdeutlichen, dass Prostitution „ein Tätigkeitsfeld mit einem hohen Gewaltpotential"[341] darstellt, wobei das Risiko körperlicher Gewalt durch Zuhälter und/oder Bordellbetreiber bei Frauen und Mädchen, die bereits im Alter bis zu 21 Jahren mit der Prostitution begonnen haben, besonders hoch ist,[342] während speziell das Risiko einer Vergewaltigung bei Frauen, die in (ihren) Wohnungen oder Appartements arbeiten, höher ist als das jeder anderen Form personaler Gewalt.[343] Was konkrete äußere Umstände und soziale Bedingungen der Prostitutionstätigkeit betrifft, besteht ein erhöhtes Gewaltrisiko – Gewalt dabei als physisches Gewalthandeln verstanden – insbesondere im Bereich der Beschaffungs- und Straßenprostitution,[344] offenbar weniger im Bereich der Bordell- und Barprostitution. Im Unterschied zu Gewalterfahrungen weiblicher Prostituierter sind Ausmaß und Verbreitung der Gewalt gegen *männliche* Prostituierte in der Forschung bislang weitestgehend unbeachtet geblieben, doch gibt es Hinweise darauf, dass männliche Prostituierte besonders in nicht-westlichen

---

338 A.a.O., 85; vgl. dazu 28–37; ferner Roxburgh et al., „Posttraumatic stress disorder," [6] wonach 75 % der befragten 72 weiblichen Prostituierten sexuelle*sexualisierte Gewalt vor ihrem 16. Lebensjahr und 26 % vor ihrem 6. Lebensjahr erlebt haben. Zur Frage der Gewalt im sozialen Feld der Prostitution vgl. Gerheim, *Produktion*, 77–84.

339 Siehe Abschnitt 4.2.1. Zu dieser Frage des Verhältnisses von ‚Freier-Gewalt' gegen Prostituierte und allgemeiner männlicher Gewaltausübung gegen Frauen vgl. Gerheim, *Produktion*, 23 f.

340 Schröttle/Müller, „II. Teilpopulationen-Erhebung," 85; vgl. 37–42. Zur Gefährdung weiblicher Prostituierter bis hin zum Femizid vgl. Potterat et al., „Mortality," 778–785; zur Situation speziell in Nordwestitalien vgl. Zara et al., „Violence" (OnlineFirst).

341 Vgl. Hagemann-White/Helfferich, „Gewalt," 256; vgl. dazu Farley/Barkan, „Prostitution," 37–49; Leopold/Steffan, *EVA*; da Silva, „Perspektiven," 127–154; Brückner/Oppenheimer, „Gewalt," 153–166; Coy, „,I Am a Person Too'," 103–120.

342 Vgl. Leopold/Grieger, „Gewaltprävention," 19 f.

343 Church et al., „Violence," 525 (auf der Basis von Interviews mit insgesamt 240 weiblichen Prostituierten in Leeds, Glasgow und Edinburgh im Jahr 1999).

344 Vgl. ebd.; ferner Valera et al., „Violence," 149–165; Raphael/Shapiro, „Violence," 126–139; Zurhold, *Entwicklungsverläufe*, 29–31 u. 120–134.

Ländern einem hohen Risiko für Gewalterfahrungen hauptsächlich verbaler und psychischer Art (z. B. Drohungen) ausgesetzt sind.[345] Anhand der Studienlage kann jedoch nicht geklärt werden, ob es sich hierbei um einen geschlechtstypischen Effekt im Bereich des Gewalterlebens von sich prostituierenden Personen oder um stichprobenbedingte Schwankungen bzw. untersuchungsbedingte Verzerrungen handelt. Überhaupt sind fundierte allgemeine Aussagen zu Gewalterfahrungen männlicher Prostituierter aufgrund der geringen Qualität der verfügbaren Evidenz zu diesem Zeitpunkt nur sehr beschränkt möglich, weshalb sich im vorliegenden Zusammenhang auf Gewalterfahrungen weiblicher Prostituierter konzentriert werden muss.

Aus der Zusammenführung und auf der Basis der vorstehend angesprochenen Befunde kann Gewalt gegen weibliche Prostituierte als spezifisches Segment aus dem ‚Kontinuum‘ männlicher Gewalt gegen Frauen[346] verstanden und von einem grundsätzlich – unter bestimmten Umständen und Bedingungen der individuellen Prostitutionstätigkeit (z. B. Straßenprostitution, frühes Einstiegsalter) zum Teil auch: sehr deutlich – erhöhten Gewaltrisiko für weibliche Prostituierte im Vergleich zu Frauen in der Allgemeinbevölkerung ausgegangen werden. Gewalt ist geradezu ein ‚Wegbegleiter‘ prostitutiver Sexualität. Denn nicht nur steht das Erleben insbesondere sexueller*sexualisierter Gewalt in Kindheit und Jugend[347] im „Hintergrund für das Hineingeraten" vieler Frauen „in die Prostitution", sondern Gewalt wird von Zuhältern und/oder Bordellbetreibern auch eingesetzt, „um Frauen in der Prostitution zu halten",[348] wobei Prostituierte vermehrt von Gewalterfahrungen selbst in der privaten Lebenssituation *außerhalb* ihrer Prostitutionstätigkeit[349] berichten. Schließlich können Gewalterfahrungen aber auch maßgeblich dazu beitragen, Frauen zum Ausstieg aus der Prostitution zu bewegen.[350]

345 Vgl. hierzu den Scoping-Review von Raine, „Violence," 336–357.
346 Zur Vorstellung eines ‚Kontinuums‘ männlicher Gewalt gegen Frauen vgl. Kelly, *Surviving Sexual Violence*, 74 ff. u. 97 ff., mitsamt der Einbeziehung von Prostitution an sich als *Teil* dieses Gewaltkontinuums bei Coy, „Prostitution," 117.
347 Zu diesem durch die Forschung seit mehreren Jahrzehnten nahegelegten Zusammenhang vgl. Silbert/Pines, „Sexual child abuse," 407–411; Simons/Whitbeck, „Sexual Abuse," 361–379; Saffy, „Child sexual abuse," 132–138; Abramovic, „Childhood Sexual Abuse," 131–146; ferner Schröttle/Müller, „II. Teilpopulationen-Erhebung," 85.
348 Kavemann, „Auswirkungen," 175 (unter Rekurs auf Schröttle/Müller, „II. Teilpopulationen-Erhebung," vgl. bes. 85–87); vgl. Kavemann et al., *Vertiefung*, 17–19.
349 Ribeiro/Sacramento, „Violence against Prostitutes," 61.
350 Vgl. Kavemann, „Auswirkungen," 175; Steffan et al., *Abschlussbericht*, 20.

Gewalt kann sich für Frauen in der Prostitution demnach als erheblicher „Belastungsfaktor"[351] erweisen, doch kann „keineswegs generell davon ausgegangen werden, dass hinter jedem Schritt in die Prostitution Gewalterlebnisse stehen bzw. dass Gewalterlebnisse unmittelbar in die Prostitution führen",[352] und auch der Blick auf die von Prostituierten in Befragungen und Interviewstudien angegebenen Gründe und Motive für den Einstieg in die Prostitution und deren Ausübung erlaubt keineswegs den Schluss, „dass alle in der Prostitution tätigen Frauen zu dieser Tätigkeit gezwungen werden und dass es einen freiwilligen Entschluss zur Tätigkeit in der Prostitution nicht geben kann".[353] Ferner sind, wie bereits im vorhergehenden Abschnitt bemerkt und weitere Interviewstudien zeigen,[354] auch die von Freiern angegebenen Gründe und Motive für die Inanspruchnahme von Prostitution komplexer Art und legen keine besondere Gewaltorientierung der Gruppe der Freier als solche an den Tag. Es erscheint demnach weder zwingend noch angemessen, Prostitution an sich als Gewalt gegen Frauen,[355] geschweige denn als ‚kommerzialisierte, permanente Vergewaltigung‘[356] oder „moderne Sklaverei"[357] zu begreifen. Derartige Radikalpositionen mögen beim Blick auf das erschreckende Ausmaß von Gewalterfahrungen von Frauen gerade im Bereich der Zwangsprostitution und im sogenannten ‚Sextourismus‘ – nichts als ein Euphemismus für das menschenverachtende Geschäft mit sexueller Ausbeutung und Menschenhandel in aller Herren Länder –

---

351 Bundesministerium für Familie, Senioren, Frauen und Jugend, *Bericht*, 9.

352 Kavemann, „Auswirkungen," 175; ähnlich Kavemann et al., *Vertiefung*, 17; vgl. dagegen Schwarzer, „Prostitution Pädophilie," 51.

353 Czarnecki et al., *Prostitution*, 11; vgl. ferner Campagna, *Prostitution*, 269 sowie Angelina, „Hintergründe," 33–55.

354 Vgl. Vorheyer, *Prostitution*, 78 (Anm. 38 mit Literatur); Kavemann, „Auswirkungen," 171 ff.; ferner Grenz, „Überschneidungen," 203–218.

355 Vgl. Raymond, „Prostitution as Violence," 1–9; Gerheim, *Produktion*, 77–84 (zum radikalfeministischen Ansatz); Mühlberger, *Soziale Arbeit*, 30 (samt dortigem Zitat der Sozialarbeiterin Sabine Constabel in einem Interview mit dem *heute journal* vom 18. April 2018: „Wir sagen oft, der Kern der Prostitution ist Gewalt"); Farley, „Bad for the body," 1087–1125; Raymond, „Prostitution on Demand," 1156–1186 zusammen mit der Kritik an mehreren dieser Positionen bei Weitzer, „Flawed Theory," 934–949.

356 Vgl. dazu Lembke, „Würde," in 288 in kritischer Auseinandersetzung mit Aussagen von A. Schwarzer.

357 So im Text der 2013 initiierten Kampagne „Appell" des Magazins *Emma*; abrufbar unter: https://t1p.de/awnc (Zugriff: 31.10.2021), in der ‚moderne Sklaverei‘ zudem mit ‚white slavery‘ gleichgesetzt wird. Zum tatsächlichen – gänzlich anders gelagerten – historischen Hintergrund des letzteren Ausdrucks vgl. Baepler, „Introduction," 6 f. u. 30 f.

durchaus verständlich sein,[358] doch werden sie der vielschichtigen Prostitutionsrealität zumindest in der heutigen westlichen Welt, wie sie Gegenstand mittlerweile unzähliger Forschungs- und Studienarbeiten ist, schwerlich gerecht.

Mit dieser Ablehnung einer einfachen Gleichsetzung von Prostitution mit Gewalt bzw. mit dem ihre Ausübung vielerorts umgebenden kriminogenen Umfeld[359] soll nicht ausgeblendet werden, dass prostitutive Sexualität in hohem Maße anfällig ist für Gewalt. Allerdings liegt dies nicht so sehr an der prostitutiven Sexualität an sich als vielmehr an den Umständen und Bedingungen, unter denen Prostitution praktiziert wird, was beim Blick auf die fundamentale Verwobenheit von Prostitution als globalem Phänomen mit den erheblichen Wirtschafts- und Wohlstandsgefällen zwischen den und innerhalb der verschiedenen Regionen dieser Erde auf der einen,[360] mit asymmetrischen Geschlechter- und Machtverhältnissen[361] sowie von patriarchalen Wertvorstellungen getragenen und kulturell ausgeformten geschlechtsspezifischen Rollenstereotypen auf der anderen Seite besonders deutlich wird. Entsprechend werden durch Prostitution als Institution patriarchale Denkmuster und sexistisch-normative Geschlechtszuschreibungen aufgerufen und bedient,[362] was zur Fortschreibung hierarchischer Geschlechterverhältnisse und damit gesellschaftlicher Ungleichheit beiträgt. In ihrer juristischen Dissertation zum Prostitutionsgesetz (2011) vertritt Rahel Gugel denn auch die Position, dass Prostitution als eine „strukturelle geschlechtsspezifische und sexuelle Diskriminierung" von Frauen betrachtet werden kann, die als *strukturelle* nicht einfach „Frauen als einzelne Personen" im konkreten Einzelfall, sondern „die *Gruppe* ‚Frau'"[363] in ihrer Lebensrealität diskriminiert und demnach objektive gesellschaftliche Gegebenheiten ebenso wie die geschlechtsspezifische Sozialisation umfasst.

Eine Auseinandersetzung mit Prostitution griffe demnach zu kurz, würde sie Prostitution allein als Instrument und nicht auch als Symptom der Unterdrückung von Frauen verstehen. So sehe ich das Gewaltproblem der Prostitution tief ein-

---

358 Weder verständlich noch begründet, sondern befremdlich und einfältig muten jedoch gezielte Provokationen mittels Anspielungen auf Nazi-Parolen an, wie z.B. von Alice Schwarzer, „Macht Prostitution frei?," *EMMA*, 1980, Nr. 10 (Oktober), 5.
359 Darin stimme ich Vogeler, *Prävention*, 247 bei.
360 Vgl. Faerber-Husemann, *Osteuropas verkaufte Frauen*, 7; ferner Vorheyer, *Prostitution*, 58; Lamnek, „Sex and Crime," 493.
361 Vgl. Rudolph, *Geschlechterverhältnisse*, 39 (Überschrift): „Geschlechterverhältnisse sind Machtverhältnisse sind Geschlechterverhältnisse".
362 Vgl. Gerheim, *Produktion*, 78; Gugel, „Debatte," 80 f.; Dabrock et al., *Unverschämt – schön*, 133 f.
363 Gugel, *Spannungsverhältnis*, 68 u. 70 (speziell zur ‚kommerziellen Prostitution'; meine Hervh.); vgl. dazu 36 u. 43 samt resümierenden Bemerkungen 208 u. 213.

gewachsen in ein noch immer weithin ausgeblendetes, geschweige denn gelöstes gesellschaftliches Problem: der Unterdrückung von Frauen in allen ihren nur mit größter Feinsinnigkeit wahrnehmbaren (sublimen) wie ganz offen vor Augen stehenden brutalen Erscheinungsformen. Verbreitung und Inanspruchnahme von Prostitution können jedenfalls nicht einfach aus dem jeweiligen gesellschaftlichen Kontext herausgelöst betrachtet und ethisch be- und/oder verurteilt werden, sind beide doch immer auch von sozialen und kulturellen Faktoren und gesellschaftlichen Wertvorstellungen beeinflusst. Ohly stellt meines Erachtens mit Fug die These auf: „Solange die Gesellschaft patriarchal organisiert ist, wird damit [scil. durch ein Verbot] Prostitution nicht etwa verschwinden, sondern vielmehr in der Illegalität neu blühen".[364] Um die mit Prostitution einhergehenden Missstände wirksam angehen zu können, gilt es daher, grundsätzlicher anzusetzen und auch die in einer Gesellschaft vorherrschenden Geschlechtervorstellungen und daraus erwachsenden Geschlechterrolleneinstellungen und -erwartungen mit in den Blick zu nehmen und so einen Bewusstseinswandel einzuleiten, der zuallererst durch einen von Vorurteilen befreiten Blick auf dieses Segment alltagsweltlicher Realität ermöglicht wird.

Wir stehen an dieser Stelle wiederum vor der Herausforderung, notwendige Differenzierungen vorzunehmen, ohne deshalb wesentliche Zusammenhänge aus dem Blick zu verlieren.

5.3 Sexualethische Perspektive

Prostitution ist das Anbieten und Ausüben sexueller Handlungen gegen Geld oder andere materielle Vorteile.[365] Dem liegt die Überzeugung von der Tausch*barkeit* und Tausch*wertigkeit* sexueller Handlungen als „sexueller gegen nichtsexuelle Güter"[366] zugrunde, was sich bei aller historischen und kulturellen Variabilität als Kern prostitutiver Sexualität herausschälen lässt. Bestimmend für das Wesen der

---

364 Ohly, *Ethik der Liebe*, 106; vgl. ferner Krause, *Einführung*, 97.
365 Vgl. dazu Gerheim, *Produktion*, 42f.; Bernsdorf, „Prostitution," 652; Vorheyer, *Prostitution*, 62; Hilgendorf, „Liebe," 93. Die Prostitutionsdefinition von Paulus, *Schatten*, 5 („Anbieten des eigenen Körpers zur sexuellen Befriedigung anderer Personen gegen materielle Entlohnung") stellt eine sachlich nicht notwendige Engführung auf die sexuelle Befriedigung dar.
366 Campagna, *Prostitution*, 124; vgl. 44–51; als ‚sexuelle Güter' betrachtet Campagna sexuelle Erregung und Befriedigung (vgl. 54–58 u. 62); zum „Warencharakter" sexueller Werte vgl. Sigusch, „Fetischcharakter," 62.

Prostitution ist dementsprechend die „allgemeine Käuflichkeit",[367] d. h. die Realisierung sexueller Handlungen erfolgt gegen Entgelt bzw. in unmittelbarem Austausch gegen materielle Werte, nicht einfach gegen „irgendeine wertvolle Gegenleistung"[368] zu gegebener Zeit, zumal ohne direkten Bezug zu einem konkreten sexuellen Handlungsgeschehen, was sonst den Unterschied zwischen prostitutiver Sexualität im hier gemeinten Sinne und sexueller Intimität in ehelichen oder nichtehelichen Lebensgemeinschaften und Beziehungsformen einzuebnen drohte, aus denen (bestimmten) Personen materielle Vorteile erwachsen und/oder die von (bestimmten) Personen speziell zu ebendiesem Zweck eingegangen werden.

In der Prostitution (aus spätlateinisch *prostitutio*, eigentlich ‚öffentliches Sichpreisgeben'[369] bzw. ‚Sichfeilbieten') wird nicht die Person selbst, streng genommen auch nicht ihr Körper, sondern *sexuelle Handlungen* vor, mit oder an ihr werden zum ‚Tauschobjekt'.[370] Dieser „Tausch wesentlich heterogener Güter"[371] findet in einem mehr oder minder definierten Handlungsrahmen für einen begrenzten Zeitraum statt und wird von den Beteiligten bewusst-willentlich[372] eingegangen. Auf der Ebene sexueller Handlungen selbst besteht dabei allerdings *kein* wesentlicher Unterschied zwischen prostitutiver und nicht-prostitutiver Se-

---

367 So bereits Bloch, *Prostitution*, Bd. 1, 27; vgl. Bolender/Feldhaus, Art. „Prostitution, 1.," 68. Dies begründet m. E. einen Verzicht auch auf Euphemismen für Prostitution wie ‚käufliche Liebe' oder ‚Liebesdienst'. Prostitution mag eine Form der Zuneigung sein und begründen (können), dergleichen Begrifflichkeiten sind jedoch ebenso unpassend wie die Betrachtung von Liebe als einer Ware. Der Umstand der Käuflichkeit trifft auf Prostitution als solche zu, ist damit doch noch nichts darüber gesagt, *wer* an Prostitution letztlich verdient.
368 Darauf haben Kinsey et al., *Sexual Behavior in the Human Male*, 595 (meine Übers.) bei aller Verhaftetheit an stereotypische Geschlechtsrollenbilder nicht zu Unrecht hingewiesen, was eine Übergängigkeit zwischen nicht-prostitutiver und prostitutiver Sexualität freilich nicht ausschließt; vgl. ferner Campagna, *Prostitution*, 78–89.
369 Vgl. Köbler, *Etymologisches Rechtswörterbuch*, 318 (s.v. „Prostitution").
370 Vgl. Girtler, *Strich*, 34 (auch zit. bei Gerheim, *Produktion*, 43). Vgl. dagegen Gorz, *Kritik*, 211 (auch zit. bei Vorheyer, *Prostitution*, 83). Zur Frage des ‚Verkaufs des Körpers' in der Prostitution vgl. Campagna, *Prostitution*, 59–61. Dazu steht m. E. nicht im Widerspruch, dass – unter Zugrundelegung der Vertragsmetapher – „sich der Mann durch einen Prostitutionsvertrag Zugang zu einem weiblichen Körper verschafft" (Krause, *Einführung*, 97). Insofern ist auch das Anbieten sexueller Handlungen, nicht lediglich deren Ausübung, unabdingbarer Bestandteil prostitutiver Sexualität; beides geht Hand in Hand.
371 Campagna, *Prostitution*, 61. Zur Frage, ob dieser Tausch im Falle von Prostitution auch fair, gleich und gerecht ist, vgl. einerseits Mühlberger, *Soziale Arbeit*, 67 (unter Rekurs auf Staub-Bernasconi), andererseits (aus radikal-liberalistischer Sicht) Boger, „Anarchismus," 49 sowie Krämer/Amendt, „Sex," 124.
372 ‚Bewusst-willentlich', nicht notwendigerweise *freiwillig*-willentlich' (d. h. ‚freiwillentlich'; s. dazu Abschnitt 3.2.2.2), was bei sexueller Ausbeutung auszuschließen ist.

xualität.[373] ‚Käuflich-Sein' ist sozusagen kein ‚reales Prädikat',[374] d. h. keine sinnlich wahrnehmbare Eigenschaft sexueller Handlungen, sondern eine Angabe über die Bedingung der Möglichkeit ihres Zustandekommens, was nicht aus-, sondern einschließt, dass auch prostitutive Sexualität mit freiwillentlicher Zustimmung der Beteiligten und damit im Horizont von Einverständlichkeit realisiert werden kann. Eine prinzipielle Abwertung der Prostitution aus diesem ‚pekuniären' Grund scheint insofern nicht berechtigt.[375]

Diese allgemeineren Bemerkungen zu Kern und Wesen der Prostitution vorausgeschickt, ist nun am Beispiel derselben der Frage der Abhängigkeit der Einverständlichkeit sexueller Handlungen von äußeren Bedingungen nachzugehen. Es geht im Folgenden also nicht darum, die Frage der Einverständlichkeit nochmals im Blick auf ihre *inneren* Bedingungen und Voraussetzungen aufzurollen, um beispielsweise zwischen einverständlichen sexuellen Handlungen ‚erster' und ‚zweiter Klasse' zu unterscheiden; letztere dann, wenn eine sich prostituierende Person sexuellen Handlungen zwar freiwillig zustimmt, aufgrund ihrer Unerfahrenheit aber damit letztlich „gegen ihre *wahren* Interes-

---

373 Wenn z. B. Bloch, *Prostitution*, Bd. 1, 25 ff. zur Unterscheidung der Prostitution „von den übrigen Arten der außerehelichen Befriedigung des Geschlechtsverkehrs" (25) unter anderem Promiskuität (vgl. 26 f.) sowie „[d]as Moment der fortgesetzten, habituellen, kontinuierlichen Preisgebung" (27; allesamt ohne Hervh.) nennt, betrifft dies im Grunde nicht die Ebene sexueller Handlungen selbst, sondern die Umstände sowie die Modi deren Zustandekommens.

374 Zu der von Kant im Anschluss an Leibniz vorgenommenen berühmten Unterscheidung zwischen Existenzaussage und Prädikation einerseits, logischer und realer Prädikation andererseits als Hintergrund dieser Anspielung vgl. Kant, *Kritik der reinen Vernunft* (1781/1787), 401 (A597 f./B627 f.).

375 Es ist daran zu erinnern, dass die vorliegende Untersuchung das Urteil darüber offenlässt, inwiefern die gegebenenfalls für ethisch zulässig erachteten Phänomene zugleich der Vorstellung ‚gelingender' Sexualität zu entsprechen vermögen. Diesbezüglich könnten z. B. die für prostitutive Sexualität charakteristische weitgehende Unverbindlichkeit, Unbeteiligtheit (dazu bereits Bloch, *Prostitution*, Bd. 2.1, 450; zu weiteren Merkmalen vgl. Bd. 1, 25 – 27) und primäre Lustorientierung (zumindest auf Seiten der Prostitution in Anspruch nehmenden Person) in Anschlag gebracht werden. Und es könnte darauf hingewiesen werden, dass die – auch – in der prostitutiven Sexualität deutlich werdende Herauslösung der Sexualität aus der Intimität und inneren Bindung zwischen Personen einerseits, die der Prostitution zugrunde liegende Bewertung sexueller Handlungen als gegen Geld oder andere materielle Güter tauschbare ‚immaterielle Handlungen' (im Horizont vertraglicher Verständigung) andererseits mit einer ethisch verantworteten Gestaltung von Sexualität im Horizont christlicher Wirklichkeitsdeutung allenfalls bedingt vereinbar sind. Die ‚Ware' Sexualität, ohne Vorlaufzeit und doch mit strikter raum-zeitlicher Begrenztheit, erscheint insofern als beliebig ein- und austauschbar, während sie im Horizont der Liebe gratis (data), aber nicht umsonst ist.

sen"[376] handelt. Zielführender als eine solche Re-Evaluation der inneren Bedingungen von Einverständlichkeit als einer im Wege approximativen Hinein*quantitierens* gerade unerreichbaren *qualitativen* Bestimmung,[377] was womöglich auch um den Preis der Konsistenz und Kohärenz der in dieser Untersuchung entwickelten Position erfolgte, erscheint mir eben, die Abhängigkeit der Einverständlichkeit sexueller Handlungen von *äußeren* Bedingungen in den Blick zu nehmen und anhand von Prostitution im Spannungsfeld zwischen dem Recht auf sexuelle Selbstbestimmung und dem notorischen Verdacht der sexuellen Ausbeutung im Zusammenhang mit Migration und Menschenhandel zu fragen, ob äußere Umstände und Rahmenbedingungen selbst *einverständliche* sexuelle Handlungen in einem derart problematischen Licht erscheinen lassen können, dass sie aus sexualethischer Sicht abzulehnen sind.

Gemäß der in Abschnitt C.3.3 entwickelten sexualethischen Grundentscheidung sind sexuelle Handlungen grundsätzlich als ethisch zulässig zu qualifizieren, soweit und solange sie im Horizont von Einverständlichkeit zustande kommen und vollzogen werden, ohne dabei gegen die sexuelle Selbstbestimmung Dritter zu verstoßen. Dies gilt grundsätzlich auch für prostitutive Sexualität, soweit und solange alle Beteiligten deren Realisierung freiwillentlich zustimmen *können* und auch freiwillentlich zugestimmt *haben*. Allerdings bliebe ein mehr als fader Beigeschmack, sollte es mit dieser allgemeinen Aussage sein Bewenden haben, zumal im Blick auf die vielfach bemühte wie kontrovers diskutierte Unterscheidung von ‚freiwilliger Prostitution' und ‚Zwangsprostitution'[378] samt dazwischenliegendem diffusem ‚Graubereich'[379] im Kontinuum prostitutiver Sexualität.[380]

---

376 So Lenzen, *Sex*, 78, dessen Argumentation (78–80) mir in diese Richtung zu gehen scheint. Vgl. auch das Themenpapier der Generaldirektion interne Politikbereiche der Europäischen Union, *Sexuelle Ausbeutung*, 7. Unter Einbeziehung der rechtlichen Sichtweise ließe sich – im Anschluss an Dabrock et al., *Unverschämt – schön*, 131 – die Differenzierung zwischen einem illegalen und einem legalen Bereich der Prostitution argumentationsleitend berücksichtigen. Während zum illegalen Bereich Zwangsprostitution und Prostitution von Minderjährigen als Ausschnitte aus der Prostitutionsrealität zu zählen sind, weist der legale Bereich (d.h. die Ausübung von Prostitution im Sinne der Gesetze von 2001 und 2016) mehrere Schattierungen auf, darunter als ‚Graubereich' der Bereich der legalen Prostitutionsausübung, der „von Ausbeutung und latenter Gewalt bestimmt ist" (ebd.).

377 Zur Frage des Sich-Hineinquantitierens s. auch Abschnitt F.2.1.

378 Zu dieser Unterscheidung und ihrer Infragestellung vgl. Campagna, *Prostitution*, 178–200; ferner Vorheyer, *Prostitution*, 74.

379 Für eine tragfähige Definition dieses ‚Graubereichs' vgl. Gugel, *Spannungsverhältnis*, 112, die darunter den Bereich fasst, „bei dem die Prostituierte sich zwar rational zur Prostitutionsausübung entscheidet, sie jedoch in ihren tatsächlich vorhandenen Wahlmöglichkeiten stark ein-

Als praktikables Instrument zur Bestimmung dessen, was unter Zwangsprostitution zu verstehen ist, eignet sich die Trias ,Aufnahme, Ausübung und Ausstieg'. Die Elemente dieser Trias stehen in wesentlichem Zusammenhang miteinander, sodass sobald eines dieser Elemente nicht oder nicht länger zur freien Disposition einer Prostituierten steht, von Zwangsprostitution auszugehen ist. Dies ist beispielsweise der Fall, wenn die Aufnahme der Prostitution unter Anwendung oder Ausübung von Zwang erfolgt, wozu auch das bewusste Herbeiführen oder Ausnutzen einer Zwangslage gehört. Unter Zwang wurde in dieser Untersuchung die gezielte Unterwerfung eines fremden Willens unter den eigenen verstanden, was, idealtypisch betrachtet, im Falle *angewendeten* oder *ausgeübten* Zwangs *personale* Urheberschaft voraussetzt, während der durch gesellschaftliche Strukturen und Machtverhältnisse *erzeugte* Zwang zwar *subjektanaloge* Urheberschaft, aber nicht unbedingt ein handelndes oder wirkendes Subjekt voraussetzt, welches als Urheber des Zwangs konkret identifizierbar wäre.[381]

Vor diesem Hintergrund bietet sich an, bei Prostitution, deren Aufnahme und Ausübung sich vornehmlich als bewusste rationale Entscheidung aufgrund des Zwangs der *Verhältnisse* – und das heißt nicht zuletzt: aus finanziellen Gründen[382] – und der dadurch bedingten Einschränkung oder Begrenzung der Wahlmöglichkeiten verstehen lässt, nicht bereits von Zwangsprostitution zu sprechen, sondern eine solche nichtsdestotrotz *selbst*bestimmt gewählte und *eigen*verantwortlich ausgeübte Prostitutionstätigkeit im legalen, wenn auch ethisch keineswegs unproblematischen ,Graubereich' zu verorten,[383] während bei Zwangsprostitution im eigentlichen und hier gemeinten Sinne an prostitutive Sexualität vornehmlich im Zusammenhang mit Menschenhandel zum Zwecke der sexuellen

---

geschränkt ist" (vgl. dagegen Dabrock et al., *Unverschämt – schön*, 131; s. oben Anm. 376). Zur genannten Differenzierung vgl. ferner Kavemann, „Einschätzung," 91 (die statt ,Zwangsprostitution' von einem ,unfreiwilligen, gewaltförmigen Bereich' spricht).

380 Zur Vorstellung eines Kontinuums auch im Bereich prostitutiver Sexualität vgl. O'Connell Davidson, „Frage," 61 f.

381 Vgl. dazu Abschnitt A.2.3.4 (samt Unterscheidung zwischen Anwendung, Ausübung und Erzeugung von Zwang).

382 Dabei ist, wenn vom *Zwang* der Verhältnisse gesprochen wird, in erster Linie an materielle Notlagen gedacht, weniger an Fälle, in denen Frauen durch die Prostitutionstätigkeit „in erster Linie ihren Luxusbedarf" befriedigen, wie Uta Falck in ihrer Studie über Prostitution in der DDR festgestellt hat (*VEB Bordell*, 201). „Die Prostituierten lösten das Dilemma zwischen Konsuminteressen und Heimatliebe auf spezifische Weise – indem sie sich Zugang zu Devisen verschafften" (a.a.O., 187; vgl. 16 u. 142); vgl. dazu Vorheyer, *Prostitution*, 62 f.

383 Gugel, *Spannungsverhältnis*, 14, weist darauf hin, dass dieser ,Graubereich' auch im Sinne des ProstG der freiwilligen Prostitution zuzurechnen ist.

Ausbeutung zu denken ist.[384] Freilich soll damit weder geleugnet werden, dass eine prekäre finanzielle Notlage auch einen solchen Zwang erzeugen kann, der die Möglichkeit einer freien, selbstbestimmten Entscheidung einer Person für oder gegen die Prostitutionstätigkeit als mindestens „fraglich"[385] erscheinen lässt; noch sollen damit die weitgehenden Überschneidungen zwischen Prostitution und sexueller Ausbeutung sowie die prinzipielle Übergängigkeit dieses Phänomenbereichs in Abrede gestellt werden, zu der aber auch gehören kann, dass die Aufnahme der Prostitution einst unter Anwendung oder Ausübung von Zwang und damit unter Verletzung des Rechts auf sexuelle Selbstbestimmung erfolgte, die Ausübung der Prostitution im weiteren Verlauf aber ab einem bestimmten Zeitpunkt selbstbestimmt und eigenverantwortlich mit der Möglichkeit eines jederzeitigen Ausstiegs fortgesetzt wird, sodass eine Charakterisierung dieser Prostitutionstätigkeit als Zwangsprostitution dann nicht (mehr) angemessen erscheint.

Diese vor dem Hintergrund der Unterscheidung von personaler und subjektanaloger Urheberschaft eines Zwangsgeschehens entwickelte Differenzierung von Zwangsprostitution im eigentlichen Sinne und einer vornehmlich aus dem Zwang der Verhältnisse heraus aufgenommenen und ausgeübten Prostitutionstätigkeit scheint mir, der damit unweigerlich verbundenen Problematik klarer Grenzziehungen zum Trotz, sinnvoll zu sein, wenn anders die Unterscheidung zwischen ‚freiwilliger Prostitution' und ‚Zwangsprostitution' nicht gänzlich eingeebnet und Prostitution im Anschluss beispielsweise an feministisch-neoabolitionistische Positionen *prinzipiell* als unfreiwillig und damit unter keinen Umständen als Gegenstand und Resultat auch einer freien, selbstbestimmten Entscheidung betrachtet werden soll.[386] Eine solche Radikalposition muss sich jedenfalls den Vorwurf gefallen lassen, eine bewusste Infragestellung der, ja im Grunde eine Hinwegsetzung über die von Frauen in Befragungen und Interviewstudien angegebenen Gründe und Motive auch für eine selbstbestimmt gewählte und eigenverantwortlich ausgeübte Prostitutionstätigkeit zu sein und ihnen eine solche Entscheidungsmöglichkeit von außen in einer Weise abzusprechen, durch die dem positiven Recht eines Menschen auf eine selbstbestimmte Sexualität Schranken gesetzt und die Bemühungen um den Schutz der

---

384 Für einen aktuellen Überblick über die rechtliche Situation in Europa vgl. Vogeler/Haverkamp (Hg.), *Umgang.*

385 Bundesministerium für Familie, Senioren, Frauen und Jugend, *Bericht*, 9.

386 So z. B. die Losung der Coalition Against Trafficking in Women (CATW): „all prostitution exploits women, regardless of women's consent"; zit. nach Bass, *Getting Screwed*, 6; ferner Schwarzer, Interview mit Reimann, abgedruckt als: „Alice Schwarzer über Prostitution. ‚Die Freiwilligkeit ist ein Mythos'."

sexuellen Selbstbestimmung vor Beeinträchtigungen durch Dritte konterkariert werden. Überhaupt wird man damit der tatsächlichen Vielschichtigkeit und Komplexität der Prostitutionsrealität schwerlich gerecht werden können, zu der eben auch gehört, dass sich erwachsene Menschen[387] auf ihr Recht berufen können dürfen, einer Tätigkeit als Prostituierte kraft einer freien, selbstbestimmten Entscheidung gelegentlich oder gewerbsmäßig nachzugehen.[388]

Was den Bereich der Zwangsprostitution im hier gemeinten Sinne betrifft, ist aus sexualethischer Sicht mit aller Deutlichkeit festzustellen, dass nicht deren Aufnahme und Ausübung, wohl aber deren *Inanspruchnahme* unter keinen Umständen zu rechtfertigen oder zu entschuldigen ist,[389] also auch dann nicht, wenn eine beiderseitige Einverständlichkeit sexueller Handlungen zu bestehen scheint,[390] steckt doch hinter jedem (Geld)Schein der Einverständlichkeit die Fratze menschenverachtenden Zwangs. Sexuelle Handlungen im Rahmen von Zwangsprostitution sind aber nicht nur mit Zwang, sondern gleichermaßen mit Gewalt behaftet. Der Umstand, dass sexuelle Handlungen im prostitutiven oder nicht-prostitutiven Kontext selbst frei von Gewalt in *personalem* Sinne sein mögen, bedeutet nicht, dass sie deshalb auch frei von *jeglicher* Gewalt sind, wenn nämlich der Bedingung der Möglichkeit ihres Zustandekommens ein Moment fremdmächtiger Willensdurchsetzung auch gegen Widerstände eignet. *Alle* realisierten sexuellen Handlungen im Bereich der Zwangsprostitution,[391] auch solche, die selbst ohne Androhung oder Ausübung physischer Gewalt vollzogen werden, sind aufgrund der gewalthaltigen Umstände und Bedingungen, unter

---

387 Dagegen wird Kindern „die zu einer eigenverantwortlichen Aufnahme der Prostitution erforderliche Fähigkeit" abgesprochen, „die Tragweite und Bedeutung der Entscheidung einzusehen und nach dieser Einsicht zu handeln" (Renzikowski, „Straftaten," 574), weshalb jegliche Förderung der Prostitution Minderjähriger strafbar ist.

388 Dass dies im feministischen Kontext, wenn überhaupt, nur einer ganz kleinen Minderheit der Prostituierten zugestanden und „zum Randbereich des Phänomens" gemacht wird, „aller Selbstorganisation und Bestrebungen der Hurenbewegung zum Trotz" (Hill/Bibbert, *Regulierung*, 13), verdeutlicht den dahinter stehenden und unweigerlich zum Zuge kommenden ‚Konstruktionsprozess' (vgl. ebd.).

389 Hinsichtlich der Bedeutung von ‚Rechtfertigung' und ‚Entschuldigung' im Gefolge Austins s. Abschnitt 6.2.1.

390 Ähnlich Bowald, *Prostitution*, 145. Eine freiwillentliche Zustimmung zu prostitutiven sexuellen Handlungen kann unter zwangshaltigen Umständen und Rahmenbedingungen *möglich* sein, auch dann, wenn nur eine der beteiligten Personen davon weiß oder sogar beide Beteiligten diese daraufhin vollziehen. Dies betrifft freilich nur das *Vorliegen* von Einverständlichkeit, *nicht* die Frage der strafrechtlichen (vgl. nur § 232a Abs. 6 Satz 2 StGB) oder sexualethischen *Bewertung* der einverständlichen sexuellen Handlungen.

391 Sogenannte ‚Kinderprostitution' ist *keine* Prostitution, sondern sexueller *Kindesmissbrauch* und daher nicht Gegenstand der nachfolgenden Überlegungen.

denen sie zustande kommen und mit denen sie in wesentlichem Zusammenhang stehen, unweigerlich gewalt*behaftet*. Insofern kann in Bezug auf Zwangsprostitution mit Adorno gesagt werden: „Es gibt kein richtiges Leben im falschen."[392] Vielmehr ist jedwede Realisierung sexueller Handlungen im Bereich der Zwangsprostitution als sexuelle*sexualisierte Gewalt zu verstehen. Dass Gewalt nicht immer auf konkrete Personen als Akteure zurückzuführen, geschweige denn auf ‚handgreifliche' Formen zu reduzieren ist, sondern auch in Rahmenbedingungen eingebettet sein kann, ist die unaufgebbare Bedeutung des Konzepts der strukturellen Gewalt. An derartigen gewalthaltigen Rahmenbedingungen findet auch die Einverständlichkeit sexueller Handlungen ihre Grenze.

Weil durch die Inanspruchnahme von Prostitution unter diesen Umständen und Bedingungen zur Aufrechterhaltung, ja überhaupt erst zum globalen ‚Erfolg' eines solchen auf der sexuellen Ausbeutung von Menschen fußenden Systems beigetragen wird, kann das einzige angemessene Verhalten eines Freiers aus sexualethischer Sicht nur darin bestehen, auf die Realisierung sexueller Handlungen, die im Wissen um derartige Zwangsumstände realisiert würden oder bei denen selbige nicht mit Sicherheit ausgeschlossen werden könnten, zu verzichten, um nicht auf diese Weise das menschenverachtende System sexueller Ausbeutung weiter am Leben zu halten. Insofern erscheint es nur konsequent, dass in Deutschland seit dem 15. Oktober 2016 auch Freier von Zwangsprostituierten strafrechtlich verfolgt werden können, die in Kenntnis der Zwangslage der Prostituierten sexuelle Handlungen vor, mit oder an ihnen realisieren,[393] was einen Vorsatz begründet, wobei Freier seit dem 1. Oktober 2021 auch dann bestraft werden können, wenn sie „zumindest leichtfertig" (§ 232a Abs. 6 Satz 2 StGB) diese Zwangslage der Prostituierten verkannt haben, was allerdings in der Rechtspraxis womöglich nicht unerhebliche Abgrenzungsschwierigkeiten nach sich ziehen, wenn nicht gar zu neuem Rechtsbedarf führen könnte.

Mit dieser kategorischen Ablehnung der Realisierung sexueller Handlungen im Rahmen von Zwangsprostitution ist nun allerdings nicht gesagt, dass damit jeglicher Sexualität unter zwangshaltigen äußeren Umständen und Bedingungen die ethische Zulässigkeit abzusprechen wäre. Dies würde sich bei näherer Betrachtung denn auch als kontraintuitiv erweisen. Hierzu gilt es, sich die Entwicklung des Einverständlichkeitskriteriums im vorangegangenen Untersuchungsteil in Erinnerung zu rufen.[394] Einerseits wurde festgehalten, dass

---

392 Adorno, *Minima Moralia*, 43 (der Schlusssatz aus „Asyl für Obdachlose", dem 18. Aphorismus); vgl. dagegen Dabrock et al., *Unverschämt – schön*, 136 f.
393 Vgl. BT-Drucksache 18/9095. Eine nachträgliche Anzeige des Freiers schützt allerdings vor einer Strafverfolgung; zu dieser Freierstrafbarkeit vgl. § 232a Abs. 6 Satz 3 StGB.
394 Siehe bes. Abschnitte C.3.2.2.2 u. C.3.3.4.

einverständliche sexuelle Handlungen auch unter ausgesprochen zwangshaltigen und durch (Macht-)Ungleichheit gekennzeichneten Umständen und Rahmenbedingungen möglich sein können, wie etwa in ‚Langzeit-Besuchsräumen' in Justizvollzugsanstalten. Andererseits wurde argumentiert, dass sich in sexuellen Interaktionen im Horizont von Einverständlichkeit asymmetrische Kräfte- und Machtverhältnisse ‚verkörpern', die allerdings, und dies ist der springende Punkt, auf der sexuellen Interaktionsebene im Medium der Einverständlichkeit zeitweilig außer Kraft gesetzt, ‚aufgehoben' werden, sodass eine sexuelle Vereinigung in Freiheit und damit Vermittlung von Verschiedenheit und Einheit möglich wird. Zwangshaltige äußere Umstände und Rahmenbedingungen ebenso wie asymmetrische Kräfte- und Machtverhältnisse sind also an sich noch *kein* Ausschlusskriterium für die Herstellung von Einverständlichkeit im und als Prozess gegenseitigen Miteinanders – auch nicht im Rahmen von Prostitution. Maßgeblich für das Vorliegen von Einverständlichkeit, im prostitutiven wie im nicht-prostitutiven Kontext, ist vielmehr, dass eine Zustimmung zu sexuellen Handlungen unter Abwesenheit personalen Zwangs erfolgt, sei es, dass dieser von einer der unmittelbar beteiligten Personen selbst ausgeht, oder sei es, dass er auf die direkte Einwirkung Dritter zurückgeht.

Dieser personale Zwang kann sich entweder primär auf die Zustimmung selbst (direkter Zwang) oder primär auf die Umstände und Rahmenbedingungen beziehen, unter denen eine Zustimmung erfolgen kann (indirekter Zwang). Sofern die Zustimmung einer der beteiligten Personen unter direktem personalem Zwang erfolgt, ist Einverständlichkeit nicht möglich, während im Falle eines indirekten personalen Zwangs, der sich also primär auf die Umstände und Rahmenbedingungen einer Zustimmung bezieht, Einverständlichkeit möglich ist – jedenfalls so lange, wie der Freiheitsraum der zu einer selbstbestimmten Entscheidung fähigen Beteiligten nicht in einer Weise beeinträchtigt wird, dass ihnen eine freiwillentliche Zustimmung nicht mehr möglich ist. Das bedeutet: Wenn und sofern alle Beteiligten freiwillentlich, und zwar unter den *gegebenen* Umständen und Rahmenbedingungen, sexuellen Handlungen oder Interaktionen zustimmen und die Zustimmung selbst dabei keinem direkten Zwang unterliegt, ist Einverständlichkeit möglich. Damit ist allerdings *nicht* gesagt, dass einverständliche sexuelle Handlungen oder Interaktionen auch unter *allen* Umständen und Rahmenbedingungen ethisch unproblematisch wären.

Dies lässt sich anhand des Vergleichs zwischen nicht-prostitutiver Sexualität in der angesprochenen Gefängnissituation und Sexualität im Rahmen von Zwangsprostitution verdeutlichen. Die Rahmenbedingungen, unter denen sexuelle Handlungen realisiert werden, sind in beiden Fällen in hohem Maße zwangshaltig und durch Ungleichheit und Machtungleichgewicht gekennzeichnet, allerdings mit einem wichtigen Unterschied. Denn in der Gefängnissituation stellen ‚Langzeit-Besuchsräume' für die realen Partner*innen diesseits und jenseits der Gefängnismauern die einzige Möglichkeit dar, während des geschlossenen Vollzugs ihre gemeinsame Sexualität unmittelbar miteinander erleben zu können – wenn es denn beide unter diesen Umständen und Rahmenbedingungen wollen.[395] Dagegen besteht im Bereich der Zwangsprostitution allein für den Freier, nicht aber auch für die Prostituierte immerzu die Möglichkeit, auf eine Realisierung sexueller Handlungen mit genau dieser anderen Person *verzichten* zu können, ohne deshalb unmittelbare negative Konsequenzen für sich selbst befürchten zu müssen.[396]

Der Freier muss nicht, *kann* aber immer auch anders handeln, was von der sich prostituierenden Person, wenn überhaupt, nur in einem sehr eingeschränkten Sinne gesagt werden kann. Daran zeigt sich der uneinholbare Machtvorsprung des Freiers gegenüber der Prostituierten, deren individuelle Entscheidung für oder gegen sexuelle Handlungen mit einem Freier aufgrund der Zwangshaltigkeit der Bedingungen nicht ins Gewicht fällt: Die Prostituierte hat dies gerade nicht ‚eigenmächtig' zu entscheiden und würde in dem Fall, dass sie sexuelle Handlungen *ablehnt*, mit unmittelbaren negativen Konsequenzen für sich selbst – wenn nicht durch Freier, so durch Zuhälter und Menschenhändler – rechnen müssen, wäh-

---

395 Eine nicht unerhebliche Asymmetrie zeigt sich allerdings auch in der Gefängnissituation, wenn darauf nicht die kollektive Perspektive eines Paares, sondern die Binnenperspektive der einzelnen Akteure angewendet wird, und zwar im Blick auf die ungleiche Verteilung der ‚Kosten des Verzichts' auf gemeinsame Sexualität miteinander. Während für die inhaftierte Person ein Verzicht auf Sexualität mit *dieser* anderen Person wahrscheinlich zugleich den Verzicht auf Sexualität mit anderen Personen *überhaupt* bedeutete, ist dies bei der nicht-inhaftierten Person gerade nicht oder zumindest nicht unweigerlich der Fall. Eine mit der Gefängnissituation analoge kollektive Perspektive könnte sich beim Blick auf Zwangsehen in streng religiösen, patriarchalisch grundierten Kulturen auftun, die ebenfalls mit einer radikalen Asymmetrie zulasten der geehelichten Frauen einhergehen, oder beim Blick auf arrangierte Ehen, die allerdings – jedenfalls im Prinzip – mit dem ‚Einverständnis' beider Eheleute stattfinden (vgl. dazu Cankiran, *Glück*, 29 ff.), was gleichwohl mit der Vorstellung einer freien und selbstbestimmten Sexualität schwerlich zu vermitteln ist. Es würde an dieser Stelle zu weit führen, diese verschiedenen – sei es aus der Binnenperspektive der einzelnen Akteure, sei es aus der kollektiven Perspektive von Paaren heraus betrachteten – Konstellationen miteinander en détail zu vergleichen und Gemeinsamkeiten und Unterschiede herauszuarbeiten. Worum es mir an dieser Stelle geht, ist die Herausstellung ungleicher Rahmenbedingungen und zwangshaltiger Umstände, die zur Folge haben können, dass selbst einverständliche sexuelle Handlungen, die als solche ohne personale Gewalt vollzogen werden, dennoch mit Gewalt behaftet und deshalb ethisch abzulehnen sein können.

396 Unmittelbar insofern, als es unmittelbare Folge der Ablehnung der Realisierung sexueller Handlungen ist, nicht persönliche Folgen im allgemeinen, d. h. auch im mittel- oder langfristigen Sinne. Dass auch hier zwischen direkt beabsichtigten und indirekt beabsichtigten bzw. unbeabsichtigten, aber in Kauf genommenen Folgen zu unterscheiden wäre, versteht sich; s. dazu Abschnitt C.3.2.2.3.

rend allein der Freier die Entscheidungsmacht besitzt, sexuellen Handlungen zustimmen oder auf deren Realisierung aus freien Stücken verzichten zu können. In diesem asymmetrischen Handlungs- und Entscheidungsraum liegt die ethische Brisanz der Prostitutionssituation. Indem sexuelle Handlungen unter Ausnutzung eines Machtvorsprungs in einem Handlungs- und Geschehenszusammenhang realisiert werden, bei dem sich eine der beiden beteiligten Personen der Einflussnahme anderer Personen nicht ohne Weiteres entziehen kann, sind diese Handlungen auch dann, wenn beide Beteiligten ihnen freiwillentlich zustimmen, nicht einfach losgelöst von den zwangshaltigen Umständen und Rahmenbedingungen, sondern davon geradezu ,gezeichnet'.

Was die angesichts der menschenverachtenden Zustände und Begleitumstände insbesondere im Bereich der Zwangsprostitution an sich nachvollziehbare Forderung eines vollständigen Prostitutionsverbots bzw. einer Kriminalisierung von Freiern entsprechend dem ,Nordischen Modell' betrifft, zeigen aktuelle Untersuchungen, dass entsprechende Gesetzesänderungen allenfalls geringe Auswirkungen auf Prostitutionsangebot bzw. -nachfrage samt Menschenhandel haben, hingegen unzweifelhaft zur weiteren gesellschaftlichen Ausgrenzung und Stigmatisierung von Prostituierten beitragen.[397] Ein Verbot von Prostitution führte nicht einfach zu ihrem Verschwinden. Vielmehr begünstigte dies anzunehmenderweise ein ,Abtauchen' auch von – bislang – nach dem ProstSchG gültig angemeldeten Prostituierten in den Untergrund, wo sie der Gewalt durch Freier und Zuhälter weitestgehend schutzlos ausgeliefert wären.[398] Eine restriktive Prostitutionspolitik könnte demnach nicht nur die Situation (auch) der selbstbestimmt und eigenverantwortlich tätigen Prostituierten verschlechtern, sondern überdies die Kriminalität gegen besonders vulnerable Gruppen unter den Prostituierten befördern.[399] „Um der kriminellen Gewinnabschöpfung und brutalen Ausbeutung

---

[397] Vgl. Platt et al., „Associations," [37]-[38], [43] u. [45]-[46]; ferner Ellison et al., *Review*, 164–166.

[398] Dies sieht man indirekt auch daran, dass nicht zuletzt aufgrund der staatlichen Schutzmaßnahmen gegen die Coronavirus-Pandemie die Zahl der Anmeldungen von Prostituierten nach dem ProstSchG beispielsweise in Nordrhein-Westfalen Ende 2020 um rund ein Drittel (!) niedriger war als 2019 (vgl. die Pressemitteilung des Landesbetriebs Information und Technik Nordrhein-Westfalen vom 1. Juli 2021, abrufbar unter: https://t1p.de/rg7o [Zugriff: 31.10.2021]), die Prostitution nach Einschätzung des Bundes Deutscher Kriminalbeamter sowie des Bundesverbandes für Sexuelle Dienstleistungen sich aber lediglich in die Illegalität, insbesondere durch die Nutzung von Privatwohnungen, verlagert hat.

[399] So eine vom nordirischen Justizministerium in Auftrag gegebene Untersuchung der Queen's University Belfast zu den Auswirkungen der in Nordirland 2008 eingeführten strengen gesetzlichen Regulierung von Prostitution, worauf 2015 ein komplettes Verbot von Prostitution folgte, vgl. Ellison et al., *Review*, 131 f. u. 161 f. Vgl. damit Department of Justice (UK), *Assessment*. Der Schluss

der Zwangsprostituierten durch organisierte Kriminalität ‚das Wasser abzugraben‘, ist die Prostitution weitestgehend zu legalisieren“.[400]

Überdies ist zu bedenken, dass eine restriktive Prostitutionspolitik keineswegs notwendig auch zu einer Verbesserung der gesundheitlichen Situation von Prostituierten[401] oder zu einer Steigerung der Verurteilungen von Menschenhändlern aufgrund entsprechender Zeugenaussagen von Zwangsprostituierten führt, die selbst und/oder deren Familien von Menschenhändlern weiterhin unter Druck gesetzt werden könnten. Entscheidende Bedeutung kommt daher einer konsequenten Unterstützung und Förderung von Ausstiegsmöglichkeiten für Prostituierte zu, die, wenn sie den Ausstieg suchen, sich oftmals in einer „von multiplen Problemlagen“[402] bestimmten Situation mit unüberwindbar erscheinenden „Ausstiegsbarrieren“[403] befinden: „Neben finanziellen und/oder familiären Problemen, gesundheitlichen Belastungen durch die Prostitution und Belastungen durch Gewalterlebnisse teilweise früh im Leben kommen bei fast der Hälfte [scil. der den Ausstieg suchenden Prostituierten] Defizite in schulischer Ausbildung oder Berufsausbildung dazu.“[404] Angesichts dieser in vielerlei Hinsicht prekären Ausgangssituation sind die Ansprüche an eine kompetente und fachkundige Beratung und Begleitung der Prostituierten ausgesprochen hoch, was eines kommunal verankerten, multiprofessionell und interdisziplinär kooperierenden Netzwerkes mit entsprechenden finanziellen Mitteln bedarf.[405]

Wie aber verhält es sich mit dem Bereich der ‚freiwilligen Prostitution‘, einem Bereich also, in dem erwachsene Personen der Tätigkeit als Prostituierte, sei es gelegentlich oder gewerbsmäßig, in jedem Falle aber selbstbestimmt und eigenverantwortlich, sozusagen ‚auf eigene Rechnung‘ nachgehen? Wie bei nicht-

---

von Scherndl, „Sexkauf,“ dass dieses Prostitutionsverbot die sexuelle*sexualisierte Gewalt gegen Prostituierte erhöhe, ist m. E. nicht berechtigt, da hierzu das deliktspezifisch unterschiedlich große Dunkelfeld miteinbezogen werden müsste. Es kann lediglich festgestellt werden, dass sich *seit* dem Verbot von Prostitution – und eben nicht: *aufgrund* dieses Verbotes – die Anzahl der gemeldeten sexuellen Übergriffe auf und sexuellen Belästigungen von Prostituierten deutlich erhöht hat, was nicht nur auf das Prostitutionsverbot, sondern auch auf andere Faktoren wie z. B. das verbesserte Anzeigeverhalten von Opfern, erhöhte Sensibilisierung etc. zurückgeführt werden kann. In der genannten Studie von Ellison et al. heißt es deutlich: „While some violent crimes such as assaults have increased since 2016 whether this is due to the legislation or some other factor(s) remains unknowable“ (161); vgl. auch 165 f.

400 Lamnek, „Sex and Crime,“ 493.
401 Vgl. Platt et al., „Associations,“ [45]-[46].
402 Kavemann, „Auswirkungen,“ 199.
403 Steffan et al., *Abschlussbericht*, 38; vgl. Bundesministerium für Familie, Senioren, Frauen und Jugend, *Bericht*, 31–36.
404 Kavemann, „Auswirkungen,“ 199.
405 Vgl. Steffan et al., *Abschlussbericht*, 61; ferner 20 u. 43.

prostitutiver Sexualität ist für die Herstellung von Einverständlichkeit auch hier maßgeblich, dass alle Beteiligten den praktizierten sexuellen Handlungen frei-willentlich zustimmen können und auch freiwillentlich zugestimmt haben, und zwar unter den gegebenen Umständen und Rahmenbedingungen. Solange se-xuelle Handlungen im Bereich der ‚freiwilligen Prostitution' im Horizont von Einverständlichkeit zustande kommen und vollzogen werden, ohne gegen die sexuelle Selbstbestimmung Dritter zu verstoßen, sind sie – jedenfalls aus Sicht einer liberalen evangelischen Sexualethik – für sich genommen als ethisch un-problematisch zu bewerten.[406] Doch auch in diesem Segment der Prostitutions-realität, deren (rechtliche) Rahmenbedingungen im Prostitutionsgesetz (ProstG) und Prostituiertenschutzgesetz (ProstSchG) als dem sogenannten ‚Deutschen Modell'[407] geregelt sind, kann die Gefahr bestehen, dass gleichsam ‚hinter dem Rücken' der sexuell miteinander Agierenden bestimmte Vorschriften und Rege-lungen einer selbstbestimmten Entscheidung beider Personen im Wege stehen können. Zu denken ist hier beispielsweise an von Bordellbetreiber*innen den im Prostitutionsbetrieb als Selbstständige oder als abhängig Beschäftigte (Ange-stellte) arbeitenden Prostituierten aufgenötigte Bedingungen, den Zwang zur Benutzung von Kondomen oder das auch in diesem Bereich der prostitutiven Sexualität anzutreffende Phänomen des *Stealthing*,[408] dem heimlichen und gegen Absprache erfolgenden Abstreifen des Kondoms, was jede Einverständlichkeit – genauer gesagt: deren Fortbestehen – zunichtemachte.

Der Hinweis darauf, dass „es [...] bisher kein Land der Welt geschafft" habe, „den Kauf und Verkauf sexueller Dienstleistungen wirksam und nachhaltig zu unterbinden – selbst wenn dies ausdrückliche und ernsthafte Intention war",[409] ist nicht als Kotau vor dem Status quo als vermeintlicher ‚Normativität des Fak-tischen' zu verstehen, sondern verdeutlicht die Herausforderung auch für eine unter theologischen Vorzeichen verfahrende Sexualethik, sich dieser gesell-schaftlichen Realität nicht zu verschließen und um ebenso klare wie lebensnahe

---

406 Vgl. jedoch auch die Bemerkung bei Dabrock et al., *Unverschämt – schön*, 136f., dass „Prostitution [...] zwar nicht per se destruktiv, aber auch selten lebensförderlich" (136) ist. ‚Für sich genommen' auch deshalb, weil sexuelle Handlungen niemals in einem sozialen Vakuum, sondern stets – dabei individualgeschichtlich vermittelt und soziokulturell überformt – in Kon-texte eingebunden stattfinden, sodass auch prostitutive Sexualität, zumal im angesprochenen ‚Graubereich', zwar nicht denselben, zum Teil aber mit nicht-prostitutiver partnerschaftlicher Sexualität vergleichbaren Herausforderungen und Ambivalenzen ausgesetzt sein kann.

407 Vgl. dazu Hotz, *Selbstbestimmung*, 253–255 (im Rahmen des Vergleichs aktueller Rechts-modelle 250–257).

408 Siehe Abschnitt 4.3.2; zur Kondomnutzung in verschiedenen Settings vgl. Matthiesen et al., *Sexuelles Verhalten*, 38 (auch zur Prostitution).

409 Dabrock et al., *Unverschämt – schön*, 126.

diesbezügliche Orientierung zu bemühen. Hierzu kann auch gehören, Freier als ,Kunden' zu betrachten, deren ,Kompetenz' es zu fördern gilt, was in diesem sensiblen Bereich hieße, sie auch für die Zwangs- und Gewaltbehaftetheit weiter Teile der Prostitutionsrealität hierzulande wahrnehmungsfähig(er) zu machen. Zu dieser gehört auch, dass die widerspruchsfreie Reaktion oder explizite Zustimmung eines Gegenübers zu sexuellen Handlungen auch Resultat eines Zwangs durch Dritte und damit Folge einer fremdmächtigen Verletzung des jedem Menschen als Mitglied der Menschheitsfamilie zustehenden individuellen Freiheits- und Selbstbestimmungsrechtes sein kann.

Ich will hier also darauf hinführen, dass Freier ethisch verantwortungsvolle ,Kunden' sein sollen und auch sein können. Die pauschale Abwertung prostitutiver Sexualität als „nicht [...] des Menschen würdige Gestaltung der Sexualität"[410] erscheint mir deshalb ebenso wenig zielführend zu sein wie ein vollständiges Prostitutionsverbot, was beides nach meinem Dafürhalten Gefahr liefe, Teil des Problems und nicht Teil einer Lösung zu sein, wie auch immer diese dann in einem bestimmten nationalen Gesellschafts- und Gesetzeskontext aussehen mag.

6 Sadomasochismus

Während in den vorausgehenden Kapiteln dieser Grenzerkundung der Einverständlichkeit die Frage nach deren Beginn und Ende sowie nach der Abhängigkeit der Einverständlichkeit sexueller Handlungen von äußeren Bedingungen thematisiert wurde, ist nun abschließend zu erörtern, *wie weit* Einverständlichkeit reichen können sollte. Ich frage also danach, ob der Einverständlichkeit selbst Grenzen zu setzen sind, und wenn ja, an welchen Stellen und aus welchen Gründen. Denn auch wenn, wie zu zeigen sein wird, die Frage nach diesen Grenzen unter Verweis auf das allgemeine Persönlichkeitsrecht höchstrichterlich beantwortet sein sollte, ist damit noch nicht aus sexualethischer Sicht geurteilt. Die im Folgenden vollzogene Überschreitung der geschützten und schützenswerten Intimsphäre von Menschen provoziert also die Frage nach einer übergeordneten Instanz, die bewerten und gegebenenfalls auch sanktionierend eingreifen darf, was diese Untersuchung vor die Aufgabe stellt, die Antipoden ,Intimität' und ,Urteils-Öffentlichkeit' in Bezug auf die ethische Urteilsfindung zu balancieren.

---

410 Kirchenkanzlei der EKD (Hg.), *Denkschrift zu Fragen der Sexualethik*, 42 (Nr. 75); dagegen z. B. Ohly, *Ethik der Liebe*, 111.

Dass dieser Aufgabe wiederum anhand eines Extrems, und zwar: einverständlicher sadomasochistischer Sexualpraktiken nachgegangen wird, geschieht auch hier in der Überzeugung, durch die Auseinandersetzung mit diesem Extrem allgemeine Folgerungen für den Umgang auch mit Phänomenen aus dem diffusen Übergangsbereich „zwischen einer einvernehmlichen, leidenschaftlich-gewaltigen Sexualität und dem ebenso einvernehmlichen Sadomasochismus"[411] ziehen zu können. Wichtig ist hierbei, sich vor Augen zu führen, dass nicht jede sexualbezogene Gewalthandlung, aber auch nicht jede sexuelle Praxis, die ein Element von Gewalt enthält, als sadomasochistisch einzustufen ist, so wie nicht in jeder sadomasochistischen Sexualpraktik und in jedem Fetisch notwendigerweise ein Element personaler Gewalt zu finden ist. Die Frage, ob eine bestimmte Sexualpraktik schon bzw. noch als sadomasochistisch einzustufen ist, ist mitunter keineswegs einfach oder eindeutig zu beantworten.[412] Der sexuelle Sadomasochismus ist ein Extrem nicht nur deshalb, weil in ihm als einer Legierung von Sexualität und Gewalt beides in ununterscheidbarer Weise miteinander verflochten ist,[413] sondern auch deshalb, weil die Zustimmung zu sexuellen Handlungen *zugleich* die Zustimmung zu Gewalt bedeuten kann.

Wenn aber (selbst) einverständliche sadomasochistische Sexualpraktiken ethisch zulässig sein sollten, muss das im sexualethischen Diskurs vielerorts als unabdingbare Voraussetzung für eine menschenwürdige Gestaltung des sexuellen Lebens und Erlebens betrachtete Kriterium der ‚Gewaltfreiheit'[414] anders bewertet und gewichtet werden als es bisher der Fall ist. Die durch das Recht auf sexuelle Selbstbestimmung abgedeckte Einverständlichkeit wäre dann nämlich auch bei solchen sexuellen Handlungen anzuerkennen, zumindest aber als tolerabel hinzunehmen, welche dem moralischen Empfinden der Mehrheitsgesellschaft und den von ihr anerkannten Prinzipien diametral entgegengesetzt sein mögen. Dann aber kann dieses moralische Empfinden der Mehrheitsgesellschaft nicht die gesuchte übergeordnete Instanz sein.

Eine sexualethische Beurteilung von sadomasochistischen Sexualpraktiken kann nicht ohne Rücksicht auf den gegenwärtigen humanwissenschaftlichen Kenntnisstand und die aktuelle rechtliche Situation erfolgen, die daher zunächst darzustellen sind, so sehr humanwissenschaftliche Wissensbestände an sich keine normative Autorität für die sexualethische Urteilsbildung *sub specie theologiae* haben können.

---

411 Dabrock et al., *Unverschämt – schön*, 124.
412 Vgl. Wagner, *Grenzbewusster Sadomasochismus*, 103–105.
413 Vgl. Hanna, „Sex is Not a Sport," 239.
414 Vgl. die oben in Anm. 117 angeführten Beispiele aus der theologischen Literatur.

6.1 Humanwissenschaftliche und rechtliche Aspekte

Allgemein gesprochen bezeichnet Sadomasochismus, oft als *SM* abgekürzt oder als Teil des Akronyms *BDSM* (*Bondage & Discipline, Dominance & Submission, Sadism & Masochism*),[415] im Bereich des Sexuellen ein breites Spektrum an Phantasien, Verhaltensweisen und Erlebnisformen, denen eine intensive sexuelle Erregung aufgrund des Zufügens oder Erleidens von Schmerzen und/oder Erniedrigung gemein ist. Entscheidendes Differenzkriterium zwischen diesen in der Koexistenz konfligierender Herrschafts- und Unterwerfungsimpulse sich manifestierenden sexuellen Praktiken und der Begehung von Straftaten gegen die sexuelle Selbstbestimmung nach dem 13. Abschnitt des Besonderen Teils des Strafgesetzbuches (StGB) ist das Vorliegen eines gegenseitigen Einverständnisses der Beteiligten über die jeweils zur Anwendung kommenden Praktiken.[416] Dabei ist zu betonen, dass Sadomasochismus, phänomenologisch betrachtet, wesentlich mehr umfasst als allein auf sexuelle Handlungen bezogene Phantasien, Vorlieben und Neigungen, um die es im Folgenden gehen soll. Sadomasochismus ist nicht so sexuell wie gemeinhin angenommen wird.[417]

Zuverlässige und aussagekräftige Erhebungen über die Häufigkeit sadomasochistischer Sexualpraktiken unter der Allgemeinbevölkerung sind spärlich.[418] In einer 2001/2002 in Australien durchgeführten repräsentativen Umfrage haben rund 2,2 % der männlichen und 1,3 % der weiblichen Befragten in einer sexuellen Partnerschaft angegeben, im Laufe des zurückliegenden Jahres an BDSM-Praktiken beteiligt gewesen zu sein.[419] In einer zwischen Februar und März 2017 in Belgien durchgeführten repräsentativen Online-Befragung zur Häufigkeit von BDSM-bezogenen Phantasien und Aktivitäten hat von den 1.027 Personen, die den Fragebogen komplettierten, mehr als jede fünfte Person (22 %) angegeben, Phantasien über mindestens eine Aktivität aus dem BDSM-Spektrum zu haben, während mehr als jede zehnte (12,5 %) bekannte, eine oder mehrere dieser Aktivitäten regelmäßig zu praktizieren.[420] Einverständlich ausgeübte Sexualprakti-

---

415 Zur Begriffsgeschichte vgl. Pfäfflin, „Sadismus," 1117–1119; Häfner, „Masochismus," 804–806.

416 Zur entsprechenden forensischen Differenzierung von *inklinierendem* (‚einvernehmlichem') und *periculärem* (‚gefährlichem') Sadomasochismus speziell am Beispiel des Sadismus vgl. Benecke, „Modell," 11–26.

417 Vgl. dazu Sigusch, *Sexualitäten*, 368.

418 Vgl. dazu (mit Schwerpunkt auf der soziologischen Literatur) Wagner, *Grenzbewusster Sadomasochismus*, 67–76.

419 Vgl. Richters et al., „Demographic and Psychosocial Features," 1662.

420 Vgl. Holvoet, „Fifty Shades," 1152–1159. Der Fragebogen bewertete das Interesse an insgesamt 54 BDSM-Aktivitäten und 14 Fetischen, die keineswegs alle auch Formen physischer und/

ken, die auch Schmerz und Erniedrigung, Unterwerfen und Beherrschen, Geschlagen- oder Gefesseltwerden – kurzum: Formen einverständlicher sexualbezogener Gewalt umfassen, scheinen insgesamt wesentlich verbreiteter zu sein als gemeinhin angenommen bzw. zugestanden wird.[421]

Entsprechend der Individualität nicht nur der menschlichen Sexualität einschließlich sexueller Bedürfnisse, sondern auch des menschlichen Lust- und Schmerzempfindens können sadomasochistische Sexualpraktiken ausgesprochen vielfältig und wandelbar ausfallen, was einmal mehr die erstaunliche Kreativität des Menschen unter Beweis stellt, wenn es darum geht, anderen Menschen gezielt Schmerzen, Qualen und Erniedrigungen zuzufügen. Ein Forschungsteam um den englischen Psychologen Laurence John Alison hat 2001 auf Grundlage der Angaben von 184 Befragten (22 Frauen und 162 Männer) aus der SM-Szene die empirische Basis von vier qualitativ unterschiedlichen sexuellen Skripten aus dem Bereich der SM-Praktiken als wiederkehrende Muster bestätigt: Hypermaskulinität; Zufügung oder Erleiden von Schmerzen; körperliche Einschränkung und psychische Demütigung.[422] Ein Forschungsteam um den finnischen Psychologen Pekka Santtila gelangte überdies zu der Einschätzung, dass auch im sexuellen Sadomasochismus weniger intensive Verhaltensweisen den intensiveren vorausgingen, sodass von einer gewöhnlichen Steigerung der Intensität sadomasochistischer Verhaltensweisen auszugehen sei,[423] wobei die Reihenfolge, in der sich Menschen auf diese Verhaltensweisen einließen, kei-

---

oder psychischer Gewalt enthalten. Vgl. ferner Fedoroff, „Sadism," 637–646, der betont, dass die Häufigkeit sadistischer *Phantasien* nicht geschlechtsabhängig sei. Obwohl zahlenmäßig weitaus mehr Männer als Frauen wegen sadistischer Sexualverbrechen verurteilt würden, „nonscientific reports indicate that women's fantasies may be becoming more sadistic even though the number of sadistic women convicted of sex crimes has remained constant or even dropped" (640).

421 Sigusch, *Sexualitäten*, 367, der überdies auf die diesbezügliche Verbindung zum Wesen des Christentums hinweist. In der von Kinsey et al. veröffentlichten Studie *Sexual Behavior in the Human Female* (1953) gaben 3% von 2880 befragten Frauen und 10% von 1016 befragten Männern (die Daten wurden zwischen 1938 und 1953 gesammelt) an, durch sadomasochistische Erzählungen eindeutig und/oder regelmäßig sexuell stimuliert zu werden; weitere 9% der Frauen und 12% Männer bekannten eine Form gelegentlicher Erregung (vgl. 676 f.). 55% von 2200 befragten Frauen und 50% von 567 befragten Männer gaben überdies an, eindeutig und/oder regelmäßig bzw. wenigstens gelegentlich dadurch sexuell stimuliert zu werden, wenn sie während des Geschlechtsverkehrs gebissen werden (vgl. 677 f.). In einer anderen, 1991 veröffentlichten Studie der US-amerikanischen Soziologin Lillian B. Rubin (1924–2014) gaben rund ein Viertel aller Befragten an, schon einmal mit irgendeiner Form des Bondage experimentiert zu haben, vgl. Rubin, *Erotic Wars*, 128.

422 Vgl. Alison et al., „Sadomasochistically Oriented Behavior," 1–12. Zur empirischen Forschungslage vgl. Passig, „Sadomasochismus," 81–102.

423 Vgl. Santtila et al., „Investigating the Underlying Structure," 185–196.

neswegs zufällig sei: „Therefore, by knowing that a participant has engaged in a particular behavior [...] one can make predictions about the other behaviors that he or she is likely to have engaged in as well."[424]

Auf nähere Erläuterungen zu einzelnen Sexualpraktiken kann hier verzichtet werden.[425] Für den vorliegenden Zusammenhang ist zweierlei von Bedeutung: (1.) Als ‚Grundstein' sadomasochistischer Sexualpraktiken wird in der Literatur nicht Gewalt, sondern Zusammenarbeit, näherhin: Lustgewinn und -befriedigung durch soziale Interaktion betrachtet.[426] (2.) „Heilige Dreifaltigkeit in der Ethik des Sadomasochismus" ist das Konzept des *Safe, Sane, Consensual* (SSC), d.h.: *safe* (‚sicher') im Sinne von „gesundheitlich unbedenklich (nicht nur in Bezug auf Safersex, sondern auch auf alle anderen Schädigungen)", *sane* (‚vernünftig') im Sinne von „mit gesundem Menschenverstand" („Alle Partner sind also im Vollbesitz ihrer geistigen Kräfte und sich über sämtliche Risiken bei ihren Aktionen im klaren [sic!]") und *consensual* (‚einvernehmlich') zur Kennzeichnung, dass „sämtliche Praktiken [...] im gegenseitigen Einvernehmen erfolgen – alles andere wäre unstatthafte Gewaltanwendung".[427] Dieser in der BDSM-Szene weithin akzeptierte moralische Verhaltenskodex dient dazu, die Einverständlichkeit der Beteiligten über die von ihnen durchgeführten Praktiken sicherzustellen und die mit gegenseitigem Einverständnis erfolgenden (sexuellen) Handlungen von strafbarer sexueller Gewalt bzw. Körperverletzung abzugrenzen.[428] Während im SSC-Konzept das Gewicht stärker auf der Einverständlichkeit und Sicherheit der Beteiligten im körperlichen und psychischen Befinden liegt, wird im etwas weniger weit verbreiteten, als Alternative dazu verstandenen Konzept des *Risk-Aware Consensual Kink* (RACK), zu Deutsch etwa ‚risikobewusstes, einvernehmliches (Praktizieren von) BDSM',[429] größeres Gewicht auf die Einverständlichkeit und Eigenverantwortung der Beteiligten gelegt, die es dann mit dem individuellen Risikobewusstsein und der individuellen Risikobereitschaft jeweils zu vermitteln gilt. Dahinter steht die Überzeugung, dass es bei keiner Praktik absolute Sicherheit und völlige Risikolosigkeit, sondern immer nur ein Mehr oder Weniger an

---

424 A.a.O., 187.

425 Vgl. Alison et al., „Sadomasochistically Oriented Behavior," 6; Moser/Levitt, „An Exploratory-Descriptive Study," 322–337; Musser, „Sadomasochism," 2051–2053; ferner Sigusch, *Sexualitäten*, 367 u. 369 f.

426 Vgl. Goode, *Deviance*, 186: „Collaboration, not force, is the foundation stone of S&M." Ähnlich Goode/Vail, „S&M," 202.

427 Hoffmann, *SM-Lexikon*, 332 (s.v. „‚safe, sane and consensual'"); vgl. auch 106 (s.v. „Ethik"); ferner Goerlich, *The Leather Couch*, 109–122.

428 Vgl. dazu Wagner, *Grenzbewusster Sadomasochismus*, 99 f.

429 Vgl. dazu Goerlich, *The Leather Couch*, 117–119.

Sicherheit und Risiko geben kann. Demnach sind hinsichtlich der sadomasochistischen Praxis zwei Verständnisse von Einverständlichkeit zu unterscheiden: Einverständlichkeit im Horizont von Sicherheit und Einverständlichkeit im Horizont von Eigenverantwortung.

Überdies können charakteristische Rollenmuster und entsprechend vorgeprägte Rollenvorstellungen unterschieden werden, die in der sadomasochistischen Praxis zur Geltung kommen. Während die aktiv-dominante Rolle (*Top*) und die passiv-submissive Rolle (*Bottom*) zwei in ihrer Polarität sich ausschließende, aber komplementär aufeinander bezogene Muster bilden, deren Zusammenspiel den Handlungsverlauf einer ‚Session' in der festen Rollenkonstellation Top/Bottom im Grunde relativ voraussehbar machen, gibt es auch Personen, die innerhalb einer Session oder zwischen verschiedenen Sessions *switchen* und damit sowohl die dominante als auch die devote Rolle einnehmen können. Die konkreten Handlungen innerhalb dieser Rollenmuster können freilich so vielfältig sein, wie der Phantasie durch die Realität, nicht zuletzt durch die realen Körper, Grenzen gesetzt sind. Die Interaktion wird wesentlich dadurch bestimmt und in einer ‚Session' in Gang gesetzt, dass eine der beiden beteiligten Personen freiwillig auf die eigene Selbstbestimmung mehr oder weniger verzichtet, was das Verhalten des (komplementären) Gegenübers entsprechend in Gang setzt.

Im *DSM-5* (2013) werden sadomasochistische Praktiken von der Diagnose „Sexuell Masochistische Störung" (F65.51) bzw. „Sexuell Sadistische Störung" (F65.52)[430] *ausgenommen*, wenn die betreffende Person kein Leiden beispielsweise „im Sinne von Angst, Zwang, Schuld- oder Schamgefühlen"[431] wahrnimmt oder durch ihr „sadistisches" oder „masochistisches sexuelles Interesse"[432] nicht „bei der Erreichung anderer persönlicher Ziele" beeinträchtigt wird, wobei diesbezüglich bemerkenswerterweise *nicht* zwischen einverständlichen und nicht-einverständlichen sadomasochistischen Sexualpraktiken differenziert wird. In der am 25. Mai 2019 von der Weltgesundheitsversammlung (WHA) verabschiedeten und am 1. Januar 2022 in Kraft tretenden *ICD-11* der WHO wird einverständlicher sexueller Sadomasochismus, der nicht zwanghaft und ohne Leiden für die Ausübenden bzw. ohne gravierende gesundheitliche Schädigungen ausgeübt wird, von den psychiatrischen Diagnosen entfernt und einverständlich ausgeübte sadomasochistische Praktiken gegenüber nicht-einverständlichen sexuell-sadistischen Praktiken – letztere werden unter der Kodierung 6D33 zur ‚coercive sexual

---

430 Vgl. APA, *DSM-5. Deutsche Ausgabe*, 954 – 956 u. 956 – 959.
431 A.a.O., 957; das folgende Zitat ebd.
432 A.a.O., 955; das folgende Zitat ebd.

sadism disorder', d. h. zwanghaften sexuell-sadistischen Störung gezählt – un-missverständlich abgegrenzt.[433]

Kurzum: Mögen die Ursachen und Hintergründe für die Entstehung sado-masochistischer Phantasien, Vorlieben und Neigungen noch weitgehend unge-klärt[434] und die genaue Häufigkeit solcher Phantasien, Vorlieben und Neigungen sowie der daraus erwachsenden Handlungen und Verhaltensweisen in der All-gemeinbevölkerung auch unbekannt und daher ausgehend von repräsentativen Stichprobenbefragungen und nicht-repräsentativen Selbstselektionsstichproben nur schätzungsweise anzugeben sein, so unterliegen einverständliche sadoma-sochistische Sexualpraktischen aus medizinisch-psychologischer Sicht keinen grundsätzlichen Bedenken.

Gleiches gilt auch für die (straf)rechtliche Bewertung solcher Praktiken. Einverständliche sadomasochistische Sexualpraktiken, die zu Körperverletzun-gen führen, wurden im Zuge der Reform des Sexualstrafrechts, als die ehemals sogenannten „Sittlichkeitsdelikte" im 13. Abschnitt des Besonderen Teils des StGB durch „Straftaten gegen die sexuelle Selbstbestimmung" ersetzt wurden, mit Wirkung vom 28. November 1973 als Straftatbestand aus dem StGB gestrichen. Die in § 228 StGB (Körperverletzung mit Einwilligung der verletzten Person) einge-räumte Einwilligungsmöglichkeit in eine Körperverletzung verliert gleichwohl ihre rechtfertigende Kraft, wenn die Körperverletzung als ‚sittenwidrig' zu gelten hat, d. h.: „wenn bei vorausschauender objektiver Betrachtung der Einwilligende durch die Körperverletzungshandlung in konkrete Todesgefahr gebracht wird".[435] Nicht zuletzt aufgrund der Unbestimmtheit und Deutungsoffenheit ist diese Sit-tenwidrigkeitsklausel des § 228 StGB – zweifelsohne ein Residuum traditioneller Moralvorstellungen im deutschen Strafrecht,[436] demzufolge „trotz des mit der Einwilligung zum Ausdruck gebrachten Verzichts auf Rechtsschutz das geschützte Rechtsgut dem Zugriff Dritter nicht preisgegeben werden soll, wenn dieser sozi-alethischen Wertvorstellungen zuwiderläuft"[437] – wiederholt zum Gegenstand juristischer Diskussionen geworden, in denen die Verfassungskonformität dieser

---

433 Vgl. WHO, *ICD-11 MMS*, s.v. „6D33". Vgl. hierzu Wright, „De-Pathologization," 622 – 624; Krueger et al., „Proposals," 1542. Zum Forschungsstand vgl. Mokros, „Coercive Sexual Sadism," 135.

434 Zu verschiedenen ätiologischen Theorien vgl. Fedoroff, „Sadism," 639 – 642.

435 BGH, Urteil vom 26.05.2004 – 2 StR 505/03; vgl. Jakobs, „Einwilligung," 507 – 520; Hirsch, „Einwilligung," 181 – 202.

436 Vgl. dazu Renzikowski, „Primat," 205 – 207.

437 Schönke/Schröder, *Strafgesetzbuch. Kommentar*, § 228 (Rn. 5) (auch zit. bei Magnus, *Pati-entenautonomie*, 332); zu Voraussetzungen der Einwilligungsfähigkeit und Grenzen der Einwilli-gungsmöglichkeit vgl. 159 ff. u. 332 – 335; vgl. ferner Järkel, *Sittenwidrigkeit*, 13 – 16 u. 153 – 171.

Vorschrift in Zweifel gezogen worden ist, was an dieser Stelle aber keiner weiteren Erörterung bedarf.[438] Wichtig ist vielmehr der Umstand, dass jedes Recht zur einvernehmlichen Durchführung sadomasochistischer Sexualpraktiken im Privaten zwischen einwilligungsfähigen Personen bis zu der durch § 228 StGB gezogenen Grenze der ‚Sittenwidrigkeit' besteht, zumal dieses „mehrfach durch höchstrichterliche Entscheidungen verbrieft"[439] worden ist.

6.2 Sexualethische Perspektive

Die Herausforderung einverständlicher sadomasochistischer Sexualpraktiken besteht für die sexualethische Reflexion vor allem darin, die Tatsache der Gewaltausübung und das Kriterium der Einverständlichkeit so gegeneinander abzuwägen, dass die sexuelle Selbstbestimmung der Beteiligten – dabei immer unter Voraussetzung ihrer Einsichts-, Einwilligungs- und Willensbildungsfähigkeit – auch dann respektiert, zumindest aber toleriert wird, wenn die daraus folgenden, mitunter extrem gewalthaltigen Handlungen und inhumanen Verhaltensweisen der Achtung der sexuellen Selbstbestimmung wie überhaupt des Gegenübers als ‚Würdeträger' diametral zuwiderzulaufen scheinen. Der Umstand, dass das Recht auf sexuelle Selbstbestimmung als vom allgemeinen Persönlichkeitsrecht umfasst betrachtet wird[440] und Menschen ein solches Recht unabhängig davon besitzen, ob es von Mitmenschen tatsächlich auch anerkannt oder respektiert wird,[441] präjudiziert als solches noch nicht die ethische Beurteilung der aus der Wahrnehmung dieses verfassungsmäßig abgesicherten Rechts hervorgehenden Handlungen und Verhaltensweisen.

Die ethische Beurteilung kann nicht ohne Rücksicht auf die rechtliche Situation, muss aber letztlich unabhängig davon, nämlich ausgehend von der Sache selbst erfolgen.[442] Meinungen und Ansichten der Mehrheitsgesellschaft, die gleichermaßen einem zeitbedingten Wandel unterliegen wie deren Wertvorstel-

---

438 Vgl. Sternberg-Lieben, „§ 228 StGB," 289–311; Morgenstern, „Abstoßend," 1146–1156; Rennicke, „Körperverletzung," 465. Vgl. grundsätzlich Grünewald, „§ 228. Einwilligung," 699–724.

439 So Fiedler, „Sexuelle Störungen," 189, der auf ein Urteil des Europäischen Gerichtshof für Menschenrechte verweist; vgl. auch Green, „(Serious) Sadomasochism," 543–550.

440 Vgl. BVerfG, Beschluss des Ersten Senats vom 21. Dezember 1977–1 BvL 1/75, 1 BvR 147/75 (Sexualerziehung in der Schule) – Rn. 103 (BVerfGE 47, 73).

441 Vgl. Birnbacher, „Rechte," 54.

442 Damit ist freilich nicht gesagt, dass die (sexual)ethische Beurteilung unter den ihr eigenen Voraussetzungen nicht auch zum selben Schluss wie die rechtliche Bewertung kommen könnte.

lungen,[443] sollten für die sexualethische Beurteilung des Sadomasochismus in jedem Falle zweitrangig sein, zumal „[n]icht jedes Abneigungsgefühl" auch „moralische Evidenz"[444] besitzt. Gleichwohl ist zu bemerken, dass das sadomasochistische Zusammenspiel von Macht und Ohnmacht unter paradoxen Vorzeichen („Souveränitätsverlust wird souverän verfügt"[445]) seit jeher Irritationen und Unverständnis bis hin zu Abscheu, Verachtung und Hohn hervorgerufen hat.[446] Auch die in einer ambivalenten Spannung zwischen Faszinosum und Tremendum erfolgende mainstreammediale, publikumswirksame Thematisierung und Theatralisierung dieses in privaten Diskursen gegenüber Dritten meist tabuisierten Phänomens – darunter verkitschte, aber keineswegs unproblematische filmische Inszenierungen wie die in diesem Zusammenhang fast unvermeidlich zu nennenden *Fifty Shades of Grey* (2015)[447] – haben das Ihrige zu den im öffentlichen Bewusstsein zirkulierenden verzerrten Einschätzungen und verdrehten Erwartungen über den sexuellen Sadomasochismus beigetragen.[448] Wesentliche Voraussetzung einer rechtlich und humanwissenschaftlich informierten Auseinandersetzung mit dem sexuellen Sadomasochismus aus ethischer Sicht ist daher das Bestreben, sich ein möglichst realistisches Bild von ihm zu machen, um Grenzen der Einverständlichkeit benennen und diskutieren zu können.

Als Ausgangspunkt der folgenden ethischen Beurteilung von einverständlichen sadomasochistischen Sexualpraktiken soll die diesbezügliche Positionierung von Vertreter*innen der evangelischen Theologie, Rechtswissenschaft, Soziologie und Sexualpädagogik in der ursprünglich als EKD-Denkschrift zur Sexualethik geplanten Veröffentlichung *Unverschämt – schön* (2015) dienen.[449] Die Beinahe-Denkschrift ist nicht nur deshalb bemerkenswert, weil sie eine der wenigen Auseinandersetzungen mit dem sexuellen Sadomasochismus im Bereich

---

443 Vgl. Rennicke, „Körperverletzung," 468; ferner Wagner, *Grenzbewusster Sadomasochismus*, 23.

444 So Ohly, *Ethik der Liebe*, 96 zu Abneigungsgefühlen speziell gegenüber inzestuösen Beziehungen.

445 Woltersdorff, „Dies alles und noch viel mehr!," 188.

446 Vgl. bereits Spengler, *Sadomasochisten*, 36; ferner Deja, *Frauenlust*, 32; Hitzler, „S/M-Erotik," 193; Dollinger, „Sadomasochismus," 51; Wagner, *Grenzbewusster Sadomasochismus*, 12.

447 Zur Kritik aus dem BDSM-Bereich vgl. Marcus, „‚Fifty Shades Of Grey‘;" zur Trilogie vgl. Kratzer, „Kinky People's Perceptions," 9–28.

448 Nicht selten wird dabei meist vergessen oder ausgeblendet, dass „sadomasochistische Interessen typischerweise nur ein[en] Teilaspekt der jeweiligen Persönlichkeit" darstellen (Wetzstein et al., „Sadomasochismus," 93).

449 Vgl. Dabrock et al., *Unverschämt – schön*, 123–126.

von Kirche und Theologie überhaupt enthält,[450] sondern auch deshalb, weil sie eine erstaunlich „gelassene Bewertung"[451] einverständlicher sadomasochistischer Sexualpraktiken an den Tag legt, welche sich in Form eines Einerseits-Andererseits beschreiben lässt. *Einerseits* bleibe der sexuelle Sadomasochismus als „Grenzphänomen" insofern fragwürdig, als er in einer besonderen Gefahr stehe, „in Unfreiwilligkeit und Missachtung umzuschlagen".[452] Diese Grenzproblematik wird unter Rekurs auf die zuvor entwickelte theologisch-ethische Kriteriologie gelingender Sexualität[453] dahingehend konkretisiert, dass das Voraussetzungskriterium der *Freiwilligkeit* und die Vollzugskriterien der *Lebensdienlichkeit* und des *Schutzes der Beteiligten* in der sexuellen Praxis des sadomasochistischen Spiels mit Macht und Ohnmacht „an ihre Grenzen"[454] geführt und die wechselseitige Sensibilität und das Vertrauen der Beteiligten „auf eine harte Probe gestellt" würden, zumal bestimmte Teilpraktiken auch anatomische Kompetenz erforderten. Solange *andererseits* aber die genannten Voraussetzungs- und Vollzugskriterien gewahrt blieben, müssten „sadomasochistische Neigungen moralisch nicht verworfen werden", zumal „eine generelle Ächtung die potenziellen Gefahren dieser Sexualpraxis noch erhöhen" und eine Tabuisierung für einen verantwortlichen Umgang mit ihr nicht förderlich sein würde. Aufgrund des Konfliktes gläubiger Menschen zwischen ihrem Glauben und ihren gelebten sexuellen Neigungen sei auch „eine christlich motivierte Sexualpädagogik" zu einer realistischen Thematisierung des Sadomasochismus aufgefordert,

> um dadurch Verletzungen des Selbstbestimmungs- wie des Liebesgebotes und dauerhafte Fixierungen auf aktuell dominante Sexualpräferenzen zu vermeiden. Schon die Vermittlung sexueller Basiskompetenzen kann gesundheitlichen wie moralischen Fehlentwicklungen vorbeugen. Dazu gehört auch die Fähigkeit, die eigenen und fremden Bedürfnisse wie auch

---

450 Vgl. z. B. Drewermann, „Frage," 212–221; Carrette, „Intense Exchange," 11–30; Brintnall, „Loss of Self," 546–550; Ohly, *Ethik der Liebe*, 111–117; Mueller, „If all acts of love," 39–52; Shore-Goss, „Queer incarnational bedfellows," 222–243. Ferner Schirrmacher, *Ethik*, Bd. 4, 471, 509 (Nr. 36) u. 524. Zum Verhältnis und Vergleich von sexuellem Sadomasochismus und religiösen (sado)masochistischen Phänomenen vgl. Ammicht Quinn, *Körper*, 207–231; ferner Markschies, „der schmerz," 153–159; Tiedemann, „Selbst," 13–29. Für die Philosophie hingegen vgl. Stangneth, *Sexkultur*, 184. Eine lehramtliche Stellungnahme oder ein offizielles lehramtliches Dokument der römisch-katholischen Kirche zu Fragen speziell bzw. auch des Sadomasochismus gibt es m. W. bis dato nicht.
451 Huizing, *Scham*, 299. Vgl. dagegen noch Kirchenkanzlei der EKD, *Denkschrift zu Fragen der Sexualethik*, 37 (Nr. 63).
452 Dabrock et al., *Unverschämt – schön*, 125.
453 Vgl. a.a.O., 62–66.
454 A.a.O., 125; die folgenden Zitate in diesem Absatz ebd.

Grenzen sowie sexuelle Situationen realistisch einzuschätzen und reale sexuelle Gewalt von konsensuellen Machtspielen unterscheiden zu können.[455]

Dieser grundsätzlich zugewandten Haltung zum sexuellen Sadomasochismus kann in weiten Teilen zugestimmt werden. In der Tat scheint eine realistische, entdramatisierte Thematisierung sadomasochistischer Sexualpraktiken jenseits der massenmedial (re)produzierten Stereotype, aber auch jenseits von Glorifizierung und Dämonisierung einer solchen Gestaltungs- und Erlebenswelt im Spannungsfeld von Dominanz und Submissivität bzw. Devotheit angebracht. Insofern ist die in *Unverschämt – schön* zutage tretende Intention, für eine verantwortliche Gestaltung des Sexuallebens auch in diesem sexualethischen Grenzbereich zu plädieren, unbedingt zu bejahen. Auch der Einschätzung, einverständliche sadomasochistische Sexualpraktiken seien unter den genannten Bedingungen moralisch unproblematisch, kann sich angeschlossen werden, da „Menschen, die eine Vorliebe für masochistische Sexualpraktiken entwickeln, [...] in aller Regel sehr genau um die Vorsichtsmaßnahmen" wissen und „unsichere Sexualpraktiken strikt"[456] ablehnen. Gleichwohl ist darauf hinzuweisen, dass die beiden im vorigen Abschnitt angesprochenen moralischen Verhaltenskodizes SSC und RACK weder in Stein gemeißelt noch Selbstläufer sind. Auch im Blick auf das augenscheinlich größere Sicherheit versprechende SSC-Konzept gilt es, sich in Erinnerung zu rufen: „Nichts ist völlig sicher. Wir können die Konsequenzen unseres Handelns nicht immer erkennen."[457]

Problematisch an den Ausführungen von *Unverschämt – schön*, soweit sie oben skizziert wurden, scheint mir allerdings die als Ziel sexualpädagogischer Arbeit ausgegebene „Fähigkeit" zu sein, „reale sexuelle Gewalt von konsensuellen Machtspielen unterscheiden zu können"[458] – als ob ‚konsensuelle Machtspiele' und ‚reale sexuelle Gewalt' miteinander unvereinbare Alternativen darstellten und ‚konsensuelle Machtspiele' keine reale Gewalt enthalten könnten. Hier ist nochmals an die in den Präliminaria dieses Untersuchungsteils aufgegriffene Arbeitsdefinition von Gewalt zu erinnern, wonach es für das *Vorliegen* von Gewalt nicht nur unerheblich ist, aus welcher Intention heraus eine solche schädigende Einwirkung oder Einflussnahme erfolgt, sondern auch, ob Einverständlichkeit zwischen den Beteiligten darüber besteht – ganz im Gegensatz zur Frage der *Bewertung* von Gewalt. Für die ethische Beurteilung von einverständlichen sadomasochistischen Sexualpraktiken erheben sich deshalb zwei Fragen:

---

455 A.a.O., 126.
456 Fiedler, „Sexuelle Störungen," 189.
457 So die Switcherin ‚Luna' (geänderter Name), in: Schaarschmidt, „Tu mir weh!," 39.
458 Dabrock et al., *Unverschämt – schön*, 126.

(1.) Wenn einverständliche sadomasochistische Sexualpraktiken ethisch zulässig sein (können) sollen, wie können dann auch solche Praktiken, die der Achtung der sexuellen Selbstbestimmung (wenigstens einer) der beteiligten Personen so augenfällig zu widersprechen scheinen, angemessen betrachtet, bezeichnet und bewertet werden? (2.) Sind der Einverständlichkeit im sexuellen Bereich Grenzen zu setzen, und wenn ja: an welchen Stellen und aus welchen Gründen?

Diesen Fragen, zunächst des Blickwinkels, der Bezeichnung und der Bewertung, sodann der Grenzen selbst, wird in den folgenden beiden Unterabschnitten nachzugehen sein.

6.2.1 Blickwinkel, Bezeichnung und Bewertung

Bezüglich der Frage des Blickwinkels bei einer ethischen Beurteilung von einverständlichen sadomasochistischen Sexualpraktiken sind die Außenperspektive der Beobachtung und die Teilnehmerperspektive der in eine soziale Interaktion miteinander tretenden Personen auseinanderzuhalten, weil der äußere Anschein nicht unbedingt den wirklichen Verhältnissen, die von außen wahrgenommene also nicht unbedingt der wirklichen bzw. verabredeten Intention entspricht, mit der eine bestimmte Handlung ausgeführt wird.[459] Es ist demnach nicht einfach nur eine Frage des Blickwinkels, aus dem einverständliche sadomasochistischer Sexualpraktiken angemessen zu betrachten wären, denn der äußere Anschein ist es gerade, der trügen kann. Es liegt gewissermaßen im Wesen einverständlicher sadomasochistischer Sexualpraktiken, nicht das zu sein, was sie von außen betrachtet zu sein scheinen. Fallitur visus. Deshalb gilt für die ethische Beurteilung, sich nicht nur auf das zu konzentrieren, was vor Augen steht, sondern zunächst die beiderseitige Einverständlichkeit in den Blick zu nehmen, die dem Augenschein sehr wohl entzogen sein kann. Es geht bei jeder ethischen Beurteilung

---

[459] Speziell im Blick auf die *urteilende Person* können Außen- und Binnenperspektive wiederum in eine interne und eine externe Variante eingeteilt werden, und zwar je nachdem, ob die urteilende Person selbst (zumindest gelegentlich) sadomasochistische Sexualpraktiken vollzieht und sich dabei im weitesten Sinne auch als Mitglied einer ‚Community' betrachtet, als welches es entsprechend urteilen kann, oder ob sie dieser ‚Community' nicht oder nicht mehr angehört. Wenn sie von außerhalb dieser ‚Community' als ehemaliges Mitglied argumentiert, nimmt sie eine *interne Außenperspektive* ein, während sie, wenn sie dieser ‚Community' zu keinem Zeitpunkt jemals angehört hat, zum Zeitpunkt der Beurteilung eine *externe Außenperspektive* einnimmt. Fühlt sie sich hingegen als Mitglied dieser ‚Community' und argumentiert von innen heraus, nimmt sie eine *interne Binnenperspektive* ein, während sie, wenn sie (zumindest gelegentlich noch immer) sadomasochistische Sexualpraktiken vollzieht, ohne sich aber einer solchen ‚Community' zugehörig zu fühlen, eine *externe Binnenperspektive* einnimmt; bei dieser Perspektivendifferenzierung habe ich mich formal orientiert an Schlaak, *Baskenland*, 102f.

darum, das Gesehene ins rechte Licht zu rücken, und das heißt in der Anschauung einverständlicher sadomasochistischer Sexualpraktiken zu berücksichtigen, dass sie ihrem Wesen nach *paradox* sind: ‚wider den Anschein'[460] also, weil die scheinbare Position der Schwäche nicht unbedingt der tatsächlichen Position des Schwachen und die scheinbare Position der Stärke nicht unbedingt der tatsächlichen Position des Starken entspricht, sondern es auch nur so vorkommen kann. Einverständliche sadomasochistische Sexualpraktiken spielen geradezu mit der *Vertauschung* der Rollen des Starken und des Schwachen (*Topping from the Bottom*).[461] Die von außen als radikal asymmetrisch wahrzunehmende Konstellation kann also um des Lustgewinns willen gerade so inszeniert und damit nur im hermeneutischen Binnenraum der in eine soziale Interaktion miteinander tretenden Personen angemessen zu erschließen sein.

Wollte man diese Unterscheidung zwischen der Außenperspektive der Betrachtenden und der Binnenperspektive der Handelnden auf die Spitze treiben, könnte das sadomasochistische Doppelparadox der Ohnmacht der Macht und der Macht der Ohnmacht im Rückgriff auf die Unterscheidung zwischen dem Inneren und dem Äußeren dahingehend gefasst werden, dass in einverständlichen sadomasochistischen Sexualpraktiken einer Innerlichkeit ‚Aus-Druck' verliehen wird, für die es im Äußeren keinen adäquaten, sondern nur einen paradoxen Ausdruck geben kann.[462] So gesehen, handelte es sich um eine dem Äußeren inkommensurable Innerlichkeit, die, wenn sie sich im Äußeren Ausdruck verschafft, gerade nicht das zu sein scheint, was sie tatsächlich ist. Deshalb können einverständliche sadomasochistische Sexualpraktiken z. B. zwischen zwei Personen innerhalb einer von Zuneigung und Liebe getragenen partnerschaftlichen Beziehung auch dann als Ausdruck innerer Zuneigung und Liebe verstanden werden, wenn sie dem Blick eines Außenstehenden als das genaue Gegenteil anmuten.

Was dagegen die Frage der Bezeichnung angeht, kann vor dem Hintergrund der in Abschnitt C.3.3.3 vorgeschlagenen terminologischen Differenzierung von Gewalt*handlungen* und Gewalt*tätigkeiten* festgestellt werden, dass im Unterschied zu Gewalt*tätigkeiten* als Bezeichnung derjenigen gewalthaltigen Handlungen, die

---

460 ‚Paradox' von παρά-δοξος; παρά, ‚gegen' und δόξα, (hier i.S. von ‚Schein') bzw. δοκεῖν, (hier i.S. von) ‚den Anschein haben'.

461 Vgl. dazu unten Anm. 505.

462 Zu diesem Gedanken – in einem gänzlich anders gelagerten Kontext und mit gänzlich anderer Stoßrichtung – vgl. die originelle Interpretation von Lk 14,26 („Wenn jemand zu mir kommt und haßt nicht [οὐ μισεῖ] [...]") zur Verdeutlichung der Frage nach einer teleologischen Suspension ethischer Normen im Glauben als einer Situation der absoluten Verpflichtung gegenüber Gott in Kierkegaards *Furcht und Zittern*, 79 – 83.

gegen den Willen einer Person zustande kommen oder dahin umschlagen, einverständliche sadomasochistische Sexualpraktiken als Gewalt*handlungen* zu bezeichnen sind, die im Unterschied zu Gewalttätigkeiten eben *auch* im Horizont von Einverständlichkeit realisiert werden können. Um vor dem Hintergrund der soeben skizzierten Paradoxalität der sadomasochistischen Situation nicht in einen terminologischen Widerspruch zu geraten, ist zu beachten, dass sich Einverständlichkeit als maßgebliches Kriterium für diese Differenzierung auf das *Zustandekommen* und den *Vollzug* sexueller Handlungen bezieht. Im Blick auf sadomasochistische Rollenspiele gilt nämlich, dass der *explizit* geäußerte Wille, der zum einverständlichen Zustandekommen und Vollzug sexueller Handlungen führt, nicht unbedingt auch dem *innerhalb* des Rollenspiels *verbal* geäußerten Mitteilungen entsprechen muss. Worte wie ‚Nein‘ oder ‚Stopp‘ stellen innerhalb des Rollenspiels also nicht ohne Grund *kein* geeignetes ‚Signalwort‘ (ein sogenanntes Safeword oder Codewort) dar, welches von den Beteiligten üblicherweise *im Vorfeld* vereinbart wird und dessen Aussprechen zur unverzüglichen Beendigung einer Praktik im Rahmen einer Session bzw. zum Abbruch der Session selbst führt.

Eine solche Antwort auf die Fragen der Perspektive und der Bezeichnung ist allerdings noch keine Antwort auf die Frage der Bewertung einverständlicher sadomasochistischer Sexualpraktiken aus sexualethischer Sicht. Bei diesen Praktiken wird nämlich der Widerspruch nicht nur zum Prinzip der Schadensvermeidung (Non-Malefizienz oder *nihil nocere*), sondern auch, wenn wir die jüdisch-christliche Perspektive miteinbeziehen, zur ethischen Verpflichtung gegenüber dem Nächsten augenscheinlich. Das Nächstenliebegebot wird denn auch am Ende der Ausführungen in *Unverschämt – schön* angesprochen, wenn es heißt, dass „Verletzungen des Selbstbestimmungs- *wie* des Liebesgebotes"[463] zu vermeiden seien. An anderer Stelle, bei der Erörterung des Vollzugskriteriums des *Schutzes der Beteiligten*, wird diesbezüglich präzisiert, dass eine evangelische Ethik nicht nur die negative Formulierung des *nihil nocere* zu fördern, sondern gleichermaßen „auf die positive Formulierung der ‚Goldenen Regel‘ (Mt 7,12)" hinzuweisen habe, „der zufolge man sich im Miteinander nicht allein am moralischen Minimum, Schaden zu vermeiden, ausrichten soll. Wenn es vielmehr auch das zu tun gilt, was man selbst erfahren möchte, bedeutet dies: Dem Verbot des Schadens steht auch im Geben und Nehmen sexueller Lust stets das Gebot zur Seite, dem anderen Gutes zu tun und tun zu wollen."[464]

---

463 Dabrock et al., *Unverschämt – schön*, 126 (meine Hervh.).
464 A.a.O., 65.

Der Blick auf einverständliche sadomasochistische Sexualpraktiken macht deutlich, dass die für den Bereich des Sexuellen zumeist kategorisch eingeforderte ‚Gewaltfreiheit‘ nicht unbedingt die adäquate Realisierungsform der Forderung der Nächstenliebe[465] ist und jenes ‚moralische Minimum‘ der Schadensvermeidung auch in *Spannung* zum Selbstbestimmungsgebot stehen kann. Wird das Kriterium der Einverständlichkeit aus sexualethischer Sicht den anderen moralischen Verpflichtungen wie Lebensdienlichkeit und Schutz der Beteiligten wenigstens gleichgeordnet, wenn nicht sogar priorisiert, ergibt sich die Möglichkeit, auch solche Handlungen für zulässig zu erachten, die in offenem Widerspruch zum Prinzip der Schadensvermeidung stehen.

Können jedoch ethisch zulässige Gewalthandlungen im Rahmen einverständlicher sadomasochistischer Sexualpraktiken darüber hinaus auch als ethisch ‚gut‘ und damit als Erfüllung des Gebotes, ‚dem anderen Gutes zu tun und tun zu wollen‘, betrachtet werden? Nachdem Gewalt im Sinne der *violentia* die willentliche Schädigung der körperlich-seelisch-geistigen Integrität eines Anderen, des Nächsten wie des Fernsten, darstellt, erscheint die auch im Horizont von Einverständlichkeit erfolgende Ausübung von Gewalt innerhalb von sadomasochistischen Sexualpraktiken unter keinen Umständen als ‚gut‘, geschweige denn als ‚unterstützenswert‘, durchaus aber als verteidig*bar* und verteidigens*wert*. Wie der britische Philosoph John L. Austin (1911–1960) in seinem wegweisenden Beitrag „A Plea for Excuses" (1965) dargelegt hat, kann ein Verhalten, das der Verletzung einer moralischen Pflicht gleichkommt, auf wenigstens zwei Weisen verteidigt werden: durch *Rechtfertigung* oder durch *Entschuldigung*.[466] Eine bestimmte Handlung, die zur Verletzung einer moralischen Verpflichtung führt, kann entweder unter Verweis auf die speziellen Umstände *als* moralisch *nicht verwerflich*, sondern als moralisch richtig oder erlaubt (= Rechtfertigung), oder aber unter Anführung von geradezu ‚ent-schuldigenden‘ Gründen *als* moralisch *verwerfliche* Handlung verteidigt werden (= Entschuldigung). Es gilt also, die Frage der Bewertung und die Frage der Verantwortungsübernahme auseinanderzuhalten. Während bei einer Rechtfertigung die Verantwortung für eine Handlung übernommen wird, nicht aber deren negative Bewertung, weil die Verwerflichkeit dieser Handlung gerade abgestritten wird (z. B. ‚es war Notwehr‘, ‚es war Krieg‘), wird bei einer Entschuldigung die negative Bewertung übernommen, indem die Verwerflichkeit der betreffenden Handlung zugestanden wird,

---

465 Dass das Nächstenliebegebot nicht notwendigerweise im Widerspruch zur Ausübung von Gewalt steht, zeigt sich auch bei einer Reformulierung dieses Gebotes, auf die in Abschnitt 6.2.2 einzugehen sein wird.
466 Vgl. hierzu Austin, „Plea," 380 / dt. „Plädoyer," 178 f. (hiernach zit.) zusammen mit Duncan, „Suspension," 12 f.

ohne dafür aber die (volle) Verantwortung zu übernehmen (z. B. ,es war ein Unfall', ,es war aus Versehen').

Bei einverständlichen sadomasochistischen Sexualpraktiken erscheint mir sinnvollerweise nur der Verteidigungsweg der *Rechtfertigung* eingeschlagen werden zu können, der also unter Verweis auf das gegenseitige Einverständnis der Beteiligten ein dieses Verhalten rechtfertigenden Grund angeben kann, ohne deshalb die eigene Verantwortung in Abrede zu stellen. Gewalt verdankt sich stets Urheberschaft, und es ist ebendiese Urheberschaft von Gewalt, aus der sich auch ihre ethische Bewertbarkeit erschließt und im Falle personaler Urheberschaft zu etwas macht, das nicht nur in personaler Verantwortung *ausgeübt* wird, sondern auch als persönliche Entscheidung *verantwortet* werden kann und muss. Handlungen, durch die Menschen im Horizont von Einverständlichkeit eine Schädigung erleiden, können nicht als ,gut' und dennoch als ,erlaubt' angesehen werden. Im Unterschied zu Aggression kann Gewalt aber niemals ,gutartig' sein, denn auch im Horizont von Einverständlichkeit ausgeübte Gewalt im Sinne der *violentia* bleibt etwas wesentlich Destruktives.

Kurzum: Wird dem Kriterium der Einverständlichkeit gegenüber dem Prinzip der Schadensvermeidung hinreichend Rechnung getragen, kann die einverständliche Ausübung von Gewalt im Rahmen sadomasochistischer Sexualpraktiken zwischen einsichts-, einwilligungs- und willensbildungsfähigen Personen als Ausdruck sexueller Selbstbestimmung betrachtet und analog zur Ausübung von Gewalt beispielsweise in Vollkontakt-Kampfsportarten[467] als moralisch ,neutral' bewertet werden. Dies gilt nach meinem Dafürhalten allerdings nur so weit, als durch diese Gewalthandlungen weder die Entwicklungsfähigkeit eines Menschen nachhaltig und nachteilig beeinflusst wird noch eine unmittelbare Gefahr für Leben und Gesundheit eines Menschen besteht („Hurt, no Harm"[468]). Damit stehen wir an der Schwelle zur Frage nach den Grenzen der Einverständlichkeit, die nunmehr also nicht als Frage danach zu verstehen ist, *ob* es Grenzen gibt, sondern vielmehr danach, *wo* diese Grenzen sinnvollerweise zu ziehen sind.

---

467 Damit ist freilich *nicht* gesagt, dass Geschlechtsverkehr mit Sport gleichzusetzen und sexuelle*sexualisierte Gewalt rechtlich nicht auf andere Weise als Gewalt im Sport zu verteidigen wäre; in diesem Punkt stimme ich Hanna, „Sex is Not a Sport," 239 zu, der zufolge eine solche Verteidigungsstrategie (sowohl einverständlicher als auch nicht-einverständlicher Gewalt im sexuellen Bereich) „could lead to the glorification of sexual violence, rather than the sexual liberation of consenting adults".

468 Hoffmann, *SM-Lexikon*, 332, wonach „kurzfristige Schmerzen und andere Belastungen wohlwollend erlaubt, langfristige körperliche oder seelische Schädigungen" hingegen abzulehnen seien.

6.2.2 Grenzen der Einverständlichkeit

Können Gewalthandlungen im Rahmen einverständlicher sadomasochistischer Sexualpraktiken als ethisch zulässig gelten, ist damit noch nicht gesagt, dass Einverständlichkeit als Freibrief für jedwede – und das heißt auch: für jedwede gewalthaltige – Handlung im sexuellen Bereich zu verstehen wäre. Der Umstand, dass eine einvernehmliche Durchführung sadomasochistischer Sexualpraktiken zwischen einwilligungsfähigen Erwachsenen unter Verweis auf das allgemeine Persönlichkeitsrecht höchstrichterlich erlaubt ist, solange die Grenze der ‚Sittenwidrigkeit' (§ 228 StGB) nicht überschritten wird, beantwortet noch nicht die Frage nach den Grenzen der Einverständlichkeit aus sexualethischer Sicht.

Hier ist zunächst eine allgemeine Bemerkung vorauszuschicken, und zwar über die Funktion einer Grenze als solcher, die, indem sie ein Innen und ein Außen voneinander trennt und zugleich miteinander verbindet,[469] nicht nur unterscheidet, sondern auch beschränkt und schützt. Dass Grenzen immer *auch* eine Schutzfunktion haben, gilt es beim Blick auf die gegenwärtig für ganz verschiedene Lebensbereiche, nicht nur für den Bereich des Intimen, geführten Diskussionen über Grenzen und Entgrenzungen unbedingt im Auge zu behalten: „Es sind die Schwachen, die Minderheiten, die Mindermächtigen, die Grenzen brauchen; nicht die Starken."[470] Auch die von der Moral gesetzten normativen Grenzen, nach denen ‚Gutes' von ‚Schlechtem' geschieden werden soll,[471] haben eine Werte und Güter schützende Funktion, so sehr für den Bereich des Moralischen gilt, dass der mit dem moralischen Rigorismus eines Schwarz-Weiß-Denkens an den Tag gelegte Versuch einer Einordnung moralisch relevanter Phänomene in normative Kategorien dem Versuch gleicht, die überwältigende Vielfalt des Lebens in Gedankenschubladen hineinzwängen zu wollen. Die Grenzen der Moral stehen nicht unverrückbar fest, sondern sind vor dem Hintergrund sich wandelnder gesellschaftlicher Realitäten immer wieder zu setzen und mitunter auch zu verteidigen – „vorausgesetzt, wir sind uns über den Nutzen und damit über den Wert solcher Grenzen einig".[472] Gerade im Bereich einverständlicher Sexualität stehen normative Grenzen jedoch zunehmend zur Disposition, indem argumentiert wird, dass sich der moderne Rechtsstaat aus der Intimsphäre seiner Bürger*innen möglichst herauszuhalten und das Sexualstrafrecht nicht dem Schutz

---

469 Zu dieser zugleich trennenden und verbindenden Funktion von Grenzen aus Sicht der politischen Soziologie vgl. Luhmann, „Territorial Borders," 236 f.; grundsätzlich dazu Anselm, „Grenzen," 197–209.

470 Liessmann, „Grenzerfahrungen," 52.

471 Vgl. Bauer, „Entgrenzungsprozesse," 31.

472 Liessmann, „Grenzerfahrungen," 52.

der öffentlichen Sittlichkeit zu dienen, sondern sich auf den Schutz des Einzelnen vor unerwünschten Übergriffen Dritter zu beschränken habe.[473]

Ein wie im Folgenden aus sexualethischer Sicht unternommener Versuch, Grenzen im Bereich einverständlicher Sexualität auszumachen, zöge leicht den Verdacht auf sich, einer überkommenen repressiven Sexualmoral (á la „legum denique idcirco omnes servi sumus, ut liberi esse possimus"[474]) das Wort zu reden, wie sie heute aus dem öffentlichen Bewusstsein fast vollständig verschwunden zu sein scheint. In der Tat wird man auch für den Bereich einverständlicher Sexualität darüber räsonieren können, ob nicht erst dadurch, dass überhaupt Grenzen gezogen werden, Grenzüberschreitungen möglich werden und die Ziehung von Grenzen deshalb geradezu als Inzitament fungiert, nämliche auszuloten, auszutesten – und eben zu überschreiten.[475] So wenig die Auflösung von Grenzen („Mr. Gorbachev, tear down this wall"[476]) eine völlige Schutzlosigkeit durch Relativierung aller Prinzipien zur Folge haben muss, so wenig münden normative Entgrenzungsprozesse unweigerlich in die grenzenlose Beliebigkeit eines *anything goes*. Grenzen im Bereich einverständlicher Sexualität setzen und verteidigen zu wollen, will deshalb wohlüberlegt sein.

Aus Sicht einer Sexualethik, die sich dem Schutz der sexuellen Selbstbestimmung verpflichtet sieht, kann es nun nicht darum gehen, durch externe „Regulierungen des Intimen"[477] die sexuelle Autonomie von Menschen weiter bzw. wieder einzuschränken. Es bedarf nicht so sehr noch weiterer Grenzverschiebungsdiskurse zur Eröffnung neuer Handlungs- und Entscheidungsräume als vielmehr eines reflektierten Grenzbewusstseins der miteinander Handelnden *selbst*, und zwar unabhängig von der rechtlich noch immer relevanten Frage, ab wann eine bestimmte Handlung unter das Verdikt der ‚Sittenwidrigkeit' fällt. Es bedarf also mit anderen Worten eines *grenzbewussten* Sadomasochismus,[478] eines

---

473 Vgl. dazu Lembke, „Sexualität und Recht," 3 u. 8.

474 So Cicero in der Verteidigungsrede für Aulus Cluentius Habitus (66 v. Chr.), zit. nach *M. Tullii Ciceronis oratio pro A. Cluentio Habito*, 103,8 – 10 (LIII, 146); ich verdanke diesen Hinweis Hanna, „Sex is Not a Sport," 239 (Motto).

475 Diese Ambiguität zeigt sich auch bei der Vorstellung von Grenzen in rationaler Hinsicht, die sowohl das Ende des rationalen Bestimmens als auch das Einfallstor des Unvordenklichen und damit gewissermaßen ‚kreativen Materials' markieren.

476 So der damalige US-Präsident Ronald Reagan in West-Berlin am 12. Juni 1987, worauf Bauer, „Entgrenzungsprozesse," 30 verweist.

477 So der treffende Titel des Bandes von Lembke; dazu Holzleithner, „Selbstbestimmung," 31–50.

478 Zu diesem Konzept vgl. Wagner, *Grenzbewusster Sadomasochismus*, die allerdings nicht (eingehender) erörtert, worin genau das sadomasochistische Grenz*bewusstsein* besteht, und Grenzen, die es abzustecken, an denen es zu arbeiten und innerhalb derer es zu agieren gilt,

Sadomasochismus, der um seine Grenzen weiß, welche durch (1.) die miteinander Handelnden, (2.) die Ausrichtung ihres Handelns und (3.) die Handlungen selbst gesetzt sind. Diese drei Markierungspunkte grenzbewussten Sadomasochismus sind miteinander verbunden, wobei sich der Fokus der nachfolgenden Bemerkungen Punkt um Punkt weiter weg vom Kontext der Handlungen und hin zu den Handlungen selbst verlagert,[479] die deshalb freilich zu keinem Zeitpunkt vom Modus ihres Zustandekommens und Vollzugs: dem Horizont von Einverständlichkeit losgelöst werden sollen.

(1.) Bezüglich der Frage nach den durch die miteinander Handelnden selbst gesetzten Grenzen ist zunächst daran zu erinnern, dass Einverständlichkeit als willentliches Zusammenwirken zustimmungsfähiger Personen grundsätzlich reziproker Natur ist.[480] Dabei ist ein Mindestmaß an bewusster, willentlicher Übereinstimmung der beteiligten Personen darüber, miteinander intim zu werden, vorauszusetzen, während andere Faktoren wie innere Zuneigung oder Liebe keine Minimalanforderungen für das Vorliegen von Einverständlichkeit darstellen, das Zustandekommen selbiger freilich in hohem Maße begünstigen können. Auch die Dauer und äußere Form einer selbstgewählten Intimbeziehung sowie die Frage der sexuellen oder romantischen Orientierung, ja überhaupt sexuelle Vorlieben, Neigungen oder Ausrichtungen der Beteiligten spielen für die grundsätzliche Frage, *ob* sexuelle Handlungen oder Interaktionen einverständlich oder nicht-einverständlich ausgeübt werden, keine ausschlaggebende Rolle. Maßgeblich ist die beiderseitige freiwillentliche Zustimmung, die selbst keinem direktem Zwang unterliegen darf.

An dieser Stelle empfiehlt es sich, die Ausführungen zu sadomasochistischen Sexualpraktiken von Ohly in seiner *Ethik der Liebe* (2016) mit in die Argumentation einzubeziehen. Wie Ohly im Abschnitt „Fetischismus und SM-Rollenspiel"[481] als Beispiele für problematische Intimbeziehungen darlegt, tendierten Menschen mit sadomasochistischen Neigungen dazu, „die sexuelle Dimension ihrer Neigung zu betonen und die Liebe zu vernachlässigen",[482] wobei bei sadomasochistischen Rollenspielen „die konkrete Frage der Technik, jemanden sexuell zu

---

vornehmlich als etwas betrachtet, das *von außen* gezogen wird, und demnach weniger als etwas, das man im Sinne einer *Selbst*gesetzgebung (sich) selbst zu setzen hätte; vgl. dazu die Bemerkungen zur Grenze in 127, 211, 227, 229 u. 247 f.

479 Dass eine Handlung und der Kontext, in dem diese stattfindet, nicht zu trennen sind, versteht sich, und ist dennoch kein Hindernis, bei einem zu bewertenden Geschehenszusammenhang den Blickwinkel immer mehr zu schärfen und auf die Handlungen selbst zu verlagern.

480 Siehe Abschnitt 3.2.2.1.

481 Vgl. Ohly, *Ethik der Liebe*, 111–117.

482 A.a.O., 117.

erregen",[483] im Fokus stehe. Das gegenseitige Einvernehmen bei der Durchführung sadomasochistischer Sexualpraktiken sei für deren ethische Legitimität zwar eine notwendige, aber noch keine hinreichende Voraussetzung, da auch bei einem Vollzug dieser Praktiken im gegenseitigen Einvernehmen noch nicht ausgemacht sei, dass beide Partner*innen sich zugleich auch „wirklich in ihrer Autonomie achten"[484] und durch diese Praktiken in gleicher Weise sexuelle Erregung und Befriedigung empfänden.

Diese ethische ‚Brisanz'[485] des Sadomasochismus zeige sich auch bei der Partnersuche, die entsprechend selektiv („gezielt") erfolge, was als Konsequenz nach sich ziehen könne, dass in der Beziehung zunächst „eine starke Fixierung aufs Sexuelle"[486] bestehe. Dies könne sich im Beziehungsverlauf zwar wieder ändern, zumal der Einfluss der Sexualität auf eine Beziehung nicht zu hoch veranschlagt werden dürfe,[487] doch stelle sich die Frage, ob eine Beziehung, an deren Beginn eine solche „Konzentration auf eine bestimmte sexuelle Praxis" dominiere, auch „die Ressourcen besitzt, sich für andere Dimensionen der Beziehung zu öffnen".[488] Angesichts einer solchen (Über)Betonung der sexuellen Dimension einer bestimmten Neigung wie der sadomasochistischen bei gleichzeitiger Vernachlässigung der Dimension der Liebe stellt sich nach Ohly für das Gelingen einer sexuellen Intimbeziehung das grundsätzliche Problem, dass weit auseinanderklaffende Vorlieben oder Abneigungen (wenn etwa in einer Paarbeziehung nur eine der beiden Personen dem Fetischismus zugeneigt sei[489]) in einer Liebesbeziehung nur schwer auszuhalten seien;[490] gerade „exotische Vorlieben" ließen sich dann leichter in einer Art von Zweckbeziehung denn in einer Liebesbeziehung realisieren.[491]

---

483 A.a.O., 114.
484 A.a.O., 115.
485 Vgl. ebd.
486 A.a.O., 116.
487 Vgl. a.a.O., 113 f. u. 116.
488 A.a.O., 116.
489 Vgl. dazu a.a.O., 111–114.
490 Vgl. a.a.O., 116 f.
491 Vgl. a.a.O., 117, wobei Ohly den Primat der sexuellen Ausrichtung bei der Partnersuche auch bei „homosexuellen Neigungen" (117) gegeben sieht. Diese Herausstellung der homosexuellen Orientierung gegenüber der hetero- und der bisexuellen Orientierung scheint mir missverständlich zu sein, gilt doch „die Ökologie der sexuellen Wahl", wie sie „das Resultat gewollter und bewußt konzipierter Grundsätze oder aber ungeplanter gesellschaftlicher Dynamiken und Prozesse sein" (Illouz, *Warum Liebe weh tut*, 41 f.; dazu Ohly, *Ethik der Liebe*, 118) kann, im Grunde für sämtliche Intimbeziehungen.

Zu Ohlys Argumentation ist zunächst zu bemerken, dass die von ihm angesprochenen möglichen Probleme von Intimbeziehungen und Partnersuchen keineswegs exklusiv, ja vielleicht nicht einmal in besonderem Maße für Intimbeziehungen gelten, in denen Partner*innen eine Vorliebe für sadomasochistische
Sexualpraktiken haben. Eine ‚starke Fixierung‘ auf das Sexuelle und eine ‚Konzentration‘ auf eine bestimmte Sexualpraktik können bei jeglichen Partnersuchen
dominieren und im Verlauf einer jeden Intimbeziehung mit unterschiedlicher
Gewichtung im Vordergrund stehen.[492] Die einseitige oder beiderseitige Dominanz
einer bestimmten sexuellen Neigung kann für jegliche Intimbeziehungen eine
Herausforderung darstellen, was auch, aber eben nicht allein, ‚exotische Vorlieben‘ betreffen kann, wobei sich eine mögliche Problematik weniger durch derartige Vorlieben an sich als vielmehr dadurch einstellt, inwieweit und in welcher
Weise diese im Rahmen einer (bestimmten) Partnerschaft ausgelebt werden
können. Damit wird die unvermeidlich(e) Diskussionen auslösende Frage in den
Raum geworfen, ob es die Gemeinsamkeiten (‚gleich und gleich gesellt sich gern‘)
oder ob es die Verschiedenheiten (‚Gegensätze ziehen sich an‘) sind, die zum
Gelingen von Partnerschaften beitragen.

Eine auch nur annähernd differenzierte und empirisch fundierte Antwort
darauf zu geben, ist an dieser Stelle freilich nicht möglich, wohl aber die beim
Blick auf aktuelle diesbezügliche Studien[493] sich aufdrängende Bemerkung, dass
eine solche Antwort offenbar nur in Form eines Sowohl-als-Auch bzw. im Sinne
eines ‚es kommt darauf an‘ gegeben werden kann, zumal nicht nur die menschliche Sexualität ganz verschiedene Sinndimensionen umfasst und anspricht,
sondern auch Partnerschaften keine eindimensionalen Beziehungsformen sind,
in denen sexuelle Interessen, Wünsche und Bedürfnisse zweifellos viel, aber nicht
alles bedeuten. Das Suchen und Finden anziehender Eigenschaften – mag die
Anziehungskraft dieser Eigenschaften beim Gegenüber nun vor allem aus deren
Andersheit im Vergleich zu den eigenen herrühren oder mögen Eigenschaften
beim Gegenüber gerade deshalb so anziehend sein, weil sie den eigenen so
ähnlich scheinen   dürfte für das Eingehen von Intimbeziehungen jeglicher
Konstellation eine Rolle spielen und ist daher keine spezifische Problematik von
Intimbeziehungen von Personen mit sadomasochistischen Neigungen.

---

492 Wenn Ohly zufolge zwischen Liebe und (praktizierter) Sexualität kein Junktim besteht, muss
es, ethisch gesehen, auch keine „Entlastung“ sein, „wenn die Intimpartner von SM-Spielen sich
nicht lieben“ (116).
493 Vgl. vor allem Hudson/Fraley, „Partner similarity,“ 112–123 sowie Bahns et al., „Similarity,“
329–355; Joel et al., „Machine learning,“ 19061–19071; eindeutiger dagegen Bohns et al., „Opposites Fit,“ 1–14; Reid et al., „Power of Change,“ 700–719. Vgl. bereits Snyder, „Individual Differences,“ 1003–1008 sowie Wetzel/Insko, „The similarity-attraction relationship,“ 253–276.

Auch der Vielfalt der Sexualpraktiken in Intimbeziehungen ist einzig durch die Individualität des Menschen als Sexualwesen eine gewissermaßen ‚natürliche' Grenze gesetzt, an der sich entscheidet, inwieweit und in welcher Weise Sexualität in einer Intimbeziehung gelebt und erlebt werden kann. Dies mag in der Tat von besonderer Bedeutung für Intimbeziehungen zwischen zwei Personen sein, in denen nicht beide eine Vorliebe für sadomasochistische Sexualpraktiken haben oder in denen die individuellen sadomasochistischen Neigungen so sehr voneinander divergieren bzw. so sehr miteinander konvergieren, dass eine Komplementarität im sadomasochistischen Rollenspiel nur schwer realisierbar ist. Die „Logik des Sadomasochismus"[494] innerhalb der festen Rollenkonstellation Top/ Bottom setzt jedenfalls ein Mindestmaß an Heterogenität dieser Rollen und der damit einhergehenden Vorlieben und Neigungen der Handelnden voraus, um zur beiderseitigen Befriedigung funktionieren zu können.

An dieser Stelle zeigt sich eine besondere Gefahr für Grenzüberschreitungen, oder anders ausgedrückt: die besondere Bedeutung von Grenzsetzungen. Es kann Ohly nur darin zugestimmt werden, dass das wechselseitige Einverständnis für sich allein noch keine hinreichende Voraussetzung für die ethische Legitimität einer bestimmten Sexualpraktik darstellt, da immer auch die sexuelle Autonomie *aller* Beteiligten, einschließlich individueller sexueller Bedürfnisse und Wünsche, anzuerkennen und zu respektieren ist. Unterschiedliche individuelle Bedürfnisse und Wünsche sind dabei so auf einen gemeinsamen Nenner zu bringen, dass einverständliche sadomasochistische Sexualpraktiken nicht auf Kosten einer Seite durchgeführt werden. Insbesondere bei unterschiedlicher Grenz- und Risikosensibilität der Beteiligten hat sich die konkrete Sexualpraxis stets an derjenigen Person zu orientieren, deren Grenz- und Risikobewusstsein stärker ausgeprägt ist, womit zugleich die Grenze auch für einverständliche sadomasochistische Sexualpraktiken gezogen ist. Entscheidend ist überdies, dass die freiwillentliche Zustimmung von den Beteiligten jederzeit wieder einseitig zur unverzüglichen Beendigung einer Sexualpraktik oder Situation zurückgezogen werden kann. Eine Einverständniserklärung im Sinne einer einmaligen Voraus-Blankoerklärung (ein sogenannter „Metakonsens"[495]), mittels derer sich eine der beteiligten Personen „des Rechtes berauben" kann, „im Verlaufe der folgenden sadomasochistischen Interaktion [ihre] Bereitschaft zurückzuziehen",[496] sodass diese Interaktion gegebenenfalls auch ohne beiderseitige Einverständlichkeit fortgesetzt werden kann – einschließlich weiterer Steigerungsformen des ‚Machtaustausches' wie beim soge-

---

494 Ohly, *Ethik der Liebe*, 115.
495 Vgl. Hoffmann, *SM-Lexikon*, 249 (s.v. „Metakonsens").
496 A.a.O., 332.

nannten „Total Power Exchange" oder gar einer „Complete Irrevocable Submission"[497] – stehen in unversöhnlichem Widerspruch zum sexualethischen Leitkriterium der Einverständlichkeit im hier gemeinten Sinne und sind demnach ethisch abzulehnen.

Als erster Grenzpunkt der Einverständlichkeit kann somit festgehalten werden, dass einverständlichen sadomasochistischen Sexualpraktiken durch die gegenseitige Achtung der sexuellen Autonomie der Beteiligten Grenzen gesetzt sind, was nicht nur sexuelle Wünsche und Bedürfnisse, sondern auch Grenz- und Risikosensibilität einschließt. Grenzen sind nur so weit und so lange auszutesten, Risiken nur so weit und so lange einzugehen, wie es *allen* Beteiligten ohne Ausübung von Druck oder Zwang möglich ist.

(2.) Bei der Frage nach einer auch heute noch hinreichend bekannten und allgemein akzeptierten Richtschnur zur Ausrichtung des eigenen Handelns kommt wohl nicht zuletzt die Goldene Regel in Betracht, die im abendländisch-christlichen Kulturraum für gewöhnlich auf biblische Quellen (Tob 4,15: „Was du nicht willst, dass man dir tu, das füg auch keinem anderen zu!" als Beispiel für deren negative und Mt 7,12: „Alles nun, was ihr wollt, dass euch die Leute tun sollen, das tut ihr ihnen auch!" als Beispiel für deren positive Fassung[498]) zurückgeführt wird, aber auch in vor- und außerbiblischen Parallelen kulturübergreifende Verbreitung gefunden hat.[499] Dabei gilt es zu bedenken, dass es nicht die *eine* sprachliche Grundform der Goldenen Regel gibt, sondern verschiedene Grund- und eine Vielzahl daraus abgeleiteter Mischformen existieren.[500] In einer modernen Reformulierung, wie sie Heiko Schulz (*1959) vorgeschlagen hat, könnte die *negative* Fassung der Goldenen Regel wie folgt lauten: „Unterlasse all das, was vom moralischen Standpunkt aus in der vorliegenden Situation jeder andere gleichfalls unterlassen sollte."[501] Deren *positive* Fassung könnte dagegen folgenden Wortlaut haben: „Tue all das und nur das, was vom moralischen Standpunkt aus in der vorliegenden Situation jeder andere auch tun sollte und/oder dürfte."[502]

---

497 Vgl. dazu Dancer et al., „24/7 SM Slavery," 81–101; Rainey-Smithback, „You Are Mine," 31f.

498 Für weitere Beispiele vgl. Sir 31,15 u. Lk 6,31

499 Vgl. Schulz, „Goldene Regel," 193; speziell zur Frage des Sadomasochismus vgl. 201 u. 208 (Anm. 21). Zur Goldenen Regel als universalem Grundethos, in dem unterschiedliche religiöse und nichtreligiös fundierte philosophische Weltdeutungen bzw. Sinngebungen konvergieren, vgl. Küng, „Suche," 163.

500 Vgl. hierzu die Übersicht bei Schulz, „Goldene Regel," 199.

501 Schulz, „Goldene Regel," 202 (Kurzfassung).

502 Ebd. (Kurzfassung).

Auf den ersten, zunächst auf die konkreten Handlungen fokussierenden Blick stellt sich allerdings die Frage, ob ein solcher auf der *Reziprozität* menschlichen Handelns basierender und zu einem *Perspektivenwechsel* auffordernder Grundsatz als Richtschnur auch für *alle* sadomasochistischen Konstellationen oder allein für solche geeignet sein kann, bei denen beide Personen innerhalb einer Session oder zwischen verschiedenen Sessions *switchen* und damit prinzipiell *sowohl* die dominante *als auch* die devote Rolle einnehmen und deshalb aus beiden Perspektiven heraus agieren können und wollen. Bei sadomasochistischen Sexualpraktiken, in denen die aktiv-dominante Rolle (*Top*) und die passiv-submissive Rolle (*Bottom*) fest zwischen den Beteiligten aufgeteilt ist, könnte sich eine buchstäbliche Ausrichtung des konkreten Handelns nach der Goldenen Regel geradezu als kontraproduktiv erweisen, nämlich dann, wenn die der Bottom-Rolle zugeneigte Person – keineswegs unüblich – *ausschließlich* in dieser passiven Rolle aufgehen möchte und dominantere Spielarten für sich selbst rigoros ablehnt, und umgekehrt, womit das von Schulz als sarkastische Persiflage auf die Goldene Regel gedeutete Epigramm des irischen Schriftstellers Bernard Shaw (1856 – 1950) – „Tut euren Mitmenschen nicht an, was sie *euch* antun sollen. Ihre Geschmäcker könnten verschieden sein"[503] – im Kontext des Sadomasochismus eine ganz eigene Bedeutung und Geltung erlangte.

Eine konsequente Ausrichtung des eigenen konkreten Handelns an einer Variante der Goldenen Regel wäre, so betrachtet, in einer festen Rollenkonstellation Top/Bottom nur dann möglich, wenn die Ablehnung der Ausführung einer bestimmten Handlung *für sich selbst* nicht unweigerlich auch die Ablehnung der Ausführung selbiger Handlung *an sich selbst* durch jemand Drittes implizierte. Eine wenigstens gedankliche, sowohl aus der Sicht einer christlichen Ethik der Nächstenliebe[504] wie auch aus der Sicht einer Ethik der Gegenseitigkeit allerdings mehr als befremdliche Lösung dieses Problems könnte darin bestehen, auf die *Paradoxalität* der sadomasochistischen Situation zu insistieren, die deshalb auch eine entsprechend paradoxe Formulierung der Goldenen Regel erforderlich machte, wie z. B. „*Unterlasse* all das, was vom moralischen Standpunkt aus in der

---

503 A.a.O., 193. Schulz zitiert diese Version des Diktums in eigener Übersetzung bei Wattles, *Golden Rule*, 6 („Don't do to others as you want them to do unto you. Their tastes may be different"). Vgl. die geringfügig modifizierte Version des Diktums in *The Collected Works*, Bd. 10, 217 (unter der Überschrift „The Golden Rule"): „Do not do unto others as you would that they should do unto you. Their tastes may not be the same."

504 Es ist zu bemerken, dass die Goldene Regel allenfalls mit Vorbehalten als Auslegung des Nächstenliebegebotes zu verstehen ist; vgl. dazu Schulz, „Goldene Regel," 194 ff. u. 204. Zu Gemeinsamkeiten und Unterschieden zwischen beidem vgl. bereits Dihle, *Die goldene Regel*, 109 – 127.

vorliegenden Situation jeder andere *tun* sollte' bzw. ,*Tue* all das und nur das, was vom moralischen Standpunkt aus in der vorliegenden Situation jeder andere *unterlassen* sollte'. Eine solche nachgerade ,Schwarze Regel' könnte durchaus dem Kriterium der Widerspruchsfreiheit als Lackmustest für die Richtigkeit einer Handlungsmaxime genügen, sich als konkrete Handlungsorientierung im Falle sadomasochistischer Sexualpraktiken in der Praxis allerdings vergleichsweise umständlich gestalten, wenn damit zugleich ein Handeln *ohne* gegenseitiges Einverständnis oder explizit gegen den *erklärten* Willen des Anderen ausgeschlossen werden soll.[505]

Der vermeintliche Widerspruch einverständlicher sadomasochistischer Sexualpraktiken jeglicher Rollenkonstellation zur Goldenen Regel lässt sich allerdings auch dadurch auflösen, dass nicht allein auf die konkreten Handlungen, sondern immer auch auf den *Handlungsrahmen* fokussiert wird, im dem die einzelnen Handlungen stattfinden. Einverständliche sadomasochistische Sexualpraktiken ereignen sich nämlich nicht im luftleeren Raum, sondern stets im Rahmen einer bestimmten Konstellation, die, wie oben beschrieben, verschiedene Rollenmuster und entsprechend vorgeprägte Rollenvorstellungen miteinander ins Spiel bringt, und zwar unter dem Vorzeichen der Einverständlichkeit. Wenn nun dieser Handlungsrahmen mit in die Überlegungen einbezogen wird, kann die Ausrichtung des eigenen Handelns nach der Richtschnur der Goldenen Regel darin erfolgen, in *Übereinstimmung* mit der zuvor vereinbarten *Rolle* oder, einfacher gesagt, *konsistent* zu handeln – und zwar unter der Annahme, dass das Gegenüber gleichermaßen konsistent handelt und deshalb Handlungen unterlässt, die nicht mit der vereinbarten Rolle übereinstimmen. Ein Verstoß gegen die Goldene Regel käme damit einem Verstoß gegen dieses Konsistenzprinzip sui generis gleich, wobei rolleninkonsistentes Verhalten zugleich der Einverständlichkeit als der Handlungen und Handlungsrahmen umgreifenden Klammer Eintrag täte.

Kann somit als zweiter Markierungspunkt im *Confinium* der Einverständlichkeit das Kriterium der Rollen , Handlungs- und Verhaltenskonsistenz festgehalten werden, so ist abschließend noch zu fragen, welche Grenzen einverständlichen sadomasochistischen Sexualpraktiken durch die Handlungen selbst

---

[505] Nochmals verkompliziert würde die Begründung von konkreten Handlungen im Geiste der Goldenen (oder Schwarzen) Regel in der Spielsituation des *Topping from the Bottom* bzw. *Bottoming from the Top*, mithin: „When someone is topping from the bottom, it means that even though they appear subordinate on the surface, they are really calling the shots and directing the action. Bottoming from the top allows you to flip the dynamic" (Robyn, *The Corporate Dominatrix*, 158; vgl. 37).

gesetzt sind, soll Einverständlichkeit nicht zum Erlaubniskriterium für jedwede Handlung im Raum sexuellen Lebens und Erlebens erklärt werden.

(3.) Eine Grenzziehung im Blick auf sadomasochistische Praktiken ist aus sexualethischer Sicht auch dann unabdingbar, wenn es bestimmte Praktiken gibt, welche die Grenzen des (noch) Tolerierbaren[506] – allem ausdrücklichem Einverständnis der Beteiligten zum Trotz – unzweideutig überschreiten und aus sexualethischer Sicht auch nicht mehr als moralisch ‚neutrale' Aktivitäten betrachtet, sondern kategorisch abgelehnt werden müssen. Zu denken ist hier ganz konkret, um sogleich mit äußersten Extremen zu beginnen, an Formen des Nekrosadismus und Kannibalismus (Nekrophagie) als sexuellem Fetischismus, aber auch an (partnerschaftliche) Sexualpraktiken unter Einschluss genitaler Selbstverstümmelung (Automutilation), die womöglich Ausdruck einer Dysmorphophobie (hierzu werden in der Literatur zum Teil auch das Skoptische Syndrom und das Klingsor-Syndrom gezählt)[507] bzw. einer Paraphilie wie der Apotemnophilie sein und dem Amputations- und Deformationsfetischismus zugerechnet werden können. Nekrosadistische und kannibalistische Praktiken allein schon deshalb, weil von einer beiderseitigen Einverständlichkeit entweder von Anfang an nicht, d. h. zu keinem Zeitpunkt, oder ab einem bestimmten Zeitpunkt, der nicht erst mit dem Zeitpunkt des Todeseintritts eines der Beteiligten koinzidiert, nicht mehr gesprochen werden kann;[508] die genannten parasuizidalen oder automutilativen Sexualpraktiken vor allem deshalb, weil Freiwilligkeit, Wissentlichkeit und Willentlichkeit als notwendige Bedingungen für eine freiwillentliche Zustimmung *beider* Beteiligten in vollem Bewusstsein und unter Kenntnis der wesentlichen Umstände nicht zweifelsfrei vorausgesetzt und damit Einverständlichkeit beim

---

506 Hinsichtlich der Frage der Toleranz ist auch um einer begrifflichen Klarheit willen daran zu erinnern, dass die sprichwörtliche ‚rote Linie', deren Überschreitung einem Tabubruch gleichkommt, *nicht* zwischen dem Bereich des Affirmativen (dem ‚eigenen' Wertehorizont) und dem Bereich des Tolerierbaren verläuft, in dem bei aller normativen Ablehnung doch immer auch (noch) „eine Akzeptanz" besteht, „die zur Toleranz führt" (Forst, *Toleranz im Konflikt*, 38). Auch wenn das reflektierte Bewusstsein um diese Grenze zumal in Diskursen der politischen Öffentlichkeit der Gegenwart gerne als vorzeigbare ‚Leistung' feilgeboten wird, kann sich das Geleistete als allzu wohlfeil, wenn nicht als Schaumschlägerei herausstellen, verläuft „die eigentliche Grenze der Toleranz" (ebd.) – und dies markiert die ‚rote Linie' –, die es in diskursiven ethischen Aushandlungsprozessen immer wieder abzustecken gilt, zwischen dem Bereich des (noch-)Tolerierbaren und dem des nicht-(mehr-)Tolerierbaren, weil gänzlich Abgelehnten; zur Markierung der Toleranz-Grenze vgl. a.a.O., 38 f.; außerdem Ricœur, „Toleranz," 26–44.
507 Vgl. dazu grundsätzlich Schmoll, „Wahn," 38–46; Holzer/Stompe, „Wunde," 27–44; ferner Money, „Skoptic Syndrome," 113–128.
508 Einverständlichkeit ist auf den gesamten Handlungsverlauf ausgedehnt vorauszusetzen; zur Würde Verstorbener vgl. oben Anm. 4.

Zustandekommen *und* Vollzug dieser Sexualpraktiken nicht als faktisch wirksam unterstellt werden kann.

Doch auch abgesehen von derartigen allgemeine Abscheu hervorrufenden und, gerade was Amalgamierungen von freiwilligem Kannibalismus[509] und sexuellem Fetischismus betrifft, wohl nicht zuletzt deshalb massenmedial als faszinierendes Tremendum ausgeweideten ‚Sensationsphänomenen' gibt es auch solche sadomasochistischen Sexualpraktiken, die selbst bei ausdrücklichem gegenseitigem Einverständnis aller Beteiligten aus sexualethischer Sicht nur rundweg abgelehnt werden können, da sie mit der Aufgabe einer ethisch verantworteten Gestaltung von Sexualität im Horizont christlicher Wirklichkeitsdeutung schlechterdings unvereinbar sind. Gemeint sind vor allem Praktiken, die mit unmittelbarer Gefahr für das Leben eines Menschen verbunden sind und/oder bewusst einen schwerwiegenden, lebensbedrohlichen Zustand hervorrufen, wie es beispielsweise bei bestimmten Formen der Hypoxyphilie oder bei Sexualpraktiken unter Einschluss akuter Intoxikationen mit psychotropen Substanzen naheliegt. Gleiches gilt für Praktiken, die unter Einschluss von Verstümmelungen, Verbrennungen oder Verätzungen (vom Grad 2b oder höher) erfolgen und/oder mit dem augenscheinlichen Risiko für dauerhafte, bleibende Verletzungen (z. B. Neurotmesis) verbunden sind. Hierzu sind auch Schädigungen zu zählen, die einer Neurotomie bzw. Neurektomie gleichkommen, zumal dann, wenn ein solches Risiko bewusst in Kauf genommen oder sogar willentlich angesteuert wird, was in allen Fällen auch mit dem SSC-Konzept schwerlich kompatibel sein dürfte.

Allerdings gilt aus sexualethischer Sicht eben auch, dass die innerhalb der Mehrheitsgesellschaft gegenüber bestimmten oder allgemein gegenüber sadomasochistischen Sexualpraktiken gehegten Abneigungsgefühle,[510] welche zum Teil *auch* Ausdruck sadophobischer Ressentiments sein mögen, für sich genommen kein schlagendes Argument gegen deren einverständliche Praktizierung durch *andere* bilden. Soweit und solange bei der einverständlichen Durchführung sadomasochistischer Sexualpraktiken dauerhafte, bleibende Verletzungen und Einschränkungen und jede unmittelbare Gefahr für das Leben der Beteiligten nach bestem Wissen und Gewissen zu vermeiden gesucht werden – und soweit und solange dabei kein Eindringen in die durch das Rechtsinstitut des allgemeinen Persönlichkeitsrechts gleichermaßen geschützte engere persönliche Lebenssphäre Dritter erfolgt, können einverständliche sadomasochistische Sexu-

---

509 Freiwilliger Kannibalismus ist in Deutschland bis dato kein eigener Straftatbestand, kann jedoch materiellstrafrechtlich, je nach Konstellation, als Totschlag (§ 212 StGB), Mord (§ 211 StGB) oder Tötung auf Verlangen (§ 216 StGB) sowie überdies als Störung der Totenruhe (§ 168 StGB) bestraft werden. Für eine Einschätzung vgl. Mitsch, „„Kannibalen-Fall'," 197–203.
510 Vgl. z. B. Schwarzer/Jelinek, „Malina," 20: „Weiblicher Masochismus ist Kollaboration!"

alpraktiken zwischen zustimmungsfähigen Erwachsenen als ethisch legitimer Ausdruck ihrer sexuellen Selbstbestimmung betrachtet werden.[511] Solche Sexualpraktiken sind moralisch nicht gefordert. Sie sind aber ebenso wenig moralisch verboten und haben insofern einen moralisch *un*problematischen Charakter. Nicht alles Irritierende und Schockierende *diesseits* der Grenze zur Dissexualität[512] ist als unvereinbar mit der Vorstellung von der Menschenwürde zu betrachten,[513] auch wenn bedenklich stimmen muss, dass es im Feld sadomasochistischer Sexualpraktiken Bereiche mit unsicheren Grenzen gibt, die einerseits ethisch zulässig, andererseits dem Ziel ‚gelingender' oder ‚glückender' Sexualität auf brutale Weise den Weg versperren, was zu diskutieren aber nicht Gegenstand der vorliegenden Untersuchung ist.

Umso dringender stellt sich die Frage nach einer geeigneten Grenzmarkierung, mit der die oben exemplarisch genannten Praktiken selbst bei ausdrücklichem Einverständnis aller Beteiligten aus dem Bereich des (noch-)Tolerierbaren ausgeschlossen werden können. *Ein* Kriterium, das sich zur Grenzziehung zwischen dem Bereich des (noch-)Tolerierbaren und dem des nicht-(mehr-)Tolerierbaren ausgehend von den Handlungen selbst eignet, ist nach meinem Dafürhalten das der *Humanität*. Es scheint mir also sinnvoll, die Grenze bei einverständlichen sadomasochistischen Sexualpraktiken aus sexualethischer Sicht dort zu setzen und immer wieder zu verteidigen, wo einsichts-, einwilligungs- und willensbildungsfähige Personen freiwillig solchen Handlungen zustimmen, die ‚inhuman' im Sinne von ‚gegen die Humanität gerichtet' sind. Dieser Rekurs auf ‚Humanität' als Grenzmarkierung und die entsprechende Rede von ‚inhumanen' Handlungen mögen aufgrund der vielfältigen alltagssprachlichen Verwendungsweisen des Humanitätsbegriffs auf den ersten Blick unbefriedigend erscheinen. Umso mehr kommt es darauf an, dass ‚Humanität' recht verstanden wird.[514]

---

511 Zur ethischen Beurteilung von einverständlichen sadomasochistischen Sexualpraktiken, soweit sie Bestandteil von *Pornographie* sind, s. allerdings D.3.3.1.2.

512 Zum Begriff der Dissexualität vgl. Abschnitt F.1.1.1, Anm. 25.

513 Die Realisierung von Phantasien auf Grundlage der Exkrementophilie und des Urethralismus (s. dazu Scharfetter, *Psychopathologie*, 321 f.), aber auch *Inszenierungen* sexueller Folter mögen – ganz gewiss – höchst bizarr und äußerst befremdlich erscheinen und aus psychologischer Sicht mitunter auch diagnostisch auf eine dissoziale Persönlichkeitsakzentuierung bzw. diffuse Verhaltensakzentuierung zurückgeführt werden können. Aus sexualethischer Sicht sind sie als Grenzfälle verantworteter Sexualität allerdings zu tolerieren, soweit und solange sie – wenn z. B. im Rahmen partnerschaftlicher Sexualität – im Horizont von Einverständlichkeit und ohne klinisch relevanten Leidensdruck für alle Beteiligten vollzogen werden.

514 An dieser Stelle lohnt ein Seitenblick auf die Bemerkungen zur Humanität (ausgehend von Kants kategorischem Imperativ) und den Zusammenhang von Natur und Kultur (der Mensch *ist*

An dieser Stelle ist deshalb an das dieser Untersuchung zugrunde liegende Verständnis von ‚Humanität' zu erinnern, wie es in Abschnitt C.1.4 dargelegt wurde. Unter Rekurs auf Herder wurde unter ‚Humanität' einerseits eine zum Menschsein des Menschen gehörende, ihm innewohnende und bildungsfähige Gegebenheit verstanden; im Anschluss an Kierkegaard und Cusanus wurde andererseits das Verhältnis von Individuum und menschlichem Geschlecht dahingehend gefasst, dass jeder Mensch *als* Individuum zugleich am Menschsein teilhat. ‚Inhumanes' Handeln und Verhalten meint demnach mehr als lediglich entpersonalisierendes und entpersonalisiertes Handeln und Verhalten, sondern Handeln und Verhalten gegen das, was im Menschen als Gegebenheit angelegt (worden) ist und gleichermaßen Wesen und Bestimmung des Menschen ausmacht. Auch vor dem Hintergrund dieses Verständnisses von ‚Humanität' können einverständliche sadomasochistische Sexualpraktiken, die bewusst und willentlich einen lebensbedrohlichen Zustand hervorrufen und/oder mit dauerhaften, bleibenden Verletzungen und Einschränkungen eines Menschen verbunden sind, nur kategorisch abgelehnt werden. Sie sind ‚inhumanes' Handeln und Verhalten eines Menschen, Handeln und Verhalten also, das nicht nur gegen ein konkretes Gegenüber, sondern, wenn das Verhältnis von Individuum und menschlichem Geschlecht mitbedacht wird, in tieferem Sinne zugleich gegen die *Menschheit* in seiner Person[515] und damit letzten Endes auch gegen *sich selbst* gerichtet ist. Indem die handelnde Person demnach nicht nur gegen jemand anderes, sondern zugleich gegen sich selbst handelt, die handelnde und die erleidende Person in diesem Sinne also koinzidieren, ist das sadomasochistische Paradox durchbrochen und aufgelöst in der Einheit des Verbundenen.

Damit sind die drei Grenzmarkierungen einverständlicher sadomasochistischer Sexualpraktiken abgeschritten, wie sie durch die miteinander Handelnden, die Ausrichtung ihres Handelns und die Handlungen selbst – näherhin: durch die gegenseitige Achtung der sexuellen Autonomie, die Rollen-, Handlungs- und

---

Naturwesen, gestaltet sie aber durch Ausgleichen von Defiziten und mit Verbesserungen: Kultur eben) bei Gerhardt, *Humanität*, 261 u. 270. In Analogie zu sadomasochistischen Sexualpraktiken kann dabei folgender Satz gelesen werden: *„Den vermutlich entscheidenden Schritt in seine Kultur hat der Mensch mit dem Feuer gemacht"* (270 f.), aus dem Gerhardt folgert: Die zerstörerische Gewalt des Feuers habe der Mensch sich nutzbar gemacht, gezähmt, wenngleich mit der Atomtechnologie auch zur bedrohlichen Gefahr, „deren Zerstörungsmacht er nun selbst mit eigener Kraft ins Unermessliche gesteigert hat", von der aber zu hoffen sei, dass er, der Mensch, sie weiterhin in Schach halten werde. „Aber es ist ein Akt der Humanität, das weiterhin für möglich zu halten und dafür einzutreten" (271) – so, wie es mit der Gewalt im sexuellen Bereich, wie ich hinzufügen möchte, hoffentlich auch gelingen möge.

515 Zur Deutung der Pflicht des Menschen ‚gegen sich selbst' als ‚gegen die Menschheit in seiner Person' vgl. auch die Bemerkungen zur Position Kants in Abschnitt E.2.2.

Verhaltenskonsistenz sowie die Humanität des Handelns und Verhaltens gesetzt sind. Alle drei: das Gebot der Nächstenliebe, die kulturübergreifend verbreitete Goldene Regel sowie Humanität als Bild vom Menschen, das es erlaubt, ein Machtmonopol zu begründen und Verstöße gegen ‚die Menschlichkeit' zu sanktionieren, sind im jüdisch-christlichen Kontext verwurzelt und in säkularer Rechtsfindung nachweisbar. Auf der Suche nach jener übergeordneten Instanz, von der eingangs dieses Kapitels die Rede war, kommen wir damit in eine Sphäre, die eigentlich der religiösen Spiritualität zugerechnet wird, jedoch neuzeitlich kodifiziert die ‚säkulare Spiritualität' (Charles Taylor) ist.

7 Resümee

Im Zuge der vorstehenden Grenzerkundung der Einverständlichkeit – jedenfalls soweit dies anhand der bereits erhobenen wissenschaftlich begründeten und zugänglichen Daten- und Faktenlage möglich war – haben sich zwei übergreifende Aspekte herauskristallisiert. Einerseits erweisen sich die Grenzen der Einverständlichkeit bei näherer Betrachtung nicht als trennscharf, sondern als diffuse, verschwommene Ränder, was wiederum unter Beweis stellt, dass zur sexuellen Lebenswirklichkeit des Menschen uneindeutige Zwischenbereiche, Kehrseiten sowie fließende Übergänge gehören, die sich als empirisch schwer zu fassende Grauzonen rechtlichen Regelungen und sozialer Kontrolle weitgehend entziehen. Demnach könnte man geneigt sein zu sagen, dass die jeweils zu findende Grenze zuweilen im Nebel liegen mag, den es zu lichten gilt, um diese Grenze im Lichte der Humanität klar sehen zu können. Andererseits zeigt sich, dass die in der christlichen Sexualethik vielerorts anzutreffende Erklärung von ‚Gewaltfreiheit' zur unabdingbaren Gelingensbedingung menschlicher Sexualität weder zwingend noch folgerichtig ist. Nicht nur wird mit der allermeist pauschal erhobenen Forderung der ‚Gewaltfreiheit' die Vielgestaltigkeit der Formen personaler und struktureller Gewalt unterschlagen, indem Gewalt ausschließlich oder vornehmlich als physisches Gewalthandeln verstanden wird, sondern zugleich gerät dabei aus dem Blick, dass Menschen auch gewalthaltigen oder gewaltbehafteten sexuellen Handlungen freiwillentlich zustimmen können, was Fragen der sexuellen Selbstbestimmung aufwirft.

Das Verhältnis von Sexualität und Gewalt ist komplexer Art. Die Vielgestaltigkeit und Vielschichtigkeit der als Sexualität und Gewalt bezeichneten Handlungs- und Erlebenszusammenhänge bringt es mit sich, dass weder zwischen Einverständlichkeit und ethischer Unzulässigkeit noch zwischen Einverständlichkeit und Gewalthaltigkeit einfache Ein- und Abgrenzungen möglich sind, da nicht nur einverständliche gewalthaltige sexuelle Handlungen in Grenzen ethisch zulässig sein können, sondern auch einverständliche sexuelle Handlungen, die selbst nicht gewalt*haltig* sind, aufgrund bestimmter äußerer Umstände und Bedingungen dennoch gewalt*behaftet* und aus sexualethischer Sicht abzulehnen sein können. Die Bereiche der Einverständlichkeit, Gewaltfreiheit und ethischen Zulässigkeit einerseits, der Nicht-Einverständlichkeit, Gewalthaltigkeit und ethischen Unzulässigkeit andererseits weisen jeweils weitgehende Überschneidungen, aber keine völlige Deckungsgleichheit auf. Nicht nur zwischen Einverständlichkeit und Gewalthaltigkeit, sondern auch zwischen Einverständlichkeit und ethischer Unzulässigkeit ebenso wie zwischen Gewalthaltigkeit und ethischer Zulässigkeit gibt es Schnittmengen, die einer Erkundung bedürfen, um intersubjektiv nachvollziehbare Orientierung über das in einer gegebenen Situation jeweils vorzuziehende Handeln zu erlangen. Dies umso mehr, wenn aus dem reformatorischen Freiheitsverständnis heraus die Eigenständigkeit und Selbstverantwortlichkeit des Einzelnen gegenüber vorausgeltenden Autoritäten auch im sexuellen Bereich herausgestellt wird. Die ‚sexuelle Freiheit eines Christenmenschen' ist gerade keine Freiheit der Indifferenz, sondern Freiheit zu verantwortlicher Gestaltung der Sexualität *coram se ipso, coram hominibus* und *coram Deo.* So wie sich eine ethisch verantwortete Gestaltung von Sexualität nicht durch Gesetze und Vorschriften erzwingen lässt, lässt sich sexuelle*sexualisierte Gewalt auch nicht mit dem Strafrecht aus der Welt schaffen.

Allen in diesem Untersuchungsteil behandelten Phänomenen ist gemein, dass die betreffenden sexuellen Handlungen von Personen vor, mit oder an anderen Personen in deren *Anwesenheit* realisiert werden. Ausgeblendet waren deshalb sexuelle Handlungen, die Gegenstand der *Darstellung* sind, von Personen also betrachtet werden können, *ohne* dabei selbst anwesend sein zu müssen, schlicht aus dem Grund, weil diese Darstellungen sexueller Handlungen zur *Verfügung* stehen. Es wird im nachfolgenden Untersuchungsteil deshalb zu fragen und zu klären sein, ob und inwiefern im Kontext von Darstellungen sexueller Handlungen nicht nur Gewalt *abgebildet* werden kann, sondern sich diese sexuellen Darstellungen auch *selbst* als Gewalt *erweisen* können.

E Darstellungen

Im öffentlichen Bewusstsein besteht eine klare Trennung zwischen ‚Kinderpornographie' und Erwachsenenpornographie insofern, als erstere in den allermeisten
Ländern der Welt einem absoluten Herstellungs- und Verbreitungsverbot unterliegt,[1]
während letztere, mit Ausnahme bestimmter Spezifizierungen, in den meisten
westlichen Ländern für Erwachsene legal ist. Wenn im Folgenden beides im Rahmen
eines Untersuchungsteils behandelt wird, so einerseits deshalb, weil übereinstimmend mit dem Alltagssprachgebrauch auch im rechtlichen Kontext durch die
übergreifende Bezeichnung ‚Pornographie' (von πορνογράφος, ‚von/über Huren
schreibend' oder ‚Huren malend')[2] ein gemeinsamer Phänomenbereich unterstellt
wird, bei dem ‚Gewaltpornographie' und ‚Kinderpornographie' – im Unterschied zu
sogenannter ‚weicher' oder ‚einfacher' Pornographie – strafrechtlich relevante
Sonderformen von Pornographie (‚harte' Pornographie) darstellen. Und andererseits
deshalb, weil im öffentlichen Diskurs, aber auch im theologischen und kirchlichen
Bereich zuweilen *jedwede* ‚Pornographie' als Repräsentation und Propagierung sexueller*sexualisierter Gewalt betrachtet und abgelehnt wird.

In der Tat bestehen zwischen ‚Kinderpornographie' und Erwachsenenpornographie *funktionale* Analogien,[3] was freilich nicht davon entbindet, notwendige
Differenzierungen vorzunehmen. Hierfür ist es unerlässlich, zunächst jeweils den
aktuellen Wissens- und Forschungsstand zu erschließen, um eine entsprechend
informierte sexualethische Beurteilung vornehmen zu können.

---

1 Dies gilt zumindest für ‚Realkinderpornographie', wobei vor allem in nordafrikanischen, ost-
und südostasiatischen Staaten sowie in Staaten des Nahen Ostens jegliche Form von Pornographie verboten ist.
2 Vgl. Kluge, *Etymologisches Wörterbuch*, 555 (s.v. „Pornographie").
3 Ich konzentriere mich der Kontrastierung wegen auf pornographische Darstellungen sexueller
Handlungen zwischen erwachsenen Personen einerseits, Darstellungen sexueller Handlungen
von, mit oder an Personen unter 14 Jahren bzw. Posing-Bilder im Sinne strafbarer ‚kinderpornographischer Schriften' (§ 184b StGB) andererseits. Auf eine Behandlung von Darstellungen
sexueller Handlungen vor, mit oder an Personen von 14 bis 18 Jahren bzw. Posing-Bilder im Sinne
strafbarer ‚jugendpornographischer Schriften' (§ 184c StGB) wird deshalb verzichtet.

https://doi.org/10.1515/9783110717648-006

1 ‚Kinderpornographie'

Aus leicht nachvollziehbaren Gründen wird vielerorts anstelle des Begriffs ‚Kinderpornographie', der als verharmlosend[4] und missverständlich[5] kritisiert wird, der Begriff ‚Missbrauchsabbildungen' (*child sexual abuse images*) präferiert, um zu verdeutlichen, dass es sich bei solchen Darstellungen um den „systematischen, quälenden Missbrauch" von Kindern handelt, „der in Form von Filmen und Fotografien festgehalten wird".[6] Unter ‚Kinderpornographie' ist also gerade *keine* „Pornografie" zu verstehen, „deren Darstellungsobjekte Kinder sind",[7] wie es beispielsweise der *Duden* noch immer vorschlägt, sondern Darstellungen, die den sexuellen Missbrauch von Kindern zum Gegenstand haben. Vor dem Hintergrund der in Kapitel D.3 dargelegten Überzeugung von der prinzipiellen Missbräuchlichkeit und Gewalthaltigkeit sexueller Handlungen zwischen Erwachsenen und Kindern muss deshalb mit aller Deutlichkeit betont werden: Kinder sind weder Sexualpartner von Erwachsenen noch Sexdarsteller.

Dass im Folgenden neben der sachlich angemesseneren Rede von ‚Missbrauchsabbildungen' dennoch der Begriff ‚Kinderpornographie' – dabei stets in einfache Anführungszeichen gesetzt, um meine entschiedene Distanzierung von jedem bedenken- und gedankenlosen Begriffsgebrauch zu markieren – weiterhin Verwendung findet, geschieht in erster Linie aus dem pragmatischen Grund, dass dieser Begriff im deutschsprachigen Raum der noch immer am weitesten verbreitete Begriff für diese Form sexuellen Kindesmissbrauchs ist, der großenteils auch in der den nachfolgenden Bemerkungen zugrunde liegenden außertheologischen Literatur gebraucht wird.

---

4 Vgl. aus der aktuellen Diskussion z. B. Kuhnen, *Kinderpornographie*, 61; EKD (Hg.), *Freiheit digital*, 159.
5 Etwa in der Hinsicht, als ob Kinder als einwilligungsfähige ‚Darsteller' agierten, vgl. Kuhle et al., „Prävention," 185.
6 Ebd.
7 *Duden. Deutsches Universalwörterbuch*, 1012 (s.v. „Kinderpornografie"; ohne Hervh.). Bemerkenswerterweise wurde diese Definition auch im Duden-Onlinewörterbuch noch bis 2021 beibehalten, dann aber stillschweigend geändert zu: „bildliche oder sprachliche Darstellung sexualisierter Gewalt gegen Kinder" (abrufbar unter: www.duden.de/rechtschreibung/Kinderpornografie [Zugriff: 31.10.2021]).

1.1 Rechtliche und humanwissenschaftliche Aspekte

Unter ‚Kinderpornographie‘ wird im strafrechtlichen Sinn die „fotorealistische Darstellung"[8] sexuellen Kindesmissbrauchs verstanden, was sowohl sexuelle Handlungen vor, an oder mit einer Person unter 14 Jahren als auch das sexuell aufreizende Zurschaustellen eines ganz oder teilweise unbekleideten Kindes „in unnatürlich geschlechtsbetonter Körperhaltung" (§ 184b Abs. 1 Nr. 1b StGB) bzw. unbekleideter Genitalien oder Gesäße von Kindern (Posing-Bilder)[9] umfasst. Während die Herstellung ‚kinderpornographischen‘ Materials auf sexuellen Kindesmissbrauch in *direktem* Sinne zurückgeht, können Vorzeigen, Nutzung und Verbreitung ‚kinderpornographischer‘ Darstellungen als sexueller Kindesmissbrauch in *indirektem* Sinne verstanden werden: Es handelt sich also mitnichten um ‚opferlose Straftaten‘.[10] Dementsprechend erstreckt sich die Strafbarkeit nach § 184b StGB auf *jeglichen* Umgang mit ‚kinderpornographischen‘ Schriften (darunter fallen auch Ton- und Bildträger, Datenspeicher und Abbildungen),[11] nach §184d StGB auf das Zugänglichmachen oder Abrufen ‚kinderpornographischer‘ Inhalte mittels Rundfunk oder elektronischer Informations- und Kommunikationsdienste (Telemedien) und nach § 184e StGB auf das Veranstalten und Besuchen ‚kinderpornographischer‘ Darbietungen und Vorführungen, wobei es für die Strafbarkeit unerheblich ist, aus welcher Motivation das Erstellen oder Nutzen bzw. das Veranstalten oder Besuchen seitens Privatpersonen erfolgt.[12]

Die zuweilen geäußerte Vorstellung, ohne Internet würde es keine ‚Kinderpornographie‘ (mehr) geben, stellt einen kausalen Kurzschluss dar, der verkennt, dass ‚Kinderpornographie‘ keine Erfindung des digitalen Zeitalters ist.[13] Gleichwohl wirken insbesondere mit Hilfe von Anonymisierungsnetzwerken abrufbare

---

8 So in der ‚Kinderpornographie‘-Definition des Bundeskriminalamts, abrufbar unter: https://t1p.de/v2v2 (Zugriff: 31.10.2021).

9 Vgl. hierzu Eisele/Franosch, „Posing," 557–572.

10 Vgl. Kuhle et al., „Sexueller Missbrauch," 116.

11 Zur Erweiterung des strafrechtlichen Schriftenbegriffs nach § 11 Abs. 3 StGB zu einem *Inhalts*begriff, der *sämtliche* Methoden der Inhaltsübertragung mittels Informations- oder Kommunikationstechnik erfasst, vgl. *Sechzigstes Gesetz zur Änderung des Strafgesetzbuches* vom 30. November 2020.

12 Vgl. nämlich § 184b Abs. 5 StGB samt BGH, Beschluss vom 24.08.2010 – 1 StR 414/10.

13 Vgl. O'Donnell/Milner, *Child Pornography*, 3 f. Für Beispiele aus der griechisch-römischen Antike vgl. Dover, *Homosexualität*, 102 ff. sowie Veyne, *Roman Empire*, 95–116 u. 183–206. Allerdings muss darauf hingewiesen werden, dass in der griechischen Antike zwar sexuelle Kontakte zwischen Männern und Jugendlichen geduldet wurden, nicht aber solche zwischen Männern und vorpubertären Kindern, vgl. hierzu Price, *Love and Friendship*, 47–49, 90, 189, 244 u. 247 sowie den fundamentalen Aufsatz von Nussbaum, „Platonic Love," 1551 f., 1567, 1592 u. 1648.

Tauschforen im Darknet als Katalysatoren bei der weltweiten Verfügbarkeit und Verbreitung ‚kinderpornographischen' Materials – „ein profitträchtiger, ausbeutender Markt mit der Ware Kind"[14] – und tragen damit maßgeblich zur dauerhaften Viktimisierung der Überlebenden sexuellen Missbrauchs bei.[15] Laut dem *Annual Report* der Internet Watch Foundation für das Jahr 2020 waren bei der Auswertung von insgesamt 153.369 URLs, die entweder selbst Missbrauchsabbildungen oder Links dazu bzw. Werbung dafür enthielten, etwa ein Drittel (32%) der abgebildeten Kinder zehn Jahre oder jünger (0–2 Jahre: 1%; 3–6 Jahre: 7%; 7–10 Jahre: 24%; 93% der Kinder waren weiblichen Geschlechts); 17% der URLs enthielten bzw. führten zu Missbrauchsabbildungen, die sexuelle Handlungen Erwachsener mit oder an Kindern und Jugendlichen einschließlich penetrativer Praktiken (Vergewaltigung) oder sexueller Folter zeigten, 16% enthielten solche bzw. führten zu solchen mit sexuellen Aktivitäten ohne Penetration.[16]

Für die Strafbarkeit nach § 184b StGB ist dabei ausschlaggebend, dass es sich um „ein tatsächliches oder wirklichkeitsnahes Geschehen" (§ 184b Abs. 1 Nr. 2 StGB) handelt.[17] Neben dem Umgang mit ‚kinderpornographischen' Schriften, die ein *reales* Geschehen wiedergeben, ist nach § 184b Abs. 1 Nr. 4 StGB deshalb auch das in Verbreitungsabsicht erfolgende Herstellen ‚kinderpornographischer' Schriften *fiktiven* Inhalts wie Romane, Comics und Zeichentrickfilme ein Straftatbestand, sofern darin Geschehnisse *wirklichkeitsnah* wiedergegeben werden, während beim bloßen Besitz fiktiver ‚Kinderpornographie' die Strafbarkeit davon abhängt, ob Tatsächlichkeit und Wirklichkeitsnähe der dargestellten sexuellen Handlungen für Dritte eindeutig erkennbar sind.[18] Dementsprechend ist bei der photo- oder videographischen Wiedergabe[19] eines *realen* Geschehens eine Strafbarkeit unabhängig vom tatsächlichen Alter der abgebildeten Personen gegeben, beispielsweise auch dann, wenn für Dritte durch nichtkindliche Personen gezielt der Eindruck entstehen bzw. geweckt werden soll, es handle sich um Personen

---

14 So Ruschmeier, „Schattenseiten," 172; dagegen Hüneke, „Internet," 50–52.
15 Vgl. Franke/Graf, „Kinderpornografie," 91 (mit Literatur).
16 Vgl. The Internet Watch Foundation, *Annual Report 2020*, 42–45.
17 Vgl. hierzu Leipold/Tsambikakis/Zöller, *AnwaltKommentar StGB*, 1376–1380 u. 1388–1392.
18 Vgl. Gercke/Brunst, *Praxishandbuch Internetstrafrecht*, 150 u. 152 (Rn. 328 u. 333); Keber, „IT-Strafrecht," 880 (Rn. 59): der Besitz fiktiver wirklichkeits*fremder* ‚Kinderpornographie' ist also straflos.
19 Bei realen Inhalten oder wirklichkeitsnah dargestellten Inhalten tendiert die Rechtsprechung jedenfalls dazu, „der Unmittelbarkeit des Mediums ausschlaggebende Bedeutung beizumessen" (Leipold/Tsambikakis/Zöller, *AnwaltKommentar StGB*, 1378), d.h. vor allem Film-, Photo- und Audioaufnahmen. Laut BGH-Urteil vom 19.03.2013 – 1 StR 8/13 ist die bloß textliche, d.h. in Worte gefasste Schilderung eines realen Missbrauchsgeschehens in einer E-Mail *nicht* nach § 184b Abs. 2 und Abs. 4 strafbar.

unter 14 Jahren.[20] Dass sich die Differenzierung zwischen Tatsächlichkeit als
„kategoriale Eigenschaft des Inhalts" und Wirklichkeitsnähe als „graduierbare
Eigenschaft der Darstellung" bei pornographischen Inhalten insgesamt mitunter
schwierig gestaltet, liegt auf der Hand,[21] doch ist „die Sinngebung für den objektiven Betrachter auf der Grundlage einer wertenden Gesamtbetrachtung"[22]
ausschlaggebend.

Entsprechend der Heterogenität ‚kinderpornographischen' Materials, das von
der Darstellung ganz oder teilweise unbekleideter Kinder über Posing-Bilder und
sexuelle Handlungen unter Kindern bis zu schwerem sexuellem Missbrauch von
Kindern durch Erwachsene einschließlich penetrativer Praktiken und/oder sexueller Folter reicht,[23] kann die Gewaltqualität des darin Gezeigten sehr facet-
tenreich sein.[24] Dies gilt grundsätzlich auch für die Nutzer von Missbrauchsabbildungen, von denen angenommen wird, dass sie „nahezu ausschließlich weiß
und männlich",[25] großenteils ledig, aufgrund von Sexualdelikten vergleichsweise
wenig polizeilich in Erscheinung getreten, meist alleine bzw. unabhängig von
organisierter Kriminalität handelnd, im Durchschnitt 38 Jahre alt und mit über-
durchschnittlichem Bildungsgrad und Einkommen im Vergleich zu anderen Se-
xualstraftätergruppen sind.[26] Der Nutzung von Missbrauchsabbildungen wird
eine höhere Relevanz zur Diagnose einer Pädophilie zugesprochen als der Be-

---

20 Laut BVerfG, Beschluss der 2. Kammer des Zweiten Senats vom 06.12.2008 – 2 BvR 2369/08
muss der objektive Betrachter „eindeutig zu dem Schluss kommen" (Rn. 5), dass zumindest ein
Darsteller minderjährig bzw. ein Kind (vgl. Rn. 6) ist. Umgekehrt gilt auch, dass bei Abbildungen
von bzw. Darstellungen mit Kindern, die den Eindruck erwecken, *älter* zu sein, die Strafbarkeit
grundsätzlich bestehen bleibt.
21 Zur Differenzierung verschiedener Fallgruppen vgl. Leipold/Tsambikakis/Zöller, *Anwalt-
Kommentar StGB*, 1378; Beck, *Auswirkungen*, 232–238.
22 Leipold/Tsambikakis/Zöller, *AnwaltKommentar StGB*, 1378 (ohne Hervh.).
23 Vgl. Meier/Hüneke, *Herstellung*, 17–28, 73–78 u. 83–94.
24 Als Typologie zur inhaltlichen Bewertung und Klassifizierung realer ‚kinderpornographischer' Abbildungen dient oft die zehnstufige, von ‚indizierten' (Stufe 1) bis ‚sadistische oder
zoophile Handlungen' (Stufe 10) reichende COPINE-Skala („Combating Paedophile Information
Networks in Europe") nach Taylor et al., „Typology," 101. Es kommt deshalb einer Verhöhnung der
Opfer sexuellen Kindesmissbrauchs gleich, wenn von Verteidigern in ‚Kinderpornographie'-Pro-
zessen ins Feld geführt wird, die Öffentlichkeit sei im Umgang mit Missbrauchsabbildungen eben
„nicht geübt", weshalb sie diese als „schrecklich oder anstößig" bezeichnen würde, wie der
Anwalt Ulrich Sommer im Prozess gegen seinen Mandanten Christoph Metzelder am 29. April 2021
zu dessen Verteidigung angeführt hat; zit. nach Eberle, „Urteil."
25 Franke/Graf, „Kinderpornografie," 91.
26 Vgl. Krone, „A Typology," 261–280; Merdian/Egg, „Kinderpornographie," 94f.; Faust et al.,
„Child Pornography Possessors," 460–478; Leukfeldt et al., „Child pornography," 3–13.

gehung realer sexueller Übergriffe auf Kinder,[27] wobei neben der Sexualpräferenz für Kinder als Hauptmotiv, wie Täterbefragungen zeigen, offenbar auch andere Motive wie „das Sammeln, Archivieren, Tauschen und Katalogisieren des Bildmaterials und Internetsucht" sowie emotionale und situative Gründe (wie Zufall und Neugierde) eine Rolle spielen.[28] Laut zweier Metaanalysen von Babchishin et al. (2011 und 2015) über die Charakteristika von polizeilich erfassten Sexualstraftätern, die Kinder ‚online' und/oder ‚offline' missbraucht haben, weisen Onlinetäter unter anderem eine höhere Opferempathie, größere Selbstkontrolle und eine stärker ausgeprägte sexuelle Devianz als Kontaktstraftäter auf, wobei das höchste Rückfallrisiko Nutzer von Missbrauchsabbildungen aufweisen, die auch Kontaktstraftaten (d. h. Missbrauch mit Körperkontakt) begehen.[29] Dagegen konnte eine Studie von Neutze et al. (2011) keine signifikanten Unterschiede zwischen den genannten Tätergruppen im Blick auf dynamische Risikofaktoren nachweisen.[30] Ein abschließendes Urteil darüber scheint beim jetzigen Forschungsstand noch nicht möglich.[31]

Was den Zusammenhang zwischen der Nutzung von Missbrauchsabbildungen und der Begehung realer sexueller Übergriffe auf Kinder angeht,[32] ist zunächst auf die fehlende Proportionalität zwischen Dunkel- und Hellfeld, das Meldeverhalten der traumatisierten Opfer,[33] die Anfälligkeit für Verzerrungen durch Selektionseffekte und die geringe Anzahl von prospektiven Studien hinzuweisen.[34] Zwei Metaanalysen von Seto et al. (2011)[35] haben ergeben, dass etwa jeder achte verurteilte Nutzer von Missbrauchsabbildungen zuvor schon einmal eine polizeilich erfasste Kontaktstraftat begangen hatte, während mehr als die Hälfte (55%) der Onlinetäter gemäß Selbstauskunft zuvor schon einmal eine

---

27 Vgl. Seto et al., „Child Pornography Offenses," 613f; Seto, „Pedophilia," 395f.; Scherner, „Pädophilie," 6.
28 Franke/Graf, „Kinderpornografie," 92 unter Rekurs auf Seto/Ahmed, „Treatment," 207–214 und Merdian et al., „„So why did you do it?'," 1–19. Vgl. ferner Elliott et al., „Psychological Profiles," 76–92; Seto et al., „Explanations," 169. Zu diesen Erklärungen vgl. allerdings auch die Vorbehalte bei Seto, „Internet-Facilitated Sexual Offending," 93 unter Rekurs auf Jahnke et al., „Stigmatization," 21–34.
29 Babchishin et al., „Characteristics," 92–123; Babchishin et al., „Online Child Pornography," 45–66.
30 Neutze et al., „Predictors," 212–242. Vgl. ferner Webb et al., „Characteristics," 449.
31 So auch Babchishin et al., „Characteristics," 110.
32 Vgl. hierzu grundsätzlich Wolak et al., *Child-Pornography Possessors*; Endrass et al., „The consumption," 43; Laumer, „Zusammenhang," 139–144.
33 Zu den möglichen Beeinflussungen des Meldeverhaltens der Opfer vgl. Lamnek/Vogl, *Theorien*, 249–253. Vgl. ferner Gewirtz-Meydan et al., „The complex," 238–248.
34 Vgl. Franke/Graf, „Kinderpornografie," 93.
35 Seto et al., „Contact Sexual Offending," 124–145.

Kontaktstraftat im Dunkelfeld begangen hatte. Demgegenüber scheint das Risiko bei wegen der Nutzung von Missbrauchsabbildungen verurteilten Tätern, eine Kontaktstraftat an einem Kind zu begehen oder aber erneut Missbrauchsabbildungen zu nutzen, mit weniger als 5% (in einem Zeitraum von bis zu 6 Jahren) relativ gering zu sein.[36] Bei wegen sexuellen Kindesmissbrauchs verurteilten Kontaktstraftätern wird allerdings durch den Konsum von ‚Kinderpornographie' ein erhöhtes Rückfallrisiko[37] und eine weitere Steigerung der sexuellen Stimulierbarkeit durch Kindermotive angenommen.[38]

Hinsichtlich der Frage, ob die Nutzung von Missbrauchsabbildungen reale sexuelle Übergriffe auf Kinder begünstigt, gibt es im Großen und Ganzen zwei gegenläufige Positionen.[39] Nach der einen Position, die als Stimulations-, Kultivierungs- oder Disinhibitionshypothese bezeichnet werden kann, reproduziert der Täter „Handlungen, die er auf Bildern gesehen hat, mit einem realen Opfer (Imitation), er gewinnt Mut und Ideen durch das, was er gesehen hat (Verstärkung), und/oder er wird dazu motiviert, sich seinen Bedürfnissen entsprechend zu verhalten ([Re-]Aktivierung bestehender Emotionen)".[40] Die Nutzung von Missbrauchsabbildungen hat demzufolge einen katalysatorischen Effekt auf das Verhalten in physisch realen Umgebungen und dient gewissermaßen als Schlüssel zur Umsetzung gesehenen in realen sexuellen Kindesmissbrauch.[41] Nach der anderen Position, die als Katharsis-[42], Substitutions-[43] oder Inhibi-

---

36 Vgl. a.a.O., 135; ferner Seto/Eke, „Criminal Histories," 201–210, wonach bei einer Stichprobe von 201 mehrheitlich als pädophil zu diagnostizierenden, polizeilich erfassten Nutzern von Missbrauchsabbildungen 4% eine neue Kontaktstraftat innerhalb von zweieinhalb Jahren begangen haben; vgl. dazu Seto, „Pedophilia," 398; Bourke/Hernandez, „The ‚Butner Study' Redux," 183.

37 Vgl. Seto/Eke, „Criminal Histories," 208 f.; Endrass et al., „The consumption;" Webb et al., „Characteristics;" Seto et al., „Child Pornography Offenses;" Kuhle et al., „Sexueller Missbrauch," 116. Vgl. ferner Kingston et al., „Pornography Use," 341–351; Neutze et al, „Undetected and detected," 168–175; Neutze et al., „Predictors," 212–242.

38 Vgl. Graf/Dittmann, „Konsumenten," 103.

39 Zu unterschiedlichen Mediengewaltwirkungstheorien der Mediengewaltwirkungsforschung bzw. Computerspielgewaltwirkungsforschung, derer ich mich im Folgenden bei der Einordnung und Charakterisierung der beiden Positionen teilweise bediene, vgl. die Übersicht bei Portz, *Jugendmedienschutz*, 20–31.

40 Franke/Graf, „Kinderpornografie," 93 (mit Literatur); vgl. auch Kuhnen, *Kinderpornographie*, 196–213 u. 221 f.

41 So Daniel Lorch, Leiter der Abteilung Sexualdelikte bei der Kriminalpolizeidirektion Böblingen, in einem Interview vom 8. August 2018; zit. nach Dannecker, „Kinderpornographie."

42 Vgl. Carter et al., „Pornography," 207.

tionshypothese[44] bezeichnet werden kann, nutzen Personen mit pädophiler Sexualpräferenz ‚Kinderpornographie' dazu, „sexuelle Spannung abzubauen, ohne dass es zu einem Kontaktdelikt kommt".[45] Einer solchen Theorie, wonach das Betrachten von Missbrauchsabbildungen (pädophile) Personen von realen sexuellen Übergriffen auf Kinder abhalten bzw. diese Übergriffe ‚überflüssig' machen könnte,[46] ist jedoch mitunter deutlich widersprochen worden: „Es gibt in der Forschung keinerlei ernstzunehmenden Hinweis darauf, dass das Betrachten kinderpornographischer Abbildungen auf Dauer heilsam gewirkt hätte."[47] Jedoch wird in verschiedenen Untersuchungen darauf hingewiesen, dass den Daten aus Opferbefragungen, von Strafverfolgungsbehörden und Opferschutzorganisationen nach zu urteilen die Häufigkeit sexuellen Kindesmissbrauchs im internationalen Vergleich in denjenigen Ländern, in denen seit etwa Mitte der 1990er Jahre ‚Kinderpornographie' durch die Ausbreitung des Internets in größerem Umfang verfügbar und leichter zugänglich wurde, erheblich zurückgegangen sei.[48] Ein einfacher, linearer Kausalzusammenhang zwischen der Nutzung von Missbrauchsabbildungen und der Begehung realer sexueller Übergriffe auf Kinder scheint im Lichte der verfügbaren Evidenz schwerlich erweisbar: „An offender's pornography and erotica collection is the single best indicator of what he *wants* to do. It is not necessarily the best indicator of what he *did* or *will* do."[49]

Liegt demnach Grund für die Annahme vor, dass es eine bestimmte Gruppe von Tätern gibt – und zwar diejenigen, die bereits und ausschließlich wegen des Besitzes von ‚Kinderpornographie' polizeilich erfasst wurden –, die ein relativ

---

43 Vgl. Wolak et al., „Online ‚Predators'," 116; Seto et al., „Explanations," 169 sowie Kutchinsky, „Pornography: Impacts and Influences," 21 (unveröffentlichtes Manuskript; zit. nach Diamond, „Effects of Pornography," 246).

44 Vgl. Meier/Hüneke, *Herstellung*, 30; Elliott et al., „Child Sexual Abuse Prevention," 582 (Tabelle 1); Ost, „Children at Risk," 449; das Betrachten von Missbrauchsabbildungen löst demnach Schuldgefühle und Aggressionsängste aus, was Konsumenten hemmen könnte, reale sexuelle Übergriffe auf Kinder zu begehen.

45 Franke/Graf, „Kinderpornografie," 93 (mit Literatur).

46 Vgl. hierzu Riegel, „Effects," 321–323.

47 Drewes, „Kinderpornographie," 282; vgl. hierzu Wiedergabe und Auswertung der Interviews mit Missbrauchstätern bei Baldenius, *Gelogene Liebe*, 175–365; ferner 60–62.

48 Vgl. Diamond et al., „Pornography and Sex Crimes," 1037–1043 (für die Tschechische Republik) zusammen mit der Kritik daran bei Kingston/Malamuth, „Problems," 1045–1048; Diamond/Uchiyama, „Pornography," 1–22 (für Japan); Kutchinsky, „Effect," 175–177 (für Dänemark); dazu Wolak et al., „Child Pornography Possessors," 23.

49 Lanning, *Child Molesters*, 107; vgl. auch Graf/Dittmann, „Konsumenten," 99; ferner die Studie von McCarthy, „Internet sexual activity," 193, wonach 84% der befragten Kindesmissbraucher angegeben haben, erst *nach* einem realen Übergriff in den Besitz ‚kinderpornographischen' Materials gekommen zu sein.

geringes Risiko für die (erneute) Begehung eines realen sexuellen Übergriffs auf ein Kind aufweist,[50] muss gleichwohl offenbleiben, ob die größere Selbstkontrolle diesen Onlinetätern trotz oder wegen des Konsums von ‚Kinderpornographie‘ möglich ist.[51] Deutlich ist jedenfalls auch in diesem Zusammenhang, dass pauschale Schlussfolgerungen wenig zielführend sind: „One cannot simply take evidence that offenders use and buy pornography as sufficient to implicate pornography causally in their offending. The most reasonable assessment based on the available research literature is that the relationship between pornography, fantasy and offending is unclear.“[52] Die Nutzung von Missbrauchsabbildungen und die Begehung realer sexueller Übergriffe auf Kinder sind als komplexe Interaktion zu verstehen.[53]

1.2 Sexualethische Perspektive

Die ethische Beurteilung realer ‚Kinderpornographie‘ kann nicht ohne Rücksicht auf die vorgenannten Erkenntnisse zu Nutzung und Nutzern von Missbrauchsabbildungen ebenso wie die Regelungen zur Strafbarkeit und muss doch letztlich ausgehend von der Sache selbst erfolgen. Missbrauchsabbildungen sind deshalb nicht nur unter dem Repräsentations- oder Darstellungsaspekt (was wird auf welche Weise dargestellt?), sondern auch unter dem Funktions- oder Zweckaspekt (wozu dient die Darstellung?) und dem Resultat- oder Folgenaspekt (welche Auswirkungen oder Folgen hat die Darstellung für die Beteiligten?) zu betrachten.[54] Nachdem die Beurteilung sexueller Handlungen zwischen Erwachsenen und Kindern in Kapitel D.3 zu dem Schluss gekommen ist, dass diese prinzipiell missbräuchlichen und gewalthaltigen sexuellen Handlungen unter keinen Umständen zu rechtfertigen oder zu entschuldigen sind,[55] gilt dieses kategorische Urteil auch für die Herstellung, Nutzung und Verbreitung von ‚Kinderpornographie‘, die sexueller Kindesmissbrauch in ‚direktem‘ bzw. ‚indirektem‘ Sinne sind. Zum Zwecke der sexuellen Stimulierung und/oder aus anderen emotionalen oder situativen Gründen wird ein Machtvorsprung zur Begehung oder Betrachtung von

---

50 Vgl. Seto et al., „Contact Sexual Offending,“ 136.

51 Vgl. Franke/Graf, „Kinderpornografie,“ 94 f.

52 Howitt, *Paedophiles*, 162; vgl. 159–187.

53 So Bourke/Hernandez, „The ‚Butner Study‘ Redux,“ 190.

54 Ich knüpfe hier an die Differenzierung zwischen Zweck-, Darstellungs- und Wertungsaspekt bei Leipold/Tsambikakis/Zöller, *AnwaltKommentar StGB*, 1377, an.

55 Zur Unterscheidung zwischen ‚Rechtfertigung‘ und ‚Entschuldigung‘ im Anschluss an Austin s. Abschnitt D.6.2.1.

sexuellen Handlungen ausgenutzt, die den Gedanken der Mitmenschlichkeit und der geschöpflichen Würde Schutzbefohlener und Schutzbedürftiger in den Wind schlagen. Indem sexuelle Missbrauchshandlungen von Tätern und Täterinnen zudem photographiert bzw. gefilmt und dann in Umlauf gebracht werden,[56] führt dies zu einer dauerhaften „Entautonomisierung"[57] der überlebenden Opfer, die auch durch einen konsequenten Einsatz strafrechtlicher Mittel nicht ansatzweise wieder behoben werden kann.

Zwischen Herstellung und Nutzung von Missbrauchsabbildungen besteht, was den Zweck- und den Folgenaspekt betrifft, für die ethische Beurteilung dabei *kein* qualitativer Unterschied, zumal sich Herstellung und Nutzung gegenseitig bedingen und mit der Herstellung meist die Verbreitung und damit weitere Nutzung und Verbreitung einhergehen. Das immer wieder von Onlinetätern vorgebrachte Argument, doch ‚nur geschaut und nichts getan zu haben',[58] ist nicht nur fadenscheinig, sondern auch kontrafaktisch. Zum einen kann von Nichtstun nicht die Rede sein, da das so bezeichnete Verhalten, ganz gleich, ob damit ein angebliches äußeres oder innerliches ‚Nichtstun' gemeint sein soll, als subjektiv *sinnhaft* und somit als *Handeln* zu betrachten ist.[59] Und zum anderen gilt hier das Prinzip des ‚Tun durch Unterlassen',[60] wonach das infrage stehende Verhalten nicht nur als ein Nicht-Ablassen, sondern auch als ein Unterlassen von etwas, und zwar: einer Hilfeleistung gegenüber den Opfern bzw. (der Möglichkeit) einer Ahndung des Geschehenen und Gesehenen zu bewerten ist, wie es auch das Gebot der Nächstenliebe als soziale Grundpflicht forderte.

Aus diesem Grund mutet auch die – dabei keineswegs nur von Aktivisten und Unterstützern der Pädophilenbewegung – vorgebrachte Forderung nach einer (partiellen) Entkriminalisierung von ‚Kinderpornographie', „weil deren Konsum

---

56 Vgl. hierzu Gallwitz/Paulus, *Kinderfreunde*, 11–82 u. 116–119.

57 Hassemer/Reemtsma, *Verbrechensopfer*, 162. Zu den komplexen Erfahrungen von Überlebenden der ‚Kinderpornographie'-Produktion vgl. Svedin/Back, *Children* sowie Gewirtz-Meydan et al., „The complex experience."

58 So der Titel des Buchs von Böhm et al. (Hg.), *Nur geschaut und nichts getan* (2010).

59 Zu dieser Differenzierung zwischen subjektiv sinnhaftem Verhalten und reinem Sichverhalten vgl. Weber, *Wirtschaft*, Bd. 1, 1. Zur Handlungstheorie Webers, der das subjektiv sinnhafte Verhalten (= soziales Handeln) als Gegenstand der Soziologie begreift, wobei das Gegenüber, an dessen Verhalten soziales Handeln orientiert ist, *nicht* anwesend sein muss, vgl. Pöttker, *Entfremdung*, 47–72.

60 Zu den Rechtsfiguren des ‚Unterlassen durch Tun' und ‚Tun durch Unterlassen', die auch im bioethischen Diskurs im Blick auf Sterbehilfe diskutiert werden, vgl. Ueda, „Beurteilung," 312–315.

Pädosexuelle zumindest zeitweise davon abhalte, auf reale Kinder zuzugreifen",[61] aus sexualethischer Sicht nachgerade absurd an.[62] Denn auch die *Nutzung* von Missbrauchsabbildungen *ist* Kindesmissbrauch – „ein Verbrechen gegenüber Kindern",[63] zumal aus dem Blick zu geraten droht, dass hier sexueller Missbrauch zugleich instrumentalisiert würde.[64] Aber auch eine rein handlungsutilitaristische Sichtweise nach der Devise: „Wenn Pädophile nur Darstellungen von Kindern nutzen, die niemanden schädigen, wäre schon viel erreicht",[65] erweist sich näher betrachtet als kontraintuitiv, spätestens dann, wenn man den Funktions- oder Zweckaspekt der Betrachtung solcher Darstellungen miteinbezieht: „Bilder befriedigen keinen Hunger, sie machen Hunger."[66] Auch Missbrauchsabbildungen dienen – und darin besteht eine funktionale Analogie zur Erwachsenenpornographie – nicht so sehr der *Befriedigung* als vielmehr der *Erregung*.

Wenn die Herstellung, Nutzung und Verbreitung realer ‚Kinderpornographie' aus sexualethischer Sicht demnach nur aufs Schärfste verurteilt werden und es dafür nicht den Hauch moralischer Permissivität geben kann, stellt sich die Frage, wie ‚Kinderpornographie' zu beurteilen ist, bei deren Herstellung keine *wirklichen*, *realen* Kinder beteiligt sind, weil es sich nämlich um computergenerierte Darstellungen oder Simulationen sexuellen Kindesmissbrauchs handelt. Diese *virtuelle* ‚Kinderpornographie', bei deren Herstellung es zu keiner Schädigung des Rechtsgutes des Körpers eines minderjährigen Menschen kommt, ist Gegenstand der Überlegungen des nächsten Kapitels.

2 Virtuelle ‚Kinderpornographie'

Virtuelle ‚Kinderpornographie', d.h. computergenerierte Darstellungen oder Simulationen sexuellen Kindesmissbrauchs ohne Beteiligung realer Kinder,[67] ist ein

---

61 So Drewes, „Kinderpornographie," 279 unter Rekurs auf einen Vortrag von Dannecker, „Ein sexualwissenschaftlicher Blick" (15.09.1999; Manuskript).

62 Und ist überdies auch *nicht* das, was Studien, die auf das relativ geringe Rückfallrisiko von Onlinetätern hinweisen, aus diesem Umstand folgern, vgl. nämlich Seto et al., „Contact Sexual Offending," 140.

63 Kostka, „Pornografie," 404.

64 Dies gilt m.E. auch für die Praxis der Strafverfolgung von Onlinetätern im Blick darauf, inwieweit hierzu auch *reale* Missbrauchsabbildungen als ‚virtueller Köder' eingesetzt werden dürfen, s. Kapitel 2.

65 So der (von der Redaktion) Ahlers zugeschriebene Satz im Interview mit Lüdemann, „Pädophilie."

66 Drewes, „Kinderpornographie," 281 (mit Literatur).

67 Vgl. ECPAT Deutschland e.V., *Terminologischer Leitfaden*, 43.

vergleichsweise junges Phänomen, das während der 1990er Jahre im Zuge der rasch fortschreitenden technischen Entwicklung und der globalen Verbreitung des Internets aufgekommen ist. Verstärkt in das öffentliche Blickfeld gerückt ist virtuelle ‚Kinderpornographie' vor allem durch einschlägige Gerichtsentscheidungen in den Vereinigten Staaten[68] sowie Medienberichte über das seit 2003 verfügbare Online-Spiel *Second Life*,[69] durch das es zur Verbreitung realer und virtueller ‚kinderpornographischer' Inhalte gekommen ist.[70]

Das deutsche Strafrecht unterscheidet grundsätzlich nicht zwischen realer und virtueller ‚Kinderpornographie'. Entscheidend für die Strafbarkeit auch virtueller ‚kinderpornographischer' Inhalte nach § 184b StGB ist, ob diese computergenerierten Darstellungen oder Simulationen wirklichkeitsnah sind. Während die Verbreitung wirklichkeitsnaher virtueller ‚Kinderpornographie' für Privatpersonen weiterhin strafbar ist, darf in Deutschland seit dem 13. März 2020 bei der Strafverfolgung von Onlinetätern computergeneriertes ‚kinderpornographisches' Material als ‚virtueller Köder' zur Verhinderung und Aufdeckung schwerster Straftaten eingesetzt werden.[71] Auch in den meisten anderen Industrienationen ist virtuelle ‚Kinderpornographie', deren Legalisierung immer wieder dahingehend diskutiert worden ist, ob damit zur Reduzierung realen sexuellen Kindesmissbrauchs beigetragen werden könne,[72] grundsätzlich strafbar; eine bemerkenswerte Ausnahme bildet Japan, wo Herstellung und Verbreitung realer ‚Kinderpornographie' erst 1999 und der Besitz realer ‚Kinderpornographie' erst 2014 unter Strafe gestellt worden sind,[73] während virtuelle ‚Kinderpornographie' (Lolicon bzw. Shotacon) bis heute entsprechend den gesetzlichen Regelungen für Erwachsenenpornographie hergestellt, verbreitet und konsumiert werden darf.

---

68 2002 hatte der U.S. Supreme Court ein Gesetz für verfassungswidrig erklärt, welches die Herstellung und Verbreitung virtueller ‚Kinderpornographie' unter Strafe stellte, vgl. hierzu Empt, „Virtuelle Kinderpornografie," 613–621. Diese Aufhebung des Verbots virtueller ‚Kinderpornographie' wurde durch den *PROTECT Act of 2003* wieder dadurch eingeschränkt, dass computergenerierte ‚kinderpornographische' Darstellungen, die von sexuell expliziten Darstellungen mit Minderjährigen ‚ununterscheidbar' (*indistinguishable*) seien, verboten wurden, vgl. U.S. Government, „PROTECT Act."

69 Vgl. hierzu grundlegend Geraci, *Virtually Sacred*, 101 ff.

70 Vgl. Hopf/Braml, „Virtuelle Kinderpornographie," 354–364; Ritlewski, „Virtuelle Kinderpornographie," 94–99. Vgl. ferner Hopf, „Rechtliche Grundlagen," 207–216 sowie Kaur, „Sexting or Pedophilia?," 263–272.

71 Vgl. BT-Drucksache 19/16543, 4 f. im Unterschied zu BT-Drucksache 19/13836, 15.

72 Vgl. z. B. Diamond et al., „Pornography," 1042.

73 Vgl. Government of Japan, „Act on Punishment" sowie Mortimer, „Japan."

Ausgangspunkt der nachfolgenden sexualethischen Positionierung zu virtueller ‚Kinderpornographie' ist eine innerhalb der philosophischen Ethik geführte
Diskussion, deren Argumentation zunächst in aller Kürze skizziert werden soll.

2.1 Zum philosophisch-ethischen Diskurs

In seinem Beitrag „The Ethics of Pedophilia" (2015)[74] kommt der norwegische
Philosoph Ole Martin Moen (*1985) zu dem Schluss, dass der Konsum virtueller
‚Kinderpornographie' moralisch akzeptabel sei. Dem geht eine Erörterung dreier
Gegenargumente voraus, die Moen allesamt für wenig überzeugend hält. Das erste
Argument, wonach der Konsum virtueller ‚Kinderpornographie' im Sinne der
Disinhibitionshypothese zu einer Steigerung realen Kindesmissbrauchs führen
könne, betrachtet Moen als empirisch widerlegt. Dagegen könne das zweite Ar-
gument, wonach die Befriedigung der pädophilen Sexualpräferenz durch den
Konsum virtueller ‚Kinderpornographie' in gewissem Sinne missbräuchlich und
damit moralisch schlecht sei, im Allgemeinen (d. h. von möglichen Ausnahmen
abgesehen) als eine haltlose Unterstellung gelten: „though it is true that the sexual actions that pedophiles desire tend *to harm children* when carried out in the

---

Anmerkung: An dieser Stelle lohnt ein Seitenblick auf die (von der im Folgenden skizzierten
Diskussion weitgehend unabhängige) Debatte über den moralischen Status virtueller Handlun-
gen in Computerspielen (sog. „Para-Aktionen", vgl. dazu Adelmann/Winkler, „Kurze Ketten,"
102 f.), die seit 2009 unter dem Schlagwort *The Gamer's Dilemma* in der Zeitschrift *Ethics and
Information Technology* ausgetragen worden ist, vgl. Luck, „The gamer's dilemma," 31–36;
Bartel, „Resolving the gamer's dilemma," 11–16; Ali, „A new solution," 267–274; Patridge,
„Pornography," 25–34; Kjeldgaard-Christiansen, „Splintering the gamer's dilemma," 93–102;
Young, *Resolving the Gamer's Dilemma*, 105–123. Fast alle Beiträge dieser Debatte weisen zwei
gravierende Mängel auf: Zum einen wird *Pädophilie* pauschal als Ursache und Manifestation
sexuellen Kindesmissbrauchs angenommen und dementsprechend ‚virtuelle Pädophilie' (*virtual
paedophilia*) mit ‚virtuellem Kindesmissbrauch' gleichgesetzt; zum anderen werden zum Zwecke
der Konstruktion eines Dilemmas (virtuelle) Pädophilie und (virtueller) Mord als zwei gleichermaßen unmoralische ‚Handlungen' betrachtet, was die Differenz zwischen einer *Sexualpräferenz*
im Sinne der individuellen sexuellen Ansprechbarkeit – hier: Pädophilie – und der *Begehung*
einer durch niedrige Beweggründe gekennzeichneten, als besonders verwerflich klassifizierten
Tat – hier: Mord – außer Acht lässt. Sachlich zutreffender und begrifflich sinnvoller wäre deshalb
eine Verhältnissetzung von (virtuellem) *Mord* und (virtuellem) *Kindesmissbrauch* gewesen.
Dessen ungeachtet werden im Rahmen dieser Debatte Argumente vorgebracht und diskutiert, die
auch für eine sexualethische Beurteilung von virtueller ‚Kinderpornographie' fruchtbar gemacht
werden können, worauf an gegebener Stelle zurückzukommen sein wird, s. Abschnitt 2.2.

---

74 Moen, „Ethics," 111–124; zum Folgenden vgl. 119–122.

real world, we have no reason to believe that what pedophiles desire is to harm children. Pedophiles desire *to have sex with children*".[75]

Schließlich liefere auch das dritte Argument, wonach die pädophile Sexual-präferenz als etwas Pathologisches zu betrachten sei (was sie für Moen weder im praktischen noch im evolutionären Sinne ist),[76] kein vollständiges Argument ge-gen den Konsum virtueller ‚Kinderpornographie‘, sondern bedürfe des Nach-weises, dass die Befriedigung krankhaft bedingter Sexualpräferenzen falsch sei: „This is a doubtful premise, however, for even if we grant that it is bad to have a disease, once we have it and cannot get rid of it, it seems to be an open question whether or not we should give in to the disease in ways that do not cause harm."[77] Bis zum Aufweis überzeugender gegenteiliger Argumente ist nach Moen deshalb von der moralischen Permissivität virtueller ‚Kinderpornographie‘ auszugehen: „Once he [scil. a pedophile] has those preferences and cannot change them, he might do nothing wrong in enjoying such fictional stories and computer-gene-rated graphics. Indeed, doing so might be one of the best things he can do granted the unfortunate circumstances in which he finds himself."[78]

Diese Einschätzung zu Pädophilie und virtueller ‚Kinderpornographie‘ ver-tritt Moen auch in dem von ihm zusammen mit dem norwegischen Politikwis-senschaftler Aksel Braanen Sterri (*1987) veröffentlichten Beitrag „Pedophilia and Computer-Generated Child Pornography" (2018).[79] Dreh- und Angelpunkt der Argumentation ist auch hier, dass bei diesen Surrogathandlungen keine realen Kinder zu Schaden kämen,[80] woraufhin die moralische Permissivität virtueller ‚Kinderpornographie‘ mittels Entkräftung zweier Gegenargumente bekräftigt werden soll: des ‚Arguments der Respektlosigkeit‘ („Disrespect Argument") und des ‚Schlüsselreiz-Arguments‘ („Triggering Argument").[81] Statt einer ‚Respektlo-sigkeit‘ müsse man pädophilen Menschen, die durch den bewussten Gebrauch von für sie sexuell mutmaßlich ‚suboptimaler‘, aber empfindungsunfähiger Sur-rogate[82] ihre sexuellen Bedürfnisse zu befriedigen suchen, vielmehr ‚Respekt,

---

75 A.a.O., 119.

76 Vgl. a.a.O., 121 f.

77 A.a.O., 121 f.

78 A.a.O., 122.

79 Moen/Sterri, „Pedophilia," 369–381; zum Folgenden vgl. 369, 374–377 u. 379.

80 Vgl. a.a.O., 369 u. 374 f.

81 Während das ‚Argument der Respektlosigkeit‘ im Wesentlichen dem zweiten Argument in Moens Artikel von 2015 entspricht, handelt es sich beim ‚Schlüsselreiz-Argument‘ um eine Ab-wandlung von dessen erstem Argument, weshalb auf eine ausführlichere Darstellung dieser Ar-gumente hier verzichtet werden kann.

82 Hierzu zählen Moen und Sterri neben virtueller ‚Kinderpornographie‘ auch die Verwendung anatomisch geformter Sexpuppen oder Sexroboter; vgl. hierzu die Anm. auf Seite 450.

Fürsorge und Sorge‘ („respect, care, and concern"[83]) attestieren. Und was das ‚Schlüsselreiz-Argument‘ betrifft, wonach auch virtuelle Surrogathandlungen ohne Beteiligung realer Kinder bei pädophilen Menschen den Wunsch nach realen sexuellen Kontakten mit Kindern befördern könnten, sei bei legalem Zugang zu derartigen Surrogaten im Gegenteil eher von einer Reduktion realen Kindesmissbrauchs auszugehen. Deshalb seien Herstellung, Verbreitung und Nutzung virtueller ‚kinderpornographischer‘ Inhalte und anderer Surrogate in irgendeiner Form zu legalisieren, wenngleich Moen und Sterri dabei keinen Verkauf gewissermaßen ‚über die Ladentheke‘ im Blick haben.[84] Fest stehe jedenfalls: „Governments should experiment with different ways to regulate such products with the goal of minimizing negative third-party effects."[85]

Kurzum: Nach Moen stellt der Konsum virtueller ‚Kinderpornographie‘ einen moralisch zulässigen, weil nicht schadensverursachenden ‚Genuss‘ („enjoyment") dar,[86] weshalb er die Legalisierung virtueller ‚Kinderpornographie‘ unter dem Vorbehalt fordert, dass dies tatsächlich keine Steigerung realen Kindesmissbrauchs zur Folge habe.[87] Die Reduzierung *realen* Kindesmissbrauchs bildet für Moen demnach das übergeordnete Ziel, dem mögliche Bedenken bezüglich der Wahl der Mittel unterzuordnen sind.[88]

Nicht dieses Ziel, wohl aber die Forderung nach der Legalisierung virtueller ‚Kinderpornographie‘ als vermeintlich geeignetes Mittel zu seiner Erreichung erweist sich bei näherer Betrachtung jedoch als ausgesprochen problematisch. Tatsächlich halte ich Moens folgenorientierte Argumentation – abgesehen davon, dass aus der Feststellung der Abwesenheit eines plausibel erscheinenden Gegenarguments nicht zwangsläufig schon die moralische Permissivität einer Handlung folgt, dies schon deshalb nicht, weil womöglich nicht gründlich genug oder aber schlicht an der falschen Stelle nach Gegenargumenten gesucht worden ist – für einen wohlfeilen Argumentationskurzschluss, der sich simpler Kausalannahmen und einfacher Urteilsheuristiken bedient. *Quod erit demonstrandum.*

---

83 Vgl. a.a.O., 375.
84 Vgl. a.a.O., 378; dabei ggf. mit einer vorherigen Registrierung bei Psychiater*innen – eine m. E. gänzlich unrealistische Überlegung, wie Moen und Sterri dann bei näherem Nachdenken auch selbst konzedieren.
85 Ebd.
86 Vgl. Moen, „Ethics," 112, 119 u. 122.
87 Vgl. a.a.O., 123 bzw. Moen/Sterri, „Pedophilia," 378.
88 Vgl. Moen, „Ethics," 122.

2.2 Sexualethische Perspektive

Ebenso wie der Realität und Illusion miteinander verschmelzende Cyberspace,[89] als ‚elektronischer Raum',[90] kein real existierender Raum, aber auch keine bloße Illusion ist, sondern, als virtueller Raum, „eine dritte Art"[91] der Repräsentation darstellt,[92] die allerdings Kommunikation und Interaktion und damit auch moralisch bewertbares Verhalten ermöglicht,[93] so sind Handlungen in der Scheinwirklichkeit der virtuellen Realität, als in der Schwebe zwischen Realität und Illusion befindlich, keineswegs als solche *vor*- oder *a*moralisch. Es ist demnach nicht gerechtfertigt, von einer grundsätzlichen moralischen Irrelevanz virtueller Handlungen auszugehen.[94] Denn abgesehen davon, dass auch moralneutrale Handlungen wie das Aufstehen aus dem Bett sich durchaus als moralisch relevant erweisen können – nämlich dann, wenn sie nicht isoliert vom Kontext, sondern unter Einbeziehung des spezifischen Sinnzusammenhangs betrachtet werden, in dem sie stattfinden[95] –, können virtuelle Handlungen, sofern sie Spiegelung und

---

Anmerkung: Es erscheint zweckmäßig, sich im Folgenden auf eine Beurteilung (strafbarer) virtueller ‚Kinderpornographie' zu beschränken, die fiktiv, aber *wirklichkeitsnah* ist. Eine analoge Diskussion könnte über *wirklichkeitsfremde* fiktive ‚Kinderpornographie', aber auch über die moralische Permissivität des Gebrauchs anderer Surrogate wie anatomisch geformter Sexpuppen oder Sexroboter geführt werden, vgl. hierzu Moen/Sterri, „Pedophilia," 374–377; Danaher, „Robotic Rape," 71–95; Strikwerda, „Implications," 133–152; Brown/Shelling, „Exploring the implications." Zur grundsätzlichen ethischen Bewertung von Robotersex vgl. Danaher, „Robot Sex," 3–14 sowie Frank/Nyholm, „Robot Sex," 305–323.

89 Vgl. hierzu Ohly/Wellhöfer, *Ethik im Cyberspace*, 25–34; ferner Brey, „Ethics of Representation," 5–14.
90 Vgl. Nusselder, *Interface Fantasy*, 11, worauf Ohly/Wellhöfer, *Ethik im Cyberspace*, 25 verweisen. Vgl. bereits Sassen, „Cyber-Segmentierungen," 215–235 sowie Günzel, „Raum," 219–233.
91 Ohly/Wellhöfer, *Ethik im Cyberspace*, 26.
92 Wie Kommunikation im Allgemeinen hat auch der Cyberspace eine Innen- und Außenseite, sosehr die Innen-Außen-Differenz in der Immersion, dem ‚Eintauchen' in die virtuelle Realität, verwischt und räumliche Trennungen (in) der realen Welt überwunden werden. Jedoch ist virtuelle Realität, wie Ohly/Wellhöfer, a.a.O., 29–32 herausarbeiten, weder eine bloße Erfindung noch eine willkürliche Konstruktion. Vgl. ferner Brey, „Virtual Reality," 361–384.
93 Vgl. hierzu Powers, „Real Wrongs," 191–198; kritisch dagegen Young, „Enacting Immorality," 595–597. Zur Frage der Verantwortung im Cyberspace vgl. Ohly/Wellhöfer, *Ethik im Cyberspace*, 58–63.
94 Vgl. jedoch Ostritsch, „Ethik," 89; zu diesem „ludische[n] Amoralismus" vgl. ferner 84 u. 88.
95 Zu diesem Gedanken und der nachfolgenden Argumentation vgl. Blöser, *Zurechnung*, 27 f., die auch auf das von Kant angebrachte Beispiel vom ‚Aufstehen vom Stuhl' in der Anmerkung zur Antithesis der dritten Antinomie in der *Kritik der reinen Vernunft* (1781/1787), 312 (A450/B478) verweist. Eine moralneutrale bzw. moralindifferente Handlung im Sinne eines ἀδιάφορον ist im

Erweiterung der (moralischen) Wirklichkeit sind,[96] freie und individuell zurechenbare Handlungen und insofern auch moralisch bewertbar sein. Es lässt sich also festhalten: Virtuelles Handeln, das als frei und individuell zurechenbar, mithin als *actus imperatus* gelten kann,[97] ist „nicht unbedingt moralisches, aber immer *moraldifferentes* Verhalten".[98]

Dies zum moralischen Status virtueller Handlungen vorausgeschickt, ist zunächst die von Moen angestellte folgenorientierte Argumentation kritisch zu betrachten. Diese unterschlägt nämlich, dass im Rahmen einer Folgenabschätzung eine möglichst umfassende Kenntnis über Wirkungszusammenhänge erforderlich wäre und die sich darauf gründende Argumentation für oder gegen eine (probeweise) Legalisierung virtueller ‚Kinderpornographie‘ demnach aus einer nicht unerheblichen Unsicherheit und Unkenntnis heraus erfolgen muss. Abgesehen davon, dass Moen die Differenz von Hell- und Dunkelfeld und die Nicht-Repräsentativität vieler Stichprobenuntersuchungen außer Acht lässt, kann nicht nur das Verhältnis zwischen dem Konsum von Pornographie und der Begehung von Sexualdelikten in keinen einfachen Kausalzusammenhang gebracht werden,[99] sondern auch das Phänomen des sexuellen Kindesmissbrauchs ist auf das Zusammenwirken verschiedener Ursachen oder Faktoren zurückzuführen, von denen das Vorliegen einer pädophilen Sexualpräferenz lediglich *ein* Faktor ist, der sich freilich als von hoher Relevanz im Hinblick auf das Rückfallrisiko bei Sexualstraftätern erweist.[100] Auch die Herstellung, Nutzung und Verbreitung sexu-

---

kantischen Sinne moralisch weder gut noch schlecht, d. h. durch das moralische Gesetz weder geboten noch verboten, sondern *bloß erlaubt*. Vgl. dazu Blöser, *Zurechnung*, 23 – 28, die herausarbeitet, dass diese moralneutralen Handlungen auch im kantischen Sinne – zumindest unter Zugrundelegung entsprechender Passagen in der Einleitung zur *Tugendlehre* (1800) sowie zur *Metaphysik der Sitten* (1797) im Unterschied etwa zur *Religionsschrift* (1793/94) – nicht nur faktisch *vorkommen*, sondern durch Betrachtung des weiteren Kontexts auch anhand des kategorischen Imperativs insofern *moralisch bewertbar* sein können, als für die Zurechenbarkeit entscheidend ist, dass die betreffende Handlung „unter Gesetzen steht" (*Metaphysik der Sitten*, 227). Zu Kants komplexem Verständnis der ἀδιάφορα vgl. Römer, *Begehren*, 158 f.; Baumanns, *Kants Ethik*, 89 – 91.

96 Hierin stimme ich Patridge, „Pornography," 32 f. bei.

97 Es darf nicht vergessen werden, dass Thomas von Aquin zu diesen vom Verstand gebotenen und vom Willen vollzogenen menschlichen Akten nicht nur körperliche Vollzüge, sondern auch Akte des Intellekts und – wenngleich bedingt – Akte des sinnlichen Begehrens gezählt hat, vgl. Forschner, *Thomas von Aquin*, 89 – 92, bes. 90 f.

98 Willaschek, *Praktische Vernunft*, 232 (Herv. teilweise getilgt); vgl. 238 u. 262; zum Verhältnis von Zurechenbarkeit und moralischer Bewertbarkeit bei Kant vgl. 232 – 239; ferner Blöser, *Zurechnung*, 28.

99 Siehe Abschnitt 3.3.1.

100 Siehe Abschnitte F.1.1 u. F.2.2.1.

eller Missbrauchsabbildungen kann aus anderen Gründen oder Motiven heraus erfolgen als (allein) aus einer pädophilen Sexualpräferenz.[101]

Eine zielgruppenspezifische Legalisierung virtueller ‚Kinderpornographie‘ erscheint demnach wenig realistisch. Die legale Veröffentlichung virtueller ‚kinderpornographischer‘ Inhalte „im Internet als einem frei zugänglichen Medium mit geringen Zugangsbarrieren"[102] hätte zudem unweigerlich Folgen auch für Personen, die zum gegenwärtigen Zeitpunkt nicht oder nur erschwert in Kontakt mit ‚kinderpornographischen‘ Inhalten gekommen wären und bei denen ein solcher Kontakt möglicherweise inhibitorische, aber auch (paradoxe) disinhibitorische Effekte auslösen oder verstärken könnte, nicht zuletzt, was fremdschädigendes Verhalten angeht.[103] Die Möglichkeit solcher exzitatorischer Effekte, aber auch das mögliche Schwinden von Opferempathie müsste bei einer – und sei es: teilweisen – Legalisierung virtueller ‚Kinderpornographie‘ ebenfalls mitbedacht werden und scheint doch nur schwerlich im erforderlichen Maße überblickt werden zu können.[104]

Mit dieser Skepsis gegenüber der von Moen dargelegten Argumentation ist aber nicht der folgenorientierte Ansatz als solcher abgelehnt. Denn wenn eingedenk der genannten Vorbehalte und Unwägbarkeiten nicht von jedweder folgenorientierten Argumentation abgesehen werden soll, könnte durchaus gefragt werden, ob Dritte, wenn bei der *Herstellung* virtueller ‚kinderpornographischer‘ Inhalte keine realen Kinder beteiligt sind und direkten körperlichen Schaden erleiden können, nicht durch die *Nutzung* und *Verbreitung* virtueller Missbrauchsabbildungen Schaden erleiden könnten, woraus sich ein gewichtiges Argument gegen die moralische Permissivität solcher Abbildungen ergeben würde.

---

101 Siehe Abschnitt 1.1.

102 Gerhards/Schäfer, „Demokratische Internet-Öffentlichkeit?," 211.

103 Dass auch *virtuelle* ‚Kinderpornographie‘ diese Effekte haben und es für die mögliche Herabsetzung der Hemmschwelle für einen tatsächlichen Missbrauch letztlich unerheblich sein kann, ob es sich um reale oder virtuelle Darstellungen sexuellen Kindesmissbrauchs handelt, wird auch von sexualwissenschaftlicher Seite betont, vgl. Beier in einem Interview mit der *Frankfurter Allgemeinen Sonntagszeitung* vom 13. Mai 2007, abgedruckt unter: Rathgeb/Seidl, „Gefährliche Erregung," 35.

104 Es gibt allerdings auch Strafrechtsexpert*innen, die in derartigen Effekten für sich genommen noch keine Strafbarkeit begründet sehen, wie aus dem Protokoll zur öffentlichen Sachverständigenanhörung zum „Entwurf eines Gesetzes zur Umsetzung des Rahmenbeschlusses des Rates der Europäischen Union zur Bekämpfung der sexuellen Ausbeutung von Kindern und der Kinderpornographie" in der 68. Sitzung des Rechtsausschusses des Deutschen Bundestages (6. Ausschuss) vom 18. Juni 2007 hervorgeht, vgl. Deutscher Bundestag, BT-Protokoll Nr. 68 vom 18. Juni 2007, 19 f. Vgl. hierzu bes. Thiee, „Stellungnahme," 5 f.; ferner BT-Drucksache 16/9646.

Der australische Philosoph Neil Levy (*1967) entwickelt hierzu in seinem Beitrag „Virtual child pornography: The eroticization of inequality" (2002) einen, zumindest auf den ersten Blick, durchaus überraschenden Ansatz.[105] Nachdem er zunächst die verfügbare Evidenz für die Behauptung, virtuelle ‚Kinderpornographie‘ könne realen Kindern Schaden zufügen, als ‚bestenfalls uneindeutig‘ bewertet hat,[106] möchte Levy zeigen, dass virtuelle ‚Kinderpornographie‘ deshalb aber nicht völlig harmlos sei. Denn im Kontext einer sexistischen Gesellschaft trüge ‚*Kinder*pornographie‘, reale wie virtuelle, durch die unweigerliche ‚Erotisierung von Ungleichheit‘[107] zur Unterordnung von *Frauen* bei.

Levy räsoniert dabei wie folgt: Nach feministischer Überzeugung schade Erwachsenenpornographie allen Frauen insofern, als durch die zum Zwecke des sexuellen Vergnügens von Männern erfolgende Darstellung von Frauen als unterwürfige Sexualobjekte der ungleiche soziale Status von Frauen und Männern verstärkt werde.[108] Diese Darstellung sexueller Ungleichheit trage zur Unterordnung von Frauen in der Gesellschaft dadurch bei, dass sowohl Männer als auch Frauen dazu ermutigt würden, Frauen als ‚von Natur aus minderwertig‘ zu betrachten.[109] Wenn sich Erwachsenenpornographie demnach aus Sicht der feministischen Kritik als schädlich für alle Frauen erweisen könne, könne gleichwohl *kein* analoges Argument für ‚Kinderpornographie‘ im Blick auf Kinder konstruiert werden, und zwar aus dem Grund nicht, weil Kinder bis zum Erwachsenenalter im Unterschied zu Frauen *ohnehin* eine ungleiche Position in der Gesellschaft einnähmen: „Children *are* not equal; this is not a contingent fact about our social relations but a reflection of their physical, mental and psychological immaturity."[110]

Durch ‚Kinderpornographie‘ würde deshalb zwar nicht, wie durch Erwachsenenpornographie, Ungleichheit *produziert*, wohl aber Ungleichheit *erotisiert*, weil Kinder nicht als gleichberechtigte Sexualpartner von Erwachsenen dargestellt und betrachtet werden könnten, weshalb die ‚Sexualisierung von Kindern‘ für erwachsene Betrachter zwangsläufig die ‚Sexualisierung von Ungleichheit‘ sei: „Child pornography is an extension of mainstream sexual relations, which are

---

105 Vgl. Levy, „Virtual child pornography," 319–323.
106 Vgl. a.a.O., 319 f.
107 A.a.O., 321; zu diesem Ansatz vgl. auch MacKinnon, *Women's Lives*, 297–372.
108 Vgl. Levy, „Virtual child pornography," 321.
109 Vgl. a.a.O., 322. Diese Ansicht sei gleichwohl nur insoweit überzeugend, als man akzeptiere, dass sozialen Normen eine signifikante Bedeutung bei der Formung menschlicher Wahrnehmungen, Interaktionen und Verhaltensweisen zukomme, wie Levy (ebd., Anm. 11) konzediert.
110 Ebd. (meine Hervh.); vgl. 321.

contingently unequal, into new arenas."[111] Diese der ‚Kinderpornographie‘ inhärente ‚Erotisierung von Ungleichheit‘ erweise sich für Frauen insofern als
schädlich, als dadurch die Forderung nach einer Gleichstellung von Frauen unterminiert werde,[112] wobei es für Levy keine Rolle spielt, ob es sich dabei um reale
oder virtuelle ‚Kinderpornographie‘ handelt, da beide sich gleichermaßen negativ
auf die Gleichstellung von Frauen auswirkten. Kurzum: Virtuelle ‚Kinderpornographie‘ sei moralisch unzulässig, aber nicht, weil sie realen *Kindern*, sondern
weil sie realen *Frauen* schade.[113]

Man mag Levys Argumentation für überzeugend halten oder nicht: Sie verdeutlicht, dass die Beschränkung einer folgenorientierten Argumentation einzig
auf die Frage, ob bei der Herstellung virtueller ‚Kinderpornographie‘ realen Kindern Schaden zugefügt wird, zu kurz greift. An dieser Stelle weiche ich daher auch
von Ohly ab, der „keine prinzipielle Differenz darin" sieht, „ob wir Geschichten
illegitimer Intimbeziehungen erzählen oder ob wir sie mit fiktiven Figuren darstellen",[114] welche mit Hilfe von Animationsprogrammen erzeugt werden. Die
Unterstützung einer pädophilen Phantasie beispielsweise durch einen entsprechenden 3D-animierten Trickfilm erzeugt nach Ohly zwar eine soziale Praxis, in
der mögliche Kollisionen subjektiver Freiheitsrechte mit denen anderer ethisch
auszutarieren seien; doch sei es gleichermaßen eine soziale Praxis, „wenn fiktive
Geschichten von pädophilen Beziehungen erzählt werden", was allerdings vom
Recht auf freie Meinungsäußerung umfasst werde, auch dann, wenn diese fiktiven
Geschichten mit fiktiven Figuren durch eine Animation dargestellt würden. Entsprechend kommt Ohly zu folgender Beurteilung:

> Menschen müssen es aushalten können, dass andere Menschen sexuelle Phantasien von
> Beziehungen entwickeln, die illegitim sind. Denn solange die illegitime Beziehung sich nur
> in der Phantasie befindet, wird niemandem in der Beziehung real geschadet. Das ist auch der
> Fall, wenn diese Phantasie dargestellt wird, solange auch hier die Personen in der darge
> stellten Beziehung nicht real sind.[115]

---

111 A.a.O., 322.
112 Vgl. ebd.
113 Für eine kritische Diskussion von Levys Argument vgl. Patridge, „Pornography," 29f., die
Levy darin zustimmt, dass es beim Festhalten an einer schadensorientierten Argumentation
vielversprechender erscheine, den durch (virtuelle) ‚Kinderpornographie‘ entstehenden Schaden
für *Frauen* in den Blick zu nehmen, andererseits aber betont, dass die mögliche Schädigung von
Kindern und Frauen ungleichartig sei, da Kinder durch virtuelle ‚Kinderpornographie‘ gar nicht in
der Weise Schaden erleiden könnten wie es bei Frauen durch Erwachsenenpornographie der Fall
sei.
114 Ohly, *Ethik der Liebe*, 102; das nächste Zitat ebd.
115 Ebd.

Auch dann, wenn es besagte Animationsprogramme nicht gäbe, wären Kinder dennoch Sexualobjekte in der *Phantasie* der Nutzer*innen dieser Programme: „Die Phantasie aber kann nicht und darf auch nicht sozial unterdrückt werden (etwa durch Gehirnwäsche). Denn damit wäre die Freiheit der Gedanken unterdrückt."[116] Daher dürften selbst Kinderorganisationen nicht „ethisch verhindern, dass Menschen Sex-Phantasien zur Darstellung bringen, in denen nur fiktive Kinder beteiligt"[117] seien.

Bei dieser von Ohly konsequent von der ethischen Freiheit als maßgeblichem Kriterium zur ethischen Beurteilung von Intimbeziehungen her gedachten Argumentation[118] gilt es zumindest dreierlei zu bedenken: (1.) Gedanken und Phantasien anderer Menschen unterdrücken zu wollen, so stark die eigene persönliche Abneigung gegen deren Inhalte auch sein mag, ist eines. Ein anderes aber ist die Frage, ob Gedanken und Phantasien, in denen „mit Kindern Hardcore-Sex getrieben wird",[119] durch entsprechende Animationsprogramme – auch noch – visualisiert und damit in ihrer Verbreitung – auch noch – gefördert werden müssen. Mag der von Friedrich Schiller (1759–1805) gebildete und zu allgemeinerer Geltung gebrachte Begriff der ‚Gedankenfreiheit‘[120] mitunter Gefahr laufen, „zu einer bloßen Leerformel ohne jede praktische Relevanz verkommen"[121] zu können – die Freiheit des Habens oder Nichthabens bestimmter Gedanken ist Voraussetzung und Wurzel der Meinungs(äußerungs)freiheit[122] und damit unbedingt schützenswertes Gut, wie es auch in Art. 18 der Allgemeinen Erklärung der Menschenrechte der Vereinten Nationen vom 10. Dezember 1948 als unveräußerliches Menschenrecht verbrieft ist.

Gedanken und Phantasien können allerdings immer auch in Wirklichkeit umschlagen und als Handlungsimpulse für das reale Leben dienen.[123] Damit soll keinem Automatismus im Übergang von Theorie zu Praxis das Wort geredet, wohl aber darauf hingewiesen werden, dass sexuelle Phantasien im imagin(arr)ierten Möglichkeitsraum des *Als-Ob* stets ‚auf dem Sprunge‘ stehen, sich in Handlungen in der Realität Bahn zu brechen,[124] die im Falle sexueller Handlungen zwischen

---

116 A.a.O., 102; vgl. 101f.
117 A.a.O., 103.
118 Siehe Abschnitt B.2.9.
119 A.a.O., 101.
120 Vgl. dazu Böckmann, „‚Gedankenfreiheit‘," 508–528.
121 Gornig, *Äußerungsfreiheit*, 141.
122 Vgl. Sell, *Kommunikationsfreiheit*, 123–128.
123 Siehe Abschnitt F.1.3.
124 Dass dieses Sich-Bahn-Brechen auch im *Begriff* des ‚Sprunges‘ zur Bezeichnung einer abrupten Veränderung im zeitlichen Nacheinander, örtlichen Nebeneinander oder qualitativen

Erwachsenen und Kindern prinzipiell missbräuchlich und gewalthaltig sind.[125] Einmal ‚aus dem Kopf entlassen' und zur Darstellung gebracht, ist jede Kontrolle – wenn denn eine solche einem selbst überhaupt jemals in Grenzen möglich sein sollte – über diese Gedanken und Phantasien dahin und dem Gebrauch auch für fremde Zwecke überlassen, die dem eigentlich damit Bezweckten auch ganz und gar zuwiderlaufen können. Dass die Tat immer schon ‚im Kopf', d. h. in der Phantasie, im Gedanken, im Wünschen, im Planen, in der Vorstellung beginnt, ist eine allgemein bekannte Erkenntnis (vgl. Mt 5,21 f.). Die Externalisierung interner Vorstellungen macht diese real wirksam: nützlich oder gefährlich.

Aus diesem Grund ist es (2.) auch ein ethisch relevanter Unterschied, ob sich „die illegitime Beziehung […] nur in der Phantasie" eines Menschen befindet oder ob eine solche Phantasie auch anderen Menschen *mitgeteilt* wird, indem „Geschichten illegitimer Intimbeziehungen"[126] in einer wirklichkeitsnahen, wenngleich fiktiven Darstellung nicht nur (für) sich selbst, sondern zugleich auch für andere erzählt und damit *nach-* und *weiter*erzählt werden.[127] Mitteilung, ob mündlich oder schriftlich, ermöglicht Teilhabe. Ob fiktive Erzählungen oder Darstellungen allein der persönlichen (sexuellen) Befriedigung dienen oder ob sie zugleich oder sogar primär zur möglichen persönlichen (sexuellen) Befriedigung anderer Menschen produziert werden, womit sie kontinuitätsstiftende Kraft entfalten und die Produktion wiederum anderer Erzählungen und Darstellungen illegitimer Intimbeziehungen bedingen können, ist aus ethischer Sicht nicht gleichwertig. Gewiss: Auch Kinder können ‚Sexualobjekte' in der Phantasie eines Menschen sein. Hiermit aber die moralische Permissivität von Animationsprogrammen begründen zu wollen, die primär oder allein zur Anregung dieser Phantasie produziert werden, scheint mir nicht gerechtfertigt, auch wenn nicht von der Hand zu weisen ist, dass, wenn es diese Animationsprogramme nicht gäbe, die Phantasie anderenwegs Anregung suchte.

Vor allem aber ist es nach meinem Dafürhalten (3.) keineswegs ausgemacht, dass „niemandem […] real geschadet" wird, wenn sexuelle Phantasien zur Darstellung gebracht werden, „in denen nur fiktive Kinder beteiligt sind".[128] Der

---

Zueinander angelegt ist, habe ich an anderer Stelle in einem gänzlich andersgelagerten Kontext zu zeigen versucht, vgl. Schreiber, „Kierkegaards Sprung," 164.

125 Siehe Abschnitt D.3.2. Daher greift hier m. E. auch nicht Ohlys an sich berechtigte Kritik der Logik von sogenannten Dammbruch-Argumenten, vgl. Ohly, *Ethik der Liebe*, 103 f.

126 A.a.O., 102.

127 Auch Ohly, ebd., spricht sowohl von ‚Erzählen' als auch von ‚Weitererzählen'.

128 A.a.O., 102 f. Im weiteren Verlauf werde ich zu zeigen versuchen, dass die infrage stehende Schädigung nicht nur als potenzielle *Fremd-*, sondern auch als potenzielle *Selbst*schädigung verstanden werden kann.

Grund dafür ist die von Ohly selbst angesprochene soziale Praxis, die von ‚pädophilen' Phantasien oder entsprechenden fiktiven Geschichten generiert wird. Nutzung *und* Verbreitung jeglichen ‚kinderpornographischen' Materials finden nicht in einem Vakuum statt, sondern haben, neben der individuell-subjektiven, immer auch eine soziale Dimension. Obwohl bei der Herstellung computergenerierter Darstellungen oder Simulationen sexuellen Kindesmissbrauchs keine realen Kinder direkten körperlichen Schaden erleiden,[129] können diese Darstellungen oder Simulationen dennoch realen Kindern Schaden zufügen,

> weil (i) sie bekanntermaßen für die Kontaktaufnahme zu Kindern zu Zwecken der Ausbeutung benutzt werden (Grooming); (ii) sie realistische Fantasien anfachen, die Bereitschaft sexueller Straftäter fördern und dazu beitragen, den Markt für Darstellungen sexuellen Kindesmissbrauchs aufrechtzuerhalten; und (iii) eine Toleranzkultur für die Sexualisierung von Kindern schaffen und somit auch die Nachfrage fördern.[130]

In einem ersten Fazit kann bis hierher festgehalten werden, dass Dritte, obwohl keine realen Kinder *bei* der Herstellung virtueller ‚Kinderpornographie' direkten körperlichen Schaden erleiden, *durch* die Herstellung, Nutzung und Verbreitung virtueller ‚Kinderpornographie' dennoch Schaden erleiden können.

An dieser Stelle eröffnet sich die Möglichkeit, das bisherige wesentlich konsequentialistische Argumentationsgerüst um eine pflichtethische Perspektive zu ergänzen. Denn es könnte beispielsweise gefragt werden, ob gegenüber täuschend echten virtuellen Objekten auch eine Art *indirekte Verpflichtung* bestehen kann, wie diese von Kant in der *Metaphysik der Sitten* (1797) bezüglich der gewalt- und grausamen Behandlung von Tieren damit begründet wird, dass ein derartiger Umgang mit Tieren, die nach Kant als vernunftlose Geschöpfe weder Würde noch intrinsischen Wert besitzen und deshalb nur denselben moralischen Status wie leblose Sachen haben,[131] der Pflicht des Menschen *gegen sich selbst* widerstreite,

---

129 ‚*Direkten körperlichen* Schaden' deshalb, da sonst aus symboltheoretischer Sicht eingewendet werden könnte, dass ‚Repräsentationen' – mithin (auch: innerpsychische) ‚Bilder' / ‚Abbilder' – zur einen Hälfte wie beim „*Sym-bol*' (σύμβολον, eine Bildung zu συμβάλλειν, ‚zusammenwerfen' oder ‚zusammenfügen') irreal und dennoch stellvertretend für die andere, zweite, reale Seite sind, die es *gibt*, aber die momentan: im Symbol nicht *anwesend* ist. ‚Menschen-Bilder' betreffen insofern immer auch reale Menschen, ‚virtuell' ist gewissermaßen nur die *halbe* Wahrheit des ‚Zusammen-Geworfenen'.

130 ECPAT Deutschland e.V., *Terminologischer Leitfaden*, 43.

131 So explizit im zweiten Abschnitt von Kants *Grundlegung zur Metaphysik der Sitten*, 428. Dass Kant trotz Zusprechung dieses moralischen Status – ausgehend von seiner Person/Sache-Dichotomie – *nicht* der Ansicht war, Tiere moralisch nach dem gleichen Maßstab wie leblose Sachen zu *behandeln*, zwischen dem *Wert* der Tiere und dem *Wert* der Dinge also differenziert, betont Basaglia, „Begehrungsvermögen," 54 f. u. 57.

„weil dadurch das Mitgefühl an ihrem Leiden im Menschen abgestumpft und dadurch eine der Moralität im Verhältnisse zu anderen Menschen sehr diensame natürliche Anlage geschwächt und nach und nach ausgetilgt"[132] werde. In Kants Ethik-Vorlesung heißt es hierzu:

> Allein weil Tiere nur als Mittel da sind, indem sie sich ihrer selbst nicht bewußt sind, der Mensch aber der Zweck ist, wo ich nicht mehr fragen kann: „Warum ist der Mensch da?", welches bei den Tieren geschehen kann, so haben wir gegen die Tiere unmittelbar keine Pflichten, sondern die Pflichten gegen die Tiere sind indirekte Pflichten gegen die Menschheit. Weil die Tiere ein Analogon der Menschheit sind, so beobachten wir Pflichten gegen die Menschheit, wenn wir sie gegen Analoga derselben beobachten, und dadurch befördern wir unsere Pflichten gegen die Menschheit.[133]

Analog zur Verletzung der Mitleidspflicht gegenüber Tieren könnte die Verletzung der Mitleidspflicht gegenüber täuschend menschenähnlichen ‚Geschöpfen‘ in einer computergenerierten virtuellen Realität, gegen die schlimmste, nachgerade ‚unmenschliche‘ Gewalttätigkeiten und Grausamkeiten virtuell ‚begangen‘ werden,[134] als eine Verletzung der Pflicht des Menschen *gegen sich selbst* bzw. genauer – und unter Rekurs auf die sogenannte Menschheitsformel des kategorischen Imperativs in der *Grundlegung zur Metaphysik der Sitten* (1785) – *gegen die Menschheit in seiner Person* betrachtet werden.[135]

Ein solcher quasi-kantianischer Gedankengang, der bei konsequenter Verfolgung darin mündete, eine derartige Pflichtverletzung *jedweder* virtuellen ‚Ausübung‘ wirklichkeitsnah dargestellter Gewalttätigkeiten und Grausamkeiten gegenüber täuschend echten virtuellen Objekten unterstellen zu müssen, welche auf eine freie und individuell zurechenbare Handlung zurückzuführen ist, setzt allerdings eine Klärung des ontologischen und epistemischen Status immaterieller, digitaler Objekte voraus, wenn denn digitale Gefüge überhaupt als (wenigstens zeitweilig) definierte Objekte verstanden werden können. Und selbst wenn digitale Objekte als Gegenständen möglicher Erfahrung vergleichbar betrachtet werden könnten,[136] müsste überdies geklärt werden, inwiefern sie als

---

132 Kant, *Metaphysik der Sitten*, 443 (§ 17). Vgl. hierzu McCormick, „Is it wrong to play violent video games?," 282–285, der auf Kants Ethik-Vorlesung verweist, vgl. Kant, *Lectures on Ethics*, 239–241; s. folgende Anm.

133 Kant, *Eine Vorlesung über Ethik*, 256; vgl. 256–258 (= Kant, *Eine Vorlesung Kants über Ethik*, 302–304); vgl. „Moralphilosophie Collins," 459. Zu Kants Tierbild, einschließlich seiner Einstellung zur Tierheit im Menschen, vgl. Baranzke, *Würde*, 123–131 u. 199–222.

134 Zu Phänomen und Begriff der ‚virtuellen Gewalt‘ vgl. Fritz, „Spielwelten," 36 f.

135 Vgl. Kant, *Grundlegung zur Metaphysik der Sitten*, 429; vgl. *Metaphysik der Sitten*, 418 (§ 3).

136 Vgl. jedoch Niewerth, *Dinge*, 143; zum Status digitaler Objekte vgl. im Ganzen 135–144.

solche auch *verpflichtungsfähig* sind, d. h. inwiefern gegenüber ihnen eine zumindest indirekte Verpflichtung begründet werden könnte. Einzig der Umstand, dass Menschen zu virtuellen, der sinnlich erfahrenen Wirklichkeit mitunter täuschend echt nachgebildeten und doch leblosen Objekten in Beziehung treten, ja emotionale Bindungen aufbauen[137] und auch zum Zwecke der sexuellen Erregung und Befriedigung in Anspruch nehmen können, reicht hierzu nicht aus.[138]

Statt eines solchen ebenso reizvollen wie komplexen Unterfangens soll mit der angesprochenen Ergänzung aus pflichtethischer Perspektive vielmehr der einfachen Überzeugung Ausdruck verliehen werden, dass bei aller verständlichen Folgenorientierung der ethischen Argumentation in diesem Zusammenhang die subjektive *Motivation*, die zu einer bestimmten Handlung führt, und ihre Manifestation auf der Handlungsebene nicht vergessen werden dürfen. Was Herstellung und Nutzung computergenerierter Darstellungen oder Simulationen sexuellen Kindesmissbrauchs betrifft, gilt es nämlich schlicht zu fragen: „why would anyone want to do *that?*"[139] Aus welchen *Motiven* also sollten Menschen virtuelle ‚kinderpornographische' Inhalte herstellen oder nutzen, wenn nicht, wie Befragungen von wegen des Besitzes von ‚Kinderpornographie' verurteilten Straftätern zeigen, aus nichtsexuellen, allesamt niederen oder nichtigen Motiven und/oder

---

137 Zu rechtlichem Status und wirtschaftlicher Bedeutung von allein in der digitalen Welt existierenden virtuellen Gütern bei Computerspielen vgl. die Expertise der Wissenschaftlichen Dienste des Deutschen Bundestages, „Virtuelle Güter" (20. September 2011). Zu emotionalen Bindungen von Menschen etwa zu digitalen Sprachassistenzsystemen vgl. Cho et al., „Effects of Modality," 515–520; zum signifikanten Einfluss wahrgenommener Nützlichkeit dieser Assistenzsysteme auf die Nutzungsabsicht der sie Nutzenden vgl. Yang/Lee, „Understanding user behavior," 65–87.

138 Es darf nicht vergessen werden, dass selbst dann, wenn es sich dereinst einmal als ausführbar erweisen sollte, „virtuelle Realitäten im Cyberspace so perfekt zu simulieren, daß *absolut* kein Unterschied zwischen alltäglich wahrnehmbarer und virtueller Umwelt bemerkbar wäre, dann würde diese simulierte Umwelt auf keinen Fall ein Bild von einer Wirklichkeit vorführen, sondern sie würde den Beobachter in eine fiktive Wirklichkeit entführen" (Schelske, *Die kulturelle Bedeutung*, 78). Trotz dieses prinzipiellen Unterschieds können körperlose virtuelle Objekte bzw. virtuelle Pseudobindungen zu ihnen unsere „lebendige[n] Erfahrungen in einer lebendigen Welt mit unserem Körper" schon im Kindesalter und damit nachhaltig die Persönlichkeitsentwicklung beeinflussen, vgl. Plassmann, „Bindungsstörung," 25.

139 Young, *Resolving the Gamer's Dilemma*, 3 (im Blick auf virtuellen Kindesmissbrauch in Computerspielen), wo erklärt wird: „By ‚that', I mean why would anyone want to play a game in which they can simulate paedophilic activity and therefore, to all intense and purposes, play at being a paedophile?"

aus sexuellen Beweggründen wie sexuelle Erregung und Befriedigung, als Anregung für sexuelle Experimente oder Vorlage für realen sexuellen Missbrauch?[140]

Abgesehen von kriminalistischen Zwecken bei der Verfolgung von Straftätern,[141] dabei gegebenenfalls unter Einbeziehung wissenschaftlicher Einrichtungen im Rahmen der Präventionsarbeit, gibt es m. E. schlechterdings *keine* Motive, Werte oder Überzeugungen, die eine Herstellung oder Nutzung virtuellen ‚kinderpornographischen' Materials aus ethischer Sicht rechtfertigen könnten. Dabei spielt es für die ethische Beurteilung der Herstellung oder Nutzung virtueller ‚Kinderpornographie' *keine* Rolle, wie Moen insinuiert,[142] ob die Motivation hierzu auf eine *krankhaft* bedingte Sexualpräferenz zurückzuführen ist oder nicht. Wenn Moen die Behauptung, die pädophile Sexualpräferenz sei etwas Pathologisches, als ein – freilich unvollständiges und daher leicht zu widerlegendes – Argument gegen die moralische Permissivität virtueller ‚Kinderpornographie' anführt, so ist dies nur ein Scheinargument. Denn abgesehen davon, dass der Verweis darauf, ein selbst- oder fremdschädigendes Verhalten diene zur Befriedigung eines *pathologischen* Bedürfnisses, immer in der Gefahr steht, auch als Kalkül in exkulpatorischer Absicht (miss)interpretiert zu werden, kann selbstverständlich auch aus einer als *nicht*-pathologisch einzustufenden Sexualpräferenz heraus dissexuelles Verhalten erwachsen. Die klinische Einstufung einer Sexualpräferenz als pathologisch oder nicht-pathologisch ist für die ethische Beurteilung des daraus erwachsenden, möglicherweise selbst- oder fremdschädigenden Verhaltens zweitrangig. Die ethische Relevanz auch der pädophilen Sexualpräferenz ergibt sich beim Ausleben entsprechender Impulse auf der Verhaltens- und Handlungsebene.[143]

Wenn zum Zwecke der Argumentation (*arguendo*) angenommen wird, dass die Herstellung, Nutzung und Verbreitung virtueller ‚Kinderpornographie' keine erkennbaren schädigenden Auswirkungen auf Dritte haben, folgt daraus keineswegs, dass solche virtuellen Repräsentationen sexuellen Kindesmissbrauchs deshalb moralisch akzeptabel wären. Auch dann nicht, wenn deren Herstellung

---

140 Vgl. dazu Merdian et al., „„So why did you do it?," 1–19, bes. 2f. (Tabelle 1); ferner Franke/Graf, „Kinderpornografie," 92.

141 Vgl. hierzu Wittmer/Steinebach, „Kinderpornografie," 650–653. Gewiss sind Herstellung und Nutzung computergenerierter ‚Kinderpornographie' für kriminalistische Zwecke „eine zweischneidige Angelegenheit" (653), doch dient beides weder niederen oder nichtigen Motiven noch sexuellen Beweggründen. Angesichts der oben genannten Vorbehalte und Unwägbarkeiten, was Folgen und Wirkungen betrifft, sollte dies jedoch nur in einem engen Rahmen und mit sehr klar definierten Grenzen zum Bestehen insbesondere der sog. ‚Keuschheitsprobe' in denjenigen Fällen erfolgen, in dem schlechterdings keine Alternativen zur Verfügung stehen.

142 Vgl. Moen, „Ethics," 121f.; s. Abschnitt 2.1.

143 Siehe Abschnitt F.1.3.

oder Nutzung aus der „Substitutionsmotivation" heraus erfolgen sollte, „das *reale Verlangen* nach dem realen Pendant dieser virtuellen Handlung zu befriedigen".[144] Denn mag auch der bereits angedachte Gedanke einer möglichen Pflichtverletzung *gegen sich selbst* durch Herstellung oder Nutzung virtueller Repräsentationen sexuellen Kindesmissbrauchs als abwegig betrachtet werden, gilt es überdies die Möglichkeit einer Selbst*schädigung* durch den Konsum virtueller ‚Kinderpornographie' in Betracht zu ziehen.

In seinem Beitrag „Is it wrong to play violent video games?" (2001) vertritt der US-amerikanische Philosoph Matt McCormick die Ansicht, dass die moralische Falschheit der Teilnahme an virtuellen unmoralischen Handlungen *nicht* auf der Annahme beruhen könne, dies führe dazu oder erhöhe auch nur die Wahrscheinlichkeit dafür, dass dadurch jemand *anderes* Schaden erleide.[145] Ausgehend von der aristotelischen Tugendethik, deren Hauptaugenmerk der sich in konkreten menschlichen Handlungen und Verhaltensweisen manifestierenden *Haltung*, d. h. dem Charakter eines Menschen gilt und die den *guten* Charakter als Ermöglichungsgrund für ein gutes Leben im Sinne der εὐδαιμονία betrachtet,[146] argumentiert McCormick, dass der durch die Teilnahme an solchen Handlungen entstehende ‚Schaden' primär den Charakter der teilnehmenden Person *selbst* betreffe:

> By participating in simulations of excessive, indulgent, and wrongful acts, we are cultivating the wrong sort of character. [...] By engaging in such activities, you do harm to yourself in that you erode your virtue, and you distance yourself from your goal of eudaimonia. And by focusing its concern solely on the character of the individual, the Aristotelian response gives us the needed isolation to morally assess the activity without invoking its effects on others.[147]

In der Tat scheint es sachgerecht zu sein, bei der ethischen Beurteilung (auch) virtueller Handlungen nicht nur die konkrete Handlung als solche und deren mögliche Folgen in der realen Welt, sondern immer auch die Handlungsmotivation und die sich in der betreffenden Handlung Ausdruck verschaffende Charakterhaltung oder Einstellung des Einzelnen, die wiederum auf bestimmten inneren Neigungen beruht, mitzuberücksichtigen und mit den anderen Aspekten so in Beziehung zu setzen, dass eine ausgewogene Einschätzung vorgenommen werden kann. Die handelnde Person, ihre Charakterdisposition,[148] kann demnach

---

144 Ostritsch, „Ethik," 88 unter Rekurs auf Young, „Enacting taboos," 15 u. 22.
145 Vgl. McCormick, „Is it wrong to play," 278.
146 Zur bleibenden Bedeutung der aristotelischen Tugendethik im Rahmen theologisch-ethischer Theoriebildung vgl. Ricken, „Moralphilosophie," 161–177 sowie Wolbert, *Gewissen*, 46–57.
147 McCormick, „Is it wrong to play," 285; vgl. 277 f. u. 286.
148 Vgl. dazu die Tugenddefinition bei Wils, „Tugend," 534.

auch bei der ethischen Beurteilung virtueller ‚Kinderpornographie' in den Fokus rücken, wobei zwischen tugendhaftem Verhalten in eigentlichem Sinne und damit äußerlich ähnlichen oder gar völlig identisch erscheinenden Verhaltensweisen, die beispielsweise aus Selbstbeherrschung (ἐγκράτεια) entspringen, zu unterscheiden wäre.[149] Es ist an dieser Stelle nicht notwendig, dies en détail zu entfalten; es genügt die Feststellung, dass gegen die Herstellung, Nutzung und Verbreitung virtuellen ‚kinderpornographischen' Materials aus tugendethischer – oder, um ganz wörtlich zu bleiben, aus: ‚*virtu*eller' – Sicht eingewendet werden kann, dass dadurch ‚tugendlose' Gewohnheiten kultiviert und verstärkt werden.

Bei der ethischen Beurteilung der Herstellung, Nutzung und Verbreitung virtueller ‚Kinderpornographie' gilt es schließlich noch einen weiteren Aspekt zu bedenken, der sich aus der Sache selbst begründet. Virtuelle Repräsentationen sexuellen Kindesmissbrauchs sind Spiegelungen oder Erweiterungen der (moralischen) Wirklichkeit, kein Ausstieg aus ihr. Es gibt bestimmte Handlungen, deren Repräsentationen sich in konjunktiven Erlebnis- und Erfahrungszusammenhängen[150] aufgrund ihrer *festgefügten* sozialen Bedeutung einer ‚interpretativen Flexibilität'[151] weitgehend entziehen und innerhalb einer bestimmten Gemeinschaft intuitiv von selbst verstehen. Auch virtuelle Repräsentationen sexuellen Kindesmissbrauchs besitzen eine solche sphärenübergreifende ‚robuste' Bedeutung,[152] die sich im Wesentlichen aus der Gleichartigkeit, nicht unbedingt auch der Gemeinsamkeit der damit assoziierten realen Erlebnisse und Erfahrungen einer

---

149 Zu dieser Differenzierung von *Schlechtigkeit* und *Unenthaltsamkeit* und deren jeweiliger Gegenteile *Tugend* und *Enthaltsamkeit* bzw. *Selbstbeherrschung* vgl. Aristoteles, *Nikomachische Ethik*, 1145a-1154b (7. Buch). Der Begriff ἐγκράτεια steht für die Beherrschung jeglicher Emotionen oder Begierden, keineswegs nur sexueller Begierden, vgl. Chadwick, „Enkrateia," 343 – 365.

150 Zu diesem Konzept eines ‚konjunktiven Erfahrungsraums' vgl. Mannheim, „Beiträge," 91–154, der darunter, als Grundelement seiner Handlungs- und Kommunikationstheorie, „das menschliche Miteinandersein" fasst, welches „sich in der gelebten Praxis fraglos und selbstverständlich vollzieht" (100). Das in der Praxis angeeignete und diese zugleich orientierende Wissen ist für Mannheim „ein präreflexives, ‚atheoretisches Wissen'" (ebd.).

151 Zu diesem Postulat einer grundsätzlichen Offenheit – hier – für *Bedeutung*szuschreibungen von Kommunikationsmedien als technischer Artefakte aus einer techniksoziologischen Perspektive vgl. Pinch/Bijker, „Social Construction," 20 f. und 33 f. Ich greife hier den von Patridge, „The incorrigible social meaning," 308 u. 310 ausgesprochenen Gedanken einer ‚unabänderlichen sozialen Bedeutung' bestimmter Repräsentationen auf. Vgl. dagegen Ostritsch, „Ethik," 89 zusammen mit Young, *Resolving the Gamer's Dilemma*, 1–3.

152 Zu diesem Gedanken der ‚robusten' Bedeutung vgl. die Differenzierung von Bedeutungs- und Informationsgehalt bei Fodor, „A Theory of Content, II: The Theory," 90 – 93, 98 – 100 u. 118. Während *Information* zwar überall vorhanden, aber variabel, mithin ‚nicht robust' ist, ist ‚Bedeutung robust' gegenüber Variation, aber ‚nicht überall' vorhanden: „Information is ubiquitous but not robust; meaning is robust but not ubiquitous" (93); vgl. dazu Lenk, *Denken*, 305.

bestimmten Gemeinschaft speist. Der Umstand, dass bei der Darstellung eines sexuellen Missbrauchsgeschehens kein reales Kind beteiligt ist, sondern die wirklichkeitsnahe Repräsentation eines Kindes, erweist sich *insofern* für die sexualethische Beurteilung als zweitrangig.

Ganz gewiss gilt: „Nicht jedes Abneigungsgefühl besitzt moralische Evidenz.“[153] Und trotzdem scheint es „in unseren moralischen Urteilsbildungen“ auch Evidenzen zu geben, die sich auf intuitive und unmittelbare Weise einstellen und deshalb „von wechselhaften Gefühlen signifikant unterscheiden“[154] können. Auch wenn Abneigung als solche kein Argument ist, kann sie dennoch in bestimmten Fällen, wie der US-amerikanische Bioethiker Leon R. Kass (*1939) in seinem vieldiskutierten Artikel „The Wisdom of Repugnance“ (1997) über das Klonen von Menschen argumentiert hat, der emotionale Ausdruck einer tieferen Weisheit sein, die sich gegen eine vollständige rationale Durchdringung sperrt.[155] Zur Frage des reproduktiven Klonens von Menschen bemerkt Kass: „We are repelled by the prospect of cloning human beings not because of the strangeness or novelty of the undertaking, but because we intuit and feel, immediately and without argument, the violation of things that we rightfully hold dear. Repugnance, here as elsewhere, revolts against the excesses of human willfulness, warning us not to transgress what is unspeakably profound.“[156] Ein solcher prärationaler unerklärbarer Rest scheint mir auch bei der tiefen Abneigung der allermeisten Menschen gegenüber Darstellungen sexuellen Kindesmissbrauchs zum Tragen zu kommen, weshalb auch wirklichkeitsnahe, aber virtuelle Repräsentationen solcher Darstellungen eine entsprechend ‚robuste‘ Bedeutung besitzen. Die Abneigung gegen solche Darstellungen kommt also nicht von ungefähr – und deshalb ganz gewiss nicht daher, dass die Öffentlichkeit im Umgang damit ‚nicht geübt‘ sei.[157]

Eingangs dieses Abschnittes wurde bemerkt, dass virtuelles Handeln, das als frei und individuell zurechenbar gelten kann, moralisch bewertbares Verhalten ist. Dass ein solches Agieren unter dem Vorbehalt oder, mitunter auch, unter dem Vorwand des *Als-Ob* als moraldifferentes Agieren betrachtet werden kann, bleibt

---

153 So Ohly, *Ethik der Liebe*, 96 zu Abneigungsgefühlen gegenüber inzestuösen Beziehungen.
154 A.a.O., 95.
155 Kass, „Wisdom of Repugnance,“ 20. Vgl. dazu kritisch Harris, *Enhancing Evolution*, 129 – 131; Lenzen, „Von wegen ‚gefühlte Moral‘!,“ 50.
156 Kass, „Wisdom of Repugnance,“ 20; teilweise auch zit. bei Ohly, *Ethik der Liebe*, 94 f. Vgl. die Fortsetzung bei Kass, „Preventing,“ 30 – 39.
157 So der Verteidiger Ulrich Sommer im Prozess gegen seinen wegen Besitzes – wohlgemerkt – *realer* Missbrauchsabbildungen angeklagten Mandanten Christoph Metzelder am 29. April 2021; zit. nach Eberle, „Urteil.“

völlig außer Acht, wenn argumentiert wird: „Es gibt im Computerspiel keine Opfer, sondern lediglich programmierte Grafikpixel."[158] Dagegen muss betont werden: Virtueller Kindesmissbrauch *sub specie ludi*[159] ist kein Spiel, sondern Ernst. Entscheidend ist, was im Kopf der Spielenden vor sich geht, nicht das Design selbst. Der zuweilen schmale Grat zwischen Spiel und Ernst[160] verläuft demnach weniger auf der Ebene der Pixel, sondern liegt vielmehr im Übergang von der Ebene der Darstellung zur Ebene der Performanz. Wie Erwachsenenpornographie ist auch ‚Kinderpornographie', und hierin besteht wiederum eine funktionale Analogie beider, medien*un*spezifisch, weshalb es für die ethische Beurteilung der *Darstellung* sexuellen Kindesmissbrauchs letztlich unerheblich ist, ob es sich um eine wirklichkeitsnahe Darstellung in Schrift, Bild oder Ton des realen, analogen Raums oder aber des digitalen, virtuellen Raums handelt.

Zusammenfassend lässt sich festhalten, dass virtuelle ‚Kinderpornographie' sowohl aus folgen-, pflicht- und tugendethischen Überlegungen heraus wie auch und vor allem aufgrund der sphärenübergreifenden ‚robusten' Bedeutung auch virtueller Repräsentationen sexuellen Kindesmissbrauchs abzulehnen ist.

3 Erwachsenenpornographie

Pornographie ist ein noch immer ausgesprochen kontroverses Thema in öffentlichen, akademischen und privaten Diskursen. Die Beurteilungen von Pornographie reichen denn auch von „frauenfeindliches Machtinstrument der Männer",[161] Bedrohung der „elementaren Menschenrechte von Frauen",[162] „Kriegspropaganda gegen Frauen",[163] eine zu diagnostizierende „Krankheit"[164] über „Masturba-

---

158 So Wunderlich, *Spieler*, 38, der Überlegungen zum Kausalzusammenhang zwischen Computerspielen und realer Gewalt als „theoretische Gedankenspiele" (41) abtut und unter Rekurs auf Waddington, „Locating the wrongness," 121 feststellt: „there is no proven causal connection between video-game violence and real violence". Gleichwohl vermutet Waddington, wie Wunderlich anschließend konzedieren muss, „dass mit gewalthaltigen Computerspielen etwas falsch sei" (41).

159 In Abwandlung von Huizingas Deutung von „Kulturen und Perioden ‚sub specie ludi'" (Huizinga, *Homo ludens*, 166).

160 Vgl. Sloterdijks Bestimmung der Wirklichkeit als „das, wo unabänderlich aus dem Ernst Spiel und aus dem Spiel Ernst werden kann", in: Sloterdijk et al., „„Kultur des Spiels'," 65.

161 Heinzius, *Feminismus*, 197 (zur Position Dworkins).

162 Schwarzer, *PorNO*, 43.

163 Schwarzer, *Liebe + Haß*, 47.

164 Sontag, „Phantasie," 40.

tions-Material"[165] und „Phantasie-Sex"[166] bis hin zu „sinnlich-geistige Anregung",[167] „Körperspektakel"[168], „legitimer Ausdruck sexueller Selbstbestimmung"[169] sowie Wahrnehmung des von der Verfassung garantierten Rechts auf freie Meinungsäußerung.[170] Die Heftigkeit der Kontroverse um Wesen und Wirkung von Pornographie mag angesichts der relativen Einfachheit des ihr zugrunde liegenden menschlichen Bedürfnisses verwundern,[171] lässt sich aber wohl auch daraus erklären, dass in der Pornographie die freudsche Dialektik von Lustprinzip (d. h. realitätsblindes Drängen auf unmittelbare Triebbefriedigung) und Realitätsprinzip (d. h. Anpassung der auf unmittelbare Triebbefriedigung drängenden Impulse an die Erfordernisse der herrschenden Umwelt) dadurch aufgelöst wird, dass letzteres (Sekundärprozess) in ersteres (Primärprozess) „rückverwandelt" wird:

> Pornographen tun so, als gäbe es im Umgang mit dem Geschlechtstrieb für den Menschen weder gesellschaftliche Restriktionen noch persönliche Komplikationen und als sei das geschlechtliche Leben ein grenzenloses Reich, über dem die Sonne der Lust niemals untergeht, ein Schlaraffenland der Sinne, das neben der variantenreichen Befriedigung sexueller Triebe keine anderen Zwecke kennt. Ein derartiger Sexualutopismus entrüstet nun aber diejenigen, die die simplen Prämissen des uneingeschränkten Lustprinzips nicht nur als gesellschaftlich unrealistisch, sondern als wirkungspsychologisch gefährlich ansehen.[172]

Pornographie gilt Kritiker*innen als Kaleidoskop sittlichen, moralischen und kulturellen Verfalls einer Gesellschaft,[173] als elementare Bedrohung für Geist, Gemüt und Seelenheil des einzelnen Menschen[174] sowie als Verletzung der persönlichen Würde und Beeinträchtigung der Rechte auf körperliche Unversehrtheit und persönliche Freiheit der an der Pornographieproduktion Beteiligten.[175] Zu-

---

165 MacKinnon, *Nur Worte*, 20.
166 Gagnon, *Human Sexualities*, 357 (meine Übers.).
167 So Jurgensen, *Beschwörung*, 314 (über das Werk des US-amerikanischen Schriftstellers *Henry Miller*).
168 Williams, „Film Bodies," 4 (meine Übers.).
169 Lewandowski, *Pornographie*, 195.
170 Vgl. dazu Allhutter, „Pornografie," 170 u. 173–175.
171 Zu diesem Gedanken sowie zum folgenden Gedanken über das Verhältnis von Lust- und Realitätsprinzip vgl. Heuermann/Kuzina, *Gefährliche Musen*, 107 f.; im Ganzen 107–122.
172 A.a.O., 108.
173 Vgl. z. B. Müller, *Werteverfassung*, 24–26; Niemeyer, „Moralpaniken," 27–50.
174 Vgl. z. B. Heuermann/Kuzina, *Gefährliche Musen*, 108.
175 Vgl. z. B. Schwarzer, *PorNO*, 40; Heinzius, *Feminismus*, 200. Dass aus feministischer Sicht ausschließlich Mädchen und Frauen die Leidtragenden von Pornographie sind, wird noch zu erörtern sein.

dem wird Pornographie in der öffentlichen Diskussion, aber auch im kirchlich-theologischen Bereich immer wieder pauschal als Repräsentation und Propagierung sexueller*sexualisierter Gewalt betrachtet,[176] wobei Pornographie als explizite *Darstellung* sexueller Handlungen nicht selten mit Sexualität *selbst* gleichgesetzt wird.

Um letztgenannter Ebenenvermengung vorzubeugen, soll im Folgenden im Rahmen einer inhaltliche und funktionale Merkmale miteinander kombinierenden Arbeitsdefinition[177] in weitgehendem Anschluss an den Lüneburger Medienwissenschaftler Werner Faulstich (1946–2019) unter ‚Pornographie‘ die bei aller historischen und kulturellen Variabilität *primär zum Zwecke sexueller Erregung* erfolgende *explizit-detaillierte, fiktional-wirkliche* und *szenisch-narrative Darstellung*[178] *sexueller Handlungen* verstanden werden, welche *medienunspezifisch* zur Verfügung stehen kann.[179] Auf der funktionalen Ebene dient diese Darstellung tatsächlich vollzogener und zugleich medial inszenierter sexueller Handlungen also primär der sexuellen Erregung, nicht etwa dokumentarischen, wissenschaftlichen, medizinischen oder aufklärerischen Zwecken, und sie tritt auch nicht, wie beispielsweise erotische Literatur und Photographie, mit einem künstlerischen Anspruch auf,[180] was einen gewissen ästhetisch-formalen Anspruch freilich nicht ausschließen muss.[181] Im Unterschied zu Erotikfilmen (gemeinhin als ‚Softpornos‘ oder ‚Softcore‘ bezeichnet) sowie zu Darstellungen oder Andeutungen des Geschlechtsverkehrs in Filmen, die ohne oder mit Altersbeschränkung im frei empfangbaren Fernsehen, Kino oder Internet ausgestrahlt werden dürfen, werden sexuelle Handlungen in der Pornographie (‚Hardcore‘) überdeutlich in Szene gesetzt, womit eine Konzentration auf die Genitalien der Darstellenden einhergeht.[182]

---

176 Vgl. z. B. Schwarzer, *Alice im Männerland*, 95; MacKinnon, *Nur Worte*, 18 ff.

177 Zur Differenzierung von inhaltlichen und funktionalen Merkmalen bei der Pornographiedefinition vgl. Vogelsang, *Viktimisierung*, 22 f.; zur Typologie von Pornographiedefinitionen vgl. Rea, „What is pornography?,“ 120–134; zur Differenzierung von zweck-, wert- und darstellungsorientierten Pornographiedefinitionen vgl. Zillmann, „Pornografie,“ 566–569.

178 Zu den genannten *inhaltlichen* Merkmalen vgl. Faulstich, *Kultur*, 33 bzw. 245; ferner 247; dazu Lüdtke-Pilger, *Porno*, 16; zu eng und unter Absehung von der Frage der Medialität sowie vom szenisch-narrativen Moment dagegen die Definition bei Baum, „Alarmismus,“ 27.

179 In diesem letzteren Punkt schließe ich mich Patridge, „Pornography,“ 26 an.

180 Vgl. hierzu Jerrold, „Erotic Art,“ 228–240 und Uidhir, „Pornography,“ 193–203.

181 Vgl. hierzu Romaya, „Distance,“ 322–333.

182 Für eine einfache Differenzierung zwischen ‚Softcore‘ und ‚Hardcore‘ aus Sicht der heteronormativen Mainstream-Pornographie vgl. das Diktum des US-amerikanischen Pornoregisseurs Paul Thomas: „„Woman's legs in the air, it's soft core [...] legs on the floor, it's hard core‘“; zit. nach O'Toole, *Pornocopia*, 211. ‚Hardcore‘ und ‚harte Pornographie‘ sind also *nicht* deckungsgleich, wie

Die konkrete Bestimmung dessen, was als sexuelle Handlung gilt und welcher Inhalt mit Sexualbezug die genannten Kriterien von Pornographie erfüllt, mag sich im Einzelfall als schwierig erweisen.[183] Gleichwohl scheint mir eine solche deskriptive Definition, die ein weites Spektrum pornographischer Darstellungen zu fassen vermag, als Ausgangspunkt für eine Beurteilung von Pornographie geeigneter zu sein als eine diese gewissermaßen präjudizierende wertorientierte Definition, in der negative Annahmen über Wesen und Wirkung von Pornographie schon miteingeflochten sind.[184] Für eine differenzierte sexualethische Beurteilung von Pornographie ist es jedenfalls unerlässlich, sich unter Rekurs auf kulturwissenschaftliche, rechtliche und humanwissenschaftliche Wissensbestände von ihr zunächst ein sachlich-fachlich informiertes Bild zu verschaffen, um daraufhin vor dem Hintergrund des aktuellen theologischen Diskussionsstandes das Verhältnis von Pornographie und Gewalt einerseits, Pornographie und Sexualität andererseits einer Klärung zuzuführen und Folgerungen für den Umgang mit Pornographie zu benennen.

3.1 Kulturwissenschaftliche, rechtliche und humanwissenschaftliche Aspekte

Wie erotische Darstellungen des menschlichen Körpers im subtilen Zusammen- und Widerspiel von Verhüllung und Entblößung, Bekleidet- und Entkleidetsein,[185] sind auch explizite Darstellungen sexueller Handlungen kein Phänomen der Neuzeit, sondern in nahezu sämtlichen bekannten Kulturen seit der Antike an-

---

es in Stellungnahmen aus dem theologischen Bereich (s. Abschnitt 3.2) allerdings vielerorts angenommen wird.

183 Vgl. Faulstich, *Kultur*, 245; zum Terminus der ‚sexuellen Handlung‘ vgl. A.3.1.

184 Beispiele solcher ‚Emotion‘ und ‚Definition‘ miteinander konfundierenden ‚Emodefinitionen‘ von Pornographie, die diese „von vornherein als das Symptom einer gesellschaftlichen Fehlentwicklung" (Lüdtke-Pilger, *Porno*, 13) deuten, finden sich z.B. bei Dworkin/MacKinnon, *Pornography*, 36 („the graphic sexually explicit subordination of women through pictures and/or words") und Brownmiller, *Gegen unseren Willen*, 305 („Anti-Frauen-Propaganda in unverdünnter Konzentration").

185 Dass sich die erotische Anziehungskraft weniger einer gänzlich unverhüllten als vielmehr einer in der Enthüllung auf- und durchscheinenden Nacktheit verdankt, Erotik mithin erst „durch die Erfindung der Kleidung [...] ihren wesentlichen Inhalt bekommen" hat und die „Ausgestaltung der Erotik [...] mit der Ausgestaltung der Kleidung Hand in Hand gegangen" ist, beschreibt bereits Karl Hauer in seinem 1906 unter dem Pseudonym Lucianus erschienenen Essay „Erotik der Kleidung," 14; vgl. hierzu Rathe, *Philosophie*, 158–160.

zutreffen.[186] Angesichts der erheblichen Transformationen, die das Phänomen der Pornographie in der zweiten Hälfte des 20. Jahrhunderts durchlaufen hat, erscheint es allerdings nur unter Vorbehalt sinnvoll, von einer bis in die Antike zurückreichenden ‚Geschichte der Pornographie' zu sprechen.[187] Jedenfalls ist dem Babelsberger Fernsehwissenschaftler Lothar Mikos (*1954) in seiner Einschätzung zuzustimmen, dass jede „normative Festlegung von Kriterien und Kategorien für Pornographie" kulturell geprägt und „historischem Wandel"[188] unterworfen ist.

Überdies hängt die Frage, ob etwas Pornographie *ist*, davon ab, ob vernünftigerweise angenommen werden kann, dass dieses etwas von einer Gruppe rational handelnder Akteure auch als Pornographie *genutzt* wird.[189] So kann beispielsweise ein bestimmtes Bild auch dann als *pornographisch* bezeichnet werden, wenn es von seinem tatsächlichen Publikum nicht oder nicht mehr als *Pornographie*, d. h. primär zum Zwecke sexueller Erregung genutzt wird.[190] Demnach würde die explizite Darstellung eines Sexualaktes auf einer antiken griechischen Vase[191] bei Abbildung in einem Kunstkatalog oder in einer altertumswissenschaftlichen Zeitschrift auch weiterhin als *pornographisch* gelten müssen, obgleich vernünftigerweise nicht angenommen werden kann, dass das Zielpublikum dieses Kataloges oder dieser Zeitschrift die Abbildung als *Pornographie* nutzen würde, während eine gleichartige Darstellung in einem Pornomagazin anzunehmenderweise ein anderes Nutzungsverhalten evozieren dürfte. Es gilt also immer auch Ort, Zeit und Kontext (Umstände) zu berücksichtigen.

Ungeachtet aller Kritik ist der Konsum pornographischer Inhalte – maßgeblich bedingt durch die Verbreitung des Internets und die damit einhergehende leichtere Zugänglichkeit zu, Kostengünstigkeit und (vermeintliche) Anonymität

---

186 Zur Deutung der jungpaläolithischen Venusfigurinen mit meist üppigen Körperformen und ausgeprägten Vulven als – sit venia verbo – ‚Paläopornographie' vgl. Rudgley, *The Lost Civilizations*, 184–200. Zu den erotischen Darstellungen in der antiken Kunst vgl. Dierichs, „Erotik," 394–411 sowie die unten in Anm. 191 angegebene Literatur.

187 Hierin stimme ich Eitler, „Die ‚Porno-Welle'," 88, bei, der auf die einschneidenden Veränderungen der Pornographie vor allem während der 1970er und 1980er Jahre verweist; dagegen Faulstich, *Kultur*, 109 f.

188 Mikos, „Zurschaustellung," 54; vgl. ferner bereits Gorsen, *Sexualästhetik*, 36 ff. u. 72 ff.

189 Zu diesem Zusammenhang vgl. Rea, „What is pornography?," 134 f.; im Ganzen 134–141.

190 Vgl. hierzu a.a.O., 141. Zur terminologischen Differenzierung zwischen ‚Pornographie' und ‚pornographisch' vgl. auch Patridge, „Pornography," 26, die darauf verweist, dass, auch wenn ‚pornographisch' einen Gegenstand zutreffend beschreiben sollte, daraus nicht geschlossen werden könne, dass selbiger deshalb als ‚Pornographie' bezeichnet werden könne; ferner bereits Stoller, *Perversion*, 77.

191 Vgl. Krenkel, „Prosopographie," 615–619; Kistler, „Bilder," 37–54.

der Nutzung von Pornographie – zu einem „Massenphänomen unserer Kultur"[192] geworden. Im Jahr 2014 betrug der globale Umsatz der Pornoindustrie schätzungsweise rund 100 Milliarden US-Dollar,[193] im Jahr 2019 war rund ein Drittel des täglichen weltweiten Datenverkehrs im Internet pornographischen Inhalts.[194] In ihrer Studie zur Erwachsenensexualität in Deutschland, die nach eigenem Bekunden erstmals einen repräsentativen Einblick auch in die Pornographienutzung von Erwachsenen hierzulande gibt,[195] kommen Martyniuk und Dekker (2018) zu dem Ergebnis, dass 96 % der männlichen und 79 % der weiblichen Befragten im Alter zwischen 18 und 75 Jahren „schon mindestens einmal Pornografie angesehen"[196] haben. Auch bei den unter 18-Jährigen in Deutschland ist der Pornographiekonsum, wie andere Untersuchungen zeigen, mittlerweile „als eine normalisierte Dimension der sexuellen Sozialisation"[197] zu betrachten. Nach der Untersuchung von Zillich (2011) haben je nach Stichprobe zwischen 69 % und 99 % der Jungen und zwischen 57 % und 86 % der Mädchen bereits „Erfahrungen mit Pornografie"[198] gesammelt, wobei auch hier die Nutzungshäufigkeit bei minderjährigen männlichen Jugendlichen die der minderjährigen weiblichen Jugendlichen deutlich übersteigt.

Angesichts der zunehmenden Verfügbarkeit und Nutzung pornographischen Materials und der immer vielfältiger und häufiger anzutreffenden populärkulturellen Pornographie-Bezüge[199] wird auch die zeitgenössische Gesellschaft vielerorts nicht nur als erotisiert und sexualisiert, sondern überdies als ‚pornographisiert' bzw. ‚pornofiziert' bezeichnet.[200] Zwar bleibt dabei meist offen, was genau in diesem Zusammenhang unter ‚Pornographie' verstanden wird,[201] doch ist die Nutzung pornographischer Inhalte – mag dies in der Öffentlichkeit oder im privaten Lebens- und Beziehungsbereich auch nicht immer offen aus- und ange-

---

192 So im Untertitel von Faulstich, „Die verdrängte Sexualität," 634.

193 Morris, „Porn business."

194 Vgl. Seele/Zapf, *Rückseite der Cloud*, 128.

195 Vgl. Martyniuk/Dekker, „Pornografienutzung," 240; vgl. allerdings Matthiesen et al., „Pilotstudie," 233 f.

196 Martyniuk/Dekker, „Pornografienutzung," 241 – dabei unter Zugrundelegung einer weiten Pornographiedefinition unter Einschluss sog. „Softcore"-Darstellungen (240).

197 Zillich, „Pornografiekonsum," 312.

198 A.a.O., 315.

199 Vgl. dazu Döring, „Pornografie-Kompetenz," 229.

200 Vgl. Ketteler/Klaue, „PorNo," 166 – 183. Zum Prozess der ‚Pornofizierung' vgl. Steffen, *Porn Chic* sowie Hilkens, *McSex*, 108 – 115 samt Lintner, *Eros*, 142 – 145.

201 Zur Unbestimmtheit des Ausdrucks ‚Pornographisierung der Gesellschaft' im gegenwärtigen Pornographiediskurs vgl. auch Lewandowski, „Hardcore?," 53.

sprochen werden[202] – ein selbstverständlicher Bestandteil des Lebensalltags eines großen Teils von Menschen (vor allem, aber keineswegs nur,[203] männlichen Geschlechts) aller gesellschaftlichen Schichten, sodass die vom Hamburger Sexualwissenschaftler Gunter Schmidt bereits 1988 ausgesprochene Einschätzung noch immer unvermindert in Geltung steht: „Pornographie wird massenhaft produziert und konsumiert, also muss sie auch massenhaft etwas ansprechen. Pornographische Stücke sind gesellschaftliche und psychologische Dokumente, die etwas über die sexuellen Verhältnisse in dieser Gesellschaft und in uns selbst aussagen."[204]

Besteht beim Blick auf die zeitgenössische Gesellschaft also wenig Zweifel, dass Pornographie, wie der Siegener Wirtschaftswissenschaftler Gerhard Merk (1931–2020) im Jahr 1998 konstatiert hat, „vom Schattendasein einer Subkultur zu einem Element der Kultur geworden ist",[205] ist gleichwohl zu fragen, wie sich Pornographie und Mainstream-Kultur zueinander verhalten. Bereits 1908 hat der österreichische Journalist und Essayist Karl Hauer (1875–1919) beides in ein reziprokes Verhältnis zueinander gesetzt: „Das Pornographische liegt nicht im Werk, das es auslöst, sondern in der Gesinnung dessen, der es überall sucht. Um es in einer Formel zu sagen: *Die Pornographie ist ein Korrelat der Sittlichkeit.*"[206] An Hauer anknüpfend entwickelt Faulstich in seiner Studie über *Die Kultur der Pornografie* (1994) eine kulturgeschichtlich angelegte „Korrelattheorie von Pornografie",[207] wonach Pornographie für die Individuen einer Gesellschaft umso „attraktiver" erscheine, „[j]e mehr die Darstellung von sexuellen Praktiken und Präferenzen, von Körperlichkeit, sexueller Sinnlichkeit, Ekstase, Lust und Orgasmus in unserer Kultur moralistisch ausgespart, religiös gereinigt und sexualpolitisch reglem[ent]iert oder künstlerisch überhöht"[208] werde.

Durch diese Ausgrenzung des Sexuellen aus der offiziellen Mainstream-Kultur komme die inoffizielle „Kultur der Pornografie" als alle sonstigen menschli-

---

202 Vgl. etwa Hahn et al., „Pornografie," 338.
203 Zur Marginalisierung von Pornographie-Nutzerinnen mitsamt der Tendenz, „Pornografie als quasi naturgemäß männliches Handlungsfeld" zu betrachten, vgl. Döring, „Pornografie-Kompetenz," 242f.
204 Schmidt, *Das grosse Der Die Das*, 144 (auch zit. bei Martyniuk/Dekker, „Pornografienutzung," 247 [mit Abweichungen vom Original]). Wenn Schmidt allerdings fortfährt: „Pornographie ist dabei nicht konstruiert wie sexuelle Wirklichkeit" (ebd.), dann scheint dem nunmehr ein Trend gegenwärtiger Pornographie hin zur sog. ‚Amateurpornographie' entgegenzulaufen, vgl. dazu Boll, *Autopornografie*, 73–145; ferner bereits Esch/Meyer, „How Unprofessional," 99–111.
205 Merk, „Wohltätige Pornographie?," 46.
206 Hauer, „Pornographie," 11; teilweise auch zit. bei Faulstich, *Kultur*, 265.
207 Vgl. hierzu Faulstich, *Kultur*, 264–269.
208 A.a.O., 265; vgl. hiermit Hauer, „Pornographie," 11.

chen Bezüge ausklammernde explizite Darstellung sexueller Handlungen mitsamt ihren offensichtlichen Übertretungen sprachlich-kultureller Tabus nur umso drastischer zum Vorschein,[209] anstatt integrierter Bestandteil der Mainstream-Kultur und damit deren „Randphänomen"[210] ohne nennenswerte Bedeutung zu sein: „Insofern zahlen wir uns, als bürgerlich reglementierte Gesellschaft, als christlich geprägte Kultur nur mit genau der Münze heim, die wir selbst verdienen."[211] Daraus folgert Faulstich einerseits, dass Pornographie primär zum Problem derer wird, „die sie bekämpfen, nicht derer, die sie konsumieren",[212] und andererseits, dass der von den „Antipornographen"[213] als gegen die sexistische Behandlung und Unterdrückung von Frauen in unserer Gesellschaft geführte Kampf gegen Pornographie[214] möglicherweise an der falschen Stelle ansetzt, wenn denn Pornographie weniger *Instrument* zur als vielmehr *Symptom* der Unterdrückung von Frauen ist.[215]

Überdies gilt es in den Augen Faulstichs zu bedenken, dass Pornographie im Grunde Ausdruck einer Utopie ist: „der Utopie von der Einheit des Menschen, d. h. zu allererst von Mann und Frau bzw. von Mann und Mann sowie von Frau und Frau, dann aber auch von Geist und Körper, von Individuum und Gesellschaft. Die Verbreitung und Nutzung von Pornografie signalisiert nichts weiter als die Verbreitung der menschlichen Sehnsucht nach Harmonie und Ganzheit."[216] Indem Pornographie „als einziger Statthalter jener utopischen Heilheit der menschlichen Natur" fungiere, die aus der heutigen Kultur ansonsten verschwunden sei, und in ihr diese im Moment höchster Ekstase wenigstens augenblickshaft präsente „Ahnung von menschlicher Ganzheit, Vollkommenheit und Erfüllung" repräsentiert werde, erweise sich ein „kulturelle[r] Wert"[217] der Pornographie.

Nun mag dieser von Faulstich apostrophierte ‚kulturelle Wert' der Pornographie sich bei näherer Betrachtung, aber auch angesichts der gegenwärtigen Interessenlagen von Pornographie-Nutzer*innen,[218] als zumindest ausgesprochen

---

209 Vgl. Faulstich, *Kultur*, 265 f.

210 A.a.O., 266; vgl. hiermit Hauer, „Pornographie," 11.

211 Faulstich, *Kultur*, 265.

212 A.a.O., 266.

213 Ebd.

214 Wobei sich dieser Kampf nicht nur gegen die *Darstellung* bestimmter Sexualpraktiken, sondern gleichermaßen gegen bestimmte Sexualpraktiken *als solche* zu richten scheint, vgl. hierzu Faulstich, *Kultur*, 251 unter Rekurs auf Ladeur, „Zur Auseinandersetzung," 159.

215 Vgl. hierzu Faulstich, *Kultur*, 257 u. 259.

216 A.a.O., 269.

217 Ebd.

218 Vgl. z. B. die von Pornhub, einem der größten internationalen Porno-Streamingdienste mit mehr als 42 Milliarden Aufrufen im Jahr 2019, jährlich aufbereiteten Statistiken zum Nutzungs-

ambivalent darstellen, zumal aus christlich-religiöser Sicht die Vision menschlicher ‚Ganzheit, Vollkommenheit und Erfüllung' nicht im Eskapismus in eine Scheinwelt der Utopie zu suchen, sondern – gleichermaßen heterotopisch wie heterochron[219] – in der geradezu ‚ursprünglichen' Unterbrechung des Alltags[220] im Spannungsfeld von ‚schon' und ‚noch nicht' bereits zu finden ist. Gleichwohl bestehen zwischen Kultur – dabei verstanden im weiteren Sinne als „die gesamte Lebensweise einer Gesellschaft"[221] umfassend – und dem, was in einer Gesellschaft als ‚Pornographie' bestimmt und entsprechend bewertet wird, unstreitig Interdependenzen, sodass Bestimmungen und Bewertungen von Pornographie „sehr stark von der gesellschaftlichen Wertentwicklung" abhängen, „die einem ständigen Wandel unterworfen ist",[222] und eine entsprechende Vielfalt aufweisen.

Diese Einsicht stand und steht auch im Hintergrund der Entscheidung des deutschen Gesetzgebers, auf eine Legaldefinition von Pornographie zu verzichten.[223] In der heutigen Rechtsanwendung wird deshalb noch immer auf die richtungsweisende Auslegung des Begriffs der ‚unzüchtigen Schrift' – bei der Reform des Sexualstrafrechts 1973 wurde dieser Begriff durch den der ‚pornographischen Schrift' ersetzt[224] – durch den Bundesgerichtshof (BGH) im berühmten „Fanny-Hill-Urteil"[225] aus dem Jahr 1969 zurückgegriffen, wonach als ‚unzüchtig' eine Darstellung zu gelten habe, „wenn sie unter Ausklammerung aller sonstigen menschlichen Bezüge sexuelle Vorgänge in grob aufdringlicher, anreißerischer Weise in den Vordergrund rückt und ihre Gesamttendenz aus-

---

verhalten – für das Jahr 2019 unter: https://t1p.de/ifa1 (Zugriff: 31.10.2021). Ich danke Martyn Dhan-Weller für diesen Hinweis!

219 Zum Verständnis des Heterotopen als außerörtlichem Ort sowie des Heterochronen als Durchbrechung der herkömmlichen Zeitvorstellung vgl. Foucault, „Andere Räume," 39–43; zur Übertragung der eschatologischen Heterochronie auf die Semantik des Heterotopischen vgl. Gruber, „Diskurs," 24–29. Zum Verhältnis von Utopie und Eschatologie in Auseinandersetzung mit Foucaults Heterochronie vgl. überdies Schüßler, *Gott*, 251–253.

220 Zum Begriff und Verständnis der ‚ursprünglichen Unterbrechung' vgl. Kierkegaards Entwurf zu einer Freitagspredigt in der Journalaufzeichnung NB2:168 von 1847, in *Deutsche Søren Kierkegaard Edition*, Bd. 4, 235 zusammen mit der Deutung bei Cappelørn, „Unterbrechung," 372f.

221 Vester, *Kompendium der Soziologie I*, 40; vgl. im Ganzen 25–43, bes. 39–41.

222 Gottberg, „Jugendmedienschutz," 248 (Rn. 95) (ohne Hervh.).

223 Vgl. z.B. BT-Drucksache VI/3521, 60. – Auch die Begriffe ‚Geschlecht' und ‚Sexualität' sind vom Gesetzgeber bislang nicht definiert worden.

224 Zur Begründung vgl. BT-Drucksache VI/1552, 15 u. 33; ferner Gottberg, „Jugendmedienschutz," 248 (Rn. 98).

225 Gegenstand dieses Urteils war der erotische Briefroman *Die Memoiren der Fanny Hill* von John Cleland (1709–1789) (in der Ausgabe des Kurt Desch Verlags von 1963; im Original *Memoirs of a Woman of Pleasure* [1749]), über den der BGH (siehe folgende Anm.) befand, dass dieser zwar ein ‚Werk der erotischen Literatur' sei, aber keine ‚unzüchtige Schrift' darstelle.

schließlich oder überwiegend auf das lüsterne Interesse des Betrachters an sexuellen Dingen abzielt",[226] und, wie im Entwurf eines Vierten Gesetzes zur Reform des Strafrechts (4. StrRG) vom 4. Dezember 1970 hierzu ergänzt wird, „die im Einklang mit allgemeinen gesellschaftlichen Wertvorstellungen gezogenen Grenzen des sexuellen Anstandes eindeutig überschreitet".[227] Seither ist „weder der Versuch gemacht worden, die gesetzliche Bestimmung auf der Grundlage neuerer Forschungsergebnisse zu überprüfen noch hat bei der Definition des Begriffes Pornografie durch die Gerichte die aktuelle Forschungslage jemals eine Rolle gespielt".[228]

Maßgeblich für die rechtliche Bestimmung einer Darstellung als ‚einfache' Pornographie im Sinne des § 184 StGB[229] sind demnach noch immer folgende Merkmale: (1.) sexueller Lustgewinn als Zweck; (2.) „Verabsolutierung von Sexualität als Verhaltensäußerung",[230] indem Sexualität von anderen menschlichen Lebensäußerungen wie emotionalen Bezügen losgelöst und der Einzelne „auf ein physiologisches Reiz-Reaktions-Wesen reduziert"[231] wird; (3.) „Drastik der Darstellung"[232] und (4.) Anstandsverletzung – allesamt Merkmale, die, einzeln wie zusammen genommen, eine inhaltliche Vagheit aufweisen, was nicht nur eine Deutungsoffenheit zulässt, sondern auch eine erhebliche Anwendungsunsicherheit in der Praxis zur Folge hat.[233] Diese Schwierigkeit zeigt sich gleichermaßen bei der Frage, ab wann ein dargestellter Inhalt die tatbestandliche Schwelle der

226 BGH, Urteil vom 22.07.1969 – 1 StR 456/68; vgl. ferner BVerwG, Urteil vom 20.02.2002 – 6 C 13.01 (Leitsatz 3).

227 BT-Drucksache VI/1552, 33; vgl. auch BT-Drucksache VI/3521, 60.

228 Gottberg, „Jugendmedienschutz," 249 (Rn. 99).

229 Zu den einzelnen Regelungen der §§ 184 ff. StGB vgl. grundsätzlich Laubenthal, *Handbuch Sexualstraftaten*, 331–425. Zur historischen Entwicklung der Pornographieverbote vgl. Schroeder, *Pornographie*, 1–8. Für Belege der im Folgenden angeführten Merkmale vgl. Schmidt, „Pornographie," 344.

230 Peifer, „Sensation" 102.

231 So Hans Böttcher, Dozent an der Höheren Fachschule für Sozialpädagogik in Düsseldorf, in seinem Statement in der 30. Sitzung des Sonderausschusses des Deutschen Bundestages für die Strafrechtsreform am 25. November 1970 in Bonn; zit. nach Deutscher Bundestag, *Beratungen*, 1042–1048, 1047.

232 Peifer, „Sensation," 102.

233 Vgl. Leipold/Tsambikakis/Zöller, *AnwaltKommentar StGB*, 1377 f.; Laubenthal, *Handbuch Sexualstraftaten*, 336. Zur Definitionsproblematik vgl. grundsätzlich Schmidt, „Pornographie," 342–345.

„Delinquenz-Pornographie"[234] erreicht, die in § 184a StGB mit einem absoluten Verbreitungsverbot belegt ist.[235]

Im Falle von ‚Gewaltpornographie' muss die ‚Gewalttätigkeit' – im Unterschied zum weiter gefassten formal-rechtlichen Gewaltbegriff erfordert ‚Gewalttätigkeit' (im rechtlichen Sinne)[236] nach herrschender Meinung „die Entfaltung physischer Kraft unmittelbar gegen die Person in einem aggressiven Handeln",[237] „das eine Beeinträchtigung oder Gefährdung der körperlichen Integrität bewirkt"[238] – in spezifischem Zusammenhang mit den dargestellten sexuellen Handlungen stehen („‚Gewalt im Porno', nicht bloß ‚Gewalt neben Porno'"[239]), wie beispielsweise bei Darstellungen von Vergewaltigungen, Sexualmorden oder sexualbezogenen Folterungen.[240] Dabei ist es für die Strafbarkeit der in Verbreitungsabsicht erfolgenden Herstellung ‚gewaltpornographischer' Inhalte im Sinne des § 184a StGB unerheblich, ob solche Darstellungen sexualbezogener ‚Gewalttätigkeiten' (im rechtlichen Sinne) ein reales oder ein fiktives Geschehen wiedergeben.[241] Gleichermaßen spielt es für den Gesetzgeber keine Rolle, ob es sich beim betreffenden Gewaltgeschehen um ein konsensuelles oder ein nicht-konsensuelles Geschehen handelt.[242] Neben Kinder- und Jugendschutzgründen sowie Gründen des Konfrontationsschutzes steht dahinter die Intention des Gesetzgebers, „eine mögliche Gewöhnung an gewalttätige Sexualpraktiken" zu verhindern

---

234 Zu diesem Begriff vgl. Ahlers, *Himmel*, 292, der darunter die „Dokumentation sexueller Übergriffe und Angriffe gegen die sexuelle Selbstbestimmung anderer Personen" bzw. „die filmische Dokumentation von Sexualstraftaten" versteht; vgl. ferner 304 f. u. 312.
235 Vgl. hierzu Leipold/Tsambikakis/Zöller, *AnwaltKommentar StGB*, 1377; ferner BT-Drucksache VI/3521, 58. Zur rechtsdogmatischen Differenzierung zwischen einem beschränkten Verbot des Zugänglichmachens, einem absoluten Verbreitungsverbot und einem Verbot der Besitzverschaffung vgl. Maurach et al., *Strafrecht Besonderer Teil*, Teilbd. 1, 278.
236 Dagegen sollen als Gewalttätigkeiten im hier gemeinten sexualethischen Sinne speziell diejenigen gewalthaltigen Handlungen bezeichnet werden, die *gegen den Willen* einer zustimmungsfähigen Person und damit per definitionem nicht-einverständlich erfolgen, s. Abschnitt C.3.3.3.
237 BGH, Urteil vom 18.07.1979 – 2 StR 114/79, Rn. 22; teilweise auch zit. bei Leipold/Tsambikakis/Zöller, *AnwaltKommentar StGB*, 1386; vgl. grundsätzlich Laubenthal, *Handbuch Sexualstraftaten*, 333.
238 Leipold/Tsambikakis/Zöller, *AnwaltKommentar StGB*, 1386.
239 Ebd. (ohne Hervh.).
240 Für Darstellungsinhalte von ‚Gewaltpornographie' vgl. Laubenthal, *Handbuch Sexualstraftaten*, 390 f.
241 Vgl. BGH, Urteil vom 15.12.1999 – 2 StR 365/99, Rn. 12; vgl. auch Rn. 23 (speziell zu Darstellungen sexuellen Kindesmissbrauchs).
242 Vgl. a.a.O., Rn. 20.

und der „Gefahr einer Nachahmung zu Lasten potentieller Sexualpartner"[243] („Initialwirkung"[244]) zu begegnen. Wie bei ‚kinderpornographischen' Schriften wird deshalb auch ein real erscheinendes, mithin wirklichkeitsnah wiedergegebenes fiktives Geschehen von der Verbreitungsstrafbarkeit umfasst.[245] Auch hier ist der „Gesamteindruck eines objektiven Betrachters"[246] maßgeblich, wenn dieser nicht mit Sicherheit ausschließen kann, dass es sich bei der betreffenden Darstellung um ein tatsächliches Geschehen handelt. Allerdings ist im Unterschied zur Besitzstrafbarkeit wirklichkeitsnaher fiktiver ‚Kinderpornographie' der bloße Besitz wirklichkeitsnaher fiktiver ‚Gewaltpornographie'[247] wie auch von realer oder fiktiver ‚Tierpornographie'[248] straflos.

Am 19. Juli 2017 hat die im Februar 2015 vom Bundesministerium der Justiz und für Verbraucherschutz (BMJV) eingesetzte Reformkommission zur Überarbeitung des 13. Abschnitts des Besonderen Teils des Strafgesetzbuches (StGB) ihren 1399-seitigen Abschlussbericht vorgelegt, in dem sie sich für eine Modernisierung des Regelungsgehalts der §§ 184 ff. StGB ausspricht.[249] Nachdem sich die Kommissionsmitglieder im Verlauf der insgesamt 28 Sitzungen zur Frage einer

---

243 Laubenthal, *Handbuch Sexualstraftaten*, 389.

244 Gercke/Brunst, *Praxishandbuch Internetstrafrecht*, 142 (Rn. 306).

245 Vgl. BT-Drucksache 13/7934, 31 u. 41.

246 Laubenthal, *Handbuch Sexualstraftaten*, 390.

247 Keber, „IT-Strafrecht," 880 (Rn. 59).

248 ‚Tierpornographie' (‚Sodomiepornographie') ist die Darstellung „sexuelle[r] Handlungen von Menschen mit Tieren" (§ 184a StGB), deren Besitz und Besitzverschaffung straflos, während Verbreitung und Zugänglichmachen *realer* ‚Tierpornographie' strafbar ist. Für eine Übersicht vgl. Cornog/Perper, „Bestiality," 60 – 63; Johnson, „Bestiality," 95 – 104 (jeweils mit Literatur). Sexuelle Handlungen von Menschen mit oder an lebenden oder toten Tieren – die sexuelle Ansprechbarkeit auf Tiere wird seit Krafft-Ebing ‚Zoophilie' genannt (vgl. Krafft-Ebing, *Psychopathia Sexualis*, 13. Aufl., 89 u. 217 f.) – sind in Deutschland im Unterschied zum ‚Zoosadismus', der als Tierquälerei nach § 17 Tierschutzgesetz (TierSchG) geahndet werden kann, *nicht* grundsätzlich verboten, doch ist es seit dem 13. Juli 2013 nach § 3 Satz 1 Nr. 13 TierSchG verboten, „ein Tier für eigene sexuelle Handlungen zu nutzen oder für sexuelle Handlungen Dritter abzurichten oder zur Verfügung zu stellen und dadurch zu artwidrigem Verhalten zu zwingen", was nach § 18 Abs. 1 Nr. 1, Abs. 4 TierSchG als Ordnungswidrigkeit mit Geldbuße geahndet werden kann. Für eine grundsätzliche Einschätzung vgl. Dießelmann, „Menschen und Tiere," 45 – 69. In der *ICD-10-GM-2021* werden „sexuelle Handlungen an Tieren" als Störung der Sexualpräferenz unter F65.8 eingestuft. In einer repräsentativen Untersuchung von 2015 haben 3,0 % der befragten Frauen und 2,2 % der befragten Männer von sexuellen Phantasien mit Tieren berichtet, vgl. Joyal et al., „Unusual Sexual Fantasy?," 334. Vgl. ferner Williams/Weinberg, „Zoophilia," 523 – 535, die Komplexität und Diversität von Zoophilie betonen.

249 Vgl. Bundesministerium der Justiz und für Verbraucherschutz, *Abschlussbericht der Reformkommission*, 233 – 266; für eine Diskussion der Empfehlungen vgl. Renzikowski/Schmidt, „Reform," 325 – 333.

kompletten oder teilweisen Streichung des § 184 StGB durchaus uneinheitlich geäußert hatten,[250] sprach sich die Kommission in ihren Empfehlungen einstimmig dafür aus, Tathandlungen, die Erwachsene mit Pornographie konfrontieren, nicht weiter unter Strafe zu stellen, weil diese Konfrontation mit Pornographie nicht dazu geeignet sei, „die sexuelle Selbstbestimmung von Erwachsenen zu gefährden. Erwachsenen Personen ist es zuzumuten, sich der unerwünschten Konfrontation zu entziehen."[251] Die Bestimmungen zur Strafbarkeit ‚einfacher‘ Pornographie im Sinne des § 184 StGB seien demnach allein auf die dem Jugendschutz dienenden Tathandlungen zu reduzieren. Im Unterschied zur Verbreitungsstrafbarkeit ‚tierpornographischer‘ Schriften, für dessen Streichung die Kommission mit großer Mehrheit votiert hat, hat sich die Kommission mehrheitlich gegen eine Streichung der Tatalternative des Verbreitens ‚gewaltpornographischer‘ Inhalte im Sinne des § 184a StGB ausgesprochen.[252]

In der oben hinsichtlich der Frage nach einer Legaldefinition von Pornographie – auch die Reformkommission zum Sexualstrafrecht (2015 – 2017) hat auf eine solche verzichtet – angesprochenen Rede von der ‚Überschreitung‘ der durch die ‚allgemeinen gesellschaftlichen Wertvorstellungen‘ gezogenen ‚Grenzen des sexuellen Anstandes‘ bei der Bestimmung einer Darstellung als ‚einfache‘ Pornographie dokumentiert sich überdies ein Residuum des vormals moralbasierten Sexualstrafrechts (bis zum Inkrafttreten des 4. StrRG zum 28. November 1973 war der 13. Abschnitt des Besonderen Teils des StGB noch mit „Verbrechen und Vergehen gegen die Sittlichkeit" überschrieben,[253] was wiederum als Erbe des Reichsstrafgesetzbuchs von 1871 verstanden werden kann). Dabei wollte bereits der BGH im angesprochenen ‚Fanny-Hill-Urteil‘ eine klare Abkehr von einer moralbasierten Anwendung des Strafrechts zum Zwecke des Sittlichkeitsschutzes vollziehen und konstatierte: „das Strafgesetz hat nicht die Aufgabe, auf geschlechtlichem Gebiet einen moralischen Standard des erwachsenen Bürgers durchzusetzen, sondern es hat die Sozialordnung der Gemeinschaft vor Störungen und groben Belästigungen zu schützen".[254]

---

250 Vgl. die Wiedergabe des Diskussionsverlaufs in: Bundesministerium der Justiz und für Verbraucherschutz (Hg.), *Abschlussbericht der Reformkommission*, 233 – 239 zusammen mit den Sitzungsprotokollen zur 14., 16., 18., 20. und 24. Sitzung in 530 ff., 563 ff., 595 f., 643 ff. u. 726 ff. Zur Befürwortung einer kompletten Streichung des § 184 StGB vgl. 238, 537, 598 u. 1341; zur Ablehnung einer Streichung vgl. 645.

251 A.a.O., 372, vgl. 990.

252 Vgl. a.a.O., 374.

253 Vgl. hierzu Schmidt, „Pornographie," 335.

254 BGH, Urteil vom 22.07.1969 – 1 StR 456/68; vgl. BT-Drucksache VI/3521, 59; ferner Vavra, *Strafbarkeit*, 151 f.

Scheint die Verwendung normativer Begriffe auch bei der rechtlichen Bestimmung von Pornographie gleichwohl unvermeidlich,[255] haben derartige Residuen traditioneller Moralvorstellungen im Sexualstrafrecht[256] immer wieder Anlass zur Diskussion darüber gegeben, ob und inwieweit bei der rechtlichen Wertung und strafrechtlichen Sanktionierung sexueller Handlungen und deren Darstellung in pornographischen Schriften überhaupt auf Sitte und Moral abgestellt werden dürfe.[257] Auch im juristischen Kontext wurden dabei Versuche unternommen, den Begriff der Pornographie allein im Hinblick auf verfassungsrechtliche Grundwerte, unter ausdrücklicher Absehung von den zu einer gegebenen Zeit herrschenden Moralvorstellungen, zu bestimmen.[258] Ausgehend von dem in der Verfassung angelegten Menschenbild und der darauf aufbauenden menschlichen Würde hat beispielsweise der Leipziger Rechtswissenschaftler Heribert Schumann (*1942) vorgeschlagen, als ‚pornographisch‘ diejenigen „Sexualdarstellungen" zu betrachten, die „mit der Botschaft einer die Menschenwürde [...] mißachtenden Sexualethik" verbunden seien, worunter auch solche Darstellungen zu fassen seien, die „Frauen als mit Männern nicht gleichberechtigte, jederzeit verfügbare Sexualobjekte erscheinen lassen".[259]

Die Strafbestimmungen des als abstraktes Gefährdungsdelikt ausgestalteten § 184 StGB über Zugänglichmachung und Verbreitung ‚einfacher‘ Pornographie dienen in erster Linie dem Schutz der sexuellen Entwicklung Minderjähriger auf der einen, dem Schutz Erwachsener „vor ungewollter Konfrontation mit Pornographie"[260] auf der anderen Seite.[261] Am Schutz dieser beiden als besonders hoch bewerteten Rechtsgüter findet die „Selbstbestimmungsfreiheit des Einzelnen zum

---

255 Vgl. Laubenthal, *Handbuch Sexualstraftaten*, 336.

256 Vgl. Renzikowski, „Primat," 197–213; Schmidt, „Pornographie," 335 u. 337.

257 Vgl. z. B. die Reminiszenz an das ‚Fanny-Hill-Urteil‘ in den Mehrheits-Empfehlungen des Deutschen Ethikrates zur Frage der Strafbarkeit einverständlicher Inzesthandlungen unter volljährigen Geschwistern im Sinne des § 173 Abs. 2 Satz 2 StGB, in: Deutscher Ethikrat, *Inzestverbot*, 74; vgl. 8, 73 f. u. 78; ferner Köhne, „Immer noch ‚unzüchtige Schriften'," 325–328. Dies gilt freilich auch für die Frage, inwiefern von außen – genauer: von Seiten der Kirchen – sittliche Maßstäbe an das Strafrecht angelegt werden dürfen, vgl. hierzu Mantei, *Nein und Ja*, 61–102; Jäger, *Protestantismus*, 189 f.

258 Vgl. Schmidt, „Pornographie," 345–347.

259 Schumann, „Begriff," 579 f.; auch zit. bei Schmidt, „Pornographie," 346 (mit geringfügigen Abweichungen vom Original). Dass durch einen solchen Rekurs ausgerechnet auf den Begriff der Menschenwürde, als dessen konstituierende Faktoren Schumann „Unverfügbarkeit und Freiheit, Autonomie und Personqualität" (a.a.O., 579) betrachtet, zumindest *untergründig* wieder bestimmten Moral- und Wertvorstellungen Geltung verschafft wird, versteht sich.

260 Laubenthal, *Handbuch Sexualstraftaten*, 332 (ohne Hervh.); vgl. Gottberg, „Jugendmedienschutz," 249 (Rn. 100).

261 Vgl. BT-Drucksache 6/1552, 33; vgl. hierzu im Einzelnen Schmidt, „Pornographie," 337–342.

Pornographiekonsum" sozusagen ihre „Grenze".[262] Unter Verweis auf die an anderer Stelle dieser Untersuchung bereits thematisierte Bonner Sachverständigenanhörung von 1970[263] heißt es im dazugehörigen Bericht des Sonderausschusses für die Strafrechtsreform, welcher der am 28. Januar 1975 eingetretenen, bis dato gültigen „partiellen Legalisierung von Pornographie"[264] zugrunde liegt, dass „nach Auffassung der meisten Sachverständigen ein Beweis für schädliche Auswirkungen der Pornographie nicht erbracht"[265] sei. Während die Freigabe ‚einfacher' Pornographie für Erwachsene mit der „Freiheit des Erwachsenen" begründet wurde, „in seinen eigenen vier Wänden zu tun und zu lassen, was er wolle, solange die Freiheit anderer nicht berührt werde",[266] wurde das Pornographieverbot für Minderjährige gleichwohl aus dem Grund beibehalten, dass sich schädliche Wirkungen der Pornographie zumindest nicht ausschließen ließen.[267]

Die gegenwärtige humanwissenschaftliche Studienlage zum Thema Pornographie, ein halbes Jahrhundert nach der Bonner Sachverständigenanhörung, ist freilich ungleich umfangreicher – und doch ergibt sich daraus noch immer kein einheitliches Bild, geschweige denn ein allgemeingültiges Urteil über eine mögliche Schädlichkeit von Pornographie. Gleichwohl zeichnet sich immer deutlicher ab, dass Pornographie nicht nur im Hinblick auf unmittelbare Wirkungen und längerfristige Auswirkungen, sondern gleichermaßen auch unter Berücksichtigung der unterschiedlichen Nutzungsgruppen, -inhalte, -interessen und -formen zu untersuchen ist, mithin nur eine Kombination der Ergebnisse der empirischen *Wirkungs*forschung,[268] die im Rahmen von Querschnittsstudien bestenfalls Korrelationen, aber keine Kausalitäten aufzuzeigen vermag,[269] und der Befunde der empirischen *Nutzungs*forschung[270] ein hinreichend differenziertes Bild von Por-

---

262 Laubenthal, *Handbuch Sexualstraftaten*, 331; vgl. 332 sowie BT-Drucksache VI/3521, 6; ferner Schmidt, „Pornographie" 334 f.
263 Siehe Abschnitt D.3.1.
264 Laubenthal, *Handbuch Sexualstraftaten*, 331 (ohne Hervh.).
265 BT-Drucksache VI/3521, 4; vgl. auch 58 f. und BT-Drucksache 6/1552, 33. Vgl. hierzu die Sachverständigenaussagen in: Deutscher Bundestag, *Beratungen*, 870, 890 ff., 924 f., 930 – 942, 967 f., 970 – 980, 999, 1007, 1020 f., 1030 – 1035, 1044 f.
266 BT-Drucksache VI/3521, 59; vgl. auch 6, wo dies als Einschränkung des Grundsatzes *in dubio pro libertate* gewertet wurde. Vgl. ferner BT-Drucksache 6/1552, 33.
267 Vgl. BT-Drucksache VI/3521, 59; BT-Drucksache 6/1552, 33 f.; Schmidt, „Pornographie," 340; Gottberg, „Jugendmedienschutz," 248 (Rn. 98); Laubenthal, *Handbuch Sexualstraftaten*, 332.
268 Vgl. Hill, „Pornografiekonsum," 379 – 396.
269 Vgl. a.a.O., 382.
270 Vgl. hierzu insb. die beiden Interviewstudien: Matthiesen et al., „What do girls," 326 – 352 sowie Schmidt/Matthiesen, „What do boys," 353 – 378.

nographie zu ergeben vermag.[271] Mit anderen Worten: Es gilt nicht nur zu fragen, was Pornographie mit Menschen macht, sondern auch, was Menschen mit Pornographie machen.[272]

Was die Frage nach möglichen Auswirkungen des Pornographiekonsums betrifft, ist die aktuelle Studienlage kontrovers,[273] vor allem aber lückenhaft, großenteils nicht-repräsentativ und von zweifelhafter Qualität.[274] Ein Beispiel mag diesen Umstand verdeutlichen: Als im Frühjahr 2013 die damalige britische Kinderbeauftragte ein Team um die Forensische Psychologin Miranda Horvath an der Londoner Middlesex University um eine Prüfung der verfügbaren Evidenz hinsichtlich der möglichen Auswirkungen des Pornographiekonsums auf Kinder und Jugendliche bat,[275] wurden von insgesamt 41.000 Beiträgen, die in wissenschaftlichen Literaturdatenbanken, der Grauen Literatur und durch *Calls for Papers* ausfindig gemacht werden konnten,[276] bei der Durchführung eines Rapid Evidence Assessment (REA) lediglich 276 Beiträge in die endgültige Analyse miteinbezogen, die sowohl den Ein- und Ausschlusskriterien[277] entsprachen als auch den Qualitäts- und Relevanzkriterien[278] genügten. Eine Vielzahl der Beiträge wurde aufgrund ideologischer Blickwinkel, methodischer Probleme und unzureichender Qualität ausgeschlossen. In einem Interview mit *BBC News* vom 25. Juni 2013 zeigte sich Horvath schockiert darüber, „how many very strongly worded, opinion-led articles there are out there which purport to be producing research, producing new findings when actually it's really based on opinion".[279]

Dies verdeutlicht, dass die jeweils herangezogenen Studien zu möglichen Auswirkungen des Pornographiekonsums, zumal wenn sie für die Argumentation fruchtbar gemacht werden sollen, stets einer möglichst umfassenden Qualitäts-

---

271 Zu dieser Differenzierung von Wirkungs- und Nutzungsforschung im Blick auf Pornographie vgl. Schmidt, „Pornographie, Prostitution," 311–313; vgl. ferner Döring, „Medienangebote," 433.
272 Vgl. Attwood, „What do people do with porn?," 65–86; ferner Döring, „Pornografie-Kompetenz," 236.
273 Vgl. einerseits Freitag, *Fit for Love?*, 36, andererseits Schmidt, „Pornographie," 339. Vermittelnd Döring, „Medienangebote," 43.
274 Vgl. hierzu auch die Kritik bei Faulstich, *Kultur*, 238 ff.; zur Wirkungsforschung vgl. die Übersicht bei Baum, „Alarmismus," 31–37 (mitsamt der Einschränkung 31 [Anm. 30]).
275 Vgl. Horvath et al., „*Basically... porn is everywhere*," 6.
276 Vgl. a.a.O., 12 u. 17.
277 Vgl. Appendix 6; abrufbar unter: https://t1p.de/v63m (Zugriff: 31.10.2021). Auf dieser Grundlage wurden 38.666 der 41.000 Beiträge ausgeschlossen.
278 Qualität und Relevanz der restlichen 2.304 Beiträge wurden unter Anwendung eines WoE-Ansatzes (Weight of Evidence) als ‚hoch', ‚mittel' oder ‚niedrig' und entsprechend dreier Dimensionen bewertet, vgl. Horvath et al., „*Basically... porn is everywhere*", 17; vgl. Appendizes 5, 14 und 15. Ich danke Dr. Miranda Horvath für ihre Unterstützung!
279 Fidgen, „Do we know whether pornography harms people?"

kontrolle zu unterziehen sind, was im Folgenden nicht durchexerziert werden kann. Deshalb beschränke ich mich auf Bemerkungen allgemeinerer Art zu vorliegenden Forschungsergebnissen, die, insgesamt gesehen, bestenfalls Tendenzen anzeigen und Zusammenhänge konturieren, aber eben keinen Anspruch auf kategoriale Gültigkeit für die Grundgesamtheit erheben können. Während zahlreiche Studien und Analysen zum Teil gravierende negative Auswirkungen des Pornographiekonsums auf der Einstellungs-, Gefühls- und Verhaltensebene insbesondere von Kindern und Jugendlichen, aber auch von Erwachsenen beschreiben,[280] stellen andere Untersuchungen nicht nur keine negativen,[281] sondern mitunter sogar positive Effekte der Pornographienutzung (zumindest) bei bestimmten Nutzungsgruppen heraus.[282]

Auch beim Blick auf die aktuelle Studienlage zur Nutzung von Pornographie, also zu dem, was Menschen mit Pornographie machen, ist zunächst zu konstatieren, dass sich die bisherigen empirischen Studien „zum Großteil auf nicht-repräsentative Selbstselektionsstichproben von Jugendlichen und jungen Erwachsenen" stützen, wenngleich sich zunehmend herauskristallisiert, „dass nicht nur individuelle, sondern auch soziale und kulturelle Faktoren für das Erleben und die Nutzung von Pornografie von Bedeutung sind".[283] Der bereits genannten repräsentativen Studie von Martyniuk und Dekker (2018) zur Pornographienutzung von Erwachsenen in Deutschland zufolge stellen, neben Geschlecht und Alter bzw. Generation (das Medianalter beim ersten Pornographiekontakt liegt in der Gruppe der 61- bis 75-Jährigen deutlich höher als in der Gruppe der 18- bis 30-

---

280 Vgl. z.B. Peter/Valkenburg, „Adolescents," 509–531; Stanley et al., „Pornography," 2927–2934 u. 2940; Hartmann, „Diagnostik," 34–42; Weaver III et al., „Mental- and Physical-Health Indicators," 768; Rodriguez-Hart et al., „Sexually Transmitted Infection," 989; Chen et al., „Frequency," 80–113; Hald et al., „Pornography," 653; Krahé, „Nutzung," 373–379.
281 Dabei z.T. in direkter Auseinandersetzung mit vorgenannten Studien, wie z.B. Kohut et al., „Pornography," 10 und Miller et al., „Pornography," 7 f., die beide als kritische Reaktion auf die Studie von Hald et al., „Pornography" (2013) verstanden werden können. Vgl. hierzu ferner McKee, „Objectification," 277–290 sowie Garos et al., „Sexism," 69–96.
282 Vgl. z.B. McKee, „Effects," 87 u. 90; Matthiesen, „Entwicklung," 59. Speziell zur Frage möglicher positiver Effekte der Pornographienutzung auf die Sexualität von Frauen vgl. aber auch Vuković et al., „Pornography," 133; Komlenac/Hochleitner, „PS-1–9 Positive Influence," S123-S124. Vgl. ferner Müller et al., „‚In A Good Way Weird'," 1–6. Freilich sind derartige Befragungen nur mit Vorsicht zu interpretieren (aussagekräftiger sind Metaanalysen wie die von Wright et al., „Pornography Consumption," 1–29), doch können sie zumindest als Indiz für eine womöglich erhebliche Diskrepanz zwischen der Selbstwahrnehmung und der Fremdwahrnehmung von Pornographienutzer*innen hinsichtlich der Effekte der Pornographienutzung gewertet werden.
283 Martyniuk/Dekker, „Pornografienutzung," 237; vgl. hierzu auch Ortiz/Thompson, „Content Effects," 246–257.

Jährigen, die Pornographie zudem häufiger als die Gruppe der Älteren nutzt),[284] auch Beziehungsstatus[285] und religiöse Bindung determinierende Faktoren für die Pornographienutzung dar: Während bei Frauen mit höherer religiöser Bindung die Pornographienutzung tendenziell niedriger ist, können Männer mit starker religiöser Bindung etwa zu je einem Drittel in häufige, gelegentliche und Nicht-Pornographienutzer unterteilt werden.[286] Die Autor*innen vermuten, „dass der religiöse Glaube für manche entscheidend für den Verzicht auf Pornografienutzung" sei, „während er für andere paradoxerweise zu einer übertriebenen Beschäftigung mit pornografischem Material" führe, während wiederum eine andere Gruppe religiöser Menschen „ihr Interesse an Pornografie als privat und intim und unabhängig von ihren religiösen Überzeugungen"[287] betrachte. Insgesamt nutzten religiöse Menschen Pornographie seltener und zuweilen nicht ohne Gewissenskonflikte.[288]

Als häufigste Gründe für die Pornographienutzung werden sexuelle Erregung und Befriedigung, Neugierde, Spaß bzw. Belustigung sowie Suche nach Information, Aufklärung und Anregungen genannt[289] und bei der Nutzung, insgesamt gesehen, konventionelle Darstellungsinhalte sogenannter Mainstream-Pornographie denen der Non-Mainstream-Pornographie vorgezogen,[290] wobei gerade bei der Online-Pornographie „ein Trend zu extremeren, devianteren und gewalthaltigeren Inhalten"[291] festzustellen ist. Zur Selbsteinschätzung der 1.147 Befragten in der Studie von Martyniuk und Dekker (2018) hinsichtlich der Auswirkungen ihrer Pornographienutzung heißt es, dass die meisten Befragten der Meinung seien, „dass ihre Pornografienutzung keine (62 % der Frauen und 57 % der Männer) oder ausschließlich positive (jeweils 32 % und 28 %) Auswirkungen auf ihr Sexualleben habe. Deutlich mehr männliche (12 %) als weibliche Befragte (5 %) äußern sich ambivalent bzw. differenzieren in sowohl positive als auch negative Auswirkungen und ein kleiner, jedoch klinisch relevanter Teil (2 % der Frauen und 3 % der Männer) berichtet von ausschließlich negativen Auswirkungen."[292] Als

---

284 Vgl. Martyniuk/Dekker, „Pornografienutzung," 241 f.
285 Vgl. a.a.O., 242.
286 Vgl. a.a.O., 243.
287 A.a.O., 246; vgl. 243 u. 246 (mit weiterer Literatur).
288 A.a.O., 240 (mit weiterer Literatur); vgl. ferner Foubert, „Integrating Religiosity," 242–251 sowie Abschnitt 3.4.
289 Vgl. z. B. Löfgren-Mårtenson/Månsson, „Lust," 6–7; Vogelsang, *Viktimisierung*, 99–111 (mit Literatur); vgl. ferner Grubbs et al., „Internet Pornography Use," 117–155.
290 Vgl. Martyniuk/Dekker, „Pornografienutzung," 239 (mit weiterer Literatur).
291 Döring, „Medienangebote," 426 (ohne Hervh.); zu den Inhalten vgl. 425–428.
292 A.a.O., 244.

positive Effekte werden am häufigsten „sexuelle Erregung und Inspiration für das eigene Sexualleben"[293] genannt.

Ein durchaus realistisches und reflektiertes Bild über Pornographie und reale Sexualität ergaben die Antworten von insgesamt 160 großstädtischen männlichen und weiblichen Jugendlichen unterschiedlicher Schulbildung im Alter von 16 bis 19 Jahren im Rahmen einer im Herbst 2009 von Forscher*innen des Instituts für Sexualforschung und Forensische Psychiatrie des Universitätsklinikums Hamburg-Eppendorf (UKE) durchgeführten Interviewstudie.[294] Jugendliche Pornographienutzer*innen seien, wie Schmidt und Matthiesen hypothetisieren, nicht „wie eine leere Tafel" zu betrachten, „in die nun pornotypische Skripte eingraviert werden. Vielmehr treffen die pornografischen Stimuli auf eine schon vorhandene Struktur des Begehrens."[295] Daraus folge, wie Matthiesen andernorts konstatiert, dass sich Jugendliche vor allem für solche pornographischen Darstellungen interessierten, „die ihrem Begehren entsprechen: Sie treten der Pornowelt wählerisch gegenüber und nutzen sie entsprechend."[296]

Insgesamt lässt sich mit Blick auf die Studienlage zum Thema Pornographie also festhalten, dass sich der Zusammenhang zwischen Nutzung und Wirkung von Pornographie als zu komplex erweist, als dass ihm durch simple Kausalannahmen beizukommen wäre. Die analytisch sinnvolle Differenzierung zwischen Nutzung und Wirkung von Pornographie repräsentiert keine klar voneinander zu trennenden Kategorien, sondern unterschiedliche Perspektiven auf ein und denselben Gegenstand.[297] Diese Perspektiven sind miteinander zu kombinieren, um ein angemessenes und hinreichend differenziertes Bild von Pornographie gewinnen zu können. Ebenso wenig, wie sich eine allgemeine Schädlichkeit von Pornographie behaupten lässt, kann aus der vorstehend skizzierten empirischen Forschungslage eine generelle Harmlosigkeit oder gar Nützlichkeit von Pornographie abgeleitet werden.[298]

---

293 A.a.O., 239 (mit weiterer Literatur).

294 Vgl. Matthiesen et al., „What do girls," 326 u. 349f. und Schmidt/Matthiesen, „What do boys," 353 samt Kritik bei Freitag, *Fit for Love?*, 47–49.

295 Schmidt/Matthiesen, „Pornografiekonsum," 250.

296 Matthiesen, „Jungensexualität," 265; vgl. hierzu auch Schmidt, „Pornographie," 339.

297 Auch aus Sicht der Medienforschung bedingen und beeinflussen sich Auswahl, Nutzung und Wirkung von Medien wechselseitig und in Abhängigkeit von der jeweiligen individuellen Persönlichkeitsstruktur der Rezipierenden, weshalb Mediendarbietungen wohl nur unter „Aufhebung der Trennung von Wirkungs- und Nutzenansatz" (Schenk, *Medienwirkungsforschung*, 47; zur Differenzierung verschiedener Ansätze vgl. 44–49) angemessen zu erfassen sind. Vgl. dazu ferner Leffelsend et al., „Mediennutzung," 67.

298 Ich schließe mich also dem Weg der Mitte an, wie er z.B. auch von Döring, „Medienangebote," 43 vertreten wird; vgl. ferner Schmidt, „Pornographie," 339 (mit Literatur).

3.2 Theologischer Diskussionsstand

Im kirchlichen Kontext wird Pornographie nahezu rundheraus abgelehnt,[299] vor allem im evangelikalen und römisch-katholischen Bereich überdies nicht nur als schwere moralische Verfehlung, sondern zugleich als eine Äußerung „der dunklen Seite der durch die Sünde verdorbenen menschlichen Natur"[300] betrachtet, wodurch die menschlichen Beziehungen korrumpiert und das Ehe- und Familienleben untergraben würden.[301] Auch im Bereich der christlichen Theologie wird Pornographie konfessionsübergreifend fast ausnahmslos kritisch gesehen, nicht selten dabei „nur emotional-vereinseitigend und unterkomplex diskutiert" und sogar in theologisch-ethischen Grundlagenwerken oder Handbüchern, wenn nicht gänzlich ausgespart,[302] lediglich „in wenigen Sätzen als etwas grundlegend

---

299 Während die lehramtliche Position der römisch-katholischen Kirche von einer ebenso konsequenten wie pauschalen Ablehnung von Pornographie geprägt ist (vgl. das vom bis 2016 bestehenden Päpstlichen Rat für die Sozialen Kommunikationsmittel verfasste wegweisende Dokument *Pornographie und Gewalt in den Kommunikationsmedien. Eine pastorale Antwort* vom 7. Mai 1989, wonach Pornographie zur Verbreitung der Sünde beitrage, weshalb jede willentliche Beteiligung an der Herstellung und Verbreitung von Pornographie „als ernsthaftes moralisches Übel" [5 (Nr. 11)] betrachtet werden müsse; vgl. ferner Päpstlicher Rat für die Sozialen Kommunikationsmittel, *Ethik im Internet*, 10, 17, 29 u. 34 sowie KKK 2211, 2354, 2396 u. 2523), kann in der Haltung der Evangelischen Kirche in Deutschland (EKD) zu Pornographie ein vorsichtiger Wandel ausgemacht werden – jedenfalls dann, wenn man die Äußerungen zu Pornographie als ein sowohl sozialschädlicher wie auch jugendgefährdender „Ausdruck nicht bewältigter Sexualität" in der Sexualethik-Denkschrift von 1971 (vgl. Kirchenkanzlei der EKD [Hg.], *Denkschrift zur Frage der Sexualethik*, 43 [Nr. 77]) mit der Position der von Mitgliedern der von der EKD beauftragten Ad-hoc-Kommission zur Sexualethik auf eigene Faust veröffentlichten Publikation *Unverschämt – schön* (2015) sowie den Ausführungen zur Online-Pornographie in der sogenannten Digitalisierungsdenkschrift *Freiheit digital* (2021) vergleicht, die beide um ein wesentlich differenzierteres Bild von Verbreitung, Spektrum, Nutzung und Wirkung von Pornographie vor dem Hintergrund sich ändernder gesellschaftlicher Realitäten bemüht sind, vgl. Dabrock et al., *Unverschämt – schön*, 118 – 123 sowie Evangelische Kirche in Deutschland (Hg.), *Freiheit digital*, 149, 157 – 161 u. 165 – 167. Vgl. ferner die ablehnende Positionierung in dem vom Kirchenamt der EKD und der Geschäftsstelle der Vereinigung Evangelischer Freikirchen (VEF) gemeinsam herausgegebenen Impulspapier *Gestaltung und Kritik* (1999; vgl. 64 – 66) sowie im *Leitfaden für ethisch-nachhaltige Geldanlage* (4. Aufl., 2019; vgl. 50), wo Pornographie als Verletzung der Menschenwürde betrachtet und für kirchliche Stellen deshalb eine Investition in Unternehmen aus der Pornobranche im Sinne einer Anlagemöglichkeit explizit ausgeschlossen wird.
300 Päpstlicher Rat für die Sozialen Kommunikationsmittel, *Pornographie und Gewalt*, 3 (Nr. 6).
301 Vgl. a.a.O., 5 (Nr. 10) u. 6 (Nr. 15 f.).
302 Drei frappierende Beispiele, in denen vermieden wird, auch nur das Wort ‚Pornographie' (selbst) zu gebrauchen, mögen dies verdeutlichen: (1.) In der 273 Seiten umfassenden *Sexualethik* (1995) von Fraling begegnet ‚Pornographie' nur ein einziges Mal – und zwar innerhalb eines Zitats (vgl. Fraling, *Sexualethik*, 25), während (2.) in der 401 Seiten umfassenden *Christlichen Sexualethik*

Verwerfliches"[303] abgetan. Eine auch nur annähernd differenzierte, humanwissenschaftlich informierte Auseinandersetzung mit Pornographie ist im theologischen Bereich bislang weitgehend unterblieben.

Um ein möglichst repräsentatives Bild von der gegenwärtigen theologischen Auseinandersetzung mit Pornographie zu erhalten, werden zunächst je zwei, das jeweilige Spektrum der Bewertungen möglichst breit abbildende Beispiele aus dem römisch-katholischen, evangelikalen und evangelischen Bereich hauptsächlich der letzten 25 Jahre dargestellt, bevor wenige allgemeinere Bemerkungen und Beobachtungen hierzu als Ausgangspunkt für eine eigene sexualethische Positionierung gemacht werden.

3.2.1 Römisch-katholisch

In seinem Beitrag „Die Würde bewahren. Wie Pornographie sozialethisch zu beurteilen ist" (1998)[304] für die Monatsschrift *Evangelische Kommentare* hat der römisch-katholische Priester und Wuppertaler Sozialethiker Waldemar Molinski (*1926) eine erstaunlich gelassene Beurteilung der Pornographie vorgenommen. Ausgangspunkt ist Molinskis Diagnose, dass sowohl die Bedeutung, die den epochen- und kulturübergreifend anzutreffenden Darstellungen menschlicher Sexualität beigemessen werde, als auch die sexuellen Schamgrenzen samt entsprechendem Sexualethos und daraus wiederum erwachsender Sexualethik „in hohem Maße kultur- und personenabhängig" seien, weshalb das angemessene Verständnis von Bedeutung und Auswirkungen sexueller Darstellungen sowie von ihrer Interpretation durch die sie Konsumierenden „eine entsprechende kulturelle Kompetenz"[305] erfordere. Maßgebliches Kriterium für die ethische Beurteilung sexueller Darstellungen sei weniger die ihnen in subjektiver moralischer Perspektive zugeschriebene sittliche *Anstößigkeit* als vielmehr die Frage ihrer Vereinbarkeit mit und Wahrung der *Menschenwürde*, welche der zeit- und gesellschaftsabhängigen sittlichen Ablehnung objektiv zugrunde liege.

(2001) von Lüthi die Rede von ‚Pornographie' völlig absent ist, erstaunlicherweise auch im Abschnitt „Erfahrungen im Netz – Sex im Internet" (Lüthi, *Christliche Sexualethik*, 287–293), der sich mit der „neuartige[n] Erlebniswelt" (287) des virtuellen Raums beschäftigt; schließlich (3.) unterbleibt eine Nennung von ‚Pornographie' in der mehr als 1000 Seiten umfassenden 8. Auflage des *Evangelischen Erwachsenenkatechismus* (2010), obgleich eine Thematisierung von Pornographie in Abschnitten wie „Sünde und Sexualität", „Partnerschaft und Ehe" und „Lebenskulturen von Jugendlichen" nicht unerwartet gewesen wäre.

303 Baum, „Alarmismus," 26.
304 Vgl. hierzu auch die inhaltlich zum Teil deutlich abweichende Darstellung bei Feldhaus/Molinski, „Pornographie, 3. Ethisch," 38–41.
305 Molinski, „Würde," 638.

Demnach würden „solche sexuellen Darbietungen als sittlich abzulehnende Pornographie" bezeichnet, in denen die Menschenwürde auf grobe Weise verachtet und verletzt werde, auch wenn, wie Molinski bemerkt, „zwischen unanständigen und menschenunwürdigen sexuellen Darbietungen"[306] nicht immer klar unterschieden werden könne. Zweifelsohne werde die Öffentlichkeit in der heutigen modernen Konsumgesellschaft in einem bislang unerreichten Ausmaß „mit sexuellen Darbietungen weicher und harter Pornographie konfrontiert", doch gelte es, „diese Entwicklung in kulturanalytischer Perspektive" weder vorschnell zu verurteilen noch zu begrüßen, sondern vielmehr danach zu beurteilen, „ob durch die massenhafte Verbreitung freizügiger sexueller Darstellungen eine verstärkt individualisierte und selbstbestimmte, aber sittlich verantwortliche sexuelle Lebensgestaltung behindert oder unter bestimmten Bedingungen sogar erleichtert"[307] werde. Eine solche Beurteilung sei allerdings schwierig bis unmöglich, da nicht zwingend festgestellt werden könne, „ob der heutige Umgang mit sexuellen Darstellungen als Symptom einer sexuell dekadenten oder einer unbefangeneren Kultur" zu betrachten sei, in der eine „menschenwürdige sexuelle Lebensgestaltung" im Ganzen betrachtet nicht schlechter gelinge als früher; allerdings könne man diesbezüglich darauf verweisen, „daß eine Pluralisierung und Individualisierung der sexualethischen Leitbilder in dem Maße begrüßenswert ist, wie sie einen verantwortlichen Umgang mit der persönlichen Sexualität erleichtern, der seinerseits dem kulturell und individuell bedingten Verständnis einer sexuell verantwortlichen Lebensgestaltung Rechnung tragen soll".[308] Der Umgang mit pornographischen Darstellungen sei jedenfalls „in dem Maß als sittlich falsch" zu betrachten, „wie durch ihn die menschengerechte sexuelle Selbstverwirklichung nach dem Maßstab der Selbst- und Nächstenliebe verhindert"[309] werde.

Für einen gleichermaßen „unbefangenen wie gewissenhaften Umgang mit sexuellen Darstellungen" sei in unserer pluralen Gesellschaft eine Befähigung zu deren richtigen Deutung erforderlich, wozu „sittliche Unterscheidungsfähigkeit" ebenso gehöre wie „selbstsichere und selbstkritische Toleranz in der Auseinandersetzung mit befremdenden Darstellungen, durch die die verantwortliche Entfaltung der eigenen sexuellen Identität nicht in Frage gestellt"[310] werde. Überdies sei „Respekt" nötig „vor schockierenden, aber mit der Menschenwürde zu vereinbarenden sexuellen Darstellungen und schließlich eine angemessene Kritik-

---

306 Ebd.
307 A.a.O., 639.
308 Ebd.
309 Ebd.
310 A.a.O., 639 f.

bereitschaft gegenüber minderwertigen Darstellungen".[311] Allerdings stoße diese Toleranz an ihre Grenze bei der ihrerseits intoleranten Verbreitung von „Darstellungen, durch die die gleichberechtigte freie Entfaltung anderer beeinträchtigt oder sogar verhindert"[312] werde; allen Gründen des Konfrontationsschutzes insbesondere Minderjähriger zum Trotz dürfe niemand an der Verbreitung pornographischer Darstellungen „in unzumutbarer Weise" gehindert werden. Die Öffentlichkeit sei für das mit der Verbreitung von Pornographie „möglicherweise verbundene Gefahrenpotenzial" unbedingt zu sensibilisieren, doch solle Pornographie „in ihrer ganzen Wirklichkeit enttabuisiert" und zugleich „eine den verschiedenen Lebensbereichen entsprechende erotische Kultur der sittlichen Achtung sexueller Identität geschaffen werden, die weder sexistisch noch prüde"[313] sei.

Zu einer gänzlich negativen Beurteilung von Pornographie, wie sie für Stellungnahmen im römisch-katholischen Bereich weitgehend charakteristisch ist,[314] gelangt hingegen Ulrike Kostka (*1971), Direktorin des Caritasverbandes für das Erzbistum Berlin und außerplanmäßige Professorin für Moraltheologie in Münster, in ihrem Beitrag über „Pornografie und Kinderpornografie"[315] für das Standardwerk *Zukunftshorizonte katholischer Sexualethik* (2011). In ihrer knapp eineinhalb Seiten umfassenden ethischen Bewertung von Pornographie benennt Kostka verschiedene Faktoren, die nach ihrem Dafürhalten „die staatliche Indizierung und Zugangskontrolle der Pornografie" nicht nur als legitim, sondern vor allem aus Kinder- und Jugendschutzgründen auch als geboten erscheinen ließen; dies gelte „auch für das Verbot und die strafrechtliche Verfolgung von harter Pornografie, die einer Misshandlung und sexueller Gewalt"[316] entspreche. Im Fokus von Kostkas Kritik stehen nicht zuletzt die in Pornographie abgebildeten und durch sie reproduzierten Geschlechts- und Rollenstereotype, die mit negativen Auswirkungen auf das Sexualitäts- und Rollenverständnis insbesondere von jüngeren Konsument*innen verbunden sein könnten. In ihr würden die darstellenden Personen auf austauschbare „Körperwesen" reduziert, ohne dass Individualität, personale Begegnung oder Liebe eine Rolle spielten; überdies würden „nahezu alle Schranken der leiblichen Intimität" aufgebrochen und Sexualität lediglich als „rein körperliche[r] Akt" verstanden, wodurch ein Verständnis ver-

---

311 A.a.O., 640.
312 Ebd.
313 Ebd.
314 Vgl. nur Kuminetz, „Erwägungen," 125, 129, 133 u. 135.
315 Pornographie wird dabei rein funktional vom Ziel der sexuellen Erregung der Konsumenten her definiert, vgl. Kostka, „Pornografie," 401 u. 403.
316 A.a.O., 404; die folgenden Zitate ebd.

mittelt werde, „das einem umfassenden leiblich-seelischen und letztendlich personalen Verständnis von Sexualität" zuwiderlaufe.

3.2.2 Evangelikal

In Veröffentlichungen und Beiträgen aus dem evangelikalen Bereich[317] wird Pornographie durchgängig eine kategorische Ablehnung zuteil, wobei sich die einzelnen Stellungnahmen meist nur im Grad der Schärfe der Wortwahl und bei der Drastik der Schilderung aller der Pornographie zugeschriebenen Gefahren und Wirkungen voneinander unterscheiden. Eine diesbezüglich hohe Messlatte gelegt wurde bereits 1971 durch Georg Hermann Huntemann (1929–2014),[318] langjähriger Ordinarius für Ethik an der STH Basel, der im Laufe seines Lebens zunehmend zum Vertreter eines konservativen Evangelikalismus avancieren sollte. In seinem *Aufstand der Schamlosen* (1971) genannten Rundumschlag gegen die Sexuelle Revolution als „öffentliche[r] Propagierung einer neuen, lustfanatischen, hemmungs- und schamlosen neuen Moral" seitens einer „Weltanschauung, deren Dogmen dem christlichen Glauben entgegenstehen", wird der den Menschen zum Lustobjekt degradierende „Konsumsexualismus"[319] aufs denkbar Schärfste bekämpft, Pornographie als zynische „Menschenverachtung" und Zerstörung der Sexualität charakterisiert und das allerorten sichtbar werdende „Ende der Sittlichkeit" als „Anfang der Zerstörung des Menschen" und Zeichen der anbrechenden „Endzeit" gedeutet.[320]

Während Huntemann seine „Streitschrift"[321] in kritischer Auseinandersetzung mit und bewusster Abgrenzung von wissenschaftlichen Methoden und Untersuchungen insbesondere der Verhaltensforschung verfasst hat, entwickelt Schirrmacher seine Fundamentalkritik der Pornographie in *Lektion* 46 („Pornographie – Entwürdigung des Menschen"[322]) seiner *Ethik* unter ständigem Rekurs auf „säkulare" fachwissenschaftliche Veröffentlichungen[323] vornehmlich aus dem

---

317 In der entsprechenden Ratgeberliteratur wird Pornographie allermeist in Verbindung mit Internet-Sexsucht und – ebenfalls nahezu ausschließlich strikt abgelehnter – Selbstbefriedigung behandelt.
318 Zu Huntemann vgl. Bauer, *Bewegung*, 528, 553, 633 sowie die Kurzbiographie 750.
319 Huntemann, *Aufstand*, 5 (Vorwort).
320 A.a.O., 26 f.; vgl. im Ganzen 16–27 („Die Pornowelle").
321 A.a.O., 5.
322 Vgl. Schirrmacher, *Ethik*, Bd. 4 (4. Aufl.), 460–510 – eine überarbeitete Version von Meves/ Schirrmacher, *Ausverkaufte Würde?*, 24–84 sowie Grundlage wiederum für Schirrmacher, *Internetpornografie* (2008). Zu Schirrmacher s. Abschnitt B.2.7.
323 Vgl. Schirrmacher, *Ethik*, Bd. 4, 462; zu den ‚säkularen Fachleuten' zählt Schirrmacher auch Rousas John Rushdoony.

US-amerikanischen Bereich und im Hinblick auf Folgen und Wirkungen von Pornographie aus psychologischer, medizinischer, sexualwissenschaftlicher und juristischer Sicht. Das Ergebnis indes ist das gleiche: Pornographie mache „zur normalen Sexualität unfähig",[324] habe „verheerende psychologische Konsequenzen",[325] fördere den Wunsch nach Promiskuität[326] und führe „zur klinisch erfaßbaren Sucht"[327]. Überdies mache Pornographie „nachgewiesenermaßen aggressiv – vor allem gegenüber Frauen",[328] wobei „gerade die ‚harmlose' Pornographie die Schranken gegenüber Vergewaltigung und Kindesmißbrauch"[329] aufweiche; zudem werde Pornographie „automatisch immer brutaler" und bringe „unglaubliche Gewaltorgien"[330] hervor, wobei sich diese Brutalisierung augenscheinlich an der ‚Kinderpornographie' zeige.[331] Schließlich sei die Pornoindustrie „in der Hand des organisierten Verbrechens",[332] während die massenmediale Verbreitung sexueller Themen, gepaart mit der Sexualisierung und Pornographisierung von Werbung und Kunst,[333] ein Grund für die zunehmende Zahl von Scheidungen und Ehebrüchen darstelle.[334]

Diese Beobachtungen werden von Schirrmacher schließlich in 38 „‚vernünftige[n]' Gründe[n] gegen die Pornographie"[335] zusammengefasst, in denen gegen Pornographie überdies die Entwürdigung der Frau samt Zerstörung ihrer Selbstachtung wie überhaupt der Partnerschaft zwischen Mann und Frau ins Feld geführt wird.[336] Nicht zuletzt vermittle Pornographie „ein unbeschränktes Recht, die eigenen sexuellen Wünsche rücksichtslos einlösen zu dürfen. Vergewaltigungen und sexueller Mißbrauch von Kindern sind nur ein Beispiel für eine Sexualität, die den eigenen Trieb zum Maßstab aller Dinge macht."[337] Gegen die Pornographie als Grund und Ausdruck aller dieser Übel müsse deshalb in der Öffentlichkeit vor-

---

324 A.a.O., 505 (Nr. 5).
325 A.a.O., 468; vgl. 468 – 471.
326 A.a.O., 469 unter Rekurs auf Zillmann, „Erotica," 203.
327 Schirrmacher, *Ethik*, Bd. 4, 471; vgl. 471 f.
328 A.a.O., 508 (Nr. 29); vgl. 477 – 479.
329 A.a.O., 479 f. unter Rekurs auf Scott, „Pornography," 115 – 143.
330 Schirrmacher, *Ethik*, Bd. 4, 490; vgl. 490 – 494.
331 A.a.O., 509 (Nr. 34).
332 A.a.O., 494; vgl. 494 – 497.
333 Vgl. a.a.O., 500 – 503.
334 A.a.O., 499 im Anschluss an Degen, „Frust," 9.
335 Schirrmacher, *Ethik*, Bd. 4, 504; vgl. 504 – 509.
336 Vgl. a.a.O., 504 – 506 (Nr. 1, 3, 7 u. 14).
337 A.a.O., 508 (Nr. 28).

gegangen werden, wobei Schirrmacher auch durch sein persönliches Verhalten im privaten Umfeld beispielgebend wirken möchte.[338]

3.2.3 Evangelisch

Auch in der gegenwärtigen evangelischen Theologie besteht weitgehend eine ablehnende Haltung gegenüber Pornographie, wenngleich zu bemerken ist, dass dieses Thema in der evangelischen Theologie insgesamt bislang vergleichsweise wenig Beachtung gefunden hat.[339] Exemplarisch für beides, Ablehnung wie Desinteresse, ist die rund zwei Buchseiten umfassende Auseinandersetzung mit Pornographie im mehr als 700-seitigen *Grundriß der Sozialethik* (1995) des Bonner Systematikers und Sozialethikers Martin Honecker (1934 – 2021).[340] Unter Pornographie seien „künstlerisch wertlose, das Obszöne betonende Darstellungen geschlechtlicher Vorgänge in Wort und Bild"[341] zu verstehen. Nach Bemerkungen zur rechtlichen Situation, zur Beurteilung von Pornographie in kirchlichen Äußerungen der Jahre 1970 und 1971 sowie zur Frage der staatlichen Unterdrückung von Pornographie mittels strafgesetzlicher Regelungen läuft Honeckers ethische Bewertung auf die Feststellung hinaus, dass es strittig sei, „ob sexuelle Lust oberster Zweck, höchstes Gut sein soll oder ob sie anderen sittlichen Gütern, Werten wie Ehe, Treuebindung, Partnerschaft, Scham nachzuordnen sei [sic!]".[342] Was die rechtliche Situation betrifft, sprächen gegen eine rechtliche Freigabe von Pornographie, abgesehen von Jugendschutzgründen, „die Herabwürdigung der Frau zum Sexualobjekt und die Verbindung von Gewalt und Sexualität (Vergewaltigung). ‚Harte' Pornographie kann Gewalt in sexuellen Beziehungen als akzeptabel darstellen und damit Gewalttätigkeit fördern."[343]

Dagegen möchte sich Matthias Baum (*1985), Wissenschaftlicher Angestellter am Institut für Systematische Theologie/Ethik der Universität Heidelberg, in seinem Beitrag „Zwischen Alarmismus und Verharmlosung. Pornographie als The-

---

338 Vgl. a.a.O., 503.
339 Vgl. Baum, „Alarmismus," 39: „Als ein Thema nüchterner Auseinandersetzung in Kirche und Theologie ist Pornographie faktisch nicht existent". In der Tat zeigt der Blick in einschlägige theologische und theologisch-ethische Grundlagenwerke und Handbücher der letzten 50 Jahre im deutschsprachigen Raum, dass im Bereich der evangelischen Ethik dem Thema Pornographie bislang noch kein eigenes Kapitel oder – mit Ausnahme von Honecker (s. folgende Anm.) und Ohly (s. Abschnitt B.2.9) – überhaupt ein mehrere Seiten umfassender Abschnitt eingeräumt worden ist.
340 Vgl. Honecker, *Grundriß*, 218 – 220; vgl. auch 200, 567 u. 572.
341 A.a.O., 218.
342 A.a.O., 220.
343 Ebd.

ma der evangelischen Ethik" für die *Zeitschrift für evangelische Ethik* (2016) dem
Thema Pornographie auf einem „Weg zwischen der Skylla des Alarmismus und
der Charybdis der Verharmlosung"[344] annähern. Dem augenscheinlichen Bemühen Baums um eine sachlich differenzierte Erschließung von Pornographie („die
explizite Inszenierung von erregten bzw. geöffneten Geschlechtsteilen"[345]), was
deren Definitionen, Erscheinungsformen, Entstehungsbedingungen und Auswirkungen betrifft, steht allerdings seine überraschend[346] pauschale Ablehnung von
Pornographie aus ethischer Sicht im abschließenden Abschnitt gegenüber, in dem
die „Eckpunkte"[347] für eine ethische Orientierung aus evangelischer Perspektive
benannt werden. Der Umstand, dass es auch Pornographie gebe, die unter „fai-
ren" Produktionsbedingungen entstanden und überdies „ganzheitlich", nicht
lediglich androzentrisch inszeniert sei („Fair-Porn"), ändere nichts an der Un-
vereinbarkeit von Pornographie insgesamt „mit einem evangelischen Verständnis
von Liebe und Sexualität".[348] Nachdem Pornographie „in allen ihren Gestalten"
der intimitätsbedürftigen Sexualität ihren unverzichtbaren Schutzraum der Privatheit nehme und partnerschaftliche Intimität verzerre und entstelle, könne sie
vor dem Hintergrund einer „Anthropologie, die Sexualität als einen Ausdruck der
leib-seelischen Einheit des Menschen" begreife, „in der es zu schützende Sphären
der Privatheit" gebe, deshalb nur als „eine Fehlform von Sexualität"[349] bewertet
werden.

3.2.4 Bemerkungen und Beobachtungen

Es ist an dieser Stelle nicht notwendig, die vorstehenden christlich-theologischen
Positionen en détail zu kommentieren. Auf einzelne Annahmen und daraus abgeleitete Folgerungen wird an gegebener Stelle noch zurückzukommen sein.
Wenige allgemein formulierte Bemerkungen und kritische Beobachtungen zum
vorstehend exemplarisch umrissenen theologischen Diskussionsstand mögen

---

344 Baum, „Alarmismus," 39.
345 A.a.O., 27 (ohne Hervh.).
346 ‚Überraschend' deshalb, da Baum nicht nur betont, dass „[v]ereinseitigenden Verurteilungen [...] genauso zu wehren" sei „wie einer Probleme und Risiken herunterspielenden Befürwortung der Pornographie" (a.a.O., 39), sondern auch herausstellt, dass Pornographie „zu vielschichtig" sei, „um eindimensionale Aussagen über sie treffen zu können." (39f.). Ich stimme
daher der Einschätzung Ohlys zu, dass Baums „ethische Betrachtung [...] seine Differenzie-
rungsleistung" unterbiete, „zwischen unterschiedlichen Formen von Pornografie auch ethisch zu
differenzieren" (Ohly, *Ethik der Liebe*, 101).
347 Baum, „Alarmismus," 37; vgl. 37–39 sowie das Resümee 39f.
348 A.a.O., 37f.
349 A.a.O., 39.

deshalb genügen, um einen Ausgangspunkt für die im folgenden Abschnitt anzustellenden Überlegungen aus sexualethischer Sicht zu erhalten.

Zunächst ist augenfällig, dass Pornographie bei den meisten der dargestellten Positionen mehr oder weniger vorbehaltlos mit Sexualität gleichgesetzt und (insofern) als unvereinbar mit dem „Junktim von Sexualität und Intimität"[350] betrachtet wird, das als konstitutiver Bestandteil auch des christlichen Verständnisses menschlicher Lebens- und Liebesbeziehungen gilt. Zudem wird meist ein homogener Gegenstandsbereich angenommen und zuweilen auch ein grundsätzlicher Übergang zwischen ‚Kinderpornographie' und Erwachsenenpornographie einerseits, (strafbarer) ‚Gewaltpornographie' und (legaler) Mainstream-Pornographie andererseits unterstellt. Dadurch gerät jedoch der Umstand aus dem Blick, dass die unter ‚Kinderpornographie' und Erwachsenenpornographie fallenden Inhalte – den angesprochenen funktionalen Analogien zum Trotz – jeweils ein breites Spektrum teilweise sehr heterogener Darstellungen umfassen und durchaus unterschiedliche Nutzungsgruppen ansprechen, -interessen bedienen und -formen evozieren, was eine entsprechend differenzierte Beurteilung erforderlich macht, zumal ‚Kinderpornographie' eben *keine* ‚Pornographie' im eigentlichen und hier gemeinten Sinne, sondern nichts anderes als die Darstellung sexuellen Kindesmissbrauchs ist. Aber auch hinsichtlich einer Beurteilung der unter Erwachsenenpornographie fallenden Inhalte gilt es zu bedenken, dass ‚Gewaltpornographie' im Sinne des § 184a StGB insgesamt betrachtet nur einen kleinen Teil der angebotenen und konsumierten Pornographie darstellt, auch wenn eine genaue Abgrenzung sich im Einzelfall als schwierig erweisen mag.[351]

Gerade bei den ausgesprochen negativen Stellungnahmen werden der Pornographie mitunter Wirkungen zugeschrieben und Zusammenhänge hergestellt, die eher dem Zweck zu dienen scheinen, dem unterstellten Schock pornographischer Inhalte einen moralischen Schock entgegenzusetzen und damit eine vorschnelle Wirkung auszulösen, bevor dissonante humanwissenschaftliche Wissensbestände in den Blick genommen werden können, die möglicherweise

---

350 Vgl. hierzu Dux, *Geschlecht*, 15 f., demzufolge über den abendländischen Kulturverlauf hinweg „mit dem Geschlechterverhältnis, in dem Liebe sich bildet", vier Momente verbunden sind: „[1.] das Junktim von Sexualität und Intimität, [2.] die Schaffung einer privaten, gegen die Gesellschaft abgesetzten Sphäre, in der [3.] die kommunikative Führung des Daseins mit der nichtkommunikativen Körperlichkeit verbunden gehalten wird, und [4.] eine spezifische Form der Sicherung von Identität, derzufolge der andere der Garant dafür wird, die Individualität als eine bedeutungsvolle Form des Daseins verstehen zu können". Vgl. dazu Stock, *Gottes wahre Liebe*, 291–307, bes. 294 u. 307; speziell zum Pornographischen vgl. 282.

351 Dass bei den meisten der dargestellten Positionen ‚Hardcore'-Pornographie und ‚harte Pornographie' miteinander ineinsgesetzt werden, tut sein Übriges zur Begriffs- und Phänomenverwirrung.

auch eine Perspektiverweiterung des eigenen sexualethischen Urteils bedingen könnten. Eine differenzierte Auseinandersetzung mit Pornographie scheint bei der durchgängigen Polemik mancher Positionen bar jeder Zwischentöne zuweilen überhaupt nicht gewollt zu sein. Schließlich wird die Nutzung von Pornographie in nahezu allen der vorstehenden Positionen im Ausgang von partnerschaftlicher Sexualität betrachtet, das temporäre oder dauerhafte Singlesein als gleichermaßen mögliche und/oder gewollte Lebensform außen vor gelassen.

3.3 Sexualethische Perspektive

Vor dem Hintergrund der vorstehenden Ausführungen zu außertheologischen Wissensbeständen und dem aktuellen theologischen Diskussionsstand gilt es nun, Pornographie aus sexualethischer Sicht zu erschließen und außertheologische und theologisch-ethische Aspekte in fruchtbarer Weise miteinander in Beziehung zu bringen. Nach einer Klärung des Verhältnisses von Pornographie und Gewalt einerseits, von Pornographie und Sexualität andererseits werden Folgerungen für den Umgang mit Pornographie aus sexualethischer Sicht zu diskutieren sein.

3.3.1 Pornographie und Gewalt

In seiner bereits angesprochenen Studie zur *Kultur der Pornografie* (1994) kritisiert Faulstich „die apriorische Unterstellung einer angeblich mehr oder weniger untrennbaren Verbindung von Pornografie und Gewalt".[352] Diese „unbegründete Verknüpfungsprämisse" trete auch in der wissenschaftlichen Auseinandersetzung mit Pornographie und deren Wirkungen zutage, in der meist nicht nur „zwischen Dargestelltem und Darstellung"[353] unzureichend unterschieden, sondern auch in tendenziöser Absicht und unter Abstraktion von typologischen, ästhetischen und medialen Unterschieden samt entsprechender Wirkweisen sämtliche „pornografische[n] Produkte" über einen Kamm geschert würden. Allerdings belege der Blick auf die pornographische „Produktpalette" schon aus quantitativer Sicht, „daß Pornografie in der Regel – schätzungsweise zu weit über 90 % [...] – mit ‚Gewalt' im Alltagssinn des Wortes nichts zu tun hat – ‚Gewalt' verstanden traditionell als ‚Gewalt in den Medien': Bedrohung mit einer Waffe,

---

352 Faulstich, *Kultur*, 226; das folgende Zitat ebd.
353 A.a.O., 225; das folgende Zitat ebd.

Schlägerei, Mord, Totschlag, Schießerei, Unfall mit Todesfolge, Erpressung, Kriege, Katastrophen usf."[354]

Auch im weiteren Verlauf der Studie, in der Faulstich mehrere aus seiner Sicht verbreitete Vorurteile über Nutzung, Rezeption und Wirkung von Pornographie zu entkräften trachtet, wird sich eines solchen engen Gewaltbegriffs bedient: „Der Gewaltbegriff darf ja nicht so weit gespannt werden, daß Gewalt als Ideologie und strukturelle Gewalt allem gleichsam übergestülpt und in der Folge generell mit Aktion oder Initiative gleichgesetzt wird."[355] Andernfalls würde bereits jede sexuelle Penetration als Form von Gewalt verstanden werden müssen, was den Gewaltbegriff schlechterdings bedeutungslos machte.[356] Vielmehr gelte es, sowohl den Zusammenhang von Sexualität und Gewalt als auch seine Darstellung einer „sehr differenziert[en]" Betrachtung zuzuführen:

> Handelt es sich nämlich um als „real" dargestellte Gewalt, dann wird Pornografie nicht nur von Frauen, sondern auch von Männern in überwältigendem Umfang abgelehnt. Handelt es sich dagegen um die symbolische, ritualisierte oder spielerische Darstellung konsensualler [sic!] Gewalt oder Aggression, verbal oder handlungsmäßig, dann ist massive sexuelle Erregung die Folge, bei Männern (60 %) ebenso wie bei Frauen (47 %), und zwar unabhängig vom Pornografiekonsum [...].[357]

So sehr Faulstichs Unterscheidung von Dargestelltem (Sexualität) und Darstellung (Pornographie) ebenso wie seiner Kritik an präjudizierenden Pauschalannahmen, die den Blick auf die tatsächliche Heterogenität des pornographischen Materials verstellen, zuzustimmen ist, so fragwürdig scheint mir seine Engführung des Gewaltbegriffs auf ‚real' dargestellte Gewalt im ‚traditionellen' Sinne, wenn anders das Verhältnis von Pornographie und Gewalt in seiner Komplexität erfasst werden soll.[358]

Zu berücksichtigen sind nämlich auch die möglicherweise gewalthaltigen Umstände und Bedingungen, unter denen eine pornographische Darstellung

---

354 A.a.O., 226 unter Rekurs auf Ertel, *Erotika*, 72 f. u. 475 f., der allerdings vom *Konsumverhalten* der von ihm befragten *Pornographienutzer* spricht, bei denen sich bei „bis zu 90 %" der Konsum auf „Primärpornographie" (im Unterschied zu „Extrempornographie") beschränke (72), was also etwas anderes ist, als – wie es Faulstich unter Berufung auf Ertel macht – zu behaupten, dass Pornographie ‚zu weit über 90 %' nichts mit Gewalt im Alltagssinn zu tun habe; vgl. ferner 127–132.

355 Faulstich, *Kultur*, 257 f.

356 Vgl. a.a.O., 258; s. ferner Abschnitt C.2.4 (Punkt 1).

357 Ebd. unter Rekurs auf Ertel, *Erotika*, 127 ff.

358 Einen (m. E. zu) weit gefassten Gewaltbegriff in Bezug auf Pornographie, der verbale Aggressionsakte ebenso wie nonverbal realisierte Aggressionen umfasst, findet sich hingegen bei Bridges, „Methodological considerations," 42, 44 u. 47.

zustande kommt, was durchaus keine bloß ‚ideologische' Gewalt ist. Eine Ausblendung der Umstände und Bedingungen[359] mündete vielmehr in die absurde Konsequenz, auch die scheinbar ‚freiwillig' ausgeübten Handlungen beispielsweise eines Entführungsopfers, welches vor laufender Kamera von seinen im Hintergrund bleibenden Entführern zur Ausübung gezwungen wird, als ‚gewaltfrei' qualifizieren zu müssen, sofern die Gewalthaltigkeit der Bedingungen aus der Betrachtungsperspektive nicht zu erkennen ist, treu dem Motto: ‚was man nicht sieht, ist auch nicht da'. Überdies ist in den letzten beiden Jahrzehnten ein Trend zur Herstellung *und* eine vermehrte Nutzung von immer gewalthaltigeren pornographischen Inhalten insbesondere im Bereich der Online-Pornographie zu beobachten,[360] womit Faulstichs vor mehr als 25 Jahren vorgelegte Studie in diesem Punkt überholt wäre, auch wenn, insgesamt gesehen, die Inhalte der Mainstream-Pornographie noch immer „im Wesentlichen nicht gewalttätige sexuelle Handlungen Erwachsener (über 18 Jahre) unabhängig von der ‚Normalität' der gezeigten Sexualpraxis"[361] darstellen. Last, not least sagt die Tatsache, dass ein nicht unerheblicher Teil von Menschen jeglichen Geschlechts durch die Betrachtung pornographischer Darstellungen gewaltförmiger Sexualität sexuell erregt werden kann, noch nichts über die sexualethische Bewertung solcher Darstellungen aus.

Es gilt also wieder einmal, (noch) genauer zu differenzieren, weshalb im Folgenden das komplexe Verhältnis von Pornographie und Gewalt anhand dreier Blickwinkel betrachtet werden soll: Pornographie als *Auslöser* von Gewalt, Gewalt *innerhalb* von Pornographie und Pornographie *als* Gewalt.

3.3.1.1 Pornographie und Sexualstraftaten

Ein wiederkehrendes Motiv feministischer,[362] aber auch christlicher Pornographiekritik ist die Behauptung eines Kausalzusammenhangs zwischen dem Kon-

---

359 Gleiches lässt sich gegen Lewandowski, *Pornographie*, 112–115, geltend machen; zur Gewaltthematik vgl. ferner (lediglich) 160–162 u. 178.

360 Vgl. Döring, „Medienangebote," 425–428; Bridges, „Aggression," 1065–1085; Eitler, „„Reich der Sinne'?," 259–296; Korte, *Pornografie*, 93–124. Überdies kann erneut auf die oben in Anm. 218 angesprochenen jährlichen Statistiken zum Nutzungsverhalten beim Streamingdienst *Pornhub* verwiesen werden. Vgl. dagegen Lewandowski, *Pornographie*, 115 samt 253 ff. (zu den Brutalisierungstendenzen).

361 Leipold/Tsambikakis/Zöller, *AnwaltKommentar StGB*, 1378; vgl. auch Lewandowski, *Pornographie*, 113 f.

362 Vgl. z. B. MacKinnon, *Nur Worte*, 21 f.

sum von Pornographie und der Begehung von Sexualdelikten.[363] Als exemplum instar omnium für den christlich-theologischen Bereich sei Schirrmacher genannt, der in seiner *Ethik* (4. Aufl., 2009) konstatiert: „Das vorrangige Verbrechen, das die Pornographie hervorbringt, ist natürlich die Vergewaltigung."[364] Pornographie führe zu einem sprunghaften Anstieg der Zahl der Vergewaltigungen in der Ehe[365] sowie zu anderen „Nachahmungsverbrechen" dadurch, „daß ihre Konsumenten ausprobieren und nachahmen, was ihnen optisch vorgemacht"[366] werde. Überhaupt habe die „Freigabe der Pornographie" denn auch „nirgends die Zahl der Sexualverbrechen gesenkt",[367] obgleich es, wie oftmals behauptet werde, nicht genügend Untersuchungen gebe, „um die Wirkungen von Pornographie genau belegen zu können. Daß [sic!] ist natürlich richtig, den [sic!] den Untersuchungen sind von den Möglichkeiten her enge Grenzen gesetzt. Man kann ja schließlich schlecht Vergewaltigungen im Labor durchführen."[368]

Ein derartiger einfacher Zusammenhang, zumal in dieser Plattheit, lässt sich bei einer näheren Betrachtung des Forschungsstandes allerdings nicht erkennen. Zwar legen zahlreiche Untersuchungen einen Zusammenhang zwischen dem Konsum von Pornographie und dem Vorkommen von Sexualdelikten nahe, doch wird gleichermaßen diskutiert, mit welcher Intensität, in welcher Hinsicht und – nicht zuletzt – in welcher Richtung ein möglicher Einfluss besteht. Während einige experimentelle Studien einen direkten Einfluss des Pornographiekonsums auf die Vorkommenshäufigkeit von Sexualdelikten wie Vergewaltigung und sexuellen Kindesmissbrauch postulieren,[369] sehen andere Untersuchungen, darunter mehrere Metaanalysen und epidemiologische Längsschnittstudien, eine Verbindung zwischen der Liberalisierung von Pornographie und einer Stagnation oder sogar Rückläufigkeit der Anzahl der Sexualdelikte in westlichen Gesell-

---

363 Wenn ich mich an dieser Stelle allein auf das Verhältnis von *Erwachsenen*pornographie und Sexualverbrechen beschränke, so deshalb, weil sogenannte ‚Kinderpornographie' per se ein Sexualverbrechen *ist*, und zwar sowohl was ‚Herstellung' als auch was Betrachtung und Verbreitung angeht.

364 Schirrmacher, *Ethik*, Bd. 4, 480; vgl. 508 (Nr. 31).

365 A.a.O., 483 unter Rekurs auf Dobson, „Enough," 41.

366 Schirrmacher, *Ethik*, Bd. 4, 479.

367 A.a.O., 464.

368 A.a.O., 463.

369 Vgl. etwa Marshall, „Sexually Explicit Stimuli," 267; Carter et al., „Use of Pornography," 196; Russell, „Pornography," 41; Demaré et al., „Violent Pornography," 140; Oddone Paolucci et al., „Meta-Analysis," 48. Zur Übersicht vgl. Selg, „Wirkungen," 137–144.

schaften.[370] Wiederum andere Untersuchungen können keine derartigen Auswirkungen feststellen oder kommen zu keinem eindeutigen Ergebnis.[371]

Gleichwohl laufen solche Studien – und Rekurse darauf – Gefahr, Koinzidenzen oder empirische Korrelationen als Kausalzusammenhänge zu interpretieren und damit dem Trugschluss der Scheinkausalität (*cum hoc ergo propter hoc*) zu unterliegen, zumal die meisten Studien die Kluft zwischen Dunkel- und Hellfeld und das Meldeverhalten der (oftmals traumatisierten) Opfer sexueller*sexualisierter Gewalt außer Acht lassen, weshalb *bekanntgewordene* bzw. polizeilich *erfasste* Sexualdelikte nicht einfach mit tatsächlich *begangenen* Sexualstraftaten gleichzusetzen sind.[372] Überdies ist sowohl, was die Art der konsumierten Pornographie[373] und die Häufigkeit des Pornographiekonsums, als auch, was mögliche Risikogruppen unter den Konsumierenden betrifft,[374] durchaus differenziert zu urteilen. So kommt der US-amerikanische Psychologe Neil M. Malamuth (*1950) in verschiedenen Studien zum Verhältnis von Pornographiekonsum und sexueller bzw. sexuell motivierter Aggression zu dem Ergebnis, dass Männer, die bereits sexuell aggressiv seien und vielfach gewalthaltige Pornographie konsumiert hätten, mit größerer Wahrscheinlichkeit sexuell aggressive Handlungen begehen, doch sei Pornographiekonsum deshalb nicht einfach als *direkte* Ursache dieser Handlungen zu betrachten.[375] In einem Radiointerview mit *BBC Radio 4* am 24. Juni 2013 zieht Malamuth dabei eine anschauliche Analogie zwischen dem Konsum von Pornographie und dem von Alkohol, um zu verdeutlichen, dass die Gefährlichkeit beider immer in *Relation* zu *anderen individuellen Risikofaktoren* betrachtet werden müsse:

> For some people alcohol simply has the effect of making them more relaxed, letting them have more fun. For other people it's true that alcohol can increase the likelihood that somebody will behave in a violent way. [...] But if I simply make the overall generalisation alcohol causes violence or leads to violence, you'd probably say that's glossing over a lot of the nuances. [...] Similarly with pornography, for some people, it may be viewed as a positive

---

370 Vgl. etwa Kutchinsky, *Pornographie*; vgl. ferner ders., „Pornography," 53; D'Amato, „Porn Up, Rape Down;" Diamond, „Pornography," 304.

371 Vgl. etwa Owens et al., „Internet Pornography," 108–110, 112 u. 116; Ybarra et al., „X-Rated Material," 1–18.

372 Für eine aktuelle Untersuchung der Empirie der Sexualkriminalität in Deutschland vgl. Gundlach, *Sexualkriminalität*, 113–158.

373 Vgl. Allen et al., „Meta-Analysis," 258. Vgl. dagegen den Rekurs auf Scott bei Schirrmacher, *Ethik*, Bd. 4, 479 f.

374 Vgl. Allen et al., „Reactions," 139; Kingston et al., „Pornography Use," 341; ferner Kingston, „Importance," 216 sowie Alexy et al., „Pornography Use," 453.

375 Vgl. Malamuth et al., „Pornography and Sexual Aggression," 26 u. 85; Vega/Malamuth, „Predicting Sexual Aggression," 104; ähnlich Ertel, *Erotika*, 127–132.

aspect of their life and does not lead them in any way to engage in any form of anti-social behaviour. For some people who do have several other risk factors, it can add fuel to the fire.[376]

Ein signifikanter Zusammenhang zwischen Pornographiekonsum und Gewaltdelikten könnte demnach auch in umgekehrter Richtung postuliert werden, nämlich dahingehend, dass nicht nur der Pornographiekonsum mit sexuellen Aggressionen einhergehen und sexualdeliktfördernde Einstellungen begünstigen kann, sondern gleichermaßen auch bestimmte Persönlichkeitsmerkmale und Verhaltensdispositionen, zumal ‚feindliche Männlichkeit' und ‚unpersönliche Sexualorientierung',[377] das Interesse an und den Konsum insbesondere gewalthaltiger Pornographie befördern können, was dann wiederum, zumal in bestimmten Risikogruppen, in *Verbindung* mit diesen Dispositionen sexualdeliktfördernd sein kann. Insofern ist von einer *Wechselwirkung* zwischen sexualdeliktfördernden Einstellungen und Persönlichkeitsmerkmalen auf der einen und dem Konsum von Pornographie auf der anderen Seite auszugehen.[378]

Kurzum: Die Vorstellung eines einfachen Kausalzusammenhangs zwischen dem Konsum von Pornographie und der Begehung von Sexualdelikten[379] greift zu kurz. Nicht nur ist Pornographie differenziert zu betrachten,[380] sondern bei der Genese sexueller*sexualisierter Gewalt spielen unterschiedliche Faktoren und verschiedene Bedingungen eine Rolle, die hinsichtlich Wirkung und Nutzung von Pornographie zu berücksichtigen sind. Das Verhältnis von Pornographie und Sexualstraftaten ist zu komplex, als dass ihm mit linearen oder monokausalen Begründungsmustern beizukommen wäre.

Ein nicht weniger komplexes Bild ergibt sich, wenn das Verhältnis von Pornographie und Gewalt daraufhin untersucht wird, inwiefern Gewalt *innerhalb* von Pornographie begegnen kann.

---

376 Zit. nach Fidgen, „Do we know whether pornography harms people?"
377 Vgl. hierzu Malamuth et al., „Confluence Model," 13; ferner Malamuth et al., „Sexual Coercion," 394–418.
378 Vgl. hierzu Hill, „Pornografie," 222 (mit Literatur).
379 Dies gilt auch für Schirrmachers Behauptung einer direkten Kausalbeziehung zwischen dem Konsum von Pornographie und der Akzeptanz sogenannter ‚Vergewaltigungsmythen' (vgl. *Ethik*, Bd. 4, 473 u. 508). Zu diesem Zusammenhang vgl. die Metaanalyse von insgesamt 24 Studien mit mehr als 4.000 Teilnehmenden von Allen, et al., „Exposure," 5. Zur Differenzierung von experimentellen und nichtexperimentellen Forschungsdesigns und den sich daraus ergebenden unterschiedlichen beobachteten Effektgrößen vgl. 16 u. 19 f., was als Unterstützung der ‚Theorie des sozialen Lernens von pornographischen Effekten' gewertet wird (20). Freilich gilt es immer auch etwaige Unzulänglichkeiten experimenteller oder nichtexperimenteller Forschungsmethoden im Blick auf die Aussagekraft der Untersuchungsergebnisse zu reflektieren.
380 Vgl. Döring, „Medienangebote," 433; Berner/Hill, „Gewalt," 155.

3.3.1.2 Gewalt im Rahmen von Pornographie

Zur sexualethischen Beurteilung von Gewalt im Rahmen audiovisueller Pornographie[381] gilt es zunächst zu klären, wie *physisches Gewalthandeln* – und speziell diese Form personaler Gewalt soll vorerst im Blickpunkt der weiteren Überlegungen stehen – überhaupt audiovisuell repräsentiert (‚vergegenwärtigt') sein kann. Die Rede von der ‚audiovisuellen Repräsentation' soll verdeutlichen, dass es im Folgenden um Gewalt geht, die nicht als Zuschauer unmittelbar vor Ort beobachtet oder real am eigenen Leib erfahren, sondern Dritten medial vor Augen und Ohren geführt wird. Folglich ist es sinnvoll, hierbei zwischen Seins-, Erscheinungs- und Darstellungsweisen von Gewalt zu differenzieren.

Was *Seinsweisen* von Gewalt betrifft, können Gewalthandlungen *real* oder *fiktiv*, d. h. tatsächlich oder nur zum Schein (und damit gespielt oder simuliert) sein, wobei die Grenzen zwischen Authentizität und Inszenierung fließend sind und es zur Vermischung von Realität und Fiktion in medial vermittelten Inhalten kommen kann.[382] Dementsprechend kann fiktive Gewalt realitätsnah oder realitätsfern gespielt oder simuliert sein. Neben Seinsweisen von Gewalt ist ferner zu unterscheiden zwischen dem, wie Gewalt *sich darstellen*, und dem, wie Gewalt *dargestellt sein* kann. Was Ersteres, die *Erscheinungsweisen* von Gewalt betrifft, kann darunter sowohl konsensuelles als auch nicht-konsensuelles Gewalthandeln fallen. Was Letzteres, die *Darstellungsweisen*[383] von Gewalt betrifft, kann ein Gewaltgeschehen realistisch (wirklichkeitsnah) oder unrealistisch (wirklichkeitsfremd) zur Darstellung gebracht sein. Zur realistischen Darstellung gehören dabei auch nachrichtliche und dokumentarische Formate, die reale Gewaltgeschehnisse so wirklichkeitsnah wie möglich, d. h. als unmedialisierte „authentische Wirklichkeit" präsentieren und dennoch die „außermediale Realität", *indem* sie „im Medium erscheint",[384] immer auch transformieren. Zwar mag den Rezipierenden bewusst sein, dass es sich hierbei „um nicht-fiktionale Realität handelt, die mehr oder weniger ‚glaubwürdig' dargestellt

---

381 Ich beschränke mich im Folgenden auf die *audiovisuelle* Pornographie. Für die literarische, (rein) optische, auditive, verbalsprachlich-literarische, verbal-graphische oder interaktive Pornographie (zu dieser Typologie vgl. Faulstich, *Kultur*, 127) ließe sich Analoges entwickeln, was für den Fortgang der Argumentation an dieser Stelle aber nicht notwendig ist, zumal sich die im weiteren Untersuchungsverlauf thematisierte Pornographiekritik feministischer und christlicher Provenienz fast ausschließlich an der audiovisuellen Pornographie abarbeitet.

382 Vgl. dazu Bosshart, „Information," 17–29.

383 ‚Darstellung' hier also im weiten Sinne als ‚Performance' und ‚Inszenierung' einerseits, ‚Wiedergabe' und ‚Abbildung' andererseits *umfassend* verstanden.

384 Burger/Luginbühl, *Mediensprache* (4. Aufl.), 205; vgl. im Ganzen 205–209. Zur Unterscheidung zwischen journalistisch präsentierter realer Gewalt, die – zumindest – partiell inszeniert ist, und der reinen Inszenierung fiktiver Gewalt etwa in Spielfilmen vgl. Keppler, „Formen," 385 u. 397 f.

werden kann",[385] doch sind auch diese Formate stets eine „mediale[] *Inszenierung"* –
und zwar eine „Inszenierung der *Authentizität".*[386] Überdies versteht es sich, dass der
Realitätsgehalt auch einer audiovisuellen Darstellung „nicht unabhängig" von den
Rezipierenden ist, weil deren jeweilige „Lebenswelt [...] als Bezugsgröße in die Betrachtung"[387] eingeht.

Durch Kreuzung der Seinsweisen (real und fiktiv, wobei fiktive Gewalt wiederum realitätsnah und realitätsfern gespielt oder simuliert sein kann) mit den
genannten Darstellungsweisen (realistisch und unrealistisch) ergeben sich insgesamt sechs idealtypische Möglichkeiten, wie Gewalt konsensueller und auch
nicht-konsensueller Art audiovisuell repräsentiert sein kann. Zur Verdeutlichung
sind in der folgenden Matrix repräsentative Beispiele für Fernsehformate, au-
ßerpornographische Filmgenres[388] sowie ggf. entsprechende Umsetzungs- und
Effekttechniken angegeben:

Darstellungs-/ Seinsweise von Gewalt	realistisch	unrealistisch
real	z.B. Nachrichten; Dokumentationen mit Ar-chivmaterial; Übertragungen von Box- und Kampfsportarten	verfremdende Animationen (z. B. mit Motion Capture und Rotosko-pie)
fiktiv (realitätsnah)	filmisch inszeniertes Reenactment; Krimi; Gore	Action; Slapstick
fiktiv (realitätsfern)	Splatter; Sci-Fi Horror	Anime; Zombie; Monster

Tabelle 2: Idealtypische Möglichkeiten der audiovisuellen Repräsentation von Gewalt.

385 Burger, *Mediensprache* (3. Aufl.), 172; vgl. im Ganzen 172–194.
386 Burger/Luginbühl, *Mediensprache* (4. Aufl.), 204 (meine Hervh.) unter Rekurs auf Luginbühl, „Staged Authenticity," 129–146, wo ‚Authentizität' in TV-Nachrichten als „credibility established by textual and visual means" (133) definiert wird.
387 Kepplinger, *Medieneffekte*, 50.
388 Für einen aktuellen Überblick über die angegebenen Filmgenres und Subgenres vgl. Koebner (Hg.), *Reclams Sachlexikon des Films* sowie die Beiträge in Stiglegger (Hg.), *Handbuch Filmgenre*. Speziell zum Exploitationfilm, der *auch* quasi-pornographische Filme und Softcore-Pornographie (Sexploitation) umfassen kann, vgl. die Beiträge samt Einführung von Mathijs/Mendik, „Making Sense," 1–18. Unter ‚Genre' wird hier – im Anschluss an Hickethier – „inhaltlich-strukturelle Bestimmungen von Filmgruppen" verstanden, die „das Wissen über *Erzählmuster, Themen und Motive"* organisieren, selbst „aber auch ‚Regulative der Affektsteuerung' und ‚Stimulationspro-gramme für die Erzeugung von Zuschaueremotionen'" darstellen (Hickethier, *Film- und Fern-sehanalyse*, 213). Gewiss handelt es sich dabei um kulturelle Stereotype (vgl. Faulstich, *Grundkurs*, 30), was ‚Genre' zu einem nicht unproblematischen Begriff im Blick auf Filme macht.

Auch im Rahmen von Pornographie können reale und fiktive (d. h. gespielte) Gewalthandlungen[389] auf realistische oder unrealistische Weise dargestellt sein. Wie bereits dargelegt, ist es für die Strafbarkeit einer in Verbreitungsabsicht erfolgenden Herstellung ,gewaltpornographischer' Inhalte im Sinne des § 184a StGB nicht nur unerheblich, ob es sich um ein reales oder um ein fiktives Gewaltgeschehen handelt, welches sich um den *Schein* von Authentizität bemüht (d. h. fiktiv, aber wirklichkeitsnah ist), sondern auch, ob die betreffenden Darstellungen konsensuelle oder nicht-konsensuelle Gewalthandlungen zum Gegenstand haben. Maßgeblich für den Strafrechtstatbestand ist vielmehr das Vorliegen von ,Gewalttätigkeit', worunter im rechtlichen Sinne ein unmittelbar gegen eine Person gerichtetes aggressives Handeln mit physischer Kraftentfaltung verstanden wird.[390]

Im Hintergrund dieses absoluten Verbreitungsverbots ,gewaltpornographischer' Inhalte steht dabei die befürchtete Anreiz- und Nachahmungswirkung durch (ungewollte) Konfrontation sowie Gründe des Kinder- und Jugendschutzes. Deshalb können auch Darstellungen *einverständlicher* sadomasochistischer Sexualpraktiken von der Strafbarkeit umfasst sein, sofern die Schwelle der ,Gewalttätigkeit' (im rechtlichen Sinne) überschritten wird. Die genaue Abgrenzung zwischen ,gewaltpornographischen' Schriften im Sinne des § 184a StGB und den für Erwachsene legal zugänglichen, mithin mit einem beschränkten Verbot des Zugänglichmachens belegten ,einfach-pornographischen' Schriften im Sinne des § 184 StGB, darunter auch solche, in denen „unwillkürliche körperliche Reaktionen"[391] eines Gegenübers hervorgerufen werden, stellt in der Rechtspraxis freilich kein leichtes Unterfangen dar.[392] Auch an dieser Stelle zeigt sich, dass Kategorisierungen, Klassifikationen und Typisierungen immer auch Konstrukte sind, die dem Kontinuum fließender Übergänge in (der) Wirklichkeit schwerlich gerecht zu werden vermögen.

---

389 Es ist an dieser Stelle daran zu erinnern, dass der Begriff der ,Gewalthandlung' im Unterschied zu dem der ,Gewalttätigkeit' (zu dieser Unterscheidung s. Abschnitt C.3.3.3) offenlässt, ob Einverständlichkeit besteht oder nicht, während eine ,Gewalttätigkeit' per definitionem *gegen den* – expressis verbis und/oder durch konkludentes Verhalten zum Ausdruck gebrachten – *Willen* einer Person erfolgt. Damit unterscheidet sich ,Gewalttätigkeit' im *sexualethischen* von ,Gewalttätigkeit' im *rechtlichen* Sinne, s. weiter oben im Text sowie Abschnitt C.3.3.3.
390 Siehe Abschnitt 3.1.
391 Lewandowski, *Pornographie*, 114.
392 Vgl. Gercke/Brunst, *Praxishandbuch Internetstrafrecht*, 142 (Rn. 305). Hierzu gehört m. E. auch die Frage, ob es eine wie auch immer klar definierbare Schwelle gibt, ab wann eine bestimmte Darstellung als Teil eines Darstellungszusammenhangs als ,gewaltpornographisch' zu gelten hat bzw. ab wann ein Darstellungszusammenhang als ,Gewaltpornographie' zu betrachten ist, was eine Frage des Gesamteindrucks ist.

Eine differenzierte *sexualethische* Beurteilung von Gewalt im Rahmen von Pornographie scheint bei einer Orientierung allein an dem für die rechtliche Bewertung maßgeblichen und doch notorisch unscharfen Tatbestand der ‚Gewalttätigkeit' weder sinnvoll noch überhaupt nötig. Ein möglicher Ausweg aus dieser wenig befriedigenden Situation wäre die Re-Evaluation des Begriffs der ‚Gewaltpornographie'. So versteht beispielsweise der Bielefelder Soziologe Sven Lewandowski (*1970) in seiner Studie *Die Pornographie der Gesellschaft* (2012) unter ‚Gewaltpornographie' bzw., gleichbedeutend damit, ‚gewaltförmiger Pornographie'

> ausschließlich jene pornographischen Darstellungen [...], die sich durch einen dargestellten Mangel eines Konsenses der Beteiligten hinsichtlich der gezeigten sexuellen Handlungen und/oder durch explizit nicht-konsensuelle Gewalt als integralem Element der pornographischen Inszenierung auszeichnen. Das entscheidende Definitionskriterium ist also nicht das Vorliegen realer Gewalt, sondern die Frage, ob (nicht konsensuell ausgeübte) Gewalt und Zwang als ein Medium und/oder Stilmittel der pornographischen Darstellung fungieren.[393]

Demnach wird einerseits die Darstellung einverständlicher sadomasochistischer Sexualpraktiken, andererseits die Motivation der Darstellenden von der Analyse des Bereichs der ‚Gewaltpornographie' *ausgenommen*. Denn ob die Darstellenden „aufgrund eigener sexueller Interessen, aus finanziellen Erwägungen heraus oder aufgrund von Zwang oder Gewalt an pornographischen Inszenierungen teilnehmen, kann für die Analyse der *Darstellungen* keine Rolle spielen oder doch nur in jenen Fällen, in denen die Motive in der Darstellung selbst sichtbar sind".[394] Zwar konzediert Lewandowski in unmittelbarem Anschluss daran, dass „[i]n der überwiegenden Zahl der Darstellungen" nicht zu entscheiden sei, aus welchen Motiven Personen daran mitwirkten. Dennoch lasse sich von ‚Gewaltpornographie' sinnvollerweise nur dann

> sprechen, wenn sich Gewalt tatsächlich *innerhalb* der pornographischen Inszenierung dargestellt findet *und* zwar als ersichtlich nicht auf konsensueller Basis ausgeübte Gewalt. In diesem Sinne fallen unter die Rubrik ‚Gewaltpornographie' auch Darstellungen nicht-konsensueller Gewaltausübungen, deren Darsteller aber aus freien Stücken mitwirken. Gespielte Gewalt fällt also unter ‚Gewaltpornographie', tatsächliche Gewaltausübung, die aber in der pornographischen Darstellung nicht sichtbar ist, hingegen nicht. Um von ‚Gewaltpornographie' sprechen zu können, muss Gewalt *im Bild* anwesend sein, also Teil der Darstellung *selbst* sein, und es muss sich um Gewalt handeln, deren Ausübung nicht auf erkennbar konsensueller Grundlage beruht.[395]

---

393 Lewandowski, *Pornographie*, 112; vgl. 112–115.
394 A.a.O., 113 (meine Hervh.).
395 Ebd. (die letzten beiden Hervh. von mir).

Lewandowskis Argumentation verdeutlicht die Schwierigkeit einer eindeutigen Unterscheidung zwischen realer und realitätsnah gespielter Gewalt aus der Betrachtungsperspektive. Diese Schwierigkeit, zwischen Sein und Schein unterscheiden zu müssen und doch nicht immer zweifelsfrei unterscheiden zu können, haftet auch dem Versuch einer differenzierten sexualethischen Beurteilung von Gewalt im Rahmen von Pornographie an, die nicht nur das Vorliegen von Gewalt, sondern auch das Kriterium der Einverständlichkeit beim Zustandekommen und Vollzug sexueller Handlungen in Anschlag zu bringen hat. Mit der durch den Blickwinkel dieses Abschnitts bedingten Fokussierung auf Gewalt, soweit sie – in diesem Punkt schließe ich mich Lewandowski an – im Rahmen von Pornographie *als Teil der Darstellung selbst sichtbar* wird, soll deshalb keineswegs übersehen werden, dass die Ausübung von Gewalt und deren Darstellung auch *zusammenfallen* können. Darin besteht die Herausforderung für eine Beurteilung dieser pornographischen Inhalte aus sexualethischer Sicht, von dem sich unweigerlich aufdrängenden Problem einer auch nur leidlich trennscharfen Unterteilung des heterogenen Phänomenbereichs einmal abgesehen.

Dies zur allgemeinen Orientierung vorausgeschickt, scheint es zweckmäßig, die folgenden Überlegungen auf die im Rahmen von Pornographie erfolgende *realistische* Darstellung *realer* und *wirklichkeitsnaher fiktiver* Gewalt durch zustimmungsfähige Erwachsene zu beschränken.[396] Unrealistische Darstellungen realer oder fiktiver Gewalt im Rahmen von Pornographie (z. B. *tentacle rape* oder als Element des *hentai porn*) werden im Folgenden deshalb ebenso unberücksichtigt bleiben wie realistische Darstellungen wirklichkeitsfremder fiktiver Gewalt. Gleiches gilt für realistische Darstellungen sexualbezogener Gewalthandlungen *außerhalb* von Pornographie, auch in mit pornographischen Elementen gespickten Filmen, die dem Genre des *extreme cinema*[397] oder dem sich immer größerer Beliebtheit erfreuenden Schock-Horror-Kabinett des *gorno* zuzuordnen sind, welche allerdings, wenn überhaupt, ‚Gewalt *neben* Porno‘, nicht ‚Gewalt *im*

---

396 Darstellungen sexueller Handlungen, an denen Personen beteiligt sind, die noch nicht oder nicht mehr oder während der Darstellung vorübergehend nicht zustimmungsfähig sind – mit anderen Worten: Darstellungen sexueller Missbrauchshandlungen (s. Kapitel F.2) – sind nicht Gegenstand der folgenden Überlegungen. Zur Frage der Einwilligungs(un)fähigkeit und Selbstbestimmungs(un)fähigkeit speziell von Jugendlichen im Hinblick auf die Mitwirkung bei der Herstellung von Pornographie vgl. Gnüchtel, *Jugendschutztatbestände*, 228–230.

397 Beispielsweise *Salò o le 120 giornate di Sodoma* von Pier Paolo Pasolini (1975), *Baise-moi* von Virginie Despentes und Coralie Trinh Thi (2000) und *Antichrist* von Lars von Trier (2009). Zur Charakterisierung derartiger Filme, die gewissermaßen gegenüber dem Betrachter selbst Gewalt ausüben und ihre gewaltige Kraft dabei weniger aus dem entwickeln, „*was* sie darstellen", als vielmehr daraus, „*wie* sie es tun", vgl. Kerner/Knapp, *Extreme Cinema*, 1–5 u. 25 f. (Zitat 25 in eigener Übers.).

Porno'[398] sind, wie es für ‚Gewaltpornographie' im Sinne des § 184a StGB wesentlich ist.[399] Maßgeblich für Pornographie im Sinne der Arbeitsdefinition ist ferner, dass sich die Darstellenden der Anwesenheit einer Kamera und der möglichen späteren Veröffentlichung der Aufnahmen *bewusst* sind. Es handelt sich also um eine *Inszenierung* im weitesten Sinne und die Aufnahmen gehen nicht zurück beispielsweise auf eine unbemerkte Überwachungskamera oder heimlich ‚gedrehte' Spannervideos.[400] Derartige Aufnahmen bleiben im Folgenden ebenso außer Betracht wie Live-Übertragungen real begangener Sexualstraftaten (*cybersex trafficking*),[401] welche *nichts anderes* als Straftaten gegen die sexuelle Selbstbestimmung, das Leben, die körperliche Unversehrtheit und/oder die persönliche Freiheit darstellen – ‚darstellen' hier im doppelten Sinne von ‚abbilden' *und* ‚sich erweisen als' –, wie sie im 13., 16., 17. und 18. Abschnitt des Besonderen Teils des StGB aufgeführt sind.

Durch Kombination der Erscheinungsweisen von Gewalt, nämlich konsensuelles und nicht-konsensuelles Gewalthandeln, mit den genannten Seinsweisen von Gewalt (real und fiktiv-wirklichkeitsnah) ergeben sich vier idealtypische Möglichkeiten, wie Gewalt im Rahmen von Pornographie auf realistische Weise zur Darstellung gebracht sein kann. Zur Orientierung sind in der folgenden Matrix möglichst repräsentative Beispiele für pornographische (Sub-)Genres[402] bzw.

---

398 Vgl. Leipold/Tsambikakis/Zöller, *AnwaltKommentar StGB*, 1386.

399 Angesichts des Ausmaßes extremer Gewaltdarstellungen in Film und Fernsehen – es vergeht kein Tag im Fernsehen ohne ein ‚reichhaltiges' Angebot an Gewaltdarstellungen, von True Crime-Dokumentarserien und vorabendlichen seichten Krimiserien bis zu Gewalt- und Horrorfilm-Klassikern zur Primetime – kann Lewandowskis allgemeiner Bemerkung nur zugestimmt werden, „dass in der Pornographie, ganz gleich ob im Internet oder außerhalb, wesentlich weniger Gewalt gezeigt wird als in anderen medialen Genres" (115), was einen Hang (auch) der pornographischen Entwicklung zu immer extremeren und auch „extrem gewalttätigen Darstellungen" (115, Anm.) freilich nicht ausschließt.

400 Außen vor bleiben an dieser Stelle deshalb auch explizite Aufnahmen sexueller Handlungen aus dem privaten Bereich, die zwar im Wissen und mit Zustimmung aller Beteiligten erstellt, aber ohne allseitige Zustimmung veröffentlicht werden, was, wie das unbefugte *Filmen*, eine „Verletzung des höchstpersönlichen Lebensbereichs" durch Bildaufnahmen im Sinne des § 201a StGB darstellen kann. Im letzteren Falle fungiert Pornographie zweifellos auch *als* Gewalt, s. dazu Abschnitt 3.3.1.3. Dass derartige Aufnahmen und deren Nachstellung auch ein spezifisches Pornographie-Genre darstellen und bedienen (*hidden cam*), überrascht nicht.

401 Vgl. hierzu Carback, „Cybersex Trafficking," 64–183; ferner Enrile, *Ending Human Trafficking*, 16–21 u. 34–36.

402 Dass die Rede von (Sub-)Genres im Blick auf Pornographie nicht unproblematisch ist, versteht sich. Im Grunde handelt es sich dabei um Zuordnungskriterien, die kulturelle Stereotype repräsentieren (s. oben Anm. 388) und deshalb weder starr noch eindeutig abgrenzbar sind. Zu

Stilmittel der pornographischen Darstellung angegeben, wobei die Übergänge sowohl zwischen den (dargestellten) Handlungen selbst als auch zwischen den Kategorien fließend sein können:

Erscheinungs- / Seinsweise von Gewalt	konsensuell	nicht-konsensuell
real	*BDSM*; *caning*; *spanking*; *whipping*	*rough*; *forced*
fiktiv-wirklichkeitsnah	*BDSM*	*exploitation*; *rape*; *snuff*

Tabelle 3: Idealtypische Möglichkeiten der realistischen audiovisuellen Repräsentation von Gewalt im Rahmen von Pornographie.

Was die sexualethische Beurteilung der realistischen Darstellung *nicht-konsensueller* Gewalt im Rahmen von Pornographie betrifft, ist zwischen der Darstellung *realer* und *wirklichkeitsnaher fiktiver* Gewalttätigkeiten (,Gewalttätigkeiten' hier und im Folgenden im sexualethischen Sinne)[403] zu unterscheiden. Darstellungen *realer* Gewalttätigkeiten, also von gewalthaltigen Handlungen gegen den *tatsächlichen* Willen einer der beteiligten Personen, sind unter allen Umständen abzulehnen, auch dann, wenn alle Beteiligten „aus freien Stücken"[404] in die Herstellung derartiger Darstellungen einwilligen sollten. Ausschlaggebend für die ethische Beurteilung einer sexuellen Handlung ist nicht nur der Modus ihres Zustandekommens, sondern auch der ihres Vollzugs, sodass das Kriterium der Einverständlichkeit sowohl beim Zustandekommen als auch beim Vollzug sexueller Handlungen in Anschlag zu bringen ist. Eine freiwillige Mitwirkung beim Zustandekommen dieser Darstellungen schließt deshalb die Eigenschaft als Opfer keineswegs aus,[405] mag auch eine Differenzierung von Opfern im Sinne einer „Opferindividualisierung"[406] gerade bei ausschnitthaften Darstellungen nicht immer möglich sein. Insofern sind auch Verbreitung und Nutzung derartiger Darstellungen keine ‚opferlosen' Taten.

Demgegenüber bedarf die sexualethische Beurteilung der Darstellung *wirklichkeitsnaher fiktiver* Gewalttätigkeiten, worunter beispielsweise Vergewaltigun-

---

pornographischen (Sub-)Genres und Stilmitteln vgl. Schaschek, *Pornography*, 27–52 u. Rothman, *Pornography*, 47–68; ferner Faulstich, *Grundkurs*, 56–60.

403 Siehe Abschnitt C.3.3.3.

404 Lewandowski, *Pornographie*, 113; s. das oben zu Anm. 395 gehörende Zitat.

405 Vgl. hierzu Maurach et al., *Strafrecht. Besonderer Teil*, 186 (Rn. 17).

406 Lamnek/Vogl, *Theorien*, 240; vgl. 240–244.

gen (*rape pornography*)[407] oder Sexualmorde (*snuff pornography*)[408] fallen, einer eingehenderen Erörterung. Jedenfalls kann eine Ablehnung derartiger Handlungen unter dem Vorzeichen und im Modus des – um an eine Formulierung aus Goffmans Rahmenanalyse anzuknüpfen – *So-tun-als-ob*,[409] soll sie ein gewisses Maß an Überzeugungskraft haben, nicht lediglich folgenorientiert begründet werden. Denn zweifellos lässt sich gegen solche realitätsnah gespielten Darstellungen einwenden: Selbst wenn es *bei* deren Herstellung zu keiner Schädigung des Rechtsgutes der Unversehrtheit des Körpers eines Menschen kommen sollte, ist nicht auszuschließen, dass Dritte *durch* deren Herstellung, Nutzung und Verbreitung dennoch Schaden erleiden können.[410] Dieser Einwand vermag für sich allein allerdings nur wenig zu überzeugen, zumal dann konsequenterweise – jedenfalls unter Ausblendung der etwaigen Einbettung in narrativ vorstrukturierte Sinn- und Handlungszusammenhänge – auch jede realitätsnahe Darstellung von Gewalttätigkeiten in Spielfilmen oder Computerspielen in gleicher Weise abgelehnt werden müsste mit der Begründung, dass eben nicht auszuschließen sei, dass die Betrachtung (Spielfilm) oder scheinwirkliche ‚Begehung' (Computerspiel) von Gewalttätigkeiten zur Steigerung *realer* Gewalt beitragen könne. Derartige exzitatorische Effekte scheinen ebenso möglich zu sein wie umgekehrte, inhibitorische Effekte, zumal, um daraus ein stichhaltiges Argument gegen die angesprochenen Darstellungen ableiten zu können, eine möglichst umfassende Kenntnis über Wirkungszusammenhänge zwischen Mediennutzung und Gewaltausübung erforderlich wäre, zu denen es in der Forschung jedoch ebenso viele verschiedene Antworten wie kontroverse Ergebnisse gibt.[411]

Eine Ablehnung derartiger Darstellungen, und dies scheint mir grundsätzlich überzeugender zu sein, könnte – analog zur Ablehnung der Herstellung, Nutzung

---

407 Vgl. Makin/Morczek, „Dark Side," 11–14; dies., „X Views," 2135–2138; ferner Strub, *Perversion*, 282.

408 Vgl. Jackson, „Introduction," 6–8; vgl. bereits MacKinnon, *Only Words*, 35. Zum Phänomen bzw. Mythos des Snuff-Films vgl. Black, „Real(ist) Horror," 63–75; ferner Strub, *Perversion*, 231.

409 „So-Tun-als-ob" bezeichnet bei Goffman „eine Handlung, die für die Beteiligten eine offene Nachahmung oder Ausführung einer weniger transformierten Handlung ist, wobei man weiß, daß es zu keinerlei praktischen Folgen kommt" (Goffman, *Rahmen-Analyse*, 60; ohne Hervh.); dessen „wichtigste Art" ist das *Spiel* als Unterbrechung der eigentlichen Interaktion zwischen einem Individuum und anderen durch „verhältnismäßig kurzzeitige[] Verstellung" (61).

410 Vgl. z. B. Foubert, „Pornography," 214 f., 219, 222–225 u. 227 (speziell zur Darstellung von Vergewaltigungen); DeKeseredy/Hall-Sanchez, „Thinking," 281 f.

411 Vgl. nur das Urteil von Strauß, *Peer Education*, 43. Vgl. ferner die Übersicht über kriminologische, medienpsychologische und empirische Aspekte dieses Problemkontextes bei Scheungrab, *Filmkonsum*, 41–116.

und Verbreitung *virtueller* ,Kinderpornographie'[412] – auf die *individuelle Nutzungsperspektive* ebenso wie auf die *soziale Dimension* der Darstellungen abheben. Denn einerseits könnte gefragt werden, aus welcher Motivation heraus jemand pornographische Darstellungen ,konsumieren' wollte, in denen schlimmste Grausamkeiten gegen Menschen wirklichkeitsnah in Szene gesetzt werden. Neben dem sich daran anschließenden Verweis auf ethisch mindestens fragwürdige Motive bei der individuellen *Nutzung* könnte die Ablehnung derartiger Darstellungen auch aus pflicht- oder tugendethischen Überlegungen heraus erfolgen, indem entweder den *Nutzer*innen* in kantischer Manier eine Verletzung der Mitleidspflicht gegenüber anderen Menschen als einer „indirecte[n] Pflicht" zur „Theilnehmende[n] Empfindung"[413] durch die Betrachtung dieser jede Regung menschlichen Mitleids entbehrenden Darstellungen attestiert oder auf die sich in der Nutzung derartiger Darstellungen Ausdruck verschaffende Charakterhaltung der Nutzer*innen verwiesen und der dadurch entstehende ,Schaden' primär im Sinne einer *Selbst*schädigung gedeutet würde. Andererseits könnte aber auch, ausgehend von der Sache selbst, auf die über die individuell-subjektive Perspektive hinausgehende *soziale* Dimension derartiger Darstellungen hingewiesen werden: Auch *inszenierte* Darstellungen sexualbezogener Gewalttätigkeiten sind kein Ausstieg aus der (moralischen) Wirklichkeit, sondern deren Spiegelung oder Erweiterung.[414]

Dessen ungeachtet ist allerdings zu bedenken, dass sich Jugendliche und Erwachsene einer unerwünschten Konfrontation mit derartigen Inhalten im Internet auch auf denkbar einfache Weise: durch Wegschauen oder Weiterklicken *entziehen* können, mithin die sexuelle Selbstbestimmung von Jugendlichen und Erwachsenen als *Betrachtende* nicht unweigerlich durch eine unerwünschte Konfrontation mit derartigen Inhalten gefährdet sein muss.[415] Abgesehen von der Frage nach der Effektivität von Verboten und Strafvorschriften, wenn es um die Verbreitung und Verfügbarkeit ,gewaltpornographischer' Inhalte in unserer multimedial vernetzten Welt geht, könnte überdies geltend gemacht werden, dass Verbreitungsverbote gleichermaßen wie eine vermeintlich „antiquierten Moral-

---

412 Es geht mir an dieser Stelle nicht um eine Gleichsetzung der *Inhalte*, geschweige denn der *Nutzergruppen*, was eine Analogie der *Argumentation* freilich nicht ausschließt.

413 Kant, *Metaphysik der Sitten*, 456 f. (§§ 34 – 35); dazu Blöser, *Zurechnung*, 149 f.; zu Kants Mitleidstheorie vgl. Hamburger, *Mitleid*, 48 – 52.

414 Zum Hintergrund dieses Gedankens vgl. nochmals Patridge, „Pornography," 32 f.

415 So in: Bundesministerium der Justiz und für Verbraucherschutz, *Abschlussbericht der Reformkommission*, 243; vgl. ferner 372 sowie Renzikowski/Schmidt, „Reform," 333.

vorstellungen des vergangenen Jahrhunderts"[416] verhaftete Bedenkenträgerei erst Aufmerksamkeit und Interesse weckten und das Verbotene und Verfemte, zumal auf Kinder und Jugendliche, umso anziehender erscheinen ließen. Ferner mag aus rechtlicher Sicht durchaus diskussionswürdig erscheinen, ob angesichts der tatsächlichen Verbreitung und allgegenwärtigen Verfügbarkeit nicht nur ,gewaltpornographischer' Inhalte, sondern überhaupt realer und fiktiver Gewalt jeglicher Art in Medien und Computerspielen eine Ahndung der Verbreitung ,gewaltpornographischer' Darstellungen lediglich als Ordnungswidrigkeit als ausreichend betrachtet werden könnte,[417] weil eine Bestrafung der Verbreitung dieser Inhalte nach der Vorschrift des § 184a StGB, bei der es sich „um ein bloßes Konfrontationsdelikt" handle, „mit der Realität nicht mehr in Einklang zu bringen"[418] sei.

Dies mag alles seine Berechtigung haben. Und doch lässt sich gegen eine ersatzlose Streichung des § 184a StGB, wie sie auch von Teilen der Reformkommission zum Sexualstrafrecht angedacht und von mehreren der hierzu befragten Sachverständigen empfohlen wurde, eine Reihe gewichtiger Einwände aus sexualethischer Sicht vorbringen, von denen an dieser Stelle wenigstens zwei genannt werden sollen. Zum einen: Wie kann, oder richtiger, wie soll durch eine ersatzlose Streichung des § 184a StGB bzw. durch eine Überführung dieser Norm in das Ordnungswidrigkeitenrecht dem Eindruck *entgegengesteuert* werden, „dass Sexualität und Gewalt auch im realen Leben eine gute Verbindung seien"?[419] Und zum anderen: Wie ließe sich bei einer ersatzlosen Streichung des Tatbestandes der Verbreitung ,gewaltpornographischer' Inhalte die gleichzeitige *Beibehaltung* eines absoluten Herstellungs- und Verbreitungsverbots jeglicher *fiktiver* ,kinderpornographischer' Schriften im Sinne des § 184b StGB begründen? In der 16. Sitzung der Reformkommission zum Sexualstrafrecht am 25. April 2016 wurde von den Befürworter*innen einer ersatzlosen Streichung des § 184a StGB die gleichzeitige Beibehaltung des § 184b StGB im 13. Abschnitt des Besonderen Teils des StGB damit begründet, dass die Sache „[b]ei der Kinderpornographie [...] anders gelagert" sei, weil es dort darum gehe, „einen entsprechenden Markt auszutrocknen".[420] Warum dies nicht auch für Darstellungen gelten sollte, in denen

---

416 So Staatsanwalt Benjamin Krause in seinem Impulsreferat „Pornographiedelikte der §§ 184 ff StGB", in *Abschlussbericht der Reformkommission*, 1098–1106, 1101.

417 Vgl. ebd.; vgl. auch 242 u. 565; ferner Schmidt, „Pornographie," 333.

418 Bundesministerium der Justiz und für Verbraucherschutz, *Abschlussbericht der Reformkommission*, 242 f.; vgl. ferner das Impulsreferat „Reformbedarf bei dem Tatbestand des § 184a StGB" der Richterin Andrea Röhrig, in: A.a.O., 1213–1218, bes. 1217.

419 A.a.O., 565 (in der paraphrasierenden Wiedergabe der diesbezüglichen Diskussion in der Kommission); vgl. ferner 243.

420 A.a.O., 565.

bestialische Grausamkeiten insbesondere gegen Frauen derart wirklichkeitsnah in Szene gesetzt werden, dass eine Unterscheidung zwischen Authentizität und Inszenierung aus der Betrachtungsperspektive – ohne kontextuelle Einbettung der Darstellungen – nur schwerlich oder gar nicht möglich ist, vermag sich mir nicht zu erschließen. Eine ersatzlose Abschaffung des Verbreitungsverbotes ‚gewaltpornographischer' Inhalte damit zu begründen, dass derartige „Inhalte [...] mit den neuen Medien des Internets zu jeder Zeit an jedem Ort konsumiert werden"[421] könnten und „reale und fiktive Gewalt [...] in den Medien in einem erheblichen Ausmaß dargestellt"[422] würden, dünkt mich nur ein Kotau vor der vermeintlich normativen Kraft des Faktischen. Insofern wird mit der Beibehaltung der Verbreitungsstrafbarkeit ein Zeichen gesetzt, ohne dass damit eine Rückkehr zu einem moralbasierten Sexualstrafrecht intendiert oder das Faktum ignoriert werden soll, dass ‚gewaltpornographische' Inhalte trotz der bestehenden Verbreitungsstrafbarkeit „im Internet zu jeder Zeit problemlos konsumiert werden"[423] können.

Kurzum: Was Darstellungen realer oder wirklichkeitsnah gespielter nichtkonsensueller Gewalt im Rahmen von Pornographie betrifft, die im Internet nur einen Klick weit entfernt sind und auf denkbar einfache Weise konsumiert oder aber vermieden werden können, kann die Konsequenz aus sexualethischer Sicht nur darin bestehen, Jugendliche darin zu unterstützen, „sich in der Auseinandersetzung mit Pornographie zu eigen- und sozialverantwortlichen Personen in Bezug auf die Pornographienutzung zu entwickeln"[424] und deren Kompetenzen im Umgang mit Pornographie zu fördern.[425] Hierzu gehört auch die Förderung der Kompetenzen bei der Unterscheidung zwischen Sein und Schein des Dargestellten.

Ein faktisches Eingeständnis dieser Unterscheidungsproblematik sieht man auch daran, dass bei Produktionen von großen, in der Regel US-amerikanischen Porno-Produktionsfirmen an einzelnen Szenen Interviewsequenzen mit den jeweiligen Darsteller*innen angeschlossen werden, in denen diese ihre Haltung zum gezeigten Hergang frei und im Dialog äußern. Nicht selten werden diese Sequenzen auch schon am Anfang einer Szene gezeigt, um deutlich zu machen: Hier sind jetzt Darsteller*innen am Werk. Diese zumindest innerhalb der kommerziellen Pornoindustrie etablierte Praxis unter professionalisierten Bedingun-

---

421 So Krause in seinem Impulsreferat in: A.a.O., 1101.
422 So Röhrig in ihrem Impulsreferat in: A.a.O., 1217.
423 So Röhrig im Diskussionsverlauf der 16. Sitzung am 15. April 2016 zu den Inhalten im Sinne des § 184a StGB, in: A.a.O., 565; vgl. auch 242 u. 1101.
424 Renzikowski/Schmidt, „Reform," 333 (mit Literatur).
425 Vgl. ebd. (mit Literatur).

gen geht zweifelsohne in die richtige Richtung, zumal im Vergleich mit ausschnitthaften Aufnahmen aus dem Amateurbereich ohne kontextuelle Einbettung, geschweige denn verwackelten Handyvideos dubioser Provenienz, kann allerdings über den Umstand nicht hinwegtäuschen, dass darüber, ob Darstellungen auch wirklich das darstellen, was sie darzustellen scheinen bzw. aufgrund der Betitelung, Verschlagwortung (mittels *Tags*) oder den angesprochenen Interviewsequenzen, zu denen die Darsteller*innen ggf. auch vertraglich verpflichtet oder aber gezwungen sein können, darzustellen vorgeben, niemals völlige Sicherheit bestehen kann – ein irreduzibler Rest an Unsicherheit, welche für manche Betrachter*innen gar erst den Reiz des Ungeheuerlichen auszumachen scheint.

Umso mehr sind, wenn irgend möglich, die Anbieter frei zugänglicher Pornographie-Plattformen in die Verantwortung zu nehmen, entsprechende Vorkehrungen beispielsweise durch explizite Warnhinweise zu schaffen und zweifelhafte Inhalte durch den Einsatz von Uploadfiltern erst gar nicht zur Darstellung kommen zu lassen oder, falls geschehen, umgehend aus dem ‚Angebot' zu entfernen, sobald diese von Nutzer*innen über integrierte Meldefunktionen als sogenannte ‚unangemessene Inhalte' markiert (‚geflaggt') werden. Auf proaktive Maßnahmen oder Selbstverpflichtungen im Sinne des *FairPorn*[426] dieser meist über international verzweigte Firmennetzwerke und undurchsichtige Eigentümerstrukturen agierenden Plattformen setzen zu wollen, dürfte allerdings geradezu ‚auf Sand gebaut' sein, während strikte regulative Maßnahmen Gefahr laufen können, dass der Markt, getrieben durch Angebots- und Nachfragezwänge, andere Verbreitungswege problematischer Darstellungsinhalte fernab jeglicher Regulierungsmöglichkeit im Darknet finden und auftun würde. Und doch scheint an eben dieser Stelle, der Einnahmequelle von Anbietern, wie aktuelle Konflikte mit Zahlungsdienstleistern zeigen,[427] ein vergleichsweise einfacher und trotzdem effektiver Mechanismus zur Eindämmung delinquenzpornographischer Inhalte zu bestehen, dessen es sich konsequent zu bedienen gilt.

Dieselbe Unterscheidungsproblematik zwischen (Schau)Spiel und Wirklichkeit besteht auch bei der realistischen Darstellung *konsensueller* Gewalt im Rahmen von Pornographie,[428] also von Gewalthandlungen,[429] die, ob real oder fiktiv,

---

426 Vgl. hierzu Méritt, „PorYes!," 376; Döring, „Pornografie-Kompetenz," 235; dies., „Diskussionsstand," 4, 16 u. 21.

427 Zu Pornhub vgl. z. B. Böhm/Knödler, „Ausweiskontrollen" samt Kristof, „Children." Zu OnlyFans vgl. Theile, „OnlyFans" samt Beuth, „Unerwartete Wendung".

428 Wenn „Gewaltpornografie" zuweilen als diejenige „Teilmenge von Pornografie" identifiziert wird, in der „gewaltsamer Sex gezeigt wird", und gegenüber „gewaltfreier Pornografie" abgegrenzt wird (so z. B. Krahé, „Verfügbarkeit," 6), wird nicht nur übersehen, dass auch Darstel-

510 ⸺ E Darstellungen

als einverständlich durchgeführt *dargestellt* werden, was nicht bedeuten muss, dass diese auch tatsächlich einverständlich *durchgeführt* werden. Die von Lewandowski vollzogene Ausklammerung der Darstellung konsensueller Gewalt aus den der ‚Gewaltpornographie' unterfallenden Inhalten ist nachvollziehbar, ändert gleichwohl nichts am Umstand der *Gewalthaltigkeit* dieser Inhalte. Ausschlaggebend für das *Vorliegen* von Gewalt in dem dieser Untersuchung zugrunde liegenden Sinne ist das Vorhandensein einer schädigenden Einwirkung oder Einflussnahme, während deren *Bewertung* davon abhängt, ob Einverständlichkeit darüber besteht und welche spezifische Intention dahintersteht.[430] An diesem letzteren Punkt zeigt sich denn auch ein Ansatzpunkt für eine differenzierte sexualethische Beurteilung von Gewalt im Rahmen von Pornographie.

Was tatsächliche oder gespielte konsensuelle Gewalt als Element der pornographischen Inszenierung betrifft, ist zunächst darauf hinzuweisen, dass auch hier nicht unerhebliche Abgrenzungsschwierigkeiten bestehen und das breite Spektrum der darunterfallenden sexuellen Handlungen und Verhaltensweisen von einer grundsätzlichen Übergängigkeit gekennzeichnet ist. Anstelle einer detaillierten Rekonstruktion und Analyse dieses Phänomenbereichs soll an dieser Stelle die sexualethische Beurteilung konsensueller Gewalt im Rahmen von Pornographie speziell an einem Extrem, und zwar an einverständlichen sadomasochistischen Sexualpraktiken erfolgen.[431] Auch für deren Darstellung innerhalb von Pornographie gilt, dass einerseits im Wege der Ablehnung beispielsweise aus folgenorientierter Sicht auf den möglichen Zusammenhang zwischen der Betrachtung der Darstellung sexualbezogener Gewalthandlungen in Wort und Bild und deren Umsetzung und Praktizierung in (der) Wirklichkeit,[432] andererseits im Wege der Billigung auf das Recht erwachsener Personen auf sexuelle Selbstbestimmung hingewiesen werden kann, die das Recht auf Durchführung gewalthaltiger Sexualpraktiken einschließt. Letzteres unter der Maßgabe, dass diese im

---

lungen ohne sichtbare personale Gewalt dennoch *gewaltbehaftet* sein können aufgrund der Umstände und Bedingungen, unter denen sie zustande kommen, sondern auch, dass Gewalthandlungen sowohl konsensueller wie nicht-konsensueller Art sein können, die zu ziehende Grenze auch im Bereich der Pornographie sinnvollerweise nicht entlang der Gewaltgrenze, sondern entlang den Grenzen der Einverständlichkeit des Zustandekommens und Vollzugs sexueller Handlungen verläuft.

429 Zur Differenzierung zwischen Gewalt*handlungen* und Gewalt*tätigkeiten* s. Abschnitt C.3.3.3.
430 Siehe Abschnitt C.3.2.
431 Zu möglichen Inhalten vgl. Rothman, *Pornography,* 49–51, 56–58 u. 70–72. Als Bestandteil von Pornographie handelt es sich dabei weniger um kunst- und kulturgeschichtliche Zeugnisse als vielmehr um Sexualpraktiken, die primär zum Zwecke sexueller Erregung erfolgen und damit auf eine Betrachtung durch Dritte angelegt sind.
432 Vgl. nur Foubert, „Pornography," 222–225 u. 227.

Medium der Einverständlichkeit zustande kommen und vollzogen werden und dadurch die sexuelle Selbstbestimmung unbeteiligter Dritter nicht tangiert wird, denen allerdings, sofern es sich um erwachsene zustimmungsfähige Personen handelt, mit Recht zugemutet werden kann, sich einer unerwünschten Konfrontation mit derartigen Inhalten im Internet durch Wegschauen oder Weiterklicken entziehen zu können.[433]

Hinzu kommt, dass die einvernehmliche Durchführung sadomasochistischer Sexualpraktiken zwischen einwilligungsfähigen Erwachsenen unter Verweis auf das allgemeine Persönlichkeitsrecht höchstrichterlich erlaubt ist – jedenfalls solange dabei die Grenze der Einwilligung in eine Körperverletzung, wie sie in § 228 StGB gezogen wird, nicht überschritten wird, sodass „die Tat trotz der Einwilligung gegen die guten Sitten" (§ 228 StGB) verstoßen würde. Maßgeblich für die Verbreitungsstrafbarkeit ‚gewaltpornographischer' Inhalte im Sinne des § 184a StGB ist allerdings nicht (erst) diese Grenze der ‚Sittenwidrigkeit', sondern (bereits) der Umstand der ‚Gewalttätigkeit' (im rechtlichen Sinne) zur Bezeichnung eines unmittelbar gegen eine Person gerichteten aggressiven Handelns mit physischer Kraftentfaltung.[434] Diese *rechtliche* Situation ist, wie Andrea Röhrig, Richterin am OLG Frankfurt am Main, in der bereits angesprochenen 16. Sitzung der Reformkommission als Sachverständige bemerkt hat, in der Tat „unstimmig",[435] hat für die *sexualethische* Beurteilung dieser Sexualpraktiken als Element der pornographischen Inszenierung jedoch weniger Relevanz als der von Röhrig ebenfalls angeführte Umstand, dass diese Inhalte im Internet grundsätzlich jederzeit und allerorten verfügbar sind.[436] An dieser *allgegenwärtigen Verfügbarkeit* für Dritte überhaupt, also für Kinder, Jugendliche und Erwachsene gleichermaßen, tritt denn auch das Problematische dieser Inhalte zutage.

Ist die *Durchführung* einverständlicher sadomasochistischer Sexualpraktiken aus Sicht einer liberalen evangelischen Sexualethik mit dem nötigen Maß an Entspanntheit zu betrachten – die *Darstellung* dieser Sexualpraktiken im Rahmen

---

433 So auch Bundesministerium der Justiz und für Verbraucherschutz (Hg.), *Abschlussbericht der Reformkommission*, 372 (allerdings zur Frage der Konfrontation von Erwachsenen mit ‚einfacher' Pornographie).

434 Vgl. Gercke/Brunst, *Praxishandbuch Internetstrafrecht*, 142 (Rn. 306); Laubenthal, *Handbuch Sexualstraftaten*, 391. Zur Kritik an der Strafbarkeit einer solchen „Darstellung beiderseits selbstbestimmter Sexualität" vgl. Leipold/Tsambikakis/Zöller, *AnwaltKommentar StGB*, 1386 (Rn. 5).

435 Bundesministerium der Justiz und für Verbraucherschutz, *Abschlussbericht der Reformkommission*, 242; vgl. auch 570 f. Es geht Röhrig um eine mögliche Streichung des § 184a StGB ohne Rücksicht darauf, ob die im Rahmen von ‚Gewaltpornographie' dargestellten Handlungen einverständlich oder nicht-einverständlich ausgeübt worden sind.

436 Vgl. die zusammenfassende Wiedergabe von Röhrigs Impulsreferat in: A.a.O., 571.

von Pornographie ist es *nicht*. Eine solche Argumentation, die bestimmte Sexualpraktiken, wenn sie im privaten Rahmen durchgeführt werden, für unproblematisch hält, allerdings Bedenken anmeldet, wenn ebendiese Sexualpraktiken im Rahmen von Pornographie ungefilterte und nahezu grenzenlose Verbreitung finden, scheint auf den ersten Blick gleichermaßen ‚unstimmig'. Problematisch sind allerdings weniger die Sexualpraktiken selbst als vielmehr deren *Darstellung*, und zwar sowohl im Hinblick darauf, wie sie zur Erscheinung kommen, als auch im Hinblick darauf, wie sie aus der Betrachtungsperspektive erscheinen. Der Grund dafür ist jene *Paradoxalität* der sadomasochistischen Situation: Es liegt gewissermaßen im Wesen einverständlicher sadomasochistischer Sexualpraktiken, nicht das zu sein, was sie von außen betrachtet zu sein scheinen – zumindest nicht ohne kontextuelle Einbettung.[437]

Gewalthaltige sexuelle Handlungen, die im Horizont von Einverständlichkeit realisiert werden, können aus der Sicht eines *Außenstehenden* dem Geiste der Einverständlichkeit ganz und gar entgegengesetzt zu sein *scheinen*. Während einverständliche sadomasochistische Sexualpraktiken – zumindest idealiter – mit großer Empathie aller Beteiligten durchgeführt werden, wird diese Empathie nach außen nicht unbedingt sichtbar: das Gegenteil scheint der Fall zu sein. Diese Sexualpraktiken sind in einen spezifischen Handlungs- und Geschehenszusammenhang eingebettet, der zwar den *Beteiligten* transparent ist, sich dem Blick von außen aber nicht oder zumindest nicht ohne Weiteres erschließt. Eben deshalb laufen einverständliche sadomasochistische Sexualpraktiken als Praktiken *sub contrario specie* unweigerlich Gefahr, von Außenstehenden missgedeutet zu werden, solange diese nicht über den tatsächlichen Handlungs- und Geschehenszusammenhang im Bilde sind. Eine konsequente Aufklärung hierüber, etwa durch die bereits angesprochene Praxis der Voranstellung von Warnhinweisen und Interviewsequenzen mit den jeweiligen Darsteller*innen sowie *wirksame* Vorkehrungen von Anbietern frei zugänglicher Pornographie-Plattformen im Sinne des Kinder- und Jugendschutzes (z. B. mittels Ausweispflicht) sind deshalb unerlässlich.

Aber nicht nur unter dem Repräsentationsaspekt haftet Darstellungen einverständlicher sadomasochistischer Sexualpraktiken eine bedenkliche Mehrdeutigkeit an, die von Dritten nur durch die Einbeziehung und ggf. Aufschlüsselung des Kontextes aufgelöst werden kann, sondern auch unter dem bereits angesprochenen Folgenaspekt erweisen sich diese Darstellungen als nicht minder

---

437 Zur Problematik der Ähnlichkeit und Abgrenzung speziell von einverständlichem und nicht-einverständlichem sadistischem Gewalthandeln vgl. Wagner, *Grenzbewusster Sadomasochismus*, 112–114.

problematisch. Einmal veröffentlicht, gleichsam ‚aus der Hand gelassen', ist die Kontrolle über diese Darstellungen dahin, was mit sich bringt, dass sie, (an) Konsument*innen ausgeliefert, auch ‚in *falsche* Hände' geraten und für Zwecke gebraucht werden können, die dem eigentlich damit Bezweckten zuwiderlaufen. Auch an dieser Stelle scheint die Argumentation prima facie ‚unstimmig', wenn nicht kontraintuitiv, indem Darstellungen selbst aufgrund ihrer möglichen *Nutzung* durch Dritte zur Rechenschaft gezogen werden sollen, auch dann, wenn diese Nutzung bei und durch Veröffentlichung der Darstellungen womöglich gar nicht (so) bezweckt war. Das wäre in etwa so, wie einem Denker postum vorzuwerfen, dass die von ihm im Kontext seiner Zeit geäußerten Gedanken in einer späteren Zeit in einem anderen Kontext auf eine Weise interpretiert werden können, die dem Verstorbenen nun selbst zur Last gelegt werden soll.[438] Ein solcher Vorwurf erwiese sich als einigermaßen absurd, könnte nicht plausibilisiert werden, dass, wenn nicht in den Gedanken selbst, so doch in der *Darstellung* dieser Gedanken etwas enthalten ist, was die spätere unliebsame Interpretation begünstigen oder evozieren kann.

Ebendies ist bei kontextlosen Darstellungen sadomasochistischer Sexualpraktiken unweigerlich der Fall, die aufgrund ihrer wesenhaften Mehrdeutigkeit nicht nur Anlass zu Missdeutungen geben, sondern auch Anreize zu Handlungen setzen und Verhaltensweisen stimulieren können, welche bei und durch Veröffentlichung dieser Darstellungen (so) gar nicht bezweckt waren und/oder dem Sinn, wie er den dargestellten Handlungen (reflexiv)[439] von den Akteur*innen beigelegt bzw. zugeschrieben wird, gänzlich zuwiderlaufen. Zwar zeigt der Blick auf das ebenso breite wie vielfältige Spektrum sexueller Stimulanzien, dass derartige Zweckentfremdungen oder Sinnentlehnungen in der „sexogenerischen Sphäre"[440] keineswegs ungewöhnlich und auch nicht unbedingt problematisch sind, auch wenn sie Dritten mitunter unverständlich, ja skurril anmuten mögen – man denke nur an das vielfältige Spektrum der Objektsexualität.[441] Bei Darstellungen sadomasochistischer Sexualpraktiken wird jedoch deutlich, dass sexuelle

---

438 Ein bemerkenswertes Beispiel dafür findet sich bei Kuhlmann, „Problem der Existenz," 28 – 57, der Bultmann nicht nur die Aufnahme des von Heidegger erarbeiteten Begriffs der Geschichtlichkeit anlastet (39 f.), sondern *Kierkegaard* postum die Möglichkeit der Anknüpfung durch Heidegger zur Last legt und die Geschichte der Kierkegaard-Rezeption – á la D.F. Strauß – als Kritik der Position Kierkegaards *selbst* deutet: *„Daß dies gelingt, ist die Kritik an Kierkegaard"* (50).

439 Nach Schütz haftet dem unmittelbaren Erleben im Augenblick des Erlebens noch *kein* Sinn an, sondern der Sinn wird dem Erlebten (Erlebnis) erst reflexiv, aus der Retrospektive *beigelegt*, vgl. Schütz, *Aufbau*, 49 zusammen mit Bonß et al., *Handlungstheorie*, 177.

440 Sigusch, *Sexualitäten*, 233.

441 Siehe Abschnitt F.1.1.1 samt Anm. 16.

Stimulanzien keineswegs immer ungefährlich sind, etwa wenn Sexualpraktiken unter Einschluss von Sauerstoffdeprivation, elektrischen Stimulationen oder Giftstoffen[442] zur Darstellung kommen und aus der Betrachtungsperspektive nicht nur falsch gedeutet, sondern von Menschen mit paraphilen Störungen, nicht zuletzt einer sexuell sadistischen Störung („periculärer Sadismus‘),[443] ganz bewusst als Inspiration und ‚Gebrauchsanweisung‘ für nicht-einverständlich durchgeführte sexuelle Handlungen benutzt werden können. Diese als Möglichkeit hervorgebrachte und immerzu bestehende Gefährlichkeit sexueller Stimulanzien muss bei Darstellungen sadomasochistischer Sexualpraktiken mitbedacht werden, zumal diese auch von Menschen mit eingeschränktem Urteilsvermögen, Störungen der Impulskontrolle, suizidalen Absichten oder Neigungen zu selbstverletzenden Praktiken betrachtet und, als Anregung verstanden, in die Tat umgesetzt werden können. Ob das Dargestellte nur gestellt oder wirklich (so) ist, wie dargestellt, ist dabei im Grunde zweitrangig.

Das Recht auf sexuelle Selbstbestimmung der an diesen Darstellungen Beteiligten und der Konsum „pornographische[r] Sexualität als legitimer Ausdruck sexueller Selbstbestimmung"[444] der Betrachtenden stehen hier in Spannung zum Schutz Dritter vor Konfrontation mit diesen Darstellungen.[445] Gleiches ließe sich ceteris paribus auf die sexualethische Beurteilung der Darstellung von weniger extremen Formen konsensueller Gewalt im Rahmen von Pornographie anwenden. Bei ausschnitthaften Darstellungen ohne kontextuelle Einbettung scheint es auch hier zuweilen schlechterdings unmöglich, aus der Betrachtungsperspektive entscheiden zu können, ob die infrage stehende Gewalthandlung tatsächlich konsensueller oder nicht-konsensueller Art ist; oder anders gesagt, ob die Darstellungen Teil einer fiktiven Inszenierung oder Aufnahmen tatsächlicher Sexualdelikte sind.[446] Statt einer bloßen Bekräftigung des absoluten Verbreitungsverbots ‚gewaltpornographischer‘ Inhalte im Sinne des § 184a StGB kommt es aus sexualethischer Sicht deshalb auch hier umso mehr auf die Förderung der Nutzungskompetenzen im Umgang mit Pornographie an, zu der auch eine Sen-

---

442 Vgl. dazu Fiedler, „Sexuelle Störungen," 189.
443 Siehe Abschnitt D.6.1.
444 Lewandowski, *Pornographie*, 195.
445 Zwar kann unter Adaption der Argumentation des Sokrates in Platons *Menon* (80e) gefragt werden, wie man sinnvollerweise nach etwas suchen können soll, von dessen Existenz man *noch nicht* weiß, man mithin eigentlich nur nach dem suchen kann, von dessen Existenz man *bereits* weiß (s. Abschnitt F.2.3, Anm. 531); allerdings bleibt dabei der Faktor des Zufalls außer Acht ebenso wie die Tatsache, dass auch planloses Suchen zu einem – wenn auch nicht immer (dem) gewünschten – Ergebnis (‚Zufallsfund‘) führen kann, die Konfrontation mit Unerwünschtem sich also nicht selten einer Zufälligkeit verdankt.
446 Vgl. Lewandowski, *Pornographie*, 144 (Anm. 34).

sibilisierung der Nutzer*innen für eine recht verstandene ‚Hermeneutik des Verdachts' gegenüber pornographischen Darstellungen und anderen kommunikativen oder interaktiven Möglichkeiten der ‚digitalen sexuellen Revolution'[447] gehört, welche niemals fraglos hinnimmt, sondern stets hinterfragt.

Auch an dieser Stelle wird deutlich, dass eine Engführung des Gewaltbegriffs im Allgemeinen, des Begriffs der ‚Gewaltpornographie' im Besonderen auf ein in der pornographischen Darstellung selbst sichtbar werdendes physisches Gewalthandeln zur Klärung des Verhältnisses von Pornographie und Gewalt in seiner Komplexität unweigerlich zu kurz greifen würde. Im folgenden Abschnitt gilt es daher noch, über die Darstellung von Gewalt *innerhalb* von Pornographie hinauszugehen und zu erörtern, inwiefern Pornographie *selbst* als Gewalt verstanden werden kann.

3.3.1.3 Pornographie als Gewalt

In der seit den 1970er Jahren vertretenen, insofern ‚klassischen' feministischen Pornographiekritik[448] wird „der zentrale Sinn der Pornographie" in der „Propagierung und Realisierung von Frauenerniedrigung und Frauenverachtung" gesehen: „Pornographie ist [...] kein Instrument der Lust, sondern ein Instrument der Macht."[449] So betrachtet, erscheint Pornographie nicht als szenisch-narrative *Darstellung* sexueller Handlungen von unterschiedlicher Gewaltqualität, sondern *selbst* als Gewalt,[450] die Frauen in ihrer Menschenwürde zutiefst verletzt, zu bloßen Sexualobjekten degradiert und sich als Hindernis auf dem Weg zur Gleichberechtigung von Frauen und Männern erweist.[451] Pornographie ist demnach „*Teil* der sexuellen Gewalt"[452] – und zwar nicht nur gegen Pornographie-Darstellerinnen, sondern gegen Frauen überhaupt: „Pornografie ist Spiegel der Unterdrückung der Frau durch den Mann und gleichsam theoretische Anleitung zur realen Vergewaltigung."[453]

---

447 Vgl. Cooper/Griffin-Shelley, „Introduction," 1–15.

448 Speziell um diese ‚klassische' feministische Pornographiekritik, wie sie beispielsweise von Dworkin, MacKinnon und Schwarzer besonders eindrücklich vertreten wurde (vgl. dazu auch Schmidt, „Pornographie," 333 f.), soll es im Folgenden zum Zwecke der kontrastierenden Auseinandersetzung gehen, wohl wissend, dass es *die* feministische Pornographiekritik nicht gibt und auch diesbezüglich mittlerweile ein ganzes Spektrum von kritischen über vermittelnden bis hin zu affirmativen Positionen besteht.

449 Schwarzer, *Liebe + Haß*, 51.

450 Vgl. z.B. Lohmann, „Pornographie," 24.

451 Vgl. Schwarzer, *Liebe + Haß*, 47–51; Schmidt, „Pornographie," 333.

452 Schwarzer, *Liebe + Haß*, 47 (meine Hervh.).

453 Faulstich, *Kultur*, 246.

Diese von Faulstich als „Spiegelungstheorie"[454] apostrophierte, ebenso markant artikulierte wie heftig umstrittene Position der feministischen Pornographiekritik,[455] die in ihrem Kern auf die im Jahr 1974 von der US-amerikanischen Schriftstellerin Robin Morgan (*1941) vorgebrachte These „Pornography is the theory, and rape the practice"[456] zurückgeführt werden kann, welche im feministischen Kontext zu einem Slogan avancieren, aber auch hier keineswegs unwidersprochen bleiben sollte,[457] gilt es im Folgenden zunächst an drei Beispielen zu konkretisieren und sodann auf ihre Plausibilität hin zu überprüfen.

Die US-amerikanische Soziologin Andrea Rita Dworkin (1946 – 2005) sieht in ihrem einflussreichen Buch *Pornography. Men Possessing Women* (1979)[458] in Pornographie den augenfälligen Beleg für die unauflösliche Verbindung von „männliche[m] Spaß [...] mit Demütigung, Kränkung, Ausbeutung".[459] Die dahinterstehende Grundüberzeugung Dworkins lautet in aller Kürze und Schärfe wie folgt: Der Penis des Mannes sei „eine Waffe"[460] und „das versteckte Symbol des Terrors".[461] „Terror" sei überhaupt des Mannes „Lebenszweck", die männliche Geschichte nichts als die schiere Abfolge von „Terrorakte[n]", welche „die gesamte Bandbreite von Vergewaltigung, Körperverletzung, sexuellem Mißbrauch von Kindern über Krieg, Mord, Verstümmelung, Folter, Sklaverei, Entführung bis hin zu verbalen und bildlichen Angriffen, Morddrohungen und der Androhung von Gewalt, gestützt auf die Fähigkeit und das Recht, diese auch tatsächlich anzuwenden",[462] umfassten. Der Körper der Frau stehe dem Mann „zu seiner sexuellen Entspannung, seiner Aggressionsabfuhr und ihrer Schwängerung zur

---

454 Zum Folgenden vgl. a.a.O., 246 – 259, bes. 246, 259 u. 264.
455 Es ist zu betonen, dass diese Position vornehmlich, aber keineswegs ausschließlich im Rahmen feministischer Pornographiekritik begegnet und auch andernorts von des Radikalfeminismus gewissermaßen ‚unverdächtigen' Autor*innen nicht weniger radikal vertreten wird, vgl. z. B. Schmidt, *Das grosse Der Die Das*, 145. Für einen Überblick vgl. Bader, „PorNO!," 11–34.
456 Morgan, „Theory and Practice," 169.
457 Vgl. Echols, „Taming," 119, die diesen Slogan als feministischen Beitrag zur „domino theory of sexuality" bezeichnet: „It identifies pornography as the scourge which leads inexorably to violence against women." Vgl. ferner McElroy, „A Feminist Defense," 37– 48.
458 Für eine Kritik der Position Dworkins vgl. Faulstich, *Kultur*, 247–249 sowie Bovenschen, „Fragen," 146: „Was hat das alles mit Pornographie zu tun? Wenn nach der Lektüre dieses Buches [scil. *Pornography* (1979) von Dworkin] eine Konsequenz auf der Hand liegt, dann nicht so sehr die des Verbots von Pornographie, sondern die des Verbots von Männern" (teilweise auch zit. bei Faulstich, *Kultur*, 249).
459 Dworkin, *Pornographie*, 87.
460 A.a.O., 35; zur ‚Waffengewalt' des Mannes vgl. auch 28.
461 A.a.O., 24.
462 Ebd.

Verfügung";[463] überhaupt seien Frauen aus Sicht des Mannes „nur zur Zierde da" und würden zudem „verstümmelt, entweder körperlich oder durch Mode und Gebräuche, so daß jede Körperkraft, über die sie noch verfügen mögen, bedeutungslos wird".[464]

Ausgangspunkt und „beständigste sexuelle Wahrheit in der Pornographie" sei demnach die Annahme, dass Zwang, Gewalt und Schmerz „von der normalen Frau erwünscht, gebraucht, angeregt oder gefordert"[465] würden, während Wesen und Hauptthema der Pornographie als *Genre*, historisch und zeitgenössisch betrachtet, Merkmale, Dimension, Anwendung und Bedeutung der männlichen Macht seien: „Die Gesetze der Pornographie sind die Gesetze männlicher Macht. Ein in sich stimmiges und harmonisches System haßerfüllter Werte, die Männer jedoch als normal und neutral ansehen, sobald sie auf Frauen angewandt werden."[466] Die männliche Macht bediene sich der Pornographie als eines Vehikels zur Ausübung männlicher Herrschaft über Frauen und als eines wirksamen Instruments zur Abwertung und Erniedrigung alles Weiblichen, weshalb die in der Pornographie dargestellte Gewalt gegen sowie die Herabsetzung, ‚Benutzung' und Definition von Frauen „objektiv und real"[467] sei.

Nicht weniger radikal in der Sache, wenn auch gemäßigter in der Wortwahl gestaltet sich die Position der US-amerikanischen Juristin Catharine A. MacKinnon (*1946), die in ihrem Buch *Only Words* (1993) darlegt, inwiefern Pornographie keineswegs, wie der Buchtitel vermuten lassen könnte, ‚nur' Worte, sondern vielmehr *reale Gewalt* gegen Frauen sei: „Was Pornographie tut, tut sie in der wirklichen Welt, nicht nur im Kopf."[468] Im Hintergrund steht MacKinnons Überzeugung vom *performativen* Charakter pornographischer Darstellungen, wonach Pornographie das, was sie *darstellt*, zugleich *ist* und *bewirkt*, mithin: Gewalt gegen Frauen. Durch diese Gleichsetzung von Darstellung und Sein bzw. Wirkung wird nicht nur die Differenz zwischen möglichen und tatsächlichen Wirkungen eingeebnet, sondern der pornographischen Darstellung selbst wird wirklichkeitsstiftende Kraft und handlungsstiftende Wirkung zugeschrieben, sodass nicht

---

463 A.a.O., 28.
464 A.a.O., 23.
465 A.a.O., 199; vgl. 198 f.
466 A.a.O., 35; vgl. 34 – 36; ähnlich Kappeler, *Pornographie*, 45, 53, 79, 116 u. 233; ferner Cornell, *Versuchung*, 93.
467 Dworkin, *Pornographie*, 241; vgl. im Ganzen 239 – 242.
468 MacKinnon, *Nur Worte*, 18.

mehr nur das *Dargestellte*, sondern die *Darstellung* selbst zur Tat wird, die allerdings, konsequent gedacht, nicht passierte, würde sie nicht betrachtet werden.[469]

Nicht nur würden Frauen für die Herstellung von Pornographie zu Opfern realer Gewalt, sondern Männer würden – geradezu im Sinne eines linear-kausalen behavioristischen Reiz-Reaktions-Schemas Pawlowscher Konditionierung – durch Pornographiekonsum wiederum zur Gewalt gegen Frauen angetrieben. Männer vergewaltigen Frauen, „weil sie sexuell an den Kick gewöhnt sind, ein Prozeß, der größtenteils unbewußt abläuft und wie primitive Konditionierung funktioniert, mit Bildern und Worten als sexuellen Stimuli".[470] Was Pornographie zum eigentlichen Problem: zur kollektiven Gewalt gegen Frauen macht, sind für McKinnon also weniger die in ihr zur Darstellung kommenden Ideen[471] als vielmehr Herstellung, Vertrieb und Konsum von Pornographie. In McKinnons Gastbeitrag „Das kalte Herz" (1987) für das feministische Magazin *Emma* heißt es hierzu: „Pornographie herzustellen, ist eine Tat gegen Frauen; sie zu verkaufen, ist eine Serie Taten. Der Konsum ist eine Tat gegen Frauen und löst immer weitere Taten aus, die das Leben von immer mehr Frauen bedeutungslos, ungleich, gefährlich machen."[472] Insofern sei Pornographie „Ausdruck männlicher Ideologie", „Literatur des Hasses" und „Dokumentation von Verbrechen" – „Porno-

---

[469] Dass man an MacKinnons Position auch aus sprechakttheoretischer Sicht durchaus Anfragen stellen kann, zeigt – unter Rückgriff auf die Sprechakttheorie des britischen Philosophen John L. Austin – Butler, *Haß spricht*, 97–99, der zufolge es sich bei pornographischen Darstellungen um *perlokutionäre* Sprechakte handelt, bei denen zwischen Äußerung und Wirkung unterschieden werden kann, nicht aber, wie MacKinnon annimmt, um *illokutionäre* Sprechakte, bei denen Äußerung und Wirkung zusammenfallen, vgl. dazu 161 zusammen mit den Ausführungen bei Weinbach, „Die politische Theorie," 424 f. Zwischen „Sagen und Tun", „Sprechen und Verhalten", besteht für Butler eine „Kluft" (*Haß spricht*, 161 f.), was nicht heißt, dass sich zwischen „Sprechen und Verhalten" „eine klare Trennungslinie" zeichnen ließe: „Im Gegenteil, es ist sicher richtig, daß eine Aussage eine Form des Handelns bzw. ein Sprechakt ist. Aber das heißt noch nicht, daß sie das Gesagte notwendigerweise ausführt oder den Referenten hervorbringt, auf den sie sich bezieht" (178). Die Wirkung einer pornographischen Darstellung ist demnach weder zu kontrollieren noch zu steuern. MacKinnons Position ließe sich m. E. aber auch aus bildakttheoretischer Sicht befragen, etwa im Ausgang von Horst Bredekamp, der im Anschluss an Charles S. Peirce und Austin unter „dem Bildakt eine Wirkung auf das Empfinden, Denken und Handeln" versteht, „die aus der Kraft des Bildes und der Wechselwirkung mit dem betrachtenden, berührenden und auch hörenden Gegenüber entsteht" (Bredekamp, *Theorie*, 52).
[470] MacKinnon, *Nur Worte*, 19; kritisch dazu Strossen, *Verteidigung*, 307 f. Zum Verständnis des ‚nur' vgl. MacKinnon, *Nur Worte*, 16, 18 u. 20, wo MacKinnon verdeutlicht, dass bloße Worte nicht nur etwas aussagen, sondern auch als Handlungen betrachtet werden und Ideen der Pornographie nicht nur etwas über ihren Inhalt aussagen, sondern auch in Handlungen Ausdruck finden und zum Ausdruck gebracht werden können.
[471] Vgl. a.a.O., 19: „Pornographie springt nicht von den Regalen und greift Frauen an."
[472] MacKinnon, „Das kalte Herz," 30; die folgenden Zitate ebd.

graphie ist ein Instrument des sexuellen Faschismus, sie ist Symbol, Ausdruck, Symptom männlicher Dominanz."

In enger Verknüpfung mit den Positionen Dworkins und MacKinnons ist schließlich die 1987 initiierte und zuletzt 2007 unter der Parole „Pornografie ist Gewalt" erneut forcierte PorNO!-Kampagne des Magazins *Emma* um deren Herausgeberin Alice Schwarzer (*1942) zu sehen,[473] im Zuge derer im November 1987 der Entwurf eines „Anti-Pornographie-Gesetzes" unter anderem an sämtliche Abgeordneten des Deutschen Bundestages verschickt wurde.[474] Pornographie wird darin bestimmt als „die verharmlosende oder verherrlichende, deutlich erniedrigende sexuelle Darstellung von Frauen oder Mädchen in Bildern und/oder Worten", in denen Frauen oder Mädchen als bloße Sexualobjekte allerlei Formen der „Erniedrigung, Verletzung oder Schmerz" (§ 2) erleiden müssten. Im Einzelnen gehe es um Darstellungen von Frauen oder Mädchen, die eines oder mehrere der folgenden Elemente – die Anspielungen und Bezugnahmen auf strafbare ‚Gewaltpornographie' im Sinne des StGB sind nicht zufällig – enthielten:

> 1. die als Sexualobjekt dargestellten Frauen/Mädchen genießen Erniedrigung, Verletzung oder Schmerz; 2. die als Sexualobjekte dargestellten Frauen/Mädchen werden vergewaltigt – vaginal, anal oder oral; 3. die als Sexualobjekte dargestellten Frauen/Mädchen werden von Tieren oder Gegenständen penetriert – in Vagina oder After; 4. die als Sexualobjekte dargestellten Frauen/Mädchen sind gefesselt, geschlagen, verletzt, misshandelt, verstümmelt, zerstückelt oder auf andere Weise Opfer von Zwang und Gewalt.[475]

Betroffene seien deshalb sowohl gegenüber den Herstellern als auch gegenüber den Konsumenten von Pornographie zu Schadensersatzforderungen zu berechtigen (§§ 3 u. 6). Zum Verhältnis von Pornographie und Gewalt heißt es dabei in der dazugehörigen ‚Gesetzesbegründung': „Pornographie ist mehr als eine Phantasie oder Idee, sie ist Realität. Pornographie ist Teil der sexuellen Gewalt –

---

[473] Vgl. dazu die detaillierte Darstellung von Hintergründen und Verlauf der *Emma*-Kampagne sowie der Reaktionen darauf bei Bremme, *Sexualität*, 117–222. Zur Kritik an der Kampagne vgl. ferner Faulstich, *Kultur*, 250–252 u. 254 sowie Lüdtke-Pilger, *Porno*, 34–46.

[474] ‚Gesetzestext' und ‚Gesetzesbegründung' sind abgedruckt in *Emma*, 1987, Nr. 12 (Dezember), 20 f. („Das Gesetz") u. 21–23 („Die Begründung"); wie aus einer Anmerkung am Ende des ‚Gesetzestextes' hervorgeht, war dieser durch den von Dworkin und MacKinnon u. a. Ende 1983 in Minneapolis eingereichten Entwurf eines ‚Bürgerrechtsgesetzes gegen Pornographie' inspiriert, vgl. hierzu Kammeyer, *Hypersexual Society*, 53–55.

[475] „Das Gesetz," a.a.O., 20; vgl. auch MacKinnon, „Frauen," 19 sowie Schwarzer, *PorNO*, 74.

eben jener Gewalt, die Frauen aufgrund ihres Geschlechts die Menschenwürde abspricht und ihre Gleichberechtigung verhindert."[476]

Ist nun diese anhand dreier pointierter, aber durchaus repräsentativer Beispiele konkretisierte Position der klassischen feministischen Kritik der Pornographie als männliches Machtinstrument und „Vergewaltigungsindustrie"[477] auch sachlich plausibel?

Zunächst muss der feministischen Pornographiekritik zugutegehalten werden, dass sie die Notwendigkeit verdeutlicht bzw. überhaupt erst zur Sprache bringt, bei der Betrachtung des Verhältnisses von Pornographie und Gewalt auch Formen *struktureller* Gewalt mitzuberücksichtigen,[478] die also weniger in *situativ* ungleichen interpersonalen Machtverhältnissen oder in *konkreten*, d.h. abgrenzbaren körperlichen interpersonalen Gewaltakten sichtbar werden als vielmehr in gesellschaftlichen Strukturen eingeschrieben sein und sich in gesellschaftlichen Zuständen manifestieren können. Zudem kann auf die seit mehreren Jahren zunehmende Verbreitung findende, ausgesprochen perfide Form psychischer Gewalt verwiesen werden, durch die Verbreitung manipulierter Porno-Videos Rache an insbesondere Ex-Partnerinnen zu nehmen (*deepfake pornography* oder *morph porn*),[479] was verdeutlicht, inwiefern Pornographie *als* Gewalt fungieren kann. Hierzu können auch explizite Aufnahmen sexueller Handlungen gezählt werden, die zwar im Wissen und mit Zustimmung aller Beteiligten erstellt (*sex tape*), aber zu einem späteren Zeitpunkt (beispielsweise nach einer gescheiterten Beziehung) von einer der beteiligten Personen eigenmächtig veröffentlicht werden (*revenge porn*), was den Straftatbestand der „Verletzung des höchstpersönlichen Lebensbereichs" durch Bildaufnahmen im Sinne des § 201a StGB erfüllen kann.

Überdies ist Rassismus ein zentrales Element und die Verwendung rassistischer Klischees ein ‚Stilmittel' in der zeitgenössischen Mainstream-Pornographie (*racist porn*),[480] während soziale Randschichten in grober Überzeichnung stereotypisiert und stigmatisierend dargestellt werden.[481] Ohne Zweifel können schließlich auch die durch Pornographie vermittelten Frauen- und Männerbilder in mindestens demselben Maße wie andere tagtäglich multimedial vor Augen

---

476 „Das Gesetz," a.a.O., 21; vgl. ferner Schwarzer, *PorNO*, 32 sowie dies., *Liebe + Haß*, 47. Dieser Tenor klingt überdies in Schwarzers Vorwort zum Kampagnenband von 1988 an, vgl. Schwarzer, „Vorwort," 5.
477 So Henke zu Dworkins Buch in ihrem Beitrag „Pornographie als Gefängnis," 255.
478 Siehe Abschnitt A.2.4.
479 Vgl. dazu Young, *Fictional Immorality*, 177–186.
480 Darauf verweisen zu Recht DeKeseredy/Hall-Sanchez, „Thinking," 281 f.
481 Vgl. a.a.O., 282.

geführte Geschlechterrollenstereotype nicht nur die individuellen Vorstellungen von Sexualität und Partnerschaft beeinflussen,[482] sondern auch zur Perpetuierung bestehender ungleicher Machtverhältnisse zwischen Frauen und Männern beitragen und damit zu Lasten der Beteiligungschancen von Frauen in allen gesellschaftlichen Bereichen gehen. Diese Effekte mögen dabei weniger am konkreten einzelnen Individuum direkt zu beobachten als vielmehr über Erhebungen von systematischen Beeinträchtigungen im sozial-interaktiven Bereich sowie durch Analysen der politisch-gesellschaftlichen Systembedingungen zu erschließen sein.[483]

Das gegen die feministische Pornographiekritik vielerorts pauschal vorgebrachte Argument, es handle sich bei gewalthaltiger Pornographie „nicht um Gewalt, sondern um Darstellungen mit gewalttätigem Inhalt",[484] greift als Einwand für sich allein genommen insofern zu kurz, zumal personale und strukturelle Gewaltformen nicht separat nebeneinander stehen, sondern letztere einen Erklärungshintergrund für das Zustandekommen ersterer bieten können.[485] Daher scheint eine Ausblendung der Strukturen und des komplexen Bedingungsgefüges von Gewalt bei einer Fokussierung allein auf die im Rahmen von Pornographie als Teil der Darstellung selbst sichtbar werdende körperliche Gewalt den Blick aufs Ganze zu verstellen. Aus sexualethischer Sicht kann und darf es für das Zustandekommen und den Vollzug sexueller Handlungen im Rahmen von Pornographie zum Zwecke ihrer Darstellung keine grundsätzlich anderen Bedingungen und Voraussetzungen geben als für sexuelle Handlungen überhaupt, sodass sich auch hier am sexualethischen Leitkriterium der Einverständlichkeit zu orientieren ist.

Wie bereits bei der Auseinandersetzung mit Prostitution dargelegt worden ist,[486] sind sexuelle Handlungen auch dann, wenn alle Beteiligten ihnen freiwillentlich zustimmen, nicht einfach losgelöst von den Umständen und Rahmenbedingungen, unter denen sie realisiert werden. Deshalb können auch sexuelle Handlungen, die selbst nicht gewalt*haltig* sind, aufgrund bestimmter äußerer Umstände und Bedingungen gleichwohl gewalt*behaftet* sein. Auch *Darstellungen* sexueller Handlungen ohne sichtbare personale Gewalt können deshalb dennoch zwangs- und gewaltbehaftet sein, auch dann, wenn die Zustimmung selbst zur Mitwirkung bei deren Herstellung keinem direkten Zwang unterliegen, sondern

---

482 Vgl. Weber, „Nutzung," 15 – 18; zum möglichen Einfluss des Pornographiekonsums auf das Sexualleben Jugendlicher s. allerdings Abschnitt 3.3.2.1.
483 Vgl. Schorb, *Medienalltag*, 118; ferner Theunert, *Gewalt*, 96 f.
484 So die Zusammenfassung dieses Einwands bei Schmidt, „Geschlecht," 192 (samt Literatur in Anm. 106).
485 Vgl. Schorb, *Medienalltag*, 118 f.
486 Siehe Abschnitt D.5.3.

als bewusste rationale Entscheidung – und sei es aufgrund des Zwangs der Verhältnisse, d. h. aus finanziellen Gründen – erfolgen sollte.

Die mitunter ausgesprochen problematischen äußeren Umstände und Bedingungen bei der Herstellung pornographischer Darstellungen offenbaren auch Berichte von und Dokumentationen[487] über aktive und ehemalige Pornographie-Darsteller*innen, welche aus individueller Sicht die Realität hinter den Kulissen beschreiben, die von Konkurrenzdruck, immer geringerer Bezahlung der (allermeisten) Darstellenden sowie zum Teil als äußerst belastend und entwürdigend empfundenen Arbeitsbedingungen geprägt ist[488] – ein Merkmal, das ein Großteil der Pornoindustrie mit vielen anderen Branchen der heutigen Arbeitswelt gemein hat, in denen die Ausbeutung menschlicher Arbeitskraft gewissermaßen zum Geschäft gehört. Die empirische Studienlage zu möglichen schädlichen Auswirkungen der Pornographieproduktion auf Leben und Gesundheit der Darsteller*innen selbst ist jedoch ausgesprochen dünn,[489] qualitativ hochwertige, groß angelegte wissenschaftliche Studien fehlen bis dato völlig, zumal die wenigen vorhandenen, allermeist interviewbasierten Einzeluntersuchungen auf nicht-repräsentativen Selbstselektionsstichproben und Angaben aus Selbsteinschätzungen beruhen und deshalb in ihrer Aussagekraft eingeschränkt und/oder aufgrund mitunter zweifelhafter wissenschaftlicher Unabhängigkeit von Autor*innen nur mit Vorsicht zu interpretieren sind.[490]

Dies zur empirisch nur bedingt fundierten Studienlage vorausgeschickt, kann gesagt werden, dass es deutliche Indizien für mitunter enorme psychische Belastungen speziell der weiblichen Pornographie-Darstellerinnen, darunter die Angst vor Geschlechtskrankheiten durch allermeist ungeschützt zu vollziehenden Geschlechtsverkehr,[491] sowie für gesundheitliche Folgen gibt,[492] die sich als

---

487 Zwei sehenswerte Beispiele: die ZDFinfo-Dokumentation *Milliardengeschäft Porno – Gefahr aus dem Internet* (2019) von Christian Stracke sowie der Netflix-Dokumentarfilm *Hot Girls Wanted* (2015) samt Doku-Serie *Hot Girls Wanted: Turned On* (2017) von Jill Bauer, Ronna Gradus u. Rashida Jones.

488 Vgl. z. B. Abbott, „Motivations," 47–66; Miller-Young, *Taste*, 180–225; Tarrant, *Pornography Industry*, 28–68; Shor/Seida, *Aggression in Pornography*, 10–26; ferner Tyler, „Harms," 114–123.

489 Vgl. Lehmiller, *Psychology*, 404; Tyler, „Harms," 117 f.

490 Zur Frage, ob Pornographie-Darstellerinnen mehr von sexuellen Missbrauchserfahrungen in der Kindheit betroffen sind als im Bevölkerungsdurchschnitt vgl. die auf der Basis der Selbstangaben von 177 Darstellerinnen beruhende Studie von Griffith et al., „Pornography Actresses," 621 mitsamt mit den kritischen Bemerkungen zu den Hintergründen dieser Studie und deren Autor*innen bei Tyler, „Harms," 117 f.

491 Nachdem mehrere HIV-Infektionen von Pornographie-Darsteller*innen bekannt wurden, sollte 2013 im gesamten US-Bundesstaat Kalifornien eine Kondompflicht bei Pornodreharbeiten eingeführt werden; nach massiven Protesten seitens der hauptsächlich im San Fernando Valley

Prädiktoren für Suizidalität, Drogenabhängigkeit und Depressionen erweisen können.[493] Nicht von ungefähr werden die Auswirkungen der Pornographieproduktion auf Leben und Gesundheit der Darstellerinnen immer wieder als vergleichbar mit den ungleich besser erforschten gesundheitlichen Auswirkungen einer Prostitutionstätigkeit beschrieben.[494] So kommt der schwedische Politikwissenschaftler Max Waltman zu dem Schluss, dass „[t]estimonial evidence on violence, coercion, and trauma during pornography production revealed in public hearings repeatedly mirror both quantitative and qualitative data on these subjects in the lives of prostituted women around the world".[495] Die Forschungsergebnisse zu den Auswirkungen einer Prostitutionstätigkeit scheinen demnach auch für die in der Pornoindustrie arbeitenden Menschen relevant zu sein.[496] Die australische Soziologin Meagan Tyler konstatiert jedenfalls unmissverständlich: „The production of pornography [...] *is* prostitution, and the presence of a camera does not substantially alter the relationships involved."[497]

Der oben dargelegten feministischen Pornographiekritik geht es allerdings nicht nur um die *bei* der Pornographieproduktion gemachten individuellen Gewalterfahrungen sowie die aus den Produktionsbedingungen pornographischer Darstellungen resultierenden gesundheitlichen Beeinträchtigungen von Darstellerinnen, sondern gleichermaßen oder, wie mir scheint, sogar primär um die *durch* Pornographie propagierte und realisierte Gewalt gegen Frauen überhaupt. Mit dieser Loslösung des Pornographiebegriffs von der expliziten Darstellung sexueller Handlungen und seiner Ausweitung auf die generelle Unterdrückung von Frauen[498] bzw. des Frauseins überhaupt gehen nun aber eine problematische *Engführung* und eine problematische *Verallgemeinerung* einher.

---

nordwestlich von Los Angeles angesiedelten Pornoproduktionsfirmen samt ihrer Ankündigung, Kalifornien im Falle der Einführung einer Kondompflicht verlassen zu wollen, was einen massiven Einbruch der Steuereinnahmen für den Bundesstaat zur Folge gehabt hätte, wurden entsprechende Überlegungen durch die Behörden wieder verworfen; vgl. zu dieser Auseinandersetzung und den immer wieder auftretenden Forderungen nach einer Kondompflicht am Set Voss, „Trade Associations," 199 f.; ferner McCarthy, „California measure."

492 Vgl. Tarrant, *Pornography Industry*, 56–58 u. 125–144.

493 Vgl. Stoller/Levine, *Coming Attractions*, 201–228; Griffith et al., „Pornography Actors," 245–256; Griffith, „Pornography Actresses;" Wang/Chou, „Determinants," 1–4; Lehmiller, *Psychology*, 404–406; Collins, „Effects," 2–5.

494 Siehe Abschnitt D.5.1.

495 Waltman, „Rethinking Democracy," 9. Vgl. auch Waltman, „Pornography," 31–108 (mit einem Vorwort von MacKinnon).

496 Vgl. Tyler, „Harms," 121, die „substantial evidence" dafür sieht, dass Pornographie- und Prostitutionsindustrie „should be understood in tandem".

497 Ebd.; ähnlich Reed, „Private Acts," 256.

498 Vgl. hierzu Reinstädler, *Stellungsspiele*, 25.

Eine problematische *Engführung*, weil Pornographie als Gewalt *allein* gegen *Frauen* verstanden und die Möglichkeit einer vergleichbaren Erfahrung von Männern (etwa im Rahmen homosexueller[499] Pornographie oder bei Darstellungen sadomasochistischer Sexualpraktiken) bzw. überhaupt die Möglichkeit, dass auch von Frauen *ausgehende* Gewalt inszeniert werden kann, kategorisch ausgeschlossen wird. Zweifelsohne ist die heterosexuelle Mainstream-Pornographie durch und durch androzentrisch inszeniert, zutiefst heteronormativ strukturiert und nach den Maximen einer „phallozentrischen Lustökonomie"[500] entlang hegemonialer androzentrischer und/oder toxisch-männlicher Denkmuster ausgerichtet, doch wird die feministische Pornographiekritik der Tatsache nicht gerecht, dass es spätestens seit Mitte der 1980er Jahre[501] – und inzwischen vermehrt – auch alternative,[502] nicht-androzentrische und nicht-heteronormative audiovisuelle Pornographieformen wie die feministische, lesbische und queere[503] Pornographie gibt,[504] Frauen sowie Personen jenseits der Geschlechterbinarität also auch zu den Produzierenden und Konsumierenden von Pornographie gehören können.[505]

---

499 Wegenast, „All You Can Eat," 293–314; zum Phänomen des *Gay-for-Pay* im Rahmen von Pornographie vgl. Mercer, „Gay for Pay," 535–551 sowie de Villiers, *Sexography*, 87–90.

500 Offermann/Steiml, „‚I want the right to see a dirty picture.'," 408.

501 Speziell zu Candida Royalle und ihrer 1984 gegründeten Produktionsfirma *Femme Productions* vgl. Williams, *Hard Core*, 246–251 u. 260–269.

502 Gewiss ist das, was als Mainstream-Pornographie und das, was als alternative Pornographie zu bezeichnen ist bzw. zu gelten hat, „weder eindeutig definierbar noch gibt es eine objektive Interpretation" (Allhutter, „Pornografie," 173). Als Mainstream-Pornographie kann gegenwärtig eine Pornographie gelten, welche „Heterosexualität und Geschlechterdifferenz [...] normalisiert und idealisiert" und sich damit auf eine Repräsentation von Sexualität gründet, „die das sexuell Imaginäre weitgehend geschlechtlich dichotom und hierarchisch besetzt", während als alternative Pornographie diejenigen Repräsentationen von Sexualität verstanden werden können, „die Sexualität vielschichtig und mehrdeutiger darstellen und mit klassischen Genrekonventionen experimentieren, sie ironisieren, konterkarieren und damit implizit thematisieren" (ebd.).

503 Zur Grenzziehung von homosexueller und queerer Pornographie und der Problematik, erstere als der letzteren inhärent zu betrachten, vgl. Fuchs/Jacobi, „‚Fuck Me for the Revolution!'," 41–43.

504 Vgl. z.B. Méritt, „PorYes!," 371–380; Nazarova, „PorYES!," 35–60; Schmidt, „Pornographie," 333f. (mit Literatur); Baum, „Alarmismus," 29. Bemerkenswert an dieser Stelle ist auch das filmische Subgenre des *abstinence porn*, bei dem die Erotisierung von Körpern mit der *Verweigerung* sexueller Kontakte einhergeht, vgl. Seifert, *Virginity*, 3ff.; Grampp, „Kindle's Abstinence Porn," 197–215.

505 Vgl. Shor/Seida, *Aggression in Pornography*, 14f. Dass auch zugeschriebene Aussagen niemals ungeprüft übernommen werden dürfen, zeigt folgendes Beispiel: Im Magazin *DER SPIEGEL*, der sich in Heft 44/1988 mit dem Titel „Lieben Frauen Porno?" wieder einmal ausgesprochen kritisch mit Schwarzer und der von ihr initiierten Kampagne auseinandergesetzt hat, werden

Eine problematische *Verallgemeinerung*, weil Pornographie über einen Kamm geschoren *allein* als *Gewalt* gegen Frauen verstanden wird und mit der Möglichkeit, dass Frauen im Rahmen von Pornographie auch „Subjekte sexueller Handlungen"[506] sein können, schlechterdings nicht gerechnet zu werden scheint. Demgegenüber ist festzuhalten, dass auch in der Mainstream-Pornographie, phänomenologisch betrachtet, im Großteil *nicht*-gewalthaltige sexuelle Handlungen zwischen Erwachsenen dargestellt werden. In ihrer empirischen Untersuchung *Aggression in Pornography* (2020) zur Gewalt in pornographischen Darstellungen kommen die beiden kanadischen Soziolog*innen Eran Shor und Kimberly Seida zu dem Ergebnis, dass bis zu 90 % der 409 von ihnen untersuchten, frei zugänglichen pornographischen Videos auf der Streamingseite *Pornhub* keine Aggression (im engeren Sinne als nicht-konsensuelle physische Aggression[507] verstanden) zeigten und die Mainstream-Pornographie nicht zunehmend aggressiver werde.[508] Gegen die in der feministischen Pornographiekritik praktizierte pauschale Gleichsetzung von Pornographie und Gewalt wendet auch Lewandowski mit Recht ein, dass dadurch im Effekt die Grenzen zwischen dargestellter und tatsächlich ausgeübter Gewalt verwischt würden: „Wenn Pornographie ohnehin Gewalt ist und/oder Gewalt gegen Frauen propagiert, so lohnt es sich nicht genauer hinzusehen und beispielsweise scheinbare von dargestellter und dargestellter von tatsächlich ausgeübter Gewalt zu unterscheiden."[509] Eine differenzierte sexualethische Beurteilung ist unter dieser Voraussetzung weder möglich noch gewollt.

Aber auch *Ausgangspunkt*, *Durchführung* und *Schlussfolgerung* der feministischen Pornographiekritik erweisen sich bei näherer Betrachtung als zumindest

---

Schwarzer im Leitartikel dieses Heftes u. a. die folgenden Aussagen in den Mund gelegt: „Wer lieber Satinwäsche als Schiesser-Feinripp mag, trägt zur ‚Pornographisierung des Alltags' bei, und wer zugibt, von Pornos erregt zu werden, weiß Alice Schwarzer, ‚kann keine Frau sein'. (DER SPIEGEL [o.V.], „Gegenkultur," 266). Letzterer Zitatfetzen, welchen Schwarzer in einer Replik auf die SPIEGEL-Veröffentlichung als „frei erfunden" bezeichnet hat (vgl. Schwarzer, „Hexen," 12), konnte von mir weder im Kampagnen-Heft noch in einer von Schwarzers zahlreichen Veröffentlichungen der Jahre 1987 und 1988 nachgewiesen werden.

506 Offermann/Steiml, „‚I want the right to see a dirty picture.'," 387. Insofern wird man der Einschätzung Pilgrims, die Frau würde in der Pornographie „für immer als wollendes Subjekt ausgeschaltet" und sei nurmehr „*willenloses* Objekt" (Pilgrim, „Pornographie," 121; auch zit. bei Faulstich, *Kultur*, 250), in ihrer Pauschalität schwerlich folgen können.

507 Vgl. Shor/Seida, *Aggression in Pornography*, 31 f.

508 Vgl. a.a.O., 124–126. Damit gehe einher, dass auch die meisten der 121 befragten Nutzer*innen weniger aggressive Darstellungen bevorzugten (vgl. 126 f.) und es erstaunlicherweise Frauen, nicht Männer, waren, die häufigeres Interesse an aggressiven Darstellungen bekundeten (vgl. 127 f.).

509 Lewandowski, *Pornographie*, 112.

fragwürdig. *Ausgangspunkt* dieser Kritik ist die Definition von Pornographie über die Funktion – etwa bei Dworkin und MacKinnon: „graphic sexually explicit materials that subordinate women through pictures or words".[510] Statt nach Inhalten oder Strukturen zu fragen, die allen oder möglichst vielen Formen von Pornographie gemein sind, wird also nach dem gefragt, was Pornographie *tut* und *bewirkt*, und aus dieser Funktion wird eine Aussage über das Wesen von Pornographie abgeleitet, dessen negative Beurteilung (,subordinate') schon in die Definition eingeschrieben wird. Eine funktionale Definition von Pornographie ist nicht per se problematisch, doch scheint die Reduktion von Pornographie auf *diese* Funktion der Pornographie als Ganzes und ihrer Heterogenität schwerlich gerecht werden und „das Spezifikum von Pornografie als kulturellem Phänomen"[511] fassen zu können.

Es könnte nämlich mit Faulstich hypothetisiert werden, dass Pornographie „primär kein Instrument zur Unterdrückung von Frauen, schon gar nicht Anleitung zur realen Vergewaltigung" sei, sondern vielmehr „als Instrument zur Kompensation von Defiziten eingesetzt zu werden"[512] scheine. Nach dieser von Faulstich als „Ventiltheorie" bezeichneten Position komme Pornographie eine gleichermaßen *kompensatorische* (Pornographie als „Ersatzsatzhandlung" für etwas im Sexualleben des Einzelnen „nicht Erreichtes oder Erreichbares" bzw. als „eine Art ,Sicherheitsventil' und insofern persönlicher Eskapismus"[513]) wie *assertorische* Funktion (Pornographie als „Rückversicherung und Korrektur erlebter Ängste, Verletzungen, Zurückweisungen oder Niederlagen, die in sexuelle Siege und Triumphe verkehrt werden"[514]) zu. Demnach sei es nicht die Pornographie, welche reale sexuelle Handlungen bestimme, sondern umgekehrt führe „die Realität von Sexualität zu Pornografie".[515] Damit ist nun freilich nicht gesagt, dass diese ,Ventiltheorie' der Weisheit letzter Schluss wäre, doch scheint der rigorose Absolutheitsanspruch der feministischen Pornographiekritik infrage gestellt, welcher eher das Bewusstsein ihrer potenziellen *Gefährdung durch Differenzierung* und *Differenziertheit* auszudrücken als einem wesentlichen *Anspruch auf differenzierte Erschließung* ihres Gegenstandsbereichs zu entspringen scheint. Kaum anders jedenfalls scheint mir die Schärfe der oft nach der Devise ,aggressiv im Ton, wenn Argumentation schwach' vorgetragenen Ausführungen insbesondere von Dworkin deutbar.

---

510 MacKinnon, *Only Words*, 22; vgl. *Nur Worte*, 24.
511 Faulstich, *Kultur*, 259.
512 Ebd.; vgl. im Ganzen a.a.O., 259–264.
513 A.a.O., 259 u. 262.
514 A.a.O., 262.
515 A.a.O., 259; vgl. auch 264.

Auch was die *Durchführung* der feministischen Pornographiekritik betrifft, kann zu bedenken gegeben werden, dass zwischen Pornographie als Darstellung von Sexualität und Sexualität selbst nicht hinreichend differenziert wird, ja überhaupt nicht differenziert werden soll. Besonders deutlich wird dies bei MacKinnon, wenn sie schreibt: „Pornographie ist Masturbations-Material. Sie wird als Sexualität *benutzt*. Sie *ist* daher Sexualität."[516] Auf dieses Diktum wird noch im Rahmen der Erörterung des Verhältnisses von Sexualität und Pornographie in Abschnitt 3.3.2.2 zurückzukommen sein. An dieser Stelle sei, wiederum im Rückgriff auf Faulstich, die Problematik einer solch vorbehaltlosen Identifizierung von Pornographie und Sexualität wenigstens an einem Beispiel aus der Pornographiedefinition des oben genannten Entwurfs eines ‚Anti-Pornographie-Gesetzes' des Magazins *Emma* verdeutlicht. Wenn darin nämlich als ein wesentliches Element von Pornographie angegeben wird, dass die in der Pornographie als Sexualobjekte dargestellten Frauen oder Mädchen „Erniedrigung" etc. „genießen"[517] würden, wird dadurch der Unterschied zwischen der *Darstellung* sexueller Handlungen im Rahmen audiovisueller Pornographie auf der einen und der *Praktizierung* sexueller Handlungen in der Wirklichkeit auf der anderen Seite gerade verwischt, weshalb es im Entwurf eigentlich, wie Faulstich mit Recht bemerkt, heißen müsste, dass Frauen oder Mädchen so *dargestellt* werden, *„als ob sie Erniedrigung genießen würden"*.[518]

Eine solche Unausgegorenheit, die mitunter bis in einzelne Formulierungen hineinreicht, konterkariert das durchaus berechtigte Anliegen der feministischen Kritik gerade gegenüber Darstellungen von Gewalttätigkeiten im Rahmen von Pornographie oder, auf die Gegenwart übertragen, gegenüber Live-Übertragungen realer Sexualverbrechen (*cybersex trafficking*). Eben deshalb ist Pornographie als „Darstellung" von den beiden anderen Diskursebenen „Sexualität" und „Reden über Pornographie und Sexualität" zu unterscheiden, „will man sich den Zugang zum Verständnis [scil. von Pornographie] nicht von vornherein verbauen".[519] Der Umstand, dass im Rahmen von Pornographie *auch* Gewalt ‚dargestellt' (‚abgebildet') wird, berechtigt an sich nicht zur Folgerung, dass Pornographie *selbst* Gewalt ‚darstellt' (‚sich erweist als') – eine *fallacia amphiboliae*.

Der absolute Realitätsanspruch, wie er den Inhalten der Pornographie im Rahmen der ‚Spiegelungstheorie' eingeräumt wird,[520] erscheint klar besehen zwar nicht als Trugbild, wohl aber als Zerrbild der Wirklichkeit gelebter Sexualität.

---

516 MacKinnon, *Nur Worte*, 20 (meine Hervh.).
517 „Das Gesetz," a.a.O., 20.
518 Faulstich, *Kultur*, 252 (meine Hervh.).
519 A.a.O., 245.
520 So zu Recht Reinstädler, *Stellungsspiele*, 25.

Überhaupt werden in den oben genannten Schriften des antipornographischen Feminismus ganz bewusst besonders markante, affröse Beispiele gewalt- und mitunter auch tierpornographischer Darstellungen[521] als pars pro toto für das *corpus delictum sive pornographicum* ausgewählt,[522] während die Wirkungsmechanismen von Pornographie bei den – geradezu selbstverständlich – ausschließlich als männlich angenommenen Konsumenten nicht anders als Phänomene klassischer Konditionierung beschrieben werden. Vor dem Hintergrund der neurobiologischen Erkenntnisse zur geschlechtsspezifischen, affektiv-evaluativen Verarbeitung visueller sexueller Stimuli,[523] die im Gehirn als sexuelle Reize interpretiert werden und verschiedene körperliche Prozesse in Gang setzen, aber auch angesichts der inzwischen zahlreich vorliegenden Erkenntnisse der empirischen Wirkungs- und Nutzungsforschung zum Pornographiekonsum muten derartige linear-kausale Annahmen karikaturesk an.

Was beispielsweise die mögliche Wirkung von Pornographie betrifft, gilt es zu unterscheiden zwischen einer „Kurzzeitwirkung im Sinne der sexuellen Erregung des einzelnen Menschen durch den Konsum pornografischer Produkte" und einer „Langzeitwirkung im Sinne allgemeiner Auswirkungen sowohl beim einzelnen Rezipienten als auch innerhalb der gesamten Kultur und des allgemein gesellschaftlichen Sozialverhaltens".[524] Demnach wird die feministische Position den wesentlichen Ansatzpunkt zu ihrer Pornographiekritik sinnvollerweise nicht in der Pornographie als *Erlebnis* (Kurzzeitwirkung) sehen können, sondern vielmehr in der mit regelmäßigem Pornographiekonsum möglicherweise einhergehenden *Kultivierung* bestimmter Phantasie- und verzerrter Realitätsvorstellungen, einschließlich der dadurch möglicherweise erfolgenden Verstärkung entsprechender misogyner Einstellungen sowie sexistischer Denk- und Verhaltensmuster (Lang-

---

521 Vgl. z.B. MacKinnon, *Only Worte*, 18 f. u. 21, wobei auch bei den analogen Beispielen in Veröffentlichungen von Dworkin und Schwarzer nicht selten „Kinderpornographie" in einem Atemzug mit z.T. konkret geschilderten Gewalttätigkeiten gegenüber Erwachsenen von größter Brutalität im Rahmen von Darstellungen genannt wird, die m.E. weniger ,Pornographie' im Sinne der Arbeitsdefinition als vielmehr Darstellungen von Ausgeburten (pathologischer) menschlicher Destruktivität darstellen.
522 Jedenfalls ist es der Bemerkung wert, dass bei der Neuauflage der PorNO!-Kampagne in *EMMA*, 2007, Nr. 5 (September/Oktober) Pornographie lediglich als „die Verknüpfung in Text oder Bild von sexueller Lust mit Lust an Erniedrigung und Gewalt" (abrufbar unter: https://t1p.de/0pue [Zugriff: 31.10.2021]) definiert, auf konkrete gewaltpornographische Elemente bei der Pornographiedefinition also verzichtet wurde.
523 Vgl. die Forschungsübersicht bei Strüber/Roth, „Liebe," 36 f.; vgl. ferner Karama et al., „Areas," 1–13; Janssen et al., „Films," 243–251; Sumich et al., „Neuroimaging," 28–33; Stark et al., „Erotic," 19–29.
524 Faulstich, *Kultur*, 226 f.

zeitwirkungen). Behauptungen derartiger Langzeitwirkungen werden sich mangels qualitativ hochwertiger, groß angelegter prospektiver Längsschnittstudien im Erwachsenenbereich[525] allerdings bis auf Weiteres den Vorwurf gefallen lassen müssen, weniger auf solidem, humanwissenschaftlich qualifiziertem Fundament zu stehen als vielmehr lediglich „ideologiekritische Behauptungen mit deutlich politisch-moralischen Verwertungsanliegen"[526] zu sein.

Schließlich erscheint auch die *Schlussfolgerung* der feministischen Pornographiekritik bei näherer Betrachtung als fragwürdig. Diese besteht augenscheinlich darin, dass, würde Pornographie durch ein Verbot abgeschafft, ‚den Männern' damit ein wesentliches Machtinstrument zur Unterdrückung und Erniedrigung ‚der Frauen' gleichsam aus der Hand geschlagen würde.[527] Ganz abgesehen davon, dass, wie vorstehend dargelegt wurde, diese feministische Kritik der Pornographie als Ganzer nur schwerlich gerecht zu werden vermag und wesentliche Momente von Pornographie, einschließlich der Verschiedenartigkeit möglicher Wirkungen und der Heterogenität der Nutzer*innen von Pornographie, ausgeblendet bleiben, scheint Pornographie weniger einen *Instrumental*- als vielmehr einen *Symptom*charakter zu haben.[528] Wie Schorsch bemerkt, stellt Pornographie eine Konkretisierung „kollektiver Phantasien" dar, „die *vorhanden* sind und die *nicht* erst *geweckt* werden müssen. Pornographie trifft sozusagen ins Schwarze dieser Phantasien, sonst würde sie sich nicht so gut verkaufen."[529] Insofern Frauen in pornographischen Darstellungen ganz ohne Zweifel *auch* zu Sexualobjekten degradiert und auf entwürdigende Weise dargestellt werden, erweist sich Pornographie, so betrachtet, als *Spiegel* der Gesellschaft – oder genauer und nochmals mit den Worten von Schorsch gesprochen: als „*einer* der *vielen* Spiegel, in denen die aggressiv-feindseligen Aspekte des Frauenbildes reflektiert und sichtbar werden. Aber Pornographie erzeugt all dies nicht."[530]

Denn in der Tat ist die abendländische Kultur- und Geistesgeschichte durchzogen und geprägt von Vor- und Darstellungen von Weiblichkeit und Männlichkeit, die nicht nur auf einer polaren Zuweisung vermeintlich geschlechtsspezifischer Verhaltensweisen und Fähigkeiten gründen, sondern in denen eine Aufwertung des Männlichen auf Kosten der Abwertung des Weiblichen vollzogen worden ist und noch immer vollzogen wird. Diese notorische Abwertung des Weiblichen schlägt sich denn auch in den Strukturen der alltäg-

---

525 Dies gilt auch für den Jugendbereich, vgl. z. B. Peter/Valkenburg, „Adolescents," 510 f.

526 Faulstich, *Kultur*, 243.

527 So auch Reinstädler, *Stellungsspiele*, 25.

528 Vgl. hierzu Faulstich, *Kultur*, 251 u. 257–259.

529 Schorsch, „Zur Frage von Sexualität," 131 (meine Hervh.).

530 A.a.O., 132 (meine Hervh.).

lichen Lebenswelt als „vornehmliche[r] und ausgezeichnete[r] Wirklichkeit des Menschen"[531] nieder. Manifeste Äußerungen dieser oft nur subtil mitschwingenden, nicht immer zugleich auch an einzelnen konkreten Handlungen direkt beobachtbaren Herabwürdigung des Weiblichen, des Frauseins, sind die alltäglichen Erfahrungen von Frauen mit sexueller*sexualisierter Gewalt und Sexismus, worauf Anti-Sexismus-Kampagnen wie *#Aufschrei*, soziale Bewegungen wie *#MeToo* und die Catcalls-Bewegung sowie Organisationen wie *Pinkstinks* oder *Hollaback!* eindrücklich aufmerksam machen. Aber auch die mediale Vermittlung geschlechtsstereotyper Frauen- und Männerbilder sind in diesem Zusammenhang von wesentlicher Bedeutung, nicht zuletzt ebenso klischeehafte wie sexualisierende Darstellungen von Frauen und Frauenfiguren bzw. von auf bloße Objekte reduzierten, nachgerade fragmentierten Frauenkörpern in Mainstream-Filmen,[532] Fernsehserien und vor allem der Werbung (Stichwort: Gender-Marketing[533]), welche bei Frauen vornehmlich *defizit*orientiert und bei Männern vornehmlich *ressourcen*orientiert operiert. Während in der Werbung nämlich bei Frauen vornehmlich Defizite und Mängel in den Blickpunkt gestellt werden, die es mithilfe des angepriesenen Produkts zu beheben gilt, stehen bei Männern vornehmlich Potenziale und Stärken im Blickpunkt, die es dank des Produkts noch weiter zu optimieren gilt.[534]

Diese wenigen Andeutungen mögen an dieser Stelle genügen, um zu verdeutlichen: Die feministische Pornographiekritik *sagt* ‚Pornographie' und *meint* „reale Frauenfeindlichkeit".[535] So unverzichtbar der Kampf gegen die Unterdrückung und Erniedrigung von Frauen ist – die feministische Pornographiekritik setzt nach meinem Dafürhalten an der falschen Stelle an. Als Kampf gegen die Widerspiegelung realer Verhältnisse wird die feministische Pornographiekritik deshalb so lange bloße Donquichotterie bleiben, wie nicht am Widergespiegelten

---

531 Schütz/Luckmann, *Strukturen*, 29.

532 Für die Darstellung von Frauen und Frauenfiguren in Kinofilmen und im Fernsehen vgl. Weitbrecht, *Kinoheldinnen*, 179–208 zu den Beziehungen filmischer Frauenfiguren, sowie Prommer/Linke, *Ausgeblendet*, 18–28, 48–80 u. 149–158. Zum Phänomen der „Fighting Fuck Toys" (FFT) in Actionfilmen, d. h. „hyper-sexualized female protagonists who are able to ‚kick ass' (and kill) with the best of them" (man denke an Lara Croft, Cat Woman oder Elektra) vgl. Heldman, „Hunger Games."

533 Vgl. nur Jaffé/Riedel, *Werbung*, 25–38 sowie die aufschlussreichen Fallstudien (365–388). Nicht zufällig sind vom Deutschen Werberat in den letzten Jahren seit 2016 immer wieder oder gar vornehmlich solche Plakate, Anzeigen oder Werbesports mit einer Rüge beanstandet worden, die sich als besonders geistloses Destillat, Extrakt oder Sublimat ebenso androzentrischer wie sexistischer Phantasien ergeben haben.

534 Für diese Einsicht danke ich Dr. Lisa Wille (TU Darmstadt)!

535 Faulstich, *Kultur*, 254; vgl. 257f.

selbst angesetzt und das in weiten Teilen der Mainstream-Pornographie sowie der ‚Gewaltpornographie' sichtbar werdende Problem der „feindselige[n] Tönung des kollektiven Frauenbildes von Männern"[536] ins Visier genommen wird. Gewissermaßen eine ‚Spiegelungstheorie' unter anderen Setzungen. Die bloße Forderung eines umfassenden Herstellungsverbotes von Pornographie wird jedenfalls weder an der gesellschaftlichen Ungleichstellung von Frauen und Männern noch an den dahinterstehenden androzentrischen Wahrnehmungs-, Denk- und Einstellungsmustern etwas ändern: „Phantasien lassen sich durch äußere Reglementierungen weder ausschalten noch modifizieren."[537] Und doch beginnt nicht nur Verhalten, sondern auch jede Änderung von Verhaltensweisen im Kopf, weshalb nicht nur die Pornographie Produzierenden, sondern gleichermaßen die sie Konsumierenden in die Verantwortung zu nehmen sind.

3.3.2 Pornographie und Sexualität

Unter Pornographie wurde arbeitsdefinitorisch im Anschluss an Faulstich die primär zum Zwecke sexueller Erregung erfolgende explizit-detaillierte, fiktional-wirkliche und szenisch-narrative Darstellung sexueller Handlungen verstanden, welche medienunspezifisch zur Verfügung stehen kann. Nachdem im vorhergehenden Abschnitt das Verhältnis von Pornographie und Gewalt untersucht wurde, gilt es nun zu fragen, wie es um das Verhältnis von Pornographie und Sexualität bestellt ist. Besonderes Augenmerk gilt dabei der legal vertriebenen und über frei zugänglichen Pornographie-Plattformen allgegenwärtig verfügbaren audiovisuellen Pornographie diesseits der Grenze zur ‚Delinquenz-Pornographie'.[538] Es geht im Folgenden also vor allem um sogenannte Mainstream-Pornographie, aber auch um Formen alternativer Pornographie, die androzentrisch wie nicht-androzentrisch inszeniert, heteronormativ wie nicht-heteronormativ ausgerichtet sein können, allesamt aber mehr oder weniger professionell und aus ökonomischen Interessen heraus produziert werden, auch wenn zu konzedieren ist, dass eine klare Grenzziehung zwischen der von und/oder mit Laien produzierten Amateurpornographie (‚Realcore'), deren Aufkommen und Aufschwung auch als eine kritische „Gegenbewegung" zur „weitgehend aus sozialen Kontexten entbetteten professionellen Pornographie"[539] verstanden werden kann, und

---

536 Schorsch, „Zur Frage von Sexualität," 132. Dies gilt auch für Masturbationsphantasien, vgl. Colarusso, „Masturbation," 918.
537 Schorsch, „Zur Frage von Sexualität," 132.
538 Zur Klärung dieses Begriffs vgl. oben Anm. 234.
539 Lewandowski, *Pornographie*, 125; zur Amateurpornographie vgl. 125 f. (Anm.) u. 231.

Produkten der etablierten Pornoindustrie, zumal aus dem Genre der *reality pornography*, von außen betrachtet nicht immer möglich ist.[540]

Wie das Verhältnis von Pornographie und Gewalt kann auch das Verhältnis von Pornographie und Sexualität anhand dreier Blickwinkel betrachtet und dabei jeweils ein bestimmter Aspekt dieser Verhältnissetzung herausgestellt werden, wobei erst die Zusammenschau aller Aspekte ein hinreichend differenziertes Bild zu ergeben vermag. Erstens kann nach den möglichen Einflüssen von Pornographie *auf* die menschliche Sexualität und zweitens kann danach gefragt werden, inwieweit Pornographie *Teil* der menschlichen Sexualität ist bzw. sein kann; drittens schließlich kann die Sexualität der Pornographie, genauer gesagt: die in der Pornographie *dargestellte* Sexualität im Vergleich zur „Sexualität der Gesellschaft"[541] erörtert werden, worin sich auch Einflüsse letzterer auf erstere – und umgekehrt – zeigen können. Kurzum: Untersuchungsgegenstand sind im Folgenden der Einfluss von Pornographie auf das Sexualleben, Pornographie als Funktionselement der Sexualpraxis und die pornographierte Sexualität.

3.3.2.1 Pornographie und Sexualleben

Wie bereits bemerkt,[542] kann beim derzeitigen Forschungsstand eine allgemeine Schädlichkeit von Pornographie ebenso wenig behauptet werden wie eine generelle Harmlosigkeit oder Nützlichkeit. Apodiktische Pauschalurteile „über ‚die' Pornographie, die entweder in einem Schadens- und Gewalt-Dogma dämonisiert oder in einem Spaß- und Emanzipations-Dogma idealisiert wird", sind deshalb, wie die Ilmenauer Medienpsychologin Nicola Döring (*1973) mit Recht bemerkt, fehl am Platz, wenn es darum geht, „allgegenwärtige Ambivalenzen sowohl in der Sexualität als auch in der Repräsentation von Sexualität anzuerkennen".[543] Dies vorausgeschickt, kann festgehalten werden, dass der Einfluss von Pornographie auf das menschliche Sexualleben nicht derart und auch nicht in dem Ausmaß negativ zu sein scheint, wie es insbesondere von der feministischen und christlichen Pornographiekritik behauptet wird, und zwar weder für das von Erwachsenen noch für das von Heranwachsenden.

---

540 Zur Typologie vgl. Baofu, *Future*, 155 f.; Döring, „Pornografie-Kompetenz," 232–234.

541 So Lewandowski, *Pornographie*, 175 et pass., der Sexualität als *a*moralisch eingerichtetes Subsystem der modernen Gesellschaft beschreibt, als dessen „binäre Codierung die Differenz Begehren/Befriedigung" (205) fungiere; vgl. hierzu auch Lewandowski, *Sexualität*, 8, 217 u. 324; dagegen Runkel, *Sexualität*, 4.

542 Siehe Abschnitt 3.1.

543 Döring, „Diskussionsstand," 15.

Auch hier ist es unabdingbar, zwischen Nutzungsgruppen, -häufigkeit, -weise und Art der Pornographie zu unterscheiden. So können beispielsweise Jugendliche aus sozial randständigen Familien eher zum Konsum ‚gewaltpornographischer' Inhalte und sexuell aggressivem Verhalten, einschließlich Defiziten auf der Beziehungsebene, neigen als Gleichaltrige aus anderen sozialen Milieus, und regelmäßiger Pornographiekonsum kann mit Gewöhnungseffekten einhergehen und Normalisierungseffekte bedingen,[544] was gerade im Falle des Konsums von Darstellungen sexualbezogener Gewalthandlungen problematische Folgen auf physiologischer (Erregungs-), kognitiver (Beurteilungs-), emotionaler (Empathie-) und/oder verhaltensbezogener (Aggressions-)Ebene nach sich ziehen kann.[545] Allerdings wäre es argumentativ nicht weniger problematisch, von Gewöhnungseffekten beim Konsum aggressiver Medieninhalte (Habitualisierungsprozesse) auf „Abstumpfungseffekte gegenüber Gewalt im wirklichen Leben" oder gar auf „verhaltensrelevante Wirkungen"[546] (Desensibilisierungsprozesse) schließen zu wollen, zumal nicht auszuschließen ist, wie der Forensische Psychiater und Sexualwissenschaftler Andreas Hill (*1962) im Blick auf die Ergebnisse der umfangreichen prospektiven Längsschnittstudie von Ybarra et al. (2011) zum Einfluss des Pornographiekonsums auf sexuell aggressives Verhalten bei Kindern und Jugendlichen zu bedenken gibt, „dass umgekehrt sexuell aggressive Kinder und Jugendliche häufiger Gewalt-Pornografie suchen und konsumieren".[547]

Jedenfalls zeigen verschiedene interviewbasierte Untersuchungen nicht nur, dass Jugendliche im Allgemeinen die Fiktionalität pornographierter Sexualität durchaus zu durchschauen[548] und pornographische Inhalte primär als Anregung zur Selbstbefriedigung zu nutzen wissen, sondern auch, dass „die hohe Präsenz und Verfügbarkeit der Pornografie im Internet diese zu einer Alltagserscheinung mit *begrenzten* Auswirkungen auf die sexuelle Sozialisation und die sexuellen Gewohnheiten Jugendlicher macht".[549] Wie bei der in Abschnitt 3.1 genannten

---

544 Vgl. Krüger et al., „Aids-Prävention," 232f.; Winter/Neubauer, *Kompetent*, 112f. u. 267f.; Vogel, „Erotik," 454; Neverla, „Männerwelten," 268f.; Zillmann, „Pornografie," 579; Ertel, *Erotika*, 486.

545 Zur Habitualisierungs-/Desensibilisierungsthese vgl. Zipfel, *Wirkungstheorien*, 52f. zusammen mit Kirsh, *Children*, 218–221.

546 Zipfel, *Wirkungstheorien*, 53; vgl. 58f.

547 Hill, „Pornografiekonsum," 391 unter Rekurs auf Ybarra et al., „X-Rated Material," 1; vgl. aber auch 16; ferner Krahé, „Pornografiekonsum," 133–141.

548 Vgl. Matthiesen et al., „What do girls," 349f.; Schmidt/Matthiesen, „What do boys," 353; Schmidt/Matthiesen, „Pornografiekonsum," 250.

549 Štulhofer et al., „Pornografiekonsum," 22 (meine Hervh.) – allerdings mit einer kleinen und speziellen Stichprobe.

Interviewstudie von Forscher*innen des Universitätsklinikums Hamburg-Eppendorf (UKE) von 2009 sehen die Autoren der soeben zitierten Online-Befragung von 600 kroatischen Studierenden im Alter von 18 bis 25 Jahren aus demselben Jahr den von ihnen erhobenen Befund als in Spannung zu der immer wieder geäußerten Befürchtung stehen, durch frühen und intensiven Pornographiekonsum würden die handlungsleitenden sexuellen Skripte[550] von Jugendlichen pornotypisch „verzerrt, entstellt und korrumpiert".[551] Damit ist freilich *nicht* gesagt, pornographische Inhalte könnten *keinen* nachhaltigen Einfluss etwa auf sexuelle Phantasien haben,[552] zumal die mögliche Differenz zwischen Selbst- und Fremdwahrnehmung bei interviewbasierten Studien nie außer Acht bleiben darf, doch scheinen pornographische Inhalte für Jugendliche vor allem dann reizvoll zu sein, wenn sie „ein schon vorgegebenes inneres Muster ansprechen"[553] bzw. ihren *lovemaps* entsprechen.[554] Der mögliche prägende Einfluss des Pornographiekonsums auf das Sexualleben Jugendlicher darf demnach auch nicht *über*schätzt werden, weshalb, wie der Innsbrucker Psychologe und Psychoanalytiker Josef Christian Aigner (*1953) bemerkt, „weniger die Gefahr einer wie immer gearteten sexualmoralischen ‚Verwahrlosung' [...] von Heranwachsenden" durch Pornographie zu befürchten ist, „sondern eher das Problem der Prägung äußerer und Lifestyle-bezogener Moden sowie mehr oder weniger quälender Körperzwänge und Körperpraxen".[555]

Auch in Bezug auf das Sexualleben von Erwachsenen kann zwischen kurz- und langfristigen Einflüssen des Pornographiekonsums unterschieden werden. Während bei Erwachsenen in Partnerschaften erstere Einflüsse vornehmlich unmittelbare körperlich-sinnliche Erfahrungen betreffen, machen sich letztere Einflüsse vor allem auf der Ebene der partnerschaftlichen Interaktion sowie der Beziehungsqualität bemerkbar, wobei die Studienlage auch hier durchaus uneinheitlich ist. In einem vieldiskutierten Leitartikel (*target article*) für das *Archives of Sexual Behavior* vom Juli 2018 (online) haben US-amerikanische Forscher der

---

550 ‚Sexuelle Skripte' zur Kennzeichnung der von Menschen „in einem kulturhistorischen Kontext im Verlauf einer individuellen Lerngeschichte" erfolgenden „Aneignung von Sexualität" gleichen „einem individuellen Drehbuch [...], welches Anweisungen darüber enthält, was, wann, wie, mit wem oder was und warum zu tun ist" (Stein-Hilbers, *Sexuell werden*, 62 unter Rekurs auf Gagnon, „Scripts," 27–59).
551 Štulhofer et al., „Pornografiekonsum," 21.
552 Vgl. Schmidt/Matthiesen, „What do boys," 361f.; Peter/Valkenburg, „Adolescents," 509–531.
553 Aigner, *Vorsicht Sexualität!*, 45.
554 Vgl. Štulhofer et al., „Pornografiekonsum," 21. Zum Konzept der *lovemap* vgl. bereits Money, „Lovemaps," 373–376; ferner Schmidt, „Sexualverhältnisse," 275.
555 Aigner, *Vorsicht Sexualität!*, 45.

School of Family Life an der Brigham Young University (Provo, Utah) sowie des Human Development and Family Studies Department an der Utah State University die disparaten Forschungsergebnisse über den Einfluss des Konsums sexueller Medieninhalte auf die sexuelle Qualität romantischer Beziehungen in der These zusammengeführt, dass sexuelle Medieninhalte zwar mit dem Streben nach ‚kurzfristiger sexueller Qualität‘ (*short-term sexual quality*), nicht aber mit dem Streben nach ‚langfristiger sexueller Qualität‘ (*long-term sexual quality*) übereinstimmten. Während sexuelle Medieninhalte mit der kurzfristigen, d. h. primär auf unmittelbare sexuelle Befriedigung ausgerichteten sexuellen Qualität kongruierten, zu der die Autoren Faktoren wie ‚sexuelle Offenheit‘ (*sexual openness*), ‚Erregung‘ (*arousal*) und ‚sexuelle Technik‘ (*sexual technique*) zählen, wirkten sich diese Medieninhalte nachteilig auf die langfristige sexuelle Qualität einer Beziehung aus, zu der ‚sexuelle Gemeinschaftsstärke‘ (*sexual communal strength*), ‚sexuelle Intimität‘ (*sexual intimacy*) und ‚sexuelle Kommunikation‘ (*sexual communication*) gerechnet werden.[556]

Der Konsum pornographischer Inhalte mag demnach *kurzfristig* förderlich für die sexuelle Qualität einer Beziehung sein und z. B. eine vorübergehende Steigerung der sexuellen Erregungsfähigkeit bewirken, sich aber hinderlich auf die *langfristige* Stabilität einer sexuellen Beziehung z. B. aufgrund abnehmender sexueller Intimität und schlechterer sexueller Kommunikation auswirken. Bemerkenswerterweise wurde weder von den Autoren des Leitartikels noch im Rahmen der sich daran anschließenden Diskussion im *Archives of Sexual Behavior* die Möglichkeit in Betracht gezogen, dass Pornographiekonsum bei längerfristigen sexuellen Beziehungen womöglich nicht nur Ursache einer abnehmenden Beziehungsstabilität, sondern gleichermaßen auch deren Symptom sein könnte. Damit ist die Grundthese des Leitartikels nicht infrage gestellt, wohl aber darauf hingewiesen, dass einerseits an dieser Stelle die Gefahr besteht, empirische Korrelationen als Kausalzusammenhänge zu interpretieren, und andererseits Einflüsse nicht unweigerlich wie Einbahnstraßen verlaufen, sondern auch in der Gegenrichtung – sprich: Wechselwirkungen – möglich sein können. Ein analoges Einfallstor für den Trugschluss der Scheinkausalität wird sich in Abschnitt 3.3.2.2 in Bezug auf den Zusammenhang zwischen der Praktizierung von Masturbation und der *Sexual Desire Discrepancy* (SDD) genannten Diskrepanz zwischen der erwünschten und der tatsächlichen Häufigkeit des Geschlechtsverkehrs von Menschen mit oder ohne Beziehung zeigen.

Die primär soziologisch ausgerichtete Grundthese des Leitartikels, wonach förderliche Effekte des Pornographiekonsums auf die sexuelle Qualität romanti-

---

556 Vgl. Leonhardt et al., „Organizational Framework,“ 2237 u. 2239.

scher Beziehungen nur von kurzer Dauer seien, wird von den Autoren anschließend im Blick auf verschiedene sexuelle Medieninhalte (,suggestiver', ,expliziter'
oder ,paraphiler' Natur), Beziehungsfaktoren sowie weitere Variablen, die die
Anwendung sexueller Skripte beeinflussen, konkretisiert,[557] was eine Reihe von
kritisch-konstruktiven, aber auch ergänzenden Kommentaren im *Archives of Sexual Behavior* hervorgerufen hat,[558] auf die an dieser Stelle nicht näher eingegangen zu werden braucht. Entscheidend ist die daraus abzuleitende Feststellung, dass positive[559] oder negative[560] Einflüsse des Pornographiekonsums auf
das Sexualleben von Erwachsenen, wie diese auch in den in Abschnitt 3.1 angesprochenen Selbsteinschätzungen der Befragten in der repräsentativen Studie
von Martyniuk und Dekker (2018) angegeben worden sind, von unterschiedlichen
emotionalen Faktoren und sozialen Bedingungen ebenso wie, im Falle partnerschaftlicher Beziehungen, von der Beziehungsdauer abhängen und die kurz- und
langfristige ,sexuelle Qualität' einer Beziehung durch den individuellen Pornographiekonsum jeweils auf unterschiedliche Weise beeinflusst werden kann.

Der Blick auf den Einfluss von Pornographie auf das menschliche Sexualleben und den dabei wirksam werdenden, sei's moderierenden, sei's mediierenden
Faktoren bliebe jedoch – wie der Blick auf das Verhältnis von Pornographie und
Sexualität insgesamt – unvollständig, würde dabei die *Funktion* von Pornographie
in der menschlichen Sexualpraxis außer Acht bleiben.[561] Diesen Aspekt gilt es im
folgenden Abschnitt zu bedenken.

3.3.2.2 Pornographie als Funktionselement der Sexualpraxis
Die Debatte über Pornographie in der westlichen Welt der vergangenen Jahrzehnte kreiste in weiten Teilen um die Frage, ob, und wenn ja, inwiefern Porno-

---

557 Vgl. a.a.O., 2234–2236 u. 2240–2244.
558 Vgl. Regnerus, „Sexual Media," 2279–2281; Prause, „Porn," 2271–2277; Vandenbosch, „Re
flections," 2283–2289; Perry, „Masturbation," 2265–2269; Ley, „Contextualizing Use," 2261–2263;
Kohut/Campbell, „Speculation," 2255–2259 zusammen mit der Replik auf diese Kommentare bei
Leonhardt et al., „Sexual Media," 2291–2303.
559 Während manche Studien keine negativen oder überhaupt keine direkten Auswirkungen der
Betrachtung visueller sexueller Stimuli auf die Qualität romantischer Beziehungen feststellen
können (vgl. z.B. Balzarini et al., „Does exposure," 191–197; vgl. allerdings auch Veit et al.,
„Sexually Explicit Media Use," 58–74), werden in Befragungen von Beziehungspartner*innen
derartigen Stimuli nicht selten positive Effekte auf ihre Beziehungsqualität zugeschrieben, vgl.
Kohut et al., „Effects," 585–602.
560 Dies betont z.B. Regnerus, „Sexual Media," 2280.
561 So zu Recht die Kritik an Leonhardt et al., „Organizational Framework" von Prause, „Porn,"
2271; vgl. ferner Perry, „Masturbation," 2268.

graphie das in zahlreichen nationalen Verfassungen verankerte Recht auf freie Meinungsäußerung bzw. speziell das durch die US-amerikanische Verfassung zugesicherte Recht auf freie Rede (*freedom of speech*)[562] für sich in Anspruch nehmen könne.[563] Dem britischen Historiker Timothy Garton Ash (*1955) zufolge gehört Pornographie seit einem halben Jahrhundert gar zu den „umstrittensten und meistdebattierten Themen in der westlichen Literatur über die Redefreiheit"[564] überhaupt. Die Frage, ob, und wenn ja, inwiefern der Konsum von Pornographie selbst eine Art ‚sexuelle Aktivität' darstelle, ist dabei erstaunlicherweise oft nur im Hintergrund gestanden.

Der US-amerikanische Rechtswissenschaftler Frederick Schauer (*1946) war einer der ersten in der Debatte, der dieser Frage gebührende Aufmerksamkeit und eine klare Antwort zuteilwerden ließ,[565] als er in einem 1979 im *Georgetown Law Journal* erschienenen Beitrag argumentierte, dass Hardcore-Pornographie *nicht* als verfassungsmäßig geschützte „Rede" betrachtet werden könne, weil „the prototypical pornographic item on closer analysis shares more of the characteristics of *sexual activity* than of the *communicative process*".[566] Der Hauptzweck von Pornographie bestehe darin, sexuelle Erregung hervorzurufen, weshalb Pornographie wesentlich als *physischer* und nicht als *mentaler* Stimulus und der pornographische Gegenstand im wahrsten Wortsinne als ‚sexuelles Surrogat' („sexual surrogate") zu betrachten sei: „It takes pictorial or linguistic form only because some individuals achieve sexual gratification by those means."[567] Der Konsum von Pornographie sei demnach eher im Sinne einer physischen denn als mentale Erfahrung zu betrachten, sodass zwischen Pornographie und anderen physisch greifbaren sexuellen Hilfsmitteln wie Godemichés letztendlich kein bedeutungsvoller Unterschied bestehe.[568]

---

562 Zum Vergleich des nach Art. 5 Abs. 1 GG gewährleisteten Grundrechts der *Meinungsfreiheit* und des im *First Amendment* der US-amerikanischen *Bill of Rights* garantierten Rechts auf *Redefreiheit*, die beispielsweise auch unwahre Tatsachenbehauptungen schützt, vgl. die Ausarbeitung der Wissenschaftlichen Dienste des Deutschen Bundestags, „Freie Meinungsäußerung" (7. Juni 2010).

563 Vgl. z. B. MacKinnon, *Nur Worte*, 14–16 sowie dies., „Not A Moral Issue," 332–340 zusammen mit Butler, *Haß spricht*, 107–114 u. 131–136; ferner Allhutter, „Pornografie," 170, 173 u. 175.

564 Ash, *Redefreiheit*, 376; vgl. im Ganzen 375–381.

565 So Altman, „Pornography," 74; zur folgenden Darstellung der Position Schauers vgl. durchgängig 73–79.

566 Schauer, „Speech," 922 (meine Hervh.).

567 Ebd.

568 Vgl. a.a.O., 923; ferner 932.

Nun mag Schauers Annahme, das Physische würde beim Konsum von Pornographie gegenüber dem Mentalen ‚überwiegen' („predominates"[569]), einseitig – sind Pornographie und ihr Konsum nicht wenigstens als *Zusammenspiel* von ‚Rede' und Handlung[570] bzw. von Mentalem und Physischem zu betrachten? – und seine Ansicht, Pornographie stelle grundsätzlich kein schützenswertes Gut im Sinne der Redefreiheit (bzw. Meinungsfreiheit) dar, diskussionsbedürftig sein,[571] doch rückt Schauer mit Fug die *Funktion* von Pornographie in der Sexualpraxis in den Blickpunkt. Mit den Worten des US-amerikanischen Philosophen Andrew Altman: „Because pornography is used for sex, there is a presumptive case for regarding it as within the right of sexual autonomy. Sexual activity that involves pornography is, after all, a certain kind of sex."[572] So wie körperliche sexuelle Aktivität zuweilen wohl unter weitgehender Ausblendung oder Unterdrückung emotionaler Empfindungen, aber doch schwerlich ganz ohne mentale Komponenten möglich erscheint, kommen auch beim Pornographiekonsum unweigerlich sowohl physische als auch mentale Komponenten zum Zuge.

Wie in Abschnitt 3.3.1.3 avisiert, soll an dieser Stelle auf die Position MacKinnons zurückgekommen werden, die schreibt: „Pornographie ist Masturbations-Material. Sie wird als Sexualität *benutzt*. Sie *ist* daher Sexualität."[573] MacKinnon leitet also aus der Funktion von Pornographie eine Aussage über das Wesen von Pornographie ab. Es bietet sich an, MacKinnons Diktum in zwei Teile zu unterteilen und zunächst in diesem Abschnitt auf die Funktionsaussage (‚Pornographie ist Masturbations-Material. Sie wird als Sexualität *benutzt*') und dann in Abschnitt 3.3.2.3 auf die Wesensaussage (‚Sie *ist* daher Sexualität') einzugehen. MacKinnon konkretisiert die Funktionsaussage wie folgt:

> Mit Pornographie masturbieren Männer auf Frauen, die entblößt, erniedrigt, verletzt, verstümmelt, zerteilt, gefesselt, geknebelt, gefoltert und getötet werden. In den visuellen Materialien erleben sie das als Geschehen, indem sie sehen, wie es geschieht. Was hier wirklich ist, ist nicht, daß diese Materialien Bilder sind, sondern daß sie Teil einer sexuellen

---

569 A.a.O., 923.

570 Vgl. MacKinnon, *Nur Worte*, 30. Vgl. auch die von Dworkin in Indianapolis eingereichte rechtliche Stellungnahme „Brief *Amicus Curiae* [...]", 310 zusammen mit Stoltenberg, *Refusing*, 150f.

571 Zur Kritik an Schauer vgl. Altman, „Pornography," 74–78; zur Frage des Verständnisses von Pornographie als Meinungsäußerung vgl. z.B. die US-amerikanische Juristin Drucilla Cornell, die Pornographie als von der Rede- und Meinungsfreiheit umfasste Äußerung versteht, welche Frauen allerdings auf einer abstrakteren Ebene schädige, weil man „der öffentlich ausgestellten Pornographie nicht entrinnen" (Cornell, *Die Versuchung*, 114) könne, weshalb Cornell zwar kein Pornographieverbot, aber die Einrichtung ‚pornographiefreier Zonen' fordert, vgl. 121.

572 Altman, „Pornography," 78.

573 MacKinnon, *Nur Worte*, 20 (meine Hervh.).

Handlung sind. Die Frauen existieren in zwei Dimensionen, aber die Männer haben mit ihnen Sex in ihren eigenen dreidimensionalen Körpern, nicht nur in ihren Köpfen. Männer kommen dabei. Das ist auch ein Verhalten, nicht ein Gedanke oder ein Argument. Es sind nicht Ideen, über denen sie ejakulieren.[574]

Nun geht MacKinnons pointierte Argumentation, die vor dem Hintergrund des von ihr behaupteten, einer soliden wissenschaftlichen Grundlage aber entbehrenden einfachen Kausalzusammenhangs zwischen der Nutzung von Pornographie und der Begehung sexueller Gewaltdelikte[575] zu verstehen ist, an der Wirklichkeit der *Nutzungsgruppen* von Pornographie, die zwar überwiegend, aber keineswegs nur von Männern (allein) konsumiert wird, ebenso vorbei wie an der Heterogenität pornographischer Inhalte, die zwar überwiegend, aber keineswegs nur androzentrisch inszeniert und heteronormativ ausgerichtet sind. Und auch handlungstheoretisch ist zwischen der bloßen Betrachtung einer Handlung bzw. einer Handlung in Anbetracht der Darstellung einer Handlung und einer selbst *realisierten* Handlung vor, mit oder an einer leibhaftig gegenwärtigen anderen Person zu unterscheiden,[576] was aus sexualethischer Sicht, wie im Falle delinquenzpornographischer Inhalte deutlich wurde, jedoch nicht besagt, dass die bloße Betrachtung als subjektiv sinnhaftes Handeln deshalb unproblematisch wäre.

Dessen ungeachtet kann MacKinnon in ihrer Einschätzung zum Gebrauch von Pornographie grundsätzlich zugestimmt werden, dass es sich bei Pornographie um ‚Masturbations-Material‘ handelt. Wie die US-amerikanische Neurowissenschaftlerin Nicole Prause (*1978) in ihrem unmissverständlich betitelten Beitrag „Porn Is for Masturbation" (2019) betont, dienen pornographische Inhalte primär als ‚Masturbationshilfe‘ („masturbation aid").[577] Nicht nur gehe Masturbation großenteils mit der Betrachtung visueller sexueller Stimuli einher, sondern umgekehrt erfolge deren Betrachtung bei Männern und Frauen, Alten und Jungen, nahezu ausschließlich in Kombination mit Masturbation.[578] Masturbation wird gemeinhin als gängige (Coping-)Strategie betrachtet, um mit der Diskrepanz zwischen der erwünschten und der tatsächlichen Häufigkeit des Geschlechts-

---

574 A.a.O., 20.

575 Vgl. a.a.O., 21; ferner 25.

576 Einen Grenzfall stellen Live-Vorführungen (*Webcam Sex* bzw. *Sexcam Chats*) im Cybersex-Bereich dar, die in Interaktion zwischen Darstellenden bzw. Akteur*innen und Betrachtenden bzw. User*innen erfolgen.

577 Prause, „Porn," 2271.

578 Vgl. ebd. (mit Literatur); unter Rekurs auf Sun et al., „Pornography," 983–994 betont Prause, dass „[o]ccasions of viewing VSS [scil. visual sexual stimuli] without masturbating were reported to occur, on average, *less than once per year*" („Porn," 2271; meine Hervh.).

verkehrs (Sexual Desire Discrepancy – SDD) umzugehen,[579] wobei Masturbation mittels visueller sexueller Stimuli bei längerfristigen Beziehungen weniger als *Ursache* denn als *Symptom* dieser Diskrepanz betrachtet werden kann.[580] Prause weist zudem darauf hin, dass die Bedeutung der Masturbation bei partner-schaftlichen Beziehungen in Abhängigkeit von der Beziehungsdauer variiere: „More masturbation is generally an indicator of relationships [sic!] satisfaction earlier in relationships and relationship dissatisfaction later in relationships."[581] Nachdem Masturbation in der Medizin lange Zeit pathologisiert wurde[582] und auch in der westlichen Welt noch immer Gegenstand zum Teil sehr kontroverser kultureller und religiöser Diskurse ist,[583] wird sie in der Sexualwissenschaft seit den frühen 1970er Jahren gemeinhin „als wichtige Komponente sexueller Ge-sundheit"[584] und allein dann, „when it inhibits partner-oriented behavior, is done in public, or is sufficiently compulsive to cause distress",[585] als problematisches und/oder behandlungsbedürftiges Sexualverhalten betrachtet. Doch auch wenn Masturbationsaktivitäten anstelle oder zusätzlich zur Partnersexualität als ge-sundheitsförderlich gelten können, ist damit aus sexualethischer Sicht noch nichts über die Wahl der Mittel gesagt, mithin: ob deshalb der Konsum *porno-graphischer* Inhalte als ‚Masturbationshilfe' zu rechtfertigen ist. Ein Urteil hier-über scheint erst möglich, wenn auch die dritte Perspektive auf das Verhältnis von Pornographie und Sexualität: die Frage nach der *pornographierten Sexualität* berücksichtigt worden ist, der in Abschnitt 3.3.2.3 nachzugehen sein wird.

Zuvor ist aber noch eine weitere Frage zu erörtern. Wenn der Konsum von Pornographie, abgesehen von ihrer möglichen Nutzung etwa als Informations-

---

579 Zur SDD vgl. den Überblick über Forschungsstand und -lücken bei Marieke et al., „Sexual Desire Discrepancy," 121–131.

580 Vgl. hierzu Prause, „Porn," 2271f.; ferner Regnerus et al., „Masturbation," 2111ff. sowie Vowels/Mark, „Strategies," 1020, 1022 u. 1025f.

581 Prause, „Porn," 2274; vgl. 2272.

582 Vgl. hierzu im Allgemeinen Laqueur, *Solitary Sex*, 185–358 / dt. *Die einsame Lust*, 150–346 sowie im Besonderen Haeberle, *Sexualität des Menschen*, 157 u. 167f. (bei Kindern), 176 u. 178f. (bei Jugendlichen), 197–201 u. 202–206 (bei Erwachsenen) zusammen mit Schmidt/Schetsche, „Drang," 1–22.

583 Zur Auseinandersetzung mit Masturbation speziell im konservativen Protestantismus vgl. Perry, *Addicted to Lust*, 38–56; für den römisch-katholischen Bereich vgl. Luschin, „Selbstwer-dung," 388–400 zusammen mit KKK 2352 u. 2396. Dass sich Masturbation bei der sexuellen Entwicklung und Sozialisation von Jugendlichen z.T. noch immer im Widerspruchsfeld von Ta-buisierung und Stigmatisierung bewegt, verdeutlichen Kaestle/Allen, „Masturbation," 986, 989 u. 991.

584 Driemeyer, „Masturbation," 372; zur Definition von ‚sexueller Gesundheit' vgl. 374 (Anm. 3); vgl. ferner Coleman, „Masturbation," 5–16.

585 Brown, „Overview." Vgl. ferner Coleman, „Obsessive-Compulsive Model," 9–14.

oder Inspirationsquelle,[586] primär zum Zwecke sexueller Erregung bei der Selbstbefriedigung dient, es sich bei Pornographie also um ein Funktionselement der menschlichen Sexualpraxis und bei ihrem Konsum um eine sexuelle Aktivität handelt – um was für eine Sexualität handelt es sich dabei? Nachdem der Großteil des Pornographiekonsums mittlerweile online über das Internet erfolgt, böten sich „Internetsexualität" oder „Online-Sexualität"[587] als Oberbegriffe zur Kennzeichnung des Pornographiekonsums an. Aufgrund der wesentlichen Kombination von Pornographiekonsum und Selbstbefriedigung sowie der Tatsache, dass die als ‚Pornographie' bezeichneten Darstellungen – wie in der Arbeitsdefinition angegeben – *medienunspezifisch* zur Verfügung stehen können, erscheint es jedoch angemessener, den *vornehmlich* allein vollzogenen Pornographiekonsum als Form der „Autosexualität"[588] oder „Solosexualität"[589] zu betrachten, die zunehmend als „eigenständige Sexualform"[590] verstanden wird. Auch Begrifflichkeiten wie „Solosex" oder „Selfsex"[591] könnten zur Charakterisierung dieser Sexualität herangezogen werden, der eine *Selbst*bezüglichkeit wesentlich ist bzw. bei der alles zum Selbst hin gravitiert, was jedenfalls ohne negative Konnotationen auskommt, wie es etwa bei dem im christlichen Bereich zur Kennzeichnung pornographischer Selbstbefriedigung herangezogenen Begriff des „Egosex"[592] der Fall ist.

Wichtiger als Begrifflichkeiten scheint mir allerdings die Diskussion des Hinweises von Sigusch zu sein, dass die in verschiedenen Erhebungen der letzten Jahrzehnte zutage tretende „quantitative Zunahme der Selbstbefriedigung beinahe unabhängig von Art und Güte des Sexual- und Liebeslebens insgesamt" sei und Selbstbefriedigung „offenbar nicht mehr in erster Linie als Not- oder Ventilpraktik"[593] diene. Es mutet eigenartig und doch zugleich bezeichnend für die

---

586 Vgl. Weidinger et al., *Sexualität*, 138–140; Kostenwein, „‚Generation Porno'," 83 f.; Vogelsang, *Viktimisierung*, 101, 106 u. 108.

587 Zu diesen Begriffen vgl. Sigusch, *Sexualitäten*, 340, der darunter „[a]lles Sexuelle" fasst, „das sich mit Hilfe des Internets abspielt"; „E-Sex" bezeichne dagegen „virtuell-reale Sexualkontakte bis hin zum Orgasmus mittels zügigem Text- und/oder Bildwechsel" (340 f.).

588 Scharfetter, *Psychopathologie*, 320.

589 Zu diesem Begriff vgl. Böhm, „Solosexualität," 302. Begriffspate war augenscheinlich Laqueur (s. oben Anm. 582).

590 Sigusch, *Sexualitäten*, 454; vgl. 506 f. sowie Schmidt et al., *Beziehungswelten*, 117 u. 130; ferner Böhm/Matthiesen, „Solosexualität," 31 u. 33.

591 Vgl. Sigusch, *Sexualitäten*, 340, 342 f., 506 f. u. 537.

592 Rammler, *Egosex*; vgl. auch Freitag, „Emotionale Gewalt," 260.

593 Sigusch, „Revolution," 188; ähnlich Lewandowski, *Pornographie*, 15.

Widersprüchlichkeit der postmodernen Sexualität an,[594] dass Zunahme und Vereigenständigung der Selbstbefriedigung in einer Zeit erfolgen, die „von offenbar massenhaft verbreitetem Zurückgehen bzw. Geringer-Werden sexuellen Begehrens in Beziehungen und Partnerschaften"[595] bei gleichzeitiger massenmedial verstärkter Erotisierung, „virtueller Überbefriedigung"[596] und Sexualisierung der Gesellschaft geprägt ist, in einer Zeit also, in der die Menschen, wie der französische Soziologe und Philosoph Jean Baudrillard (1929 – 2007) zu bedenken gibt, von einer schier „unendlichen Fülle von Möglichkeiten" umgeben sind, „überall Sex zu sehen, Sex zu machen".[597] Schmidt hat dies treffend als „groteske Diskrepanz" zwischen „innerer Desexualisierung" und „äußerer Sexualisierung" beschrieben, insofern in einer mit Sexualreizen geradezu „vollgestopfte[n] Außen- und Medienwelt" ein Rückgang partnerschaftlicher sexueller Aktivitäten in der heutigen Gesellschaft zu verzeichnen ist.[598]

Auch auf die Gefahr hin, mangels qualitativ hochwertiger Evidenz dem Trugschluss der Scheinkausalität aufzusitzen, scheint es mir eben keine Zufälligkeit zu sein, dass der von Sigusch konstatierte Umstand, wonach Selbstbefriedigung „ihren Ersatzcharakter verloren"[599] habe, sich just in einer Zeit bemerkbar macht, in der mit der „Sexualisierung der Welt", um nochmals Baudrillard zu zitieren, „ein gigantisches Entsexualisierungsunternehmen"[600] im Gange ist, eine Sexualisierung, deren Losung nicht *ne quid nimis*, sondern *ubique et nusquam* lautet – bis zum sexuellen Exzess als *excessus* des Sexuellen. In genau dieses Bild fügt sich, dass mit der ständigen, unvermeidbaren Konfrontation mit sexuellen Reizen und Zumutungen im Lebensalltag, gleichermaßen Übersättigung wie Entleerung,[601] eine grenzenlose Verfügbarkeit von Darstellungen sexueller Handlungen einhergeht, die über Internetplattformen, häppchenweise aufbereitet und ganz nach dem Gusto des *homo consumens*[602] säuberlich nach

---

594 Zur Charakteristik postmoderner Sexualität vgl. Schmidt, „Sexualverhältnisse," 277. Zur Verhältnissetzung von Sexualität und Postmoderne vgl. Neubauer, „Sexualität," 760 – 763; zur Rede von einer ‚Postmodernisierung der Sexualität' vgl. Simon, „Postmodernisierung," 99 – 114.
595 So Aigner, *Vorsicht Sexualität!*, 90 (ohne Hervh.) unter Rekurs auf nicht näher konkretisierte empirische Forschungsergebnisse zur Erläuterung der von Baudrillard in einem Interview mit *DIE ZEIT* am 1997 vorgebrachten These eines großflächigen ‚Verschwindens' partnerschaftlicher Sexualität, vgl. Assheuer/Baudrillard, „Le Pen," 39.
596 Herbst, *Feministin*, 95.
597 Assheuer/Baudrillard, „Le Pen," 39.
598 Schmidt, *Verschwinden*, 24 f.; vgl. ferner Dannecker, „Sexualität," 19 u. 23.
599 Sigusch, „Revolution," 188.
600 Assheuer/Baudrillard, „Le Pen," 39.
601 Vgl. Sigusch, „Revolution," 100.
602 Vgl. dazu die unten in Anm. 666 angegebene Literatur.

Kategorien vorsortiert, zu jeder Zeit an jedem Ort – entsprechende Infrastruktur und Endgeräte vorausgesetzt – bequem konsumiert werden können. „Jedes Angebot trifft auf eine Nachfrage, jede Nachfrage auf ein entsprechendes Angebot."[603] Das konkrete pornographische Produkt hat für die Betrachtenden indes stets nur momentweise Bedeutung als Inzitament,[604] weshalb die Betrachtenden in eben dem Moment, in dem das betreffende Produkt diese Bedeutung für sie wieder (einmal) verloren hat, gleichsam entwaffnet dastehen.[605]

Sexuelle Stimulanzien geraten so zu Convenience-Produkten, die man mal eben so mitnimmt (*to go*)[606] und derer man sich anstelle der eigenen Phantasie bedient, während das sexuelle Begehren eines realen Gegenübers zu verkümmern und die sexuelle Praxis mit einem realen Gegenüber auf der Strecke zu bleiben droht – „Oversexed and Underfucked",[607] lautet die kulturkritische Diagnose der Philosophin Ariadne von Schirach (*1978) in ihrem Buch *Der Tanz um die Lust* (2007) für diese Entwicklung. Damit einher geht eine bemerkenswerte Enteignung der erotischen Phantasie,[608] an deren Stelle die Darstellung einer Sexualität tritt, „in der das Selbe mit dem Selben kopuliert" und erotisch-sexuelle Abenteuer „durch Prozesse einfacher Teilung und der Deklinierung der Codes"[609] substituiert werden. Allgegenwart und Überfülle der Sexualität in Alltagswelt und Öffentlichkeit graben der in der Großhirnrinde lokalisierten Phantasiefabrik gewissermaßen das Wasser ab, doch ist „Sex ohne Fantasie [...] wie ein Auto ohne Räder, es funktioniert nicht".[610] Der oftmals als *pornographic turn*[611] apostrophierte Paradigmenwechsel erweist sich insofern als Sackgasse.

---

603 Lewandowski, *Pornographie*, 199.
604 Nach der Statistik des Porno-Streamingdienstes *Pornhub* zum Nutzungsverhalten betrug im Jahr 2019 die durchschnittliche Verweildauer auf der Website 10:28 Minuten, https://t1p.de/ifa1 (Zugriff: 31.10. 2021).
605 Zu diesem Gedanken vgl. Kierkegaard, *Tagebuch*, 12; vgl. ferner Lewandowski, *Pornographie*, 28.
606 Vgl. Hilkens, *McSex*, 14 f.
607 Von Schirach, *Tanz*, 34; vgl. 34 – 39 sowie Amendt, „‚Sexfront'. Revisited," 166.
608 So Josef Christian Aigner im Gespräch mit dem Medizinjournalisten Bernhard Hain in der ORF-Dokumentation *Sexualität im Kopf* (2015); Regie: Bernhard Hain; Erstausstrahlung: 27.04. 2015; Minute: 28:40 – 29:00.
609 Ott, „Jean Baudrillard," 95.
610 So der Bregenzer Psycho- und Sexualtherapeut Roland Blum im Gespräch mit dem Medizinjournalisten Bernhard Hain in der oben genannten Dokumentation *Sexualität im Kopf* (2015); zit. nach Wittlich, „Gedanken," (ohne Seitenzahlen).
611 Vgl. Röttgers, „Demaskierungen," 82– 87.

Die Frage schließlich, in welchem Verhältnis – nennen wir sie – Solosexualität und Partnersexualität zueinander stehen[612] und wie beides im Vergleich miteinander zu bewerten ist, lässt verschiedene Antworten zu, die, was das Verhältnis betrifft, Solosexualität und Partnersexualität in situativer oder struktureller „Konkurrenz"[613] zueinander ebenso wie in schiedlicher „Koexistenz"[614] miteinander betrachten und, was die Bewertung betrifft, zwischen solosexuellen und partnersexuellen Aktivitäten ein gleichwertiges ebenso wie ein hierarchisches Verhältnis behaupten können. Entscheidend aus theologisch-ethischer Sicht wird nicht zuletzt sein, inwieweit an der traditionellen „wechselseitigen Fixierung von Sexualität und Generativität an einander" festgehalten oder eine „Entkoppelung von Sexualität und Generativität"[615] vollzogen werden kann und soll. Wird jedoch berücksichtigt, dass Sexualität aus humanwissenschaftlicher Sicht – aber auch aus Sicht einer Sexualethik, deren Ausgangspunkt die „Annahme einer mehrdimensionalen Sinnhaftigkeit menschlicher Sexualität"[616] bildet – nicht nur eine Fortpflanzungs- und Beziehungsfunktion, sondern auch eine Lustfunktion hat, ‚Genitalien' demnach nicht nur der Reproduktion, sondern auch – oder sogar überwiegend – dem Erleben und Bereiten von Lust dienen,[617] so kann Solosexualität als Sexualität „ohne ein personales Gegenüber"[618] als „eigenständiger und wertvoller Bestandteil von Sexualität"[619] gedeutet werden.

Solosexualität steht demnach nicht einfach für „Vereinsamung oder Reifungsdefizit", sondern kann „als selbstbestimmte, im Augenblick auch konfliktfreie Ausdruckshaltung von Sexualität"[620] verstanden werden, die nicht nur eine bewusst gewählte *Alternative*, sondern auch eine temporäre oder permanente *Ergänzung* zur partnerschaftlichen Sexualität darstellen kann, und zwar in Quantität wie in Qualität. Zwar ist nicht von der Hand zu weisen, dass soloexuelle Aktivitäten in Partnerschaften auch zu Lasten von partnersexuellen Aktivitäten gehen können, womit die oben angesprochene Möglichkeit einer Konkurrenz zwischen beiden eintreten kann, doch ist daraus nicht zu schließen, dass Solosexualität allein außerhalb, nicht aber auch innerhalb von Partnerschaften

---

612 Zum Verhältnis von Solosexualität und Paarbeziehungen und den unterschiedlichen Wegen, „wie Solosexualität während Beziehungsphasen organisiert" sein kann, vgl. Böhm/Matthiesen, „Solosexualität," 31–33.

613 Döring, „Medienangebote," 432.

614 Schmidt et al., *Beziehungswelten*, 115 u. 118; vgl. Böhm/Matthiesen, „Solosexualität," 21 u. 33.

615 Haspel, Art. „Sexualität / Sexualethik," 1370 u. 1372.

616 Schockenhoff, „Sexualität," 573.

617 Vgl. Haeberle, *Sexualität des Menschen*, 27 u. 348 / *The Sex Atlas*, 25 u. 315.

618 Leimgruber, *Sexualpädagogik*, 92; vgl. auch 93.

619 Döring, „Medienangebote," 432.

620 Luschin, „Selbstwerdung," 388.

praktiziert als erfüllend erlebt werden kann. Wird jedenfalls einzig auf die Möglichkeit eines Lustgewinns durch den vornehmlich allein, aber auch gemeinsam[621] erfolgenden Pornographiekonsum abgehoben, kann Pornographie als Funktionselement der Sexualpraxis durchaus „eine positive Wirkung"[622] beschieden werden. Die *sexualethische* Bewertung von Pornographie wird allerdings nicht nur den Zweckaspekt und den Folgenaspekt berücksichtigen, sondern pornographische Darstellungen auch unter dem Repräsentationsaspekt betrachten und nach der in der Pornographie *dargestellten* Sexualität fragen: der pornographierten Sexualität.

3.3.2.3 Pornographierte Sexualität

Nachdem im vorhergehenden Abschnitt MacKinnons Funktionsaussage über Pornographie (‚Pornographie ist Masturbations-Material. Sie wird als Sexualität *benutzt*') im Grundsatz zugestimmt und der vornehmlich solosexuell erfolgende Pornographiekonsum im Verhältnis zur Partnersexualität verortet wurde, ist in diesem Abschnitt die von MacKinnon aus der Funktionsaussage abgeleitete Wesensaussage über Pornographie (‚Sie *ist* daher Sexualität') in den Blick zu nehmen. Schon grammatisch-logisch ist hierzu zu bemerken, dass diese mittels des Konjunktionaladverbs ‚daher' („therefore"[623]) unterstellte Grund-Folge-Beziehung zwischen der Funktions- und der Wesensaussage über Pornographie keineswegs zwingend ist. Denn so wenig wie Funktion und Wesen einer Sache miteinander identisch sein müssen, was sie im Falle von Pornographie in den Augen Dworkins und MacKinnons aber angeblich sein sollen, wenn beide Pornographie, wie bereits angesprochen, als „graphisch deutlich sexuelle Materialien" definieren, „die Frauen durch Bilder oder Worte unterdrücken",[624] so wenig ist ausgemacht, dass die einer Sache zufallende oder zugesprochene Funktion, wenn denn jede Sache eine oder mehrere Funktion(en) haben sollte, dieser auch *wesentlich* ist.[625]

---

621 Vgl. Malamuth, „Pornography," 678.

622 Döring, „Medienangebote," 432.

623 MacKinnon, *Only Words*, 17; vgl. *Nur Worte*, 20.

624 MacKinnon, *Nur Worte*, 24; vgl. *Only Words*, 22.

625 Vgl. zu diesem Gedanken Arendt, „Open Letter," 120: „Ich bin natürlich nicht der Auffassung, daß jede Sache eine Funktion hat, noch daß Funktion und Wesen dasselbe sind, und auch nicht, daß zwei völlig verschiedene Dinge, wie zum Beispiel der Glaube an ein Gesetz der Geschichte und der Glaube an Gott, die gleiche Funktion haben. Und selbst wenn es unter gewissen seltsamen, fragwürdigen Umständen vorkommen sollte, daß zwei unterschiedliche Dinge die gleiche ‚funktionale Rolle' spielen, hielte ich sie ebensowenig für identisch, wie ich denke, daß

Scheint diese Verknüpfung von Funktion und Wesen von Pornographie ‚grammatologisch' fragwürdig zu sein und, wie in Abschnitt 3.3.1.3 dargelegt, die von Dworkin und MacKinnon vollzogene funktionale Reduktion von Pornographie auf die ‚Unterdrückung von' bzw. ‚Gewalt gegen Frauen' in ihrer Pauschalität nur schwerlich zu plausibilisieren, gilt es nun zu fragen, wie es zu verstehen ist, dass die als Sexualität *benutzte* Pornographie auch Sexualität *sei*. Der Schlüssel zum Verständnis dieser Wesensaussage liegt wiederum in MacKinnons Verständnis von Pornographie im Sinne eines performativen Sprechaktes, wonach Pornographie das, was sie darstellt (‚sagt'), zugleich ist und bewirkt.[626] In der Pornographie wird demnach nicht nur Sexualität dargestellt, sondern Pornographie selbst stellt Sexualität dar.[627] Die Problematik einer einfachen Gleichsetzung der in der Pornographie dargestellten Sexualität mit Sexualität selbst,[628] wie sie in der feministischen und christlichen Pornographiekritik immer wieder anzutreffen ist, zeigt sich, wenn gefragt wird, welcherart denn die in der Pornographie dargestellte Sexualität ist und auf welche Weise in der Pornographie Sexualität dargestellt wird. Gerade an der kommerziellen Mainstream-Pornographie wird nämlich offensichtlich, dass diese pornographierte Sexualität mit der alltagsrealistischen Sexualität nur wenig gemein hat. Dies gilt es nun zunächst im Hinblick darauf, *was* in der Pornographie visualisiert und inszeniert wird, und sodann darauf, *wie* dies visualisiert und inszeniert wird, dar- und offenzulegen (λέγειν).

Die Frage nach dem *Was* kann, allgemein gesprochen, so beantwortet werden, dass es sich bei Pornographie um eine Visualisierung und Inszenierung sexueller Phantasien handelt, die sich durch die bewusste Überschreitung und Übersteigerung des zu einer Zeit vorherrschenden, maßgeblich von gesellschaftlichen Einstellungen und normativen Vorstellungen bestimmten Bildes von Sexualität auszeichnet[629] und die damit nicht nur „die soziale Wirklichkeit sexuellen

---

der Absatz meines Schuhs ein Hammer ist, wenn ich ihn benutze, um einen Nagel in die Wand zu schlagen" (zit. nach Arendt, „Religion," 326).

626 Vgl. MacKinnon, *Nur Worte*, 24 f.; vgl. hierzu oben Anm. 469.

627 Gewiss kann Pornographie insofern als Sexualität bezeichnet werden, als damit die in ihr realisierten sexuellen Handlungen gemeint sind und es sich nicht, wie etwa bei einem Sexualratgeber, allein um Beschreibungen des Sexuellen handelt. Lewandowski weist mit Recht darauf hin, dass in der Pornographie „sexualitätssystemische Operation und Selbstbeschreibung in eins" fallen, da nicht nur „sexuelle Handlungen realisiert", sondern zugleich die Sexualität der Pornographie „Beschreibungen ihrer selbst hervorbringt" – eine „Gleichzeitigkeit von Realisierung und Beschreibung", die „der Pornographie ‚Konkurrenzvorteile' gegenüber anderen Beschreibungen des Sexuellen" verschafft (Lewandowski, *Pornographie*, 223).

628 Vgl. hierzu Faulstich/Schäffner, „Sprache der Liebe," 876.

629 Vgl. Lewandowski, *Pornographie*, 176–181; Korte, *Pornografie*, 126–131.

Handelns in der Alltagswelt an Spontaneität, Begehrensartikulation und ästhetischer Herrichtung übertrifft",[630] sondern zugleich in einen Widerspruch zur „gemeinhin geteilten, sozial etablierten, moralischen, politischen, sozialen und ästhetischen Werteordnung"[631] geraten kann. Die Frage nach konkreten Inhalten sexueller Phantasien kann an dieser Stelle unterbleiben,[632] nicht aber die Frage nach dem Verhältnis sexueller Phantasien zur pornographischen Darstellung. Dabei bietet sich wiederum ein Rekurs auf Lewandowski an, der pornographische Produkte als den „typischen Träumen" einer bestimmten Gesellschaft in einer bestimmten Epoche und einem bestimmten Kulturkreis „vergleichbar"[633] versteht und analog zu Freuds Traumtheorie und deren Unterscheidung von (manifestem) „Traummaterial" und (vorbewussten) „Tagesresten" als Traumerreger[634] zwischen manifesten und latenten Inhalten pornographischer Inszenierungen unterscheidet. Näherin identifiziert und beschreibt Lewandowski vier idealtypische Möglichkeiten, wie pornographische Inszenierungen und sexuelle Phantasien der Nutzer*innen zusammenwirken können:

> (1) Die manifeste pornographische Darstellung und die bewussten sexuellen Phantasien des Nutzers fallen zusammen [...]. (2) Die pornographische Darstellung stellt die latenten bzw. unbewussten sexuellen Phantasien des Nutzers in manifester Weise dar. [...] (3) In der pornographischen Inszenierung finden sich manifeste bzw. bewusste sexuelle Phantasien des Nutzers in latenter Weise dargestellt [...]. (4) Die pornographische Inszenierung stellt latente bzw. unbewusste sexuelle Phantasien des Nutzers in latenter Weise dar.[635]

Während Nutzer*innen im ersten Fall jene pornographischen Produkte suchten und konsumierten, die ihre bewussten sexuellen Phantasien in manifester Form darstellten,[636] wodurch der Pornographie aber der ihr eigentümliche Reiz abhandenkomme, würden Nutzer*innen im zweiten Fall durch die pornographischen Inszenierungen entweder überfordert und/oder abgestoßen oder aber erregt werden, ohne einen Grund für diese Erregung angeben zu können. Im dritten Fall würden die pornographischen Inszenierungen die bewussten sexuellen Phantasien der Nutzer*innen nur in wenig erregender Weise zur Darstellung

---

630 Benkel, „Kulturindustrie," 1322; vgl. Lüdtke-Pilger, *Porno*, 125 ff.

631 Özmen, „Pornographie," 349.

632 Vgl. hierzu Clulow, „Sexual Fantasy," 1–14.

633 Lewandowski, *Pornographie*, 14; vgl. 14 f.

634 Vgl. Freud, „Metapsychologische Ergänzung zur Traumlehre," 412–416; vgl. die Darstellung von Freuds Traumtheorie anhand von Freuds *Die Traumdeutung* (1900) bei Lewandowski, *Pornographie*, 21–33.

635 A.a.O., 38 f.; zur folgenden Erläuterung der Idealtypen vgl. ebd.

636 Zum Suchen und Finden vgl. gleichwohl oben Anm. 445 sowie Abschnitt F.2.3, Anm. 531.

bringen, während die pornographische Inszenierung im vierten Fall die gelungenste Form einer Kompromissbildung zwischen unbewussten Wünschen und Phantasien auf der einen, einer Zensurinstanz des Bewusstseins im Sinne eines Abwehrmechanismus auf der anderen Seite bilde,[637] da „[d]er eigentliche ,Kern' der sexuellen Erregung [...] in der manifesten Darstellung ebenso wenig in unverstellter Form [...] wie in der manifesten Phantasie des Nutzers"[638] vorkomme.

Diese vier Idealtypen träten in der Realität jedoch nicht „in Reinform" auf, sondern stets „in unterschiedlichen Mischverhältnissen": „Entscheidend ist aber der Gedanke, dass es nicht ausschließlich oder auch nur primär bewusste sexuelle Phantasien sind, die mit manifesten pornographischen Darstellungen interagieren, sondern dass latente Phantasien eine ebenso bedeutende Rolle spielen wie latente Aspekte pornographischer Inszenierungen."[639] Die spezifische pornographische Erregung werde dabei weniger durch eine „Übereinstimmung der manifesten Darstellungen mit den manifesten Phantasien" als vielmehr durch „die ,Passigkeit' der latenten Bedeutungen der Darstellungen mit den latenten Phantasien der Nutzer"[640] erzeugt. Analog zur freudschen „Traumarbeit" als der dem Träumen wesentlichen Übersetzung latenter Traumgedanken in einen für die Träumenden akzeptablen manifesten Trauminhalt[641] sei demnach sowohl aufseiten der Produzent*innen als auch aufseiten der Nutzer*innen von Pornographie gewissermaßen „,Pornographiearbeit'"[642] erforderlich.

Was dieses *Wie* der Visualisierung und Inszenierung sexueller Phantasien im Rahmen von Pornographie betrifft, lässt sich – wiederum mit ständiger Rücksicht auf die kommerzielle Mainstream-Pornographie – eine im Allgemeinen gehaltene Antwort darauf anhand der Leitbegriffe *Entindividualisierung*, *Performance-Sex* und *Langeweile* entwickeln.

Zunächst kennzeichnet die pornographierte Sexualität eine weitgehende Ausblendung der Individualität der Handelnden. Diese *Entindividualisierung* der Protagonist*innen zu bloßen „Körperwesen"[643] betrifft nicht nur die gemeinhin als „dümmlich-willfährige Sexualobjekte"[644] dargestellten Frauen, sondern auch

---

637 Vgl. a.a.O., 13f., 26f., 82 u. 85.

638 A.a.O., 39.

639 A.a.O., 39f.

640 A.a.O., 40.

641 Vgl. hierzu die resümierenden Bemerkungen zur Traumarbeit in Freuds *Die Traumdeutung*, 510–512.

642 Lewandowski, *Pornographie*, 40; vgl. ferner 16, 32 u. 83.

643 Kostka, „Pornografie," 404.

644 Ertel, *Erotika*, 98.

die Männer, die, „ganz auf ihre Geschlechtsorgane reduziert",[645] gewissermaßen als „stupide Sexualathleten"[646] unter gnadenlosem Zwang zu Erektion und Ejakulation in monotonen motorisch-maschinellen Bewegungsabläufen[647] ihren pornographischen Lebenszweck erfüllen. Der Sexualakt in der Pornographie erscheint weniger als „partnerschaftlich-ganzheitliches" Geschehen denn als „bloß technischer Vorgang".[648] Auf diese Weise wird dem männlichen Betrachter nicht nur eine Identifizierung mit den männlichen, nicht selten gesichtslos gezeigten Protagonisten und den von ihnen vor, mit oder an weiblichen Körpern realisierten Handlungen,[649] sondern zugleich der Geschlechtsverkehr – „der Protagonist in der Abbildung, der Betrachter in seiner durch die Abbildung angeregten und auf sie bezogenen Phantasie"[650] – *mit ein und derselben Frau* ermöglicht: „Der Protagonist fungiert als Platzhalter für den Betrachter [...]: Seine Anwesenheit ist ebenso notwendig wie seine Abwesenheit."[651] Eine allzu starke Individualisierung der Handelnden wäre für die pornographierte Sexualität nicht nur überflüssig wie eine Hochzeit als Happy End, sondern sogar kontraproduktiv, insoweit dies eine Identifizierung der Betrachter mit den lediglich personale Hülsen darstellenden Protagonisten und damit ein synästhetisches Erleben[652] erschweren würde.

Die pornographierte Sexualität ist ferner durch und durch *Performance-Sex*. Die Akteur*innen sind immer auch Performer*innen. Geschlechtsverkehr wird als „rein körperliche[r] Akt"[653] verstanden, den es im Hamsterrad kapitalistischer Marktgesetze möglichst gewinnbringend vor der Kamera in Szene zu setzen gilt.

---

645 Faulstich, *Kultur*, 258.
646 Ertel, *Erotika*, 98.
647 Nicht von ungefähr hat die Wiener Journalistin Hanna Herbst ihr Kapitel über Pornographie in ihrem Debattenbeitrag *Feministin sagt man nicht* (2018) mit „Wie die Maschinen" (85–101) betitelt.
648 Ohly, *Ethik der Liebe*, 100; vgl. ferner Baum, „Alarmismus," 38. Dagegen scheint mir der von Baum in Anschlag gebrachte Verlust der Privatheit und des Schutzes der Intimität (38 f.), auf den er seine Bewertung von Pornographie als „Fehlform von Sexualität" (39) gründet – von der fragwürdigen Gleichsetzung von Pornographie mit Sexualität einmal abgesehen – *für sich* genommen noch kein starkes Argument gegen Pornographie zu sein, ist der Verlust von Privatheit und Intimität doch gleichsam Signum unseres multimedialen Zeitalters geworden und insofern keineswegs nur für Pornographie charakteristisch. Nicht nur das Sich-zum-Besten-Geben, sondern das Sich-Preisgeben, Sich-Ausliefern den Augen der Öffentlichkeit selbst im privatesten und intimsten Bereich steht ganz im Zeichen der Zeit und ihrer ‚sozialen' Medien, mit der bedenklichen Folge, dass dies nicht mehr als Verlust, sondern als Forderung der Zeit empfunden wird.
649 Vgl. Lewandowski, „Internetpornographie," 309.
650 Ebd.
651 Ebd.; ähnlich Lewandowski, *Pornographie*, 50; vgl. auch 130.
652 Vgl. hierzu Lüdtke-Pilger, *Porno*, 62 f. unter Rekurs auf Lautmann/Schetsche, *Begehren*, 63 f.
653 Kostka, „Pornografie," 404.

Pseudoästhetik, auf jugendlich getrimmte Körper, Leistungs- und Fitnessschau sind Wesensmerkmale der „klinisch gesäuberte[n] Welt"[654] des Pornographischen fernab alltagsrealistischer Sexualität, welche im Vergleich mit den feinretuschierten Hochglanzbildern des pornographischen „Glamour"[655] als ernüchternde Banalität missdeutet zu werden droht. Diese illusorische Perfektion, aber auch die Künstlichkeit und Gekünsteltheit pornographierter Sexualität bleibt nicht ohne Rückwirkung auf Leben und Lebensgefühl der Betrachter*innen und kann „in beiden Geschlechtern Leistungsdruck und Versagensangst bewirken".[656]

Schließlich erweist sich die pornographierte Sexualität recht verstanden als *langweilig*. Damit sind nicht Abstumpfung und Lustlosigkeit als mögliche Effekte des Pornographiekonsums gemeint, sondern das im Rahmen von Pornographie Dargestellte geht, aller „überbordende[n] Begierde"[657] und grotesk-obszönen Übersteigerung zum Trotz, völlig vorhersehbar nach der denkbar einfach gestrickten Grammatik des sexuellen Imperativs vonstatten. Die US-amerikanische Malerin und Filmwissenschaftlerin Ara Osterweil hat dies einmal so formuliert: „In mainstream hard-core pornography, the seemingly endless repetition of predictable outcomes induces boredom; the sense of knowing how each sexual number will end, imbues the spectator with a simultaneous sense of monotony and arousal."[658] Das Erstarken alternativer Pornographieformen, nicht zuletzt aber auch der Amateurpornographie in den letzten Jahren, kann demnach als Indiz für das offenbare Ungenügen herkömmlicher Mainstream-Pornographie und ihre fortschreitende Ent-Täuschung gedeutet werden.

Diese wenigen Bemerkungen mögen verdeutlichen, dass die pornographierte Sexualität ein Phantasma darstellt und darstellen soll, welches der Ebene alltagsrealistischer Sexualität auf der Grundlage gesellschaftlicher Konventionen und normativ gesetzter Achtungs- und Umgangsformen weitgehend enthoben ist. Darin besteht die *differentia specifica* pornographischer gegenüber erotischen Darstellungen, aber auch der augenscheinliche Erfolg der pornographischen Zurschaustellung sexueller Phantasien. Eine einfache Gleichsetzung der pornographierten mit der „von Offenbarung, Vertrauensvorschüssen und Verletzlichkeiten"[659] geprägten alltagsrealistischen Sexualität muss jedenfalls unweigerlich zu kurz greifen.

---

654 Ott, „Jean Baudrillard," 95.
655 Vgl. bereits von Magnis, *Pornographie*, 41.
656 Kossat, *Sexualität*, 74, vgl. 73 f.; ferner von Schirach, *Tanz*, 46–56.
657 Benkel, „Kulturindustrie," 1322.
658 Osterweil, „Andy Warhol's *Blow Job*," 453; vgl. auch Linz/Malamuth, *Pornography*, 21.
659 Benkel, „Organisation," 115.

3.4 Resümee

Die in diesem dritten Kapitel aus jeweils verschiedenen Blickwinkeln angestellten Überlegungen zum Verhältnis von Pornographie und Gewalt einerseits, Pornographie und Sexualität andererseits sollten vor Augen führen, dass eine differenzierte Beurteilung von Pornographie nur in der Zusammenschau verschiedener Perspektiven gelingen kann. Einer komplexen Realität ist nicht durch lineare Annahmen und monokausale Erklärungsmuster beizukommen, sondern nur unter Berücksichtigung des für eine Fragestellung maßgeblichen Geflechts von historischen und zeitgeschichtlichen, individuellen und gesellschaftlichen, kulturellen und psychologischen Bedingungen und Faktoren. Die in der feministischen und christlichen Pornographiekritik vielerorts erhobene Forderung nach einer staatlichen Zensur von Pornographie[660] – wie auch immer diese in einer „Multioptionsgesellschaft"[661] wie der heutigen wirkungsvoll angegangen und umgesetzt werden könnte – ist wohlfeil, zumal Maßnahmen allein auf nationaler Ebene im Kontext der heutigen globalisierten und multimedial vernetzten Welt weitgehend zahnlos blieben und allenfalls eine Verlagerung pornographischer Inhalte vom Clear Web ins Darknet bewirkten, wo sie völlig ungefiltert und ohne jede Möglichkeit einer ‚Nutzerkontrolle'[662] weiter zugänglich wären.

---

660 Vgl. z. B. KKK 2345; Schirrmacher, *Ethik*, Bd. 4, 501 sowie den in Abschnitt 3.3.1.3 angesprochenen Entwurf eines „Anti-Pornographie-Gesetzes" der Zeitschrift *Emma* vom November 1987; vgl. ferner Slupik, „Entwurf," 172 (§ 3) u. 177 f.; kritisch dagegen Strossen, *Verteidigung*, 307. Zur Frage einer (dann unweigerlich auch das Verbot einer Reihe anderer Warenangebote einschließenden) Zensur von Pornographie vgl. bereits Sontag, „Phantasie," 70 f.; ferner Schmidt, „Pornographie," 333 ff.

661 Vgl. Gross, *Multioptionsgesellschaft*, wonach der Vorgang der Modernisierung gekennzeichnet ist durch die „Optionensteigerung" als „Steigerung der Erlebens-, Handlungs- und Lebensmöglichkeiten" (14) einerseits, der „Forderung einer Steigerung der *Teilhabe*" (15) an ebendiesen Optionen andererseits. Durch die Steigerung von Optionen bei gleichzeitigem Verblassen von Selbstverständlichkeiten, Obligationen und Traditionen eröffne sich allerdings „eine Leere" (109), durch die das Individuum immer wieder auf sich selbst zurückgeworfen werde (vgl. 109 u. 112). Motor dieses „letzte[] Gewissheiten in Wahlmöglichkeiten" (31) transformierenden Modernisierungs- und Individualisierungsprozesses sei „ein unendliches Begehren nach Mehr" (159): „Optionensteigerung und Steigerung der Teilhabe bergen [...], wenn sie Hand in Hand auftreten, eine *nie* endende Triebkraft. An die Stelle ideologischer Kämpfe tritt der Dauerkonflikt zwischen Versprechen und Realisierung, zwischen versprochenen und vorenthaltenen Lebensmöglichkeiten" (367). Alle Versuche einer Regulierung und ‚Justierung' des auf sich selbst zurückgeworfenen Menschen könnten deshalb lediglich provisorisch und kompensatorisch sein.

662 Zum Begriff der ‚Nutzerkontrolle' als einer „Evaluation ‚von unten'" vgl. Müller, *Können*, 177 f.

Umso deutlicher tritt deshalb die Ebene der *Nutzer*innen* von Pornographie als diejenige Ebene in den Vordergrund, auf der ethische Gedanken und Leitmotive verankert werden können. Nutzer*innen sind für das zu sensibilisieren, was für die „spätmoderne[] Konsumkultur"[663] sowie das „Konsumverhalten im Spannungsfeld konkurrierender Interessen und Ansprüche"[664] insgesamt gilt: dass den Konsument*innen eine (neue) Verantwortung zukommt,[665] auch wenn der Blick auf den *homo consumens*, „der durch Maßlosigkeit, Kurzsichtigkeit und Manipulation" sowohl sich selbst als auch seine Umwelt „entwürdigt und ruiniert",[666] einen nicht gerade optimistisch zu stimmen vermag. Dies umso mehr, als Bequemlichkeit, Genuss und Prestige die Trias bilden, die geradezu leitmotivisch die Konsumkultur der westlichen Welt zu durchziehen scheint. Die durch das Internet ermöglichte Verbreitung und Verfügbarkeit pornographischer Inhalte trifft insofern einen Nerv der Zeit, die alles jederzeit, überall und unverzüglich verfügbar haben zu müssen meint. So betrachtet ist der globale Erfolg der Pornographie[667] symptomatisch für die zeitgenössische, „frei flottierend[e]"[668] spät- oder postmoderne Sexualität, als deren „Quintessenz"[669] das von den beiden Philosophen Mark C. Taylor (*1945) und Esa Saarinen (*1953) in ihren *Imagologies* (1994) eindrücklich visualisierte Diktum: „Desire does not desire satisfaction. To the contrary, desire desires desire"[670] gelten kann. ‚Verlangen verlangt Verlangen' – und Pornographie bietet augenscheinlich, wonach die Welt verlangt. In Anlehnung an das berühmte, dem römischen Satiriker Petronius (gest. 66 n.Chr.) zugeschriebene Diktum *Mundus vult decipi, ergo decipiatur*[671] könnte demnach formuliert werden: *Mundus vult excitari, ergo excitatur!*

---

663 Rosa, „Verwechslung," 117; zur Unterscheidung zwischen klassisch-moderner und spätmoderner Konsumkultur und den Paradoxien letzterer – einerseits „Ent-Materialisierung und De-Kommodifizierung des Konsums", andererseits „Re-Materialisierung und Re-Kommodifizierung" (117; ohne Hervh.) – vgl. 117–124.

664 Vgl. hierzu Kleinhückelkotten, „Konsumverhalten," 133–156.

665 Vgl. Heidbrink/Schmidt, „Verantwortung," 27–32.

666 So bereits Schmidbauer, *Homo consumens*, 9. Zu Begriff und Charakterisierung des *homo consumens* vgl. ferner Fromm, „Application," 214.

667 Vgl. dazu Lewandowski, *Pornographie*, 11; vgl. auch 180; ferner Lewandowski, „Hardcore?," 49f.

668 Bauman, „Gebrauch," 9 (über die sich Selbstzweck seiende, scheinbar grenzenlos freie, da alle außerhalb ihrer selbst liegende Bezüge abgestreift habende *post*moderne *Erotik*).

669 Schmidt, „Sexualität," 57 (über die zeitgenössische, *spät*moderne Sexualität).

670 Taylor/Saarinen, *Imagologies*, 11 (im Kapitel „Telerotics"; das Buch hat eine kapitelweise Paginierung); auch zit. bei Bauman, *Work*, 25.

671 Zur lateinischen Fassung *Mundus vult decipi* (die deutsche Fassung findet sich m.W. zuerst in Sebastian Bran(d)ts *Narrenschiff* von 1494) vgl. Franck, *Paradoxa*, CXLI (Nr. CCXXXVIII: „Mundus uult decipi. Die welt will betrogen sein").

Gerade unter diesem zeitdiagnostischen Vorbehalt ist es aus sexualethischer Sicht sinnvoll und notwendig, Nutzer*innen von Pornographie immer auch als Konsument*innen zu betrachten, deren Kompetenzen es im Hinblick auf und im Umgang mit Pornographie zu fördern gilt. Die Sensibilisierung für die Problematik bestimmter Inhalte und Nutzungsweisen, aber auch für die sich vor allem in der androzentrischen Mainstream-Pornographie widerspiegelnden misogynen Einstellungen und sexistischen Denk- und Verhaltensmuster dient nicht nur dazu, Wandel und Veränderung auf der Bewusstseins- und Einstellungsebene anzuregen, sondern auch dazu, Macht und Rolle dieser Konsument*innen als Prosument*innen[672] zu stärken. Jedenfalls leuchtet nicht ein, warum eine Haltung der Verantwortung, wie sie sich gegenüber den Produktionsbedingungen von Gütern des täglichen Bedarfs bei immer mehr Konsument*innen zu etablieren scheint, verbunden mit einer zunehmenden Aufmerksamkeit vieler Konsument*innen für mögliche schädliche Folgen ihres Konsumverhaltens – warum also eine solche Haltung nicht auch gegenüber Pornographie, in der Sexualität gleichsam zum „Konsumgut"[673] gemacht wird, an den Tag gelegt und vonseiten einer modernitätssensiblen Sexualethik mit entsprechenden Überlegungen zum Umgang mit Pornographie bedacht werden können sollte.[674]

Eine solche nicht aus einem moralischen Elfenbeinturm heraus argumentierende, sondern um praxisnahe Orientierung bemühte realistische Bewertung von Pornographie, mit der unweigerlich deren Enttabuisierung „in ihrer ganzen Wirklichkeit"[675] einhergehen muss, kann überdies – und das sei abschließend bemerkt – nur im Interesse der christlichen Kirchen und Gemeinschaften sein, wenn man sich aktuelle religionssoziologisch und religionspsychologisch ausgerichtete Untersuchungen zur Pornographienutzung religiöser Menschen[676] vor

---

672 *Prosumer*, eine Synthesis aus *producer* und *consumer*, ist eine Wortschöpfung des US-amerikanischen Futurologen und Trendforschers Alvin Toffler, vgl. Toffler, *Third Wave*, 264–288.
673 So bereits Göppert, „Gesellschaftsstruktur," 27.
674 Vgl. Döring, „Pornografie-Kompetenz," 235–250; dies., „Diskussionsstand," 11–23 sowie Macleod, „Consumption," 58–75.
675 Molinski, „Würde," 640.
676 Vgl. Abell et al., „Cyberporn Use," 165–171; White/Kimball, „Attributes," 350–359; Baltazar et al., „Internet Pornography," 32–40; Tarver, „Effects," 343–367; Patterson/Price, „Pornography," 79–89, bes. 87; Perry, „Pornography Use," 81–98; Thomas et al., „Anti-pornography," 471–497; Perry, „Spousal Religiosity," 561–574, bes. 568; ders., „Pornography Use," 57–74, bes. 67; Guidry et al., „The Exacerbating Impact," 103–121. – Zum Einfluss des Pornographiekonsums speziell auf den konservativen Protestantismus in den USA vgl. die qualitative Interviewstudie von Perry/Whitehead, „Believers," 50–61 sowie die resümierenden Ausführungen hierzu bei Perry, *Addicted to Lust*, 177–191, wonach das Herzstück der Untersuchung das Paradox darstelle, „that conservative Protestants think pornography is immoral and yet succumb to its lure

Augen führt. Diese Untersuchungen verdeutlichen nämlich, dass die Pornographienutzung für religiöse Menschen oft mit enormen Gewissenskonflikten verbunden ist, was insbesondere unter konservativen Protestant*innen zu einem
weitgehenden Rückzug aus der aktiven Gestaltung des Gemeindelebens oder gar
zur Abkehr vom christlichen Glauben führen kann. Nicht nur die apodiktische
Verteufelung jedweder Nutzung von Pornographie, sondern auch die sich aus der
Verantwortung für eine wirkliche Auseinandersetzung mit diesem für viele Ge-
meindeglieder drängenden Problem im Grunde davonstehlende Erklärung dieser
Frage zur bloßen Privatsache, über die man besser schweigt, sind Teil des Problems, nicht der Lösung. Die Bereitschaft christlicher Kirchen und Gemeinschaften zur eingehenden Auseinandersetzung mit Pornographie stünde demnach ganz im Sinne ihrer Mitglieder.

---

all the time" (178; zu den Effekten vgl. ebd.). Perry skizziert dabei vier Wege, wie ‚konservative
Christ*innen' (hierunter versteht Perry in erster Linie evangelikale Christ*innen) Pornographie als
einzigartig ‚kaustisch' für ihre mentale und spirituelle Gesundheit (nicht zuletzt depressionsbe-
zogene Symptome) sowie für ihre personale und Gottesbeziehung erleben, was zur Abkehr vom
christlichen Glauben als vermeintlicher ‚Lösung' des angesprochenen Paradoxes führe
(vgl. 178–181).

F Konkretisierungen

Die im abschließenden Teil dieser Untersuchung erfolgenden Überlegungen zu sexuellem Kindesmissbrauch verstehen sich als Konkretisierungen in zweifacher Hinsicht. Einerseits geht es darum, die hierzu bereits an verschiedenen anderen Stellen angestellten Überlegungen[1] aufzugreifen und vor dem Hintergrund der in der Evangelischen Kirche in Deutschland (EKD) gerade erst begonnenen Aufarbeitung sexuellen Kindesmissbrauchs in kirchlichen und diakonischen Einrichtungen weiter zu konkretisieren. Andererseits geht es darum, weitere Konkretisierungen vorzunehmen, die nach meinem Dafürhalten in den aus theologischer Feder oder unter theologischer Federführung veröffentlichten Publikationen zu diesem Thema bislang ausstehen. Dies betrifft zum einen das im theologischen Sexualitätsdiskurs bis heute fast vollständig ausgeklammerte Phänomen der Pädophilie, zum anderen Fragen der Definition, Genese und Auswirkungen sexuellen Kindesmissbrauchs.[2]

1 Pädophilie

„Der letzte Grund, warum wir Pädophilie als bedrohlich wahrnehmen, sind unsere Vorstellungen von Kindheit als dem letzten Refugium von Vertrauen, Sicherheit und unschuldiger Liebe."[3] Wenn im Folgenden zu Pädophilie Stellung bezogen wird, so geschieht dies vor dem Hintergrund einer öffentlichen und fachwissenschaftlichen Debatte über Pädophilie,[4] deren Empörungspotenzial sich auch aus der Dynamik einander überlagernder Ideologisierungen und Politisierungen dieses Themas speist. Die Einstellung gegenüber Männern mit sexuellem Interesse an Kindern ist offenbar nicht nur unter der Allgemeinbevölkerung, sondern auch im Bereich der professionellen therapeutischen Kompetenz im Vergleich zu anderen stigmatisierten Risikogruppen ausgesprochen negativ. In

---

[1] Zuerst im Rahmen der Reflexionen zum Einverständlichkeitskriterium in Teil C, sodann im Rahmen der Grenzerkundung der Einverständlichkeit am Beispiel sexueller Handlungen zwischen Erwachsenen und Kindern in Teil D und schließlich bei der Auseinandersetzung mit realen und virtuellen Missbrauchsabbildungen in Teil E dieser Untersuchung.

[2] Zur Fragmentarität meiner Überlegungen speziell zu sexuellem Kindesmissbrauch im Raum von Kirche vgl. die Bemerkungen zu diesem Untersuchungsteil in der Einleitung.

[3] Sigusch, „Erotik," 22.

[4] Zur medialen Berichterstattung über Pädophilie vgl. die pointierte Einschätzung von Frommel, „Pädosexualität," 394; speziell zur Diskussion über Pädophilie in Medizin und Sexualwissenschaft vgl. Kühn/Sträter, „Störungen," 256 u. Becker, „Pädophilie," 5.

https://doi.org/10.1515/9783110717648-007

einer im Rahmen des vom Bundesfamilienministerium 2011–2014 geförderten interdisziplinären, multizentrischen Projekts MiKADO („Missbrauch von Kindern: Aetiologie, Dunkelfeld, Opfer") durchgeführten nicht-repräsentativen Befragung hat sich fast die Hälfte (49%) der knapp 1.300 Befragten für eine Präventivhaft von *Nicht*tätern mit sexuellem Interesse an Kindern ausgesprochen, während mehr als jeder Vierte (27%) diesen Menschen, die „bislang weder Kindesmissbrauch begangen noch Missbrauchsabbildungen genutzt haben",[5] sogar den Tod wünschte. Bemerkenswerterweise gaben auch 40% der dabei befragten angehenden Therapeut*innen an, „Ärger bei Pädophilie zu empfinden".[6] In den multimedial aufgepeitschten Wogen emotionaler Entrüstung über Pädophile droht in der Forderung nach Versachlichung[7] deshalb immer auch ein Moment angeblicher Verharmlosung zu resonieren, nicht zuletzt bei Sachverhalten, die als dilemmatisch gedeutet und daher auch durch Versachlichung nicht einfach ‚gelöst' werden können.

Um eine gleichermaßen differenzierte wie informierte Bewertung von Pädophilie aus sexualethischer Sicht vornehmen zu können, sind zunächst wesentliche humanwissenschaftliche Aspekte zusammenzutragen.

1.1 Humanwissenschaftliche Aspekte

1.1.1 Definition(en), Häufigkeit und Vorkommen

Pädophilie[8] wird in der erstmals 1992 veröffentlichten und bis heute gültigen WHO-Diagnosenklassifikation *ICD-10* zu den ‚Störungen der Sexualpräferenz'[9] als

---

5 So in der Ergebniszusammenfassung bei Neutze/Osterheider, „MiKADO," 7. „Befragung von erwachsenen Deutschen (N = 854), englischsprachigen Internetnutzern (N = 201), deutschen Ausbildungskandidat*innen psychotherapeutischer Ausbildungseinrichtungen (N = 137) und Männern mit sexuellem Interesse an Kindern (N = 104)" (5, Anm. 15).

6 A.a.O., 8. Für eine Kritik der Ergebnisse des Gesamtprojekts vgl. Jud et al., *Häufigkeitsangaben*, 32f. u. 39.

7 Zur Versachlichung als sprachlichem Objektivierungsgeschehen vgl. Plessner, *Conditio humana*, 174.

8 Der Begriff ‚Pädophilie' geht zurück auf Richard von Krafft-Ebing (1840–1902), der in seiner *Psychopathia Sexualis* (1886) die Bezeichnung „*Paedophilia erotica*" auf diejenigen Fälle bezieht, „bei welchen weder tiefstehende Moral, noch psychische oder physische Impotenz sexuell Bedürftige zu Kindern hintreiben, sondern vielmehr eine krankhafte Disposition, eine *psychosexuale Perversion*" (13. Aufl., 410). Ich konzentriere mich im Rahmen dieser Untersuchung auf Pädophilie als Sexualpräferenz für *vor*pubertäre Kinder, da sich hieran am deutlichsten sowohl Komplexität wie Problematik der Pädophilie aus sexualethischer Sicht zeigen lassen. Zur Hebephilie als sexueller Ansprechbarkeit auf den *früh*pubertären körperlichen Entwicklungsstatus und deren Abgrenzung zu Pädophilie vgl. Scherner et al., „Pädophilie," 1–13.

Untergruppe der Persönlichkeits- und Verhaltensstörungen gezählt und unter der Kodierung F65.4 bestimmt als: „Sexuelle Präferenz für Kinder, Jungen oder Mädchen oder Kinder beiderlei Geschlechts, die sich meist in der Vorpubertät oder in einem frühen Stadium der Pubertät befinden."[10] Dabei ist für die Diagnose einer Pädophilie „zweitrangig",[11] ob diese sexuelle Vorliebe auch ausgelebt wird. Im Unterschied zu dieser rein präferenzorientierten Definition wird Pädophilie im bis 2013 gültigen psychiatrischen Klassifikationssystem *DSM-IV-TR* (2000) der American Psychiatric Association (APA) zu den ‚Paraphilien' gezählt und mittels präferenz- *und* verhaltensorientierter Diagnosemerkmale unter der Ziffer 302.2 bestimmt als über einen Zeitraum von mindestens sechs Monaten wiederkehrend auftretende „intensive sexuell erregende Fantasien, sexuell dranghafte Bedürfnisse oder Verhaltensweisen, die sexuelle Handlungen mit einem präpubertären Kind oder Kindern (in der Regel 13 Jahre oder jünger) beinhalten".[12] Pädophilie kann sich nach dieser Definition sowohl auf das sexuelle Interesse beziehen als auch Verhaltensweisen unter Einschluss sexueller Handlungen umfassen. Demnach können sexuelle Missbrauchstäter als pädophil eingestuft werden, wenn es mehr als einmal innerhalb von sechs Monaten zu sexuellen Handlungen mit Kindern gekommen ist, auch dann, wenn sie „in ihrer Sexualität nicht primär auf Kinder ausgerichtet"[13] sein sollten.

Unter einer ‚Störung der Sexualpräferenz' bzw. ‚Paraphilie' – beide Termini werden in der Literatur synonym verwendet und sind weithin an die Stelle der Rede von ‚sexuellen Deviationen' bzw. ‚Perversionen' getreten – kann ein „sexueller Drang nach einem unüblichen Sexualobjekt (z. B. bei der Pädophilie) oder nach einer unüblichen Art der sexuellen Stimulierung (z. B. beim Fetischismus)"[14] verstanden werden. Beides, das ‚unübliche' Sexualobjekt und die ‚unübliche' Art der sexuellen Stimulierung, kann freilich auch zusammenfallen. Zu denken ist hier beispielsweise an sogenannte Objektfetische, die sich durch den Gebrauch unbelebter Objekte (wie etwa ein Auto, ein Baum, eine Hammond-Orgel oder eine Spielzeug-Lokomotive[15]) als Sexualobjekte auszeichnen und verdeutlichen, dass

---

9 Zum Verständnis von ‚Sexualpräferenz' (*sexual preference*) s. Abschnitt 1.1.2; zur Kritik an solchen Einteilungen von ‚Sexualstörungen' vgl. grundsätzlich Ahlers et al., „Spektrum," 121 u. 127.
10 WHO, *ICD-10-GM 2021*, s.v. F65.4 (Pädophilie).
11 Berner, „Sexueller Missbrauch," 4, der zwischen präferenz- und verhaltensorientierten Diagnosemerkmalen differenziert; vgl. ferner Seto, „Pedophilia," 393 u. 403 (Nr. 2).
12 APA, *DSM-IV-TR*, 572 (s.v. „302.2 Pedophilia"); zit. nach der dt. Übers. des in *DSM-5* gleichlautenden A-Kriteriums bei APA, *DSM-5. Deutsche Ausgabe*, 959.
13 Berner, „Sexueller Missbrauch," 5.
14 Kühn/Sträter, „Störungen," 256.
15 Vgl. Sigusch, *Sexualitäten*, 307.

auch Objekte der sexuellen Erregung in einer Weise dienen können, die dem diesen Objekten gemeinhin unterstellten Zweck zuwiderläuft.[16] Dies ist aus sexualethischer Sicht auch nicht weiter problematisch, solange mit solchen Vorlieben (man denke an die Dendrophilie, das sexuelle Sichhingezogenfühlen zu Bäumen, oder an den Pygmalionismus, das Empfinden sexueller Erregung beim Anblick nackter Statuen[17]) für die betreffende Person kein Leidensdruck, keine soziale Desintegration und vor allem kein selbst- und fremdbeeinträchtigendes Verhalten verbunden ist.

Die Rede von ‚unüblichen‘ Sexualobjekten bzw. ‚unüblichen‘ Arten der sexuellen Stimulierung hat gegenüber der Rede von ‚sexuellen Deviationen‘, ‚Abirrungen‘ oder ‚Perversionen‘ den Vorteil,[18] dass hierbei keine „normative Normalität" unterstellt oder vorausgesetzt wird, wie sie aufgrund von sozialen Konventionen und Werthaltungen „gesetzt" und Mitgliedern einer bestimmten Gesellschaft geradezu „verordnet" wird. ‚Das Normale‘ kann vielmehr wie beim „statistischen Normalitätsbegriff" empirisch „aufgefunden" und deskriptiv „untersucht"[19] werden. Nicht alles Un- und Außergewöhnliche aus Sicht der Mehrheitsgesellschaft ist auch als *defizitär* einzustufen, zumal für die sexualethische Beurteilung einer spezifischen Ausprägung der Sexualpräferenz nicht deren relative Vorkommenshäufigkeit, sondern die Frage entscheidend ist, inwiefern daraus resultierende Folgen auf der Verhaltens- und Handlungsebene mit der Aufgabe einer ethisch verantworteten Gestaltung von Sexualität vereinbar sind.

---

16 Zur Differenzierung von Funktion und Wesen einer Sache vgl. auch Arendt, „Open Letter," 120 (s. das Zitat in Abschnitt E.3.3.2.3, Anm. 625). Zur sogenannten „Fetischistischen Störung" (DSM-5), die sich auf die intensive sexuelle Erregung durch den Gebrauch unbelebter Objekte oder durch einen spezifischen Fokus auf nichtgenitale Körperteile samt entsprechender Phantasien, Bedürfnisse und Verhaltensweisen bezieht, vgl. APA, *DSM-5. Deutsche Ausgabe*, 964–966; zum Phänomen der ‚Objektsexualität‘ oder ‚Objektophilie‘ (beides keine etablierten Begriffe im medizinischen oder psychologischen Bereich, sondern meist als Eigenbezeichnungen benutzt) vgl. Marsh, „Love;" ferner Sigusch, *Sexualitäten*, 307–315.
17 Vgl. White, „Statue Syndrome," 246–249.
18 Aber auch gegenüber der von Bosinski vorgeschlagenen Terminologie, der „Sexuelle Präferenzstörungen" dahingehend unterteilt, ob ein „Verfehlen der erwartbaren Sexualhandlung" oder ein „Verfehlen des erwartbaren Sexualobjekts" (Bosinski, „Sexualmedizin," 40 f.; ohne Hervh.) vorliegt.
19 Van Elst, *Autismus*, 27; vgl. im Ganzen 22–30 („Was ist normal?"). Zur Frage nach dem Maßstab für eine Differenzierung von ‚üblich‘ und ‚unüblich‘ und den gesellschaftlichen, rechtlichen, religiösen und/oder wissenschaftlichen Instanzen, die sich hierzu befugt sehen, vgl. Haeberle, *Sexualität des Menschen*, 154, 195 f. u. 339–347. Vgl. dagegen Härle, *Ethik*, 1. Aufl., 317 f., der auch in der 2. Aufl. (2018) von ‚Sexuellen Abweichungen‘ bzw. ‚Deviationen‘ (2. Aufl., 297–300) spricht und entsprechend veraltete Literatur heranzieht.

Damit korrespondiert auch die Differenzierung zwischen der Ebene eines paraphilen sexuellen Interesses und Verhaltens und der einer ‚paraphilen Störung' (*paraphilic disorder*)[20] im seit Mai 2013 gültigen *DSM-5* der APA. Nicht jede Paraphilie – als Bezeichnung unterschiedlicher Phänomene eines nicht der „Durchschnittsnorm"[21] entsprechenden intensiven und/oder anhaltenden sexuellen Interesses und Verhaltens – ist eine paraphile *Störung*, sondern nur eine solche, die entweder zu klinisch signifikantem Leiden bzw. klinisch signifikanten Beeinträchtigungen des Betroffenen führt oder deren Befriedigung nur in Verbindung „mit persönlichem Schaden oder dem Risiko der Schädigung anderer"[22] erfolgen kann. Das heißt: „Eine Paraphilie ist eine notwendige, aber keine hinreichende Bedingung für das Vorhandensein einer paraphilen Störung. Eine Paraphilie für sich genommen rechtfertigt oder erfordert nicht notwendigerweise eine therapeutische Intervention." Für Pädophilie bedeutet dies, dass das intensive und/oder anhaltende sexuelle Interesse eines Erwachsenen an Kindern samt Phantasien, Bedürfnissen oder Verhaltensweisen entsprechend der oben zitierten Definition des *DSM-IV-TR*, welche im *DSM-5* beibehalten wird, zwar die Diagnose einer Pädophilie rechtfertigt, von einer ‚pädophilen Störung' (*pedophilic disorder*) aber erst dann gesprochen werden kann, wenn eine Person „diese sexuell dranghaften Bedürfnisse ausgelebt oder zwischenmenschliche Schwierigkeiten aufgrund der Störung erlebt hat".[23] Für die Diagnose einer pädophilen Störung nach *DSM-5* muss also sowohl die qualitative Eigenschaft einer Pädophilie entsprechend der Definition (= Kriterium A) erfüllt sein als auch das Faktum ihrer negativen Auswirkungen (= Kriterium B) vorliegen, während bei der Erfüllung von Kriterium A ohne gleichzeitige Erfüllung von Kriterium B von einer „benigne[n] Paraphilie"[24] ausgegangen wird.

Diese Unterscheidung zwischen sexuellen Phantasien, Neigungen, Wünschen, Bedürfnissen und Impulsen einerseits, deren Umsetzung „in reales, fremdbeeinträchtigendes und damit dissexuelles Verhalten (d. h. zum Schaden Dritter)"[25] andererseits wird auch in der am 1. Januar 2022 in Kraft tretenden *ICD-11*

---

20 Vgl. APA, *DSM-5. Deutsche Ausgabe*, 942; dazu Briken, „Paraphilie," 140 – 146.
21 APA, *DSM-5. Deutsche Ausgabe*, 942.
22 Ebd.; das nächste Zitat ebd.
23 A.a.O., 961; vgl. 959.
24 A.a.O., 942.
25 Ahlers et al., „Spektrum," 144. Zum als sprachliche Analogie zum Begriff der Dissozialität zu verstehenden Begriff der Dissexualität vgl. Beier, *Dissexualität*, 121, wonach „das Konstrukt ‚Dissexualität' als ein deskriptiver, von ätiopathogenetischen Hypothesen freigehaltener Obergriff für ein ‚sich im Sexuellen ausdrückendes Sozialversagen'" steht.

der WHO vollzogen,[26] in der im Abschnitt ‚Paraphilic disorders‘ des 6. Kapitels („Mental, behavioural or neurodevelopmental disorders") unter der Kodierung 6D32 ebenfalls von einer ‚pedophilic disorder‘ gesprochen wird, während von ‚(Störungen der) Sexualpräferenz‘ und ‚Pädophilie‘ als deren möglicher Ausprägung in diesem Kontext nicht länger die Rede ist. Unter weitgehender inhaltlicher Angleichung an *DSM-5*, dabei präferenz- und verhaltensorientierte Diagnosemerkmale miteinander kombinierend und allein auf vorpubertäre Kinder fokussierend, heißt es in der *ICD-11:* „Pedophilic disorder is characterised by a sustained, focused, and intense pattern of sexual arousal – as manifested by persistent sexual thoughts, fantasies, urges, or behaviours – involving pre-pubertal children. In addition, in order for Pedophilic Disorder to be diagnosed, the individual must have acted on these thoughts, fantasies or urges or be markedly distressed by them."[27] Demnach wird auch in der *ICD-11* zwischen nicht-pathologischen und pathologischen Ausprägungen einer pädophilen Sexualpräferenz unterschieden, die also so lange nicht behandlungsbedürftig ist, wie für Betroffene damit kein klinisch relevanter Leidensdruck, keine soziale Desintegration und kein fremdbeeinträchtigendes Verhalten einhergeht.[28] Die Diagnose einer Pädophilie als einer spezifischen Ausprägung der Sexualpräferenz besagt an sich noch nichts über die sexuellen Verhaltensweisen einer Person,[29] ebenso wie der Vollzug sexueller Missbrauchshandlungen nicht zwangsläufig auf das Vorliegen einer pädophilen Sexualpräferenz zurückzuführen ist.

Die genaue Häufigkeit von Pädophilie ist nicht bekannt, doch legen die im Vergleich zu den meist kleineren, nicht-repräsentativen Erhebungen bis dato wenigen Umfragestudien mit repräsentativen Bevölkerungsstichproben aus den beiden zurückliegenden Jahrzehnten – trotz zum Teil schwieriger Vergleichbarkeit der Ergebnisse aufgrund unterschiedlicher Definitionen und Kriterien – nahe, dass schätzungsweise zwischen 0,5 und 1 % der männlichen Allgemeinbevölkerung die diagnostischen Kriterien für Pädophilie erfüllen.[30] Die *höchstmögliche* Häufigkeit von Pädophilie unter der männlichen Allgemeinbevölkerung wird zum

---

26 Ein konkreter Zeitpunkt für die Einführung der *ICD-11* in Deutschland wurde noch nicht benannt.

27 WHO, *ICD-11 MMS*, s.v. „6D32".

28 Vgl. Ahlers et al., „Spektrum," 144. Zur Frage, ab wann ein sexuelles Problem/Symptom als ‚Störung‘ zu werten ist, vgl. Briken, „Sexualität," 272 ff.

29 Vgl. Ahlers/Schaefer, „Prävention," 385.

30 Vgl. Mokros et al., „Pädophilie," 355 („etwa 0,5 %"); Beier/Loewit, *Praxisleitfaden*, 152 („ca. 1 %"); Scherner et al., „Pädophilie," 5 („bis zu 1 %"). Nach *Pschyrembel online* liegt die geschätzte Häufigkeit von „Pädophilie" (dabei in Übereinstimmung mit *DSM-IV-TR* definiert) „bei 0,2 bis über 1 % der Gesamtbevölkerung" (Völkel, „Pädophilie"). Vgl. dagegen Dombert et al., „Common," 214 u. 218 („0,1 %") samt unten Anm. 32

Teil unter Rekurs auf kleinere Gelegenheitsstichproben (*convenience samples*) auf 5 % geschätzt.[31] Groß angelegte epidemiologische Studien zu Pädophilie existieren nicht. Gleichwohl scheinen – und seien es: gelegentliche – sexuelle Phantasien, bei denen vorpubertäre Kinder eine Rolle spielen, unter erwachsenen Männern verbreiteter zu sein, als es Häufigkeitsschätzungen unter Zugrundelegung der diagnostischen Kriterien in *DSM / ICD* vermuten lassen. So berichten bei einer anonymen Onlinebefragung von 8.718 Männern über 18 Jahren in Deutschland im Rahmen des bereits genannten MiKADO-Projekts (2011–2014) 4,1 % der Teilnehmer von sexuellen Phantasien mit vorpubertären Kindern, wobei sich bei 5,5 % wenigstens *ein* Hinweis auf ein pädophiles sexuelles Interesse findet.[32] Von 367 Männern, die im Rahmen einer Querschnittsstudie aus einer Teilstichprobe der sogenannten „Berliner-Männer-Studie" (2003) mit 1.915 Männern im Alter von 40 bis 79 Jahren aus Berlin rekrutiert und zu paraphilieassoziierten sexuellen Erregungsmustern befragt wurden, haben 9,5 % der Befragten angegeben, dass in ihren sexuellen Phantasien (auch) vorpubertäre Kinderkörper vorkommen.[33] Obgleich eine Generalisierbarkeit beider Befragungsergebnisse nicht zulässig ist, kann dies zumindest als ein Indiz dafür betrachtet werden, dass die Häufigkeit pädophiler Sexualphantasien wie überhaupt paraphiler Erregungsmuster größer ist als es bisher gemeinhin angenommen wurde.[34] Nicht selten weist eine Person zwei oder multiple Paraphilien auf,[35] wobei das *Verhalten* einer Person von ‚nie' über ‚gelegentlich' und ‚überwiegend' bis zu ‚ausschließlich paraphil' eingestuft werden kann.

Pädophilie scheint ganz überwiegend bei Männern vorzukommen. Jedenfalls wird Pädophilie „fast nur bei Männern diagnostiziert",[36] was oft im Zusammenhang mit der Erfassung von Sexualstraftaten geschieht, doch haben klinische Fallstudien die Existenz von Pädophilie auch bei Frauen belegt.[37] Obwohl anzunehmen ist, dass bei sexuellen Missbrauchshandlungen an Kindern der Anteil

---

31 Vgl. Seto, „Pedophilia," 392 (mit Literatur), wobei Pädophilie als „sexual interest in prepubescent children" (391) definiert wird; vgl. APA, *DSM-5. Deutsche Ausgabe*, 961, wo die höchstmögliche Häufigkeit einer ‚pädophilen Störung' auf 3 bis 5 % der männlichen Bevölkerung geschätzt wird.

32 Vgl. Dombert et al., „Common," 217. Diese Untersuchung ist allerdings *nicht* repräsentativ (vgl. a.a.O., 216; dagegen Briken, „Störungen," 402) und muss auch aufgrund ihrer Erhebungsmethode vorsichtig gewertet werden (so auch Weber-Papen/Schneider, „Sexualstörungen," 449).

33 Vgl. Ahlers et al., „Contents," 1362 u. 1366; vgl. dazu Ahlers, *Paraphilie*, 81–83.

34 So Beier, „Präferenz- und Verhaltensstörungen," 1680.

35 Vgl. APA, *DSM-5. Deutsche Ausgabe*, 942.

36 Kuhle et al., „Sexueller Missbrauch," 111.

37 Vgl. Chow/Choy, „Characteristics," 211–215; Wurtele et al., „Interest," 546–568; Tozdan et al., „Interest," 251–264.

von Täter*innen* höher ist als es die offizielle Kriminalstatistik widerspiegelt,[38] und bei Straftaten gegen die sexuelle Selbstbestimmung insgesamt mit einem großen Dunkelfeld zu rechnen ist, weshalb forensische Stichproben nicht repräsentativ für die Allgemeinbevölkerung sein können[39] und damit noch immer nur wenig belastbare Daten vorliegen, wird in der Literatur allgemein davon ausgegangen, dass die Prävalenz von Pädophilie bei Frauen „wahrscheinlich nur einen kleinen Bruchteil von der Prävalenz bei Männern"[40] ausmacht. Die auch in der Öffentlichkeit noch immer weitverbreitete Ansicht, Pädophilie komme bei Frauen überhaupt nicht vor,[41] ist nicht zuletzt deshalb problematisch, weil daraus sich speisende Vorurteile bei der Aufklärung und Verfolgung von sexuellen Missbrauchshandlungen an Kindern einen Ausschluss möglicher pädophiler Täterinnen aus dem Kreis der Verdächtigen präjudizieren können, obgleich es, wie bereits weiter oben festgestellt, über Häufigkeit, Entwicklung und Verlauf einer Pädophilie bei Frauen noch immer „keine gesicherten Erkenntnisse"[42] gibt.

Pädophilie als eine spezifische Ausprägung der Sexualpräferenz gilt nach überwiegender Auffassung in der Literatur als nicht veränderlich.[43] Insofern kann gesagt werden, dass Pädophilie im menschlichen Lebensverlauf *entdeckt* wird und nicht Gegenstand einer bewussten Entscheidung ist.[44] Dies steht einer Diskussion möglicher Ursachen und Entstehungsbedingungen von Pädophilie allerdings nicht im Wege.[45] So wird verschiedentlich darauf hingewiesen, dass Pädophilie bereits in der frühkindlichen oder sogar vorgeburtlichen Entwicklung eines Menschen angelegt sein könnte, was zum Teil unter Rekurs auf neuroanatomische und -physiologische Unterschiede zwischen Personen unterschiedlicher sexueller Orientierungen einerseits und forensisch untergebrachten Pädophilen andererseits begründet wird.[46] Dem von Cohen et al. (2002) vorgeschlagenen

---

38 Vgl. Seto, „Pedophilia," 392; zu Frauen als Täterinnen vgl. Bange, „Sexualisierte Gewalt," 180–191.
39 Vgl. Neutze et al., „Predictors," 212–242.
40 APA, *DSM-5. Deutsche Ausgabe*, 961.
41 Ideologisch aufgeladen z. B. bei Schwarzer, „Wie frei macht Pädophilie?," 29: „Ich persönlich bezweifle sehr grundsätzlich, dass Frauen überhaupt pädophil [...] sein können. Warum? Weil Sexualität für Frauen nicht Ausübung von Herrschaft ist."
42 Kuhle et al., „Sexueller Missbrauch," 111.
43 So z. B. Seto, „Pedophilia," 398; ders., „Is Pedophilia a Sexual Orientation?," 231–236; APA, *DSM-5. Deutsche Ausgabe*, 962; vgl. dagegen Berner, „Sexueller Missbrauch," 11; Fedoroff, „People," 207; grundsätzlich dazu Konrad et al., „Therapiemöglichkeiten," 32f.
44 Vgl. dazu Moen, „Ethics," 112 u. 122
45 Vgl. Bundschuh, *Pädosexualität*, 141–264.
46 Vgl. Schiffer, *Neuronale Systeme*, 116–166; ferner Mendez et al., „Pedophilia," 71; APA, *DSM-5. Deutsche Ausgabe*, 962; Ponseti et al., „Decoding Pedophilia," Art. 645; Fazio, „Neurodevelop-

psychobiologisch fundierten Erklärungsmodell von Pädophilie zufolge sind eigene sexuelle Missbrauchserfahrungen in der Kindheit als Ursache für neurologische Entwicklungsstörungen zu betrachten, im Zuge derer es zur Ausbildung einer pädophilen Sexualpräferenz kommen kann.[47]

Überdies finden sich vielfach in der Literatur Darstellungen verschiedener Typen von Pädophilie bzw. Pädophiler,[48] darunter die Einteilung in ‚Primär-‘ oder ‚Kernpädophile‘ (auch ‚fixierter‘ oder ‚echter‘ Typ genannt bzw. pädophile Hauptströmung) mit stark vermindertem bis nicht vorhandenem sexuellem Interesse an Erwachsenen und in ‚Sekundärpädophile‘ (auch ‚regressiver‘ oder ‚opportunistischer‘ Typ genannt bzw. pädophile Nebenströmung), die „eine Orientierung auf Kinder bei initial vorhandener Orientierung auf Erwachsene"[49] zeigen, wobei die diagnostische Einordnung sich oft mit einer Typisierung nach Täterprofilen überlappt.[50] Derartige Typologien sollten nicht darüber hinwegtäuschen, dass sich hinter Definitionen und Diagnosemerkmalen der Pädophilie eine große Heterogenität verbirgt, es mithin ‚den typischen Pädophilen‘ allenfalls als analytisches oder statistisches Konstrukt und nur selten als real existierendes Wesen ‚gibt‘. Das einschränkende ‚nur selten‘ deshalb, weil es in der Systematik durchaus den ‚Typus‘ als Mittelwert der wahrnehmbaren und messbaren Phänomene ‚gibt‘ und man ihm in Einzel,fällen‘ auch real begegnen kann: dem Täter, der ‚genau‘ den Typus verkörpert. Hier gilt es festzuhalten, was wissens- und kommunikationstheoretisch hinsichtlich der Bildung und des Gebrauchs von Typen unbestritten ist: Ein Diskurs ist nur möglich unter der Annahme einer Kongruenz der Deutungsperspektiven, denn selbst bei vorgenommener, scheinbar klarer Definition von Begriffen und einer Einigung darauf verbleiben Deutungsspielräume, die in Begriffen wie ‚Normalität‘, ‚Durchschnitt‘, ‚Mittelwert‘ etc. die diffusen, verschwommenen Ränder des Wirklichkeitsbildes abdecken und intersubjektiv kommunizierbar machen. Die Rede vom Typus kann also ein gewisses Recht für sich beanspruchen, ohne dass damit behauptet würde, die Wirklichkeit in ihrer Komplexität und Kontingenz zu erfassen, zumal durch den dekonstruktiven Gebrauch von Typisierungen stets die Gefahr sachlich ungerechtfertigter Unterstellungen und Verdächtigungen bestehen kann.

---

mental Understanding,“ 1205–1207 zusammen mit Joyal et al., „Neurobiological Origins,“ 153–154. Zu Potenzial und Konsequenzen derartiger Forschungsergebnisse für die Diagnostik vgl. Fromberger et al., „Neurobiologische Forschung,“ 193.

47 Vgl. Cohen et al., „Heterosexual Male,“ 313 f., 325 u. 328–330.

48 Zu den Typologien vgl. die Übersicht bei Berner/Hill, „Pädophilie,“ 158; ferner Bickley/Beech, „Classifying,“ 51–69.

49 Stadtland, „Begutachtung,“ 823; kritisch dazu Rauchfleisch, *Identitäten*, 68 u. 81.

50 Vgl. Walter et al., „Pathogenese,“ 203.

Die große Heterogenität sowohl der Gruppe der Pädophilen als auch der Erscheinungsformen von Pädophilie verdeutlicht Schmidt bei seiner „Definition des Pädophilen" wie folgt:

> Pädophile sind Männer, deren sexuelle Wünsche und deren Wünsche nach Beziehung und Liebe vorrangig oder ausschließlich auf vorpubertäre Kinder gerichtet sind, wobei diese drei Bereiche – Sexualität, Beziehung, Liebe – wie bei anderen Menschen auch unterschiedlich gewichtet sein können. Die Gruppe ist sehr heterogen in bezug [sic!] auf das, was Pädophile begehren und was sie machen. Sie begehren Jungen oder Mädchen, unterschiedliche Altersgruppen, präferieren unterschiedliche sexuelle Praktiken (von der Exhibition bis zur Penetration); einige haben flüchtige Kontakte mit vielen Kindern, andere wollen – mal fürsorgliche, mal manipulative – langfristige Partnerschaften; viele sind rücksichtsvoll gegenüber Kindern, andere üben Zwang, sehr wenige Gewalt aus; einige bedienen sich des mafiös strukturierten freien Markts, der die verbotenen Sexualitäten, nicht nur die mit Kindern, brutalisiert (Kinderpornos, Kindertausch, Kinderprostitution); andere, eine unbekannte Zahl, vielleicht sogar die meisten Pädophilen, sind lebenslang oder über lange Perioden hinweg abstinent, belassen ihre Wünsche in der Phantasie und führen mit großem seelischem Aufwand ein verzichtreiches Leben.[51]

Seit den 1980er Jahren[52] wird im deutschsprachigen Raum vermehrt der Begriff ‚Pädosexualität' gebraucht, dabei oft synonym mit oder alternativ zu ‚Pädophilie', teils aber auch, um zwischen *Präferenz*ausprägung (‚Pädo*philie*') und Sexual*verhalten* (‚Pädo*sexualität*') zu unterscheiden.[53] Diese phänomenologisch-terminologische Differenzierung zwischen der sexuellen Ansprechbarkeit eines Menschen auf das vorpubertäre Körperschema und der Realisierung sexueller Handlungen erwachsener Personen vor, mit oder an vorpubertären Kindern erscheint berechtigt, doch kann bei der Verwendung des *Begriffs* ‚Pädosexualität' auch eine politisch-ideologische Dimension durchschimmern, wenn damit eine angebliche Gleichrangigkeit oder Gleichwertigkeit von ‚Pädosexualität' mit Heterosexualität, Homosexualität und Bisexualität behauptet oder suggeriert werden soll.[54] Angesichts solcher interessegeleiteten Verwendungsweisen, wie sie in Veröffentlichungen pädophiler Interessengruppen sowie von Aktivisten und Unterstützern der Pädophilenbewegung begegnet, wird auf den Begriff ‚Pädosexualität' zur Bezeichnung sexueller Handlungen zwischen Erwachsenen und Kindern, deren Missbrauchs- und Gewaltcharakter bereits an anderer Stelle her-

---

51 Schmidt, „Tragik," 133 f.
52 Einer der frühesten *deutschsprachigen* Belege findet sich m.W. bei van de Spijker, *Zuneigung* (1968), 40 (in Abgrenzung zu „Pädoerotik" und „Pädophilie").
53 So z. B. Ahlers et al., „Spektrum," 145 f.
54 Bzw., bezogen auf die *Präferenz*ausprägung, von Pädophilie einerseits, Hetero-, Homo- und Biphilie andererseits.

ausgestellt wurde,[55] in der vorliegenden Untersuchung verzichtet.[56] Um eine differenzierte sexualethische Erörterung und Bewertung von Pädophilie vor dem Hintergrund des aktuellen theologischen Diskussionsstandes vornehmen zu können, bedarf es überdies einer Klärung des Verhältnisses von Pädophilie und sexueller Orientierung einerseits, Pädophilie und Kindesmissbrauch andererseits, was in den folgenden beiden Abschnitten geschehen soll.

1.1.2 Pädophilie und sexuelle Orientierung

In der im Mai 2013 erschienenen ersten Druckversion des *DSM-5* (2013) der American Psychiatric Association (APA) wurde Pädophilie zunächst als eine ‚sexuelle Orientierung' definiert: „Pedophilia refers to a sexual orientation or profession of sexual preference devoid of consummation, whereas pedophilic disorder is defined as a compulsion and is used in reference to individuals who act on their sexuality."[57] Nach einem Sturm der Entrüstung über diese Definition[58] gab die APA bekannt, dass es sich hierbei um eine fehlerhafte Formulierung („sexual orientation" statt richtigerweise „sexual interest") gehandelt habe,[59] welche daraufhin in allen weiteren Druckauflagen sowie in der elektronischen Version korrigiert wurde.[60] In der Tat scheint eine Differenzierung zwischen *sexueller Orientierung* und Pädophilie als einer ‚Störung' bzw. – wie angesichts der im vorigen Abschnitt gemachten Bemerkungen und unter Absehung vom keineswegs unproblematischen Störungsbegriff[61] sachgemäßer gesagt werden könnte – ‚spezifischen Ausprägung' der menschlichen *Sexualpräferenz* sinnvoll und angeraten.

In der Sexualwissenschaft wird unter *sexueller Orientierung* „eine lebenslang überdauernde, tief in der Persönlichkeit verankerte *sexuell-erotische Attraktion*

---

55 Siehe Abschnitt D.3.2.

56 Von daher ist auch die m. E. unkritische Verwendung bzw. Nebeneinanderreihung z. B. bei Dannecker, „Bemerkungen," 78 u. 82 (Anm. 1) und Baader, „Enttabuisierung," 27 ff. zu problematisieren; im theologischen Bereich z. B. bei Lintner, *Eros*, 17, 136 u. 164 (Anm. 14) und Wucherpfennig, „Homosexualität," 45 ff. (trotz 52).

57 APA, *DSM-5*, 698 (1. Druck, Mai 2013).

58 Vgl. dazu Taylor, *Crime and Criminality*, 299 f.

59 APA, „APA-Statement."

60 Vgl. APA, *DSM-5*, 698 (2. Druck, Juni 2013), wo allerdings weiterhin von einer „pedophilic sexual orientation" (!) die Rede ist, vgl. APA, *DSM-5. Deutsche Ausgabe*, 960 („pädophile sexuelle Orientierung"). Für eine Einschätzung dieses Korrekturvorgangs vgl. Berlin, „Pedophilia," 404–407.

61 Zu wissenschaftstheoretischen Vorannahmen und Problematik des Störungsbegriffs vgl. Küchenhoff, „Klassifikation." Ferner ders., „Diagnostik," 207 f.

durch und Ausrichtung auf Angehörige des eigenen, des anderen oder beider Geschlechter"[62] verstanden. Dabei ist zu beachten, dass diese „auf der Grundlage der Vorliebe für sexuelle Partner"[63] erfolgende „Einteilung der Menschen in heterosexuell, homosexuell sowie bisexuell liebend und lebend [...] auf gewachsenen und machtvoll vermittelten Konstruktionen"[64] beruht und insofern eine künstliche Abbreviatur der Wirklichkeit darstellt. Gegenüber derartigem Schubladendenken ist mit Kinsey vielmehr von einem grundsätzlichen *Kontinuum* sexuellen Erlebens und Verhaltens auszugehen,[65] auf dem Heterosexualität, Homosexualität und Bisexualität gewissermaßen „Kristallisationspunkte"[66] bilden, deren jeweilige Bewertungen im Laufe der Zeit immer auch Ausdruck und Spiegel gesellschaftlicher, kultureller und religiöser Normen und Werthaltungen waren und noch sind. Überdies ist festzuhalten, dass sozial- und sexualwissenschaftlichen Untersuchungen zufolge angeblich selten vorkommende sexuelle Orientierungen unter der Allgemeinbevölkerung verbreiteter und vielfältiger sind als gemeinhin angenommen wird, es gleichwohl „aller zeitlichen und kulturellen Variabilität sexueller Normen und Gebräuche" zum Trotz „ein Repertoire sexueller Vorlieben, Betätigungen, Praktiken sowie Partnerwahlen" gibt, „das von der Bevölkerungsmehrheit als abweichend erlebt wird".[67]

Dagegen umfasst *Sexualpräferenz* als Oberbegriff „alle Aspekte der sexuellen Ansprechbarkeit eines Menschen"[68]. Wie im vorigen Abschnitt dargestellt, kann zwischen nicht-pathologischen und pathologischen Ausprägungen der Sexualpräferenz unterschieden werden, wobei nicht jede Ausprägung der Sexualpräferenz auch als interventionsbedürftig angesehen wird. Demnach erstaunt es nicht, dass auch im sexualwissenschaftlichen Diskurs immer wieder die nicht zuletzt gesellschaftspolitisch hochbrisante Frage aufgeworfen wurde, ob Pädophilie per se nicht nur als eine nicht-pathologische, neurologisch verankerte sexuelle Neigung,[69] sondern überdies als eine sexuelle Orientierung[70] zu betrachten sei. Eine solche Betrachtung und entsprechende Bezeichnung von Pädophilie als ‚sexuelle Orientie-

---

62 Bosinski, „Normvariante," 91; kritisch zur Rede von ‚sexueller Orientierung' Fehige, *Sexualphilosophie*, 124.
63 Haeberle, *Sexualität des Menschen*, 152.
64 Sielert, *Einführung*, 86; vgl. auch Gindorf, „Homosexualitäten," 25 f.
65 Vgl. Friedman, *Homosexualität*, 8.
66 Rauchfleisch, „Hetero-, Homo-, Bisexualität," 355.
67 Ahlers/Schaefer, „Pädophilie," 45 (mit Literatur).
68 Ahlers/Schaefer, „Prävention," 384.
69 So z. B. Klaus M. Beier, Leiter des Präventionsprojekts „Dunkelfeld" an der Berliner Charité, in einem Interview (2015); zit. nach Bühring, „Hirnforschung," 244.
70 Vgl. z. B. Berner/Hill, „Pädophilie," 153–173; Seto, „Is Pedophilia a Sexual Orientation?," 231–236. Zur analogen Diskussion über Hebephilie vgl. Singy, „Hebephilia," 1109–1116.

rung' und die damit – wie auch durch die Verwendung des Begriffs der ,Pädose-
xualität' möglicherweise – implizit unterstellte oder explizit behauptete Gleichrangigkeit oder Gleichwertigkeit von Pädophilie mit ,anderen' sexuellen Orientierungen
scheint mir allerdings durchaus problematisch, weil sich ,sexuelle Orientierung', wie
oben erläutert, auf das präferierte *Geschlecht* eines Sexualpartners bezieht, während
für Pädophilie als spezifische Ausprägung der Sexualpräferenz die ausschließliche
oder überwiegende sexuelle Ansprechbarkeit auf bzw. sexuelle Erregbarkeit durch
einen bestimmten – hier: den vorpubertären – *körperlichen Entwicklungsstatus* eines
(anderen) Menschen maßgeblich ist. Insofern kann Pädophilie als ,Gegenbild' zur
Teleiophilie bzw., genauer gesagt, speziell zur Gerontophilie als sexueller Ansprechbarkeit auf das greise Körperschema[71] verstanden werden.

Diese Differenz und damit zugleich Differenzierungsbedürftigkeit zwischen
Pädophilie und ,sexueller Orientierung' kann unter Rekurs auf das von Ahlers et al.
(2006) vorgeschlagene ,Drei-Achsen-Modell der Sexualpräferenz' weiter plausibilisiert werden, wonach sich die Sexualpräferenz eines Menschen im Verlauf seiner
physisch-psychischen Entwicklung bis zum Ende der zweiten Lebensdekade als
individuelle Ausprägung auf drei Achsen herausbilde und zeitlebens stabil bestehen
bleibe: „a) *sexuelle Orientierung* auf ein präferiertes Geschlecht (männlich und / oder
weiblich), b) *sexuelle Ausrichtung* auf ein präferiertes *Körperschema* (Kinder, Pu-
bertierende, Jugendliche, Erwachsene, Greise) und c) *sexuelle Neigung* zu einer
präferierten *Art und Weise* sexueller Betätigung (Typ, Objekt, Modus etc.)".[72] Hieraus
ergibt sich folgende graphische Veranschaulichung:

---

71 Vgl. Abschnitt D.1, Anm. 4.
72 Ahlers et al., „Spektrum," 144; vgl. hierzu Ahlers et al., „Erhebungsinstrumente," 74 ff.; Ah-
lers/Schaefer, „Pädophilie," 45 (in Spannung zu Ahlers/Schaefer, „Prävention," 384) und Beier,
„Pädophilie und christliche Ethik," 748 f. (vgl. allerdings 756).

Sexuelle Ausrichtung (Körperlicher Entwicklungsstatus)

Erwachsene

Sexuelle Neigung (Typus + Modus)

Jugendliche

Kinder

Sexuelle Orientierung (Geschlecht)

♀ ♀ + ♂ ♂

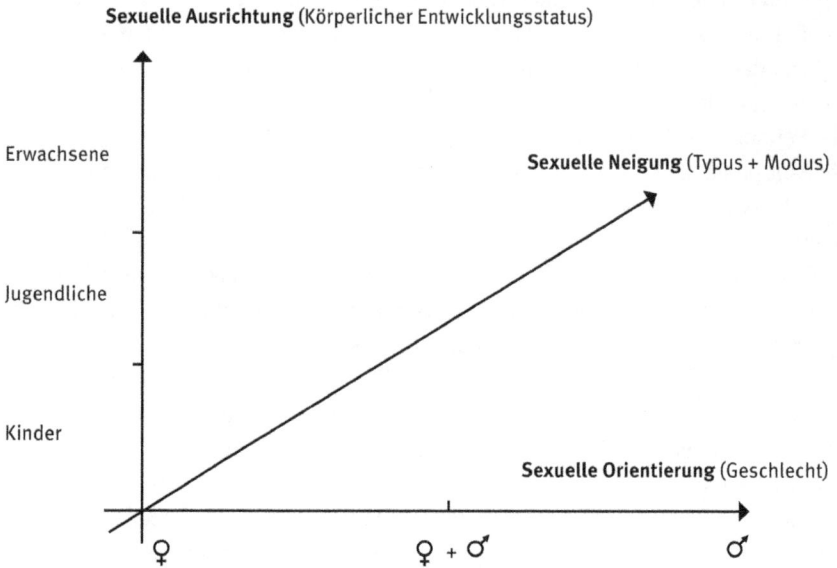

Abbildung 4: Drei-Achsen-Modell der Sexualpräferenz nach Ahlers.[73]

Die sich in einem bio-psycho-sozialen Entstehungsprozess herausbildende Sexualpräferenz eines Menschen resultiert aus einem großen Spektrum möglicher Manifestationsformen auf den drei genannten Achsen, wobei „nur im Einklang mit dem individuellen Erregungsmuster die größte Intensität an Lustgewinn erreichbar" ist, während „die von dem individuellen Muster abweichenden sexuellen Reizsignale keine vergleichbare Intensität zu entfalten vermögen – auch wenn dies möglicherweise sehnlichst gewünscht wird".[74] Pädophilie sagt streng genommen weder etwas über die sexuelle *Orientierung* (d.h. das präferierte Geschlecht eines Sexualpartners) noch etwas über die sexuelle *Neigung* (d.h. der präferierte Phänotypus eines Sexualpartners bzw. präferierte Modus sexueller Betätigung), sondern vielmehr etwas über die sexuelle *Ausrichtung* (d.h. das präferierte Körperschema) und das Lustempfinden aus.[75]

---

73 Ahlers, *Paraphilie*, 8.
74 Beier, „Pädophilie und christliche Ethik," 749.
75 Vgl. Ahlers et al., „Spektrum," 145, wo zudem eine Analogie zur Unterscheidung von Homophilie und Homosexualität gezogen wird.

Die sexuelle Ansprechbarkeit auf ein mehr oder weniger bestimmtes Körperschema bzw. verschiedene Körperschemata[76] und die sexuelle Orientierung auf ein oder kein bestimmtes Geschlecht bezeichnen demnach zwei Aspekte der Sexualpräferenz im beschriebenen Sinne, die nicht miteinander konfundiert werden sollten. Eine Konfundierung liegt m. E. auch dann vor, wenn bei der sexuellen Ansprechbarkeit eines Erwachsenen auf den kindlichen körperlichen Entwicklungsstatus entsprechend der Geschlechtskonstellation zwischen Erwachsenem und Kind zwischen ‚heterosexueller‘, ‚homosexueller‘ und ‚bisexueller Pädophilie‘[77] unterschieden und analog dazu, beispielsweise im Falle sexueller Missbrauchshandlungen von Männern an vorpubertären Jungen, von ‚homosexuellem Missbrauch‘[78] gesprochen wird. Denn obwohl das Adjektiv ‚homosexuell‘ sich hier strenggenommen auf die *Geschlechtskonstellation* zwischen dem Kind bzw. männlichen Missbrauchsopfer und dem männlichen Pädophilen bzw. Missbrauchstäter bezieht und im Falle sexueller Missbrauchshandlungen von Männern an vorpubertären Mädchen demzufolge von ‚heterosexuellem Missbrauch‘ gesprochen werden *müsste*,[79] werden aus der jeweiligen Geschlechtskonstellation zwischen Erwachsenem und Kind Rückschlüsse auf die sexuelle Orientierung eines Pädophilen bzw. Missbrauchstäters gezogen. Oder anders ausgedrückt: Vom Sexual*verhalten* einer Person wird auf ihre sexuelle *Orientierung* geschlossen. Dies aber ist im Falle von Pädophilie keineswegs immer ohne Weiteres möglich, ja recht besehen nicht einmal sinnvoll.

Gegenüber einer Vermengung von Pädophilie und sexueller Orientierung bei der Rede von ‚heterosexuellen‘ oder ‚homosexuellen Pädophilen‘ gibt der US-amerikanische Psychologe Louis Diamant (1921–2018) zu bedenken, dass „if drive, aim, and object structure of orientation were permissible, these people [scil. pedophiles] might more appropriately be considered pedosexuals since the object of the drive is not a sexually developed person and the sexual aim is pregenital.

---

76 Bis hin zu einer sexuellen Ansprechbarkeit auf das präpubertäre, frühpubertäre *und* adulte Körperschema im Sinne einer Pädohebeteleiophilie, vgl. dazu Scherner et al., „Pädophilie," 4.
77 Vgl. z. B. Langevin et al., „Erotic Preference," 137–160; Freund/Blanchard, „Feminine Gender Identity," 25–34 sowie Blanchard et al., „Fraternal Birth Order," 463. Vgl. ferner Deutsche Gesellschaft für Psychiatrie, Psychotherapie und Nervenheilkunde, *Praxisleitlinien*, Bd. 8, 14 u. 45; Ermann, *Identität*, 95 ff.
78 Vgl. z. B. Cameron, „Homosexual Molestation," 1227–1236 sowie Fritz/Wagner, „Comparison," 54–59. Zu Cameron s. Abschnitt B.2.8.
79 ‚Müsste‘ deshalb, weil bereits ein flüchtiger Blick in Online-Bibliographien, Online-Datenbanken und Internet- Bücher(durch)suchmaschinen zeigt, dass dies im Unterschied zur Rede von ‚homosexuellem Missbrauch‘ nur in ganz wenigen deutschsprachigen wissenschaftlichen Veröffentlichungen der Fall ist.

Consider that some pedophiles are labeled ,exclusive.'"[80] Die Rede von sexueller Orientierung erscheine in diesem Fall sowohl aus politischer wie aus klinischer Sicht problematisch.[81] Und zur analogen Unterscheidung zwischen ,homosexuellen' und ,heterosexuellen Kindesmissbrauchern' wird in dem vom US-amerikanischen National Research Council (NRC) veröffentlichten Bericht *Understanding Child Abuse and Neglect* (1993) kritisch angemerkt, diese Unterscheidung „relies on the premise that male molesters of male victims are homosexual in orientation. Most molesters of boys do not report sexual interest in adult men, however."[82] Auch der US-amerikanische Psychologe Gregory M. Herek (*1954) konstatiert: „many child molesters cannot be characterized as having an adult sexual orientation at all; they are fixated on *children*."[83]

Erscheint demnach die Rede von ,heterosexueller', ,homosexueller' und ,bisexueller Pädophilie' problematisch,[84] gilt dies nicht minder für die Beiordnung, Verquickung oder Gleichsetzung von Pädophilie und Homosexualität, wie sie auch in Veröffentlichungen aus dem evangelikalen und rechtskatholischen Bereich immer wieder, sei's direkt vollzogen,[85] sei's zwischen den Zeilen insinuiert wird.[86] Indem zugleich Pädophilie und Kindesmissbrauch miteinander konfun-

---

80 Diamant, „Orientation," 14 in Auseinandersetzung mit Katchadourian, *Fundamentals*, 389 f.; vgl. allerdings das oben kritisch zu ,Pädosexualität' Gesagte.

81 Vgl. Diamant, „Orientation," 14.

82 Panel on Research on Child Abuse and Neglect et al., *Understanding*, 143 (Anm. 6) unter Rekurs auf Conte, „Nature," 11–34.

83 Herek, „Facts" (meine Hervh.). Unter „Fixation" versteht Herek im Anschluss an Groth/ Birnbaum „a temporary or permanent arrestment of psychological maturation resulting from unresolved formative issues which persist and underlie the organization of subsequent phases of development" (Groth/Birnbaum, „Adult," 176). In der Literatur begegnen denn auch Versuche einer terminologischen Differenzierung der Sexualpräferenz im Sinne der sexuellen Ansprechbarkeit in Relation zum körperlichen Entwicklungsalter des sexuell präferierten Gegenübers. So schlägt beispielsweise Ahlers, *Paraphilie*, 22 eine geschlechterdifferenzierende Unterkategorisierung der Pädophilie vor, wonach sexuelle Ansprechbarkeit für das vorpubertäre körperliche Entwicklungsstadium bezogen auf Jungen als „Puerphilie", bezogen auf Mädchen als „Puella philie" zu bezeichnen sei. Allerdings hat sich diese Terminologie bisher in der Literatur ebenso wenig durchgesetzt wie die Rede von ,Heteropädophilie' und ,Homopädophilie' (vgl. z. B. Göppinger/Bresser [Hg.], *Sozialtherapie*, 124).

84 Vgl. dagegen Newton, „Homosexuality," 347 f.

85 Vgl. z. B. Raddatz, „Kreuzzug," 213 u. 224; Galgano, „Zusammenhang." Ferner Burkhardt, *Ethik*, Bd. II/2, 128 (s. Abschnitt B.1). Vgl. ferner den „Bulletin" des sog. Deutschen Instituts für Jugend und Gesellschaft (DIJG), Nr. 19/2010, sowie die mittlerweile (Stand: 31.10.2021) nicht mehr online abrufbaren „Bulletins" Nr. 1/2001, Nr. 3/2002, Nr. 10/2005 und 1. Sonderheft/2005. Vgl. aber auch Drewermann, „Frage," 176.

86 Vgl. z. B. Schirrmacher, *Ethik*, Bd. 4, 536–538 (s. Abschnitt B.2.7); Benedikt XVI., „Kirche," 75–81; Demel, „Moral," 248 f. u. 260 f.; Burkhardt, *Ethik*, Bd. II/2, 130; dagegen z. B. Wucher-

diert werden,[87] wird Homosexualität in einen einfachen Kausalzusammenhang mit Kindesmissbrauch[88] gebracht, wonach homosexuelle Männer *per se* häufiger Kinder missbrauchen würden als heterosexuelle Männer.[89] Eine solche Annahme lässt sich empirisch jedoch nicht bestätigen.[90] So heißt es im Vorwort des von der australischen Royal Commission into the New South Wales Police Service erstellten Untersuchungsberichts zu Pädophilie vom 26. August 1997 hierzu deutlich: „the paedophile may be of *any* sexual orientation. It cannot be said that a homosexual is any more prone to be a paedophile than a person of heterosexual orientation."[91] Und der australische Psychiater Nathaniel McConaghy (1927– 2005) kommt in einem 1998 veröffentlichten Review über empirische Studien zu Wesen und Häufigkeit von Pädophilie der letzten 30 Jahre zu dem Schluss:

> The man who offends against prepubertal or immediately postpubertal boys is typically not sexually interested in older men or in women. The man who offends against prepubertal girls is typically involved in sexual activity with women of his own age; and heterosexual men are commonly sexually attracted to girls at or just past the age of puberty. The man most at risk of being a paedophile would seem to be a stepfather or partner of women with female children of whom he is not the biological parent. The confusion of homosexuality and paedophilia would appear to result from the much greater media and legal attention given to homosexual as compared to heterosexual paedophilia. This appears uninfluenced by the findings that

---

pfennig, „Homosexualität," 45 ff. (speziell zum rechtskatholischen Milieu). Zur Verwendung von „Pädophilie" in ‚antigenderistischen' Diskursen als „Chiffre für jegliche Form vermeintlicher sexueller Abweichung" bzw. dazu, „um Szenarien der Bedrohung der heteronormativen Familie zu verstärken", vgl. Kämpf, „‚Büchse'," 119–121 (Zitate 119).

87 Siehe hierzu Abschnitt 1.1.3.

88 Vgl. den mittlerweile (Stand: 15.05.2021) von der Homepage des Family Research Council (FRC) entfernten Beitrag „Homosexuality and Child Abuse" des Theologen Timothy J. Dailey, der 76 Fußnoten und zahlreiche Bezugnahmen auf Veröffentlichungen wissenschaftlicher Journale und Zeitschriften enthält, daraus jedoch Schlussfolgerungen zieht, die sich bei genauerer Überprüfung als ebenso tendenziös wie unberechtigt erweisen, vgl. Herek, „Facts." Vgl. ferner Dailey, „Parenting" sowie die Kompilation verschiedener Artikel des FRC zu Homosexualität bei Sprigg/ Dailey, *Getting It Straight*.

89 Vgl. z. B. – neben den Studien Camerons, s. Abschnitt B.2.8 – Erickson et al., „Patterns," 77–86; Deb/Mukherjee, *Impact*, 119–121 zusammen mit Herek, „Facts."

90 Vgl. z. B. Freund, „A laboratory method," 85–93; ders., „Erotic preference," 339–348; Groth/ Birnbaum, „Adult," 175; Groth/Gary, „Heterosexuality," 147; Freund/Watson, „The proportions," 43; Marshall et al., „Sexual Offenders," 383–391; Freund et al., „Heterosexuality," 107; Jenny et al., „Children," 41 samt Krugman, „Politics," 45 f. Aus dem theologischen Bereich vgl. Wucherpfennig, „Homosexualität," 45–48 u. Brüntrup, „Zölibat," 115. Zu Vorurteilen gegenüber der Sexualität homosexueller Männer vgl. ferner Starke, *Schwuler Osten*, 171 ff.

91 Royal Commission into the New South Wales Police Service, *Final Report*, Bd. 4, 561 (meine Hervh.); teilweise auch zit. bei McConaghy, „Paedophilia," 259.

there are many more heterosexual than homosexual paedophiles, and that sexual abuse is experienced as more harmful both immediately and long-term by girls than by boys.[92]

Was die analoge Unterscheidung zwischen ‚homosexuellem' und ‚heterosexuel-lem Kindesmissbrauch' betrifft, schlägt schließlich Herek vor:

> to refer to men's sexual abuse of boys with the more accurate label of male-male molestation. Similarly, it is preferable to refer to men's abuse of girls as male-female molestation. These labels are more accurate because they describe the sex of the individuals involved but don't implicitly convey unwarranted assumptions about the perpetrator's sexual orientation. [...] The empirical research does *not* show that gay or bisexual men are any more likely than heterosexual men to molest children. This is not to argue that homosexual and bisexual men never molest children. But there is no scientific basis for asserting that they are more likely than heterosexual men to do so.[93]

Gibt es also gute Gründe, zwischen Pädophilie als spezifischer Ausprägung der Sexualpräferenz und der sexuellen Orientierung eines Menschen klar zu diffe-renzieren und auf die Rede von ‚heterosexuellen', ‚homosexuellen' und ‚bisexu-ellen Pädophilen' zu verzichten, ist gleichwohl festzustellen, dass nur in sehr wenigen Studien zu sexuellem Kindesmissbrauch überhaupt die Selbstaussagen von Missbrauchstätern bezüglich der sexuellen Orientierung erfasst worden sind. So findet sich beispielsweise in der insgesamt 166 Studien zwischen 1985 und 1997 umfassenden Übersichtsarbeit von William C. Holmes und Gail B. Slap (1998)[94] nur eine einzige Studie, die diese Angaben überhaupt berücksichtigt hat.[95] Überdies wird bei keiner mir bekannten Studie zu Pädo- oder Hebephilie, die auch nach der sexuellen Orientierung gefragt hat, ein Unterschied gemacht zwischen – fachsprachlich ausgedrückt – passagerer ‚Entwicklungs-', situativer ‚Pseudo-' und konstitutioneller ‚Neigungshomosexualität', wie sie Merkmal der sexuellen

---

92 McConaghy, „Paedophilia," 259 f.
93 Herek, „Facts." Laut statistischer Auswertung von 241 Datensätzen des Präventionsprojekts „Dunkelfeld" der Berliner Charité aus dem Jahr 2008 sind bei ausschließlich auf das kindliche Körperschema ansprechenden pädophilen Projektteilnehmern (!) der Anteil homosexueller und der Anteil heterosexueller Männer nahezu gleich groß; bei nicht-ausschließlich pädophilen Projektteilnehmern beträgt der Anteil homosexueller, heterosexueller und bisexueller Männer jeweils rund ein Drittel, vgl. Folie „Sexuelle Präferenzstruktur" in der Präsentation von Beier, „Das Präventionsprojekt Dunkelfeld." Eine Übertragung dieser Anteile auf die Allgemeinbevölkerung ist allerdings unzulässig, weil hiermit allenfalls etwas über die Bereitschaft zur Mitwirkung bei diesem Projekt (vgl. dazu Beier et al., „Präventionsprojekt," 45 – 58) ausgesagt wird.
94 Holmes/Slap, „Sexual Abuse," 1855 – 1862.
95 Und zwar die Studie von Jenny et al. „Children," 41 – 44; vgl. dazu Herek, „Facts."

Identität eines Menschen ist.[96] Mit den Worten des Sexualmediziners Hartmut A.G. Bosinski (*1956) gesprochen: „Das *reale Sexualverhalten* eines Menschen muss [...] durchaus kein verlässlicher Indikator der sexuellen Orientierung sein".[97]

Nicht weniger problematisch als die Vermengung von Pädophilie und Homosexualität erscheint die in der Öffentlichkeit noch immer weitverbreitete, aber auch im aktuellen theologischen Diskurs vielerorts begegnende Gleichsetzung von Pädophilie und Kindesmissbrauch, deren Verhältnis im Folgenden betrachtet werden soll.

1.1.3 Pädophilie und Kindesmissbrauch

Nicht nur in populärwissenschaftlichen Publikationen, sondern auch in aktuellen Veröffentlichungen aus dem theologischen und außertheologischen[98] Bereich begegnet vielfach eine mehr oder weniger undifferenzierte Gleichsetzung von Pädophilie bzw. Pädophilen (*pedophilia* bzw. *pedophiles*) und Kindesmissbrauch bzw. Kindesmissbrauchern (*child molestation* bzw. *child molesters*).[99] Auch die öffentliche Meinung über Pädophilie bzw. Pädophile – von der reißerisch-voyeuristischen Berichterstattung vieler Boulevardmedien ganz zu schweigen, wobei auch öffentlich-rechtliche Politikmagazine hiervon nicht auszunehmen sind[100] – lässt sich, pointiert formuliert, in etwa folgendermaßen zusammenfassen: „Wer

---

96 Vgl. hierzu Schreiber, Art. „Homosexualität," Sp. 682–684 im Anschluss an Scharfetter, *Psychopathologie* (6. Aufl.), 315–318; vgl. ferner Brunnhuber/Lieb, *Kurzlehrbuch*, 262–264.
97 Bosinski, „Normvariante," 91.
98 Vgl. z.B. Rauchfleisch, „Aspekte," 152 (dabei unter Rekurs u.a. auf Dreßing et al., *Sexueller Missbrauch an Minderjährigen*, 5).
99 Windmann, „Der pädophile Patient," 40, zufolge hat der „Duden [...] für den Begriff ‚Pädophiler' lange Zeit das Synonym Kinderschänder" geführt. Einen konkreten Beleg hierfür liefert Windmann allerdings nicht. Auch eine Sichtung von *Duden*-Universalwörterbüchern verschiedenster Auflagen und Ausgaben von 1983 bis 2019 sowie von sämtlichen Auflagen und Ausgaben des *Brockhaus Wahrig* von 1983 bis 2011 konnte Windmanns Aussage *nicht* verifizieren. Indem in der Überschrift dieses Abschnitts ‚Pädophilie' und ‚Kindesmissbrauch' mittels ‚und' einander nebengeordnet und in ein Verhältnis zueinander gesetzt werden, kann sowohl ein Zusammenhang wie auch eine Differenzierung beider Sachverhalte behauptet werden. Geht es um einen (behaupteten) Zusammenhang zwischen etwas, das (eigentlich) zu differenzieren ist, oder geht es um eine (behauptete) Differenzierung von etwas, das (eigentlich) zusammenhängt? Tatsächlich meine ich, in beiden Richtungen vorgehen zu müssen. Denn einerseits ist auf die diesbezüglich oft mangelhafte oder gänzlich mangelnde Differenzierung im christlich-theologischen Bereich hinzuweisen, andererseits soll damit jedoch nicht behauptet werden, es gäbe keinerlei Zusammenhang zwischen Pädophilie und Kindesmissbrauch.
100 Vgl. die Analyse eines Beitrags für das Fernsehmagazin *Panorama* Nr. 790 mit dem Titel „Edathy-Affäre: Hass auf Pädophile" vom 18.12.2014 bei Klamt, *Medien*, 354–380.

pädophil ist, ist entweder Kinderschänder oder lädt sich Kinderpornos runter.“[101] Das Sprechen und Schreiben über das Verhältnis von Pädophilie und Kindesmissbrauch bewegt sich im emotionalen Hochspannungsfeld einer Debatte, die oft weniger durch Fakten und Argumente als durch Meinungen und Parolen geprägt ist, wie es in den regelmäßigen Forderungen rechtsextremer Parteien und Gruppierungen nach einer „Todesstrafe für Kinderschänder“[102] oder im Rahmen abstruser Verschwörungstheorien[103] seinen besonders einfältigen Ausdruck erlangt hat. Umso dringender ist eine Versachlichung der Debatte angeraten, auch im Blick auf das Verhältnis von Pädophilie und Kindesmissbrauch.

Hierfür sind zunächst zwei Umstände zu bedenken: Einerseits die *Erfassung der Daten* und die entsprechend beschaffene *Studienbasis*. So kann der kanadische Sexualwissenschaftler Michael C. Seto (* 1967) noch im Jahr 2009 feststellen: „studies of self-identified pedophiles are rare, and none have followed a sample of self-identified pedophiles over time to see how many offend sexually“.[104] Die allermeisten Untersuchungen enthalten keine repräsentative Zufallsstichprobe, sondern werden an Kollektiven mit verurteilten Missbrauchstätern (Hellfeldforschung)[105] oder aber mit Pädophilen durchgeführt, die von sich aus professionelle Hilfe aufgesucht haben, wobei die oft in Kombination mit Selbstbeurteilungsverfahren zur Objektivierung einer Sexualpräferenz angewendeten Messverfahren der Penisplethysmographie[106] und der Viewing Time[107] keineswegs täuschungsresistent sind.[108] Überdies wird in Studien zu verurteilten Missbrauchstätern „meist nicht zwischen präferenzgestörten und nicht präferenzgestörten Tätern unterschieden“,[109] während Missbrauchsdelikte und Pädophilie überhaupt nur in wenigen Untersuchungen zueinander ins Verhältnis gesetzt werden, „da bei Ge-

---

101 So Anja Reschke in ihrer Anmoderation des Beitrages „Edathy-Affäre: Hass auf Pädophile“ (s. vorige Anm.); vgl. hierzu Klamt, *Medien*, 354–356.

102 Vgl. dazu allerdings auch von Bebenburg, „Neonazis.“

103 Zu *QAnon*-Verschwörungserzählungen, die so haarsträubend absurd sind, dass von ihren Vertreter*innen offenbar nicht einmal mehr bemerkt wird, wie falsch sie klingen, vgl. Amarasingam/Argentino, „QAnon,“ 37–44; Cosentino, *Social Media*, 59–86.

104 Seto, „Pedophilia,“ 398.

105 Vgl. Berner, „Sexueller Missbrauch,“ 1 f.

106 Vgl. hierzu grundsätzlich Marshall/Fernandez, „Phallometric Testing,“ 807; ferner Marshall/Barbaree, „The long-term evaluation,“ 502; Marshall et al., „Sexual Offenders,“ 383; Freund et al., „Heterosexuality,“ 107.

107 Zum Potenzial dieses Ansatzes für die forensisch-psychiatrische Forschung einerseits, die sexualwissenschaftliche Grundlagenforschung andererseits vgl. Fromberger, „Virtual Viewing Time.“

108 Vgl. Deutsche Gesellschaft für Psychiatrie, Psychotherapie und Nervenheilkunde (DGPPN), *Behandlungsleitlinie Störungen der sexuellen Präferenz*, 16 f.

109 Kuhle et al., „Sexueller Missbrauch,“ 113.

fängnisinsassen nur selten eine reliable psychiatrische Diagnose gestellt wird",[110] was eine Übertragung der Untersuchungsergebnisse auf Missbrauchstäter im Dunkelfeld entsprechend schwierig gestaltet.[111]

Hinzu kommt andererseits die *Heterogenität der Manifestationen sexuellen Kindesmissbrauchs*, die gleichermaßen „die Entwicklung eines allgemeinen und umfassenden Erklärungsmodells"[112] erschwert. Ebenso wie es viele pädophile Männer gibt, die keinen Kindesmissbrauch in ‚direktem' oder ‚indirektem' Sinne (z. B. durch Nutzung von Missbrauchsabbildungen) begehen, ebenso gibt es viele Missbrauchstäter, die nach den diagnostischen Kriterien *nicht* als ‚pädophil' gelten und Kinder anzunehmenderweise aufgrund einer anderen Motivation sexuell missbrauchen.[113] Pädophilie ist also nicht nur keine hinreichende, sondern auch keine notwendige Bedingung für sexuellen Kindesmissbrauch.[114] Ergebnissen der Hellfeldforschung zufolge können zwar zwischen 25 % und 50 % der wegen Kindesmissbrauchs verurteilten Straftäter (auch) als pädophil diagnostiziert werden,[115] doch hat die weit überwiegende Mehrheit dieser Sexualstraftäter keine exklusive pädophile Sexualpräferenz: „Pädosexuelle Praktiken durch Primärpädophile haben mit 1–5 % den kleinsten Anteil an den Missbrauchsfällen von Kindern und sind vor allem durch Berührung des Intimbereichs und der sekundären Geschlechtsorgane der Kinder sowie durch Masturbation in Gegenwart des Kindes charakterisiert."[116] Überdies geschehen nach derzeitigem Kenntnisstand ein Großteil der Kindesmissbrauchsfälle im familiären Kontext, stellen also eine Form von Inzest dar, während Pädophile „überwiegend nicht in festen Partnerschaften bzw. Sexualbeziehungen mit altersähnlichen Partnerinnen oder

---

110 Berner, „Sexueller Missbrauch," 5.
111 Vgl. Schaefer et al., „Potential," 154–163 sowie Neutze et al., „Undetected," 168–175. Speziell zu Gerichtsverfahren bei Missbrauchsdelikten vgl. Burgsmüller, „Missbrauchstäter," 132: „Die laienhafte Vorstellung, es müsse in jedem Verfahren wegen sexuellen Missbrauchs festgestellt werden, ob bzw. dass der Beschuldigte ‚pädophil' sei, wurde bisher regelmäßig enttäuscht."
112 Kuhle et al., „Sexueller Missbrauch," 112.
113 Vgl. Seto, „Pedophilia," 392, 394 u. 401; Beier, „Differential typology," 133 ff.; Beier et al., *Sexualmedizin*, 479 ff., Beier et al., „Encouraging," 545 ff.; Scherner et al., „Pädophilie," 6.
114 Vgl. Schiffer, „Pädophilie," 252 u. Seto, „Pedophilia," 398.
115 Schaefer et al., „Potential," 154 (mit Literatur); vgl. ferner Zonana/Abel, *Dangerous*, 1–5 u. 7–9; Kolshorn, „Ursachen," 140.
116 Walter et al., „Pathogenese," 203; vgl. auch Dreßing et al., „Sexueller Missbrauch von Kindern," 82 f., denen zufolge aufgrund von Schätzungen davon auszugehen sei, „dass weniger als 20 % der Kindesmissbraucher ein exklusives pädophiles Interesse zeigen" (82). Dass auch sexuelle Handlungen von und zwischen Erwachsenen *vor* vorpubertären Kindern missbräuchlich *und* gewalthaltig – dies jedenfalls unter Zugrundelegung des in der vorliegenden Untersuchung entwickelten Verständnisses von Missbrauch und Gewalt – sein können, versteht sich.

Partnern"[117] leben. Allerdings erweist sich eine pädophile Sexualpräferenz als von hoher Relevanz im Blick auf das Rückfallrisiko bei Missbrauchstätern.[118]

Demnach zeigt sich auch an dieser Stelle die unabdingbare Notwendigkeit, „zwischen Neigung und Verhalten"[119] zu differenzieren. Seto zufolge leben Pädophile ihr sexuelles Interesse an Kindern im Zusammenspiel mit anderen Faktoren wie antisoziale Einstellungen und allgemeines kriminogenes Potenzial aus:

> it is the pedophiles who are more likely to engage in antisocial or criminal behavior of any kind – which would include individuals who are impulsive, callous, and willing to take risks; individuals who become disinhibited as a result of substance misuse; and individuals who endorse antisocial attitudes and beliefs such as a disregard for social norms or the laws – who pose the greatest risk of acting upon their sexual interest in children [...]. In contrast, one would predict that pedophiles who are reflective, sensitive to the feelings of others, averse to risk, abstain from alcohol or drug use, and endorse attitudes and beliefs supportive of norms and the laws would be unlikely to commit contact sexual offenses against children.[120]

Folglich sei eine Wechselwirkung zwischen Pädophilie und krimineller Neigung anzunehmen, wobei Pädophile mit antisozialer Persönlichkeitsakzentuierung am ehesten sexuellen Kindesmissbrauch begingen.[121]

Überdies scheint die Anwendung der bereits angesprochenen Differenzierung zwischen exklusiver und nicht-exklusiver pädophiler Sexualpräferenz auch im Blick auf Missbrauchstäter sinnvoll, wird doch die Mehrzahl der polizeilich erfassten Missbrauchsdelikte an Kindern durch Personen verübt, die Kinder sexuell missbrauchen, obwohl kein oder kein ausschließliches sexuelles Interesse an Kindern besteht.[122] Zu den Tätern mit nicht-exklusiver sexueller Ansprechbarkeit auf das vorpubertäre Körperschema

> gehören solche mit einer sekundären Pädophilie, welche nicht selten Kinder aus ihrem unmittelbaren familiären Umfeld im Sinne von Ersatzobjekten zur sexuellen Bedürfnisbefriedigung missbrauchen. Die Täter sind in der Regel nicht an Einvernehmlichkeit interessiert, versuchen diese jedoch gelegentlich durch Manipulation oder Bestechung zu erreichen. Die Taten erfolgen oft impulsiv und gehen mit einer erhöhten Gewaltbereitschaft

---

117 Ahlers, „Spektrum," 145.

118 Vgl. Wendt/Kröber, „Pädophile," 221 ff.; Hanson/Bussière, „Predicting relapse," 348 ff.; Janka et al., „Altersabhängigkeit," 37 ff.

119 Kuhle et al., „Sexueller Missbrauch," 110. Dagegen Neigung und Verhalten miteinander konfundierend z. B. Harten, *Sexualität*, 144.

120 Seto, „Pedophilia," 398; vgl. auch ders., *Pedophilia*, 113–162; APA, *DSM-5. Deutsche Ausgabe*, 962 zusammen mit Hörburger/Habermeyer, „Zu den Zusammenhängen," 149.

121 Vgl. Seto, „Pedophilia," 398.

122 Vgl. Walter, „Pathogenese," 204.

einher. Diese Täter werden auch als „regressiv" bezeichnet, da bei ihnen von einer initial vorhandenen Orientierung auf Erwachsene ausgehend eine Umorientierung auf Kinder stattfindet.[123]

Auch das Forschungsteam des Präventionsprojekts „Dunkelfeld" an der Berliner Charité unterscheidet auf Grundlage der vorliegenden Daten zwischen zwei Gruppen von Missbrauchstätern: „Diejenigen, die eine sexuelle Präferenzstörung aufweisen (Pädophilie oder Hebephilie) und diejenigen, die gemäß ihrer sexuellen Präferenzstruktur ausschließlich auf das erwachsene Körperschema ausgerichtet sind und aus unterschiedlichen Gründen sogenannte ‚Ersatzhandlungen' begehen."[124] Bei diesen ‚Ersatzhandlungen' stellt „der sexuelle Übergriff auf das Kind einen ‚Ersatz' für die eigentlich gewünschte sexuelle Beziehung zu einem altersentsprechenden Partner"[125] dar, wobei unterschiedliche motivationale Konstellationen dieser Täter wie ‚antisoziale Persönlichkeitsstruktur',[126] ‚soziosexuelle Unerfahrenheit', ‚intellektuell-kognitive Beeinträchtigungen' und ‚innerfamiliäre Tatkonstellationen'[127] diskutiert werden.

Für Ersatzhandlungstäter stellen Kinder prädestinierte Opfer dar, weil sie körperlich reizvoll, kleiner, schwächer, manipulierbarer und damit kontrollierbarer sind als erwachsene Personen. Häufig werden bestehende soziale Beziehungen zu Opferkindern sexualisiert, weil sexuelle Kontaktbedürfnisse bezogen auf erwachsene Partner unerfüllt bleiben. Ersatzhandlungstäter verüben ihre Taten auch, aber offenbar nicht überwiegend, in kommunalen oder kirchlichen, pädagogischen Einrichtungen, aber vor allem im Dunkelfeld des sozialen Nahraums betroffener Opferkinder, also in der gesellschaftlichen Mitte der rechtlichen, genetischen oder erweiterten sozialen Familien.[128]

Allerdings scheint jedes dichotome Denken im Blick auf die mögliche Sexualpräferenz von Tätern unangebracht, weshalb diesbezüglich auch mit Kontinuumsmodellen gearbeitet wird, die vom ausschließlichen sexuellen Interesse an Kindern als dem einen Extrem bis zum ausschließlichen sexuellen Interesse an

---

123 Ebd.
124 Kuhle et al., „Sexueller Missbrauch," 110.
125 A.a.O., 111.
126 Vgl. hierzu APA, *DSM-5. Deutsche Ausgabe*, 962.
127 So die klinische Klassifikation von Beier, *Dissexualität*, 84–93 u. 98–105, der von ‚geistiger Behinderung' spricht (zur Kritik an diesem Ausdruck vgl. Abschnitt D.2, Anm. 15); vgl. ferner Beier et al., *Sexualmedizin*, 466–472.
128 Ahlers, „Umgang," 2.

Erwachsenen als dem entgegengesetzten Extrem reichen,[129] wobei die jeweilige Sexualpräferenz meist mit anderen Faktoren kombiniert wird.[130]

Die vorstehenden Bemerkungen verdeutlichen, dass das Merkmal der Heterogenität nicht nur Missbrauchstaten, sondern auch Missbrauchstäter kennzeichnet. Der Umstand, dass Kindesmissbrauch nicht nur in sehr unterschiedlichen Lebenskontexten, sondern auch aus sehr unterschiedlichen Motiven heraus erfolgen kann und erfolgt, die Erscheinungsformen sowohl von Pädophilie als auch von sexuellem Kindesmissbrauch also durchaus vielfältig sind, ist auch für den Umgang mit Kindesmissbrauch in kirchlichen Kontexten von eminenter Bedeutung. Was speziell den Bereich der katholischen Kirche betrifft, weisen internationale und nationale Untersuchungen zum sexuellen Missbrauch Minderjähriger durch katholische Geistliche darauf hin, dass eine spezifische Ausprägung der Sexualpräferenz im Sinne einer Pädophilie bei mutmaßlichen Missbrauchstätern unter katholischen Geistlichen nicht signifikant höher ist als in der Allgemeinbevölkerung.[131]

So kommen Leygraf et al. (2012) in ihrer Untersuchung zum sexuellen Missbrauch Minderjähriger durch katholische Geistliche in Deutschland anhand der Analyse von insgesamt 78 forensisch-psychiatrischen Gutachten aus den Jahren 2000 bis 2010 zu dem Ergebnis, dass etwa jeder zehnte der begutachteten Kleriker die Präferenz einer klinisch diagnostizierten Pädophilie gemäß *ICD-10* (F65.4) aufwies,[132] die vorgeworfenen Missbrauchshandlungen demnach mutmaßlich überwiegend aus anderen Beweggründen begangen worden sind.[133] In der in Teilprojekt 3 der MHG-Studie (2018) erfolgenden umfangreicheren Analyse der Strafakten von insgesamt 209 des sexuellen Missbrauchs Minderjähriger be-

---

129 Vgl. z. B. Cohen et al., „Comparison," 829 – 837; Cohen/Galynker, „Psychopathology," 25 – 30 sowie Cohen/Galynker, „Features," 278, 281 f. und 287, wo die Autor*innen nach Sichtung der bisherigen Literatur bei der Einteilung der Pädophilen in zwei Grundtypen (‚wahrer Pädophiler' [*true pedophile*] und ‚opportunistischer/fixierter Pädophiler' [*opportunistic/fixated pedophile*]) bleiben, zugleich aber konzedieren, dass es sich hierbei nur „um die zwei Endpunkte einer nicht kategorial[,] sondern eher dimensional zu sehenden Vielfalt" (so Berner, „Sexueller Missbrauch," 6 mit unklarem Verweis) handeln könne.
130 Vgl. z. B. Finkelhor/Araji, „Explanations," 145.
131 Vgl. McGlone, „Prevalence," 111 ff.; Terry et al., *Causes*, 54 f. (3,8 %, wobei als Lebensalter der überlebenden Opfer 10 Jahre und jünger angenommen wird); Leygraf et al., *Übergriffe*, 33 – 35 u. 43; dagegen Rauchfleisch, „Aspekte," 152. Zum Zusammenhang von Pädophilie und Zölibat vgl. Leygraf et al., *Übergriffe*, 8 f. zusammen mit Müller, „Sexueller Missbrauch" (2010), 54 f. Zum Zölibat s. auch Abschnitt 2.2.2.
132 Vgl. Leygraf et al., *Übergriffe*, 33 f. u. 40.
133 Vgl. a.a.O., 38 u. 43; vgl. auch 12; kritisch zur Aussagekraft der Aktenvermerke vgl. Dreßing et al., *Missbrauch*, 277.

schuldigten Diözesanpriestern, Ordenspriestern und Diakonen im Bereich der Deutschen Bischofskonferenz aus den Jahren 1946 bis 2014 einerseits, von insgesamt 78 Beschuldigten in sonstigen Institutionen als Vergleichsgruppe andererseits konnte bei 14 Beschuldigten (6,7 % – Vergleichsgruppe: 5,1 %) eine diagnostizierte pädophile Haupt- oder Nebenströmung festgestellt werden, wobei sich in den Strafakten von weiteren 45 Beschuldigten (21,5 % – Vergleichsgruppe: 21,8 %) zumindest Hinweise auf eine pädophile Haupt- oder Nebenströmung fanden.[134] Das heißt: Bei nahezu drei von zehn Tatverdächtigen unter den Klerikern (28,2 % – Vergleichsgruppe: 26,9 %) konnte entweder eine pädophile Sexualpräferenz diagnostiziert oder Hinweise auf eine solche ermittelt werden. Allerdings betonen die Autor*innen der MHG-Studie, „dass pädophile Präferenzstörungen nicht notwendigerweise in Missbrauchshandlungen" mündeten, „sondern häufig auch gut kontrolliert oder kompensiert werden"[135] könnten. Folgerungen zur Vorkommenshäufigkeit einer pädophilen Sexualpräferenz in der Grundgesamtheit der katholischen Kleriker können aus diesen Untersuchungen zu mutmaßlichen Missbrauchstätern allerdings nicht gezogen werden.[136]

1.2 Theologischer Diskussionsstand

Von geradezu verschwindend wenigen Ausnahmen abgesehen,[137] ist die bisherige Auseinandersetzung christlicher Theologie mit Pädophilie, wenn nicht durch konsequentes Schweigen gänzlich vermieden,[138] durch eine bemerkenswerte

---

134 Vgl. Dreßing et al., *Missbrauch*, 153 f.; ähnliche Zahlen zu pädophilen Neigungen bzw. möglichen pädophilen Haupt- oder Nebenströmungen gehen auch aus den Teilprojekten 2 und 6 des MHG-Projekts hervor.

135 A.a.O., 128 (ohne Hervh.); zur Rückfälligkeit vgl. auch Leygraf et al., *Übergriffe*, 43; Montana, „Relapse," 575.

136 Dahingehend wurden jedenfalls bestimmte Aussagen bei Leygraf et al., *Übergriffe*, 9, 34 u. 38 in der medialen Berichterstattung über diese Studie gedeutet.

137 Anfänge einer ernsthaften, z.T. auch humanwissenschaftlich informierten Auseinandersetzung mit Pädophilie im theologischen Bereich finden sich bei Ferguson, „Priest," 247 ff.; Müller, *Wunden*, 42–46 u. 142–144; Müller, „Pädophilie," 147–152; Lintner, *Eros*, 136–140 u. 152. Zur kirchenrechtlichen Sicht vgl. Micocci, „Lutter," 577–590; Feldmann, „Ich würde niemals einem Kind Gewalt antun'," 91–114. Zur islamisch-theologischen Sicht vgl. Wazir et al., „Pedophilia," 439 ff. Zu Ansätzen einer Auseinandersetzung mit Pädophilie aus philosophisch-ethischer Perspektive vgl. Kershnar, „Moral Status," 111 ff.; Benatar, „Two Views," 191 ff. u. Moen, „Ethics," 111 ff.

138 Selbst in aktuellen interdisziplinären Sammelbänden aus dem theologischen Bereich: Weder in dem von Hilpert et al. veröffentlichten Band *Sexueller Missbrauch von Kindern und Jugendlichen im Raum von Kirche* (2020) noch in dem von Sautermeister/Odenthal veröffentlichten Band

Uninformiertheit gekennzeichnet. Beispielsweise wird Pädophilie in der ursprünglich als EKD-Denkschrift zur Sexualethik gedachten, insgesamt 176 Druckseiten umfassenden Veröffentlichung *Unverschämt – schön* (2015) an einer einzigen Stelle genannt, und zwar in einem Unterabschnitt des Abschnitts „Geschlechtsidentität(en), sexuelle Orientierung(en) und sexuelle Identität(en)" über die „Gesellschaftliche Perspektive".[139] Im Rahmen der Ausführungen zu gesellschaftlichen Vorbehalten gegenüber Homosexualität als einer der „von der Mehrheit abweichenden sexuellen Orientierungen" wird auf Studienergebnisse über die Beeinträchtigungen der psychosozialen Entwicklung homosexueller Jugendlicher angesichts ihnen entgegenschlagender gesellschaftlicher Vorbehalte und aufgrund mangelnder Akzeptanz verwiesen, wonach „neben einer noch weit verbreiteten Homonegativität homophobe Stimmungen, Ausgrenzung und Gewalt immer noch zu den gängigen Sozialisationsbedingungen" der Jugendlichen gehörten: „Sie [scil. die homophoben Stimmungen, Ausgrenzung und Gewalt] bekommen immer wieder dadurch Nahrung, dass angesichts bekannt werdender Fälle sexuellen Missbrauchs alle sexuellen Minderheitsorientierungen einschließlich der Pädophilie in einen Topf geworfen und Zusammenhänge vermutet werden, die jeder wissenschaftlichen Grundlage entbehren."[140] Sosehr man dem abschließenden Verweis auf die fehlende wissenschaftliche Grundlage homophober Vorbehalte nur zustimmen kann, ist der Kontext der Thematisierung von Pädophilie bezeichnend[141] und deren scheinbar vorbehaltlose Zuordnung zu ‚sexuellen Minderheitsorientierungen' bedenklich.[142]

Eine Theorie sui generis über Pädophilie und Kindesmissbrauch in der katholischen Kirche vertritt dagegen Joseph Ratzinger (*1927), Papa emeritus Benedikt XVI., in seinem mit „Die Kirche und der Skandal des sexuellen Mißbrauchs" betitelten Schreiben, das am 15. April 2019 im *Klerusblatt* erschienen ist.[143] Als zentrale Ursachen für den von Klerikern verübten sexuellen Missbrauch Minderjähriger identifiziert Ratzinger einerseits die im Gefolge der Sexuellen

---

Ohnmacht. Macht. Missbrauch. Theologische Analysen eines systemischen Problems (2021) wird Pädophilie in den theologischen Beiträgen zu einem Gegenstand der Erörterung gemacht oder, von jeweils einer Ausnahme abgesehen, auch nur erwähnt.

139 Vgl. Dabrock et al., *Unverschämt – schön*, 108–112.

140 A.a.O., 110.

141 Nicht anders bzw. nicht besser Leimgruber, *Sexualpädagogik*, 95 f., der „Pädophilie, Transsexualität und Intersexualität" als *einen* Abschnitt behandelt.

142 Siehe dazu Abschnitt 1.1.2; dies geschieht freilich auch in anderen theologischen Zusammenhängen, vgl. z. B. Wijlens, „Bischöfe," 159 (mitsamt Anm. 13).

143 Als Hintergrund seines Schreibens nennt Ratzinger die von Papst Franziskus einberufene Kinderschutz-Konferenz („Protection of the minors"), die sich vom 21. bis 24. Februar 2019 im Vatikan mit dem Schutz Minderjähriger vor sexuellem Missbrauch in der Kirche befasst hat.

Revolution von 1968 eingetretene Umwälzung der „bisher geltenden Maßstäbe in Fragen Sexualität",[144] andererseits den sich in derselben Zeit unabhängig davon ereignenden und die Kirche gegenüber diesen gesellschaftlichen Vorgängen wehrlos machenden „Zusammenbruch der katholischen Moraltheologie", im Gefolge dessen sich unter Abkehr von einer naturrechtlich begründeten Moraltheologie die These durchgesetzt habe, dass Moral nur noch von den Zwecken her zu bestimmen sei. Diese Normlosigkeit habe zum „Sterben Gottes" in der westlichen Gesellschaft beigetragen: „eine Gesellschaft, die ihn nicht kennt und als inexistent behandelt, ist eine Gesellschaft, die ihr Maß verliert".[145]

Zur Physiognomie der Sexuellen Revolution, die eine völlige sexuelle Freiheit bar jeder Norm habe erkämpfen wollen, sei Ratzinger zufolge zu zählen, „daß nun auch Pädophilie als erlaubt und als angemessen diagnostiziert wurde":[146] „Vor kurzem noch als durchaus rechtens theoretisiert, hat sie [scil. die Pädophilie] sich immer weiter ausgebreitet. Und nun erkennen wir mit Erschütterung, daß an unseren Kindern und Jugendlichen Dinge geschehen, die sie zu zerstören drohen. Daß sich dies auch in der Kirche und unter Priestern ausbreiten konnte, muß uns in besonderem Maß erschüttern."[147] In der Abwesenheit Gottes – „[a]uch wir Christen und Priester reden lieber nicht von Gott, weil diese Rede nicht praktisch zu sein scheint"[148] – sieht Ratzinger denn auch den letztendlichen Grund dafür, dass Pädophilie „ein solches Ausmaß" habe erreichen können. Daraus leitet er die Aufgabe aller Getauften ab, „daß wir selbst wieder anfangen, von Gott und auf ihn hin zu leben": Gott müsse wieder „Mittelpunkt unseres Denkens, Redens und Handelns" werden, wobei auch die Eucharistie vor Missbrauch geschützt werden müsse, da die Kommunion zur bloßen Selbstverständlichkeit und zeremoniellen Geste verkommen sei.

Notwendig sei demnach keine „von uns erdachte andere Kirche", sondern „die Erneuerung des Glaubens an die uns geschenkte Wirklichkeit Jesu Christi im Sakrament", was Ratzinger auch im Rahmen seiner Gespräche mit „Opfern der Pädophilie" immer eindringlicher ins Bewusstsein getreten sei:

> Eine junge Frau, die als Ministrantin Altardienst leistete, hat mir erzählt, daß der Kaplan, ihr Vorgesetzter als Ministrantin, den sexuellen Mißbrauch, den er mit ihr trieb, immer mit den Worten einleitete: „Das ist mein Leib, der für dich hingegeben wird." Daß diese Frau die Wandlungsworte nicht mehr anhören kann, ohne die ganze Qual des Mißbrauchs erschre-

---

144 Benedikt XVI., „Kirche," 75. Diese Argumentation hat gewissermaßen Tradition, vgl. z. B. Knoller/Wirsching, „Interview im Wortlaut. Bischof Mixa."
145 Benedikt XVI., „Kirche," 79.
146 A.a.O., 75.
147 A.a.O., 79; nicht unähnlich Raddatz, „Kreuzzug," 224.
148 Benedikt XVI., „Kirche," 79; die folgenden Zitate in diesem Absatz ebd.

ckend in sich selbst zu spüren, ist offenkundig. Ja, wir müssen den Herrn dringend um Vergebung anflehen und vor allen Dingen ihn beschwören und bitten, daß er uns alle neu die Größe seines Leidens, seines Opfers zu verstehen lehre. Und wir müssen alles tun, um das Geschenk der heiligen Eucharistie vor Mißbrauch zu schützen.[149]

Es überrascht nicht, dass diese als „Hilfe in dieser schweren Stunde"[150] apostrophierte Einlassung des emeritierten Papstes, der die ‚Ausbreitung' von Pädophilie und sexuellem Missbrauch auf die Permissivität moderner Sexualethik zurückführt und sexuelle Missbrauchsfälle in der Kirche instrumentalisiert, um der Einhaltung und Durchsetzung der traditionellen Sexualmoral[151] und dem Schutz der Eucharistie (!) vor Missbrauch nur umso nachdrücklicher das Wort zu reden, eine kontroverse Rezeption in der katholischen Theologie erfahren hat.[152] Als exemplum instar omnium sei Wunibald Müller zitiert, dem zufolge sich Ratzinger unter anderem fragen lassen müsse, ob

seine Haltung zur Sexualmoral der Kirche [...] oder seine Einstellung zur Homosexualität mitverantwortlich dafür sind, dass sexualisierte Gewalt durch Priester in diesem Ausmaß in der Kirche möglich war. Sein unseliger Beitrag zur augenblicklichen Missbrauchskrise in der Kirche entkräftet das jedenfalls nicht. [...] Der üble Geruch, der von sexualisierter Gewalt in der Kirche, dem lieblosen, unsensiblen Umgang der Bischöfe mit den betroffenen Opfern ausgeht, kommt aus dem Innersten der Kirche. Er kommt von der Fäulnis, die die Kirche befallen hat, die in der Gestalt des klerikalen Systems in der Kirche ihre stärkste Ausprägung gefunden hat und bis heute findet. Der Beitrag von Joseph Ratzinger ist ein erneuter Beweis dafür. Der üble Geruch, der davon ausgeht, hat mit dem „Wohlgeruch Christ", von dem wir im Neuen Testament hören und den sich so viele in der Kirche herbeisehnen, nichts zu tun. Hätte er doch lieber geschwiegen.[153]

Angesichts des weitgehenden Schweigens christlicher Theologie zum Thema Pädophilie ist es bezeichnend, dass der erste und bis heute einzige dezidierte Beitrag über „Pädophilie und christliche Ethik" im akademischen Bereich aus *außer*theologischer Feder stammt, und zwar von Klaus M. Beier (*1961), Facharzt für Psychotherapeutische Medizin und Direktor des Instituts für Sexualwissen-

---

149 A.a.O., 79 f.

150 A.a.O., 75. Dass diese im Frühsommer 2019 vertretene Position des emeritierten Papstes nicht vom Himmel gefallen ist, sondern von ihm auch als amtierender Papst schon vertreten wurde, zeigt ein Blick auf seine Ansprache beim Weihnachtsempfang im Apostolischen Palast vom 20. Dezember 2010; vgl. hierzu Goertz, „Sexueller Missbrauch," 109 f.

151 Vgl. dazu a.a.O., 108.

152 Allerdings gab es auch positive Reaktionen und solche in kritisch-konstruktiver Absicht, wie z. B. Röser, „Papst," 179 f.

153 Müller, „Stellungnahme."

schaft und Sexualmedizin der Berliner Charité, in der christlichen Kulturzeitschrift *Stimmen der Zeit* im Jahr 2013.

Nach einführenden Bemerkungen zu den der menschlichen Sexualität inhärenten und in enger Wechselbeziehung zueinander stehenden Erlebensdimensionen der Lust, Fortpflanzung und Beziehung sowie zur individuellen sexuellen Präferenzstruktur nennt und kommentiert Beier zunächst Definitionen, Einordnungen und Diagnosemerkmale der Pädophilie. Die sexuelle Ansprechbarkeit auf das vorpubertäre Körperschema könne Beier zufolge „erst dann als eine Störung diagnostiziert werden [...], wenn mit ihr ein klinisch signifikanter Leidensdruck oder soziale, berufliche, aber auch partnerschaftliche Beeinträchtigungen"[154] einhergingen. Aufgrund der anzunehmenden Unveränderbarkeit der pädophilen Präferenzstruktur dürften Betroffene nicht auf „eine Auflösung ihrer pädophilen Fantasien hoffen", sondern müssten sich „mit diesen inneren Erlebensanteilen ‚arrangieren'"[155] – voller Selbstzweifel, ob sie jemals Akzeptanz anderer Menschen finden würden, wenn diesen die Inhalte ihrer Phantasien bekannt würden. Die „menschliche Sexualität in ihrer Vielfalt der Präferenzstrukturen" sei als Abbild der „Schöpfungsordnung"[156] nicht „Wahl", sondern „Schicksal",[157] und damit einer verändernden Einflussnahme durch das betreffende Individuum selbst entzogen, weshalb eine moralische Bewertung der pädophilen Sexualpräferenz, im Unterschied zu ihrem Ausleben, nicht gerechtfertigt sei.

Christliche Ethik orientiere sich am biblischen Zeugnis von der liebenden und vergebenden Zuwendung Gottes zu allen seinen Geschöpfen. Darin sei ein Beziehungsmodell angelegt, das über gegenseitige Anerkennung und Wertschätzung und ohne Freiheitsberaubung, Zwang und Gewalt „eine zwischenmenschliche psycho-emotionale Stabilisierung bewirken"[158] könne. Zugleich lasse sich daraus nicht nur eine „adäquate Einstellung gegenüber Menschen mit pädophiler Neigung",[159] sondern auch für die Betroffenen das Erfordernis einer sicheren Kontrolle ihres Verhaltens ableiten:

> Eine solche Verhaltensabstinenz ist von einem gläubigen Christen, der eine pädophile Neigung aufweist, also nicht nur erwartbar, sondern – weil er in einen außerordentlich motivierenden Kontext eingebunden ist – auch leistbar, weshalb hier primär präventive Maßnahmen gut umsetzbar wären. Aus diesem Grund dürfte die (verhaltensabstinente)

---

154 Beier, „Pädophilie und christliche Ethik," 751.
155 A.a.O., 752.
156 A.a.O., 753.
157 A.a.O., 752.
158 Ebd.
159 Ebd.; vgl. a.a.O., 748.

Pädophilie auch kein Ausschlussgrund für ein Priesteramt sein. Denn, um ein Missverständnis auszuräumen: Der Verzicht liegt nicht so sehr auf der Ebene der Lustdimension, sondern auf der [...] Beziehungsdimension von Sexualität – und hier findet auch die größte Traumatisierung der Opfer statt.[160]

Der „Themenkomplex von Schuld, Sünde und Sühne in einer Beziehung" sei ein „Schlüsselmoment des christlichen Glaubens":[161] Die „Vertreibung aus dem Paradies" markiere den Ausgangspunkt für das ständige Bedürfnis des Menschen nach einer Erlösung von Schuld und Strafängsten, worin Beier zugleich den Ansatzpunkt für Gottes allumfassende verzeihende Liebe sieht. Da der Mensch biologisch auf soziale Bindungen programmiert sei,[162] komme der sozialen Unterstützung bei der Behandlung traumatisierter Opfer emotionalen oder sexuellen Missbrauchs in der Kindheit eine entscheidende kurative Bedeutung zu.[163] Den zentralen Faktor bei der Traumatisierung, die auch neurobiologische Veränderungen nach sich zöge, stellten weniger die vom Täter ausgeübten sexuellen Handlungen dar als vielmehr der Vertrauensmissbrauch, was beim Missbrauch durch geistliche oder kirchliche Würdenträger, die „einen unvergleichbaren Vertrauensvorschuss allein aus ihrem Amt entlehnen können und zumal für Kinder unhinterfragte Autoritäten darstellen", nur umso schwerer wiege – „selbst wenn die Tatphänomenologie vergleichweise [sic!] ‚geringfügig' sein mag. Es kommt hier eben nicht nur auf den ‚objektiven Tatbestand' an, sondern auf die subjektive Bedeutungszuweisung seitens des Opfers. Und die könnte nicht verheerender sein."[164]

Wie der Umgang mit Sexualität im Allgemeinen, mit Pädophilie im Besonderen aus christlicher Perspektive aussehen könnte, konkretisiert Beier daraufhin anhand von vier Thesen:

1. *„Das Göttliche offenbart sich auch in der menschlichen Sexualität."*[165] Sexualität als „eine Gabe Gottes zur Freude des Lebens" sei konstitutiver Bestandteil des in zwischenmenschliche Beziehungen eingebundenen und von der göttlichen Liebe umfassten Menschseins, wobei die körperliche sexuelle Begegnung zwischen Menschen den „menschliche[n] Widerpart zur göttlichen Liebe" darstelle und „die Möglichkeit zur leiblichen und seelischen Erfüllung wie in keinem anderen Erlebensbereich" eröffne. Entscheidende Voraussetzungen seien gegen-

---

160 A.a.O., 753.
161 Ebd.
162 Vgl. a.a.O., 753 u. 756.
163 Vgl. a.a.O., 754.
164 Ebd., 754.
165 Ebd.; die folgenden Zitate a.a.O., 754 f.

seitige Annahme, Respekt der Individualität, liebende Verbundenheit und Freiheit beider Beteiligter, was jeden Drang oder Zwang zur Sexualität als im Widerspruch zur biblischen Vorstellung des „einander Erkennens" stehend ausschließe.

2. *„Verhaltensabstinenz bei Pädophilie ist geboten und möglich."*[166] Unter den genannten Voraussetzungen sei aus christlicher Sicht zwar „zu fördern, dass Menschen alle Möglichkeiten ihrer Sexualität genießen", doch sei „es einem gläubigen Christen, der eine pädophile Neigung aufweist, unmöglich [zu] machen, sexuelle Kontakte mit Kindern zu realisieren", da dies Kindern unweigerlich Schaden zufüge. Die „einzig mögliche und daher anzustrebende sowie auch erreichbare Umgangsweise mit den entsprechenden sexuellen Impulsen" bestehe im Falle der Pädophilie daher „in der vollständigen Verhaltensabstinenz [...]: Aus Fantasien dürfen keine Taten werden, aus fantasierten Partnern keine Opfer."

3. *„Die soziale Ausgrenzung verhaltensabstinenter Pädophiler ist unchristlich."*[167] Mit der pädophilen Präferenzstörung gingen bei Betroffenen seit ihrer Jugend starke innere Konflikte und soziale Ausgrenzung einher, nicht zuletzt deshalb, da eine intime Beziehung mit einem Kind nicht verwirklicht werden könne. Dies führe bei Betroffenen nicht nur in besonderem Maße zu einer Destabilisierung, sondern auch zu einem umso größeren Interesse

> an überindividuellen sinn- und bindungsstiftenden Institutionen [...], wie etwa religiösen Glaubensgemeinschaften. Dies ist an sich nichts Ehrenrühriges. Das Problem entsteht dann, wenn die Betroffenen der Annahme sind, dass sich durch starken Glauben und Folgsamkeit in den religiösen Unterweisungen die unerwünschten sexuellen Impulse auflösen lassen würden. Darum kann insbesondere die Zölibatsverpflichtung für die Betroffenen eine hohe Anziehungskraft haben: Sie wollen ja gerade ihre zutiefst konflikthafte Sexualität hinter sich lassen und sich von ihren sexuellen (in ihrem Fall pädophilen) Impulsen befreien. Ein verhängnisvoller Fehlschluss: Die Kraft des Evangeliums kann sich nämlich nur da entfalten, wo nicht die biologischen Prinzipien außer Kraft gesetzt werden müssen, um das angestrebte Ziel zu erreichen.[168]

Zu diesen biologischen Prinzipien als Teil der Schöpfung zählt Beier, neben der Stabilität einer homosexuellen Orientierung, auch die Stabilität der sexuellen Präferenzstruktur, die als „sinnvolle[r] biologische[r] Mechanismus" ein Garant nicht nur „für die Paarbindung" – im häufigsten Falle zwischen körperlich erwachsenen gegengeschlechtlichen Menschen –, sondern damit auch „für Familiengründung und der Verwirklichung von gemeinsamen Fortpflanzungswün-

---

166 A.a.O., 755; die folgenden Zitate ebd.
167 Ebd.; vgl. a.a.O., 755–757.
168 A.a.O., 756; das folgende Zitat ebd.

schen" samt damit verbundener Verantwortlichkeiten sei. Erste Vorbedingung für eine wirksame Prävention von sexuellem Kindesmissbrauch sei daher die Akzeptanz,

> dass menschliche Sexualität durch ein großes Spektrum von Erscheinungsformen gekennzeichnet ist, welches – in unveränderbarer Weise – vom Durchschnitt abweichende sexuelle Ausrichtungen aufweisen kann [...]. Als zweite Vorbedingung wäre die Einstellung zu fordern, sexuellen Minoritäten nicht die Aufnahme in die menschliche Gemeinschaft zu verweigern, weil sie eine besondere sexuelle Neigung haben, die eben als solche keiner moralischen Bewertung unterliegen darf. Alles andere wäre mit der christlichen Ethik in doppelter Hinsicht nicht vereinbar: Es grenzt Betroffene aus und verhindert zudem wirksame Prävention.[169]

Aus präventiver Sicht sei deshalb dafür Sorge zu tragen, dass sich Menschen, deren sexuelle Ausrichtung wie im Falle der Pädophilie mit potenzieller Fremdgefährdung verbunden sei, selbst „offensiv zu der Verantwortungsübernahme bekennen und Hilfe in Anspruch nehmen",[170] wobei es zur Sicherstellung der angestrebten Verhaltensabstinenz eines professionellen Systems von Helfern mit notwendigen Expertenkenntnissen bedürfe.

4. *„Erkenntnisse und nicht Bekenntnisse zur Grundlage von Prävention machen."*[171] Angesichts der „schon immer in hohem Maße" erfolgenden Instrumentalisierung des Sexuellen für politisch-ideologisch motivierte Debatten im Gefolge der Sexuellen Revolution und ihrer „Utopie des befreiten Menschen" sei aus verhaltensbiologischer Sicht auf das Angewiesensein des Menschen auf vertrauensvolle Bezugspersonen als biologisch begründeter Bindungsmechanismus zu verweisen und zwischen politisch-ideologischen Erkenntnis- und religiösen Bekenntnisdiskursen zu unterscheiden. Auch heute bedürfe es

> vor allem der individuellen Verantwortungsübernahme [...]. Aufgrund seiner Fantasien darf grundsätzlich niemand stigmatisiert werden. Doch wenn es zu sexuellen Handlungen mit Kindern kommt, dann geht es um das Verhalten – und das ist zu verurteilen, denn dies führt zu Schäden bei den Opfern. Dies sollte den Blick jedes Christen verstärkt auf die Möglichkeiten richten, die wir haben, um sexuellen Missbrauch von Kindern zu verhindern, indem man bei den Verursachern ansetzt. Das wäre dann primäre Prävention, weil es gar nicht erst zu Taten kommt.[172]

---

169 Ebd.; vgl. a.a.O., 757.
170 A.a.O., 756.
171 A.a.O., 757; die folgenden Zitate ebd.
172 Ebd. Zur Bewertung pädophiler Phantasien vgl. allerdings Abschnitt 1.3, was freilich in keiner Weise irgendeine Stigmatisierung anderer Menschen rechtfertigte, es sei denn, man bezöge sich selbst mit ein.

Auf diese bemerkenswerte Stellungnahme eines Sexualwissenschaftlers, der im theologisch-kirchlichen Bereich bis heute keinerlei öffentliche Rezeption zuteilgeworden ist[173] – auch nicht in der MHG-Studie (2018) – wird zurückzukommen sein. An dieser Stelle sind in kritisch-konstruktiver Absicht zwei Anmerkungen zu machen.

Zum einen: Durch die Fokussierung auf Pädophilie als Faktor sexuellen Kindesmissbrauchs droht aus dem Blick zu geraten, dass sexueller Kindesmissbrauch Ergebnis eines komplexen Bedingungsgefüges ist, welches, wie Beier andernorts betont,[174] durch monofaktorielle Erklärungsansätze gerade nicht hinreichend erschlossen werden kann. Der Ansatz lediglich „bei den Verursachern" als praktizierbare „primäre Prävention"[175] gegen sexuellen Kindesmissbrauch griffe im kirchlichen Bereich unweigerlich zu kurz, blieben die das Missbrauchsgeschehen begünstigenden *Strukturen* und *systemisch* bedingten Risikofaktoren und Dynamiken dabei außen vor. Zum anderen: Hinsichtlich der Forderung nach einer vollständigen Verhaltensabstinenz bei Pädophilie läuft Beiers biologische und theologische Aspekte miteinander verbindende Argumentation Gefahr, in einen Selbstwiderspruch zu geraten. Denn wenn Beier argumentiert, dass sich die „Kraft des Evangeliums" nur dort entfalten könne, „wo nicht die biologischen Prinzipien außer Kraft gesetzt werden müssen, um das angestrebte Ziel zu erreichen",[176] drängt sich nicht nur die Frage auf, um *welches* angestrebte Ziel es sich hierbei genau handelt, sondern auch, ob dies dann nicht gleichermaßen auch für Pädophilie gelten müsste, die für Beier als Teil der Vielfalt der Präferenzstrukturen menschlicher Sexualität die ‚Schöpfungsordnung' ja ebenfalls mit abbildet.

Mit anderen Worten: Wenn Pädophilie, die für Beier als ‚biologisches Prinzip' nicht ‚Wahl' eines Menschen, sondern ‚Schicksal' – im Raum heutigen christlichen Denkens ein ohnehin äußerst problembelasteter und nahezu unbrauchbar gewordener Begriff – darstellt, mithin Teil der ‚Schöpfungsordnung' Gottes ist, würde es sich dann beim Erfordernis der Verhaltensabstinenz bei Pädophilie nicht ebenfalls um eine unzulässige Einschränkung (‚Außerkraftsetzung') eines ‚biologischen Prinzips' bzw. ‚sinnvollen biologischen Mechanismus'[177] handeln? Der Grund für die geforderte Verhaltensabstinenz ist jedenfalls die unweigerlich eintretende Schädigung anderer Menschen bei der Umsetzung pädophiler Im-

---

173 Vgl. allerdings Ahlers, „Umgang," 218.
174 Vgl. z. B. (in der gemeinsamen Veröffentlichung Beiers mit) Kuhle et al., „Sexueller Missbrauch," 112.
175 Beier, „Pädophilie und christliche Ethik," 757.
176 A.a.O., 756.
177 Vgl. ebd.

pulse in reales soziosexuelles Verhalten, was freilich weniger als eine Anfrage an Beier selbst als an den von ihm vorgenommenen Rekurs auf die ‚Schöpfungsordnung' zu richten wäre.

1.3 Sexualethische Perspektive

Wenn es aus humanwissenschaftlicher Sicht eine Tatsache ist, dass Pädophilie weder selbstgewählt noch sozial bedingt ist,[178] folgt daraus aus ethischer Sicht erst einmal *nichts*. Der Hinweis auf eine deskriptive Tatsache gibt nämlich noch keine Antwort auf die normativ-praktische Frage nach dem, was getan werden soll oder was zu tun richtig ist, sondern lässt vielmehr „die Frage *offen*, wie ich mich angesichts dieser Tatsache verhalten soll".[179] Allein aus einer Tatsachenfeststellung folgt also noch nichts für das Verhalten und Handeln.[180] Die *ethische* Relevanz der Pädophilie ergibt sich primär auf der *Verhaltens- und Handlungsebene*, weshalb bei der sexualethischen Beurteilung von Pädophilie grundsätzlich zwei Ebenen zu unterscheiden und konsequent auseinanderzuhalten sind: Pädophilie als Ausprägung der Sexualpräferenz einschließlich entsprechender Gedanken, Gefühle und Phantasien einerseits, das mögliche Ausleben pädophiler Impulse auf der Verhaltens- und Handlungsebene andererseits.

Die Sexualpräferenz eines Menschen ist an sich weder gut noch schlecht, sondern indifferent (ἀδιάφορον). Sie befindet sich gewissermaßen in Möglichkeit (*in potentia*) gleichermaßen zum Guten wie zum Schlechten.[181] Entsprechend ist auch Pädophilie als Ausprägung der Sexualpräferenz an sich weder moralisch noch unmoralisch, sondern moralneutral (‚a-moralisch'). Pointiert mit den Worten Siguschs: „Ein Mensch, der pädophile Neigungen hat, kann so wenig dafür,

---

178 Vgl. z. B. Ahlers/Schaefer, „Pädophilie," 45.

179 Ricken, „Moral," 253 (meine Herv.); vgl. 252f.; ferner Hoerster, *Ethik*, 78f. Ich verdanke den Hinweis auf Ricken Goertz, „Theologien," 281.

180 Dies gilt selbstverständlich auch für andere Zusammenhänge, etwa im Blick auf die Frage, inwieweit der *Solidaritätsbegriff* der Gefahr eines solchen Fehlschlusses vom Sein auf das Sollen á la Hume unterliegt, wenn sich streng normative Verpflichtungen mit diesem Begriff allein nicht begründen lassen, vgl. hierzu Bobbert, „‚Solidarite de fait'," 116–121. Zum Verhältnis von (solidaristischer) Solidarität und individueller Freiheit vgl. die Erschließung bei Große Kracht, *Solidarität*, 107–130.

181 So Thomas von Aquin über den Willen an sich im Kontext der Rede vom sittlich Guten: „[...] si loquamur de bono morali, sic uoluntas secundum se considerata non est bona nec mala set se habens *in potentia ad bonum uel malum*" (*Quaestiones Disputatae de Malo*, q. 2, a. 3 ad 2 [meine Herv.]; zit. nach Thomas von Aquin, *Quæstiones Disputatæ De malo*, 58). Vgl. hierzu Vonarburg, *Herkunft*, 428–430.

wie der, der erwachsene Frauen begehrt."[182] Allerdings trägt jeder Mensch höchstpersönlich die Verantwortung für sein aus der Sexualpräferenz erwachsendes Verhalten und Handeln: *coram se ipso, coram hominibus* und *coram Deo*. Inwiefern gilt dies auch für pädophile Gedanken und Phantasien?

Zuallererst: Gedanken sind privat. Sie können anderen mitgeteilt und insofern auch von anderen geteilt oder abgelehnt werden, doch besitzt jeder Mensch „einen privilegierten Zugang zum eigenen Ich; niemand kann die Innenperspektive eines Anderen teilen".[183] Gedanken sind weder statisch noch gebunden, sondern frei und veränderbar: „Notre tête est ronde pour permettre à la pensée de changer de direction."[184] Gedanken lassen sich beeinflussen, aber nicht durch Denkverbote oder Konsenszwänge fesseln.[185] Als abstrakte oder intuitive Denkakte sind Gedanken weder einfache Wirkungen äußerer Anlässe noch voraussetzungslos, wobei das Voraussetzen als aktive Tätigkeit des Denkens „eine immanente Bestimmung des Denkens selbst"[186] ist – mithin: Gedanken *stellen sich ein*. Das unterscheidet Gedanken von unbewussten Reflexen auf äußere Reize und Ereignisse. Gedanken können, auch unbemerkt und unmerklich, wachsen, sich sammeln und Raum gewinnen, zuweilen „Raum und Zeit überspringen",[187] bevor aus ihnen etwas hervorbricht, mithin Gedanken in Worte gekleidet und in Schrift und Taten umgesetzt werden. Mögen manche Gedanken wie „nächtliche Schatten"[188] vorbeifliehen, manch andere Gedanken sind nicht einfach abzuwerfen.

Soweit und solange Gedanken *in mente* bleiben, sind sie, zumindest im weltlichen Recht, weder schutz-[189] noch strafwürdig: „Der Gesinnungstäter ist strafbar, nicht jedoch seine Gedanken."[190] Im Unterschied zu einem Gesinnungs- oder Gedankenstrafrecht muss sich bei einem Tatstrafrecht „die auf eine De-

---

182 Sigusch, „Erotik," 24.

183 Falkenburg, *Mythos*, 35; vgl. auch 153.

184 So der französische Schriftsteller Francis Picabia in der Dada-Publikation *La Pomme de Pins* vom 25.02.1922; vgl. dazu Hugnet, *L'Aventure Dada*, 92.

185 Dies gilt auch für den Bereich des Politischen, vgl. Spinoza, *Theologisch-politischer Traktat*, 306–317, bes. 307; ferner bereits Conring im 14. Kapitel seines *Discursus ad Lampadium*, 405: „Quamdiu autem latent cogitationes in animis hominum, nulla in foro humano earum est poena."

186 Schulz, *Grundprobleme*, 292 (ohne Herv.); zu dieser Erzeugung von Gedanken als dialektischem Vorgang, in dem Aktivität und Passivität sich gegenseitig bedingen, vgl. 292f.

187 Heisenberg, *Physik*, 283.

188 So der Gefangene im Wechselgesang mit dem Mädchen im „Lied des Verfolgten im Thurm" in Arnim/Brentano, *Des Knaben Wunderhorn*, 38.

189 Zur urheberrechtlichen Beurteilung nicht geäußerter Gedanken im Blick auf den Ideenschutz vgl. Kopp, *Freiheit*, 180.

190 Kessler, *Philosophie*, 126.

liktsbegehung abzielende innere Vorstellung des Täters"[191] in einer äußeren, objektiven Handlung manifestieren, doch spielt bei der Straf*zumessung* nach § 46 Abs. 2 Satz 2 StGB die aus einer Tat sprechende Gesinnung durchaus eine Rolle (Gesinnungsunwert). Gleichwohl gilt: *Cogitationis poenam nemo patitur!*[192] Mit anderen Worten: Gedanken können im Stillen für sich gefasst werden, und doch sind sie nicht palpabel, d.h. man kann sie nicht zu fassen bekommen, ihrer habhaft werden und ihnen mitunter, etwa bei Zwangsgedanken oder Ambivalenz, nur mit großer Anstrengung Widerstand leisten. Als „innere Thätigkeit"[193] scheint Denken, im Unterschied zu Handeln und Sprechen, zwar keine unmittelbare Veränderung der Außenwelt[194] zu bewirken: „Denken vermag alles zu überschreiten, aber nur in Gedanken."[195] Doch versteht sich, dass zwischen Denken als Vergangenheitsbezug und Geistesgegenwart und Wollen als „geistige[m] Organ für die Zukunft"[196] Wechselwirkungen bestehen, das eine jeweils das andere positiv oder negativ verstärken bzw. hemmen kann.

Dies zum Charakter von Gedanken vorausgeschickt, ist zu fragen, ob und inwieweit die ihrer tatsächlichen Ausführung vorlaufenden unausgesprochenen und undokumentierten – biblisch gesprochen: ‚im Herzen' bewegte Gedanken Gegenstand ethischer Reflexion sein können. Sogenannte ‚automatische Gedanken', d.h. „schnell ablaufende, reflexhaft auftretende, subjektiv plausibel erscheinende und unfreiwillig sich einstellende Kognitionen [...], die zwischen einem Ereignis (externer oder interner Art) und der emotionalen Konsequenz liegen",[197] sind *vor*moralisch.[198] Dass dies aus christlicher Sicht aber nicht auf Gedanken per se zutrifft, zeigen Vorstellung und Rede, man könne in Gedanken Schuld auf sich laden,[199] sich also nicht nur in Worten und Taten, sondern auch in Gedanken versündigen, die es dann entsprechend zu beichten[200] und/oder unter Kontrolle zu bringen[201] gelte, zumal in der Bergpredigt Jesu auch der ‚Ehebruch in

---

191 So BGH, Beschluss vom 06.04.2017–3 StR 326/16, Rn. 39; zum Gesinnungsstrafrecht vgl. Schmidhäuser, „Gesinnungsethik," 81–97.
192 Zu diesem auf Ulpian zurückgehenden Satz vgl. von Moeller, *Definition*, 95–99.
193 Kant, „Metaphysische Anfangsgründe," 544,12.
194 Vgl. Sauter, *Willensfreiheit*, 48 f.
195 Schulz, *Grundprobleme*, 288.
196 Arendt, *Leben*, 252.
197 Hautzinger, „Kognitive Verfahren," 126.
198 Vgl. Nelson, *Kognitiv-behaviorale Therapie*, 151 f.
199 Es ist bemerkenswert, dass nicht das weltliche, sondern offenbar nur das kanonische Recht den Begriff der „Gedankenschuld" kennt.
200 Vgl. Cornwell, *Beichte*, 97 ff. u. 185 ff.
201 Etwa im Mönchstum, vgl. Ertl, *Religion*, 273 ff.

Gedanken' als Verstoß gegen das sechste Gebot gewertet wird (Mt 5,27 f.).[202] In seiner während der Fastenzeit 1517 gehaltenen fortlaufenden Auslegung des Vaterunsers berichtet Luther bei der Deutung der sechsten Bitte („und führe uns nicht in Versuchung") von einem von Hieronymus überlieferten Gespräch zwischen einem Altvater und einem jungen Klosterbruder. Auf die Frage des Jungen, wie dieser seine bösen Gedanken, die ihn sehr bekümmerten, denn wieder loswerden könne, sodass sie nicht wiederkämen, gab der Altvater folgenden Rat: „Lieber bruder, wy kanstus weren, das ein vogel nicht in der lufft flige? aber das kanstu dannoch weren, das er dir in dein ore ader [sic!] auff dein heupth keyn nest mache. Alszo kanstu den gedancken auch nicht weren, das sye kommen, aber du kanst dich wol huthen durch gottis anruffung, das sie nicht bey dir nysten".[203]

Kann demnach aus der Sicht christlicher Ethik keineswegs behauptet werden, Gedanken seien grundsätzlich vormoralisch (vgl. nur Mt 5,22 und Mt 15,19!), so werden sie zum Gegenstand einer auf den „praktischen Lebensvollzug"[204] zielenden ethischen Reflexion, wenn sie als in Worte gekleidete oder in Taten umgesetzte Gedanken verstanden werden. Dies gilt auch für den Bereich des Sexuellen: „Sexualität findet auch im Kopf statt. Sexuelle Fantasien als mentale Repräsentationen sexueller Wünsche und Befürchtungen spielen eine große Rolle dabei, ob Sexualität zu einem Quell der Freude oder in unglücklichen Fällen zu einem Quell des Leides werden kann."[205] Sexuelle Phantasien mögen mitunter Gegenstand therapeutischer Erörterung, Begleitung oder Intervention sein können, zumal aus Phantasien Worte und/oder Taten werden können,[206] wenn bestimmte Umstände und Persönlichkeitsmerkmale zusammenkommen, und man kann sich für bestimmte Phantasien auch schuldig fühlen und nach Wegen suchen, mit ihnen verantwortlich umzugehen[207] – aus juristischer und ethischer Sicht verantwortlich (zu machen) ist ein Mensch für sein Tun und Lassen.[208] Im Übergang von Theorie zu Praxis gibt es keinen Automatismus.

---

202 Vgl. Neumann, „Der ‚Diskurs'," 134 u. 141; ferner 139–143.

203 Luther, „Auslegung" (1517; 1518 veröffentlicht), in: WA 9,157,35–158,3; vgl. dazu WA 32,373,16–26; überdies WA 2,124,26–28 u. WA 54,172,1–10.

204 Rendtorff, *Ethik*, 12.

205 Schweitzer, „Vorwort," 9.

206 So auch Beier, „Pädophilie und christliche Ethik," 755. Dies gilt insbesondere für Personen, die ausschließlich und überdauernd sexuelle Phantasien mit Kindern haben. Das Motto des Berliner *Präventionsprojektes Dunkelfeld* (PPD) lautet treffend: „Damit aus Fantasien keine Taten werden!"

207 Das gilt auch z. B. für sadomasochistische Inszenierungen von Folterphantasien, vgl. Woltersdorff, „Folter," 247 f.

208 Die allgemeinmenschliche Tendenz, Unterlassen in der subjektiven Wahrnehmung als weniger riskant und als von geringerer Verantwortung einzuschätzen als aktives Handeln und Tun,

Sexuelle Phantasien sind allerdings auch nicht grundsätzlich unschuldig,[209] zumal wenn sie im imaginierten Möglichkeitsraum des *Als-Ob*[210] sexueller Selbstbetätigung oder sexuellen Handlungen vor, mit oder an anderen Personen in der Realität diese bedingend vorausgehen. In diesem Raum der Phantasie, den das Ich sich als imaginierte Wirklichkeit gestaltet und ausgestaltet, werden auch solche sexuellen Handlungen praktizierbar, die sich Gesetzen und Zwängen des realen Lebens entziehen.[211] Diese imaginierten Handlungen – auch solche von Erwachsenen vor, mit oder an Kindern – mögen in der realen Welt ohne unmittelbare fremdbeeinträchtigende Folgen bleiben können, grundsätzlich harmlos sind sie nicht. Auch sogenannte ‚Kinderpornographie' ist nicht nur Ausdruck und Konkretion entsprechender sexueller Phantasien, sondern kann als Handlungsimpuls für das reale Leben dienen.[212]

Nachdem in Abschnitt D.3 der vorliegenden Untersuchung sexuelle Handlungen zwischen Erwachsenen und Kindern als missbräuchlich und gewalthaltig qualifiziert wurden, stehen wir vor dem gleichermaßen unausweichlichen wie unauflöslichen, insofern ‚tragischen'[213] Dilemma, dass pädophile Menschen zeitlebens „keine psychosozial stabilisierenden (Intim-)Bindungen" mit Personen der von ihnen sexuell präferierten Altersgruppe eingehen können, was unweigerlich Beeinträchtigungen und Benachteiligungen „aufgrund unerfüllter Grundbedürfnisse nach Annahme, Nähe und Geborgenheit"[214] mit sich bringt: „Tatsächlich bezieht sich [...] das Interesse eines Pädophilen nicht nur auf sexuelle Kontakte mit einem Kind, sondern es besteht ein (wenn auch unrealisti-

---

ist das in experimentellen Studien hinreichend belegte Phänomen des sogenannten Unterlassungseffekts (*omission bias*); vgl. dazu grundlegend Spranca et al., „Omission," 78 – 81 (zu den psychologischen Mechanismen). Zum Prinzip des ‚Tun *durch* Unterlassen' s. Abschnitt E.1.2.

209 Dagegen Beier, „Pädophilie und christliche Ethik," 755 u. 757.

210 Vgl. hierzu Wittig, *Ludifizierung*, 52.

211 Darin unterscheidet sich dieser Möglichkeitsraum des Sexuellen auch nicht vom „flottierende[n] Möglichkeitsraum des Spiels" (a.a.O., 56), in dem jenseits des Ernstes des gewöhnlichen Lebens durch die Auflösung der Grenze „zwischen Als-Ob und Wirklichkeit" ermöglicht wird, „dass Darstellung und Dargestelltes in den freiheitlichen Akten des Spielens in eins fallen" (a.a.O., 53); vgl. bereits Wittig, „Kultur," 163.

212 Siehe Abschnitt E.1.

213 Zur unausweichlich mit Pädophilie verknüpften ‚Tragik' vgl. Schmidt, „Tragik," 133 f., der damit keiner Permissivität sexueller Handlungen zwischen Erwachsenen und Kindern das Wort reden, sondern vielmehr zwischen Pädophilie einerseits, Hetero- und Homosexualität andererseits einen ‚prinzipiellen Unterschied' dahingehen statuieren will, dass es bei Pädophilie „um einen Erwachsenen und ein Kind, nicht wie bei Hetero- und Homosexualität um in etwa gleich starke Partner, sondern um ungleich starke [geht]. Und dieses Machtungleichgewicht gefährdet die sexuelle Selbstbestimmung des Kindes, droht sie zu überfahren" (134).

214 Beier/Loewit, *Lust*, 10. Vgl. auch Moen, „Ethics," 119 u. 122 f.

scher) ganzheitlicher, partnerschaftlicher Wunsch nach einer Liebesbeziehung, die sexuelle Kontakte in der Form mit beinhaltet, wie dies in partnerschaftlichen Beziehungen zwischen Erwachsenen auch der Fall ist [...]."[215] Darin besteht die prekäre Besonderheit von Pädophilie im Vergleich zu anderen Paraphilien: „Sie läuft permanent Gefahr, zu einem Verbrechen zu werden".[216]

Wenn demnach in Übereinstimmung mit dem aktuellen Wissensstand über Anlage und Unveränderbarkeit der pädophilen Präferenzstruktur behauptet wird: „Pädophilie ist Schicksal, nicht Wahl",[217] muss dies keineswegs ein Kalkül in exkulpatorischer Absicht sein. „Die Betroffenen sind nicht schuld an ihren sexuellen Gefühlen, aber sie sind verantwortlich für ihr sexuelles Verhalten."[218] In erster Linie sind sie Menschen, und in zweiter Linie haben sie eine nicht in ihrer Schuld liegende Bürde im Gepäck ihres Lebens, was nicht unerheblich ist, wenn wir das Kriterium ‚gutes Leben' für alle Menschen gelten lassen. Sosehr sexuelle Handlungen zwischen Erwachsenen und Kindern kategorisch abzulehnen sind, so sehr ist auch auf die vielfältige Stigmatisierung pädophiler Menschen hinzuweisen[219] und nicht nur in Öffentlichkeit und Gesellschaft, sondern auch in der kirchlichen Gemeinschaft ein offenerer Umgang mit dem bislang tabuisierten und allenfalls privatissime angesprochenen Thema Pädophilie anzustreben. Hierzu bemerkt Sigusch:

> In einer wirklich liberalen Gesellschaft könnte auch der Pädophile offen zu seinem Begehren stehen; es auszuleben, könnte aber selbst dann nicht toleriert werden. Erkannt würde jedoch die Tragik dieser Menschen, die ein Leben lang trotz greifbarer Nähe auf das verzichten müssen, was ihnen im Leben am liebsten ist. [...] Dass Pädophile durch eine Therapie darauf verzichten, ihre sexuellen Wünsche zu realisieren, gehört eher zu den Glücksfällen. Ein solcher kann eintreten, wenn der Patient über eine hohe Moralität oder Religiosität verfügt, sozial gehalten ist und sein sexuelles Begehren keinen suchtartigen Verlauf genommen hat.[220]

Pädophilie als Ausprägung der Sexualpräferenz an sich ist moralisch indifferent. Und doch können im Falle der Pädophilie allein durch einen konsequenten Verzicht auf das Ausleben pädophiler Impulse mögliche Handlungen gegen die

---

215 Ahlers/Schaefer, „Prävention," 385.
216 Lipp, „Vorlieben," 202. Zum Verständnis von ‚Paraphilie' s. Abschnitt 1.1.1.
217 Lissek, „Hölle im Kopf." Dass der Schicksalsbegriff aus theologischer Sicht nicht unproblematisch ist, wurde bereits bemerkt.
218 Ahlers, „Spektrum," 147. Zur Frage der Verantwortung vgl. auch Fraling, *SexualEthik*, 246.
219 Vgl. Jahnke et al., „Stigmatizing," 93 ff.; Jahnke et al., „Stigmatization," 21 ff.; zu „stigmatisierten Intimbeziehungen" vgl. auch Ohly, *Ethik der Liebe*, 71.
220 Sigusch, „Sexueller Kindesmissbrauch," A1902; vgl. hierzu auch Sigusch, *Das Sex-ABC*, 203–205.

sexuelle Selbstbestimmung anderer Menschen ausgeschlossen werden.[221] Das Ziel kognitiv-verhaltenstherapeutischer Therapiemethoden liegt bei pädophilen Menschen denn auch „vor allem in der Bearbeitung des Maßes an Verantwortungsübernahme in kritischen Situationen", um missbrauchsbegünstigende Einstellungen und Verhaltensweisen zu senken, nachdem „für die Betroffenen von einem lebenslangen Risiko ausgegangen werden [muss], ein Kind sexuell zu missbrauchen und/oder Missbrauchsabbildungen zu nutzen".[222]

Zu einem offeneren Umgang mit pädophilen Menschen als Teil der Gesellschaft wie der kirchlichen Gemeinschaft gehört es aber auch, der Intensität aller emotionalen Erregung über Pädophilie zum Trotz, welche eine differenzierte Auseinandersetzung damit im öffentlichen Diskurs bis heute nahezu unmöglich gemacht hat, Klischees und Vorurteilen gegenüber Pädophilen mit der Kraft sachlicher Argumente zu begegnen. Eine apriorische Ausgrenzung pädophiler Menschen scheint jedenfalls ebenso wenig zielführend zu sein, wie Skepsis als solche als Erkenntnistheorie betreiben zu wollen.[223] Und sie passt auch nicht in den Kontext einer theologisch begründeten Sexualethik, die *keinen* Menschen ausklammert, weil dies gemäß ihrem Bezug auf den Schöpfer und seinem der Vergebung bedürftigen Geschöpf entgegenkommenden *Gott* schlechthin unmöglich ist.

2 Sexueller Kindesmissbrauch

Der verschiedentlich gegen die Rede von ‚sexuellem Missbrauch von Kindern' vorgebrachte Einwand, damit werde fälschlicherweise suggeriert, es gäbe auch einen sachgemäßen, regelrechten *Ge*brauch von Kindern für sexuelle Zwecke,[224] erweist sich bei näherer Betrachtung als haltlos. Denn nicht nur stellt bereits der *Ge*brauch eines Menschen, gleich welchen Alters und für welchen Zweck, einen *Miss*brauch desselben als eines Mittels dar, sondern es wird zudem übersehen, dass der Begriff ‚sexueller Missbrauch' im rechtlichen Kontext als „eine Kurzformel von ‚Missbrauch von Abhängigkeit und Unterlegenheit für sexuelle Zwecke'"[225] verstanden werden kann. Nach dieser Lesart, welche in der vorliegenden

---

221 Vgl. Ahlers/Schaefer, „Prävention," 386.
222 Wagner et al., „Vorbeugung," 222; vgl. ferner Berner, „Ethik," 168–180.
223 Zu letzterem Gedanken vgl. Kierkegaard, *Erstlingsschriften*, 66.
224 So z. B. bereits Camenzind, „Überlegungen," 166; ferner Kappeler, „Anvertraut," 8.
225 Hörnle, „Stellungnahme," 4; vgl. 3 f.; zum Missbrauchsbegriff und seiner Geschichte vgl. Bange, „Sprechen," 28 f. u. Retkowski et al., „Einleitung," 20; zur Kritik am Miss*handlungs*begriff s. unten Anm. 490.

Untersuchung übernommen und noch weiter spezifiziert wird, ist nicht die Person selbst ‚Missbrauchsgegenstand‘, sondern der Missbrauch besteht im „Ausnutzen" oder „Missbrauch der jeweiligen *Lage* oder *Situation*"[226] einer Person, welcher es – und darin besteht die Spezifizierung – aufgrund personaler und/oder situativer Faktoren an den für das Vorliegen von Einverständlichkeit unabdingbaren Voraussetzungen mangelt.[227] Folglich sind nicht nur sexuelle Handlungen vor, mit oder an Kindern, die per se über das für eine freiwillentliche Zustimmung zu sexuellen Handlungen erforderliche Mindestmaß an Einsichtsfähigkeit, Einwilligungsfähigkeit und Willensbildungsfähigkeit *noch nicht* verfügen, sondern gleichermaßen auch sexuelle Handlungen vor, mit oder an Erwachsenen, die darüber *generell nicht*, *nicht mehr* oder aber *vorübergehend nicht* verfügen, als missbräuchlich zu betrachten.[228] Der Missbrauchscharakter sexueller Handlungen vor, mit oder an allen diesen Menschen gründet also nicht in deren Mangel an Zustimmung (‚nicht zugestimmt *haben*‘), sondern in deren Mangel an Zustimmungs*fähigkeit* (‚nicht zustimmen *können*‘), wie sie für das Zustandekommen und den Vollzug sexueller Handlungen im Horizont von Einverständlichkeit unerlässlich ist.

Wie in Abschnitt D.3.2 dargelegt, sind sexuelle Handlungen zwischen Erwachsenen und Kindern aber nicht nur prinzipiell missbräuchlich, sondern auch prinzipiell gewalthaltig, indem sie in einem Handlungs- und Geschehenszusammenhang zustande kommen und vollzogen werden, bei dem eine Person (hier: der Erwachsene) einen wenigstens situativ bestehenden Machtvorsprung zur wirksamen Willensdurchsetzung gegenüber einer anderen Person (hier: dem Kind)

---

226 Turhan, „„Sexualisierte Gewalt‘,"" 4 (meine Hervh.), der sich auf Hörnle bezieht; sachlich ähnlich Beier, *Pädophilie*, 177; vgl. dagegen Fischer, *Sex*, 114 f.

227 Zu diesen Voraussetzungen von ‚Einverständlichkeit‘ s. Abschnitt C.3.2.2.3.

228 Zu dieser Differenzierung s. Abschnitt D.1. Während demnach beispielsweise sexuelle Handlungen zwischen Erwachsenen im Rahmen von *Zwangsprostitution* unter Zugrundelegung des allgemeineren Verständnisses von ‚sexuellem Missbrauch‘ als ‚Missbrauch von Abhängigkeit und Unterlegenheit für sexuelle Zwecke‘ ebenfalls als ‚sexuell missbräuchlich‘ zu qualifizieren wären, sind diese Handlungen unter Zugrundelegung des oben dargelegten spezifischeren Begriffsverständnisses *nicht* als ‚sexuell missbräuchlich‘ (jedenfalls so lange nicht, wie alle Beteiligten an sich und auch in der betreffenden Situation über die für das Vorliegen von Einverständlichkeit unabdingbaren Voraussetzungen verfügen), wohl aber als gewalt*behaftet* aufgrund der äußeren Umstände zu betrachten, selbst wenn es dabei zu keinem physischen Gewalthandeln kommen sollte; s. dazu Abschnitt D.5.3. Zu den strengen Voraussetzungen möglicher Ausnahmen von der grundsätzlichen sexualethischen Ablehnung speziell von sexuellen Handlungen zwischen Erwachsenen mit und ohne Beeinträchtigungen s. Abschnitt D.2.

ausnutzt,[229] im Zuge derer diese eine fremdmächtige Verletzung ihrer individuellen Freiheits- und Selbstbestimmungsrechte erleidet. Eine ‚gewaltfreie' Sexualität zwischen Erwachsenen und Kindern ist deshalb schlechterdings unmöglich. Vielmehr gilt: Sexueller Missbrauch *ist* sexuelle*sexualisierte Gewalt, worunter in der vorliegenden Untersuchung nicht nur sexuelle Handlungen vor, mit oder an einer anderen Person *gegen ihren Willen*, sondern eben auch sexuelle Handlungen vor, mit oder an einer anderen Person *ohne ihre freiwillentliche Zustimmung* subsumiert werden.[230] Insofern ist es für das *Vorliegen* sexueller*sexualisierter Gewalt unmaßgeblich, ob diese andere Person sexuellen Handlungen nicht freiwillentlich zugestimmt *hat*, obwohl sie an sich *und* auch in der betreffenden Situation zustimmungsfähig gewesen ist, oder ob sie diesen Handlungen gar nicht freiwillentlich zustimmen *kann*, weil sie an sich *oder* zumindest in der betreffenden Situation nicht zustimmungsfähig ist, was allerdings signifikante Unterschiede auf der *Bewertungs*ebene bedingen kann.

Die Rede von ‚sexuellem Missbrauch' bzw. ‚sexuellen Missbrauchshandlungen' bietet sich nach meinem Dafürhalten deshalb noch immer und auch weiterhin insbesondere dann an, wenn es um sexuelle Handlungen vor, mit oder an anderen Personen geht, welche diesen Handlungen zustands-, alters- und/oder entwicklungsbedingt[231] gar nicht freiwillentlich zustimmen *können*. Mit einer solchen *terminologischen* Differenzierung zwischen sexuellem Missbrauch und sexueller*sexualisierter Gewalt ist allerdings keine unterschiedliche *Beurteilung* intendiert, als ob die Rede von sexuellem Missbrauch anstelle von sexueller bzw. sexualisierter Gewalt die damit bezeichneten Handlungen oder Ereignisse in irgendeiner Weise „beschönigen"[232] wolle. Vielmehr resoniert in der recht verstandenen Rede von sexuellem Missbrauch ein ständiger Hinweis auf die Be-

---

229 Es darf daran erinnert werden, dass ‚Macht' wesenhaft das *Verfügenkönnen über Wirkungsmöglichkeiten* kennzeichnet und damit eine auf ganz unterschiedlichen Grundlagen fußende, potenziell jedem Menschen zukommende Möglichkeit zur Willensdurchsetzung auch gegen einen widerstrebenden Willen beschreibt, wobei es für das Vorliegen von Gewalt eben nicht ausschlaggebend ist, ob Widerstand *aktiv geleistet* wird, s. Abschnitte A.2.3.1 u. D.3.2 (mitsamt Anm. 107). Zur Frage des Machtüberhangs bzw. -gefälles speziell bei sexuellem Kindesmissbrauch und der Unterlegenheit eines Kindes gegenüber Erwachsenen in vielerlei Hinsicht vgl. Bange, *Seite*, 57; Engfer, „Formen der Misshandlung" (4. Aufl.), 14; Heiliger/Engelfried, *Sexuelle Gewalt*, 22; vgl. auch Bange/Deegener, *Sexueller Mißbrauch*, 38; kritisch dazu Wipplinger/Amann, „Sexueller Missbrauch," 20.
230 Siehe Abschnitt C.3.3.3; zum Terminus der ‚Freiwillentlichkeit' s. Abschnitt C.3.2.2.2 samt Anm. 398.
231 Zur Differenzierung von Zustands-, Alters- und Entwicklungsbedingtheit s. Abschnitt D.1.
232 So das m. E. unbegründete Bedenken bei Fobian et al., *Jungen*, 71; gleiches gilt für Kaspar, „Erotik," 205.

dingung seiner Möglichkeit: das Ausnutzen eines wenigstens situativ bestehenden Machtvorsprungs, wie er aus Abhängigkeits-, Dominanz- oder Vertrauensverhältnissen und/oder entsprechenden Strukturen gleichermaßen hervor- wie damit einhergehen kann, zur wirksamen Durchsetzung des eigenen Willens gegen den einer anderen Person. Insofern kann die in aktuellen Gesetzesentwürfen der Bundesregierung[233] sowie in neueren Handlungs- und Maßnahmenkonzepten von Landesregierungen[234] vollzogene Ablösung der Rede von ‚sexuellem Missbrauch von Kindern' durch die Rede von ‚sexualisierter Gewalt gegen Kinder' durchaus kritisch gesehen werden, wenn durch diese Verwendung allein der generellen Begrifflichkeit ‚sexualisierte Gewalt', ganz abgesehen von der in Abschnitt A.3.3 diesbezüglich erörterten Problematik, die angesprochene Möglichkeitsbedingung und zugleich das Spezifikum sexueller*sexualisierter Gewalt gegen Kinder aus dem Blick zu geraten droht.

Der Gewaltcharakter der als ‚sexueller Missbrauch' bezeichneten sexuellen Handlungen oder Ereignisse soll durch die Beibehaltung des Missbrauchsbegriffs also keineswegs in Frage gestellt werden. Vielmehr gilt es, ihn zu konkretisieren. Bevor sexueller Kindesmissbrauch in diesem Kapitel auf Ursachen und Auswirkungen hin zu befragen sein wird, ist deshalb die Frage nach seiner begrifflichen Ein- und Abgrenzung (‚Definition') und Vorkommenshäufigkeit zu stellen.

2.1 Definition und Häufigkeit

Unter dem Vorbehalt, dass Definitionen sexuellen Kindesmissbrauchs als spezifisches Segment des breiten Spektrums sexueller*sexualisierter Gewalt ebenso zahlreich wie uneinheitlich sind, lassen sich mit Andrews et al. (2004) drei Hauptkategorien sexueller Missbrauchshandlungen an oder gegenüber Kindern unterscheiden: „In its broadest sense CSA [scil. Child Sexual Abuse] includes unwanted and inappropriate sexual solicitation of, or exposure to, a child by an older person (non-contact abuse), genital touching or fondling (contact abuse), and penetration in terms of oral, anal or vaginal intercourse or attempted inter-

---

233 Vgl. z. B. Gesetzentwurf der Bundesregierung, „Entwurf eines Gesetzes zur Bekämpfung sexualisierter Gewalt gegen Kinder", abrufbar unter: https://t1p.de/dk7e (Zugriff: 31.10.2021).
234 Vgl. z. B. Ministerium für Kinder, Familie, Flüchtlinge und Integration des Landes Nordrhein-Westfalen, *Handlungs- und Maßnahmenkonzept*, 7. Zu entsprechenden Forderungen nach einer Abschaffung des Missbrauchsbegriffs in der aktuellen Literatur vgl. z. B. Dreßing et al., „Sexueller Missbrauch von Kindern," 79; vgl. dagegen die diesbezüglichen kritischen Bemerkungen bei Turhan, „‚Sexualisierte Gewalt'," 3 – 5; ferner Klein, „Missbrauch," 86.

course (intercourse)."[235] Eine solche weitgefasste Definition, die also auch sexuelle Handlungen ohne Körperkontakt (,hands-off') umfasst, anstatt sexuellen Kindesmissbrauch, wie bei enggefassten Definitionen üblich, auf sexuelle Handlungen mit direktem Körperkontakt (,hands-on') zu beschränken,[236] erscheint aus Sicht einer Sexualethik, die nicht einzelne sexuelle Handlungen isoliert für sich betrachtet, sondern durch die Einbeziehung des Einverständlichkeitskriteriums den Modus des Zustandekommens und Vollzugs sexueller Handlungen in den Blickpunkt rückt, sinnvoll und konsequent.

Demnach können aus sexualethischer Sicht als sexueller Kindesmissbrauch, allgemein gesprochen, sexuelle Handlungen eines Erwachsenen *vor, mit* oder *an* einem Kind verstanden werden,[237] das per se noch nicht über die für eine freiwillentliche Zustimmung zu sexuellen Handlungen erforderlichen Voraussetzungen verfügt, sodass eine Einverständlichkeit sexueller Handlungen zwischen Erwachsenen und Kindern unter keinen Umständen möglich ist, selbige vielmehr unter allen Umständen missbräuchlich und gewalthaltig sind. Es bedarf hierfür also keineswegs auch einer physischen Krafteinwirkung seitens des Erwachsenen, was diese gewalthaltigen sexuellen Handlungen zugleich zu gewalt*samen* Handlungen machte, geschweige denn erst eines vom Kind expressis verbis und/oder durch konkludentes Verhalten zum Ausdruck gebrachten entgegenstehenden Willens, was diese gewalthaltigen sexuellen Handlungen zugleich zu gewalt*tätigen* Handlungen machte.[238] Zum Phänomen sexuellen Kindesmissbrauchs gehören deshalb auch sexuelle Handlungen mit *indirektem* Körperkontakt zwischen Täter und Kind,[239] beispielsweise dann, wenn ein Kind von einem Erwachsenen, mag dieser dabei persönlich anwesend oder online zugeschaltet sein,

---

235 Andrews et al., „Child Sexual Abuse," 1853; nicht unähnlich Jud, „Sexueller Kindesmissbrauch," 43.
236 Zu dieser Definitionsproblematik sexuellen Missbrauchs vgl. Bange, „Definition," 30 f.
237 Zur Differenzierung zwischen Handlungen *vor, mit* oder *an* einer anderen Person s. Abschnitt A.3.1. In Übereinstimmung mit der Auseinandersetzung mit sexuellen Handlungen zwischen Erwachsenen und Kindern in Kapitel D.3 einerseits, mit Pädophilie als spezifischer Ausprägung der Sexualpräferenz in Kapitel F.1 andererseits konzentriere ich mich im Folgenden auf sexuelle Handlungen zwischen (zustimmungsfähigen) Erwachsenen ab 18 Jahren und *vor*pubertären Kindern bzw., falls weitere Abstufungen vorgenommen werden sollen, zwischen vor- oder frühpubertären Kindern (in der Regel) unter 13 Jahren und strafmündigen Personen, die mindestens 16 Jahre alt und zugleich mindestens 5 Jahre älter sind als das betreffende Kind. Sexuelle Handlungen *zwischen* schuldunfähigen und damit strafunmündigen Kindern unter 14 Jahren (vgl. § 19 StGB) bleiben also unbeachtet.
238 Zur Differenzierung zwischen Gewalthaltigkeit, -samkeit und -tätigkeit s. Abschnitt C.3.3.3.
239 Speziell zu (sexuellen) Handlungen ohne direkten Körperkontakt vgl. Jud, „Sexueller Kindesmissbrauch," 44.

dazu gezwungen oder aufgefordert wird, sexuelle Handlungen an sich selbst und/ oder anderen Personen gleich welchen Alters vorzunehmen (vgl. § 176 Abs. 1 Nr. 2 StGB), oder eben sexuelle Handlungen *ohne* Körperkontakt, beispielsweise dann, wenn ein Kind von einem Erwachsenen gezwungen oder aufgefordert wird, sexuellen Handlungen anderer, mögen diese real vor ihm praktiziert werden oder im Rahmen von Pornographie[240] dargestellt sein, im Beisein dieses Erwachsenen und/oder anderer Personen zuzuschauen (vgl. § 176a Abs. 1 Nr. 3 StGB).

Schließlich sind auch sexuelle Handlungen eines Erwachsenen vor, mit oder an einem Kind, das sich hierzu weder zustimmend noch ablehnend, sondern *gleichgültig* oder *stillschweigend* verhält, oder das diesen Handlungen durch verbale Äußerungen und/oder durch sein Verhalten sogar explizit *zustimmt* bzw. *zuzustimmen scheint*,[241] sexuell missbräuchlich und damit unter keinen Umständen zu rechtfertigen oder zu entschuldigen. Der verbal geäußerte oder nonverbal zum Ausdruck gebrachte zustimmende Wille eines Kindes begründet nämlich noch keine Einverständlichkeit im hier entwickelten Sinne.[242] Im Unterschied zu *gewalthaltigen* sexuellen Handlungen, die auch mit gegenseitigem Einverständnis vollzogen und, wie in Abschnitt D.6.2 im Blick auf einverständliche sadomasochistische Sexualpraktiken dargelegt wurde, als Ausdruck der sexuellen Selbstbestimmung zustimmungsfähiger erwachsener Personen anerkannt und respektiert werden können, sind sexuell *missbräuchliche* Handlungen *niemals* im Horizont von Einverständlichkeit möglich. Das in der Diskussion über eine strafrechtliche Entkriminalisierung angeblich ‚gewaltfreier‘[243] Sexualität zwischen Erwachsenen und Kindern verschiedentlich geltend gemachte Konzept des sogenannten ‚einvernehmlichen Missbrauchs‘[244] erweist sich geradezu als Chimäre, die auf einer fundamentalen (Selbst-)Täuschung von Erwachsenen[245] beruht und deren argumentative Einbeziehung denn auch nicht selten von dem Interesse zeugt, apologetischen Tendenzen Vorschub zu leisten.

---

240 Vgl. dazu Bundesministerium für Familie, Senioren, Frauen und Jugend, *Aktionsplan 2011*, 11.

241 Zum Argument des (vermeintlichen) ‚Gefallenfindens‘ s. Abschnitt D.3.2.

242 Es gilt daran zu erinnern, dass eine solche freiwillentliche Zustimmung als Wesensmerkmal von Einverständlichkeit im hier entwickelten Sinne einem Kind grundsätzlich (noch) nicht möglich ist, s. Abschnitt C.3.2; vgl. ferner Bange, „Definition," 30.

243 Vgl. die in Abschnitt D.3.1, Anm. 108 genannte Literatur; vgl. aber auch – in einem andersgearteten Kontext – Dreßing et al., „Sexueller Missbrauch von Kindern," 83, die zwischen einer „gewaltlose[n] Verführung von Kindern" zu „pädosexuellen Straftaten" und „gewaltsamen sexuellen Attacken" unterscheiden.

244 Vgl. z.B. Schetsche, „‚Mißbrauch‘," 209f. (vgl. unten Anm. 563); vgl. dazu ferner Amendt, „Sexueller Mißbrauch," 33.

245 Vgl. hierzu Sigusch, „Erotik," 23; s. Abschnitt D.3.2.

Wie Einverständlichkeit ist auch Missbrauch eine *qualitative* Bestimmung, die zwar eine Graduierbarkeit im Sinne eines Mehr oder Weniger *innerhalb* dieser Bestimmtheit,[246] nicht aber ein Sich-Hineinquantitieren *in* diese Bestimmtheit zulässt, weil für sie keine andere als die hamletsche Radikaldialektik des ‚Sein oder Nichtsein‘[247] gilt. Insofern lässt sich zu sexuellem Missbrauch wiederum in Anlehnung an Adorno sagen: Es gibt kein Richtiges im Falschen.[248] Wenn deshalb der Erziehungswissenschaftler Hans-Christian Harten (*1948) in seiner Studie *Sexualität, Mißbrauch, Gewalt* (1995) konstatiert, „daß Pädophilie, auch wenn man sie als eine Form des Mißbrauchs begreift, sicher zu den weniger gravierenden Arten von Mißbrauch und sexueller Aggression" gehöre „und nicht mit dem in innerfamiliäre Macht- und Ausbeutungsstrukturen eingelagerten Mißbrauch zu vergleichen"[249] sei, dann zeigt dies nicht nur eine erstaunliche Abstraktionsleistung vom Zusammenhang von Missbrauch, Macht und Gewalt einerseits, von der sachlich notwendigen Unterscheidung zwischen sexueller Neigung und sexuellem Verhalten andererseits,[250] sondern ändert auch nichts an der Tatsache, dass es sich bei sexuellen Handlungen zwischen Erwachsenen und Kindern unweigerlich um sexuell *missbräuchliche* Handlungen handelt. Hier gilt gerade kein *abusus non tollit usum*, weil bereits der *Ge*brauch eines Kindes, wie bereits statuiert, einen *Miss*brauch desselben darstellte.

Ist der prinzipielle Missbrauchs- und Gewaltcharakter sexueller Handlungen eines Erwachsenen *mit* oder *an* einem Kind augenscheinlich, kann bei sexuellen Handlungen erwachsener Personen *vor* einem Kind unterschieden werden zwischen real praktizierten sexuellen Handlungen von oder zwischen Erwachsenen, die Kinder versehentlich zu Gesicht bekommen und ohne Wissen der Erwachsenen miterleben, und solchen – rundweg abzulehnenden – sexuellen Handlungen, die von oder zwischen Erwachsenen bewusst und willentlich, nicht zuletzt der

---

246 In diesem Sinne, d. h. als Abstufungen innerhalb einer Qualität, ist auch die juristische Unterscheidung zwischen minderschwerem ‚Sexuellen Missbrauch von Kindern ohne Körper kontakt mit dem Kind‘ im Sinne des § 176a StGB, ‚Schwerem sexuellen Missbrauch von Kindern‘ im Sinne des § 176c StGB, der eine Penetration beinhaltet (zur analogen Unterscheidung zwischen einer Vergewaltigung im Sinne des § 177 Abs. 6 StGB auf der einen, einem sexuellen Übergriff im Sinne des § 177 Abs. 1 StGB und einer sexuellen Nötigung im Sinne des § 177 Abs. 5 StGB auf der anderen Seite s. Abschnitt D.4.2.1), und ‚Sexuellem Missbrauch von Kindern mit Todesfolge‘ im Sinne des § 176d StGB zu verstehen.
247 Vgl. Kierkegaard, *Philosophische Brocken*, 40 samt Schreiber, „Kierkegaards Sprung," 177.
248 Vgl. Adorno, *Minima Moralia*, 43; s. bereits die Bemerkungen zu Zwangsprostitution in Abschnitt D.5.2.
249 Harten, *Sexualität*, 144; vgl. auch Lenzen, *Sex*, 36–40.
250 Zu dieser Unterscheidung s. Abschnitt 1.1.3.

eigenen sexuellen Erregung wegen,[251] in Anwesenheit eines Kindes praktiziert werden.[252] Auch medizinisch notwendige Untersuchungen und Behandlungen von Kindern im Genitalbereich, die einzig zu diesem sachbezogenen Zweck erfolgen, der sowohl die Durchführung selbst als auch ihre Art und Weise rechtfertigt, sind hiervon selbstverständlich ausgenommen. In der spezifischen Motivation und Handlungsabsicht besteht zugleich der entscheidende Unterschied zwischen den als sexuell missbräuchlich zu wertenden Handlungen, Verhaltensweisen und Ereignissen und dem Bereich der Information und Aufklärung von Kindern über Sexualität, sei es im Rahmen der schulischen Sexualerziehung als Teil der allgemeinen Bildung, sei es durch Mitglieder anderer gesellschaftlicher Institutionen und Organisationen im Rahmen der sexualpädagogischen Arbeit oder sei es durch Eltern und Erziehungsberechtigte im privaten Kontext.[253] Überdies ist zu beachten, dass es wie im strafrechtlichen Kontext auch im sexualethischen Kontext eine Erheblichkeitsschwelle gibt, die entsprechend zu definieren ist.[254]

Kurzum: Für die Bestimmung des Missbrauchscharakters sexueller Handlungen eines Erwachsenen vor, mit oder an einem Kind ist nicht nur unerheblich, ob diese Handlungen – wie die in der Literatur vielerorts begegnende zweiteilige Definition sexuellen Missbrauchs nahelegen könnte[255] – gegen den geäußerten Willen oder ohne freiwillentliche Zustimmung des Kindes realisiert werden. Für die Bestimmung des Missbrauchscharakters dieser Handlungen ist ferner unerheblich, ob sie mit oder ohne Körperkontakt realisiert werden, was bei einer Beschränkung sexuellen Missbrauchs auf sexuelle Handlungen mit Körperkontakt zu der aus sexualethischer Sicht gänzlich inakzeptablen Konsequenz führte, der Nutzung von Missbrauchsabbildungen (,Kinderpornographie')[256] selbst den Missbrauchscharakter absprechen zu müssen.

Zur Konkretisierung der vielfältigen Erscheinungsformen sexuellen Kindesmissbrauchs lohnt ein Seitenblick auf das Therapiemanual der Berliner Disse-

---

251 So auch Beier, *Pädophilie*, 177 (Nr. 11 u. Nr. 12).

252 Auch unbewusstes oder unterbewusstes Handeln kann gewalthaltig, muss aber nicht auch missbräuchlich sein; gleiches gilt für bewusstes Handeln in Nothilfe- bzw. Notwehrsituationen. Für Beispiele nicht-missbräuchlicher Gewalt in konstruktiver Absicht s. auch Abschnitt A.2.2.

253 Dass an eben dieser Stelle auch die Gefahr bestehen kann, dass die sexuelle Aufklärung nur als Vorwand oder als Deckmantel zur Verfolgung anderer Interessen angeboten oder durchgeführt wird (vgl. z.B. auch das in Abschnitt 2.3 zur Aufklärungsbroschüre *Zeig mal!* Dargelegte), versteht sich, was eine entsprechende Sensibilisierung der beteiligten verantwortlichen Personen unabdingbar macht.

254 Vgl. dazu Herrmann et al., *Kindesmisshandlung*, 244 f.

255 Vgl. z.B. Dreßing et al., „Sexueller Missbrauch von Kindern," 79.

256 Zu diesem sexuellen Kindesmissbrauch in ‚indirektem' Sinne s. Abschnitt E.1.1.

xualitätstherapie (BEDIT), in dem als dissexuelles Verhalten Erwachsener gegenüber Kindern unter anderem folgende Aktivitäten bestimmt werden:

> 1. sexuell motivierte Beobachtungen in intimen Situationen (voyeuristische Aktivitäten), 2. sexuell motiviertes Berühren oder Streicheln außerhalb des Genitalbereichs, 3. Nutzung von Missbrauchsabbildungen von Kindern für die eigene sexuelle Stimulation und/oder Verbreitung oder Herstellung derselben, 4. Grooming, d.h. Anbahnen sexueller Kontakte mit Kindern im Internet (Chatrooms etc.), in anderen Medien oder in direkten Kontaktsituationen, 5. Entblößen der Genitalien mit oder ohne Selbstbefriedigung (exhibitionistische Aktivitäten), 6. Aufforderung eines Kindes, das Gegenüber sexuell zu stimulieren, 7. Aufforderung eines Kindes, sich selbst sexuell zu stimulieren, 8. Durchführung sexueller Manipulation und Stimulation an einem Kind, 9. Penetration mit Penis, Zunge, Finger oder Gegenständen in Mund, Vagina oder Anus eines Kindes, 10. Herstellung von Missbrauchsabbildungen von Kindern mit einer der oben genannten sexuellen Aktivitäten mit oder vor Kindern, 11. Besprechen sexueller Themen zur eigenen sexuellen Erregung in Anwesenheit eines Kindes, 12. Zeigen von pornografischen Darstellungen in Anwesenheit eines Kindes zur eigenen sexuellen Erregung.[257]

Eine Eingrenzung sexueller Missbrauchshandlungen auf Handlungen mit direktem Körperkontakt wäre also eine sachlich nicht zu rechtfertigende Verkürzung des Phänomenbereichs sexuellen Kindesmissbrauchs, dessen tatsächliche Häufigkeit allerdings nicht bekannt ist.[258] National repräsentative Häufigkeitsangaben, d.h. Angaben von Prozentzahlen nicht lediglich in Bezug auf die jeweils untersuchte Stichprobe, sondern in Bezug auf die Grundgesamtheit der Bevölkerung,[259] sind für Deutschland jedenfalls nur spärlich verfügbar, wobei die Ergebnisse der vorhandenen Befragungen und Schätzungen aufgrund der unterschiedlichen und unterschiedlich weit gefassten Definitionen sexuellen

---

257 Beier, *Pädophilie*, 177, wobei (Stand: 2018) die in Nr. 3 bis Nr. 12 beschriebenen Aktivitäten überdies strafrechtliche Konsequenzen haben könnten. Die Masturbation zu pädophilen Phantasien wird vom dissexuellen Verhalten ausdrücklich ausgenommen (zur Beurteilung pädophiler Phantasien s. Abschnitt 1.3).

258 Ich bevorzuge die neutrale Rede von ‚Häufigkeit' bzw. ‚Vorkommenshäufigkeit', um die mit den in der Literatur gemeinhin herangezogenen Begriffen der ‚Prävalenz' (≈ die Zahl der von Missbrauch betroffenen *Personen*) und ‚Inzidenz' (≈ die Zahl der z.B. in der Polizeilichen Kriminalstatistik erfassten *Missbrauchsfälle*) einhergehende Konnotation von Krankheit und (psychiatrischer) Störung zu vermeiden. Dass ‚Prävalenz' und ‚Inzidenz' selbst in der Fachliteratur zu sexuellem Missbrauch zuweilen vermischt oder synonym verwendet werden (zur Unterscheidung vgl. Jud, „Sexueller Kindesmissbrauch," 44, der allerdings ‚Prävalenz' in Spannung dazu als „tatsächliche[] Häufigkeit sexueller Übergriffe in der Bevölkerung" [46] erklärt), sei hier nur am Rande bemerkt.

259 Vgl. a.a.O., 45. Zur Unterscheidung und Vergleichbarkeit von Häufigkeitsangaben zu sexuellem Kindesmissbrauch vgl. a.a.O., 45–47 sowie Jud et al., *Häufigkeitsangaben*, 21ff.

Kindesmissbrauchs samt entsprechender Ein- und Ausschlusskriterien (z. B. Altersgrenzen des Kindes oder der Altersunterschied der beteiligten Personen), aber auch der unterschiedlichen Befragungsmethoden bis auf wenige Ausnahmen nicht oder nur bedingt miteinander vergleichbar sind.

Während, um zwei bevölkerungsrepräsentative Befragungen der letzten zehn Jahre in Deutschland zu nennen, in der Querschnittsstudie von Häuser et al. (2011) insgesamt 12,6 % der Personen der Gesamtstichprobe über mindestens eine sexuelle Missbrauchserfahrung und 1,9 % über schweren sexuellen Missbrauch in ihrer Kindheit und Jugend berichteten,[260] haben Witt et al. (2017) eine Vorkommenshäufigkeit von 13,9 % für sexuellen Missbrauch im weitesten Sinne (d. h. ‚geringer bis mäßiger‘, ‚mäßiger bis schwerer‘ und ‚schwerer bis extremer‘ Missbrauch) und 2,3 % für mindestens schweren sexuellen Missbrauch angegeben.[261] Demnach hat fast jede fünfte (befragte) Frau (18 %) und fast jeder zehnte (befragte) Mann (9,3 %) im Kindesalter sexuelle Missbrauchserfahrungen im weitesten Sinne gemacht.[262] Beide Befragungen wurden mittels *Childhood Trauma Questionnaire* (CTQ)[263] durchgeführt, einem international genutzten Selbstbeurteilungsfragebogen zur retrospektiven[264] Erfassung von Kindheitstraumatisierung, wobei der Schweregrad sexuellen Missbrauchs aus den Häufigkeitsangaben der Befragten zu verschiedenen Erlebnissen im Selbsturteil anhand einer fünfstufigen graduellen Antwortskala (Likert-Skala) von ‚überhaupt nicht‘ bis ‚sehr häufig‘ berechnet wird. Die insgesamt fünf Fragen zu sexuellen Missbrauchserfahrungen als Grundlage der Schweregradeinteilung lauten in der von Klinitzke et al. (2012) veröffentlichten deutschsprachigen Version des CTQ:

> Als ich aufwuchs ... [Item 20] ... versuchte jemand, mich sexuell zu berühren oder mich dazu zu bringen, sie oder ihn sexuell zu berühren. [Item 21] ... drohte mir jemand, mir weh zu tun

---

260 Häuser et al., „Misshandlungen," 289. Befragung von 2.504 Personen in Deutschland über 14 Jahre, durchgeführt im April 2010.

261 Witt et al., „Child maltreatment," 4; vgl. 5. Befragung von 2.510 Personen in Deutschland zwischen 14 und 94 Jahren, durchgeführt zwischen September und November 2016.

262 Vgl. a.a.O., 4; ähnlich Dreßing et al., „Sexueller Missbrauch von Kindern," 81. Auch bei der Befragung einer repräsentativen Quotenstichprobe von 6.749 Schweizer Schüler*innen der neunten Klassen im Schuljahr 2009/2010 im Rahmen der Optimus-Studie (2012) haben 22 % der befragten Mädchen und 8 % Prozent der befragten Jungen angegeben, „schon mindestens einmal einen sexuellen Übergriff erlebt zu haben, bei dem es zu körperlichem Kontakt kam" (Schmid, *Sexuelle Übergriffe*, 9).

263 Vgl. die deutsche Version des zuerst von David P. Bernstein und Laura Fink entwickelten *Childhood Trauma Questionnaire* (CTQ) bei Klinitzke et al., „Version," 47–51.

264 Im Unterschied zu solchen Retrospektivbefragungen wäre eine prospektive Erfassung von Missbrauchserfahrungen, ohne gleichzeitige Intervention, nicht nur hochgradig unethisch, sondern in den meisten westlichen Ländern auch illegal.

oder Lügen über mich zu erzählen, wenn ich keine sexuellen Handlungen mit ihm oder ihr ausführen würde. [Item 23] ... versuchte jemand, mich dazu zu bringen, sexuelle Dinge zu tun oder bei sexuellen Dingen zuzusehen. [Item 24] ... belästigte mich jemand sexuell. [...] [Item 27] Ich glaube, ich bin sexuell missbraucht worden, als ich aufwuchs.[265]

Dieses Messinstrument zur Erfassung traumatischer Erfahrungen in der Kindheit ermöglicht und gewährleistet eine gute Vergleichbarkeit der Ergebnisse, was einen bedeutenden Vorteil gegenüber selbstkonstruierten Fragebögen[266] darstellt, unterliegt aber den gegenüber Selbstbeurteilungsfragebogen grundsätzlich anzubringenden methodischen Vorbehalten und Unwägbarkeiten, wie etwa die subjektiv unterschiedliche Intensität des Schamempfindens der Befragten und die lebenssituationsabhängige subjektive Bewertung von zum Teil sehr weit zurückliegenden Kindheitsereignissen. Es ist deshalb festzuhalten, dass die Erfassung der zahlenmäßigen Häufigkeit sexueller Missbrauchserlebnisse zur Bestimmung der Missbrauchsschwere abhängig ist von der bewussten Erinnerung des überlebenden Opfers an erlebte Ereignisse und seiner Mitteilungsbereitschaft,[267] was eben noch nichts über die subjektive Erfahrungsqualität dieser Erlebnisse selbst aussagt, kann doch deren individuelle Deutung durch das überlebende Opfer immer auch anders ausfallen, als es eine simulierte Perspektivenübernahme nahelegt und die Korrelation von Häufigkeit und Intensität bei der Schweregraderfassung (‚je häufiger, desto schwerer') unterstellt.

Allerdings muss vor dem Hintergrund der Ergebnisse solcher Repräsentativbefragungen davon ausgegangen werden, dass sich in der Polizeilichen Kriminalstatistik (PKS), die wohlgemerkt nicht das tatsächliche Kriminalitätsaufkommen, sondern das *Anzeigeverhalten* in der Bevölkerung abbildet, „nur ein Bruchteil der tatsächlichen Fälle wiederfinden".[268] Laut PKS waren in Deutschland im Jahr 2020 nachweislich 16.018 Kinder unter 14 Jahren, davon 2.094 Kinder unter 6 Jahren, Opfer vollendeten sexuellen Missbrauchs im Sinne der §§ 176, 176a, 176b StGB[269] – das sind im Durchschnitt 44 Kinder pro Tag. Dass es sich bei dem in der PKS erfassten Hellfeld aber ganz augenscheinlich nur um die kleine Spitze des sprichwörtlichen Eisbergs handelt, zeigt auch eine Untersuchung des Kriminologischen Forschungsinstituts Niedersachsen (KFN): Bei einer 2011 durchge-

---

265 Klinitzke et al., „Version," 49; zum Messverfahren vgl. Jud et al., *Häufigkeitsangaben,* 23
266 Wie z.B. bei Wetzel, *Gewalterfahrungen* (1997).
267 Für eine Kurzübersicht über empirische Erkenntnisse zum Verschweigen und Mitteilen sexueller Missbrauchserfahrungen und möglicher Einflussfaktoren darauf vgl. Behruzi, *Taterleben,* 63–73; speziell zum Zusammenhang zwischen Missbrauchsschwere und Mitteilungstendenz vgl. 68f.
268 Fegert, „Prävalenz," 4.
269 Bundeskriminalamt, „Vorstellung," [7].

führten Repräsentativbefragung von insgesamt 11.428 Personen in Deutschland haben 6,2 % der deutschstämmigen Befragten angegeben, bis zur Vollendung ihres 16. Lebensjahrs mindestens eine sexuelle Missbrauchserfahrung gemacht zu haben, wobei 5,2 % der befragten weiblichen und 1,1 % der befragten männlichen Personen von ‚sexuellem Missbrauch mit Körperkontakt' vor ihrem 14. Geburtstag berichteten.[270] Unter ‚sexuellem Missbrauch mit Körperkontakt' verstanden die Autor*innen des Forschungsberichts dabei „die Aufforderung zur sexuellen Berührung des Täters/der Täterin, das Berühren des/der Betroffenen an den Geschlechtsorganen durch den Täter/die Täterin sowie die vaginale oder anale Penetration des/der Betroffenen mit Finger, Zunge, Objekt oder Penis sowie die orale Penetration mit dem Penis".[271]

Zum vornehmlichen Tatort sexuellen Missbrauchs bemerkt der Unabhängige Beauftragte für Fragen des sexuellen Kindesmissbrauchs (UBSKM), Johannes-Wilhelm Rörig (*1959), in einem Bericht von Mai 2021: „Sexueller Missbrauch wird am häufigsten zu Hause durch eigene Angehörige erlebt, jedoch berichten Kinder und Jugendliche auch von sexueller Gewalt in Institutionen, insbesondere in Schulen, Einrichtungen der Kinder- und Jugendhilfe und Sportvereinen."[272] Sexueller Missbrauch findet schätzungsweise in mehr als zwei Drittel der Fälle und damit weit überwiegend im familiären und sozialen Nahraum (d. h. durch „Eltern, Verwandte, Betreuungspersonen in stationären Einrichtungen, Bezugspersonen in Vereinen oder in therapeutischen Verhältnissen, also Menschen, die eigentlich für das Wohlergehen und den Schutz von Kindern verantwortlich sind[273]") statt, während Missbrauch durch Fremdtäter*innen – abgesehen von der im Internet oft von Fremden[274] erfolgenden gezielten Anbahnung sexueller Kontakte zu Minderjährigen durch Nutzung der in sozialen Netzwerken oder Online-Spielen integrierten E-Mail- und Chat-Funktionen, genannt *Cybergrooming*[275] – „eher die Ausnahme"[276] bildet. Das noch immer weitverbreitete und durch einschlägige

---

270 Vgl. Stadler et al., *Repräsentativbefragung*, 53 f. Befragung von 11.428 Personen (davon 9.175 deutschstämmig) im Alter von 16 bis 40 Jahren, durchgeführt zwischen Januar und Mai 2011. Zu den Ergebnissen der beiden Teilstichproben der russischstämmigen und der türkischstämmigen Befragten, die z. T. deutlich niedrigere Raten für sexuelle Missbrauchserfahrungen als die deutschstämmigen Befragten angegeben haben, vgl. 23 f.

271 A.a.O., 16.

272 Unabhängiger Beauftragter für Fragen des sexuellen Kindesmissbrauchs (UBSKM), „Zahlen und Fakten," 2 f.; vgl. ferner Dreßing et al., „Sexueller Missbrauch von Kindern," 81 sowie speziell zur Gewalt im institutionellen Kontext Witt et al., „Prevalence," 643 – 661.

273 Jud, „Sexueller Kindesmissbrauch," 42; vgl. dazu Bergmann, *Abschlussbericht*, 46 f.

274 Vgl dazu Livingstone, *Risks*, 73 – 76 u. 85 – 88 samt Stoiber, „*Cyber-Grooming*", 35 – 38.

275 Vgl. Stoiber, „*Cyber-Grooming*", 21 – 24.

276 UBSKM, „Zahlen und Fakten," 5.

Darstellungen in Film und Fernsehen gestützte „Bild des Fremden, der auf Spielplätzen Kinder anspricht und sich an ihnen vergeht",[277] bedarf also dringend der Korrektur.

Was den institutionellen Bereich betrifft, hat eine Repräsentativbefragung von insgesamt 2.516 Personen ab 14 Jahren zwischen Mai und Juli 2018 durch ein Forschungsteam um den Ulmer Kinder- und Jugendpsychiater Jörg M. Fegert (*1956) ergeben, dass, auf die deutsche Gesamtbevölkerung hochgerechnet, von bis zu einer Million Opfer sexuellen Missbrauchs allein im schulischen Bereich (d. h. Missbrauch durch Lehrkräfte) auszugehen ist, während für den Sportbereich (d. h. Missbrauch durch Sporttrainer*innen) geschätzte Opferzahlen von etwa 200.000 anzunehmen sind.[278] Für den kirchlichen Bereich rechnet das Forschungsteam mit bis zu 114.368 Opfern sexuellen Kindesmissbrauchs *sowohl* in Einrichtungen der katholischen *als auch* in Einrichtungen der evangelischen Kirche in Deutschland, wobei die geschätzte Spannweite der Missbrauchsopferzahlen in kirchlichen Einrichtungen mit einer Wahrscheinlichkeit von 95 Prozent (95-Prozent-Konfidenzintervall) jeweils zwischen 28.592 und 287.772 liegt. [279] Was die mutmaßlichen Täter angeht, sind schätzungsweise mehr als 200.000 Kinder und Jugendliche durch Priester oder Pfarrer sexuell missbraucht worden.[280] Erfasst wurden bei dieser Stichprobenbefragung[281] ausschließlich Handlungen mit *direktem* Körperkontakt (‚hands-on'), sodass die Schätzungen für den schulischen Bereich, den Sportbereich und den kirchlichen Bereich anzunehmenderweise noch deutlich höher ausfielen, würden auch Handlungen ohne direkten Körperkontakt miterfasst werden.[282] Die nicht direkt durch das Forschungskonsortium der MHG-Studie selbst, sondern durch entsprechend instruiertes „Personal aus den Diözesen oder von diesen beauftragten Rechtsanwaltskanzleien"[283] erfolgte

---

277 Jud, „Sexueller Kindesmissbrauch," 42; vgl. dazu auch Kolshorn, „Ursachen," 139.

278 Vgl. Witt et al., „Contexts," 13.

279 Vgl. a a O., 12f. Zu den Limitierungen dieser Befragung vgl. a.a.O., 15.

280 Vgl. a.a.O., 13.

281 Zum grundsätzlichen Problem der Verallgemeinerung der aus einer bekannten Stichprobe gewonnenen Ergebnisse auf die Grundgesamtheit aus der Sicht empirischer Forschungslogik vgl. Roth, „Daten," 44.

282 Witt et al., „Contexts," 12.

283 Dreßing et al., *Sexueller Missbrauch*, 3. Die Schwierigkeiten einer transparenten und unabhängigen Aufarbeitung im Verantwortungsbereich der Deutschen Bischofskonferenz zeigen sich auch am sogenannten KFN-Projekt. Nachdem die Deutsche Bischofskonferenz im Juni 2011 das Kriminologische Forschungsinstitut Niedersachsen (KFN) unter Leitung des Kriminologen Christian Pfeiffer mit der Erstellung einer Kriminologischen Studie zum Missbrauch in der katholischen Kirche Deutschlands betraut hatte, was in Zusammenarbeit mit der Deutschen Bischofskonferenz erfolgen sollte, kündigte diese im Januar 2013 den Vertrag mit dem KFN mit der

Sichtung der Personal- und Handakten von insgesamt 38.156 Klerikern in den 27 Diözesen der Deutschen Bischofskonferenz aus den Jahren 1946 bis 2014 hat bei 1.670 Klerikern der katholischen Kirche – das entspricht 4,4 % aller Kleriker über alle Diözesen im genannten Zeitraum hinweg, was von den Autoren der MHG-Studie als „eine untere Schätzgröße"[284] bezeichnet wird – „Hinweise auf Beschuldigungen des sexuellen Missbrauchs Minderjähriger"[285] ergeben; den als mutmaßliche Missbrauchstäter aktenkundig gewordenen Klerikern konnten 3.677 betroffene Kinder und Jugendliche zugeordnet werden, wobei die tatsächliche Zahl „sicherlich deutlich höher"[286] liegen dürfte.

Wohl mag es nach derzeitigem Forschungsstand, wie die beiden Berliner Sexualpsychologen Christoph J. Ahlers und Gerard A. Schaefer in einem Beitrag von 2015 bemerken, „keinen Anhaltspunkt für die Annahme" geben, „dass sexueller Kindesmissbrauch v. a. oder überwiegend in kommunalen oder kirchlichen pädagogischen Einrichtungen begangen wird",[287] weshalb sexueller Kindesmissbrauch, wie sie andernorts bemerken, vielmehr als ein „malignes Phänomen der gesamten Gesellschaft"[288] zu betrachten sei. Allerdings stelle der sexuelle Kindesmissbrauch in diesen Einrichtungen vor allem „ein *qualitatives* Problem dar, weil (neben der schwerwiegenden moralischen Verfehlung) die hier geschädigten Opferkinder Schutzbefohlene ihrer Täter sind und so unter einer noch okkupativeren Sozialkontrolle und Reglementierung stehen als im nicht-institutionellen sozialen Nahraum".[289] Diese qualitative Problematik gilt in der Tat

---

Begründung, das Vertrauensverhältnis zu Pfeiffer sei zerrüttet, woraufhin dieser von Zensur, Behinderung und Aktenvernichtung sprach und eine selbstständige Interviewstudie ohne Unterstützung der Kirche ankündigte, vgl. Hellmann et al.. „Sexueller Missbrauch," 525–529. Auch die aus der Neuausschreibung hervorgegangene MHG-Studie wurde zum Teil mit deutlichen Worten kritisiert. Nicht nur wurde die wissenschaftliche Qualität von mehreren der insgesamt sieben Teilprojekte in Zweifel gezogen, sondern der Studie insgesamt „[m]angelnde Seriosität und Sorgfalt" (Gann, „Seriosität," 679) sowie seitens der Unabhängigen Kommission zur Aufarbeitung sexuellen Kindesmissbrauchs „deutliche Aufarbeitungsdefizite" (Stellungnahme, o.S.) attestiert. Auch nach Pfeiffer bietet die MHG-Studie nur ein lückenhaftes Bild: „The report does not give the full picture, and is not fully independent" (zit. nach Bennhold/Eddy, „German Catholic Churches," o.S.).

284 Dreßing et al., *Sexueller Missbrauch*, 5.
285 A.a.O., 251.
286 A.a.O., 255.
287 Ahlers/Schaefer, „Prävention," 388.
288 Ahlers/Schaefer, „Kindesmissbrauch," 143 (Überschrift); vgl. (mit geringfügigen Änderungen) Ahlers, „Umgang," 212 f.
289 Ahlers/Schaefer, „Prävention," 388; vgl. Ahlers/Schaefer, „Kindesmissbrauch," 148, wo überdies bemerkt wird, dass dieser Umstand „für ein höheres psychotraumatisches Potential sexueller Übergriffe in kommunalen oder kirchlichen, pädagogischen Einrichtungen sprechen"

ganz besonders für den kirchlichen Bereich, für die Kontexte einer Institution also, welche die christliche Botschaft der Liebe Gottes, die allen Menschen gilt, als Licht in die Welt tragen möchte, worauf nach der Erörterung von Genese und Auswirkungen sexuellen Kindesmissbrauchs in den beiden folgenden Abschnitten noch zurückzukommen sein wird.

2.2 Zur Genese sexuellen Kindesmissbrauchs

Entsprechend den vielfältigen Erscheinungsformen sexuellen Kindesmissbrauchs, der Komplexität der Verhaltensmuster und der Heterogenität der Täterpersönlichkeiten[290] gibt es zu den Ursachen dieses Phänomens zahlreiche Erklärungsansätze. In der Literatur besteht heute ein weitgehender Konsens darüber, dass monofaktorielle Ansätze zur Erklärung sexuellen Kindesmissbrauchs (wie beispielsweise eine dysfunktionale Familienstruktur im familiendynamischen Ansatz[291] oder ein patriarchales Gesellschaftssystem im gesellschaftlich-feministischen Ansatz[292]) „in ihrer Allgemeinheit unzureichend, einseitig oder spekulativ"[293] und deshalb allein multifaktorielle Erklärungsansätze angemessen erscheinen; Ansätze also, die sexuellen Kindesmissbrauch als Ergebnis eines komplexen Bedingungsgefüges verstehen und auf das Zusammen- und Ineinanderwirken verschiedener Faktoren zurückzuführen versuchen,[294] was nicht selten unter Einbeziehung der Perspektiven und Erkenntnisse ganz verschiedener Wissenschaftsdisziplinen erfolgt. Die wichtigsten dieser sich zum Teil direkt aufeinander beziehenden und aufeinander aufbauenden multifaktoriellen Erklärungsansätze[295] sexualdelinquenten Verhaltens im Allgemeinen, sexuellen

---

(ebd.) könne; vgl. dazu auch Hellmann et al., „Folgen," 185 ff. u. 217 f. sowie Fonk, „Leitlinien," 438–441.

290 Vgl. Bard et al., „Descriptive Study," 203–220; Knight et al., „System," 3–23.

291 Vgl. z. B. Conen, „Sexueller Mißbrauch," 382–397. Zur Kritik an einem solchen Ansatz vgl. z. B. Kolshorn/Brockhaus, „Traditionelles Ursachenverständnis," 664.

292 Vgl. z. B. Kavemann/Lohstöter, *Väter als Täter*, 7 ff.; Kolshorn/Brockhaus, „Feministisches Ursachenverständnis," 109 ff.; zur Position von Brockhaus/Kolshorn s. Abschnitt 2.2.1.4.

293 Kuhle, „Sexueller Missbrauch," 112.

294 Zur Rede vom ‚komplexen Bedingungsgefüge' sexuellen Kindesmissbrauchs vgl. Kolshorn, „Ursachen," 138; zur Rede vom „Ineinanderwirken" verschiedener, sei's Eigenschafts-, sei's Situationsfaktoren vgl. Niemeczek, *Tatverhalten*, 38.

295 Eine Übersicht und Kritik multifaktorieller Theorien sexualdelinquenten Verhaltens findet sich bei Ward et al., *Theories*, 17–111. Für eine Übersicht speziell über psychodynamische Erklärungsmodelle sexuellen Kindesmissbrauchs und Erklärungsansätze der sozialen Lerntheorie bis 1997 vgl. Bundschuh, *Pädosexualität*, 95–120. Die referierten Modelle in ihrer Argumentation

Kindesmissbrauchs im Speziellen sind in aller Kürze zu skizzieren und aus sexualethischer Sicht zu reflektieren.

2.2.1 Multifaktorielle Erklärungsansätze sexualdelinquenten Verhaltens

2.2.1.1 Finkelhor: Modell der vier Voraussetzungen (1984)

Das *Modell der vier Voraussetzungen sexuellen Missbrauchs* des US-amerikanischen Sozialwissenschaftlers David Finkelhor (*1947) ist eine der ersten umfassenden Theorien sexuellen Kindesmissbrauchs, die nicht nur einen klaren Rahmen für die Untersuchung von Missbrauchstätern geboten, sondern auch zu entsprechenden therapeutischen Behandlungszielen und klinischen Innovationen geführt hat. Ausgangspunkt war die Erkenntnis Finkelhors, dass zur Erklärung sexuellen Kindesmissbrauchs nicht nur individualpsychologische Analysen und soziologische Einsichten über das männliche Sexualverhalten miteinander zu verknüpfen, sondern auch soziale und kulturelle Faktoren mitzuberücksichtigen sind.[296] Überdies wurde versucht, das vielgestaltige Tatmuster umfassende Missbrauchsgeschehen im Blick auf verschiedene Täter- und Opfergruppen differenziert zu betrachten und die bisherige Theorienvielfalt zum Zwecke der Komplexitätsreduktion in ein strukturiertes Ordnungsgefüge zu bringen.[297]

Finkelhor nimmt zunächst vier grundlegende Faktoren an,[298] die allgemein zur Erklärung sexuellen Kindesmissbrauchs herangezogen werden:

(1) *emotionale Kongruenz* (als Frage: „Why does a person find relating sexually to a child emotionally gratifying and congruent[?]"), d. h. die sexuelle Beziehung zu einem Kind dient der Befriedigung eines emotionalen Bedürfnisses;

(2) *sexuelle Erregung* (als Frage: „Why is person capable of being sexually aroused by a child?"), d. h. ein Kind ist eine mögliche Quelle sexueller Erregung und Befriedigung;

(3) *Blockierung* (als Frage: „Why is a person blocked in efforts to obtain sexual and emotional gratification from more normatively approved sources?"), d. h. alternative Möglichkeiten zur sexuellen Befriedigung in einer sozial akzeptierteren, mithin: einer partnerschaftlichen und altersangemesseneren Weise sind nicht verfügbar;

---

und immanenten Logik respektierend, verwende ich im Folgenden die indikativische Darstellung ohne meine eigene Bewertung, die am Ende des Diskurses und im Rahmen von Bezugnahmen darauf in dieser Untersuchung erfolgt.

296 Vgl. Finkelhor, *Child Sexual Abuse*, 36.

297 Vgl. a.a.O., 46.

298 Vgl. a.a.O., 38–52 zusammen mit Ward/Siegert, „Toward a Comprehensive Theory," 323 f.; die folgenden Zitate alle Finkelhor, *Child Sexual Abuse*, 37.

(4) *Enthemmung* (als Frage: „Why is a person not deterred by conventional social inhibitions from having sexual relationships with a child?"), d. h. der Verlust üblicher sozialer Hemmungen ermöglicht unübliches Verhalten.

Alle vier Faktoren können in einem Prozess synergistisch oder antagonistisch miteinander agieren.[299] Während die ersten drei Faktoren ein sexuelles Interesse an Kindern erklären, bildet der vierte Faktor eine Erklärung dafür, warum sich dieses sexuelle Interesse in Missbrauchsverhalten manifestieren kann.

Diese vier Faktoren werden von Finkelhor daraufhin in vier Voraussetzungen unterteilt, die beim möglichen Täter allesamt erfüllt sein müssen, damit es zum Missbrauch kommt:[300]

(1) *Motivation zu sexuellem Kindesmissbrauch*, bestehend aus ‚emotionaler Kongruenz', ‚sexueller Erregung' und ‚Blockierung' als motivationale Teilkomponenten, von denen mindestens eine gegeben sein muss; zwar sind in vielen Fällen Elemente aller Teilkomponenten präsent, doch kann ein Täter ein Kind auch z. B. allein zur Befriedigung eines emotionalen Bedürfnisses missbrauchen;

(2) *Überwinden innerer Hemmungen*, z. B. ‚Enthemmung' durch Alkohol;

(3) *Überwinden äußerer Hemmschwellen*, z. B. die Gelegenheit, mit einem Kind allein zusammen zu sein;

(4) *Überwinden eines möglichen Widerstandes* bzw. *Schwächung der Widerstandskraft* des Kindes durch einen anderen Faktor.

Die ersten drei der oben genannten Faktoren gehen also in die erste Voraussetzung ein, der vierte Faktor in die zweite Voraussetzung, während die beiden verbleibenden Voraussetzungen sich als *Umfeld*voraussetzungen nicht auf die *Ursachen*, sondern auf die *Durchführung* sexuellen Missbrauchs beziehen. Das Vorhandensein sexueller Gefühle gegenüber Kindern allein führt demnach noch nicht dazu, dass diese Gefühle in missbräuchliche Handlungen umgesetzt werden, wozu vielmehr das Vorliegen und komplexe Zusammenspiel mehrerer Voraussetzungen erforderlich ist.

---

[299] Vgl. a.a.O., 37.
[300] Vgl. a.a.O., 53 – 68, bes. 54, zusammen mit Ward/Siegert, „Toward a Comprehensive Theory," 324.

2.2.1.2 Marshall & Barbaree: Integratives Modell (1990)

Nach dem *Integrativen Modell* des in Australien geborenen und in Kanada wirkenden Psychologen William L. Marshall (*1935) und seines kanadischen Kollegen Howard E. Barbaree sind Beginn und Aufrechterhaltung sexueller Delinquenz auf eine Reihe miteinander agierender distaler („entfernter") und proximaler („näherer") Faktoren zurückzuführen: biologische Einflüsse, soziokulturelle Faktoren, Erfahrungen aus der Kindheit und konkrete situative Faktoren. Die kritische Zeit für die Ausbildung der Sexualpräferenz und den Erwerb sozialer und soziosexueller Kompetenz ist die Zeit der Pubertät und frühen Adoleszenz.[301] Sexualität und Aggressivität weisen dabei eine enge neuronale Verknüpfung auf,[302] weshalb dem Erwerb einer zureichenden Hemmungskontrolle über Sexualität und Aggressivität während der Pubertät eine entscheidende Bedeutung zukommt. Wenn Aggressivität und sexuelle Bedürfnisse nicht zureichend voneinander geschieden und hemmend reguliert werden (können), kann dies zur Enthemmung des aggressiven Verhaltens auch im sexuellen Kontext führen.[303]

Allerdings spielt diese biologische Komponente für die Entstehung sexueller Delinquenz nur eine untergeordnete Rolle,[304] denn ungleich wichtiger in diesem Zusammenhang sind Entwicklungs- und Umweltfaktoren, die in diese kritische Zeit fallen:

> biological factors present the growing male with the task of learning to appropriately separate sex and aggression and to inhibit aggression in a sexual context. Human males must learn not to use force or threats in the pursuit of their sexual interests; they must learn not to engage in sexual behaviors which are frightening or humiliating to their partner; and they must learn to constantly change the age of their preferred sexual partner as they grow older. Our biological heritage makes these tasks difficult, and fluctuating or abnormally high levels of sex steroids may increase the difficulty. However, developmental and other environmental factors appear to play the most important role in shaping the expression of sexual needs and in bringing aggression under control.[305]

Nicht zuletzt elterliche Erziehungspraktiken, die durch inkonsistente und unangemessene Bestrafungsmuster, Gewalt und Feindseligkeit geprägt sind,[306] bedingen einen Mangel an effektiver Emotionsregulation, sozialer Kompetenz und angemessener Interaktion mit anderen im soziosexuellen Kontext, einschließlich

---

301 Vgl. Marshall/Barbaree, „An Integrated Theory," 259, 261 u. 263.
302 Vgl. a.a.O., 258f.
303 Vgl. a.a.O., 260.
304 Vgl. a.a.O., 259.
305 A.a.O., 260.
306 Vgl. a.a.O., 261.

mangelndes Selbstvertrauen und fehlende Fähigkeit zu positiver emotionaler Bindung an andere,[307] was zu unempathischem Verhalten führen und die Bereitschaft befördern kann, Aggressionen als Mittel zur Durchsetzung eigener Wünsche und Bedürfnisse einzusetzen.[308]

Für die Entstehung sexueller Delinquenz werden mit zunehmendem Erwachsenwerden des Kindes auch außerfamiliäre soziokulturelle Faktoren immer wichtiger. Marshall/Barbaree identifizieren diesbezüglich drei allgemeine, zum Teil eng mit patriarchalen Denkmustern verknüpfte Gesellschaftsmerkmale, welche die Häufigkeit von Vergewaltigungen zu beeinflussen scheinen: „interpersonale Gewalt", „männliche Dominanz" sowie „negative Einstellungen gegenüber Frauen".[309] Hinzu kommen spezifische Effekte des Pornographiekonsums,[310] was die Häufigkeit sexualdelinquenten Verhaltens ebenfalls beeinflussen kann, wobei pauschale Urteile grundsätzlich problematisch und auch hier die sexuelle Sozialisation und elterliche Erziehung von Bedeutung sind. Alle diese vielfältigen soziokulturellen Einflüsse „may facilitate sexual offending, with some males being more vulnerable to these influences than are other males. Even in those males whose childhood experiences have built in a resistance to the corruption of certain sociocultural factors, strong situational features of powerful internal states may overpower these inhibitory controls and release sexual aggression."[311]

Was diese transitorischen situativen Faktoren angeht, verweisen Marshall/ Barbaree darauf, dass bestimmte situative Bedingungen *im Zusammenspiel* mit bestimmten individuellen Zuständen (z. B. ein erhöhter Testosteronspiegel[312]) sexualdelinquentes Verhalten befördern können. Zudem erweisen sich einige Männer nicht zuletzt aufgrund entsprechender eigener Kindheitserfahrungen als besonders vulnerabel für diese situativen Faktoren,[313] zumal wenn mehrere Enthemmungsfaktoren gleichzeitig wirksam werden, zu denen, neben Aufgebrachtheit, Misogynie und durch die Betrachtung gewaltpornographischer Inhalte stimulierte sexuelle Erregung,[314] auch exzessiver Alkoholkonsum, Stress und Angst gehören können.[315]

---

307 Vgl. a.a.O., 262.
308 Vgl. a.a.O., 263.
309 A.a.O., 265 (meine Übers.).
310 Vgl. dazu a.a.O., 268; zum Zusammenhang von Pornographiekonsum und der Begehung von Sexualstraftaten s. Abschnitt E.3.3.1.1.
311 Ebd.
312 Vgl. ebd.
313 Vgl. a.a.O., 271.
314 Vgl. a.a.O., 269.

2.2.1.3 Hall & Hirschman: Vier-Faktoren-Modell (1992)

In ihrer gemeinhin als *Vier-Faktoren-Modell* bezeichneten Theorie sexueller Aggression, die zunächst als Modell zur Erklärung von Vergewaltigungen konzipiert und später zu einem Modell zur Erklärung sexueller*sexualisierter Gewalt gegen Kinder erweitert wurde, identifizieren die beiden US-amerikanischen Psychologen Gordon C. Nagayama Hall und Richard Hirschman vier motivationale Faktoren, die bei der Genese sexuell aggressiven Verhaltens von Männern gegenüber Kindern eine wesentliche Rolle spielen:[316]

(1) *Physiologische sexuelle Erregung*, wobei eine ‚deviante sexuelle Erregung', die durch pädophile Reize, aber auch durch andere physiologische und kognitive Faktoren verursacht sein kann, nicht zwingend charakteristisch für männliche Kindesmissbraucher ist und als Faktor für sich allein nicht ausreicht, um sexuelle Aggression in allen Fällen hervorzurufen;

(2) *kognitive Verzerrungen* hinsichtlich der Opfer (wie z. B. „Sexual contact with children is a method of educating them about sex" oder „The child initiated and wanted to have sex"[317]), die sexuell aggressives Verhalten trotz schlagender gegenteiliger Beweise in der Lebenswelt als ‚gerechtfertigt' erscheinen lassen können;

(3) *affektive Enthemmung*, zuweilen motiviert durch aufsteigende Wut und aggressive Impulse, vor allem aber als eine Copingstrategie bei Depressionen;

(4) entwicklungsbedingte *Persönlichkeitsprobleme oder -störungen*, etwa durch eigene Missbrauchserfahrungen in der Kindheit.

Die ersten drei Faktoren sind in erster Linie zustands- und situationsabhängig, während der vierte Faktor ein dauerhaftes Merkmal abbildet,[318] dessen Variablen mit den drei anderen Faktoren interagieren können. Der Persönlichkeitsfaktor ist also nicht einfach ein Produkt der drei anderen Faktoren, sondern bildet den psychologischen Kontext sexuell aggressiven Verhaltens,[319] was bedeutet, dass entwicklungsbedingte Persönlichkeitsprobleme Einfluss auf die Anfälligkeit einer Person für den sexuellen Missbrauch von Kindern haben.

Als „motivationale Vorläufer"[320] können alle vier Faktoren die Wahrscheinlichkeit sexuell aggressiven Verhaltens von Männern gegenüber Kindern erhöhen

---

315 Vgl. a.a.O., 268–270.
316 Zur folgenden Darstellung dieser Faktoren vgl. Hall/Hirschman, „Sexual Aggression," 10, 13–16 u. 20.
317 A.a.O., 14.
318 Vgl. a.a.O., 15.
319 Vgl. a.a.O., 16.
320 A.a.O., 20 (meine Übers.).

und in verschiedenartigen Kombinationen auch synergistisch agieren.[321] Allerdings spielt für gewöhnlich jeweils ein bestimmter Faktor eine herausragende Rolle, der im Einzelfall denn auch Hauptmotiv und Katalysator für das Ausleben sexuell aggressiven Verhaltens gegenüber Kindern darstellt.[322] Überdies dienen diese vier Faktoren als Ausgangspunkt für die Bestimmung verschiedener Subtypen sexueller Aggressoren gegenüber Kindern und für ihre jeweilige klinische Bewertung und Behandlung.[323] So besteht etwa die primäre motivationale Vorbedingung beim ersten und wohl verbreitetsten Subtyp in der physiologischen sexuellen Erregung, die anzunehmenderweise durch pädophile Sexualphantasien verstärkt wird.[324] Für die Behandlung dieses Subtyps gilt demnach: „A sexually aggressive person whose primary motivational precursor is a high level of physiological sexual arousal may fail to benefit from interventions to modify the cognitive or affective precursors of sexual aggression until his sexual arousal is under control."[325]

Für den Vergleich von sexuellen Aggressoren gegenüber Kindern mit denen gegenüber Erwachsenen werden folgende Unterschiede ins Feld geführt:[326] Während sexuelle Aggressoren gegenüber Kindern stärker durch pädophile Reize erregt werden, ist bei sexuellen Aggressoren gegenüber Frauen das Verhältnis von devianter Erregung und sexuell aggressivem Verhalten „weniger eindeutig".[327] Während sexuelle Aggressoren gegenüber Frauen auf eine größere kulturelle oder soziale ‚Unterstützung' ihrer misogynen Einstellungen durch das medial vermittelte Bild von Frauen als Sexualobjekten ‚bauen' können, sind die kognitiven Verzerrungen bei sexuellen Aggressoren gegenüber Kindern aufgrund der Illegalität ‚kinderpornographischer' Darstellungen „eigentümlicher".[328] Während sexuelle Aggressionen gegenüber Kindern weniger durch affektive Zustände motiviert, als vielmehr als Reaktion darauf (z.B. zur Bewältigung von Depressionen) zu verstehen sind, kann affektive sexuelle Aggression gegenüber Erwachsenen ein direkter Ausdruck des Affektzustandes sein.[329] Schließlich haben sexuelle Aggressoren gegenüber Erwachsenen häufig entwicklungsbedingte antisoziale Persönlichkeitsstörungen und kriminogene Einstellungen, während sexuelle Aggressoren gegenüber Kindern weniger kriminogen, sondern eher auf ihre sexuelle Aggression ‚spezialisiert' zu

---

321 Vgl. a.a.O., 13 u. 16.
322 Vgl. a.a.O., 17 f.
323 Vgl. a.a.O., 17–21, wenngleich nicht ohne Einschränkung (20).
324 Vgl. a.a.O., 18.
325 A.a.O., 21.
326 Vgl. dazu a.a.O., 13–16.
327 A.a.O., 13 (meine Übers.).
328 A.a.O., 14 (meine Übers.).
329 Vgl. a.a.O., 15.

sein scheinen: „Thus it appears that developmentally related personality problems result in a specific type of behavior among sexual aggressors against children, while these problems result in a more generalized propensity for rule violations among sexual aggressors against adults."[330]

Auch situative Umweltfaktoren können einen indirekten Einfluss auf das Ausleben sexueller Aggressionen haben, sodass eine Person, die von ihren nicht-situativen Personenfaktoren her zu sexuell aggressivem Verhalten gegenüber Kindern neigen würde, aufgrund der Nichtverfügbarkeit möglicher Opfer oder aus Angst vor strafrechtlichen Konsequenzen zur Unterdrückung dieses Verhaltens imstande sein kann: „When an age-appropriate sexual partner is available and the person has an adequate level of affective control, sexually aggressive impulses may be expressed with impunity in the form of pedophilic fantasies during normal sexual activity."[331]

2.2.1.4 Brockhaus & Kolshorn: Drei-Perspektiven-Modell (1993)

Das von den beiden Psychologinnen Ulrike Brockhaus und Maren Kolshorn konzipierte *Drei-Perspektiven-Modell* sexueller Gewalt gegen Kinder versteht sich als Integration von soziologischen und individualpsychologischen Fragestellungen und Analyseebenen.[332] Zugleich wird dadurch eine „auf die sozialpsychologische Analyse psychischer und interaktiver Prozesse abzielende Weiterentwicklung" des traditionellen feministischen Verständnisses der Ursachen sexueller Gewalt angestrebt, welches sexuelle Gewalt, zugespitzt formuliert, als einen auf das institutionalisierte „Machtungleichgewicht zwischen den Geschlechtern" zurückzuführenden „patriarchale[n] Normalfall"[333] betrachtet. Obwohl der Einfluss patriarchaler Gesellschaftsfaktoren auf die Entstehung sexueller Gewalt im Mittelpunkt der Analyse dieses explizit als „feministisches Ursachenmodell"[334] bezeichneten Erklärungsansatzes steht, darf dieser Einfluss jedoch nicht deterministisch (miss)verstanden werden; denn auch wenn „das gesellschaftliche Gefüge individuelles Handeln" vorstrukturiert, entscheidet „jeder Mensch über sein Handeln bewusst und eigenverantwortlich".[335] Gleichwohl gilt es nach Brockhaus/Kolshorn, an eben der Stelle anzusetzen, die in „traditionellen Ursachenerklärungen" sexueller Gewalt „durchgängig vernachlässigt wird: bei den

---

330 A.a.O., 16.
331 Ebd.
332 Vgl. Brockhaus/Kolshorn, *Sexuelle Gewalt*, 220.
333 Brockhaus/Kolshorn, „Ursachen," 97; vgl. hierzu 101–104.
334 Brockhaus/Kolshorn, „Drei-Perspektiven-Modell," 55.
335 Brockhaus/Kolshorn, „Ursachen," 105.

gesellschaftlichen Machtstrukturen zwischen den Geschlechtern".[336] Zwar kann die Ausübung sexueller Gewalt auch „ohne patriarchalen Hintergrund" geschehen, doch ist „das riesige Ausmaß und vor allem die geschlechtsspezifische Systematik" sexueller Gewalt „nur auf dem Hintergrund einer patriarchalen Gesellschaft zu begreifen".[337]

Ausgehend von Finkelhors Voraussetzungsmodell als „theoretische[m] Anstoß"[338] werden die Wirkmechanismen der in einer patriarchalen Gesellschaft und Kultur zur Entstehung sexueller Gewalt beitragenden Bedingungsfaktoren analysiert,[339] was im Rückgriff auf sozialpsychologische Theorien (inter)personalen Verhaltens – namentlich den Symbolischen Interaktionismus und die Theorien des Sozialen Austausches – als „theoretische[m] Überbau"[340] geschieht. Auf diese Weise wird eine komplexe Bedingungsanalyse angestrebt, die den dem Handeln von Tätern,[341] Opfern und Personen aus deren sozialem Umfeld zugrunde liegenden intra- und interindividuellen Dynamiken, wie der Name des Modells zum Ausdruck bringt, aus der Perspektive aller drei Personengruppen nachspürt.[342] Entsprechend der Einsicht, dass sich das Verhalten eines Täters „nicht im menschenleeren Raum" vollzieht, sondern „entscheidend von realen oder erwarteten Reaktionsweisen des Opfers und der Personen in der näheren sozialen Umgebung bestimmt"[343] wird, erfolgt die Analyse sexueller Gewalt daher nicht nur vom Blickwinkel der Täter aus, sondern zugleich auch aus den „Perspektiven aller anderen Personen, die direkt oder indirekt im Geschehen involviert sein können".[344]

Während aus der *Täterperspektive* nach den Faktoren zu fragen ist, die „die Initiierung und Fortsetzung sexuell gewalttätiger Handlungen"[345] erleichtern oder erschweren, sind aus der *Opferperspektive* die eine „effektive Gegenwehr" begünstigenden oder hemmenden Faktoren in den Blick zu nehmen, wobei „effektive Gegenwehr" im Falle des Kindes meist bedeutet, dass es „parteiliche und pro-

---

336 Brockhaus/Kolshorn, *Sexuelle Gewalt*, 216; vgl. 255 f.

337 A.a.O., 258.

338 A.a.O., 220.

339 Vgl. Brockhaus/Kolshorn, „Drei-Perspektiven-Modell," 55; „Ursachen," 104.

340 Brockhaus/Kolshorn, „Ursachen," 104.

341 Trotz der Beschränkung „vorerst auf männliche Täter" (Brockhaus/Kolshorn, „Drei-Perspektiven-Modell," 55) sei dieses Modell allerdings „im Kern auch auf Frauen übertragbar" (Brockhaus/Kolshorn, „Ursachen," 104); vgl. hierzu Brockhaus/Kolshorn, *Sexuelle Gewalt*, 250 u. 253 – 255.

342 Vgl. Brockhaus/Kolshorn, „Ursachen," 104.

343 Brockhaus/Kolshorn, *Sexuelle Gewalt*, 218.

344 Brockhaus/Kolshorn, „Ursachen," 104.

345 Brockhaus/Kolshorn, *Sexuelle Gewalt*, 219.

blemadäquate Unterstützung [von außen] sucht und erhält".[346] Mit dieser Frage nach den Widerstandspotenzialen des Opfers ist freilich keineswegs eine Schuldzuschreibung beabsichtigt; obwohl jedoch die Schuld ohne jeden Zweifel „allein bei der angreifenden Person, d. h. dem Täter" liegt, handelt es sich bei der angegriffenen Person nicht um „ein völlig handlungsunfähiges und hilfloses Objekt", sondern um einen „von sexueller Gewalt bedrohten oder betroffenen Menschen", der durchaus dazu beitragen kann, „die Tat oder eine Wiederholung bzw. Steigerung der Übergriffe zu verhindern".[347] Gleichermaßen ist auch die *Perspektive des sozialen Umfeldes* von (potenziellen) Tätern und Opfern miteinzubeziehen, wozu z. B. Verwandte, Bekannte, aber auch Ärzt*innen und Erzieher*innen gehören, und nach den „adäquate präventive und interventive Maßnahmen durch das soziale Umfeld"[348] fördernden oder hemmenden Faktoren zu fragen.

Neben interindividuellen Dynamiken sind aber auch die Abläufe intraindividueller „Prozesse zwischen Wollen und tatsächlichem Handeln"[349] zu analysieren und sexuelle Übergriffe hervorrufende, ermöglichende und aufrechterhaltende Einflussfaktoren zu identifizieren – konkret: „1. Welche Verhaltensweisen werden durch die innere Vorstellungswelt (Werte, Normen, Einstellungen, Rollen usw.) nahegelegt oder gehemmt? 2. Über welche Handlungskompetenzen und -möglichkeiten verfügt ein Individuum? 3. Was hat er oder sie davon, sich in bestimmter Art und Weise zu verhalten? Ist der Nutzen aus einer Handlung größer als der Aufwand?"[350] Dies hat Konsequenzen für den Aufbau dieses Mehrperspektivenmodells, in dem das Verhalten von Tätern, Opfern und Umfeldpersonen aus der jeweiligen Perspektive untersucht werden hinsichtlich: (1.) *Handlungsmotivation*, (2.) verhaltensfördernde und -hemmende *Internalisierungen*, d. h. die Einstellungen, Werthaltungen und Vorstellungen („Repräsentationen"[351]) einer Person, (3.) individuelle *Handlungsmöglichkeiten* und (4.) *Kosten-Nutzen-Erwägungen* darüber, welche Verhaltensweisen erfolgversprechend sind.[352] Diese als „logische Aufeinanderfolge"[353] dargestellten Schritte von der ursprünglichen Motivation zu sexuellem Kontakt mit Kindern bis zum tatsächlichen Kindesmissbrauch laufen im einzelnen Individuum jedoch weder immer bewusst noch als logisch-stringente Abfolge ab; vielmehr handelt es sich um ei-

---

346 A.a.O., 234.
347 A.a.O., 219; vgl. 235–237.
348 A.a.O., 219.
349 Brockhaus/Kolshorn, „Drei-Perspektiven-Modell," 56 f.
350 A.a.O., 57.
351 Vgl. Brockhaus/Kolshorn, *Sexuelle Gewalt*, 222; Brockhaus/Kolshorn, „Ursachen," 106.
352 Vgl. Brockhaus/Kolshorn, *Sexuelle Gewalt*, 226–249.
353 A.a.O., 226.

nen „stetige[n] Fluss",[354] in welchem sich die einzelnen Faktoren wechselseitig beeinflussen, zumal nicht nur Rückkoppelungen *innerhalb* einzelner Perspektiven, sondern auch Wechselwirkungen *zwischen* ihnen stattfinden.[355] Sobald sich ein Faktor ändert, tritt daher auch eine Verhaltensänderung ein, was große Bedeutung für die Präventions- und Interventionsarbeit gegen sexuelle Gewalt hat:

> So wird jede Maßnahme, die die Kosten der Ausübung sexueller Gewalt erhöht und die für Widerstand und Intervention senkt, die Wahrscheinlichkeit sexueller Gewalt verringern. Derartige Maßnahmen können auf gesellschaftlicher Ebene der Ausbau von Interventionsstrukturen und auf individueller das entschiedene Verurteilen vermeintlich noch so harmloser sexueller Übergriffe und die klare Parteinahme für das Opfer sein. Desgleichen wird die Wahrscheinlichkeit sexueller Gewalt verringert, wenn es gelingt, die traditionellen Geschlechtsrollen aufzuweichen und die Akzeptanz der Mythen [scil. über sexuelle Gewalt] zu verringern.[356]

Was die „Initiierung sexueller Ausbeutung" aus der *Täterperspektive* betrifft, ist davon auszugehen, dass „die Wahrscheinlichkeit, daß ein Mann einen einmaligen sexuell ausbeuterischen Kontakt oder eine längerdauernde Ausbeutungsbeziehung mit einem Kind initiiert, in dem Maße steigt wie [...] er motiviert ist, sich einem Kind sexuell zu nähern; solche sexuellen Handlungen in Einklang mit zentralen Repräsentationen des Täters stehen; der erwartete Nutzen durch die angestrebten sexuellen Kontakte die erwarteten Kosten übersteigt."[357] Die sexuell ausbeuterischen Handlungen mit einem Kind zugrunde liegende Handlungsmotivation kann sowohl sexueller als auch nicht-sexueller Natur sein; letzteres etwa dann, wenn Sexualität vom Täter „als Mittel für Machtdemonstrationen und Disziplinierungsmaßnahmen"[358] eingesetzt wird. Aus der *Opferperspektive* rückt dagegen die Frage nach einem effektiven Widerstand in den Fokus, der zum temporären Aufschub oder zur endgültigen Beendigung sexueller Ausbeutung führen kann. Die „Wahrscheinlichkeit effektiver Gegenwehr" im Sinne einer Vermeidungsmotivation erscheint beispielsweise umso größer, „je weniger ambivalent das Kind die Mißbrauchsbeziehung erlebt".[359] Die Wahrscheinlichkeit problemadäquater

354 Brockhaus/Kolshorn, „Ursachen," 111.
355 Vgl. Brockhaus/Kolshorn, „Drei-Perspektiven-Modell," 60. An dieser Stelle könnte freilich eingewendet werden, dass dies zwar für die subjektive Täter- und Opferperspektive plausibel erscheinen mag, jedoch offenbleibt, wie man sich eine rein interne Rückkopplung in der Perspektive des sozialen Umfeldes vorzustellen hat, das zwar aus Subjekten besteht, selbst aber kein Subjekt ist.
356 Ebd.
357 Brockhaus/Kolshorn, *Sexuelle Gewalt*, 227.
358 A.a.O., 229. Dagegen Brockhaus/Kolshorn, „Ursachen," 105 f.
359 Brockhaus/Kolshorn, *Sexuelle Gewalt*, 234.

Intervention durch das soziale Umfeld ist umso größer, „je deutlicher eine Person eine Notwendigkeit zu intervenieren erkennt. Voraussetzung dafür ist, daß sie den sexuellen Mißbrauch wahrnimmt und als solchen definiert".[360]

Die Erkenntnis einer Interventionsnotwendigkeit und das Vorhandensein angemessener Präventionsstrukturen gegen sexuelle Gewalt sind für Brockhaus/ Kolshorn nicht zuletzt aber durch die Repräsentationen und Strukturen einer patriarchalen Kultur beeinflusst, die sexuelle Gewalt wesentlich bedingt und zu deren Aufrechterhaltung beiträgt.[361] Deshalb würde es in einer „erträumten, nicht-patriarchalen Gesellschaft" nicht nur „weit weniger sexuelle Gewalt geben", sondern auch der Umgang mit ihr wäre ein anderer: „Täter müßten die Verantwortung für ihr Tun übernehmen. Opfer würden Unterstützung erfahren, und die negativen Folgen der Gewalterfahrung würden, soweit dies möglich ist, minimiert. Von der Realisierung dieses Traumes sind wir leider noch weit entfernt."[362]

2.2.1.5 Ward & Siegert: Fünf-Pfade-Modell (2002)

Als einflussreich für Therapieprogramme hat sich das *Fünf-Pfade-Modell* der beiden neuseeländischen Psychologen Tony Ward und Richard J. Siegert erwiesen. Unter der Prämisse, dass sexueller Kindesmissbrauch Resultat des Zusammenwirkens verschiedener Faktoren und unterschiedlicher psychologischer Mechanismen ist, und unter Verknüpfung ausgewählter Elemente der multifaktoriellen Modelle von Finkelhor, Marshall/Barbaree und Hall/Hirschman[363] zu einer umfassenden Ätiologie sexuellen Kindesmissbrauchs postulieren Ward/Siegert fünf ‚Pfade', die zu sexuellem Kindesmissbrauch führen. Jeder ‚Pfad' beinhaltet ein ‚Kernset' dysfunktionaler psychologischer Mechanismen (d. h. psychologischer Prozesse, die bestimmte Effekte auslösen), welche jeweils bestimmte psychologische Profile und Verhaltensmuster samt Ätiologien umfassen und unterschiedliche Vulnerabilitätsfaktoren darstellen, die ihrerseits durch distale und proximale Faktoren – darunter Lernereignisse sowie biologische, kulturelle und umfeldbedingte Faktoren – beeinflusst sind. Im Einzelnen:

(1) *Intimitätsdefizite:* Die eingeschränkte Fähigkeit zu und/oder der Mangel an sexueller Intimität mit Erwachsenen können in bestimmten Situationen zur Übertragung dieser Bedürfnisse auf Kinder als ‚Pseudo-Erwachsene' führen, die dann als ‚Ersatzpartner' fungieren.[364]

---

360 A.a.O., 243.
361 Vgl. a.a.O., 255 u. 257; ferner Brockhaus/Kolshorn, „Ursachen," 108.
362 Brockhaus/Kolshorn, *Sexuelle Gewalt*, 259.
363 Vgl. Ward/Siegert, „Comprehensive Theory," 320.
364 Vgl. a.a.O., 331 f. u. 335 f.

(2) *Deviante sexuelle Skripte:* Sexueller Missbrauch in der Kindheit und die dadurch bedingte vorzeitige Sexualisierung können subtile Verzerrungen bei der Entwicklung sexueller Skripte zur Folge haben, einschließlich der Wahl ‚unangemessener' Partner (z. B. Altersunterschied), Verhaltensweisen (z. B. sadistische Praktiken) und Kontexte (z. B. unpersönlicher Sex), womit auch die Verwechselung von Sex mit romantischer Zuneigung und die Angst vor Ablehnung durch andere beim Aufbau intimer Beziehungen einhergehen können.[365] Allerdings wird vermutet, dass dies als solches *nicht* zur Entwicklung einer pädophilen Sexualpräferenz und/oder zu sexuellem Missbrauchsverhalten führt: „The major script flaw is expected to reside in the *context* in which sex is viewed as desirable."[366]

(3) *Emotionale Dysregulation:* Bei Menschen mit Schwierigkeiten im emotionalen Regulationssystem kann es bei negativen Stimmungszuständen zu einem dranghaften Verlangen nach sexuellen Erlebnissen oder schneller Befriedigung kommen. Zwar wird Sex mit altersentsprechenden Partner*innen bevorzugt, doch kann der sexuelle Missbrauch von Kindern in diesem Fall auch als Copingmechanismus fungieren.[367]

(4) *Antisoziale Kognitionen:* Sexueller Kindesmissbrauch setzt nicht zwangsläufig verzerrte sexuelle Skripte voraus, sondern kann auch Reflex allgemeiner antisozialer Verhaltensweisen und kriminalitätsbegünstigender Einstellungen sein, die zur rücksichtslosen Befriedigung sexueller Bedürfnisse bei einer (jeden) sich bietenden Gelegenheit führen:[368] „Such individuals [...] are likely to experience positive emotional states when abusing a child because of the pleasure experienced and the fact that they are meeting their needs in a personally acceptable manner."[369]

(5) *Multiple Dysfunktionen:* Obwohl jeder ‚Pfad' jeweils mit einem distinkten, einzigartigen Set primärer psychologischer Mechanismen und Symptomclustern verbunden ist, sind Sexualdelikte immer auch Folge der Interaktion dieser Mechanismen: „*Every* sexual offence involves the presence of all the symptom clusters and the activation of their underlying mechanisms. Thus all sexual crimes will involve emotional, intimacy, cognitive, and arousal components."[370] Dieser fünfte ‚Pfad' umfasst Personen, die üblicherweise infolge früher Missbrauchserfahrungen, frühen Zugangs zu sexuell explizitem Material

---

365 Vgl. a.a.O., 332 u. 336 f.
366 A.a.O., 336 f. Zum Verständnis sexueller ‚Skripte' s. Abschnitt E.3.3.2.1, Anm. 550.
367 Vgl. a.a.O., 332 f. u. 337 f.
368 Vgl. a.a.O., 330 u. 338 f.
369 A.a.O., 339.
370 A.a.O., 335 (in Spannung zu 346).

oder früher Sexualisierung verzerrte sexuelle Skripte ausgebildet haben, womit zugleich ‚ausgeprägte Mängel' in allen anderen primären psychologischen Mechanismen einhergehen:[371] „Thus this group are [sic!] likely to exhibit a multitude of offence related deficits and constitute ‚pure' pedophiles."[372]

Sexueller Kindesmissbrauch resultiert demnach aus einem komplexen Zusammenwirken von vier voneinander abgrenzbaren Typen psychologischer Mechanismen, wobei Struktur und Funktionsweise dieser Mechanismen durch Lernereignisse ebenso wie durch biologische, kulturelle und situative Faktoren (d. h. die Gelegenheit zum Missbrauch) beeinflusst werden.[373] Auch wenn Personen in bestimmten Situationen den Impuls zum sexuellen Missbrauch eines Kindes erfolgreich unterdrücken können, stehen sie immer in der Gefahr, ihm letztlich nachzugeben.[374] Überdies kann der wiederholte sexuelle Missbrauch von Kindern die Entwicklung devianter sexueller Skripte zur Folge haben – auch bei Personen, die zuvor „relativ anpassungsfähige Einstellungen" zum Geschlechtsverkehr hatten, was insbesondere dann der Fall sein kann, wenn die betreffende Person kaum Möglichkeiten hatte, „alternative Beziehungen mit Erwachsenen aufzubauen".[375]

Dieses Modell dient allerdings nur zur Erklärung dafür, dass einige Personen unter bestimmten Umständen *beginnen*, Kinder sexuell zu missbrauchen, nicht aber zur Erklärung, warum sie den Missbrauch dann auch *fortsetzen*.[376] Insofern versteht sich dieses Modell nur als „provisorisches Gerüst", das einer weiteren „Verfeinerung"[377] bedarf.

2.2.1.6 Ward & Beech: Integrative Theorie sexueller Delinquenz (2006)

Ein solches Raffinement intendiert die von Tony Ward zusammen mit dem britischen Psychologen Anthony Beech ausgearbeitete *Integrative Theorie sexueller Delinquenz* (ITSD), die unter Einbeziehung der im Vorhergehenden dargestellten multifaktoriellen Modelle von Finkelhor, Marshall/Barbaree und Hall/Hirschman sowie des *Fünf-Pfade-Modells* von Ward/Siegert die Vielzahl von Kausalfaktoren und Aspekten sexuellen Kindesmissbrauchs in eine allgemeine Theorie sexueller

---

371 Vgl. a.a.O., 339.
372 Ebd.
373 Vgl. a.a.O., 343 (biologisch), 342 (kulturell) sowie 331 u. 339 (situativ).
374 Vgl. a.a.O., 339.
375 A.a.O., 341 (meine Übers.).
376 Vgl. ebd.
377 A.a.O., 344 (meine Übers.).

Delinquenz integrieren möchte.[378] Der Hauptmangel der meisten modernen, oft allein mittels psychologischer oder sozialer Modelle arbeitenden Theorien zur Erklärung sexualdelinquenten Verhaltens besteht nach Ward/Beech darin, dass es sich bei den Verweisen auf die den Sexualstraftätern und ihrer Umgebung zugrunde liegenden Eigenschaften meist lediglich um einfache allgemeine Beschreibungen beobachtbarer Faktoren unter Absehung von neuropsychologischen und biologischen Analyseebenen handelt, sodass diese Theorien „tend to focus on the *surface* level of symptomology and fail to take into account the fact that human beings are *biological* or embodied creatures".[379] Eine tiefergehende Erfassung der kausalen Ursprünge dysfunktionalen Sexualverhaltens fehlt damit. Für den vorliegenden Zusammenhang reicht es dabei aus, die theoretischen Quellen dieser ganzheitlich bio-psycho-sozial ausgerichteten Theorie zu benennen (und zwar: Wissenschaftstheorie, Biologie, Humanökologie, Neurowissenschaften, Entwicklungspsychopathologie sowie klinische/empirische Arbeiten aus dem Bereich der Risikobewertung[380]) und deren wichtigste Kernannahmen darzulegen.[381]

Sexueller Kindesmissbrauch ist als Folge einer Reihe von miteinander interagierenden Kausalfaktoren zu verstehen, wobei zur Erklärung von Entstehung und Fortsetzung sexualdelinquenten Verhaltens *biologische Faktoren* gleichermaßen wie *Umfeldfaktoren* berücksichtigt und deren jeweilige Auswirkungen auf die dem menschlichen Handeln zugrunde liegenden zentralen *neuropsychologischen* Funktionen diskutiert werden.[382] Dementsprechend versteht sich die ITSD als „abstrakter Rahmen"[383] für das systematische Nachdenken über sexualdelinquentes Verhalten und die es konstituierenden Kausalvariablen, in dem die verschiedenen Analyseebenen der Genetik, Humanökologie, Neurowissenschaften und klinischen Symptomatologie miteinander kombiniert werden, um so das komplexe Problem sexuellen Kindesmissbrauchs zufriedenstellend erklären zu können.

Die systematische Entfaltung der ITSD geht dabei aus von der Annahme dreier kontinuierlich miteinander interagierender Faktorenbündel:[384] (1.) durch genetische Vererbung und Gehirnentwicklung beeinflusste *biologische Faktoren*, wobei die Gehirnentwicklung ihrerseits durch die genetische Veranlagung, Entwicklungsprozesse und soziales Lernen beeinflusst ist und zur Etablierung ver-

---

378 Vgl. Ward/Beech, „Integrated Theory," 46.
379 A.a.O., 45.
380 Vgl. a.a.O., 46–50.
381 Eine vertiefende Darstellung einiger Argumente findet sich bei Kuhle et al., „Sexueller Missbrauch," 113–116.
382 Vgl. Ward/Beech, „Integrated Theory," 44 u. 50.
383 A.a.O., 61 (meine Übers.); zum Folgenden vgl. ebd.
384 Vgl. dazu a.a.O., 50 ff.

schiedener neuropsychologischer Systeme (siehe 3.) führt; (2.) *humanökologische Nischenfaktoren*, namentlich soziales und kulturelles Umfeld, persönliche Lebensumstände, individuelle, soziale und kulturelle Lernerfahrungen sowie situative Einflüsse; (3.) *neuropsychologische Funktionen*, und zwar drei ineinandergreifende neuropsychologische Systeme, die jeweils mit distinkten Funktionen und Gehirnstrukturen verbunden sind: ‚Motivation/Emotion‘, ‚Wahrnehmung und Gedächtnis‘ sowie ‚Handlungsauswahl und -steuerung‘,[385] wobei das neuropsychologische Funktionsniveau wiederum durch das Zusammenwirken von Gehirnentwicklung und sozialem Lernen beeinflusst ist.

In aller Kompaktheit lässt sich die ITSD damit in folgendes Schaubild bringen:

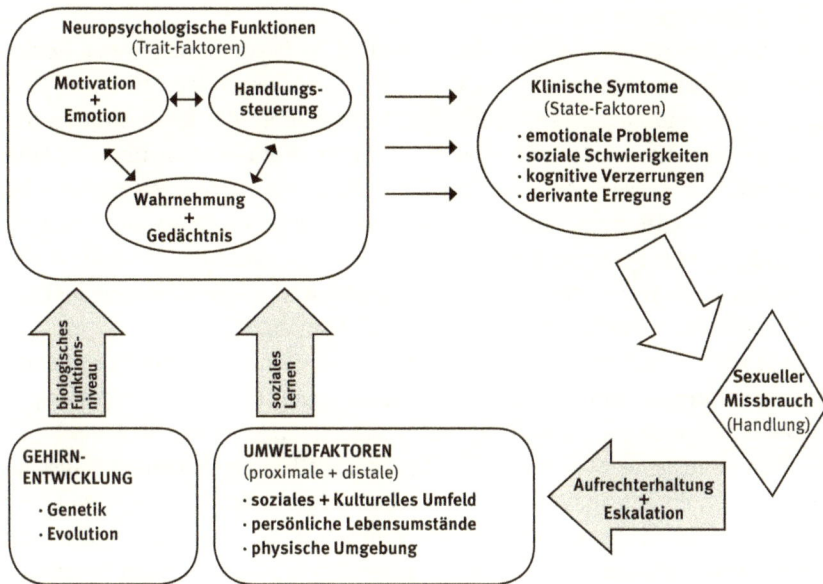

Abbildung 5: Integrative Theorie sexueller Delinquenz (ITSD) nach Ward/Beech.[386]

Zu den mit sexualdelinquentem Verhalten unmittelbar assoziierten, durch persönliche Erfahrung und Handlung vermittelten vier Symptomclustern „deviante Erregung, straftatbezogene Gedanken und Phantasien, negative/positive Emotionszustände und soziale Schwierigkeiten"[387] – allesamt zeitinstabile, weil situa-

---

385 Vgl. a.a.O., 49.
386 Vgl. a.a.O., 51 (Abb. 1).
387 A.a.O., 50 (meine Übers.).

tionsabhängige State-Faktoren – kommt es durch das fortwährende Zusammenwirken von Genen, sozialem Lernen und neuropsychologischen Systemen und damit durch dynamisch miteinander interagierende distale und proximale Variablen.[388] Die Begehung sexuellen Kindesmissbrauchs wiederum erzeugt eine „positive Rückkopplungsschleife",[389] in der sich bereits vorhandene psychische Vulnerabilitäten oder Defizite des Täters noch weiter manifestieren können, d. h. „the consequences of sexual offending will function to maintain and/or escalate further sexually deviant actions".[390]

Was Entstehung, Mechanismen und Fortsetzung sexualdelinquenten Verhaltens angeht, eröffnet der multiperspektivische Blick auf die Bereiche *Gehirnentwicklung, Umfeldfaktoren, neuropsychologische Funktionen* und *klinische Symptomatologie* folgende Einsichten:

(1.) Die Ursprünge von Paraphilien werden in Besonderheiten der *Gehirnentwicklung* („abnormal brain development"[391]) verortet, welche zu Beeinträchtigungen der neurologischen Funktionen, insbesondere die Konzentration und Wirkweise von Neurotransmittern wie Serotonin, Noradrenalin und Dopamin betreffend, führen kann.[392] Während Pädophilie mit einer Dysregulation bestimmter Serotoninrezeptoren assoziiert wird, gibt es Hinweise auf einen Zusammenhang von Serotonindysregulation und antisozialer Impulsivität, Angst, Depression sowie Hypersexualität, was zeigt, dass und wie sich neurobiologische Prozesse auf das sexuelle Verhalten auswirken können.[393]

(2.) *Umfeldfaktoren* (näherhin: die Gesamtheit potentiell nachteilig wirkender sozialer, kultureller und personaler Umstände sowie die äußere Umgebung, in welcher ein Mensch lebt, von Ward/Beech unter dem Terminus ‚ökologische Nische' zusammengefasst) können unter bestimmten Umständen einen Menschen dazu bringen, eine Sexualstraftat zu begehen, obwohl keine signifikanten psychischen Vulnerabilitäten oder Defizite vorliegen.[394] „In these kinds of unique circumstances individuals can behave in ways they would not normally consider and may even engage in actions that they would view as utterly reprehensible in their normal environments."[395] Entsprechend der indirekten oder direkten Beziehung von Umfeldfaktoren und psychischen Vulnerabilitäten ist zwischen *dis-*

---

388 Vgl. ebd.
389 Ebd. (meine Übers.).
390 Ebd.; vgl. auch 57.
391 A.a.O., 50.
392 Vgl. a.a.O., 52.
393 Vgl. ebd.
394 Vgl. ebd.
395 A.a.O., 53.

talen und *proximalen* Risikofaktoren zu differenzieren,[396] also zwischen die psychosoziale Entwicklung eines Individuums beeinflussenden allgemeinen Rahmenbedingungen auf der einen und durch die aktuelle Situation und Umgebung geschaffenen spezifischen Umständen (z. B. die Verfügbarkeit eines Opfers) auf der anderen Seite, welche als Auslöser psychischer Vulnerabilitäten fungieren und damit wesentlich zur Begehung sexueller Straftaten in bestimmten Situationen beitragen können.[397] Die Hauptursache für sexualdelinquentes Verhalten kann demnach in manchen Fälle weniger in innerpsychischen Prozessen als vielmehr in zu opportunistischem Verhalten Anlass gebenden spezifischen situativen Umständen einer Person liegen, kurzum: „sexual offending emerges from a network of relationships between individuals and their local habitats and niches, and is not simply the consequence of individual psychopathology".[398]

(3.) Was die durch genetische Veranlagung und soziales Lernen beeinflussten und miteinander verflochtenen *neuropsychologischen Systeme* betrifft, können psychische Vulnerabilitäten, die gewöhnlich mit sexualdelinquentem Verhalten assoziiert werden, als Störungen im Motivations-/Emotions-System „neu gedacht"[399] werden. Auch frühe negative Lernerfahrungen können zu psychosozialen Defiziten wie Intimitäts- und Bindungsproblemen führen, was wiederum sexualdelinquentes Verhalten begünstigen kann.[400] Dagegen können die Ursprünge kognitiver Verzerrungen in verschiedenen neuropsychologischen Systemen verortet werden, wobei Störungen in einem System immer auch Auswirkungen auf die beiden anderen Systeme haben.[401] Die Defizite in neuropsychologischen Funktionen können überdies mit umgebungsbedingten proximalen Risikofaktoren interagieren und so klinische Symptome verursachen, welche direkt mit sexualdelinquentem Verhalten assoziiert werden, ein geeignetes und verfügbares Opfer vorausgesetzt.[402]

(4.) In der *klinischen Symptomatologie* werden die oben genannten missbrauchsbegünstigenden Symptomcluster jeweils auf Defizite in den sowohl miteinander wie auch mit der jeweiligen Umgebung interagierenden neuropsychologischen Systemen zurückgeführt. Während beispielsweise die Ausübung devianten Sexualverhaltens in früheren Untersuchungen gewöhnlich als das unmittelbare Ergebnis devianter Sexualpräferenzen (Paraphilien) betrachtet

---

396 Vgl. a.a.O., 52f.
397 Vgl. hierzu die Beispiele ebd.
398 A.a.O., 53.
399 Ebd. (meine Übers.).
400 Vgl. ebd.
401 Vgl ebd.; ferner Kuhle et al., „Sexueller Missbrauch," 114.
402 Vgl. Ward/Beech, „Integrated Theory," 55.

wurde,[403] denen wiederum, wie in neueren Untersuchungen angenommen, deviante Sexualphantasien vorausgehen mögen,[404] sind deviante sexuelle Erregungsmuster aus Sicht der ITSD ebenfalls als Folge einer defizitären Interaktion neuropsychologischer Systeme zu betrachten: „Specifically, if an individual has problems with sexual control (problems in the action selection and control systems), in conjunction with high levels of sexual arousal, driven by deviant interests this would mean that deviant sexual arousal could easily occur in particular situations, given certain triggering factors, such as anger, hostility or the presence of a potential victim. That is, situations where due to personal circumstances and/or the nature of the physical environment, an individual would become deviantly aroused to children or to the thought of coercive sex with a woman."[405]

Sind sexualdelinquentes Verhalten begünstigende Symptomcluster also nicht einfach Resultat einfacher Kausalzusammenhänge, sondern vielmehr Ergebnis eines Zusammenspiels zwischen verschiedenen biologischen, humanökologischen und neuropsychologischen Faktoren, wobei Umfeldfaktoren unter bestimmten Umständen persönlichkeitsinterne psychische Kontrollmechanismen außer Kraft setzen können, was sexualdelinquentes Verhalten erleichtert,[406] stellt sich umso dringender die Frage, was sexualdelinquentes Verhalten aufrechterhalten und/oder in bestimmten Situationen verstärken kann. Die *Aufrechterhaltung und Eskalation* sexualdelinquenten Verhaltens ist aus Sicht der ITSD durch die Auswirkungen dieses Verhaltens auf die Umgebung des Täters und dessen psychologische Funktionsfähigkeit zu erklären:

> The sexual abuse of a child might result in a person becoming further socially isolated from his normal social supports and lessen his chances of forming appropriate intimate relationships. If an individual in this situation also has problems with his mood, then sex with a child may become increasingly a powerful way of regulating problematic emotional states. In other words, the consequences of sexually abusive actions can modify, entrench, or worsen the personal circumstances of an offender and in this way, increase or maintain the offending behavior.[407]

Im Jahr 2017 haben Ward/Beech eine revidierte Version ihrer ITSD vorgelegt, in der sie neben den drei bereits genannten Faktorenbündeln (biologische Faktoren, humanökologische Nischenfaktoren und neuropsychologische Funktionen) auch ein viertes annehmen: „*agency-level* factors (i. e., this is the level at which a person

---

403 Vgl. a.a.O., 56.
404 Vgl. a.a.O., 56 f.
405 A.a.O., 57.
406 Vgl. ebd.
407 Ebd.

reflects on possible reasons for acting, decides on a course of action justified by reasons, and then [intentionally] acts to change some aspects of themselves, other people or the world in accordance with their goals)".[408] Diese Einbindung der persönlichen Handlungsebene in das ITDS-Theoriegerüst soll einer Fragmentierung der einzelnen Faktorenbündel entgegenwirken, die in der menschlichen Psyche untrennbar miteinander verbunden sind. Die persönliche Handlungsebene stellt demnach den Knotenpunkt dar, in dem die genannten Symptomcluster zusammenlaufen und so das Risiko sexualdelinquenten Verhaltens erhöhen können.[409]

2.2.1.7 Fazit

Die Verschiedenheit und unterschiedliche Reichweite der dargestellten multifaktoriellen Erklärungsansätze sexualdelinquenten Verhaltens zeigen, dass diese kein lückenloses Bild vermitteln, sondern nur Momentaufnahmen aus einem in stetem Fluss befindlichen human- und sozialwissenschaftlichen Diskurs darstellen können, der dem Einfluss juristischer, politischer und soziokultureller Umstände ausgesetzt ist. Es gibt also auch hier nicht jenen archimedischen Punkt der absoluten Position zu finden, auf den das dichte Geflecht der in unaufhörlicher und unauflöslicher Wechselwirkung miteinander stehenden Ursachen und Faktoren sexuellen Kindesmissbrauchs zusammenzuziehen wäre, um so diesen Forschungsgegenstand gewissermaßen losgelöst von allen Wertesystemen und Wertentscheidungen in den Blick zu nehmen. Vielmehr gilt: So wie juristische, politische und soziokulturelle Perspektiven auf das Phänomen sexualdelinquenten Verhaltens Modelle entwickeln,[410] bestärken und falsifizieren, so sehr ist die Herausarbeitung eines diesbezüglichen sexualethischen Standpunkts nicht nur möglich, sondern unverzichtbar.

2.2.2 Sexualethische Perspektive

Der Blick auf die vorstehend skizzierten multifaktoriellen Erklärungsansätze sexualdelinquenten Verhaltens durch die sexualethische Brille verdeutlicht zunächst, dass so wie eine „„Mißbrauchsfamilie'" keinen „abnormen Einzelfall einer zerrütteten oder kranken Familie" darstellt, sondern den „allzu häufigen ‚Ex-

---

408 Ward/Beech, „The Integrated Theory of Sexual Offending – Revised," 125.
409 Vgl. a.a.O., 126.
410 ‚Entwickeln' hier verstanden als zugleich ‚entfalten' und ‚(aus sich) herausbilden', vgl. die Bemerkung zum Entwicklungsbegriff in Abschnitt D.1, Anm. 1.

tremfall' der ,Normalfamilie'",[411] auch Täterpersonen keineswegs unweigerlich Sonderlinge oder gesellschaftliche Außenseiter sind, die sich für alle sichtbar von den anderen Menschen abhöben.[412] Vielmehr können Täterpersonen auch aus der Mitte der Gesellschaft kommen und ziemlich genau dem Typus[413] des ,banalen' Durchschnittsmenschen entsprechen,[414] was sexualdelinquentes Verhalten zu einem über alle kulturellen, sozialen und ökonomischen Unterschiede hinweg auftretenden Phänomen macht. Pointiert mit Brockhaus und Kolshorn formuliert: „Sexuelle Gewalttaten sind *weder Einzelfälle* noch werden sie ausschließlich von besonders *gestörten Persönlichkeiten* verübt."[415]

Angesichts der in der öffentlichen Debatte über und massenmedialen Zurschaustellung von Sexualstraftaten vielerorts begegnenden Anreicherung des Bildes vom Sexualstraftäter durch Züge des Unheimlichen, Schauerlichen und Monströsen bis hin zur Darstellung einzelner ,spektakulärer' Gewalttaten gleichsam als Untaten teuflischer Incubi und Succubi ist allerdings mit dem forensischen Psychiater Hans-Ludwig Kröber (*1951) auf den scheinbar banalen Umstand hinzuweisen, dass Sexualstraftaten „zumeist *sexuell* motiviert"[416] sind. Statt sich „irgendwelche[n] geheimnisvollen Triebkräfte[n]" zu verdanken, „die ihren Ursprung in unbekannt gebliebenen Kindheitserlebnissen haben", werden Sexualstraftaten „in sehr vielen Fällen" aus Beweggründen begangen, die keiner „psychischen Pathologie" oder „Krankheit"[417] entspringen, sondern „normalpsychologisch bedingt"[418] sind. Dieser Hinweis auf die überwiegend nichtpathologischen Hintergründe sexualdelinquenten Verhaltens unterstreicht, dass die enorme „Wirkmacht des sexuellen Begehrens" und damit überhaupt „die Macht des genuin Sexuellen" nicht unterschätzt und „aus den Überlegungen zur Handlungsmotivation"[419] von Sexualstraftätern keinesfalls ausgeklammert werden darf.[420] Sexualstraftaten haben immer etwas Extremes, aber gewiss nichts

---

411 Enders, „III. Gewaltverhältnisse," 34.

412 Vgl. Karlen, *Machtlos*, 52.

413 Zur Rede vom ,Typus' vgl. das hierzu in Abschnitt 1.1.1 Bemerkte.

414 ,Banal' hier im Sinne Arendts und ihrer Unterscheidung zwischen dem ,radikalen' und dem ,banalen Bösen' verstanden, vgl. dazu die Darstellung bei Comtesse, „Das Böse," 173, 175 f. u. 179.

415 Brockhaus/Kolshorn, „Ursachen," 100; zum Aspekt des ,Durchschnittsmenschen' vgl. Karlen, *Machtlos*, 52.

416 Kröber, „Sexualstraftäter," 421 (meine Hervh.); zu dem in Politik und Öffentlichkeit vorherrschenden Bild des Sexualstraftäters vgl. 420.

417 A.a.O., 421 f.

418 A.a.O., 427.

419 A.a.O., 421 f.

420 Zu strukturellen und funktionalen Kongruenzen zwischen Sexualität und Gewalt sowie in sexuellen und gewalthaltigen Interaktionen enthaltene korrespondierende Potenziale, die alle-

Dämonisches an sich, wodurch eine Schuldfähigkeit der sie begehenden Personen im Sinne individueller Verantwortung a priori in Frage gestellt wäre.

Aus den dargestellten Erklärungsmodellen geht ferner hervor: „Das tatsächliche, klinische Bild des Sexualstraftäters ist vor allem eines: uneinheitlich.“[421] Wie die bereits angesprochenen Typologien Pädophiler[422] können auch die vielerorts in der Literatur begegnenden Typologien von Missbrauchstätern[423] nicht über die große Heterogenität dieser Gruppe hinwegtäuschen. So wie es nicht *den* Missbrauch und *das* Missbrauchsopfer gibt, so gibt es auch nicht *den* Missbrauchstäter. Dies wird auch beim Blick auf das Spektrum der von Sigusch exemplarisch aufgezählten Tätertypen augenfällig:

> Zunächst sei der Mann aus der Nachbarschaft genannt, der in gestörten sozialen Verhältnissen, oft alkoholisiert, Kinder missbraucht, ohne pädophil zu sein. Dann gibt es den Inzesttäter, also zum Beispiel einen Vater oder Bruder. Ein weiterer Tätertyp ist der pubertierende Junge, der seine ersten sexuellen Erfahrungen an kleineren Kindern vollzieht, oder der behinderte Jugendliche oder Erwachsene, für den Kinder „angemessenere" Sexualpartner sind als Gleichaltrige. Dann gibt es den sexuell unreifen Erwachsenen, zum Beispiel einen Priester, der die ihm fehlenden seelenbildenden „Doktorspiele" gewissermaßen durch seelenzerstörende „Priesterspiele" ersetzt. Ferner gibt es den psychisch kranken Erwachsenen, der, zum Beispiel durch eine Geisteskrankheit enthemmt, Kinder sexuell attackiert. Ein weiterer Tätertyp ist der neosexuelle Sextourist, der sich Mädchen oder Jungen in bitterarmen Ländern zu sexuellen Diensten kauft, weil nun einmal alles in dieser Welt käuflich sei. Zu erwähnen ist auch der situativ reagierende Erwachsene, Mann wie Frau, der in einer erotisch einzigartig aufgeladenen Begegnung mit einem Kind oder Heranwachsenden seine vorhandenen moralischen Skrupel in seiner sexuellen Gier untergehen lässt oder der altersabgebaute Mann, der in seinem bisherigen Leben sexuell vollkommen unauffällig war, sich jetzt aber enthemmt an Kindern vergreift, oder der sexuell-amorphe Erwachsene, Mann wie Frau, für den Geschlecht und Alter des sogenannten Sexualobjekts drittrangig bis gleichgültig sind, weil bei ihm kein fixes persönliches erotisch-sexuelles Reaktionsmuster vorliegt oder weil er in zwischenmenschlichen Beziehungen kaum Gefühle entwickelt, ferner der polymorph-perverse Mann, bei dem sich die sexuellen Handlungen nicht nach den abgegrenzten Klassifikationsrastern Fetischismus, Exhibitionismus, Voyeurismus, Pädophilie usw. festlegen lassen. Und schließlich gibt es den Pädophilen, treffender gesagt: den

---

samt die Anfälligkeit von Sexualität für Gewalt und die Möglichkeit verschiedenster Überlappungen und Vermischungen der solcherart bezeichneten Handlungs- und Erlebenszusammenhänge unterstreichen, s. Abschnitt C.2. Zur entsprechenden Intention der Rede von ‚sexueller Gewalt' statt ‚sexualisierter Gewalt' s. Abschnitte A.3.3 u. A.3.4.

421 A.a.O., 420.
422 Siehe Abschnitt 1.1.1.
423 Vgl. die Übersicht bei Niemeczek, *Tatverhalten*, 87–96; vgl. überdies Berner, „Sexueller Missbrauch," 5–13 (als Grundlage der MHG-Studie, vgl. Dreßing et al., *Missbrauch*, 281 f.).

Pädosexuellen, der ausschließlich Kinder begehrt, die noch nicht in die Phase der Pubertät eingetreten sind.[424]

Es bedeutet keine Relativierung, wenn deshalb festgestellt wird, dass jedes sexuelle Missbrauchsgeschehen immer auch etwas Kontingentes an sich hat: Sexueller Missbrauch ergibt sich nicht von selbst, sondern aus dem Zusammen- und Ineinanderwirken verschiedener individueller, überindividueller und situativer Faktoren. Soll dieses komplexe Bedingungsgefüge, welches sexuellen Kindesmissbrauch jeweils[425] verursachen und ermöglichen kann, adäquat erfasst werden, können individuelle (d. h. personale wie z. B. psychologische, biologische, neurologische, emotionale, kognitive, behaviorale, psychosoziale und lebensgeschichtliche), überindividuelle (d. h. soziokulturelle und systemische) und situative (d. h. kontextuelle und durch die Gelegenheit gegebene) Faktoren nicht isoliert für sich, sondern sie müssen zugleich im Zusammenhang und in Verbindung mit anderen Faktoren betrachtet werden, sodass ganze Faktorenbündel anzunehmen sind,[426] die bei der Genese sexualdelinquenten Verhaltens eine Rolle spielen. Monofaktorielle Erklärungsansätze mögen zuweilen prima facie überzeugend klingen – für die Ergründung des Bedingungsgefüges von sexuellem Kindesmissbrauch sind sie jedoch nicht geeignet. Dies sei anhand dreier Beispiele erläutert.

(1.) Vor dem Hintergrund der dargestellten multifaktoriellen Modelle erweist sich die als *abused abuser theory* bzw. *cycle of sexual abuse* bezeichnete Hypothese,[427] der zufolge Personen, die in ihrer Kindheit sexuell missbraucht wurden, mit einem signifikanten Risiko behaftet sind, später selbst Kinder sexuell zu missbrauchen, sodass der Missbrauch eines anderen als nachvollziehende Wiederholung des am eigenen Leib erfahrenen Missbrauchs zu verstehen wäre,[428] als gleichermaßen unzureichend wie widersprüchlich. Denn abgesehen davon, dass

---

424 Sigusch, „Erotik," 18.
425 ‚Jeweils' deshalb, weil „unterschiedliche Gewichtungen einzelner Faktoren sowie deren Zusammenspiel bei jedem Individuum zu einem anderen Bedingungsgefüge führen, unter dem sexueller Missbrauch stattfindet", woraus „wiederum verschiedene Verläufe von sexuellem Kindesmissbrauch" (so Kuhle et al., „Sexueller Missbrauch," 109 unter Rekurs auf das Modell von Ward/Beech, s. Abschnitt 2.2.1.6) resultieren.
426 Vgl. z. B. Ward/Beech, „Integrated Theory," 50; ferner Berner/Hill, „Gewalt," 155. Zu weiteren Faktoren, die eine Prädisposition für sexuelle*sexualisierte Gewalt schaffen können, vgl. auch Malamuth et al., „Characteristics," 670 – 681; Malamuth et al., „Confluence Model," 13 – 37 sowie Malamuth et al., „Sexual Coercion," 394 – 418. Vgl. grundsätzlich Niemeczek, *Tatverhalten*, 32 – 39.
427 Vgl. z. B. Freund/Kuban, „Basis," 553 – 563 unter Rekurs u. a. auf Garland/Dougher, „Abused/Abuser Hypothesis," 488 – 509; ferner Sheldon/Howitt, *Sex Offenders*, 66.
428 Vgl. Epps/Fisher, „Basis," 70 f.

ein solcher einfacher Kausalzusammenhang im Sinne einer intergenerationalen Vererbung von Missbrauchserfahrungen sich empirisch nicht belegen lässt,[429] vermag diese Hypothese weder zu erklären, warum – zumindest in der Allgemeinbevölkerung – die meisten Missbrauchstäter männlich und die meisten Missbrauchsopfer weiblich sind,[430] noch, warum nur eine Minderheit der Missbrauchstäter angibt, selbst als Kind sexuell missbraucht worden zu sein,[431] während der Großteil der kindlichen Missbrauchsopfer später im Erwachsenenalter selbst keinen sexuellen Kindesmissbrauch begeht.[432] Demnach ist festzuhalten: „Selbst erfahrener sexueller Missbrauch ist weder eine notwendige noch eine hinreichende Bedingung noch zwangsläufig ein ätiologischer Hauptfaktor für die Täterschaft: Nicht alle Opfer werden zu Tätern und nicht alle Täter sind selbst sexuell missbraucht worden".[433] Allerdings können in Kindheit und Jugend erlittene sexuelle Missbrauchserfahrungen, zumal in Verbindung mit anderen nichtsexuellen Gewalterfahrungen, erheblichen Einfluss auf die psychosexuelle Entwicklung eines Menschen haben[434] und zur Ausbildung eines problematischen Sexualverhaltens beitragen, was jedoch als Ergebnis der Interaktion einer ganzen Reihe von Faktoren und Bedingungen, darunter auch die Frage einer möglichen Aufarbeitung der eigenen Missbrauchserfahrungen, und nicht als Begründung irgendeiner Zwangsläufigkeit zu betrachten ist.

(2.) Wie bereits an anderer Stelle dieses Untersuchungsteils dargelegt, ist eine Verknüpfung von Homosexualität mit Kindesmissbrauch dahingehend, dass homosexuelle Männer *per se* häufiger Kinder missbrauchten als heterosexuelle

---

429 Leach et al., „Testing," 144–153; U.S. General Accounting Office, *Cycle*, 3 f. Vgl. allerdings zum Zusammenhang zwischen sexuellem Missbrauch in der Kindheit und sexualdelinquentem Verhalten gegenüber *Erwachsenen* (!) Aebi et al., „Testing," 2189–2199; ferner Cohen et al., „Heterosexual Male," 313 f., 325 u. 328–330.
430 Siehe Abschnitt 2.1.
431 Zur Frage möglicher ‚falschpositiver' Angaben von Tätern in Befragungen vgl. Heyden/ Jarosch, *Missbrauchstäter*, 82.
432 So mit Recht Sheldon/Howitt, *Sex Offenders*, 66. Wie die Analyse von mit Betroffenen, beschuldigten und nicht beschuldigten Klerikern geführten Interviews in Teilprojekt 2 der MHG-Studie ergab, fanden sich bei 36 % der des sexuellen Missbrauchs von Minderjährigen beschuldigten Kleriker Hinweise auf einen selbst in Kindheit oder Jugend erlittenen sexuellen Missbrauch (vgl. Dreßing et al., *Missbrauch*, 7 u. 107) – im Unterschied zu den Personal- und Handakten (1,8 %), in denen sich jedoch zahlreiche Hinweise auf nicht in direktem Bezug zum sexuellen Missbrauch stehende Problembereiche oder Verhaltensauffälligkeiten wie Überforderung, Vereinsamung, Substanzmittelmissbrauch, aber auch mangelnde Sozialkompetenz und Reifungsdefizite fanden (vgl. a.a.O., 142, 163, 278 f. u. 281 f.).
433 Heyden/Jarosch, *Missbrauchstäter*, 82.
434 Siehe Abschnitt 2.3.

Männer, empirisch unhaltbar.[435] Die Behauptung eines derartigen Kausalzusammenhangs, wie sie auch in Veröffentlichungen aus dem evangelikalen und rechtskatholischen Bereich immer wieder begegnet und als Steigbügelhalter für Invektiven aller Art gegen homosexuelle Menschen fungiert,[436] ist schon deshalb problematisch, weil vom (zumal: delinquenten) Sexualverhalten einer Person kurzerhand auf ihre sexuelle Orientierung geschlossen wird,[437] die wiederum mit der sexuellen Ausrichtung konfundiert wird.[438] Gegen diese Vermengung von Homosexualität, Pädophilie und Kindesmissbrauch gibt der römisch-katholische Theologe und psychologische Psychotherapeut Wunibald Müller (*1950) zu bedenken, „dass Homosexualität so wenig mit Pädophilie zu tun hat, wie Heterosexualität etwas mit Vergewaltigung zu tun hat".[439] Dies gilt es sich speziell auch im Blick auf die Problematik des sexuellen Missbrauchs Minderjähriger durch katholische Priester vor Augen zu führen, von der als Gruppe auch hierzulande ein deutlich über dem Bevölkerungsdurchschnitt liegender Anteil homosexueller Menschen angenommen wird.[440]

Aus dem Umstand, dass verschiedenen internationalen Studien zufolge bis etwa 80 % der Überlebenden sexuellen Missbrauchs durch Priester männliche Kinder und Jugendliche sind,[441] was also in deutlichem Kontrast zum sexuellen

---

435 Siehe Abschnitt 1.1.2. Eine solche Assoziation findet sich auch in (der Rezeptionsgeschichte von) 1 Kor 6,9–10 (in der Lutherübersetzung von 2017: „Weder Unzüchtige [πόρνοι] [...] noch Lustknaben [μαλακοὶ] noch Knabenschänder [ἀρσενοκοῖται] [...] werden das Reich Gottes ererben"); zur *tatsächlichen* Bedeutung von μαλακοὶ und ἀρσενοκοῖται vgl. allerdings die Überlegungen bei Scholz, Art. „Homosexualität (NT)," Abschnitt 3.3.

436 Vgl. z. B. die oben in Anm. 88 angegebene Literatur.

437 Zur Problematik eines solchen einfachen Rückschlusses vom tatsächlichen Sexualverhalten auf die sexuelle Orientierung vgl. Bosinski, „Normvariante," 91; vgl. ferner die zweite ‚John-Jay-Studie' (siehe unten Anm. 441) speziell zu sexuellem Kindesmissbrauch durch Priester: „It is therefore possible that, although the victims of priests were most often male, thus defining the *acts* as homosexual, the priest did not at any time recognize his *identity* as homosexual" (Terry et al., *Causes*, 38).

438 Zur Problematik dieser Konfundierung von sexueller *Orientierung* (d. h. das präferierte Geschlecht) und sexueller *Ausrichtung* (d. h. das präferierte Körperschema) als Bestandteile der Sexualpräferenz eines Menschen auch bei der Rede von ‚homosexuellem Kindesmissbrauch' bzw. ‚homosexueller Pädophilie' s. Abschnitt 1.1.2.

439 Müller, *Verschwiegene Wunden*, 142; vgl. im Ganzen 142–144; ferner ders., „Keine falsche Stärke," 119–123 sowie ders., „Sexueller Missbrauch," 323 f.

440 Vgl. Müller, *Verschwiegene Wunden*, 142; ferner ders., „Pädophilie," 147. Zur Situation in US-amerikanischen Diözesen vgl. Terry et al., *Causes*, 38.

441 Die beiden ‚John-Jay-Studien' genannten Untersuchungen des New Yorker John Jay College of Criminal Justice zu sexuellem Missbrauch in den US-amerikanischen Diözesen aus den Jahren 2004 und 2011 geben jeweils 81 % männliche Missbrauchsopfer durch Priester und Diakone (2004) bzw. allein durch Priester (2011) in den Jahren 1950–2002 (2004) bzw. 1950–2010 (2011)

Missbrauch vorwiegend weiblicher Minderjähriger in der Allgemeinbevölkerung steht,[442] kann man, wie Müller betont, *nicht* schlussfolgern, dass homosexuelle Priester *aufgrund ihrer homosexuellen Veranlagung* in besonderer Weise dafür anfällig sind, Kinder sexuell zu missbrauchen.

> Allerdings dürfte der Anteil sexuell *unreifer* homosexueller Priester, die die notwendige Auseinandersetzung mit ihrer Sexualität und ihrer Homosexualität unterlassen und infolgedessen ihre Veranlagung nie wirklich angenommen haben, überdurchschnittlich hoch sein. Diese Vermeidungshaltung dürfte durch eine nach wie vor vorhandene Tabuisierung von Homosexualität im kirchlichen Kontext noch verstärkt werden. Das aber heißt, es gilt alles zu vermeiden, was es homosexuellen Menschen erschwert, zu ihren homosexuellen Gefühlen zu stehen.[443]

Nicht also der Umstand, dass es Homosexualität auch unter Priestern gibt,[444] sondern die vergleichsweise hohe psychosexuelle Unreife unter homosexuellen Priestern[445] ebenso wie der von Verdrängung, Tabuisierung und Dämonisierung geprägte Umgang mit und die unter Rekurs auf die katholische Sexualmoral[446] erfolgende repressiv-restriktive Einstellung gegenüber Homosexualität bilden

---

an, vgl. John Jay College of Criminal Justice, *Nature*, 6 u. 69 bzw. Terry et al., *Causes*, 9 f., 36 u. 62; wie die Personal- und Handaktenanalyse im Rahmen des MHG-Projekts ergab, waren von insgesamt 3.677 von sexuellem Missbrauch betroffenen Minderjährigen 62,8 % männlichen und 34,9 % weiblichen Geschlechts, vgl. Dreßing et al., *Missbrauch*, 258; zur Analyse internationaler Studien vgl. ferner Dreßing et al., „Sexual Abuse," 45 – 55.

442 Siehe Abschnitt 2.1; speziell zum *außer*kirchlichen institutionellen Kontext vgl. Dreßing et al., *Missbrauch*, 229 f.

443 Müller, *Verschwiegene Wunden*, 143 f. (meine Hervh.); vgl. ders., „Kirche," 43; ferner Fraling, *SexualEthik*, 236.

444 Zur Entwicklung des (vermuteten) Anteils homosexueller Priester und der Entwicklung der Anzahl der Missbrauchsfälle speziell in den US-amerikanischen Diözesen zwischen 1950 und 2010 vgl. die zweite ‚John-Jay-Studie': „If it was the case that there were more homosexual men in the seminaries in the 1980s, this increase does not correspond to an increase in the number of boys who were abused. Therefore, the evidence does not support the hypothesis that an increase in homosexual men in the priesthood will lead to an increase in the abuse of boys" (Terry et al., *Causes*, 101 f.; vgl. 38 u. 100 – 102).

445 Zum mutmaßlich hohen Anteil homosexueller Kleriker unter den zum ‚regressiv-unreifen Typus' gerechneten Personen, die des Missbrauchs Minderjähriger beschuldigt wurden (s. dazu oben im weiteren Verlauf unter Punkt 3) vgl. Dreßing et al., *Missbrauch*, 12 u. 282; vgl. ferner Langevin et al., „A study of clerics," 535 – 545; Rossetti, „The Catholic Church," 8 – 16.

446 Vgl. dazu Beck, „Anfang", 85 f. der zufolge die Bezeichnung von „Homosexualität per se als missbrauchsbegünstigend" nichts anderes als „„Missbrauch des Missbrauchs'" und Förderung des „missbrauchsbegünstigende[n] Homophobie-Problem[s] in der katholischen Kirche" (86) sei. Vgl. auch das damit in grundsätzlicher Übereinstimmung stehende psychodynamische Modell von Hands, „Beyond the Cloister," 36 – 1.

Risikofaktoren, die bei der Ergründung des Bedingungsgefüges sexuellen Kindesmissbrauchs im Bereich der katholischen Kirche in Anschlag zu bringen sind.

Müllers Position stimmt wesentlich überein mit der Argumentation der MHG-Studie, die das Ungenügen „[m]onokausale[r] Erklärungen"[447] für den Befund betont, dass im Kontext der katholischen Kirche von sexuellem Missbrauch betroffene Kinder und Jugendliche signifikant häufiger männlichen als weiblichen Geschlechts sind. Dies könne nämlich nicht allein durch den Umstand erklärt werden, dass Kleriker vielfältige Kontaktmöglichkeiten insbesondere zu männlichen Kindern oder Jugendlichen hätten. Vielmehr seien auch

> ambivalente Aussagen und Haltungen der katholischen Sexualmoral zur Homosexualität und die Bedeutung des Zölibats zu diskutieren. Die Verpflichtung zu einem zölibatären Leben könnte Priesteramtskandidaten mit einer unreifen und abgewehrten homosexuellen Neigung als Lösung innerpsychischer Probleme erscheinen, die zusätzlich die Aussicht auf ein enges Zusammenleben ausschließlich mit Männern zumindest während der Priesterausbildung mit sich bringt. Insoweit könnten spezifische Strukturen und Regeln der katholischen Kirche ein hohes Anziehungspotential für Personen mit einer unreifen homosexuellen Neigung haben. Homosexuelle Beziehungen oder Praktiken werden im offiziellen, nach außen hin sichtbaren Handeln der Kirche aber abgelehnt. Somit besteht die Gefahr, dass entsprechende Neigungen ‚versteckt' ausgelebt werden (müssen). Das komplexe Zusammenspiel von sexueller Unreife, abgewehrten und verleugneten sowie die zum Zeitpunkt der Berufswahl möglicherweise latenten homosexuellen Neigungen in einer ambivalenten, teilweise auch offen homophoben Umgebung könnte also eine weitere Erklärung für das Überwiegen männlicher Betroffener beim sexuellen Missbrauch durch katholische Kleriker bieten. Allerdings sind weder Homosexualität noch Zölibat eo ipso Ursachen für sexuellen Missbrauch von Minderjährigen.[448]

Es zeigt sich an dieser Stelle die Notwendigkeit einer Einbeziehung auch von Umfeldfaktoren, die der Integrativen Theorie sexueller Delinquenz (ITSD) zufolge eine entscheidende Rolle bei der Genese sexualdelinquenten Verhaltens spielen können.[449] Die noch immer weitverbreitete Annahme, die Begehung einer Sexualstraftat sei lediglich Folge einer individuellen Psychopathologie, greift deshalb unweigerlich zu kurz, weil auch Umfeldfaktoren unter bestimmten Umständen persönlichkeitsinterne psychische Kontrollmechanismen außer Kraft setzen und

---

447 Dreßing et al., *Missbrauch*, 11; vgl. 258.
448 A.a.O., 11; zu Homosexualität vgl. ferner 17, 129, 259 u. 282. Zu einer ähnlichen Schlussfolgerung kommt die zweite ‚John-Jay-Studie': „Treatment data show that priests who identified as homosexual, as well as those who participated in same-sex sexual behavior prior to ordination (regardless of sexual identity), were not significantly more likely to abuse minors than priests who identified as heterosexual" (Terry et al., *Causes*, 74; vgl. dazu 38 u. 62–64; ferner 100 u. 119).
449 Ward/Beech, „Integrated Theory," 52; s. dazu Abschnitt 2.2.1.6, Punkt 2 der Aufzählung.

so sexualdelinquentes Verhalten begünstigen können.[450] Die Umgebung kann eine entscheidende Rolle aber nicht nur bei der Genese sexualdelinquenten Verhaltens spielen, sondern auch bei dessen Aufrechterhaltung.[451] Homosexualität per se, um abschließend nochmals die MHG-Studie zu zitieren, ist jedenfalls „kein Risikofaktor für sexuellen Missbrauch".[452]

(3.) Schließlich lässt sich die im Vorhergehenden bereits angeschnittene Frage, ob, und wenn ja, inwiefern das Junktim von priesterlicher Lebensform und Pflichtzölibat[453] mit sexuellem Kindesmissbrauch durch Priester in Zusammenhang steht,[454] nicht einfach in Bausch und Bogen beantworten. Mit Fug kann gesagt werden: „Die Forderung einer zölibatären Lebensweise kann als eine Form der strukturellen Gewalt betrachtet werden, indem den Klerikern fundamentale Menschen- und Bürgerrechte vorenthalten werden."[455] Während der allgemeine *Pflicht*zölibat aus sexualethischer Sicht einen nicht zu rechtfertigenden Eingriff in die sexuelle Selbstbestimmung von Menschen darstellt, kann – und das auch unter *protestantischen* Vorzeichen[456] – ein *freiwilliger* Zölibat durchaus als vereinbar mit der Aufgabe einer ethisch verantworteten Gestaltung von Sexualität im Horizont christlicher Wirklichkeitsdeutung und damit als Ausdruck der Eigenständigkeit und Selbstverantwortlichkeit des Menschen bei der individuellen Gestaltung seiner Sexualität betrachtet werden.[457] Was die an dieser Stelle zu diskutierende Frage eines möglichen Zusammenhangs zwischen der pflichtzölibatären Lebensweise und der Begehung sexueller Übergriffe auf Kinder betrifft,

---

450 Vgl. a.a.O., 57.
451 Vgl. ebd. Selbst die in einer bestimmten Situation gelingende Unterdrückung des Impulses zum sexuellen Missbrauch eines Kindes ändert nichts an der lebenslang bestehenden Gefahr, diesem Impuls in einer anderen Situation unter anderen Bedingungen dennoch nachzugeben, vgl. Ward/Siegert, „Comprehensive Theory," 339.
452 Dreßing et al., *Missbrauch*, 17.
453 Zur Entstehung und Entwicklung der allgemeinen Zölibatsverpflichtung vgl. Bischof, „Junktim," 58 ff. Zum Zusammenhang von Pädophilie und Zölibat vgl. Leygraf et al., *Übergriffe*, 9 zusammen mit Müller, „Sexueller Missbrauch" (2010), 54 f.
454 Dieser Vorwurf begegnet bereits in der ersten Auflage von Corvins (ab der zweiten Auflage unter dem Namen *Pfaffenspiegel* veröffentlichten) Streitschrift *Historische Denkmale des Christlichen Fanatismus* von 1845, vgl. Corvin, *Denkmale*, 321; auf den *Pfaffenspiegel* (in späterer Ausgabe) verweisen auch Leygraf et al., *Übergriffe*, 8.
455 Rauchfleisch, „Aspekte," 153; vgl. im Ganzen 152–155.
456 Beispielsweise unter Rekurs auf Luthers Bemerkungen zum Stand der ‚willigen Keuschheit', vgl. dazu Weber, *Luthers bleiche Erben*, 75–79.
457 Dass sexuelle Enthaltsamkeit allerdings aus sexualethischer Sicht unter Umständen zwingend erforderlich und damit ein Eingriff in die sexuelle Selbstbestimmung von Menschen auch gerechtfertigt sein kann, wurde in Abschnitt 1.3 im Blick auf das mögliche Ausleben pädophiler Impulse argumentiert.

erweist sich die von Leygraf et al. (2012) vertretene Position, „eine Koppelung der Debatten um sexuellem [sic!] Missbrauch durch Geistliche und dem Zölibat" entbehre „jeglicher wissenschaftlichen Grundlage",[458] bei näherer Überprüfung als nicht tragfähig. Freilich wird damit nicht einer zumal im Rahmen küchen-psychologischer Diagnostik allzu gern artikulierten, aber gleichermaßen sachlich unhaltbaren Position das Wort geredet, „die vom Zölibatär verdrängte Sexualität" würde „sich in einer Art Übersprungshandlung plötzlich unkontrolliert und überfallartig auf das nächstgelegene Opfer" richten, was oft genug „eben ein Messdiener"[459] sei. Das Problem ist, wie Godehard Brüntrup (*1957) demgegen-über bemerkt, „viel komplexer".[460] Komplexe Probleme aber erfordern eine dif-ferenzierte Betrachtung.

Wie Beier in seinem bereits angesprochenen Beitrag über „Pädophilie und christliche Ethik" aus psychotherapeutischer und sexualwissenschaftlicher Sicht darlegt, kann die Zölibatsverpflichtung für pädophile Menschen gerade deshalb von hoher Anziehungskraft sein, weil darin irrtümlicher- und verhängnisvoller-weise ein probates Mittel gesehen wird, „ihre zutiefst konflikthafte Sexualität hinter sich lassen und sich von ihren sexuellen (in ihrem Fall pädophilen) Im-pulsen befreien"[461] zu können, was jedoch angesichts der mutmaßlich lebens-langen Stabilität einer pädophilen Sexualpräferenz zum Scheitern verurteilt er-scheinen muss. In kritischer Auseinandersetzung mit der Position von Leygraf et al. verweist die MHG-Studie auf den statistisch durchaus signifikanten Unter-schied der „Missbrauchsquoten zwischen zum Zölibat verpflichteten Diözesan-priestern und nicht zum Zölibat verpflichteten Diakonen".[462] Die Zölibatsver-pflichtung sei gewiss keine monokausale Erklärung für sexuelle Missbrauchshandlungen an Minderjährigen, jedoch könne sie „für bestimmte Personengruppen in spezifischen Konstellationen"[463] einen nicht zu unterschät-zenden Risikofaktor darstellen.

Zu diesem Personenkreis zählen insbesondere die als „regressiv-unreifer Ty-pus" apostrophierte Gruppe des sexuellen Missbrauchs Minderjähriger beschul-

---

458 Leygraf et al., *Übergriffe*, 9.

459 Brüntrup, „Zölibat," 109; vgl. allerdings die dazu in gewisser Spannung stehende Rede vom durch „Frustration, Ernüchterung und faktische Überforderung" bedingten *plötzliche[n]* Versa-gen" (114; meine Hervh.) einer bestimmten Gruppe klerikaler Missbrauchstäter.

460 A.a.O., 109.

461 Beier, „Pädophilie und christliche Ethik," 756; s. dazu Abschnitt 1.2. Vgl. dazu Müller, „Zö-libat," 71: „Wer pädophil veranlagt ist und seine Veranlagung ausleben möchte, den schützt weder der Zölibat noch die Ehe davor, das [scil. sexuellen Missbrauch Minderjähriger] zu tun."

462 Dreßing et al., *Missbrauch*, 255.

463 A.a.O., 12.

digter hetero- und homosexueller Personen, denen eine defizitäre persönliche, soziale und sexuelle Entwicklung attestiert wird[464] und die eine Verpflichtung zur zölibatären Lebensweise als eine sozial nicht weiter zu begründende „falsch verstandene Möglichkeit" betrachten, sich selbst „mit der eigenen Emotionalität, Erotik und Sexualität"[465] nicht hinreichend auseinandersetzen zu müssen. Dieser mögliche Mangel einer reifen Persönlichkeitsentwicklung bei Priesteramtskandidaten und Priestern müsse darum nicht nur bei der Priesterausbildung, sondern auch im Rahmen einer lebenslangen professionellen Begleitung von Priestern wesentlich eingehender als bisher thematisiert werden,[466] so wie überhaupt nach Brüntrups Dafürhalten eine „Entkoppelung" der Berufung zum Priesteramt von der zum „spirituelle[n] Ideal der Ehelosigkeit"[467] angeraten sei – eine Position, die auch Müller vertritt. Nicht der Zölibat per se, sondern der falsch verstandene oder aus einer Vermeidungsstrategie heraus eingegangene Zölibat, der dazu dienen soll, sich auf diese Weise einer Auseinandersetzung mit der eigenen Sexualität nicht stellen zu müssen, kann sich Müller zufolge als Faktor erweisen, der bei sexuellem Missbrauch Minderjähriger durch eine bestimmte Personengruppe unter Priestern, nämlich diejenige, die eine gewisse psychosexuelle und emotionale Unreife aufweist, in Anschlag zu bringen ist.[468]

An dieser Stelle wird erneut augenscheinlich, dass und inwiefern bei der Ergründung des Bedingungsgefüges sexuellen Kindesmissbrauchs immer auch mögliche missbrauchsbegünstigende Strukturmerkmale und systemisch bedingte Risikofaktoren und Dynamiken mitzureflektieren sind. Dies ist auch dann unabdingbar, wenn über den römisch-katholischen Kontext hinaus zudem Einrichtungen und Hilfswerke der evangelischen Kirche als mögliche Tatorte sexuellen Kindesmissbrauchs in den Blick genommen werden, in der es, vom Diakonissentum und ökumenischen Männerorden einmal abgesehen, eine Verpflichtung zur zölibatären Lebensweise oder eine Zölibatsklausel bekanntlich nicht (mehr) gibt.[469] Jedenfalls ist bemerkenswert, dass in einer im Mai 2009 veröffentlichten

---

464 Vgl. a.a.O., 12, 129 f. u. 282; vgl. hierzu Brüntrup, „Zölibat," 114 u. 120.

465 Dreßing et al., *Missbrauch*, 12 u. 17; vgl. 111 u. 282.

466 Vgl. a.a.O., 13 f., 16 u. 53.

467 Brüntrup, „Zölibat," 120; ähnlich Müller, „Zölibat," 85 f.

468 Vgl. Müller, „Zölibat," 72; vgl. ferner, wenngleich teilweise anders argumentierend, Dreßing et al., *Missbrauch*, 17.

469 Weniger bekannt dürfte sein, dass es eine Zölibatsklausel nicht nur im staatlichen Beamtenrecht bis in die 1950er Jahre, sondern nach Einführung der Frauenordination noch bis in die 1970er Jahre auch im Kirchenrecht sämtlicher evangelischer Landeskirchen (mit Ausnahme der Evangelischen Landeskirche in Baden) für Pfarrer*innen* gegeben hat. Pfarrerinnen und Pfarrer wurden erst 1978 durch eine EKD-weite Regelung rechtlich einander gleichgestellt – in der Evangelisch-Lutherischen Landeskirche Schaumburg-Lippe sogar erst 1991. Vgl. hierzu Gräßel-

Untersuchung zu sexuellem Kindesmissbrauch durch Geistliche und kirchliche Mitarbeiter, einschließlich Freiwillige, in der Anglikanischen Kirche von Australien in der Zeit von 1990 und 2008 nicht nur fast alle Beschuldigten (133 von 135 Personen), sondern auch drei Viertel aller überlebenden Opfer (135 von 180) männlichen Geschlechts waren.[470] Kirchliche Schulen und Kinderheime waren aus dem Untersuchungsbereich ausgeklammert, sodass vor allem Jugendgruppen, Kirchenchöre, Sonntagsschulen, aber auch die seelsorgerliche Begleitung als Tatorte sexuellen Missbrauchs sowie sexuelle Missbrauchshandlungen, die aufgrund und im Rahmen von freundschaftlichen Beziehungen der Beschuldigten zu den Familien der Betroffenen möglich werden konnten, im Blickpunkt standen.[471] Nachdem es in der Anglikanischen Kirche keinen Pflichtzölibat gibt, ist das signifikante Überwiegen männlicher von sexuellem Missbrauch betroffener Minderjähriger anzunehmenderweise durch andere Faktoren bzw. durch das Zusammenspiel mit anderen Faktoren zu erklären, zu deren Identifizierung im Bereich der evangelischen Kirche in Deutschland, so steht jedenfalls zu hoffen, die in der Einleitung der vorliegenden Untersuchung angesprochene ForuM-Aufarbeitungsstudie beitragen wird.[472]

Kurzum: Die angeführten Beispiele verdeutlichen die grundsätzliche Notwendigkeit eines multifaktoriellen Erklärungsansatzes, um das Bedingungsgefüge sexuellen Kindesmissbrauchs in seiner Komplexität und Verschiedenartigkeit adäquat erschließen und auf den jeweiligen Kontext zugeschnittene Präventionsmaßnahmen entwickeln zu können. Gleichwohl werfen die im vorigen Abschnitt *dargestellten* Erklärungsansätze sexualdelinquenten Verhaltens, welche zum Teil international weithin rezipiert worden sind, einige kritische Fragen auf. Denn abgesehen davon, dass sich diese Modelle auf Kindesmissbrauch in ‚direktem' Sinne konzentrieren, während die Nutzung von Missbrauchsabbildungen, mithin Kindesmissbrauch in ‚indirektem' Sinne,[473] nur peripher tangiert wird, besteht bei mehreren der älteren, noch immer traditionellen Ursacherklärungen verhafteten Modellen die Gefahr, durch Orientierung allein an möglichen

---

Farnbauer, *Debatte*, 26–38; Scheepers, „Aufhebung," 65–67. Zu homosexuellen Pfarrpersonen vgl. Kirchenamt der EKD (Hg.), *Spannungen*, 40–48 u. 49–54.
470 Vgl. Parkinson et al., *Study*, 21.
471 A.a.O., 4 u. 25.
472 Auch in der im Rahmen des Teilprojekts 3 der MHG-Studie (2018) durchgeführten Untersuchung zu sexuellem Kindesmissbrauch im *außer*kirchlichen institutionellen Kontext unterscheidet sich das Geschlechterverhältnis der überlebenden Opfer mit 1.022 (47,4%) männlich zu 1.133 (52,6%) weiblich (vgl. Dreßing et al., *Missbrauch*, 229) deutlich von sexuellem Kindesmissbrauch in der Allgemeinbevölkerung.
473 Siehe Abschnitt E.1.1.

Ursachen und einer verursacherbezogenen Prävention[474] aus dem Blick zu verlieren, dass nicht nur nach Ermöglichungsbedingungen, sondern gleichermaßen nach Verhinderungsmöglichkeiten zu fragen ist. Auch die Analyse sexueller*sexualisierter Gewalt im Raum von Kirche darf niemals nur vom Blickwinkel der Täter aus, sondern muss stets unter konsequenter Einbeziehung der überlebenden Opfer sexuellen Missbrauchs und ihrer Erfahrungen, aber auch mit Rücksicht auf überindividuelle gruppenspezifische und gesellschaftliche Machtstrukturen[475] erfolgen.

Die im kurzen Fazit zu den dargestellten Modellen bereits angesprochene Lückenhaftigkeit der Modelle zeigt sich überdies daran, dass aufgrund deren androzentrischer Ausrichtung die Frage nach weiblicher Täterschaft[476] entweder gänzlich ausgeblendet oder eine vollumfängliche Übertragung der dargestellten Erkenntnisse zum Bedingungsgefüge sexuellen Kindesmissbrauchs auf Frauen als Täterinnen schwerlich möglich erscheint.[477] Der allgemeine Umstand, dass sich Frauen in der Täterrolle bei Missbrauchstaten oft „außerhalb unserer Vorstellungswelt"[478] befinden, ist auch deshalb problematisch, weil entsprechende Vorurteile auch bei der Aufklärung sexuellen Kindesmissbrauchs zum Tragen kommen können. Der Unabhängige Beauftragte für Fragen des sexuellen Kindesmissbrauchs (UBSKM) geht in seinem bereits angesprochenen Bericht vom Mai 2021 davon aus, dass sexueller Missbrauch „in etwa 80 % bis 90 % der Fälle durch Männer und männliche Jugendliche" und „zu etwa 10 % bis 20 % durch Frauen und weibliche Jugendliche"[479] stattfindet. Wenn deshalb der Blick auch auf Frauen gelenkt werden soll, die Missbrauchstaten nicht selten zusammen mit

---

474 Zu den Zielen entsprechender Programme vgl. die kurzgefassten Bemerkungen bei Kuhle et al., „Sexueller Kindesmissbrauch," 24 f.

475 Auf diesen letzten Punkt verweisen mit Recht Brockhaus/Kolshorn, *Sexuelle Gewalt*, 216 u. 255 f.

476 Zur Vorkommenshäufigkeit in Deutschland vgl. die bereits genannte Repräsentativbefragung durch das Forschungsteam um Fegert aus dem Jahr 2018, wonach in 9,9 % der Fälle sexuellen Kindesmissbrauchs Frauen die Täterpersonen sind, dabei zu einem Viertel die leibliche Mutter bzw. Mutterfigur des betroffenen Kindes, welches wiederum überwiegend männlich ist (vgl. Gerke at al., „Female-Perpetrated Child Sexual Abuse," 263 – 277). Vgl. dazu grundsätzlich die Bemerkungen bei Bange, „Sexualisierte Gewalt an Mädchen und Jungen," 180 – 191.

477 Letzteres speziell bei Brockhaus/Kolshorn (s. Abschnitt 2.2.1.4), die die Frage der Übertragbarkeit ihres Modells auf Frauen direkt ansprechen, vgl. dazu oben Anm. 341, während Ward/Siegert das Desiderat einer ‚umfassenden ätiologischen Theorie weiblicher Sexualdelinquenz' (Ward/Siegert, „Comprehensive Theory," 343 f.) wenigstens konstatieren.

478 Heyden/Jarosch, *Missbrauchstäter*, 84.

479 Unabhängiger Beauftragter für Fragen des sexuellen Kindesmissbrauchs (UBSKM), „Zahlen und Fakten," 6.

einer anderen Person begehen[480] sowie aus anderen Motiven als denen einer
(zumal: exklusiven) pädophilen Sexualpräferenz (man denke beispielsweise auch
an Formen der Parental Alienation durch Mütter oder das erstmals 1977 beschriebene Münchhausen-by-proxy-Syndrom[481]), geschieht dies nicht im Sinne
irgendeiner Aufrechnung, sondern um eine Personengruppe ins Blickfeld zu rücken, die selbst in den meisten Erklärungsmodellen sexuellen Kindesmissbrauchs
außen vor bleibt, bei der Auseinandersetzung mit Kindesmissbrauch in kirchlichen wie in außerkirchlichen, in privaten wie in öffentlichen Kontexten aber nicht
einfach ausgeklammert werden darf.

Was in sämtlichen dargestellten Modellen ferner unterbleibt, angesichts ihres
außerkirchlichen Fokus jedoch verständlich erscheint, ist die Frage nach spezifisch *religiösen* Faktoren, die speziell bei der Genese und Aufrechterhaltung sexuellen Kindesmissbrauchs im Raum von Kirche eine Rolle spielen können.
Hierauf wird noch im letzten Kapitel dieses Untersuchungsteils zurückzukommen
sein, nachdem im nachfolgenden letzten Abschnitt dieses Kapitels die Auswirkungen sexuellen Kindesmissbrauchs thematisiert worden sind.

2.3 Zu den Auswirkungen sexuellen Kindesmissbrauchs

Wenn im Folgenden die Auswirkungen sexuellen Kindesmissbrauchs mit ständiger Rücksicht auf die Frage der ‚Schädlichkeit'[482] zum Gegenstand der Erörterung gemacht werden, so einerseits deshalb, weil in der bereits verschiedentlich
in dieser Untersuchung angesprochenen Bonner Sachverständigenanhörung von
1970[483] die Mehrheit der hierzu befragten Sachverständigen trotz unzureichender
Quellenlage eine ‚Schädlichkeit' angeblich[484] ‚nichtgewaltsamer' sexueller

---

480 Vgl. Hunger, *Sexualstraftäterinnen*, 150 ff. u. 310 – 313 sowie den Zwischenbericht der Unabhängigen Kommission zur Aufarbeitung sexuellen Kindesmissbrauchs, *Geschichten, die zählen*,
32f. u. 66
481 Zu dieser Form der Kindesmisshandlung, bei der ein Elternteil oder eine erziehungsberechtigte Person (meist weiblichen Geschlechts) bei einem Kind bewusst ein Beschwerdebild
vortäuscht oder erzeugt, um intensive medizinische Untersuchungen des Kindes, einschließlich
multipler – nicht selten auch schmerzhafter invasiver – Eingriffe, zu provozieren, vgl. Noeker/
Keller, „Münchhausen-by-proxy-Syndrom," 1357–1369.
482 ‚Schädlichkeit' und ‚Unschädlichkeit' werden hier und im Folgenden in einfache Anführungszeichen gesetzt, um zu signalisieren, dass das darunter zu Fassende gerade Gegenstand der
Diskussion ist.
483 Siehe Abschnitte D.3.1 u. E.3.1.
484 ‚Angeblich' deshalb, weil unter Zugrundelegung des in dieser Untersuchung entwickelten
Gewaltverständnisses sexuelle Handlungen zwischen Erwachsenen und Kindern *prinzipiell ge-*

Handlungen zwischen Erwachsenen und Kindern für letztere in Zweifel gezogen oder sogar in Abrede gestellt hat; andererseits deshalb, weil von Aktivisten und Unterstützern der Pädophilenbewegung zum Teil unter Rekurs auf humanwissenschaftliche Studien[485] nicht nur die ‚Unschädlichkeit' solcher sexuellen Handlungen zwischen Erwachsenen und Kindern, sondern im Gegenteil deren ‚Förderlichkeit' und ‚Erziehungswert' für die Kindesentwicklung behauptet worden ist.

Wohl mag einer solchen Argumentation aus *sexualethischer* Sicht kurzerhand entgegnet werden können, dass selbst ein aus einer umfangreichen Sichtung des diesbezüglichen empirischen Forschungsstandes erbrachter Nachweis der ‚Unschädlichkeit' sexueller Handlungen zwischen Erwachsenen und Kindern *nichts* an deren *von der Sache selbst her* getroffenen kategorischen Ablehnung änderte: „If it is true that wrongfulness in sexual matters does not imply harmfulness [...], then it is also true that lack of harmfulness does not imply lack of wrongfulness."[486] Insofern kann gesagt werden, dass die Frage der ‚Schädlichkeit' sexueller Handlungen zwischen Erwachsenen und Kindern für die sexualethische Beurteilung dieser Handlungen unmaßgeblich ist, deren kategorische Ablehnung vielmehr auf dem prinzipiellen Missbrauchs- und Gewaltcharakter sexueller Handlungen zwischen Erwachsenen und Kindern einerseits, der sexualorganisatorisch und geschlechtskörperlich bedingten und in der prinzipiellen Disparität der Bedürfnisse, Phantasien und Wünsche sich äußernden Inkommensurabilität von Erwachsenen und Kindern als ‚Sexualpartner'[487] andererseits gründet. Doch auch abgesehen von der sich einer fundamentalen (Selbst-)Täuschung von Erwachsenen verdankenden Chimäre eines ‚einvernehmlichen Missbrauchs'[488] ist die angesprochene Argumentation weder überzeugend noch zwingend, wenn aus

---

walthaltig sind, es folglich ‚nichtgewaltsame' sexuelle Handlungen zwischen Erwachsenen und Kindern ebenso wenig geben kann wie ‚opferlose Sexualstraftaten' (vgl. dagegen Lautmann, „Sexualdelikte," 47); s. Abschnitte A.2.2 u. D.3.

485 Vgl. z. B. Rind et al., „Meta-Analytic Examination," 22 ff., die in ihrer Metaanalyse nicht nur nach Berichten über ‚negative', sondern auch nach solchen über ‚positive' Erfahrungen suchten und feststellten, dass eine Minderheit von Hochschulstudierenden, die in ihrer Kindheit sexuellen Kontakt mit einem Erwachsenen hatten, diese Erfahrungen in der Retrospektive als ‚positiv' beschrieben hat (vgl. 24, 35 f. u. 45). Entscheidend für diese retrospektive positive Bewertung sei die damalige ‚Bereitschaft zur Teilnahme an' sexuellen Handlungen, weshalb die Autoren eine terminologische Differenzierung zwischen „*adult-child sex*" zur Kennzeichnung ‚bereitwilliger Handlungen' mit positiven Erfahrungen und unfreiwilligem, schädigendem „*child sexual abuse*" (46) vorschlagen.

486 A.a.O., 47.

487 Siehe Abschnitt D.3.2 samt Anm. 136.

488 Siehe Abschnitt 3.2.

einer mit herkömmlichen Erhebungs- und üblicherweise herangezogenen Erfassungsmethoden unter Umständen *nicht nachweisbaren spezifischen Schädigung* eines Kindes durch sexuelle Missbrauchshandlungen auf die *generelle ‚Unschädlichkeit'* dieser Handlungen für Kinder geschlossen wird.[489] Die Problematik einer solchen und überhaupt der Argumentation mit der ‚Schädlichkeit' oder ‚Unschädlichkeit' sexueller Handlungen zwischen Erwachsenen und Kindern soll im Folgenden in der exemplarischen Auseinandersetzung mit einer Position dargelegt werden, wie sie in renommierten Standardwerken aus dem humanwissenschaftlichen Bereich noch heute begegnen kann. Diese Position gilt es zunächst darzulegen und sodann auf ihre Plausibilität hin zu befragen.

In ihrem Kapitel über „Kindesmisshandlung" für das Lehrbuch *Entwicklungspsychologie des Säuglings- und Kindesalters* (2008) kommt Anette Engfer, damals Ordinaria für Entwicklungspsychologie an der Universität Paderborn, zu folgender Einschätzung:

> Es gibt wohl kaum ein Thema in der sozial-wissenschaftlichen [sic!] Forschung, bei dem das emotionale Engagement so häufig den Blick verstellt für die wissenschaftlichen Fakten. Der sexuelle Missbrauch als solcher wird in seiner Schädlichkeit überschätzt. In der öffentlichen Diskussion vermischen sich [...] zwei Perspektiven: sexueller Missbrauch als ein Verstoß gegen soziale Normen und sexueller Missbrauch als schädigendes Verhalten – nach dem Motto: „Was ich besonders abstoßend finde, das muss auch besonders schädigend sein". Diese Einschätzung soll keinesfalls als eine Verharmlosung sexueller Übergriffe auf Kinder verstanden werden. Vielmehr möchte ich anhand empirischer Forschungsbefunde herausarbeiten, unter welchen Bedingungen und für welche Kinder der sexuelle Missbrauch besonders schädliche Auswirkungen hat und welche anderen Ursachen kindlicher Beeinträchtigungen beachtet werden müssen. Das emotionale Engagement und die moralische Entrüstung in der Behandlung dieses Themas haben vermutlich vor allem damit zu tun, dass man bei dem sexuellen Missbrauch an sehr massive Formen der körperlichen und psychischen Ausbeutung denkt – an den Vater, der wiederholt und unter dem Einsatz von Drohungen oder physischer Gewalt seine Tochter zum Beischlaf zwingt, an den pädophilen Geistlichen, Lehrer oder Jugendleiter, der die ihm anvertrauten Kinder sexuell missbraucht [...]. Mit diesen Bildern des sexuellen Missbrauchs verknüpft sich die Annahme lang andauernder und gravierender Schädigungen der betroffenen Kinder. Die Befunde der sozialwissenschaftlichen Forschung ergeben jedoch ein anderes Bild des sexuellen Missbrauchs.[490]

---

489 So zu Recht Stein-Hilbers/Bundschuh, „Propagierung," 312; Bundschuh, *Pädosexualität*, 55 f.; ähnlich Dannecker, „Sexueller Missbrauch," 298; vgl. dazu grundsätzlich Nentwig, *Fahrwasser*, 159 f.
490 Engfer, „Kindesmisshandlung," 508 (unter Rekurs auf Rind et al., „Meta-Analytic Examination," 22 ff.); vgl. auch 523. Kritisch zum Begriff der ‚Kindesmisshandlung' vgl. Hagemann-White, „Grundbegriffe," 15, der zufolge durch seine Verwendung der Eindruck vermittelt werde, „als sei die Hauptintention, das Kind zu misshandeln, und die Befriedigung sexueller Bedürfnisse

Diese Position wird von Engfer auch in ihrem Beitrag über „Formen der Misshandlung von Kindern" für das 2005 in dritter und 2015 in vierter Auflage erschienene Handbuch *Sexueller Missbrauch, Misshandlung, Vernachlässigung* vertreten, in dem sie – leicht abgewandelt – konstatiert: „Der sexuelle Missbrauch als solcher wird vermutlich in seiner Häufigkeit [...] und offenbar auch in seiner Schädlichkeit überschätzt."[491]

Zunächst ist zu fragen: Wie gelangt Engfer zu dieser Einschätzung? Grundlage hierfür ist ein Rekurs auf sozialwissenschaftliche Forschungsbefunde, die „ein differenzierteres Bild zu den Auswirkungen des sexuellen Missbrauchs"[492] zeichneten als es in der öffentlichen Diskussion der Fall sei. Mit Bange und Deegener[493] unterscheidet Engfer dabei den über verschiedene sexuelle Handlungen bzw. Erfahrungen operationalisierten sexuellen Missbrauch von Kindern anhand von vier Intensitätsgraden:

> Als *leichtere Formen des sexuellen Missbrauchs* (ohne Körperkontakt) gelten Exhibitionismus, anzügliche Bemerkungen, das Kind (gegen seinen Willen) beim Baden oder Anziehen zu beobachten, ihm Pornos zu zeigen. / *Wenig intensive Missbrauchshandlungen* sind Versuche, die Genitalien des Kindes anzufassen, das Berühren der Brust oder sexualisierte Küsse. / Als *intensiver Missbrauch* wird gewertet: das Berühren oder Vorzeigen der Genitalien; wenn das Opfer vor dem Täter masturbieren muss oder der Täter vor dem Opfer masturbiert. / Der *intensivste Missbrauch* besteht in der versuchten oder vollzogenen oralen, analen oder vaginalen Vergewaltigung.[494]

Unter Rekurs auf verschiedene sozialwissenschaftliche Untersuchungen für Deutschland wird von Engfer als Prävalenzrate „für Frauen zwischen 6 % und 25 %, für Männer zwischen 2 % und 8 %"[495] angegeben und die Variabilität der Prävalenzraten auf unterschiedliche Definitionen und Altersgruppen zurückgeführt. Zur „sozialwissenschaftlich inzwischen recht gut untersucht[en]" Vor-

---

lediglich austauschbares Mittel zu Zwecken, die nicht selber sexueller Natur sind"; zur Gegenüberstellung und Diskussion der Begriffe ‚Misshandlung' und ‚Missbrauch' vgl. ferner Jud, „Sexueller Kindesmissbrauch," 43.

491 Engfer, „Formen der Misshandlung" (4. Aufl.), 14 bzw. (3. Aufl.), 11. In den ersten beiden Auflagen des Handbuchs von 1997 und 2000 findet sich ein Beitrag Engfers über „Gewalt gegen Kinder in der Familie". Der Einfachheit halber konzentriere ich mich im Folgenden auf den Beitrag Engfers für dieses Handbuch in der vierten Auflage von 2015, bei dem es sich um eine gekürzte und überarbeitete Fassung ihres Kapitels über „Kindesmisshandlung" handelt. Die nachfolgenden Zitate und Verweise beziehen sich allesamt auf die 4. Aufl. von 2015.

492 Engfer, „Formen der Misshandlung," 14.

493 Vgl. bes. Bange, *Die dunkle Seite*, 102 u. Bange/Deegener, *Sexueller Mißbrauch*, 135.

494 Engfer, „Formen der Misshandlung," 14.

495 A.a.O., 15.

kommenshäufigkeit des sexuellen Missbrauchs in Deutschland wird dann resümierend bemerkt, dass dennoch nicht auszuschließen sei, „dass die in schriftlichen Befragungen gefundenen Prävalenzraten eher Unter- als Überschätzungen darstellen", wobei sexueller Missbrauch „keineswegs nur ein Phänomen unserer Zeit" sei, sondern – unter Rekurs auf die Interviewstudie von Kirsten von Sydow (1991) mit Frauen der Geburtenjahrgänge 1895 bis 1936, wonach „20% der Frauen von sexuellen Übergriffen" berichteten und „7% [...] inzestuös und besonders schwer missbraucht"[496] wurden – „früher auch recht häufig vor[kam]".[497]

Nun geht es mir nicht um den augenscheinlichen Widerspruch von Engfers Resümee zu der von ihr eingangs des Abschnittes vermuteten *Über*schätzung der Häufigkeit sexuellen Kindesmissbrauchs – zumal angesichts *dieser* Zahlen! – und auch nicht um Engfers vage Formulierung ‚auch recht häufig', sondern um die von ihr im weiteren Verlauf dargelegte Begründung der angeblichen Überschätzung auch der ‚Schädlichkeit' sexuellen Kindesmissbrauchs. Unter Rekurs auf die Befunde der Metaanalysen von Rind et al. (1998), Kendall-Tackett et al. (1998), Hardt/Rutter (2004) und Andrews et al. (2004)[498] sowie der empirischen Arbeiten von Draijer (1990) und Fergusson/Mullen (1999) – auch im Abdruck des Beitrages von 2015 werden keine neueren Quellen genannt – werden die in den Studien angewendeten Untersuchungs- und Erfassungsmethoden, die Symptomentwicklung bei missbrauchten Kindern im Vergleich zur jeweiligen Kontrollgruppe und die Altersabhängigkeit der Verhaltenssymptome thematisiert: „Wichtig ist die Beobachtung, dass nur ein Teil der Kinder (ca. 20 – 30%) zum Zeitpunkt der Untersuchung Symptome zeigt, während 21 – 49% völlig symptomfrei erscheinen."[499] Dieser Befund wird von Engfer dabei auf folgende Umstände zurückgeführt:

> Die eingesetzten Instrumente waren für die eigentlichen Probleme der Opfer nicht sensibel genug. / Psychische Belastungen entwickeln sich erst mit zunehmender kognitiver Reife – oder mit ersten (sexuellen) Partnerschaftserfahrungen. Dafür spricht, dass manche zunächst symptomfrei erscheinenden Kinder zu späteren Messzeitpunkten Symptome entwickelt hatten (das sind die sog. „Sleeper-Effekte"). / Nicht jeder sexuelle Missbrauch führt zu Belastungen (denn die häufigsten Formen des Missbrauchs sind Erfahrungen mit Exhibitionismus und einmalige sexuelle Berührungen) und bei der Hälfte bis zu zwei Dritteln der Kinder nimmt die Symptombelastung mit der zeitlichen Distanz zum sexuellen Missbrauch

---

496 A.a.O., 16; vgl. dazu von Sydow, *Psychosexuelle Entwicklung.*

497 Engfer, „Formen der Misshandlung," 15 f.

498 Engfer verweist auf eine frühere Version (2001) dieser 2004 als Kapitel 23 in der *Comparative Quantification of Health Risks* erschienenen Studie.

499 A.a.O., 21; das folgende Zitat ebd.

ab. Vor allem Ängste scheinen mit der Zeit zu verschwinden, während bei 10 – 24 % der Kinder Aggressionen und sexualisiertes Verhalten bleiben oder sogar schlimmer werden.

Insgesamt zeige sich eine häufige Verknüpfung von sexuellem Missbrauch „mit anderen Merkmalen gestörter oder belasteter Familienbeziehungen",[500] weshalb es schwierig sei, bei einmaligen querschnittlich angelegten Retrospektivbefragungen von Erwachsenen zu sexuellen Übergriffen und familiären Belastungen in deren Kindheit diese beiden Einflussgrößen in ihren Auswirkungen auf Störungen der psychischen Befindlichkeit zu gewichten: „Wenn keine echten Kindheitsdaten vorliegen, kann man die zeitliche und damit kausale Abfolge dieser Einflussgrößen und ihrer mitgedachten Auswirkungen nicht eindeutig lokalisieren."[501] Überhaupt scheine die einmalige Erfassung psychopathologischer Belastungen problematisch zu sein, weshalb die Lebenszeitprävalenz hier aussagekräftiger sei.[502] Jedenfalls würden die Zusammenhänge zwischen sexuellem Missbrauch und psychopathologischen Belastungen bei der statistischen Kontrolle problematischer Familienmerkmale schwächer, auch wenn sie vor allem bei gravierendem, wiederholtem oder länger andauerndem Missbrauch bestehen blieben: „Je gravierender der sexuelle Missbrauch war, umso größer ist die spätere psychopathologische Belastung der ehemaligen Opfer".[503]

So weit Engfers Argumentation, der in einigen Punkten durchaus zugestimmt werden kann: Prävalenzraten sind abhängig von der Weite oder Enge der jeweils zugrunde gelegten Definition, von Zeitpunkt bzw. umfasstem Zeitraum (Punkt-, Perioden- oder Lebenszeitprävalenz),[504] Repräsentativität, Umfang, Einheiten (z. B. Alterskohorten) der Stichproben sowie von Fragestellung und Forschungsdesign (Quer- oder Längsschnitt, prospektiv oder retrospektiv, beobachtend oder experimentell).[505] Daher können beispielsweise Ergebnisse, die allein auf der Analyse von Gerichtsfällen beruhen, nicht als repräsentativ für sexuellen Missbrauch betrachtet werden,[506] zumal nicht nur systematische Antwortverzerrungen (*response bias*), einschließlich dem sozial erwünschten Antworten (*social desirability bias*), auftreten, sondern „unterschiedliche Forschungsergebnisse

---

500 Ebd.
501 A.a.O., 22.
502 Vgl. ebd.
503 Ebd.; dass die Rede von ‚ehemaligen Opfern' angesichts der oft lebenslangen Folgen eines in der Kindheit erlittenen Missbrauchs unweigerlich zynisch wirkt, sei bereits an dieser Stelle bemerkt.
504 Vgl. dazu Petermann, „Epidemiologie," 48 ff.; Ihle et al., „Epidemiologie und Verlauf," 85 ff.
505 Vgl. dazu Ihle/Esser, „Epidemiologie psychischer Störungen," 201 ff.
506 Vgl. Lechmann, „Sexueller Mißbrauch," 210.

bezüglich der Folgen sexueller Kindesmisshandlung" auch „durch Merkmale der Untersuchung selbst zustande kommen"[507] können. Ferner kann angenommen werden, dass das Erleben sexuellen Missbrauchs immer auch von der Persönlichkeit des überlebenden Opfers, seiner jeweiligen Beziehung zur Täterperson, von der Art, Dauer, Intensität der Handlungen sowie von deren Umfeld, Aufdeckung und (Möglichkeit zur) Verarbeitung abhängig sind. Bei der medizinischen Diagnostik sexuellen Kindesmissbrauchs gibt es überdies eine „relative Häufigkeit normaler oder unspezifischer Befunde", was vor allem darauf zurückzuführen ist, dass „viele Missbrauchshandlungen keine körperlich fassbaren Spuren hinterlassen oder die Opfer erst längere Zeit nach dem Missbrauch ärztlich untersucht werden".[508] Dieses „Wissen um die eingeschränkte Beweiskraft der Mehrzahl der Befunde im Anogenitalbereich ist eine wesentliche Grundvoraussetzung bei der Untersuchung und Begutachtung vor dem Hintergrund eines fraglichen sexuellen Missbrauchs bei Kindern".[509]

Hinzu kommt der Umstand, dass der bei der Rede von *Auswirkungen* sexuellen Kindesmissbrauchs angenommene Wirkungszusammenhang meist auf *Retrospektivbefragungen* von Erwachsenen gründet, die auch deshalb verzerrungsanfällig sind, weil Kindheitserfahrungen im Erwachsenenalter anders erinnert, anders gesehen und anders bewertet werden können,[510] sodass *prospektive Längsschnittbefragungen* für die Klärung ursächlicher Zusammenhänge wesentlich besser geeignet erscheinen. Allerdings können derartige Langzeitstudien, in denen die Opfer „eigentlich vor, während und nach der Misshandlung" zu untersuchen wären,

> bei sexueller Kindesmisshandlung nicht durchgeführt werden, weil aus ethischen und rechtlichen Gründen in jedem Fall einzugreifen ist. Deswegen wird man sich weiterhin auf Forschungsergebnisse berufen müssen, die von retrospektiven Studien oder von Untersuchungen stammen, in denen in bekannt gewordenen Fällen ge- und behandelt wurde und die nach Monaten oder Jahren nachuntersucht wurden.[511]

---

507 Moggi, „Folgen," 323.

508 Herrmann, „Diagnostik," 460 u. 457; vgl. Herrmann/Neises, „Stellenwert," 112 ff.

509 Banaschak/Rothschild, „Befunde," 180.

510 Vgl. dazu Scholl, *Befragung*, 110 – 115.

511 Moggi, „Folgen," 323. Wird hingegen das ‚interpretative Verfahren' in empirischen Untersuchungen (anstelle des numerischen, standardisierten und beobachtenden) angewendet, dann zählt erstens der Aspekt, dass Betroffene das Geschehen ‚passend' in ihre Lebensgeschichte einfügen, also verändernd einwirken, und zweitens die auswertende Forscherperson mit *ihren* Augen und geltenden Bewertungskriterien die ‚Story' analysiert und interpretiert. Der Vorteil dieses interpretativen Verfahrens auf der Grundlage lebensgeschichtlicher Erzählungen ist, dass auch unerwartete und unerwartbare Eigenheiten vorkommen wie z. B., dass es zum Frühstück Butterbrot mit Käse und Rübenkraut etc. (obendrauf) zu essen gab.

Nachdem auch diagnostische Mittel wie das Spielverhalten von Kindern mit anatomischen Puppen[512] oder Kinderzeichnungen[513] durchaus uneindeutig sein bzw. durch Erwachsene missinterpretiert werden können,[514] ist bei der Diagnose sexuellen Kindesmissbrauchs auch und gerade dann, wenn keine Anzeichen für eine Verletzung vorliegen, umso größeres Gewicht auf die Dokumentation der spontanen Schilderungen eines Missbrauchs durch die Kinder selbst zu legen und, wie Adams et al. (1994) betonen, die Staatsanwaltschaften darüber aufzuklären, „that, for children alleging abuse: ‚It's normal to be normal'".[515] Dies bedeutet:

> When the child makes a statement that is clear, consistent, and detailed, the physical examination should not be relied upon to provide the „proof" before proceeding with criminal charges. Health professionals who examine children must be as diligent in obtaining and recording the details of the child's statement as we are in recording the appearance of the hymen, and not be pressured to make a „diagnosis" of sexual abuse based on medical findings alone.[516]

Im Blick auf die Auswirkungen sexuellen Kindesmissbrauchs können mit dem Berner Psychologen Franz Moggi (*1963) die unmittelbaren Reaktionen des Kindes sowie innerhalb der ersten beiden Jahre nach dem Missbrauch auftretende Folgen als *Kurzzeitfolgen* von später, meist während der Adoleszenz oder im Erwachsenenalter auftretenden *Langzeitfolgen* unterschieden werden.[517] Zu den Kurzzeitfolgen, die sich als gegen die eigene Person und gegen die Außenwelt gerichtete Reaktionsformen manifestieren können,[518] gehören nach Moggi „charakteristische Verhaltensauffälligkeiten sowie psychische und psychosomatische Symptome und Syndrome",[519] die in emotionale, somatische und psychosomatische Störungen sowie Störungen des Sexual- und des Sozialverhaltens unterteilt werden können.[520] Die langfristigen Auswirkungen sexuellen Missbrauchs sind noch erheblich vielfältiger. Moggi zufolge lässt sich zwar „*kein* typisches ‚Missbrauchssyndrom' ableiten", doch kämen bei in der Kindheit sexuell misshan-

---

512 Vgl. Offe et al., „Umgang," 179 ff., wonach sexuell missbrauchte Kinder – im Unterschied zur bisher verbreiteten Meinung – sexualitätsbezogene Spiele z.T. eher vermeiden als nicht-missbrauchte Kinder. Vgl. jedoch Everson/Boat, „Doll Controversy," 113; Weber, „Diagnostik," 177.
513 Weber, „Diagnostik," 174; dagegen Shiakou, „Representations," 190.
514 So auch Engfer, „Kindesmisshandlung," 518.
515 Adams, „Findings," 310 (teilweise auch zit. bei Herrmann, „Diagnostik," 460).
516 A.a.O., 317.
517 Vgl. Moggi, „Folgen," 318 – 321; vgl. dazu ferner ders., „Kindesmisshandlung," 213 – 228.
518 Vgl. Moggi, „Folgen," 318 u. 320.
519 A.a.O., 318.
520 Vgl. a.a.O., 318 f. (samt Tabelle 2).

delten Erwachsenen „typische Langzeitfolgen" wie etwa posttraumatische Belastungsstörungen, Depressionen, Suizidalität, dissoziative Störungen, sexuelle Störungen und Störungen in sozialen Beziehungen vor.[521]

> Der lange Zeitraum zwischen der sexuellen Gewalt in der Kindheit und dem Auftreten einer Störung im Erwachsenenalter sowie die Verschiedenartigkeit der erwähnten Störungen kann darauf hinweisen, dass sexuelle Kindesmisshandlung die psychische Entwicklung des Kindes langfristig beeinträchtigt und das Risiko zur psychischen Erkrankung im Erwachsenenalter unspezifisch erhöht.[522]

Schließlich ist zu bedenken, dass die Auswirkungen sexuellen Kindesmissbrauchs im Blick auf Störungsbilder von den anzunehmenderweise durch problematische Familienstrukturen und -prozesse verursachten Auswirkungen differenzialdiagnostisch oft nur schwer abgegrenzt werden können.[523] Zudem können sich sexuelle, körperliche („minor violence' und ‚severe violence')[524] und psychische Gewaltformen überlagern, nacheinander oder zusammen auftreten und gegenseitig beeinflussen,[525] und zwar in dem Maße, dass, wie auch Engfer konzediert, nicht nur „die Frage [...], welche Gewaltform die schädlichste ist", „kaum zu beantworten", sondern auch „die Frage, in welchem Alter sich welche Gewaltform am schlimmsten auswirkt, [...] kaum zu entscheiden"[526] ist.

Um die vorstehenden Bemerkungen auf den Punkt zu bringen: Wenn die Literatur darin übereinstimmt und davon auszugehen ist, dass es, wie auch Engfer im Anschluss an Fegert konstatiert, „weder klare körperliche Symptome noch im psychischen Bereich ein eindeutiges ‚Syndrom des sexuellen Missbrauchs'"[527] gibt und also, wie noch ergänzt werden kann, auch kein psychodiagnostisches Standardverfahren zur Diagnosestellung ‚sexueller Missbrauch' existiert, sondern im Rahmen der psychologischen Diagnostik „lediglich *Besonderheiten* im kindlichen Erleben und Verhalten diagnostiziert werden" können, „die *mögliche* Folgen eines Missbrauchs sein, aber *ebenso andere Gründe* haben können",[528] sodass

---

521 Vgl. a.a.O., 320 f. (samt Tabelle 3).
522 A.a.O., 321.
523 Vgl. hierzu Textor, „Familienstrukturen," 65–90; Jost, *Gewalttäter*, 28–35.
524 Zur Diskussion dieser Unterscheidung vgl. Straus/Gelles, *Physical Violence*, 493 f.
525 Vgl. Jost, *Gewalttäter*, 11–19.
526 Engfer, „Kindesmisshandlung," 523.
527 Engfer, „Formen der Misshandlung," 20; vgl. Engfer, „Kindesmisshandlung," 523, wo dem oben Zitierten noch ein abschwächendes „in der Regel" vorangestellt wird. Zur Fraglichkeit eines spezifischen Missbrauchssyndroms vgl. Goldbeck, „Auffälligkeiten," 146; Weber, „Diagnostik," 174; Schmitt, „Kinderschutz," 177; Blanz et al., *Psychische Störungen*, 319.
528 Weber, „Diagnostik," 174 (meine Hervh.); vgl. dazu grundsätzlich Herrmann et al., „Diagnostik," 692–702.

für ein möglichst verlässliches Ergebnis mehrere aussagekräftige psychodia-
gnostische Verfahren miteinander fallspezifisch kombiniert werden müssen[529] –
wenn dies alles sich so verhält: Mit welchem Recht kann Engfer dann behaupten,
„[d]er sexuelle Missbrauch als solcher" werde „in seiner Schädlichkeit überschätzt"?[530]

Überhaupt ist hier zu fragen: ‚Schädlichkeit' in welcher Hinsicht? Bemisst
sich die ‚Schädlichkeit' einer Handlung allein an der durch diese unmittelbar oder
mittelbar bewirkten somatischen und/oder psychischen Symptombelastung eines
Menschen zu einem gegebenen Zeitpunkt oder in einem gegebenen Zeitraum, wie
sie in Selbstbeurteilungsinstrumenten, kategorial definierten Merkmalskatalo-
gen, diagnostischen Interviews, Ratingskalen oder operationalisierten Diagno-
semanualen zur retrospektiven Erfassung möglichst objektiv, reliabel und valide
erhoben werden soll?[531] Werden Behandlungs- und Therapiemotivation nicht
gleichermaßen durch eine ganze Reihe von Faktoren oder Umständen beeinflusst
und ist nicht auch ein „Zusammenhang zwischen emotiver Einsicht in das gewalttätige Geschehen der sexualisierten Übergriffe [...] (Missbrauchserkenntnis)
und der Symptombesserung im Rahmen von günstigen Verarbeitungsprozes-
sen"[532] ohne Behandlung anzunehmen? Wenn Menschen in der eigenen Kindheit
oder Jugend erlebte Missbrauchserfahrungen in dem Maße bewältigen konnten
oder aber unter Umständen bewältigen mussten, dass sie auf keine professionelle

---

529 Vgl. dazu Kühne/Kluck, „Sexueller Mißbrauch," 985.

530 Engfer, „Kindesmisshandlung," 508.

531 Überdies gilt auch hier das Paradox des Menon, welches Sokrates in Form eines proposi-
tionalen Satzes wie folgt gefasst hat: „dass es also einem Menschen weder möglich ist, zu suchen,
was er weiß, noch, was er nicht weiß; denn er würde ja wohl nicht suchen, was er weiß, – denn er
weiß es ja, und für so jemanden ist eine Suche überflüssig – noch, was er nicht weiß, – denn er
weiß ja nicht, wonach er suchen soll" (80e1–5); zit. nach Ebert, *Platon: Menon*, 19; vgl. dazu 93.
Für eine originelle Rezeption des platonischen Anamnesis-Mythos vgl. Kierkegaard, *Philosophische Brocken*, 7 ff. Ich muss also zuvor wissen, wonach ich suche, um dann zu finden, was ich
zuvor schon zu suchen (an)gedacht habe. Auch diagnostische Interviews folgen einem Leitfaden
statt dem freien Erzählen der Lebensgeschichte, ‚Überraschendes' und ‚Einzigartiges' lässt sich so
schwerlich finden, womit das allbekannte Sprichwort ‚wer suchet, der findet' in einem anderen
Licht erscheint. Methodisch spricht dies für eine wissenschaftliche Annäherung unter Zuhilfenahme interpretativer Verfahren, sprich: einer lebensgeschichtlich orientierten Annäherung an
das Thema sexuelle*sexualisierte Gewalt, die dem überlebenden Opfer die Deutungshoheit gibt,
und die noch *vor* aller – für sich selbst berechtigten – numerischen, normierten und vorformu-
lierten Diagnostik einen Platz hat. ‚Zuhören', in soziologischer Methodik längst gebräuchlich in
explorativen Studien zum Datengewinn, erweist sich auch hier als der gangbare und folglich zu
beschreitende Weg – nicht nur der Seelsorge. ‚Wer suchet, der findet' heißt insofern: ‚wer *zuhört*,
der findet – nicht selten auch – Neues und Unerwartetes'.

532 Birck, *Verarbeitung*, 253; vgl. dazu 45–78.

Unterstützung und Begleitung zurückgegriffen haben bzw. zurückgreifen konnten, weshalb sie auch in entsprechenden klinischen Studien nicht erfasst wurden – ist ihr Missbrauch dann weniger ‚schädlich' (gewesen)?

Anzunehmenderweise werden Auswirkungen und Verarbeitungsprozesse sexueller Missbrauchserfahrungen, wie oben bemerkt, immer auch durch Art, Intensität, Dauer und Umfeld des Erlebten beeinflusst. Ein einfacher Kausalmechanismus zwischen dem Intensitätsgrad einer Missbrauchshandlung oder -erfahrung und dem Schweregrad einer medizinisch oder psychologisch diagnostizierbaren Schädigung besteht freilich nicht. Denn nicht nur können – tatphänomenologisch betrachtet – weniger intensive und/oder von den Opfern unmittelbar als weniger schwerwiegend erlebte Formen sexuell missbräuchlichen Verhaltens erhebliche Tatfolgen nach sich ziehen,[533] sondern massive Formen sexuellen Missbrauchs in der Kindheit können auch zu sehr subtilen Beeinträchtigungen führen, die nicht immer als klinisch relevante Defekte objektiv nachgewiesen werden und doch zeitlebens vom Opfer nicht mehr ausgeglichen werden können. Was beispielsweise die von Engfer angesprochene, durch frühen sexuellen Missbrauch bedingte vorzeitige Sexualisierung eines Kindes betrifft, kann diese der Integrativen Theorie sexueller Delinquenz (ITSD) zufolge bei der Entwicklung sexueller Skripte durchaus subtile, aber dennoch nachhaltige Verzerrungen zur Folge haben und den Aufbau intimer Beziehungen zu anderen Menschen prägend beeinflussen[534] – auch dann, wenn keine ‚schweren' psychischen Störungen und psychiatrischen Erkrankungen als klinisch ‚bedeutsame' Langzeitfolgen diagnostiziert werden (können).[535] Durch die Fixierung auf Elemente psychologischer Funktionalität droht vielmehr aus dem Blick zu geraten, dass Begriffe wie ‚Schädlichkeit' oder ‚Nützlichkeit' immer auch Werturteile implizieren, mithin eine gewisse soziokulturell bedingte Deutungsvarianz zulassen.

Es stellt sich also die Frage, wie demgegenüber ‚Schädigungen' ins Gewicht fallen, die sich nicht standardisiert mit herkömmlichen Diagnoseinstrumenten als pathologische und behandlungsbedürftige Störungen nach *ICD* oder *DSM* erfassen lassen. Ist beispielsweise ein Missbrauch in einer Familie als gewichtigster

---

533 Dies gilt auch für die möglichen Folgen sexueller Übergriffe auf Kinder und Jugendliche durch Gleichaltrige, vgl. z. B. Allroggen, „Übergriffe," 388 (auch zum Vergleich mit sexuellen Übergriffen durch Erwachsene).

534 Vgl. Ward/Siegert, „Comprehensive Theory," 332 u. 336 f.; s. Abschnitt 2.2.1.5.

535 Zum Zusammenhang zwischen sexuellem Kindesmissbrauch und sexualisiertem Verhalten bei Kindern, wobei zu betonen ist, dass die bisherigen empirischen Belege hierzu noch immer „unzureichend und inkonsistent" (Goldbeck, „Auffälligkeiten," 150) sind, vgl. Drach et al., „Diagnostic Utility," 489 ff.

Sozialisationsinstanz im Kindesalter[536] und „Basis für die Entwicklung von Bindungsfähigkeit und Persönlichkeitsentwicklung"[537] weniger ‚schädlich', wenn er beim überlebenden Opfer ‚lediglich' auf der Ebene zwischenmenschlicher Beziehungen und Bindungen ‚Schaden' anrichtet, indem durch die Diffusion miteinander inkompatibler familiärer Rollen, Loyalitäten und Generationsgrenzen die grundlegende Vertrauensbasis zwischen Kind und Eltern langfristig beeinträchtigt oder irreversibel zerstört wird, was wiederum nicht ohne Einfluss auf die später gelebten sozialen Beziehungsmuster und die individuelle, inner- und außerfamiliale Lebensgestaltung bleibt?[538] Ist ein solcher Missbrauch weniger ‚schädlich', weil es zu keinen diagnostizierten oder diagnostizierbaren Symptomen gekommen ist? Es ist daran zu erinnern, dass nach Beier der *Vertrauensmissbrauch* den ausschlaggebenden Faktor bei der Traumatisierung von Opfern sexuellen Missbrauchs bildet.[539] Im Unterschied zur Fokussierung auf Elemente physischer und/oder psychologischer Funktionalität, wie es bei einer einseitigen Defizit- oder Störungsorientierung der Fall ist, betrachtet Ethik als transdisziplinär-integrative Humanwissenschaft des guten Lebens[540] menschliche Handlungen und deren Folgen immer auch unter ganzheitlichen Gesichtspunkten.[541] Eine ganzheitliche Betrachtung von Schädigungsfolgen wird daher auch den Zusammenhang zwischen subjektiven Handlungsbefähigungen und gegebenen oder vorenthaltenen Verwirklichungschancen zur Erreichung eines ‚guten Lebens' berücksichtigen müssen, wozu neben ökonomischen und kulturellen Chancen auch grundlegende Lebenschancen[542] zu zählen sind.

In dieser ganzheitlichen, nicht nur psychopathologische Auffälligkeiten, sondern auch interpersonelle Schwierigkeiten, ungesunde Lebensweise[543] und

---

536 Vgl. Dittrich, „Sozialisation," 822 f.
537 Remsperger-Kehm, „Kindheit," 75.
538 Zum Zusammenhang zwischen sexuellem Missbrauch im Kindesalter und interpersonellen Schwierigkeiten, Heirats- und Scheidungsraten, Beziehungs- und Partnerschaftsproblemen im Erwachsenenalter vgl. Deutsches Jugendinstitut (Hg.), *Sexuelle Gewalt*, 190 f.
539 Vgl. Beier, „Pädophilie und christliche Ethik," 754.
540 Vgl. hierzu Wahler, *Leben*, 62 – 64.
541 Von daher kann auch der sexualwissenschaftlichen Sicht, die den „Verzicht auf das Ausleben pädophiler Impulse" als „verantwortungsvolle[n] Umgang mit der eigenen Sexualpräferenz" betrachtet, weil andernfalls „psychische Traumatisierungen" (Ahlers, „Spektrum," 147) für ein Kind nicht auszuschließen seien, eine nicht unproblematische Fokussierung allein auf Elemente psychologischer Funktionalität attestiert werden.
542 Zur Definition von ‚Lebenschancen' als werthaltigem Begriff vgl. Geißler, „Einführung," 4.
543 Vgl. z. B. Wang et al., „Effect," 175 ff.

sozioökonomische[544] Benachteiligungen umfassenden Betrachtung können sich nicht nur die von Engfer herausgestellten ‚massiven Formen der körperlichen und psychischen Ausbeutung', sondern gleichermaßen auch ‚weniger intensive Missbrauchshandlungen' als ‚besonders schädigend' erweisen. Eine Argumentation nach der Art, eine Missbrauchshandlung müsse deutlich sichtbare, zumindest aber psychiatrisch und psychologisch diagnostizierbare Beeinträchtigungen oder Störungen verursachen, um auch als besonders ‚schädliche' Gewaltform gelten zu können, wirkt vor dem Hintergrund der seelen- und lebenszerstörenden Erfahrungen, die Überlebende auch vermeintlich ‚weniger intensiver' Missbrauchsformen tragen und ertragen müssen, geradezu zynisch. Ebenso zynisch übrigens wie die Rede von ‚ehemaligen Opfern',[545] wenn man die stets lebenslangen Folgen eines in der Kindheit erlebten Missbrauchs bedenkt. *Stets* lebenslang angesichts dessen, dass auf und mit diesen Erlebnissen das zeitlich folgende Erleben, Denken und Wünschen eines Menschen aufgebaut wurde, sodass diese Missbrauchserfahrungen geradezu wie ‚morsche Bausteine' im Gesamtbauwerk des Lebens enthalten sind und bleiben, selbst dann, wenn jemand ‚damit fertiggeworden ist' und seinem Leben eine bestimmte Wendung gegeben hat, die ohne jene Erfahrungen in Kindheit oder Jugend allerdings nicht oder anders erfolgt wäre. *Jedwede* sexuelle Missbrauchshandlung, auch eine von ‚geringerer Intensität', bedeutet einen manipulativen Eingriff in die selbstbestimmte Auseinandersetzung eines Kindes mit der eigenen Sexualität und damit eine Unterminierung seiner geschöpflichen Erfahrungs- und Entfaltungsmöglichkeiten.[546]

Doch auch wenn diese vertikale Ebene *coram Deo* nicht bemüht wird, kann – unter dem oben dargelegten grundsätzlichen Vorbehalt gegenüber der in der Literatur immer wieder mehr oder weniger deutlich zutage tretenden Tendenz, die Prävalenz psychiatrisch und psychologisch diagnostizierbarer Störungen für die Erfassung der ‚Schädlichkeit' sexuellen Kindesmissbrauchs heuristisch zu funktionalisieren – konstatiert werden, dass die von Engfer behauptete ‚überschätzte Schädlichkeit' sexuellen Kindesmissbrauchs im Vergleich zu anderen Gewaltformen durch die verfügbare Evidenz widerlegt ist:

---

544 Zur sozioökonomischen Benachteiligung der durch sexuelle*sexualisierte Gewalt Belasteten im Vergleich zur Durchschnittsbevölkerung vgl. Carr, „Adult Adjustment," 477 ff. u. Sundin/ Baguley, „Prevalence," 183 ff.

545 So z. B. bei Leuzinger-Bohleber/Burkhardt-Mußmann, „Sexueller Missbrauch," 190.

546 Zur Deutung des „Raum[es] der Schöpfung" als „Lebensraum" geschöpflicher Selbsterfahrung und Selbstentfaltung vgl. Moltmann, „Gott," 29 ff. sowie Wüthrich, *Raum Gottes*, 325–367. Zur Deutung menschlicher Erfahrung als geschöpfliche Erfahrung und zu deren Praxis vgl. Schwöbel, „Suche," 203–206.

Die Forschungsliteratur zeigt erdrückende Belege dafür, dass sexueller Missbrauch in der Kindheit mit dem Risiko erheblicher Gesundheitsstörungen und einer beeinträchtigten psychosozialen Entwicklung im Erwachsenenalter verbunden ist. [...] Festzuhalten bleibt, dass es nach sexuellem Missbrauch gehäuft zu posttraumatischen Belastungsstörungen sowie zu weiteren chronischen, komplexen und das psychosoziale Funktionsniveau der Opfer teilweise erheblich einschränkenden psychischen Störungen kommt, die bis ins Erwachsenenalter persistieren können und mit dem Risiko der Wiederholung der Täter-Opfer-Konstellation in der nächsten Generation verbunden ist.[547]

Sexueller Kindesmissbrauch kann als ein die physisch-psychische Gesundheit ebenso wie die soziale, emotionale und sexuelle Entwicklung eines Menschen langfristig und in erheblichem Maße beeinflussendes ‚psychisches und physisches Trauma'[548] verstanden werden, welches schwerwiegendere Langzeitfolgen für die Überlebenden nach sich ziehen kann als andere Formen der Kindesmisshandlung.[549] So kommen Fitzpatrick et al. (2010), die Überlebende institutionellen Kindesmissbrauchs mittels eines umfangreichen Bewertungsprotokolls im Erwachsenenalter befragt haben, zu folgendem Ergebnis: „Survivors of severe sexual abuse had the most abnormal profile, which was characterised by higher rates of all forms of child maltreatment and higher rates of post-traumatic stress disorder, alcohol and substance abuse, antisocial personality disorder, trauma symptoms and life problems."[550] Demnach gibt es bei Überlebenden sexuellen Kindesmissbrauchs höhere Prävalenzraten bei Posttraumatischen Belastungsstörungen (PTBS), Alkohol- und Substanzmissbrauch sowie Antisozialen Persönlichkeitsstörungen (ASP) im Vergleich zu Überlebenden schweren physischen oder emotionalen Missbrauchs, wobei Fitzpatrick et al. sich in ihrem Ergebnis durch eine Reihe von früheren Studien bestätigt sehen.[551]

Kurzum: „Das Leid von Betroffenen sexuellen Missbrauchs ist mit dem Ende der sexuellen Übergriffe nicht vorbei."[552] Obwohl es mittlerweile einige Syste-

---

547 Goldbeck, „Auffälligkeiten," 149 f. Vgl. dazu Maniglio, „Impact," 647–657; Chen et al., „Sexual Abuse," 618–629; Wilson, „Health Consequences," 56–64; Maniglio, „Child Sexual Abuse," 631–642; Hillberg et al., „Review," 38–49; Lindert et al., „Sexual and Physical Abuse," 359–372; Li et al., „Maltreatment," 717–730; Allroggen, „Übergriffe," 388 (mit Literatur). Ich bin mir bewusst, dass dies alles ‚nur' tatphänomenologisch mit ‚Oberflächenphänomenen' argumentativ begründet ist, mithin das Kriterium ‚gutes Leben' dabei nicht tangiert wird. *Mehr* allerdings lässt sich *empirisch* nicht konstatieren, wohl aber theologisch-(sexual)ethisch.
548 Zu aktuellen diesbezüglichen Studien vgl. Rueness et al., „Adolescent," 2409 ff.
549 Vgl. Whitelock et al., „Trauma," 351; vgl. ferner Ritter/Koch, *Lebenswut*, 144–379; Völker, *Traumatisierung*, 107–202; Hellmann et al., „Folgen," 185–236.
550 Fitzpatrick et al., „Profiles," 387; vgl. auch 401.
551 Vgl. a.a.O., 400 f.
552 Hellmann et al., „Folgen," 185.

matische Reviews und Metaanalysen zu langfristigen psychischen, psychosozialen und körperlichen Folgen sexuellen Kindesmissbrauchs gibt, wird die Qualität
der verfügbaren Evidenz allerdings oft noch immer nur unzureichend berücksichtigt. So ziehen Hailes et al. (2019) in ihrem umfassenden Umbrella Review zu
den langfristigen Folgen sexuellen Kindesmissbrauchs, welches 19 Metaanalysen
untersucht, die mehr als 500 Primärstudien und 28 untersuchte langfristige
Outcomes bei mehr als 4 Millionen Teilnehmenden abdecken, denn auch folgendes Fazit:

> Although childhood sexual abuse was associated with a wide range of psychosocial and
> health outcomes, systematic reviews on only two psychiatric disorders (post-traumatic stress
> disorder and schizophrenia) and one psychosocial outcome (substance misuse) were of a
> high quality. Whether services should prioritise interventions that mitigate developing cer-
> tain psychiatric disorders following childhood abuse requires further review. Higher-quality
> meta-analyses for specific outcomes and more empirical studies on the developmental
> pathways from childhood sexual abuse to later outcomes are necessary.[553]

Festzuhalten bleibt, dass sexueller Kindesmissbrauch nicht nur unmittelbare
emotionale, körperliche und verhaltensrelevante Auswirkungen, sondern auch
physische und psychisch-seelisch-geistige Langzeitfolgen nach sich ziehen kann,
weitere dem Paradigma qualitativ-interpretierender Forschungsmethoden folgende Studien, Systematische Reviews und Metaanalysen aber noch erforderlich
sind, um hinreichend gesicherte, evidenzbasierte Erkenntnisse zu gesundheits-
bezogenen[554] und bio-psycho-sozialen Auswirkungen generieren zu können. Dass
mit den vorstehend genannten Methoden und Verfahren eine spezifische Schädigung eines Kindes durch sexuelle Missbrauchshandlungen unter Umständen
nicht nachgewiesen werden kann, berechtigt also keineswegs zum Schluss auf
eine generelle ‚Unschädlichkeit' dieser Handlungen für Kinder, geschweige denn
zur Forderung nach einer Entpönalisierung ‚einvernehmlicher' sexueller Handlungen zwischen Erwachsenen und Kindern.

Eine abschließende Überlegung: Die Problematik einer Korrelation von
Missbrauchsintensität und ‚Schädlichkeit' wird auch dann deutlich, wenn man
die Argumentationsrichtung einmal umkehrt und darüber reflektiert, ob etwas,

---

553 Hailes et al., „Long-Term Outcomes," 830.
554 Unter ‚Gesundheit' ist nicht nur ‚die Absenz von Krankheit und Gebrechen' zu verstehen,
sondern mit Hurrelmann in Anlehnung an die WHO-Definition der „Zustand des objektiven und
subjektiven Befindens einer Person, der gegeben ist, wenn diese Person sich in den physischen,
psychischen und sozialen Bereichen ihrer Entwicklung im Einklang mit den eigenen Möglichkeiten und Zielvorstellungen und den jeweils gegebenen äußeren Lebensbedingungen befindet"
(Hurrelmann, *Sozialisation*, 16 f.).

das sich als ‚nicht besonders schädlich' erweist, dann auch ‚nicht besonders schlimm' (wiederum ein ethisches Werturteil!) oder vielmehr sogar ‚förderlich' sein könnte. Wenn jedoch sexuellen Handlungen zwischen Erwachsenen und Kindern unter Verweis beispielsweise auf individuelle sexuelle Reifungs- und Lernprozesse des Kindes – gewissermaßen in Analogie zu Goethes Verständnis von „Kranckheiten", die, „wenn sie glücklich vorüber gehen [...] eher Nutzen als Schaden"[555] bringen – etwas ‚Positives' abgewonnen werden soll, gerät man un-weigerlich in das Fahrwasser einer aus heutiger Sicht erkennbar einseitigen, durch scheinbar sachliche und moralische Beweggründe verschleierten interes-sengeleiteten Argumentation, wie sie bereits in den späten 1960er Jahren im Rahmen der Debatte um die Legalisierung ‚einvernehmlicher' sexueller Hand-lungen zwischen Erwachsenen und Kindern aufgekommen ist und von Aktivisten und Unterstützern der Pädophilenbewegung noch bis heute vorgebracht wird.[556]

Getragen von der Intention, Pädophilie als eigenständige ‚sexuelle Orientie-rung' zu etablieren und ‚Pädosexualität' als gleichwertige Sexualform neben Hetero-, Bi- und Homosexualität zu positionieren und entsprechend zu legiti-mieren,[557] haben sich verschiedene Forschungsarbeiten[558] und Experimente um den Nachweis bemüht, dass nicht alle sexuellen Handlungen zwischen Erwach-senen und Kindern, sondern allein offenkundig „gewalttätige Formen der Se-xualität [...] schädlich für das Kind"[559] und deshalb zu Recht mit dem Begriff Missbrauch zu belegen seien. Oder aber es wurde versucht, unter Beibehaltung des Missbrauchsbegriffs eine Differenzierung desselben vorzunehmen, indem beispielsweise, wie es der Psychologe und Sozialpädagoge Helmut Kentler (1928 – 2008) vorschlug, zwischen der „Ausbeutung des kindlichen Körpers zur sexuellen Befriedigung des Erwachsenen"[560] als „[w]irkliche[m] sexuelle[m] Mißbrauch"[561]

---

555 So Goethe in einem Brief an seine Frau, Christiane von Goethe, aus Teplitz, 16. Juli 1813; abgedruckt in *Goethes Werke*, Bd. 23, 400 (Nr. 6584).
556 Vgl. Bundschuh, *Pädosexualität*, 37–56; Görgen et al., „Sexueller Missbrauch," 33 f.
557 Zur Problematik dieser Intention s. Abschnitt 1.1.2.
558 Vgl. z. B. Lautmann, *Lust* u. Hoffmann, *Lebenswelt*, denen es beide „explizit darum" geht, „eine ‚klassische Pädophilie' vom sexuellen Mißbrauch abzugrenzen und ihre Etablierung als eigenständige Form der Sexualität voranzutreiben" (Achterberg, „Kind," 173). Vgl. auch die ter-minologische Differenzierung bei Rind et al. oben in Anm. 485.
559 Achterberg, „Kind," 168, die bei ihrer Untersuchung der das Generationenverhältnis zwi-schen Kindern und pädophilen Männern strukturierenden sozialen Muster zu dem Schluss kommt, dass die bestehende generationale Hierarchie durch die „klassische Pädophilie" noch verschärft werde, indem das Kind „in äußerst stereotyper Weise als Objekt des Begehrens" (167) entworfen werde; vgl. ferner 178.
560 Kentler, „Täterinnen und Täter," 147.
561 A.a.O., 155.

und einem „gewaltfrei" möglichen „sexuellen Mißbrauch"[562] unterschieden
wurde. Auch das vom Freiburger Kriminalsoziologen Michael Schetsche (*1956) in
die Diskussion eingeführte, schon mehrfach in dieser Untersuchung angesprochene oxymorotische Konstrukt des ‚einvernehmlichen Missbrauchs'[563] ist an
dieser Stelle als Beispiel für die vielfältigen Versuche zu nennen, mittels rheto-
rischer Kniffe und Winkelzüge einer Nivellierung des Gegensatzes zwischen
missbräuchlicher und nicht-missbräuchlicher Sexualität das Wort zu reden.
Derartige Bemühungen lassen sich als Teil einer von Marion Baldus, Ordinaria für
Allgemeine Pädagogik und Heilpädagogik an der Hochschule Mannheim, als
„Nutzenhypothese" apostrophierten „Strategie" erkennen, „negative Folgen für
das Kind zu verleugnen oder zu minimieren, positive Folgen und Effekte hingegen
zu behaupten und zu betonen und als kompensatorisch und legitimierend für das
eigene Handeln zu deklarieren".[564]

So hat Kentler, langjähriger Hannoveraner Ordinarius für Sozialpädagogik,[565]
in seinem mit „Kindersexualität" überschriebenen Vorwort zu dem zuerst 1974
beim Wuppertaler Jugenddienst-Verlag und bis 1986 in sieben Auflagen mit insgesamt 90.000 Exemplaren allein in Deutschland erschienenen Aufklärungsbuch
Zeig mal! Ein Bilderbuch für Kinder und Eltern (1974)[566] betont, dass „sexuelle
Beziehungen" zwischen Erwachsenen und Kindern keineswegs schädlich sein
müssten, sondern vielmehr, wie Untersuchungen aus den Niederlanden zeigten,
von den damaligen Kindern später selbst im Erwachsenenalter „fast stets positiv"[567] beurteilt würden. Daraus folgert Kentler: „Werden solche Beziehungen von
der Umwelt nicht diskriminiert, dann sind um so eher positive Folgen für die
Persönlichkeitsentwicklung zu erwarten, je mehr sich der Ältere für den Jüngeren
verantwortlich fühlt."[568] Demnach gelte es, in der noch immer sexualfeindlichen

---

562 Ebd.; ferner 146 (zu den möglichen „tatsächlichen Gewalttätigkeiten" in „sexuellen Beziehungen zwischen Erwachsenen und Kindern", in denen per se „eine *strukturelle* Gewalt" herr-
sche); nicht unähnlich an dieser Stelle Harten, *Sexualität*, 144
563 Vgl. Schetsche, „„Mißbrauch'," 201 ff.; zu diesem vielrezipierten Aufsatz Schetsches (eine
kritische Auseinandersetzung mit der strafrechtlichen Begründung eines absoluten Verbotes
sexueller Handlungen zwischen Erwachsenen und Kindern) vgl. Nentwig, *Fahrwasser*, 500 f.
564 Vgl. Baldus, „Gewalt," 101; vgl. 101 f.; vgl. z. B. Bernard, „Pädophilie," 438–444; Lautmann,
Lust, 24; Kentler, „Täterinnen und Täter," 149 f.; ferner Bundschuh, *Pädosexualität*, 47–50.
565 Zu Kentlers Wirken an der Universität Hannover und dem Verhalten seines damaligen und
späteren wissenschaftlichen Umfeldes vgl. die minutiöse Rekonstruktion bei Nentwig, *Fahrwasser*, 335–602.
566 Zu Hintergründen und Umständen dieses Aufklärungsbuchs und Kentlers Beitrag vgl. a.a.O.,
113–120.
567 Kentler, „Kindersexualität," 9.
568 A.a.O., 10.

Gesellschaft hierzulande „eine sexualfreundliche Kultur" unter explizitem Einschluss auch der Kinder zu entwickeln, die auf der sexuellen Bedürfnisebene, „soweit das entsprechend ihrem Alter nur immer möglich ist, von den Erwachsenen als gleichberechtigte Partner ernstgenommen werden"[569] müssten. Kentler war es auch, der an einem mit Unterstützung der damaligen Berliner Senatsverwaltung für Familie, Jugend und Sport seit Ende der 1960er/Anfang der 1970er Jahre durchgeführten und offenbar noch bis in die 2000er Jahre hinein (!) fortgeführten ‚Experiment' mitgewirkt hat, bei dem Berliner Pflegekinder bei wegen sexuellen Kontakts mit Minderjährigen vorbestraften Männern untergebracht wurden.[570]

Eine Bagatellisierung sexuellen Kindesmissbrauchs unter dem Deckmantel der Wissenschaftlichkeit wird auch Rüdiger Lautmann (*1935), langjähriger Bremer Ordinarius für Allgemeine Soziologie und Rechtssoziologie, vorgeworfen, der in einem breit rezipierten Beitrag für die *Zeitschrift für Rechtspolitik* aus dem Jahr 1980 für die kriminalsoziologische „Entzauberung"[571] sexueller Missbrauchsdelikte an Kindern als „Straftaten ohne Opfer"[572] plädiert hat. An dem die öffentliche Meinung und Strafverfolgung bestimmenden „hergebrachte[n] *Stereotyp*", wonach „die sexuelle Handlung [...] beim Kinde einen seelischen *Schock* mit bleibenden Schäden" hinterlasse, stimme jedenfalls „nichts".[573] Damit solle keiner Entpönalisierung „aggressiv-gewaltsame[n] Vorgehen[s]"[574] das Wort geredet werden, dessen Strafwürdigkeit „außer Diskussion" stehe, doch zeige eine Gerichtsaktenanalyse, dass „eine *Aggressivität* des Täters [...] in neun von zehn Fällen nicht gegeben", „die *Intensität* der sexuellen Handlung mit dem Kinde" in jedem zweiten Falle „lediglich ‚leicht'" und „eine *Eigenbeteiligung* des Kindes (im

---

569 A.a.O., 11 f.

570 Vgl. dazu das von Kentler im Auftrag des damaligen Berliner Senators für Jugend und Familie verfasste Gutachten *Homosexuelle als Betreuungs-/Erziehungspersonen* (1988), das später nahezu wortgleich in Kentlers Buch *Leihväter*, 53–166, eingegangen ist. Vgl. hierzu Institut für Demokratieforschung, *Unterstützung*, 33–122 sowie die Rekonstruktion bei Nentwig, *Fahrwasser*, 161–192, die auf die Fortsetzung des von Kentler lange Zeit zuvor schon mehrfach offiziell für beendet erklärten ‚Experiments' bis mindestens 2003 hingewiesen hat (vgl. 170).

571 Lautmann, „Sexualdelikte," 47. Vgl. ferner auch Lautmanns vieldiskutierten Beitrag „Unterscheiden sich Pädophilie und sexuelle Kindesmißhandlung," 9–11 zusammen mit Karliczek et al., *Diskurs*, 16 f., 28 f., 59 f. u. 77–79. Zu den Strafrechtsdebatten um die Entpönalisierung der ‚Pädosexualität', in der zahlreiche Rechts- und Sexualreformer*innen die Möglichkeit hatten und ergriffen, gegen eine Bestrafung ‚pädosexueller' Handlungen zu argumentieren, vgl. Walter, „‚In dubio pro libertate', 108–135; s. auch Abschnitt D.3.1.

572 Vgl. Lautmann, „Sexualdelikte," 44 u. 46.

573 A.a.O., 46 f.

574 A.a.O., 46.

Sinne von Ambivalenz oder eigener Aktivität) [...] in jedem dritten Falle gegeben" sei, während „eine aktive Abwehr" des Kindes, das in nahezu jedem zweiten Falle mindestens elf Jahre alt gewesen sei, maximal „in jedem dritten Falle"[575] stattfinde. Der erste Versuch einer Analyse dessen, wie diese Merkmale „zu typischen Konfigurationen" kombiniert werden könnten, mache deutlich, „daß mehrheitlich solche Konfigurationen auftreten, die auf eine Nichtschädigung des Kindes hindeuten, hier gemessen an den Tatmerkmalen Einstellung des Kindes zur Tat, Eigenaktivität des Kindes und Beziehung zum Täter".[576]

Angesichts solcher unüberhörbar exkulpierenden Untertöne gilt es am Ende dieses Abschnittes mit den Worten Banges, die von Engfer zu Beginn ihres Abschnittes über sexuellen Missbrauch als Beispiel für das von ihr im Anschluss daran *kritisierte*, weil angeblich den Blick auf wissenschaftliche Fakten verstellende emotionale Engagement angeführt werden, in aller Schärfe festzuhalten: „Der sexuelle Mißbrauch an Kindern ist ein Verbrechen."[577]

3 Statt eines Resümees: Sexueller Kindesmissbrauch im Raum von Kirche

Jede einzelne Missbrauchstat in einer Institution steht zugleich für das Versagen der Institution selbst.[578] Deshalb stellt nicht allein die Tatsache, dass sexueller Kindesmissbrauch *auch* im Raum von Kirche *geschieht*, sondern gleichermaßen die Tatsache, dass sexueller Kindesmissbrauch *überhaupt* im Raum von Kirche *geschehen kann*, eine radikale Anfrage an die Institution Kirche selbst dar. Insofern kann in Anlehnung an eine Äußerung Habermas' gesagt werden: Nicht nur der Kern der Gewalt ist das Problem, sondern auch die Schale, in der Gewalt

---

575 A.a.O., 47.
576 Ebd.
577 Bange, „Sexueller Mißbrauch an Kindern," 307; auch zit. bei Engfer, „Kindesmisshandlung," 508. Ich verstehe ‚Verbrechen' (als Verstoß gegen gesetzliche Bestimmungen) und ‚Schuld' (als Verstoß gegen sittliche Normen und ethisch-moralische Wertvorstellungen) als zwei unterscheidbare, aber nicht zu trennende Aspekte *eines* Sachverhalts, zumal die Rede vom ‚Verbrechen' ethisch-religiöse Implikationen haben kann, und das nicht nur, weil ‚Verbrechen' und ‚Schuld' in der indogermanischen Wurzel **skel* einen gemeinsamen sprachlichen Ursprung haben, vgl. hierzu Burkhard, „Schuld," 57 f. Zur Differenzierung von Verbrechen und Strafe in juristischer sowie Schuld und Sühne in ethischer Perspektive vgl. von Engelhardt, „Schuld und Sühne," 21 f.
578 Zu Missbrauchstat und Institutionsversagen als zwei Aspekten sexuellen Missbrauchs sowie zum Zusammenspiel des Verhaltens von Täterpersonen und institutionell Verantwortlichen vgl. Mertes, „Missbrauch," 119 – 121.

gedeiht.[579] Das in Untersuchungen und Erhebungen sich immer deutlicher abzeichnende horrende Ausmaß des sexuellen Missbrauchs Minderjähriger im
Raum von Kirche einerseits,[580] der zwischen öffentlich eingeforderter, tatsächlich
aber nur zögerlich erfolgender Aufarbeitung und bewusster Vertuschung chan-
gierende Umgang damit auf Leitungsebenen andererseits verdeutlichen, „dass es
sich dabei nicht nur um ein Problem *in* der Kirche, sondern ebenso um ein Problem *der* Kirche handelt".[581]

Bei der Auseinandersetzung mit sexuellem Kindesmissbrauch im Raum von
Kirche darf sich der Blick deshalb nicht allein auf Täterschaft und Komplizenschaft[582] beschränken, sondern muss sich zugleich auch auf die Institutionen als
Ganzes richten. Mit der Ausweitung der Perspektive von der personalen auf die
systemische Ebene, d. h. von der individuellen Ebene konkreter Handlungen oder
Unterlassungen einzelner identifizierbarer Akteure auf die überindividuelle
Ebene der Ermöglichungs- und Verhinderungsstrukturen, ist aber keiner Aufhebung der auch für soziale Institutionen wesentlichen Unterscheidung zwischen
individuell feststellbarer und kollektiv zurechenbarer Verantwortung, d. h. zwischen individueller Kausalhandlungsverantwortung und institutioneller Handlungsverantwortung das Wort geredet,[583] sondern die Einsicht in ihr Zusammen-

---

579 Vgl. Habermas, „Lebenslüge," 48.

580 Siehe Abschnitt 2.1.

581 Buchschuster, „Sexualisierte Gewalt," 285. Zum Erscheinungsbild des kirchlichen Umgangs
mit den Überlebenden sexuellen Missbrauchs im Raum von Kirche vgl. bereits Müller, „Kirche,"
308 f.

582 Die Kollektivierungsform ‚Komplizenschaft' hier im übergreifenden Sinne verstanden zur
Bezeichnung sowohl von direkt in eine Tat involvierter Personen (Mittäterschaft) als auch von zur
Genese oder Aufrechterhaltung sexuellen Kindesmissbrauchs durch Handeln oder Unterlassen
mitverantwortlich beitragenden Personen. Komplizenschaft besteht also auch dann, wenn eine
dritte Person mit der Tat der Täterperson in irgendeinem Zusammenhang steht und z. B. von ihrer
Planung weiß oder sie als unmittelbar bevorstehend vermutet, aber nicht dagegen vorgeht; oder
dann, wenn sie, nachdem sie von einer geschehenen Tat Kenntnis erlangt hat, die Verfolgung der
Täterperson und die Aufklärung der Tat in irgendeiner Weise behindert, indem sie z. B. gegenüber
den kirchlichen oder staatlichen Behörden diesbezüglich schweigt (Mitwisserschaft).

583 Zu dieser Unterscheidung zwischen der Kausalhandlungsverantwortung von Individuen und
der institutionellen Handlungsverantwortung (als Verantwortung von Gruppen oder Mehreren,
die beide als Unterarten der Handlungs(ergebnis)verantwortung von der Ebene der nicht indi-
viduengebundenen universalmoralischen Verantwortung abgegrenzt werden können, vgl. Lenk,
Einführung, 91–95. Lenk zufolge ist die institutionelle Handlungsverantwortung eine *sekundäre*,
weil Institutionen nicht selbst, sondern *vertreten* durch repräsentative und insofern *mit*verantwortliche Positionsinhaber handeln, und „nicht immer auf die persönliche Verantwortlichkeit der
entsprechenden repräsentierenden Person reduziert [...] werden" kann, „obwohl häufig der
oberste Leiter der jeweiligen Institution für hauptsächlich verantwortlich gehalten wird, auch sich
selber u. U. für verantwortlich erklärt, und möglicherweise ‚die volle Verantwortung' übernimmt,

und Ineinanderwirken ausgesprochen. Bei der Analyse der systemischen Faktoren, die sexuellen Kindesmissbrauch im Raum von Kirche begünstigen können, wird nämlich deutlich, dass sich die Bedingungsmöglichkeiten des Handelns oder Unterlassens von Täterpersonen und institutionell Verantwortlichen, wie Klaus Mertes (*1954) bemerkt, „nicht völlig voneinander trennen" lassen, zumal die Position der institutionellen Verantwortung *„systemisch gesehen* zur Täterseite gehört".[584]

Die Frage nach systemischen Faktoren sexuellen Kindesmissbrauchs im Raum von Kirche lenkt den Blick deshalb auf die der Kirche als sozialem System[585] inhärente Machtstruktur, welche sexuellen Missbrauch von Schutzbefohlenen sowohl begünstigen wie der Offenlegung von Taten und Täterpersonen entgegenwirken kann, weil die Struktur ein ‚Oben' und ein ‚Unten' kennt. Ein hierarchisch organisiertes Machtgefüge also, das geradezu naturgemäß dem Machterhalt derjenigen dient, die sich zur Machtausübung befugt dünken und denen entsprechende Instrumente in die Hand gelegt wurden, und das objektive reale Einflussmöglichkeiten weniger mächtiger inner- wie außerkirchlicher Interessengruppen einerseits, vor allem aber der schier ohnmächtigen, machtlosen überlebenden Opfer sexuellen Missbrauchs andererseits in diesem Machtgefüge begrenzt.[586] Dass sexueller Kindesmissbrauch im Raum von Kirche geschieht und

---

obwohl das manchmal ein verbales Alibi bleibt und häufig [...] nicht viel als Konsequenz daraus folgt" (92).

584 Mertes, „Missbrauch," 119 f. (meine Hervh.). Und weiter: „Das Verhalten von Tätern und von Institutions-Verantwortlichen spielt systemisch zusammen, auch ohne dass eine Absprache vorliegt, und zwar durch die gemeinsamen internalisierten Werte und Sichtweisen. Gerade das macht den ‚systemischen' Charakter des Zusammenspiels [beider] aus" (120); vgl. unten Anm. 588.

585 Zur systemtheoretischen Betrachtung von Kirche als sozialem System in Analogie zu anderen sozialen Systemen unter Rekurs auf Luhmann vgl. die konzentrierten Bemerkungen bei Hauschildt/Pohl-Patalong, *Kirche*, 129 – 137 sowie Blanke, *Einführung*, 139 – 145.

586 Auch in der MHG-Studie wird als missbrauchsbegünstigendes Strukturmerkmal der Klerikalismus genannt, worunter „ein hierarchisch-autoritäres System" verstanden wird, „das auf Seiten des Priesters zu einer Haltung führen kann, nicht geweihte Personen in Interaktionen zu dominieren, weil er qua Amt und Weihe eine übergeordnete Position inne hat" (13). Sexueller Missbrauch kann demnach als „ein extremer Auswuchs dieser Dominanz" (ebd.) verstanden werden, weshalb ein sexuelle Missbrauchshandlungen begehender Priester in den Augen von klerikal agierenden Kirchenverantwortlichen weniger als Gefahr für weitere minderjährige Gemeindemitglieder oder andere potentielle Betroffene, sondern vielmehr „als Gefährdung der Institution und des klerikalen Systems wahrgenommen" (307) werden könne; dies leiste der Vertuschungspraxis und dem Schutz des Systems, aber auch deliktinadäquaten Sanktionsmaßnahmen Vorschub: „Eine so verstandene Kirchenraison fördert Geheimhaltung, Vertuschung und ungeeignete Reaktionen wie die [...] Versetzungs- oder Sanktionierungsprakti-

überhaupt geschehen kann, ist nicht Kennzeichen des kirchlichen Machtgefüges, sondern Kennzeichen seiner *Defekte*. Diese Defekte gilt es zu identifizieren und zu beheben, was aber weder durch die bloße Behauptung einfacher, empirisch nicht belegbarer Kausalzusammenhänge[587] noch durch minimalinvasive Maßnahmen im Sinne einer bloßen Verhinderungslogik gelingen kann, die keine grundsätzliche Verhaltens- und Einstellungsänderung auf allen Ebenen kirchlichen Handelns bewirken, sondern vielmehr Gefahr laufen würden, als Verstärkung dysfunktionaler Verhaltensweisen zu fungieren. Vielmehr ist das kirchliche Machtgefüge selbst einem prüfenden Blick zu unterwerfen, ohne dabei Ursachen sexuellen Kindesmissbrauchs und systemische Faktoren, die sexuellen Kindesmissbrauch begünstigen können, ineinanderzuwerfen, weil nämlich Vertrauensbeziehungen in Kombination mit Machtverhältnissen als Wachstumsboden jedes Kindes unverzichtbar sind und nicht automatisch missbräuchlich er- oder gelebt werden müssen.[588]

Die in Abschnitt 2.2.1 dieses Untersuchungsteils behandelten multifaktoriellen Erklärungsansätze sexualdelinquenten Verhaltens verdeutlichen, dass bei der Auseinandersetzung mit sexuellem Kindesmissbrauch grundsätzlich eine *ganzheitliche* Betrachtungs- und Vorgehensweise erforderlich ist. Dies nicht nur, um das Bedingungsgefüge sexuellen Kindesmissbrauchs in seiner Komplexität und Heterogenität adäquat erschließen und das für seine Genese und Aufrechterhaltung wesentliche Zusammen- und Ineinanderwirken verschiedener Faktoren auf individueller, überindividueller und situativer Ebene verstehen zu können, sondern auch zur Ermöglichung einer auf den jeweiligen Kontext zugeschnittenen wirkungsvollen Intervention und Prävention. Bei der Auseinandersetzung mit sexuellem Kindesmissbrauch in institutionellen Kontexten gilt es deshalb, um an

---

ken, die eher dem Schutz der Institution und des Beschuldigten dienen und die Interessen der Betroffenen außer Acht lassen" (13; vgl. 307); vgl. ferner die z.T. noch deutlicheren diesbezüglichen Bemerkungen in einem vom Autorenkollektiv der MHG-Studie im *Deutschen Ärzteblatt* vom 31. Mai 2019 veröffentlichten Beitrag: Dreßing et al., „Sexueller Missbrauch durch katholische Kleriker," bes. 392 u. 394.

587 Vgl. hierzu die in Abschnitt 2.2.2 genannten Beispiele.

588 In diesem Punkt schließe ich mich Mertes, „Missbrauch," 113–116 an, der zur Verdeutlichung auch auf ein Beispiel aus dem familiären Bereich verweist: „Man kann aus der Tatsache, dass besondere physische Nähe als begünstigender systemischer Faktor zu Familie dazugehört, nicht schließen, dass es weniger Missbrauch in Familien gibt, wenn die physische Nähe zwischen Eltern und Kindern verboten würde [...]. Und selbst wenn es dann weniger Missbrauch in Familien gäbe – weil es weniger Familien gäbe –, wäre noch lange nicht gesagt, dass der Missbrauch dann nicht andernorts stattfinden, also quasi verlagert würde. Sexueller Missbrauch findet eben immer in Systemen statt, gerade in solchen, in denen Vertrauensbeziehungen in Kombination mit Machtasymmetrien grundlegend sind."

eine Formulierung Bonhoeffers zu erinnern und entschlossenes Handeln auch Institutionen gegenüber mit aller Entschiedenheit einzufordern, „dem Rad selbst in die Speichen zu fallen".[589] Darunter ist mehr zu verstehen als die Forderung bedingungsloser Solidarität mit und rückhaltloser Unterstützung von Überlebenden sexuellen Missbrauchs sowie eines konsequenten Vorgehens gegen Täterpersonen und Mitwissende, aber auch gegen jede Tendenz der Verharmlosung, Verschweigung und Vertuschung sexuellen Kindesmissbrauchs seitens institutionell Verantwortlicher. Dies alles ist für verantwortungsvolles Handeln gänzlich unerlässlich und fände doch nur auf der Symptomebene statt. Indem sexueller Kindesmissbrauch in institutionellen – ergo: auch kirchlichen – Kontexten, und zwar jede einzelne Missbrauchstat als solche, wie bereits angesprochen, immer auch als radikale Anfrage an die betreffende Institution selbst zu verstehen ist, gilt es, deren missbrauchsbegünstigende Strukturen und Dynamiken nicht nur im Wege eines für die Öffentlichkeitsbeteiligung total geöffneten Diskurses offenzulegen, sondern auch zu durchbrechen.

Vor diesem Hintergrund blieben, um beim Bild vom Rad des Missbrauchs zu bleiben, die Korrektur einzelner ‚Speichen' (wie z. B. durch die konsequente Verfolgung und dauerhafte Entfernung von Täterpersonen aus dem Dienst) oder das Drehen lediglich an einer einzelnen ‚Stellschraube' (wie z. B. durch die Einrichtung von Anlaufstellen für Betroffene und Hilfesuchende) als mögliche Verbesserungen lediglich eines Subsystems bloß Stückwerk, würde nicht zugleich die ‚Unwucht' des Gesamtgefüges angegangen werden, welche sonst an anderer Stelle wieder durchschlagen und damit neuen Handlungsbedarf erzeugen würde.[590] Mit starken Worten die radikale Abschaffung des kirchlichen Machtgefüges als solchem zu fordern, erscheint freilich wohlfeil angesichts der Tatsache, dass menschliches Miteinander, ob im privaten oder im institutionellen Kontext, *unweigerlich* in Machtverhältnisse eingebunden ist, ja Menschen im Miteinander überhaupt durch Machtverhältnisse verbunden sind. Insofern kann gesagt wer-

---

589 Bonhoeffer, „Kirche," 353; vgl. 353 f. Zum Hintergrund dieser Wendung vgl. Pangritz, „To fall," 94–108.
590 Das Rad des Missbrauchs ist nicht einfach identisch mit dem Räderwerk des kirchlichen Machtgefüges, und doch sind beide in einer Weise miteinander verzahnt, dass eine wirksame Korrektur von Ersterem unweigerlich eine Korrektur von Letzterem zur Voraussetzung hat – oder anders formuliert: Die Korrektur des kirchlichen Machtgefüges ist Bedingung der Möglichkeit, dem Rad des Missbrauchs wirksam in die Speichen fallen zu können.

den: Das kirchliche Machtgefüge bedarf nicht einer Abschaffung, sondern einer Neujustierung. Dabei aber gilt: De omnibus disputandum est![591]

Zur angesprochenen ganzheitlichen Betrachtungs- und Vorgehensweise gehört auch die Frage nach spezifisch *religiösen* Faktoren, einschließlich theologischen „Geisteshaltungen" und „Mentalitäten",[592] wie sie bei der Genese und Aufrechterhaltung sexuellen Kindesmissbrauchs im Raum von Kirche eine Rolle spielen können. „Denken ist nie unschuldig. Und theologisches Denken ist nicht unschuldig am Missbrauch in der Kirche."[593] Eine ebenso schonungs- wie lückenlose Aufarbeitung der Missbrauchstaten in kirchlichen Kontexten griffe deshalb zu kurz, würden nicht zugleich auch „theologische Denkfiguren" aufgespürt, in ihrer historischen Entwicklung und kulturellen Einbettung rekonstruiert und im Blick auf eine mögliche ethische Verantwortbarkeit hin reflektiert werden, welche einen missbrauchsbegünstigenden „Raum stabilisiert haben".[594] Neben einer empirisch orientierten und juristischen Aufarbeitung bedarf es demnach auch einer *theologischen* Aufarbeitung, die als solche über die Ebene der empirischen Analyse hinausreicht. Sich daran anknüpfende Fragen für das theologische Verständnis von Sexualität als solchem werden jedoch auch in den bisher zu diesem Themenkomplex erschienenen theologisch-ethischen Beiträgen meist nur am Rande thematisiert. Das „theologisch Grundsätzliche"[595] ist in der theologischen Reflexion über Sexualität und Gewalt bisher weitgehend unangetastet geblieben, woran auch die bis vor Kurzem fast ausschließlich im katholischen Bereich geführte öffentliche kirchlich-theologische Debatte[596] über den sexuellen Missbrauch Schutzbefohlener im Raum von Kirche nichts Wesentliches geändert hat.

Offenbar wähnte man in der Evangelischen Kirche in Deutschland (EKD), das Problem des sexuellen Missbrauchs von Minderjährigen im Raum von Kirche sei vor allem ein römisch-katholisches Problem – „wegen des Klerikalismus, des Zölibats, der Männerbünde" –, obgleich es auch im Bereich der evangelischen

---

591 Zur dieser Abwandlung des allumfassenden cartesianischen Zweifels (‚de omnibus dubitandum est') vgl. Kierkegaards Journalaufzeichnung DD:208 von 1837, in *Deutsche Søren Kierkegaard Edition*, Bd. 1, 264.

592 Sautermeister, „Theologie," 21.

593 Schüßler, „Sexualisierte Gewalt," (ohne Seitenzahlen); vgl. ferner die „Diagnostische[n] Beobachtungen" zur evangelischen Kirche bei Thomas, *Weltabenteuer*, 27.

594 Striet, „Missbrauch," 37 (Anm.); vgl. 18 u. 24 f.; vgl. ferner Sautermeister, „Theologie," 22 f.

595 Hilpert, „Vorwort," 10.

596 Für eine kurze Chronik der Ereignisse seit Bekanntwerden des sexuellen Missbrauchs Minderjähriger durch Geistliche der katholischen Kirche am Canisius-Kolleg Berlin im Jahr 2010 vgl. Ruh, „Chronik," 31–35.

Kirche „eine Machtkonzentration in den Händen des ‚Bodenpersonals Gottes'"[597] gibt. Man hat sich lange Zeit, um mit den Worten des Journalisten Thomas Klatt (*1967) zu sprechen, der seit vielen Jahren über sexuellen Missbrauch in der evangelischen Kirche berichtet, „[i]m Windschatten des katholischen Skandals ausgeruht".[598] Es bleibt sehr zu hoffen, dass die erst kurze Geschichte der öffentlichen Auseinandersetzung mit sexuellem Kindesmissbrauch in kirchlichen und diakonischen Einrichtungen der evangelischen Kirche nicht erst mit dem Erscheinen der ForuM-Aufarbeitungsstudie voraussichtlich im Herbst 2023 weiter intensiviert wird.

Was die Haltung gegenüber Überlebenden sexuellen Missbrauchs im Raum von Kirche angeht, erlaube ich mir abschließend eine Mahnung: Es gilt, sich ein für alle Mal einzuschärfen, was die Unabhängige Kommission zur Aufarbeitung sexuellen Kindesmissbrauchs anlässlich der Würzburger EKD-Synode in ihren Empfehlungen vom 7. November 2018 an die evangelische Kirche dieser mit auf den Weg gegeben hat: „Betroffene sind keine Bittsteller, deren Anliegen von einer Behörde möglichst administrativ-effektiv bearbeitet werden. Sie haben ein *Recht* auf Empathie, Würde, Anerkennung und Respekt."[599] Mit Worten der Journalistin Kerstin Claus (*1969), die in ihrer Jugend von ihrem Gemeindepfarrer sexuell missbraucht wurde und auf der EKD-Synode in Dresden am 12. November 2019 vor 120 Synodenmitgliedern, leitenden Geistlichen und Jurist*innen von 20 Landeskirchen sowie dem Rat der EKD zu Wort kam: „Sie und Ihre Kirche haben noch immer keine klare Haltung gefunden, was den Umgang mit uns Betroffenen angeht. Sie werden Ihre Deutungshoheit aufgeben müssen."[600]

---

597 Klatt, zit. nach Klatt/Florin, „Sexueller Missbrauch," (ohne Seitenzahl).
598 Ebd.
599 Unabhängige Kommission zur Aufarbeitung sexuellen Kindesmissbrauchs, „Verantwortung," (ohne Seitenzahl; meine Hervh.).
600 Zit. nach Lassiwe, „Synode," A4.

G Schlussbemerkung

Nichts im Bereich des Menschlichen befindet sich jenseits der Ambivalenz geschöpflicher Wirklichkeit. Darin besteht der Preis menschlicher Freiheit, dass sie sich stets nur in einer Weise realisieren kann, welche die Möglichkeit ihres Missbrauchs einschließt. Auch Sexualität bewegt sich auf diesem schmalen Grat zwischen Freiheit und Verantwortung, weshalb ihr lebenszerstörerisches Potenzial, ihr Dunkel, als unabtrennbare Kehrseite ihres lebensförderlichen Potenzials stets mitzureflektieren ist. Eine ethisch verantwortete Gestaltung von Sexualität lässt sich ebenso wenig durch Gesetze und Vorschriften erzwingen wie sexuelle*sexualisierte Gewalt durch Gesetze und Vorschriften ein für alle Mal aus der Welt schaffen. Anstatt jedoch eine Rückkehr zu einem moralbasierten Sexualstrafrecht anzustreben oder den althergebrachten Ansatz einer repressiven Gebots- und Verbotsmoral zu repristinieren, gilt es vielmehr, die individuelle Handlungsverantwortung des Einzelnen in den Blick zu nehmen.

Dies ist Ansatzpunkt einer evangelischen Sexualethik, die den im Zuge von Demokratisierung, Entinstitutionalisierung und Liberalisierung der gesellschaftlichen Sexualmoral sich vollziehenden Prozess der Emanzipation des Einzelnen von formalen äußeren Autoritäten im Bereich des Sexuellen als im Einklang mit dem reformatorischen Freiheitsverständnis befindlich zu deuten vermag. Die unabdingbare Forderung einer Freiheit des Einzelnen *zu* der Sexualität, die er möchte, ist allerdings untrennbar verknüpft mit der gleichermaßen unabdingbaren Forderung einer Freiheit des Einzelnen *von* oder *vor* der Sexualität, die er nicht möchte. Sexualität als Gestaltungsraum menschlicher Existenz ist nicht unverantworteter Beliebigkeit überstellt, sondern menschlicher Verantwortung unterstellt, die für eine Sexualethik unter theologischen Vorzeichen immer Verantwortung des Einzelnen gegenüber Gott, den Mitmenschen und sich selbst in seiner Geschöpflichkeit ist. In dieser Reflexion eines humanwissenschaftlich informierten und an Formen real gelebter Sexualität orientierten Verständnisses von Sexualität, einschließlich ihrer Anfälligkeit für Gewalt, erweist sich Sexualethik als unverzichtbares Element im Gesamtzusammenhang christlicher Wirklichkeitsdeutung.

Nur im ständigen Gespräch mit den anderen theologischen Disziplinen, nicht losgelöst von ihnen, kann deshalb das Potenzial christlicher Sexualethik zum Tragen kommen. Dies umso mehr, als sich der theologische Sexualitätsdiskurs inmitten einer tiefgreifenden Umbruchphase befindet, in der vormals für selbstverständlich gehaltene Grundannahmen und Bewertungsmuster zunehmend zweifelhaft erscheinen, und die beiden großen christlichen Kirchen in Deutschland seit Bekanntwerden sexueller Missbrauchsfälle 2010 einen schier existenti-

https://doi.org/10.1515/9783110717648-008

ellen Vertrauensverlust in ihre Orientierungsleistung und -fähigkeit erfahren. Mag sexuelle*sexualisierte Gewalt im Raum von Kirche nur unter Einbeziehung der Ethik angemessen beurteilt werden können, so bliebe doch jede noch so weitgespannte ethische Reflexion bloß Stückwerk, würde dies nicht als gesamttheologische Aufgabe begriffen werden. Neben eingehenden Untersuchungen exegetisch relevanter Anhaltspunkte, theologie- und kirchengeschichtlich gewachsener Traditionen und dogmatisch-theologisch etablierter Denkfiguren, die direkt oder indirekt im Zuge ihrer Wirkungsgeschichte zur Stabilisierung eines Raums beigetragen haben und noch immer beitragen, in dem sexuelle*sexualisierte Gewalt begünstigt werden kann, kommt der Praktischen Theologie zweifellos die Schlüsselrolle zu, indem sie als „theologische Theorie kirchlicher Praxis"[1] Konzepte und Maßnahmen zur wirkungsvollen Intervention und Prävention in allen kirchlichen Handlungsfeldern unter der Handlungsmaxime reflektiert.

Unerlässliche Voraussetzung aller dieser Bemühungen ist allerdings, dass Kirche aufhört, vornehmlich zu belehren, sondern vielmehr – und zwar so, wie sie vorgibt, auf das Wort Gottes zu hören – den Erzählungen der Überlebenden sexueller*sexualisierter Gewalt im Raum von Kirche zuhört, wenn diese Menschen der Kirche jemals wieder Vertrauen schenken können sollten. Nur durch ausdauerndes Zuhören, nicht von Kanzeln und Kathedern aus, scheint Veränderung möglich.

---

1 Grethlein, „Praktische Theologie," 333.

H Verzeichnisse

1 Abkürzungsverzeichnis biblischer Bücher

Hebräische Bibel/Altes Testament

Gen	Genesis (1. Buch Mose)
Ex	Exodus (2. Buch Mose)
Lev	Levitikus (3. Buch Mose)
Num	Numeri (4. Buch Mose)
Dtn	Deuteronomium (5. Buch Mose)
Jos	Josua
Ri	Buch der Richter
Rut	Rut
1 Sam	1. Buch Samuel
2 Sam	2. Buch Samuel
1 Kön	1. Buch der Könige
2 Kön	2. Buch der Könige
1 Chr	1. Buch der Chronik
2 Chr	2. Buch der Chronik
Esra	Esra
Neh	Nehemia
Tob	Tobit (Tobias)
Jdt	Buch Judit
Est	Ester
1 Makk	1. Buch der Makkabäer
2 Makk	2. Buch der Makkabäer
Ijob	Ijob (Hiob)
Ps	Buch der Psalmen
Spr	Buch der Sprichwörter (Sprüche)
Koh	Kohelet (Prediger Salomo)
Hld	Hohelied Salomos
Weish	Weisheit Salomos
Sir	Jesus Sirach
Jes	Jesaja
Jer	Jeremia
Klgl	Klagelieder des Jeremia
Bar	Baruch
Ez	Ezechiel
Dan	Daniel
Hos	Hosea
Joel	Joel
Am	Amos
Obd	Obadja
Jona	Jona
Mi	Micha
Nah	Nahum
Hab	Habakuk
Zef	Zefania
Hag	Haggai
Sach	Sacharja
Mal	Maleachi

Neues Testament

Mt	Matthäusevangelium
Mk	Markusevangelium
Lk	Lukasevangelium
Joh	Johannesevangelium
Apg	Apostelgeschichte
Röm	Römerbrief
1 Kor	1. Korintherbrief
2 Kor	2. Korintherbrief
Gal	Galaterbrief
Eph	Epheserbrief
Phil	Philipperbrief
Kol	Kolosserbrief
1 Thess	1. Thessalonicherbrief
2 Thess	2. Thessalonicherbrief
1 Tim	1. Timotheusbrief
2 Tim	2. Timotheusbrief
Tit	Titusbrief
Phlm	Philemonbrief
Hebr	Hebräerbrief
Jak	Jakobusbrief
1 Petr	1. Petrusbrief
2 Petr	2. Petrusbrief
1 Joh	1. Johannesbrief
2 Joh	2. Johannesbrief
3 Joh	3. Johannesbrief
Jud	Judasbrief
Offb	Offenbarung des Johannes

https://doi.org/10.1515/9783110717648-009

2 Literaturverzeichnis

2.1 Primär- und Sekundärliteratur

Abaelard, *Die Leidensgeschichte und der Briefwechsel mit Heloisa*, übers. und hg. von Eberhard Brost (Heidelberg: L. Schneider, 1963).

Abbott, Sharon, „Motivations for Pursuing a Career in Pornography," in *Sex for Sale. Prostitution, Pornography, and the Sex Industry*, hg. von Ronald Weitzer (New York: Routledge, 2010): 47–66.

Abell, Jesse W.; Steenbergh, Timothy A.; Boivin, Michael J., „Cyberporn Use in the Context of Religiosity," *Journal of Psychology and Theology* 34(2) (2006): 165–171.

Abraham, Martin, *Evangelium und Kirchengestalt. Reformatorisches Kirchenverständnis heute* (Berlin u. New York: Walter de Gruyter, 2007).

Abramovic, Evelyn, „Childhood Sexual Abuse as a Risk Factor for Subsequent Involvement in Sex Work. A Review of Empirical Findings," *Journal of Psychology & Human Sexuality* 17(1–2) (2005): 131–146.

Abusharaf, Rogaia Mustafa, „Virtuous Cuts: Female Genital Circumcision in an African Ontology," *Differences. A Journal of Feminist Cultural Studies* 12(1) (2001): 112–140.

Achterberg, Susanne, „Das Kind als Objekt des Begehrens. Die pädophile Ausbeutung der generationalen Hierarchie," *Zeitschrift für Soziologie der Erziehung und Sozialisation* 20(2) (2000): 167–180.

Adams, David et al., „The Seville Statement on Violence," *American Psychologist* 45(10) (1990): 1167–1168.

Adams, Joyce Ann et al., „Examination Findings in Legally Confirmed Child Sexual Abuse: It's Normal to be Normal," *Pediatrics* 94 (1994): 310–317.

Adelmann, Ralf; Winkler, Hartmut, „Kurze Ketten. Handeln und Subjektkonstitution in Computerspielen," *Ästhetik & Kommunikation* 41(148) (2010): 99–107.

Adorno, Theodor W., *Minima Moralia. Reflexionen aus dem beschädigten Leben*, in *Gesammelte Schriften*, hg. von Rolf Tiedemann, Bd. 4 (Frankfurt a. M.: Suhrkamp, 1980).

Aebi, Marcel et al., „Testing the ‚Sexually Abused-Abuser Hypothesis' in Adolescents: A Population-Based Study," *Archives of Sexual Behavior* 44(8) (2015): 2189–2199.

Agentur der Europäischen Union für Grundrechte (FRA), *Gewalt gegen Frauen: eine EU-weite Erhebung. Ergebnisse auf einen Blick* (Luxemburg: Amt für Veröffentlichungen, 2014).

Agger, Inger; Jensen, Søren Buus, „The Psychosexual Trauma of Torture," in *International Handbook of Traumatic Stress Syndromes*, hg. von John P. Wilson u. Beverly Raphael (New York: Springer, 1993): 685–701.

Ahlemeyer, Heinrich W., *Geldgesteuerte Intimkommunikation. Zur Mikrosoziologie heterosexueller Prostitution* (Gießen: Psychosozial-Verlag, 2002).

Ahlers, Christoph J.; Schaefer, Gerard A.; Beier, Klaus M., „Erhebungsinstrumente in der klinischen Sexualforschung und der sexualmedizinischen Praxis – Ein Überblick über die Fragebogenentwicklung in Sexualwissenschaft und Sexualmedizin," *Sexuologie* 11(3–4) (2004): 74–97.

Ahlers, Christoph J.; Schaefer, Gerard A.; Beier, Klaus M., „Spektrum der Sexualstörungen und ihre Klassifizierbarkeit in DSM-IV und ICD-10," *Sexuologie* 12(3–4) (2006): 120–152.

Ahlers, Christoph J., *Paraphilie und Persönlichkeit – Eine empirische Untersuchung zur Prävalenz von Akzentuierungen der Sexualpräferenz und ihrem Zusammenhang mit dem*

Fünf-Faktoren-Modell der Persönlichkeit, Dissertation (Berlin: Medizinische Fakultät
Charité – Universitätsmedizin, 2010).

Ahlers, Christoph J.; Schaefer, Gerard A., „Pädophilie, Pädosexualität und sexueller
Kindesmissbrauch: Über die Notwendigkeit einer differenzierten Betrachtung," *BZgA
FORUM*, 2010, Heft 3, *Sexueller Missbrauch*, 45–50.

Ahlers, Christoph J. et al., „How Unusual are the Contents of Paraphilias? Paraphilia-
Associated Sexual Arousal Patterns in a Community-Based Sample of Men," *The Journal
of Sexual Medicine* 8(5) (2011): 1362–1370.

Ahlers, Christoph J.; Schaefer, Gerard A., „Sexueller Kindesmissbrauch – nicht nur Problem
kirchlicher und kommunaler Einrichtungen, sondern malignes Phänomen der gesamten
Gesellschaft," *Sexuologie* 18(3–4) (2011): 143–152.

Ahlers, Christoph J., „Zum Umgang mit Pädophilie und sexuellem Kindesmissbrauch –
inhaltliche Differenzierungen und ethische Abwägungen," in *Ausgewählte Probleme der
Verwaltungsethik*, Bd. 2, hg. von Tobias Trappe (Frankfurt a. M.: Verlag für
Polizeiwissenschaft, 2014) (*Ethik der öffentlichen Verwaltung*, Bd. 5): 201–222.

Ahlers, Christoph J.; Schaefer, Gerard A., „Prävention sexueller Gewalt in Familien," in
Handbuch Aggression, Gewalt und Kriminalität bei Kindern und Jugendlichen, hg. von
Wolfgang Melzer et al. (Bad Heilbrunn: Julius Klinkhardt, 2015): 384–390.

Ahlers, Christoph J., *Vom Himmel auf Erden. Was Sexualität für uns bedeutet* (München:
Goldmann, 2015).

Ahrbeck, Bernd, „‚Unterstützte Sexualität' als autonomer Akt? Kritische Überlegungen und
laienhafte Fragen," in *Behinderung zwischen Autonomie und Angewiesensein*, hg. von
Bernd Ahrbeck u. Bernhard Rauh (Stuttgart: W. Kohlhammer, 2004): 175–191.

Ahrens, Jörn, *„Die unfassbare Tat". Gesellschaft und Amok* (Frankfurt a. M. u. New York:
Campus, 2017).

Aigner, Josef Christian, *Vorsicht Sexualität! Sexualität in Psychotherapie, Beratung und
Pädagogik – eine integrative Perspektive* (Stuttgart: Kohlhammer, 2013).

Aigner, Josef Christian; Statement im Gespräch mit Bernhard Hain, ORF-Dokumentation
Sexualität im Kopf (2015); Regie: Bernhard Hain; Erstausstrahlung: 27.04.2015, Minute
28:40–29:00.

Alexy, Eileen M.; Burgess, Ann W.; Prentky, Robert A., „Pornography Use as a Risk Marker for
an Aggressive Pattern of Behavior Among Sexually Reactive Children and Adolescents,"
Journal of the American Psychiatric Nurses Association 14(6) (2009): 442–453.

Ali, Rami, „A new solution to the gamer's dilemma," *Ethics and Information Technology* 17(4)
(2015): 267–274.

Alison, Laurence et al., „Sadomasochistically Oriented Behavior: Diversity in Practice and
Meaning," *Archives of Sexual Behavior* 30(1) (2001): 1–12.

Allen, Beverly, *Rape Warfare. The Hidden Genocide in Bosnia-Herzegovina and Croatia*
(Minneapolis: University of Minnesota Press, 1996).

Allen, Mike; D'Alessio, Dave; Brezgel, Keri, „A Meta-Analysis Summarizing the Effects of
Pornography II: Aggression After Exposure," *Human Communication Research* 22(2)
(1995): 258–283.

Allen, Mike et al., „Exposure to Pornography and Acceptance of Rape Myths," *Journal of
Communication* 45(1) (1995): 5–26.

Allen, Mike et al., „Reactions of Criminal Sexual Offenders to Pornography: A Meta-Analytic
Summary," *Annals of the International Communication Association* 22(1) (1999): 139–169.

Allhutter, Doris, „Pornografie," in *Handbuch Medien- und Informationsethik*, hg. von Jessica Heesen (Stuttgart: J.B. Metzler, 2016): 170–177.

Allroggen, Marc, „Sexuelle Übergriffe unter Kindern und Jugendlichen," in *Sexueller Missbrauch von Kindern und Jugendlichen. Ein Handbuch zur Prävention und Intervention für Fachkräfte im medizinischen, psychotherapeutischen und pädagogischen Bereich*, hg. von Jörg M. Fegert et al. (Berlin u. Heidelberg: Springer, 2015): 383–390.

Altman, Andrew, „Pornography and the Right of Sexual Autonomy," in: Andrew Altman u. Lori Watson, *Debating Pornography* (New York: Oxford Scholarship Online, 2019): 11–147.

Amarasingam, Amarnath; Argentino, Marc-André, „The QAnon Conspiracy Theory: A Security Threat in the Making?," *CTC Sentinel* 13(7) (2020): 37–44.

Amendt, Günter, „Sexfront'. Revisited," *Zeitschrift für Sexualforschung* 19(2) (2006): 159–172.

Amendt, Günter, „Sexueller Mißbrauch von Kindern," in: Günter Amendt, Gunter Schmidt u. Volkmar Sigusch, *Sex tells. Sexualforschung als Gesellschaftskritik* (Hamburg: KVV Konkret, 2011): 28–43.

American Psychiatric Association (APA), „APA-Statement on DSM-5 Text Error. Pedophilic disorder text error to be corrected" (31.10.2013); abrufbar unter: https://t1p.de/7sy1 (Zugriff: 31.10.2021).

American Psychiatric Association (APA), *Diagnostic and Statistical Manual of Mental Disorders. DSM-IV-TR* (Washington, DC: American Psychiatric Association, 2000).

American Psychiatric Association (APA), *Diagnostic and Statistical Manual of Mental Disorders. DSM-5* (Washington, DC: American Psychiatric Association, 2013).

American Psychiatric Association (APA), *Diagnostisches und Statistisches Manual psychischer Störungen DSM-5. Deutsche Ausgabe*, hg. von Peter Falkai und Hans-Ulrich Wittchen (Göttingen et al.: Hogrefe, 2015).

American Sociological Association, „Council Acts on Cameron Case," *Footnotes. Newsletter of the American Sociological Association* 15(1) (1987): 4 u. 6.

Améry, Jean, *Widersprüche* (Stuttgart: Klett, 1971).

Améry, Jean, *Jenseits von Schuld und Sühne. Bewältigungsversuche eines Überwältigten* (Stuttgart: Klett-Cotta, 1977).

Améry, Jean, *Hand an sich legen. Diskurs über den Freitod*, 6. Aufl. (Stuttgart: Klett-Cotta, 1979 [1976]).

Amesberger, Helga; Auer, Katrin; Halbmayr, Brigitte, „Sexualisierte Gewalt gegen Frauen während der NS-Verfolgung", *Context* 21(6–7) (2003): 7–11.

Ammicht Quinn, Regina, *Körper – Religion – Sexualität. Theologische Reflexionen zur Ethik der Geschlechter*, 2. Aufl. (Mainz: Matthias-Grünewald-Verlag, 2000 [1999]).

Ammicht Quinn, Regina, „Können, sollen, wollen, dürfen, müssen. Ein nicht nur grammatischer Versuch über Sexualität und Moral," in *Sex. Vom Wissen und Wünschen*, hg. von Helga Raulff / Stiftung Deutsches Hygiene-Museum Dresden (Begleitbuch zur Ausstellung „Sex – Vom Wissen und Wünschen") (Ostfildern-Ruit: Hatje Cantz, 2001): 115–140.

Ammicht Quinn, Regina, „Sexualität und Sünde. Moralische Körper-Fragen," in *Eros – Körper – Christentum. Provokation für den Glauben?*, hg. von Stefan Orth (Freiburg i.Br. et al.: Herder, 2009): 64–81.

Ammicht Quinn, Regina, „Sexualität und Moral: A Marriage made in Heaven?," in *‚Guter' Sex. Moral, Moderne und die katholische Kirche* (Paderborn: Schöningh, 2013): 196–210.

Ammicht Quinn, Regina, „(Un)Ordnungen und Konversionen. Trans*, Gender, Religion und Moral," in *Das Geschlecht in mir. Neurowissenschaftliche, lebensweltliche und* *theologische Beiträge zu Transsexualität*, hg. von Gerhard Schreiber (Berlin u. Boston: De Gruyter, 2019): 231–248.

Amnesty International, Schweizer Sektion, „Sexuelle Gewalt. Fakten und Mythen zur Einwilligung im Sexualstrafrecht" (16.07.2019; aktualisiert am 01.02.2021); abrufbar unter: https://t1p.de/c3ql (Zugriff: 31.10.2021).

Amnesty International, Schweizer Sektion, „Sexuelle Gewalt. Übersicht: Das Zustimmungs-Prinzip in europäischen Gesetzgebungen" (20.12.2020); abrufbar unter: https://t1p.de/d3rb (Zugriff: 31.10.2021).

Amnesty International, Schweizer Sektion, *Schlussbericht* (veröffentlicht: Mai 2019); abrufbar unter: https://t1p.de/bqci (Zugriff: 31.10.2021).

Andrews, Gavin et al., „Child Sexual Abuse," in *Comparative Quantification of Health Risks. Global and Regional Burden of Disease Attributable to Selected Major Risk Factors*, hg. von Majid Ezzati et al. (Genf: WHO, 2004): 1851–1940.

Angelina, Carina, „Hintergründe, Ursachen und Handlungsmotive für die Ausübung von Prostitution," in *Prostitution heute. Befunde und Perspektiven aus Gesellschaftswissenschaften und Sozialer Arbeit*, hg. von Carina Angelina, Stefan Piasecki u. Christiane Schurian-Bremecker (Baden-Baden: Tectum, 2008): 33–55.

Anselm, Sigrun, „Grenzen trennen, Grenzen verbinden," in *Literatur der Grenze – Theorie der Grenze*, hg. von Richard Faber u. Barbara Naumann (Würzburg: Könighausen & Neumann, 1995): 197–209.

APA-OTS Pressemeldung, OTS0020 vom 13. November 2004, „‚Geistige Behinderung' ist politisch nicht korrekt!"; abrufbar unter: https://t1p.de/27aq (Zugriff: 31.10.2021).

Appelt, Birgit; Höllriegl, Angelika; Logar, Rosa, „Gewalt gegen Frauen und ihre Kinder," in *Gewalt in der Familie. Gewaltbericht 2001. Von der Enttabuisierung zur Professionalisierung*, hg. vom Bundesministerium für soziale Sicherheit und Generationen (Wien: Bundesministerium für soziale Sicherheit und Generationen, 2001): 377–502.

Ard, Jr., Ben Neal, *Rational Sex Ethics*, 2. Aufl. (New York et al.: Lang, 1989 [1978]) (*American University Studies*, Series V, *Philosophy*, Bd. 73).

Arendt, Hannah, „Open Letter to Mr. Kissinger," *Confluence* 3(1) (1954): 118–120.

Arendt, Hannah, *Vita activa oder, Vom tätigen Leben* (Stuttgart: W. Kohlhammer, 1960).

Arendt, Hannah, *On Violence* (Orlando: Harcourt Books, 1969).

Arendt, Hannah, *Macht und Gewalt*, übers. von Gisela Uellenberg (München: Piper 1970).

Arendt, Hannah, *Vom Leben des Geistes. Das Denken. Das Wollen*, übers. von Hermann Vetter (München u. Zürich: Piper, 1998).

Arendt, Hannah, „Religion und Politik," in: Ders., *Zwischen Vergangenheit und Zukunft. Übungen im politischen Denken I*, hg. von Ursula Ludz, 2. Aufl. (München u. Zürich: Piper, 2000 [1994]): 305–326.

Aristoteles, *Eudemische Ethik*, übers. von Franz Dirlmeier (Berlin: Akademie-Verlag, 1984) (*Aristoteles Werke in deutscher Übersetzung*, Bd. 7).

Aristoteles, *Werke in deutscher Übersetzung*, begründet von Ernst Grumach, hg. von Hellmut Flashar, Bd. 9.1, *Politik. Buch I*, übers. von Eckart Schütrumpf, 10. Aufl. (Berlin: Akademie, 1991).

Aristoteles, *Werke in deutscher Übersetzung*, begründet von Ernst Grumach, hg. von Hellmut Flashar, Bd. 6, *Nikomachische Ethik*, übers. von Franz Dirlmeier, 10. Aufl. (Berlin: Akademie, 1999).

Aristoteles, *Metaphysik*, nach der Übers. von Hermann Bonitz bearbeitet von Horst Seidl (Hamburg: Meiner, 2019) (*Philosophische Schriften in sechs Bänden*, Bd. 5).

Arndt, Andreas, *Unmittelbarkeit* (Bielefeld: transcript, 2004) (*Bibliothek dialektischer Grundbegriffe*, Bd. 14).

Arnim, Ludwig Achim, Freiherr von; Brentano, Clemens, „Lied des Verfolgten im Thurm," in *Des Knaben Wunderhorn. Alte deutsche Lieder*, Bd. 3 (Heidelberg: Mohr und Zimmer, 1808): 38 – 40.

Aronson, Elliot; Wilson, Timothy D.; Akert, Robin M., *Sozialpsychologie*, 6. Aufl. (München: Pearson Studium, 2008 [1994]).

Arzt, Silvia; Brunnauer, Cornelia; Schartner, Bianca, „Sexualität, Macht und Gewalt in pädagogischen Diskursen und Kontexten – Anstöße aus der Gender-Forschung für die sexualpädagogische (Präventions-)Arbeit mit Kindern und Jugendlichen," in *Sexualität, Macht und Gewalt. Anstöße für die sexualpädagogische Arbeit mit Kindern und Jugendlichen*, hg. von Silvia Arzt, Cornelia Brunnauer u. Bianca Schartner (Wiesbaden: Springer VS, 2018): 7 – 19.

Ash, Timothy Garton, *Redefreiheit. Prinzipien für eine vernetzte Welt*, übers. von Helmut Dierlamm u. Thomas Pfeiffer (München: Hanser, 2016).

Ashford, Chris, „Heterosexuality, Public Places and Policing," in *Policing Sex*, hg. von Paul Johnson u. Derek Dalton (London u. New York: Routledge, 2012): 41 – 53.

Assheuer, Thomas; Baudrillard, Jean, „Le Pen hat die Macht des Bösen," *DIE ZEIT*, Nr. 22, 23.05.1997, 39.

Attwood, Feona, „What do people do with porn? Qualitative research into the comsumption, use, and experience of pornography and other sexually explicit media," *Sexuality and Culture* 9(2) (2005): 65 – 86.

Aubenque, Pierre *Der Begriff der Klugheit bei Aristoteles*, übers. von Nicolai Sinai u. Ulrich Johannes Schneider (Hamburg: Meiner, 2007).

Augustin, „Ehe und Begierlichkeit," in *Schriften gegen die Pelagianer*, hg. von Sebastian Kopp, Dionysius Morick u. Adolar Zumkeller, Bd. 3 (Würzburg: Augustinus, 1977): 75 – 166.

Augustin, *Der Gottesstaat*, übers. von Carl Johann Perl, Bd. 2 (Salzburg: O. Müller, 1952).

Aulenbacher, Brigitte; Meuser, Michael; Riegraf, Birgit, *Soziologische Geschlechterforschung. Eine Einführung* (Wiesbaden: VS Verlag für Sozialwissenschaften, 2010).

Austin, John L., „A Plea for Excuses," in *Classics of Analytic Philosophy*, hg. von Robert R. Ammerman (Indianapolis u. Cambridge: Hackett, 1990 [1965]): 379 – 398.

Austin, John L., „Ein Plädoyer für Entschuldigungen," in: Ders., *Wort und Bedeutung. Philosophische Aufsätze* (München: List, 1975): 177 – 212.

Baader, Meike Sophia, „History and gender matters. Erziehung – Gewalt – Sexualität in der Moderne in geschlechtlicher Perspektive," in *Erziehung, Gewalt, Sexualität. Zum Verhältnis von Geschlecht und Gewalt in Erziehung und Bildung*, hg. von Claudia Mahs, Barbara Rendtorff u. Thomas Viola Rieske (Opladen et al.: Budrich, 2016): 13 – 36.

Baader, Meike Sophia, „Zwischen Enttabuisierung und Entgrenzung. Der Diskurs um Pädosexualität und die Erziehungs-, Sexual- und Sozialwissenschaften der 1970er bis 1990er Jahre," *Erziehungswissenschaft* 28(54) (2017): 27 – 37.

Baader, Meike Sophia, „Zwischen Politisierung, Pädosexualität und Befreiung aus dem ‚Getto der Kindheit'. Diskurse über die Entgrenzung von kindlicher und erwachsener Sexualität in den 1970er Jahren," in *Tabubruch und Entgrenzung. Kindheit und Sexualität nach 1968*, hg. von Meike Sophia Baader et al. (Köln et al.: Böhlau, 2017): 55 – 84.

Babchishin, Kelly M.; Hanson, R. Karl; Hermann, Chantal A., „The Characteristics of Online Sex Offenders: A Meta-Analysis," *Sexual Abuse: A Journal of Research and Treatment* 23(1) (2011): 92–123.

Babchishin, Kelly M.; Hanson, R. Karl; Van Zuylen, Heather, „Online Child Pornography Offenders Are Different: A Meta-Analysis of the Characteristics of Online and Offline Sex Offenders Against Children," *Archives of Sexual Behavior* 44 (2015): 45–66.

Bader, Michael, „PorNO! Radikalfeministische Positionen gegen Pornographie," in *Pornographie im Blickwinkel der feministischen Bewegungen, der Porn Studies, der Medienforschung und des Rechts*, hg. von Anja Schmidt (Baden-Baden: Nomos, 2016) (*Schriften zur Gleichstellung der Frau*, Bd. 42): 11–34.

Baepler, Paul, „Introduction," in *White Slaves, African Masters. An Anthology of American Barbary Captivity Narratives*, hg. von Paul Baepler (Chicago u. London: The University of Chicago Press, 1999): 1–58.

Baer, Susanne; Slupik, Vera, „Entwurf eines Gesetzes gegen Pornographie," *Kritische Justiz* 21(2) (1988): 171–181.

Bahns, Angela J. et al., „Similarity in Relationships as Niche Construction. Choice, Stability, and Influence within Dyads in a Free Choice Environment," *Journal of Personality and Social Psychology* 112(2) (2017): 329–355.

Bailey, J. Michael, „Sexual Orientation, Controversy, and Science," *Psychological Science in the Public Interest* 17(2) (2016): 45–101.

Baldenius, Ingeborg, *Gelogene Liebe. Diskursanalyse des sexuellen Mißbrauchs. Lebenswelten von Tätern und ihre Deutungsmuster für die Tat. Eine sozialpsychologische Studie*, 2. Aufl. (Regensburg: S. Roderer, 1998 [1996]).

Baldus, Manfred, *Kämpfe um die Menschenwürde. Die Debatten seit 1949* (Berlin: Suhrkamp, 2016).

Baldus, Marion, „Sexualisierte Gewalt in pädagogischen Kontexten – Anfragen an eine Disziplin," in *Sexueller Missbrauch in pädagogischen Kontexten. Faktoren. Interventionen. Perspektiven*, hg. von Marion Baldus u. Richard Utz (Wiesbaden: VS Verlag für Sozialwissenschaften, 2011): 91–116.

Balibar, Étienne, Art. „Gewalt," in *Historisch-kritisches Wörterbuch des Marxismus*, hg. von Wolfgang Fritz Haug, Bd. 5 (Hamburg: Argument, 2002): Sp. 693–696 u. Sp. 1270–1308.

Balleck, Barry J., *Hate Groups and Extremist Organizations in America. An Encyclopedia* (Santa Barbara u. Denver: ABC-CLIO, 2019).

Baltazar, Alina et al., „Internet Pornography use in the Context of External and Internal Religiosity," *Journal of Psychology and Theology* 38(1) (2010): 32–40.

Balzarini, Rhonda Nicole et al., „Does exposure to erotica reduce attraction and love for romantic partners in men? Independent replications of Kenrick, Gutierres, and Goldberg (1989) study 2," *Journal of Experimental Social Psychology* 70 (2016): 191–197.

Bambach, Ralf, „Ein ‚glücklicher' Positivist. Bemerkungen zu Michel Foucaults ‚Erneuerung' der Theoriengeschichte," in *Politische Theoriengeschichte. Probleme einer Teildisziplin der Politischen Wissenschaft*, hg. von Udo Bermbach (Wiesbaden: Springer, 1984) (*Politische Vierteljahresschrift*, Sonderheft 15/1984): 194–222.

Banaschak, Sibylle; Rothschild, Markus A., „Körperliche Befunde bei sexuellem Kindesmissbrauch," in *Sexueller Missbrauch von Kindern und Jugendlichen. Ein Handbuch zur Prävention und Intervention für Fachkräfte im medizinischen, psychotherapeutischen und pädagogischen Bereich*, hg. von Jörg M. Fegert et al. (Berlin u. Heidelberg: Springer, 2015): 179–184.

Bange, Dirk, *Die dunkle Seite der Kindheit. Sexueller Mißbrauch an Mädchen und Jungen. Ausmaß – Hintergründe – Folgen* (Köln: Volksblatt, 1992).

Bange, Dirk; Deegener, Günther, *Sexueller Mißbrauch an Kindern. Ausmaß, Hintergründe, Folgen* (Weinheim: Psychologie Verlags Union, 1996).

Bange, Dirk, „Sexueller Mißbrauch an Kindern – Zwischen Geheimnis und Sensation," in *Geheimnis und Geheimhaltung. Erscheinungsformen – Funktionen – Konsequenzen*, hg. von Albert Spitznagel (Göttingen et al.: Hogrefe, 1998): 307–318.

Bange, Dirk, „Definitionen und Begriffe," in *Handwörterbuch Sexueller Missbrauch*, hg. von Dirk Bange u. Wilhelm Körner (Göttingen et al.: Hogrefe, 2002): 47–52.

Bange, Dirk, „Definition und Häufigkeit von sexuellem Missbrauch," in *Sexueller Missbrauch*, Bd. 1, *Grundlagen und Konzepte*, hg. von Wilhelm Körner u. Albert Lenz (Göttingen et al.: Hogrefe, 2004): 29–37.

Bange, Dirk, *Sexueller Missbrauch an Jungen. Die Mauer des Schweigens* (Göttingen et al.: Hogrefe, 2007).

Bange, Dirk, *Eltern von sexuell missbrauchten Kindern. Reaktionen, psychosoziale Folgen und Möglichkeiten der Hilfe* (Göttingen et al.: Hogrefe, 2011).

Bange, Dirk; Enders, Ursula; Heinz, Katrin, „Accounting for the Past of Child Sexual Abuse in the Protestant Lutheran Church in Germany," *Nervenheilkunde* 34(7) (2015): 541–546.

Bange, Dirk, „Sprechen und forschen über das Unsagbare. Sexueller Missbrauch, sexuelle oder sexualisierte Gewalt – was unterschiedliche Begriffe bedeuten und wie sie entstanden sind," *dji impulse* 116 (2017): 28–31.

Bange, Dirk; Schlingmann, Thomas, „Sexuelle Erregung als Faktor der Verunsicherung sexuell missbrauchter Jungen," *Kindesmisshandlung & -vernachlässigung* 19(1) (2016): 28–43.

Bange, Dirk, „Sexualisierte Gewalt an Mädchen und Jungen – Frauen als Täterinnen," *Kindesmisshandlung und -vernachlässigung* 22(2) (2019): 180–191.

Banner, Michael, „Sexualität II. Kirchengeschichtlich und ethisch," in *Theologische Realenzyklopädie*, hg. von Gerhard Müller et al., Bd. 31 (Berlin u. New York: Walter de Gruyter, 2000): 195–214.

Baofu, Peter, *The Future of Post-Human Sexuality. A Preface to a New Theory of the Body and Spirit of Love Makers* (Newcastle upon Tyne: Cambridge Scholars Publishing, 2010).

Baranzke, Heike, *Würde der Kreatur? Die Idee der Würde im Horizont der Bioethik* (Würzburg: Königshausen & Neumann, 2002).

Bard, Leonard A. et al., „A Descriptive Study of Rapists and Child Molesters. Developmental, Clinical and Criminal Characteristics," *Behavioral Sciences and the Law* 5 (1987): 203–220.

Bartel, Christopher, „Resolving the gamer's dilemma," *Ethics and Information Technology* 14(1) (2012): 11–16.

Barth, Hans-Martin, *Dogmatik. Evangelischer Glaube im Kontext der Weltreligionen*, 3. Aufl. (Gütersloh: Gütersloher Verlagshaus, 2008 [2001]).

Barth, Karl, *Die kirchliche Dogmatik*, Bd. II/2 (Zollikon-Zürich: Evangelischer Verlag, 1946).

Barth, Karl, *Die kirchliche Dogmatik*, Bd. III/2 (Zollikon-Zürich: Evangelischer Verlag, 1948).

Barth, Karl, *Die kirchliche Dogmatik*, Bd. IV (Zollikon-Zürich: Evangelischer Verlag, 1951).

Barth, Thomas, „Liebe, Sexualität und Partnerschaft im Gefängnis. Die Deprivation zwischenmenschlicher Bedürfnisse inhaftierter Männer," in *Gesundheit von Männern in Haft*, hg. von Heino Stöver, Bd. 30 (Oldenburg: BIS-Verlag, 2016): 11–27.

Bartol, Curt R.; Bartol, Anne M., *Criminal Behavior. A Psychological Approach*, 8. Aufl. (Upper Saddle River, NJ: Pearson Prentice Hall, 2008 [1980]).

Basaglia, Federica, „Kants Definition von Begehrungsvermögen und sein Verständnis vom tierischen Leben," in *Internationales Jahrbuch des Deutschen Idealismus / International Yearbook of German Idealism*, Bd. 13/2015, *Begehren / Desire*, hg. von Dina Emundts u. Sally Sedgwick (Berlin u. Boston: De Gruyter, 2018): 39–58.

Bass, Alison, *Getting Screwed. Sex Workers and the Law* (Lebanon, NH: ForeEdge, 2015).

Bastian, Nele, „Prostitution im Kontext feministischer Debatten," in: Nele Bastian u. Katrin Billerbeck, *Prostitution als notwendiges Übel? Analyse einer Dienstleistung im Spannungsfeld von Stigmatisierung und Selbstermächtigung* (Marburg: Tectum, 2009): 27–40.

Bataille, Georges, *L'Érotisme* (Paris: Les Éditions de Minuit, 1957).

Bataille, Georges, *Der heilige Eros*, hg. u. übers. von Max Hölzer (Neuwied u. Berlin: Luchterhand, 1963).

Bathurst Gilson, Anne, *Eros Breaking Free. Interpreting Sexual Theo-Ethics* (Cleveland, OH: The Pilgrim Press, 1995).

Battegay, Raymond, *Aggression, ein Mittel der Kommunikation* (Bern et al.: Huber, 1979).

Batthyány, Philipp, *Zwang als Grundübel in der Gesellschaft? Der Begriff des Zwangs bei Friedrich August von Hayek* (Tübingen: Mohr Siebeck, 2007) (*Untersuchungen zur Ordnungstheorie und Ordnungspolitik*, Bd. 52).

Batthyány, Philipp, *Existentielle Freiheit und politische Freiheit. Die Freiheitsideen von Karl Jaspers und Friedrich August von Hayek im Vergleich* (Berlin: Duncker & Humblot, 2019) (*Philosophische Schriften*, Bd. 98).

Bauer, Axel W., „Normative Entgrenzungsprozesse am Beginn des menschlichen Lebens," in *Grenzen und Entgrenzung. Ethische Orientierung in einer destabilisierten Welt*, hg. von Hermes Andreas Kick u. Manfred Oeming (Berlin: LIT, 2019) (*Affekt – Emotion – Ethik*, Bd. 18): 29–41.

Bauer, Axel W., *Normative Entgrenzung. Themen und Dilemmata der Medizin- und Bioethik in Deutschland* (Wiesbaden: Springer VS, 2017).

Bauer, Gisa, *Evangelikale Bewegung und evangelische Kirche in der Bundesrepublik Deutschland. Geschichte eines Grundsatzkonflikts (1945 bis 1989)* (Göttingen: Vandenhoeck & Ruprecht, 2012).

Bauer, Jenny-Kerstin; Hartmann, Ans, „Formen digitaler geschlechtsspezifischer Gewalt," in *Geschlechtsspezifische Gewalt in Zeiten der Digitalisierung. Formen und Interventionsstrategien*, hg. von bff: Bundesverband Frauenberatungsstellen und Frauennotrufe u. Nivedita Prasad (Bielefeld: transcript, 2021): 63–99.

Bauer, Ullrich; Bittlingmayer, Uwe H., „Gewaltsoziologie," in *Sexueller Missbrauch*, hg. von Wilhelm Körner u. Albert Lenz, Bd. 1, *Grundlagen und Konzepte* (Göttingen et al.: Hogrefe, 2004): 59–72.

Bauer, Walter, *Wörterbuch zum Neuen Testament*, 6., von Kurt Aland und Barbara Aland bearbeitete Auflage (Berlin u. New York: Walter de Gruyter, 1988).

Bauke-Ruegg, Jan, *Die Allmacht Gottes. Systematisch-theologische Erwägungen zwischen Metaphysik, Postmoderne und Poesie* (Berlin u. New York: Walter de Gruyter, 1998) (*Theologische Bibliothek Töpelmann*, Bd. 96).

Baum, Matthias, „Zwischen Alarmismus und Verharmlosung. Pornographie als Thema der evangelischen Ethik," *Zeitschrift für Evangelische Ethik* 60 (2016): 25–40.

Bauman, Zygmunt, „Über den postmodernen Gebrauch der Sexualität," *Zeitschrift für Sexualforschung* 11(1) (1998): 1–16.

Bauman, Zygmunt, „Alte und neue Gewalt," *Journal für Konflikt- und Gewaltforschung* 2(1) (2000): 28–42.

Bauman, Zygmunt, *Work, Consumerism and The New Poor*, 2. Aufl. (Maidenhead u. New York: Open University Press, 2005 [1998]).

Baumann, Peter, „Menschenwürde und das Bedürfnis nach Respekt," in *Menschenwürde. Annäherung an einen Begriff*, hg. von Ralf Stoecker (Wien: öbv und hpt, 2003) (*Österreichische Ludwig-Wittgenstein-Gesellschaft: Schriftenreihe der Wittgenstein-Gesellschaft*, Bd. 32): 19–34.

Baumanns, Peter, *Kants Ethik. Die Grundlehre* (Würzburg: Königshausen & Neumann, 2000).

Baurmann, Michael C.; Dörmann, Uwe, „Gewaltkriminalität und alltägliche Gewalt in Veröffentlichungen der Kriminalistisch-Kriminologischen Forschungsgruppe des BKA und im Spiegel der Polizeilichen Kriminalstatistik (PKS)," in *Aktuelle Phänomene der Gewalt. Arbeitstagung des Bundeskriminalamtes Wiesbaden vom 23. bis 26. November 1993* (Wiesbaden: Bundeskriminalamt, 1993) (*Internes Arbeitspapier*): 11–101.

Baurmann, Michael, *Der Markt der Tugend. Recht und Moral in der liberalen Gesellschaft. Eine soziologische Untersuchung* (Tübingen: Mohr Siebeck, 2000 [1996]) (*Die Einheit der Gesellschaftswissenschaften*, Bd. 91): 78–82.

Bayertz, Kurt, „Eine kurze Geschichte der Herkunft der Verantwortung," in *Verantwortung. Prinzip oder Problem?*, hg. von Kurt Bayertz (Darmstadt: WBG, 1995): 3–71.

Bazuin, Anneke, „Sexuelle Assistenz in Europa," in *Expertise. Sexuelle Assistenz für Frauen und Männer mit Behinderungen*, hg. von pro familia Deutsche Gesellschaft für Familienplanung, Sexualpädagogik und Sexualberatung e.V., Bundesverband (Frankfurt a. M.: pro familia, 2005): 5–10.

Beattie, Tara S. et al., „Mental health problems among female sex workers in low- and middle-income countries: A systematic review and meta-analysis," *PLoS Medicine* 17(9) (2020): e1003297.

Bebbington, David W., *Evangelicalism in Modern Britain. A History from the 1730s to the 1980s* (London et al.: Unwin Hyman, 1989).

Bebenburg von, Pitt, „Neonazis als ‚Kinderschänder'," *Frankfurter Rundschau*, 23.03.2017; abrufbar unter: https://t1p.de/kn1r (Zugriff: 31.10.2021).

Beck, Heinrich; Rieber, Arnulf, *Anthropologie und Ethik der Sexualität. Zur ideologischen Auseinandersetzung um körperliche Liebe* (München u. Salzburg: Pustet, 1982) (*Salzburger Studien zur Philosophie*, Bd. 13).

Beck, Johanna, „Im Anfang war die Missbrauchskrise," in *Der Synodale Weg. Eine Zwischenbilanz*, hg. von Bernhard Sven Anuth, Georg Bier u. Karsten Kreutzer (Freiburg i.Br.: Herder, 2021): 82–90.

Beck, Tobias A., *Die Auswirkungen der Großen Strafrechtsreform auf die Gesetzgebung im Kernstrafrecht seit 1975. Fortführung oder Aufgabe der Reformgrundsätze?* (Berlin: Logos,

2016) (zugl. Dissertation, Universität Würzburg, 2016) (*Strafrechtliche Fragen der Gegenwart*, Bd. 8).

Becker, Sophinette, „Pädophilie zwischen Dämonisierung und Verharmlosung," *Werkblatt. Zeitschrift für Psychoanalyse und Gesellschaftskritik* 38(1) (1997): 5 – 21.

Becker, Sophinette, „Weibliche und männliche Sexualität", in *Freud und das Sexuelle. Neue psychoanalytische und sexualwissenschaftliche Perspektiven*, hg. von Ilka Quindeau u. Volkmar Sigusch (Frankfurt a. M. u. New York: Campus, 2005): 63 – 79.

Becker, Sophinette (Interview mit Anne-Catherine Simon), „Sexuelle Lust ist nie ganz harmlos," *Die Presse*, 29. April 2015, 23.

Beckstead, A. Lee; Morrow, Susan L., „Mormon Clients' Experiences of Conversion Therapy: The Need for a New Treatment Approach," *The Counseling Psychologist* 32(5) (2004): 651 – 690.

Bedford-Strohm, Heinrich, „Gefahr für die Menschen. Kritik an der Präimplantationsdiagnostik," *Zeitzeichen* 2000, Heft 12, 52.

Bedford-Strohm, Heinrich, Rez. zu Helmut Burkhardt, *Einführung in die Ethik. Teil I: Grund und Norm sittlichen Handelns (Fundamentalethik)* (Gießen/Basel: Brunnen, 1996), in *Theologische Literaturzeitung* 123(6) (1998): Sp. 639 – 640.

Bedford-Strohm, Heinrich, Rez. zu Helmut Burkhardt, *Ethik*, Teilband II/1, *Das gute Handeln (Materialethik)* (Gießen/Basel: Brunnen, 2003), in *Theologische Literaturzeitung* 130(11) (2005): Sp. 1240 – 1242.

Beerling, Reinier Franciscus, „Unheilige Dreifaltigkeit: Macht, Aggression, Gewalt," in *Sachlichkeit. Festschrift zum achtzigsten Geburtstag von Helmuth Plessner*, hg. von Günter Dux u. Thomas Luckmann (Wiesbaden: Springer, 1974): 253 – 266.

Behruzi, Katrin, *Taterleben und Mitteilungsprozesse bei sexuellem Missbrauch von Kindern und Jugendlichen. Implikationen für die aussagepsychologische Diagnostik* (Baden-Baden: Nomos, 2018) (zugl. Dissertation, Universität Bremen, 2017).

Beier, Klaus M., *Dissexualität im Lebenslängsschnitt. Theoretische und empirische Untersuchungen zu Phänomenologie und Prognose begutachteter Sexualstraftäter* (Berlin u. Heidelberg: Springer, 1995) (*Monographien aus dem Gesamtgebiete der Psychiatrie*, Bd. 78).

Beier, Klaus M., „Differential typology and prognosis for dissexual behavior – a follow-up study of previously expert-appraised child molesters," *International Journal of Legal Medicine* 111(3) (1998): 133 – 141.

Beier, Klaus M.; Loewit, Kurt, *Lust in Beziehung. Einführung in die Syndyastische Sexualtherapie als fächerübergreifendes Therapiekonzept der Sexualmedizin* (Berlin u. Heidelberg: Springer, 2004).

Beier, Klaus M.; Bosinski, Hartmut A.G.; Loewit, Kurt, *Sexualmedizin. Grundlagen und Praxis*, 2. Aufl. (München: Elsevier, Urban und Fischer, 2005 [2001]).

Beier, Klaus M., „Das Präventionsprojekt Dunkelfeld. Therapeutische Primärprävention von sexuellem Kindesmissbrauch im Dunkelfeld" (2008); abrufbar unter: https://t1p.de/i5ta (Zugriff: 31.10.2021).

Beier, Klaus M., et al., „Encouraging selfidentified pedophiles and hebephiles to seek professional help. First results of the Berlin Prevention Project Dunkelfeld (PPD)," *Child Abuse & Neglect* 33 (2009): 545 – 549.

Beier, Klaus M.; Loewit, Kurt, *Praxisleitfaden Sexualmedizin. Von der Theorie zur Therapie* (Berlin u. Heidelberg: Springer, 2011).

Beier, Klaus M., „Pädophilie und christliche Ethik," *Stimmen der Zeit* 138(11) (2013): 747–758.

Beier, Klaus M., „Sexuelle Präferenz- und Verhaltensstörungen," in *Die Urologie*, hg. von Maurice Stephan Michel et al. (Berlin u. Heidelberg: Springer, 2016): 1677–1684.

Beier, Klaus M. et al., „Das Berliner Präventionsprojekt Dunkelfeld," in *Pädophilie, Hebephilie und sexueller Kindesmissbrauch. Die Berliner Dissexualitätstherapie*, hg. von Klaus M. Beier (Berlin: Springer, 2018): 45–58.

Beier, Peter, „Reformation als Auftrag," in: Ders., *Übergänge. Predigten und Reden*, hg. von Christian Bartsch (Düsseldorf: Presseverband der Evangelischen Kirche im Rheinland, 1999): 383.

Belok, Manfred, „,Auf der Suche nach dem Glück...'. Partnerschaft und Ehe heute," in *Paar- und Familienwelten im Wandel. Neue Herausforderungen für Kirche und Pastoral*, hg. von Christoph Gellner (Zürich: Theologischer Verlag, 2007): 37–62.

Benatar, David, „Two Views of Sexual Ethics: Promiscuity, Pedophilia, and Rape," *Public Affairs Quarterly* 16(3) (2002): 191–201.

Bendig, Bruno, „Gewaltfrei und einvernehmlich. Zur sexuellen Selbstbestimmung von Kindern und Jugendlichen," in *Der pädosexuelle Komplex. Handbuch für Betroffene und ihre Gegner*, hg. von Angelo Leopardi [= Joachim S. Hohmann] (Berlin u. Frankfurt a. M.: Foerster, 1988): 28–34.

Benecke, Cord; Brauner, Felix, *Motivation und Emotion. Psychologische und psychoanalytische Perspektiven* (Stuttgart: Kohlhammer, 2017): 43–50.

Benecke, Lydia, „Ein multidimensionales psychologisches Modell zur Unterscheidung zwischen inklinierendem und periculärem sexuellen Sadismus," in *Destruktive Sexualität. Therapie und Risk-Assessment in der Forensischen Psychiatrie*, hg. von Nahlah Saimeh (Berlin: MWV, 2018) (*Eickelborner Schriftenreihe zur Forensischen Psychiatrie*, Bd. 6): 11–26.

Benedikt XVI., „Die Kirche und der Skandal des sexuellen Mißbrauchs," *Klerusblatt*, 2019(4): 75–81.

Benjamin, Walter, „Zur Kritik der Gewalt" (1921), in: Ders., *Zur Kritik der Gewalt und andere Aufsätze* (Frankfurt a. M.: Suhrkamp, 1965): 29–65.

Benkel, Thorsten, „Die rationale Organisation von Entgrenzung. Zur Soziologie des sexuellen Rausches," in *Rausch – Trance – Ekstase. Zur Kultur psychischer Ausnahmezustände*, hg. von Michael Schetsche u. Renate-Bereneke Schmidt (Bielefeld: transcript, 2016): 109–130.

Benkel, Thorsten, „Kulturindustrie der Pornografie," in *Handbuch Kritische Theorie*, hg. von Uwe H. Bittlingmayer, Alex Demirović u. Tatjana Freytag (Wiesbaden: Springer VS, 2019): 1317–1330.

Bennhold, Katrin; Eddy, Melissa, „In German Catholic Churches, Child Sex Abuse Victims Top 3,600, Study Finds," *New York Times*, 12.09.2018; abrufbar unter: https://nyti.ms/2MpGxF9 (Zugriff: 31.10.2021).

Bereswill, Mechthild, „Gewalthandeln, Männlichkeitsentwürfe und biographische Subjektivität am Beispiel inhaftierter junger Männer," in *Gewalt und Geschlecht. Konstruktionen, Positionen, Praxen*, hg. von Frauke Koher u. Katharina Pühl (Wiesbaden: Springer, 2003): 189–212.

Bergmann, Christine, *Abschlussbericht der Unabhängigen Beauftragten zur Aufarbeitung des sexuellen Kindesmissbrauchs*, hg. von der Geschäftsstelle der Unabhängigen

Beauftragten zur Aufarbeitung des sexuellen Kindesmissbrauchs (Berlin, 2011); abrufbar unter: https://t1p.de/t0i8 (Zugriff: 31.10.2021).

Bergoffen, Debra, „Body Politics," in *Wörterbuch der Würde*, hg. von Rolf Gröschner, Antje Kapust u. Oliver W. Lembcke (München: Wilhelm Fink, 2013): 57 – 59.

Berlin, Fred S., „Pedophilia and DSM-5: The Importance of Clearly Defining the Nature of a Pedophilic Disorder," *Journal of the American Academy of Psychiatry and the Law* 42(4) (2014): 404 – 407.

Bernard, Christiane, *Frauen in Drogenszenen. Drogenkonsum, Alltagswelt und Kontrollpolitik in Deutschland und den USA am Beispiel Frankfurt am Main und New York City* (Wiesbaden: Springer VS, 2013) (*Perspektiven kritischer Sozialer Arbeit*, Bd. 17).

Bernard, Frits, „Pädophilie – eine Krankheit? Folgen für die Entwicklung der kindlichen Psyche," *Sexualmedizin* 9 (1972): 438 – 444.

Berner, Wolfang, „Ethik der Behandlung von Pädophilen," in *Ethische Grundlagen in der Kinder- und Jugendpsychiatrie und Psychotherapie*, hg. von Ulrike Lehmkuhl (Göttingen: Vandenhoeck & Ruprecht, 2003): 168 – 180.

Berner, Wolfgang; Hill, Andreas, „Gewalt, Missbrauch, Pornografie," in *Sexualität im Wandel*, hg. von Rainer Hornung, Claus Buddeberg u. Thomas Bucher (Zürich: vdf Hochschulverlag, 2004): 141 – 157.

Berner, Wolfgang; Hill, Andreas, „Pädophilie – eine sexuelle Orientierung?," in *Geschlecht zwischen Spiel und Zwang*, hg. von Hertha Richter-Appelt u. Andreas Hill (Gießen: Psychosozial-Verlag, 2004): 153 – 173.

Berner, Wolfgang, „Sexueller Missbrauch – Epidemiologie und Phänomenologie," in *Sexueller Kindesmissbrauch und Pädophilie*, hg. von Thomas Stompe, Werner Laubichler u. Hans Schanda (Berlin: Medizinisch Wissenschaftliche Verlagsgesellschaft, 2013): 1 – 13.

Bernsdorf, Wilhelm, Art. „Prostitution," in *Wörterbuch der Soziologie*, hg. von Wilhelm Bernsdorf, Bd. 3 (Frankfurt a. M.: Fischer, 1972): 651 – 653.

Berquist, Richard, *From Human Dignity to Natural Law. An Introduction* (Washington, DC: Catholic University of America Press, 2019).

Betz, Andrea; Ziebertz, Hans-Georg, „Virginitätsnorm, Autonomie und Religiosität bei christlichen und muslimischen jungen Frauen. Eine qualitativ-empirische Studie," in *Praktische Theologie – empirisch. Methoden, Ergebnisse und Nutzen*, hg. von Hans-Georg Ziebertz (Berlin u. Münster: LIT, 2011): 45 – 60.

Beuth, Patrick, „Unerwartete Wendung. OnlyFans sagt Porno-Stopp vorerst ab," *SPIEGEL-ONLINE*, 25.08.2021; abrufbar unter: https://t1p.de/cwqx (Zugriff: 31.10.2021).

Bichler, J.; Schäfer, D., „Praxiserfahrungen und Reflexionen," in *Partnerschaft und Sexualität bei geistiger Behinderung*, hg. von Jürgen Mohr u. Christoph Schubert (Berlin et al.: Springer, 1991): 1 – 15.

Bickley, James; Beech, Anthony R., „Classifying Child Abusers: Its Relevance to Theory and Clinical Practice," *International Journal of Offender Therapy and Comparative Criminology* 45(1) (2001): 51 – 69.

Bienstein, Pia; Verlinden, Karla (Hg.), *Prävention von sexuellem Missbrauch an Menschen mit geistiger Behinderung. Ausgewählte Aspekte. Dokumentation der Fachtagung der DGSGB am 10. November 2017 in Kassel* (Berlin: DGSGB, 2018) (*Materialien der DGSGB*, Bd. 40).

Biermann, Kai et al., „Sexueller Kindesmissbrauch: In deutschen Wohnzimmern" (Dossier), *DIE ZEIT*, Nr. 31, 23.07.2020, 13 – 15.

Bierstedt, Robert, „An Analysis of Social Power," *American Sociological Review* 15(6) (1950): 730 – 738.

Bilitewski, Helga et al., *Freier. Das heimliche Treiben der Männer*, hg. vom Prostituiertenprojekt Hydra (Hamburg: Galgenberg, 1991).

Bindrim, David; Grunert, Volker; Kloß, Carolin (Hg.), *Erotik und Ethik in der Bibel. Festschrift für Manfred Oeming zum 65. Geburtstag* (Leipzig: EVA, 2021) (*Arbeiten zur Bibel und ihrer Geschichte*, Bd. 68).

Binswanger, Ludwig, *Grundformen und Erkenntnis menschlichen Daseins*, 4. Aufl. (München: E. Reinhardt, 1964 [1942]).

Birck, Angelika, *Die Verarbeitung einer sexuellen Missbrauchserfahrung in der Kindheit bei Frauen in der Psychotherapie* (Dissertation, Universität Köln, 2001).

Birnbacher, Dieter, „Grenzen von Grenzen: Schwierige Grenzziehungen in der angewandten Ethik," in *Grenzen und Grenzüberschreitungen. XIX. Deutscher Kongress für Philosophie, Bonn, 23.–27. September 2002. Vorträge und Kolloquien*, hg. von Wolfram Hogrebe (Berlin: Akademie, 2004): 131 – 143.

Birnbacher, Dieter, „Was bedeutet es, Rechte zu haben?," *Journal für Generationengerechtigkeit* 12(2) (2012): 52 – 57.

Bischof, Franz Xaver, „Das Junktim von Priestertum und Zölibatsverpflichtung," in *Zukunftshorizonte katholischer Sexualethik*, hg. von Konrad Hilpert (Freiburg et al.: Herder, 2011) (*Quaestiones disputatae*, Bd. 241): 57 – 71.

Black, Joel, „Real(ist) Horror: From Execution Videos to Snuff Films," in *Underground U.S.A. Filmmaking Beyond the Hollywood Canon*, hg. von Xavier Mendik u. Steven Jay Schneider (London u. New York: Wallflower, 2002): 63 – 75.

Blanchard, Ray et al., „Fraternal Birth Order and Sexual Orientation in Pedophiles," *Archives of Sexual Behavior* 29 (2000): 463 – 478.

Blanke, Eberhard, *Systemtheoretische Einführung in die Theologie* (Marburg: Tectum, 2014).

Blankertz, Stefan, „Willensbildung – Eine pädagogische Perspektive," in *Wille und Wollen. Psychologische Modelle und Konzepte*, hg. von Hilarion G. Petzold (Göttingen: Vandenhoeck & Ruprecht, 2001): 149 – 172.

Blanz, Bernhard et al., *Psychische Störungen im Kindes- und Jugendalter. Ein entwicklungspsychopathologisches Lehrbuch* (Stuttgart u. New York: Schattauer, 2006).

Blass, Josef Leonhard, *Die Krise der Freiheit im Denken Sören Kierkegaards. Untersuchungen zur Konstitution der Subjektivität* (Ratingen: Henn 1968).

Bloch, Iwan, *Die Prostitution*, Bd. 1 – 2.1 (Berlin: L. Marcus, 1912 – 1925).

Blöser, Claudia, *Zurechnung bei Kant. Zum Zusammenhang von Person und Handlung in Kants praktischer Philosophie* (Berlin u. Boston: De Gruyter, 2014).

Blum, Roland; Statement im Gespräch mit Bernhard Hain, ORF-Dokumentation *Sexualität im Kopf* (2015); Regie: Bernhard Hain; Erstausstrahlung: 27.04.2015; abrufbar unter: https:// tv.orf.at/orf3/stories/2707113/ (Zugriff: 31.10.2021).

Bóasdóttir, Sólveig Anna, *Violence, Power, and Justice. A Feminist Contribution to Christian Sexual Ethics* (Dissertation, Universität Uppsala, 1998) (*Uppsala Studies in Social Ethics*, Bd. 20).

Bobbert, Monika, „Von der ‚Solidarite de fait' zur ‚Solidarite devoir' – Fehlschluss? Ethische und anthropologische Überlegungen zum Solidaritätskonzept der gesellschaftlichen Verbundenheit," in *Das System des Solidarismus. Zur Auseinandersetzung mit dem Werk von Heinrich Pesch SJ*, hg. von Hermann-Josef Große Kracht, Tobias Karcher u. Christian Spieß (Berlin u. Münster: LIT, 2003): 115 – 136.

Böckenförde, Ernst-Wolfgang, *Staat, Gesellschaft, Freiheit. Studien zur Staatstheorie und zum Verfassungsrecht* (Frankfurt a. M.: Suhrkamp 1976).

Böckmann, Paul, „Der Begriff ‚Gedankenfreiheit' und seine geschichtlichen Voraussetzungen," in: Ders., *Schillers Don Karlos. Edition der ursprünglichen Fassung und entstehungsgeschichtlicher Kommentar* (Stuttgart: Ernst Klett, 1974): 508 – 528.

Boethius, *Trost der Philosophie. Consolatio philosophiae*, lat.-dt. Ausgabe, hg. und übers. von Ernst Gegenschatz u. Olof Gigon, 6. Aufl. (Düsseldorf u. Zürich: Artemis und Winkler, 2002 [1969]).

Boff, Leonardo, *Jesus Christus, der Befreier. Entwurf einer kritischen Christologie für unsere Zeit*, 3. Aufl. (Freiburg i.Br. et al.: Herder, 1989 [1986]).

Bogdan, Michael; Ryrstedt, Eva, „Marriage in Swedish Family Law and Swedish Conflicts of Law," *Family Law Quarterly* 29(3) (1995): 675 – 684.

Boger, Horst Wolfgang, „Anarchismus und radikaler Liberalismus," *Jahrbuch zur Liberalismus-Forschung* 2 (1990): 46 – 66.

Boghossian, Peter, *A Manual for Creating Atheists* (Durham, NC: Pitchstone, 2013).

Böhm, Maika, „Solosexualität," in *Handbuch Sexualpädagogik und sexuelle Bildung*, hg. von Renate-Berenike Schmidt u. Uwe Sielert, 2. Aufl. (Weinheim u. München: Beltz Juventa, 2013 [2008]): 301 – 312.

Böhm, Maika; Matthiesen, Silja, „„Manchmal ist man sexuell erregt und der Partner nicht zur Hand …". Solosexualität im Spannungsfeld von Geschlecht und Beziehung," *Zeitschrift für Sexualforschung* 29(1) (2016): 21 – 41.

Böhm, Markus; Knödler, Janne, „Ausweiskontrollen und Moderation. Das ändert sich jetzt bei Pornhub," *SPIEGEL-ONLINE*, 06.02.2021; abrufbar unter: https://t1p.de/c7wf (Zugriff: 31.10.2021).

Böhm, Renate et al. (Hg.), *Nur geschaut und nichts getan. Psychoanalytische Psychotherapie mit Kinderpornographie-Konsumenten* (Hamburg: Argument-Verlag, 2010).

Bohns, Vanessa K. et al., „Opposites Fit: Regulatory Focus Complementarity and Relationship Well-Being," *Social Cognition* 31(1) (2013): 1 – 14.

Bolender, Claus; Feldhaus, Stephan, Art. „Prostitution, 1. Zum Problemstand," in *Lexikon der Bioethik*, hg. im Auftrag der Görres-Gesellschaft von Wilhelm Korff, Ludwin Beck u. Paul Mikat, Bd. 3 (Gütersloh: Gütersloher Verlagshaus, 1998): 68 – 73.

Boll, Tobias, *Autopornografie. Eine Autoethnografie mediatisierter Körper* (Berlin u. Boston: De Gruyter, 2019).

Bollnow, Otto Friedrich, *Die Ehrfurcht. Wesen und Wandel der Tugenden* (Würzburg: Königshausen & Neumann, 2009) (*Schriften*, Bd. 2).

Bonhoeffer, Dietrich, *Ethik*, hg. von Ilse Tödt u. Eberhard Bethge (München: Kaiser, 1992).

Bonhoeffer, Dietrich, „Die Kirche vor der Judenfrage" (April 1933), abgedruckt in: *Dietrich Bonhoeffer Werke*, Bd. 12, *Berlin 1932 – 1933*, hg. von Carsten Nicolaisen u. Ernst-Albert Scharffenorth (Gütersloh: Kaiser/Gütersloher Verlagshaus, 1997): 349 – 358.

Bonhoeffer, Dietrich, *Widerstand und Ergebung. Briefe und Aufzeichnungen aus der Haft*, hg. von Eberhard Bethge (Gütersloh: Kaiser, 1998) (*Dietrich Bonhoeffer Werke*, Bd. 8).

Bonß, Wolfgang et al., *Handlungstheorie. Eine Einführung*, 2. Aufl. (Bielefeld: transcript, 2020 [2013]): 174 – 186.

Boos, Anne, *Kognitive Verhaltenstherapie nach chronischer Traumatisierung. Ein Therapiemanual*, 2. Aufl. (Göttingen et al., 2014 [2004]).

Boothe, Brigitte, „Die Integrität der Person und die sexuelle Preisgabe – Bemächtigung, Entmächtigung, Zähmung," in *Sprachen der Macht. Gesten der Er- und Entmächtigung in Text und Interpretation*, hg. von Philipp Stoellger (Würzburg: Königshausen & Neumann, 2008): 265–281.

Borck, Cornelius; Schetsche, Michael; Lautmann, Rüdiger, Art. „Sexualität," in *Historisches Wörterbuch der Philosophie*, Bd. 9 (Basel: Schwabe, 1995): 725–742.

Bornemann, Ernest, *Lexikon der Liebe und Sexualität*, Bd. 1 (München: List, 1968).

Bornkamm, Heinrich, „Luthers Lehre von den zwei Reichen im Zusammenhang seiner Theologie," in *Reich Gottes und Welt. Die Lehre Luthers von den zwei Reichen*, hg. von Heinz-Horst Schrey (Darmstadt: Wissenschaftliche Buchgesellschaft, 1969): 165–195.

Borumandnia, Nasrin et al., „The prevalence rate of sexual violence worldwide: a trend analysis," *BMC Public Health 20* (2020): 1835.

Bos, David, „Homo-af. De opkomst van ‚de ex-homoseksueel' in Nederland," in *Genot en gebod. Huwelijk en seksualiteit in protestants Nederland na 1800*, hg. von John Exalto u. David Bos (Utrecht: KokBoekencentrum, 2019): 128–155.

Bosetzky, Horst; Heinrich, Peter, *Mensch und Organisation. Aspekte bürokratischer Sozialisation* (Köln: Deutscher Gemeindeverlag u. Stuttgart: W. Kohlhammer, 1980).

Bosinski, Hartmut A.G., „Eine Normvariante menschlicher Beziehungsfähigkeit. Homosexualität aus Sicht der Sexualmedizin," in *Wer bin ich, ihn zu verurteilen? Homosexualität und katholische Kirche*, hg. von Stephan Goertz (Freiburg i.Br. et al.: Herder, 2015): 91–130.

Bosinski, Hartmut A.G., „Sexualmedizin und das biopsychosoziale Verständnis menschlicher Entwicklung," in *Humanontogenetik. Interdisziplinäre Theorie und Brücke in die Praxis*, hg. von Thomas Diesner, Michael Ketting, Olaf Scupin u. Andreas Wessel (Berlin: Logos, 2016) (*Berliner Studien zur Wissenschaftsphilosophie und Humanontogenetik*, Bd. 33): 37–45.

Bosshart, Louis, „Information und/oder Unterhaltung," in *Journalismus und Unterhaltung. Theoretische Ansätze und empirische Befunde*, hg. von Armin Scholl, Rudi Renger u. Bernd Blöbaum (Wiesbaden: VS Verlag für Sozialwissenschaften, 2007): 17–29.

Bott, Ingo; Krell, Paul, „Der Grundsatz ‚nulla poena sine lege' im Lichte verfassungsgerichtlicher Entscheidungen," *Zeitschrift für das Juristische Studium 6* (2010): 694–700.

Böttrich, Christfried, „Menschenwürde – Menschenpflichten. Perspektiven universaler Ethik in den Henochschriften und im lukanischen Doppelwerk," in *Anthropologie und Ethik im Frühjudentum und im Neuen Testament. Wechselseitige Wahrnehmungen. Internationales Symposium in Verbindung mit dem Projekt Corpus Judaeo-Hellenisticum Novi Testamenti (CJHNT), 17.–20. Mai 2012, Heidelberg*, hg. von Matthias Konradt u. Esther Schläpfer (Tübingen: Mohr Siebeck, 2013) (*Wissenschaftliche Untersuchungen zum Neuen Testament*, Bd. 322): 23–75.

Bourke, Michael L.; Hernandez, Andres E., „The ‚Butner Study' Redux: A Report of the Incidence of Hands-on Child Victimization by Child Pornography Offenders," *Journal of Family Violence* 24(3) (2009): 183–191.

Bovenschen, Silvia „Auf falsche Fragen gibt es keine richtigen Antworten. Anmerkungen zur Pornographie-Kampagne" (1988), in: Dies., *Schlimmer machen, schlimmer lachen*.

Aufsätze und Streitschriften, hg. von Alexandar García Düttmann (Frankfurt a. M.: Verlag der Autoren, 1998): 139 – 156.

Bowald, Beatrice „Prostitution zwischen Skandalisierung und Legitimierung," in *Ethik im Konflikt der Überzeugungen*, hg. von Andreas Lob-Hüdepohl (Freiburg/Schweiz: Academic Press Fribourg/Freiburg i.Br. u. Wien: Herder, 2004): 191 – 209.

Bowald, Béatrice, *Prostitution. Überlegungen aus ethischer Perspektive zu Praxis, Wertung und Politik* (Zürich: LIT, 2010) (zugl. Dissertation, Universität Luzern, 2009/2010).

Brandau, Heidrun; Ronge, Karin, *Gewalt gegen Frauen im häuslichen Bereich. Alte Ziele – Neue Wege*, 2. Aufl. (Berlin: BIG, 1997).

Brandes, Rainer, „Evangelische Sexualethik. Warum aus einer EKD-Denkschrift keine Denkschrift wurde," *Deutschlandfunk* vom 24.08.2015; Transkript abrufbar unter: https://t1p.de/a6r5 (Zugriff: 31.10.2021).

Brandner, Rudolf, *Aristoteles. Sein und Wissen. Phänomenologische Untersuchungen zur Grundlegung wesenslogischen Seinsverständnisses* (Würzburg: Königshausen & Neumann, 1997) (teilw. Dissertation, Universität Freiburg i.Br., 1988).

Braswell, Linda, *Quest for Respect. A Healing Guide for Survivors of Rape* (Oxnard, CA: Pathfinder Publishing, 1992).

Brecht, Bertolt, „Über die Gewalt" (1936), in: Ders., *Werke. Große kommentierte Berliner und Frankfurter Ausgabe*, Bd. 14, *Gedichte 4. Gedichte und Gedichtfragmente 1928 – 1939*, bearbeitet von Jan Knopf u. Brigitte Bergheim (Berlin u. Weimar: Aufbau u. Frankfurt a. M.: Suhrkamp, 1993): 343.

Bredekamp, Horst, *Theorie des Bildakts* (Frankfurt: Suhrkamp, 2010).

Brehm, Alexander, „Die Vulnerabilität der Erfahrung," in *Die Gewalt der Zeichen. Terrorismus als symbolisches Phänomen*, hg. von Stefan Bronner u. Hans-Joachim Schott (Bamberg: University of Bamberg Press, 2012): 137 – 150.

Breitsameter, Christof; Goertz, Stephan, *Vom Vorrang der Liebe. Zeitenwende für die katholische Sexualmoral* (Freiburg i.Br. et al.: Herder, 2020).

Bremme, Bettina, *Sexualität im Zerrspiegel. Die Debatte um Pornographie* (Münster u. New York: Waxmann, 1990).

Brey, Philip, „The Ethics of Representation and Action in Virtual Reality," *Ethics and Information Technology* 1 (1999): 5 – 14.

Brey, Philip, „Virtual Reality and Computer Simulation," in *The Handbook of Information and Computer Ethics*, hg. von Kenneth E. Himma u. Herman T. Tavani (Hoboken, NJ: John Wiley & Sons, 2008): 361 – 384.

Bridges, Ana J., „Methodological considerations in mapping pornography content," in *Everyday Pornography*, hg. von Karen Boyle (London u. New York: Routledge, 2010): 34 – 49.

Bridges, Ana J. et al., „Aggression and Sexual Behavior in Best-Selling Pornography Videos: A Content Analysis Update," *Violence Against Women* 16(10) (2010): 1065 – 1085.

Briken, Peer, „Paraphilie und paraphile Störung im DSM-5," *Forensische Psychiatrie, Psychologie, Kriminologie* 9 (2015): 140 – 146.

Briken, Peer, „Kann Sexualität erkranken?," *Zeitschrift für Sexualforschung* 28(3) (2015): 272 – 281.

Briken, Peer; Dekker, Arne; Reininger, Klaus Michael, „Gutachten im Auftrag der Bundesstiftung Magnus Hirschfeld (BMH) zur Fragestellung von so genannten Konversionsbehandlungen bei homosexueller Orientierung" (Hamburg, 10.07.2019), in

Abschlussbericht. Wissenschaftliche Bestandsaufnahme der tatsächlichen und rechtlichen Aspekte von Handlungsoptionen unter Einbeziehung internationaler Erfahrungen zum geplanten „Verbot sogenannter ‚Konversionstherapien'" in Deutschland zum Schutz homosexueller Männer, Frauen, Jugendlicher und junger Erwachsener vor Pathologisierung und Diskriminierung, hg. von der Bundesstiftung Magnus Hirschfeld (Berlin: Bundesministerium für Gesundheit & Bundesstiftung Magnus Hirschfeld, 2019): [7]-[39].

Briken, Peer, „Paraphile Störungen," in *Therapie psychischer Erkrankungen. State of the Art*, hg. von Ulrich Voderholzer u. Fritz Hohagen, 16. Aufl. (München: Elsevier, 2021 [2006]): 401–404.

Brindle, Andrew *The Language of Hate. A Corpus Linguistic Analysis of White Supremacist Language* (New York u. London: Routledge, 2016).

Brinkmann, Wilhelm J., „Sexuelle Gewalt gegen Kinder und wie der Deutsche Kinderschutzbund damit umgehen kann," in *Sexuelle Gewalt gegen Kinder. Ursachen, Vorurteile, Sichtweisen, Hilfsangebote*, hg. vom Deutschen Kinderschutzbund, Bundesverband e.V.; Redaktion: Helga Heinisch-Zachau u. Gabriele Wichert-Dreyer (Hannover: Deutscher Kinderschutzbund, Bundesverband e.V., 1987): 7–26.

Brintnall, Kent, „Loss of Self as Ethical Limit," *Journal of Religious Ethics* 40(3) (2012): 546–550.

Brock, Lothar, „Gewalt in den internationalen Beziehungen," in *Gewalt. Kulturelle Formen in Geschichte und Gegenwart*, hg. von Paul Hugger u. Ulrich Stadler (Zürich: Unionsverlag, 1995): 167–187.

Brockhaus, Ulrike; Kolshorn, Maren, „Die Ursachen sexueller Gewalt," in *Sexueller Missbrauch. Überblick zu Forschung, Beratung und Therapie. Ein Handbuch*, hg. von Gabriele Amann u. Rudolf Wipplinger, 3. Aufl. (Tübingen: Deutsche Gesellschaft für Verhaltenstherapie, 2005 [1997]): 97–113.

Brockhaus, Ulrike; Kolshorn, Maren, „Drei-Perspektiven-Modell: Ein feministisches Ursachenmodell," in *Handwörterbuch Sexueller Mißbrauch*, hg. von Dirk Bange u. Wilhelm Körner (Göttingen et al.: Hogrefe, 2002): 55–61.

Brockhaus, Ulrike; Kolshorn, Maren, *Sexuelle Gewalt gegen Mädchen und Jungen. Mythen, Fakten, Theorien* (Frankfurt a. M. u. New York: Campus, 1993).

Brockhaus' Conversations-Lexikon. Allgemeine Deutsche Real-Encyklopädie, 12. Aufl., Bd. 7 (Leipzig: F.A. Brockhaus, 1877).

Brockhaus Enzyklopädie, 19. Aufl., Bd. 8 (Mannheim: F. A. Brockhaus, 1989).

Brottsförebyggande rådet, *Den nya samtyckeslagen i praktiken. En uppföljning av 2018 års förändringar av lagreglerna rörande våldtäkt* (Stockholm: Brottsförebyggande rådet, 2020) (Rapport 2020:6).

Brown, Donald E., „Human Universals," in *The MIT Encyclopedia of the Cognitive Sciences*, hg. von Robert A. Wilson u. Frank C. Keil (Cambridge, MA u. London: The MIT Press, 1999): 382–384.

Brown, Donald E., *Human Universals* (Boston, MA et al.: McGraw-Hill, 1991).

Brown, George R., „Overview of Sexual Behavior" (2019) (Professional Version), in *Merck Manual of Diagnosis and Therapy*; abrufbar unter: https://t1p.de/612y (Zugriff: 31.10.2021).

Brown, Rick; Shelling, Jane, „Exploring the implications of child sex dolls," *Trends & issues in crime and criminal justice*, Nr. 570 (Canberra: Australian Institute of Criminology, 2019).

Brownmiller, Susan, *Against Our Will. Men, Women and Rape* (New York: Simon & Schuster, 1975).

Brownmiller, Susan, *Gegen unseren Willen. Vergewaltigung und Männerherrschaft*, übers. von Ivonne Carroux (Frankfurt a. M.: Fischer, 1978).

Brückner, Margrit; Oppenheimer, Christa, „Gewalt in der Prostitution – Untersuchung zu Sicherheit, Gesundheit und soziale Hilfen,“ in *Das Prostitutionsgesetz. Aktuelle Forschungsergebnisse, Umsetzung und Weiterentwicklung*, hg. von Barbara Kavemann u. Heike Rabe (Opladen u. Farmington Hills: Budrich, 2009): 153–166.

Brugger, Winfried, „Einschränkung des absoluten Folterverbots bei Rettungsfolter,“ *Aus Politik und Zeitgeschichte* 36 (2006): 9–15.

Bruhns, Kirsten, „Gewaltbereitschaft von Mädchen – Wandlungstendenzen des Geschlechterverhältnisses?,“ in *Gewalt-Verhältnisse. Feministische Perspektiven auf Geschlecht und Gewalt*, hg. von Regina-Maria Dackweiler u. Reinhild Schäfer (Frankfurt a. M. u. New York: Campus, 2002): 171–197.

Brunn, Frank Martin, *Theologie und Menschenbild. Beiträge zum interdisziplinären Gespräch* (Leipzig: EVA, 2007) (*Marburger Theologische Studien*, Bd. 100).

Brunn, Frank Martin, *Sportethik. Theologische Grundlegung und exemplarische Ausführung* (Berlin u. Boston: De Gruyter, 2014) (*Theologische Bibliothek Töpelmann*, Bd. 169).

Brunner, Emil, *Dogmatik*, Bd. 2, *Die christliche Lehre von Schöpfung und Erlösung* (Zürich: Zwingli-Verlag, 1950).

Brunner, Emil, *Dogmatik*, Bd. 3, *Die christliche Lehre von der Kirche vom Glauben und von der Vollendung* (Zürich: Zwingli-Verlag, 1960).

Brunnhuber, Stefan; Lieb, Klaus, *Kurzlehrbuch Psychiatrie*, 4. Aufl. (München u. Jena: Urban & Fischer, 2000).

Bruns, Manfred, „Selbstbewußt schwul in der Kirche?,“ in *Homosexuelle Männer in Kirche und Gesellschaft*, hg. von Udo Rauchfleisch (Düsseldorf: Patmos, 1993) (*Freiburger Akademieschriften*, Bd. 6): 109–132.

Brüntrup, Godehard, „Zölibat als Risikofaktor für sexuellen Missbrauch?,“ in *Nicht ausweichen. Theologie angesichts der Missbrauchskrise*, hg. von Matthias Reményi u. Thomas Schärtl (Regensburg: Pustet, 2019): 109–124.

Buber, Martin; Rosenzweig, Franz, *Die fünf Bücher der Weisung* (Heidelberg: Lambert Schneider, 1981 [1934]).

Buber, Martin, „Der Gott der Väter,“ in: Ders., *Schriften zur biblischen Religion*, hg. von Christian Wiese (Gütersloh: Gütersloher Verlagshaus, 2019) (*Martin Buber Werkausgabe*, Bd. 13.1): 169–178.

Buber, Martin, „Die Worte auf den Tafeln,“ in: Ders., *Schriften zur biblischen Religion*, hg. von Christian Wiese (Gütersloh: Gütersloher Verlagshaus, 2019) (*Martin Buber Werkausgabe*, Bd. 13.1): 454–472.

Bucher, Anton A., *Ehrfurcht. Psychologie einer Stärke* (Ostfildern: Patmos, 2016).

Büchner, Georg, *Gesammelte Werke*, hg. von Kasimir Edschmid (Wien et al.: Desch 1963).

Buchschuster, Thomas, „Sexualisierte Gewalt in der Kirche. Ein Studientag der Tübinger Fakultät zur Verantwortung theologischer Konzepte und deren notwendiger Veränderung,“ *Theologische Quartalschrift* 199(3) (2019): 285–289.

Buddeberg, Claus, *Sexualberatung. Eine Einführung für Ärzte, Psychotherapeuten und Familienberater*, 4. Aufl. (Stuttgart: Thieme, 2005 [1983]).

Bühler, Pierre, „Der Mensch vor der Aufgabe ethischer Verantwortung. Anthropologie und Ethik in Luthers Genesisvorlesung," *Lutherjahrbuch 76* (2009): 57–76.

Bühring, Petra, „Hirnforschung: Pädophile werden nicht zwangsläufig Täter," *Deutsches Ärzteblatt PP*, 2015(6): 244.

Bula Wise, Judith, „Introduction: Empowerment as a Response to Trauma. Introduction: Empowerment as a Response to Trauma," in *Trauma Transformed. An Empowerment Response*, hg. von Marian Bussey u. Judith Bula Wise (New York, NY: Columbia University Press, 2002): 1–12.

Bultmann, Rudolf, „Das Problem der Ethik bei Paulus," *Zeitschrift für die neutestamentliche Wissenschaft und die Kunde des Urchristentums* 23 (1924): 123–140.

Bultmann, Rudolf, *Theologie des Neuen Testaments* (Tübingen: Mohr Siebeck, 1977).

Bundeskriminalamt (Hg.), *Polizeiliche Kriminalstatistik. Bundesrepublik Deutschland. Jahrbuch 2019*, Bd. 2, *Opfer* (67. Ausgabe, V1.0) (Wiesbaden: Bundeskriminalamt, 2020).

Bundeskriminalamt (Hg.), *Polizeiliche Kriminalstatistik. Bundesrepublik Deutschland. Jahrbuch 2019*, Bd. 4, *Einzelne Straftaten/-gruppen und ausgewählte Formen der Kriminalität* (67. Ausgabe, V2.0) (Wiesbaden: Bundeskriminalamt, 2020).

Bundeskriminalamt, „Vorstellung der Zahlen kindlicher Gewaltopfer – Auswertung der Polizeilichen Kriminalstatistik 2020 – Bereich: Bundesrepublik Deutschland," 26.05.2021; abrufbar unter: https://t1p.de/obzf (Zugriff: 31.10.2021).

Bundeskriminalamt, „Polizeiliche Kriminalstatistik 2020," 24.06.2021; abrufbar unter: https://t1p.de/dipt (Zugriff: 31.10.2021).

Bundeskriminalamt, „Kinderpornografie"; abrufbar unter: https://t1p.de/v2v2 (Zugriff: 31.10.2021).

Bundesministerium der Justiz und für Verbraucherschutz (Hg.), *Abschlussbericht der Reformkommission zum Sexualstrafrecht* (19.07.2017); abrufbar unter: https://t1p.de/x5xp (Zugriff: 31.10.2021).

Bundesministerium der Justiz, Bundesministerium für Familie, Senioren, Frauen und Jugend und Bundesministerium für Bildung und Forschung, *Abschlussbericht. Runder Tisch. Sexueller Kindesmissbrauch in Abhängigkeits- und Machtverhältnissen in privaten und öffentlichen Einrichtungen und im familiären Bereich* (Berlin: Bundesministerium der Justiz, 2012).

Bundesministerium des Innern, *Erster Periodischer Sicherheitsbericht* (Berlin: Bundesministerium des Innern, 2001).

Bundesministerium für Familie, Senioren, Frauen und Jugend, „Frauen vor Gewalt schützen. Prostitution" (Hintergrundmeldung vom 1. Juli 2017); abrufbar unter: https://t1p.de/69vg (Zugriff: 31.10.2021).

Bundesministerium für Familie, Senioren, Frauen und Jugend, *Aktionsplan 2011 der Bundesregierung zum Schutz von Kindern und Jugendlichen vor sexueller Gewalt und Ausbeutung* (Berlin: BMFSFJ, 2011).

Bundesministerium für Familie, Senioren, Frauen und Jugend, *Bericht der Bundesregierung zu den Auswirkungen des Gesetzes zur Regelung der Rechtsverhältnisse der Prostituierten (Prostitutionsgesetz – ProstG)* (Berlin: BMFSFJ, 2007).

Bundesministerium für Familie, Senioren, Frauen und Jugend, *Lebenssituation, Sicherheit und Gesundheit von Frauen in Deutschland. Ergebnisse der repräsentativen Untersuchung zu Gewalt gegen Frauen in Deutschland. Kurzfassung*, 5. Aufl. (Bundesministerium für Familie, Senioren, Frauen und Jugend, 2013 [2004]).

Bundesministerium für Familie, Senioren, Frauen und Jugend, *Lebenssituation und Belastungen von Frauen mit Beeinträchtigungen und Behinderungen in Deutschland. Kurzfassung*, 3. Aufl. (Berlin: BMFSFJ, 2014).

Bundesministerium für Familie, Senioren, Frauen und Jugend, *Zwischenbericht Mai 2020 [...] zum Gesetz zur Regulierung des Prostitutionsgewerbes sowie zum Schutz von in der Prostitution tätigen Personen* (Berlin: BMFSFJ, 2020).

Bundesministerium für Familie, Senioren, Frauen und Jugend/Interdisziplinäres Zentrum für Frauen- und Geschlechterforschung (IFF) der Universität Bielefeld, *Gewalt gegen Frauen in Paarbeziehungen. Eine sekundäranalytische Auswertung zur Differenzierung von Schweregraden, Mustern, Risikofaktoren und Unterstützung nach erlebter Gewalt. Enddokumentation November 2008* (Berlin: Bundesministerium für Familie, Senioren, Frauen und Jugend, 2008).

Bundesministerium für Familien und Jugend, *(K)ein sicherer Ort. Sexuelle Gewalt an Kindern*, 7. Aufl. (Wien: BMFJ, 2016).

Bundesstiftung Magnus Hirschfeld (Hg.), *Abschlussbericht. Wissenschaftliche Bestandsaufnahme der tatsächlichen und rechtlichen Aspekte von Handlungsoptionen unter Einbeziehung internationaler Erfahrungen zum geplanten „Verbot sogenannter ‚Konversionstherapien'" in Deutschland zum Schutz homosexueller Männer, Frauen, Jugendlicher und junger Erwachsener vor Pathologisierung und Diskriminierung* (Berlin: Bundesministerium für Gesundheit & Bundesstiftung Magnus Hirschfeld, 2019).

Bundeszentrale für gesundheitliche Aufklärung, *Prävention sexualisierter Gewalt – Forum Sexualaufklärung*, 2018, Heft 2.

Bündnis 90/Die Grünen, *Aufarbeitung und Verantwortung – Berichte und Dokumente zur Arbeit der Arbeitsgruppe Aufarbeitung von BÜNDNIS 90/DIE GRÜNEN* (Berlin: Bündnis 90/Die Grünen, 2016); abrufbar unter: https://t1p.de/pawqo (Zugriff: 31.10.2021).

Bundschuh, Claudia, *Pädosexualität. Entstehungsbedingungen und Erscheinungsformen* (Wiesbaden: Springer, 2001).

Bundschuh, Claudia, „Pädosexualität," in *Pädosexualität ist Gewalt. (Wie) kann die Jugendhilfe schützen?*, hg. von Gisela; Hasebrink, Marianne; Huxoll, Martina (Weinheim: Beltz, 2003): 141–264.

Bundschuh, Claudia, „Die sogenannte Pädophilenbewegung in Deutschland," in *Tabubruch und Entgrenzung. Kindheit und Sexualität nach 1968*, hg. von Meike Sophia Baader et al. (Köln et al.: Böhlau, 2017): 85–100.

Burchard, Ernst, „II. [Entgegnung auf Albert Moll]," *Deutscher Kampf*, 1905(8): 32–36.

Burger, Harald, *Mediensprache. Eine Einführung in Sprache und Kommunikationsformen der Massenmedien*, 3. Aufl. (Berlin u. New York, 2005).

Burger, Harald; Luginbühl, Martin, *Mediensprache. Eine Einführung in Sprache und Kommunikationsformen der Massenmedien*, 4. Aufl. (Berlin u. Boston: De Gruyter, 2014).

Burghardt, Daniel et al., *Vulnerabilität. Pädagogische Herausforderungen* (Stuttgart: Kohlhammer, 2017).

Burgsmüller, Claudia, „Missbrauchstäter: Schuldfähigkeit und strafrechtliches Sanktionensystem," in *Sexueller Missbrauch von Kindern und Jugendlichen. Ein Handbuch zur Prävention und Intervention für Fachkräfte im medizinischen, psychotherapeutischen und pädagogischen Bereich*, hg. von Jörg M. Fegert et al. (Berlin und Heidelberg: Springer, 2015): 131–135.

Burhoff, Detlef, „Nein ist Nein, oder: Das neue Sexualstrafrecht," *StrafRechtsReport*, 2017(4): 6

Burkard, Franz Peter, Art. „Humanität," in *Metzler Philosophie Lexikon: Begriffe und Definitionen*, hg. von Peter Prechtl u. Franz Peter Burkard (Stuttgart u. Weimar: Metzler, 1996): 221.

Burkart, Günter, „Auf dem Weg zu einer Soziologie der Liebe," in *Liebe am Ende des 20. Jahrhunderts. Studien zur Soziologie intimer Beziehungen*, hg. von Kornelia Hahn u. Günter Burkart (Wiesbaden: VS Verlag für Sozialwissenschaften, 1998): 15–50.

Burkert, Esther, „Frauen als Zielgruppe von Patientinnenverfügungen und Sterbehilfe – zwischen Selbstbestimmungsversprechen und Bevölkerungspolitik," *Beiträge zur feministischen Theorie und Praxis* 24(59) (2001): 93–113.

Burkhard, Björn, „Schuld – rechtliche Perspektiven: Rechtstheoretische und praktisch-empirische Überlegungen," in *Schuld. Bearbeitung, Bewältigung, Lösung. Strukturelle und prozessdynamische Aspekte*, hg. von Hermes Andreas Kick u. Wolfram Schmitt (Berlin: LIT, 2011): 57–78.

Burkhardt, Helmut, *Ethik*, Bd. II/2, *Das gute Handeln: Sexualethik, Wirtschaftsethik, Umweltethik und Kulturethik*, 3. Aufl. (Gießen/Basel: Brunnen, 2020 [2008]).

Busche, Bernd, *Sexualethik kontrovers. Analyse evangelischen Schrifttums zu Sexualität, Partnerschaft und Ehe* (Essen: Die Blaue Eule, 1989) (Dissertation, Universität Bochum, 1988 / Theologie in der Blauen Eule, Bd. 4).

Busse, Dietrich, *Frame-Semantik. Ein Kompendium* (Berlin u. Boston: Walter de Gruyter, 2012).

Butler, Joseph, *Bestätigung der natürlichen und geoffenbarten Religion aus ihrer Gleichförmigkeit mit der Einrichtung und dem ordentlichen Laufe der Natur*, übers. von Johann Joachim Spalding (Leipzig: Weidmannische Handlung, 1756).

Butler, Judith, *Das Unbehagen der Geschlechter*, übers. von Kathrina Menke (Frankfurt a. M.: Suhrkamp, 1991 [1990]).

Butler, Judith, *Haß spricht. Zur Politik des Performativen*, übers. von Kathrina Menke u. Markus Krist (Frankfurt a. M.: Suhrkamp, 2006 [1997]).

Cahill, Ann J., *Rethinking Rape* (Ithaka: Cornell University Press, 2001).

Camenzind, Elisabeth, „Grundsätzliche Überlegungen zur sexuellen Kindsmißhandlung," in *Frauen verlassen die Couch. Feministische Psychotherapie*, hg. von Elisabeth Camenzind u. Ulfa von den Steinen (Zürich: Kreuz, 1989): 165–180.

Cameron, Paul et al., „Child molestation and homosexuality," *Psychological Reports* 58 (1986): 327–337.

Cameron, Paul, „Are over a Third of Foster Parent Molestations Homosexual?," *Psychological Reports* 96 (2005): 275–298.

Cameron, Paul, „Child Molestations by Homosexual Foster Parents: Illinois, 1997–2002," *Psychological Reports* 96 (2005): 227–230.

Cameron, Paul, „Homosexual Molestation of Children/Sexual Interaction of Teacher and Pupil," *Psychological Reports* 57(3) (1985): 1227–1236.

Cameron, Paul; Landess, Thomas; Cameron, Kirk, „Homosexual Sex as Harmful as Drug Abuse, Prostitution, or Smoking," *Psychological Reports* 96 (2005): 915–961.

Cameron, Paul; Playfair, William L.; Wellum, Stephen, „The Longevity of Homosexuals. Before and after the AIDS Epidemic," *OMEGA. Journal of Death and Dying* 29(3) (1994): 249–272.

Campagna, Norbert, *Prostitution. Eine philosophische Untersuchung* (Berlin: Parerga, 2005).

Canadian Psychological Association, „Policy Statement" der Sektion „Sexual Orientation and Gender Identity Issues"; abrufbar unter: https://t1p.de/5h46 (Zugriff: 31.10.2021).

Canetti, Elias, *Masse und Macht* (Hamburg: Claassen, 1984 [1960]).

Cankiran, Rukiye, *Das geraubte Glück. Zwangsheiraten in unserer Gesellschaft* (Freiburg i.Br.: Herder, 2019).

Cappelørn, Niels Jørgen, „Die ursprüngliche Unterbrechung. Søren Kierkegaard beim Abendmahl im Freitagsgottesdienst der Kopenhagener Frauenkirche," *Kierkegaard Studies Yearbook*, 1996, 315–388.

Carback, Joshua T., „Cybersex Trafficking: Toward a More Effective Prosecutorial Response," *Criminal Law Bulletin* 54(1) (2018): 64–183.

Carr, Alan, „Adult Adjustment of Survivors of Institutional Child Abuse in Ireland," *Child Abuse & Neglect* 34(7) (2010): 477–489.

Carrette, Jeremy R., „Intense Exchange. Sadomasochism, Theology and the Politics of Late Capitalism," *Theology & Sexuality* 11(2) (2005): 11–30.

Carter, Daniel L. et al., „The Use of Pornography in the Criminal and Developmental Histories of Sexual Offender," *Journal of Interpersonal Violence* 2(2) (1987): 196–211.

Cavallar, Georg, „Die Kultivierung von Freiheit trotz Zwang [sic!] (Kant)," *Vierteljahresschrift für wissenschaftliche Pädagogik* 72(1) (1996): 87–95.

Chadwick, Henry, „Enkrateia," in *Reallexicon für Antike und Christentum*, Bd. 5, hg. von Theodor Klauser (Stuttgart: Hiersemann, 1962): 343–365.

Chen, Laura P. et al., „Sexual Abuse and Lifetime Diagnosis of Psychiatric Disorders: Systematic Review and Meta-Analysis," *Mayo Clinic Proceedings* 85(7) (2010): 618–629.

Chen, Lijun et al., „Frequency and Duration of Use, Craving and Negative Emotions in Problematic Online Sexual Activities," *Sexual Addiction & Compulsivity* 25(4) (2018): 396–414.

Cho, Eugene; Dolores, Maria Molina; Wang, Jinping, „The Effects of Modality, Device, and Task Differences on Perceived Human Likeness of Voice-Activated Virtual Assistants," *Cyberpsychology, Behavior, and Social Networking* 22(8) (2019): 515–520.

Chow, Eva W.C.; Choy, Alberto L., „Clinical Characteristics and Treatment Response to SSRI in a Female Pedophile," *Archives of Sexual Behavior* 31 (2002): 211–215.

Church, Stephanie et al., „Violence by clients towards female prostitutes in different work settings: questionnaire survey," *BMJ Clinical Research* 322(2001): 524–525.

Cicero, *M. Tullii Ciceronis oratio pro A. Cluentio Habito*, hg. von Johannes Classen (Bonn: Weber, 1831).

Cierpka, Manfred; Cierpka, Astrid, „Die Identifikation eines mißbrauchten Kindes," *Psychotherapeut* 42(2) (1997): 98–105.

Clague, Julie, „Europas moralische Werte: Kennzeichen oder Wunden der Zivilisation," *Concilium* 44 (2008): 19–28.

Claußen, Ulf, Art. „Gewalt (Gewalthandlung)," in *Evangelisches Soziallexikon*, 8. Aufl., hg. von Martin Honecker et al. (Stuttgart: Kohlhammer, 2001): Sp. 602–606.

Cleland, John, *Die Memoiren der Fanny Hill*, übers. von Erika Nosbüsch (Wien et al.: Kurt Desch Verlag, 1963 [1749]).

Clulow, Christopher, „Sexual Fantasy, Unconscious Phantasy, and The Dynamics of Attachment," *Couple and Family Psychoanalysis* 9(1) (2019): 1–14.

Codex iuris canonici. Codex des kanonischen Rechtes. Lateinisch-deutsche Ausgabe mit Sachverzeichnis im Auftrag der Deutschen Bischofskonferenz, der Österreichischen Bischofskonferenz, der Schweizer Bischofskonferenz, der Erzbischöfe von Luxemburg und von Straßburg sowie der Bischöfe von Bozen-Brixen, von Lüttich und Metz, übers. von Winfried Aymans, 8. Aufl. (Kevelaer: Butzon & Bercker, 2017 [1983]).

Cohen, Lisa J.; Galynker, Igor I., „Clinical Features of Pedophilia and Implications for Treatment,“ *Journal of Psychiatric Practice* 8(5) (2002): 276–289.

Cohen, Lisa J. et al., „Heterosexual Male Perpetrators of Childhood Sexual Abuse: A Preliminary Neuropsychiatric Model,“ *Psychiatric Quarterly* 73(4) (2002): 313–336.

Cohen, Lisa J. et al., „Comparison of Personality Traits in Pedophiles, Abstinent Opiate Addicts, and Healthy Controls: Considering Pedophilia as an Addictive Behavior,“ *The Journal of Nervous and Mental Disease* 196(11) (2008): 829–837.

Cohen, Lisa J.; Galynker, Igor I., „Psychopathology and Personality Traits of Pedophiles. Issues for Diagnosis and Treatment,“ *Psychiatric Times* 26(6) (2009): 25–30.

Colarusso, Calvin A., „The Central Masturbation Fantasy in Heterosexual Males Across the Life Cycle: Masturbation Fantasies Across the Normality-Pathology Spectrum,“ *Journal of the American Psychoanalytic Association* 60(5) (2012): 917–948.

Coleman, Eli, „From sexology to sexual health,“ in *Routledge Handbook of Sexuality, Health and Rights*, hg. von Peter Aggleton u. Richard Parker (London u. New York: Routledge, 2010): 135–144.

Coleman, Eli, „Masturbation as a Means of Achieving Sexual Health,“ *Journal of Psychology & Human Sexuality* 14(2–3) (2002): 5–16.

Coleman, Eli, „The Obsessive-Compulsive Model for Describing Compulsive Sexual Behavior,“ *American Journal of Preventive Psychiatry & Neurology* 2 (1990): 9–14.

Collins, Rory W., „Effects of Porn: A Critical Analysis“; abrufbar unter: https://philarchive.org/rec/COLEOP (Zugriff: 20.06.2020).

Comtesse, Dagmar, „Das Böse,“ in *Religion und Säkularisierung. Ein interdisziplinäres Handbuch*, hg. von Thomas M. Schmidt u. Annette Pitschmann (Stuttgart u. Weimar: Metzler, 2014): 173–179.

Conen, Marie-Luise, „Sexueller Mißbrauch aus familiendynamischer Sicht – Arbeitsansätze in der SPFH,“ in *Handbuch Sozialpädagogische Familienhilfe*, hg. von Elisabeth Helming, Heinz Schattner u. Herbert Blüml (Deutsches Jugendinstitut), 5. Aufl. (Baden-Baden: Nomos, 2004 [1997]) (*Bundesministerium für Familie, Senioren, Frauen und Jugend. Schriftenreihe*, Bd. 182): 382–397.

Conring, Hermann, *Discursus ad Lampadium*, in: Ders., *Opera*, Bd. 1–7, hg. von Johann Wilhelm Göbel (Brauschweig: Meyer, 1730; Nachdruck: Aalen: Scientia Verlag, 1970).

Conte, Jon R., „The Nature of Sexual Offenses Against Children,“ in *Clinical Approaches to Sex Offenders and their Victims*, hg. von Clive R. Hollin u. Kevin Howells (New York: John Wiley, 1991): 11–34.

Cooper, Al; Griffin-Shelley, Eric, „Introduction. The Internet: The Next Sexual Revolution,“ in *Sex and the Internet. A Guidebook for Clinicians*, hg. von Al Cooper (New York u. London: Brunner-Routledge, 2002): 1–15.

Cornell, Drucilla, *Die Versuchung der Pornographie*, übers. von Vincent Vogelvelt (Frankfurt a. M.: Suhrkamp, 1997).

Cornog, Martha; Perper, Timothy, „Bestiality,“ in *Human Sexuality. An Encyclopedia*, hg. von Vern L. Bullough u. Bonnie Bullough (New York: Garland, 1994): 60–63.

Cornwall, Andrea; Corrêa, Sonia; Jolly, Susie, „Development with a Body: Making the Connections between Sexuality, Human Rights and Development,“ in *Development with a*

Body. Sexuality, Human Rights and Development, hg. von Andrea Cornwall, Sonia Corrêa u. Susie Jolly (London u. New York: Zed Books, 2008): 1–21.

Cornwell, John, *Die Beichte. Eine dunkle Geschichte*, übers. von Helmut Dierlamm u. Enrico Heinemann (Berlin: Berlin-Verlag, 2014).

Corvin, Otto von, *Historische Denkmale des Christlichen Fanatismus* (Leipzig: Gebauer, 1845).

Corvino, John, *What's Wrong with Homosexuality?* (Oxford u. New York: Oxford University Press, 2013).

Cosentino, Gabriele, *Social Media and the Post-Truth World Order. The Global Dynamics of Disinformation* (Cham: palgrave macmillan, 2020).

Cossins, Anne, *Masculinities, Sexualities, and Child Sexual Abuse* (The Hague et al.: Kluwer Law International, 2000).

Coy, Maddy, „‚I Am a Person Too'. Women's Accounts and Images about Body and Self in Prostitution," in *Prostitution, Harm and Gender Inequality. Theory, Research and Policy*, hg. von Maddy Coy (Farnham: Ashgate, 2012): 103–120.

Coy, Maddy, „Prostitution in (and out of) policy on violence against women and girls in the UK," *Journal of Gender-Based Violence* 1(1) (2017): 117–126.

Cruz, David B., „Controlling Desires: Sexual Orientation Conversion and the Limits of Knowledge and Law," *Southern California Law Review* 72(5) (1999): 1297–1400.

Czarnecki, Dorothea et al., *Prostitution in Deutschland – Fachliche Betrachtung komplexer Herausforderungen* (Berlin, 2014); abrufbar unter: https://t1p.de/383o (Zugriff: 31.10.2021).

D'Amato, Anthony, „Porn Up, Rape Down" (23.06.2006), *Northwestern Public Law Research Paper* Nr. 913013; abrufbar unter: https://ssrn.com/abstract=913013 (Zugriff: 31.10.2021).

Dabrock, Peter, *Menschenwürde und Lebensschutz. Herausforderungen theologischer Bioethik* (Gütersloh: Gütersloher Verlagshaus, 2004).

Dabrock, Peter, „Befähigungsgerechtigkeit als Ermöglichung gesellschaftlicher Inklusion," in *Capabilities – Handlungsbefähigung und Verwirklichungschancen in der Erziehungswissenschaft*, hg. von Hans-Uwe Otto u. Holger Ziegler, 2. Aufl. (Wiesbaden: VS Verlag für Sozialwissenschaften, 2010 [2008]): 17–53.

Dabrock, Peter, „Biblisch orientierter Pluralismus. Worum es der evangelischen Sexualethik geht," *Herder Korrespondenz* 68(2) (2014): 7–11.

Dabrock, Peter, „Sex braucht keine Ehe," *Christ & Welt*, 2014, Heft 10, 2.

Dabrock, Peter, „Zum Gebrauch der Bibel in der Theologischen Ethik. Erörterungen angesichts der aktuellen Debatte um Homosexualität," *Ökumenische Rundschau* 61(3) (2012): 275–286.

Dabrock, Peter et al., *Unverschämt – schön. Sexualethik: evangelisch und lebensnah* (Gütersloh: Gütersloher Verlagshaus, 2015).

Dabrock, Peter, „Warum die Bibel für die evangelisch-theologische Ethik viel, aber nicht alles bedeutet – Überlegungen angesichts der noch immer nicht verstummten Debatte um die Anerkennung homosexueller Orientierung," in *Traut euch. Schwule und lesbische Ehe in der Kirche*, hg. von Eva Harasta (Berlin: Wichern, 2016): 42–76.

Dackweiler, Regina-Maria, *Gewalt-Verhältnisse. Feministische Perspektiven auf Geschlecht und Gewalt* (Frankfurt a. M. u. New York: Campus, 2002).

Dahl, Robert A., „The Concept of Power," *Behavioral Science* 2(3) (1957): 201–215.

Dailey, Timothy J., „Homosexual Parenting: Placing children at risk" (2002); abrufbar unter: https://t1p.de/a7yt (Zugriff: 15.11.2019).

Dalferth, Ingolf U., *Umsonst. Eine Erinnerung an die kreative Passivität des Menschen* (Tübingen: Mohr Siebeck, 2011).

Dalferth, Ingolf U., *Sünde. Die Entdeckung der Menschlichkeit* (Leipzig: EVA, 2020).

Dalhoff, Maria, „Zentrale Entwicklungslinien sexueller Einvernehmlichkeit seit den 1970er Jahren. Eine Skizze," in *Sexuelle Einvernehmlichkeit gestalten. Theoretische, pädagogische und künstlerische Perspektiven auf eine Leerstelle sexueller Bildung*, hg. von Maria Dalhoff et al. (Hannover: fabrico, 2021): 57–63.

Danaher, John, „Robotic Rape and Robotic Child Sexual Abuse: Should They be Criminalised?," *Criminal Law and Philosophy* 11(1) (2017): 71–95.

Danaher, John, „Should We Be Thinking about Robot Sex?," in *Robot Sex. Social and Ethical Implications*, hg. von John Danaher u. Neil McArthur (Cambridge, MA: MIT Press, 2017): 3–14.

Dancer, Peter L.; Kleinplatz, Peggy J.; Moser, Charles, „24/7 SM Slavery," *Journal of Homosexuality* 50(2–3) (2006): 81–101.

Dane, Gesa, *Zeter und Mordio! Vergewaltigung in Recht und Literatur* (Göttingen: Wallstein, 2005).

Dannecker, Martin, „Bemerkungen zur strafrechtlichen Behandlung der Pädosexualität," in *Sexualwissenschaft und Strafrecht*, hg. von Herbert Jäger u. Eberhard Schorsch (Stuttgart: F. Enke, 1987) (*Beiträge zur Sexualforschung*, Bd. 62): 71–83.

Dannecker, Martin, „Ein sexualwissenschaftlicher Blick auf den strafrechtlichen und individuellen Umgang mit Kinderpornographie" (Vortrag auf dem Bochumer Symposium gegen sexuelle Gewalt, Bochum, 15.09.1999) (Manuskript).

Dannecker, Martin, „Pädosexualität," in *Handwörterbuch Sexueller Missbrauch*, hg. von Dirk Bange u. Wilhelm Körner (Göttingen et al.: Hogrefe, 2002): 390–394.

Dannecker, Martin, „Männliche und weibliche Sexualität," in *Freud und das Sexuelle. Neue psychoanalytische und sexualwissenschaftliche Perspektiven*, hg. von Ilka Quindeau u. Volkmar Sigusch (Frankfurt a. M. u. New York: Campus, 2005): 80–94.

Dannecker, Martin, „Sexueller Missbrauch und Pädosexualität," in *Sexuelle Störungen und ihre Behandlung*, hg. von Volkmar Sigusch, 4. Aufl. (Stuttgart u. New York: Thieme, 2006 [1996]): 295–299.

Dannecker, Martin, „Sexualität im Wandel," in: Ders., *Faszinosum Sexualität. Theoretische, empirische und sexualpolitische Beiträge* (Gießen: Psychosozial-Verlag, 2017): 9–24.

Dannecker, Martin, „Die Dekonstruktion der sexuellen Normalität in den Drei Abhandlungen zur Sexualtheorie," in: Ders., *Faszinosum Sexualität. Theoretische, empirische und sexualpolitische Beiträge* (Gießen: Psychosozial-Verlag, 2017): 51–70.

Dannecker, Siegfried, „Kinderpornographie: ‚Hinsehen statt wegschauen'," *Kreiszeitung Böblinger Bote*, 08.08.2018; abrufbar unter: https://t1p.de/2u5h (Zugriff: 31.10.2021).

Dassmann, Ernst, „‚Als Mann und Frau erschuf er sie'. Gen. 1,27c im Verständnis der Kirchenväter," in *Panchaia. Festschrift für Klaus Thraede*, hg. von Manfred Wacht (Münster: Aschendorff, 1995) (*JAC*, Ergänzungsband 22): 45–60.

Daszkowski, Alexandra, *Das Körperbild bei Frauen und Männern. Evolutionstheoretische und kulturelle Faktoren* (Marburg: Tectum, 2003) (zugl. Dissertation, Universität Hamburg, 2002).

Deb, Sibnath; Mukherjee, Aparna, *Impact of Sexual Abuse on Mental Health of Children* (New Delhi: Concept Publishing Company, 2009).

Debay, Auguste, *Hygiène et physiologie du mariage, histoire naturelle et médicale de l'homme et de la femme mariés dans ses plus curieux détails* (Paris: E. Moquet, 1848).
Debus, Katharina, „Nicht-diskriminierende Sexualpädagogik," in *Handbuch Diskriminierung*, hg. von Albert Scherr, Aladin El-Mafaalani u. Gökçen Yüksel (Wiesbaden: Springer VS, 2017): 811–834.
DeCurtis, Anthony, „R.E.M.: Monster Madness," *Rolling Stone* (dt. Ausgabe), 1994, Nr. 11, 58–64.
DeCurtis, Anthony, „R.E.M.: Monster Madness," *Rolling Stone*, 1994, Nr. 693, 20. Oktober (*College Special, Sex & Noise*); abrufbar unter: https://t1p.de/9v7b (Zugriff: 31.10.2021).
Dederich, Markus, „Außerordentliche Körper, Verwundbarkeit und Anerkennung," in *Vulnerabilität. Pädagogisch-ästhetische Beiträge zu Korporalität, Sozialität und Politik*, hg. von Ulaş Aktaş (Bielefeld: transcript, 2020): 65–82.
Deegener, Günther, „Bewertung pädophiler Forderungen im Deutschen Kinderschutzbund", Manuskript [2016] (127 S.); abrufbar unter: https://t1p.de/bx27f (Zugriff: 31.10.2021).
Degen, Rolf, „Bis daß der Frust euch scheidet," *Die Welt*, 07.10.1998, 9; abrufbar unter: https://www.welt.de/print-welt/article626457 (Zugriff 31.10.2021).
Degener, Theresia, „Freibrief für Vergewaltiger," *Emma* 1987(8): 11.
Deja, Christine, *Frauenlust und Unterwerfung. Geschichte der O und Neun Wochen und drei Tage* (Freiburg i.Br.: Kore, 1991).
DeKeseredy, Walter S.; Hall-Sanchez, Amanda, „Thinking critically about contemporary adult pornography and woman abuse," in *Routledge Handbook of Critical Criminology*, 2. Aufl., hg. von Walter S. DeKeseredy u. Molly Dragiewicz (London u. New York: Routledge, 2018 [2011]): 280–294.
Dekker, Arne; Matthiesen, Silja, „Bedeutungen der Sexualität," in *Kinder der sexuellen Revolution. Kontinuität und Wandel studentischer Sexualität 1966–1996. Eine empirische Untersuchung*, hg. von Gunter Schmidt (Gießen: Psychosozial-Verlag, 2000): 97–110.
Delhom, Pascal, „Erlittene Gewalt verstehen," in *Gewalt Verstehen*, hg. von Burkhard Liebsch u. Dagmar Mensink (Berlin: Akademie, 2003): 59–77.
Demaré, Dano; Briere, John; Lips, Hilary M., „Violent Pornography and Self-Reported Likelihood of Sexual Aggression," *Journal of Research in Personality* 22(2) (1988): 140–153.
Demel, Sabine, „Moral ohne Recht – Recht ohne Moral? Über die Freiheitsordnung in Staat und Kirche," in *Zukunftshorizonte katholischer Sexualethik*, hg. von Konrad Hilpert (Freiburg et al.: Herder, 2011) (*Quaestiones disputatae*, Bd. 241): 248–262.
Demmer, Klaus, *Selbstaufklärung theologischer Ethik. Themen – Thesen – Perspektiven* (Paderborn: Schöningh, 2014).
Dennett, Daniel C., *Den Bann brechen. Religion als natürliches Phänomen* (Frankfurt a. M. u. Leipzig: Verlag der Weltreligionen, 2008).
Denzler, Georg; Fabricius, Volker (Hg.), *Christen und Nationalsozialisten. Darstellung und Dokumente* (Frankfurt a. M.: Fischer, 1995).
Department of Justice (UK), *Assessment of impact criminalisation of purchasing sexual services* (September 2019); abrufbar unter: https://t1p.de/t5mh (Zugriff: 21.10.2021).
DER SPIEGEL [o.V.], „‚Ich bin der Herr, dein Gott'. Notzucht im Ehebett – das erlaubte Massendelikt," *DER SPIEGEL*, Nr. 27, 28.06.1987, 24–31.
DER SPIEGEL [o.V.], „Die erotische Gegenkultur muß her," *DER SPIEGEL*, Nr. 44, 30.10.1988, 254–274.

Dethloff, Nina, *Abstammung und Verantwortung. Elternschaft bei assistierter Reproduktion als Aufgabe der Rechtspolitik* (Berlin u. Boston: De Gruyter, 2017) (*Schriftenreihe der Juristischen Gesellschaft zu Berlin*, Bd. 195).

Deutsche Gesellschaft für Psychiatrie, Psychotherapie und Nervenheilkunde, *Praxisleitlinien in Psychiatrie und Psychotherapie*, Bd. 8, *Behandlungsleitlinie Störungen der sexuellen Präferenz. Diagnose, Therapie und Prognose*, hg. von Wolfgang Berner et al. (Darmstadt: Steinkopff, 2007).

Deutscher Bundestag, *Beratungen des Sonderausschusses für die Strafrechtsreform*, 6. Wahlperiode (Bonn: 1969–1972).

Deutscher Bundestag, BT-Drucksache 13/2463 („Gesetzentwurf der Fraktionen der CDU/CSU und F.D.P. Entwurf eines ... Strafrechtsänderungsgesetzes – §§ 177 bis 179 StGB (... StrÄndG)"; 27.09.1995).

Deutscher Bundestag, BT-Drucksache 13/3026 („Beschlußempfehlung und Bericht des Rechtsausschusses [6. Ausschuß]"; 07.05.1996).

Deutscher Bundestag, BT-Drucksache 13/3026 (Antrag der Abgeordneten Irmingard Schewe-Gerigk et al.; 16.11.1995).

Deutscher Bundestag, BT-Drucksache 13/7934 („Beschlußempfehlung und Bericht des Ausschusses für Bildung, Wissenschaft, Forschung, Technologie und Technikfolgenabschätzung (19. Ausschuß) zu dem Gesetzentwurf der Bundesregierung – Drucksache 13/7385 – Entwurf eines Gesetzes zur Regelung der Rahmenbedingung für Informations- und Kommunikationsdienste [Informations- und Kommunikationsdienste-Gesetz – IuKDG]"; 11.06.1997).

Deutscher Bundestag, BT-Drucksache 14/5958 („Entwurf eines Gesetzes zur Verbesserung der rechtlichen und sozialen Situation der Prostituierten"; 08.05.2001).

Deutscher Bundestag, BT-Drucksache 14/7174 („Beschlussempfehlung und Bericht des Ausschusses für Familie, Senioren, Frauen und Jugend (13. Ausschuss) [...] Entwurf eines Gesetzes zur beruflichen Gleichstellung von Prostituierten und anderer sexuell Dienstleistender"; 17.10.2001).

Deutscher Bundestag, BT-Drucksache 16/4146 („Bericht der Bundesregierung zu den Auswirkungen des Gesetzes zur Regelung der Rechtsverhältnisse der Prostituierten [Prostitutionsgesetz – ProstG]"; 25.01.2007).

Deutscher Bundestag, BT-Drucksache 16/7917 („Antihomosexuelle Seminare und pseudowissenschaftliche Therapieangebote religiöser Fundamentalisten"; 24.01.2008).

Deutscher Bundestag, BT-Drucksache 16/8022 („Antwort der Bundesregierung auf die Kleine Anfrage der Abgeordneten Volker Beck (Köln), Josef Philip Winkler, Hans-Christian Ströbele, weiterer Abgeordneter und der Fraktion BÜNDNIS 90/DIE GRÜNEN– Drucksache 16/7917"; 12.02.2008).

Deutscher Bundestag, BT-Drucksache 16/9646 („Beschlussempfehlung und Bericht des Rechtsausschusses (6. Ausschuss) zu dem Gesetzentwurf der Bundesregierung – Drucksache 16/3439 – Entwurf eines Gesetzes zur Umsetzung des Rahmenbeschlusses des Rates der Europäischen Union zur Bekämpfung der sexuellen Ausbeutung von Kindern und der Kinderpornographie"; 18.06.2008).

Deutscher Bundestag, BT-Drucksache 18/12037 („Gesetzentwurf der Bundesregierung Entwurf eines Gesetzes zu dem Übereinkommen des Europarats vom 11. Mai 2011 zur Verhütung und Bekämpfung von Gewalt gegen Frauen und häuslicher Gewalt"; 24.04.2017).

Deutscher Bundestag, BT-Drucksache 18/8556 („Gesetzentwurf der Bundesregierung Entwurf eines Gesetzes zur Regulierung des Prostitutionsgewerbes sowie zum Schutz von in der Prostitution tätigen Personen"; 25.05.2016).

Deutscher Bundestag, BT-Drucksache 18/9095 („Beschlussempfehlung und Bericht des Ausschusses für Recht und Verbraucherschutz [6. Ausschuss] zu dem Gesetzentwurf der Bundesregierung – Drucksache 18/4613 – Entwurf eines Gesetzes zur Umsetzung der Richtlinie 2011/36/EU des Europäischen Parlaments und des Rates vom 5. April 2011 zur Verhütung und Bekämpfung des Menschenhandels und zum Schutz seiner Opfer sowie zur Ersetzung des Rahmenbeschlusses 2002/629/JI des Rates"; 06.07.2016).

Deutscher Bundestag, BT-Drucksache 18/9097 („Beschlussempfehlung und Bericht des Ausschusses für Recht und Verbraucherschutz [6. Ausschuss] […] zu dem Gesetzentwurf der Bundesregierung – Drucksache 18/8210, 18/8626 […]"; 06.07.2016).

Deutscher Bundestag, BT-Drucksache 19/13836 („Gesetzes zur Änderung des Strafgesetzbuches – Versuchsstrafbarkeit des Cybergroomings"; 09.10.2019).

Deutscher Bundestag, BT-Drucksache 19/16543 („Beschlussempfehlung und Bericht des Ausschusses für Recht und Verbraucherschutz [6. Ausschuss]"; 15.01.2020).

Deutscher Bundestag, BT-Drucksache 19/17278 („Entwurf eines Gesetzes zum Schutz vor Konversionsbehandlungen"; 19.02.2020).

Deutscher Bundestag, BT-Drucksache 19/20668 („Beschlussempfehlung und Bericht des Ausschusses für Recht und Verbraucherschutz [6. Ausschuss]"; 01.07.2020).

Deutscher Bundestag, BT-Drucksache VI/1552 („Entwurf eines Vierten Gesetzes zur Reform des Strafrechts [4. StrRG]"; 04.12.1970).

Deutscher Bundestag, BT-Drucksache VI/1552 („Entwurf für ein Viertes Gesetz zur Reform des Strafrechts"; 17.09. 1970).

Deutscher Bundestag, BT-Drucksache VI/3521 („Schriftlicher Bericht des Sonderausschusses für die Strafrechtsreform über den von der Bundesregierung eingebrachten Entwurf eines Vierten Gesetzes zur Reform des Strafrechts"; 14.06.1972).

Deutscher Bundestag, Plenarprotokoll Nr. 06/8 des Stenographischen Dienstes des Deutschen Bundestages, Bonn, 05.11.1969 (Einsetzungsbeschluss).

Deutscher Bundestag, Plenarprotokoll Nr. 13/175 des Stenographischen Dienstes des Deutschen Bundestages, 175. Sitzung, Bonn, 15. Mai 1997; abrufbar unter: https://t1p.de/9mdg (Zugriff: 31.10.2021).

Deutscher Bundestag, Plenarprotokoll Nr. 13/175 des Stenographischen Dienstes des Deutschen Bundestages, 105. Sitzung, Bonn, 5. März 1971; abrufbar unter: http://dipbt.bundestag.de/doc/btp/06/06105.pdf (Zugriff: 31.10.2021).

Deutscher Bundestag, Protokoll Nr. 68 des Stenographischen Dienstes des Deutschen Bundestages, Rechtsaussschuss (6. Auschuss), 68. Sitzung, Berlin, 18.06.2007; abrufbar unter: https://t1p.de/4yan (Zugriff: 31.10.2021).

Deutscher Ethikrat, *Intersexualität. Stellungnahme* (Berlin: Deutscher Ethikrat, 2012).

Deutscher Ethikrat, *Inzestverbot. Stellungnahme* (Berlin: Deutscher Ethikrat, 2014).

Deutsches Fremdwörterbuch, begonnen von Hans Schulz, fortgeführt von Otto Basler, weitergeführt im Institut für deutsche Sprache, 1. Aufl., Bd. 1–6 (Berlin u. New York: Walter de Gruyter, 1974–1983).

Deutsches Fremdwörterbuch, begonnen von Hans Schulz, fortgeführt von Otto Basler, völlig neu erarbeitet im Institut für Deutsche Sprache, 2. Aufl., Bd. 1ff. (Berlin u. New York/Boston: Walter de Gruyter, 1995ff.).

Deutsches Institut für Jugend und Gesellschaft (DIJG), *Bulletin*, Nr. 19/2010, *Kinsey, Money und mehr. Ein Beitrag zur Debatte über sexuellen Missbrauch an Minderjährigen*; abrufbar unter: http://www.dijg.de/bulletin/19-2010-kinsey-money-und-mehr (Zugriff: 31.10.2021).

Deutsches Institut für Jugend und Gesellschaft (DIJG), *Bulletin*, Nr. 10, Herbst 2005, Sonderheft „Jugendliche und Homosexualität".

Deutsches Jugendinstitut e.V. (Hg.), *Sexuelle Gewalt gegen Mädchen und Jungen in Institutionen, Abschlussbericht* (München: Deutsches Jugendinstitut, 2011).

Dewitte, Marieke et al., „Sexual Desire Discrepancy: A Position Statement of the European Society for Sexual Medicine," *Sexual Medicine* 8(2) (2020): 121–131.

Diamant, Louis, „Sexual Orientation: Some Historical Perspective," in *The Psychology of Sexual Orientation, Behavior, and Identity. A Handbook*, hg. von Louis Diamant u. Richard McAnulty (Westport, CN u. London: Greenwood Press, 1995): 3–18.

Diamond, Milton „The Effects of Pornography: An International Perspective," in *Porn 101. Eroticism, Pornography, and the First Amendment*, hg. von James Elias et al. (Amherst, NY: Prometheus Books, 1999): 223–260.

Diamond, Milton; Uchiyama, Ayako, „Pornography, Rape and Sex Crimes in Japan," *International Journal of Law and Psychiatry* 22(1) (1999): 1–22.

Diamond, Milton, „Pornography, Public Acceptance and Sex Related Crime: A Review," *International Journal of Law and Psychiatry* 32(5) (2009): 304–314.

Diamond, Milton; Jozifkova, Eva; Weiss, Petr, „Pornography and Sex Crimes in the Czech Republic," *Archives of Sexual Behavior* 40(5) (2010): 1037–1043.

Die Bekenntnisschriften der evangelisch-lutherischen Kirche. Herausgegeben im Gedenkjahr der Augsburgischen Konfession 1930, 11. Aufl. (Göttingen: Vandenhoeck & Ruprecht, 1992).

Diebner, Bernd Jörg, „Sexualität – eine gute Gabe Gottes?," *HuK-Info* 66 (1987): 3–9.

Dieckmann, Hans, „Der Archetyp des Puer aeternus in seiner Beziehung zur Aggression," *Analytische Psychologie* 11 (1980): 118–132.

Diels, Hermann (Hg.), *Die Fragmente der Vorsokratiker, griechisch-deutsch*, 2. Aufl., Bd. 1 (Berlin: Weidmann, 1906).

Dieregsweiler, Renate, *Krieg – Vergewaltigung – Asyl. Die Bedeutung von Vergewaltigung im Krieg und ihre Bewertung in der bundesdeutschen Asylrechtsprechung* (Sinzheim: Pro Universitate Verlag, 1997).

Dierichs, Angelika, „Erotik der Bildenden Kunst der Römischen Welt," in *Frauenwelten in der Antike. Geschlechterordnung und weibliche Lebenspraxis*, hg. von Thomas Späth u. Beate Wagner-Hasel (Stuttgart u. Weimar: J.B. Metzler, 2000): 394–411.

Dießelmann, Anna-Lena, „Menschen und Tiere – Vom Verschwimmen einer ehemals stabilen Opposition," in *Die Kultur des Neoevolutionismus. Zur diskursiven Renaturalisierung von Menschen und Gesellschaft*, hg. von Fabian Deus, Anna-Lena Dießelmann, Luisa Fischer u. Clemens Knobloch (Bielefeld: transcript, 2015): 45–69.

Dietrich, Walter; Mayordomo, Moisés, Art. „Gewalt," in *Sozialgeschichtliches Wörterbuch zur Bibel*, hg. von Frank Crüsemann et al. (Gütersloh: Gütersloher Verlagshaus, 2009): 210–215.

Dihle, Albrecht, *Die goldene Regel. Eine Einführung in die Geschichte der antiken und frühchristlichen Vulgärethik* (Göttingen: Vandenhoeck & Ruprecht, 1962) (*Studienhefte zur Altertumswissenschaft*, Bd. 7).

Dipper, Christof, „„…daß es nicht gelungen ist, dem Grundgesetz eine tiefere religiöse Begründung zu geben'. Die Konfessionen und die Entstehung des Grundgesetzes," in *Wechselseitige Erwartungslosigkeit? Die Kirchen und der Staat des Grundgesetzes – gestern, heute und morgen*, hg. von Hermann-Josef Große Kracht u. Gerhard Schreiber (Berlin u. Boston: De Gruyter, 2019): 3–31.

Dittrich, Irene, „Frühkindliche Sozialisation," in *Handbuch Sozialisationsforschung*, hg. von Klaus Hurrelmann et al., 8. Aufl. (Weinheim: Beltz, 2015 [1980]): 808–832.

Doblhofer, Georg, *Vergewaltigung in der Antike* (Stuttgart u. Leipzig: B.G. Teubner, 1994) (*Beiträge zur Altertumskunde*, Bd. 46; zugl. Dissertation, Universität Graz, 1992).

Dobson, James C., „Enough is Enough," in *Pornography. A Human Tragedy*, hg. von Tom Minnery (Wheaton, Ill.: Christianity Today u. Tyndale House, 1987): 31–55.

Doll, Frank, „Infografik. Zahlen und Fakten zur Milliardenbranche Prostitution," *Wirtschaftswoche*, 29.09.2020; abrufbar unter: https://t1p.de/6nb3 (Zugriff: 31.10.2021).

Dollinger, Roland, „Sadomasochismus in Alfred Döblins ‚Der schwarze Vorhang'," in *Internationales Alfred-Döblin-Kolloquium Leipzig 1997*, hg. von Ira Lorf u. Gabriele Sander (Bern et al.: Lang, 1999): 51–65.

Dombert, Beate et al., „How Common is Men's Self-Reported Sexual Interest in Prepubescent Children?," *The Journal of Sex Research* 53(2) (2016): 214–223.

Doña Carmen e.V. (Hg.), *Entrechtung durch Schutz. Streitschrift gegen das Prostituierten-schutzgesetz* (Frankfurt a. M.: DVS Verlag, 2019).

Doña Carmen e.V., *25 gute Gründe für ein klares NEIN zur ‚Erlaubnispflicht für Prostitutionsgewerbe* (rev. Ausgabe vom Januar 2016 [Februar 2015]); abrufbar unter: https://t1p.de/utl5 (Zugriff: 31.10.2021).

Döring, Nicola, „Der aktuelle Diskussionsstand zur Pornografie-Ethik: Von Anti-Porno- und Anti-Zensur- zu Pro-Porno-Positionen," *Zeitschrift für Sexualforschung* 24 (2011): 1–30.

Döring, Nicola, „Pornografie-Kompetenz: Definition und Förderung," *Zeitschrift für Sexualforschung* 24 (2011): 228–255.

Döring, Nicola, „Sexuell explizite Medienangebote: Produktion, Inhalte, Nutzung und Wirkungen," in *Handbuch Medienwirkungsforschung*, hg. von Wolfgang Schweiger u. Andreas Fahr (Wiesbaden: Springer VS, 2013): 419–438.

Dose, Ralf, *Die Durchsetzung der chemisch-hormonellen Kontrazeption in der Bundesrepublik Deutschland* (Berlin: Wissenschaftszentrum Berlin, 1989) (*Veröffentlichungsreihe der Forschungsgruppe Gesundheitsrisiken und Präventionspolitik*, P89, 204).

Douglas, David M., „Doxing: A Conceptual Analysis," *Ethics and Information Technology* 18(3) (2016): 199–210.

Dover, Kenneth J., *Homosexualität in der griechischen Antike*, übers. von Susan Worcester (München: C.H. Beck, 1983 [1978]).

Drach, Kerry M.; Wientzen, Joyce; Ricci, Lawrence R, „The Diagnostic Utility of Sexual Behavior Problems in Diagnosing Sexual Abuse in a Forensic Child Abuse Evaluation Clinic," *Child Abuse & Neglect* 25(4) (2001): 489–503.

Draijer, Nel, „Die Rolle von sexuellem Mißbrauch und körperlicher Mißhandlung in der Ätiologie psychischer Störungen bei Frauen," *System Familie* 3(2) (1990): 59–73.

Dreßing, Harald et al., „Sexual Abuse of Minors Within the Catholic Church and Other Institutions. A Literature Review," *Neuropsychiatrie* 31(2) (2017): 45–55.

Dreßing, Harald et al., „Sexueller Missbrauch von Kindern," *PSYCHup2date* 12(1) (2018): 79–94.

Dreßing, Harald; Salize, Hans Joachim; Dölling, Dieter, *Sexueller Missbrauch an Minderjährigen durch katholische Priester, Diakone und männliche Ordensangehörige im Bereich der Deutschen Bischofskonferenz* (Mannheim, Heidelberg u. Gießen, 2018).

Dreßing, Harald et al., „Sexueller Missbrauch durch katholische Kleriker. Retrospektive Kohortenstudie zum Ausmaß und zu den gesundheitlichen Folgen der betroffenen Minderjährigen (MHG-Studie),“ *Deutsches Ärzteblatt* 116(22) (2019): 389–396.

Dreßing, Harald, „Eine Missbrauchs-Untersuchung jüngerer kirchlicher Personalakten bis 2015. Es geht weiter,“ *Herder-Korrespondenz* 73(9) (2019): 24–27.

Drewermann, Eugen, „Zur Frage der moraltheologischen Beurteilung bestimmter Formen sexuellen Fehlverhaltens,“ in: Ders., *Psychoanalyse und Moraltheologie*, Bd. 2, *Wege und Umwege der Liebe* (Mainz: Matthias-Grünewald-Verlag, 1983): 162–225.

Drewes, Detlef, „Kinderpornographie,“ in *Handwörterbuch Sexueller Missbrauch*, hg. von Dirk Bange u. Wilhelm Körner (Göttingen et al.: Hogrefe, 2002): 278–283.

Driemeyer, Wiebke, „Masturbation und sexuelle Gesundheit – Ein Forschungsüberblick,“ *Zeitschrift für Sexualforschung* 26(4) (2013): 372–383.

Duden. Das große Wörterbuch der deutschen Sprache in sechs Bänden, hg. und bearb. vom Wissenschaftlichen Rat und den Mitarbeitern der Dudenredaktion unter Leitung von Günther Drosdowski, Bd. 2 (Mannheim et al.: Dudenverlag, 1976).

Duden. Das große Wörterbuch der deutschen Sprache in acht Bänden, hg. und bearb. vom Wissenschaftlichen Rat und den Mitarbeitern der Dudenredaktion unter Leitung von Günther Drosdowski, 2. Aufl., Bd. 2 (Mannheim et al.: Dudenverlag, 1993).

Duden. Das große Wörterbuch der deutschen Sprache in 10 Bänden, 3. Aufl. (Mannheim et al.: Dudenverlag, 1999).

Duden. Die Grammatik, 9. Aufl. (Berlin: Dudenverlag, 2016).

Duden. Deutsches Universalwörterbuch. Das umfassende Bedeutungswörterbuch der deutschen Gegenwartssprache, 9. Aufl. (Berlin: Dudenverlag, 2019).

Duden – Das Herkunftswörterbuch. Etymologie der deutschen Sprache, hg. von der Dudenredaktion, 6. Aufl. (Berlin: Bibliographisches Institut, 2020).

Duncan, Elmar, „Kierkegaard's Teleological Suspension of the Ethical: A Study of Exception-Cases,“ *Southern Journal of Philosophy* 1 (1963): 9–18.

Dux, Günter, *Geschlecht und Gesellschaft – Warum wir lieben. Die romantische Liebe nach dem Verlust der Welt*, 2. Aufl. (Wiesbaden: Springer VS, 2019 [1994]).

Dworatschek, Denis, „Gläubige im Gebet vereint. ‚Deutschland betet gemeinsam.' Zehntausende nehmen heute wieder an ökumenischer Live-Gebetsaktion teil,“ *Sonntagsblatt. Evangelische Wochenzeitung für Bayern*, 16.04.2020; abrufbar unter: https://t1p.de/4p3y (Zugriff: 31.10.2021).

Dworkin, Andrea, *Woman Hating* (New York: E.P. Dutton, 1974).

Dworkin, Andrea, *Pornography. Men Possessing Women* (New York: G.P. Putnam's Sons, 1979).

Dworkin, Andrea; MacKinnon, Catharine A., *Pornography and Civil Rights. A New Day for Women's Equality* (Minneapolis, MN: Organizing Against Pornography, 1988).

Dworkin, Andrea, *Pornographie. Männer beherrschen Frauen*, übers. von Erica Fischer (Frankfurt a. M.: Fischer, 1990).

Dworkin, Andrea, „Appendix B: Brief *Amicus Curiae* of Andrea Dworkin […]“; abgedruckt in: Catharine A. MacKinnon u. Andrea Dworkin, *In Harm's Way. The Pornography Civil Rights Hearings* (Cambridge, MA u. London: Harvard University Press, 1997): 310–320.

Dworkin, Andrea, *Intercourse* (New York: Simon & Schuster, 1997 [1987]).

Dwyer, Susan, „Constructing the ‚Problem' of Pornography," in *The Problem of Pornography*, hg. von Susan Dwyer (Belmont, CA: Wadsworth, 1995): 1–20.

Ebeling, Gerhard, *Luther. Einführung in sein Denken*, 4. Aufl. (Tübingen: Mohr 1981 [1964]).

Ebeling, Gerhard, *Lutherstudien*, Bd. 2, *Disputatio de homine*, Teil 3, *Die theologische Definition des Menschen. Kommentar zu These 20–40* (Tübingen: Mohr Siebeck, 1989).

Ebeling, Gerhard, *Dogmatik des christlichen Glaubens*, Bd. 1–3, 4. Aufl. (Tübingen: Mohr Siebeck, 2012 [1979]).

Eberle, Lukas, „Urteil gegen früheren Fußballprofi. Metzelders Parallelwelt," *SPIEGEL-ONLINE*, 29.04.2021; abrufbar unter: https://t1p.de/hq5u (Zugriff: 01.05.2021).

Ebert, Theodor, *Platon: Menon. Übersetzung und Kommentar* (Berlin u. Boston: De Gruyter, 2018) (*Quellen und Studien zur Philosophie*, Bd. 134).

Echols, Alice, „The Taming of the Id: Feminist Sexual Politics, 1968–1983" (1984), in: Dies., *Shaky Ground. The Sixties and Its Aftershocks* (New York: Columbia University Press, 2002): 109–128.

Eckert, Franz, *Schöpfungsglauben lernen und lehren* (Göttingen: Vandenhoeck & Ruprecht, 2009).

ECPAT Deutschland e.V., *Terminologischer Leitfaden für den Schutz von Kindern vor sexueller Ausbeutung und sexualisierter Gewalt. Verabschiedet von der Interinstitutionellen Arbeitsgruppe in Luxemburg, 28. Januar 2016* (Freiburg: ECPAT Deutschland e.V., 2018).

Eder, Annemarie, „Weiblichkeit und Sexualität bei Hildegard von Bingen," in *Minne ist ein swaerez Spil. Neue Untersuchungen zum Minnesang und zur Geschichte der Liebe im Mittelalter*, hg. von Ulrich Müller u. Peter Dinzelbacher (Göppingen: Kümmerle, 1986) (*Göppinger Arbeiten zur Germanistik*, Bd. 440): 111–141.

Eder, Franz X., „Die lange Geschichte der ‚Sexuellen Revolution' In Westdeutschland (1950er bis 1980er Jahre)," in *Sexuelle Revolution? Zur Geschichte der Sexualität im deutschsprachigen Raum seit den 1960er Jahren*, hg. von Peter-Paul Bänziger et al. (Bielefeld: transcript, 2015): 25–60.

Eggert, Simon; Sulmann, Daniela, „Gewalt gegen (ältere) pflegebedürftige Menschen in Deutschland – eine quantitative Annährung," in *Gewalt und Alter*, hg. von Ralf Suhr u. Adelheid Kuhlmey (Berlin u. Boston: De Gruyter, 2020): 47–56.

Ehman, Robert, „Adult-Child Sex," in *Philosophy of Sex*, hg. von Robert Baker u. Frederick Elliston Elliston (Buffalo, NY: Prometheus, 1984): 431–446.

Ehrenfels, Christian von, „Werttheorie und Ethik," *Vierteljahrsschrift für wissenschaftliche Philosophie* 17 (1893): 26–110, 200–266, 321–363, 413–425; 18 (1894): 22–97.

Ehrenfels, Christian von, *Sexualethik* (Wiesbaden: J.F. Bergmann, 1907).

Eibach, Ulrich, *Autonomie, Menschenwürde und Lebensschutz in der Geriatrie und Psychiatrie* (Münster: LIT, 2005).

Eibl-Eibesfeldt, Irenäus, „Gewaltbereitschaft aus ethologischer Sicht," in *Gewalt in unserer Gesellschaft. Gutachten für das Bayerische Staatsministerium des Inneren*, hg. von Klaus Rolinski u. Irenäus Eibl-Eibesfeldt (Berlin: Duncker u. Humblot, 1990): 59–86.

Eich, Holger, „Ethische Fragen in der Behandlung von sexuell Mißhandelten," in *Fragen der Ethik in der Psychotherapie*, hg. von Renate Hutterer-Krisch (Wien: Springer, 1996): 274–284.

Eichler, Ulrike; Müllner, Ilse (Hg.), *Sexuelle Gewalt gegen Mädchen und Frauen als Thema der feministischen Theologie* (Gütersloh: Kaiser, 1999).

Eickmeier, Andrea, „Und immer wieder neu. Der Gewalt gegen Frauen widerstehen. Eine Herausforderung für Theologie und Ethik," in *Sexuelle Gewalt gegen Mädchen und Frauen als Thema der feministischen Theologie*, hg. von Ulrike Eichler u. Ilse Müllner (München: Kaiser, 1999): 214–242.

Eigendorf, Jörg et al., „Augsburg mit höchster Dichte von Prostituierten," *Welt.de*, 03.11.2013; abrufbar unter: https://t1p.de/jkbd (Zugriff: 31.10.2021).

Eisele, Jörg; Franosch, Rainer, „Posing und der Begriff der Kinderpornografie in § 184b StGB nach dem 49. Strafrechtsänderungsgesetz," in *Zehn Jahre ZIS – Zeitschrift für Internationale Strafrechtsdogmatik*, hg. von Thomas Rotsch (Baden-Baden: Nomos, 2018): 557–572.

Eisele, Jörg; Heinrich, Bernd, *Strafrecht Allgemeiner Teil. Für Studienanfänger*, 2. Aufl. (Stuttgart: W. Kohlhammer, 2020 [2017]).

Eitler, Pascal, „Das ‚Reich der Sinne'? Pornographie, Philosophie und die Brutalisierung der Sexualität (Westdeutschland 1968–1988)," *Body Politics* 1(2) (2013): 259–296.

Eitler, Pascal, „Die ‚Porno-Welle'. Sexualität, Seduktivität und die Kulturgeschichte der Bundesrepublik," in *Sexuelle Revolution? Zur Geschichte der Sexualität im deutschsprachigen Raum seit den 1960er Jahren*, hg. von Peter-Paul Bänziger et al. (Bielefeld: transcipt, 2015): 87–111.

Elberfeld, Jens, „Von der Sünde zur Selbstbestimmung. Zum Diskurs ‚kindlicher Sexualität' (Bundesrepublik Deutschland 1960–1990)," in *Sexuelle Revolution? Zur Geschichte der Sexualität im deutschsprachigen Raum seit den 1960er Jahren*, hg. von Peter-Paul Bänziger et al. (Bielefeld: transcript, 2015): 247–283.

Ellbogen, Klaus, „Strafbarkeit des Beischlafs zwischen Verwandten. Ein Relikt aus der Vergangenheit," *Zeitschrift für Rechtspolitik* 39(6) (2006): 190–192.

Elliott, Ian A. et al., „Psychological Profiles of Internet Sexual Offenders: Comparisons With Contact Sexual Offenders," *Sexual Abuse. A Journal of Research and Treatment* 21(1) (2009): 76–92.

Elliott, Michele; Browne, Kevin; Kilcoyne, Jennifer, „Child Sexual Abuse Prevention: What Offenders Tell Us," *Child Abuse & Neglect* 19(5) (1995): 579–594.

Ellison, Graham; Ní Dhónaill, Caoimhe; Early, Erin, *A Review of the Criminalisation of the Payment for Sexual Services in Northern Ireland* (Belfast: Queen's University Belfast, 2019).

Ellison, Marvin M., *Erotic Justice. A Liberating Ethic of Sexuality* (Louisville, Kentucky: Westminster John Knox Press, 1996).

Elwert, Frederik; Radermacher, Martin; Schlamelcher, Jens, „Einleitung," in *Handbuch Evangelikalismus. Sonderausgabe für die Bundeszentrale für Politische Bildung* (Bonn: Bundeszentrale Politische Bildung, 2018): 11–20.

Elwert, Georg, „Sozialanthropologisch erklärte Gewalt," in *Internationales Handbuch der Gewaltforschung*, hg. von Wilhelm Heitmeyer u. John Hagan (Wiesbaden: Westdeutscher Verlag, 2002): 330–367.

Eming, Jutta; Jarzebowski, Claudia (Hg.), *Blutige Worte. Internationales und interdisziplinäres Kolloquium zum Verhältnis von Sprache und Gewalt in Mittelalter und Früher Neuzeit* (Göttingen: Vandenhoeck & Ruprecht, 2008).

EMMA, „Appell gegen Prostitution" (o.D.); abrufbar unter: https://t1p.de/awnc (Zugriff: 31.10.2021).

EMMA, 2007, Nr. 5, PorNO!-Kampagne; abrufbar unter: https://www.emma.de/artikel/das-dossier-porno-263680 (Zugriff: 31.10.2021).

Empt, Martin, „Virtuelle Kinderpornografie als verfassungsrechtlich geschützte Meinungsfreiheit? – Die Entscheidung des U.S. Supreme Court in Ashcroft v. The Free Speech Coalition," *Zeitschrift für Urheber- und Medienrecht* (2002): 613–621.

Enders, Ursula, „Nicht der sexuelle Mißbrauch ist ein Tabu, sondern das Sprechen darüber," in *Zart war ich, bitter war's. Sexueller Mißbrauch an Mädchen und Jungen. Erkennen – Schützen – Beraten*, hg. von Ursula Enders (Köln: Volksblatt, 1990): 11–19.

Enders, Ursula, „III. Gewaltverhältnisse: Zur Ursachenanalyse sexueller Gewalt," in *Zart war ich, bitter war's. Sexueller Mißbrauch an Mädchen und Jungen. Erkennen – Schützen – Beraten*, hg. von Ursula Enders (Köln: Volksblatt, 1990): 26–36.

Endrass, Jérôme et al., „The consumption of Internet child pornography and violent and sex offending," *BMC Psychiatry 9* (2009): 43.

Engelhardt, Dietrich von, „Schuld und Sühne, Verbrechen und Strafe im Spiegel der Kultur- und Medizingeschichte," in *Schuld. Bearbeitung, Bewältigung, Lösung. Strukturelle und prozessdynamische Aspekte*, hg. von Hermes Andreas Kick u. Wolfram Schmitt (Berlin: LIT, 2011): 21–44.

Engels, Eva-Marie, „Was und wo ist ein ‚naturalistischer Fehlschluss'? Zur Definition und Identifikation eines Schreckgespenstes der Ethik," in *Mensch ohne Maß? Reichweite und Grenzen anthropologischer Argumente in der biomedizinischen Ethik*, hg. von Giovanni Maio, Jens Clausen u. Oliver Müller (Freiburg i.Br. u. München: Alber, 2008) (*Angewandte Ethik*, Bd. 6): 176–194.

Engels, Friedrich, *Der Ursprung der Familie, des Privateigentums und des Staats*, 15. Aufl. (Berlin: Dietz, 1984 [1962]).

Engfer, Anette, „Gewalt gegen Kinder in der Familie," in *Sexueller Missbrauch, Misshandlung, Vernachlässigung. Erkennung, Therapie und Prävention der Folgen früher Stresserfahrungen*, hg. von Ulrich Tiber Egle et al., 1. Aufl. (Stuttgart u. New York: Schattauer, 1997): 21–34.

Engfer, Anette, „Gewalt gegen Kinder in der Familie," in *Sexueller Missbrauch, Misshandlung, Vernachlässigung. Erkennung, Therapie und Prävention der Folgen früher Stresserfahrungen*, hg. von Ulrich Tiber Egle et al., 2. Aufl. (Stuttgart u. New York: Schattauer, 2000): 23–39.

Engfer, Anette, „Formen der Misshandlung von Kindern – Definitionen, Häufigkeiten, Erklärungsansätze," in *Sexueller Missbrauch, Misshandlung, Vernachlässigung. Erkennung, Therapie und Prävention der Folgen früher Stresserfahrungen*, hg. von Ulrich Tiber Egle et al., 3. Aufl. (Stuttgart u. New York: Schattauer, 2005): 3–19.

Engfer, Anette, „Kindesmisshandlung," in *Entwicklungspsychologie des Säuglings- und Kindesalters*, hg. von Marcus Hasselhorn (Göttingen et al.: Hogrefe, 2008) (*Themenbereich C: Theorie und Forschung*, Serie V, *Entwicklungspsychologie*, Bd. 4): 489–530.

Engfer, Anette, „Formen der Misshandlung von Kindern – Definitionen, Häufigkeiten, Erklärungsansätze," in *Sexueller Missbrauch, Misshandlung, Vernachlässigung. Erkennung, Therapie und Prävention der Folgen früher Stresserfahrungen*, hg. von Ulrich Tiber Egle et al., 4. Aufl. (Stuttgart: Schattauer, 2015): 3–23.

Enrile, Annalisa, *Ending Human Trafficking and Modern-Day Slavery. Freedom's Journey* (Los Angeles et al.: Sage, 2018).

Entman, Robert M., „Framing: Toward Clarification of a Fractured Paradigma," *Journal of Communication* 43(4) (1993): 51–58.

Epps, Kevin; Fisher, Dawn, „A review of the research literature on young people who sexually abuse," in *The Handbook of Clinical Intervention with Young People who Sexually Abuse*, hg. von Gary O'Reilly et al. (Hove u. New York: Psychology Press, 2004): 62–102.

Erdmann, Johann Eduard, *Vorlesungen über Glauben und Wissen als Einleitung in die Dogmatik und Religionsphilosophie gehalten und auf den Wunsch seiner Zuhörer herausgegeben* (Berlin: Duncker und Humblot, 1837).

Erdmann, Johann Eduard, *Philosophische Vorlesungen über den Staat* (Halle: H.W. Schmidt, 1851).

Erickson, William D. et al., „Behavior Patterns of Child Molesters," *Archives of Sexual Behavior* 17(1) (1988): 77–86.

Erismann, Theodor, *Allgemeine Psychologie*, Bd. 1, *Grundprobleme*, 3. Aufl. (Berlin: Walter de Gruyter, 1965 [1958]) (*Sammlung Göschen*, Bd. 831).

Ermann, Michael, *Identität und Begehren zur Psychodynamik der Sexualität* (Stuttgart: W. Kohlhammer, 2019).

Ernst, Stephan, *Grundfragen theologischer Ethik. Eine Einführung* (München: Kösel, 2009).

Ernst, Stephan, „Sexualmoral auf dem Prüfstand. Chancen auf dem Synodalen Weg der deutschen Kirche," *Stimmen der Zeit* 145(4) (2020): 263–278.

Ernst, Werner W., „Zur Transzendenz. In memoriam Raymund Schwager," in *Kirche als universales Zeichen. In memoriam Raymund Schwager SJ*, hg. von Roman Siebenbrock u. Willibald Sandler (Münster: LIT, 2005) (*Beiträge zur mimetischen Theorie*, Bd. 19): 445–456.

Eros oder Wörterbuch über die Physiologie und über die Natur- und Cultur-Geschichte des Menschen in Hinsicht auf seine Sexualität, Bd. 1–2 (Berlin: August Rücker, 1823).

Ertel, Henner, *Erotika und Pornographie. Repräsentative Befragung und psychophysiologische Langzeitstudie zu Konsum und Wirkung* (München: Psychologie Verlags Union, 1990).

Ertl, Thomas, *Religion und Disziplin. Selbstdeutung und Weltordnung im frühen deutschen Franziskanertum* (Berlin u. New York: De Gruyter, 2006).

Esch, Kevin; Meyer, Vicki, „How Unprofessional: The Profitable Partnership of Amateur Porn and Celebrity," in *Pornification. Sex and Sexuality in Media Culture*, hg. von Susanna Paasonen, Kaarina Nikunen u. Laura Saarenmaa (Oxford et al.: Berg, 2007): 99–111.

Estrich, Susan, *Real Rape* (Cambridge, MA u. London: Harvard University Press, 1987).

Europäische Kommission, *Spezial Eurobarometer 449. Geschlechtsspezifische Gewalt. Zusammenfassung*, November 2016 (Projektnummer 2016.6818) (Brüssel: Europäische Union, 2016).

European Union Agency for Fundamental Rights (Hg.), *Violence against women: an EU-wide survey. Main results* (Wien: FRA, 2014).

Eustathios von Thessalonike/Εὐστάθιος Θεσσαλονίκης, *Eustathii Archiepiscopi Thessalonicensis Commentarii ad Homeri Iliadem*, hg. von Johann Gottfried Stallbaum, Bd. 3 (Leipzig: Weigel, 1829).

Evangelische Kirche in Deutschland (EKD) (Hg.), *Leitfaden für ethisch-nachhaltige Geldanlage in der evangelischen Kirche*, 4. Aufl. (Hannover: EKD, 2019 [2011]) (*EKD-Texte*, Bd. 113).

Evangelische Kirche in Deutschland (EKD) (Hg.), *Freiheit digital. Die Zehn Gebote in Zeiten des digitalen Wandels* (Leipzig: Evangelische Verlagsanstalt, 2021).

Evangelischer Erwachsenenkatechismus. suchen – glauben – leben, im Auftrag der Kirchenleitung der VELKD hg. von Andreas Brummer, Manfred Kießig u. Martin Rothgangel, 8. Aufl. (Gütersloh: Gütersloher Verlagshaus, 2010 [1975]).

Evans, David, *Sexual Citizenship. The Material Construction of Sexualities* (London u. New York: Routlegde, 1993).

Evers, Dirk, „Sind wir unser Gehirn? Menschliche Identität im Spannungsfeld von Theologie und Wissenschaft," in *Das Geschlecht in mir. Neurowissenschaftliche, alltagsweltliche und theologische Beiträge zu Transsexualität*, hg. von Gerhard Schreiber (Berlin und Boston: De Gruyter, 2019): 249–265.

Evers, Ralf, „Lob der Vielheit. Theologische Anmerkungen zur Vielfalt von Familienformen," in *Familie von morgen. Neue Werte für die Familie(npolitik)*, hg. von Eva Harasta u. Carolin Küppers (Opladen et al.: Budrich, 2019): 179–190.

Everson, Mark; Boat, Barbara, „Putting the Anatomical Doll Controversy in Perspective: An Examination of the Major Uses and Criticisms of the Dolls in Child Sexual Abuse Evaluations," *Child Abuse and Neglect* 18(2) (1994): 113–129.

Faber, Karl-Georg, Art. „Macht, Gewalt I," in *Geschichtliche Grundbegriffe. Historisches Lexikon zur politisch-sozialen Sprache in Deutschland*, hg. von Otto Brunner, Werner Conze u. Reinhart Koselleck, Bd. 3 (Stuttgart: Klett, 1982): 817–821.

Faden, Ruth R.; Beauchamp, Tom L., *A History and Theory of Informed Consent* (New York u. Oxford: Oxford University Press, 1986).

Faerber-Husemann, Renate, *Osteuropas verkaufte Frauen. Wege zur effektiven Bekämpfung des Menschenhandels* (Bonn: FES, 1999).

Falck, Uta, *VEB Bordell. Geschichte der Prostitution in der DDR* (Berlin: Chr. Links, 1998).

Falkenburg, Brigitte, *Mythos Determinismus. Wieviel erklärt uns die Hirnforschung?* (Heidelberg et al.: Springer, 2012).

Family Research Council (FRC); abrufbar unter: https://www.frc.org/human-sexuality (Zugriff: 15.11.2019).

Farley, Margaret A., „Feminist Theology and Bioethics," in *Women's Consciousness, Women's Conscience. A Reader in Feminist Ethics*, hg. von Barbara H. Andolsen, Christine E. Gudorf u. Mary D. Pellauer (San Francisco: Winston, 1985): 285–305.

Farley, Margaret A., *Just Love. A Framework for Christian Sexual Ethics* (New York: Continuum, 2006).

Farley, Margaret A., *Verdammter Sex. Für eine neue christliche Sexualmoral*, übers. von Christiana Trabant (Darmstadt: Theiss, 2014).

Farley, Melissa, „Bad for the body, bad for the heart: Prostitution harms women even if legalized or decriminalized," *Violence Against Women* 10 (2004): 1087–1125.

Farley, Melissa; Barkan, Howard, „Prostitution, Violence, and Posttraumatic Stress Disorder," *Women & Health* 27(3) (1998): 37–49.

Faulstich, Werner „Die verdrängte Sexualität. Warum der Konsum von Pornographie ein Massenphänomen unserer Kultur ist," *Evangelische Kommentare* 31(11) (1998): 634–637.

Faulstich, Werner, *Die Kultur der Pornografie. Kleine Einführung in Geschichte, Medien, Ästhetik, Markt und Bedeutung* (Bardowick: Wissenschaftler-Verlag, 1994) (*Institut für Angewandte Medienforschung: IfAM-Arbeitsberichte*, Bd. 13).

Faulstich, Werner, *Grundkurs Filmanalyse*, 3. Aufl. (Paderborn: Wilhelm Fink, 2013 [2002]).

Faulstich, Werner; Schäffner, Gerhard, „‚… die Sprache der Liebe ist international'. Interkulturelle Konzepte heutiger Pornografie," in *Blickwinkel. Kulturelle Optik und interkulturelle Gegenstandskonstitution. Akten des III. Internationalen Kongresses der Gesellschaft für Interkulturelle Germanistik Düsseldorf 1994*, hg. von Alois Wierlacher u. Georg Stötzel (München: Iudicium Verlag, 1996) (*Publikationen der Gesellschaft für interkulturelle Germanistik*, Bd. 5): 875–884.

Faust, Erik et al., „Child Pornography Possessors and Child Contact Sex Offenders: A Multilevel Comparison of Demographic Characteristics and Rates of Recidivism," *Sexual Abuse: A Journal of Research and Treatment* 27(5) (2015): 460–478.

Fausto-Sterling, Anne, „The Five Sexes, Revisited," *The Sciences* 40(4) (2000): 18–23.

Fazio, Rachel L., „Toward a Neurodevelopmental Understanding of Pedophilia," *The Journal of Sexual Medicine* 15(9) (2018): 1205–1207.

Fedoroff, Paul, „Sadism, Sadomasochism, Sex, and Violence," *Canadian Journal of Psychiatry* 53(10) (2008): 637–646.

Fedoroff, Paul „Can People with Pedophilia Change? Yes they can!," *Current Sexual Health Reports* 10(11) (2018): 207–212.

Fegert, Jörg M., *Sexuell mißbrauchte Kinder und das Recht*, Bd. 2, *Ein Handbuch zu Fragen der kinder- und jugendpsychiatrischen und psychologischen Untersuchung und Begutachtung* (Köln: Volksblatt, 1993).

Fegert, Jörg M., „Prävalenz von Kindesvernachlässigung, Kindesmisshandlung und sexuellem Missbrauch in Deutschland [Factsheet 1]" (05.06.2018, Pressekonferenz Berlin, „Kinder als Gewaltopfer"); abrufbar unter: https://t1p.de/zuu8 g (Zugriff: 31.10.2021).

Fehige, Joerg H.Y., *Sexualphilosophie. Eine einführende Annäherung* (Berlin: LIT, 2007).

Feldhaus, Stephan; Molinski, Waldemar, „Pornographie, 3. Ethisch," in *Lexikon der Bioethik*, hg. im Auftrag der Görres-Gesellschaft von Wilhelm Korff, Ludwin Beck u. Paul Mikat, Bd. 3 (Gütersloh: Gütersloher Verlagshaus, 1998): 38–41.

Feldmann, Reinhold, „„Ich würde niemals einem Kind Gewalt antun' – Pädophilie und Priesteramt," in *Kirchenrecht aktuell. Anfragen von heute an eine Disziplin von „gestern"*, hg. von Reinhild Ahlers u. Beatrix Laukemper-Isermann (Essen: Ludgerus, 2004) (*Münsterischer Kommentar zum Codex Iuris Canonici*, Beiheft 40): 91–114.

Felson, Richard B., „Patterns of Aggressive Social Interaction," in *Social Psychology of Aggression. From Individual Behavior to Social Interaction*, hg. von Amélie Mummendey (Berlin u. Heidelberg: Springer, 1984).

Fend, Helmut, *Entwicklungspsychologie des Jugendalters. Ein Lehrbuch für pädagogische und psychologische Berufe*, 3. Aufl. (Wiesbaden: VS Verlag für Sozialwissenschaften, 2005 [2000]).

Fenner, Dagmar, *Selbstoptimierung und Enhancement. Ein ethischer Grundriss* (Tübingen: Narr Francke Attempto, 2019).

Fenner, Dagmar, *Ethik. Wie soll ich handeln?*, 2. Aufl. (Tübingen: Narr Francke Attempto, 2020 [2017]).

Ferenczi, Sándor, „Sprachverwirrung zwischen den Erwachsenen und dem Kind. Die Sprache der Zärtlichkeit und der Leidenschaft" (1932), in: Ders. *Schriften zur Psychoanalyse. Auswahl in zwei Bänden*, hg. von Michael Balint, Bd. 2 (Frankfurt a.M.: Fischer, 1972): 303–313.

Ferguson, Harry, „The Paedophile Priest: A Deconstruction," *Studies: An Irish Quarterly Review* 84(335) (1995): 247–256.

Fergusson, David M.; Mullen, Paul E., *Childhood Sexual Abuse. An Evidence Based Perspective* (Thousand Oaks: Sage, 1999).

Fick, Friedrich Conrad August, *Vergleichendes Wörterbuch der indogermanischen Sprachen*, 3. Aufl., Bd. 3 (Göttingen: Vandenhoeck & Ruprecht, 1874).

Fidgen, Jo, „Do we know whether pornography harms people?," *BBC Radio 4 Analysis* (25.06.2013); abrufbar unter: https://www.bbc.com/news/magazine-22987051 (Zugriff: 31.10.2021).

Fiedler, Peter, „Sexuelle Störungen," in *Kompendium Adoleszenzpsychiatrie. Krankheitsbilder mit CME-Fragen*, hg. von Jörg M. Fegert, Annette Streeck-Fischer u. Harald J. Freyberger (Stuttgart: Schattauer, 2011): 169–195.

Fiedler, Peter, *Sexualität* (Stuttgart: Reclam, 2010).

Finkelhor, David, „What's Wrong With Sex Between Adults and Children? Ethics and the Problem of Sexual Abuse," *American Journal of Orthopsychiatry* 49(4) (1979): 692–697.

Finkelhor, David, *Child Sexual Abuse. New Theory and Research* (New York: Free Press, 1984).

Finkelhor, David; Araji, Sharon, „Explanations of Pedophilia: A Four Factor Model," *Journal of Sex Research* 22(2) (1986): 145–161.

Finkelhor, David; Yllö, Kersti, *License to Rape. Sexual Abuse of Wives* (New York: Free Press, 1987 [1985]).

Finn, Robert W., „Blessed are the Pure in Heart. A Pastoral Letter on the Dignity of the Human Person and the Dangers of Pornography," *The Linacre Quarterly* 74(4) (2007): 271–290.

Fischer, Thomas, „Frauenfilme zu Frauenwahrheiten und Frauenfragen," *ZEIT-ONLINE*, 21.06.2016; abrufbar unter: https://t1p.de/nvnf (Zugriff: 31.10.2021).

Fischer, Thomas, *Strafgesetzbuch mit Nebengesetzen*, 65. Aufl. (München: C.H. Beck, 2018).

Fischer, Thomas, *Sex and Crime. Über Intimität, Moral und Strafe* (München: Droemer Knaur, 2021).

Fiske, Susan T.; Norris, Alyssa L., „Sexismus und Heterosexismus," in *Vorurteile. Ursprünge, Formen, Bedeutung*, hg. von Anton Pelinka im Auftrag des Sir Peter Ustinov Instituts zur Erforschung und Bekämpfung von Vorurteilen (Berlin u. Boston: De Gruyter, 2012 [engl. Original 2009]): 69–114.

Fitzpatrick, Mark et al., „Profiles of Adult Survivors of Severe Sexual, Physical and Emotional Institutional Abuse in Ireland," *Child Abuse Review* 19(6) (2010): 387–404.

Florin, Christiane, *Trotzdem! Wie ich versuche, katholisch zu bleiben* (München: Kösel, 2020).

Fobian, Clemens; Lindenberg, Michael; Ulfers, Rainer, *Jungen als Opfer von sexueller Gewalt. Ausmaß, theoretische Zugänge und praktische Fragen für die Soziale Arbeit* (Baden-Baden: Nomos, 2018).

Fodor, Jerry A., „A Theory of Content, II: The Theory," in *A Theory of Content and Other Essays* (Cambridge, MA u. London: MIT Press, 1990): 89–136.

Fonk, Peter, „‚Sag nicht ja, wenn du nein sagen willst!' Ethische Leitlinien zur Prävention sexuellen Missbrauchs," in *Zukunftshorizonte katholischer Sexualethik*, hg. von Konrad Hilpert (Freiburg et al.: Herder, 2011) (*Quaestiones disputatae*, Bd. 241): 436–453.

Forschner, Maximilian, „Gewalt und politische Herrschaft," in *Aggression und Gewalt*, hg. von Alfred Schöpf (Würzburg: Königshausen & Neumann, 1985): 13–36.

Forschner, Maximilian, *Thomas von Aquin* (München: C.H. Beck, 2006).

Forst, Rainer, *Toleranz im Konflikt. Geschichte, Gehalt und Gegenwart eines umstrittenen Begriffs* (Frankfurt a. M.: Suhrkamp, 2003).

Forster, George, „Siebenter Abschnitt. Geschichte der Litteratur," in *Annalen der Brittischen Geschichte des Jahrs 1790. Als eine Fortsetzung des Werks England und Italien von J.W. v. Archenholz*, Bd. 5 (Hamburg: Hoffmann, 1791): 184–314.

Fortune, Marie M., *Sexual Violence. The Unmentionable Sin. An Ethical and Pastoral Perspective* (Cleveland, OH: The Pilgrim Press, 1983).

Fortune, Marie M., *Love Does No Harm. Sexual Ethics for the Rest of Us* (New York u. London: continuum, 1995).

Foubert, John D. et al., „Pornography Viewing among Fraternity Men: Effects on Bystander Intervention, Rape Myth Acceptance and Behavioral Intent to Commit Sexual Assault," *Sexual Addiction & Compulsivity* 18(4) (2011): 212–231.

Foubert, John D., „Integrating Religiosity and Pornography Use into the Prediction of Bystander Efficacy and Willingness to Prevent Sexual Assault," *Journal of Psychology and Theology* 41(3) (2013): 242–251.

Foucault, Michel, „Andere Räume" (1967), in *Aisthesis. Wahrnehmung heute oder Perspektiven einer anderen Ästhetik*, hg. von Karlheinz Barck (Leipzig: Reclam, 1990) (*Reclams Universal-Bibliothek*, Bd. 1352): 34–46.

Foucault, Michel, *Sexualität und Wahrheit*, Bd. 1, *Der Wille zum Wissen*, übers. von Ulrich Raulff u. Walter Seitter (Frankfurt a. M.: Suhrkamp, 1983).

Fraling, Bernhard, *SexualEthik. Ein Versuch aus christlicher Sicht* (Paderborn et al.: Schöningh, 1995).

Franck, Sebastian, *Paradoxa ducenta octoginta* (Ulm: Varnier, 1534).

Frank, Lily; Nyholm, Sven, „Robot Sex and Consent: Is Consent to Sex Between a Robot and a Human Conceivable, Possible, and Desirable?," *Artificial Intelligence Law* 25(3) (2017): 305–323.

Franke, Irina; Graf, Marc, „Kinderpornografie. Übersicht und aktuelle Entwicklungen," *Forensische Psychiatrie, Psychologie, Kriminologie* 10 (2016): 87–97.

Frankfurt, Harry G., „On Bullshit," *Raritan Quarterly Review* 6(2) (1986): 81–100.

Franziskus, *Amoris laetitia. Nachsynodales Apostolisches Schreiben über die Liebe in der Familie* (19. März 2016): zit. nach: *Nachsynodales Apostolisches Schreiben AMORIS LAETITIA*, hg. vom Sekretariat der Deutschen Bischofskonferenz (Bonn: Sekretariat der Deutschen Bischofskonferenz, 2016) (*Verlautbarungen des Apostolischen Stuhls*, Bd. 204).

Freitag, Tabea, *Fit for Love? Praxisbuch zur Prävention von Internet-Pornografiekonsum. Eine bindungsorientierte Sexualpädagogik. Liebe und Sexualität ganzheitlich verstehen*, 3. Aufl. (Hannover: Return Fachstelle Mediensucht, 2015 [2013]).

Freitag, Tabea, „Emotionale Gewalt durch Pornografie und frühe Sexualisierung. Ein bindungsorientierter Ansatz zur Prävention," in *Bindung und emotionale Gewalt*, hg. von Karl Heinz Brisch (Stuttgart: Klett-Cotta, 2017): 243–284.

Freiwillige Selbstkontrolle Multimedia-Diensteanbieter e.V. (Hg.), *Prüfgrundsätze der FSM*, 2. Aufl. (Mönchengladbach: Forum Verlag Godesberg, 2011 [2006]).

Freud, Anna, *Das Ich und die Abwehrmechanismen* (Frankfurt a. M.: Fischer, 1984).

Freud, Sigmund, *Die Traumdeutung* (1900), in: Ders., *Gesammelte Werke*, hg. von Anna Freud, Bd. 2/3, *Die Traumdeutung. Über den Traum*, 4. Aufl. (Frankfurt a. M.: Fischer, 1968): 510–512.

Freud, Sigmund, *Drei Abhandlungen zur Sexualtheorie* (1905), in: Ders., *Gesammelte Werke*, hg. von Anna Freud, Bd. 5, 4. Aufl. (Frankfurt a. M.: Fischer, 1968): 27–145.

Freud, Sigmund, *Formulierungen über die zwei Prinzipien des psychischen Geschehens* (1911) in *Sigmund Freud. Studienausgabe*, hg. von Alexander Mitscherlich, Angela Richards u.

James Strachey, Bd. III, *Psychologie des Unbewußten*, 10. Aufl. (Frankfurt a. M.: Fischer, 2010 [1975]): 13–24.

Freud, Sigmund, *Die Verdrängung* (1915), in: Ders., *Gesammelte Werke*, hg. von Anna Freud, Bd. 10, 5. Aufl. (Frankfurt a. M.: Fischer, 1969): 248–261.

Freud, Sigmund, *Triebe und Triebschicksale* (1915), in *Sigmund Freud. Studienausgabe*, Bd. III, 75–102.

Freud, Sigmund, *Vorlesungen zur Einführung in die Psychoanalyse* (1917), in: Ders., *Gesammelte Werke*, hg. von Anna Freud, Bd. 11, 5. Aufl. (Frankfurt a. M.: Fischer, 1969).

Freud, Sigmund, *Metapsychologische Ergänzung zur Traumlehre* (1917), in: Ders., *Gesammelte Werke*, hg. von Anna Freud, Bd. 10, *Werke aus den Jahren 1913–1917*, 5. Aufl. (Frankfurt a. M.: Fischer, 1969): 411–426.

Freud, Sigmund, *„Psychoanalyse" und „Libidotheorie"* (1923), in: Ders., *Gesammelte Werke*, hg. von Anna Freud, Bd. 13, 5. Aufl. (Frankfurt a. M.: Fischer, 1967): 211–233.

Freud, Sigmund, *Das Ich und das Es* (1923), in: Ders., *Gesammelte Werke*, hg. von Anna Freud, Bd. 13, *Jenseits des Lustprinzips/Massenpsychologie und Ich-Analyse/Das Ich und das Es*, 5. Aufl. (Frankfurt a. M.: Fischer, 1967): 235–289.

Freud, Sigmund, *Neue Folge der Vorlesungen zur Einführung in die Psychoanalyse* (1933), in: Ders., *Gesammelte Werke*, hg. von Anna Freud, Bd. 15, 3. Aufl. (Frankfurt a. M.: Fischer, 1961).

Freund, Kurt, „A laboratory method of diagnosing predominance of homo- and hetero-erotic interest in the male," *Behaviour Research and Therapy* 1 (1963): 85–93.

Freund, Kurt, „Erotic preference in pedophilia," *Behaviour Research and Therapy* 5 (1967): 339–348.

Freund, Kurt; Blanchard, Ray, „Feminine Gender Identity and Physical Aggressiveness in Heterosexual and Homosexual Pedophiles," *Journal of Sex & Marital Therapy* 13(1) (1987): 25–34.

Freund, Kurt; Watson, Robin J.; Rienzo, Douglas, „Heterosexuality, Homosexuality, and Erotic Age Preference," *The Journal of Sex Research* 26(1) (1989): 107–117.

Freund, Kurt; Kuban, Michael, „The Basis of the Abused Abuser Theory of Pedophilia: A Further Elaboration on an Earlier Study," *Archives of Sexual Behavior* 23(5) (1994): 553–563

Freund, Kurt; Watson, Robin J., „The proportions of heterosexual and homosexual pedophiles among sex offenders against children. An exploratory study," *Journal of Sex & Marital Therapy* 18(1) (1992): 34–43.

Frevel, Christian, „Die Frage nach dem Menschen. Biblische Anthropologie als wissenschaftliche Aufgabe – Eine Standortbestimmung," in: Ders., *Gottesbilder und Menschenbilder. Studien zur Anthropologie und Theologie im Alten Testament* (Neukirchen-Vluyn: Neukirchener, 2016): 185–218.

Frevel, Christian, „Wie Tau aus dem Schoß des Morgenrots. Zur Würde des Menschen nach dem Alten Testament," in: Ders., *Gottesbilder und Menschenbilder. Studien zur Anthropologie und Theologie im Alten Testament* (Neukirchen-Vluyn: Neukirchener, 2016): 219–233.

Frevel, Christian, „Gottesbildlichkeit und Menschenwürde. Freiheit, Geschöpflichkeit und Würde des Menschen nach dem Alten Testament," in: Ders., *Gottesbilder und Menschenbilder. Studien zur Anthropologie und Theologie im Alten Testament* (Neukirchen-Vluyn: Neukirchener, 2016): 235–257.

Frevel, Christian, „Schöpfungsglaube und Menschenwürde im Ijobbuch. Anmerkungen zur Anthropologie der Ijob-Reden," in: Ders., *Gottesbilder und Menschenbilder. Studien zur Anthropologie und Theologie im Alten Testament* (Neukirchen-Vluyn: Neukirchener, 2016): 259–294.

Friedman, Richard C., *Männliche Homosexualität* (Berlin u. Heidelberg: Springer, 1993).

Friedrichs, Jan-Henrik, „Delinquenz, Geschlecht und die Grenzen des Sagbaren. Sexualwissenschaftliche Diskursstränge zur Pädophilie in ausgewählten Periodika, 1960–1995," *Zeitschrift für Sexualforschung* 30 (2017): 161–182.

Frisch, Morten; Brønnum-Hansen, Henrik, „Mortality Among Men and Women in Same-Sex Marriage. A National Cohort Study of 8333 Danes," *American Journal of Public Health* 99(1) (2009): 133–137.

Fritz, Gregory S.; Wagner, Nathaniel N., „A Comparison of Males and Females Who Were Sexually Molested as Children," *Journal of Sex and Marital Therapy* 7(1) (1981): 54–59.

Fritz, Jürgen, „Virtuelle Spielwelten und virtuelle Gewalt," *tv diskurs. Verantwortung in audiovisuellen Medien* 11(4) (2007): 34–39.

Fromberger, Peter, „Virtual Viewing Time: The Relationship between Presence and Sexual Interest in Androphilic and Gynephilic Men," *PLoS One* 2015 (18. Mai); doi: 10.1371/journal.pone.0127156.

Fromberger, Peter et al., „Neurobiologische Forschung bei Pädophilie – Ergebnisse und deren Konsequenzen für die Diagnostik pädosexueller Straftäter," *Zeitschrift für Neuropsychologie* 20(3) (2009): 193–205.

Fromm, Erich, „The Application of Humanist Psychoanalysis to Marx's Theory," in *Socialist Humanism. An International Symposium*, hg. von Erich Fromm (Garden City, NY: Doubleday, 1965): 207–222.

Fromm, Erich, *Anatomie der menschlichen Destruktivität*, übers. von Liselotte Mickel und Ernst Mickel, 25. Aufl. (Reinbek b. Hamburg: Rowohlt, 2015 [1977]).

Frommel, Monika, „Pädosexualität und Strafrecht," *Neue Kriminalpolitik* 25(4) (2013): 390–404.

Früh, Werner, „Die Rezeption von Fernsehgewalt," *Media Perspektiven*, 1995, Heft 4, 172–185.

Frühsorger, Nicolas, „Die wesentlichen Straftatbestände des Sexualstrafrechts," in *AnwaltFormulare Strafrecht. Erläuterungen und Muster*, hg. von Steffen Breyer u. Maximilian Ender, 4. Aufl. (Heidelberg: C.F. Müller, 2018 [2006]): 905–929.

Frye, Marilyn, „Critique," in *Philosophy of Sex*, hg. von Robert Baker u. Frederick Elliston Elliston (Buffalo, NY: Prometheus, 1984): 447–455.

Fuchs, Josef, *Die Sexualethik des heiligen Thomas von Aquin* (Köln: J.P. Bachem, 1949).

Fuchs, Marek, *Schule und Gewalt. Realität und Wahrnehmung eines sozialen Problems* (Opladen: Leske + Budrich, 1996).

Fuchs, Matthias; Jacobi, Philip, „,Fuck me for the revolution!' Transgression und Subversion im queeren Porno," in *Kulturen der Pornografie. Annäherungen an ein Massenphänomen*, hg. von Daniel Schulze u. Andrea Stiebritz (Trier: WVT, 2016) (*LIR*, Bd. 52): 39–52.

Fuchs, Thomas, *Das Gehirn – ein Beziehungsorgan. Eine phänomenologisch-ökologische Konzeption*, 5. Aufl. (Stuttgart: W. Kohlhammer, 2017 [2008]).

Gabriel, Gottfried, Art. „Tatsache," in *Enzyklopädie Philosophie und Wissenschaftstheorie*, Bd. 4, hg. von Jürgen Mittelstraß (Stuttgart u. Weimar: Metzler, 1996).

Gabriel, Gottfried, *Grundprobleme der Erkenntnistheorie. Von Descartes zu Wittgenstein*, 4. Aufl. (Paderborn: Schöningh, 2020 [1993]).

Gadamer, Hans-Georg, *Platos dialektische Ethik*, 5. Aufl. (Hamburg: Meiner, 2016 [1931]).

Gagnon, John H., „Scripts and the Coordination of Sexual Conduct," *Nebraska Symposium on Motivation* 21 (1973): 27–59.

Gagnon, John H., *Human Sexualities* (Glenview: Scott, Foresman & Co., 1977).

Galgano, Mario, „Kein Zusammenhang zwischen Homosexualität und Pädophilie," *vatican news* vom 25.03.2019; abrufbar unter: https://t1p.de/i9ls (Zugriff: 31.10.2021).

Gall von, Anna; Röhner, Cara, „Wer sich nicht wehrt, stimmt noch lange nicht zu – Völkerrechtswidrige deutsche Rechtspraxis zu § 177 I, II StGB," *Verfassungsblog.de*, 07.11.2014; abrufbar unter: https://t1p.de/vm7h (Zugriff: 31.10.2021).

Galles, Paul, *Situation und Botschaft. Die soteriologische Vermittlung von Anthropologie und Christologie in den offenen Denkformen von Paul Tillich und Walter Kasper* (Berlin u. Boston: De Gruyter, 2012).

Gallwitz, Adolf; Paulus, Manfred, *Kinderfreunde, Kindermörder. Authentische Kriminalfälle, Fallanalysen, Vorbeugung*, 3. Aufl. (Hilden: VDP, 2002 [2000]).

Galtung, Johan, „Violence, Peace, and Peace Research," *Journal of Peace Research* 6(3) (1969): 167–191.

Galtung, Johan, „Gewalt, Frieden und Friedensforschung" (1971), in: Ders., *Strukturelle Gewalt. Beiträge zur Friedens- und Konfliktforschung* (Reinbek b. Hamburg: Rowohlt, 1975): 7–36.

Galtung, Johan, „Cultural Violence," *Journal of Peace Research* 27(3) (1990): 291–305.

Galtung, Johan, „Kulturelle Gewalt. Zur direkten und strukturellen Gewalt tritt die kulturelle Gewalt," *Der Bürger im Staat* 43(2) (1993): 106–112.

Galtung, Johan, Art. „Strukturelle Gewalt," in *Lexikon der Internationalen Politik*, hg. von Ulrich Albrecht u. Helmut Volger (München u. Wien: R. Oldenbourg, 1997): 475–479.

Gann, Horst, „Mangelnde Seriosität und Sorgfalt" (Zuschrift), *Deutsches Ärzteblatt* 116(40) (2019): 679.

Garland, Randall J.; Dougher, Michael J., „The Abused/Abuser Hypothesis of Child Sexual Abuse: A Critical Review of Theory and Research," in *Pedophilia. Biosocial Dimensions*, hg. von Jay R. Feierman (New York et al.: Springer, 1990): 488–509.

Garos, Sheila et al., „Sexism and Pornography Use: Toward Explaining Past (Null) Results," *Journal of Psychology & Human Sexuality* 16(1) (2004): 69–96.

Gast, Lilli, „Schuld und Phantasie. Anmerkungen zur gegenwärtigen Debatte über den sexuellen Mißbrauch," *Luzifer-Amor* 6(11) (1993): 28–39.

Gay, Peter, *Erziehung der Sinne. Sexualität im bürgerlichen Zeitalter*, übers. von Holger Fließbach (München: C.H. Beck, 1986 [1984]).

Gay, Peter, *Freud. A Life for Our Time* (New York u. London: W. W. Norton, 1987).

Gay, Peter, *Freud. Eine Biographie für unsere Zeit*, übers. von Joachim A. Frank (Frankfurt a. M.: S. Fischer, 1989).

Geißler, Rainer, „Einführung," in *Soziale Schichtung und Lebenschancen in Deutschland*, hg. von Rainer Geißler, 2. Aufl. (Stuttgart: Enke, 1994 [1987]): 1–5.

Gemoll, Wilhelm, *Griechisch-deutsches Schul- und Handwörterbuch*, durchgesehen von Karl Vretska, 9. Aufl. (München: Freytag u. Wien: Hölder-Pichler-Tempsky, 1965 [1908]).

Gemünden, Jürgen, *Gewalt gegen Männer in heterosexuellen Intimpartnerschaften. Ein Vergleich mit dem Thema Gewalt gegen Frauen auf der Basis einer kritischen Auswertung empirischer Untersuchungen* (Marburg: Tectum, 1996) (zugl. Dissertation, Universität Mainz, 1995).

Gemünden, Jürgen, „Gewalt in Partnerschaften im Hell- und Dunkelfeld. Zur empirischen Relevanz der Gewalt gegen Männer," in *Geschlecht – Gewalt – Gesellschaft*, hg. von Siegfried Lamnek u. Manuela Boatcă (Opladen: Leske + Budrich, 2003) (*Otto-von-Freising-Tagungen der Katholischen Universität Eichstätt-Ingolstadt*, Bd. 4): 333 – 353.

Generaldirektion interne Politikbereiche der Europäischen Union (Fachabteilung C, Bürgerrechte und konstitutionelle Angelegenheiten), *Sexuelle Ausbeutung und Prostitution und ihre Auswirkungen auf die Gleichstellung der Geschlechter. Studie für den FEMM-Ausschuss* (Brüssel: Europäische Union, 2014).

Georges, Karl Ernst, *Ausführliches lateinisch-deutsches Handwörterbuch*, Bd. 1, 8. Aufl., hg. von Heinrich Georges (Hannover u. Leipzig: Hahn, 1913).

Geraci, Robert M., *Virtually Sacred. Myth and Meaning in World of Warcraft and Second Life* (Oxford u. New York: Oxford University Press, 2014).

Gerber, Uwe, Art. „Sexualität III. Praktisch-theologisch," in *Theologische Realenzyklopädie*, hg. von Gerhard Müller et al., Bd. 31 (Berlin u. New York: Walter de Gruyter, 2000): 214 – 221.

Gercke, Marco; Brunst, Phillip W., *Praxishandbuch Internetstrafrecht* (Stuttgart: W. Kohlhammer, 2009).

Gerhards, Jürgen; Schäfer, Mike S., „Demokratische Internet-Öffentlichkeit? Ein Vergleich der öffentlichen Kommunikation im Internet und in den Printmedien am Beispiel der Humangenomforschung," *Publizistik* 52 (2007): 210 – 228.

Gerhardt, Volker, „Vom Willen zur Macht," *Friedrich Nietzsche. Willen zur Macht und Mythen des Narziss. Bayreuther Nietzsche-Kolloquium 1985*, hg. von Walter Gebhard (Frankfurt a. M.: Lang, 1989) (*Bayreuther Beiträge zur Literaturwissenschaft*, Bd. 11): 59 – 83.

Gerhardt, Volker, *Vom Willen zur Macht. Anthropologie und Metaphysik der Macht am exemplarischen Fall Friedrich Nietzsches* (Berlin u. New York: Walter de Gruyter, 1996).

Gerhardt, Volker, Art. „Gewalt," in *Metzler Philosophie Lexikon*, hg. von Peter Prechtl u. Franz-Peter Burkard, 2. Aufl. (Stuttgart u. Weimar: Metzler, 1999): 211 – 212.

Gerhardt, Volker, *Individualität. Das Element der Welt* (München: C.H. Beck, 2000).

Gerhardt, Volker, „Selbstbestimmung und konkrete Ethik," in *Ethik und die Möglichkeit einer guten Welt. Eine Kontroverse um die „Konkrete Ethik"*, hg. von Andreas Vieth, Christoph Halbig u. Angela Kallhoff (Berlin u. New York: Walter de Gruyter, 2008) (*Studien zu Wissenschaft und Ethik*, Bd. 4): 51 – 70.

Gerhardt, Volker, *Humanität. Über den Geist der Menschheit* (München: C.H. Beck, 2019).

Gerheim, Udo, *Die Produktion des Freiers. Macht im Feld der Prostitution. Eine soziologische Studie* (Bielefeld: transcript, 2012) (zugl. Dissertation, Universität Oldenburg, 2010).

Gerheim, Udo, „Motive der männlichen Nachfrage nach käuflichem Sex," *Aus Politik und Zeitgeschichte* 63(9) (2013): 40 – 46.

Gerke, Jelena et al., „Female-Perpetrated Child Sexual Abuse: Prevalence Rates in Germany," *Journal of Child Sexual Abuse* 29(3) (2020): 263 – 277.

Gertz, Jan Christian, „I. Tora und Vordere Propheten," in *Grundinformation Altes Testament. Eine Einführung in Literatur, Religion und Geschichte des Alten Testaments*, hg. von Jan Christian Gertz, 6. Aufl. (Göttingen: Vandenhoeck & Ruprecht, 2019): 193 – 312.

Gewirtz-Meydan, Ateret et al., „The complex experience of child pornography survivors," *Child Abuse & Neglect* 80 (2018): 238 – 248.

Geyerz, Kaspar von; Siebenhüner, Kim, „Einleitung," in *Religion und Gewalt. Konflikte, Rituale, Deutungen (1500 – 1800)*, hg. von Kaspar von Geyerz u. Kim Siebenhüner (Göttingen: Vandenhoeck & Ruprecht, 2006): 9 – 25.

gfs.bern, *Sexuelle Belästigung und sexuelle Gewalt an Frauen sind in der Schweiz verbreitet. Hohe Dunkelziffer im Vergleich zu strafrechtlich verfolgten Vergewaltigungen* (Schlussbericht vom 17.05.2019); abrufbar unter https://t1p.de/bqci (Zugriff: 31.10.2021).

Giesinger, Johannes, *Autonomie und Verletzlichkeit. Der moralische Status von Kindern und die Rechtfertigung von Erziehung* (Bielefeld: transcript, 2007).

Gilley, Bruce, „State Legitimacy: An updated dataset for 52 countries," *European Journal of Political Research* 51(5) (2012): 639–699.

Gindorf, Rolf, „Homosexualitäten in der Geschichte der Sexualforschung," in *Sexualitäten in unserer Gesellschaft. Beiträge zur Geschichte, Theorie und Empirie*, hg. von Rolf Gindorf u. Erwin J. Haeberle (Berlin u. New York: Walter de Gruyter, 1989): 9–32.

Girard, René, „„Der Sündenbock hat ausgedient'. Der Anthropologe und Religionswissenschaftler René Girard über archaische Rituale und Gewalt in der Gesellschaft," *DER SPIEGEL*, Nr. 35, 25.08.1997, 112–115.

Girtler, Roland, *Der Strich. Soziologie eines Milieus*, 6. Aufl. (Wien u. Berlin: LIT, 2013).

Gleixner-Eberle, Elisabeth, *Die Einwilligung in die medizinische Behandlung Minderjähriger. Eine arztrechtliche Untersuchung im Rechtsvergleich mit Österreich und der Schweiz sowie mit Blick auf das Internationale Privat- und Strafrecht* (Berlin u. Heidelberg: Springer, 2014).

Glöer, Nele, „Sexueller Missbrauch von Jungen," *pro familia magazin. Sexualpädagogik und Familienplanung*, 1989, Heft 2, 13–15.

Gnüchtel, Ralf, *Jugendschutztatbestände im 13. Abschnitt des StGB. Ihre Legitimation im Lichte eines zeitgemäßen Jugendschutzes* (Berlin u. Boston: Walter de Gruyter, 2013) (*Juristische Zeitgeschichte*, Abt. 5, Bd. 21).

Gödel, Gabriela, „Tochter stellte dem Vater ‚Sex-Falle'. Zuerst sie missbraucht, denn Schwester," *Kronen Zeitung*, 12.11.2020.

Godenzi, Alberto, „Die eheliche Intimität wird antastbar: Vergewaltigung in der Ehe im europäischen Vergleich," *Monatsschrift für Kriminologie* 71(4) (1988): 255–262.

Godenzi, Alberto, *Gewalt im sozialen Nahraum*, 3. Aufl. (Basel: Helbing & Lichtenhahn, 1996 [1993]).

Gödtel, Reiner, *Sexualität und Gewalt* (Hamburg: Hoffmann und Campe, 1992).

Goedelt, Katja, *Vergewaltigung und sexuelle Nötigung. Untersuchung der Strafverfahrenswirklichkeit* (Göttingen: Universitätsverlag, 2010) (*Göttinger Studien zu den Kriminalwissenschaften*, Bd. 8; zugl. Dissertation, Universität Göttingen, 2008/2009).

Goerlich, Stefani, *The Leather Couch. Clinical Practice with Kinky Clients* (New York u. London: Routledge, 2021): 109–122.

Goertz, Stephan, „Menschenwürde und Sexualmoral. Ein Debattenbeitrag," *IkaZ Communio* 41(1) (2012): 104–110.

Goertz, Stephan, „Transsexualität. Ein katholisches Upgrade," *Herder Korrespondenz* 71(5) (2017): 27–30.

Goertz, Stephan, „Sexueller Missbrauch und katholische Sexualmoral. Mutmaßliche Zusammenhänge," in *Unheilige Theologie! Analysen angesichts sexueller Gewalt gegen Minderjährige durch Priester* (Freiburg i.Br. et al.: Herder, 2019) (*Katholizismus im Umbruch*, Bd. 9): 106–139.

Goertz, Stephan, „Theologien des transsexuellen Leibes. Eine moraltheologische Sichtung," in *Das Geschlecht in mir. Neurowissenschaftliche, lebensweltliche und theologische Beiträge zu Transsexualität*, hg. von Gerhard Schreiber (Berlin u. Boston: De Gruyter, 2019): 267 – 283.

Goethe, Johann Wolfgang von, *Goethes Werke. Weimarer Ausgabe. IV. Abtheilung*, Bd. 23, *Mai 1812 bis August 1813* (Weimar: Hermann Böhlaus Nachfolger, 1900).

Goffman, Erving, *Rahmen-Analyse. Ein Versuch über die Organisation von Alltagserfahrungen*, übers. von Hermann Vetter (Frankfurt a. M.: Suhrkamp, 1977 [1974]).

Goffman, Erving, *Asyle. Über die soziale Situation psychiatrischer Patienten und anderer Insassen*, übers. von Nils Thomas Lindquist, 21. Aufl. (Frankfurt a. M.: Suhrkamp, 2018 [1961]).

Goldbeck, Lutz, „Auffälligkeiten und Hinweiszeichen bei sexuellem Kindesmissbrauch,“ in *Sexueller Missbrauch von Kindern und Jugendlichen. Ein Handbuch zur Prävention und Intervention für Fachkräfte im medizinischen, psychotherapeutischen und pädagogischen Bereich*, hg. von Jörg M. Fegert et al. (Berlin u. Heidelberg: Springer, 2015): 145 – 153.

Goller, Hans, „Gerard J.M. van den Aardweg, Das Drama des gewöhnlichen Homo sexuellen. Analyse und Therapie. Neuhausen: Hänssler 1985. [...],“ *Zeitschrift für katholische Theologie* 110(1) (1988): 84 – 89.

Gollnau, Jeremias, *Abwendung von der Gottesgemeinschaft. Luthers Sündenbegriff in der Großen Genesisvorlesung (1535 – 1545)* (Berlin u. Boston: De Gruyter, 2016).

Gollnick, Rüdiger, *Sexuelle Grenzverletzungen im Lehrer-Schüler-Verhältnis an staatlichen Schulen. Fallbeispiele – Analysen – Strategien* (Münster: LIT, 2013).

Goode, Erich, *Deviance in Everyday Life. Personal Accounts of Unconventional Lives* (Prospect Heights, Ill.: Waveland Press, 2002).

Goode, Erich; Vail, D. Angus, „S&M. An Introduction,“ in *Extreme Deviance*, hg. von Erich Goode u. D. Angus Vail (Los Angeles et al.: Pine Forge Press, 2008): 202 – 207.

Göppert, Hans, „Gesellschaftsstruktur und sexuelle Sucht,“ in *Verbot der Pornographie? Gesellschaftsstruktur und sexuelle Sucht*, hg. von Wolfgang Böhme (Stuttgart: Radius-Verlag, 1968), 25 – 40.

Görgen, Arno; Griemmert, Maria; Kessler, Sebastian, „Sexueller Missbrauch und Kinderschutz – Perspektiven im Wandel,“ in *Sexueller Missbrauch von Kindern und Jugendlichen. Ein Handbuch zur Prävention und Intervention für Fachkräfte im medizinischen, psychotherapeutischen und pädagogischen Bereich*, hg. von Jörg M. Fegert et al. (Berlin u. Heidelberg: Springer, 2015): 27 – 40.

Gornig, Gilbert-Hanno, *Äußerungsfreiheit und Informationsfreiheit als Menschenrechte* (Berlin: Duncker & Humblot, 1988) (zugl. Habilitation, Universität Würzburg, 1986).

Gorsen, Peter, *Sexualästhetik. Grenzformen der Sinnlichkeit im 20. Jahrhundert* (Reinbek b. Hamburg: Rowohlt, 1987 [1972]) (*Rowohlts Enzyklopädie*, Bd. 447).

Gorz, André, *Kritik der ökonomischen Vernunft. Sinnfragen am Ende der Arbeitsgesellschaft* (Hamburg: Rotbuch-Verlag, 1998).

Gössel, Karl Heinz, *Das neue Sexualstrafrecht. Eine systematische Darstellung für die Praxis* (Berlin: De Gruyter Recht, 2005).

Gothlin, Eva, „Appell Begehren Ambiguität. Ein Vergleich zwischen Simone de Beauvoir und Jean-Paul Sartre,“ *Die Philosophin* 10(20) (1999): 84 – 98.

Gottberg, Hans Joachim, „Jugendmedienschutz (ohne Strafrecht),“ in *Medienrecht Praxishandbuch*, Bd. 4, *Persönlichkeitsrecht und Medienrecht*, hg. von Artur-Axel Wandtke u. Claudia Ohst, 3. Aufl. (Berlin u. Boston: De Gruyter, 2014 [2009]): 215 – 298.

Göttsch, Silke, „Geschlechterforschung und historische Volkskultur. Zur Re-Konstruktion frühneuzeitlicher Lebenswelten von Männern und Frauen," in *Männlich. Weiblich. Zur Bedeutung der Kategorie Geschlecht in der Kultur*, hg. von Christel Köhle-Hezinger, Martin Scharfe u. Rolf Wilhelm Brednich (Münster et al.: Waxmann, 1997): 1–16.

Government of Japan, „Act on Punishment of Activities Relating to Child Prostitution and Child Pornography, and the Protection of Children" (26.05.1999); abrufbar unter: https://t1p.de/xm0i (Zugriff: 31.10.2021).

Gräber, Marleen; Horten, Barbara, „Kriminologischer Beitrag. ‚Werther-Effekt' und ‚Bullycide'-Medienkonsum, Cybermobbing und Suizidalität von Kindern und Jugendlichen," *Forensische Psychiatrie, Psychologie, Kriminologie* 14 (2020): 467–471.

Gräber, Marleen; Horten, Barbara, „Kriminologischer Beitrag: Sexuelle Belästigung ohne Körperkontakt (‚catcalling') – zukünftig ein Straftatbestand?," *Forensische Psychiatrie Psychologie Kriminologie* 15(2) (2021), abrufbar unter: https://t1p.de/6zk1 (Zugriff: 31.10.2021).

Graf, Friedrich Wilhelm, *Die Wiederkehr der Götter. Religion in der modernen Kultur* (München: C.H. Beck, 2007).

Graf, Marc; Dittmann, Volker, „Konsumenten illegaler Internet-Pornographie – psychische Auffälligkeiten und Risiken der Straffälligkeit," *Forensische Psychiatrie, Psychologie, Kriminologie* 3(2) (2009): 99–106.

Grampp, Sven, „Kindle's Abstinence Porn. Über Sinn und Sinnlichkeit digitaler Lesegeräte in der Werbung," in *Sinn und Unsinn des Lesens. Gegenstände, Darstellungen und Argumente aus Geschichte und Gegenwart*, hg. von Sandra Rühr u. Axel Kuhn (Göttingen: V&R unipress, 2013): 197–215.

Gräßel-Farnbauer, Jolanda, *Die Debatte um die Zölibatsklausel für evangelische Theologinnen im 20. Jahrhundert unter besonderer Berücksichtigung der Situation in der EKHN* (Examensarbeit, Philipps-Universität Marburg, 16.07.2016; Manuskript).

Graulich, Markus, „Naturrecht, Menschenrechte, Positives Recht. Der Beitrag der katholischen Kirche zur Rechtskultur in pluralistischer Gesellschaft," in *Handbuch der Katholischen Soziallehre*, hg. von Anton Rauscher, Jörg Althammer, Wolfgang Bergsdorf u. Otto Depenheuer (Berlin: Duncker & Humblot, 2008): 787–800.

Green, Richard, „(Serious) Sadomasochism: A Protected Right of Privacy?," *Archives of Sexual Behavior* 30(5) (2001): 543–550.

Grenz, Sabine, „Prostitution, eine Verhinderung oder Ermöglichung sexueller Gewalt? Spannungen in kulturellen Konstruktionen von männlicher und weiblicher Sexualität," in *Verhandlungen im Zwielicht. Momente der Prostitution in Geschichte und Gegenwart*, hg. von Sabine Grenz u. Martin Lücke (Bielefeld: transcript, 2006): 319–342.

Grenz, Sabine, *(Un)heimliche Lust. Über den Konsum sexueller Dienstleistungen*, 2. Aufl. (Wiesbaden: VS Verlag für Sozialwissenschaften, 2007 [2005]).

Grenz, Sabine, „Überschneidungen von sexueller Freiheit un Konsum/Kommerz: Freier auf der Suche nach dem perfekten sexuellen Erlebnis," in *Das Prostitutionsgesetz. Aktuelle Forschungsergebnisse, Umsetzung und Weiterentwicklung*, hg. von Barbara Kavemann u. Heike Rabe (Opladen u. Farmington Hills: Barbara Budrich, 2009): 203–218.

Grethlein, Christian, „Praktische Theologie als theologische Theorie kirchlicher Praxis," in *Praktische Theologie der Gegenwart in Selbstdarstellungen*, hg. von Georg Lämmlin u. Stefan Scholpp (Tübingen u. Basel: Francke, 2001) (*UTB*, Bd. 2213): 333–348.

Grieger, Katja et al., *„Was Ihnen widerfahren ist, ist in Deutschland nicht strafbar".* Fallanalyse zu bestehenden Schutzlücken in der Anwendung des deutschen Sexualstrafrechts bezüglich erwachsener Betroffener (Berlin: Bundesverband Frauenberatungsstellen und Frauennotrufe (bff) – Frauen gegen Gewalt e.V., 2014); abrufbar unter: https://t1p.de/gs4b (Zugriff: 31.10.2021).

Griffith, James et al., „Pornography Actors: A Qualitative Analysis of Motivations and Dislikes," *North American Journal of Psychology* 14(2) (2012): 245–256.

Griffith, James et al., „Pornography Actresses: An Assessment of the Damaged Goods Hypothesis," *Journal of Sex Research* 50(7) (2013): 621–632.

Grimm, Dieter, „Das staatliche Gewaltmonopol," in *Internationales Handbuch der Gewaltforschung*, hg. von Wilhelm Heitmeyer u. John Hagan (Wiesbaden: Westdeutscher Verlag, 2002): 1296–1313.

Grimm, Jacob; Grimm, Wilhelm, *Deutsches Wörterbuch*, Bd. 1–16 (in 32 Teilbänden) (Leipzig: S. Hirzel, 1854–1960).

Gróh, Julius, *Kurzes Lehrbuch der Allgemeinen Chemie*, übers. von Paul Hári (Berlin u. Heidelberg: Springer, 1923): 184–197.

Gröschner, Rolf, *Dialogik des Rechts. Philosophische, dogmatische und methodologische Grundlagenarbeiten 1982–2012*, hg. von Michael Henkel et al. (Tübingen: Mohr Siebeck, 2013).

Gross, Peter, *Die Multioptionsgesellschaft* (Frankfurt a. M.: Suhrkamp, 1994).

Große Kracht, Hermann-Josef, „Fünfzig Jahre Böckenförde-Theorem. Eine bundesrepublikanische Bekenntnisformel im Streit der Interpretationen", in *Religion – Recht – Republik. Studien zu Wolfgang-Ernst Böckenförde*, hg. von Hermann-Josef Große Kracht u. Klaus Große Kracht (Paderborn: Schöningh, 2014): 155–183.

Große Kracht, Hermann-Josef., *„Solidarität zuerst." Zur Neuentdeckung einer politischen Idee* (Bielefeld: transcript, 2021).

Groth, A. Nicholas; Birnbaum, H. Jean, „Adult sexual orientation and attraction to underage persons," *Archives of Sexual Behavior* 7(3) (1978): 175–181.

Groth A., Nicholas; Gary, Thomas S., „Heterosexuality, homosexuality, and pedophilia. Sexual offenses against children and adult sexual orientation," in *Male Rape. A Casebook of Sexual Aggressions*, hg. von Anthony M. Scacco (New York: AMS Press, 1982): 143–152.

Grözinger, Albrecht et al., „Empirische Forschung als Herausforderung für Theologie und Kirche," in *Kirche und Marktorientierung. Impulse aus der Ökumenischen Basler Kirchenstudie*, hg. von Manfred Bruhn u. Albrecht Grözinger (Freiburg i.Ue.: Universitätsverlag, 2000) (*Praktische Theologie im Dialog*, Bd. 20): 13–32.

Grubbs, Joshua B. et al., „Internet Pornography Use and Sexual Motivation: A Systematic Review and Integration," *Annals of the International Communication Association* 43 (2019): 117–155.

Gruber, Franz, „Der Diskurs der Hoffnung. Zur Hermeneutik eschatologischer Aussagen," in *Zeit denken. Eschatologie im interdisziplinären Diskurs*, hg. von Edmund Arens (Freiburg i.Br. et al.: Herder, 2010) (*Quaestiones disputatae*, Bd. 234): 19–45.

Gruithuisen, Franz von Paula, „Anthropologie," *Oberdeutsche allgemeine Literatur-Zeitung*, 1808, Nr. 130 (22. November): Sp. 907–922.

Gruithuisen, Franz von Paula, „Anthropologie," *Oberdeutsche allgemeine Literatur-Zeitung*, 1808, Nr. 131 (24. November): Sp. 923–928.

Gruithuisen, Franz von Paula, „P.P.," *Oberdeutsche allgemeine Literatur-Zeitung*, 1808, Nr. 110 (4. Oktober): Sp. 588–592.

Gruithuisen, Franz von Paula, „P.P.," *Oberdeutsche allgemeine Literatur-Zeitung*, 1808, Nr. 111 (6. Oktober): Sp. 606–608.

Gruithuisen, Franz von Paula, „P.P.," *Oberdeutsche allgemeine Literatur-Zeitung*, 1808, Nr. 112 (8. Oktober): Sp. 619–624.

Gruithuisen, Franz von Paula, *Anthropologie oder von der Natur des menschlichen Lebens und Denkens; für angehende Philosophen und Aerzte* (München: Joseph Lentner, 1810).

Grünewald, Anette, „§ 228. Einwilligung," in *Strafgesetzbuch. Leipziger Kommentar. Großkommentar*, 12. Aufl., hg. von Heinrich Wilhelm Laufhütte, Ruth Rissing-van Saan u. Klaus Tiedemann, Bd. 6, *§§ 146 bis 210* (Berlin: De Gruyter Recht, 2010): 699–724.

Grutzpalk, Jonas, „Kritik der Macht," *Blogeintrag*, 10.08.2020; abrufbar unter: https://t1p.de/ithl (Zugriff: 31.10.2021).

Grutzpalk, Jonas, *Erkenntnis und Engagement. Wissenssoziologie als Methode eines Kulturvergleichs deutscher und französischer Intellektueller* (Wiesbaden: VS Verlag für Sozialwissenschaften, 2003) (*Forschung Soziologie*, Bd. 177).

Gudorf, Christine, *Body, Sex, and Pleasure. Reconstructing Christian Sexual Ethics* (Cleveland, OH: The Pilgrim Press, 1994).

Gugel, Günther, *Handbuch Gewaltprävention in der Grundschule. Grundlagen – Lernfelder – Handlungsmöglichkeiten. Bausteine für die praktische Arbeit* (Tübingen: Institut für Friedenspädagogik Tübingen e.V., 2007).

Gugel, Rahel, *Das Spannungsverhältnis zwischen Prostitutionsgesetz und Art. 3 II Grundgesetz. Eine rechtspolitische Untersuchung* (Münster: LIT, 2011) (zugl. Dissertation, Universität Bremen, 2010; *Bremer Forschungen zur Kriminalpolitik*, Bd. 16).

Gugel, Rahel, „Die Debatte um Prostitution in Deutschland," in *Gaismair-Jahrbuch 2015. Gegenstimmen*, hg. von Monika Jarosch et al. (Innsbruck et al.: StudienVerlag, 2014): 78–85.

Guidry, Raquel et al., „The Exacerbating Impact of Moral Disapproval on the Relationship Between Pornography Use and Depression, Anxiety, and Relationship Satisfaction," *Journal of Sex & Marital Therapy* 46(2) (2020): 103–121.

Gumbrecht, Hans Ulrich, „Epiphanie," in *Dimensionen ästhetischer Erfahrung*, hg. von Joachim Küpper u. Christoph Menke (Frankfurt a. M.: Suhrkamp, 2003): 203–222.

Gundlach, Timo, *Sexualkriminalität. Erscheinungsformen, Sanktionierung, Legalbewährung und kriminelle Karrieren* (Göttingen: Universitätsverlag Göttingen, 2020) (*Göttinger Studien zu den Kriminalwissenschaften*, Bd. 37).

Günter Reich, Cornelia Götz-Kühne, Uta Killius, *Essstörungen. Magersucht, Bulimie, Binge Eating* (Stuttgart: TRIAS, 2004).

Günzel, Stephan, „Medialer Raum. Bilder – Zeichen – Cyberspace," in *Raum. Ein interdisziplinäres Handbuch*, hg. von Stephan Günzel (Stuttgart u. Weimar: J.B. Metzler, 2010): 219–233.

Habermas, Jürgen, „Die zweite Lebenslüge der Bundesrepublik. Wir sind wieder ‚normal' geworden," *DIE ZEIT*, Nr. 51, 11.12.1992, 48.

Habermas, Jürgen, „Wahrheitstheorien" (1972), in: Ders., *Vorstudien und Ergänzungen zur Theorie des kommunikativen Handelns*, 3. Aufl. (Frankfurt a. M.: Suhrkamp, 1989 [1984]): 127–183.

Habermas, Jürgen, „Hannah Arendts Begriff der Macht" (1976), in: Ders., *Philosophisch-politische Profile*, 3. Aufl. (Frankfurt a. M.: Suhrkamp, 1981 [1971]): 228 – 248.

Habermas, Jürgen, *Theorie des kommunikativen Handelns*, Bd. 1, *Handlungsrationalität und gesellschaftliche Rationalisierung* (Frankfurt a. M.: Suhrkamp, 1988 [1981]).

Habermas, Jürgen, „Vorwort zur Neuauflage 1990," in *Strukturwandel der Öffentlichkeit. Untersuchungen zu einer Kategorie der bürgerlichen Gesellschaft* (Frankfurt a. M.: Suhrkamp, 1990): 11 – 50.

Habermehl, Werner, „Verführung in der Kindheit stört den Orgasmus," *Sexualmedizin* 18(1) (1989): 8 – 16.

Hacker, Friedrich, *Aggression. Die Brutalisierung der modernen Welt* (Wien et al.: Molden, 1971).

Haeberle, Erwin J., *The Sex Atlas. A New Illustrated Guide* (New York: Seabury Press, 1978).

Haeberle, Erwin J., *Die Sexualität des Menschen. Handbuch und Atlas*, 2. Aufl., übers. unter Mitwirkung von Ilse Drews (Berlin: Walter de Gruyter, 1985 [1983]).

Häfner, Heinz, „Masochismus," in *Historisches Wörterbuch der Philosophie*, hg. von Joachim Ritter, Karlfried Gründer u. Gottfried Gabriel, Bd. 5 (Basel: Schwabe, 1980): 804 – 806.

Hagemann-White, Carol, *FrauenMännerBilder. Männer und Männlichkeit in der feministischen Diskussion* (AJZ-Verlag, 1988).

Hagemann-White, Carol, „Was tun? Gewalt in der Sexualität verbieten? Gewalt entsexualisieren?," in *Heterosexuelle Verhältnisse*, hg. von Sonja Düring u. Magret Hauch (Stuttgart: Enke, 1995) (*Beiträge zur Sexualforschung*, Bd. 71): 145 – 159.

Hagemann-White, Carol; Helfferich, Cornelia, „Gewalt im Geschlechterverhältnis," in *Bericht zur gesundheitlichen Situation von Frauen in Deutschland. Eine Bestandsaufnahme unter Berücksichtigung der unterschiedlichen Entwicklung in West- und Ostdeutschland*, hg. vom Bundesministerium für Familie, Senioren, Frauen und Jugend (Stuttgart: Kohlhammer, 2001): 245 – 276.

Hagemann-White, Carol, „Gender-Perspektiven auf Gewalt in vergleichender Sicht," in *Internationales Handbuch der Gewaltforschung*, hg. von Wilhelm Heitmeyer u. John Hagan (Wiesbaden: Westdeutscher Verlag, 2002): 124 – 149.

Hagemann-White, Carol, „Grundbegriffe und Fragen der Ethik bei der Forschung über Gewalt im Geschlechterverhältnis," in *Forschungsmanual Gewalt. Grundlagen der empirischen Erhebung von Gewalt in Paarbeziehungen und sexualisierter Gewalt*, hg. von Cornelia Helfferich et al. (Wiesbaden: Springer VS, 2016): 13 – 32.

Hahn, Franziska; Nakari, Saskia; Schnell, Constantin, „Das Thema Pornografie gehört in die Schule," in *Pornografisierung von Gesellschaft. Perspektiven aus Theorie, Empirie und Praxis*, hg. von Martina Schuegraf u. Angela Tillmann (Köln: Herbert von Halem Verlag, 2017 [2012]): 331 – 340.

Hahn, Hans-Christoph, Art. „σκότος," in *Theologisches Begriffslexikon zum Neuen Testament*, hg. von Lothar Coenen u. Klaus Haacker, 2. Sonderaufl. (Witten: SCM R.Brockhaus, 2010): 1307 – 1310.

Haidle, Miriam N., „Wahrnehmung will gelernt sein – ein Prozess zwischen Organismus und Umwelt in verschiedenen Entwicklungsdimensionen," in *Interdisziplinäre Anthropologie*, Jahrbuch 4/2016, *Wahrnehmung*, hg. von Gerald Hartung u. Matthias Herrgen (Wiesbaden: Springer VS, 2018 [2017]): 79 – 90.

Hailes, Helen P. et al., „Long-Term Outcomes of Childhood Sexual Abuse: An Umbrella Review," *Lancet Psychiatry* 6(10) (2019): 830 – 839.

Hald, Gert Martin; Malamuth, Neil N.; Lange, Theis, „Pornography and Sexist Attitudes Among Heterosexuals," *Journal of Communication* 63(4) (2013): 638–660.

Haldeman, Douglas C., „The Pseudo-Science of Sexual Orientation Conversion Therapy," *Angles. The Policy Journal of the Institute for Gay and Lesbian Strategic Studies* 4(1) (1999): 1–4.

Haldeman, Douglas C., „Therapeutic Antidotes: Helping Gay and Bisexual Men Recover from Conversion Therapies," *Journal of Gay & Lesbian Psychotherapy* 5(3–4) (2002): 117–130.

Hall, Matthew; Hearn, Jeff; Lewis, Ruth, „‚Upskirting', Homosociality, and Craftmanship: A Thematic Analysis of Perpetrator and Viewer Interactions," *Violence Against Women* 27 (2021); abrufbar unter: https://t1p.de/d4db (Zugriff: 17.03.2021).

Hall, Gordon C. Nagayama; Hirschman, Richard, „Sexual Aggression against Children. A Conceptual Perspective of Etiology," *Criminal Justice and Behavior* 19(1) (1992): 8–23.

Haller, Reinhard, *Das Böse. Die Psychologie der menschlichen Destruktivität* (Salzburg u. München: Ecowin, 2019).

Hamann, Johann Georg, Brief an Johann Gotthelf Lindner vom 3. Juli 1759, in *Hamann's Schriften*, Bd. 1, hg. von Friedrich Roth (Berlin: Reimer, 1821): 402–408 (Nr. 45).

Hamburger, Käte, *Das Mitleid*, 2. Aufl. (Stuttgart: Klett-Cotta, 1996 [1985]).

Hands, Donald R., „Beyond the Cloister – Shamed Sexuality in the Formation of Sex-Offending Clergy," in *The Sex Handbook of Sex Offender Treatment*, hg. von Barbara K. Schwartz (Kingston, NJ: Civic Research Institute, 2011): 36–1.

Hänel, Hilkje Charlotte, *Wer hat Angst vorm Feminismus. Warum Frauen, die nichts fordern, nichts bekommen* (München: C.H. Beck, 2021).

Hanna, Cheryl, „Sex is Not a Sport: Consent and Violence in Criminal Law," *Boston College Law Review* 42(2) (2001): 239–290.

Hansen, Adolph, *Goethes Metamorphose der Pflanzen. Geschichte einer botanischen Hypothese*, Bd. 1 (Gießen: Töpelmann, 1907): 303–310.

Hanson, R. Karl; Bussière, Monique T., „Predicting relapse: A meta-analysis of sexual offender recidivism studies," *Journal of Consulting and Clinical Psychology* 66(2) (1998): 348–362.

Hardt, Jochen; Rutter, Michael, „Validity of Adult Retrospective Reports of Adverse Childhood Experiences: Review of the Evidence," *Journal of Child Psychology and Psychiatry* 45(2) (2004): 260–273.

Häring, Bernhard, *Free and Faithful in Christ. Moral Theology for Priests and Laity*, Bd. 1–3 (Middlegreen, Slough: St. Paul Publications, 1978–1981).

Härle, Wilfried, *Sein und Gnade. Die Ontologie in Karl Barths kirchlicher Dogmatik* (Berlin u. New York: Walter de Gruyter, 1975) (zugl. Habilitationsschrift, Universität Kiel; *Theologische Bibliothek Töpelmann*, Bd. 27).

Härle, Wilfried, *Dogmatik*, 2. Aufl. (Berlin u. New York: Walter de Gruyter, 2000 [1995]).

Härle, Wilfried, „Die Rechtfertigungslehre als Richtschnur ethischen Handelns," in: Ders., *Menschsein in Beziehungen. Studien zur Rechtfertigungslehre und Anthropologie* (Tübingen: Mohr Siebeck, 2005): 335–346.

Härle, Wilfried, „Der Mensch Gottes. Die öffentliche Orientierungsleistung des christlichen Menschenverständnisses," in *Menschsein in Beziehungen*, 363–378.

Härle, Wilfried, „Menschenwürde – konkret und grundsätzlich," in *Systematisch praktisch. Festschrift für Reiner Preul zum 65. Geburtstag*, hg. von Wilfried Härle et al. (Marburg: Elwert, 2005) (*Marburger Theologische Studien*, Bd. 80): 199–222.

Härle, Wilfried, *Ethik* (Berlin u. Boston: De Gruyter, 2011).

Härle, Wilfried, *Ethik*, 2. Aufl. (Berlin u. Boston: De Gruyter, 2018).

Harris, John, *Enhancing Evolution. The Ethical Case for Making Better People* (Princeton: Princeton University Press, 2007).

Harten, Hans-Christian, *Sexualität, Mißbrauch, Gewalt. Das Geschlechterverhältnis und die Sexualisierung von Aggressionen* (Opladen: Westdeutscher Verlag, 1995).

Hartmann, Eddie; Hoebel, Thomas, „Die Schweigsamkeit der Gewalt durchbrechen," *WestEnd. Neue Zeitschrift für Sozialforschung* 17(1) (2020): 71–80.

Hartmann, Elke, Art. „Vergewaltigung," in *Der neue Pauly. Enzyklopädie der Antike*, Bd. 12/2, *Altertum. Ven-Z. Nachträge*, hg. von Hubert Cancik u. Helmuth Schneider (Stuttgart u. Weimar: J.B. Metzler, 2003): Sp. 39–41.

Hartmann, Simone, „Sexuelle Dienstleistung – ein moralisches Angebot?," in *Sexualbegleitung und Sexualassistenz bei Menschen mit Behinderungen*, hg. von Joachim Walter, 2. Aufl. (Heidelberg: Winter, 2008 [2004]): 31–42.

Hartmann, Tilo, „Einstieg: Machen Computerspiele gewalttätig? Zum kommunikationswissenschaftlichen und medienpsychologischen Forschungsstand," in *Debatte: Verbotene Spiele?*, hg. von der Bundeszentrale für politische Bildung, Redaktion Sebastian Deterding (Bonn: Bundeszentrale für politische Bildung, 2007), abrufbar unter https://t1p.de/y3wp (Zugriff: 31.10.2021).

Hartmann, Uwe, „Diagnostik und Therapie der ‚Sexsucht'," *DNP – Der Neurologe & Psychiater* 17(1) (2016): 34–42.

Hartmann, Uwe, *Inhalte und Funktionen sexueller Phantasien. Ergebnisse einer Panel-Studie an Männern und Frauen* (Stuttgart: Enke, 1989) (*Beiträge zur Sexualforschung*, Bd. 64).

Hartung, Annette, „Früh, früher, viel zu früh …? – Konfrontation von Kindern mit Sexualität," in *Frühförderung wirkt – von Anfang an*, hg. von Britta Gebhard et al. (Stuttgart: W. Kohlhammer, 2019): 176–183.

Haselbacher, Gerhard, „Warum wir ohne Sexualität nicht sein können – Einführung in die Sexualmedizin," in *Schluss mit Lust und Liebe? Sexualität bei chronischen Krankheiten und Körperbehinderungen*, hg. von Birgit Delisle, Gerhard Haselbacher u. Nikolaus Weissenrieder (München u. Basel: E. Reinhardt, 2003): 28–38.

Haslbeck, Barbara, *Sexueller Missbrauch und Religiosität. Wenn Frauen das Schweigen brechen: eine empirische Studie* (Berlin: LIT, 2007) (zugl. Dissertation, Universität Passau, 2005).

Haslinger, Hebert, „Abschied von der Macht. Was sich in der pastoralen Praxis eigentlich verändert hat," in *Kirche im Wandel. Ekklesiale Identität und Reform*, hg. von Stefan Kopp (Freiburg i.Br. et al.: Herder, 2020): 399–426.

Haspel, Michael, Art. „Sexualität / Sexualethik," in *Evangelisches Soziallexikon*, 9. Aufl., hg. von Jörg Hübner et al. (Stuttgart: W. Kohlhammer, 2016): 1367–1375.

Hassemer, Winfried; Reemtsma, Jan Philipp, *Verbrechensopfer. Gesetz und Gerechtigkeit* (München: C.H. Beck, 2002).

Hauch, Margret, „Der sexualpolitische Streit um das Mindeststrafmaß bei Vergewaltigung," *Zeitschrift für Sexualforschung* 1 (1988): 263–271.

Hauer, Karl, „Erotik der Kleidung," *Die Fackel* 8 (1906), Nr. 198, 11–17.

Hauer, Karl (u.d. Pseudonym Lucianus), „Pornographie," *Die Fackel* 10 (1908), Nr. 253, 7–13.

Haupt, Claudia Cornelia, „Neurointersexuelle Körperdiskrepanz. Grundsätzliche Überlegungen in Richtung neurophänomenologischer Zugänge zu Mustern geschlechtlicher Vielfalt," in

Transsexualität in Theologie und Neurowissenschaften. Ergebnisse, Kontroversen, Perspektiven, hg. von Gerhard Schreiber (Berlin u. Boston: De Gruyter, 2016): 75–119.

Hauschildt, Eberhard; Pohl-Patalong, Uta, *Kirche* (Gütersloh: Gütersloher Verlagshaus, 2014) (*Lehrbuch Praktische Theologie*, Bd. 4).

Hauser, Richard, Art. „Macht," in *Handbuch theologischer Grundbegriffe*, hg. von Heinrich Fries, Bd. 2 (München: Kösel, 1963): 98–111.

Häuser, Winfried et al., „Misshandlungen in Kindheit und Jugend. Ergebnisse einer Umfrage in einer repräsentativen Stichprobe der deutschen Bevölkerung," *Deutsches Ärzteblatt* 108(17) (2011): 287–294.

Hautzinger, Martin, „Kognitive Verfahren," in *Verhaltenstherapie. Grundlagen – Methoden – Anwendungsgebiete*, hg. von Anil Batra, Gerhard Buchkremer u. Reinhard Wassmann, 2. Aufl. (Stuttgart u. New York: Thieme, 2006 [2000]): 125–133.

Haversath, Julia et al., „Sexualverhalten in Deutschland. Ergebnisse einer repräsentativen Befragung," *Deutsches Ärzteblatt* 114(33–34) (2017): 545–550.

Hegel, Georg Wilhelm Friedrich, *Wissenschaft der Logik I*, in *Werke*, auf der Grundlage der Werke von 1832–1845 neu edierte Ausgabe, Redaktion Eva Moldenhauer und Karl Markus Michel, Bd. 6 (Frankfurt a. M.: Suhrkamp, 1986).

Heidbrink, Ludger; Schmidt, Imke, „Die neue Verantwortung der Konsumenten," *Aus Politik und Zeitgeschichte* 59(32–33) (2009): 27–32.

Heiliger, Anita, „Sexuelle Mißbraucher: Täter im Spektrum der Normalität," *Psychologie und Gesellschaftskritik* 20(1–2) (1996): 29–42.

Heiliger, Anita; Engelfried, Constance, *Sexuelle Gewalt. Männliche Sozialisation und potentielle Täterschaft* (Frankfurt a. M./New York: Campus, 1995).

Heim, Nikolaus, „Die Vertreibung des Triebes: Psychoanalyse und Sexualität," in *Vermessene Sexualität*, hg. von Alexander Schuller u. Nikolaus Heim (Berlin et al.: Springer, 1987): 186–201.

Heinrichs, Jan-Hendrik, *Willenlos. Der Willensbegriff zwischen antiker Moralpsychologie und modernen Neurowissenschaften* (Münster: mentis, 2017).

Heinzius, Barbara, *Feminismus oder Pornographie? Zur Darstellung von Erotik und Sexualität im Werk Dacia Marainis* (St. Ingbert: Röhrig Universitätsverlag, 1995).

Heinz-Trossen, Alfons, *Prostitution und Gesundheitspolitik. Prostituiertenbetreuung als pädagogischer Auftrag des Gesetzgebers an die Gesundheitsämter* (Frankfurt a. M. et al.: Lang, 1993).

Heisenberg, Werner, *Gesammelte Werke*, hg. von Walter Blum, Hans-Peter Dürr u. Helmut Rechenberg, Abt. C, *Allgemeinverständliche Schriften*, Bd. 1, *Physik und Erkenntnis (1927–1955)* (München u. Zürich: Piper, 1984).

Heitmeyer, Wilhelm; Hagan, John, „Gewalt. Zu den Schwierigkeiten einer systematischen internationalen Bestandsaufnahme," in *Internationales Handbuch der Gewaltforschung*, hg. von Wilhelm Heitmeyer u. John Hagan (Wiesbaden: Westdeutscher Verlag, 2002): 15–25.

Heldman, Caroline, „The Hunger Games, Hollywood, and Fighting Fuck Toys," *Ms. Magazine* (Blog), 06.04.2012; abrufbar unter: https://t1p.de/let0 (Zugriff: 31.10.2021).

Heller, Agnes, *General Ethics* (Oxford: Basil Blackwell, 1988).

Hellmann, Deborah F.; Dinkelborg, Lisa; Fernau, Sandra, „Psychosoziale Folgen sexuellen Missbrauchs durch katholische Geistliche," in *Sexueller Missbrauch Minderjähriger durch katholische Geistliche in Deutschland*, hg. von Sandra Fernau u. Deborah F. Hellmann (Baden-Baden: Nomos, 2014): 185–236.

Hellmann, Deborah F. et al., „Sexueller Missbrauch durch katholische Geistliche in Deutschland. Zentrale Ergebnisse einer Betroffenenbefragung," *Nervenheilkunde* 34(7) (2015): 525–529.

Hemmer, Kurt, „Macht, Ohnmacht und Rivalität im Gruppenprozeß," in *Theorie und Praxis individualpsychologischer Gruppenpsychotherapie*, hg. von Gerd Lehmkuhl (Göttingen: Vandenhoeck & Ruprecht, 2002): 157–181.

Henke, Silvia, „Pornographie als Gefängnis. Elfriede Jelineks *Lust* im Vergleich," *Colloquium Helveticum*, 2000, Heft 31, *Eros und Literatur*, 239–263.

Henningsen, Anja; List, Inga-Marie, „Zwischen Einfühlung, Meldung und Kontrolle. Zum kollektiven Umgang mit Sexualität in pädagogischen Institutionen," in *Sexuelle Gewalt in pädagogischen Kontexten. Aktuelle Forschungen und Reflexionen*, hg. von Martin Wazlawik et al. (Wiesbaden: Springer VS, 2019): 89–106.

Henrich, Dieter, *Sein oder Nichts. Erkundungen um Samuel Beckett und Hölderlin* (München: C.H. Beck, 2016): 411–427.

Henschel, August Wilhelm, *Von der Sexualität der Pflanzen* (Breslau: Korn, 1820).

Hensel, Alexander; Neef, Tobias; Pausch, Robert, „Von ‚Knabenliebhabern' und ‚Power-Pädos'. Zur Entstehung und Entwicklung der westdeutschen Pädophilen-Bewegung," in *Die Grünen und die Pädosexualität. Eine bundesdeutsche Geschichte*, hg. von Franz Walter, Stephan Klecha u. Alexander Hensel (Göttingen: Vandenhoeck & Ruprecht, 2015): 136–159.

Herbst, Hanna, *Feministin sagt man nicht* (Wien: Brandstätter, 2018).

Herder, Johann Gottfried, *Aelteste Urkunde des Menschengeschlechts* (Teil 1–4), Bd. 1–2 (Riga: Hartknoch, 1774–1776).

Herder, Johann Gottfried, *Ideen zur Philosophie der Geschichte der Menschheit*, Bd. 1–4 (Riga u. Leipzig: Hartknoch, 1784–1791).

Herder, Johann Gottfried, *Briefe zu Beförderung der Humanität*, 3. Sammlung (Riga: Hartknoch, 1794).

Herek, Gregory M., „Myths About Sexual Orientation: A Lawyer's Guide to Social Science Research," *Law & Sexuality. A Review of Lesbian and Gay Legal Issues* 1 (1991): 133–172.

Herek, Gregory M., „Bad Science in the Service of Stigma. A Critique of the Cameron Group's Survey Studies," in *Stigma and Sexual Orientation. Understanding Prejudice against Lesbians, Gay Men, and Bisexuals*, hg. von Gregory M. Herek (Thousand Oaks, CA: Sage, 1998): 223–255.

Herek, Gregory M., „Facts About Homosexuality and Child Molestation" (2006); abrufbar unter: https://psychology.ucdavis.edu/rainbow/html/facts_molestation.html (Zugriff: 31.10.2021).

Herman, Judith L., „Sex Offenders: A Feminist Perspective," in *Handbook of Sexual Assault. Issues, Theories and Treatment of the Offender*, hg. von William Lamont Marshall, D. Richard Laws u. Howard E. Barbaree (New York: Springer, 1990): 177–193.

Herman, Judith, *Die Narben der Gewalt. Traumatische Erfahrungen verstehen und überwinden*, übers. von Verena Koch u. Renate Weitbrecht, 5. Aufl. (Paderborn: Junfermann, 2018 [2003]).

Hermes, Gisela, „Mehrdimensionale Diskriminierung," in *Handbuch Behindertenrechtskonvention. Teilhabe als Menschenrecht – Inklusion als gesellschaftliche Aufgabe*, hg. von Theresia Degener u. Elke Diehl (Bonn: bpb, 2015): 253 – 268.

Herms, Eilert, *Offenbarung und Glaube. Zur Bildung des christlichen Lebens* (Tübingen: Mohr Siebeck, 1992).

Herms, Eilert, „Liebe, Sexualität, Ehe. Unerledigte Themen der Theologie und der christlichen Kultur," *Zeitschrift für Theologie und Kirche* 96 (1999): 94 – 135.

Herms, Eilert, „Sein und Sollen bei Hume, Kant und Schleiermacher" (2001), in: Ders., *Menschsein im Werden. Studien zu Schleiermacher* (Tübingen: Mohr Siebeck, 2003): 296 – 319.

Herms, Eilert, *Politik und Recht im Pluralismus* (Tübingen: Mohr Siebeck, 2008).

Herr, Theodor, *Zur Frage nach dem Naturrecht im deutschen Protestantismus der Gegenwart* (Paderborn: F. Schöningh, 1972) (zugl. Dissertation, Universität Münster, 1970).

Herrath, Frank, „Menschenrecht trifft Lebenswirklichkeit: Was behindert Sexualität?," in *Sexualität leben ohne Behinderung. Das Menschenrecht auf sexuelle Selbstbestimmung*, hg. von Jens Clausen u. Frank Herrath (Stuttgart: W. Kohlhammer, 2013): 19 – 34.

Herrmann, Bernd et al., „Medizinische Diagnostik bei sexuellem Kindesmissbrauch Konzepte, aktuelle Datenlage und Evidenz," *Deutsches Ärzteblatt* 111(41) (2014): 692 – 702.

Herrmann, Bernd et al., *Kindesmisshandlung. Medizinische Diagnostik, Intervention und rechtliche Grundlagen*, 2. Aufl. (Berlin u. Heidelberg: Springer, 2010 [2008]).

Herrmann, Bernd, „Medizinische Diagnostik bei Kindesmisshandlungen," in *Kindesmisshandlung und Vernachlässigung. Ein Handbuch*, hg. von Günther Deegener u. Wilhelm Körner (Göttingen et al.: Hogrefe, 2005): 446 – 465.

Herrmann, Bernd; Neises, Mechthild, „Der Stellenwert medizinischer Diagnostik bei sexuellem Kindesmissbrauch – schädlich, überflüssig oder sinnvoll? Eine Bestandsaufnahme für Deutschland," *Kindesmisshandlung und -vernachlässigung* 2 (1999): 112 – 122.

Herzog, Dagmar, „Selbstwertgefühl, Psychohygiene und sexualisierte Repressionsmoral. Die USA an der Jahrtausendwende," *Zeitschrift für Sexualforschung* 20(4) (2007): 300 – 315.

Heuermann, Hartmut; Kuzina, Matthias, *Gefährliche Musen. Medienmacht und Medienmissbrauch* (Stuttgart u. Weimar: J.B. Metzler, 1995).

Heuser, Stefan, *Menschenwürde. Eine theologische Erkundung* (Münster: LIT, 2004) (zugl. Dissertation, Universität Erlangen, 2002) (*Ethik im Theologischen Diskurs*, Bd. 8).

Heyden, Saskia; Jarosch, Kerstin, *Missbrauchstäter. Phänomenologie – Psychodynamik – Therapie* (Stuttgart: Schattauer, 2010).

Hickethier, Knut, *Film- und Fernsehanalyse*, 3. Aufl. (Stuttgart u. Weimar: Metzler, 2001).

Hilbig, Antje; Kajatin, Claudia; Miethe, Ingrid, „Einleitung," in *Frauen und Gewalt. Interdisziplinäre Untersuchungen zu geschlechtsgebundener Gewalt in Theorie und Praxis*, hg. von Antje Hilbig, Claudia Kajatin u. Ingrid Miethe (Würzburg: Königshausen & Neumann, 2003): 9 – 16.

Hilgendorf, Eric, „Käufliche Liebe in Deutschland heute. Vom sittenwidrigen Gewerbe zum (fast) normalen Beruf," in *Festschrift für Hans-Heiner Kühne zum 70. Geburtstag* (Heidelberg: C.F. Müller, 2013): 91 – 105.

Hilkens, Myrthe, *McSex. Die Pornofizierung unserer Gesellschaft*, übers. von Cécile Speelman (Berlin: Orlanda, 2010).

Hill, Andreas, „Pornografie, Cybersex und Sexualdelinquenz," in *Sexualstraftäter. Diagnostik – Begutachtung – Risk Assessment – Therapie*, hg. von Nahlah Saimeh, Peer Briken u. Jürgen L. Müller (Berlin: MWV, 2021): 217 – 231.

Hill, Andreas, „Pornografiekonsum bei Jugendlichen. Ein Überblick über die empirische Wirkungsforschung," *Zeitschrift für Sexualforschung* 24(4) (2011): 379–396.

Hill, Elisabeth; Bibbert, Mark, *Zur Regulierung der Prostitution. Eine diskursanalytische Betrachtung des Prostituiertenschutzgesetzes* (Wiesbaden: Springer VS, 2019).

Hillberg, Tanja; Hamilton-Giachritsis, Catherine; Dixon, Louise, „Review of Meta-Analyses on the Association Between Child Sexual Abuse and Adult Mental Health Difficulties: A Systematic Approach," *Trauma Violence & Abuse* 12(1) (2011): 38–49.

Hilpert, Konrad, „Von der Sexualmoral zur Beziehungsethik. Von der Tragweite eines theologisch-ethischen Perspektivenwechsels," in *Liebe, Sexualität und Partnerschaft. Die Lebensformen der Intimität im Wandel*, hg. von Eberhard Schockenhoff (Freiburg i.Br. u. München: Alber, 2019): 41–62.

Hilpert, Konrad, „Vorwort," in *Zukunftshorizonte katholischer Sexualethik*, hg. von Konrad Hilpert (Freiburg et al.: Herder, 2011) (*Quaestiones disputatae*, Bd. 241): 9–11.

Hilton, James L.; Hippel, William von, „Stereotypes," *Annual Review of Psychology* 47(1) (1996): 237–271.

Hinz, Thorsten; Walter, Joachim, „Sexualität als gelebte Leiblichkeit: Formen – Fragen – Tabus," in *Behinderung – Profile inklusiver Theologie, Diakonie und Kirche*, hg. von Johannes Eurich u. Andreas Lob-Hüdepohl (Stuttgart: W. Kohlhammer, 2014): 284–286.

Hirsch, Hans Joachim, „Einwilligung in sittenwidrige Körperverletzung," in *Grundlagen des Straf- und Strafverfahrensrechts. Festschrift für Knut Amelung zum 70. Geburtstag* (Berlin: Dunker & Humblot, 2009) (*Schriften zum Strafrecht*, Bd. 202): 181–202.

Hirsch, Mathias, „Inzest: Sexueller Missbrauch in der Familie. Pathogenetische Wirkungsmechanismen," *pro familia magazin. Sexualpädagogik und Familienplanung*, 1989, Heft 2, 1–13.

Hirsch, Mathias, *Realer Inzest, Psychodynamik des sexuellen Missbrauchs in der Familie*, 3. Aufl. (Berlin u. Heidelberg: Springer, 1994 [1987]).

Hitchens, Christopher, *God Is Not Great. How Religion Poisons Everything* (New York: Twelve, 2007).

Hitzler, Ronald, „S/M-Erotik in Lebenswelt und Medienalltag," in *Das symbolische Kapital der Lebensstile. Zur Kultursoziologie der Moderne nach Pierre Bourdieu*, hg. von Ingo Mörth u. Gerhard Fröhlich (Frankfurt u. New York: Campus, 1994): 193–206.

Hitzler, Ronald, „Gewalt als Tätigkeit. Vorschläge zu einer handlungstypologischen Begriffsklärung," in *Ordnungen der Gewalt. Beiträge zu einer politischen Soziologie der Gewalt und des Krieges*, hg. von Sighard Neckel u. Michael Schwab-Trapp (Wiesbaden: Springer, 1999): 9–19.

Hoerster, Norbert, *Ethik und Interesse* (Stuttgart: Reclam, 2003).

Hoffmann, Arne, *SM-Lexikon. Der Inside-Führer zum Sadomasochismus. Praktiken, Personen, Literatur, Film, Philosophie und vieles mehr* (Berlin: Schwarzkopf & Schwarzkopf, 2003).

Hoffmann, Dagmar, „Abschied von Moral und Scham? Zur Popularisierung des Sexuellen und der Pornografie," in *Pornografisierung von Gesellschaft. Perspektiven aus Theorie, Empirie und Praxis*, hg. von Martina Schuegraf u. Angela Tillmann (Köln: Halem, 2017) (*Alltag, Medien und Kultur*, Bd. 9): 67–77.

Hoffmann, Rainer, *Die Lebenswelt der Pädophilen. Rahmen, Rituale und Dramaturgie der pädophilen Begegnung* (Opladen: Westdeutscher Verlag, 1996) (*Studien zur Sozialwissenschaft*, Bd. 162).

Hofmann, Hasso, „Die versprochene Menschenwürde," *Archiv des öffentlichen Rechts* 118 (1993): 353 – 377.

Hofmeister, Heimo, *Der Wille zum Krieg oder die Ohnmacht der Politik. Ein philosophisch-politischer Traktat* (Göttingen: Vandenhoeck & Ruprecht, 2001).

Hohmann, Joachim S. (u.d. Pseudonym Angelo Leopardi) (Hg.), *Der pädosexuelle Komplex. Handbuch für Betroffene und ihre Gegner* (Berlin u. Frankfurt a. M.: Foerster, 1988).

Höhn, Hans-Joachim, *Ökologische Sozialethik. Grundlagen und Perspektiven* (Paderborn: Schöningh, 2001).

Hollenbach, Michael, „Eine neue evangelische Sexualethik," *Deutschlandfunk*, 20.10.2012; Transskript abrufbar unter: https://t1p.de/vvjz (Zugriff: 31.10.2021).

Holmes, William C.; Slap, Gail B., „Sexual Abuse of Boys: Definition, Prevalence, Correlates, Sequelae, and Management," *JAMA: Journal of the American Medical Association* 280(21) (1998): 1855 – 1862.

Holmström, Charlotta; Skilbrei, May-Len, „The Swedish Sex Purchase Act: Where Does it Stand?," *Oslo Law Review* 4(2) (2017): 82 – 104.

Holvoet, Lien, „Fifty Shades of Belgian Gray: The Prevalence of BDSM-Related Fantasies and Activities in the General Population," *The Journal of Sexual Medicine* 14(9) (2017): 1152 – 1159.

Holzer, David; Stompe, Thomas, „Die verrückte Wunde. *Male Genital Mutilation* in Psychiatrie und Kulturgeschichte," in *Eros und Sexus*, hg. von Daniel Sollberger et al. (Berlin: Frank & Timme, 2015) (*Schriftenreihe der Deutschsprachigen Gesellschaft für Kunst und Psychopathologie des Ausdrucks*, Bd. 33): 27 – 44.

Holzleithner, Elisabeth, „Sexuelle Selbstbestimmung als Individualrecht und als Rechtsgut. Überlegungen zu Regulierungen des Intimen als Einschränkung sexueller Autonomie," in *Regulierungen des Intimen. Sexualität und Recht im modernen Staat*, hg. von Ulrike Lembke (Wiesbaden: Springer VS, 2017): 31 – 50.

Homann, Karl, „Homo oeconomicus und Dilemmastrukturen," in *Wirtschaftspolitik in offenen Volkswirtschaften. Festschrift für Helmut Hesse zum 60. Geburtstag*, hg. von Hermann Sautter (Göttingen: Vandenhoeck & Ruprecht, 1994): 387 – 411.

Homann, Karl, „Wirtschaftsethik: Ethik, rekonstruiert mit ökonomischer Methode" (2015), in: Ders., *Praktische Philosophie und ökonomische Theorie. Aufsätze und Vorträge* (Berlin: LIT, 2020): 83 – 102.

Honecker, Martin, *Grundriß der Sozialethik* (Berlin u. New York: Walter de Gruyter, 1995).

Honecker, Martin, *Evangelische Ethik als Ethik der Unterscheidung. Mit einer Gesamtbibliographie von Martin Honecker* (Münster: LIT, 2010) (*Ethik im Theologischen Diskurs*, Bd. 20).

Hopf, Hans, *Aggression in der analytischen Therapie mit Kindern und Jugendlichen. Theoretische Annahmen und behandlungstechnische Konsequenzen* (Göttingen: Vandenhoeck & Ruprecht, 1998).

Hopf, Kristina; Braml, Birgit, „Virtuelle Kinderpornographie vor dem Hintergrund des Online-Spiels Second Life," *Zeitschrift für Urheber- und Medienrecht* (2007): 354 – 364.

Hopf, Kristina, „Rechtliche Grundlagen des Jugendmedienschutz-Staatsvertrags und die Verantwortlichkeit von Chatbetreibern," *Zeitschrift für Urheber- und Medienrecht* (2008): 207 – 216.

Hörburger, Theres Anna; Habermeyer, Elmar, „Zu den Zusammenhängen zwischen paraphilen Störungen, Persönlichkeitsstörungen und Sexualdelinquenz," *Forensische Psychiatrie, Psychologie, Kriminologie* 14 (2020): 149–157.

Horkheimer, Max „Persönlichkeit und Vorurteil," in *Über Vorurteile*, hg. von der Bundeszentrale für politische Bildung (Bonn: Laumanns, 1963): 3–10.

Hörnle, Tatjana, „Sexueller Missbrauch von Kindern: Reges Interesse in der Politik und den Sozialwissenschaften; unzureichende Schutzzweckdiskussion in der Strafrechtswissenschaft," in *Festschrift für Ulrich Eisenberg zum 70. Geburtstag*, hg. von Henning Ernst Müller (München: C.H. Beck, 2009): 321–336.

Hörnle, Tatjana, „Stellungnahme zum ‚Entwurf eines Gesetzes zur Bekämpfung sexualisierter Gewalt gegen Kinder' (Gesetzentwurf der Fraktionen der CDU/CSU und SPD, BT-Drs. 19/ 23707; Gesetzentwurf der Bundesregierung, BR-Drs. 634/20)" (02.12.2020); abrufbar unter: https://t1p.de/jw85 (Zugriff: 31.10.2021).

Horster, Detlef, „Über das philosophische Suchen nach dem Wesen der Macht," in *Macht und Ohnmacht*, hg. von Franzjosef Mohr (München u. Basel: Ernst Reinhardt, 1987) (*Beiträge zur Individualpsychologie*, Bd. 10): 20–30.

Horvath, Miranda A.H. et al., *„Basically... porn is everywhere". A Rapid Evidence Assessment on the Effect that Access and Exposure to Pornography has on Children and Young People* (London: Office for the Children's Commissioner, 2013), abrufbar unter: https://t1p.de/ f625 (Zugriff: 31.10.2021).

Hotz, Sandra, *Selbstbestimmung im Vertragsrecht. Unter besonderer Berücksichtigung von Verträgen zu „Liebe", Sex und Fortpflanzung. Rechtliche und kulturelle (Schweiz, Deutschland, Japan) sowie theoretische Perspektiven zu den Grenzen der Autonomie* (Bern: Stämpfli u. Baden-Baden: Nomos, 2017) (zugl. Habilitationsschrift, Universität Zürich, 2017).

Hoven, Elisa u. Thomas Weigend, „‚Nein heißt Nein' – und viele Fragen offen," *JuristenZeitung* 72(4) (2017): 182–191.

Howe, Christiane, „Zwielichtiges. Bilderwelten – Innenwelten. Ergebnisse der qualitativen Studie über Kunden von ausländischen Prostituierten," in *Dokumentation der Fachtagung Prostitutionskunden – sich auszutauschen, um Standpunkte zu verrücken*, hg. von context e.V. (Berlin: context e.V., 2004): 31–45.

Howitt, Dennis, *Paedophiles and Sexual Offences against Children* (Chichester et al.: John Wiley & Sons, 1995): 159–187.

Hoye, William J., *Die verborgene Theologie der Säkularität* (Wiesbaden: Springer VS, 2018).

Huckele, Andreas, „Sexueller Missbrauch, sexuelle Gewalt oder sexualisierte Gewalt?" *Blog* vom 11. Januar 2017; abrufbar unter: https://andreas-huckele.de/sexualisierte-gewalt-sexueller-missbrauch (Zugriff: 31.10.2021).

Hudson, Nathan W.; Fraley, Chris, „Partner similarity matters for the insecure: Attachment orientations moderate the association between similarity in partners' personality traits and relationship satisfaction," *Journal of Research in Personality* 53 (2014): 112–123.

Hugger, Paul, „Elemente einer Kulturanthropologie der Gewalt," in *Gewalt. Kulturelle Formen in Geschichte und Gegenwart*, hg. von Paul Hugger u. Ulrich Stadler (Zürich: Unionsverlag, 1995): 17–27.

Hügli, Anton, „Was verstehen wir unter Gewalt? Begriffe und Erscheinungsformen der Gewalt," in *Gewalt. Ursachen, Formen, Prävention*, hg. von Joachim Küchenhoff, Anton Hügli u. Ueli Mäder (Gießen: Psychosozial-Verlag, 2005): 19–42.

Hügli, Anton, Art. „Zwang I.," in *Historisches Wörterbuch der Philosophie*, hg. von Joachim Ritter, Karlfried Gründer u. Gottfried Gabriel, Bd. 12 (Basel: Schwabe, 2004): Sp. 1475–1480.

Hugnet, Georges, *L'Aventure Dada (1916–1922)* (Paris: Galerie de l'Institut, 1957).

Huizing, Klaas, *Scham und Ehre. Eine theologische Ethik* (Gütersloh: Gütersloher Verlagshaus, 2016).

Huizinga, Johan, *Homo ludens. Vom Ursprung der Kultur im Spiel*, übers. von Hans Nachod (Reinbek b. Hamburg: Rowohlt, 1962 [1938]) (*Rowohlts deutsche Enzyklopädie*, Bd. 21).

Hume, David, *A Treatise of Human Nature* [Reprint], hg. von Lewis A. Selby-Bigge (Oxford: Clarendon, 1888).

Hüneke, Arnd, „Das Internet – ein ‚Milliardenmarkt' für Kinderpornografie?," *Unimagazin. Zeitschrift der Leibniz-Universität Hannover*, 2012, Ausgabe 1/2, *Web Science. Die Zukunft des Internets*, 50–52.

Hunger, Ulrike, *Verurteilte Sexualstraftäterinnen – eine empirische Analyse sexueller Missbrauchs- und Gewaltdelikte* (Berlin: Duncker & Humblot, 2019) (*Kriminologische und sanktionenrechtliche Forschungen*, Bd. 20) (zugl. Dissertation, Universität Tübingen, 2017).

Huntemann, Georg Hermann, *Aufstand der Schamlosen. Das christliche Ethos angesichts der sexuellen Revolution* (Wuppertal: R. Brockhaus, 1971).

Hurrelmann, Klaus, *Sozialisation und Gesundheit. Somatische, psychische und soziale Risikofaktoren im Lebenslauf* (Weinheim: Juventa, 1988).

Ickler, Theodor, *Die Disziplinierung der Sprache. Fachsprachen in unserer Zeit* (Tübingen: Narr, 1997) (*Forum für Fachsprachen-Forschung*, Bd. 33).

Igwe, Leo, „‚Baby Farm' Girls and the Sale of Children in Nigeria" (04.06.2011), *Butterflies and Wheels*; abrufbar unter: https://t1p.de/rpfz (Zugriff: 31.10.2021).

Ihle, Wolfgang; Esser, Günther, „Epidemiologie psychischer Störungen im Kindes- und Jugendalter: Prävalenz, Verlauf, Komorbidität und Geschlechtsunterschiede," *Psychologische Rundschau* 53(4) (2002): 201–211.

Ihle, Wolfgang; Frenzel, Tom; Esser, Günther, „Epidemiologie und Verlauf psychischer Störungen im Kindes- und Jugendalter," in *Verhaltenstherapie mit Kindern, Jugendlichen und ihren Familien*, hg. von Fritz Mattejat (München: CIP-Medien, 2006) (*Lehrbuch der Psychotherapie für die Ausbildung zur/zum Psychologischen PsychotherapeutIn und für die ärztliche Weiterbildung*, Bd. 4): 85–96.

Illouz, Eva, *Warum Liebe weh tut. Eine soziologische Erklärung*, übers. von Michael Adrian (Berlin: Suhrkamp, 2011).

Illouz, Eva, *Warum Liebe endet. Eine Soziologie negativer Beziehungen*, übers. von Michael Adrian (Berlin: Suhrkamp, 2020).

Imbusch, Peter, „Macht und Herrschaft in der Diskussion," in *Macht und Herrschaft. Sozialwissenschaftliche Konzeptionen und Theorien*, hg. von Peter Imbusch (Wiesbaden: Springer, 1998): 9–26.

Imbusch, Peter, „Der Gewaltbegriff," in *Internationales Handbuch der Gewaltforschung*, hg. von Wilhelm Heitmeyer u. John Hagan (Wiesbaden: Westdeutscher Verlag, 2002): 26–57.

Imbusch, Peter, „Macht: Dimensionen und Perspektiven eines Phänomens," in *Journalismustheorie. Next Generation Soziologische Grundlegung und theoretische Innovation*, hg. von Klaus-Dieter Altmeppen, Thomas Hanitzsch u. Carsten Schlüter (Wiesbaden: VS Verlag für Sozialwissenschaften, 2007): 395–419.

Imbusch, Peter, „Macht und Herrschaft," in *Einführung in Hauptbegriffe der Soziologie*, hg. von Hermann Korte u. Bernhard Schäfers, 9. Aufl. (Wiesbaden: VS Verlag für Sozialwissenschaften, 2016 [1992]): 195–220.

Imhof, Kurt, „Intimität. Prämissen und Effekte der Intimisierung des Öffentlichen," in *Intimisierung des Öffentlichen. Zur multiplen Privatisierung des Öffentlichen in der digitalen Ära*, hg. von Patrik Ettinger et al. (Wiesbaden: Springer VS, 2019): 11–35.

Inhetveen, Katharina, „Macht," in *Handbuch Soziologie*, hg. von Nina Baur, Hermann Korte, Martina Löw u. Markus Schroer (Wiesbaden: VS Verlag für Sozialwissenschaften, 2008): 253–272.

Innerhofer, Christian, *Verhaltenssteuerung durch Sachzwänge. Handlungen analysieren, verstehen und beeinflussen* (Wiesbaden: Springer, 2018).

Institut français d'opinion publique (Ifop), „Les femmes face aux violences sexuelles et le harcèlement dans la rue" (19.11.2018); abrufbar unter: https://t1p.de/j21f (Zugriff: 31.10.2021).

Institut für Demokratieforschung, *Abschlussbericht zum Forschungsprojekt Umfang, Kontext und Auswirkungen pädophiler Forderungen innerhalb des Deutschen Kinderschutzbundes. Zusammenfassende Analyse der Bedingungsfaktoren sexuellen Missbrauchs, diskursiver Anschlussstellen und institutioneller Schwachstellen aus historischer Perspektive* (Göttingen: Institut für Demokratieforschung, 2015).

Institut für Demokratieforschung, *Die Unterstützung pädosexueller bzw. päderastischer Interessen durch die Berliner Senatsverwaltung. Am Beispiel eines „Experiments" von Helmut Kentler und der „Adressenliste zur schwulen, lesbischen & pädophilen Emanzipation"* (Göttingen: Göttinger Institut für Demokratieforschung, 2016).

Institut zur Selbst-Bestimmung Behinderter (ISBB); abrufbar unter: https://t1p.de/48xn (Zugriff: 31.10.2021).

Internet Watch Foundation (IWV), *Annual Report 2020* (Cambridge: Internet Watch Foundation, 2021); abrufbar unter: https://t1p.de/eqog (Zugriff: 31.10.2021).

Isikozlu, Elvan, „Kriegsvergewaltigung. Eine Typologie," *Wissenschaft und Frieden – Dossier 67* (= Beilage zu *Wissenschaft und Frieden* 2/2011) (2011): 1–12.

Jaber, Dunja, *Über den mehrfachen Sinn von Menschenwürde-Garantien* (Frankfurt a. M. u. London: ontos, 2013) (*Practical Philosophy*, Bd. 3).

Jackson, Neil, „Introduction: Shot, Cut, and Slaughtered," in *Snuff. Real Death and Screen Media*, hg. von Neil Jackson et al. (New York u. London: Bloomsbury, 2016): 1–19.

Jacobi, Thorsten, *Christen heißen Freie. Luthers Freiheitsaussagen in den Jahren 1515–1519* (Tübingen: Mohr Siebeck, 1997) (*Beiträge zur historischen Theologie*, Bd. 101): 243–246.

Jaeger, Friedrich, „Der Mensch und die Gewalt. Perspektiven der historischen Forschung," in *Was ist der Mensch, was Geschichte? Annäherungen an eine kulturwissenschaftliche Anthropologie. Jörn Rüsen zum 65. Geburtstag*, hg. von Friedrich Jaeger u. Jürgen Straub (Bielefeld: transcripts, 2005): 301–323.

Jaffé, Diana; Riedel, Saskia, *Werbung für Adam und Eva. Zielgruppengerechte Ansprache durch Gender-Marketing-Communication* (Weinheim: Wiley-VCH-Verlag, 2011).

Jäger, Sarah, *Bundesdeutscher Protestantismus und Geschlechterdiskurse 1949–1971. Eine Revolution auf leisen Sohlen* (Tübingen: Mohr Siebeck, 2019) (*Religion in der Bundesrepublik Deutschland*, Bd. 6).

Jähnichen, Traugott, „Kompromiss," in *Evangelische Ethik kompakt. Basiswissen in Grundbegriffen*, hg. von Reiner Anselm u. Ulrich H.-J. Körtner (Gütersloh: Gütersloher Verlagshaus, 2015): 94–100.

Jähnichen, Traugott, Art. „Gewalt," in *Evangelisches Soziallexikon, 9. Aufl.*, hg. von Jörg Hübner et al. (Stuttgart: Kohlhammer, 2016): Sp. 612–614.

Jahnke, Sara; Imhoff, Roland; Hoyer, Jürgen, „Stigmatization of People with Pedophilia: Two Comparative Surveys," *Archives of Sexual Behavior* 44(1) (2014): 21–34.

Jahnke, Sara; Philipp, Kathleen; Hoyer, Jürgen, „Stigmatizing attitudes towards people with pedophilia and their malleability among psychotherapists in training," *Child Abuse & Neglect* 40 (2014): 93–102.

Jakobs, Günther „Einwilligung in sittenwidrige Körperverletzung," in *Festschrift für Friedrich-Christian Schroeder zum 70. Geburtstag*, hg. von Andreas Hoyer et al. (Heidelberg: C.F. Müller, 2006): 507–520.

Jakobs, Monika, „Gender in der Theologie. Neuer Wein in alten Schläuchen?," in *WoMan in Church. Kirche und Amt im Kontext der Geschlechterfrage*, hg. von Monika Egger (Münster: LIT, 2006): 7–29.

Janka, Christine; Gallasch-Nemitz, Franziska; Dahle, Klaus-Peter, „Zur Altersabhängigkeit von Risikovariablen bei Sexualdelinquenz," *Forensische Psychiatrie Psychologie Kriminologie* 5(1) (2011): 37–44.

Janowski, Bernd, *Das hörende Herz* (Göttingen: Vandenhoeck & Ruprecht, 2018) (*Beiträge zur Theologie und Anthropologie des Alten Testaments*, Bd. 6).

Janssen, Erick; Carpenter, Deanna; Graham, Cynthia, „Selecting Films for Sex Research: Gender Differences in Erotic Film Preference," *Archives of Sexual Behavior* 32(3) (2003): 243–251.

Jantzen, Wolfgang, *Geschichte, Pädagogik und Psychologie der geistigen Behinderung* (Berlin: Lehmanns Media, 2020).

Järkel, Christian, *Die wegen Sittenwidrigkeit rechtswidrige Körperverletzung. Ein Beitrag zur Auslegung und Reform des § 228 StGB* (Hamburg: Kovac, 2010) (zugl. Dissertation, Universität Tübingen, 2010).

Jaschke, Hans-Gerd, *Streitbare Demokratie und Innere Sicherheit. Grundlagen, Praxis und Kritik* (Opladen: Westdeutscher Verlag, 1991).

Jeal, Nikki; Salisbury, Chris, „A health needs assessment of street-based prostitutes: Cross-sectional survey," *Journal of Public Health* 26(2) (2004): 147–151.

Jenny, Carole; Roesler, Thomas A.; Poyer, Kimberly L., „Are Children at Risk for Sexual Abuse by Homosexuals," *Pediatrics* 94(1) (1994): 41–44.

Jeschke, Karin; Wille, Nora; Fegert, Jörg M., „Die Sicht des Fachpersonals auf sexuelle Selbstbestimmung," in *Sexuelle Selbstbestimmung und sexuelle Gewalt. Ein Modellprojekt in Wohneinrichtungen für junge Menschen mit geistiger Behinderung*, hg. von Jörg M. Fegert et al. (Weinheim u. München: Juventa, 2006): 227–294.

Joel, Samantha et al., „Machine learning uncovers the most robust self-report predictors of relationship quality across 43 longitudinal couples studies," *Proceedings of the National Academy of Sciences of the United States of America* 117(32) (2020): 19061–19071.

Joest, Wilfried, *Fundamentaltheologie. Theologische Grundlagen- und Methodenprobleme* (Stuttgart et al.: Kohlhammer, 1974) (*Theologische Wissenschaft*, Bd. 11).

Johannes Paul II., „Botschaft an die Teilnehmer des Internationalen Symposiums zum Thema ‚Würde und Recht von geistig behinderten Menschen'" (5. Januar 2004); abrufbar unter:

https://t1p.de/bfyb (Zugriff: 31.10.2021) (abgedruckt in *L'Osservatore Romano* vom 9. Januar 2004, 5).

John Jay College of Criminal Justice, The City University of New York, *The Nature and Scope of the Problem of Sexual Abuse of Minors by Catholic Priests and Deacons in the United States 1950–2002* (Washington: The United States Conference of Catholic Bishops, 2004).

Johnson, Edward, „Bestiality," in *Sex from Plato to Paglia*, Bd. 1, hg. von Alan Soble (Westport u. London: Greenwood, 2006): 95–104.

Jonas, Hans, „Der Gottesbegriff nach Auschwitz. Eine jüdische Stimme," in: Fritz Stern u. Hans Jonas, *Reflexionen finsterer Zeit. 2 Vorträge*, hg. von Otfried Hofius (Tübingen: Mohr 1984): 63–86.

Jørgensen, Theodor, „Der Mensch vor Gott in der Genesisvorlesung Luthers," *Lutherjahrbuch* 71 (2004): 131–158.

Jorstad, Erling, *Popular Religion in America. The Evangelical Voice* (Westport u. London: Greenwood, 1993).

Jost, Klaus, *Gefährliche Gewalttäter? Grundlagen und Praxis der Kriminalprognose* (Stuttgart: W. Kohlhammer, 2012).

Joyal, Christian C. et al., „The Neurobiological Origins of Pedophilia: Not That Simple," *Journal of Sexual Medicine* 16(1) (2019): 153–154.

Joyal, Christian C.; Cossette, Amélie; Lapierre, Vanessa, „What Exactly Is an Unusual Sexual Fantasy?," *The Journal of Sexual Medicine* 12(2) (2015): 328–340.

Jud, Andreas, „Sexueller Kindesmissbrauch – Begriffe, Definitionen und Häufigkeiten," in *Sexueller Missbrauch von Kindern und Jugendlichen. Ein Handbuch zur Prävention und Intervention für Fachkräfte im medizinischen, psychotherapeutischen und pädagogischen Bereich*, hg. von Jörg M. Fegert et al. (Berlin u. Heidelberg: Springer, 2015): 42–49.

Jud, Andreas et al., *Häufigkeitsangaben zum sexuellen Missbrauch. Internationale Einordnung, Bewertung der Kenntnislage in Deutschland, Beschreibung des Entwicklungsbedarfs. Expertise* (Berlin: Arbeitsstab des Unabhängigen Beauftragten für Fragen des sexuellen Kindesmissbrauchs, 2016).

Junge, Matthias, „Macht und Moral: eine programmatische Skizze," in *Macht und Moral. Beiträge zur Dekonstruktion von Moral*, hg. von Matthias Junge (Wiesbaden: Westdeutscher Verlag, 2003): 7–20.

Junge, Matthias, „Ambivalenz: eine Schlüsselkategorie der Soziologie von Zygmunt Bauman," in *Zygmunt Bauman. Soziologie zwischen Postmoderne, Ethik und Gegenwartsdiagnose*, hg. von Matthias Junge u. Thomas Kron, 2. Aufl. (Wiesbaden: VS Verlag für Sozialwissenschaften, 2007): 77–94.

Jüngel, Eberhard, „Die Freiheit der Theologie" (1967), in: Ders., *Entsprechungen: Gott – Wahrheit – Mensch. Theologische Erörterungen II*, 3. Aufl. (Tübingen: Mohr Siebeck, 2002 [1980]): 11–36.

Jüngel, Eberhard, „Untergang oder Renaissance der Religion? Überlegungen zu einer schiefen Alternative" (1995), in: Ders., *Indikative der Gnade – Imperative der Freiheit. Theologische Erörterungen IV* (Tübingen: Mohr Siebeck 2000): 24–39.

Jurgensen, Manfred, *Beschwörung und Erlösung. Zur literarischen Pornografie* (Bern et al.: Lang, 1985).

Justitsministeriet, „Forslag til Lov om ændring af straffeloven (Samtykkebaseret voldtægtsbestemmelse)" vom 11. November 2020 (2020/1 LSF 85); abrufbar unter: https://www.retsinformation.dk/eli/ft/202012L00085 (Zugriff: 31.10.2021).

Kaern-Biederstedt, Franz, „Zwischen charismatischer Frömmigkeit und Konversionstherapien für Homosexuelle. Die HuK und evangelikale Glaubensströmungen," in *Aufgehende Saat. 40 Jahre Ökumenische Arbeitsgruppe Homosexuelle und Kirche*, hg. von Michael Brinkschröder et al. (Stuttgart: W. Kohlhammer, 2017): 155–165.

Kaestle, Christine Elizabeth; Allen, Katherine R., „The Role of Masturbation in Healthy Sexual Development: Perceptions of Young Adults," *Archives of Sexual Behavior* 40(5) (2011): 983–994.

Kaiser, Susanne, *Politische Männlichkeit. Wie Incels, Fundamentalisten und Autoritäre für das Patriarchat mobilmachen* (Berlin: Suhrkamp, 2020).

Kammeyer, Kenneth C.W., *A Hypersexual Society. Sexual Discourse, Erotica, and Pornography in America Today* (New York: Palgrave Macmillan, 2008): 53–55.

Kämpf, Katrin M., „Eine ‚Büchse der Pandora'? Die Anrufung der Kategorie Pädophilie in aktuellen antifeministischen und antiqueeren Krisen-Diskursen," in *Anti-Genderismus. Sexualität und Geschlecht als Schauplätze aktueller politischer Auseinandersetzungen*, hg. von Sabine Hark u. Paula-Irene Villa (Bielefeld: transcript, 2015): 109–127.

Kant, Immanuel, *Grundlegung zur Metaphysik der Sitten* (1785), in: Immanuel Kant, *Gesammelte Schriften. Akademie-Ausgabe*, Bd. 4 (Berlin: Reimer, 1911): 387–463.

Kant, Immanuel, *Metaphysische Anfangsgründe der Naturwissenschaft* (1786), in: Immanuel Kant, *Gesammelte Schriften. Akademie-Ausgabe*, Bd. 4 (Berlin: Reimer, 1911): 465–565.

Kant, Immanuel, *Kritik der reinen Vernunft* (2. Aufl., 1787), in: Immanuel Kant, *Gesammelte Schriften. Akademie-Ausgabe*, Bd. 3 (Berlin: Reimer, 1904).

Kant, Immanuel, *Kritik der Urteilskraft* (1790), in: Immanuel Kant, *Gesammelte Schriften*, Akademie-Ausgabe, Bd. 5 (Berlin: Reimer, 1913): 165–485.

Kant, Immanuel, *Die Metaphysik der Sitten* (1797), in: Immanuel Kant, *Gesammelte Schriften. Akademie-Ausgabe*, Bd. 6 (Berlin: Reimer, 1907): 203–491.

Kant, Immanuel, *Über Pädagogik*, hg. von Friedrich Theodor Rink (Königsberg: Friedrich Nicolovius, 1803).

Kant, Immanuel, „Immanuel Kant über Pädagogik" (1803), in: Immanuel Kant, *Gesammelte Schriften. Akademie-Ausgabe*, Bd. 9 (Berlin: Reimer, 1923): 437–499.

Kant, Immanuel, *Eine Vorlesung Kants über Ethik*, hg. von Paul Menzer (Berlin: Pan Verlag Rolf Heise, 1924).

Kant, Immanuel, *Lectures on Ethics*, übers. von Louis Infield (New York: Harper and Row, 1963).

Kant, Immanuel, „Moralphilosophie Collins," bearbeitet von Gerhard Lehmann, in: Immanuel Kant, *Gesammelte Schriften. Akademie-Ausgabe*, Bd. 27/1 (Berlin: Walter de Gruyter, 1974): 273–473.

Kant, Immanuel, *Eine Vorlesung über Ethik*, hg. von Gerd Gerhardt (Frankfurt a. M.: Fischer, 1990).

Kappeler, Manfred, „Anvertraut und ausgeliefert. Sexuelle Gewalt in pädagogischen Institutionen," in *Sexualisierte Gewalt. Institutionelle und professionelle Herausforderungen*, hg. von Karin Böllert u. Martin Wazlawik (Wiesbaden: Springer, 2014): 7–19.

Kappeler, Susanne, *Pornographie. Die Macht der Darstellung* (München: Frauenoffensive, 1988).

Kappler, Katrin, *Die Verfolgungen wegen der sexuellen Orientierung und der Geschlechtsidentität als Verbrechen gegen die Menschlichkeit* (Baden-Baden: Nomos, 2019) (zugl. Dissertation, Universität Halle, 2019).

Kara, Stefanie, „Kann das stimmen? Von Statistiken, Umfragen und Hochrechnungen lassen wir uns leicht beeindrucken – so erkennen Sie die Tricks der Täuscher," *DIE ZEIT*, Nr. 18, 27.04.2017, 33 – 35.

Karama, Sherif et al., „Areas of Brain Activation in Males and Females During Viewing of Erotic Film Excerpts," *Human Brain Mapping* 16(1) (2002): 1 – 13.

Karle, Isolde, „Sexualität in der Moderne. Gendertheoretische und sozialethische Perspektiven," *Zeitschrift für Evangelische Ethik* 56(4) (2012): 264 – 278.

Karle, Isolde, *Liebe in der Moderne. Körperlichkeit, Sexualität und Ehe* (Gütersloh: Gütersloher Verlagshaus, 2014).

Karlen, Ines, *Machtlos ausgeliefert. Ich stehe auf für diese Kinder* (Münster: LIT, 2016).

Karliczek, Kari-Maria; Schaffranke, Dorte; Schwenzer, Victoria, *Der Diskurs um Pädophilie/Pädosexualität im Bundesverband pro familia in den 1970er bis 1990er Jahren. Studie zur Unterstützung der Selbstaufklärung des Bundesverbands der pro familia* (Berlin: Camino – Werkstatt für Fortbildung, Praxisbegleitung und Forschung im sozialen Bereich gGmbh, 2016).

Karliczek, Kari-Maria; Schaffranke, Dorte; Schwenzer, Victoria, *Der Diskurs um Pädophilie/Pädosexualität im Bundesverband pro familia*; abrufbar unter: https://t1p.de/gxew (Zugriff: 30.10.2021).

Käsemann, Ernst, *An die Römer*, in *Handbuch zum Neuen Testament*, Bd. 8a, 3. Aufl. (Tübingen: Mohr Siebeck, 1974 [1973]).

Kaspar, Peter Paul, „Erotik in der Kirche. Fragmente über Religion und Sinnlichkeit," in *Missbrauch. Kirche – Täter – Opfer*, hg. von Rotraud A. Perner (Wien et al.: LIT, 2010): 192 – 208.

Kass, Leon R., „The Wisdom of Repugnance: Why We Should Ban the Cloning of Humans," *The New Republic* 216(22) (1997): 17 – 26.

Kass, Leon R., „Preventing a Brave New World: Why We Should Ban Human Cloning Now," *The New Republic* 224(21) (1997): 30 – 39.

Katchadourian, Herant A., *Fundamentals of Human Sexuality* (Fort Worth: Holt, Rinehart & Winston, 1989).

Katechismus der Katholischen Kirche, Neuübers. aufgrund der Editio typica Latina (München et al.: Oldenbourg et al., 2005 [2003]).

Kaur, Prit, „Sexting or Pedophilia?," *Revista Criminalidad* 56(2) (2014): 263 – 272.

Kavemann, Barbara; Lohstöter, Ingrid, *Väter als Täter. Sexuelle Gewalt gegen Mädchen* (Reinbek b. Hamburg: Rowohlt, 1984).

Kavemann, Barbara et al., *Vertiefung spezifischer Fragestellungen zu den Auswirkungen des Prostitutionsgesetzes: Ausstieg aus der Prostitution. Zu den Auswirkungen des Prostitutionsgesetzes*, hg. vom Bundesministerium für Familie, Senioren, Frauen und Jugend (Berlin: BMFSFJ, 2007).

Kavemann, Barbara, „Einschätzung des Prostitutionsgesetzes aus der Perspektive von Akteurinnen und Akteuren im Bereich der Prostitution," in *Das Prostitutionsgesetz. Aktuelle Forschungsergebnisse, Umsetzung und Weiterentwicklung*, hg. von Barbara Kavemann u. Heike Rabe (Opladen u. Farmington Hills: Budrich, 2009): 87 – 115.

Kavemann, Barbara, „Auswirkungen des Prostitutionsgesetzes auf Ausstiegshilfen aus der Prostitution," in *Das Prostitutionsgesetz. Aktuelle Forschungsergebnisse, Umsetzung und Weiterentwicklung*, hg. von Barbara Kavemann u. Heike Rabe (Opladen u. Farmington Hills, Budrich, 2009): 167 – 202.

Kavemann, Barbara; Steffan, Elfriede, „Zehn Jahre Prostitutionsgesetz und die Kontroverse um die Auswirkungen," *Aus Politik und Zeitgeschichte* 63(9) (2013): 9 – 15.

Kavemann, Barbara et al., *Erinnern, Schweigen und Sprechen nach sexueller Gewalt in der Kindheit. Ergebnisse einer Interviewstudie mit Frauen und Männern, die als Kind sexuelle Gewalt erlebt haben* (Wiesbaden: Springer VS, 2016).

Keber, Tobias O., „IT-Strafrecht," in *Praxishandbuch Medien-, IT- und Urheberrecht*, hg. von Rolf Schwartmann u. Peer Bießmann, 2. Aufl. (Heidelberg et al.: C.F. Müller, 2011): 857 – 888.

Keil, Siegfried, „Einerseits und andererseits. Anmerkungen zur Entstehung der EKD-Denkschrift zu Fragen der Sexualethik," *Evangelische Kommentare* 4 (1971): 203 – 204.

Kelly, Liz, *Surviving Sexual Violence* (Cambridge: Polity Press, 1988).

Kemper, Johannes, *Alternde und ihre jüngeren Helfer. Vom Wandel therapeutischer Wirklichkeit*, 2. Aufl. (München u. Basel: E. Reinhardt, 2000 [1990]).

Kempf, Wilhelm, *Aggression, Gewalt und Gewaltfreiheit* (Manuskript, März 1995 / Diskussionsbeiträge der Projektgruppe Friedensforschung, Projekt 12/95, Universität Konstanz Nr. 30/1995; abrufbar unter: http://kops.ub.uni-konstanz.de/volltexte/1999/245) (Zugriff: 31.10.2021).

Kendall-Tackett, Kathleen A.; Meyer Williams, Linda; Finkelhor, David, „Die Folgen von sexuellem Missbrauch bei Kindern: Review und Synthese neuerer empirischer Studien," in *Sexueller Missbrauch. Überblick zu Forschung, Beratung und Therapie. Ein Handbuch*, hg. von Gabriele Amann u. Rudolf Wipplinger (Tübingen: DGVT, 1998): 151 – 186.

Kentler, Helmut, „Kindersexualität," in *Zeig mal! Ein Bilderbuch für Kinder und Eltern* (Wuppertal: Jugenddienst-Verlag, 1974): 4 – 11.

Kentler, Helmut, *Taschenlexikon Sexualität* (Düsseldorf: Schwann, 1982).

Kentler, Helmut, *Homosexuelle als Betreuungs-/Erziehungspersonen unter besonderer Berücksichtigung des Pflegekindschaftsverhältnisses* (o.O., [1988]).

Kentler, Helmut, *Leihväter. Kinder brauchen Väter* (Reinbek b. Hamburg: Rowohlt, 1989).

Kentler, Helmut, „Täterinnen und Täter beim sexuellen Mißbrauch von Jungen," in *handbuch sexueller mißbrauch*, hg. von Katharina Rutschky u. Reinhart Wolff (Hamburg: Klein, 1994): 143 – 156.

Keppler, Angela, „Über einige Formen der medialen Wahrnehmung von Gewalt," in *Soziologie der Gewalt*, hg. von Trutz von Trotha (Opladen et al.: Westdeutscher Verlag, 1997): 380 – 400.

Kepplinger, Hans Mathias, *Medieneffekte* (Wiesbaden: VS Verlag für Sozialwissenschaften, 2010).

Kermani, Navid, *Iran. Die Revolution der Kinder*, 2. Aufl. (München: C.H. Beck, 2005 [2001]).

Kern, Udo, *Liebe als Erkenntnis und Konstruktion von Wirklichkeit. „Erinnerung" an ein stets aktuales Erkenntnispotential* (Berlin u. New York: Walter de Gruyter, 2001).

Kerner, Aaron Michael; Knapp, Jonathan L., *Extreme Cinema. Affective Strategies in Transnational Media* (Edinburgh: Edinburgh University Press, 2016).

Kershnar, Stephen, „The Moral Status of Harmless Adult-Child Sex," *Public Affairs Quarterly* 15(2) (2001): 111 – 132.

Kessler, Herbert, *Philosophie der Endlichkeit*, hg. von Michael Kesselheim, Wolfgang Weber u. Wolfgang von der Weppen (Würzburg: Königshausen & Neumann, 2011).

Ketteler, Christiane; Klaue, Magnus, „Von PorNo zur ‚pornographisierten' Gesellschaft? Anmerkungen zum historischen Wandel von Pornographie und Pornographiekritik," in

Geteilter Bildschirm – getrennte Welten?, Konzepte für Pädagogik und Bildung, hg. von Bernward Hoffmann u. Hans-Joachim Ulbrich (München: kopaed, 2009): 166–183.

Kettner, Matthias; Ezazi, Gordian, „Ethikrat und Inzesttabu. Zur Komplementarität von ethischer und juristischer Deliberation," *Jahrbuch für Wissenschaft und Ethik* 20(1) (2016): 163–190.

Kierkegaard, Søren, *Furcht und Zittern*, übers. von Emanuel Hirsch (Düsseldorf: Diederichs, 1950): 79–83.

Kierkegaard, Søren, *Philosophische Brocken*, übers. von Emanuel Hirsch (Düsseldorf u. Köln: Diederichs, 1952).

Kierkegaard, Søren, *Der Begriff Angst*, übers. von Emanuel Hirsch (Düsseldorf: Diederichs, 1952).

Kierkegaard, Søren, *Die Krankheit zum Tode*, übers. von Emanuel Hirsch (Düsseldorf: Diederichs, 1954).

Kierkegaard, Søren, *Die Wiederholung*, übers. von Emanuel Hirsch (Düsseldorf: Diederichs, 1955).

Kierkegaard, Søren, *Entweder/Oder*, Bd. 1, übers. von Emanuel Hirsch (Düsseldorf u. Köln: Diederichs, 1956).

Kierkegaard, Søren, „Aus den Papieren eines noch Lebenden," in: Ders., *Erstlingsschriften*, übers. von Emanuel Hirsch (Düsseldorf u. Köln: Diederichs, 1960): 39–91.

Kierkegaard, Søren, *Über den Begriff der Ironie. Mit ständiger Rücksicht auf Sokrates*, übers. von Emanuel Hirsch (Düsseldorf u. Köln: Diederichs, 1961).

Kierkegaard, Søren, *Deutsche Søren Kierkegaard Edition*, hg. von Niels Jørgen Cappelørn, Hermann Deuser, Joachim Grage u. Heiko Schulz, Bd. 1–11 (Berlin u. New York/Boston: De Gruyter, 2005 ff.).

Kierkegaard, Søren, *Tagebuch des Verführers*, übers. von Gisela Perlet (Stuttgart: Reclam, 1994) (*Universal-Bibliothek*, Bd. 9323).

Kierkegaard, Søren, *Søren Kierkegaards Skrifter*, Bd. 1-28/K1-K28, hg. von Niels Jørgen Cappelørn et al. (Kopenhagen: Gads Forlag, 1997–2013).

Kindhäuser, Urs, „Zur Unterscheidung von Einverständnis und Einwilligung," in *Festschrift für Hans-Joachim Rudolphi zum 70. Geburtstag*, hg. von Klaus Rogall et al. (München: Luchterhand u. Neuwied: Wolters Kluwer 2004): 135–150.

Kingston, Drew A. et al., „Pornography Use and Sexual Aggression: The impact of frequency and type of pornography use on recidivism among sexual offenders," *Aggressive Behavior* 34(4) (2008): 341–351.

Kingston, Drew A., „The Importance of Individual Differences in Pornography Use. Theoretical Perspectives and Implications for Treating Sexual Offenders," *The Journal of Sex Research* 46(2–3) (2009): 216–232.

Kingston, Drew A.; Malamuth, Neil M., „Problems with Aggregate Data and the Importance of Individual Differences in the Study of Pornography and Sexual Aggression: Comment on Diamond, Jozifkova, and Weiss," *Archives of Sexual Behavior* 40(5) (2011): 1045–1048.

Kingston, Sarah; Thomas, Terry, „No model in practice: a ‚Nordic model' to respond to prostitution?," *Crime, Law and Social Change* 71(4) (2019): 423–439.

Kinsey, Alfred C.; Pomeroy, Wardell Baxter; Martin Clyde, Eugene, *Sexual Behavior in the Human Male* (Philadelphia u. London: W.B. Saunders, 1948).

Kinsey, Alfred C.; Pomeroy, Wardell Baxter; Martin Clyde, Eugene; Gebhard, Paul H., *Sexual Behavior in the Human Female* (Philadelphia u. London: W.B.: Saunders, 1953).

Kirchenamt der Evangelischen Kirche in Deutschland (Hg.), *Mit Spannungen leben. Eine Orientierungshilfe des Rates der Evangelischen Kirche in Deutschland zum Thema „Homosexualität und Kirche"* (Hannover: Kirchenamt der EKD, 1996) (*EKD Texte*, Bd. 57).

Kirchenamt der Evangelischen Kirche in Deutschland / Geschäftsstelle der Vereinigung Evangelischer Freikirchen (VEF) (Hg.), *Gestaltung und Kritik. Zum Verhältnis von Protestantismus und Kultur im neuen Jahrhundert* (Hannover: Kirchenamt der EKD, 1999) (*EKD-Texte*, Bd. 64).

Kirchenamt der Evangelischen Kirche in Deutschland (Hg.), „Berichte aus der Arbeit der Ständigen Kammern und Kommissionen sowie der Ad-hoc-Arbeitsgruppen der Evangelischen Kirche in Deutschland" (3. Tagung der 11. Synode der Evangelischen Kirche in Deutschland 7. bis 10. November 2010 in Hannover).

Kirchenamt der Evangelischen Kirche in Deutschland (Hg.), *Zwischen Autonomie und Angewiesenheit. Familie als verlässliche Gemeinschaft stärken* (Gütersloh: Gütersloher Verlagshaus, 2013).

Kirchenkanzlei der Evangelischen Kirche in Deutschland (Hg.), *Denkschrift zu Fragen der Sexualethik, erarbeitet von einer Kommission der Evangelischen Kirche in Deutschland*, 2. Aufl. (Gütersloh: Gütersloher Verlagshaus Gerd Mohn 1971).

Kirchmann, Julius Hermann von, *Die Metaphysik des Aristoteles*, Bd. 1 (Berlin: Heimann, 1871) (*Philosophische Bibliothek*, Bd. 38).

Kirchschläger, Peter G., „Das Verhältnis zwischen Menschenwürde und Menschenrechten aus einer sozialethischen Perspektive," in *Die Würde der menschlichen Person. Zur Konzilserklärung über die Religionsfreiheit „Dignitatis humanae"*, hg. von Adrian Loretan (Münster: LIT Verlag, 2017) (*ReligionsRecht im Dialog*, Bd. 21): 97–152.

Kirsh, Steven J., *Children, Adolescents, and Media Violence. A Critical Look at the Research*, 2. Aufl. (Los Angeles et al.: Sage, 2012).

Kistler, Erich, „Bilder des Exzesses und Pornographie als visuelle Vehikel der Skandalisierung im frühdemokratischen Athen (510–470 v. Chr.)," in *Gefährtinnen. Vom Umgang mit Prostitution in der griechischen Antike und heute*, hg. von Florian Martin Müller u. Veronika Sossau (Innsbruck: Innsbruck University Press, 2012): 37–54.

Kjeldgaard-Christiansen, Jens, „Splintering the gamer's dilemma: moral intuitions, motivational assumptions, and action prototypes," *Ethics and Information Technology* 22(1) (2020): 93–102.

Klatt, Thomas; Florin, Christiane, „Sexueller Missbrauch in der Evangelischen Kirche. ‚Im Windschatten des katholischen Skandals ausgeruht' (Thomas Klatt im Gespräch mit Christiane Florin)," *Deutschlandfunk*, 28.02.2019; Transkript abrufbar unter: https://t1p. de/geh5 (Zugriff: 31.10.2021).

Klecha, Stephan, „Niemand sollte ausgegrenzt werden: Die Kontroverse um Pädosexualität bei den frühen Grünen," in *Die Grünen und die Pädosexualität. Eine bundesdeutsche Geschichte*, hg. von Franz Walter, Stephan Klecha u. Alexander Hensel (Göttingen: Vandenhoeck & Ruprecht, 2015): 160–227.

Klecha, Stephan, *Die Grünen zwischen Empathie und Distanz in der Pädosexualitätsfrage. Anatomie eines Lernprozesses* (Wiesbaden: Springer VS, 2017).

Kleiber, Dieter; Wilke, Martin, *Aids, Sex und Tourismus. Ergebnisse einer Befragung deutscher Urlauber und Sextouristen* (Baden-Baden: Nomos, 1995) (*Schriftenreihe des Bundesministeriums für Gesundheit*, Bd. 33).

Kleiber, Michael, *Der grundrechtliche Schutz künftiger Generationen* (Tübingen: Mohr Siebeck, 2014) (*Recht der Nachhaltigen Entwicklung*, Bd. 13).

Klein, Anna, *Toleranz und Vorurteil. Zum Verhältnis von Toleranz und Wertschätzung zu Vorurteilen und Diskriminierung* (Opladen et al.: Budrich, 2014).

Klein, Jörg, *Inzest. Kulturelles Verbot und natürliche Scheu* (Opladen: Westdeutscher Verlag, 1991) (*Studien zur Sozialwissenschaft*, Bd. 102).

Klein, Marie-Luise, „Sport und Sexualität. Konstruktion eines diskursiven Feldes," in *Soziologie des Sports. Theorieansätze, Forschungsergebnisse und Forschungsperspektiven*, hg. von Joachim Winkler u. Kurt Weis (Opladen: Westdeutscher Verlag, 1995): 229–240.

Klein, Stephanie, „Sexueller Missbrauch als Ausdruck von Macht und Gewalt," *Pastoraltheologische Informationen* 36 (2016): 85–99.

Kleinhückelkotten, Silke, „Konsumverhalten im Spannungsfeld konkurrierender Interessen und Ansprüche: Lebensstile als Moderatoren des Konsums," in *Die Verantwortung des Konsumenten. Über das Verhältnis von Markt, Moral und Konsum*, hg. von Ludger Heidbrink, Imke Schmidt u. Björn Ahaus (Frankfurt a. M. u. New York: Campus, 2011): 133–156.

Klempnauer, Günther, *Sexueller Mißbrauch. Fakten, Hintergründe und seelsorgerliche Aspekte* (Asslar: Schulte & Gerth, 1998).

Klinitzke, Grit et al., „Die deutsche Version des Childhood Trauma Questionnaire (CTQ). Psychometrische Eigenschaften in einer bevölkerungsrepräsentativen Stichprobe," *Psychotherapie Psychosomatik Medizinische Psychologie* 62(2) (2012): 47–51.

Kluge, Friedrich, *Etymologisches Wörterbuch der deutschen Sprache*, 22. Aufl., völlig neu bearbeitet von Elmar Seebold (Berlin u. New York: Walter de Gruyter, 1989).

Kluge, Norbert, „Einfluß religiöser Normen auf das Sexualleben," in: Norbert Kluge u. Marion Sonnenmoser, *Sexualleben der Deutschen. Eine repräsentative Momentaufnahme zu Beginn eines neuen Jahrtausends* (Frankfurt et al.: Lang, 2002) (*Studien zur Sexualwissenschaft und Sexualpädagogik*, Bd. 15): 159–180.

Knauer, Florian, *Der Schutz der Psyche im Strafrecht* (Tübingen: Mohr Siebeck, 2013).

Knauß, Stefanie, „Zweideutigkeiten. Theologische Überlegungen zu Sexualität, Gesellschaft und Medien," *Jahrbuch für Biblische Theologie* 33 (2018): 255–278.

Knellwolf, Ulrich; Rüegger, Heinz, *In Leiden und Sterben begleiten. Kleine Geschichten. Ethische Impulse*, 2. Aufl. (Zürich: TVZ, 2005 [2004]).

Knight, Raymond A.; Carter, Daniel Lee; Prentky, Robert A., „A System for the Classification of Child Molesters. Reliability and Application," *Journal of Interpersonal Violence* 4(1) (1989): 3–23.

Knoller, Alois; Wirsching, Daniel, „Interview im Wortlaut. Bischof Mixa: Sexuelle Revolution mitschuldig an Missbrauch," *Augsburger Allgemeine*, Online-Ausgabe, 16.02.2010; abrufbar unter: https://t1p.de/cdt7 (Zugriff: 31.10.2021).

Knop, Julia, *Beziehungsweise. Theologie der Ehe, Partnerschaft und Familie* (Regensburg: Friedrich Pustet, 2019).

Knopp, Julia; Damm, Maximilian, „Die Berührerin. Sex für Menschen mit Behinderungen" (37 Grad; Erstausstrahlung: 04.09.2018); abrufbar unter: https://www.zdf.de/dokumentation/ 37-grad/37-die-beruehrerin-100.html (Zugriff: 31.10.2021).

Knütel, Rolf et al., *Corpus Iuris Civilis. Die Institutionen. Text und Übersetzung*, 4. Aufl. (Heidelberg et al.: C. F. Müller, 2013).

Köbler, Gerhard, *Wörterbuch des althochdeutschen Sprachschatzes* (Paderborn et al.: F. Schöningh, 1993).

Köbler, Gerhard, *Etymologisches Rechtswörterbuch* (Tübingen: Mohr, 1995).

Koebner, Thomas (Hg.), *Reclams Sachlexikon des Films*, 3. Aufl. (Stuttgart: Reclam, 2011 [2002]).

Köhne, Michael, „Immer noch ‚unzüchtige Schriften',“ *Juristische Rundschau*, 2012(6): 325–328.

Kohut, Taylor, Baer, Jodie L.; Watts, Brendan, „Is Pornography Really about ‚Making Hate to Women'? Pornography Users Hold More Gender Egalitarian Attitudes Than Nonusers in a Representative American Sample,“ *The Journal of Sex Research* 53(1) (2016): 1–11.

Kohut, Taylor; Campbell, Lorne, „Premature Speculation Concerning Pornography's Effects on Relationships,“ *Archives of Sexual Behavior* 48 (2019): 2255–2259.

Kohut, Taylor; Fisher, William A.; Campbell, Lorne „Perceived Effects of Pornography on the Couple Relationship: Initial Findings of Open-Ended, Participant-Informed, ‚Bottom-Up' Research,“ *Archives of Sexual Behavior* 46(2) (2017): 585–602.

Köller, Wilhelm, *Narrative Formen der Sprachreflexion. Interpretationen zu Geschichten über Sprache von der Antike bis zur Gegenwart* (Berlin: Walter de Gruyter, 2006) (*Studia Linguistica Germanica*, Bd. 79).

Kolnai, Aurel, *Sexualethik. Sinn und Grundlagen der Geschlechtsmoral* (Paderborn: F. Schöningh, 1930).

Kölreuter, Joseph Gottlieb, *Vorläufige Nachricht von einigen das Geschlecht der Pflanzen betreffenden Versuchen und Beobachtungen* (Leipzig: Gleditsch, 1761).

Kolshorn, Maren; Brockhaus, Ulrike, „Feministisches Ursachenverständnis,“ in *Handwörterbuch Sexueller Missbrauch*, hg. von Dirk Bange u. Wilhelm Körner (Göttingen et al.: Hogrefe, 2002): 109–116.

Kolshorn, Maren; Brockhaus, Ulrike, „Traditionelles Ursachenverständnis,“ in *Handwörterbuch Sexueller Missbrauch*, hg. von Dirk Bange u. Wilhelm Körner (Göttingen et al.: Hogrefe, 2002): 663–667.

Kolshorn, Maren, „Die Ursachen sexualisierter Gewalt – ein komplexes Bedingungsgefüge,“ in *Pädagogische Kontexte und Sexualisierte Gewalt*, hg. von Alexandra Retkowski, Angelika Treibel u. Elisabeth Tuider (Weinheim u. Basel: Beltz Juventa, 2018): 138–148.

Komisaruk, Barry R.; Beyer-Flores, Carlos; Whipple, Beverly, *The Science of Orgasm* (Baltimore: Johns Hopkins University Press, 2006).

Komlenac, Nikola; Hochleitner, Margarethe, „PS-1–9 Positive Influence of Pornography Consumption on Women's Sexual Flexibility and Sexual Functioning,“ *Journal of Sexual Medicine* 17(6) (2020): S123-S124.

Kongregation für die Glaubenslehre, „Notifikation zum Buch Just Love. A Framework for Christian Sexual Ethics von Sr. Margaret A. Farley RSM“ (30. März 2012); abrufbar unter: https://t1p.de/a94 h (Zugriff: 31.10.2021).

König, Julia, *Kindliche Sexualität. Geschichte, Begriff und Probleme* (Frankfurt a. M.: Campus, 2020) (Dissertation, Universität Frankfurt, 2014).

Konrad, Anna et al., „Therapiemöglichkeiten,“ in *Pädophilie, Hebephilie und sexueller Kindesmissbrauch. Die Berliner Dissexualitätstherapie*, hg. von Klaus M. Beier (Berlin: Springer, 2018): 27–44.

Konradt, Matthias, „Εἰδέναι ἕκαστον ὑμῶν τὸ ἑαυτοῦ σκεῦος κτᾶσθαι … Zu Paulus'
    sexualethischer Weisung in 1Thess 4,4f.," Zeitschrift für die neutestamentliche
    Wissenschaft und die Kunde der älteren Kirche 92 (2001): 128–135.
Kopp, Lisa, Die Freiheit der Idee und der Schutz von Schriftwerken (Tübingen: Mohr Siebeck,
    2014).
Korff, Wilhelm, Art. „Gewalt III. Theologisch-ethisch," in Lexikon für Theologie und Kirche, 3.
    Aufl., hg. von Walter Kasper, Bd. 4 (Freiburg i.Br. et al.: Herder, 1995): Sp. 611–614.
Körner, Johanna, Sexualität und Geschlecht bei Paulus. Die Spannung zwischen „Inklusivität"
    und „Exklusivität" des paulinischen Ethos am Beispiel der Sexual- und
    Geschlechterrollenethik (Tübingen: Mohr Siebeck, 2020).
Korsch, Dietrich (Hg.), Martin Luther, Von der Freiheit eines Christenmenschen, 2. Aufl.
    (Leipzig: EVA, 2018 [2016]) (Große Texte der Christenheit, Bd. 1): 75–81.
Korsch, Dietrich, Antwort auf Grundfragen christlichen Glaubens. Dogmatik als integrative
    Disziplin (Tübingen: Mohr Siebeck, 2016).
Korte, Alexander, Pornografie und psychosexuelle Entwicklung im gesellschaftlichen Kontext.
    Psychoanalytische, kultur- und sexualwissenschaftliche Überlegungen zum anhaltenden
    Erregungsdiskurs (Gießen: Psychosozial-Verlag, 2018) (Beiträge zur Sexualforschung,
    Bd. 107).
Körtner, Ulrich H.J., „Lasset uns Menschen machen". Christliche Anthropologie im
    biotechnologischen Zeitalter (München: C.H. Beck, 2005).
Körtner, Ulrich H.J., Evangelische Sozialethik. Grundlagen und Themenfelder, 4. Aufl.
    (Göttingen: Vandenhoeck & Ruprecht, 2019 [1999]).
Körtner, Ulrich H.J., „Bildung in Ethik, Medizin und Pflege," in Bildung und Verwandlung als
    Chance für die Zukunft des Menschlichen, hg. von Mathias Hartmann u. Peter Helbich
    (Stuttgart: Kohlhammer, 2018): 102–113.
Körtner, Ulrich H.J., Dogmatik. Studienausgabe (Leipzig: EVA, 2020 [2018]) (Lehrwerk
    Evangelische Theologie, Bd. 5).
Kos, Elmar, „Tugenden in der Sexualmoral," in Horizonte gegenwärtiger Ethik. Festschrift für
    Josef Schuster SJ, hg. von Paul-Chummar Chittilappilly (Freiburg i.Br. et al.: Herder, 2016):
    293–308.
Kossat, Jutta, Sexualität. Das Wichtigste für Ärzte aller Fachrichtungen (München: Elsevier,
    2018).
Kostenwein, Wolfgang, „„Generation Porno' – Das Drama einer Gesellschaft oder Schlagwort
    des Generationenkonfliktes?," in Sexualität, Macht und Gewalt. Anstöße für die
    sexualpädagogische Arbeit mit Kindern und Jugendlichen, hg. von Silvia Arzt, Cornelia
    Brunnauer u. Bianca Schartner (Wiesbaden: Springer VS, 2018): 79–94.
Kostka, Ulrike, „Pornografie und Kinderpornografie," in Zukunftshorizonte katholischer
    Sexualethik, hg. von Konrad Hilpert (Freiburg et al.: Herder, 2011): 401–409.
Kowalski, Marlene, „Fallstudie Sexueller Kindesmissbrauch im Kontext der katholischen und
    evangelischen Kirche. Auswertung der vertraulichen Anhörungen und schriftlichen
    Berichte der Unabhängigen Kommission zur Aufarbeitung sexuellen Kindesmissbrauchs,"
    in Geschichten, die zählen, hg. von der Unabhängigen Kommission zur Aufarbeitung
    sexuellen Kindesmissbrauchs, Bd. 1, Fallstudien zu sexuellem Kindesmissbrauch in der
    evangelischen und katholischen Kirche und in der DDR (Wiesbaden: Springer VS, 2020):
    9–168.

Kracher, Veronika, *Incels. Geschichte, Sprache und Ideologie eines Online-Kults* (Mainz: Ventil, 2020).

Krafft-Ebing, Richard von, *Psychopathia Sexualis*, 13. Aufl. (Stuttgart: Enke, 1907 [1886]).

Kraft, Hartmut, *Die Lust am Tabubruch* (Göttingen: Vandenhoeck & Ruprecht, 2015).

Krahé, Barbara, „Aggression und Gewalt,“ in *Soziale Motive und soziale Einstellungen*, hg. von Hans-Werner Bierhoff u. Dieter Frey (Göttingen et al.: Hogrefe, 2016): 125–148.

Krahé, Barbara, „Nutzung und Wirkungen sexueller Medieninhalte im Jugendalter,“ in *Sexueller Missbrauch von Kindern und Jugendlichen. Ein Handbuch zur Prävention und Intervention für Fachkräfte im medizinischen, psychotherapeutischen und pädagogischen Bereich*, hg. von Jörg M. Fegert et al. (Berlin u. Heidelberg: Springer, 2015): 373–379.

Krahé, Barbara, „Pornografiekonsum, sexuelle Skripts und sexuelle Aggression im Jugendalter,“ *Zeitschrift für Entwicklungspsychologie und Pädagogische Psychologie* 43(3) (2011): 133–141.

Krahé, Barbara, „Wie beeinflusst die leichte Verfügbarkeit sexueller Medieninhalte die Entwicklung Jugendlicher,“ in *Psychische Störungen bei Jugendlichen. Ausgewählte Phänomene und Determinanten*, hg. von Wolfgang Lenhard (Berlin u. Heidelberg: Springer, 2016): 3–18.

Krämer, Christoph; Amendt, Günter, „Sex als Ansichtssache,“ in: Günter Amendt, Gunter Schmidt u. Volkmar Sigusch, *Sex tells. Sexualforschung als Gesellschaftskritik* (Hamburg: KVV Konkret, 2011): 123–136.

Krampe, Christoph, „Qui tacet, consentire videtur. Über die Herkunft einer Rechtsregel,“ in *Staat, Kirche, Wissenschaft in einer pluralistischen Gesellschaft. Festschrift zum 65. Geburtstag von Paul Mikat*, hg. von Dieter Schwab et al. (Berlin: Dunker & Humblot, 1989): 367–380.

Kranish, Michael, „Beliefs Drive Research Agenda of New Think Tanks: Study on Gay Adoption Disputed by Specialists,“ *The Boston Globe*, 31.07.2005; abrufbar unter: https://t1p.de/pjtf (Zugriff: 31.10.2021).

Kratzer, Jessica M. W., „Kinky People's Perceptions of the Fifty Shades of Grey Trilogy,“ in *Communication in Kink. Understanding the Influence of the Fifty Shades of Grey Phenomenon*, hg. von Jessica M. W. Kratzer (Lanham et al.: Lexington Books, 2020): 9–28.

Krauel, Torsten, „Kindesmissbrauch ist seelischer Mord,“ *Die Welt*, 12.06.2020; abrufbar unter: https://t1p.de/sadc (Zugriff: 31.10.2021).

Kraus, Karl, „Menschenwürde,“ *Die Fackel*, 1908, Heft 250/251, 30–33.

Krause, Ellen, *Einführung in die politikwissenschaftliche Geschlechterforschung* (Opladen: Leske + Budrich, 2003).

Kreck, Walter, *Grundfragen christlicher Ethik*, 4. Aufl. (München: Kaiser, 1990 [1979]).

Kreidler-Kos, Martina; Hutter, Christoph, *Mit Lust und Liebe glauben. „Amoris laetitia“ als Impuls für Gemeinde, Partnerschaft und Familie* (Ostfildern: Schwabenverlag, 2017).

Krenkel, Werner, „Zur Prosopographie der antiken Pornographie,“ *Wissenschaftliche Zeitschrift der Wilhelm-Pieck-Universität Rostock* 19(8) (1970): 615–619.

Kreß, Hartmut, „Ethischer Immobilismus oder rationale Abwägungen. Das Naturrecht angesichts der Probleme des Lebensbeginns,“ in *Streitfall Biomedizin. Urteilsfindung in christlicher Verantwortung*, hg. von Reiner Anselm u. Ulrich H.J. Körtner (Göttingen: Vandenhoeck & Ruprecht, 2003): 111–134.

Kreyssig, Lothar, „Thesen von Präses Dr. Kreyssig,“ *Evangelische Theologie* 13 (1953): 89–92.

Krick, Eva, *Verhandlungen im Konsensverfahren. Varianten kollektiver Entscheidung in Expertengremien* (Wiesbaden: Springer VS, 2013) (zugl. Dissertation, TU Darmstadt, 2011).

Krips-Schmidt, Katrin, „‚Es ist das Unglück des Versklavten'. Der Psychologe Gerard van den Aardweg warnt vor einer Zulassung Homosexueller zum Priesteramt," *Die Tagespost. Katholische Zeitung für Politik, Gesellschaft und Kultur*, 08.05.2019; abrufbar unter: https://t1p.de/pbh9 (Zugriff: 31.10.2021).

Kristof, Nicholas, „The Children of Pornhub. Why does Canada allow this company to profit off videos of exploitation and assault?," *New York Times*, 04.12.2020; abrufbar unter: https://nyti.ms/33DMObR (Zugriff: 31.10.2021).

Kröber, Hans-Ludwig, „Sexualstraftäter – Klinisches Erscheinungsbild," in *Handbuch der Forensischen Psychiatrie*, Bd. 4, *Kriminologie und Forensische Psychiatrie*, hg. von Hans-Ludwig Kröber et al. (Berlin et al.: Springer, 2009): 420–457.

Kröber, Hans-Ludwig, *Mord. Geschichten aus der Wirklichkeit*, 2. Aufl. (Reinbek b. Hamburg: Rowohlt, 2012).

Krohn, Wiebke, *Das Problem kirchlicher Amtshandlungen an gleichgeschlechtlichen Paaren. Sozialwissenschaftliche, theologische, ethische, poimenische und liturgiewissenschaftliche Perspektiven* (Göttingen: V&R unipress, 2011).

Kron, Thomas; Reddig, Melanie, „Der Zwang zur Moral und die Dimension moralischer Autonomie bei Durkheim," in *Macht und Moral. Beiträge zur Dekonstruktion von Moral*, hg. von Matthias Junge (Wiesbaden: Westdeutscher Verlag, 2003): 165–191.

Krone, Tony „A Typology of Online Child Pornography Offending," *Trends & Issues in Crime and Criminal Justice* 279 (2004): 261–280.

Krueger, Richard B. et al., „Proposals for Paraphilic Disorders in the International Classification of Diseases and Related Health Problems, Eleventh Revision (ICD-11)," *Archives of Sexual Behavior* 46(5) (2017): 1529–1545.

Krug, Etienne G., et al., *World Report on Violence and Health* (Genf: WHO, 2002).

Krug, Etienne G., et al., *Weltbericht Gewalt und Gesundheit. Zusammenfassung* (Genf: WHO, 2003).

Krug, Wilhelm Traugott (Hg.), *Allgemeines Handwörterbuch der philosophischen Wissenschaften nebst ihrer Literatur und Geschichte*, Bd. 1, 2. Aufl. (Leipzig: F.A. Brockhaus, 1832 [1827]).

Krüger, Andreas, *Akute psychische Traumatisierung bei Kindern und Jugendlichen. Ein Manual zur ambulanten Versorgung* (Stuttgart: Klett-Cotta, 2008).

Krüger, Gerd et al., „Aids-Prävention bei randständigen männlichen Jugendlichen," in *AIDS – Prävention und Jugendschutz. Materialien und Dokumente*, hg. von der Bundesarbeitsgemeinschaft Aktion Jugendschutz (Stuttgart et al.: Boorberg, 1992): 227–234.

Krüger-Nieland, Gerda, „Willenserklärung," in *Das Bürgerliche Gesetzbuch. Mit besonderer Berücksichtigung der Rechtsprechung des Reichsgerichts und des Bundesgerichtshofes. Kommentar*, hg. von Mitgliedern des Bundesgerichtshofes, 12. Aufl., Bd. 1, bearbeitet von Kurt Herbert Johannsen et al. (Berlin u. New York: Walter de Gruyter, 1982): 164 f.

Krugman, Richard D., „Sexual Politics and Child Protection: They Don't Mix," *Pediatrics* 94(1) (1994): 45–46.

Küchenhoff, Joachim, „Braucht die internationale klassifizierende Diagnostik noch die Psychodynamik – und wozu?," in *Psychoanalyse und Psychiatrie. Geschichte,*

Krankheitsmodelle und Therapiepraxis, hg. von Heinz Böker (Heidelberg: Springer, 2006): 205–222.

Küchenhoff, Joachim, „Psychiatrische Klassifikation und die Anerkennung des Fremden,“ *Psychoanalyse Aktuell. Online-Zeitung der DPV* 7 (2013); abrufbar unter: https://t1p.de/eyrr (Zugriff: 20.05.2021).

Kues, Nikolaus von, *Nicolai de Cusa opera omnia. Iussu et auctoritate Academiae Litterarum Heidelbergensis ad codicum fidem edita*, Bd. 17, *Sermones II (1443–1452)* [Fasciculus 3: Sermones XLIX-LVI], hg. von Rudolf Haubst u. Hermann Schnarr (Hamburg: Meiner, 1996).

Kues, Nikolaus von, *Die Jagd nach Weisheit*, auf der Grundlage der Ausgabe von Paul Wilpert neu hg. von Karl Bormann, lateinisch-deutsch (Hamburg: Meiner, 2003).

Kühl, Richard, „Ernst Burchard (1876–1920),“ in *Personenlexikon der Sexualforschung*, hg. von Volkmar Sigusch u. Günter Grau (Frankfurt a. M. u. New York: Campus, 2009): 98 f.

Kuhle, Laura F.; Grundmann, Dorit; Beier, Klaus M., „Sexueller Missbrauch von Kindern: Ursachen und Verursacher,“ in *Sexueller Missbrauch von Kindern und Jugendlichen. Ein Handbuch zur Prävention und Intervention für Fachkräfte im medizinischen, psychotherapeutischen und pädagogischen Bereich*, hg. von Jörg Fegert et al. (Berlin u. Heidelberg: Springer, 2015): 110–129.

Kuhle, Laura F.; Oezdemir, Umut; Beier, Klaus M., „Sexueller Kindesmissbrauch und die Nutzung von Missbrauchsabbildungen,“ in *Pädophilie, Hebephilie und sexueller Kindesmissbrauch. Die Berliner Dissexualitätstherapie*, hg. von Klaus M. Beier (Berlin: Springer, 2018): 15–25.

Kuhle, Laura F.; Schlinzig, Eliza; Beier, Klaus M., „Prävention der Nutzung von Missbrauchsabbildungen,“ *Sexuologie* 22(3–4) (2015): 185–190.

Kuhlmann, Gerhardt, „Zum theologischen Problem der Existenz. Fragen an Rudolf Bultmann,“ *Zeitschrift für Theologie und Kirche* 10 (1929): 28–57.

Kuhlmann, Helga, *Leib-Leben theologisch denken. Reflexionen zur Theologischen Anthropologie* (Münster: LIT, 2004).

Kühn, Kai-Uwe; Sträter, Birgitta, „Störungen der Sexualpräferenz (ICD-10: F65),“ in *Psychiatrie und Psychotherapie compact. Das gesamte Facharztwissen*, hg. von Siegfried Kasper u. Hans-Peter Volz, 3. Aufl. (Stuttgart u. New York: Thieme, 2014 [2003]): 256–261.

Kuhn, Kristine M. „Communicating Uncertainty: Framing Effects on Responses to Vague Probabilities,“ *Organizational Behavior and Human Decision Processes* 71(1) (1997): 55–83.

Kühne, Adelheid; Kluck, Marie-Luise, „Sexueller Mißbrauch – forensisch-psychologische und psycho-diagnostische Aspekte,“ *Zeitschrift für das gesamte Familienrecht* 42 (1995): 981–986.

Kuhnen, Korinna, *Kinderpornographie und Internet. Medium als Wegbereiter für das (pädo-) sexuelle Interesse am Kind?* (Göttingen: Hogrefe, 2007; zugl. Dissertation, Universität Paderborn, 2007) (*Internet und Psychologie*, Bd. 9).

Kuminetz, Géza, „Erwägungen über die Pornographie – Katholisch betrachtet,“ *Folia theologica et canonica* 5 (2016): 123–135.

Küng, Hans, „Auf der Suche nach einem universalen Grundethos der Weltreligionen,“ *Concillium* 26(2) (1990): 154–164.

Kunz, Hans, *Aggressivität, Zärtlichkeit und Sexualität. Phänomenologische und anthropologische Studien zur Psychologie und Psychopathologie*, hg. von Jörg Singer

(Frauenfeld et al.: Huber, 2004) (*Gesammelte Schriften in Einzelausgaben*, Bd. 4): 155–272.

Künzel, Christine, „Einleitung," in *Unzucht – Notzucht – Vergewaltigung. Definitionen und Deutungen sexueller Gewalt von der Aufklärung bis heute*, hg. von Christine Künzel (Frankfurt a.M. u. New York: Campus, 2003): 9–20.

Künzel, Christine, *Vergewaltigungslektüren. Zur Codierung sexueller Gewalt in Literatur und Recht* (Frankfurt a.M. u. New York: Campus, 2003).

Künzel, Christine, „‚Eine Rose gebrochen, ehe der Sturm sie entblättert'. Weiblicher Opferleib und männlicher Täterkörper in Diskursen um die Sanktionierung sexueller Gewalt," in *Grenzen der Aufklärung. Körperkonstruktionen und die Tötung des Körpers im Übergang zur Moderne*, hg. von Andreas Bähr (Hannover: Wehrhahn, 2005): 71–93.

Künzel, Christine, „Gewalt/Macht," in *Gender@Wissen. Ein Handbuch der Gender-Theorien*, hg. von Christina von Braun u. Inge Stephan (Köln et al.: Böhlau, 2005): 117–138.

Küper, Wilfried, *Strafrecht. Besonderer Teil. Definitionen mit Erläuterungen*, 7. Aufl. (Heidelberg: C.F. Müller, 2008).

Kutchinsky, Berl, *Pornographie und Sexualverbrechen. Das Beispiel Dänemark*, übers. von Victoria Wocker (Köln: Kiepenheuer & Witsch, 1972).

Kutchinsky, Berl, „The Effect of Easy Availability of Pornography on the Incidence of Sex Crimes: The Danish Experience," *Journal of Social Issues* 29(3) (1973): 163–181.

Kutchinsky, Berl, „Pornography, Sex Crime and Public Policy," in *Sex Industry and Public Policy. Proceedings of a Conference Held 6–8 May 1991*, hg. von Sally-Anne Gerull u. Boronia Halstead (Canberra: Australian Institute of Criminology, 1992): 41–54.

Kutchinsky, Berl, „Pornography: Impacts and Influences" (1994; Manuskript).

Kutschera, Franz von, „Das Humesche Gesetz," *Grazer Philosophische Studien* 4(1) (1977): 1–14.

Lacan, Jacques, „Some Reflections on the Ego," *International Journal of Psycho-Analysis* 34 (1953): 11–17.

Lacan, Jacques, *Die vier Grundbegriffe der Psychoanalyse*, hg. und übers. von Norbert Haas, 2. Aufl. (Olten u. Freiburg i.Br.: Walter, 1980 [1978; frz. Original 1964]) (*Das Seminar von Jacques Lacan*, Buch XI).

Lacroix, Paul [u.d. Pseudonym Pierre Dufour], *Histoire de la prostitution chez tous les peuples du monde depuis l'antiquité la plus reculée jusqu'à nos jours* (Paris: Séré, 1851).

Lacroix, Paul (u.d. Pseudonym Pierre Dufour), *Geschichte der Prostitution*, übers. von Adolf Stille (Bd. 1), Bruno Schweiger (Bd. 2–4) u. Franz Helbig (Bd. 5–6), Bd. 4–6 ergänzt und bearbeitet von Franz Helbig (Leipzig: I. Milde [Bd. 1] u. Berlin: I. Gnadenfeld, 1898–1902 [Bd. 2–6]).

Ladenburger, Petra; Lörsch, Martina; Enders, Ursula; Bange, Dirk, *Schlussbericht der unabhängigen Kommission zur Aufarbeitung von Missbrauchsfällen im Gebiet der ehemaligen Nordelbischen Evangelisch-Lutherischen Kirche, heute Evangelisch-Lutherische Kirche in Norddeutschland* (Hamburg, Köln, Bonn, 2014).

Ladeur, Karl-Heinz, „Zur Auseinandersetzung mit feministischen Argumenten für ein Pornographieverbot. Neue Fronten in einem alten Konfliktfeld?," *Zeitschrift für Urheber- und Medienrecht* 33(4) (1989): 155–161.

Lakoff, George; Wehling, Elisabeth, *Auf leisen Sohlen ins Gehirn. Politische Sprache und ihre heimliche Macht*, 4. Aufl. (Heidelberg: Carl-Auer-Verlag, 2016 [2008]).

Lämmermann, Godwin, *Wenn die Triebe Trauer tragen. Von der sexuellen Freiheit eines Christenmenschen* (München: Claudius, 2002).

Lamnek, Siegfried, „Sex and Crime: Prostitution und Menschenhandel," in *Geschlecht – Gewalt – Gesellschaft*, hg. von Siegfried Lamnek u. Manuela Boatcă (Opladen: Leske + Budrich, 2003): 475–497.

Lamnek, Siegfried; Vogl, Susanne, *Theorien abweichenden Verhaltens II. „Moderne" Ansätze. Eine Einführung für Soziologen, Psychologen, Juristen, Journalisten und Sozialarbeiter*, 4. Aufl. (Paderborn: Fink, 2017 [1979]).

Landesbetrieb Information und Technik Nordrhein-Westfalen, Pressemitteilung, 01.07.2021; abrufbar unter: https://t1p.de/rg7o (Zugriff: 31.10.2021).

Landeskriminalamt Nordrhein-Westfalen, *Das Anzeigeverhalten von Kriminalitätsopfern. Einflussfaktoren pro und contra Strafanzeige* (Düsseldorf: Landeskriminalamt Nordrhein-Westfalen, 2006) (*Kriminalistisch-Kriminologische Forschungsstelle Analysen* Nr. 2/2006).

Langenfeld, Aaron; Lerch, Magnus, *Theologische Anthropologie* (Paderborn: Schöningh, 2018).

Langevin, Rachel; Curnoe, Suzanne; Bain, Jerald, „A study of clerics who commit sexual offenses: Are they different from other sex offenders?," *Child Abuse & Neglect* 24(4) (2000): 535–545.

Langevin, Ron et al., „Erotic Preference and Aggression in Pedophilia: A Comparison of Heterosexual, Homosexual and Bisexual Types," in *Erotic Preference, Gender Identity, and Aggression in Men: New Research Studies*, hg. von Ron Langevin (Hillsdale, NJ: Lawrence Erlbaum, 1985): 137–160.

Lanning, Kenneth V., *Child Molesters: A Behavioral Analysis. For Professionals Investigating the Sexual Exploitation of Children*, 5. Aufl. (Alexandria, VA: National Center for Missing & Exploited Children, 2010 [1986]).

Laqueur, Thomas W., *Solitary Sex. A Cultural History of Masturbation* (New York: Zone Books, 2003): 185–358.

Laqueur, Thomas W., *Die einsame Lust. Eine Kulturgeschichte der Selbstbefriedigung*, übers. von Clemens Brunn (Berlin: Osburg, 2008): 150–346.

Laqueur, Thomas, *Making Sex. Body and Gender from the Greeks to Freud* (Cambridge, MA u. London: Harvard University Press, 1992 [1990]).

Lassiwe, Benjamin, „Synode in Dresden: EKD debattiert über Missbrauch", *Rheinische Post*, 13.11.2019, A4.

Laubenthal, Klaus, *Handbuch Sexualstraftaten. Die Delikte gegen die sexuelle Selbstbestimmung* (Heidelberg et al.: Springer, 2012): 331–425.

Laufhütte, Heinrich Wilhelm; Roggenbuck, Ellen, „§ 184a. Verbreitung gewalt- oder tierpornographischer Schriften," in *Strafgesetzbuch. Leipziger Kommentar. Großkommentar*, 12. Aufl., hg. von Heinrich Wilhelm Laufhütte, Ruth Rissing-van Saan u. Klaus Tiedemann, Bd. 6, §§ 146 bis 210 (Berlin: De Gruyter Recht, 2010): 1183–1190.

Laukamp, Sarah, „Editorial," *Aus Politik und Zeitgeschichte* 63(9) (2013): 2.

Laumer, Michael, „Der Zusammenhang zwischen dem Konsum von Kinderpornografie und sexuellem Missbrauch von Kindern – Eine Übersicht zum aktuellen Forschungsstand," *Kriminalistik* 66(3) (2012): 139–144.

Lauster, Jörg, *Gott und das Glück. Das Schicksal des guten Lebens im Christentum* (Gütersloh: Gütersloher Verlagshaus, 2004).

Lautmann, Rüdiger, „Sexualdelikte – Straftaten ohne Opfer?," *Zeitschrift für Rechtspolitik* 13(2) (1980): 44–49.

Lautmann, Rüdiger; Schetsche Michael, *Das pornographierte Begehren* (Frankfurt a. M. u. New York: Campus, 1990).

Lautmann, Rüdiger, *Die Lust am Kind. Portrait des Pädophilen* (Hamburg: Klein, 1994).

Lautmann, Rüdiger, „Unterscheiden sich Pädophilie und sexuelle Kindesmißhandlung," *Pro Familia Magazin* 3 (1995): 9–11.

Lautmann, Rüdiger, *Soziologie der Sexualität. Erotischer Körper, intimes Handeln und Sexualkultur* (Weinheim u. München: Juventa, 2002).

Lawler, Michael G.; Salzman, Todd A., „People Beginning Sexual Experience," in *The Oxford Handbook of Theology, Sexuality, and Gender*, hg. von Adrian Thatcher (Oxford: Oxford University Press, 2014): 557–572.

Le Monde, „À propos d'un procès," *Le Monde*, 26.01.1977; abrufbar unter: https://t1p.de/m79ll (Zugriff: 31.10.2021).

Le Monde, „Lettre ouverte à la Commission de révision du code pénal pour la révision de certains textes régissant les rapports entre adultes et mineurs," *Le Monde*, 23.05.1977; abrufbar unter: http://www.dolto.fr/fd-code-penal-crp.html (Zugriff: 31.10.2021).

Leach, Chelsea; Stewart, Anna; Smallbone, Stephen, „Testing the sexually abused-sexual abuser hypothesis: A prospective longitudinal birth cohort study," *Child Abuse & Neglect* 51 (2016): 144–153.

Lechmann, Claus, „Sexueller Mißbrauch im Kindes- und Jugendalter – ein Überblick," in *Heterosexualität. Ein Leitfaden für Therapeuten*, hg. von Fred Christmann (Berlin et al.: Springer, 1988): 202–229.

Lee, Wendy Lynne, „Commentary on Eric M. Cave's ‚Marital Pluralism: Making Marriage Safer for Love'," in *Sex, Love, and Friendship. Studies of the Society for the Philosophy of Sex and Love: 1993–2003*, hg. von Adrianne Leigh McEvoy (Amsterdam u. New York: Rodopi, 2011): 241–246.

Leffelsend, Stefanie; Mauch, Martina; Hannover, Bettina, „Mediennutzung und Medienwirkung," in *Lehrbuch der Medienpsychologie*, hg. von Roland Mangold, Peter Vorderer u. Gary Bente (Göttingen et al.: Hogrefe, 2004): 51–71.

Legge, Sandra; Mansel, Jürgen, „Ethnische Diskriminierung, Rassismus und gruppenbezogene Menschenfeindlichkeit," in *Handbuch soziale Probleme*, hg. von Günter Albrecht u. Axel Groenemeyer, 2. Aufl., Bd. 1–2 (in einem Bd. mit fortlaufender Paginierung) (Wiesbaden: Springer VS, 2012 [1999]).

Lehmiller, Justin J., *The Psychology of Human Sexuality*, 2. Aufl. (Chichester: John Wiley & Sons, 2018 [2014]).

Leimgruber, Stephan, *Christliche Sexualpädagogik. Eine emanzipatorische Neuorientierung für Schule, Jugendarbeit und Beratung* (München: Kösel, 2011).

Leipold, Klaus; Tsambikakis, Michael; Zöller, Mark Alexander, *AnwaltKommentar StGB*, 2. Aufl. (Heidelberg et al.: C.F. Müller, 2015 [2011]).

Leist, Anton, *Ethik der Beziehungen. Versuche über eine postkantianische Moralphilosophie* (Berlin: Akademie, 2005) (*Deutsche Zeitschrift für Philosophie. Sonderband* 10).

Lembke, Ulrike, „Sexualität und Recht: eine Einführung," in *Regulierungen des Intimen. Sexualität und Recht im modernen Staat*, hg. von Ulrike Lembke (Wiesbaden: Springer, 2017): 3–27.

Lembke, Ulrike, „Zwischen Würde der Frau, reduziertem Liberalismus und Gleichberechtigung der Geschlechter – Feministische Diskurse um die Regulierung von Prostitution/

Sexarbeit," in *Autonomie im Recht – Geschlechtertheoretisch vermessen*, hg. von Susanne Baer u. Ute Sacksofsky (Baden-Baden: Nomos, 2018): 275–304.

Lenk, Hans, *Einführung in die angewandte Ethik. Verantwortlichkeit und Gewissen* (Stuttgart et al.: Kohlhammer, 1997).

Lenk, Hans, *Denken und Handlungsbindung. Mentaler Gehalt und Handlungsregeln* (Freiburg i.Br.: Alber, 2001).

Lenz, Hannah, *Die Jugendschutztatbestände im Sexualstrafrecht. Das sexuelle Selbstbestimmungsrecht Jugendlicher und paternalistische Intentionen* (Baden-Baden: Nomos, 2017).

Lenz, Karl, *Soziologie der Zweierbeziehung. Eine Einführung*, 4. Aufl. (Wiesbaden: VS Verlag für Sozialwissenschaften, 2009 [1998]).

Lenzen, Manuela, „Von wegen ,gefühlte Moral'! Ekel ist eine nützliche Emotion. Doch in ethischen Diskussionen hat er nichts verloren," *Gehirn & Geist*, Nr. 5, 2012, 50.

Lenzen, Wolfgang, „Liebe und Sex. Ein moralphilosophischer Essay," *Universitas* 53(11) (1998): 1087–1098 (Teil 1) u. 53(12) (1998): 1194–1201 (Teil 2).

Lenzen, Wolfgang, *Sex, Leben, Tod und Gewalt. Eine Einführung in die Angewandte Ethik* (Berlin u. Münster: LIT, 2013) (*Lehr- und Studienbücher zur Philosophie*, Bd. 1).

Leonhardt, Nathan D. et al., „An Organizational Framework for Sexual Media's Influence on Short-Term Versus Long-Term Sexual Quality," *Archives of Sexual Behavior* 48 (2019): 2233–2249 (online veröffentlicht am 16. 07.2018).

Leonhardt, Nathan D. et al., „Sexual Media and Sexual Quality: Aims, Distinctions, and Reflexivity – Response to Commentaries," *Archives of Sexual Behavior* 48 (2019): 2291–2303.

Leopold, Beate; Steffan, Elfriede, *EVA-Projekt. Evaluierung unterstützender Maßnahmen beim Ausstieg aus der Prostitution. Zusammenfassung vorliegender Ergebnisse* (Berlin: SPI Forschung, 1997).

Leopold, Beate; Grieger, Katja, „Gewaltprävention durch Arbeit mit Minderjährigen in der Prostitution," *Aus Politik und Zeitgeschichte* 63(9) (2013): 19–26.

Lesch, Walter, „Interkulturelle Sexualethik," in *Zukunftshorizonte katholischer Sexualethik*, hg. von Konrad Hilpert (Freiburg et al.: Herder, 2011) (*Quaestiones disputatae*, Bd. 241): 410–416.

Leukfeldt, Eric Rutger; Jansen, Jurjen; Stol, Wouter, „Child pornography, the Internet and juvenile suspects," *Journal of Social Welfare and Family Law* 36(1) (2014): 3–13.

Leuzinger-Bohleber, Marianne; Burkhardt-Mußmann, Claudia, „Sexueller Missbrauch: ein Trauma mit lebenslangen Folgen," in *Sexualisierte Gewalt, Macht und Pädagogik*, hg. von Werner Thole et al. (Opladen et al.: Budrich, 2012): 186–207.

Lévinas, Emanuel, *Totalität und Unendlichkeit. Versuch über die Exteriorität*, übers. von Wolfgang Nikolaus Krewani (Freiburg i.Br. u. München: Alber, 1987 [1980]).

Levinson, Jerrold, „Erotic Art and Pornographic Pictures," *Philosophy and Literature* 29(1) (2005): 228–240.

Levy, Neil, „Virtual child pornography: The eroticization of inequality," *Ethics and Information Technology* 4(4) (2002): 319–323.

Lew, Mike, *Victims No Longer. Men Recovering from Incest and Other Sexual Child Abuse* (London: Cedar, 1993).

Lew, Mike, *Als Junge mißbraucht. Wie Männer sexuelle Ausbeutung in der Kindheit verarbeiten können*, übers. von Frank Höfer (München: Kösel, 1993).

Lewandowski, Sven, „Internetpornographie," *Zeitschrift für Sexualforschung* 16(4) (2003): 299–327.

Lewandowski, Sven, *Sexualität in den Zeiten funktionaler Differenzierung. Eine systemtheoretische Analyse* (Bielefeld: transcript, 2004).

Lewandowski, Sven, *Die Pornographie der Gesellschaft. Beobachtungen eines populärkulturellen Phänomens* (Bielefeld: transcript, 2012).

Lewandowski, Sven, „Hardcore? Über die Anschlussfähigkeit der (Selbst-)Beschreibung der Gesellschaft als ‚pornografisiert'," in *Medialisierung und Sexualisierung. Vom Umgang mit Körperlichkeit und Verkörperungsprozessen im Zuge der Digitalisierung*, hg. von Josef Christian Aigner et al. (Wiesbaden: Springer, 2015): 33–55.

Ley, David J., „Contextualizing Use of Sexual Media: Just the First Step," *Archives of Sexual Behavior* 48 (2019): 2261–2263.

Leygraf, Norbert et al., *Sexuelle Übergriffe durch katholische Geistliche in Deutschland. Eine Analyse forensischer Gutachten 2000–2010. Abschlussbericht* (Essen, 2012); abrufbar unter: https://t1p.de/85rg (Zugriff 31.10.2021).

Li, Mu; Darcy, Catherine; Meng, Xiangfei, „Maltreatment in Childhood Substantially Increases the Risk of Adult Depression and Anxiety in Prospective Cohort Studies: Systematic Review, Meta-Analysis, and Proportional Attributable Fractions," *Psychological Medicine* 46 (2016): 717–730.

Liebsch, Katharina, „Der weibliche Liebeswunsch. Glück oder Falle?," in *Liebe im Kapitalismus*, hg. von Hans-Joachim Busch, Karola Brede u. Angelika Ebrecht (Gießen: Psychosozial, 2008): 129–150.

Lienemann, Béatrice, *Aristoteles' Konzeption der Zurechnung* (Berlin u. Boston: De Gruyter, 2018).

Lienemann, Wolfgang, Art. „Gewalt, Gewaltlosigkeit," in *Evangelisches Kirchenlexikon*, 3. Aufl., hg. von Erwin Fahlbusch et al., Bd. 2 (Darmstadt: Wissenschaftliche Buchgesellschaft, 2000 [1989]): Sp. 163–169.

Lieske, Saskia, *Von der Form zur Beziehungsgestaltung. Zugänge zur Familie in der evangelischen Ethik* (Leipzig: EVA, 2019).

Liessmann, Konrad Paul, „Grenzerfahrungen. Eine Philosophie der Zugehörigkeit," *INDES*, 2012, Heft 4, 46–54.

Lincoln, Ulrich, *Prekäre Geschöpflichkeit. Beiträge zum theologischen Gewaltdiskurs* (Tübingen: Mohr Siebeck, 2021).

Lindemann, Gesa, „Verfahrensordnungen der Gewalt," *Zeitschrift für Rechtssoziologie* 37(1) (2017): 57–87.

Lindert, Jutta et al., „Sexual and Physical Abuse in Childhood is Associated with Depression and Anxiety over the Life Course: Systematic Review and Meta-Analysis," *International Journal of Public Health* 59(2) (2014): 359–372.

Lindsay, William R., *The Treatment of Sex Offenders with Developmental Disabilities. A Practice Workbook* (Chichester et al.: John Wiley & Sons, 2009).

Lintner, Martin M., „‚Ein Segen sollt ihr sein!' (vgl. Gen 12,2). Theologisch-ethische Überlegungen zu einer Segensfeier für gleichgeschlechtliche Paare," in *Benediktion von gleichgeschlechtlichen Partnerschaften*, hg. von Ewald Volgger u. Florian Wegscheider (Regensburg: Pustet, 2020) (*Schriften der Katholischen Privat-Universität Linz*, Bd. 8): 67–93.

Lintner, Martin M., *Den Eros entgiften. Plädoyer für eine tragfähige Sexualmoral und Beziehungsethik* (Brixen: A. Weger u. Innsbruck-Wien: Tyrolia, 2011).

Linz, Daniel; Malamuth, Neil, *Pornography* (Newbury Park: SAGE, 1993).

Lipp, Benjamin, „Wenn Vorlieben zum Leiden werden: Eine soziologische Analyse pädophilen Begehrens im Diskurs sexualmedizinischer Primärprävention,“ *Zeitschrift für Sexualforschung* 27 (2014): 201–219.

Lissek, Michael, „Hölle im Kopf. Pädophilie,“ Freispiel; *Deutschlandradio Kultur*, 29.09.2008; Transkript abrufbar unter: https://t1p.de/gaqq (Zugriff: 31.10.2021).

Lister, Ruth, „Sexual Citizenship,“ in *Handbook of Citizenship Studies*, hg. von Engin F. Isin u. Bryan S. Turner (London et al.: Sage, 2002): 191–208.

Livingstone, Sonia et al., *Risks and safety on the internet. The perspective of European children. Full findings and policy implications from the EU Kids Online survey of 9–16 year olds and their parents in 25 countries (EU Kids Online II)* (London: EU Kids Online, 2011).

Lloyd, Albert L.; Lühr, Rosemarie; Springer, Otto, *Etymologisches Wörterbuch des Althochdeutschen*, Bd. 2 (Göttingen u. Zürich: Vandenhoeck & Ruprecht, 1998).

Lob-Hüdepohl, Andreas, „Sexualität und Behinderung,“ in *Zukunftshorizonte katholischer Sexualethik*, hg. von Konrad Hilpert (Freiburg et al.: Herder, 2011) (*Quaestiones disputatae*, Bd. 241): 330–344.

Löchel, Rolf, „Die wunderbare Welt des Feminismus. Anne Wizorek lässt dem Aufschrei ein Buch folgen“, *Literaturkritik.de*, Nr. 1, Januar 2015; abrufbar unter: https://literaturkritik.de/id/20119 (Zugriff: 31.10.2021).

Loetz, Francisca, „Gotteslästerung und Gewalt: ein historisches Problem,“ in *Religion und Gewalt. Konflikte, Rituale, Deutungen* (1500–1800), hg. von Kaspar von Greyerz u. Kim Siebenhüner (Göttingen: Vandenhoeck & Ruprecht, 2006) (*Veröffentlichungen des Max-Planck-Instituts für Geschichte*, Bd. 215): 305–319.

Loetz, Francisca, *Sexualisierte Gewalt 1500–1850. Plädoyer für eine historische Gewaltforschung* (Frankfurt a.M./New York: Campus, 2012).

Loewenich, Walther von, *Martin Luther. Der Mann und das Werk* (München: List, 1982).

Loewit, Kurt, *Der Grundwurm in der Paarbeziehung. Plädoyer für Lust und Liebe*, 2. Aufl. (Norderstedt: BoD, 2019).

Löfgren-Mårtenson, Lotta; Månsson, Sven-Axel, „Lust, Love, and Life: A Qualitative Study of Swedish Adolescents' Perceptions and Experiences with Pornography,“ *The Journal of Sex Research* 47(6) (2010): 1–12.

Lohmann, Hans-Martin, „Pornographie ist Gewalt,“ *Emma*, 1993, Nr. 3 (März).

Lohse, Bernhard, *Luthers Theologie in ihrer historischen Entwicklung und in ihrem systematischen Zusammenhang* (Göttingen: Vandenhoeck & Ruprecht, 1995).

Longino, Helen E., „Pornography, Oppression, and Freedom: A Closer Look,“ in *The Problem of Pornography*, hg. von Susan Dwyer (Belmont, CA: Wadsworth, 1995): 34–47.

Lorenz, Konrad, *Das sogenannte Böse. Zur Natur der Aggression* (München: dtv, 1974 [1963]).

Loretz, Oswald, *Die Gottebenbildlichkeit des Menschen* (München: Kösel, 1967).

Lösel, Friedrich et al., „Ursachen, Prävention und Kontrolle von Gewalt aus psychologischer Sicht (Gutachten der Unterkommission I),“ in *Ursachen, Prävention und Kontrolle von Gewalt. Analysen und Vorschläge der Unabhängigen Regierungskommission zur Verhinderung und Bekämpfung von Gewalt (Gewaltkommission)*, hg. von Hans-Dieter

Schwind u. Jürgen Baumann, Bd. 2, *Erstgutachten der Unterkommissionen* (Berlin: Duncker & Humblot, 1990): 1–156.

Luck, Morgan, „The gamer's dilemma: An analysis of the arguments for the moral distinction between virtual murder and virtual paedophilia," *Ethics and Information Technology* 11(1) (2009): 31–36.

Lüdemann, Dagny, „Pädophilie. ‚Wer Sexualität nicht ausleben kann, nutzt Bilder als Ersatz‘," *ZEIT-ONLINE*, 20.02.2014; abrufbar unter: https://t1p.de/feok (Zugriff: 31.10.2021).

Lüdtke-Pilger, Sabine, *Porno statt PorNO! Die Neuen Pornografinnen kommen* (Marburg: Schüren, 2010).

Ludwig, Christian, *A Dictionary English, German and French, Containing not only the English words in their Alphabetical Order, together with their several significations; but also their proper Accent, Phrases, Figurative Speeches, Idioms, & Proverbs, Taken from the best new English Dictionaries. / Englisch-Teutsch-Frantzösisch Lexicon, Worinnen nicht allein die Englischen worte in ihrer gehörigen ordnung, samt ihrer verschiedenen bedeutung, sondern auch der worte eigentlicher accent, und die figürlichen redens=arten, idiotismi und sprüchwörter enthalten sind, Aus den besten und neuesten Englischen Dictionaries* (Leipzig: Thomas Fritschen, 1706).

Ludwig, Udo; Windmann, Antje, „‚Noch mal etwas Schönes‘. Pflegeheime. Das Bedürfnis alter Menschen nach Sex ist ein Tabuthema. Pfleger und Angehörige von Demenzkranken lernen erst langsam, damit umzugehen," *DER SPIEGEL*, Nr. 17, 18.04.2015, 44f.

Luginbühl, Martin, „Staged Authenticity in TV News. An Analysis of Swiss TV News from 1957 until Today," *Studies in Communication Sciences* 4(1) (2004): 129–146.

Luhmann, Niklas, „Territorial Borders as System Boundaries," in *Cooperation and Conflict in Border Areas*, hg. von Raimondo Strassoldo u. Giovanni Delli Zotti (Milano: F. Angeli, 1982): 235–244.

Luhmann, Niklas, *Organisation und Entscheidung* (Opladen u. Wiesbaden: Westdeutscher Verlag, 2000).

Lukesch, Helmut, „Gewalt und Medien," in *Internationales Handbuch der Gewaltforschung*, hg. von Wilhelm Heitmeyer u. John Hagan (Wiesbaden: Westdeutscher Verlag, 2002): 639–675.

Lüpke, Johannes von, „Vorwort," in: Ders., *Gottesgedanke Mensch. Anthropologie in theologischer Perspektive* (Leipzig: EVA, 2018): 5f.

Luschin, Raimund M., „Selbstwerdung im Humanfeld der eigenen Geschlechtlichkeit. Reifungsschritte in der körperlich-leiblichen Selbsterfahrung," in *Zukunftshorizonte katholischer Sexualethik*, hg. von Konrad Hilpert (Freiburg et al.: Herder, 2011) (*Quaestiones disputatae*, Bd. 241): 388–400.

Luther, Henning, „Identität und Fragment," in *Religion und Alltag. Bausteine zu einer Praktischen Theologie des Subjekts* (Stuttgart: Radius, 1992): 160–182.

Luther, Martin, *Dr. Martin Luthers Werke. Kritische Gesamtausgabe*, Bd. 1–120 (Weimar: Hermann Böhlaus Nachfolger, 1883–2009) [= WA].

Luther, Martin, „Auslegung und Deutung des heiligen Vaterunsers" (1517/1518), in: WA 9, 123–159.

Luther, Martin, „Tractatus de libertate Christiana" (1520), in: WA 7, 49–73.

Luther, Martin, „Von der Freyheyt eynisz Christen menschen" (1520), in: WA 7, 20–38.

Luther, Martin, „Von weltlicher Oberkeit, wie weit man ihr Gehorsam schuldig sei" (1523), in: WA 11, 229–281.

Luther, Martin, *Von der Freiheit eines Christenmenschen. Studienausgabe*, hg. von Gesche Linde (Stuttgart: Reclam, 2011).

Lüthi, Kurt, *Christliche Sexualethik. Traditionen. Optionen. Alternativen* (Wien et al.: Böhlau, 2001).

Macaulay, Thomas B., „Ueber Geschichtsschreibung," in: Ders., *Thomas Babington Macaulay's ausgewählte Schriften geschichtlichen und literarischen Inhalts*, Neue Folge, Bd. 2 (Braunschweig: Westmann, 1860): 1–56.

Macgillivray, Ian K., „Religion, Sexual Orientation, and School Policy. How the Christian Right Frames Its Arguments," *A Journal of the American Educational Studies Association* 43(1) (2008): 29–44.

Machlus, Shaina Joy, *Nur Ja! heißt ja. Eine Anleitung zum sexuellen Konsens*, übers. von Jennifer Sophia Theodor (Berlin: Orlanda, 2021).

Mack, Elke, „Prostitution als Menschenrechtsproblem," *Theologie der Gegenwart* 57(1) (2014): 2–15.

MacKinnon, Catharine A., „Feminism, Marxism, Method and the State: An Agenda for Theory," *Signs* 7(3) (1982): 515–544.

MacKinnon, Catharine A., „Not A Moral Issue," *Yale Law & Policy Review* 2(2) (1984): 321–345.

MacKinnon, Catharine A., „Das kalte Herz," übers. von Susanne Baer, *Emma*, 1987, Nr. 10.

MacKinnon, Catharine A., „Frauen gegen Pornographie," *EMMA*, 1987, Heft 10, 16–25.

MacKinnon, Catharine A., *Toward a Feminist Theory of the State* (Cambridge und London: Harvard University Press, 1989).

MacKinnon, Catharine A., *Only Words* (Cambridge, MA: Harvard University Press, 1993).

MacKinnon, Catharine A., *Nur Worte*, übers. von Susanne Baer (Frankfurt a. M.: Frischer, 1994).

MacKinnon, Catharine A., *Women's Lives, Men's Laws* (Cambridge, MA u. London: The Belknap Press of Havard University Press, 2005).

Macleod, Patricia, „Conscionable Consumption. A Theoretical Model of Consumer Ethics in Pornography," *Porn Studies* 8(1) (2021): 58–75.

Maddoux, Marlin, *What Worries Parents Most* (Harvest House Publishers, 1992).

Maddoux, Marlin, „The Seven Myths of Gay Pride," in *Gays in the Military. The Moral and Strategic Crisis*, hg. von George Grant (Franklin: Legacy Communications, 1993): 29–35.

Maddoux, Marlin, „Sieben Mythen der Homosexuellen," *Bibel und Gemeinde* 95(3) (1995): 40–44.

Magnis, Franz Graf von, *Pornographie, Ehescheidung, Abtreibung. Gedanken, Analysen, Dokumente*, erarbeitet und hg. vom Institut für Friedensordnung der Deutschsprachigen Arbeitsgemeinschaft e.V. et al. (Aschaffenburg: Pattloch, 1971).

Magnus, Dorothea, *Patientenautonomie im Strafrecht* (Tübingen: Mohr Siebeck, 2015) (zugl. Habilitation, Universität Hamburg, 2014; *Jus Poenale*, Bd. 5).

Mahendra, Shivraj K., *A Christian Response to Pornography*, 2. Aufl. (Delhi: Indian Society for Promoting Christian Knowledge (ISPCK), 2012) [teilweise zugl. Dissertation, Serampore, 2006).

Mahler-Bungers, Annegret, „Über Liebe und Sexualität in der Psychoanalyse," in *Psychoanalyse heute. Klinische und kulturtheoretische Perspektiven*, hg. von Marianne Leuzinger-Bohleber u. Ralf Zwiebel (Opladen: Westdeutscher Verlag, 1996): 65–80.

Mahl-Schedl, Franz Josef, „Politischer Ehekonsens," in *Österreichisches Staatswörterbuch. Handbuch des gesamten österreichischen öffentlichen Rechtes*, hg. von Ernst Mischler u. Josef Ulbrich, 2. Aufl., Bd. 1 (Wien: A. Hölder, 1905 [1895]): 705–712.

Mahnkopf, Claus-Steffen, *Philosophie des Orgasmus* (Berlin: Suhrkamp, 2019).

Makin, David A.; Morczek, Amber L., „The Dark Side of Internet Searches: A Macro Level Assessment of Rape Culture," *International Journal of Cyber Criminology* 9(1) (2015): 1–23.

Makin, David A.; Morczek, Amber L., „X Views and Counting: Interest in Rape-Oriented Pornography as Gendered Microaggression," *Journal of Interpersonal Violence* 31(12) (2016): 2131–2155.

Maksimov, Georgij, „Mann/Frau (orthodox)," in *Handwörterbuch Theologische Anthropologie: Römisch-katholisch / Russisch-orthodox. Eine Gegenüberstellung*, hg. von Bertram Stubenrauch u. Andrej Lorgus (Freiburg i.Br. et al.: Herder, 2012): 83–92.

Malamuth, Neil M. et al., „Characteristics of Aggressors Against Women: Testing a Model Using a National Sample of College Students," *Journal of Consulting and Clinical Psychology* 59(5) (1991): 670–681.

Malamuth, Neil M.; Heavey, Christopher Lawrence; Linz, Daniel, „The Confluence Model of Sexual Aggression," *Journal of Offender Rehabilitation* 23(3–4) (1996): 13–37.

Malamuth, Neil M.; Addison, Tamara; Koss, Mary, „Pornography and Sexual Aggression: Are There Reliable Effects and Can We Understand Them?," *Annual Review of Sex Research* 11 (2000): 26–91.

Malamuth, Neil M.; Huppin, Mark; Paul, Bryant, „Sexual Coercion," in *The Handbook of Evolutionary Psychology*, hg. von David M. Buss (Hoboken, NJ: Wiley, 2005): 394–418.

Malamuth, Neil, „Pornography," in *Encyclopedia of Social Psychology*, hg. von Roy F. Baumeister u. Kathleen D. Vohs, Bd. 2 (Los Angeles et al.: Sage, 2007): 678–680.

Maniglio, Roberto, „Child Sexual Abuse In The Etiology Of Depression: A Systematic Review Of Reviews," *Depression and Anxiety* 27(7) (2010): 631–642.

Maniglio, Roberto, „The Impact of Child Sexual Abuse on Health. A Systematic Review of Reviews," *Clinical Psychology Review* 29(7) (2009): 647–657.

Mann, David, *Psychotherapie. Eine erotische Beziehung* (Stuttgart: Klett-Cotta, 1999).

Mannheim, Karl, „Beiträge zur Theorie der Weltanschauungsinterpretation" (1921/22) in: Ders., *Wissenssoziologie. Auswahl aus dem Werk*, hg. von Kurt H. Wolff (Neuwied u. Berlin: Luchterhand, 1964): 91–154.

Mannschatz, Eberhard, *Jugendhilfe als DDR-Nachlass* (Münster: Votum, 1994).

Mantei, Simone, *Nein und Ja zur Abtreibung. Die evangelische Kirche in der Reformdebatte um § 218 StGB (1970–1976)* (Göttingen: Vandenhoeck & Ruprecht, 2004) (*Arbeiten zur kirchlichen Zeitgeschichte/B*, Bd. 38): 61–102.

Marcel, Gabriel, *Homo viator. Philosophie der Hoffnung*, übers. von Wolfgang Rüttenauer (Düsseldorf: Bastion, 1949).

Marcus, Stephanie, „,Fifty Shades Of Grey' Isn't A Movie About BDSM, And That's A Problem," *The Huffington Post*, 16.02.2015; abrufbar unter: https://t1p.de/83t8 (Zugriff: 31.10.2021).

Marcuse, Max, *Der Präventivverkehr in der medizinischen Lehre und ärztlichen Praxis*, 2. Aufl. (Stuttgart: Enke, 1931 [1917]).

Markschies, Christoph, „der schmerz und das christentum," in *schmerz. kunst + wissenschaft*, hg. von Eugen Blume et al. (Köln: DuMont, 2007): 153–159.

Marsh, Amy, „Love Among the Objectum Sexuals," *Electronic Journal of Human Sexuality* 13 (2010); abrufbar unter: http://www.ejhs.org/volume13/ObjSexuals.htm (Zugriff: 31.10.2021).

Marshall, William L., *A Report on the Use of Pornography by Sexual Offenders. Prepared for the Federal Department of Justice* (Ottawa: Federal Department of Justice, 1983).

Marshall, William L., „The Use of Sexually Explicit Stimuli by Rapists, Child Molesters, and Nonoffenders," *The Journal of Sex Research* 25(2) (1988): 267–288.

Marshall, William L.; Barbaree, Howard, „The long-term evaluation of a behavioral treatment program for child molesters," *Behaviour Research and Therapy* 26(6) (1988): 499–511.

Marshall, William L.; Barbaree, Howard; Butt, Jennifer, „Sexual Offenders Against Male Children: Sexual Preference," *Behaviour Research and Therapy* 26(5) (1988): 383–391.

Marshall, William L.; Barbaree, Howard E., „An Integrated Theory of the Etiology of Sexual Offending," in *Handbook of Sexual Assault. Issues, Theories and Treatment of the Offender*, hg. von William L. Marshall, D. Richard Laws u. Howard E. Barbaree (New York: Springer, 1990): 257–275.

Marshall, William L.; Barbaree, Howard; Eccles, Anthony, „Early Onset and Deviant Sexuality in Child Molesters," *Journal of Interpersonal Violence* 6(3) (1991): 323–336.

Marshall, William L.; Fernandez, Yolanda, „Phallometric Testing With Sexual Offenders: Limits to Its Value," *Clinical Psychology Review* 20(7) (2000): 807–822.

Martyniuk, Urszula; Arne Dekker, „Pornografienutzung von Erwachsenen in Deutschland. Ergebnisse einer Pilotstudie," *Zeitschrift für Sexualforschung* 31(3) (2018): 237–249.

Marx, Karl, *Das Kapital. Kritik der politischen Ökonomie*, Bd. 1/I, *Der Produktionsprozeß des Kapitals*, in: Karl Marx/Friedrich Engels, *Werke*, Bd. 23 (Berlin: Dietz, 1962).

Marx, Konstanze, *Diskursphänomen Cybermobbing. Ein internetlinguistischer Zugang zu [digitaler] Gewalt* (Berlin u. Boston: De Gruyter, 2017) (*Diskursmuster – Discourse Patterns*, Bd. 17): 169–228.

Masschelein, Jan, *Kommunikatives Handeln und pädagogisches Handeln. Die Bedeutung der Habermasschen kommunikationstheoretischen Wende für die Pädagogik*, übers. von Peter Welchering u. Michael Astroh (Leuven: Leuven University Press u. Weinheim: Deutscher Studien Verlag, 1991) (zugl. Dissertation, Universität Leuven, 1987).

Mathijs, Ernest; Mendik, Xavier, „Making Sense of Extreme Confusion: European Exploitation and Underground Cinema," in *Alternative Europe. Eurotrash and Exploitation Cinema Since 1945*, hg. von Ernest Mathijs u. Xavier Mendik (London u. New York: Wallflower, 2004): 1–18.

Matolycz, Esther, *Pflege von alten Menschen* (Wien u. New York: Springer, 2001).

Matthes, Jörg, *Framing* (Baden-Baden: Nomos, 2014).

Matthiesen, Silja et al., „‚What do girls do with porn?' Ergebnisse einer Interviewstudie, Teil 1," *Zeitschrift für Sexualforschung* 24/4 (2011): 326–352.

Matthiesen, Silja, „1.5 Sexuelle Entwicklung," in *Praxisbuch Sexuelle Störungen. Sexuelle Gesundheit, Sexualmedizin, Psychotherapie sexueller Störungen*, hg. von Peer Briken u. Michael Berner (Stuttgart: Thieme, 2013): 53–59.

Matthiesen, Silja, „Jungensexualität," in *Jungen und Gesundheit. Ein interdisziplinäres Handbuch für Medizin, Psychologie und Pädagogik*, hg. von Bernhard Stier u. Reinhard Winter (Stuttgart: Kohlhammer, 2013): 254–266.

Matthiesen, Silja et al., *Sexuelles Verhalten, Einstellungen und sexuelle Gesundheit in Deutschland. Erste Ergebnisse einer Pilotstudie zur Erwachsenensexualität* (2017); abrufbar unter: https://t1p.de/ephv (Zugriff: 31.10.2021).

Matthiesen, Silja; Dekker, Arne; Briken, Peer, „Pilotstudie zur Erwachsenensexualität in Deutschland – Erste Ergebnisse zu Machbarkeit und Methodenvergleich," *Zeitschrift für Sexualforschung* 31(3) (2018): 218 – 236.

Matyjas, D. Paulina, *Bindung und Partnerschaftsmodell. Nicht-monogame und monogame Partnerschaften im Kontext von Angst und Vermeidung* (Wiesbaden: Springer, 2015).

Matz, Ulrich „Gewalt," in *Staatslexikon. Recht – Wirtschaft – Gesellschaft*, hg. von der Görres-Gesellschaft und dem Verlag Herder, 7. Aufl., Bd. 2 (Freiburg i.Br. et al.: Herder, 1986): Sp. 1018 – 1023.

Maurach, Reinhart et al., *Strafrecht Besonderer Teil*, Teilband 1, *Straftaten gegen Persönlichkeits- und Vermögenswerte*, 11. Aufl. (Heidelberg: C.F. Müller, 2019).

Maurer, Christian, Art. „σκεῦος," in *Theologisches Wörterbuch zum Neuen Testament*, hg. von Gerhard Kittel u. Gerhard Friedrich, Bd. 7 (Stuttgart: W. Kohlhammer, 1964): 359 – 368.

Mayer, Marina, „„Kein Thema der Vergangenheit' – Sexuelle Gewalt gegen Mädchen und Jungen in Institutionen," *Soziale Passagen* 4 (2012): 91 – 108.

Mayer, Susanne, „Der Schatten von 1968. Das Jugendamt Frankfurt will die über zwanzig Jahre alte Aufklärungsbroschüre ‚Zeig mal!' indizieren. Begründung: harte Pornographie," *DIE ZEIT*, Nr. 42, 11.10.1996; abrufbar unter: www.zeit.de/1996/42/Der_Schatten_von_1968 (Zugriff: 31.10.2021).

Mayer-Lewis, Birgit, „Familiengründung von Frauen außerhalb einer Partnerschaft. Was Solo-Mütter in Deutschland bewegt – eine qualitativ-empirische Untersuchung," in *Assistierte Reproduktion mit Hilfe Dritter. Medizin – Ethik – Psychologie*, hg. von Katharina Beier et al. (Heidelberg: Springer Nature, 2020): 213 – 227.

McBride, Will; Fleischhauer-Hardt, Helga, *Zeig mal! Ein Bilderbuch für Kinder und Eltern* (Wuppertal: Jugenddienst-Verlag, 1974; 7. Aufl., Wuppertal: Peter Hammer Verlag, 1986).

McCarthy, Jennifer A., „Internet sexual activity: A comparison between contact and non-contact child pornography offenders," *Journal of Sexual Aggression* 16(2) (2010): 181 – 195.

McCarthy, Michael, „California measure would require porn actors to use condoms," *BMJ Clinical Research* 350 (2015): h1057; abrufbar unter: https://doi.org/10.1136/bmj.h1057 (Zugriff: 31.10.2021).

McCarty, Richard W., *Sexual Virtue. An Approach to Contemporary Christian Ethics* (New York: State University of New York Press, 2015).

McConaghy, Nathaniel, „Paedophilia: A review of the evidence," *Australian and New Zealand Journal of Psychiatry* 32(2) (1998): 252 – 265.

McCormick, Matt, „Is it wrong to play violent video games?," *Ethics and Information Technology* 3 (2001): 277 – 287.

McDougall, Joyce, *Théâtre du Je* (Paris: Gallimard, 1982).

McDougall, Joyce, *Theater der Seele. Illusion und Wahrheit auf der Bühne der Psychoanalyse*, übers. von Klaus Laermann, 2. Aufl. (Stuttgart: Verlag Internationale Psychoanalyse, 1994 [1988]).

McElroy, Wendy, „A Feminist Defense of Pornography," in: Dies., *Sexual Correctness. The Gender-Feminist Attack on Women* (Jefferson, N.C. et al.: McFarland, 1996): 37 – 48.

McGarry, Patsy, „Dutch psychologist links homosexuality to conspiracy theories," *The Irish Times*, 14.05.2015; abrufbar unter: https://t1p.de/aeeq (Zugriff: 31.10.2021).

McGlone, Gerard J., „Prevalence and Incidence of Roman Catholic Clerical Sex Offenders," *Sexual Addiction & Compulsivity* 10(2–3) (2003): 111 – 121.

McGrath, Alister, „Homo iustificandus fide. Rechtfertigung, Verkündigung und Anthropologie,“ *Kerygma und Dogma* 29 (1983): 323–331.

McKee, Alan, „The Objectification of Women in Mainstream Pornographic Videos in Australia,“ *The Journal of Sex Research* 42(4) (2005): 277–290.

McKee, Alan, „Positive and Negative Effects of Pornography as Attributed by Consumers,“ *Australian Journal of Communication* 34(1) (2007): 87–104.

Medikus, Friedrich Kasimir, *Botanische Beobachtungen des Jahres 1782. Nebst einer Kupfertafel, einem sexuellen und alphabetischen Register* (Mannheim: Neue Hof- und akademische Buchhandlung, 1783).

Medikus, Friedrich Kasimir, *Theodora speciosa, ein neues Pflanzen Geschlecht. Seiner Churfürstlichen Durchlaucht von Pfalz-Baiern geheiligt* (Mannheim: Neue Hof- und akademische Buchhandlung, 1786).

Meggle, Georg, *Grundbegriffe der Kommunikation* (Berlin u. New York: Walter de Gruyter, 1997).

Meier, Bernd-Dieter; Hüneke, Arnd, *Herstellung und Verbreitung von Kinderpornographie über das Internet. Forschungsbericht* (Hannover: Kriminalwissenschaftliches Institut der Universität Hannover, 2011).

Meister Eckhart, *Studienausgabe der Lateinischen Werke*, Bd. 2, hg. von Loris Sturlese (Stuttgart: W. Kohlhammer, 2018).

Melzer, Wolfgang, „Vorwort,“ in *Gewalt als soziales Problem in Schulen. Untersuchungsergebnisse und Präventionsstrategien*, hg. von Wolfgang Melzer u. Wilfried Schubarth (Opladen: Budrich, 2006).

Mendez, Mario F. et al., „Pedophilia and Temporal Lobe Disturbances,“ *Journal of Neuropsychiatry* 12(1) (2000): 71–76.

Mercer, John, „Gay for Pay: The Internet and the Economics of Homosexual Desire,“ in *The Handbook of Gender, Sex, and Media*, hg. von Karen Ross (Chichester: John Wiley & Sons, 2014 [2012]): 535–551.

Merdian, Hannah L. et al., „‚So why did you do it?‘ Explanations provided by Child Pornography Offenders,“ *Sexual Offender Treatment* 8(1) (2013): 1–19.

Merdian, Hannah; Egg, Rudolf, „Kinderpornographie und sexueller Missbrauch – eine Literaturübersicht aus internationaler Perspektive,“ *Sexuologie* 16(3–4) (2009): 90–101.

Méritt, Laura, „PorYes! Feministische Pornos und die sex-positive Bewegung,“ in *Pornografisierung von Gesellschaft. Perspektiven aus Theorie, Empirie und Praxis*, hg. von Martina Schuegraf u. Angela Tillmann (Köln: Herbert von Halem Verlag, 2017 [2012]): 371–380.

Merk, Gerhard, „Wohltätige Pornographie?,“ *Die Neue Ordnung* 52 (1998): 45–52.

Merklein, Helmut, „Im Spannungsfeld von Protologie und Eschatologie. Zur kurzen Geschichte der aktiven Beteiligung von Frauen in paulinischen Gemeinden,“ in *Eschatologie und Schöpfung. Festschrift für Erich Gräßer zum siebzigsten Geburtstag*, hg. von Martin Evang, Helmut Merklein u. Michael Wolter (Berlin u. New York: Walter de Gruyter, 1997) (*Beihefte zur Zeitschrift für die neutestamentliche Wissenschaft und die Kunde der älteren Kirche*, Bd. 89): 231–260.

Merks, Karl-Wilhelm, „Grenzzäune mit Löchern? Über die Allgemeingültigkeit moralischer Normen,“ in *Amoris laetitia – Wendepunkt für die Moraltheologie?*, hg. von Stephan Goertz u. Caroline Witting (Freiburg i.Br. et al.: Herder, 2009) (*Katholizismus im Umbruch*, Bd. 4): 160–200.

Merks, Karl-Wilhelm, „Von der Sexual- zur Beziehungsethik," in *Zukunftshorizonte katholischer Sexualethik*, hg. von Konrad Hilpert (Freiburg et al.: Herder, 2011) (*Quaestiones disputatae*, Bd. 241): 14 – 35.

Merks, Karl-Wilhelm, *Theologische Fundamentalethik* (Freiburg i.Br. et al.: Herder, 2020).

Mertes, Klaus, „Wie systemisch ist Missbrauch?," in *Sexueller Missbrauch von Kindern und Jugendlichen im Raum von Kirche. Analysen – Bilanzierungen – Perspektiven*, hg. von Konrad Hilpert et al. (Freiburg i.Br.: Herder, 2020): 119 – 128.

Mertin, Katja, *Zwischen Anpassung und Konfrontation. Die Religiöse Rechte in der amerikanischen Politik* (Wiesbaden: VS Verlag für Sozialwissenschaften, 2004).

Messner, Johannes, „Naturrecht in Evolution," in *Völkerrecht und Rechtsphilosophie. Internationale Festschrift für Stephan Verosta zum 70. Geburtstag*, hg. von Peter Fischer et al. (Berlin: Duncker und Humblot, 1980): 467 – 477.

Meuser, Martin, „‚Doing Masculinity' – Zur Geschlechtslogik männlichen Gewalthandelns," in *Gewalt-Verhältnisse. Feministische Perspektiven auf Geschlecht und Gewalt*, hg. von Regina-Maria Dackweiler u. Reinhild Schäfer (Frankfurt a. M. u. New York: Campus, 2002): 53 – 78.

Meuser, Martin, „Geschlecht," in *Gewalt. Ein interdisziplinäres Handbuch*, hg. von Christian Gudehus u. Michaela Christ [Lizenzausgabe] (Darmstadt: Wissenschaftliche Buchgesellschaft, 2013): 209 – 214.

Meves, Christa; Schirrmacher, Thomas, *Ausverkaufte Würde? Der Pornographie-Boom und seine psychischen Folgen* (Holzgerlingen: Hänssler, 2000).

Meyer, Albert, *Von Macht ist die Rede. Ein philosophischer Essay* (Würzburg: Königshausen & Neumann, 2005).

Meyer, Katrin, *Macht und Gewalt im Widerstreit. Politisches Denken nach Hannah Arendt* (Basel: Schwabe, 2016).

Meyer, Lukas H., *Historische Gerechtigkeit* (Berlin u. New York: Walter de Gruyter, 2005).

Meyer, Ursula I., *Einführung in die feministische Philosophie*, 3. Aufl. (Aachen: ein-FACH-verlag, 2004).

Michaels, Stuart, „Sexual Behavior and Practices: Data and Measurement," in *International Handbook on the Demography of Sexuality*, hg. von Amanda K. Baumle (Dordrecht et al.: Springer, 2013): 11 – 20.

Michelsen, Danny, „Pädosexualität im Spiegel der Ideengeschichte," in *Die Grünen und die Pädosexualität. Eine bundesdeutsche Geschichte*, hg. von Franz Walter, Stephan Klecha u. Alexander Hensel (Göttingen: Vandenhoeck & Ruprecht, 2015): 23 – 59.

Micocci, Roberto, „‚Lutter contre la pédophilie.' Alcune riflessioni sull'azione della Chiesa di Francia negli ultimi anni," in *Processo penale e tutela dei diritti nell'ordinamento canonico*, hg. von Davide Cito (Mailand: Giuffrè, 2005) (*Monografie giuridiche / Pontificia Università della Santa Croce*, Bd. 28): 577 – 590.

MiKADO-Studie; abrufbar unter: https://t1p.de/qdil (Zugriff: 31.10.2021).

Mikos, Lothar, „Von der Zurschaustellung des Körpers zur Nummernrevue. Anmerkungen zur Pornographie-Diskussion aus film- und kulturwissenschaftlicher Sicht," *tv diskurs. Verantwortung in audiovisuellen Medien* 1(3) (1997): 54 – 61.

Milbank, John, *Being Reconciled. Ontology and Pardon* (London u. New York: Routledge, 2003).

Milgram, Stanley, *Das Milgram-Experiment. Zur Gehorsamsbereitschaft gegenüber Autorität*, übers. von Roland Fleissner, 20. Aufl. (Reinbek b. Hamburg: Rowohlt, 2017 [1974]).

Miller, Dan J. et al., „Pornography use and sexism among heterosexual men," *Communication Research Reports*, 2020, 1–12 (DOI: 10.1080/08824096.2020.1777396).

Miller-Young, Mireille, *A Taste for Brown Sugar. Black Women in Pornography* (Durham: Duke University Press, 2014): 180–225.

Millhagen, Susann, *Gefühle kann man nicht kaufen. Das Buch zum Thema Jugendprostitution* (Reinbek b. Hamburg: Rowohlt, 1986).

Mills, Charles Wright, *The Power Elite* (New York: Oxford University Press, 1956).

Ministerium für Gesundheit, Emanzipation, Pflege und Alter des Landes Nordrhein-Westfalen, *Der Runde Tisch Prostitution Nordrhein-Westfalen. Abschlussbericht. Auftrag, Herausforderungen und Ergebnisse* (8. Oktober 2014) (Düsseldorf: MGEPA NRW, 2014).

Ministerium für Kinder, Familie, Flüchtlinge und Integration des Landes Nordrhein-Westfalen, *Handlungs- und Maßnahmenkonzept der nordrhein-westfälischen Landesregierung im Bereich „Sexualisierte Gewalt gegen Kinder und Jugendliche" – Prävention, Intervention, Hilfen* (Düsseldorf: MKFFI NRW, 2020).

Ministerium für Kultur, Jugend, Familie und Frauen des Landes Rheinland-Pfalz, *Sexuelle Gewalt. Umgang gesellschaftlicher Institutionen mit Opfern und Tätern. Dokumentation der der Fachtagung am 7. März 1996 im Kurfürstlichen Schloss in Mainz* (Mainz: Ministerium für Kultur, Jugend, Familie und Frauen, Referat für Öffentlichkeitsarbeit, 1996).

Mitsch, Wolfgang, „Der ‚Kannibalen-Fall'," *Zeitschrift für Internationale Strafrechtsdogmatik* 5 (2007): 197–203.

Mitsch, Wolfgang „Die erkennbare Willensbarriere gem. § 177 Abs. 1 StGB," *KriPoZ* 3(6) (2018): 334–338.

Mitsch, Wolfgang, „Sexuelle Belästigung (§ 184i StGB) und Straftaten aus Gruppen (§ 184j StGB)," *KriPoZ* 4(6) (2019): 355–360.

Mitsch, Wolfgang, „Das ‚Donaulied' – strafwürdige Verharmlosung sexueller Übergriffe oder sozialadäquate Traditionspflege?," *KriPoZ* (5) (2020): 277–280.

Möbius, Martin, *Geschichte der Botanik. Von den ersten Anfängen bis zur Gegenwart* (Jena: Fischer, 1937): 339–343.

Moeller, Uriel, *Definition und Grenzen der Vorverlagerung von Strafbarkeit. Diskussionsstand, Rechtsgeschichte und kausalitätstheoretische Bezüge* (Göttingen: Vandenhoeck & Ruprecht, 2018) (*Schriften des Zentrums für Europäische und Internationale Strafrechtsstudien*, Bd. 9).

Moen, Ole Martin, „The Ethics of Pedophilia," *Etikk i praksis – Nordic Journal of Applied Ethics* 9(1) (2015): 111–124.

Moen, Ole Martin; Sterri, Aksel Braanen, „Pedophilia and Computer-Generated Child Pornography," in *The Palgrave Handbook of Philosophy and Public Policy*, hg. von David Boonin (Cham: Palgrave Macmillan, 2018): 369–381.

Moggi, Franz, „Folgen sexueller Gewalt," in *Sexueller Missbrauch*, Bd. 1, *Grundlagen und Konzepte*, hg. von Wilhelm Körner u. Albert Lenz (Göttingen et al.: Hogrefe, 2004): 317–325.

Moggi, Franz, „Sexuelle Kindesmisshandlung: typische Folgen und Traumatheorien," in *Sexueller Missbrauch. Überblick zu Forschung, Beratung und Therapie. Ein Handbuch*, hg. von Gabriele Amann u. Rudolf Wipplinger, 3. Aufl. (Tübingen: DGVT, 2005 [1998]): 213–228.

Mohr, Lars, *Schwerste Behinderung und theologische Anthropologie* (Oberhausen: Athena, 2011) (zugl. Dissertation, Universität Koblenz/Landau, 2010): 149–187.

Mokros, Andreas et al., „Coercive Sexual Sadism. A Systematic Qualitative Review," *Current Psychiatry Reports* 21 (2019): 135.

Mokros, Andreas; Osterheider, Michael; Nitschke, Joachim, „Pädophilie. Prävalenz, Ätiologie und Diagnostik," *Der Nervenarzt* 83 (2012): 355–358.

Molinski, Waldemar, „Die Würde bewahren. Wie Pornographie sozialethisch zu beurteilen ist," *Evangelische Kommentare* 31(11) (1998): 638–640.

Moll, Albert, „Paragraph 175," *Die Zukunft* 51 (1905): 315–320.

Moll, Angela, *Sexualität geistig Behinderter – behinderte Sexualität? Über die Wichtigkeit von Sexualität fürs Menschsein* (Schwäbisch Hall: Angela Moll, 2010).

Möller, Kurt, „Gender und Gewalt," in *Handbuch Aggression, Gewalt und Kriminalität bei Kindern und Jugendlichen*, hg. von Wolfgang Melzer et al. (Bad Heilbrunn: Julius Klinkhardt, 2015): 63–66.

Möller, Kurt, „Jugend und Pornographie – Dunkelfelder sexueller Sozialisation," in: Projektgruppe Sexware, *Generation Sex? Jugend zwischen Romantik, Rotlicht und Hardcore-Porno*, hg. vom Archiv der Jugendkulturen (Bad Tölz: Tilsner, 2001): 11–29.

Moltmann, Jürgen, „Gott und Raum," in *Wo ist Gott? Gottesräume – Lebensräume*, hg. von Jürgen Moltmann u. Carmen Rivuzumwami (Neukirchen-Vluyn: Neukirchener, 2002): 29–41.

Money, John, „The Skoptic Syndrome: Castration and Genital Self-Mutilation as an Example of Sexual Body-Image Pathology," *Journal of Psychology & Human Sexuality* 1(1) (1988): 113–128.

Money, John, „Lovemaps," in *Human Sexuality. An Encyclopedia*, hg. von Vern L. Bullough u. Bonnie Bullough (New York u. London: Garland, 1994): 373–376.

Montana, Stephen et al., „Predicting Relapse for Catholic Clergy Sex Offenders: The Use of the Static-99," *Sexual Abuse. A Journal of Research and Treatment* 24(6) (2012): 575–590.

Montesquieu, Charles-Louis de Secondat, Baron de La Brède et de, *Vom Geist der Gesetze*, übers. von Kurt Weigand (Stuttgart: Reclam, 1984).

Morgan, Robin, „Theory and Practice: Pornography and Rape" (1974), in: Dies., *Going Too Far. The Personal Chronicle of a Feminist* (New York: Random House/Vintage, 1977): 163–169.

Morgenstern, Christine, „Abstoßend, gefährlich, sozialschädlich? Zur Unbestimmtheit der Sittenwidrigkeitsklausel des § 228 StGB," *JuristenZeitung* 72(23) (2017): 1146–1156.

Morris, Chris, „Porn business optimistic despite piracy, condom battles," *CNBC*, 20.01.2015; abrufbar unter: https://t1p.de/wmey (Zugriff: 31.10.2021).

Mortimer, Caroline, „Japan finally enforces ban on possession of child sex abuse images", *Independent*, 16.07.2015; abrufbar unter: https://t1p.de/sul1 (Zugriff: 15.05.2020).

Moser, Charles; Levitt, Eugene E., „An Exploratory-Descriptive Study of a Sadomasochistically Oriented Sample," *The Journal of Sex Research* 23(3) (1987): 322–337.

Moser, Manfred, „Gewalt/Gewaltlosigkeit II. Praktisch-theologisch," in *Theologische Realenzyklopädie*, hg. von Gerhard Müller et al., Bd. 13 (Berlin u. New York: Walter de Gruyter, 1984): 178–184.

Moser, Maria Katharina, „Sind Opfer absolut ohnmächtig?," *Renovatio* 63(3–4) (2007): 20–25.

Moxter, Michael „Anthropologie in systematisch-theologischer Perspektive," in *Mensch*, hg. von Jürgen van Oorschot (Tübingen: Mohr Siebeck, 2018): 141–186.

Mueller, Michelle, „If all acts of love and pleasure are Her rituals, what about BDSM? Feminist culture wars in contemporary Paganism," *Theology & Sexuality* 24(1) (2018): 39–52.

Mühlberger, Jasmin, *Soziale Arbeit als Menschenrechtsprofession – auch im Feld der Prostitution?*, hg. von der Initiative zur Förderung der Beratungsstelle Frauennotruf München e.V. (IFFRA e.V.) (Berlin: LIT, 2019) (*Sozialpädagogik*, Bd. 31).

Mühlhäuser, Regina, „Vergewaltigung," in *Gewalt. Ein interdisziplinäres Handbuch*, hg. von Christian Gudehus u. Michaela Christ [Lizenzausgabe] (Darmstadt: Wissenschaftliche Buchgesellschaft, 2013): 164–170.

Mühling-Schlapkohl, Markus, „Geschwisterliebe, Nächstenliebe und der Gott, der Liebe ist," *Neue Zeitschrift für Systematische Theologie und Religionsphilosophie* 46(2) (2004): 168–183.

Mühling, Markus, *Grundinformation Eschatologie. Systematische Theologie aus der Perspektive der Hoffnung* (Göttingen: Vandenhoeck & Ruprecht, 2007).

Mühling, Markus, *Systematische Theologie: Ethik. Eine christliche Theorie vorzuziehenden Handelns* (Göttingen: Vandenhoeck & Ruprecht, 2012).

Mühling, Markus, *Liebesgeschichte Gott. Systematische Theologie im Konzept* (Göttingen: Vandenhoeck & Ruprecht, 2013).

Müller, Burkhard, *Sozialpädagogisches Können. Ein Lehrbuch zur multiperspektivischen Fallarbeit*, 7. Aufl. (Freiburg: Lambertus-Verlag, 2012).

Müller, Henning Ernst, „Der ‚erkennbare' Wille nach dem neuen Sexualstrafrecht – erkennbar fehlerhaft," *Beck-Blog* vom 8. Juli 2016; abrufbar unter: https://t1p.de/3etc (Zugriff: 31.10.2021).

Müller, Livia J., Klaus Opwis u. Elisa D. Mekler, „,In A Good Way Weird'. Exploring Positive Experiences with Technology-Mediated Pornography (CHI'18 Extended Abstracts, April 21–26, 2018, Montreal, QC, Canada ACM 978-1-4503-5621-3/18/04)," 2018, 1–6 (https://doi.org/10.1145/3170427.3188527).

Müller, Johann Baptist, *Werteverfassung und Werteverfall. Eine kulturkritische Betrachtung* (Berlin: Duncker & Humblot, 2000).

Müller, Klaus, „Antifundamentalistische Hausapotheke. Begründungsgedanken und Naturbegriffe im Moraldiskurs," in *Fluchtpunkt Fundamentalismus? Gegenwartsdiagnosen katholischer Moral*, hg. von Stephan Goertz, Rudolf B. Hein u. Katharina Klöcker (Freiburg i.Br.: Herder, 2013): 174–192.

Müller, Ursula G. T., „Das Sexuelle in der sexuellen Gewalt," *Neue Kriminalpolitik* 12(4) (2000): 12–18.

Müller, Wunibald, „Kirche," in *Handwörterbuch Sexueller Missbrauch*, hg. von Dirk Bange u. Wilhelm Körner (Göttingen et al.: Hogrefe, 2002) 306–311.

Müller, Wunibald, *Verschwiegene Wunden. Sexuellen Missbrauch in der katholischen Kirche erkennen und verhindern* (München: Kösel, 2010).

Müller, Wunibald, „Sexueller Missbrauch Minderjähriger in der Kirche," in *Sexuelle Gewalt. Fragen an Kirche und Theologie*, hg. von Stephan Goertz u. Herbert Ulonska (Münster: LIT, 2010): 53–65.

Müller, Wunibald, „Keine falsche Stärke vortäuschen," *Herder Korrespondenz* 64(3) (2010): 119–123.

Müller, Wunibald, „Freiwilliger Zölibat – jenseits von Doppelmoral und Zwang," in *Zölibat zwischen Charisma und Zwang*, hg. von Erich Garhammer (Würzburg: Echter 2011): 71–89.

Müller, Wunibald, „Pädophilie und Homosexualität," in *Aus dem Dunkel ans Licht. Fakten und Konsequenzen des sexuellen Missbrauchs für Kirche und Gesellschaft*, hg. von Wunibald Müller u. Myriam Wijlens (Münsterschwarzach: Vier-Türme-Verlag, 2011): 147–152.

Müller, Wunibald, „Sexueller Missbrauch Minderjähriger in der Kirche. Fakten und Konsequenzen," in *Zukunftshorizonte katholischer Sexualethik*, hg. von Konrad Hilpert (Freiburg et al.: Herder, 2011) (*Quaestiones disputatae*, Bd. 241): 319–329.

Müller, Wunibald, „Hat die Kirche aus dem Missbrauchsskandal gelernt? Nicht der lüsterne Satan," *Herder Korrespondenz* 68 (Spezial 2) (2014): 40–44.

Müller, Wunibald, „Stellungnahme zu den jüngsten Äußerungen von Papst em. Benedikt XVI. zur Missbrauchskrise" (12.04.2019); abrufbar unter: https://t1p.de/y7ox (Zugriff: 31.10.2021).

Müller-Pozzi, Heinz, „Begehren," in *Handbuch psychoanalytischer Grundbegriffe*, hg. von Wolfgang Mertens, 4. Aufl. (Stuttgart: Kohlhammer, 2014): 115–122.

Müllner, Ilse, „Tödliche Differenzen. Sexuelle Gewalt als Gewalt gegen Andere in Ri 19," in *Von der Wurzel getragen. Christlich-Feministische Exegese in Auseinandersetzung mit Antijudaismus*, hg. von Luise Schottroff u. Marie-Theres Wacker (Leiden et al.: Brill, 1996) (*Biblical Interpretation Series*, Bd. 17): 81–100.

Mummendey, Amélie et al., „Aggressiv sind immer die anderen. Plädoyer für eine sozialpsychologische Perspektive in der Aggressionsforschung," *Zeitschrift für Sozialpsychologie* 13(3) (1982): 177–193.

Mundlos, Christina, *Gewalt unter der Geburt. Der alltägliche Skandal* (Marburg: Tectum, 2015).

Münk, Hans J. „Sexualpessimismus im Kontext der Erbsündenlehre. Gedanken im Anschluss an die Ehelehre des Hl. Augustinus," in *Zukunftshorizonte katholischer Sexualethik*, hg. von Konrad Hilpert (Freiburg et al.: Herder, 2011) (*Quaestiones disputatae*, Bd. 241): 72–84.

Münk, Hans J., „Einführung", in *Wann ist Bildung gerecht? Ethische und theologische Beiträge im interdisziplinären Kontext*, hg. von Hans J. Münk (Bielefeld: W. Bertelsmann, 2008): 5–20.

Münkler, Herfried; Llanque, Marcus, „Die Rolle der Eliten bei der Legitimation von Gewalt," in *Internationales Handbuch der Gewaltforschung*, hg. von Wilhelm Heitmeyer u. John Hagan (Wiesbaden: Westdeutscher Verlag, 2002): 1215–1232.

Murmann, Ulrike, *Freiheit und Entfremdung. Paul Tillichs Theorie der Sünde* (Stuttgart et al.: Kohlhammer, 2000).

Musser, Amber Jamilla, „Sadomasochism, Domination, and Submission," in *The Wiley Blackwell Encyclopedia of Gender and Sexuality Studies*, hg. von Nancy A. Naples, Bd. 5 (Chichester: Wiley Blackwell, 2016): 2051–2053.

Müting, Christina, *Sexuelle Nötigung; Vergewaltigung (§ 177 StGB). Reformdiskussion und Gesetzgebung seit 1870* (Berlin u. New York: Walter de Gruyter, 2010) (*Juristische Zeitgeschichte*, Abteilung 3, Bd. 37).

Myschker, Norbert; Stein, Roland, *Verhaltensstörungen bei Kindern und Jugendlichen. Erscheinungsformen – Ursachen – Hilfereiche Maßnahmen*, 8. Aufl. (Stuttgart: W. Kohlhammer, 2018 [1993]).

Narr, Wolf-Dieter „Gewalt," in *Frieden. Ein Handwörterbuch*, hg. von Ekkehard Lippert u. Günther Wachtler (Opladen: Westdeutscher Verlag, 1988) (*Studienbücher zur Sozialwissenschaft*, Bd. 47): 158–173.

Nazarova, Ekaterina, „PorYES! Strömungen der sexpositiven Frauenbewegung," in *Pornographie im Blickwinkel der feministischen Bewegungen, der Porn Studies, der Medienforschung und des Rechts*, hg. von Anja Schmidt (Baden-Baden: Nomos, 2016) (*Schriften zur Gleichstellung der Frau*, Bd. 42): 35–60.

Nebenführ, Christa, *Sexualität zwischen Liebe und Gewalt. Eine Ambivalenz und ihre Rationalisierungen* (Wien: Milena-Verlag, 1997).

Necker, Noël Martin Joseph de, *Physiologie des corps organisés, ou examen analytique des Animaux & des Végétaux comparés ensemble, à dessein de démontrer la chaîne de continuité qui unit les différens Règnes de la Nature* (Bouillon: [o.V.], 1775).

Nedelmann, Birgitta, „Gewaltsoziologie am Scheideweg. Die Auseinandersetzungen in der gegenwärtigen und Wege der künftigen Gewaltforschung," in *Soziologie der Gewalt*, hg. von Trutz von Trotha (Opladen et al.: Westdeutscher Verlag, 1997): 59–85.

Neidhardt, Friedhelm, „Gewalt. Soziale Bedeutungen und sozialwissenschaftliche Bestimmungen des Begriffs," in *Was ist Gewalt? Auseinandersetzungen mit einem Begriff*, hg. vom Bundeskriminalamt, Bd. 1, *Strafrechtliche und sozialwissenschaftliche Darlegungen*, von Volker Krey u. Friedhelm Neidhardt (Wiesbaden: Bundeskriminalamt, 1986): 109–147.

Nelles, Marcus, „Der Ehekonsens," in *Handbuch des katholischen Kirchenrechts*, hg. von Stephan Haering, Wilhelm Rees u. Heribert Schmitz, 3. Aufl. (Regensburg: Pustet, 2015): 1315–1337.

Nelson, Hazel E., *Kognitiv-behaviorale Therapie bei Wahn und Halluzinationen. Ein Therapieleitfaden*, übers. und bearbeitet von Dorothee Klecha u. Antonia Barke (Stuttgart: Schattauer, 2011 [2005]).

Nelson, James B., *Embodiment. An Approach to Sexuality and Christian Theology* (Minneapolis, MN: Augsburg Publishing House, 1978).

Nelson, James B., *The Intimate Connection. Male Sexuality, Masculine Spirituality* (Philadelphia: The Westminster Press, 1988).

Nentwig, Teresa, *Bericht zum Forschungsprojekt: Helmut Kentler und die Universität Hannover* (Hannover: Gottfried-Wilhelm-Leibniz-Universität Hannover, 2019).

Nentwig, Teresa, *Im Fahrwasser der Emanzipation? Die Wege und Irrwege des Helmut Kentler* (Göttingen: Vandenhoeck & Ruprecht, 2021).

Neubauer, Georg, „Sexualität in der Postmoderne," in *25. Deutscher Soziologentag 1990. Die Modernisierung moderner Gesellschaften. Sektionen, Arbeits- und Ad hoc-Gruppen, Ausschuß für Lehre*, hg. von Wolfgang Glatzer (Opladen: Westdeutscher Verlag, 1991): 760–763.

Neuenhaus-Luciano, Petra, „Amorphe Macht und Herrschaftsgehäuse – Max Weber," in *Macht und Herrschaft. Sozialwissenschaftliche Theorien und Konzeptionen*, hg. von Peter Imbusch, 2. Aufl. (Wiesbaden: Springer VS, 2012 [1998]): 97–114.

Neumann, Klaus „Der ‚Diskurs' als methodisches Konzept der historischen Forschung und der neutestamentliche Diskus über den Ehebruch und die Ehescheidung," in *Alte Texte in neuen Kontexten. Wo steht die sozialwissenschaftliche Bibelexegese?*, hg. von Wolfgang Stegemann u. Richard E. DeMaris (Stuttgart: W. Kohlhammer, 2015): 105–154.

Neumann-Gorsolke, Ute, *Herrschen in den Grenzen der Schöpfung. Ein Beitrag zur alttestamentlichen Anthropologie am Beispiel von Psalm 8, Genesis 1 und verwandten Texten* (Neukirchen-Vluyn: Neukirchener, 2004) (*Wissenschaftliche Monographien zum Alten und Neuen Testament*, Bd. 101).

Neutze, Janina et al., „Predictors of Child Pornography Offenses and Child Sexual Abuse in a Community Sample of Pedophiles and Hebephiles," *Sexual Abuse. A Journal of Research and Treatment* 23(2) (2011): 212–242.

Neutze, Janina; Grundmann, Dorit; Scherner, Gerold; Beier, Klaus Michael, „Undetected and detected child sexual abuse and child pornography offenders," *International Journal of Law & Psychiatry* 35(3) (2012): 168–175.

Neutze, Janina; Osterheider, Michael, „MiKADO – Missbrauch von Kindern: Aetiologie, Dunkelfeld, Opfer. Zentrale Ergebnisse des Forschungsverbundes" (17.09.2015); abrufbar unter: https://t1p.de/3p90 (Zugriff: 31.10.2021).

Neverla, Irene, „Männerwelten – Frauenwelten. Wirklichkeitsmodelle, Geschlechterrollen, Chancenverteilung," in *Die Wirklichkeit der Medien. Eine Einführung in die Kommunikationswissenschaft*, hg. von Klaus Merten, Siegfried J. Schmidt u. Siegfried Weischenberg (Wiesbaden: Springer, 1994): 257–276.

Newton, David E. „Homosexuality and Child Sexual Abuse," in *The Sexual Abuse of Children: Theory and Research*, Bd. 1, hg. von William T. O'Donohue u. James H. Geer (New York u. London: Routledge, 1991): 329–358.

Nicolosi, Joseph, *Reparative Therapy of Male Homosexuality. A New Clinical Approach* (Northvale, NJ: Aronson, 1991).

Nicolosi, Joseph, *Healing Homosexuality. Case Stories of Reparative Therapy* (Northvale, NJ: Aronson, 1993).

Nicolosi, Joseph, „Identität und Sexualität. Ursachenforschung und Therapieerfahrung bei homosexuellen Männern," in *Homosexualität und christliche Seelsorge. Dokumentation eines ökumenischen Symposiums*, hg. vom Deutschen Institut für Jugend und Gesellschaft (OJC), Reichelsheim (Neukirchen-Vluyn: Aussaat, 1995): 31–42.

Nida-Rümelin, Julian, „Politische Verantwortung," in *Staat ohne Verantwortung? Zum Wandel der Aufgaben von Staat und Politik*, hg. von Ludger Heidbrink u. Alfred Hirsch (Frankfurt a. M. u. New York: Campus, 2007): 55–85.

Niemeczek, Anja, *Tatverhalten und Täterpersönlichkeit von Sexualdelinquenten. Der Zusammenhang von Verhaltensmerkmalen und personenbezogenen Eigenschaften* (Wiesbaden: Springer VS, 2015) (zugl. Dissertation, Universität Halle-Wittenberg, 2014).

Niemeyer, Christian, „Deutschlands sexuelle Moralpaniken. Eine Tragödie in sechs Akten, aufzuführen unmittelbar vor Betreten der rettenden Arche," in *Sexuelle Verwahrlosung. Empirische Befunde – Gesellschaftliche Diskurse – Sozialethische Reflexionen*, hg. von Michael Schetsche u. Renate-Berenike Schmidt (Wiesbaden: VS Verlag für Sozialwissenschaften, 2010): 27–50.

Niewerth, Dennis, *Dinge – Nutzer – Netze: Von der Virtualisierung des Musealen zur Musealisierung des Virtuellen* (Bielefeld: transcript, 2018).

Noeker, Meinolf; Keller, Klaus-Michael, „Münchhausen-by-proxy-Syndrom als Kindesmisshandlung," *Monatsschrift Kinderheilkunde* 150(11) (2002): 1357–1369.

Nolting, Hans-Peter, „Aggression ist nicht gleich Aggression. Ein Überblick aus psychologischer Sicht," *Der Bürger im Staat* 43(2) (1993): 91–95.

Nolting, Hans-Peter, *Lernfall Aggression. Wie sie entsteht – wie sie zu vermindern ist. Eine Einführung*, 5. Aufl. (Reinbek b. Hamburg: Rowohlt, 2005).

Nolting, Hans-Peter, *Psychologie der Aggression. Warum Ursachen und Auswege so vielfältig sind* (Reinbek b. Hamburg: Rowohlt, 2015).

Nussbaum, Martha C., „Platonic Love and Colorado Law: The Relevance of Ancient Greek Norms to Modern Sexual Controversies," *Virginia Law Review* 80(7) (1994): 1515–1651.

Nusselder, André, *Interface Fantasy. A Lacanian Cyborg Ontology* (Cambridge, MA: MIT Press, 2009).

Oberlies, Dagmar, „Der Stellenwert der Selbstbestimmung behinderter Menschen," in *Sexuelle Gewalt gegen behinderte Menschen und das Recht. Gewaltprävention und Opferschutz zwischen Behindertenhilfe und Strafjustiz. Dokumentation des Potsdamer Rechtssymposiums*, hg. von Julia Zinsmeister (Opladen: Leske + Budrich, 2003): 27–39.

Oberlies, Dagmar, Beitrag in „ExpertInnendiskussion Teil I. Brauchen wir eine Reform des Sexualstrafrechts?," in *Sexuelle Gewalt gegen behinderte Menschen und das Recht*, 41–65.

O'Connell, Julia, *Children in the Global Sex Trade* (Cambridge u. Malden, 2005).

O'Connell Davidson, Julia, „Eine Frage der Einwilligung? Sexsklaverei und Sexarbeit in Großbritannien," in *Das Prostitutionsgesetz. Aktuelle Forschungsergebnisse, Umsetzung und Weiterentwicklung*, hg. von Barbara Kavemann u. Heike Rabe (Opladen u. Farmington Hills: Budrich, 2009): 47–65.

Oddone Paolucci, Elizabeth; Genuis, Mark; Violato, Claudio, „A Meta-Analysis of the Published Research on the Effects of Pornography," in *The Changing Family and Child Development*, hg. von dens. (Aldershot: Ashgate, 2000): 48–59.

O'Donnell, Ian; Milner, Claire, *Child Pornography. Crime, Computers and Society* (Cullompton: Willan, 2007).

Oeming, Manfred, „‚Ich habe dich je und je geliebt' (Jer 31,3). Theologie des Alten Testaments als Explikation der Liebe JHWHs," in *Ahavah. Die Liebe Gottes im Alten Testament*, hg. von Manfred Oeming (Leipzig: EVA, 2018): 13–36.

Oertel, Eucharius Ferdinand Christian, *Gemeinnüziges Wörterbuch zur Erklärung und Verteutschung der im gemeinen Leben vorkommenden fremden Ausdrükke*, Bd. 2, 2. Ausg. (Ansbach: Gassert, 1806).

Offe, Heinz; Offe, Susanne; Wetzels, Peter, „Zum Umgang mit dem Verdacht des sexuellen Kindesmissbrauchs," in *Weißbuch sexueller Missbrauch*, hg. von Bernd Marchewka (Bonn: Holos, 1996): 179–207.

Offermann, Stefan; Steiml, Silke, „‚I want the right to see a dirty picture.' Die feministische Auseinandersetzung mit Pornografie von der sexuellen Revolution bis zu den Porn Studies," in *Feminismus in historischer Perspektive. Eine Reaktualisierung*, hg. vom Feminismus Seminar (Bielefeld: transcript, 2014): 367–414.

Offit, Avodah K., *The Sexual Self* (Philadelphia u. New York: J.B. Lippincott, 1977).

Offit, Avodah K., *Das sexuelle Ich*, übers. von Wolfgang Krege (Stuttgart: Klett-Cotta, 1979).

Ohlsson-Wijk, Sofi; Turunen, Jani; Andersson, Gunnar, „Family Forerunners? An Overview of Family Demographic Change in Sweden," in *International Handbook on the Demography of Marriage and the Family*, hg. von D. Nicole Farris u. Alex Bourque (Cham: Springer Nature Switzerland, 2020): 65–78.

Ohly, Ansgar, „*Volenti non fit iniuria*" – *Die Einwilligung im Privatrecht* (Tübingen: Mohr Siebeck, 2002) (zugl. Habilitationsschrift, Universität München) (*Jus Privatum*, Bd. 73).

Ohly, Lukas, *Schöpfungstheologie und Schöpfungsethik im biotechnologischen Zeitalter* (Berlin u. Boston: De Gruyter, 2015) (*Theologische Bibliothek Töpelmann*, Bd. 174).

Ohly, Lukas, *Anwesenheit und Anerkennung. Eine Theologie des Heiligen Geistes* (Göttingen: Vandenhoeck & Ruprecht, 2015).

Ohly, Lukas, *Ethik der Liebe. Vorlesungen über Intimität und Freundschaft* (Leipzig: Evangelische Verlagsanstalt, 2016) (*Kleine Schriften des Fachbereichs Evangelische Theologie der Goethe-Universität Frankfurt am Main*, Bd. 8).

Ohly, Lukas; Wellhöfer, Catharina, *Ethik im Cyberspace* (Frankfurt et al.: Lang, 2016) (*Theologisch-Philosophische Beiträge zu Gegenwartsfragen*, Bd. 17).

Ohly, Lukas, *Ethik als Grundlagenforschung. Eine theologische Ethik* (Berlin u. Boston: De Gruyter, 2020) (*Theologische Bibliothek Töpelmann*, Bd. 190).

Olschansky, Heike, *Täuschende Wörter. Kleines Lexikon der Volksetymologien* (Stuttgart: Reclam, 2004).

Olsen, Marvin E.; Marger, Martin N., „Power in Social Organization," in *Power in Modern Societies*, hg. von Marvin E. Olsen u. Martin N. Marger (Boulder et al.: Westview Press, 1993): 1–8.

Opaschowski, Horst W., *Psychologie und Soziologie der Freizeit* (Opladen: Leske + Budrich, 1988).

Ortega y Gasset, José, „Von der Lebensfunktion der Ideen," *Europäische Revue* 13(1) (1937): 40–51.

Ortiz, Rebecca R.; Thompson, Bailey A., „Content Effects: Pornography and Sexually Explicit Content," in *The International Encyclopedia of Media Effects*, hg. von Patrick Rossler (Chichester: John Wiley & Sons, 2017): 246–257.

Ortland, Barbara, *Sexualerziehung an der Schule für Körperbehinderte aus der Sicht der Lehrerinnen und Lehrer. Wissenschaftliche Grundlagen, empirische Ergebnisse, pädagogische Konsequenzen* (Bad Heilbrunn: Julius Klinkhardt, 2005).

Ortland, Barbara, „Einwurf: Sexualität – Eine lebenslange Lernaufgabe," in *Körper – Behinderung – Pädagogik*, hg. von Sven Jennessen u. Reinhard Lelgemann (Stuttgart: W. Kohlhammer, 2016): 226–233.

Ortland, Barbara, *Behinderung und Sexualität. Grundlagen einer behinderungsspezifischen Sexualpädagogik*, 2. Aufl. (Stuttgart: Kohlhammer, 2020 [2008]).

Ost, Suzanne, „Children at Risk: Legal and Societal Perceptions of the Potential Threat that the Possession of Child Pornography Poses to Society," *Journal of Law and Society* 29(3) (2002): 439–460.

Ostbomk-Fischer, Elke, „Gewalt ist kein Naturereignis," in *Überall Haß. Krisen, Kriege und Gewalt – Gründe und Auswege*, hg. von Norbert Sommer (Berlin: Wichern, 1994): 309–316.

Ostendorf, Heribert, „Vom Sinn und Zweck des Strafens," in *Kriminalität und Strafrecht*, hg. von der Bundeszentrale für politische Bildung, Neuauflage (Bonn: Bundeszentrale für politische Bildung, 2018) (*Informationen zur politischen Bildung*, Nr. 306): 18–23.

Osterweil, Ara, „Andy Warhol's *Blow Job*. Toward the Recognition of a Pornographic Avant-Garde," in *Porn Studies*, hg. von Lina Williams (Durham: Duke University Press, 2004): 431–460.

Ostritsch, Sebastian, „Ethik," in *Philosophie des Computerspiels. Theorie – Praxis – Ästhetik*, hg. von Daniel M. Feige, Sebastian Ostritsch u. Markus Rautzenberg (Stuttgart: J.B. Metzler, 2018): 77–96.

O'Toole, Laurence, *Pornocopia. Porn, Sex, Technology and Desire* (London: Serpent's Tail, 1999).

Ott, Michaela „Jean Baudrillard – Böses Denken," in *Philosophie und Kunst. Jean Baudrillard. Eine Hommage zu seinem 75. Geburtstag*, hg. von Peter Gente, Barbara Könches u. Peter Weibel (Berlin: Merve, 2005): 91–104.

Otto, Harro, *Grundkurs Strafrecht. Die einzelnen Delikte*, 7. Aufl. (Berlin: De Gruyter Recht, 2005 [1977]).

Owens, Eric W. et al., „The Impact of Internet Pornography on Adolescents: A Review of the Research," *Sexual Addiction & Compulsivity* 19 (2012): 99–122.

Özmen, Elif, „Pornographie und Gewaltverherrlichung," in *Handbuch Angewandte Ethik*, hg. von Ralf Stoecker, Christian Neuhäuser u. Marie-Luise Raters (Stuttgart u. Weimar: J.B. Metzler, 2011): 348–351.

Palmer, Craig, „Is Rape a Cultural Universal? A Re-Examination of the Ethnographic Data," *Ethnology* 28(1) (1989): 1–16.

Panel on Research on Child Abuse and Neglect/Commission on Behavioral and Social Sciences and Education/ National Research Council, *Understanding Child Abuse and Neglect* (Washington, D.C.: National Academic Press, 1993).

Pangritz, Andreas, „„To fall To fall within the spokes of the wheel' New-old observations concerning ‚The Church and the Jewish Question'," in *Dem Rad in die Speichen fallen. Das Politische in der Theologie Dietrich Bonhoeffers/A Spoke in the Wheel. The Political in the Theology of Dietrich Bonhoeffer*, hg. von Kirsten Busch Nielsen, Ralf K. Wüstenberg u. Jens Zimmermann (Gütersloh: Gütersloher Verlagshaus, 2013): 94–108.

Pankoke-Schenk, Monika, Art. „Prostitution," in *Frauenlexikon. Traditionen, Fakten, Perspektiven*, hg. von Anneliese Lissner, Rita Süssmuth u. Karin Walter (Freiburg i.Br.: Herder, 1988): 911–916.

Pannenberg, Wolfhart, „Das Evangelium als Ferment in den Umbrüchen Europas" (1995), in: Ders., *Beiträge zur Ethik* (Göttingen: Vandenhoeck & Ruprecht, 2004): 236–247.

Pannenberg, Wolfhart, *Anthropologie in theologischer Perspektive*, 2. Aufl. (Göttingen: Vandenhoeck & Ruprecht, 2011 [1983]).

Päpstlicher Rat für die Sozialen Kommunikationsmittel, *Pornographie und Gewalt in den Kommunikationsmedien. Eine pastorale Antwort*, hg. vom Sekretariat der Deutschen Bischofskonferenz (Bonn: Sekretariat der Deutschen Bischofskonferenz, 1989) (*Arbeitshilfen*, Nr. 71).

Päpstlicher Rat für die Sozialen Kommunikationsmittel, *Ethik im Internet. Kirche und Internet*, hg. vom Sekretariat der Deutschen Bischofskonferenz (Bonn: Sekretariat der Deutschen Bischofskonferenz, 2002) (*Arbeitshilfen*, Nr. 163).

Pardey, Ulrich, „Unscharfe Grenzen. Über die Haufen-Paradoxie, den Darwinismus und die rekursive Grammatik," *Journal for General Philosophy of Science* 33 (2002): 323–348.

Parkinson, Patrick; Oates, Kim; Jayakody, Amanda, *Study of Reported Child Sexual Abuse in the Anglican Church*, Mai 2009 (PDF); abrufbar unter: https://t1p.de/k3fe (Zugriff: 31.10.2021).

Passig, Kathrin, „Sadomasochismus in Zahlen: Ein Überblick über die empirische Forschungslage," in *Lust-voller Schmerz. Sadomasochistische Perspektiven*, hg. von Andreas Hill, Peer Briken u. Wolfgang Berner, 2. Aufl. (Gießen: Psychosozial-Verlag, 2018 [2008]): 81–102.

Passow, Franz, *Johann Gottlob Schneiders Handwörterbuch der Griechischen Sprache*, Bd. 1–2, 3. Aufl. (Leipzig: Vogel, 1819–1825).

Patridge, Stephanie, „Monstrous Thoughts and the Moral Identity Thesis," *The Journal of Value Inquiry* 42(2) (2008): 187–201.

Patridge, Stephanie, „The incorrigible social meaning of video games imagery," *Ethics and Information Technology* 13 (2011): 303–312.

Patridge, Stephanie, „Pornography, ethics, and video games," *Ethics and Information Technology* 15(1) (2013): 25–34.

Patterson, Richard; Price, Joseph; „Pornography, Religion, and the Happiness Gap: Does Pornography Impact the Actively Religious Differently?," *Journal for the Scientific Study of Religion* 51(1) (2012): 79–89.

Paulus, Manfred, *Im Schatten des Rotlichts. Verbrechen hinter glitzernden Fassaden* (Ulm: Klemm+Oelschläger, 2016).

Peifer, Karl-Nikolaus, „Sensation, Skurrilität und Tabus in den Medien. Verbote und Gebote – Tabus in den Medien," in *Sensation, Skurrilität und Tabus in den Medien*, hg. von Sonja Ganguin u. Uwe Sander (Wiesbaden: VS Verlag für Sozialwissenschaften, 2006): 93–108.

Peiter, Anne D., *Komik und Gewalt. Zur literarischen Verarbeitung der beiden Weltkriege und der Shoah* (Köln et al.: Böhlau, 2007).

Percy, Emma, „Can a eunuch be baptized? Insights for gender inclusion from Acts 8," *Theology* 119(5) (2016): 327–334

Pérona, Océane, „Vergewaltigung: vom Gesetz zur Zivilgesellschaft und zurück," *Zeitschrift für Rechtssoziologie* 39(2) (2019): 253–277.

Perry, Samuel L., „Pornography Use and Religious Bonding Among Heterosexually Married Americans: A Longitudinal Examination," *Review of Religious Research* 59(1) (2017): 81–98.

Perry, Samuel L., „Spousal Religiosity, Religious Bonding, and Pornography Consumption," *Archives of Sexual Behavior* 46 (2017): 561–574.

Perry, Samuel L., „Where Does Masturbation Fit in All This? We Need to Incorporate Measures of Solo-Masturbation in Models Connecting Sexual Media Use to Sexual Quality (or Anything Else)," *Archives of Sexual Behavior* 48 (2019): 2265–2269.

Perry, Samuel L., „How Pornography Use Reduces Participation in Congregational Leadership: A Research Note," *Review of Religious Research* 61(1) (2019): 57–74.

Perry, Samuel L., *Addicted to Lust. Pornography in the Lives of Conservative Protestants* (Oxford: Oxford University Press, 2019).

Perry, Samuel L.; Whitehead, Andrew L., „Only Bad for Believers? Religion, Pornography Use, and Sexual Satisfaction Among American Men," *The Journal of Sex Research* 56(1) (2019): 50–61.

Pesch, Otto Hermann, *Theologie der Rechtfertigung bei Martin Luther und Thomas von Aquin. Versuch eines systematisch-theologischen Dialogs*, 2. Aufl. (Mainz: Grünewald, 1985 [1967]) (*Walberberger Studien der Albertus-Magnus-Akademie*, Bd. 4).

Pessoa, Fernando, *The Selected Prose of Fernando Pessoa*, hg. und übers. von Richard Zenith (New York: Grove Press, 2001).

Peter, Jochen; Valkenburg, Patti M., „Adolescents and Pornography. A Review of 20 Years of Research," *The Journal of Sex Research* 53(4–5) (2016): 509–531.

Petermann, Franz, „Zur Epidemiologie psychischer Störungen im Kindes- und Jugendalter: Eine Bestandsaufnahme," *Kindheit und Entwicklung* 14(1) (2005): 48–57.

Peuckert, Rüdiger, *Familienformen im sozialen Wandel* (Opladen: Leske + Budrich, 1991).

Pfäfflin, Friedemann, „Sadismus," in *Historisches Wörterbuch der Philosophie*, Bd. 1–12, hg. von Joachim Ritter, Karlfried Gründer u. Gottfried Gabriel, Bd. 8 (Basel: Schwabe, 1992): 1117–1119.

Pfeifer, Wolfgang, *Etymologisches Wörterbuch des Deutschen*, Bd. 1–3, 1. Aufl. (Berlin: Akademie-Verlag, 1989).

Pfeifer, Wolfgang, *Etymologisches Wörterbuch des Deutschen*, Bd. 1, 2. Aufl. (Berlin: Akademie-Verlag, 1993).

Pfeifer, Wolfgang, *Etymologisches Wörterbuch des Deutschen*, Bd. 1, 3. Aufl. (München: DTV, 1995).

Pfeiffer, Christian; Stadler, Lena, *Der sexuelle Missbrauch an Minderjährigen durch katholische Priester, Diakone und männliche Ordensangehörige im Bereich der Deutschen Bischofskonferenz*; abrufbar unter: https://t1p.de/s272 (Zugriff: 31.10.2021).

Phillips, Jennifer M. et al., „Geistige Behinderung,“ in *Lehrbuch der Kinder- und Jugendpsychiatrie. Grundlagen und Störungsbilder*, hg. von Gerd Lehmkuhl et al. (Göttingen et al.: Hogrefe, 2013): 511–538.

Picabia, Francis, *La Pomme de Pins* (St. Raphael: s.n., 1922).

Pieper, Annemarie, „Menschenwürde. Ein abendländisches oder ein universelles Problem? Zum Verhältnis von Genesis und Geltung im normativen Diskurs,“ in *Menschenbild und Menschenwürde*, hg. von Eilert Herms (Gütersloh: Kaiser/Gütersloher Verlagshaus, 2001) (*Veröffentlichungen der Wissenschaftlichen Gesellschaft für Theologie*, Bd. 17): 19–30.

Pilgrim, Volker Elis, „Pornographie ist Hexenverfolgung mit anderen Mitteln,“ in *Fleisch und Blut. Über Pornographie*, hg. von Matthias Frings (Reinbek b. Hamburg: Rowohlt, 1988): 119–126

Pinch, Trevor J.; Bijker, Wiebe E., „The Social Construction of Facts and Artifacts: Or How the Sociology of Science and the Sociology of Technology Might Benefit Each Other,“ in *The Social Construction of Technological Systems. New Directions in the Sociology and History of Technology*, hg. von Wiebe E. Bijker, Thomas P. Hughes u. Trevor Pinch (Cambridge, MA u. London: MIT Press, 1987): 11–44.

Pinker, Steven, *The Better Angels of Our Nature. Why Violence Has Declined* (New York: Viking, 2011).

Pinker, Steven, *Gewalt. Eine neue Geschichte der Menschheit*, übers. von Sebastian Vogel (Frankfurt a. M.: S. Fischer, 2013).

Pires, José Maria; Fragoso, Antônio Batista (Hg.), *O Grito de milhões de escravas. A cumplicidade do silêncio* (Petropolis: Ed. Vozes, 1983).

Plassmann, Reinhard, „Von der Bindungsstörung bis zum Bildschirmtrauma. Wie Kinder sich in virtuellen Welten verändern,“ in *Seelische Wirklichkeiten in virtuellen Welten*, hg. von Ulrike Lehmkuhl u. Pit Wahl (Göttingen: Vandenhoeck & Ruprecht, 2014): 15–33.

Platon, *Platons Werke*, übers. von Friedrich Schleiermacher, Bd. 1, Teil 2, 3. Aufl. (Berlin: Georg Reimer, 1856) (Nachdruck, Berlin: De Gruyter, 2019).

Platt, Lucy et al., „Associations between sex work laws and sex workers' health: A systematic review and meta-analysis of quantitative and qualitative studies,“ *PLoS Med* 15(12): e1002680.

Plessner, Helmuth, „Die anthropologische Dimension der Geschichtlichkeit“ (1961), in *Sozialer Wandel. Zivilisation und Fortschritt als Kategorien der soziologischen Theorie*, hg. von Hans Peter Dreitzel, 2. Aufl. (Neuwied u. Berlin: Luchterhand, 1972 [1967]) (*Soziologische Texte*, Bd. 41): 160–168.

Plessner, Helmuth, „Lachen und Weinen. Eine Untersuchung der Grenzen menschlichen Verhaltens,“ in: Ders., *Gesammelte Schriften*, Bd. 7, *Ausdruck und menschliche Natur*, hg. von Günter Dux u. Odo Marquard (Frankfurt a. M.: Suhrkamp, 1982): 201–387.

Plessner, Helmuth, „Die Frage nach der Conditio humana," in: Ders., *Gesammelte Schriften*, Bd. 8, *Conditio humana*, hg. von Günter Dux et al. (Frankfurt a. M.: Suhrkamp, 1983): 136 – 217.

Plickert, Philip „Illegale Aktivität. Sex, Drogen und Waffen für das BIP," *FAZ.net*, 11.08.2014; abrufbar unter: https://t1p.de/mcdz (Zugriff: 31.10.2021).

Plonz, Sabine, *Wirklichkeit der Familie und protestantischer Diskurs. Ethik im Kontext von Re-Produktionsverhältnissen, Geschlechterkultur und Moralregime* (Baden-Baden: Nomos, 2018).

Plummer, Ken, *Telling Sexual Stories. Power, Change and Social Worlds* (London u. New York: Routledge, 1995).

Plummer, Ken, „The Square of Intimate Citizenship: Some Preliminary Proposals," *Citizenship Studies* 5(3) (2001): 237 – 253.

Plummer, Ken, *Intimate Citizenship. Private Decisions and Public Dialogues* (Seattle u. London: University of Washington Press, 2003).

Pohl, Rolf, *Feindbild Frau. Männliche Sexualität, Gewalt und die Abwehr des Weiblichen* (Hannover: Offizin, 2004).

Pöltner, Günther, „Achtung der Würde und Schutz von Interessen," in *Der Mensch als Mitte und Maßstab der Medizin*, hg. von Johannes Bonelli (Wien u. New York: Springer, 1992): 3 – 32.

Ponseti, Jorge et al., „Decoding Pedophilia: Increased Anterior Insula Response to Infant Animal Pictures," *Frontiers in Human Neuroscience* 11 (2018): 645.

Popitz, Heinrich, *Phänomene der Macht. Autorität – Herrschaft – Gewalt – Technik*, 2. Aufl. (Tübingen: Mohr Siebeck, 1992 [1986]).

Pornhub, Statistiken zum Nutzungsverhalten (2019); abrufbar unter: https://t1p.de/ifa1 (Zugriff: 15.05.2020).

Porsch, Hedwig, *Sexualmoralische Verstehensbedingungen. Gleichgeschlechtliche PartnerInnenschaften* (Stuttgart: W. Kohlhammer, 2008).

Portz, Patrick, *Der Jugendmedienschutz bei Gewalt darstellenden Computerspielen. Mediengewaltwirkungsforschung, Jugendschutzgesetz, Gewaltdarstellungsverbot & Moralpanik* (Dissertation, RWTH Aachen, 2013).

Posth, Rüdiger, *Gewaltfrei durch Erziehung. Versuch einer Pädagogik des friedlichen Zusammenlebens. Das Konzept der bindungsbasierten frühkindlichen Entwicklung und Erziehung (BBFEE)*, 2. Aufl. (Münster et al.: Waxmann, 2016 [2013]).

Potterat, John J. et al., „Mortality in a Long-term Open Cohort of Prostitute Women," *American Journal of Epidemiology* 159(8) (2004): 778 – 785.

Pöttker, Horst, *Entfremdung und Illusion. Soziales Handeln in der Moderne* (Tübingen: Mohr Siebeck, 1997) (*Die Einheit der Gesellschaftswissenschaften*, Bd. 95).

Powers, Thomas M., „Real Wrongs in Virtual Communities," *Ethics and Information Technology* 5(4) (2003): 191 – 198.

Praetorius, Ina, *Anthropologie und Frauenbild in der deutschsprachigen protestantischen Ethik seit 1949*, 2. Aufl. (Gütersloh: Gütersloher Verlagshaus, 1994 [1993]) (Dissertation, Universität Heidelberg, 1992).

Praetorius, Ina; Saladin, Peter, *Die Würde der Kreatur (Art. 24novies Abs. 3 BV). Gutachten* (Bern: Dokumentationsdienst, Bundesamt für Umwelt, Wald und Landschaft, 1996) (*Schriftenreihe Umwelt*, Bd. 260).

Pramer, Philip, „Wie der Boulevard sexuelle Gewalt verharmlost" (08.03.2019); abrufbar unter: https://t1p.de/f4qrz (Zugriff: 31.10.2021).

Prasad, Nivedita, „Digitalisierung geschlechtsspezifischer Gewalt. Zum aktuellen Forschungsstand," in *Geschlechtsspezifische Gewalt in Zeiten der Digitalisierung. Formen und Interventionsstrategien*, hg. von bff: Bundesverband Frauenberatungsstellen und Frauennotrufe u. Nivedita Prasad (Bielefeld: transcript, 2021): 17–46.

Prause, Nicole, „Porn Is for Masturbation," *Archives of Sexual Behavior* 48(8) (2019): 2271–2277.

Price, Anthony William, *Love and Friendship in Plato and Aristotle* (Oxford: Clarendon Press, 1989).

Pro familia Deutsche Gesellschaft für Familienplanung, Sexualpädagogik und Sexualberatung e.V., *Sexualität und körperliche Behinderung*, 4. Aufl. (Frankfurt a. M.: pro familia, 2008 [1997]).

ProCon/Encyclopaedia Britannica, „Percentage of Men (by Country) Who Paid for Sex at Least Once: The Johns Chart" (01.06.2011); abrufbar unter: https://t1p.de/2dc2 (Zugriff: 31.10.2021).

Prommer, Elizabeth; Linke, Christine, *Ausgeblendet. Frauen im deutschen Film und Fernsehen* (Köln: Herbert von Halem Verlag, 2019) (*edition medienpraxis*, Bd. 17).

Pröpper Thomas, *Theologische Anthropologie*, Sonderausgabe (Freiburg i.Br.: Herder 2015 [Bd. 1–2, 2011]).

Prüller-Jagenteufel, Gunter, „Das Konzept des ‚intrinsece malum' in der katholischen Sexualmoral. Versuch einer kritischen Revision 50 Jahre nach Humanae vitae," in *Zwischen Progression und Regression. Streit um den Weg der katholischen Kirche*, hg. von Karlheinz Ruhstorfer (Freiburg i.Br. et al.: Herder, 2019): 55–70.

Puri, Nitasha et al. „Burden and correlates of mental health diagnoses among sex workers in an urban setting," *BMC Womens Health* 17 (2017): 133.

Pusch, Luise F., *Alle Menschen werden Schwestern. Feministische Sprachkritik* (Frankfurt a. M.: Suhrkamp, 1990).

Pusch, Luise F., *Die Sprache der Eroberinnen und andere Glossen* (Göttingen: Wallstein, 2016).

Quante, Michael, *Einführung in die Allgemeine Ethik* (Darmstadt: WBG, 2003).

Quindeau, Ilka, „Braucht die Psychoanalyse eine Triebtheorie," in *Freud und das Sexuelle. Neue psychoanalytische und sexualwissenschaftliche Perspektiven*, hg. von Ilka Quindeau u. Volkmar Sigusch (Frankfurt a. M. u. New York: Campus, 2005): 193–208.

Quindeau, Ilka, *Verführung und Begehren. Die psychoanalytische Sexualtheorie nach Freud* (Stuttgart: Klett-Cotta, 2008).

Quindeau, Ilka, „Die Entstehung des Sexuellen oder wie die Lust in den Körper kommt," *Imagination* 32(2) (2010): 5–18.

Raddatz, Hans-Peter, „Kreuzzug der Pädophilen. Sexuelle Perversion als Medium des Kirchenkampfs," *Die Neue Ordnung* 64(3) (2010): 212–226.

Rager, Günter, „Der ontologische Status des Embryos in natürlicher und künstlicher Umgebung. Konsequenzen für seinen moralischen Status," in: *Rohstoff Mensch, das flüssige Gold der Zukunft? Ist Ethik privatisierbar?*, hg. von Paul Weingartner (Frankfurt a. M.: Lang, 2009): 119–135.

Rahner, Karl, „Würde und Freiheit des Menschen," in: Ders., *Schriften zur Theologie*, Bd. 2, 8. Aufl. (Zürich et al.: Benziger, 1968 [1955]): 247–277.

Rahner, Karl, *Grundkurs des Glaubens. Einführung in den Begriff des Christentums* (Freiburg i.Br. et al.: Herder, 1976).

Rahner, Karl, „Die enthusiastische und die gnadenhafte Erfahrung," in: Ders., *Sämtliche Werke*, Bd. 17/2, *Glaube im Alltag. Schriften zur Spiritualität und zum christlichen Lebensvollzug*, bearbeitet von Albert Raffelt (Freiburg i.Br. et al.: Herder, 2006): 242–257.

Rahner, Karl, „Eine Theologie, mit der wir leben können," in: Ders., *Sämtliche Werke*, Bd. 30, *Anstöße systematischer Theologie. Beiträge zur Fundamentaltheologie und Dogmatik*, bearbeitet von Karsten Kreutzer u. Albert Raffelt (Freiburg i.Br. et al.: Herder, 2009): 101–112.

Raine, Gary, „Violence Against Male Sex Workers: A Systematic Scoping Review of Quantitative Data," *Journal of Homosexuality* 68(2) (2021): 336–357.

Rainey-Smithback, Sarah, „You Are Mine: Consent, Ownership, and Feminist Desire in 24/7 BDSM," in *Communication in Kink. Understanding the Influence of the Fifty Shades of Grey Phenomenon*, hg. von Jessica M.W. Kratzer (Lanham et al.: Lexington Books, 2020): 29–52.

Raithel, Jürgen; Dollinger, Bernd; Hörmann, Georg, *Einführung Pädagogik. Begriffe, Strömungen, Klassiker, Fachrichtungen*, 3. Aufl. (Wiesbaden: VS Verlag für Sozialwissenschaften 2009 [2005]).

Rammler, Christina, *Egosex. Was Porno mit uns macht* (Holzgerlingen: SCM Hänssler, 2015).

Raphael, Jody; Shapiro, Deborah L., „Violence in Indoor and Outdoor Prostitution Venues," *Violence Against Women* 10 (2004): 126–139.

Rath, Christian, „„Auch Kopfschütteln oder Weinen genügt'," *taz. die tageszeitung*, Nr. 11062, 06.07.2016, 3.

Rath, Christian, „Sexarbeiterinnen wehren sich," *taz. die tageszeitung*, Nr. 11356, 22.06.2017, 2.

Rathe, Clemens, *Die Philosophie der Oberfläche. Medien- und kulturwissenschaftliche Perspektiven auf Äußerlichkeiten und ihre tiefere Bedeutung* (Bielefeld: transcript, 2020; zugl. Dissertation, Universität Düsseldorf) (*Edition Medienwissenschaft*, Bd. 71).

Rathgeb, Eberhard; Seidl, Claudius, „Gefährliche Erregung. Ist Pädophilie wirklich therapierbar?," *Frankfurter Allgemeine Sonntagszeitung*, Nr. 19, 13.05.2007, 35.

Rauchfleisch, Udo, *Allgegenwart von Gewalt* (Göttingen: Vandenhoeck & Ruprecht, 1992).

Rauchfleisch, Udo, *Schwule, Lesben, Bisexuelle. Lebensweisen, Vorurteile, Einsichten*, 3. Aufl. (Göttingen: Vandenhoeck & Ruprecht, 2001 [1994]).

Rauchfleisch, Udo, „Hetero-, Homo-, Bisexualität," in *Handbuch psychoanalytischer Grundbegriffe*, hg. von Wolfgang Mertens, 4. Aufl. (Stuttgart: Kohlhammer, 2014 [2000]): 355–363.

Rauchfleisch, Udo, *Sexuelle Identitäten im therapeutischen Prozess. Zur Bedeutung von Orientierungen und Gender* (Stuttgart: W. Kohlhammer, 2019).

Rauchfleisch, Udo, „Psychologische Aspekte der sexualisierten Gewalt im kirchlichen Kontext und ihre Folgen," in *Sexualisierte Gewalt in kirchlichen Kontexten. Neue interdisziplinäre Perspektiven*, hg. von Mathias Wirth, Isabelle Noth u. Silvia Schroer (Berlin u. Boston: De Gruyter, 2022): 147–158.

Raymond, Janice G., „Prostitution as Violence Against Women," *Studies International Forum* 21(1) (1998): 1–9.

Raymond, Janice G., „Prostitution on Demand: Legalizing the Buyers as Sexual Consumers," *Violence Against Women* 10 (2004): 1156–1186.

Rea, Michael C., „What is Pornography?," *Noûs* 35(1) (2002): 118–145.

Reed, Theresa A., „Private Acts Versus Public Art: Where Prostitution Ends and Pornography Begins," in *Prostitution and Pornography. Philosophical Debate about the Sex Industry*, hg. von Jessica Spector (Stanford, CA: Stanford University Press, 2006): 249–257.

Reemtsma, Jan Philipp, „„Wir sind alles für dich!' An Stelle einer Einleitung: Skizze eines Forschungsprogramms," in *Folter. Zur Analyse eines Herrschaftsmittels*, hg. von Jan Philipp Reemtsma (Hamburg: Junius, 1991): 7–23.

Reemtsma, Jan Philipp, „Versuche, die menschliche Grausamkeit psychoanalytisch zu verstehen," in: Ders., *u. a. Falun. Reden & Aufsätze* (Berlin: Edition Tiamat, 1992): 237–263.

Reemtsma, Jan Philipp, *Im Keller* (Hamburg: Rowohlt, 1998).

Reemtsma, Jan Philipp, *Vertrauen und Gewalt. Versuch über eine besondere Konstellation der Moderne* (Hamburg: Hamburger Edition, 2008).

Reger, Roswitha, „Selbsthilfegruppenarbeit mit Mädchen, die sexuelle Gewalt erfahren haben," in *Feministische Mädchenpolitik*, hg. von Anita Heiliger u. Tina Kuhne (München: Frauenoffensive, 1993): 138–147.

Regnerus, Mark; Price, Joseph; Gordon, David, „Masturbation and Partnered Sex: Substitutes or Complements?," *Archives of Sexual Behavior* 46(7) (2017): 2111–2121.

Regnerus, Mark, „Sexual Media as Competition in the Heterosexual Relationship Market," *Archives of Sexual Behavior* 48 (2019): 2279–2281.

Rehfeld, Emmanuel L., *Relationale Ontologie bei Paulus. Die ontische Wirksamkeit der Christusbezogenheit im Denken des Heidenapostels* (Tübingen: Mohr Siebeck, 2012).

Reichardt, Sven, „Pädosexualität im linksalternativen Milieu und bei den Grünen in den 1970er bis 1990er Jahren," in *Tabubruch und Entgrenzung. Kindheit und Sexualität nach 1968*, hg. von Meike Sophia Baader et al. (Köln et al.: Böhlau, 2017): 137–160.

Reid, Chelsea A. et al., „The Power of Change: Interpersonal Attraction as a Function of Attitude Similarity and Attitude Alignment," *The Journal of Social Psychology* 153(6) (2013): 700–719.

Reinstädler, Janett, *Stellungsspiele* (Berlin: Erich Schmidt, 1996) (zugl. Dissertation, Universität Göttingen, 1995) (*Geschlechterdifferenz & Literatur*, Bd. 5).

Reith, Victoria, „„Zustimmungsgesetz' in Schweden. Mehr als nur Symbolkraft," *Deutschlandfunk*, 03.07.2019; Manuskript abrufbar unter: https://t1p.de/ypa2 (Zugriff: 31.10.2021).

Remsperger-Kehm, Regina, „Kindheit und Familie," in *Sozialisation und Soziale Arbeit. Studienbuch zu Theorie, Empirie und Praxis*, hg. von Tanja Grendel (Wiesbaden: Springer VS, 2019): 73–83.

Rendtorff, Trutz, *Ethik. Grundelemente, Methodologie und Konkretionen einer ethischen Theologie*, 3. Aufl., hg. von Reiner Anselm und Stephan Schleissing (Tübingen: Mohr Siebeck, 2011 [1980/81]).

Rennicke, Jan, „Die sittenwidrige Körperverletzung im Sinne des § 228 StGB," *Zeitschrift für das Juristische Studium* 12(6) (2019): 465–470.

Renzikowski, Joachim, „§ 184i Sexuelle Belästigung," in *Münchener Kommentar zum Strafgesetzbuch*, 3. Aufl., Bd. 3, *§§ 80–184j*, hg. von Klaus Miebach, Wolfgang Joecks u. Nikolaus Bosch (München: C.H. Beck, 2017): 1789–1794.

Renzikowski, Joachim, „Primat des Einverständnisses? Unerwünschte konsensuelle Sexualitäten," in *Regulierungen des Intimen. Sexualität und Recht im modernen Staat*, hg. von Ulrike Lembke (Wiesbaden: Springer, 2017): 197–213.

Renzikowski, Joachim, „Sonstige Straftaten gegen die sexuelle Selbstbestimmung," in *Handbuch des Strafrechts*, hg. von Eric Hilgendorf, Hans Kudlich u. Brian Valerius, Bd. 4, *Strafrecht Besonderer Teil I* (Heidelberg: C.F. Müller, 2019): 567–606.

Renzikowski Joachim; Schmidt, Anja, „Nach der Reform ist vor der Reform. Zum Abschlussbericht der Reformkommission zum Sexualstrafrecht," *KriPoZ* 5(6) (2020): 325–333.

Resch, Franz; Parzer, Peter, „Aggressionsentwicklung zwischen Normalität und Psychopathologie," in *Aggressionsentwicklung zwischen Normalität und Pathologie*, hg. von Inge Seiffge-Krenke (Göttingen: Vandenhoeck & Ruprecht, 2005): 41–65.

Reschke, Anja, „Edathy-Affäre: Hass auf Pädophile," *Panorama* Nr. 790 vom 18.12.2014; Transkript; abrufbar unter: https://t1p.de/ft69 (Zugriff: 31.10.2021).

Retkowski, Alexandra; Treibel, Angelika; Tuider, Elisabeth, „Einleitung: Pädagogische Kontexte und sexualisierte Gewalt," in *Handbuch Sexualisierte Gewalt und pädagogische Kontexte. Theorie, Forschung, Praxis*, hg. von Elisabeth Tuider, Alexandra Retkowski u. Angelika Treibel (Weinheim u. Basel: Beltz Juventa, 2018): 15–30.

Reuter, Hans-Richard, „Grundlagen und Methoden der Ethik," in *Handbuch der Evangelischen Ethik*, hg. von Wolfgang Huber, Torsten Meireis u. Hans-Richard Reuter (München: C.H. Beck, 2015): 9–124.

Rhode, Ulrich, „Die Lehrprüfungs- bzw. Lehrbeanstandungsverfahren," in *Rechtsschutz in der Kirche*, hg. von Ludger Müller (Wien u. Münster: LIT, 2011) (*Kirchenrechtliche Bibliothek*, Bd. 15): 39–57.

Ribeiro, Manuela; Sacramento, Octávio, „Violence against Prostitutes. Findings of Research in the Spanish-Portuguese Frontier Region," *European Journal of Women's Studies* 12(1) (2005): 61–81.

Rice, William R.; Friberg, Urban; Gavrilets, Sergey, „Homosexuality as a Consequence of Epigenetically Canalized Sexual Development," *The Quarterly Review of Biology* 87(4) (2012): 343–368.

Rich, Arthur, *Mitbestimmung in der Industrie. Probleme, Modelle, Kritische Beurteilung. Eine sozialethische Orientierung* (Zürich: Flamberg, 1973).

Richardson, Siane, „Marriage: A Get Out of Jail Free Card?," *International Journal of Law, Policy and the Family* 34(2) (2020): 168–190.

Richters, Juliet et al., „Demographic and Psychosocial Features of Participants in Bondage and Discipline, Sadomasochism or Dominance and Submission (BDSM). Data from a National Survey," *Journal of Sexual Medicine* 5(7) (2008): 1660–1668.

Ricken, Friedo, „Kann die Moralphilosophie auf die Frage nach dem ‚Ethischen' verzichten?," *Theologie und Philosophie* 59 (1984): 161–177.

Ricken, Norbert, *Subjektivität und Kontingenz. Markierungen im pädagogischen Diskurs* (Würzburg: Königshausen & Neumann, 1999) (zugl. Dissertation, Universität Münster, 1997).

Ricken, Friedo, „Warum Moral nicht naturalisiert werden kann," in *Der Mensch – ein freies Wesen? Autonomie, Personalität, Verantwortung*, hg. von Heinrich Schmidinger u. Clemens Sedmak (Darmstadt: Wissenschaftliche Buchgesellschaft, 2005): 249–258.

Ricœur, Paul, *Sexualität. Wunder – Abwege – Rätsel. Eine Deutung in Form grundsätzlicher Stellungnahmen, Umfragen und Kontroversen* (Olten: Roven-Verlag, 1963).

Ricœur, Paul, „Toleranz, Intoleranz und das Nicht-Tolerierbare," in *Toleranz. Philosophische Grundlagen und gesellschaftliche Praxis einer umstrittenen Tugend,* hg. von Rainer Forst (Frankfurt a. M. u. New York: Campus, 2000): 26–44.

Riegel, David L., „Effects on Boy-Attracted Pedosexual Males of Viewing Boy Erotica," *Archives of Sexual Behavior* 33(4) (2004): 321–323.

Rieger, Hans-Martin, *Leiblichkeit in theologischer Perspektive* (Stuttgart: W. Kohlhammer, 2019).

Riekenberg, Michael „Auf dem Holzweg? Über Johan Galtungs Begriff der ‚strukturellen Gewalt'," *Zeithistorische Forschungen/Studies in Contemporary History* 5 (2008): 172–177.

Riekenberg, Michael, *Gewalt. Eine Ontologie* (Frankfurt a. M. u. New York: Campus, 2019).

Rijnaarts, Josephine, *Lots Töchter. Über den Vater-Tochter-Inzest,* übers. von Barbara Heller (Düsseldorf: Claassen, 1988).

Rind, Bruce; Tromovitch, Philip; Bauserman, Robert, „A Meta-Analytic Examination of Assumed Properties of Child Sexual Abuse Using College Samples," *Psychological Bulletin* 124(1) (1998): 22–53.

Ringeling, Hermann, *Theologie und Sexualität. Das private Verhalten als Thema der Sozialethik,* 2. Aufl. (Gütersloh: Gütersloher Verlagshaus, 1969 [1968]) (Habilitationsschrift, Universität Münster, 1968).

Ringleben, Joachim, *Die Krankheit zum Tode von Sören Kierkegaard. Erklärung und Kommentar* (Göttingen: Vandenhoeck & Ruprecht, 1995).

Rippe, Klaus Peter, „Die Geburt der klinischen Forschung und der Zerfall der ärztlichen Ethik," in *Kontraste in der Medizin. Zur Dialektik gesundheitlicher Prozesse,* hg. von André Thurneysen (Bern et al.: Lang, 2009): 21–50.

Ritlewski, Kristoff M., „Virtuelle Kinderpornographie in Second Life," *Kommunikation & Recht* (2008): 94–99.

Ritter, Sabine; Koch, Friederike, *Lebenswut – Lebensmut. Sexuelle Gewalt in der Kindheit. Biographische Interviews* (Pfaffenweiler: Centaurus, 1995) (zugl. Dissertation, Universität Bielefeld, 1994).

Robbers, Gerhard, „Der Grundrechtsverzicht – Zum Grundsatz ‚volenti non fit iniuria' im Verfassungsrecht," *Juristische Schulung,* 1985, 925–931.

Robert Koch-Institut, *Bericht: Workshop des Robert Koch-Instituts zum Thema STI-Studien und Präventionsarbeit bei Sexarbeiterinnen, 13.–14. Dezember 2011* (Berlin: Robert-Koch-Institut, 2012).

Robert Koch-Institut, „RKI-Pilotstudie, Ergebnisse im Rahmen von „EurSafety-Health-Net in Duisburg und im Kreis Wesel (2011/2012)", *Epidemiologisches Bulletin,* 2014, Nr. 9 (3. März): 75–82.

Robert Koch-Institut (Hg.), *Gesundheitliche Lage der Frauen in Deutschland. Gesundheitsberichterstattung des Bundes. Gemeinsam getragen von RKI und Destatis* (Berlin: RKI, 2020).

Robinson, Christine M., „Homosexual Reparative Therapy," in *The Wiley Blackwell Encyclopedia of Gender and Sexuality Studies,* hg. von Nancy A. Naples, Bd. 3 (Chichester: Wiley Blackwell, 2016): 1312–1314.

Robyn, Lisa, *The Corporate Dominatrix. Six Roles to Play to Get Your Way* (New York et al.: Simon Spotlight Entertainment, 2007).

Roche, Achille, *Histoire de la révolution Française* (Paris: Raymond, 1825).

Rodriguez-Hart, Cristina et al., „Sexually Transmitted Infection Testing of Adult Film Performers. Is Disease Being Missed?," *Sexually Transmitted Diseases* 39(12) (2012): 989–994.

Romaya, Bassam, „The Psychical Aesthetic Distance of Pornographic Apprehension," *Philosophy & Theology* 12 (2000): 317–340.

Römelt, Josef „Der Anspruch traditioneller Theologie der Ehe. Ganzheitliche Sinnintegration sexueller Intimität, partnerschaftlicher Bindung und Familienorientierung," in *Beziehungsstatus: kompliziert. Das kirchliche Leitbild von Ehe und Familie in Konfrontation mit der sozialen Wirklichkeit*, hg. von Anna Karger-Kroll, Michael Karger u. Christopher Tschorn (Freiburg i.Br. et al.: Herder, 2018) (*Katholizismus im Umbruch*, Bd. 6): 57–77.

Römer, Inga, *Das Begehren der reinen praktischen Vernunft. Kants Ethik in phänomenologischer Sicht* (Hamburg: Meiner, 2018).

Rosa, Hartmut, „Über die Verwechslung von Kauf und Konsum: Paradoxien der spätmodernen Konsumkultur," in *Die Verantwortung des Konsumenten. Über das Verhältnis von Markt, Moral und Konsum*, hg. von Ludger Heidbrink, Imke Schmidt u. Björn Ahaus (Frankfurt a. M. u. New York: Campus, 2011): 115–132.

Rosario, Margaret; Schrimshaw, Eric W., „Theories and Etiologies of Sexual Orientation," in *APA Handbook of Sexuality and Psychology*, Bd. 1, *Person-Based Approaches*, hg. von Deborah L. Tolman u. Lisa Michelle Diamond (Washington, DC: American Psychological Association, 2014): 555–596.

Rosenau, Hartmut, „Der Mensch als Ebenbild Gottes. Theologische Vorstellungen vom Wesen des Menschen," in *Menschenbilder*, hg. von Werner Theobald u. Hartmut Rosenau (Münster et al.: LIT, 2012) (*Ethik Interdisziplinär*, Bd. 19): 55–62.

Rosenau, Hartmut, *Vom Warten – Grundriss einer sapientialen Dogmatik. Neue Zugänge zur Gotteslehre, Christologie und Eschatologie* (Münster: LIT, 2012).

Rosenau, Hartmut, *Der Anstoß des Glaubens – Das Theodizeeproblem und seine möglichen Lösungen* (Berlin: LIT, 2020).

Rosenkranz, Karl, *Hegel als deutscher Nationalphilosoph* (Leipzig: Duncker & Humblot, 1870).

Rosenthal, Gabriele, „Sexuelle Gewalt in Kriegs- und Verfolgungszeiten. Biographische und transgenerationelle Spätfolgen bei Überlebenden der Shoah, ihren Kindern und EnkelInnen," in *Krieg, Geschlecht und Traumatisierung. Erfahrungen und Reflexionen in der Arbeit mit traumatisierten Frauen in Kriegs- und Krisengebieten*, hg. von Marlies W. Fröse u. Ina Volpp-Teuscher (Frankfurt a. M.: IKO, 1999): 25–56.

Röser, Johannes, „Der ehemalige Papst und sein umstrittener Entwurf," *Christ in der Gegenwart*, 2019, Heft 17, 179 f.

Rossenbach, Anne; Kleine, Monika; Wiedenau, Angelika, „Geestemünder Straße – Neue Strategien zur Unterstützung für Straßenprostituierte," in *Das Prostitutionsgesetz. Aktuelle Forschungsergebnisse, Umsetzung und Weiterentwicklung*, hg. von Barbara Kavemann u. Heike Rabe (Opladen u. Farmington Hills: Budrich, 2009): 265–286.

Rossetti, Stephen J., „The Catholic Church and child sexual abuse," *America* 186 (2002): 8–16.

Roth, Gerhard, „Die Selbstreferentialität des Gehirns und die Prinzipien der Gestaltwahrnehmung," *Gestalt Theory* 7(4) (1985): 228–244.

Roth, Martin, „Was Daten uns nicht sagen können," in *Diskurs der Daten. Qualitative Zugänge zu einem quantitativen Phänomen*, hg. von Frank Liedtke u. Pamela Stehen (Berlin u. Boston: De Gruyter, 2019) (*Sprache und Wissen*, Bd. 38): 41–55.

Rothman, Emily F., *Pornography and Public Health* (New York: Oxford University Press, 2021).

Rotter, Hans, *Sexualität und christliche Moral* (Innsbruck/Wien: Tyrolia, 1991).

Röttgers, Kurt, „Andeutungen zu einer Geschichte des Redens über die Gewalt," in *Gewaltverhältnisse und die Ohnmacht der Kritik*, hg. von Otthein Rammstedt (Frankfurt a. M.: Suhrkamp, 1974): 157–234.

Röttgers, Kurt, Art. „Gewalt," in *Historisches Wörterbuch der Philosophie*, hg. von Joachim Ritter u. Karlfried Gründer, Bd. 3 (Basel u. Stuttgart: Schwabe, 1974): Sp. 562–570.

Röttgers, Kurt, „Macht," in *Historisches Wörterbuch der Philosophie*, hg. von Joachim Ritter, Karlfried Gründer u. Gottfried Gabriel, Bd. 5 (Basel: Schwabe, 1980): Sp. 588–604.

Röttgers, Kurt, *Spuren der Macht. Begriffsgeschichte und Systematik* (Freiburg i.Br. u. München: Alber, 1990).

Röttgers, Kurt, „Philosophie und Politik im Angesicht von Gewalt," in *Gewalt. Strukturen, Formen, Repräsentationen*, hg. von Mihran Dabag, Antje Kapust u. Bernhard Waldenfels (München: W. Fink, 2000) (*Schriftenreihe Genozid und Gedächtnis des Instituts für Diaspora- und Genozidforschung an der Ruhr-Universität Bochum*): 130–138.

Röttgers, Kurt, *Kategorien der Sozialphilosophie* (Magdeburg: Scriptum, 2002) (*Sozialphilosophische Studien*, Bd. 1).

Röttgers, Kurt, „Demaskierungen," in *Masken*, hg. von Kurt Röttgers u. Monika-Schmitz-Emans (Essen: Die blaue Eule, 2009) (*Philosophisch-literarische Reflexionen*, Bd. 11): 64–96.

Röttgers, Kurt, „Macht im Medium. Nietzsches Anregungen zu einer nicht-subjektzentrierten Konzeption von Macht," in *Macht:Denken. Substantialistische und relationalistische Theorien – eine Kontroverse*, hg. von Katrin Felgenhauer u. Falk Bornmüller (Bielefeld: transcript, 2018): 61–74.

Roughgarden, Joan, *Evolution's Rainbow. Diversity, Gender, and Sexuality in Nature and People* (Berkeley et al.: University of California Press, 2004).

Roughgarden, Joan „Die Binarität der Geschlechter in der Natur, in menschlichen Kulturen und in der Bibel," in *Das Geschlecht in mir. Neurowissenschaftliche, lebensweltliche und theologische Beiträge zu Transsexualität*, hg. von Gerhard Schreiber (Berlin u. Boston: De Gruyter, 2019): 199–228.

Roxburgh, Amanda; Degenhardt, Louisa; Copeland, Jan, „Posttraumatic stress disorder among female street-based sex workers in the greater Sydney area, Australia," *BMC Psychiatry* 6 (2006): 24.

Royal Commission into the New South Wales Police Service, *Final Report*, Bd. 4, *The Paedophile Inquiry* (Sydney: Government of the State of New South Wales, 1997).

Rubin, Lillian B., *Erotic Wars. What Happened to the Sexual Revolution?* (New York: Farrar, Straus, & Giroux, 1991).

Rubinstein, Sergej L., *Das Denken und die Wege seiner Erforschung* (Berlin: Deutscher Verlag der Wissenschaften, 1972 [1958]).

Rudgley, Richard, *The Lost Civilizations of the Stone Age* (New York: Touchstone, 2000 [1999]).

Rudolph, Clarissa, *Geschlechterverhältnisse in der Politik. Eine genderorientierte Einführung in Grundfragen der Politikwissenschaft* (Opladen u. Toronto: Barbara Budrich, 2015).

Rueness, Janne et al., „Adolescent Abuse Victims Displayed Physical Health Complaints and Trauma Symptoms During Post Disclosure interviews," *Acta Paediatrica* 109(11) (2020): 2409–2415.

Ruh, Ulrich, „Chronik der Ereignisse: Deutschland – deutschsprachiger Raum – Europa," in *Sexueller Missbrauch von Kindern und Jugendlichen im Raum von Kirche. Analyse – Bilanzierungen – Perspektiven*, hg. von Konrad Hilpert et al. (Freiburg i.Br. et al.: Herder, 2020): 31–35.

Runkel, Gunter, *Die Sexualität in der Gesellschaft* (Münster: LIT, 2003) (*Sozialwissenschaftliche Sexualforschung*, Bd. 1).

Ruschmeier, Sibylle, „Schattenseiten: Kinderpornographie und -prostitution im Internet," in *Das Netz-Medium. Kommunikationswissenschaftliche Aspekte eines Mediums in Entwicklung*, hg. von Irene Neverla (Wiesbaden: Springer, 1998): 153–174.

Rush, Florence, *The Best-Kept Secret: Sexual Abuse of Children* (Englewood Cliffs: Prentice-Hall, 1980).

Rush, Florence, *Das bestgehütete Geheimnis. Sexueller Kindesmißbrauch*, übers. von Alexandra Bartoszko, 6. Aufl. (Berlin: Orlanda, 1991 [1982]).

Russell, Diana E.H., *Rape in Marriage* (New York: Macmillan, 1982).

Russell, Diana E.H., *Sexual Exploitation. Rape, Child Sexual Abuse, and Workplace Harassment* (Beverly Hills: Sage, 1984).

Russell, Diana E.H., „Pornography and Rape. A Causal Model," *Political Psychology* 9(1) (1988): 41–73.

Saar, Martin, *Die Immanenz der Macht. Politische Theorie nach Spinoza* (Berlin: Suhrkamp, 2013): 133–204.

Saffy, Jacqueline, „Child sexual abuse as a precursor to prostitution," *Social Work/ Maatskaplike Werk* 39(2) (2003): 132–138.

Salla, Jean B., „Die historischen Kirchen und ihre Familien- und Sexualmoral. Homosexualität und Aids," *Concilium* 42(4) (2006): 470–477.

Sandfort, Lothar, *Das Recht auf Liebeskummer. Emanzipatorische Sexualberatung für Behinderte* (Neu-Ulm: AG SPAK, 2012).

Santtila, Pekka N. et al., „Investigating the Underlying Structure in Sadomasochistically Oriented Behavior," *Archives of Sexual Behavior* 31(2) (2002): 185–196.

Sartre, Jean-Paul, *Das Sein und das Nichts. Versuch einer phänomenologischen Ontologie*, hg. von Traugott König, übers. von Hans Schöneberg u. Traugott König, 21. Aufl. (Reinbek b. Hamburg: Rowohlt, 2019 [1952]) (*Gesammelte Werke in Einzelausgaben. Philosophische Schriften*, Bd. 3).

Sassen, Saskia, „Cyber-Segmentierungen. Elektronischer Raum und Macht," in *Mythos Internet*, hg. von Stefan Münker u. Alexander Roesler (Frankfurt a. M.: Suhrkamp, 1997): 215–235.

Satinover, Jeffrey, *Homosexuality and the Politics of Truth* (Grand Rapids, MI: Baker Books, 1996).

Sauer, Birgit, „Geschlechtsspezifische Gewaltmäßigkeit rechtsstaatlicher Arrangements und wohlfahrtsstaatlicher Institutionalisierungen. Staatsbezogene Überlegungen einer geschlechtersensiblen politikwissenschaftlichen Perspektive," in *Gewalt-Verhältnisse. Feministische Perspektiven auf Geschlecht und Gewalt*, hg. von Regina-Maria Dackweiler u. Reinhild Schäfer (Frankfurt a. M. u. New York: Campus, 2002): 81–106.

Sauter, Elmar, *Willensfreiheit und deterministisches Chaos* (Karlsruhe: KIT Scientific Publishing, 2013) (zugl. Dissertation, Karlsruher Institut für Technologie, 2011).

Sautermeister, Jochen, „Sexualität und Identität. Theologisch-ethische und moralanthropologische Reflexionen," in *Zukunftshorizonte katholischer Sexualethik*, hg. von Konrad Hilpert (Freiburg et al.: Herder, 2011) (*Quaestiones disputatae*, Bd. 241): 112–133.

Sautermeister, Jochen, „Provozierende Lebensgeschichten – herausforderndes Evangelium. Moraltheologische und moralpsychologische Anmerkungen zum Spannungsverhältnis zwischen dem christlichen Ideal der Ehe und den Wirklichkeiten von Partnerschaften," in *Beziehungsstatus: kompliziert. Das kirchliche Leitbild von Ehe und Familie in Konfrontation mit der sozialen Wirklichkeit*, hg. von Anna Karger-Kroll, Michael Karger u. Christopher Tschorn (Freiburg i.Br. et al.: Herder, 2018) (*Katholizismus im Umbruch*, Bd. 6): 78–105.

Sautermeister, Jochen, „Theologie unter den Vorzeichen von Missbrauch in der Kirche. Programmatische Konturen in ethischer Absicht," in *Ohnmacht. Macht. Missbrauch. Theologische Analysen eines systemischen Problems*, hg. von Jochen Sautermeister u. Andreas Odenthal (Freiburg i.Br. et al.: Herder, 2021): 11–29.

Schaarschmidt, Theodor, „Tu mir weh!," *Gehirn&Geist*, 2017, Heft 3, 34–39.

Schaber, Peter, „Menschenwürde und Selbstachtung. Ein Vorschlag zum Verständnis der Menschenwürde," *Studia Philosophica* 63 (2004): 93–114.

Schaber, Peter, *Menschenwürde* (Stuttgart: Reclam, 2012).

Schaede, Stephan, „Würde – Eine ideengeschichtliche Annäherung aus theologischer Perspektive," in *Menschenwürde in der säkularen Verfassungsordnung. Rechtswissenschaftliche und theologische Perspektiven*, hg. von Petra Bahr u. Hans Michael Heinig (Tübingen: Mohr Siebeck, 2006) (*Religion und Aufklärung*, Bd. 12): 7–69.

Schaefer, Gerard A. et al., „Potential and Dunkelfeld offenders: Two neglected target groups for prevention of child sexual abuse," *International Journal of Law and Psychiatry* 33(3) (2010): 154–163.

Schäfer, Klaus, *Vom Koma zum Hirntod. Pflege und Begleitung auf der Intensivstation* (Stuttgart: W. Kohlhammer, 2017).

Scharfetter, Christian, *Allgemeine Psychopathologie. Eine Einführung*, 6. Aufl. (Stuttgart u. New York: Thieme, 2010 [1976]).

Schaschek, Sarah, *Pornography and Seriality. The Culture of Producing Pleasure* (New York: Palgrave Macmillan, 2014): 27–52.

Schauer, Frederick, „Speech and ‚Speech' – Obscenity and ‚Obscenity': An Exercise in the Interpretation of Constitutional Language," *The Georgetown Law Journal* 67 (1979): 899–933.

Scheepers, Rajah, „Die Aufhebung der Zölibatsklausel für Theologinnen als Umbruch zu einer ‚Feminisierung' der Evangelischen Kirche im 20. Jahrhundert," in *Die Zukunft der Kirche ist weiblich. Zur Ambivalenz der Feminisierung von Gesellschaft, Kirche und Theologie im 20. Jahrhundert* (Frankfurt a. M.: Gemeinschaftswerk der Evangelischen Publizistik, 2011) (*EPD-Dokumentation*, 2011, Nr. 25/26): 65–67.

Schefczyk, Michael, „Generationengerechtigkeit," in *Handbuch Gerechtigkeit*, hg. von Anna Goppel, Corinna Mieth u. Christian Neuhäuser (Stuttgart: J.B. Metzler, 2016): 130–137.

Scheffczyk, Leo, *Die Theologie und die Wissenschaften* (Stein am Rhein: Christiana-Verlag, 1979).

Scheidegger, Nora, „Art. 191," in *Annotierter Kommentar StGB*, hg. von Damian K. Graf (Bern: Stämpfli, 2020): 1171–1175.

Scheliha von, Arnulf, „‚Menschenwürde' – Konkurrent oder Realisator der Christlichen Freiheit? Theologiegeschichtliche Perspektiven," in *Freiheit und Menschenwürde. Studien zum Beitrag des Protestantismus*, hg. von Jörg Dierken u. Arnulf von Scheliha (Tübingen: Mohr Siebeck, 2005) (*Religion in Philosophy and Theology*, Bd. 16): 241–263.

Schelsky, Helmut, *Soziologie der Sexualität. Über die Beziehungen zwischen Geschlecht, Moral und Gesellschaft* (Reinbek b. Hamburg: Rowohlt, 1973).

Schelling, Friedrich Wilhelm Joseph, *Erster Entwurf eines Systems der Naturphilosophie. Zum Behuf seiner Vorlesungen* (Jena u. Leipzig: Gabler, 1799).

Schelske, Andreas, *Die kulturelle Bedeutung von Bildern. Soziologische und semiotische Überlegungen zur visuellen Kommunikation* (Wiesbaden: Springer, 1997) (zugl. Dissertation, Universität Hamburg 1996).

Schemer, Christian „Priming, Framing, Stereotype," in *Handbuch Medienwirkungsforschung*, hg. von Wolfgang Schweiger u. Andreas Fahr (Wiesbaden: Springer VS, 2013): 153–169.

Schenk, Michael, *Medienwirkungsforschung*, 3. Aufl. (Tübingen: Mohr Siebeck, 2007 [1987]).

Schenk, Wiltrud, „Prostitution – ein Beruf wie jeder andere oder Folge von sexuellem Mißbrauch," in *Skandal und Alltag. Sexueller Mißbrauch und Gegenstrategien*, hg. von Gitti Hentschel (Berlin: Orlanda-Frauenverl., 1996): 105–114.

Scherndl, Gabriele, „Sexkauf zu verbieten erhöht Gewalt gegen Prostituierte," *Der Standard*, 17.12.2019; abrufbar unter: https://t1p.de/apr4 [Zugriff: 21.03.2021])

Scherner, Gerold et al., „Pädophilie und Hebephilie," in *Pädophilie, Hebephilie und sexueller Kindesmissbrauch. Die Berliner Dissexualitätstherapie*, hg. von Klaus M. Beier (Berlin: Springer, 2018): 1–13.

Schetsche, Michael, „Der ‚einvernehmliche Mißbrauch'. Zur Problematik der Begründung des sexualstrafrechtlichen Schutzes von Kindern und Jugendlichen,' *Monatsschrift für Kriminologie und Strafrechtsreform* 77(4) (1994): 201–214.

Scheufele, Bertram, *Frames – Framing – Framing-Effekte. Theoretische und methodische Grundlegung des Framing-Ansatzes sowie empirische Befunde zur Nachrichtenproduktion* (Wiesbaden: Springer VS, 2003).

Scheufele, Bertram, *Sexueller Missbrauch – Mediendarstellung und Medienwirkung* (Wiesbaden: VS Verlag für Sozialwissenschaften, 2005).

Scheule, Rupert M., *Wir Freiheitsmüden. Warum Entscheidung immer mehr zur Last wird* (München: Kösel, 2015).

Scheungrab, Michael, *Filmkonsum und Delinquenz. Ergebnisse einer Interviewstudie mit straffälligen und nicht-straffälligen Jugendlichen und jungen Erwachsenen* (Regensburg: S. Roderer, 1993; zugl. Dissertation, Universität Regensburg, 1993) (*Medienforschung*, Bd. 5).

Schiffer, Boris, „Pädophilie," in *Sexualität, Körper und Neurobiologie. Grundlagen und Störungsbilder im interdisziplinären Fokus*, hg. von Aglaja Stirn et al. (Stuttgart: W. Kohlhammer, 2014): 251–261.

Schiffer, Boris, *Neuronale Systeme in der Steuerung von normalem und deviantem Sexualverhalten* (Herbolzheim: Centaurus, 2006; zugl. Dissertation, Universität Bochum, 2005) (*Reihe Psychologie*, Bd. 36).

Schilling, Karsten „Hoffnung oder über die Alleinsamkeit," in *Unterm vollen Mond wacht die Nacht. Autoren-Werkstatt 48. Anthologie*, hg. von Rita G. Fischer (Frankfurt a. M.: R.G. Fischer, 1995).

Schindler, Franz M., *Lehrbuch der Moraltheologie*, Bd. 3 (Wien: A. Opitz Nachfolger, 1914).

Schirach, Ariadne von, *Der Tanz um die Lust*, 3. Aufl. (München: Goldmann, 2007 [2005]).

Schirrmacher, Thomas, *Ethik*, Bd. 4, 4. Aufl. (Nürnberg: Verlag für Theologie und Religionswissenschaft u. Hamburg: Reformatorischer Verlag, 2009 [1994]).

Schirrmacher, Thomas, *Ethik*, Bd. 1–8, 5. Aufl. (Hamburg: Reformatorischer Verlag Beese u. Nürnberg: Verlag für Theologie und Religionswissenschaft, 2011 [1994]).

Schirrmacher, Thomas, *Internetpornografie … und was jeder darüber wissen sollte* (Holzgerlingen: Hänssler, 2008).

Schirrmacher, Thomas, *Kaffeepausen mit dem Papst. Meine Begegnungen mit Franziskus* (Holzgerlingen: SCM-Verlag, 2016).

Schirrmacher, Thomas; Vogt, Titus, *„Ein neues normatives Familienmodell" als „normative Orientierung" – Eine soziologische und theologische Kritik des Familienpapiers der EKD („Wissenschaftliches Gutachten zum Familienpapier der EKD: Zwischen Autonomie und Angewiesenheit: Familie als verlässliche Gemeinschaft stärken: Eine Orientierungshilfe des Rates der Evangelischen Kirche in Deutschland. 2013. 160 S.")* (Bonn: Verlag für Kultur und Wissenschaft, 2014).

Schirrmacher, Thomas, Blogeintrag „Der Prozentsatz der Homosexuellen ist in 110 Jahren nicht gestiegen," 28.05.2015; abrufbar unter: https://t1p.de/u28m (Zugriff: 31.10.2021).

Schlaak, Claudia, *Das zweigeteilte Baskenland* (Berlin u. Boston: De Gruyter, 2014).

Schlögl-Flierl, Kerstin, „Im Wandel begriffen – Familien- und Beziehungsethik aus moraltheologischer Perspektive," in *Ökumenische Ethik*, hg. von Thomas Laubach (Basel: Schwabe u. Würzburg: Echter, 2019): 279–297.

Schmalt, Heinz-Dieter; Langens, Thomas A., *Motivation*, 4. Aufl. (Stuttgart: W. Kohlhammer, 2009 [1981]).

Schmid, Conny F., *Sexuelle Übergriffe an Kindern und Jugendlichen in der Schweiz. Formen, Verbreitung, Tatumstände* (Zürich: UBS Optimus Foundation, 2012).

Schmid, Jeannette, „Aggressives Verhalten," in *Krieg und Frieden. Handbuch der Konflikt- und Friedenspsychologie*, hg. von Gert Sommer u. Albert Fuchs (Weinheim et al.: Beltz, 2004): 89–102.

Schmidbauer, Wolfgang, *Homo consumens. Der Kult des Überflusses* (Stuttgart: Deutsche Verlags-Anstalt, 1972).

Schmidhäuser, Eberhard, „Gesinnungsethik und Gesinnungsstrafrecht," in *Festschrift für Wilhelm Gallas zum 70. Geburtstag am 22. Juli 1973*, hg. von Karl Lackner et al. (Berlin u. New York: Walter de Gruyter, 1973): 81–97.

Schmidt, Anja, „Geschlecht und Sexualität," in *Feministische Rechtswissenschaft. Ein Studienbuch*, hg. von Lena Foljanty u. Ulrike Lembke, (Baden-Baden: Nomos, 2006): 174–192.

Schmidt, Anja, „Pornographie: Verbot – Regulierung – Freigabe?," in *Regulierungen des Intimen. Sexualität und Recht im modernen Staat,* hg. von Ulrike Lembke (Wiesbaden: Springer, 2017): 333–351.

Schmidt, Anja, „Pornographie, Prostitution und sexuelle Kultur," in *Autonomie im Recht – Geschlechtertheoretisch vermessen*, hg. von Susanne Baer u. Ute Sacksofsky (Baden-Baden: Nomos, 2018): 305–318.

Schmidt, Axel, „Interaktion und Kommunikation," in *Mediensoziologie. Handbuch für Wissenschaft und Studium*, hg. von Dagmar Hoffmann u. Rainer Winter (Baden-Baden: Nomos, 2018): 15–38.

Schmidt, Eberhard, *Der Arzt im Strafrecht* (Leipzig: Weicher, 1939) (*Leipziger rechtswissenschaftliche Studien*, Heft 116).

Schmidt, Gunter, „Sexuelle Motivation und Kontrolle," in *Ergebnisse zur Sexualforschung – Arbeiten aus dem Hamburger Institut für Sexualforschung*, hg. von Eberhard Schorsch u. Gunter Schmidt (Köln: Wissenschafts-Verlag, 1975): 30–47.

Schmidt, Gunter, „Motivationale Grundlagen sexuellen Verhaltens," in *Psychologie der Motive*, hg. von Hans Thomae (Göttingen: Verlag für Psychologie, 1983) (*Enzyklopädie der Psychologie* C.IV.2): 70–109.

Schmidt, Gunter, *Das grosse Der Die Das. Über das Sexuelle*, Neuausgabe (Reinbek b. Hamburg: Rowohlt, 1993 [1988]).

Schmidt, Gunter, *Sexuelle Verhältnisse. Über das Verschwinden der Sexualmoral*, überarbeitete Neuausgabe (Reinbek b. Hamburg: Rowohlt, 1998).

Schmidt, Gunter, „Das Verschwinden der Sexualmoral," in: Ders. *Das Verschwinden der Sexualmoral. Über sexuelle Verhältnisse* (Hamburg: Klein, 1996): 7–16.

Schmidt, Gunter, „Über die Tragik pädophiler Männer," *Zeitschrift für Sexualforschung* 12(2) (1999): 133–139.

Schmidt, Gunter, „Spätmoderne Sexualverhältnisse," in *Sexuelle Szenen. Inszenierungen von Geschlecht und Sexualität in modernen Gesellschaften*, hg. von Christiane Schmerl, Stefanie Soine, Marlene Stein-Hilbers u. Birgitta Wrede (Wiesbaden: Springer, 2000): 268–280.

Schmidt, Gunter, „Kindersexualität. Konturen eines dunklen Kontinents," *Zeitschrift für Sexualforschung* 17(4) (2004): 312–322 (Wiederabdruck in: *Kindliche Sexualität*, hg. von Ilka Quindeau u. Micha Brumlik [Weinheim u. Basel: Beltz Juventa, 2012]: 60–70).

Schmidt, Gunter, „Sexualität und Kultur: Soziokultureller Wandel der Sexualität," in *Sexualität im Wandel*, hg. von Rainer Hornung, Claus Buddeberg u. Thomas Bucher (Zürich: vdf, 2004): 11–28.

Schmidt, Gunter et al., *Spätmoderne Beziehungswelten. Report über Partnerschaft und Sexualität in drei Generationen* (Wiesbaden: VS Verlag für Sozialwissenschaften, 2006).

Schmidt, Gunter, „Sexualität," in *68er Spätlese – was bleibt von 1968?*, hg. von Tobias Schaffrik (Berlin: LIT, 2008): 46–57.

Schmidt, Gunter; Matthiesen, Silja, „‚What do boys do with porn?' Ergebnisse einer Interviewstudie, Teil 2," *Zeitschrift für Sexualforschung* 24(4) (2011): 353–378.

Schmidt, Gunter, „Abschied vom Trieb. Interpretationen des sexuellen Verlangens," in *Sexualisierte Gewalt, Macht und Pädagogik*, hg. von Werner Thole et al. (Opladen et al.: Barbara Budrich, 2012): 165–173.

Schmidt, Gunter; Matthiesen, Silja, „Pornografiekonsum von Jugendlichen – Fakten und Fiktionen," in *Pornografisierung von Gesellschaft. Perspektiven aus Theorie, Empirie und Praxis*, hg. von Martina Schuegraf u. Angela Tillmann (Köln: Herbert von Halem Verlag, 2017): 245–257.

Schmidt, Renate-Berenike; Schetsche, Michael, „Ein ‚dunkler Drang aus dem Leibe'. Deutungen kindlicher Onanie seit dem 18. Jahrhundert," *Zeitschrift für Sexualforschung* 9(1) (1996): 1–22.

Schmidt, Ribana, *Feministische und ethische Pornografie. Revolution einer Branche oder Randerscheinung* (Baden-Baden: Tectum, 2019).

Schmitt, Alain „Kinderschutz auf dem Prüfstand: Von Verbesserungspotentialen, Fehlern und Qualitätssicherung," in *Psychologie in der Jugendwohlfahrt. Konzepte, Methoden, Positionen*, hg. von Gerda Klammer u. Belinda Mikosz (Wien: WUV Universitätsverlag, 2001): 176–197.

Schmitter, Romina, *Prostitution – Das älteste Gewerbe der Welt? Fragen der Gegenwart an die Geschichte*, hg. vom Bremer Frauenmuseum e.V., 2. Aufl. (Oldenburg: Schardt, 2007 [2004]): 7 f.

Schmitz, Hermann, *Jenseits des Naturalismus* (Freiburg i.Br. u. München: Alber, 2010).

Schmitz, Sigrid, „Geschlechtergrenzen. Geschlechtsentwicklung, Intersex und Transsex im Spannungsfeld zwischen biologischer Determination und kultureller Konstruktion," in *Geschlechterforschung und Naturwissenschaften. Einführung in ein komplexes Wechselspiel* (Wiesbaden: VS Verlag für Sozialwissenschaften, 2006) (*Studien Interdisziplinäre Geschlechterforschung*, Bd. 14): 33–56.

Schmoll, Dirk, „Körperdysmorpher Wahn," in *Seltene Wahnstörungen. Psychopathologie – Diagnostik – Therapie*, hg. von Petra Garlipp u. Horst Haltenhof (Stuttgart: Steinkopff Verlag, 2010): 38–46.

Schnädelbach, Herbert, „Mit oder ohne Gott? Ansichten des Atheismus," in: Ders., *Religion in der modernen Welt. Vorträge, Abhandlungen, Streitschriften* (Frankfurt a. M.: Fischer, 2009): 52–77.

Schnarch, David, *Die Psychologie sexueller Leidenschaft*, übers. von Christoph Trunk u. Maja Ueberle-Pfaff (Stuttgart: Klett-Cotta 2006 [1997]).

Schneider, Hans Joachim, *Einführung in die Kriminologie*, 3. Aufl. (Berlin u. New York: Walter de Gruyter, 1993 [1974]).

Schneider, Hans Joachim, „Vergewaltigung," in *Handwörterbuch der Kriminologie*, begründet von Alexander Elster u. Heinrich Lingemann, 2. Aufl. von Rudolf Sievers u. Hans Joachim Schneider, Bd. 5, *Nachtrags- und Registerband* (Berlin u. New York: Walter de Gruyter, 1998): 524–562.

Schneider, Hans Joachim, „Vergewaltigung," in *Internationales Handbuch der Kriminologie*, hg. von Hans Joachim Schneider, Bd. 2, *Besondere Probleme der Kriminologie* (Berlin: De Gruyter Recht, 2009): 813–864.

Schneider, Hans Joachim, „Behandlung von Sexualstraftätern," in *Internationales Handbuch der Kriminologie*, hg. von Hans Joachim Schneider, Bd. 2, *Besondere Probleme der Kriminologie* (Berlin: De Gruyter Recht, 2009): 947–982.

Schneider, Hans Joachim, *Kriminologie. Ein internationales Handbuch*, Bd. 1, *Grundlagen* (Berlin u. Boston: De Gruyter, 2014).

Schneider, Stefan, *Prostitutionstourismus in Thailand. Modernisierung auf Abwegen. Soziologische Analysen* (Würzburg: Ergon, 1997).

Schnelle, Udo, *Neutestamentliche Anthropologie. Jesus, Paulus, Johannes* (Neukirchen-Vluyn: Neukirchener, 1991) (*Biblisch-theologische Studien*, Bd. 18).

Schockenhoff, Eberhard „Der lange Schatten des Augustinus – oder: Was heißt menschenwürdige Sexualität?," *IkaZ Communio* 41(2) (2012): 197–212.

Schockenhoff, Eberhard, „Der Anspruch des Wortes Gottes und das Recht zum eigenen Standpunkt. Der Weg der protestantischen Ethik aus der Sicht katholischer Theologie," *Zeitschrift für Evangelische Ethik* 52 (2008): 55–66.

Schockenhoff, Eberhard, „Sexualität und Ehe. Moraltheologische Überlegungen zu ihren anthropologischen Grundlagen," *Stimmen der Zeit* 215 (1997): 435–447.

Schockenhoff, Eberhard, *Ethik des Lebens. Grundlagen und neue Herausforderungen*, 2. Aufl. (Freiburg i.Br. et al.: Herder, 2013 [2009]).

Schockenhoff, Eberhard, *Grundlegung der Ethik. Ein theologischer Entwurf*, 2. Aufl. (Freiburg i.Br. et al.: Herder, 2014 [2007]).

Schockenhoff, Eberhard, *Die Kunst zu lieben. Unterwegs zu einer neuen Sexualethik*, posthum hg. von Hannes Groß und Philipp Haas (Freiburg i.Br.: Herder, 2021).

Scholl, Armin, *Die Befragung*, 4. Aufl. (Konstanz u. München: UVK 2018 [2005]).

Scholz, Stefan, Art. „Homosexualität (NT)," in WiBiLex; abrufbar unter https://www.bibelwissenschaft.de/stichwort/46910/ (Zugriff: 31.10.2021).

Schomers, Bärbel, *Coming-out – Queere Identitäten zwischen Diskriminierung und Emanzipation* (Opladen: Budrich, 2018).

Schon, Manuela, „Prostitution als Spielfeld zur Reproduktion männlicher Herrschaft," in *Prostitution heute. Befunde und Perspektiven aus Gesellschaftswissenschaften und Sozialer Arbeit*, hg. von Carina Angelina, Stefan Piasecki u. Christiane Schurian-Bremecker (Baden-Baden: Tectum, 2018): 57–73.

Schönke, Adolf; Schröder, Horst, *Strafgesetzbuch. Kommentar*, 29. Aufl. (München: Beck, 2014).

Schorb, Bernd, *Medienalltag und Handeln. Medienpädagogik im Spiegel von Geschichte, Forschung und Praxis* [auf dem Buchcover: *Medienpädagogik in Geschichte, Forschung und Praxis*] (Opladen: Leske + Budrich, 1995).

Schorsch, Eberhard, „Die Stellung der Sexualität in der psychischen Organisation des Menschen," *Der Nervenarzt* 49 (1978): 456–460.

Schorsch, Eberhard, „Bausteine einer Theorie der Liebe," *Universitas* 42 (1987): 753–763.

Schorsch, Eberhard, „Kinderliebe. Veränderungen der gesellschaftlichen Bewertung pädosexueller Kontakte," *Monatsschrift für Kriminologie und Strafrechtsreform* 72 (1989): 141–146.

Schorsch, Eberhard, „Versuch über Sexualität und Aggression," *Zeitschrift für Sexualforschung* 2 (1989): 14–28.

Schorsch, Eberhard, „Zur Frage von Sexualität, Lust, Angst und Gewalt," in *Frauen & Männer und Pornographie. Ansichten, Absichten, Einsichten*, hg. von Eva Dane (Frankfurt a. M.: Fischer, 1990): 130–136.

Schramm, Michael, *Die Prinzipien der Aristotelischen Topik* (München u. Leipzig: Saur, 2004).

Schreiber, Gerhard, *Apriorische Gewissheit. Das Glaubensverständnis des jungen Kierkegaard und seine philosophisch-theologischen Voraussetzungen* (Berlin u. Boston: De Gruyter, 2014; zugl. Dissertation, Universität Frankfurt, 2012) (*Kierkegaard Studies Monograph Series*, Bd. 30).

Schreiber, Gerhard, „Weil Gott es befiehlt. Kierkegaards theonome Ethik," in *Entweder – oder … Eine Begegnung mit Sören Kierkegaard*, hg. von Gernot Meier u. Christoph Schneider-Harpprecht (Bad Herrenalb: Evangelische Akademie Baden, 2015) (*Herrenalber Forum*, Bd. 80): 83–137.

Schreiber, Gerhard, Art. „Homosexualität," in *Evangelisches Soziallexikon*, 9. Aufl., hg. von Jörg Hübner et al. (Stuttgart: W. Kohlhammer, 2016): 682–684.

Schreiber, Gerhard, „Todesstrafe," in *Evangelisches Soziallexikon*, 9. Aufl., hg. von Jörg Hübner et al. (Stuttgart: W. Kohlhammer, 2016): 1549–1551.

Schreiber, Gerhard, „Geschlecht als Leerstelle? Zur Verfassungsbeschwerde 1 BvR 2019/16 gegen die Versagung eines dritten Geschlechtseintrags," *Ethik und Gesellschaft*, 2017, Nr. 1; abrufbar unter: https://t1p.de/gbu8 (Zugriff: 31.10.2021).

Schreiber, Gerhard, „Jenseits der Geschlechterbinarität. Transsexualität, Theologie und Kirche," *Marriage, Families & Spirituality* 23 (2017): 52–69.

Schreiber, Gerhard, „Geschlecht außer Norm. Zur theologischen Auseinandersetzung mit geschlechtlicher Vielfalt am Beispiel der Intersexualität," in *Diverse Identität. Interdisziplinäre Annäherungen an das Phänomen Intersexualität*, hg. von Julia Koll, Jantine Nierop und Gerhard Schreiber (Hannover: EKD, 2018) (*Schriften zu Genderfragen in Kirche und Theologie*, Bd. 4): 29–47.

Schreiber, Gerhard, „Ein Gotteskind braucht kein Geschlecht," in *Gender im Disput. Dialogbeiträge zur Bedeutung der Genderforschung für Kirche und Theologie*, hg. vom Studienzentrum der EKD für Genderfragen in Kirche und Theologie (Hannover: EKD, 2018) (*Schriften zu Genderfragen in Kirche und Theologie*, Bd. 3): 98–106.

Schreiber, Gerhard, „Semper reformandum? Geschlechtliche Vielfalt als Herausforderung und Chance für den Protestantismus," in *Kulturelle Wirkungen der Reformation / Cultural Impact of the Reformation. Kongressdokumentation Lutherstadt Wittenberg August 2017*, hg. von Klaus Fitschen et al., Bd. 1 (Leipzig: EVA, 2018) (*Leucorea-Studien zur Geschichte der Reformation und der Lutherischen Orthodoxie*, Bd. 36): 215–223.

Schreiber, Gerhard (Hg.), *Das Geschlecht in mir. Neurowissenschaftliche, alltagsweltliche und theologische Beiträge zu Transsexualität*, (Berlin u. Boston: De Gruyter, 2019).

Schreiber, Gerhard, „Schöne neue Familienvielfalt. Bemerkungen aus protestantischer Sicht," in *Familie von morgen. Neue Werte für die Familie(npolitik)*, hg. von Eva Harasta u. Carolin Küppers (Opladen et al.: Budrich, 2019): 155–158.

Schreiber, Gerhard, „Zwischen Selbstinszenierung und Wirklichkeit. Zu den aktuellen programmatischen Selbstverständigungsbemühungen der Evangelischen Kirche in Deutschland (EKD) gegenüber dem Staat des Grundgesetzes," in *Wechselseitige Erwartungslosigkeit? Die Kirchen und der Staat des Grundgesetzes – gestern, heute und morgen*, hg. von Hermann-Josef Große Kracht und Gerhard Schreiber (Berlin/Boston: Walter de Gruyter, 2019): 135–159.

Schreiber, Gerhard, „Kierkegaards Sprung. Systematische und rezeptionsgeschichtliche Bemerkungen," *Archiv für Begriffsgeschichte* 62 (2020): 163–194.

Schreiber, Gerhard, „Beyond the Binary. On the Introduction of a Third Gender Option in German Civil Status Law," *Researcher. European Journal of Humanities & Social Sciences* 3(1) (2020): 83–99.

Schreiber, Gerhard, „An der Zeit. Zur Zeitgemäßheit Feministischer Theologie," in *Perspektiven Feministischer Theologie und Gender Studies. Festschrift für Renate Jost*, hg. von Cornelia Schlarb, Gury Schneider-Ludorff u. Christine Stradtner (Berlin et al.: LIT, 2021) (*Internationale Forschungen in Feministischer Theologie und Religion. Befreiende Perspektiven*, Bd. 11): 71–77.

Schreiber, Gerhard, „Begriffe vom Unbegreiflichen. Beobachtungen zur Rede von ‚sexueller Gewalt' und ‚sexualisierter Gewalt'," in *Sexualisierte Gewalt in kirchlichen Kontexten. Neue interdisziplinäre Perspektiven*, hg. von Mathias Wirth, Isabelle Noth u. Silvia Schroer (Berlin u. Boston: De Gruyter, 2022): 123–145.

Schrey, Heinz-Horst, Art. „Gewalt/Gewaltlosigkeit I. Ethisch," in *Theologische Realenzyklopädie*, hg. von Gerhard Müller et al., Bd. 13 (Berlin u. New York: Walter de Gruyter, 1984): 168–178.

Schroeder, Friedrich-Christian, *Pornographie, Jugendschutz und Kunstfreiheit* (Heidelberg: C.F. Müller, 1992) (*Schriftenreihe/Juristische Studiengesellschaft Karlsruhe*, Heft 205).

Schröer, Henning, *Die Denkform der Paradoxalität als theologisches Problem. Eine Untersuchung zu Kierkegaard und der neueren Theologie als Beitrag zur theologischen Logik* (Göttingen: Vandenhoeck & Ruprecht, 1960) (zugleich Dissertation, Universität Heidelberg, 1959).

Schrott, Nina, *Intersex-Operationen. Die strafrechtliche Bewertung geschlechtsbestimmender Operationen an intersexuell geborenen Minderjährigen unter besonderer Berücksichtigung stellvertretender elterlicher Einwilligung* (Baden-Baden: Nomos, 2020) (zugl. Dissertation, Universität München, 2019).

Schröttle, Monika; Müller, Ursula, „II. Teilpopulationen-Erhebung bei Prostituierten," in: Bundesministerium für Familie, Senioren, Frauen und Jugend, *Lebenssituation, Sicherheit und Gesundheit von Frauen in Deutschland. Eine repräsentative Untersuchung zu Gewalt gegen Frauen in Deutschland* [Langfassung] (Berlin: BMFSFJ, 2004).

Schubart, Walter, *Religion und Eros*, hg. von Friedrich Seifert (München: C.H. Beck, 2001 [1941]).

Schubarth, Wilfried, *Gewalt und Mobbing an Schulen. Möglichkeiten der Prävention und Intervention*, 4. Aufl. (Stuttgart: Kohlhammer, 2020 [2010]).

Schulenberg, Wolfgang, „Das Dogma von der Ethik des Gewaltverzichts," in *Rechtserhaltende Gewalt – zur Kriteriologie. Fragen zur Gewalt*, Bd. 3, hg. von Ines-Jacqueline Werkner u. Peter Rudolf (Wiesbaden: Springer VS, 2019): 59–74.

Schult, Peter, „Die Pädophilie-Bewegung in Westdeutschland. Rückblick und Perspektiven," in *Pädophilie Heute. Berichte, Meinungen und Interviews zur sexuellen Befreiung des Kindes*, hg. von Joachim S. Hohmann (Frankfurt a. M. u. Berlin: Foerster, 1980): 15–28.

Schulz, Esther, *Der Mensch als Bild Gottes – der Mensch an der Grenze des Lebens. Ein Leitbild des seelsorglichen Handelns* (Leipzig: Benno-Verlag, 2005) (*Erfurter theologische Studien*, Bd. 86).

Schulz, Heiko, „Die Goldene Regel. Versuch einer prinzipienethischen Rehabilitierung," *Zeitschrift für Evangelische Ethik* 47 (2003): 193–209.

Schulz, Walter, *Grundprobleme der Ethik*, 2. Aufl. (Stuttgart: Neske, 1993 [1989]).

Schulze, Reinhard, „Religion und Macht – Überlegungen zu einer Beziehungsgeschichte," in *Welche Macht hat Religion? Anfragen an Christentum und Islam*, hg. von Christian Ströbele, Tobias Specker, Amir Dziri u. Muna Tatari (Regensburg: Pustet, 2019): 55–76.

Schumann, Heribert, „Zum strafrechtlichen und rundfunkrechtlichen Begriff der Pornographie," in *Festschrift für Theodor Lenckner zum 70. Geburtstag*, hg. von Albin Eser, Ulrike Schittenhelm u. Heribert Schumann (München: C.H. Beck, 1998): 565–584.

Schumpeter, Joseph A., *Kapitalismus, Sozialismus und Demokratie. Mit einer Einführung von Heinz D. Kurz*, 10. Aufl. (Tübingen: Narr Francke Attempto, 2020 [1946]): 103–109.

Schüßler, Werner, „Zwang – das ‚fremde Werk' der Liebe. Zu Paul Tillichs Ontologie der Macht, Gerechtigkeit und Liebe," in *Medizin – Zwang – Gesellschaft*, hg. von Michaela Thal, Mareike Kehl, Jean-Philippe Ernst u. Dominik Groß (Berlin: Medizinisch Wissenschaftliche Verlagsgesellschaft, 2012): 19–34.

Schüßler, Michael, *Mit Gott neu beginnen. Die Zeitdimension von Theologie und Kirche in ereignisbasierter Gesellschaft* (Stuttgart: Kohlhammer, 2013) (*Praktische Theologie heute*, Bd. 134).

Schüßler, Michael, Begrüßung und Einführung zum Studientag 2019 „Sexualisierte Gewalt in der Kirche – Zur Verantwortung theologischer Konzepte und deren notwendiger Veränderung" der Katholisch-Theologischen Fakultät der Universität Tübingen (06.06.2019); Manuskript abrufbar unter: https://t1p.de/xryu (Zugriff: 31.10.2021).

Schuster, Josef, „Das Problem der Glaubwürdigkeit kirchlicher Sexualmoral," in *Zukunftshorizonte katholischer Sexualethik*, hg. von Konrad Hilpert (Freiburg et al.: Herder, 2011) (*Quaestiones disputatae*, Bd. 241): 418 – 435.

Schütz, Alfred, *Der sinnhafte Aufbau der sozialen Welt. Eine Einleitung in die verstehende Soziologie* (Wien: Julius Springer, 1932).

Schütz, Alfred; Luckmann, Thomas, *Strukturen der Lebenswelt*, 2. Aufl. (Konstanz u. München: UVK, 2017 [2003]).

Schütz, Paul, *Das Mysterium der Geschichte. Von der Anwesenheit des Heilenden in der Zeit* (Hamburg: Furche, 1963).

Schüz, Juliane, *Glaube in Karl Barths ‚Kirchlicher Dogmatik'. Die anthropologische Gestalt des Glaubens zwischen Exzentrizität und Deutung* (Berlin u. Boston: De Gruyter, 2018) (*Theologische Bibliothek Töpelmann*, Bd. 182).

Schwarzer, Alice, *Der „kleine Unterschied" und seine großen Folgen. Frauen über sich. Beginn einer Befreiung* (Frankfurt a. M.: Fischer, 1975).

Schwarzer, Alice, „Macht Prostitution frei?," *EMMA*, 1980, Nr. 10, 5.

Schwarzer, Alice (Hg.), „Das Gesetz," *EMMA*, 1987, Nr. 12 (Dezember).

Schwarzer, Alice, Gespräch mit Amendt, Günter, „Wie frei macht Pädophilie?," *EMMA*, 1980, Nr. 4, 26 – 31.

Schwarzer, Alice, „Emanzipiert Pädophilie?," *pro familia magazin. Sexualpädagogik und Familienplanung*, 1987, Nr. 5, 11 – 12.

Schwarzer, Alice, „Vorwort," in *Emma-Sonderband 5: PorNO. Die Kampagne. Das Gesetz. Die Debatte*, hg. von Alice Schwarzer (Köln: EMMA Frauenverlags GmbH, 1988): 5.

Schwarzer, Alice, „Wir modernen Hexen," *EMMA*, 1988, Nr. 12, 12 – 16.

Schwarzer, Alice; Jelinek, Elfriede, „Malina," *EMMA*, 1991, Nr. 2, 14 – 24.

Schwarzer, Alice, *Von Liebe + Haß* (Frankfurt a. M.: Fischer, 1992).

Schwarzer, Alice, *PorNO. Opfer & Täter, Gegenwehr & Backlash, Verantwortung & Gesetz* (Köln: Kiepenheuer & Witsch, 1994).

Schwarzer, Alice, *Alice im Männerland. Eine Zwischenbilanz* (Köln: Kiepenheuer & Witsch, 2002).

Schwarzer, Alice, Interview mit Anna Reimann, abgedruckt als: „Alice Schwarzer über Prostitution. ‚Die Freiwilligkeit ist ein Mythos'," SPIEGEL-ONLINE, 31. Oktober 2007.

Schwarzer, Alice, „Eine Welt ohne Prostitution ist denkbar," *EMMA*, 2013, Heft 6, 8 f.

Schwarzer, Alice, „Prostitution Pädophilie," *DIE ZEIT*, Nr. 49, 28.11.2013, 51.

Schweikert, Birgit, *Gewalt ist kein Schicksal. Ausgangsbedingungen, Praxis und Möglichkeiten einer rechtlichen Intervention bei häuslicher Gewalt gegen Frauen unter besonderer Berücksichtigung von polizei- und zivilrechtlichen Befugnissen* (Baden-Baden: Nomos, 2000) (*Schriften zur Gleichstellung der Frau*, Bd. 23).

Schwedisches Strafgesetzbuch (engl. und schwedische Version); abrufbar unter: https://t1p.de/8m8o (Zugriff: 31.10.2021).

Schweikhardt, Josef, „Sex und Gewalt. Phänomene der Medienrezeption," *Maske und Kothurn* 25(3–4) (1979): 263–280.

Schweizerisches Strafgesetzbuch; abrufbar unter: https://www.fedlex.admin.ch/eli/cc/54/ 757_781_799/de (Zugriff: 15.10.2020).

Schweitzer, Jochen, „Vorwort," in: Angelika Eck, *Sexuelle Fantasien in der Therapie* (Göttingen: Vandenhoeck & Ruprecht, 2020): 9–11.

Schweitzer, Otto, „Salò o le 120 giornate di Sodoma," in *Metzler Film Lexikon*, hg. von Michael Töteberg, 2. Aufl. (Stuttgart u. Weimer, 2005): 554–556.

Schwenck, Johann Konrad, *Wörterbuch der deutschen Sprache in Beziehung auf Abstammung und Begriffsbildung* (Frankfurt a. M.: Sauerländer, 1834).

Schwenger, Hannes, *Antisexuelle Propaganda. Sexualpolitik in der Kirche* (Reinbek b. Hamburg: Rowohlt, 1969).

Schwichow, Lennart von, *Die Menschenwürde in der EMRK. Mögliche Grundannahmen, ideologische Aufladung und rechtspolitische Perspektiven nach der Rechtsprechung des Europäischen Gerichtshofs für Menschenrechte* (Tübingen: Mohr Siebeck, 2016) (*Jus Internationale et Europaeum*, Bd. 123).

Schwind, Hans-Dieter, „Zu Akzeptanz und Umsetzungsstand der Vorschläge der (Anti-) Gewaltkommission der Bundesregierung. Ein Überblick auf dem exemplarischen Wege," in *Festschrift für Hans Joachim Schneider zum 70. Geburtstag am 14. November 1998. Kriminologie an der Schwelle zum 21. Jahrhundert*, hg. von Hans-Dieter Schwind, Edwin Kube u. Hans-Heiner Kühne (Berlin u. New York: Walter de Gruyter, 1998): 813–846.

Schwöbel, Christoph, „Glaube und Kultur. Gedanken zu einer Theologie der Kultur," *Neue Zeitschrift für Systematische Theologie und Religionsphilosophie* 38 (1996): 137–154.

Schwöbel, Christoph, „Offenbarung und Erfahrung – Glaube und Lebenserfahrung. Systematisch-theologische Überlegungen zu ihrer Verhältnisbestimmung" (1990), in: Ders., *Gott in Beziehung. Studien zur Dogmatik* (Tübingen: Mohr Siebeck, 2002): 53–129.

Schwöbel, Christoph, „Menschsein als Sein-in-Beziehung. Zwölf Thesen für eine christliche Anthropologie," in: Ders., *Gott in Beziehung. Studien zur Dogmatik* (Tübingen: Mohr Siebeck, 2002): 193–226.

Schwöbel, Christoph, „Auf der Suche nach Erfahrung der Wahrheit," in: Ders., *Gott im Gespräch. Theologische Studien zur Gegenwartsdeutung* (Tübingen: Mohr Siebeck, 2011): 179–206.

Schwöbel, Christoph, „Sünde – Selbstwiderspruch im Widerspruch gegen Gott. Annäherungen an das Verständnis eines christlichen Zentralbegriffs," in: Ders., *Gott im Gespräch. Theologische Studien zur Gegenwartsdeutung* (Tübingen: Mohr Siebeck, 2011): 291–320.

Scott, David Alexander, „How Pornography Changes Attitudes," *Pornography. A Human Tragedy*, hg. von Tom Minnery (Wheaton, Ill.: Christianity Today u. Tyndale House, 1987): 115–143.

Seebold, Elmar, *Vergleichendes und etymologisches Wörterbuch der germanischen starken Verben* (The Hague u. Paris: Mouton, 1970).

Seele, Peter; Lucas Zapf, *Die Rückseite der Cloud. Eine Theorie des Privaten ohne Geheimnis*, 2. Aufl. (Berlin: Springer 2020 [2017]).

Seidensticker, Bernd, „Distanz und Nähe. Zur Darstellung von Gewalt in der griechischen Tragödie," in *Gewalt und Ästhetik. Zur Gewalt und ihrer Darstellung in der griechischen Klassik*, hg. von Bernd Seidensticker u. Martin Vöhler (Berlin u. New York: Walter de Gruyter, 2006): 91–122.

Seifert, Christine, *Virginity in Young Adult Literature after Twilight* (Lanham et al.: Rowman & Littlefield, 2015).

Seifert, Josef, *Was ist und was motiviert eine sittliche Handlung?* (Salzburg u. München: Pustet, 1976).

Sekretariat der Deutschen Bischofskonferenz (Hg.)., *Nachsynodales Apostolisches Schreiben AMORIS LAETITIA* (Bonn: Sekretariat der Deutschen Bischofskonferenz, 2016) (*Verlautbarungen des Apostolischen Stuhls*, Bd. 204).

Selg, Hebert, „Über Wirkungen von Gewaltpornographie," in Eva Dane, *Frauen & Männer und Pornographie. Ansichten, Absichten, Einsichten* (Frankfurt a. M.: Fischer, 1990): 137–144.

Selg, Herbert, „Gewalt als Urbedürfnis?" in *Gewalt als Phänomen in der modernen Gesellschaft. Ein Symposiumsbericht*, hg. von Günter Bemmann u. Rolf-Peter Calliess (Düsseldorf et al.: Econ, 1988): 107–112.

Selg, Herbert; Mees, Ulrich; Berg, Detlef, *Psychologie der Aggressivität*, 2. Aufl. (Göttingen et al.: Hogrefe, 1997 [1988]).

Sell, Saskia, *Kommunikationsfreiheit. Emanzipatorische Diskurse im Kontext medientechnologischer Entwicklungsprozesse* (Wiesbaden: Springer VS, 2017) (zugl. Dissertation, FU Berlin, 2016).

Seneca, *Epistulae Morales ad Lucilium. Briefe an Lucilius*, lateinisch-deutsch, hg. und übers. von Gerhard Fink (Düsseldorf: Artemis & Winkler, 2007).

Seto, Michael; Eke, Angela, „The Criminal Histories and Later Offending of Child Pornography Offenders," *Sexual Abuse: A Journal of Research & Treatment* 17 (2005): 201–210.

Seto, Michael C.; Cantor, James M.; Blanchard, Ray, „Child Pornography Offenses Are a Valid Diagnostic Indicator of Pedophilia," *Journal of Abnormal Psychology* 115(3) (2006): 610–615.

Seto, Michael C., „Pedophilia," *Annual Review of Clinical Psychology* 5 (2009): 391–407.

Seto, Michael C.; Reeves, Lesley; Jung, Sandy, „Explanations Given by Child Pornography Offenders for their Crimes," *Journal of Sexual Aggression* 16(2) (2010): 169–180.

Seto, Michael C.; Hanson, R. Karl; Babchishin, Kelly M., „Contact Sexual Offending by Men With Online Sexual Offenses," *Sexual Abuse: A Journal of Research and Treatment* 23(1) (2011): 124–145.

Seto, Michael C., „Is Pedophilia a Sexual Orientation?," *Archives of Sexual Behavior* 41(1) (2012): 231–236.

Seto, Michael C.; Ahmed, Ag, „Treatment and Management of Child Pornography Use," *Psychiatric Clinics of North America* 37(2) (2014): 207–214

Seto, Michael C., „Internet-Facilitated Sexual Offending," in *Sex Offender Management Assessment and Planning Initiative*, hg. vom U.S. Department of Justice/Office of Justice Programs/Office of Sex Offender Sentencing, Monitoring, Apprehending, Registering, and Tracking (Washington: U.S. Department of Justice Office of Justice Programs, 2017): 91–105.

Seto, Michael, *Pedophilia and Sexual Offending Against Children. Theory, Assessment, and Intervention*, 2. Aufl. (Washington, DC: American Psychological Association 2018 [2008]).

Seubert, Harald, Rez. von Helmut Burkhardt, *Die bessere Gerechtigkeit. Spezifisch christliche Materialethik*, Bd. III (Gießen/Basel: Brunnen, 2013), in *Theologische Literaturzeitung* 149(6) (2014): Sp. 768–770.

Shateri, Marco, „Gewalt als Urerfahrung – Die Hybris der Götter," in *Liebe, Tod, Unsterblichkeit. Urerfahrungen der Menschheit im Gilgamesch-Epos*, hg. von Manfred Negele (Würzburg: Königshausen & Neumann, 2011): 93–105.

Shaw, Bernard, *The Collected Works of Bernard Shaw* (Ayot St. Lawrence Edition), Bd. 10 (New York: W.H. Wise, 1930).

Shiakou, Monica, „Representations of Attachment Patterns in the Family Drawings of Maltreated and Non-maltreated Children," *Child Abuse Review* 21(3) (2012): 190–202.

Shor, Eran; Seida, Kimberly, *Aggression in Pornography. Myths and Realities* (London: Routledge, 2020).

Shore-Goss, Robert E., „Queer incarnational bedfellows. Christian theology and BDSM practices," in *Contemporary Theological Approaches to Sexuality*, hg. von Lisa Isherwood u. Dirk von der Horst (London u. New York: Routledge, 2018): 222–243.

Sielert, Uwe, *Sexualpädagogik. Konzeption und didaktische Anregungen*, 2. Aufl. (Weinheim u. Basel: Beltz, 1993 [1991]).

Sielert, Uwe, „Sexualpädagogik und sexuelle Bildung," in *Praxisbuch Sexuelle Störungen. Sexuelle Gesundheit, Sexualmedizin, Psychotherapie sexueller Störungen*, hg. von Peer Briken u. Michael Berner (Stuttgart: Thieme, 2013): 63–71.

Sielert, Uwe, *Einführung in die Sexualpädagogik*, 2. Aufl. (Weinheim u. Basel: Beltz, 2015 [2005]).

Sielert, Uwe, „Sexualität und Diversifizierung sexueller Lebenswelten und Identitäten," in *Sexualität und Gender im Einwanderungsland. Öffentliche und zivilgesellschaftliche Aufgaben – ein Lehr- und Praxishandbuch*, hg. von Uwe Sielert, Helga Marburger u. Christiane Griese (Berlin u. Boston: Walter de Gruyter, 2017): 32–54.

Sielke, Sabine, Art. „Vergewaltigung," in *Metzler Lexikon Gender Studies Geschlechterforschung. Ansätze – Personen – Grundbegriffe*, hg. von Renate Kroll (Stuttgart u. Weimar: J.B. Metzler, 2002): 397.

Sigusch, Volkmar, „Was heißt kritische Sexualwissenschaft," *Zeitschrift für Sexualforschung* 1 (1988): 1–29.

Sigusch, Volkmar, „Der Aids-Komplex und unser Leviathan. Kann und soll uns der Staat über Aids aufklären?," *Psyche* 43(8) (1989): 673–697.

Sigusch, Volkmar, „Die Zerstreuung des Eros. Sexualforscher Volkmar Sigusch über die ‚neosexuelle Revolution," *DER SPIEGEL*, Nr. 23, 03.06.1996, 126–130.

Sigusch, Volkmar, „Kultureller Wandel der Sexualität," in *Sexuelle Störungen und ihre Behandlung*, hg. von Volkmar Sigusch (Stuttgart u. New York: Thieme, 1996): 16–31.

Sigusch, Volkmar, „Kritische Sexualwissenschaft und die Große Erzählung vom Wandel," *Zeitschrift für Sexualforschung* 11(1) (1998): 17–29.

Sigusch, Volkmar, „Vom König Sex zum Selfsex. Über gegenwärtige Transformationen der kulturellen Geschlechts- und Sexualformen," in *Sexuelle Szenen. Inszenierungen von Geschlecht und Sexualität in modernen Gesellschaften*, hg. von Christiane Schmerl, Stefanie Soine, Marlene Stein-Hilbers u. Birgitta Wrede (Wiesbaden: Springer, 2000): 229–249.

Sigusch, Volkmar, *Neosexualitäten. Über den kulturellen Wandel von Liebe und Perversion* (Frankfurt a. M. u. New York: Campus, 2005).

Sigusch, Volkmar, *Sexuelle Welten. Zwischenrufe eines Sexualforschers* (Gießen: Psychosozial-Verlag, 2005) (*Beiträge zur Sexualforschung*, Bd. 87).

Sigusch, Volkmar, *Praktische Sexualmedizin. Eine Einführung* (Köln: Deutscher Ärzte-Verlag, 2005).

Sigusch, Volkmar, „Kultureller Wandel der Sexualität," in *Sexuelle Störungen und ihre Behandlung*, hg. von Volkmar Sigusch, 4. Aufl. (Stuttgart u. New York: Thieme, 2007 [1996]): 8–26.

Sigusch, Volkmar, *Geschichte der Sexualwissenschaft* (Frankfurt a. M. u. New York: Campus, 2008).

Sigusch, Volkmar, „Die Erotik des Kindes und die Missbrauchsdebatte. Sexualwissenschaftliche Thesen," in: Ders., *Auf der Suche nach der sexuellen Freiheit. Über Sexualforschung und Politik* (Frankfurt a. M. u. New York: Campus, 2011): 17–30.

Sigusch, Volkmar, „Von der sexuellen zur neosexuellen Revolution" (2010), in: Günter Amendt, Gunter Schmidt u. Volkmar Sigusch, *Sex tells. Sexualforschung als Gesellschaftskritik* (Hamburg: KVV Konkret, 2011): 88–103.

Sigusch, Volkmar, „Sexueller Kindesmissbrauch. Zum Stand von Forschung und Therapie," *Deutsches Ärzteblatt* 108/37 (2011): A1898-A1902.

Sigusch, Volkmar, „Albert Moll und Magnus Hirschfeld als Protagonisten der Berliner Sexualforschung," *Sexuologie* 20(1–2) (2013): 15–22.

Sigusch, Volkmar, *Sexualitäten. Eine kritische Theorie in 99 Fragmenten*, 2. Aufl. (Frankfurt a. M. u. New York: Campus, 2015 [2013]).

Sigusch, Volkmar, *Das Sex-ABC. Notizen eines Sexualforschers* (Frankfurt a. M. u. New York: Campus, 2016).

Sigusch, Volkmar, „Die neosexuelle Revolution. Über gesellschaftliche Transformationen der Sexualität in den letzten Jahrzehnten," in: Ders., *Kritische Sexualwissenschaft. Ein Fazit* (Frankfurt a. M. u. New York: Campus, 2019): 153–196.

Sigusch, Volkmar, „Natur und Sexualität" (1984), in: Ders., *Kritische Sexualwissenschaft. Ein Fazit* (Frankfurt a. M. u. New York: Campus, 2019): 19–36.

Sigusch, Volkmar, „Über den Fetischcharakter der Sexual- und Liebesformen," in: Ders., *Kritische Sexualwissenschaft. Ein Fazit* (Frankfurt a. M. u. New York: Campus, 2019): 59–67.

Sigusch, Volkmar, „Neosexuelle Revolution," in *Geschlechterverwirrungen. Was wir wissen, was wir glauben und was nicht stimmt*, hg. von Barbara Rendtorff, Claudia Mahs u. Anne-Dorothee Warmuth (Frankfurt a. M. u. New York: Campus, 2020): 131–137.

Silbert, Mimi H.; Pines, Ayala M., „Sexual child abuse as an antecedent to prostitution," *Child Abuse & Neglect* 5(4) (1981): 407–411.

Silies, Eva-Maria, *Liebe, Lust und Last. Die Pille als weibliche Generationserfahrung in der Bundesrepublik 1960–1980* (Göttingen: Wallstein, 2010).

Simon, William, „Die Postmodernisierung der Sexualität," *Zeitschrift für Sexualforschung* 3(1) (1990): 99–114.

Simon, William; Gagnon, John H., „Wie funktionieren sexuelle Skripte?," in *Sexuelle Szenen. Inszenierungen von Geschlecht und Sexualität in modernen Gesellschaften*, hg. von Christiane Schmerl et al. (Wiesbaden: Springer, 2000): 70–98.

Simons, Ronald L.; Whitbeck, Les B., „Sexual Abuse as a Precursor to Prostitution and Victimization Among Adolescent and Adult Homeless Women," *Journal of Family Issues* 12(3) (1991): 361–379.

Singer, Marcus G., „Moral Rules and Principles," in *Essays in Moral Philosophy*, hg. von Abraham Irving Melden (Seattle: University of Washington Press, 1958): 160–197.

Singer, Peter, *Praktische Ethik*, übers. von Jean-Claude Wolf (Stuttgart: Reclam, 1984 [1979]).

Singy, Patrick, „Hebephilia: A Postmortem Dissection," *Archives of Sexual Behavior* 44(5) (2015): 1109–1116.

Sloterdijk, Peter; Lippe, Rudolf zur; Hrachovec, Herbert, „,Kultur des Spiels' – ,Spiel der Kultur' (Eine Diskussion)," in *Vom Ernst des Spiels. Über Spiel und Spieltheorie*, hg. von Ursula Baatz u. Wolfgang Müller-Funk (Berlin: Reimer, 1993) (*Reihe Historische Anthropologie*, Bd. 19): 63–77.

Snyder, Robert A., „Individual Differences and the Similarity/Attraction Relationship: Effects of Level of Similarity-Dissimilarity," *Perceptual and Motor Skills* 49(3) (1979): 1003–1008.

Sofsky, Wolfgang, *Die Ordnung des Terrors: Das Konzentrationslager* (Frankfurt a. M.: S. Fischer, 1993) (zugl. Habilitation, Universität Göttingen, 1993): 27–40.

Sofsky, Wolfgang, *Traktat über die Gewalt* (Frankfurt a. M.: S. Fischer, 1996).

Sofsky, Wolfgang, „Gewaltzeit," in *Soziologie der Gewalt*, hg. von Trutz von Trotha (Opladen et al.: Westdeutscher Verlag, 1997): 102–121.

Sommerfeld, Verena, *Umgang mit Aggressionen. Ein Arbeitsbuch für Erzieherinnen, Lehrer und Eltern* (Neuwied: Luchterhand, 1996).

Sontag, Susan, „Die pornographische Phantasie," in: Dies., *Kunst und Antikunst. 24 literarische Analysen*, übers. von Mark W. Rien (München: Hanser, 1980): 39–74.

Sophokles, *Dramen. Griechisch und deutsch*, hg. und übers. von Wilhelm Willige, überarbeitet von Karl Bayer, 5. Aufl. (Düsseldorf: Artemis & Winkler, 2007 [2003]).

Spaemann, Robert, „Über den Begriff der Menschenwürde," in *Menschenrechte und Menschenwürde. Historische Voraussetzungen, säkulare Gestalt, christliches Verständnis*, hg. von Ernst-Wolfgang Böckenförde u. Robert Spaemann (Stuttgart: Klett-Cotta, 1987): 295–313.

Spaemann, Robert, *Grenzen. Zur ethischen Dimension des Handelns* (Stuttgart: Klett-Cotta, 2001).

Sparn, Walter, „,Aufrechter Gang' versus ,krummes Holz'. Menschenwürde als Thema christlicher Aufklärung," *Jahrbuch für Biblische Theologie* 15 (2000): 223–246.

Sparn, Walter, „Unbegreifliche Sünde. Wie, wem und was kann der dogmatische Sündenbegriff zu verstehen geben?," *Marburger Jahrbuch Theologie* 20 (2008): 107–143.

Spengler, Andreas, *Sadomasochisten und ihre Subkulturen* (Frankfurt u. New York: Campus, 1979).

Spieckermann, Hermann, „Ambivalenzen. Ermöglichte und verwirklichte Schöpfung in Gen 2 f." (2000), in: Ders., *Gottes Liebe zu Israel. Studien zur Theologie des Alten Testaments* (Tübingen: Mohr-Siebeck, 2004): 49–61.

Spinoza, Baruch de, *Politischer Traktat/Tractatus politicus*, lateinisch-deutsch, übers. und hg. von Wolfgang Bartuschat, 2. Aufl. (Hamburg: Meiner, 2010).

Spinoza, Baruch de, *Theologisch-politischer Traktat*, hg. von Wolfgang Bartuschat (Hamburg: Meiner, 2012) (*Philosophische Bibliothek*, Bd. 93).

Spittler, Gerd, „Konfliktaustragung in akephalen Gesellschaften: Selbsthilfe und Verhandlung," in *Alternative Rechtsformen und Alternativen zum Recht*, hg. von Erhard Blankenburg, Ekkehard Klausa u. Hubert Rottleuthner (Opladen: Westdeutscher Verlag, 1980) (*Jahrbuch für Rechtssoziologie und Rechtstheorie*, Bd. 6): 142–164.

Spranca, Mark; Minsk, Elisa; Baron, Jonathan, „Omission and Commission in Judgment and Choice," *Journal of Experimental Social Psychology* 27(1) (1991): 76–105.

Sprigg, Peter; Dailey, Timothy, *Getting It Straight: What the Research Shows About Homosexuality* (Washington, D.C.: Family Research Council, 2004).

Staats, Reinhart, „Der theologiegeschichtliche Hintergrund des Begriffes ‚Tatsache',‟ *Zeitschrift für Theologie und Kirche* 70(3) (1973): 316–345.

Stadler, Lena; Bieneck, Steffen; Pfeiffer, Christian, *Repräsentativbefragung Sexueller Missbrauch 2011* (Hannover: Kriminologisches Forschungsinstitut Niedersachsen, 2012).

Stadler, Ulrich, „Zur Ästhetik des Erhabenen Gewaltdarstellungen in der Literatur,‟ in *Gewalt. Kulturelle Formen in Geschichte und Gegenwart*, hg. von Paul Hugger u. Ulrich Stadler (Zürich: Unionsverlag, 1995): 62–79.

Stadtland, Cornelis, „Die Begutachtung der Täter,‟ in *Sexueller Missbrauch, Misshandlung, Vernachlässigung. Erkennung, Therapie und Prävention der Folgen früher Stresserfahrungen*, hg. von Ulrich Tiber Egle et al., 4. Aufl. (Stuttgart: Schattauer, 2015 [1997]): 809–837.

Stangneth, Bettina, *Sexkultur* (Reinbek b. Hamburg: Rowohlt, 2020).

Stanley, Nicky et al., „Pornography, Sexual Coercion and Abuse and Sexting in Young People's Intimate Relationships: A European Study,‟ *Journal of Interpersonal Violence* 33(19) (2018): 2919–2944.

Stark, Rudolf et al., „Erotic and disgust-inducing pictures. Differences in the hemodynamic responses of the brain,‟ *Biological Psychology* 70(1) (2005): 19–29.

Starke, Kurt, *Schwuler Osten. Homosexuelle Männer in der DDR* (Berlin: Links, 1994).

Starostik, Meinhard, Verfassungsbeschwerde vom 21. Juni 2017; abrufbar unter: https://t1p.de/63of (Zugriff: 31.10.2021).

Statistisches Bundesamt, Pressemitteilung Nr. 286 vom 30. Juli 2020; abrufbar unter https://t1p.de/66ta (Zugriff: 31.10.2021).

Statistisches Bundesamt, *Volkswirtschaftliche Gesamtrechnungen. Wichtige Zusammenhänge im Überblick. 2020* (27. Mai 2021) (Wiesbaden: Statistisches Bundesamt, 2021).

Staudigl, Michael, *Phänomenologie der Gewalt* (Cham et al.: Springer International, 2015).

Steffan, Elfriede et al., *Abschlussbericht der wissenschaftlichen Begleitung zum Bundesmodellprojekt Unterstützung des Ausstiegs aus der Prostitution. Langfassung* (Berlin: BMFSFJ, 2015).

Steffan, Elfriede; Kavemann, Barbara; Netzelmann, Tzvetina Arsova; Helfferich, Cornelia, *Abschlussbericht der wissenschaftlichen Begleitung zum Bundesmodellprojekt Unterstützung des Ausstiegs aus der Prostitution. Kurzfassung*, hg. vom Bundesministerium für Familie, Senioren, Frauen und Jugend (Berlin: BMFSFJ, 2015).

Steffen, Nicola, *Porn Chic. Die Pornifizierung des Alltags* (München: dtv, 2014).

Steinert, Tilman, *Aggression und Gewalt bei Schizophrenie. Häufigkeit, Prädiktoren und Auswirkungen auf den Krankheitsverlauf* (Münster et al.: Waxmann, 1998) (zugl. Habilitation, Universität Ulm, 1997).

Steinherr, Eva, *Sexualpädagogik in der Schule. Selbstbestimmung und Verantwortung lernen* (Stuttgart: Kohlhammer, 2019).

Stein-Hilbers, Marlene; Bundschuh, Claudia, „Zur Propagierung und Entkriminalisierung von Pädosexualität,‟ *Kriminologisches Journal* 30(4) (1998): 299–313.

Stein-Hilbers, Marlene, *Gewalt gegen lesbische Frauen. Studie über Diskriminierungs- und Gewalterfahrungen. Projektbericht* (Düsseldorf: Ministerium für Frauen, Jugend, Familie und Gesundheit des Landes Nordrhein-Westfalen, 1999) (*Schriften zum Themenbereich gleichgeschlechtliche Lebensweisen*, Bd. 3).

Stein-Hilbers, Marlene, *Sexuell werden. Sexuelle Sozialisation und Geschlechterverhältnisse* (Wiesbaden: Springer, 2000).

Stepanians, Markus, „Gleiche Würde, gleiche Rechte," in *Menschenwürde. Annäherung an einen Begriff*, hg. von Ralf Stoecker (Wien: öbv und hpt, 2003) (*Österreichische Ludwig-Wittgenstein-Gesellschaft: Schriftenreihe der Wittgenstein-Gesellschaft*, Bd. 32): 81–101.

Stephan, Thomas, *Sexueller Mißbrauch von Jugendlichen (§ 182 StGB)* (Marburg: Tectum, 2002) (zugl. Dissertation, Universität Gießen, 2002).

Sternberg-Lieben, Detlev, „§ 228 StGB: eine nicht nur überflüssige Regelung," in *Gedächtnisschrift für Rolf Keller*, hg. von den Strafrechtsprofessoren der Tübinger Juristenfakultät und vom Justizministerium Baden-Württemberg (Tübingen: Mohr Siebeck, 2003): 289–311.

Stier, Marco, *Ethische Probleme in der Neuromedizin. Identität und Autonomie in Forschung, Diagnostik und Therapie* (Frankfurt a. M. u. New York: Campus, 2006).

Stieglegger, Marcus (Hg.), *Handbuch Filmgenre* (Wiesbaden: Springer, 2018).

Stock, Konrad, *Gottes wahre Liebe. Theologische Phänomenologie der Liebe* (Tübingen: Mohr Siebeck, 2000).

Stocké, Volker, *Framing und Rationalität. Die Bedeutung der Informationsdarstellung für das Entscheidungsverhalten* (München: R. Oldenbourg, 2002) (zugl. Dissertation, Universität Mannheim, 2000).

Stocké, Volker, „Framing ist nicht gleich Framing. Eine Typologie unterschiedlicher Framing-Effekte und Theorien zu ihrer Erklärung," in *Jahrbuch für Handlungs- und Entscheidungstheorie*, Folge 1/2001, hg. von Ulrich Druwe, Volker Kunz u. Thomas Plümper (Wiesbaden: Springer, 2001): 75–105.

Stockrahm, Sven; Büttner, Melanie, „Silver Sex und die Frage ‚Hast du noch?'," *Podcast:* „Ist das normal / Sex im Alter," *ZEIT-ONLINE*, 12.02.2018; Transkript abrufbar unter: https://t1p.de/h47t (Zugriff: 31.10.2021).

Stoecker, Ralf, „Menschenwürde und das Paradox der Entwürdigung," in: Ders., *Theorie und Praxis der Menschenwürde* (Paderborn: mentis, 2019): 33–50.

Stoellger, Philipp, *Passivität aus Passion. Zur Problemgeschichte einer ‚categoria non grata'* (Tübingen: Mohr Siebeck, 2010) (*Hermeneutische Untersuchungen zur Theologie*, Bd. 56).

Stoiber, Christopher, *„Cyber-Grooming" aus empirischer und strafrechtlicher Sicht Eine Analyse von § 176 Abs. 4 Nr. 3 StGB* (Baden-Baden: Nomos, 2020) (zugl. Dissertation, Univ. Augsburg, 2019).

Stolberg, Michael, „A Woman Down to Her Bones. The Anatomy of Sexual Difference in the Sixteenth and Early Seventeenth Centuries," *Isis* 94(2) (2003): 274–299.

Stolle, Christa, „Menschen- und Bürgerrechte als Frauenrechte," in *Menschenrechtsschutz. Politische Maßnahmen, zivilgesellschaftliche Strategien, humanitäre Interventionen*, hg. von Erwin Müller, Patricia Schneider u. Kristina Thony (Baden-Baden: Nomos, 2002) (*Demokratie, Sicherheit, Frieden*, Bd. 143): 155–161.

Stolleis, Michael, Art. „Rechtsstaat," in *Handwörterbuch zur deutschen Rechtsgeschichte*, mitbegründet von Wolfgang Stammler, hg. von Adalbert Erler u. Ekkehard Kaufmann, Bd. 4 (Berlin: Schmidt, 1995).

Stoller, Robert J., *Sexual Excitement. Dynamics of Erotic Life* (New York: Pantheon, 1979; Nachdruck London: Maresfield Library, 1986).

Stoller, Robert J.; Levine, Ira S., *Coming Attractions. The Making of an X-Rated Video* (New Haven u. London: Yale University Press, 1993).

Stoller, Robert J., *Perversion. Die erotische Form von Hass*, übers. von Maria Poelchau, 3. Aufl. (Gießen: Psychosozial-Verlag, 2014 [ursprünglich: Reinbek b. Hamburg: Rowohlt, 1979]).

Stoltenberg, John, *Refusing to be a Man. Essays on Social Justice* (London: UCL Press, 2000 [1989]).

Stopczyk-Pfundstein, Annegret, *Philosophin der Liebe. Helene Stöcker. Die „Neue Ethik" um 1900 in Deutschland und ihr philosophisches Umfeld bis heute* (Norderstedt: Books on Demand, 2003).

Straus, Murray A.; Gelles, Richard J., *Physical Violence in American Families. Risk Factors and Adaptations to Violence in 8,145 Families* (New Brunswick, NJ et al.: Transaction, 1990).

Straus, Murray A.; Gelles, Richard J.; Steinmetz, Suzanne K., *Behind Closed Doors – Violence in the American Family* (New York: Anchor Press/Doubleday, 1980).

Strauß, Bernhard; Gawlytta, Romina, „Sexuelle Störungen und Verhaltensauffälligkeiten," in *Sexueller Missbrauch, Misshandlung, Vernachlässigung. Erkennung, Therapie und Prävention der Folgen früher Stresserfahrungen*, hg. von Ulrich Tiber Egle et al., 4. Aufl. (Stuttgart: Schattauer, 2015 [1997]): 460–475.

Strauß, Gerhard et al. (Hg.), *Deutsches Fremdwörterbuch*, Bd. 6 (Berlin: Walter de Gruyter, 2008).

Strauß, Sarah, *Peer Education & Gewaltprävention. Theorie und Praxis dargestellt am Projekt Schlag.fertig* (Freiburg: Centaurus, 2012) (zugl. Dissertation, Universität Köln, 2012).

Striet, Magnus, „Sexueller Missbrauch im Raum der Katholischen Kirche. Versuch einer Ursachenforschung," in *Unheilige Theologie! Analysen angesichts sexueller Gewalt gegen Minderjährige durch Priester*, hg. von Magnus Striet u. Rita Werden (Freiburg i.Br.: Herder, 2019) (*Katholizismus im Umbruch*, Bd. 9): 15–40.

Strikwerda, Litska, „Legal and Moral Implications of Child Sex Robots," in *Robot Sex. Social and Ethical Implications*, hg. von John Danaher u. Neil McArthur (Cambridge, MA: MIT Press, 2017): 133–152.

Strossen, Nadine, *Zur Verteidigung der Pornographie. Für die Freiheit des Wortes, Sex und die Rechte der Frauen*, übers. von Ruth Keen (Zürich: Haffmans, 1997 [1995]).

Strub, Whitney, *Perversion for Profit. The Politics of Pornography and the Rise of the New Right* (New York u. Chichester: Columbia University Press, 2010).

Strüber, Daniel; Roth, Gerhard, „Liebe, Sexualität und Gehirn," in *Borderline-Störungen und Sexualität. Ätiologie – Störungsbild – Therapie*, hg. von Birger Dulz, Cord Benecke u. Hertha Richter-Appelt (Stuttgart u. New York: Schattauer, 2009): 31–41.

Štulhofer, Aleksandar; Schmidt, Gunter; Landripet, Ivan, „Pornografiekonsum in Pubertät und Adoleszenz. Gibt es Auswirkungen auf sexuelle Skripte, sexuelle Zufriedenheit und Intimität im jungen Erwachsenenalter?," *Zeitschrift für Sexualforschung* 22(1) (2009): 13–23.

Suda, Max Josef, *Die Ethik Martin Luthers* (Göttingen: Vandenhoeck & Ruprecht, 2006).

Suhr, Valérie; Valentiner, Dana-Sophia, „Sex in der Ehe als rechtliche Erwartung," *Forum Recht*, 2014, Heft 2, 54–55.

Sukale, Michael, *Max Weber. Leidenschaft und Disziplin. Leben, Werk, Zeitgenossen* (Tübingen: Mohr Siebeck, 2002).

Sumich, Alexander; Kumari, Veena; Sharma, Tonmoy, „Neuroimaging of sexual arousal. Research and clinical utility," *Hospital Medicine* 64(1) (2003): 28–33.

Sun, Chyng et al., „Pornography and the Male Sexual Script. An Analysis of Consumption and Sexual Relations," *Archives of Sexual Behavior* 45(4) (2016): 983–994.

Sundin, Eva Charlotta; Baguley, Thom S., „Prevalence of Childhood Abuse Among People who are Homeless in Western Countries: a Systematic Review and Meta-Analysis," *Social Psychiatry and Psychiatric Epidemiology* 50(2) (2015): 183–194.

Surall, Frank, „Ethik der Lebensformen," in *Handbuch der Evangelischen Ethik*, hg. von Wolfgang Huber, Torsten Meireis u. Hans-Richard Reuter (München: C.H. Beck, 2015): 451–516.

Svedin, Carl Göran; Back, Kristina, *Children who Don't Speak Out. About Children Being Used in Child Pornography* (Stockholm: Rädda Barnen, 1996).

SWR, „Der Missbrauchsfall von Staufen – eine Chronologie" (SWR-Meldung vom 17.02.2020, 13:05 Uhr); abrufbar unter: https://t1p.de/4dr4 (Zugriff: 31.10.2021).

Sydow, Kirsten von, *Lebenslust. Weibliche Sexualität von der frühen Kindheit bis ins hohe Alter* (Bern: Huber, 1993).

Sydow, Kirsten von, *Psychosexuelle Entwicklung im Lebenslauf. Eine biographische Studie bei Frauen der Geburtsjahrgänge 1895 bis 1936* (Regensburg: S. Roderer, 1991; zugl. Dissertation, Universität Bonn, 1990).

Sztenc, Michael, *Embodimentorientierte Sexualtherapie. Grundlagen und Anwendung des Sexocorporel* (Stuttgart: Schattauer, 2020).

TAMPEP (European Network for HIV/STI Prevention and Health Promotion among Migrant Sex Workers), *National Report on HIV and Sex Work. Germany*, Februar 2007 (Amsterdam: TAMPEP, 2007); abrufbar unter: https://t1p.de/6al0 (Zugriff: 31.10.2021).

Tanner, Klaus, *Der lange Schatten des Naturrechts. Eine fundamentalethische Untersuchung* (Stuttgart et al.: Kohlhammer, 1993).

Tarrant, Shira, *The Pornography Industry. What Everyone Needs to Know* (New York: Oxford University Press, 2016).

Tarver, Mary, „The Effects of Pornography Addiction on Marital Consent," *Studia canonica* 44(2) (2010): 343–367.

Taylor, Charles, „Descartes: Die desengagierte Vernunft," in *Quellen des Selbst. Die Entstehung der neuzeitlichen Identität*, übers. von Joachim Schulte (Frankfurt a. M.: Suhrkamp, 1996): 262–287.

Taylor, Mark C.; Saarinen, Esa, *Imagologies. Media Philosophy* (London: Routledge, 1994).

Taylor, Max; Holland, Gemma; Quayle, Ethel, „Typology of Paedophile Picture Collections," *The Police Journal* 74 (2001): 97–107.

Taylor, Sandie, *Crime and Criminality. A Multidisciplinary Approach* (Abindon u. New York: Routledge, 2016).

Tebartz van Elst, Ludger, *Autismus und ADHS. Zwischen Normvariante, Persönlichkeitsstörung und neuropsychiatrischer Krankheit* (Stuttgart: Kohlhammer, 2018).

Terry, Karen J. et al., *The Causes and Context of Sexual Abuse of Minors by Catholic Priests in the United States, 1950–2010. A Report Presented to the United States Conference of Catholic Bishops by the John Jay College Research Team* (Washington, DC: United States Conference of Catholic Bishops, 2011).

Textor, Martin R., „Gestörte Familienstrukturen und -prozesse," in *Hilfen für Familien. Ein Handbuch für psychosoziale Berufe*, hg. von Martin R. Textor, 2. Aufl. (Frankfurt a. M.: Fischer, 1992 [1990]): 65–90.

Theile, Gustav, „Soziales Netzwerk: Warum OnlyFans die Pornos verbannt," *FAZ.net*, 20.08.2021; abrufbar unter: https://www.faz.net/-ikh-aey4z (Zugriff: 31.10.2021).

Theißen, Henning, „Konsens nach der Konsensökumene. Hermeneutische Erwägungen anhand der Charta Oecumenica," *Neue Zeitschrift für Systematische Theologie und Religionsphilosophie* 51(1) (2009): 76 – 91.

Theunert, Helga, *Gewalt in den Medien – Gewalt in der Realität. Gesellschaftliche Zusammenhänge und pädagogisches Handeln*, 3. Aufl. (München: KoPäd Verlag, 2000 [1987]) (*Reihe Medienpädagogik*, Bd. 6).

Theurer, Jochen, *Die Kunst, mit Gesetzen umzugehen. Eine Reise an die Grenzen des Rechts* (Wiesbaden: Springer, 2019).

Theweleit, Klaus, „Männliche Geburtsweisen. Der männliche Körper als Institutionenkörper," in: Ders., *Das Land das Ausland heißt. Essays, Reden, Interviews zu Politik und Kunst* (München: dtv, 1995): 40 – 70.

Thiee, Philipp, „Stellungnahme für die öffentliche Anhörung des Rechtsausschusses am 18.06.2007 zum Gesetzentwurf §§ 184b StGB BT-Drs.: 16/3439" (14.06.2007); abrufbar unter: https://t1p.de/z0u9 (Zugriff: 31.10.2021).

Thiele, Christoph Wilhelm, *Ehe- und Familienschutz im Strafvollzug. Strafvollzugsrechtliche und -praktische Maßnahmen und Rahmenbedingungen zur Aufrechterhaltung familiärer Beziehungen von Strafgefangenen* (Mönchengladbach: Forum Verlag Godesberg, 2016).

Thielicke, Helmut, *Theologische Ethik*, Bd. 1 – 3 (in 4 Bdn.) (Tübingen: Mohr, 1951 – 1964).

Thielicke, Helmut, *The Ethics of Sex*, übers. von John W. Doberstein (Cambridge: James Clarke & Co., 1964).

Thielmann, Wolfgang (Redaktion), in: Peter Dabrock, „Sex braucht keine Ehe," *Christ & Welt*, 2014, Heft 10, 2.

Thomas von Aquin, *Sancti Thomae Aquinatis [...] Opera omnia iussu impensaque Leonis XIII.* (Editio Leonina), Bd. 9 (Rom: Typographia Polyglotta S.C. de Propaganda Fide, 1897).

Thomas von Aquin, *Summa theologica. Die deutsche Thomas-Ausgabe. Vollständige, ungekürzte deutsch-lateinische Ausgabe*, übers. u. kommentiert von Dominikanern und Benediktinern Deutschlands und Österreichs, Bd. 22, *Masshaltung (2. Teil)* [= II-II 151 – 170], kommentiert von Josef Fulko Groner (Graz et al.: Styria, 1993).

Thomas von Aquin, *Quæstiones Disputatæ De malo / Untersuchungen über das Böse*, auf der Grundlage der Editio Leonina übers. und eingeleitet von Claudia Barthold u. Peter Barthold (lat.-dt. Parallelausgabe) (Mülheim/Mosel: Carthusianus, 2009).

Thomas, Günter, *Im Weltabenteuer Gottes leben. Impulse zur Verantwortung für die Kirche*, 3. Aufl. (Leipzig: EVA, 2021 [2020]).

Thomas, Jeremy N.; Alper, Becka A.; Gleason, Shane A., „Anti-pornography Narratives as Self-Fulfilling Prophecies: Religious Variation in the Effect that Pornography Viewing has on the Marital Happiness of Husbands," *Review of Religious Research* 59(4) (2017): 471 – 497.

Thuswald, Marion, „Geschlechterreflektierte sexuelle Bildung? Heteronormativität und Verletzbarkeit als Herausforderungen sexualpädagogischer Professionalisierung," in *Geschlechterreflektierte Professionalisierung – Geschlecht und Professionalität in pädagogischen Berufen*, hg. von Robert Baar, Jutta Hartmann u. Marita Kampshoff (Opladen et al.: Budrich, 2019) (*Jahrbuch erziehungswissenschaftliche Geschlechterforschung*, Bd. 15): 167 – 181.

Tiedemann, Holger, „Das verfolgte Selbst – Zur christlichen Vorgeschichte des Sadomasochismus," in *Lust-voller Schmerz. Sadomasochistische Perspektiven*, 2. Aufl., hg. von Andreas Hill, Peer Briken u. Wolfgang Berner (Gießen: Psychosozial-Verlag, 2018 [2008]): 13 – 29.

Tietz, Christiane, „Vom androgynen Menschen zum zweigeschlechtlichen Gott. Die Rezeption von Gen 1,27 in der Geschichte der christlichen Dogmatik," in *männlich und weiblich schuf Er sie. Studien zur Genderkonstruktion und zum Eherecht in den Mittelmeerreligionen*, hg. von Matthias Morgenstern, Christian Boudignon u. Christiane Tietz (Göttingen: Vandenhoeck & Ruprecht, 2011): 119–138.

Tillich, Paul, „Der Mensch im Christentum und im Marxismus" (29. Juli 1952), abgedruckt in: Ders., *Das religiöse Fundament des sittlichen Handelns. Schriften zur Ethik und zum Menschenbild*, hg. von Renate Albrecht (Stuttgart: Evangelisches Verlagswerk, 1965) (*Gesammelte Werke*, Bd. 3): 194–209.

Tillich, Paul, „Die menschliche Situation im Lichte der Theologie und Existentialanalyse" (Sommersemester 1952), abgedruckt in: Ders., *Berliner Vorlesungen III (1951–1958)*, hg. und eingeleitet von Erdmann Sturm (Berlin u. New York: De Gruyter, 2009) (*Gesammelte Werke. Ergänzungs- und Nachlaßbände*, Bd. 16): 169–334.

Tillich, Paul, „Das Neue Sein als Zentralbegriff einer christlichen Theologie" (1955), in: Ders., *Offenbarung und Glauben. Schriften zur Theologie II*, hg. von Renate Albrecht (*Gesammelte Werke*, Bd. 8): 220–239.

Tillich, Paul, „Eschatologie und Geschichte," in: Ders., *Der Widerstreit von Raum und Zeit. Schriften zur Geschichtsphilosophie*, hg. von Renate Albrecht, 2. Aufl. (Stuttgart: Evangelisches Verlagswerk, 1963 [1959]) (*Gesammelte Werke*, Bd. 6): 72–82.

Tillich, Paul, *Vorlesungen über die Geschichte des christlichen Denkens*, Teil 1, *Urchristentum bis Nachreformation*, hg. und übers. von Ingeborg C. Henel (Stuttgart: Evangelisches Verlagswerk, 1971) (*Gesammelte Werke. Ergänzungs- und Nachlaßbände*, Bd. 1).

Tillich, Paul, „Liebe – Macht – Gerechtigkeit," abgedruckt in: Ders., *Sein und Sinn. Zwei Schriften zur Ontologie*, hg. von Renate Albrecht (Stuttgart: Evangelisches Verlagswerk, 1969) (*Gesammelte Werke*, Bd. 11): 143–225.

Tillich, Paul, *Systematische Theologie I-II*, hg. und eingeleitet von Christian Danz, 9. Aufl. (Berlin u. Boston: De Gruyter, 2017 [1958]).

Timerding, Heinrich E., *Sexualethik* (Leipzig u. Berlin: Teubner, 1919) (*Aus Natur und Geisteswelt*, Bd. 592).

Toffler, Alvin, *The Third Wave* (New York: William Morrow, 1980).

Tomeo Marie E. et al., „Comparative Data of Childhood and Adolescence Molestation in Heterosexual and Homosexual Persons," *Archives of Sexual Behavior* 30(5) (2001): 535–541.

Torenz, Rona, *Ja heißt Ja? Feministische Debatten um einvernehmlichen Sex* (Stuttgart: Schmetterling Verlag, 2019).

Tozdan, Safiye et al., „Sexual Interest in Children Among Women in Two Nonclinical and Nonrepresentative Online Samples," *Sexual Medicine* 8(2) (2020): 251–264.

Trillhaas, Wolfgang, *Sexualethik* (Göttingen: Vandenhoeck & Ruprecht, 1969).

Trillhaas, Wolfgang, *Ethik*, 3. Aufl. (Berlin: Walter de Gruyter, 1970 [1959]).

Trocmé, Nico, „Epidemiology of child maltreatment", in *Child welfare research: Advances for practice and policy*, hg. von Lindsey Ducan, Aron Shlonsky (New York: Oxford University Press, 2008): 15–24.

Trotha, Trutz von, *Distanz und Nähe. Über Politik, Recht und Gesellschaft zwischen Selbsthilfe und Gewaltmonopol* (Tübingen: Mohr Siebeck, 1986).

Trotha, Trutz von, „Zur Soziologie der Gewalt," in *Soziologie der Gewalt*, hg. von Trutz von Trotha (Opladen: Westdeutscher Verlag, 1997): 9–56.

Trotha, Trutz von, „Die präventive Sicherheitsordnung," in *Politische Ökonomie der Gewalt. Staatszerfall und die Privatisierung von Gewalt und Krieg* (Wiesbaden: Springer, 2003): 51–75.

Tschöke, Stefan et al., „A Systematic Review of Dissociation in Female Sex Workers," *Journal of Trauma & Dissociation* 20(2) (2019): 1–16.

Turhan, Engin, „‚Sexualisierte Gewalt' statt ‚Sexueller Missbrauch'? Zur Begriffswahl für §§ 176 bis 176b StGB und zur Einordnung der Zwangsmittel in die Missbrauchstatbestände," *KriPoZ* 6(1) (2021): 1–9.

Turner, John C., „Explaining the Nature of Power. A Three-Process Theory," *European Journal of Social Psychology* 35(1) (2005): 1–22.

Turowski, Jan, „Voraussetzungen, Kongruenzen und Differenzen Sozialer Demokratie," in *Praxis der Sozialen Demokratie*, hg. von Thomas Meyer (Wiesbaden: VS Verlag für Sozialwissenschaften, 2006): 447–485.

Tyler, Meagan, „Harms of production: Theorising pornography as a form of prostitution," *Women's Studies International Forum* 48 (2015): 114–123.

U.S. General Accounting Office, *Cycle of Sexual Abuse: Research Inconclusive About Whether Child Victims Become Adult Abusers* (Washington, DC: General Accounting Office, 1996); abrufbar unter: https://files.eric.ed.gov/fulltext/ED401007.pdf (Zugriff: 31.10.2021).

Ueda, Kenji, „Bioethische Beurteilung der rechtlichen Unterscheidung zwischen passiver und aktiver Sterbehilfe," in *Recht und Ethik im Zeitalter der Gentechnik. Deutsche und japanische Beiträge zu Biorecht und Bioethik*, hg. von Hans-Ludwig Schreiber et al. (Göttingen: Vandenhoeck & Ruprecht, 2004): 300–329.

Uidhir, Christy Mag, „Why Pornography Can't Be Art," *Philosophy and Literature* 33(1) (2009): 193–203.

UN Women, *Progress of the World's Women 2019–2020. Families in a Changing World* (New York: UN Women, 2019).

Unabhängige Kommission zur Aufarbeitung sexuellen Kindesmissbrauchs, *Geschichten, die zählen. Zwischenbericht Juni 2017* (Berlin: Unabhängige Kommission zur Aufarbeitung sexuellen Kindesmissbrauchs, 2017).

Unabhängige Kommission zur Aufarbeitung sexuellen Kindesmissbrauchs, „Jetzt Verantwortung übernehmen und eine umfassende und unabhängige Aufarbeitung ermöglichen: Empfehlungen an die evangelische Kirche" (07.11.2019); abrufbar unter: https://t1p.de/wzg6 (Zugriff: 31.10.2021).

Unabhängiger Beauftragter für Fragen des sexuellen Kindesmissbrauchs (UBSKM), „Zahlen und Fakten. Sexuelle Gewalt gegen Kinder" (Mai 2021); abrufbar unter: https://t1p.de/aqvq (Zugriff: 31.10.2021).

United Nations Population Fund, *State of World Population 2021. My Body is My Own. Claiming the Right to Autonomy and Self-Determination* (New York: UNFPA, 2021).

UN-Resolution 1820, 5916. Sitzung des Sicherheitsrats vom 19. Juni 2008; abrufbar unter: https://www.un.org/depts/german/sr/sr_07-08/sr1820.pdf (Zugriff: 21.10.2021).

U.S. Government, „PROTECT Act – Prosecutorial Remedies and Other Tools to End the Exploitation of Children Today Act of 2003" (Public Law 108–21; 30. April 2003); abrufbar unter: https://t1p.de/ghcn (Zugriff: 31.10.2021).

Ussel van, Jos, *Sexualunterdrückung. Geschichte der Sexualfeindschaft* (Gießen: Focus-Verlag, 1977).

Valera, Roberto J.; Sawyer, Robin G.; Schiraldi, Glenn R., „Violence and Post Traumatic Stress Disorder in a Sample of Inner City Street Prostitutes," *American Journal of Health Studies* 16(3) (2000): 149–165.

Van de Spijker, Antonius M.J.M. Herman, *Die gleichgeschlechtliche Zuneigung. Homotropie: Homosexualität, Homoerotik, Homophilie, und die katholische Moraltheologie* (Olten et al.: Walter, 1968).

Van den Aardweg, Gerard J.M., *Homofilie, neurose en dwangzelfbeklag. Een psychologische theorie over homofilie, toegelicht met een analyse van leven en werk van André Gide* (Amsterdam: Polak & Van Gennep, 1967).

Van den Aardweg, Gerard J.M., *Homosexuality and Hope. A Psychologist Talks about Treatment and Change* (Ann Arbor, Mich.: Servant Books, 1985).

Van den Aardweg, Gerard J.M., *Das Drama des gewöhnlichen Homosexuellen. Analyse und Therapie*, übers. von Ingrid Elgert, 3. Aufl. (Neuhausen-Stuttgart: Hänssler, 1993 [1985]).

Van den Aardweg, Gerard J.M., *The Battle for Normality. A Guide for (Self-)Therapy for Homosexuality* (San Francisco: Ignatius Press, 1997).

Van den Aardweg, Gerard J.M., „Homo-,Ehe' und Adoption durch Homosexuelle. Gesetzliche Anerkennung einer neurotischen Wahnidee und die Kinder die [sic!] es ausbaden müssen," *Medizin und Ideologie. Informationsblatt der Europäischen Ärzteaktion* 20(4) (1998): 34–43.

Van den Aardweg, Gerard J.M., *Selbsttherapie von Homosexualität. Leitfaden für Betroffene und Berater*, 2. Aufl. (Neuhausen-Stuttgart: Hänssler, 1999 [1996]).

Van den Aardweg, Gerard J.M., „Abuse by Priests, Homosexuality, Humanae vitae, and a Crisis of Masculinity in the Church," *The Linacre Quarterly* 78(3) (2011): 274–293.

Vandenbosch, Laura, „Media Psychological Reflections on the Organizational Framework of Sexual Media's Influence on Users' Short- vs. Long-Term Sexual Quality," *Archives of Sexual Behavior* 48 (2019): 2283–2289.

Vasey, Michael, *Strangers and Friends. A New Exploration of Homosexuality and the Bible* (London: Hodder & Stoughton, 1995).

Vavra, Rita, *Die Strafbarkeit nicht-einvernehmlicher sexueller Handlungen zwischen erwachsenen Personen* (Baden-Baden: Nomos, 2020; zugl. Dissertation, HU Berlin, 2019) (*Sexualität in Recht und Gesellschaft*, Bd. 2).

Vega, Vanessa; Malamuth, Neil M., „Predicting Sexual Aggression: The Role of Pornography in the Context of General and Specific Risk Factors," *Aggressive Behavior* 33(2) (2007): 104–117.

Veit, Maria; Štulhofer, Aleksandar; Hald, Gert Martin, „Sexually Explicit Media Use and Relationship Satisfaction: A Moderating Role of Emotional Intimacy?," *Sexual and Relationship Therapy* 32(1) (2015): 58–74.

Velardi Ward, Gabrielle, „,Ziehe mich – und wir werden laufen'," in *Frauen finden einen Weg: Die internationale Bewegung Römisch-Katholische Priesterinnen*, hg. von Elsie Hainz McGrath, Bridget Mary Meehan u. Ida Raming (Berlin: LIT, 2009) (*Theologische Orientierungen*, Bd. 13): 106–115.

Vester, Heinz-Günter, *Kompendium der Soziologie I: Grundbegriffe* (Wiesbaden: VS Verlag für Sozialwissenschaften, 2009).

Vestergaard, Jørn, „The rape law revision in Denmark: Consent or voluntariness as the key criterion?," *Bergen Journal of Criminal Law & Criminal Justice* 8(2) (2020): 5–32.

Vetter, Brigitte, *Psychiatrie. Ein systematisches Lehrbuch*, 7. Aufl. (Stuttgart u. New York: 2007 [1989]).

Veyne, Paul, *The Roman Empire*, übers. von Arthur Goldhammer (Cambridge u. London: The Belknap Press of Harvard University, 1997 [1985]).

Villiers de, Nicholas, *Sexography. Sex Work in Documentary* (Minneapolis, MN: The University of Minnesota Press, 2017).

Vogel, Ines, „Erotik und Pornographie in den Medien," in *Kommunikationspsychologie – Medienpsychologie. Lehrbuch*, hg. von Ulrike Six, Uli Gleich u. Roland Grimmler (Weinheim u. Basel: Beltz PVU, 2007): 447–459.

Vögele, Wolfgang, „Menschenwürde und Gottebenbildlichkeit," in *Freiheit und Menschenwürde. Studien zum Beitrag des Protestantismus*, hg. von Jörg Dierken u. Arnulf von Scheliha (Tübingen: Mohr Siebeck, 2005) (*Religion in Philosophy and Theology*, Bd. 16): 265–276.

Vögele, Wolfgang, „Gottebenbildlichkeit," in *Wörterbuch der Würde*, hg. von Rolf Gröschner, Antje Kapust u. Oliver W. Lembcke (München: Wilhelm Fink, 2013): 158 f.

Vogeler, Lena, *Rechtliche Prävention von Menschenhandel zum Zweck der sexuellen Ausbeutung. Ein Rechtsvergleich unter besonderer Berücksichtigung der Prostitutionspolitiken Deutschlands und Schwedens* (Münster: LIT, 2018).

Vogeler, Lena; Haverkamp, Rita (Hg.), *Der rechtliche Umgang mit Menschenhandel zum Zweck sexueller Ausbeutung in Europa* (Münster: LIT, 2018).

Vogelsang, Petra, „Gute Kinder – schlechter Kinder. Freundbilder und Feindbilder im Osten," in *Deutschland, deine Kinder. Zur Prägung von Feindbildern in Ost und West*, hg. von Ute Benz u. Wolfgang Benz (München: Deutscher Taschenbuch Verlag, 2001): 82–96.

Vogelsang, Verena, *Sexuelle Viktimisierung, Pornografie und Sexting im Jugendalter. Ausdifferenzierung einer sexualbezogenen Medienkompetenz* (Wiesbaden: Springer VS, 2017).

Vogt, Titus, „Schirrmacher appelliert an eine halbe Million Zuhörer der Yoido Full Gospel Church, mehr asiatische Missionare nach Europa zu entsenden," *Bonner Querschnitte Presseinformationen* 524, 7/2018; abrufbar unter: https://t1p.de/umww (Zugriff: 31.10.2021).

Völkel, Birgit, „Pädophilie," in *Pschyrembel online* (Letzte Aktualisierung: 02.2020); abrufbar unter: https://www.pschyrembel.de/P%C3%A4dophilie/K0G50 (Zugriff: 31.10.2021).

Völker, Rita, *Sexuelle Traumatisierung und ihre Folgen. Die emotionale Dimension des sexuellen Missbrauchs* (Opladen: Leske & Budrich, 2002).

Vollbrecht, Ralf, *Einführung in die Medienpädagogik* (Weinheim u. Basel: Beltz, 2001).

Vollenweider, Samuel, „Der Menschgewordene als Ebenbild Gottes. Zum frühchristlichen Verständnis der Imago Dei," in: Ders., *Horizonte neutestamentlicher Christologie. Studien zu Paulus und zur frühchristlichen Theologie* (Tübingen: Mohr Siebeck, 2002) (*Wissenschaftliche Untersuchungen zum Neuen Testament*, Bd. 144): 53–70.

Von der Pfordten, Dietmar, *Normative Ethik* (Berlin u. New York: Walter de Gruyter, 2010).

Vonarburg, Viktoria, *Die biblisch-philosophische Herkunft des Bösen insbesondere bei Thomas von Aquin und Rabbi Moshe ben Maimon* (Paderborn: Schöningh, 2018).

Vonholdt, Christl Ruth, „Homosexualität, eine Form von erotischem Haß," in *Homosexualität und christliche Seelsorge. Dokumentation eines ökumenischen Symposiums*, hg. vom Deutschen Institut für Jugend und Gesellschaft (OJC), Reichelsheim (Neukirchen-Vluyn: Aussaat, 1995): 62–69.

Vorheyer, Claudia, *Prostitution und Menschenhandel als Verwaltungsproblem. Eine qualitative Untersuchung über den beruflichen Habitus* (Bielefeld: transcript, 2014).

Vorster, Hans, *Das Freiheitsverständnis bei Thomas von Aquin und Martin Luther* (Göttingen: Vandenhoeck & Ruprecht, 1965).

Voss, Georgina, „Trade Associations, Industry Legitimacy, and Corporate Responsibility in Pornography," in *New Views on Pornography Sexuality, Politics, and the Law*, hg. von Lynn Cornella u. Shira Tarrant (Santa Barbara, CA et al.: Praeger, 2015): 191–216.

Vowels, Laura M.; Mark, Kristen P., „Strategies for Mitigating Sexual Desire Discrepancy in Relationships," *Archives of Sexual Behavior* 49(3) (2020): 1017–1028.

Vuković, Brajdić Marija et al., „Can Pornography Have a Positive Influence on Female Sexuality? Influence of Frequent Pornography Consumption on the Sexual Lives of Women: A Qualitative Study," *Revija za sociologiju* 43(2) (2014): 133–158.

Waap, Thorsten, *Gottebenbildlichkeit und Identität. Zum Verhältnis von theologischer Anthropologie und Humanwissenschaft bei Karl Barth und Wolfhart Pannenberg* (Göttingen: Vandenhoeck & Ruprecht, 2008).

Wachs, Sebastian et al., *Mobbing an Schulen. Erkennen – Handeln – Vorbeugen* (Stuttgart: W. Kohlhammer, 2016).

Waddington, David „Locating the wrongness in ultraviolent video games," *Ethics and Information Technology* 9 (2007): 121–128.

Wagner, Elisabeth, *Grenzbewusster Sadomasochismus. SM-Sexualität zwischen Normbruch und Normbestätigung* (Bielefeld: transcript, 2014).

Wagner, Jens et al., „Vorbeugung sexuellen Kindesmissbrauchs," in *Prävention braucht Praxis, Politik und Wissenschaft. Ausgewählte Beiträge des 19. Deutschen Präventionstages 12. und 13. Mai 2014 in Karlsruhe*, hg. von Erich Marks u. Wiebke Steffen (Mönchengladbach: Forum Verlag Godesberg, 2015): 211–224.

Wagner, Timo, „Verletzungen und Übergriffe: Cyber-Mobbing und andere Formen von Online-Gewalt," in *Digitale Ethik. Leben in vernetzten Welten*, hg. von Petra Grimm, Tobias O. Keber u. Oliver Zöllner (Ditzingen: Reclam, 2019): 121–133.

Wahl, Klaus, „Wurzeln von Aggression und Gewalt. Biologische, psychologische und sozialwissenschaftliche Forschungsergebnisse," in *Die Macht der Aggression*, hg. von Anna Maria Kalcher u. Karin Lauermann (Wien: G&G Verlag, 2012): 21–46.

Wahl, Klaus, *Aggression und Gewalt. Ein biologischer, psychologischer und sozialwissenschaftlicher Überblick* (Heidelberg: Spektrum, 2009).

Wahler, Hendrik, *Das gute Leben. Ethik als integratives System einer transdisziplinären Humanwissenschaft* (Baden-Baden: Tectum, 2018) (zugl. Dissertation, Universität Mainz 2016) (*Wissenschaftliche Beiträge, Reihe Philosophie*, Bd. 30).

Waldenfels, Bernhard, *Das Zwischenreich des Dialogs. Sozialphilosophische Untersuchungen in Anschluss an Edmund Husserl* (Den Haag: Martinus Nijhoff, 1971).

Waldenfels, Bernhard, *Der Spielraum des Verhaltens* (Frankfurt a. M.: Suhrkamp, 1980).

Waldenfels, Bernhard, „Aporien der Gewalt," in *Gewalt. Strukturen, Formen, Repräsentationen*, hg. von Mihran Dabag, Antje Kapust u. Bernhard Waldenfels (München: W. Fink, 2000) (*Schriftenreihe Genozid und Gedächtnis des Instituts für Diaspora- und Genozidforschung an der Ruhr-Universität Bochum*): 9–24.

Waldhoff, Christian, *Staat und Zwang. Der Staat als Rechtsdurchsetzungsinstanz* (Paderborn et al.: Schöningh, 2008).

Walser, Angelika, „Let's talk about Sex! Theologisch-ethische Ermutigungen zu einem
    verantwortlichen Umgang mit Sexualität," in *Sexualität, Macht und Gewalt. Anstöße für
    die sexualpädagogische Arbeit mit Kindern und Jugendlichen*, hg. von Silvia Arzt, Cornelia
    Brunnauer u. Bianca Schartner (Wiesbaden: Springer VS, 2018): 95 – 111.
Walter, Franz, „Es widert mich an" (Gastbeitrag), *SPIEGEL-ONLINE*, 15.08.2013; abrufbar unter:
    https://t1p.de/uzva5 (Zugriff: 31.10.2021).
Walter, Franz; Klecha, Stephan, „Pädophilie-Debatte. Irrwege des Liberalismus" (Gastbeitrag),
    SPIEGEL-ONLINE, 28.08.2013; abrufbar unter: https://t1p.de/h4sj (Zugriff: 31. 10.2021).
Walter, Franz et al. (Hg.), *Die Grünen und die Pädosexualität. Eine bundesdeutsche Geschichte*
    (Göttingen: Vandenhoeck & Ruprecht, 2015).
Walter, Franz, „,In dubio pro libertate'. Sexualstrafrecht im gesellschaftlichen Wandel," in *Die
    Grünen und die Pädosexualität. Eine bundesdeutsche Geschichte*, hg. von Franz Walter,
    Stephan Klecha u. Alexander Hensel (Göttingen: Vandenhoeck & Ruprecht, 2015):
    108 – 135.
Walter, Joachim, „Selbstbestimmte Sexualität als Menschenrecht. Standards im Umgang mit
    der Sexualität behinderter Menschen," in *Sexualbegleitung und Sexualassistenz bei
    Menschen mit Behinderungen*, hg. von Joachim Walter, 2. Aufl. (Heidelberg: Winter, 2008
    [2004]): 15 – 30.
Walter, Martin et al., „Die Pathogenese von Pädophilen," *pädiatrie hautnah* 22(3) (2010):
    203 – 207.
Waltman, Max, „Pornography and Men's Violence Against Women," in *Pornography and
    Prostitution. A Report on Exploitation and Demand*, hg. von Unizon (Stockholm: Unizon,
    2016): 31 – 108.
Waltman, Max, „Rethinking Democracy. Legal Challenges to Pornography and Sex Inequality in
    Canada, Sweden, and the United States (Paper to be presented at the Swedish Political
    Science Ass'n [SWEPSA] Annual Meeting, Sept. 30 to Oct. 2, 2010)," abrufbar unter:
    https://t1p.de/6gbb (Zugriff: 31.10.2021).
Walton, Kari A.; Pedersen, Cory L., „Motivations Behind Catcalling: Exploring Men's
    Engagement in Street Harassment Behavior," *Psychology and Sexuality* 12(3–4) (2021),
    abrufbar unter: https://t1p.de/bmuw (Zugriff: 31.10.2021).
Wang, Shinn-Shyr; Chou, Li-Chen, „The Determinants of Pornography Actress Production,"
    Applied Economics Letters 24(20) (2017): 1 – 4.
Wang, Yue et al., „The Effect of Childhood Abuse on the Risk of Adult Obesity," *Annals of
    Clinical Psychiatry* 27(3) (2015): 175 – 184.
Wanzek-Sielert, Christa, „Sexualpädagogik," in *Handwörterbuch Sexueller Missbrauch*, hg. von
    Dirk Bange u. Wilhelm Körner (Göttingen et al.: Hogrefe, 2002): 536 – 542.
Ward, Tony; Siegert, Richard J., „Toward a Comprehensive Theory of Child Sexual Abuse. A
    Theory Knitting Perspective," *Psychology, Crime & Law* 8(4) (2002): 319 – 351.
Ward, Tony; Beech, Anthony, „An Integrated Theory of Sexual Offending," *Aggression and
    Violent Behavior* 11 (2006): 44 – 63.
Ward, Tony; Polaschek, Devon; Beech, Anthony R., *Theories of Sexual Offending* (Chichester:
    John Wiley & Sons, 2006).
Ward, Tony; Beech, Anthony, „The Integrated Theory of Sexual Offending – Revised. A
    Multifield Perspective," in *The Wiley Handbook on the Theories, Assessment, and
    Treatment of Sexual Offending*, hg. von Douglas P. Boer, Bd. 1, *Theories*, hg. von Anthony
    R. Beech u. Tony Ward (New York: John Wiley & Sons, 2017): 123 – 137.

Wattles, Jeffrey, *The Golden Rule* (New York u. Oxford: Oxford University Press, 1996).

Watzlawick, Paul; Beavin, Janet H.; Jackson, Don D., *Menschliche Kommunikation. Formen, Störungen, Paradoxien*, 2. unv. Aufl. (Stuttgart u. Wien: Huber 1971 [1967]).

Wazir, Rosni et al., „Pedophilia In Quranic Perspective. A Thematic Analysis," *Religación. Revista de Ciencias Sociales y Humanidades* 4(18) (2019): 439–444.

Weaver III, James B. et al., „Mental- and Physical-Health Indicators and Sexually Explicit Media Use Behavior by Adults," *Journal of Sexual Medicine* 8(3) (2010): 764–772.

Webb, Liane; Craissati, Jackie; Keen, Sarah, „Characteristics of Internet Child Pornography Offenders: A Comparison with Child Molesters," *Sexual Abuse. A Journal of Research and Treatment* 19(4) (2007): 449–465.

Weber, Friedrich August (Hg.), *Onomatologia Medico-Practica. Encyklopädisches Handbuch für ausübende Aerzte in alphabetischer Ordnung ausgearbeitet von einer Gesellschaft von Aerzten*, Bd. 1–4 (Nürnberg: Raspische Buchhandlung, 1783–1786).

Weber, Mathias, „Die Nutzung von Pornografie unter deutschen Jugendlichen," *FORUM Sexualaufklärung und Familienplanung*, 2009, Heft 1, 15–18.

Weber, Max, *Grundriss der Sozialökonomik*, Abt. III, *Wirtschaft und Gesellschaft* (Tübingen: Mohr Siebeck, 1922).

Weber, Max, *Soziologie. Weltgeschichtliche Analysen. Politik*, hg. von Johannes Winckelmann, 3. Aufl. (Stuttgart: A. Kröner, 1964 [1956]).

Weber, Max, *Staatssoziologie. Soziologie der rationalen Staatsanstalt und der modernen politischen Parteien und Parlamente*, hg. von Johannes Winckelmann, 2. Aufl. (Berlin: Duncker u. Humblot, 1966).

Weber, Max, *Wirtschaft und Gesellschaft. Grundriss der verstehenden Soziologie*, 4. Aufl., besorgt von Johannes Winckelmann, Bd. 1 (Tübingen: Mohr, 1956 [1921/22]); 5. Aufl. (Studienausgabe) (Tübingen: Mohr Siebeck, 1980).

Weber, Udo, „Klinische Diagnostik bei sexuellem Kindesmissbrauch," in *Sexueller Missbrauch von Kindern und Jugendlichen. Ein Handbuch zur Prävention und Intervention für Fachkräfte im medizinischen, psychotherapeutischen und pädagogischen Bereich*, hg. von Jörg M. Fegert et al. (Berlin u. Heidelberg: Springer, 2015): 173–177.

Weber, Wolfgang, *Luthers bleiche Erben. Kulturgeschichte der evangelischen Geistlichkeit des 17. Jahrhunderts* (Berlin u. Boston: Walter de Gruyter, 2017).

Weber-Papen, Sabrina; Schneider, Frank, „Sexualstörungen (F52, F64, F65)," in *Facharztwissen Psychiatrie, Psychosomatik und Psychotherapie*, hg. von Frank Schneider, 2. Aufl. (Berlin u. Heidelberg: Springer, 2017 [2012]): 447–458.

Wegenast, Ulrich, „All You Can Eat – Homosexuelle Pornografie und künstlerischer Film," *Freiburger FrauenStudien* 10(15) (2004): 293–314.

Wehling, Elisabeth, „Sprechen über #MeToo. Alle reden über Framing – so funktioniert es" (Gastbeitrag), *SPIEGEL-ONLINE*, 12.10.2018; abrufbar unter: https://t1p.de/2xo4 (Zugriff: 31.10.2021).

Wehling, Elisabeth, *Politisches Framing. Wie eine Nation sich ihr Denken einredet – und daraus Politik macht* (Köln: Herbert von Halem, 2018) (*Edition medienpraxis*, Bd. 14).

Weidinger, Bettina; Kostenwein, Wolfgang; Dörfler, Daniela, *Sexualität im Beratungsgespräch mit Jugendlichen*, 2. Aufl. (Wien u. New York: Springer, 2007).

Weinbach, Christine, „Die politische Theorie des Feminismus: Judith Butler," in *Politische Theorien der Gegenwart II. Eine Einführung*, hg. von André Brodocz u. Gary S. Schaal (Wiesbaden: Springer, 2001): 403–432.

Weingärtner, Christian, *Selbstbestimmung und Menschen mit schwerer geistiger Behinderung* (Dissertation, Universität Tübingen, 2005).

Weiningers, Otto, *Geschlecht und Charakter. Eine prinzipielle Untersuchung* (Wien u. Leipzig: W. Braumüller, 1907).

Weiß, Johannes, *Max Webers Grundlegung der Soziologie*, 2. Aufl. (München et al.: Saur, 1992 [1975]).

Weissenrieder, Annette; Dolle, Katrin (Hg.), *Körper und Verkörperung. Biblische Anthropologie im Kontext antiker Medizin und Philosophie. Ein Quellenbuch für die Septuaginta und das Neue Testament*, (Berlin u. Boston: De Gruyter, 2019) (*Fontes et Subsidia ad Bibliam pertinentes*, Bd. 8).

Weitbrecht, Marie Helena, *Starke Kinoheldinnen. Weibliche Figuren im zeitgenössischen Mainstreamkino*, Dissertation, Universität Hamburg 2020.

Weitzer, Ronald, „Flawed Theory and Method in Studies of Prostitution," *Violence Against Women* 11 (2005): 934–949.

Welsch, Wolfgang, *Unsere postmoderne Moderne*, 5. Aufl. (Berlin: Akademie, 1997 [1987]).

Wendt, Frank; Kröber, Hans-Ludwig, „Ältere Pädophile: Kein Rückgang der Delinquenz," *Forensische Psychiatrie, Psychologie, Kriminologie* 3 (2009): 221–229.

Wenz, Gunther, *Theologie der Bekenntnisschriften der evangelisch-lutherischen Kirche. Eine historische und systematische Einführung in das Konkordienbuch*, Bd. 2 (Berlin u. New York: Walter de Gruyter, 1998).

Werbik, Hans, „Zur Terminologie der Begriffe ‚Aggression' und ‚Gewalt'," in *Aggression und Gewalt. Theorien, Analysen und Befunde* (Berlin u. Boston: De Gruyter, 2018): 236–249.

Wersig, Maria, „Schutz durch Kontrolle? Zur Debatte über die Regulierung der Sexarbeit in Deutschland," in *Regulierungen des Intimen. Sexualität und Recht im modernen Staat*, hg. von Ulrike Lembke (Wiesbaden: Springer, 2017): 215–234.

Westermann, Claus, *Genesis*, 1. Teilband, *Genesis 1–11* (Neukirchen-Vluyn: Neukirchener, 1974) (*Biblischer Kommentar – Altes Testament*, Bd. 1/1).

Wetzel, Christopher G.; Insko, Chester A., „The similarity-attraction relationship: Is there an ideal one?," *Journal of Experimental Social Psychology* 18(3) (1982): 253–276.

Wetzel, Peter, *Gewalterfahrungen in der Kindheit. Sexueller Mißbrauch, körperliche Mißhandlung und deren langfristige Konsequenzen* (Baden-Baden: Nomos, 1997).

Wetzstein, Thomas A.; Steinmetz, Linda; Eckert, Roland, „Sadomasochismus – Szenen und Rituale," *Forschungsjournal Neue Soziale Bewegungen* 8(2) (1995): 93–95.

Whisnant, Rebecca, „Confronting pornography: Some conceptual basics," in *Not for Sale. Feminists Resisting Prostitution and Pornography*, hg. von Rebecca Whisnant u. Christine Stark (North Melbourne: Spinifex, 2004): 15–27.

White, Joel, *Was sich Gott dabei gedacht hat. Die biblische Basis einer christlichen Sexualethik* (Holzgerlingen: SCM R. Brockhaus, 2021).

White, Mark A.; Kimball, Thomas G., „Attributes of Christian Couples with a Sexual Addiction to Internet Pornography," *Journal of Psychology and Christianity* 28(4) (2009): 350–359.

White, Mel, *Religion Gone Bad. The Hidden Dangers of the Christian Right* (New York: J.P. Tarcher/Penguin, 2006).

White, Murray, „The Statue Syndrome: Perversion? Fantasy? Anecdote?," *The Journal of Sex Research* 14(4) (1978): 246–249.

Whitelock, Claire F.; Lamb, Michael E.; Rentfrow, Peter J., „Overcoming Trauma: Psychological and Demographic Characteristics of Child Sexual Abuse Survivors in Adulthood," *Clinical Psychological Science* 1(4) (2013): 351–362.

Wiedemann, Hans Georg, *Homosexuelle Liebe. Für eine Neuorientierung in der christlichen Ethik* (Stuttgart: Kreuz, 1982).

Wiener, Detlev Elmar, *Aggression und gesellschaftliche Disziplinierung. Schulaggression als Indiz der Brüchigkeit bürgerlicher Erziehung*, Dissertation, Universität Hamburg 1978.

Wiese, Leopold von, „Religion," in *Handwörterbuch der Sexualwissenschaft. Enzyklopädie der natur- und kulturwissenschaftlichen Sexualkunde des Menschen*, hg. von Max Marcuse, 2. Aufl. (Bonn: A. Marcus u. E. Weber, 1926 [1923]) (Nachdruck: Berlin u. New York: Walter de Gruyter, 2001): 653–666.

Wijlens, Myriam, „Bischöfe und Ordensobere und ihre Aufgabe hinsichtlich Sexuellen Missbrauchs in der Kirche," in *Sexuelle Gewalt. Fragen an Kirche und Theologie*, hg. von Stephan Goertz u. Herbert Ulonska (Berlin u. Münster: LIT, 2010) (*Theologie*, Bd. 31): 147–175.

Wilhelm von Ockham, *Summe der Logik. Aus Teil 1: Über die Termini*, lateinisch-deutsch, ausgewählt, übers. und mit Einführung und Anmerkungen hg. von Peter Kunze (Hamburg: Meiner, 1999).

Willaschek, Marcus, *Praktische Vernunft. Handlungstheorie und Moralbegründung bei Kant* (Stuttgart u. Weimer: J.B. Metzler, 1992) (zugl. Dissertation, Universität Münster, 1991).

Williams, Colin J.; Weinberg, Martin S., „Zoophilia in Men: A Study of Sexual Interest in Animals," *Archives of Sexual Behavior* 32 (2003): 523–535.

Williams, Linda, „Film Bodies: Gender, Genre, and Excess," *Film Quarterly* 44(4) (1991): 2–13.

Williams, Linda, *Hard Core. Power, Pleasure, and the „Frenzy of the Visible"* (Berkeley et al.: University of California Press, 1999 [1989]).

Wils, Jean-Pierre, „Tugend," in *Handbuch Ethik*, hg. von Marcus Düwell, Christoph Hübenthal u. Micha H. Werner, 2. Aufl. (Stuttgart u. Weimar: J.B. Metzler, 2006 [2002]): 534–538.

Wilson, Brittany E., „‚Neither Male nor Female'. The Ethiopian Eunuch in Acts 8.26–40," *New Testament Studies* 60(3) (2014): 403–422.

Wilson, Debra Rose, „Health Consequences of Childhood Sexual Abuse," *Perspectives In Psychiatric Care* 46(1) (2010): 56–64.

Windmann, Antje, „Der pädophile Patient," *DER SPIEGEL*, Nr. 29, 15.07.2012, 40–42.

Winter, Reinhard; Neubauer, Gunter, *Kompetent, authentisch und normal? Aufklärungsrelevante Gesundheitsprobleme, Sexualaufklärung und Beratung von Jungen* (Köln: Bundeszentrale für gesundheitliche Aufklärung, 2004).

Wipplinger, Rudolf; Amann, Gabriele, „Sexueller Missbrauch: Begriffe und Definitionen," In *Sexueller Missbrauch. Überblick zu Forschung, Beratung und Therapie. Ein Handbuch*, hg. von Gabriele Amann u. Rudolf Wipplinger, 3. Aufl. (Tübingen: Deutsche Gesellschaft für Verhaltenstherapie, 2005 [1997]): 17–45.

Wissenschaftliche Dienste des Deutschen Bundestages, „Vergewaltigung in der Ehe. Strafrechtliche Beurteilung im europäischen Vergleich" (WD 7–307/07) vom 28. Januar 2008; abrufbar unter: https://t1p.de/zuzk (Zugriff: 31.10.2021).

Wissenschaftliche Dienste des Deutschen Bundestages, „Freie Meinungsäußerung in der Bundesrepublik Deutschland und den USA im Vergleich" (WD 3–3000–209/10) vom 07. Juni 2010; abrufbar unter: https://t1p.de/vxrm (Zugriff: 31.10.2021).

Wissenschaftliche Dienste des Deutschen Bundestages, „Virtuelle Güter bei Computerspielen. Begriff, rechtlicher Hintergrund und wirtschaftliche Bedeutung" (WD 10 – 3000 – 085/11) vom 20. September 2011; abrufbar unter: https://t1p.de/hyz4 (Zugriff: 31.10.2021).

Wissenschaftliche Dienste des Deutschen Bundestages, „Zum Recht auf sexuelle Selbstbestimmung im Kontext des Internationalen Paktes für wirtschaftliche, soziale und kulturelle Rechte" (WD 2 – 3000 – 126/16) vom 21. Dezember 2016; abrufbar unter: https://t1p.de/zwiu (Zugriff: 31.10.2021).

Wissenschaftliche Dienste des Deutschen Bundestages, „Sexualassistenz für Menschen mit Behinderungen" (WD 6 – 3000 – 052/18) vom 27. April 2018; abrufbar unter: https://t1p.de/nf2h (Zugriff: 31.10.2021).

Wissenschaftliche Dienste des Deutschen Bundestages, „Die Sanktionierung der Inanspruchnahme und der Förderung von Prostitution. Zusammenstellung der Regelungen ausgewählter Rechtsordnungen" (WD 7 – 3000 – 038/21) vom 3. Mai 2021; abrufbar unter: https://t1p.de/ef3t (Zugriff: 31.10.2021).

Wißner, Andres, „‚Stealthing': ein besorgniserregender Trend? Herausforderung für die Justiz – Ein Kommentar," *Monatsschrift für Kriminologie und Strafrechtsreform* 103(4) (2020): 315 – 330.

Witmer, Sandra, „Dänisches Sexualstrafgesetz. Journalistin: ‚Gesten wie Küsse reichen als Zustimmung'," *SRF 4 News aktuell,* 07.09.2020; abrufbar unter: https://t1p.de/hd8l (Zugriff: 31.10.2021).

Witt, Andreas et al., „The Prevalence of Sexual Abuse in Institutions: Results From a Representative Population-Based Sample in Germany," *Sexual Abuse* 31(6) (2019): 643 – 661.

Witt, Andreas et al., „Child maltreatment in Germany: prevalence rates in the general population," *Child and Adolescent Psychiatry and Mental Health* 11 (2017): 47.

Witt, Andreas et al., „Different Contexts of Sexual Abuse With a Special Focus on the Context of Christian Institutions. Results From the General Population in Germany," *Journal of Interpersonal Violence* 34 (2019): 1 – 22.

Wittgenstein, Ludwig, *Über Gewißheit*, hg. von Gertrud Margaret Elisabeth Anscombe u. Georg Hendrik Wright (Frankfurt a. M.: Suhrkamp, 1970 [1969]).

Wittig, Steffen, „Kultur – Spiel – Subjekt. Zur Konstitution von Kultur in und als Spiel," in *Spiel*, hg. von Alfred Schäfer u. Christiana Thompson (Paderborn: Schöningh, 2014): 157 – 183.

Wittig, Steffen, *Die Ludifizierung des Sozialen. Differenztheoretische Bruchstücke des Als-Ob* (Paderborn: Schöningh, 2018).

Wittlich, Susanne, „Heiße Gedanken: ‚Sex ohne Fantasie ist wie ein Auto ohne Räder'," FOCUS-ONLINE, 20.04.2016; abrufbar unter: https://t1p.de/grhb (Zugriff: 31.10.2021).

Wittmer, Sandra; Steinebach, Martin, „Computergenerierte Kinderpornografie zu Ermittlungszwecken im Darknet. Rechtliche Rahmenbedingungen und technische Umsetzbarkeit," *MMR. Zeitschrift für IT-Recht und Recht der Digitalisierung* (2019): 650 – 653.

Wittmer, Sandra; Steinebach, Martin, „Computergenerierte Kinderpornografie zu Ermittlungszwecken im Darknet. Rechtliche Rahmenbedingungen und technische Umsetzbarkeit," *MultiMedia und Recht* (2019): 650 – 653.

Wizorek, Anne, *Weil ein #aufschrei nicht reicht. Für einen Feminismus von heute* (Frankfurt a. M.: Fischer, 2014): 108 – 132.

Wolak, Janis; Finkelhor, David; Mitchell, Kimberly J., „Child Pornography Possessors: Trends in Offender and Case Characteristics," *Annals of Sex Research* 23(1) (2011): 22 – 42.

Wolak, Janis; Finkelhor, David; Mitchell, Kimberly J., *Child-Pornography Possessors Arrested in Internet-Related Crimes: Findings From the National Juvenile Online Victimization Study* (Alexandria, VA: National Center for Missing & Exploited Children, 2005).

Wolak, Janis et al., „Online ‚Predators' and Their Victims: Myths, Realities, and Implications for Prevention and Treatment," *American Psychologist* 63(2) (2008): 111 – 128.

Wolbert, Werner, *Gewissen und Verantwortung. Gesammelte Studien* (Freiburg/Schweiz: Academic Press/Freiburg u. Wien: Herder, 2008).

Wolf, Jean-Claude, „Ethik aus christlichen Quellen?," in *Fundamente der theologischen Ethik. Bilanz und Neuansätze*, hg. von Adrian Holderegger (Freiburg i.Ue.: Universitätsverlag u. Freiburg i.Br. u. Wien: Herder, 1996) (*Studien zur theologischen Ethik*, Bd. 72): 126 – 153.

Wolter, Michael, „Identität und Ethos bei Paulus," in *Theologie und Ethos im frühen Christentum. Studien zu Jesus, Paulus und Lukas* (Tübingen: Mohr Siebeck, 2009): 121 – 169.

Wolter, Michael, *Paulus. Ein Grundriss seiner Theologie* (Neukirchen-Vluyn: Neukirchener, 2011).

Woltersdorff, Volker, „Dies alles und noch viel mehr! – Paradoxien prekärer Sexualitäten," *Das Argument* 49(5 – 6) (2007): 179 – 194.

Woltersdorff, Volker, „Folter als erotisches Faszinosum. Über sadomasochistische Inszenierungen von Folterphantasien," in *Folterbilder und -narrationen. Verhältnisse zwischen Fiktion und Wirklichkeit*, hg. von Julia Bee, Reinhold Gorling, Johannes Kruse u. Elke Muhlleitner (Göttingen: V&R unipress, 2013): 237 – 250.

World Health Organization (WHO), *Forty-Third World Health Assembly. Geneva, 7 – 17 May 1990. Resolutions and Decisions. Annexes (WHA43/1990/REC/1)* (Genf: WHO, 1990).

World Health Organization (WHO), *Global Consultation on Violence and Health. Violence: A Public Health Priority* (Genf: WHO, 1996).

World Health Organization (WHO), *Constitution of the World Health Organization* (Basic Documents, Forty-fifth edition, Supplement, October 2006); abrufbar unter: https://www.who.int/governance/eb/who_constitution_en.pdf (Zugriff: 31.10.2021).

World Health Organization (WHO), *Defining sexual health. Report of a technical consultation on sexual health, 28 – 31 January 2002, Geneva* (Genf: World Health Organization, 2006).

World Health Organization (WHO)-Regionalbüro für Europa/BZgA, *Standards für die Sexualaufklärung in Europa Rahmenkonzept für politische Entscheidungsträger, Bildungseinrichtungen, Gesundheitsbehörden, Expertinnen und Experten* (Köln: Bundeszentrale für gesundheitliche Aufklärung, 2011), PDF-Fassung abrufbar unter: https://t1p.de/vuwh (Zugriff: 31.10.2021).

World Health Organization (WHO), *Violence against women Prevalence Estimates, 2018. Global, regional and national prevalence estimates for intimate partner violence against women and global and regional prevalence estimates for non-partner sexual violence against women* (Geneva: WHO, 2021).

World Health Organization (WHO), *ICD-10-GM 2021*; abrufbar unter: https://t1p.de/ypwa (Zugriff: 31.10.2021).

World Health Organization (WHO), *ICD-11 MMS*; abrufbar unter: https://icd.who.int/ (Zugriff: 31.10.2021).

Worldbank („Women, Business and the Law"); abrufbar unter https://wbl.worldbank.org/en/wbl (Zugriff: 31.10.2021).

Wouters, Cas, „Duerr und Elias: Scham und Gewalt in Zivilisationsprozessen," Zeitschrift für Sexualforschung 7(3) (1994): 203–216.

Wright, Paul J.; Tokunaga, Robert S.; Kraus, Ashley; Klann, Elyssa, „Pornography Consumption and Satisfaction: A Meta-Analysis," *Human Communication Research*, 2017, 1–29.

Wright, Susan, „De-Pathologization of Consensual BDSM," *Journal of Sexual Medicine* 15(5) (2018): 622–624.

Wróbel, Józef, „Zur Anthropologie der menschlichen Sexualität. Berufung zur gegenseitigen Hingabe in Wahrheit und Liebe," *Forum Katholische Theologie* 22(2) (2006): 117–126.

Wucherpfennig, Ansgar, „Homosexualität und Pädosexualität: Eine Unterscheidung," in *Verbrechen und Verantwortung. Sexueller Missbrauch von Minderjährigen in kirchlichen Einrichtungen*, hg. von Gunter Prüller-Jagenteufel u. Wolfgang Treitler (Freiburg i.Br.: Herder, 2021): 45–69.

Wulf, Claudia Mariéle, *Phänomene des Menschseins. Zwischen Möglichkeit, Machbarkeit und Mut* (Zürich: LIT, 2017) (*Philosophische Orientierungen*, Bd. 6).

Wunderlich, Ralf, *Der kluge Spieler und die Ethik des Computerspielens* (Potsdam: Universitätsverlag, 2012) (zugl. teilw. Magisterarbeit, Universität Potsdam, 2010).

Wurtele, Sandy K.; Simons, Dominique A.; Moreno, Tasha, „Sexual Interest in Children Among an Online Sample of Men and Women: Prevalence and Correlates," *Sexual Abuse* 26(6) (2014): 546–568.

Würzburger Synode: Sachkommission IV, „Sinn und Gestaltung der menschlichen Sexualität" (Arbeitspapier), *Synode*, 1973(7): 25–36; abgedruckt in: *Gemeinsame Synode der Bistümer der Bundesrepublik Deutschland. Offizielle Gesamtausgabe*, hg. von Deutsche Bischofskonferenz, Bd. 1–2 in 1 Bd. (Freiburg i.Br.: Herder, 2012), Teilband, *Arbeitspapiere der Sachkommissionen*, 163–183.

Wüthrich, Matthias D., *Raum Gottes. Ein systematisch-theologischer Versuch, Raum zu denken* (Göttingen: Vandenhoeck & Ruprecht, 2015) (Habilitationsschrift, Universität Basel, 2013): 325–367.

Wyss, Dieter, *Lieben als Lernprozeß*, 2. Aufl. (Göttingen: Vandenhoeck & Ruprecht, 1981 [1975]).

Yang, Heetae; Lee, Hwansoo, „Understanding user behavior of virtual personal assistant devices," *Information Systems and e-Business Management* 17 (2019): 65–87.

Ybarra, Michele L. et al., „X-Rated Material and Perpetration of Sexually Aggressive Behavior Among Children and Adolescents: Is There a Link?," *Aggressive Behavior* 37 (2011): 1–18.

Yllo, Kersti; Straus, Murray A., „Interpersonal Violence Among Married and Cohabiting Couples," *Family Relations* 30(3) (1981): 339–347.

Young, Garry, „Enacting Immorality Within Gamespace: Where Should We Draw the Line, and Why?," in *The Oxford Handbook of Cyberpsychology*, hg. von Alison Attrill-Smith, Chris Fullwood, Melanie Keep u. Daria J. Kuss (Oxford: Oxford University Press, 2019): 588–608.

Young, Garry, „Enacting taboos as a means to an end; but what end? On the morality of motivations for child murder and paedophilia within gamespace," *Ethics and Information Technology* 15(1) (2013): 13–23.

Young, Garry, *Fictional Immorality and Immoral Fiction* (Lanham: Lexington Books, 2021).

Young, Garry, *Resolving the Gamer's Dilemma. Examining the Moral and Psychological Differences between Virtual Murder and Virtual Paedophilia* (Cham: Palgrave Macmillan, 2016).

Zahrnt, Heinz, *Die Sache mit Gott. Die protestantische Theologie im 20. Jahrhundert* (München: Deutscher Taschenbuch Verlag, 1966).

Zander, Michael, „Zur Problematik der Pädosexualität. Einspruch gegen den Beitrag Erich Wulffs," *Forum Kritische Psychologie* 54 (2010): 21–34.

Zanetti, Véronique, „Gewalt und Zwang," in *Handbuch Angewandte Ethik*, hg. von Ralf Stoecker, Christian Neuhäuser u. Marie-Luise Raters (Stuttgart u. Weimar: Metzler, 2011): 356–360.

Zara, Georgia et al., „Violence Against Prostitutes and Non-prostitutes: An Analysis of Frequency, Variety and Severity," *Journal of Interpersonal Violence* (2021): 10.1177/08862605211005145.

Zartbitter e.V., „Kultur der Grenzachtung – oder: „Wie Institutionen sich vor Missbrauch in den eigenen Reihen schützen können!" (2010); abrufbar unter: https://t1p.de/qa4s (Zugriff: 31.10.2021).

Zeuch, Ulrike, „Herders Begriff der Humanität: aufgeklärt und aufklärend über seine Prämissen? Zur Bestimmung des höchsten Zwecks des Menschen in den *Ideen* und in der *Oratio* von Giovanni Pico della Mirandola," in *Vom Selbstdenken. Aufklärung und Aufklärungskritik in Herders „Ideen zur Philosophie der Geschichte der Menschheit". Beiträge zur Konferenz der International Herder Society, Weimar 2000*, hg. von Regine Otto u. John H. Zammito (Heidelberg: Synchron, Wiss.-Verl. der Autoren, 2001): 187–198.

Ziem, Alexander, „Frames als Prädikations- und Medienrahmen: Auf dem Weg zu einem integrativen Ansatz?", in *Online-Diskurse. Theorien und Methoden transmedialer Online-Diskursforschung*, hg. von Claudia Fraas, Stefan Meier u. Christian Pentzold (Köln: Herbert von Halem, 2014): 136–172.

Zillich, Norbert, „Pornografiekonsum unter Jugendlichen und die Flexibilisierung der Geschlechterrollen," *Zeitschrift für Sexualforschung* 24 (2011): 312–325.

Zillmann, Dolf, „Erotica and Family Value," in *Media, Children, and the Family. Social Scientific, Psychodynamic, and Clinical Perspectives*, hg. Dolf Zillmann (Hillsdale, NJ: Lawrence Erlbaum Ass., 1994): 199–213.

Zillmann, Dolf, „Pornografie," in *Lehrbuch der Medienpsychologie*, hg. von Roland Mangold, Peter Vorderer u. Gary Bente (Göttingen: Hogrefe, 2004): 565–585.

Zimbardo, Philip G., *Psychologie*, hg. von Siegfried Hoppe-Graff u. Barbara Keller, 6. Aufl. (Berlin u. Heidelberg: Springer, 1995).

Zimmermann, Ruben, „Jenseits von Indikativ und Imperativ. Zur ‚impliziten Ethik' des Paulus am Beispiel des 1. Korintherbriefs," *Theologische Literaturzeitung* 132(3) (2007): 260–284.

Zimmermann, Ruben, „Ethikbegründung bei Paulus. Die bleibende Attraktivität und Insuffizienz des Indikativ-Imperativ-Modells," in *Die Theologie des Paulus in der Diskussion. Reflexionen im Anschluss an Michael Wolters Grundriss*, hg. von Jörg Frey u. Benjamin Schließer (Neukirchen-Vluyn: Neukirchener, 2013) (*Biblisch-Theologische Studien*, Bd. 140): 237–255.

Zimmermann, Ruben, *Die Logik der Liebe. Die ‚implizite Ethik' der Paulusbriefe am Beispiel des 1. Korintherbriefs* (Göttingen: Vandenhoeck & Ruprecht, 2016) (*Biblisch-Theologische Studien*, Bd. 162).

Zinsmeister, Julia, „Rechtsfragen der Sexualität, Partnerschaft und Familienplanung," in *Sexualität leben ohne Behinderung. Das Menschenrecht auf sexuelle Selbstbestimmung*, hg. von Jens Clausen u. Frank Herrath (Stuttgart: W. Kohlhammer, 2013): 47–71.

Zipfel, Astrid, *Wirkungstheorien der Medien-und-Gewalt-Forschung* (Baden-Baden: Nomos, 2019).

Zipfel, Gaby, „Sexualität," in *Gewalt. Ein interdisziplinäres Handbuch*, hg. von Christian Gudehus u. Michaela Christ [Lizenzausgabe] (Darmstadt: Wissenschaftliche Buchgesellschaft, 2013): 83–85.

Zollikofer, Georg Joachim, *Predigten über die Würde des Menschen, und den Werth der vornehmsten Dinge, die zur menschlichen Glückseligkeit gehören, oder dazu gerechnet werden*, Neue Aufl., Bd. 1–2 (Leipzig: Weidmanns Erben und Reich, 1784–1788).

Zonana, Howard; Abel, Gene, *Dangerous Sex Offenders. A Task Force Report of the American Psychiatric Association* (Washington, DC: American Psychiatric Association, 1999): 1–10.

Zucker, Kenneth J., „The Politics and Science of ‚Reparative Therapy‘," *Archives of Sexual Behavior* 32(5) (2003): 399–402.

Zumbeck, Sybille, *Die Prävalenz traumatischer Erfahrungen, Posttraumatischer Belastungsstörung und Dissoziation bei Prostituierten. Eine explorative Studie* (Hamburg: Kovač, 2001) (*Studienreihe psychologische Forschungsergebnisse*, Bd. 85).

Zurhold, Heike, *Entwicklungsverläufe von Mädchen und jungen Frauen in der Drogenprostitution. Eine explorative Studie* (Berlin: VWB, 2005) (zugl. Dissertation, Universität Bremen, 2004).

2.2 Gesetzes- und Rechtstexte

AG Brühl, Urteil vom 24.03. 1999–32 F 65/98.

BGBl, *Dreiunddreißigstes Strafrechtsänderungsgesetz – §§ 177 bis 179 StGB* (33. StrAndG) vom 1. Juli 1997 (BGBl. I S. 1607 f. [Nr. 45]).

BGBl, *Fünfzigstes Gesetz zur Änderung des Strafgesetzbuches – Verbesserung des Schutzes der sexuellen Selbstbestimmung (50. StrÄndG)* vom 4. November 2016 (BGBl. I S. 2460 [Nr. 52]).

BGBl, *Gesetz über den unmittelbaren Zwang bei Ausübung öffentlicher Gewalt durch Vollzugsbeamte des Bundes* vom 10. März 1961 (BGBl. I S. 165–169 [Nr. 14]).

BGBl, *Gesetz zum Schutz vor Konversionsbehandlungen* vom 12. Juni 2020 (BGBl. I S. 1285 f.).

BGBl, *Gesetz zur Beendigung der Diskriminierung gleichgeschlechtlicher Gemeinschaften: Lebenspartnerschaften (Lebenspartnerschaftsgesetz – LpartG)* vom 16. Februar 2001 (BGBl. I S. 266–287 [Nr. 9]).

BGBl, *Gesetz zur Einführung des Rechts auf Eheschließung für Personen gleichen Geschlechts* vom 20. Juli 2017 (BGBl. I S. 2787 f. [Nr. 52]).

BGBl, *Gesetz zur Stärkung der Rechte von Opfern sexuellen Missbrauchs (StORMG)* i. d. F. der Bekanntmachung vom 29.06.2013 (BGBl. 2013 I S. 1805 [Nr. 32]).

BGBl, *Neunundfünfzigstes Gesetz zur Änderung des Strafgesetzbuches – Verbesserung des Persönlichkeitsschutzes bei Bildaufnahmen* vom 9. Oktober 2020 (BGBl. I S. 2075 f. [Nr. 45]).

BGBl, *Neunundzwanzigste Strafrechtsänderungsgesetz – §§ 175, 182 StGB* (29. StrÄndG) vom 31. Mai 1994 (BGBl. I S. 1168 f.).

BGBl, *Sechzigstes Gesetz zur Änderung des Strafgesetzbuches – Modernisierung des Schriftenbegriffs und anderer Begriffe sowie Erweiterung der Strafbarkeit nach den §§ 86, 86a, 111 und 130 des Strafgesetzbuches bei Handlungen im Ausland (60. StGBÄndG k.a.Abk.)* vom 30. November 2020 (BGBl. I S. 2600 [Nr. 57]).

BGBl, *Siebenundfünfzigstes Gesetz zur Änderung des Strafgesetzbuches – Versuchsstrafbarkeit des Cybergroomings* vom 3. März 2020 (BGBl. I S. 431 f. [Nr. 11]).

BGBl, *Viertes Gesetz zur Reform des Strafrechts (4. StrRG)* vom 23.11.1973 (BGBl. I, S. 1725 – 1735).

BGH, Beschluss vom 27.03.2014 – 1 StR 106/14.

BGH, Beschluss vom 06.04.2017 – 3 StR 326/16.

BGH, Beschluss vom 13.03.2018 – 4 StR 570/17.

BGH, Beschluss vom 22.05.2020 – 4 StR 492/19.

BGH, Urteil vom 10.07.1954 – VI ZR 45/54 (NJW 1956, 1106 – 1108).

BGH, Urteil vom 28.11.1957 – 4 StR 525/57 (NJW 1957, 267 – 368).

BGH, Urteil vom 02.11.1966 – IV ZR 239/65 (NJW 20[23] 1967, 1078 – 1080).

BGH, Urteil vom 22.07.1969 – 1 StR 456/68.

BGH, Urteil vom 27.08.1969 – 4 StR 268/69 (BGHSt 23, 126 – 127).

BGH, Urteil vom 18.07.1979 – 2 StR 114/79 (NJW 1980, 65 – 69).

BGH, Urteil vom 24.09.1980 – 3 StR 255/80.

BGH, Urteil vom 15.12.1999 – 2 StR 365/99 (NStZ 2000, 307 – 310).

BGH, Urteil vom 26.05.2004 – 2 StR 505/03 (NJW 2004, 2458 – 2461).

BGH, Urteil vom 20.12.2007 – 4 StR 459/07.

BGH, Urteil vom 24.08.2010 – 1 StR 414/10.

BGH, Urteil vom 19.03. 2013 – 1 StR 8/13.

BGH, Urteil vom 22.10.2014 – 5 StR 380/14.

BGH, Urteil vom 02.12.2020 – 4 StR 398/20.

Bundesregierung, „Entwurf eines […] Gesetzes zur Änderung des Strafgesetzbuches – Modernisierung des Schriftenbegriffs und anderer Begriffe sowie Erweiterung der Strafbarkeit nach den §§ 86, 86a, 111 und 130 des Strafgesetzbuches bei Handlungen im Ausland" [Regierungsentwurf] (28.02.2020); abrufbar unter: https://t1p.de/tg8g (Zugriff: 31.10.2021).

Bundesregierung, „Entwurf eines Gesetzes zur Bekämpfung sexualisierter Gewalt gegen Kinder" [Regierungsentwurf] (21.10.2020); abrufbar unter: https://t1p.de/dk7e (Zugriff: 31.10.2021).

BVerfG, Beschluss der 1. Kammer des Ersten Senats vom 26.082018 – 1 BvR 1534/17.

BVerfG, Beschluss der 2. Kammer des Zweiten Senats vom 06.12.2008 – 2 BvR 2369/08.

BVerfG, Beschluss des Ersten Senats vom 04.05.1971 – 1 BvR 636/68 (BVerfGE 31, 58 – 87).

BVerfG, Beschluss des Ersten Senats vom 17.01.1957 – 1 BvL 4/54 (BVerfGE 6, 55 – 84).

BVerfG, Beschluss des Ersten Senats vom 21.12.1977 – 1 BvL 1/75, 1 BvR 147/75 (BVerfGE 47, 46 – 85).

BVerfG, Beschluss des Zweiten Senats vom 26.02.2008 – 2 BvR 392/07.

BVerfG, Urteil des Ersten Senats vom 14.12.1965 – 1 BvR 413/60.

BVerfG, Urteil des Zweiten Senats vom 24.09.2003 – 2 BvR 1436/02.

BVerwG, Urteil vom 20.02.2002 – 6 C 13.01.

Schleswig-Holsteinisches OLG, Urteil vom 19. März 2021 – 2 OLG 4 Ss 13/21.

State v. Way, Supreme Court of North Carolina, 1. Mai 1979, 254 S.E.2d 760 [N.C. 1979]; abrufbar unter: https://t1p.de/zeyf (Zugriff: 31.10.2021).

VG Düsseldorf, Urteil vom 19.10.2012 – 25 K 3617/12.

3 Register

3.1 Personenregister

3.2 Bibelstellenregister

3.3 Sachregister